Robert A. Steinwender

# Kärntner Raumordnungsrecht

2022

Kommentar

Mag. Robert A. Steinwender, MA
Amt der Kärntner Landesregierung, Abteilung 1 – Landesamtsdirektion/Verfassungsdienst

Das Werk ist urheberrechtlich geschützt.
Die dadurch begründeten Rechte, insbesondere die der Übersetzung, des Nachdruckes, der Entnahme von Abbildungen, der Funksendung, der Wiedergabe auf photomechanischem oder ähnlichem Wege und der Speicherung in Datenverarbeitungsanlagen, bleiben, auch bei nur auszugsweiser Verwertung, vorbehalten. Die Wiedergabe von Gebrauchsnamen, Handelsnamen, Warenbezeichnungen usw in diesem Buch berechtigt auch ohne besondere Kennzeichnung nicht zu der Annahme, dass solche Namen im Sinne der Warenzeichen- und Markenschutz-Gesetzgebung als frei zu betrachten wären und daher von jedermann benutzt werden dürfen.

Produkthaftung: Sämtliche Angaben in diesem Fachbuch erfolgen trotz sorgfältiger Bearbeitung und Kontrolle ohne Gewähr. Eine Haftung des Autors oder des Verlages aus dem Inhalt dieses Werkes ist ausgeschlossen.

© 2022 Verlag Österreich GmbH, Wien
www.verlagoesterreich.at
Gedruckt in Ungarn

Satz: Reemers Publishing Services GmbH, 47799 Krefeld, Deutschland
Druck und Bindung: Prime Rate Kft., 1044 Budapest, Ungarn

Gedruckt auf säurefreiem, chlorfrei gebleichtem Papier

Bibliografische Information der Deutschen Nationalbibliothek
Die Deutsche Nationalbibliothek verzeichnet diese Publikation in der Deutschen Nationalbibliografie; detaillierte bibliografische Daten sind im Internet über http://dnb.d-nb.de abrufbar.

ISBN 978-3-7046-9022-7 Verlag Österreich

## WIDMUNG

In großer Dankbarkeit für die liebevolle Betreuung meines Sohnes Oskar
gewidmet

seinen Großeltern sowie deren Lebenspartnern

und

den Mitarbeiterinnen der Kindertagesstätte Dominicus Savio

# Vorwort

*„Das Gesetz war notwendig, weil die überstürzte Entwicklung insbesondere seit dem Ende des zweiten Weltkrieges die Stadt- und Landgemeinden vor eine Fülle neuer Aufgaben gestellt hat, für deren Erfüllung die vorhandenen rechtlichen Handhaben nicht ausreichten. Die Siedlungstätigkeit brachte es mit sich, daß Gebiete bebaut worden sind, die im Hinblick auf die mangelhafte Beschaffenheit der Grundstücke, die fehlende Aufschließung mit öffentlichen Verkehrswegen, mit Versorgungsleitungen usw. nicht hätten bebaut werden sollen. Die öffentlichen Aufwendungen für solche Bauten sind unverhältnismäßig groß. Sie wären viel geringer, wenn die Besiedlung im Rahmen einer planmäßigen Gesamtentwicklung erfolgt wäre. Auch die landwirtschaftlichen Nutzflächen sind durch unzweckmäßige Splitterverbauungen beeinträchtigt worden. Es liegt im volkswirtschaftlichen Interesse, das Produktionsmittel, das als einziges nicht vermehrt werden kann, Grund und Boden, zweckmäßig und sparsam zu bewirtschaften."*

Diese Erläuterungen zum Landesplanungsgesetz, LGBl. Nr. 47/1959, zeigen, dass schon vor über sechzig Jahren die Probleme einer nicht bestehenden oder nicht umgesetzten Raumplanung und Raumordnung bekannt waren. Die Erläuterungen zum Kärntner Raumordnungsgesetz 2021 halten aber kritisch fest: „Diese angeführten raumordnungsfachlichen Problematiken bestehen trotz rund sechzigjähriger gesetzlicher Regulierung bis heute."

Vor diesem Hintergrund wurde in jahrelanger Arbeit das Kärntner Raumordnungsgesetz 2021 entwickelt. Der lange Diskussionsprozess bis zur Gesetzwerdung zeigt, wie viele unterschiedliche – zum Teil gegensätzliche – Anforderungen und Interessen „dem Raum eine Ordnung" geben wollen. Denn von jedem Politikfeld lassen sich Beziehungen zur Raumordnung knüpfen. Dies ist meiner Ansicht nach auch einer der Hauptgründe, warum trotz Problembewusstseins und gesetzlicher Regulierung die Umsetzung bis zum heutigen Tag auf große Schwierigkeiten stößt. An diesem Befund ändert auch ein neues

Kärntner Raumordnungsgesetz 2021 alleine nichts. Es wird an den handelnden Personen auf allen Entscheidungsebenen liegen, den Zielen und Grundsätzen der Raumordnung die notwendige und gesetzlich vorgegebene Bedeutung zu geben.

Das vorliegende Buch soll eine kleine Hilfestellung hiezu sein. Es bietet erste Einblicke in das Kärntner Raumordnungsgesetz 2021. Es wurde insbesondere auf die Ziele und Grundsätze der Raumordnung sowie verfassungsrechtliche Grundlagen Bedacht genommen. Denn zu einer erfolgreichen Neugestaltung des raumordnungsrechtlichen Umfelds in den nächsten Jahren bedarf es in einem ersten Schritt gerade dieser Grundlagen. Das Buch soll aber insofern auch wissenschaftlichen Charakter haben, als zu einzelnen Fragen Stellung bezogen wird. Es wurden Veröffentlichungen bis zum 1. Juni 2022 aufgenommen.

Persönlich freut es mich, dass ich ausgerechnet heute – an meinem 45. Geburtstag – dieses Vorwort schreibe und somit die Arbeiten zu diesem Buch abschließen kann. Ein Kapitel wird geschlossen, neue werden aufgeschlagen werden.

Mein besonderer Dank gilt dem Verlag Österreich (insbesondere Dr. *Otto Kammerlander*) und dem Kärntner Gemeindebund (insbesondere Mag. (FH) *Peter Heymich*, MA), die dieses Werk ermöglicht und tatkräftig unterstützt haben.

Klagenfurt am Wörthersee, am 21. Juni 2022      *Robert A. Steinwender*

# Inhaltsverzeichnis

Vorwort .................................................................................... VII
Abkürzungsverzeichnis ........................................................ XV

## 1. Kärntner Raumordnungsgesetz 2021 – K-ROG 2021 ......... 1

1. Hauptstück – Allgemeine Bestimmungen ............................................ 10
   § 1 Geltungsbereich .............................................................................. 10
   § 2 Ziele und Grundsätze der Raumordnung ........................................ 26
   § 3 Bestandsaufnahme und Raumforschung ......................................... 63
   § 4 Raumordnungskataster .................................................................... 68
   § 5 Informationspflichten für Seveso-Betriebe ..................................... 72
   § 6 Raumverträglichkeitsprüfung .......................................................... 76

2. Hauptstück – Überörtliche Raumordnung ........................................... 82
   § 7 Überörtliche Entwicklungsprogramme ........................................... 82
   § 8 Wirkung der überörtlichen Entwicklungsprogramme .................... 93

3. Hauptstück – Örtliche Raumordnung ................................................... 97
   1. Abschnitt – Örtliches Entwicklungskonzept ..................................... 97
      § 9  Örtliches Entwicklungskonzept .................................................. 97
      § 10 Festlegung von Siedlungsschwerpunkten ................................. 112
      § 11 Überprüfung des örtlichen Entwicklungskonzepts ................... 117
      § 12 Verfahren für den Beschluss über das örtliche
           Entwicklungskonzept .................................................................. 119
   2. Abschnitt – Festlegungen im Flächenwidmungsplan ....................... 126
      § 13 Flächenwidmungsplan ............................................................... 126
      § 14 Ersichtlichmachungen im Flächenwidmungsplan ..................... 137
      § 15 Bauland ....................................................................................... 144
      § 16 Baugebiete .................................................................................. 165
      § 17 Dorfgebiet .................................................................................. 178
      § 18 Wohngebiet ................................................................................ 187
      § 19 Kurgebiet .................................................................................... 191
      § 20 Gewerbegebiet ........................................................................... 194

- § 21 Geschäftsgebiet ... 198
- § 22 Industriegebiet ... 200
- § 23 Gemischte Baugebiete ... 204
- § 24 Sondergebiete ... 205
- § 25 Aufschließungsgebiete ... 208
- § 26 Verkehrsflächen ... 224
- § 27 Grünland ... 227
- § 28 Bauliche Anlagen im Grünland ... 245
- § 29 Vorbehaltsflächen ... 261
- § 30 Sonderwidmungen Apartmenthäuser, sonstige Freizeitwohnsitze und Hoteldörfer ... 270
- § 31 Orts- und Stadtkerne ... 278
- § 32 Einkaufszentren ... 281
- 3. Abschnitt – Änderungen im Flächenwidmungsplan ... 296
  - § 33 Regelmäßige Überprüfung ... 296
  - § 34 Änderung des Flächenwidmungsplanes ... 299
  - § 35 Bebauungsfrist ... 305
  - § 36 Rückwidmungen ... 310
  - § 37 Entschädigungen ... 326
- 4. Abschnitt – Verfahren ... 341
  - § 38 Verfahren für den Beschluss über den Flächenwidmungsplan ... 341
  - § 39 Verfahren zur Änderung des Flächenwidmungsplanes ... 351
  - § 40 Vereinfachtes Verfahren ... 360
  - § 41 Verfahren zur Festlegung und zur Freigabe von Aufschließungsgebieten ... 362
  - § 42 Verfahren zur Festlegung von Orts- und Stadtkernen ... 364
- 5. Abschnitt – Wirkung des Flächenwidmungsplanes ... 366
  - § 43 Wirkung des Flächenwidmungsplanes ... 366
  - § 44 Ausnahmen von der Wirkung des Flächenwidmungsplanes ... 371
  - § 45 Einzelbewilligungen ... 384
- 6. Abschnitt – Befristete Bausperre ... 391
  - § 46 Befristete Bausperre ... 391
- 7. Abschnitt – Bebauungsplanung ... 397
  - § 47 Genereller Bebauungsplan ... 398
  - § 48 Teilbebauungsplan ... 410
  - § 49 Gestaltungsplan ... 427
  - § 50 Änderung eines Bebauungsplans ... 431
  - § 51 Verfahren für den Beschluss über einen Bebauungsplan ... 434
- 8. Abschnitt – Integrierte Flächenwidmungs- und Bebauungsplanung ... 442
  - § 52 Integrierter Flächenwidmungs- und Bebauungsplan ... 442

9. Abschnitt – Vertragsraumordnung .......................................................... 445
  § 53 Privatwirtschaftliche Maßnahmen ...................................................... 445
  § 54 Besondere Vertragsinhalte ................................................................... 467

4. Hauptstück – Raumordnungsbeirat ......................................................... 473
  § 55 Raumordnungsbeirat .......................................................................... 473
  § 56 Zusammensetzung des Raumordnungsbeirates ............................... 476
  § 57 Sitzungen des Raumordnungsbeirates ............................................... 480

5. Hauptstück – Schlussbestimmungen ...................................................... 491
  § 58 Automationsunterstützte Vollziehung .............................................. 491
  § 59 Eigener Wirkungsbereich ................................................................... 494
  § 60 Verweisungen ........................................................................................ 495

1.1. Entwicklungsprogramm Kärntner Zentralraum ................................. 502
  § 1 Planungsraum ......................................................................................... 502
  § 2 Flächenwidmungspläne ....................................................................... 503
  § 3 Wirkung .................................................................................................. 503
  Anlage ............................................................................................................ 503

1.2 Entwicklungsprogramm Raum Villach ................................................. 514
  § 1 Planungsraum ......................................................................................... 514
  § 2 Wirkung .................................................................................................. 514
  Anlage ............................................................................................................ 515

1.3. Entwicklungsprogramm Nockberge ...................................................... 530
  § 1 Planungsraum ......................................................................................... 530
  § 2 Wirkung .................................................................................................. 530
  Anlage ............................................................................................................ 531

1.4. Entwicklungsprogramm Mirnock-Verditz ........................................... 539
  § 1 Planungsraum ......................................................................................... 539
  § 2 Wirkung .................................................................................................. 539
  Anlage ............................................................................................................ 540

1.5. Entwicklungsprogramm Raum Klagenfurt .......................................... 546
  § 1 Planungsraum ......................................................................................... 546
  § 2 Wirkung .................................................................................................. 546
  Anlage ............................................................................................................ 547

## 1.6. Entwicklungsprogramm politischer Bezirk St. Veit an der Glan ... 568
§ 1 Planungsraum ... 568
§ 2 Wirkung ... 568
Anlage ... 569

## 1.7. Entwicklungsprogramm Raum Weißensee ... 584
§ 1 Planungsraum ... 584
§ 2 Wirkung ... 584
Anlage ... 585

## 1.8. Industriestandorträume-Verordnung ... 591
§ 1 ... 591
§ 2 ... 591
§ 3 ... 592

## 1.9. Windkraftstandorträume-Verordnung ... 593
§ 1 Zielbestimmung ... 593
§ 2 Geltungsbereich ... 593
§ 3 Begriffsbestimmung ... 593
§ 4 Standorträume ... 594
§ 5 Spezifische Standortvoraussetzungen ... 595
§ 6 Verweisungen ... 597
§ 7 Inkrafttreten ... 597

## 1.10. Kärntner Photovoltaikanlagen-Verordnung ... 598
§ 1 Zielbestimmung ... 598
§ 2 Anwendungsbereich ... 598
§ 3 Begriffsbestimmung ... 599
§ 4 Standorte ... 599
§ 5 Widmungsvoraussetzungen ... 600
§ 6 Verweisungen ... 600
§ 7 Inkrafttreten und Übergangsbestimmungen ... 601

## 1.11. Kärntner Orts- und Stadtkern-Verordnung 2022 – K-OSKV 2022 ... 602
§ 1 ... 602
§ 2 ... 603

## 1.12. Planzeichenverordnung für Flächenwidmungspläne ... 614

§ 1 Plangrundlage ... 614
§ 2 Zeichnerische Darstellung ... 615
§ 3 Äußere Form der zeichnerischen Darstellung ... 615
§ 4 Verzeichnis der ersichtlich zu machenden Festlegungen ... 616
§ 5 Änderung von Festlegungen im Flächenwidmungsplan ... 616
§ 5a Einzelbewilligung nach § 14 Abs. 5 der Kärntner Bauordnung 1996 ... 617
§ 6 Zeichnerische Darstellung mittels automationsunterstützter Datenverarbeitung ... 618
§ 7 Schlußbestimmungen ... 618
Anlage ... 620

## 1.13. Planzeichenverordnung für Teilbebauungspläne ... 628

§ 1 Plangrundlage ... 628
§ 2 Zeichnerische Darstellung ... 628
§ 3 Änderung eines Teilbebauungsplanes ... 629
§ 4 Schlußbestimmungen ... 630
Anlage ... 631

## 1.14. Richtlinien-Verordnung ... 635

§ 1 Grundsätze für privatwirtschaftliche Maßnahmen zur Erreichung der Ziele der örtlichen Raumplanung ... 635
§ 2 Sicherstellung der widmungsgemäßen Verwendung ... 637
§ 3 Sicherstellung der Verfügbarkeit von Grundflächen ... 638
§ 4 Beteiligung des Grundeigentümers an Aufschließungskosten ... 640

## 1.15. Verordnung der Kärntner Landesregierung, mit der eine Geschäftsordnung des Raumordnungsbeirates erlassen wird (Geschäftsordnung des Raumordnungsbeirates – K-GOROB) ... 641

§ 1 Raumordnungsbeirat ... 641
§ 2 Konstituierende Sitzung und Wahl des Vorsitzenden ... 642
§ 3 Einberufung zu Sitzungen des Beirates ... 642
§ 4 Verhinderung an der Teilnahme an einer Sitzung ... 643
§ 5 Sitzungen des Beirates ... 644
§ 6 Beschlüsse des Beirates ... 644
§ 7 Niederschrift ... 645
§ 8 Kanzleigeschäfte des Beirates ... 645
§ 9 Ausschüsse des Beirates ... 645

§ 10 Beiziehung von Sachverständigen und Auskunftspersonen.......... 646
§ 11 Schlussbestimmungen................... 646

## 2. Kärntner Umweltplanungsgesetz – K-UPG........................ 647

### 1. Abschnitt – Allgemeine Bestimmungen........................... 649
§ 1 Gegenstand................ 649
§ 2 Begriffsbestimmungen................ 650
§ 3 Pläne und Programme................ 651
§ 4 Örtliche Raumplanung................ 653
§ 5 Landwirtschaft, Jagd und Fischerei................ 656
§ 6 Wasserversorgung und -entsorgung................ 656
§ 6a Umgebungslärm................ 656

### 2. Abschnitt – Bestimmungen über das Verfahren................ 658
§ 7 Umweltbericht................ 658
§ 8 Konsultationsverfahren................ 660
§ 9 Grenzüberschreitende Konsultationen................ 660
§ 10 Entscheidungsfindung................ 662
§ 11 Bekanntgabe der Entscheidung................ 662
§ 12 Überwachung................ 663

### 3. Abschnitt – Schlussbestimmungen................ 663
§ 13 Eigener Wirkungsbereich der Gemeinde................ 663
§ 14 Landesgesetze................ 663
§ 15 In-Kraft-Treten................ 663
§ 16 Umsetzungshinweis................ 664
Anlage................ 665

## 3. Muster Privatwirtschaftliche Vereinbarungen................... 669

Stichwortverzeichnis................ 695

# Abkürzungsverzeichnis

| | |
|---|---|
| aA | andere Ansicht |
| ABGB | Allgemeines Bürgerliches Gesetzbuch |
| ABl | Amtsblatt der Europäischen Union |
| Abs | Absatz |
| Anm | Anmerkung |
| AnwBl | Österreichisches Anwaltsblatt |
| Art | Artikel |
| AVG | Allgemeines Verwaltungsverfahrensgesetz 1991 |
| AWG 2002 | Abfallwirtschaftsgesetz 2002 |
| bauaktuell | Zeitschrift für Baurecht, Baubetriebswirtschaft und Baumanagement |
| BauRG | Baurechtsgesetz |
| bbl | Baurechtliche Blätter |
| BGBl | Bundesgesetzblatt |
| Bgld. RPG 2019 | Burgenländisches Raumplanungsgesetz 2019 |
| Bgld. TG 2021 | Burgenländisches Tourismusgesetz 2021 |
| BImSchG | Bundes-Immissionsschutzgesetz [dt] |
| BStG 1971 | Bundesstraßengesetz 1971 |
| Bundes-LärmV | Bundes-Umgebungslärmschutzverordnung |
| B-VG | Bundes-Verfassungsgesetz |
| BVG | Bundesverfassungsgesetz |
| BVG Umwelt | Bundesverfassungsgesetz über die Nachhaltigkeit, den Tierschutz, den umfassenden Umweltschutz, die Sicherstellung der Wasser- und Lebensmittelversorgung und die Forschung |
| bzw | beziehungsweise |
| ders | derselbe |
| dh | das heißt |
| dies | dieselben |
| DMSG | Denkmalschutzgesetz |

| | |
|---|---|
| DSG | Datenschutzgesetz |
| dt | deutsch |
| ecolex | Fachzeitschrift für Wirtschaftsrecht |
| E-GovG | E-Government-Gesetz |
| EGMR | Europäischer Gerichtshof für Menschenrechte |
| EGVG | Einführungsgesetz zu den Verwaltungsverfahrensgesetzen 2008 |
| EisbEG | Eisenbahn-Enteignungsentschädigungsgesetz |
| EisbG | Eisenbahngesetz 1957 |
| EMRK | Europäische Menschenrechtskonvention |
| ErlRV | Erläuterungen zur Regierungsvorlage |
| ETG 1992 | Elektrotechnikgesetz 1992 |
| ETV 2020 | Elektrotechnikverordnung 2020 |
| EuGH | Gerichtshof der Europäischen Union |
| EuZW | Europäische Zeitschrift für Wirtschaftsrecht |
| f | folgend |
| ff | fortfolgend |
| FHG | Fachhochschulgesetz |
| FN | Fußnote |
| ForstG-GZPV | ForstG-Gefahrenzonenplanverordnung |
| FS | Festschrift |
| GewO 1994 | Gewerbeordnung 1994 |
| GÖGG | Bundesgesetz über die Gesundheit Österreich GmbH |
| GP | Gesetzgebungsperiode |
| GrekoG | Grenzkontrollgesetz |
| GUG | Grundbuchsumstellungsgesetz |
| GWG 2011 | Gaswirtschaftsgesetz 2011 |
| Hrsg | Herausgeber |
| idF | in der Fassung |
| idgF | in der geltenden Fassung |
| immolex | immolex – neues Miet- und Wohnrecht |
| iS | im Sinne |
| iVm | in Verbindung mit |
| JBl | Juristische Blätter |
| K-AGO | Kärntner Allgemeine Gemeindeordnung |
| K-AWO | Kärntner Abfallwirtschaftsordnung 2004 |

| | |
|---|---|
| K-BAV | Kärntner Bauansuchenverordnung |
| K-BiWG | Kärntner Bienenwirtschaftsgesetz |
| K-BO 1996 | Kärntner Bauordnung 1996 |
| K-BStG | Kärntner Bestattungsgesetz |
| K-BuG | Kärntner Buschenschankgesetz |
| K-CPG | Kärntner Campingplatzgesetz |
| K-ElWOG | Kärntner Elektrizitätswirtschafts- und -organisationsgesetz 2011 |
| K-FLG | Kärntner Flurverfassungs-Landesgesetz 1979 |
| kg | Kilogramm |
| K-GFPO | Kärntner Gefahrenpolizei- und Feuerpolizeiordnung |
| K-GKG | Kärntner Gemeindekanalisationsgesetz |
| K-GOL | Geschäftsordnung der Kärntner Landesregierung |
| K-GplG 1995 | Kärntner Gemeindeplanungsgesetz 1995 |
| K-GrvG | Kärntner Grundversorgungsgesetz |
| K-GTG | Kärntner Grundstücksteilungsgesetz |
| K-GVG 2002 | Kärntner Grundverkehrsgesetz 2002 |
| K-GWVG | Kärntner Gemeindewasserversorgungsgesetz |
| K-IPPC-AG | Kärntner IPPC-Anlagengesetz |
| K-ISG | Kärntner Informations- und Statistikgesetz |
| K-JG | Kärntner Jagdgesetz 2000 |
| K-KMG | Kärntner Kundmachungsgesetz |
| K-KStR 1998 | Klagenfurter Stadtrecht 1998 |
| K-LVG | Kärntner Landesverfassung |
| K-LWG | Kärntner Landwirtschaftsgesetz |
| K-NBG | Kärntner Nationalpark- und Biosphärenparkgesetz |
| K-NSG 2002 | Kärntner Naturschutzgesetz 2002 |
| K-OBG | Kärntner Ortsbildpflegegesetz 1990 |
| K-ROG | Kärntner Raumordnungsgesetz |
| K-ROG 2021 | Kärntner Raumordnungsgesetz 2021 |
| K-SBG | Kärntner Seveso-Betriebegesetz |
| K-StrG 2017 | Kärntner Straßengesetz 2017 |
| K-ULV 2022 | Kärntner Umgebungslärmverordnung 2022 |
| K-UPG | Kärntner Umweltplanungsgesetz |
| K-VAG 2010 | Kärntner Veranstaltungsgesetz 2010 |

| | |
|---|---|
| K-VStR 1998 | Villacher Stadtrecht 1998 |
| kW | Kilowatt |
| K-WBFG 2017 | Kärntner Wohnbauförderungsgesetz 2017 |
| K-WBG | Gesetz über die Wegfreiheit im Berglande |
| Ldtgs Zl | Landtagszahl |
| leg cit | legis citatae |
| LFG | Luftfahrtgesetz |
| Lfg | Lieferung |
| LGBl | Landesgesetzblatt |
| lit | litera |
| LVwG | Landesverwaltungsgericht |
| m | Meter |
| MinroG | Mineralrohstoffgesetz |
| MunLG 2003 | Munitionslagergesetz 2003 |
| mwN | mit weiteren Nachweisen |
| NÖ ROG 2014 | Niederösterreichisches Raumordnungsgesetz 2014 |
| Nr | Nummer |
| NVwZ | Neue Zeitschrift für Verwaltungsrecht |
| OGH | Oberster Gerichtshof |
| ÖGZ | Österreichische Gemeindezeitung |
| OIB | Österreichisches Institut für Bautechnik |
| ÖJZ | Österreichische Juristen-Zeitung |
| Oö. ROG 1994 | Oberösterreichisches Raumordnungsgesetz 1994 |
| ÖROK | Österreichische Raumordnungskonferenz |
| PrivHG | Privathochschulgesetz |
| RdU | Recht der Umwelt |
| RdU-U&T | Recht der Umwelt – Sonderbeilage Umwelt & Technik |
| RFG | Recht und Finanzen für Gemeinden |
| RIS | Rechtsinformationssystem des Bundes |
| RL | Richtlinie |
| RV | Regierungsvorlage |
| Rz | Randzahl |
| S | Seite |
| SchFG | Schifffahrtsgesetz |
| SeilbG 2003 | Seilbahngesetz 2003 |

| | |
|---|---|
| S-NSchG | Salzburger Naturschutzgesetz 1999 |
| SprLV | Sprengmittellagerverordnung |
| SperrGG 2002 | Sperrgebietsgesetz 2002 |
| SPRW | Spektrum der Rechtswissenschaft |
| S-ROG 1977 | Salzburger Raumordnungsgesetz 1977 |
| S-ROG 1998 | Salzburger Raumordnungsgesetz 1998 |
| StGG | Staatsgrundgesetz über die allgemeinen Rechte der Staatsbürger |
| Stmk. BauG | Steiermärkisches Baugesetz |
| StROG | Steiermärkisches Raumordnungsgesetz 2010 |
| StVO 1960 | Straßenverkehrsordnung 1960 |
| SV | Zeitschrift Sachverständige |
| TBO 2022 | Tiroler Bauordnung 2022 |
| TKG 2021 | Telekommunikationsgesetz 2021 |
| TROG 2022 | Tiroler Raumordnungsgesetz 2022 |
| uä | und ähnliches |
| udgl | und dergleichen |
| UG | Universitätsgesetz 2002 |
| UVP-G 2000 | Umweltverträglichkeitsprüfungsgesetz 2000 |
| V-BauG | [Vorarlberger] Baugesetz |
| VfGH | Verfassungsgerichtshof |
| VfSlg | Sammlung der Erkenntnisse des Verfassungsgerichtshofes |
| vgl | vergleiche |
| VwGH | Verwaltungsgerichtshof |
| VwSlg | Sammlung der Erkenntnisse des Verwaltungsgerichtshofes |
| WRG 1959 | Wasserrechtsgesetz 1959 |
| WRG-GZPV | WRG-Gefahrenzonenplanungsverordnung |
| Z | Ziffer |
| zB | zum Beispiel |
| ZfV | Zeitschrift für Verwaltung |
| ZP | Zusatzprotokoll |
| ZVB | Zeitschrift für Vergaberecht und Bauvertragsrecht |
| ZVR | Zeitschrift für Verkehrsrecht |

# 1. Kärntner Raumordnungsgesetz 2021 – K-ROG 2021

*LGBl 2021/59*

## Inhaltsverzeichnis

1. Hauptstück – Allgemeine Bestimmungen
§ 1   Geltungsbereich
§ 2   Ziele und Grundsätze der Raumordnung
§ 3   Bestandsaufnahme und Raumforschung
§ 4   Raumordnungskataster
§ 5   Informationspflichten für Seveso-Betriebe
§ 6   Raumverträglichkeitsprüfung

2. Hauptstück – Überörtliche Raumordnung
§ 7   Überörtliche Entwicklungsprogramme
§ 8   Wirkung der überörtlichen Entwicklungsprogramme

3. Hauptstück – Örtliche Raumordnung

1. Abschnitt – Örtliches Entwicklungskonzept
§ 9   Örtliches Entwicklungskonzept
§ 10  Festlegung von Siedlungsschwerpunkten
§ 11  Überprüfung des örtlichen Entwicklungskonzepts
§ 12  Verfahren für den Beschluss über das örtliche Entwicklungskonzept

2. Abschnitt – Festlegungen im Flächenwidmungsplan
§ 13  Flächenwidmungsplan
§ 14  Ersichtlichmachungen im Flächenwidmungsplan

§ 15 Bauland
§ 16 Baugebiete
§ 17 Dorfgebiet
§ 18 Wohngebiet
§ 19 Kurgebiet
§ 20 Gewerbegebiet
§ 21 Geschäftsgebiet
§ 22 Industriegebiet
§ 23 Gemischte Baugebiete
§ 24 Sondergebiete
§ 25 Aufschließungsgebiete
§ 26 Verkehrsflächen
§ 27 Grünland
§ 28 Bauliche Anlagen im Grünland
§ 29 Vorbehaltsflächen
§ 30 Sonderwidmungen Apartmenthäuser, sonstige Freizeitwohnsitze und Hoteldörfer
§ 31 Orts- und Stadtkerne
§ 32 Einkaufszentren

3. Abschnitt – Änderungen im Flächenwidmungsplan
§ 33 Regelmäßige Überprüfung des Flächenwidmungsplanes
§ 34 Änderung des Flächenwidmungsplanes
§ 35 Bebauungsfrist
§ 36 Rückwidmungen
§ 37 Entschädigungen

4. Abschnitt – Verfahren
§ 38 Verfahren für den Beschluss über den Flächenwidmungsplan
§ 39 Verfahren zur Änderung des Flächenwidmungsplanes
§ 40 Vereinfachtes Verfahren
§ 41 Verfahren zur Festlegung und zur Freigabe von Aufschließungsgebieten

§ 42 Verfahren zur Festlegung von Orts- und Stadtkernen

5. Abschnitt – Wirkung des Flächenwidmungsplanes
§ 43 Wirkung des Flächenwidmungsplanes
§ 44 Ausnahmen von der Wirkung des Flächenwidmungsplanes
§ 45 Einzelbewilligungen

6. Abschnitt – Befristete Bausperre
§ 46 Befristete Bausperre

7. Abschnitt – Bebauungsplanung
§ 47 Genereller Bebauungsplan
§ 48 Teilbebauungsplan
§ 49 Gestaltungsplan
§ 50 Änderung eines Bebauungsplans
§ 51 Verfahren für den Beschluss über einen Bebauungsplan

8. Abschnitt – Integrierte Flächenwidmungs- und Bebauungsplanung
§ 52 Integrierter Flächenwidmungs- und Bebauungsplan

9. Abschnitt – Vertragsraumordnung
§ 53 Privatwirtschaftliche Maßnahmen
§ 54 Besondere Vertragsinhalte

4. Hauptstück – Raumordnungsbeirat
§ 55 Raumordnungsbeirat
§ 56 Zusammensetzung des Raumordnungsbeirates
§ 57 Sitzungen des Raumordnungsbeirates

5. Hauptstück – Schlussbestimmungen
§ 58 Automationsunterstützte Vollziehung
§ 59 Eigener Wirkungsbereich
§ 60 Verweisungen

## Allgemeine Erläuterungen zum K-ROG 2021:
### ErlRV 01-VD-LG-1865/5-2021, 1 ff:

„Für Sinn und Zweck des Raumordnungsrechts kann bis heute auf die in den Erläuterungen zu den jeweiligen Gesetzesvorhaben angeführten Beweggründe zurückgegriffen werden.

So führen diese zB schon zum Landesplanungsgesetz, LGBl. Nr. 47/1959, aus: *„Das Gesetz war notwendig, weil die überstürzte Entwicklung insbesondere seit dem Ende des zweiten Weltkrieges die Stadt- und Landgemeinden vor eine Fülle neuer Aufgaben gestellt hat, für deren Erfüllung die vorhandenen rechtlichen Handhaben nicht ausreichten. Die Siedlungstätigkeit brachte es mit sich, daß Gebiete bebaut worden sind, die im Hinblick auf die mangelhafte Beschaffenheit der Grundstücke, die fehlende Aufschließung mit öffentlichen Verkehrswegen, mit Versorgungsleitungen usw. nicht hätten bebaut werden sollen. Die öffentlichen Aufwendungen für solche Bauten sind unverhältnismäßig groß. Sie wären viel geringer, wenn die Besiedlung im Rahmen einer planmäßigen Gesamtentwicklung erfolgt wäre. Auch die landwirtschaftlichen Nutzflächen sind durch unzweckmäßige Splitterverbauungen beeinträchtigt worden. Es liegt im volkswirtschaftlichen Interesse, das Produktionsmittel, das als einziges nicht vermehrt werden kann, Grund und Boden, zweckmäßig und sparsam zu bewirtschaften.“*

Die Erläuterungen Verf-273/3/1994, 1 ff, halten zur tiefgreifenden Novelle LGBl. Nr. 105/1994 fest: *„Die seit der erstmaligen umfassenden Regelung der örtlichen Raumplanung in Kärnten wiederholt vorgenommenen Änderungen des Gemeindeplanungsgesetzes 1982 vermögen an dem Umstand nichts zu ändern, daß die geltende Rechtslage zum Teil von bereits überholten ordnungs- und entwicklungspolitischen Zielvorstellungen für die Gestaltung des Gemeindegebietes ausgehen. Hinzu kommt noch, daß sich – vor allem in den letzten Jahren – räumliche Entwicklungen vollzogen haben, die vom Gesetzgeber in dieser Form nicht vorhergesehen werden konnten und denen mit dem bestehenden gemeindeplanungsrechtlichen Instrumentarium heute nicht mehr ausreichend begegnet werden kann. Darüber hinaus erfordern auch die bei der Vollziehung des Gemeindeplanungsrechtes durch mehr als zwei Jahrzehnte hindurch gewonnenen praktischen Erfahrungen und die auch im Bereich der örtlichen Raumordnung zu berücksich-*

*tigenden veränderten Rahmenbedingungen und Wertprioritäten in verschiedener Hinsicht ein Abgehen von bisherigen Positionen und Schwerpunktsetzungen und die Bereitstellung neuer raumordnungsrechtlicher Instrumente:*

*a) Was die Rahmenbedingungen der Raumordnung betrifft, ist zunächst darauf hinzuweisen, daß sich in der jüngeren Vergangenheit wesentliche Veränderungen sowohl auf gesamteuropäischer Ebene als auch in unmittelbarer Nachbarschaft Kärntens ergeben haben bzw. solche unmittelbar bevorstehen: Im gegebenen Zusammenhang ist einerseits an die Verwirklichung des EG-Binnenmarktes, an die Schaffung des Europäischen Wirtschaftsraumes sowie an den bevorstehenden EU-Beitritt Österreichs zu denken. Anderseits befinden sich aber auch die Wirtschafts- und Gesellschaftssysteme in Ost- und Südosteuropa in einem tiefgreifenden Umbruch, mit der Schaffung der Republik Slowenien entstand unmittelbar an der Grenze zu Kärnten ein neuer Nachbarstaat. Die aufgezeigten Entwicklungen werden zweifellos Vorteile mit sich bringen und dazu führen, daß das Land Kärnten seine Rolle als (in gewissem Sinne isolierte) Region am Rande des Wirtschafts- und Gesellschaftsraumes verlieren wird und sich neue Möglichkeiten insbesondere auch für erweiterte grenzüberschreitende Wirtschaftsbeziehungen eröffnen werden. Allerdings sind auch Belastungen durch erhöhtes Verkehrsaufkommen, geänderte Bedingungen für den Agrarmarkt, sich verschärfenden Konkurrenzverhältnisse, verstärkten Druck auf den Freizeitwohnungsmarkt usw. zu erwarten. Die Vorteile und Belastungen werden regional sehr unterschiedlich ausgeprägt auftreten und sowohl an die überörtliche Raumordnung (und Regionalpolitik) als auch an die örtliche Raumplanung größere Anforderungen als bisher stellen. Die Bewältigung jener Anforderungen, die sich aus den geänderten Rahmenbedingungen ergeben, erfordert daher nicht nur auf Landesebene, sondern in besonderem Maße auch auf Ebene der Gemeinden geänderte Strategien der räumlichen Ordnungs- und Entwicklungspolitik und neue gemeindeplanungsrechtliche Instrumente.*

*b) Neben den internationalen Rahmenbedingungen haben sich in der jüngeren Vergangenheit aber auch die Wertmaßstäbe für das staatliche Handeln überhaupt wesentlich geändert:*

*aa) Im gegeben Zusammenhang ist zunächst auf das Bundesverfassungsgesetz vom 27. November 1984 über den umfassenden Umweltschutz, BGBl. Nr. 491 (B-VG-Umweltschutz), zu verweisen, zufol-*

*ge dessen § 1 Abs. 1 sich die Republik Österreich (Bund, Länder und Gemeinden) zum Staatsziel des umfassenden Umweltschutz bekennt. Gemäß Abs. 2 leg. cit. ist unter umfassendem Umweltschutz die Bewahrung der natürlichen Umwelt als Lebensgrundlage der Menschen vor schädlichen Einwirkungen zu verstehen.*

*bb) Ein ähnliches Bekenntnis zum Umweltschutz enthält auch das Kärntner Landesverfassungsgesetz vom 13. Mai 1986 über die Grundsätze des Umweltschutzes in Kärnten (Kärntner Umwelt-Verfassungsgesetz), LGBl. Nr. 42 [Anmerkung: nunmehr Art. 7a K-LVG]. Nach dessen § 1 Abs. 1 haben das Land und die Gemeinden durch Schutz und Pflege der Umwelt die Lebensbedingungen für die gegenwärtigen und künftigen Generationen in Kärnten zu sichern. Das Land und die Gemeinden haben nach § 2 leg. cit. im Rahmen ihres jeweiligen Wirkungsbereiches (unter anderem)*

– *die natürliche Lebensgrundlage Boden zu schützen und sparsam und pfleglich zu nutzen (Z. 1),*

– *die Leistungsfähigkeit der natürlichen Umwelt zu erhalten und eingetretene Schäden möglichst zu beheben oder durch ökologisch sinnvolle Pflegemaßnahmen zu mindern (Z. 2),*

– *die Eigenart und die Schönheit der Kärntner Landschaft, die charakteristischen Landschafts und Ortsbilder sowie die Naturdenkmale und Kulturgüter Kärntens zu bewahren (Z. 4) und*

– *Grund und Boden sparsam und schonend zu nutzen, eine Zersiedelung zu vermeiden und Verkehrswege umweltgerecht zu planen und herzustellen (Z. 5).*

*Neben diesen skizzierten Zielen und Maßnahmen des Umweltschutzes legt das Kärntner Umwelt-Verfassungsgesetz in seinem § 3 ausdrücklich fest, daß (unter anderem) Landesgesetze mit den Grundsätzen und Zielen dieses Landesverfassungsgesetzes im Einklang stehen müssen.*

*cc) Sowohl das B-VG-Umweltschutz als auch das Kärntner Umwelt-Verfassungsgesetz stellen sogenannte „Staatszielbestimmungen" dar, also Grundsätze und allgemein gefaßte Richtlinien für das gesamte staatliche Handeln. Neben ihrer politischen Bedeutung als Ausdruck der Einigung maßgeblicher Gruppen im Staat über ein bestimmtes Ziel des staatlichen Handelns beinhalten Staatszielbestimmungen aber auch Gebote für den (jeweils zuständigen) Gesetzgeber, entsprechende Mechanismen zur Erreichung der verfassungsrechtlich postulierten Ziele zu schaffen. Ein wesentliches Anliegen des vorliegenden Gesetzesentwurfes besteht nun darin, im Bereich des Raumordnungsrechtes in verstärktem Maße den Zielsetzungen des (verfassungsrechtlich vorgeprägten) Umweltschutzes gerecht zu werden und ökologische Erfordernisse bei der planmäßigen Gestaltung des Landesraumes in stärkerem Maße als bisher zu berücksichtigen.*

*c) Die wesentlichen Problembereiche der (örtlichen) Raumplanung auf Gemeindeebene in Kärnten lassen sich schlagwortartig folgendermaßen zusammenfassen:*

- *Überalterung der bestehenden Flächenwidmungspläne*
- *häufige (anlaßfallbezogene) Änderung von Flächenwidmungen*
- *zahlreiche Konflikte zwischen verschiedenen Raumnutzungen*
- *große (aber nicht verfügbare) Baulandreserven*
- *fehlende Baulandmobilität (Baulandhortung)*
- *steigende Baulandpreise*
- *verstärkte Tendenz zur Errichtung von Freizeitwohnsitzen*
- *Zersiedelung der Landschaft*
- *steigende Infrastrukturkosten für die Gemeinden*
- *(mitunter) fehlendes raumgestalterisches Bewußtsein in den gemeindlichen Entscheidungsgremien.*

*Die aufgezeigten Problembereiche können mit dem Instrumentarium, das das geltende Gemeindeplanungsrecht zur Verfügung stellt, nicht (mehr) zufriedenstellend bewältigt werden. Um die – gerade in der jüngeren Vergangenheit – wesentlich geänderten wirtschaftlichen, kulturellen, sozialen und – neuerdings auch verstärkt – ökologischen Zielvorstellungen für die planvolle Nutzung und Gestaltung des Raumes in die Praxis umsetzen zu können, bedarf es neuer Mechanismen, Strategien und Instrumente. Ein besonderes Problem, das auf dem Boden der geltenden Rechtslage kaum zu bewältigen ist, stellt beispielsweise der Umstand dar, daß in den Flächenwidmungsplänen der Gemeinden in großem Umfang Baulandflächen ausgewiesen sind, diese jedoch weder durch den Grundeigentümer selbst einer Bebauung zugeführt noch Dritten hiefür zur Verfügung gestellt werden. Dies führt einerseits dazu, daß immer neue Grundflächen als Bauland ausgewiesen werden müssen, um den bestehenden Bedarf befriedigen zu können. Andererseits verlagert sich die Siedlungsentwicklung von bestehenden*

*Siedlungskernen weg, was in weiterer Folge dazu führt, daß in immer stärkerem Ausmaß Flächen in Anspruch genommen werden (müssen), die für eine Bebauung nicht besonders geeignet sind. Dadurch wird einerseits einer – nicht nur aus raumordnungspolitischer Sicht – unerwünschten Zersiedelung der Landschaft Vorschub geleistet, andererseits bringt diese Entwicklung aber auch hohe Infrastrukturkosten für die Allgemeinheit und eine Vielzahl von Konflikten zwischen verschiedenen Nutzungsansprüchen an den Raum mit sich. Auch die in der jüngeren Vergangenheit verstärkt bemerkbare Tendenz zur Errichtung von Freizeitwohnsitzen in dezentralen Lagen führt zu einer fortschreitenden Zersiedelung der Landschaft."*

Diese angeführten raumordnungsfachlichen Problematiken bestehen trotz rund sechzigjähriger gesetzlicher Regulierung bis heute. Vor diesem Hintergrund zählen zu den inhaltlichen Hauptgesichtspunkten des Gesetzesentwurfs:

– Baulandmobilisierung insbesondere durch die Möglichkeit der Befristung von Baulandwidmungen einschließlich der Festlegung von Bebauungsfristen sowie der Anpassung der Vertragsraumordnung.

– Reduktion des Baulandüberhanges insbesondere durch eine Anpassung der Baulandreserven an den Baulandbedarf.

– Zulässigkeit von Einkaufszentren – ausgenommen Klagenfurt am Wörthersee und Villach – nur im Orts- und Stadtkern.

– Beschleunigung der Widmungsverfahren insbesondere durch die Möglichkeit der parzellenscharfen Festlegung von vorrangigen Entwicklungsgebieten innerhalb von Siedlungsschwerpunkten im örtlichen Entwicklungskonzept, die Zentralisierung der Genehmigung der Bebauungspläne bei der Landesregierung sowie die Kundmachung des Flächenwidmungsplanes und des Bebauungsplanes durch die Gemeinden.

– Aufnahme von Änderungswünschen und Verbesserungsvorschlägen seitens der Vollziehung.

Wesentliches legistisches Ziel ist, das Kärntner Raumordnungsgesetz – K-ROG und das Kärntner Gemeindeplanungsgesetz 1995 – K-GplG 1995 in ein Gesetz zusammenzuführen.

Es werden aber vielfach auch Bestimmungen der geltenden Rechtslage übernommen und gegebenenfalls weiterentwickelt. Dies spiegelt sich insbesondere in den vorliegenden Erläuterungen wider. So werden jeweils die der neuen Regelung entsprechenden Bestimmungen der geltenden Rechtslage angeführt, die historische Entwicklung aufgezeigt und die für die Auslegung noch relevanten Materialien aufgenommen. Dies sind Erläuterungen und Verweise zu folgenden Rechtsquellen:

- Landesplanungsgesetz, LGBl. Nr. 47/1959
- Kärntner Raumordnungsgesetz, LGBl. Nr. 76/1969
- Gemeindeplanungsgesetz 1970, LGBl. Nr. 1/1970
- Gemeindeplanungsgesetz 1982, LGBl. Nr. 51/1982
- Kärntner Gemeindeplanungsgesetz 1995 – K-GplG 1995, LGBl. Nr. 23/1995

Um eine bessere Lesbarkeit zu gewährleisten, wurden diese wortwörtlichen Übernahmen von historischen Erläuterungen kursiv gesetzt. Bei der Heranziehung dieser zur Auslegung des K-ROG 2021 ist methodisch zu beachten, dass diese historischen Erläuterungen im rechtlichen Kontext der jeweils damals geltenden Rechtslage zu verstehen sind.

In § 29 Abs. 4 und § 37 Abs. 7 K-ROG 2021 sind Instanzenzüge an das Landesgericht Klagenfurt vorgesehen. Darüber hinaus findet sich in § 49 Abs. 3 K-BO 1996 eine Bestimmung über das gerichtliche Verfahren (schon die geltenden Rechtslage sieht in § 7 Abs. 6 und § 21 Abs. 6 K-GplG 1995 sowie § 49 Abs. 3 K-BO 1996 entsprechende Instanzenzüge an das Landesgericht Klagenfurt vor). Aus diesem Grund muss gemäß Art. 94 Abs. 2 iVm. Art. 97 Abs. 2 B-VG für die Kundmachung dieses Gesetzes die Zustimmung der Bundesregierung eingeholt werden.

Der vorliegende Gesetzesentwurf stützt sich kompetenzrechtlich auf Art. 15 Abs. 1 und Abs. 9 B-VG."

# 1. Hauptstück

# Allgemeine Bestimmungen

## § 1 Geltungsbereich

(1) Dieses Gesetz regelt die überörtliche[1] und örtliche[2] Raumordnung[3].

(2) Soweit durch dieses Gesetz der Zuständigkeitsbereich des Bundes berührt wird, ist es so auszulegen, dass sich keine über die Zuständigkeit des Landes hinausgehende Wirkung ergibt.[4] Insbesondere gilt dieses Gesetz nicht für planende Maßnahmen[5]
1. des Verkehrswesens bezüglich Bundesstraßen,[6] Eisenbahnen,[7] Seilbahnen,[8] Luftfahrt[9] oder Schifffahrt[10],
2. des Bergwesens,[11]
3. des Wasserrechts,[12]
4. des Forstwesens,[13]
5. in militärischen Angelegenheiten[14].[15]

**Lit:**
*Anhammer*, Die landwirtschaftlichen Materialseilbahnen in rechtlicher Schau, JBl 1960, 63; *Berger*, Netzwerk Raumplanung – im Spannungsfeld der Kompetenzverteilung, 2008; *Bundschuh-Rieseneder*, Zur Problematik von Rolling Boards am Beispiel der Landeshauptstadt Innsbruck, bbl 2006, 43; *Bußjäger/Seeberger*, Lichtverschmutzung und Kompetenzverteilung, RdU-U&T 2011/28; *Christ*, Das Tiroler Seilbahn- und Schigebietsprogramm 2005 aus kompetenzrechtlicher Sicht, bbl 2005, 114; *Eisenberger G/Eisenberger I*, Die Bewilligung von Wasseranlagen anhand der Steiermärkischen Rechtslage, bbl 2001, 54; *Eller*, Kompetenzrechtliche Überlegungen im Zusammenhang mit der Überbauung von Infrastrukturanlagen, ZfV 2020/34; *Giese*, Die raumordnungsrechtliche Zulässigkeit der Unterbringung von Asylwerbern in Kasernen, bbl 2014, 229; *Granner/ Raschauer N*, Kompetenzrechtliche Überlegungen zur Lichtverschmutzung, SPRW 2012 VuV A, 21; *Gutknecht*, Kompetenzrechtliche Grundlagen für die Umsetzung der Bauproduktenrichtlinie, bbl 2001, 175; *Hattenberger*, Rechtliche Aspekte betreffend Lawinenschutzbauten, bbl 2004, 221 und bbl 2005, 1;

1. Hauptstück – Allgemeine Bestimmungen § 1

*dies*, Anlagenrelevante Bestimmungen des Wasserrechtsgesetzes, in Holoubek/ Potacs (Hrsg), Öffentliches Wirtschaftsrecht II⁴, 2019; *Hauer*, Kommt dem Bund auf dem Gebiet des Eisenbahn- und Luftfahrtwesen eine Kompetenz zur Raumordnung zu?, ZfV 1997, 577; *ders*, Planungsrechtliche Grundbegriffe und verfassungsrechtliche Vorgaben, in Hauer/Nußbaumer (Hrsg), Österreichisches Raum- und Fachplanungsrecht, 2006; *ders*, Elektrizitätserzeugungsanlagen, in Hauer/Nußbaumer (Hrsg), Österreichisches Raum- und Fachplanungsrecht, 2006; *ders*, Starkstromwegeplanung, in Hauer/Nußbaumer (Hrsg), Österreichisches Raum- und Fachplanungsrecht, 2006; *Havranek*, Raumordnungs- und Grundverkehrsrecht, in Rebhahn (Hrsg), Beiträge zum Kärntner Landesrecht, 1995; *Hofmann*, Die Rechtsstellung der Hochbauten nach dem Eisenbahngesetz, ZVR 1983, 65; *Janko*, Raumordnungsrechtliche Aspekte der Errichtung von Betreuungseinrichtungen für hilfsbedürftige Asylwerber, bbl 2005, 9; *Kanonier*, Braucht Österreich neun Raumordnungsgesetze?, bbl 2001, 207; *Klecatsky*, Plädoyer für eine legislative und administrative Konzentration des Seilbahnen- und Schleppliftwesens in Österreich, ZVR 1975, 289; *Kleewein*, Instrumente der Raumordnung – Überblick und Ausblick, bbl 2014, 89; *Kneihs/Lienbacher* (Hrsg), Rill-Schäffer-Kommentar Bundesverfassungsrecht, 26. Lfg, 2021; *Konzett*, Sicherheitstechnisches Recht bei Seilbahnen, ZVR 2003, 40; *Korinek/ Holoubek ua* (Hrsg), Österreichisches Bundesverfassungsrecht, 17. Lfg, 2022; *Krzizek*, System des Österreichischen Baurechts I, 1972; *Leitl*, Überörtliche und örtliche Raumplanung, in Hauer/Nußbaumer (Hrsg), Österreichisches Raum- und Fachplanungsrecht, 2006; *Madner/Grob*, Potentiale der Raumplanung für eine klimafreundliche Mobilität, juridikum 2019, 521; *Maschke*, Eisenbahnrechtliche Baugenehmigungsverfahren unter besonderer Berücksichtigung der Rechtsprechung des Verfassungs- und des Verwaltungsgerichtshofes, ÖJZ 1960, 365; *Mayer*, Wasserkraftwerke im Verwaltungsrecht, 1991; *ders*, Baurechtliche Bewilligungen für Wasserkraftwerke, ecolex, 1991, 214; *ders*, Die Kompetenz des Bundes zur Regelung des Eisenbahnwesens, ÖJZ 1996, 292; *ders*, Baurechtskompetenz und Luftfahrtwesen, bbl 1998, 3; *ders*, Die Kompetenzgrundlage des Mineralrohstoffgesetzes, ecolex 1999, 506; *Mayrhofer*, Bundes- und Landesstraßenplanungsrecht, in Hauer/Nußbaumer (Hrsg), Österreichisches Raum- und Fachplanungsrecht, 2006; *Morscher*, Zu den Grenzen der Bundeskompetenzen „Verkehrswesen bezüglich der Eisenbahnen und der Luftfahrt" (Art 10 Abs 1 Z 9 B-VG), in: Festschrift Schambeck, 1994, 527; *ders*, Raumordnungskompetenz im Verkehrswesen bezüglich der Eisenbahnen und der Luftfahrt, ZfV 1998, 758; *Morscher/Christ*, Das neue Seilbahngesetz 2003, ZVR 2004, 343; *Muzak*, Österreichisches, Europäisches, und Internationales Binnenschifffahrtsrecht, 2004; *Netzer*, Eisenbahnanlagen in der Praxis, ZVR 2019/51; *Nürnberger/ Ploner*, Militärische Raumordnung, in Hauer/Nußbaumer (Hrsg), Österreichisches Raum- und Fachplanungsrecht, 2006; *Nußbaumer*, Abfallwirtschaftsrechtliche Planung, in Hauer/Nußbaumer (Hrsg), Österreichisches Raum- und Fachplanungsrecht, 2006; *Pabel*, in Pabel (Hrsg), Das österreichische Gemeinderecht, 1. Teil Allgemeine Bestimmungen des Gemeinderechts, 2017; *Pernthaler*, Raumordnung und Verfassung I, 1975 und III, 1990; *Rill*, Betriebe an Bundesautobahnen und Bundesschnellstraßen im Spannungsfeld zwischen Bundesstraßenrecht und Landesraumplanungsrecht, ZfV 1980, 100; *ders*, Gemeindeselbstverwaltung und Bundesverfassung, in Rebhahn (Hrsg), Beiträge zum Kärntner Gemeinderecht, 1998; *Rill/Schäffer*, Die Rechtsnormen für die Planungskoordinierung seitens der öffentlichen Hand auf dem Gebiete der Raumordnung, 1975; *Rossmann*, Anrainer- und Umweltschutz im Bergrecht, RdU 1995, 71; *Sander/Suchanek*, Abfallrecht und Raumordnung, ecolex 2013, 1030; *Schäffer*, Das Berggesetz 1975, ZfV 1976, 3; *Schnorr*, Österreichisches Seilbahnrecht, 2013; *Schröttner/Dangl*, Das Seilbahngesetz, ZVR 2021/3; *Stöger*, Das steiermärkische Sachprogramm Windenergie, RdU-U&T 2014/31; *Storr*, Negativplanung für Wasserkraftwerke, RdU-U&T 2016/4; *Sturm/Kemptner*, Kärntner Allgemeine Gemeindeordnung[6], 2015; *Tiess/Rossmann/Pilgram*, Bedeutung des Vorsorgeprinzips bei der Gewinnung mineralischer Baurohstoffe (Teil I), RdU 2002/19; *Weber*, Zur Notwendigkeit der Erweiterung des Verfassungsbegriffes „Raumordnung" – Erste Überlegungen aus raumordnungspolitischer Perspektive, bbl 2020, 83; *Wiederin*, Erstaufnahmezentrum, Flächenwidmung und bundesstaatliche Kompetenzverteilung, bbl 2010, 83; *ders*, Eisenbahnanlagen und Landesbaurecht, ZfV 2013/245; *ders*, Theorien als Methoden der Kompetenzinterpretation, ZfV 2015/34; *Wimmer*, Raumplanungskompetenzen in Angelegenheiten der Grundversorgung von Asylwerbern, bbl 2010, 50; *Zeleny*, Eisenbahnplanungs- und -Baurecht, 1994.

## I. Erläuterungen
### ErlRV 01-VD-LG-1865/5-2021, 4:

„§ 1 Abs. 1 regelt den Geltungsbereich des Gesetzes. Im Gegensatz zur geltenden Rechtslage sollen im K-ROG 2021 die Bestimmungen der überörtlichen (bislang K-ROG) und der örtlichen Raumordnung (bislang K-GplG 1995) in einem Gesetz vereint werden.

§ 1 Abs. 2 entspricht grundsätzlich § 1 Abs. 2 K-ROG der geltenden Fassung. Die Bestimmung wurde durch LGBl. Nr. 42/1994 eingefügt. Dazu halten die Erläuterungen Verf-262/24/1993, 6 f , fest: *„Was die einzelnen Begriffsmerkmale betrifft, ist zunächst von der Rechtsprechung des Verfassungsgerichtshofes zum Kompetenztatbestand „Raumordnung" auszugehen, wonach die planmäßige und vorausschauende Gestaltung eines bestimmten Gebietes in Bezug auf seine Verbauung einerseits und für die Erhaltung von im wesentlichen unverbauten Flächen andererseits nach Art. 15 Abs. 1 B-VG in Gesetzgebung und Vollziehung insoweit Landessache ist, als nicht einzelne dieser planenden Maßnahmen, wie im besonderen solche auf den Gebieten des Eisenbahnwesens, des Bergwesens, des Forstwesens und des Wasserrechts nach Art. 10 bis 12 B-VG der Gesetzgebung oder auch der Vollziehung des*

*Bundes ausdrücklich vorbehalten sind (VfSlg. 2674/1954). Da die Raumordnung demnach – kompetenzrechtlich betrachtet – einen komplexen Begriff darstellt, können sowohl der Bund als auch die Länder raumordnende Tätigkeiten entfalten, jede dieser Autoritäten jedoch immer nur auf Gebieten, die nach der Kompetenzverteilung der Bundesverfassung in ihre Zuständigkeit fallen. Auch die Rechtsprechung des Verfassungsgerichtshofes erkennt in diesem Zusammenhang ausdrücklich an, daß in einem Bundesstaat, in dem sowohl dem Oberstaat als auch den Gliedstaaten raumordnende Befugnisse zukommen, Schwierigkeiten bei der Abgrenzung dieser Zuständigkeitsbereiche unvermeidbar sind (vgl. VfSlg. 2674/1954, 5669/1968). Um eine Abgrenzung der Regelungen des Kärntner Raumordnungsgesetzes gegenüber solchen planenden Maßnahmen, die nach Art. 10 bis 12 B-VG der Gesetzgebung oder der Vollziehung des Bundes vorbehalten sind, in verfassungskonformer Weise zu gewährleisten, ordnet § 1 Abs. 2 ausdrücklich an, daß die Planungszuständigkeiten des Bundes durch die Bestimmungen dieses Gesetzes nicht berührt werden. Der Verfassungsgerichtshof erkennt gerade im Bereich der Raumordnung die Zulässigkeit einer derartigen – die Bundeskompetenz sichernden – Auslegungsregel ausdrücklich an (VfGH 17.6.1989 B 1399/87) und zieht diese salvatorische Klausel selbst bei der Abgrenzung zwischen Bundes- und Landeszuständigkeit heran."*

Nunmehr sollen im Sinne der Rechtssicherheit und Rechtsklarheit in einer demonstrativen Liste kompetenzrechtliche Ausnahmen vom Geltungsbereich des K-ROG 2021 angeführt werden."

## II. Anmerkungen

Wesensmerkmal der überörtlichen Raumordnung ist, dass überörtliche Interessen überwiegen. Es ist somit für die Abgrenzung zwischen überörtlicher und örtlicher Raumordnung eine Interessenabwägung geboten. So zählt zB die Festsetzung einer Entschädigung für Eigentumsbeschränkungen im Zusammenhang mit der Erlassung bzw Änderung eines Flächenwidmungsplanes zur überörtlichen Raumordnung (VfGH VfSlg 6088/1969; VfSlg 8901/1980; VfSlg 13.568/1993). Sollen zB für konkrete Flächen im Wege der überörtlichen Raumordnung Widmungen festgelegt werden, so müssen derartige planerische Festlegungen eindeutig und nachweislich aus überwiegenden überörtlichen Interessen begründet werden (VfGH VfSlg 11.633/1988; *Leitl*, Raumplanung

1

108 f; siehe auch § 7 Anm 2; vgl § 15 Abs 1 Z 5). Die Zuordnung einer Angelegenheit zur örtlichen Raumordnung ist aber nicht dadurch ausgeschlossen, dass die Angelegenheit überörtliche Interessen berührt. Denn es zählt zu den Wesensmerkmalen der örtlichen Raumordnung, dass sie sich einer überörtlichen Raumordnung einordnet (VfGH VfSlg 14.679/1996).

**2** Die Gemeinde ist Gebietskörperschaft mit dem Recht auf Selbstverwaltung (Art 116 Abs 1 B-VG; Art 3 Abs 1 K-LVG; siehe auch § 59). Es ist zwischen dem eigenen und dem übertragenen Wirkungsbereich der Gemeinde zu unterscheiden (Art 118 Abs 1 B-VG; § 9 K-AGO; § 10 K-KStR 1998; § 10 K-VStR 1998). Der eigene Wirkungsbereich der Gemeinde wird einerseits durch eine Generalklausel bestimmt. Er umfasst alle Angelegenheiten, die im ausschließlichen oder überwiegenden Interesse der in der Gemeinde verkörperten örtlichen Gemeinschaft gelegen und geeignet sind, durch die Gemeinschaft innerhalb ihrer örtlichen Grenzen besorgt zu werden (Art 118 Abs 2 B-VG; § 10 Abs 1 K-AGO; § 11 Abs 1 K-KStR 1998; § 11 Abs 1 K-VStR 1998). Andererseits sind bestimmte Angelegenheiten jedenfalls vom eigenen Wirkungsbereich der Gemeinde umfasst (Art 118 Abs 3 B-VG; § 10 Abs 2 K-AGO; § 11 Abs 2 K-KStR 1998; § 11 Abs 2 K-VStR 1998; zum Ganzen *Rill*, Gemeindeselbstverwaltung 3 ff; *Weber* in Korinek/Holoubek, Art 118/1-7 B-VG Rz 1 ff; *Stolzlechner* in Kneihs/Lienbacher, Art 118 B-VG Rz 1 ff; *Pabel* in Pabel, Gemeinderecht, Rz 61 ff; *Sturm/Kemptner*, Gemeindeordnung[6] § 9 und § 10 K-AGO jeweils Anm 1 ff; ausführlich *Oberndorfer*, Gemeinderecht 145 ff).

Zu den Angelegenheiten, die jedenfalls dem eigenen Wirkungsbereich der Gemeinden zugeordnet sind, zählt gemäß Art 118 Abs 3 Z 9 B-VG (§ 10 Abs 2 Z 11 K-AGO; § 11 Abs 2 Z 11 K-KStR 1998; § 11 Abs 2 Z 11 K-VStR 1998) die „örtliche Raumplanung" (aber auch die örtliche Baupolizei und die örtliche Feuerpolizei). Für die Abgrenzung ist die allgemeine verfassungsrechtliche Umschreibung des eigenen Wirkungsbereiches in Art 118 Abs 2 B-VG maßgeblich. Eine planende Maßnahme zählt dann zur örtlichen Raumplanung, wenn sie im ausschließlichen oder überwiegenden Interesse der in der Gemeinde verkörperten örtlichen Gemeinschaft gelegen und geeignet ist, durch die Gemeinschaft innerhalb ihrer örtlichen Grenzen besorgt zu werden (VfGH VfSlg 11.163/1986; VfSlg 11.633/1993). Die Zuordnung einer Angelegenheit zum eigenen Wirkungsbereich ist aber nicht dadurch ausgeschlossen, dass die Angelegenheit überörtliche Interessen berührt. Denn es zählt zu den Wesensmerkmalen der örtlichen Raumplanung, dass sie sich einer überörtlichen Raumplanung einordnet (VfGH VfSlg 14.679/1996). Zur örtlichen Raumplanung zählt insbesondere die Erlassung von Flächenwidmungsplänen (VfGH VfSlg 8227/1977; VfSlg 11.633/1988; VfSlg 12.169/1989; VfSlg 12.891/1991; VfSlg 13.633/1993) und Bebauungsplänen (VfGH VfSlg 6857/1972) sowie die Veranlassung der Kundmachung dieser Pläne (VfGH VfSlg 20.318/2019). Hingegen ist zB die Festsetzung einer Entschädigung für Eigentumsbeschränkungen im Zusammenhang mit der Erlassung bzw Änderung eines Flächenwidmungsplanes grundsätzlich nicht umfasst (VfGH VfSlg 6088/1969; VfSlg 8901/1980; VfSlg 13.568/1993).

Aus der Zuordnung der örtlichen Raumplanung zum eigenen Wirkungsbereich der Gemeinden folgt, dass diese Angelegenheiten von den Gemeinden in eigener Verantwortung frei von Weisungen und unter Ausschluss eines Rechtsmittels an Verwaltungsorgane außerhalb der Gemeinde zu besorgen sind (Art 118 Abs 4 B-VG; § 10 Abs 4 K-AGO; § 11 Abs 4 K-KStR 1998; § 11 Abs 4 K-VStR 1998). Dem Land Kärnten kommt in dieser Hinsicht aber ein Aufsichtsrecht gemäß Art 119a B-VG zu (siehe insbesondere die Genehmigungsvorbehalte gemäß § 12 Abs 4, § 38 Abs 6, § 41 Abs 2, § 45 Abs 2 und § 51 Abs 6; vgl VfGH VfSlg 9543/1982; VfSlg 11.163/1986). Die Vollziehung der örtlichen Raumplanung hat aber im Rahmen der Gesetze und Verordnungen des Landes Kärntens zu erfolgen, es gilt somit das Legalitätsgebot des Art 18 Abs 1 B-VG (zum Legalitätsprinzip *Rill* in Kneihs/Lienbacher, Art 118 B-VG Rz 1 ff; *Kleewein*, bbl 2014, 91; *Leitl*, Raumplanung 108 f).

Nach der Judikatur des VfGH (VfSlg 2674/1954) umfasst der Begriff 3 der „Raumordnung" „die planmäßige und vorausschauende Gesamtgestaltung eines bestimmten Gebietes in bezug auf seine Verbauung, insbesondere für Wohn- und Industriezwecke einerseits und für die Erhaltung von im wesentlichen unbebauten Flächen andererseits" (zu verschiedenen Umschreibungen in der Literatur siehe *Rill/Schäffer*, Planungskoordinierung 13 f; *Eller*, ZfV 2020, 348; zum Begriff raumordnungspolitisch kritisch *Weber*, bbl 2020, 83 ff). Die Abgrenzung zum Begriff „Raumplanung" ist schwierig und nicht eindeutig zu treffen. Meiner Ansicht nach ist aber jener Meinung zu folgen, dass dem Begriff „Raumordnung" ein weiteres Verständnis zu Grunde liegt, es sind auch rechtlich institutionelle Elemente und nicht nur planende Maßnahmen umfasst (vgl *Pernthaler*, Raumordnung I 257 f; *Hauer*, Grundbegriffe 11 f; *Leitl*, Raumplanung 105 f; *Eller*, ZfV 2020, 348).

**4** Nach dem Rechtssatz des VfGH (VfSlg 2674/1954) ist „die planmäßige und vorausschauende Gesamtgestaltung eines bestimmten Gebietes in bezug auf seine Verbauung, insbesondere für Wohn- und Industriezwecke einerseits und für die Erhaltung von im wesentlichen unbebauten Flächen anderseits („Landesplanung" – „Raumordnung"), [...] nach Art. 15 Abs. 1 B.-VG. in der Fassung von 1929 in Gesetzgebung und Vollziehung insoweit Landessache, als nicht etwa einzelne dieser planenden Maßnahmen, wie im besonderen solche auf den Gebieten des Eisenbahnwesens, des Bergwesens, des Forstwesens und des Wasserrechts, nach Art. 10 bis 12 B.-VG. in der Fassung von 1929 der Gesetzgebung oder auch der Vollziehung des Bundes ausdrücklich vorbehalten sind." Mit anderen Worten obliegt die Raumordnung somit den Ländern, sofern nicht eine Fachplanungskompetenz des Bundes besteht (*Wimmer*, bbl 2010, 52; *Madner/Grob*, juridikum 2019, 522; siehe auch *Havranek*, Raumordnungsrecht 76 f; rechtspolitisch kritisch *Kanonier*, bbl 2001, 207 ff; zur Überbauung von Infrastrukturanlagen, die in der Kompetenz des Bundes liegen *Eller*, ZfV 2020, 347 ff). § 1 Abs 2 enthält dementsprechend eine salvatorische Klausel (vgl VfGH VfSlg 12.918/1991), dass soweit durch das K-ROG 2021 der Zuständigkeitsbereich des Bundes berührt wird, das K-ROG 2021 so auszulegen ist, dass sich keine über die Zuständigkeit des Landes hinausgehende Wirkung ergibt. Darüber hinaus werden in einer demonstrativen Liste (siehe den Wortlaut „insbesondere"; dh es können noch andere kompetenzrechtliche Ausnahmen bestehen, siehe Anm 15) kompetenzrechtliche Ausnahmen vom Geltungsbereich des K-ROG 2021 angeführt. Beides dient der Rechtssicherheit und Rechtsklarheit (siehe auch die Erläuterungen oben; zur Berücksichtigung öffentlicher Zwecke des Bundes im Rahmen der Ziele und Grundsätze siehe § 2 Anm 1; zum Berücksichtigungsgebot siehe § 2 Anm 21).

**5** Umfasst sind in erster Linie planende Maßnahmen der Hoheitsverwaltung, dh insbesondere der Handlungsform Gesetz, Verordnung oder Bescheid (vgl zu den Handlungsformen *Hauer*, Grundbegriffe 7 f). Indes stellen sich kompetenzrechtliche Fragen auch im Zusammenhang mit der Vertragsraumordnung (siehe dazu auch § 53 Anm 1). Weiters ist – auch kompetenzrechtlich – zwischen planenden Maßnahmen der

## 1. Hauptstück – Allgemeine Bestimmungen    § 1

„Bauplanung" und „sonstigen Bodennutzungsplanungen" zu unterscheiden. Die Bauplanung umfasst planende Maßnahmen über die bauliche Nutzung von Flächen (vgl VfGH VfSlg 2674/1954). Sie erfolgt insbesondere in den Flächenwidmungsplänen und Bebauungsplänen. Die sonstige Bodennutzungsplanung umfasst alle anderen planenden Maßnahmen, insbesondere die Festlegung von Flächen in einer Zone, zB Schutzgebiete (*Rill/Schäffer*, Planungskoordinierung 17 f; *Berger*, Raumplanung 129 ff; *Wimmer*, bbl 2010, 51 f).

Gemäß Art 10 Abs 1 Z 9 B-VG sind Angelegenheiten der wegen ihrer Bedeutung für den Durchzugsverkehr durch Bundesgesetz als Bundesstraßen erklärten Straßenzüge – ausgenommen der Straßenpolizei – in Gesetzgebung und Vollziehung Bundessache. Die Kompetenzverteilung ergibt sich aus dem Versteinerungszeitpunkt des Bundesgesetzes, betreffend die Bundesstraßen, BGBl 1921/387 (VfGH VfSlg 4349/1963; VfSlg 6770/1972; VwGH VwSlg 17.375 A/2008), und nicht aus § 3 BStG 1971 (VfGH VfSlg 20.262/2018; VwGH VwSlg 17.375 A/2008). Planende Maßnahmen, die Angelegenheiten der Bundesstraßen betreffen, fallen somit in die Fachplanungskompetenz des Bundes. Demnach können Landesvorschriften nicht mit verbindlicher Wirkung bestimmen, wo und wie Bundesstraßen zu führen sind. „Die planende und vorausschauende Tätigkeit auf diesem Gebiet zB durch Festlegung eines Bundesstraßenplanungsgebietes nach § 14 Abs 1 BStG 1971 ist ebenso Bundessache in Gesetzgebung und Vollziehung wie die Festlegung der Trasse einer Bundesstraße und die Erlassung und Vollziehung der Vorschriften zur Durchführung eines Bundesstraßenprojektes" (VfGH VfSlg 20.262/2018; vgl auch VfGH VfSlg 7658/1975). Planende Maßnahmen für Bestandteile einer Bundesstraße obliegen somit der Fachplanungskompetenz des Bundes (zum Ganzen *Mayrhofer*, Bundes- und Landesstraßenplanungsrecht 318 ff). Dazu zählen neben den unmittelbar dem Verkehr dienenden Flächen wie Fahrbahnen, Parkflächen (VwGH 21.12.2017, Ro 2014/06/0001) und Gehsteigen (VfGH VfSlg 6685/1972; VfSlg 6770/1972; VwGH VwSlg 7792 A/1970) auch Tunnel, Brücken, Durchlässe, Stütz- und Futtermauern, Straßenböschungen, Straßengräben sowie bauliche Anlagen zum Schutz vor Beeinträchtigungen durch den Verkehr auf der Bundesstraße, insbesondere gegen Lärmeinwirkung (VwGH VwSlg 17.375 A/2008; *Pernthaler*, Raumordnung III 88; vgl § 3 BStG 1971). Umfasst sind auch Straßenbeleuchtung (VfGH VfSlg 4349/1963; *Gutknecht*, bbl 2001, 179; *Bußjäger/Seeberger*, RdU-U&T 2011, 78; *Wallnöfer* in Kneihs/Lienba-

**6**

cher, Art 10 Abs 1 Z 9 B-VG Rz 72), Verkehrsleiteinrichtungen (*Gutknecht*, bbl 2001, 179; *Wallnöfer* in Kneihs/Lienbacher, Art 10 Abs 1 Z 9 B-VG Rz 72) und Verkehrskontrollplätze samt baulichen Anlagen, die in Zusammenhang mit der Funktion des Verkehrskontrollplatzes stehen (VfGH VfSlg 20.262/2018; dazu *Netzer*, ZVR 2019, 112 ff). Hingegen zählen planende Maßnahmen für bauliche Anlagen, die in keinem Zusammenhang mit Bundesstraßen stehen, nicht zur Fachplanungskompetenz des Bundes, zB Sanitäranlagen, Betriebe an Bundesstraßen (zB Tankstellen, Raststätten, Motels, Werkstätten und dergleichen; VwGH 3.7.2000, 2000/10/0002; *Rill*, ZfV 1980, 100 ff; *Berger*, Raumplanung 20 f; so auch VfGH VfSlg 20.262/2018; aA noch in VfGH 18.2.2016, E 2373/2015, dieser Beschluss des VfGH findet sich nicht im RIS, siehe aber die Bezugnahme in LVwG Vorarlberg 14.3.2016, LVwG-318/2015-R8), Werbeanlagen (VwGH 17.11.2009, 2009/06/0158) sowie Container, die als Teil einer vorübergehenden Baustelleneinrichtung neben einer Bundesstraße errichtet werden (VwGH VwSlg 13.545 A/1991).

**7** Gemäß Art 10 Abs 1 Z 9 B-VG sind Angelegenheiten des Verkehrswesens bezüglich der Eisenbahnen in Gesetzgebung und Vollziehung Bundessache. Planende Maßnahmen auf dem Gebiet des Eisenbahnwesens, wie die Festlegung der Trasse und die Erlassung und Vollziehung der Vorschriften zur Durchführung von Eisenbahnanlagen, fallen somit in die Fachplanungskompetenz des Bundes (VfGH VfSlg 2674/1954; *Mayer*, ÖJZ 1996, 292 ff; *Maschke*, ÖJZ 1960, 365; *Krzizek*, System I 157 ff; *Zeleny*, Eisenbahnplanungs- und -Baurecht 82 ff; *Hauer*, ZfV 1997, 579 f; *Netzer*, ZVR 2019, 112 ff; *Wallnöfer* in Kneihs/Lienbacher, Art 10 Abs 1 Z 9 B-VG Rz 22; zum Ganzen ausführlich *Wiederin*, ZfV 2013, 163 ff; aA *Morscher*, FS Schambeck 538 f; *ders*, ZfV 1998, 760; zu methodischen Fragen *Wiederin*, ZfV 2015, 236 ff). Eisenbahnanlagen im Sinne des § 10 EisbG, idF BGBl 1957/60 (für die Abgrenzung zur Landeskompetenz ist die Stammfassung des § 10 EisbG wesentlich; *Wiederin*, ZfV 2013, 164; vgl den durch BGBl I 2006/125 leicht veränderten Wortlaut; für die Judikatur des VwGH tritt dadurch keine Änderung ein VwGH VwSlg 17.864 A/2010), sind Bauten, ortsfeste eisenbahntechnische Einrichtungen und Grundstücke einer Eisenbahn, die ganz oder teilweise, unmittelbar oder mittelbar der Abwicklung oder Sicherung des Eisenbahnbetriebes oder Eisenbahnverkehrs dienen. Laut Judikatur des VwGH müssen die baulichen Anlagen mit dem Eisenbahnbetrieb oder Eisenbahnverkehr in einem solchen

## 1. Hauptstück – Allgemeine Bestimmungen § 1

Zusammenhang stehen, dass ohne sie ein geordneter Eisenbahnbetrieb oder Eisenbahnverkehr nicht möglich ist (ständige Rechtsprechung VwGH VwSlg 6123 A/1963; zuletzt 16.3.2012, 2009/05/0237; *Maschke*, ÖJZ 1960, 365; *Hofmann*, ZVR 1983, 67; *Mayer*, ÖJZ 1996, 294; aA *Wiederin*, ZfV 2013, 178 f). Ein räumlicher Zusammenhang mit der Fahrbahn ist nicht erforderlich. Die primär entscheidende eigentliche Zweckbestimmung kann sich schon aus der technischen Eigenart oder der speziellen Funktion ergeben, letztlich entscheidet aber die Zweckwidmung „zur Abwicklung oder Sicherung des Betriebes einer Eisenbahn, des Betriebes von Schienenfahrzeugen auf einer Eisenbahn oder des Verkehrs auf einer Eisenbahn"(ständige Rechtsprechung VwGH VwSlg 6123 A/1963; zuletzt 31.1.2012, 2009/05/0137; *Berger*, Raumplanung 28 ff). Darüber hinaus gelten nach der Rechtsprechung des VwGH auch bauliche Anlagen, die für sich gesehen nicht unverzichtbar für den Eisenbahnbetrieb oder Eisenbahnverkehr sind, dann als (Teil einer) Eisenbahnanlage, wenn sie mit Gebäudeteilen, die nach ihrer Zweckwidmung für den Eisenbahnbetrieb oder Eisenbahnverkehr notwendig sind, in bautechnischem Zusammenhang stehen und nach der Verkehrsauffassung eine bauliche Einheit bilden (ständige Rechtsprechung VwGH 29.9.1993, 91/03/0166; zuletzt 16.3.2012, 2009/05/0237; *Hofmann*, ZVR 1983, 67; *Pernthaler*, Raumordnung III 90 f; zu Mischverwendungen von baulichen Anlagen ausführlich *Wiederin*, ZfV 2013, 179 ff; aA *Krzizek*, System I 158 f; *Bußjäger/Sonntag*, ZfV 2014, 645). Dazu zählen insbesondere Bahnhofsanlagen (VwGH VwSlg 10.462 A/1981), inklusive den angeschlossenen Parkhäusern sowie Busbahnhöfen (VwGH 22.11.2005, 2002/03/0185), Lüftungsbauwerken (VwGH VwSlg 17.864 A/2010) und Lagerräumen (VwGH 29.9.1993, 91/03/0166; 28.2.1996, 94/03/0314; VwSlg 14.414 A/1996). Es schadet auch nicht, dass in der Bahnhofsanlage Gaststätten, Trafiken, Buchhandlungen, transportable Verkaufsstände (VwGH VwSlg 14.218 A/1995) und dergleichen angesiedelt sind (*Wiederin*, ZfV 2013, 181 f; *Netzer*, ZVR 2019, 115 f). Umfasst sind auch die Herstellung, Um- und Ausgestaltung der Kreuzungen von Eisenbahnen und Straßen (VfGH VfSlg 2905/1955), Schrankenanlagen (VwGH VwSlg 17.029 A/2006), Unterwerke (VfGH VfSlg 17.424/2004; VfSlg 17.493/2005; Unterwerke sind Umspannwerke), Schachtkopfgebäude (VfGH VfSlg 19.940/2014; 12.3.2015, B 1550/2012), Servicehallen für die Triebwageninstandhaltung (VfGH 12.3.2015, B 1550/2012), Lärmschutzwände (VwGH 29.5.2009, 2008/03/0108), Stützmauern (VwGH

16.9.2009, 2006/05/0150), Lawinenschutzbauten (*Hattenberger*, bbl 2004, 222), Anschlussbahnen (VwGH 13.4.1993, 92/05/0279), unmittelbare Belade- sowie Entladestellen (VwGH 13.4.1993, 92/05/0279; hingegen nicht Lade- und Umschlagplätze zur weiteren Manipulation VwGH 27.1.1993, 92/03/0185) und Telekommunikationsanlagen, soweit sie Eisenbahnzwecken dienen (VwGH 16.3.2012, 2009/05/0237; siehe hingegen für eine Telekommunikationsanlage auf Eisenbahngrund ohne entsprechende Zweckwidmung VwGH 15.5.2012, 2009/05/2012).

Demgegenüber ist es unerheblich, ob die bauliche Anlage auf Eisenbahngrund, dh auf einem im Eisenbahnbuch eingetragenen Grundstück bzw nach Umschreibung gemäß § 24a bis § 24c GUG auf einem im Grundbuch mit der Bezeichnung Eisenbahnanlage eingetragenen Grundstück, errichtet werden soll (VfGH VfSlg 5019/1965; VfSlg 5578/1976; VfSlg 17.424/2004; VwGH 17.1.1966, 2175/64; 29.9.1969, 1863/68; *Berger*, Raumplanung 25; *Bußjäger/Sonntag*, ZfV 2014, 644 f; aA *Wiederin*, ZfV 2013, 172 ff). So sind, obwohl auf Bahngrund gelegen, Gaststätten, die nicht für Reisende bestimmt sind (VwGH 28.10.1963, 1830/60), sowie Tankstellen (VfGH VfSlg 5019/1965; VfSlg 5578/1976), Verkaufskioske (VwGH 31.1.2012, 2009/05/0137), Lade- und Umschlagplätze (VwGH 27.1.1993, 92/03/0185), Speditionsgebäude (VwGH 19.12.1995, 95/05/0237), Verkaufs- und Lagerhallen (VwGH 25.4.1978, 2496/77) und Werbeanlagen (*Bundschuh-Rieseneder*, bbl 2006, 47 f), die jeweils nicht Eisenbahnzwecken dienen und nicht in bautechnischem Zusammenhang mit einer Eisenbahnanlage stehen, nicht von Zuständigkeit des Bundes umfasst. Ebenso nicht umfasst sind Lagerplätze, Baudurchführungsflächen und Deponien, die zwar für den Bau einer Eisenbahnanlage genutzt werden, aber welchen nach Betriebsaufnahme der Eisenbahnanlage jeglicher Zusammenhang zum Eisenbahnzweck fehlt (VwGH 17.4.2009, 2006/03/0164; 19.12.2013, 2011/03/0160; aA *Wiederin*, RdU 2015, 99 f). Gleiches gilt für bauliche Anlagen eines Eisenbahnunternehmens, in denen lediglich Verwaltungsabteilungen untergebracht werden (VwGH VwSlg 6123 A/1963).

**8** Auch Seilbahnen sind gemäß § 2 SeilbG 2003 Eisenbahnen und unterfallen dem Kompetenztatbestand „Angelegenheiten des Verkehrswesens bezüglich der Eisenbahnen des Art 10 Abs 1 Z 9 B-VG" (VfGH VfSlg 2556/1953; *Konzett*, ZVR 2003, 42; *Morscher/Christ*, ZVR 2004,

343; *Christ*, bbl 2005, 115; *Berger*, Raumplanung 24 f; *Schnorr*, Seilbahnrecht 66 ff; siehe auch *Schröttner/Dangl*, ZVR 2021, 11 f). So waren die Seilbahnen ursprünglich auch im EisbG geregelt, erst durch BGBl I 2003/103 wurde das SeilbG 2003 geschaffen. Somit kann für die Seilbahnen grundsätzlich auf die obigen Ausführungen zu den Eisenbahnen verwiesen werden.

Zu beachten ist allerdings, dass nicht alle im SeilbG 2003 geregelten Seilbahnen auch Eisenbahnen sind. So sind Schlepplifte keine Eisenbahnen und unterfallen auch nicht dem Kompetenztatbestand „Angelegenheiten des Verkehrswesens bezüglich der Eisenbahnen" des Art 10 Abs 1 Z 9 B-VG, sondern dem Kompetenztatbestand „Angelegenheiten des Gewerbes und der Industrie" des Art 10 Abs 1 Z 8 B-VG (*Morscher/ Christ*, ZVR 2004, 343; *Christ*, bbl 2005, 115; *Hauer*, Eisenbahnwegeplanung 373 f; *Schnorr*, Seilbahnrecht 120 ff). Diese Kompetenzrechtslage wird auch von § 1 Abs 2 Z 1 berücksichtigt, denn es werden nur bauliche Anlagen des „Verkehrswesens" ausgenommen.

Nicht unter den Kompetenztatbestand „Angelegenheiten des Verkehrswesens bezüglich der Eisenbahnen" des Art 10 Abs 1 Z 9 B-VG fallen landwirtschaftliche Materialseilbahnen. Diese sind gemäß Art 15 Abs 1 B-VG von der Zuständigkeit der Länder umfasst (vgl VfGH VfSlg 3504/1959; VfSlg 1390/1931 iVm 27.9.2021, G 22/2021). Zu beachten ist allerdings, dass sich für forstliche Bringungsanlagen eine Kompetenz des Bundes aus dem Kompetenztatbestand Forstwesen gemäß Art 10 Abs 1 Z 10 B-VG ergibt (siehe § 1 Anm 13).

Gemäß Art 10 Abs 1 Z 9 B-VG sind Angelegenheiten des Verkehrswesens bezüglich der Luftfahrt in Gesetzgebung und Vollziehung Bundessache. Aus der Judikatur des VfGH zu Bundesstraßen und Eisenbahnanlagen lässt sich ableiten, dass die Kompetenz insbesondere für planende Maßnahmen für Luftfahrtanlagen – auch militärischen – ausschließlich beim Bund liegt (VwGH VwSlg 14.265 A/1995; *Krzizek*, System I 164 f; *Hofmann*, ZVR 1983, 68; *Pernthaler*, Raumordnung III 95; *Hauer*, ZfV 1997, 577; *Mayer*, bbl 1998, 5 f; *Granner/Raschauer N*, SPRW 2012 VuV A, 35; *Wallnöfer* in Kneihs/Lienbacher, Art 10 Abs 1 Z 9 B-VG Rz 27; aA *Morscher*, FS Schambeck 538 f; *ders*, ZfV 1998, 760). Eine Luftfahrtanlage im Sinne des Kompetenztatbestandes liegt dann vor, wenn die bauliche Anlage mit dem Luftverkehr in einem solchen Zusammenhang steht, dass ohne diese bauliche Anlage ein geordneter Luftverkehr nicht möglich ist (VwGH 4.3.1999, 98/06/0214

**9**

= bbl 1999/208 (*Giese*)). Dazu zählen insbesondere Flugpisten (VwGH VwSlg 12.095 A/1986; VwSlg 14.204 A/1995), Hangars (VwGH 26.5.1993, 92/03/0108; 21.9.1994, 94/03/0238) sowie ortsfeste Einrichtungen für die Betankung und Enttankung, Lagerhallen für die Luftfracht, Abfertigungsgebäude (VwGH 30.5.1995, 94/05/0053), bauliche Anlagen zum Schutz vor Lärmeinwirkung (VfGH 4.10.2018, E 1818/2018) und Signaleinrichtungen (*Wallnöfer* in Kneihs/Lienbacher, Art 10 Abs 1 Z 9 B-VG Rz 27). Hingegen sind Lagerhallen für Flugzeugsitze, EDV-Einrichtungen und Transportwagen für Verpflegung (VwGH 30.5.1995, 94/05/0053) sowie Flughafenhotels, auch wenn diese überwiegend zur Unterbringung von Piloten und Bordpersonal bestimmt sind (VwGH 4.3.1999, 98/06/0214 = bbl 1999/208 (*Giese*); aA *Mayer*, bbl 1998, 3 ff), nicht von der Kompetenz des Bundes umfasst.

**10** Gemäß Art 10 Abs 1 Z 9 B-VG sind Angelegenheiten des Verkehrswesens bezüglich der Schifffahrt grundsätzlich in Gesetzgebung und Vollziehung Bundessache (hingegen sind gemäß Art 11 Abs 1 Z 6 B-VG Schifffahrtsanlagen im Rahmen der Binnenschifffahrt, soweit sie sich nicht auf die Donau, den Bodensee, den Neusiedlersee und auf Grenzstrecken sonstiger Grenzgewässer beziehen, in der Vollziehung Landessache). Insbesondere planende Maßnahmen für Schifffahrtsanlagen fallen somit in die Fachplanungskompetenz des Bundes (*Pernthaler*, Raumordnung III 94). Der VwGH unterscheidet zwischen öffentlichen und nichtöffentlichen Schifffahrtsanlagen (VwGH VwSlg 13.285 A/1990). Während für öffentliche Schifffahrtsanlagen die Kompetenz zur Erlassung von gesetzlichen Vorschriften ausschließlich beim Bund liegen soll, soll bei nichtöffentlichen Schifffahrtsanlagen das Kumulationsprinzip zur Anwendung kommen und somit eine Gesetzgebungskompetenz der Länder bestehen. Im Gegensatz dazu geht die Lehre (*Krzizek*, System I 166; *Hofmann*, ZVR 1983, 68; *Pernthaler*, Raumordnung III 94; *Muzak*, Binnenschifffahrtsrecht 47 f; *Granner/Raschauer N*, SPRW 2012 VuV A, 36; *Wallnöfer* in Kneihs/Lienbacher, Art 10 Abs 1 Z 9 B-VG Rz 31) davon aus, dass für eine Gesetzgebungskompetenz der Länder auf dem Gebiet der Schifffahrt kein Raum bleibt. *Muzak* (Binnenschifffahrtsrecht 47 f) weist überzeugend darauf hin, dass der VwGH von einem falschen Versteinerungsmaterial ausging. Ausgehend von der Rechtsprechung für die anderen baulichen Anlagen des Verkehrswesens liegt eine Schifffahrtsanlage im Sinne des Kompetenztatbestandes dann vor, wenn die bauliche Anlage unmittelbar Zwecken der Schifffahrt dient. Dazu zählen zB Häfen, Länden, Bootshütten, Schleusen, Fähranlagen, Schiffumschlagsanlagen, Versorgungsanlagen und Förderungs- und Verladeanlagen (VwGH VwSlg 13.285 A/1990). Hingegen sind zB Tanklager, Lagerhäuser und Werkstätten nicht von der Fachplanungskompetenz des Bundes umfasst (*Pernthaler*, Raumordnung III 94; siehe die Begriffsbestimmung von Schifffahrtsanlagen in § 2 Z 19 SchFG).

Gemäß Art 10 Abs 1 Z 10 B-VG sind Angelegenheiten des Bergwesens **11** in Gesetzgebung und Vollziehung Bundessache. Planende Maßnahmen auf dem Gebiet des Bergwesens fallen somit in die Fachplanungskompetenz des Bundes (VfGH VfSlg 2674/1954; *Pernthaler*, Raumordnung III 77 f; *Rossmann*, RdU 1995, 71 ff; *Berger*, Raumplanung 98 f; *Tiess/ Rossmann/Pilgram*, RdU 2002, 87 ff). Dazu zählen alle planende Maßnahmen der Nutzung des Bodens für den Bergbau (*Rill/Schäffer*, Planungskoordinierung 37; *Pernthaler*, Raumordnung III 77; *Berger*, Raumplanung 99). Insbesondere umfasst sind planende Maßnahmen für bauliche Anlagen, für deren Errichtung und Betrieb bergbautechnische Kenntnisse, Mittel und Methoden erforderlich sind. Es kommt primär auf die angewendeten Mittel und Methoden und bloß sekundär auf die zu gewinnenden Produkte an (VfGH VfSlg 13.299/1992; VfSlg 5672/1968; VwGH VwSlg 14.318 A/1995; 20.9.1994, 92/05/0232; *Schäffer*, ZfV 1976, 5; *Pernthaler*, Raumordnung III 77 f; *Rill/Madner*, ZfV 1996, 210 ff; *Mayer*, ecolex 1999, 506 f; *Berger*, Raumplanung 101). Dazu zählen insbesondere Stollen, Schächte, Abbaue bzw überhaupt bauliche Anlagen unter Tage (*Schäffer*, ZfV 1976, 5; *Berger*, Raumplanung 101), bergbautechnische Kenntnisse, Mittel und Methoden werden aber auch im Tagebau angewandt. Hingegen sind zB Verwaltungsgebäude, Unterkünfte für Arbeitnehmer, Lagerhäuser und Werkstätten nicht von der Fachplanungskompetenz des Bundes umfasst, da für diese baulichen Anlagen bloß allgemeine technische Kenntnisse, Mittel und Methoden erforderlich sind.

Gemäß Art 10 Abs 1 Z 10 B-VG sind Angelegenheiten des Wasser- **12** rechts in Gesetzgebung und Vollziehung Bundessache. Planende Maßnahmen bezüglich Angelegenheiten des Wasserrechts obliegen somit ausschließlich dem Bund (VfGH VfSlg 2674/1954; VfSlg 13.234/1992; 1.12.1992, B 1057/91; VwGH 23.3.1999, 98/05/0204; *Krzizek*, System I 145 ff; *Mayer*, Wasserkraftwerke 71 ff; *ders*, ecolex 1991, 214 ff; *Granner/Raschauer N*, SPRW 2012 VuV A, 39; *Storr*,

RdU-U&T 2016, 25; kritisch *Hattenberger*, Anlagenrelevantes Wasserrechtsgesetz 1386 f). Dazu zählen alle planenden Maßnahmen, die den Wasserhaushalt in qualitativer und quantitativer Hinsicht regeln (*Rill/Schäffer*, Planungskoordinierung 38; *Pernthaler*, Raumordnung III 68; *Berger*, Raumplanung 70). Insbesondere umfasst sind planende Maßnahmen für bauliche Anlagen, die unmittelbar der Wassernutzung dienen, zB Wasserkraftanlagen, Staumauern, Krafthäuser, Turbinengebäude, Wehranlagen, Druckrohrleitungen, Tagesspeicher und Triebwasserleitungen (VfGH VfSlg 13.234/1992; 1.12.1992, B 1057/91; *Berger*, Raumplanung 64). Hingegen sind zB Verwaltungsgebäude, Unterkünfte für Arbeitnehmer oder Werkstätten nicht von der Fachplanungskompetenz des Bundes umfasst (*Krzizek*, System I 146; *Mayer*, Wasserkraftwerke 71 ff; *ders*, ecolex 1991, 216; *Eisenberger G/Eisenberger I*, bbl 2001, 54 f; *Berger*, Raumplanung 64 f). Hinsichtlich des Hochwasserschutzes kann der Landesgesetzgeber diesen zwar berücksichtigen, zB im Zusammenhang mit der Bauplatzeignung, es liegt aber in der Kompetenz des Bundesgesetzgebers, Regelungen zum Schutz vor Hochwasser zu erlassen (VwGH 20.2.2007, 2006/05/0176; VwSlg 17.774 A/2009; 16.10.2014, 2013/06/0130).

**13** Gemäß Art 10 Abs 1 Z 10 B-VG sind Angelegenheiten des Forstwesens in Gesetzgebung und Vollziehung Bundessache. Planende Maßnahmen auf dem Gebiet des Forstwesens fallen somit in die Fachplanungskompetenz des Bundes (VfGH VfSlg 2674/1954; VwGH VwSlg 9190 A/1976; *Rill/Schäffer*, Planungskoordinierung 38; *Pernthaler*, Raumordnung III 62). Umfasst sind alle auf die Pflege, Erhaltung und auf den Schutz des Waldbestandes Bezug habenden Vorkehrungen (VfGH VfSlg 2192/1951). Insbesondere umfasst sind planende Maßnahmen für entsprechende bauliche Anlagen (*Berger*, Raumplanung 109, verweist auf die entsprechenden Bestimmungen des Forstgesetzes 1852). Dazu zählen insbesondere forstliche Bringungsanlagen (*Gutknecht*, bbl 2001, 179; zur Abgrenzung zum Kompetenztatbestand Bodenreform des Art 15 B-VG siehe VfGH VfSlg 3649/1959; VfSlg 4206/1962 iVm 27.9.2021, G 22/2021; zB Seilbahnen, Riesen und Triften). Dies gilt auch für Forststraßen (der VwGH 27.2.2006, 2005/05/0180, verneinte in diesem Fall das Vorliegen eines Forstweges, da der Weg zur Bringung von Christbäumen, die nicht auf Waldboden gesetzt wurden, errichtet wurde). Hingegen sind zB Forsthütten nicht von der Fachplanungskompetenz des Bundes umfasst (*Krzizek*, System I 153 f; *Berger*, Raumplanung 109).

1. Hauptstück – Allgemeine Bestimmungen § 1

Gemäß Art 10 Abs 1 Z 15 B-VG sind militärische Angelegenheiten in 14 Gesetzgebung und Vollziehung Bundessache. Planende Maßnahmen militärischer Angelegenheiten fallen somit in die Fachplanungskompetenz des Bundes (VfGH VfSlg 12.465/1990; zB Sperrgebiete, *Pernthaler*, Raumordnung III 81 f; *Nürnberger/Ploner*, Militärische Raumordnung 411; *Giese*, bbl 2014, 229 ff). Insbesondere umfasst sind meiner Ansicht nach planende Maßnahmen für bauliche Anlagen, die unmittelbar militärischen Zwecken dienen, zB Munitionslager, Schießanlagen, Häuser- und Grabenkampfanlagen, Sprungtürme, Unterstände, Sperranlagen, Pionierbrücken, Check-Points und feste Anlagen (vgl *Rill/Schäffer*, Planungskoordinierung 39; *Pernthaler*, Raumordnung III 82; *Nürnberger/Ploner*, Militärische Raumordnung 414; nach *Giese*, bbl 2014, 229 ff, und *Kleewein*, bbl 2014, 91, sind Kasernen allgemein von der Fachplanungskompetenz des Bundes umfasst).

In § 1 Abs 2 werden in einer demonstrativen Liste (siehe den Wortlaut 15 „insbesondere") kompetenzrechtliche Ausnahmen vom Geltungsbereich des K-ROG 2021 angeführt. Es bestehen aber noch andere kompetenzrechtliche Ausnahmen. So wird in der Literatur eine Planungskompetenz des Bundes zB auch aus folgenden Kompetenztatbeständen abgeleitet: Asyl (Art 10 Abs 1 Z 3 B-VG; *Janko*, bbl 2005, 8 ff; *Giese*, bbl 2010, 37; *Wimmer*, bbl 2010, 50 ff; *Giese*, bbl 2013, 11 ff; *ders*, bbl 2014, 231; *Kleewein*, bbl 2014, 91; kritisch *Wiederin*, bbl 2010, 83 ff; siehe auch VwGH VwSlg 18.479 A/2012; dazu VfGH 30.6.2012, B 162/10), Fernmeldewesen (Art 10 Abs 1 Z 9 B-VG; *Rill/Schäffer*, Planungskoordinierung 37; *Berger*, Raumplanung 58), Regulierung und Instandhaltung der Gewässer zum Zweck der unschädlichen Ableitung der Hochfluten oder zum Zweck der Schifffahrt und Flößerei (Art 10 Abs 1 Z 10 B-VG; *Rill/Schäffer*, Planungskoordinierung 38), Wildbachverbauung (Art 10 Abs 1 Z 10 B-VG; *Rill/Schäffer*, Planungskoordinierung 38), Bau und Instandhaltung von Wasserstraßen (Art 10 Abs 1 Z 10 B-VG; *Rill/Schäffer*, Planungskoordinierung 38), Starkstromwegerecht, soweit sich die Leitungsanlage auf zwei oder mehrere Länder erstreckt (Art 10 Abs 1 Z 10 B-VG; *Rill/Schäffer*, Planungskoordinierung 38; *Pernthaler*, Raumordnung III 82; *Hauer*, Grundbegriffe 9; *ders*, Starkstromwegeplanung 303 f mwN; *Berger*, Raumplanung 97 f), Abfallwirtschaft hinsichtlich gefährlicher Abfälle, hinsichtlich anderer Abfälle nur soweit ein Bedürfnis nach Erlassung einheitlicher Vorschriften vorhanden ist (Art 10 Abs 1 Z 10 B-VG; *Hauer*, Grundbegriffe 9; *Nußbaumer*, Abfallwirtschaftsrechtliche

Planung 383 ff; *Berger*, Raumplanung 79 ff; *Sander/Suchanek*, ecolex 2013, 1030 f; siehe auch § 27 Anm 17), Einrichtung der Bundesbehörden und sonstigen Bundesämter (Art 10 Abs 1 Z 16 B-VG; *Wiederin*, bbl 2013, 89 ff; *Giese*, bbl 2013, 11 ff; aA *Wimmer*, bbl 2010, 50 ff; siehe auch VwGH VwSlg 18.479 A/2012; dazu VfGH 30.6.2012, B 162/10) und Elektrizitätswesen (Art 12 Abs 1 Z 2 B-VG; *Hauer*, Elektrizitätserzeugungsanlagen 300; *Berger*, Raumplanung 40; ausführlich *Stöger*, RdU-U&T 2014, 106 f). Der jeweilige Umfang der Planungskompetenz, zB planenden Maßnahmen der „Bauplanung" oder lediglich „sonstige Bodennutzungsplanungen" (siehe dazu § 1 Anm 5), ist unterschiedlich (*Eller*, ZfV 2020, 348) und vielfach umstritten.

### § 2 Ziele und Grundsätze der Raumordnung

(1) Ziele der Raumordnung[1] sind:
1. Die natürlichen Lebensgrundlagen sind möglichst zu schützen und pfleglich zu nutzen.[2]
2. Die Funktionsfähigkeit des Naturhaushaltes, die Vielfalt und die Eigenart der Kärntner Landschaft und die Identität der Regionen des Landes sind zu bewahren. Der freie Zugang zu Seen, öffentlichen Gewässern und sonstigen Naturschönheiten ist nach Möglichkeit zu sichern.[3]
3. Für die einzelnen Regionen des Landes ist unter Bedachtnahme auf die jeweiligen räumlichen und strukturellen Gegebenheiten und ihre Entwicklungsmöglichkeiten eine bestmögliche Entwicklung der Wirtschafts- und Sozialstruktur anzustreben. Dabei ist für eine entsprechende Ausstattung mit Einrichtungen der Daseinsvorsorge in zumutbarer Entfernung Vorsorge zu treffen.[4]
4. Die Bevölkerung ist vor Gefährdungen durch Naturgewalten sowie vor vermeidbaren Umweltbelastungen durch eine entsprechende Entwicklung der Siedlungs- und Freiraumstruktur und Standortplanung bei dauergenutzten Einrichtungen soweit als möglich zu schützen.[5]
5. Die Grundversorgung der Bevölkerung mit häufig benötigten öffentlichen und privaten Gütern und Dienstleistungen in ausreichendem Umfang, in angemessener Qualität und in zumutbarer Entfernung ist sicherzustellen und weiterzuentwickeln.[6]

6. Die Siedlungsstruktur ist unter Bedachtnahme auf die historisch gewachsene zentralörtliche Gliederung des Landes derart zu entwickeln, dass eine bestmögliche Abstimmung der Standortplanung für Wohnen, wirtschaftliche Unternehmen, Dienstleistungs- und Erholungseinrichtungen unter weitestgehender Vermeidung gegenseitiger Beeinträchtigungen erreicht wird. Dabei sind eine möglichst sparsame Verwendung von Grund und Boden sowie eine Begrenzung und räumliche Verdichtung der Bebauung anzustreben und eine Zersiedelung der Landschaft zu vermeiden. Der Schutz und die Pflege erhaltenswerter Siedlungsstrukturen sind durch Maßnahmen der Orts- und Regionalentwicklung zu unterstützen.[7]
7. Die räumlichen Voraussetzungen für eine leistungsfähige Wirtschaft sind langfristig sowohl in zentralörtlichen wie in peripheren Bereichen unter Bedachtnahme auf die jeweils unterschiedlichen Gegebenheiten zu sichern und zu verbessern; dabei ist insbesondere auf die Standorterfordernisse für die Ansiedlung und Erweiterung von Betrieben der Industrie und des Gewerbes, von Dienstleistungsbetrieben und Betrieben und Anlagen der Energieversorgung, die künftige Verfügbarkeit von Roh- und Grundstoffen, die Arbeitsmarktsituation sowie auf die zu erwartenden Beeinträchtigungen benachbarter Siedlungsräume und der naturräumlichen Umwelt Bedacht zu nehmen.[8]
8. Der Fortbestand einer existenzfähigen bäuerlichen Land- und Forstwirtschaft ist durch die Erhaltung und Verbesserung der dazu erforderlichen räumlichen Voraussetzungen sicherzustellen. Dabei ist insbesondere auf die Verbesserung der Agrarstruktur, den Schutz und die Pflege der Natur- und Kulturlandschaft und auf die Erhaltung ausreichender bewirtschaftbarer Nutzflächen Bedacht zu nehmen.[9]
9. Die räumlichen Voraussetzungen für einen leistungsfähigen Tourismus sind unter Bedachtnahme auf die soziale Tragfähigkeit und die ökologische Belastbarkeit des Raumes sowie die Erfordernisse des Landschafts- und Naturschutzes zu erhalten und weiterzuentwickeln.[10]
10. Die Verkehrsbedürfnisse der Bevölkerung und der Wirtschaft sind unter Beachtung der bestehenden Strukturen und unter

Berücksichtigung der Umwelt, der Gesundheit der Bevölkerung und des Landschaftsschutzes zu decken.[11]
11. Im Hinblick auf bestehende und zu schaffende Versorgungsstrukturen ist für entsprechende Entsorgungsstrukturen ausreichend Vorsorge zu treffen.[12]
12. Gebiete mit nutzbaren Wasser- und Rohstoffvorkommen sind von Nutzungen freizuhalten, die eine künftige Erschließung verhindern würden.[13]
13. Im Sinne einer sparsamen Verwendung von Grund und Boden ist eine Wiederverwertung von Flächen, die ihre bisherige Funktion und Nutzung verloren haben, anzustreben (Flächenrecycling).[14]
14. Gebiete und Flächen, die aufgrund ihrer Beschaffenheit in der Lage sind, ökologische Funktionen zu erfüllen und die Nutzung natürlicher Ressourcen zu ermöglichen (Ökosystemleistungen), sind zu sichern und nach Möglichkeit von Nutzungen freizuhalten, die ihre Funktionsfähigkeit nicht bloß geringfügig beeinträchtigen. Die Freiraumstruktur ist insbesondere unter Bedachtnahme auf langfristig von Bebauung freizuhaltende Freiräume sowie auf diese verbindende Elemente derart zu entwickeln, dass die Anordnung freiraumgebundener Nutzungen unter weitestgehender Vermeidung gegenseitiger Beeinträchtigungen erreicht und weitere Fragmentierungen zusammenhängender Gebiete möglichst vermieden werden.[15]
15. Bei der Festlegung von Gebieten, die eine wesentliche Funktion für die Wirtschafts-, Siedlungs-, Erholungs- oder Versorgungsentwicklung einer Region aufweisen, ist auf die damit verbundenen voraussichtlichen Auswirkungen auf den Verkehr Bedacht zu nehmen; es ist insbesondere deren Erreichbarkeit mit Angeboten des öffentlichen Personennahverkehrs und des Personenregionalverkehrs anzustreben.[16]
16. Zum Zweck der Verhütung schwerer Unfälle im Sinne des § 2 Z 12 K-SBG und zur Begrenzung ihrer Folgen für die menschliche Gesundheit und die Umwelt haben das Land und die Gemeinden die Ansiedelung von Seveso-Betrieben im Sinne von § 2 Z 1 K-SBG und die Änderung bestehender derartiger Betriebe zu überwachen sowie neue Entwicklungen in an derartige Betriebe angrenzenden Gebieten, einschließlich

von Verkehrsflächen, öffentlich genutzten Örtlichkeiten und Siedlungsgebieten zu berücksichtigen, wenn diese Ansiedelungen, Änderungen oder Entwicklungen Ursache von schweren Unfällen sein können oder das Risiko im Sinne des § 2 Z 15 K-SBG eines schweren Unfalls vergrößern oder die Folgen eines solchen Unfalls verschlimmern können.[17]
17. Die Integration und der Einsatz von erneuerbarer Energie ist zu berücksichtigen. Erneuerbare Energie im Sinne dieses Gesetzes ist Energie aus erneuerbaren, nichtfossilen Energiequellen, das heißt Wind, Sonne (Solarthermie und Photovoltaik), geothermische Energie, Umgebungsenergie, Gezeiten-, Wellen- und sonstige Meeresenergie, Wasserkraft, und Energie aus Biomasse, Deponiegas, Klärgas und Biogas.[18]

(2) Bei der Verfolgung der Ziele nach Abs. 1 sind folgende Grundsätze[19] zu beachten:
1. Die Ordnung des Gesamtraumes hat die Gegebenheiten und Erfordernisse seiner Teilräume zu berücksichtigen. Ordnende Maßnahmen in den Teilräumen haben sich in die Ordnung des Gesamtraumes einzufügen. Auf ordnende Maßnahmen in benachbarten Teilräumen der angrenzenden Länder und des benachbarten Auslandes ist Bedacht zu nehmen.[20]
2. Rechtswirksame raumbedeutsame Maßnahmen und Pläne von Gebietskörperschaften sind zu berücksichtigen, die örtliche Raumordnung hat der überörtlichen Raumordnung zu entsprechen; auf raumbedeutsame Maßnahmen und Pläne anderer Planungsträger, deren Planungen im öffentlichen Interesse liegen, ist Bedacht zu nehmen.[21]
3. Bei allen raumbedeutsamen Planungen ist auf die Lebensbedingungen künftiger Generationen Rücksicht zu nehmen. Dabei ist ein Ausgleich zwischen den berechtigten Erfordernissen der wirtschaftlichen Entwicklung und der Ökologie anzustreben.[22]
4. Die Siedlungsentwicklung hat sich an den bestehenden Siedlungsgrenzen und an den bestehenden oder mit vertretbarem Aufwand zu schaffenden Infrastruktureinrichtungen zu orientieren, wobei auf deren größtmögliche Wirtschaftlichkeit Bedacht zu nehmen ist. Bei der Siedlungsentwicklung sind vorrangig die Deckung des ganzjährig gegebenen Wohnbedarfes der Bevölkerung und die Schaffung der räumlichen

Voraussetzungen für eine leistungsfähige Wirtschaft anzustreben.[23]
5. Absehbare Konflikte zwischen unterschiedlichen Nutzungen des Raumes sind nach Möglichkeit zu vermeiden oder zumindest auf ein vertretbares Ausmaß zu verringern.[24]
6. Den Interessen des Gemeinwohles sowie den sonstigen öffentlichen Interessen kommt unter Wahrung der verfassungsgesetzlich gewährleisteten Rechte der Bürger der Vorrang gegenüber den Einzelinteressen zu.[25]
7. Die Zersiedelung der Landschaft ist zu vermeiden; die Innenentwicklung der Siedlungsstruktur hat Vorrang vor deren Außenentwicklung.[26]

(3) Insoweit die Ziele nach Abs. 1 miteinander konkurrieren, ist bei der Abwägung, welche vorrangig zu verfolgen sind, von den Grundsätzen nach Abs. 2 auszugehen.[27]

**Lit:**
*Antoniolli/Koja*, Allgemeines Verwaltungsrecht[3], 1996; *Bajlicz*, Leistbares Bauland für alle?, ZfV 2021/54; *Berka*, Flächenwidmungspläne auf dem Prüfstand, JBl 1996, 69; *Brenck/Mitusch/Winte*, Die externen Kosten des Verkehrs, in Schwedes/Canzler/Knie, Handbuch Verkehrspolitik[2], 2016; *Büchele*, Umsetzung des Art 12 der Seveso II-RL zur Flächennutzung, RdU 2003/49; *Budischowsky*, Staatsziel Tierschutz, RdU 2013/110; *ders*, Das Bekenntnis zur Wasserversorgung als Staatsziel, RdU 2015/113; *Eisenberger*, Steiermärkische Raumordnung und -planung im Lichte der Altlastengefahr, RFG 2004/45; *Eisenberger/Hödl*, Die raumordnungsrechtliche Umsetzung der Seveso II-RL am Beispiel der Steiermark, ecolex 2002, 235; *Eller*, Kompetenzrechtliche Überlegungen im Zusammenhang mit der Überbauung von Infrastrukturanlagen, ZfV 2020/34; *Göschel*, Lokale Identität: Hypothesen und Befunde über Stadtteilbindungen in Großstädten, in Lokale Identität und lokale Identifikation. Informationen zur Raumentwicklung, 1987, Heft 3, 91; *Gruber/Kanonier/Pohn-Weidinger/Schindelegger*, Raumordnung in Österreich und Bezüge zur Raumentwicklung und Regionalpolitik, ÖROK-Schriftenreihe 202, Österreichische Raumordnungskonferenz (Hrsg), 2018; *Grünberg*, Sicherung der Leistungsfähigkeit des Naturhaushalts, in Riedel/Lange/Jedicke/Reinke, Landschaftsplanung[3], 2016; Handwörterbuch der Stadt- und Raumentwicklung, Akademie für Raumentwicklung in der Leibniz-Gemeinschaft Geschäftsstelle (Hrsg), 2018; *Hauer*, Planungsrechtliche Grundbegriffe und verfassungsrechtliche Vorgaben, in Hauer/Nußbaumer (Hrsg), Österreichisches Raum- und Fachplanungsrecht, 2006; *Häusler*, Raumentwicklung und Bodenschutz in den jüngsten Novellen der Landesgesetzgeber (Teil 2), RdU 2021/82; *Havranek*, Raumordnungs- und Grundverkehrsrecht, in Rebhahn (Hrsg), Beiträge zum Kärntner Landesrecht, 1995; *Hennecke*, Freiraumplanung, in Kühne/Weber/Berr/Jenal (Hrsg), Hand-

buch Landschaft, 2019; *Hirner*, Neue Normen zur Bewertung von Bodenfunktionen, RdU-U&T 2013/15; *Hofmann*, Zulässigkeit von Photovoltaik-Anlagen, RFG 2021/10; *Kanonier*, Einschränkungen von Bauführungen im Grünland durch das Raumordnungsrecht, bbl 1998, 8; *ders*, Naturgefahren und Gefährdungsbereiche in den Raumordnungsgesetzen der Bundesländer, bbl 2005, 51; *ders*, Raumplanungsrechtlicher Umgang mit Betriebsansiedlungen, in Aicher/Fina (Hrsg), FS Straube, 2009; *ders*, Leistbares Wohnen im österreichischen Raumordnungsrecht, bbl 2017, 165; *Kirchhoff*, Ökosystemdienstleistungen, in Kühne/Weber/Berr/Jenal (Hrsg), Handbuch Landschaft, 2019; *Kleewein*, Instrumente der Raumordnung – Überblick und Ausblick, bbl 2014, 89; *ders*, Raumplanung im Spannungsfeld zwischen Recht, Sachverstand und Gestaltungsspielraum, bbl 2019, 213; *Laimgruber/Nigmatullin*, Örtliche Energieraumplanung: Unions- und verfassungsrechtliche Voraussetzungen und Grenzen (Teil 1), RFG 2022/24; *Lebitsch/Lebitsch-Buchsteiner*, Zur Planungshierarchie im Raumordnungsrecht am Beispiel der Beauungsplanung nach Salzburger Rechtslage, bbl 2015, 60; *Leitl*, Überörtliche und örtliche Raumplanung, in Hauer/Nußbaumer (Hrsg), Österreichisches Raum- und Fachplanungsrecht, 2006; *Lukits*, Der Naturhaushalt in den österreichischen Naturschutzgesetzen, RdU-U&T 2015/9; *Marschall*, Schutz von Kulturlandschaft, in Riedel/Lange/Jedicke/Reinke (Hrsg), Landschaftsplanung[3], 2016; *Mauerhofer*, Wildökologische Korridorplanung in der öffentlich- und zivilrechtlichen Raumordnung, bbl 2008, 49; *Mose*, Landschaft und Regionalentwicklung, in Kühne/Weber/Berr/Jenal (Hrsg), Handbuch Landschaft, 2019; Österreichische Raumordnungskonferenz (Hrsg), Risikomanagement für gravitative Naturgefahren in der Raumplanung, ÖROK-Schriftenreihe 193, 2015; *Potacs*, Betriebsansiedlung und Raumordnung, in Rebhahn (Hrsg), Kärntner Raumordnungs- und Grundverkehrsrecht, 1996; *Puntigam/Scharler*, Städtisches Gebiet versus Siedlungsgebiet: Zur Geschlossenheit von Siedlungsgebieten im UVP-G – eine Neuvermessung, RdU 2021/104; *Pallitsch/Pallitsch/Kleewein*, Kärntner Baurecht[5], 2014; *Pröbstl-Haider*, Tourismus, in Riedel/Lange/Jedicke/Reinke (Hrsg), Landschaftsplanung[3], 2016; *Randl/Raschauer N*, Das „geschlossene Siedlungsgebiet" im UVP-G 2000, RdU-UT 2007/12; *Rudolf-Miklau/Kanonier*, Gravitative Naturgefahren: Risiken managen, RdU-U&T 2016/18; *Schindelegger*, Alpine Schutzhütten aus der Sicht der Raumordnung, bbl 2017, 75; *Steinwender*, Seveso-Betriebe im Kärntner Raumordnungs- und Baurecht, bbl 2019, 1; *Storr/Szenkurök*, Der raumordnungsrechtliche Begriff der Zersiedelung, RFG 2022/23; *Tiess/Rossmann/Pilgram*, Bedeutung des Vorsorgeprinzips bei der Gewinnung mineralischer Baurohstoffe (Teil I und II), RdU 2002/19 und 2002/45; *Tietz*, Systeme der Ver- und Entsorgung, 2007; *Turowsk/Domhardt/Eberle/Troeger-Weiß*, in Semsroth/Troeger-Weiß (Hrsg), Deutsch-Österreichisches Handbuch der Planungsbegriffe, 2001.

## I. Erläuterungen

### ErlRV 01-VD-LG-1865/5-2021, 4 ff:

„1. Ziele:

§ 2 entspricht grundsätzlich § 2 K-ROG der geltenden Fassung. Zielsetzungen finden sich schon in der Stammfassung des K-ROG, LGBl. Nr. 76/1969. Dazu halten die Erläuterungen Verf-125/5/1969, 3, fest: *„Durch die Zielsetzungen des § 2 sollen die allgemeinen raumordnungspolitischen Grundsätze für Kärnten festgelegt werden, wobei die Zielsetzungen sowohl auf den Menschen als auch auf seinen Lebensraum Bezug nehmen."* Mit der Novelle LGBl. Nr. 42/1994 erfolgte die Strukturierung in Ziele (Abs. 1) und Grundsätze (Abs. 2) sowie der Bindung an diese (Abs. 3). Dazu wird in den Erläuterungen Verf-262/24/1993, 7 f, ausgeführt: *„Der derzeit geltende Zielkatalog für die Raumordnung ist einerseits dadurch gekennzeichnet, daß er Aufgaben, Ziele und Grundsätze vermengt und überdies derart allgemein gehalten ist, daß mit den postulierten Entwicklungszielen so gut wie jede Ordnung des Landesraumes vereinbar ist. Hinzu kommt noch, daß die Entwicklungsziele zum Teil mit den geänderten Rahmenbedingungen und Wertprioritäten (vgl. dazu Punkt 1 des Allgemeinen Teiles) nicht mehr im Einklang stehen. Diese Beurteilung läßt es geboten erscheinen, § 2 des Kärntner Raumordnungsgesetzes zur Gänze zu überarbeiten, wobei von folgenden Überlegungen auszugehen ist: Zunächst werden die Ziele (Abs. 1) und die Grundsätze (Abs. 2) der Raumordnung voneinander getrennt. Im Abs. 1 werden teils allgemeine Ziele der Raumordnung (Z. 1 und Z. 2) festgelegt, teils wird auf einzelne raumordnungsrelevante Sachbereiche (Regionalentwicklung, Wirtschaft, Land- und Forstwirtschaft, Verkehrsentwicklung etc. Bezug genommen und ihre anzustrebende Entwicklung dargestellt. Die Grundsätze der Raumordnung (Abs. 2) betreffen im Gegensatz dazu planerisch-methodische Gesichtspunkte, die das planerische Handeln bei der Verfolgung der Ziele nach Abs. 1 sowohl auf überörtlicher als auch auf örtlicher Ebene näher determinieren sollen: Die Z. 1 normiert die Koordination und Abstimmung ordnender Maßnahmen mit Planungen und Vorhaben anderer Gebietskörperschaften in horizontaler und vertikaler Richtung. Dies gilt in gleicher Weise auch für die grenzüberschreitende Kooperation und die Abstimmung von Planungsvorhaben mit dem benachbarten Ausland. Durch diese Grundsätze soll – über das verfassungsrechtliche Rücksichtnahmeprinzip hinausgehend – sicherge-*

*stellt werden, daß die Planungsprozesse auf den verschiedenen Ebenen miteinander verschränkt und Widersprüche nach Möglichkeit bereits frühzeitig vermieden werden. Die Z. 2 normiert den Grundsatz der Berücksichtigung rechtswirksamer raumbedeutsamer Maßnahmen und Planungen des Bundes und trägt solcherart dem in der Rechtsprechung des Verfassungsgerichtshofes entwickelten Rücksichtnahmegebot ausdrücklich Rechnung. Die Pflicht zur Rücksichtnahme auf die Interessen gegenbeteiligter Gebietskörperschaften verbietet es einerseits, die von einer anderen Gebietskörperschaft wahrzunehmenden Interessen zu negieren und verhält andererseits dazu, eine zu einem angemessenen Ausgleich führende Abwägung der Planungsinteressen des Landes (der Gemeinde) mit den Planungsinteressen des Bundes vorzunehmen (vgl. VfSlg. 10292/1984) [Anmerkung: der Anwendungsbereich des Rücksichtsnahmegebotes soll nunmehr auf alle Gebietskörperschaften erweitert werden (siehe Erläuterungen unten)]. Die Z. 3, die eine bereits im § 1 Abs. 1 des Kärntner Umwelt-Verfassungsgesetzes [Anmerkung: nunmehr Art 7a K-LVG] enthaltene Anordnung für den Bereich der Raumordnung näher konkretisiert, legt für die Abwägung wirtschaftlicher und ökologischer Anforderungen an den Raum einen (relativen) Vorrang der ökologischen Belange fest und trägt auf diese Wiese dem Anliegen des – umfassend verstandenen – Umweltschutzes Rechnung. Dem liegt der Gedanke zugrunde, daß ein wirksamer Schutz der Umwelt nicht allein durch repressive Maßnahmen oder durch die Sanierung bereits eingetretener Schäden bewerkstelligt werden kann, sondern effizienter gerade auch durch vorausschauend, präventive Planungsmaßnahmen. Der Umweltschutz soll zwar ein sehr wesentliches, aber eben nur eines von mehreren Abwägungskriterien bei der Lösung von Konflikten zwischen verschiedenen Raumordnungszielen sein. Durch die (verstärkte) Berücksichtigung des Umweltschutzes sollen insbesondere auch die für künftige Nutzungsmöglichkeiten erforderlichen vielfältigen Handlungsspielräume für spätere Generationen offengehalten werden. Die Z. 4, 5 und 6 bringen weiters die Grundsätze der an den bestehenden oder mit vertretbaren Aufwand zu schaffenden Infrastruktureinrichtungen orientierten Siedlungsentwicklung, der vorrangigen Deckung des Raumbedarfes für (ganzjährige) Wohn- und für Wirtschaftsnutzung, der Vermeidung absehbarer Konflikte, zwischen unterschiedlicher Raumnutzungen und des Vorranges der Interessen der Allgemeinheit vor den Einzelinteressen zum Ausdruck. Nach der Rechtsprechung des Verfassungsgerichtshofes ist gerade zur Determinierung von Planungsakten in Verordnungsform die gesetzliche Regelungstechnik der „finalen Programmierung" zulässig, bei der das planende Verwaltungshandeln durch die Normierung von Planungszielen festgelegt wird. Der Preis für die dadurch bewirkte höhere Flexibilität – mit der Festlegungen von Zielen stehen die zu ihrer Erreichung anzuwendenden Mittel noch keineswegs fest –, besteht darin, daß diese Regelungstechnik Zielkonflikte von vornherein in Kauf nimmt. Da die einzelnen Ziele häufig nicht nur in einem Spannungsverhältnis zueinander stehen, sondern mitunter sogar gegenläufige Bewertungen zum Ausdruck bringen, können solche Zielkonflikte im Regelfall nicht (allein) aus einer (inneren) Rangordnung oder Gewichtung der Ziele heraus – je nach Betonung des einen oder anderen im gesetzlichen Zielkatalogs vorgesehenen Gesichtspunktes – gelöste werden. Um eine Art. 18 B-VG gerecht werdende Determinierung des planenden Handelns bei der Verfolgung konkurrierender Raumordnungsziele zu gewährleisten, beinhalten die Raumordnungsgrundsätze (Abs. 2) jene (vom Gesetzgeber festgelegten) Wertprioritäten, die bei der Interessenabwägung zur Lösung von Zielkonflikten als Abwägungskriterien heranzuziehen sind (vgl. VfGH 6.10.1988 G 240/87). Den Gedanken, daß anläßlich der Abwägung, welchen von mehreren Raumordnungszielen nach Abs. 1 der Vorrang gebührt, von den Grundsätzen nach Abs. 2 auszugehen ist, bringt Abs. 3 dieser Bestimmung nunmehr dezidiert zum Ausdruck."*

In § 2 Abs. 1 Z 2 wird der freie Zugang zu Seen, öffentlichen Gewässern und sonstigen Naturschönheiten nunmehr als Ziel der Raumordnung eingefügt. Dies dient der Berücksichtigung der Ziele des Gesetzes über die Wegfreiheit im Berglande – K-WBG, LGBl. Nr. 18/1923 idF LGBl. Nr. 85/2013, auch schon auf Planungsebene.

§ 2 Abs. 1 Z 4 wird neu gefasst. Es wird nunmehr auch auf die Freihaltung von Flächen, die die Natur bei Schadereignissen beansprucht abgestellt. Die Planung ist auf das Restrisiko abzustimmen (Schutz nur, soweit nach dem Stand der Technik möglich). Zu den „Naturgewalten" zählen auch geologische Risiken wie Rutschungen sowie Risiken durch Oberflächenwässer. Dies gilt auch für Radonstrahlung, die Bestimmung dient somit auch der Umsetzung von Art. 103 Abs. 2 der Richtlinie 2013/59/EURATOM. „Entsprechende Entwicklung" bedeutet eine an das Gefährdungspotential angepasste Anordnung von Nutzungen, insbesondere die Standortplanung von dauergenutzten Einrichtungen,

## 1. Hauptstück – Allgemeine Bestimmungen　　　　　　**§ 2**

sowie bauliche Gestaltung von Gebäuden, Infrastruktureinrichtungen und sonstigen baulichen Anlagen.

Durch § 2 Abs. 1 Z 13 wird das Ziel des Flächenrecyclings neu eingefügt. Die Bestimmung orientiert sich an § 2 Abs. 1 Z 12 Steiermärkisches Raumordnungsgesetz 2010 – StROG, LGBl. Nr. 49/2010 idF LGBl. Nr. 117/2017, iVm. § 3 Z 2 lit. e StROG.

§ 2 Abs. 1 Z 14 wird neu eingefügt. Aus Sicht einer integrierten Raumordnung haben in den letzten Jahren gesellschaftspolitische Fragen der Raumnutzung enorm an Bedeutung gewonnen (Klimaschutz, Nutzung nachwachsender Rohstoffe, Erzeugung und Nutzung von erneuerbarer Energie, Rohstoffsicherung, Immissionsschutz Lärm und Luft – z.B. lärmarme Gebiete –, Schutz vor Naturgefahren etc.). Diese Raumnutzungen erfolgen in erster Linie im Freiraum. Die Bedeutung des Freiraums geht weit über die Erholungsnutzung und die Landwirtschaftliche Produktion hinaus. Vor allem aufgrund der Qualität des Natur- und Landschaftraumes in Kärnten soll einer geordneten und zielgerichteten Freiraumentwicklung das gleiche Gewicht beigemessen werden wie der Entwicklung der Siedlungsstrukturen. Unter Freiraumnutzungen ist auch die „Erholung" zu subsumieren. Aus diesem Grund entfällt § 2 Abs. 1 Z 6 K-ROG der geltenden Fassung. Es ist darauf hinzuweisen, dass die einzelnen Ziele häufig nicht nur in einem Spannungsverhältnis zueinanderstehen, sondern mitunter sogar gegenläufige Bewertungen zum Ausdruck bringen. Somit unterliegt auch § 2 Abs. 1 Z 14 der Abwägung im Rahmen von § 2 Abs. 3.

Durch § 2 Abs. 1 Z 15 wird das Ziel der Berücksichtigung des Verkehrs neu eingefügt. In Bezug auf die Interpretation der Begriffe des Personennahverkehrs und des Personenregionalverkehrs ist insbesondere auf das Öffentliche Personennah- und Regionalverkehrsgesetz 1999 – ÖPNRV-G 1999, BGBl. I Nr. 204/1999 idF BGBl. I Nr. 59/2015, zu verweisen. Gem. § 2 Abs. 1 ÖPNRV-G 1999 sind unter Personenverkehr (iSd ÖPNRV-G 1999) Verkehrsdienste zu verstehen, die den Verkehrsbedarf innerhalb eines Stadtgebietes (Stadtverkehre) oder zwischen einem Stadtgebiet und seinem Umland (Vororteverkehre) befriedigen, zu verstehen. Unter Personenregionalverkehr (Verkehr im ländlichen Raum) sind (iSd ÖPNRV-G 1999) Verkehrsdienste, die den Verkehrsbedarf in einer Region bzw. des ländlichen Raumes befriedigen und kein Personennahverkehr sind, zu verstehen. Es ist darauf hinzuweisen, dass die einzelnen Ziele häufig nicht nur in einem Spannungsverhältnis zueinander stehen, sondern mitunter sogar gegenläufige Bewertungen zum Ausdruck bringen. Somit unterliegt auch § 2 Abs. 1 Z 15 der Abwägung im Rahmen von § 2 Abs. 3.

§ 2 Abs. 1 Z 16 entspricht grundsätzlich § 2 Abs. 1 Z 14 K-ROG der geltenden Fassung und wurde durch LGBl. Nr. 24/2016 eingefügt. Dazu halten die Erläuterungen 01-VD-LG-1729/8-2016, 3, fest: *„Wie bereits bisher nach Art. 12 Abs. 1 der Richtlinie 96/82/EG haben nunmehr auch nach Art. 13 Abs. 1 der Richtlinie 2012/18/EU die Mitgliedstaaten dafür zu sorgen, dass in ihren Politiken der Flächenausweisung oder Flächennutzung oder anderen einschlägigen Politiken das Ziel, schwere Unfälle zu verhüten und ihre Folgen für die menschliche Gesundheit und die Umwelt zu begrenzen, Berücksichtigung findet. Dazu haben sie die Ansiedlung neuer Betriebe, die Änderung von Betrieben iSd Art. 11 der Richtlinie 2012/18/EU und neue Entwicklungen in der Nachbarschaft von Betrieben, einschließlich Verkehrswegen, öffentlich genutzten Örtlichkeiten und Wohngebieten, wenn diese Ansiedlungen oder Entwicklungen Ursache von schweren Unfällen sein oder das Risiko eines schweren Unfalls vergrößern oder die Folgen eines solchen Unfalls verschlimmern können, zu überwachen. Diese aus Art. 13 Abs. 1 der Richtlinie 2012/18/EU erfließende Verpflichtung hatte bislang keine ausdrückliche Entsprechung im K-GplG 1995 oder im K-ROG gefunden (vgl. demgegenüber etwa die Zielbestimmung für die überörtliche Raumordnung in § 1 Abs. 2 lit. e des Tiroler Raumordnungsgesetzes 2011). Diese Lücke soll durch die Einfügung einer neuen Zielbestimmung in das K-ROG geschlossen werden (vgl. im gegenständlichen Zusammenhang etwa Büchele, Umsetzung des Art 12 der Seveso II-RL zur Flächennutzung, RdU 2003, 94 ff). […].*"

§ 2 Abs. 1 Z 17 setzt die Verpflichtung der frühzeitigen Berücksichtigung der Nutzung von erneuerbaren Energien auch schon auf Planungsebene des Art. 15 Abs. 3 der Richtlinie (EU) 2018/2001 um.

2. Grundsätze:

In § 2 Abs. 2 Z 2 soll der Anwendungsbereich des Rücksichtnahmegebotes nunmehr auf alle Gebietskörperschaften erweitert werden. Dazu halten die Erläuterungen Verf-273/3/1994, 9 f zu § 1 Abs. 2 Gemeindeplanungsgesetz 1982, LGBl Nr. 105/1994, fest: *„Da nach der Rechtsprechung des Verfassungsgerichtshofes (VfSlg. 2674/1954, 9543/1982) die Zuständigkeit zu raumordnenden Tätigkeiten hinsichtlich der Gesetzgebung zwischen dem Bund und den Ländern, hinsichtlich der Voll-*

*ziehung zwischen dem Bund, den Ländern und den Gemeinden aufgeteilt ist, muß der jeweils zuständige (Bundes- und Landes-)Gesetzgeber Mechanismen vorsehen, die eine Abstimmung des jeweiligen Planungsverhaltens mit dem anderer Planungsträger in ausreichender Weise sicherstellen. Daß sich in einem Bundesstaat, der sowohl dem Oberstaat als auch den Gliedstaaten Befugnisse hinsichtlich raumordnender Tätigkeiten einräumt, Konflikte zwischen den verschiedenen Planungsträgern ergeben können, liegt bereits in der bundesstaatlichen Struktur des Gesamtstaates begründet. Als Lösungsansatz für derartige Konfliktsituationen wurde in der Rechtsprechung des Verfassungsgerichtshofes das sogenannte „Rücksichtnahmegebot" entwickelt (vgl. insbesondere VfSlg. 8831/1980, 10292/1984): Dieses Gebot verhält die beteiligten Gebietskörperschaften dazu, eine zu einem angemessenen Ausgleich führende Abwägung der eigenen (Planungs)-Interessen mit jenen der anderen Gebietskörperschaften vorzunehmen und auf diese Weise einen Interessenausgleich anzustreben."* Dies umfasst insbesondere auch die in den Aktionsplänen gemäß § 62e Kärntner Straßengesetz 1991, § 9a Abs. 2 lit. c Kärntner IPPC-Anlagengesetz und § 7 Bundes-Umgebungslärmschutzgesetz enthaltenen Maßnahmen (bislang ausdrücklich in § 1 Abs. 2 K-GplG 1996 der geltenden Fassung geregelt). Die Erläuterungen -2V-LG-920/15-2005, 2 zu LGBl. Nr. 88/2005 führen dazu für die Erlassung von Flächenwidmungsplänen aus: *„Bei der Erlassung eines Flächenwidmungsplanes sollen in den Aktionsplänen gemäß dem Kärntner Straßengesetz, dem Kärntner IPPC-Anlagengesetz und dem Bundes-Umgebungslärmschutzgesetz enthaltenen Maßnahmen beachtet werden. Anhang V der Umgebungslärmrichtlinie enthält Mindestanforderungen für Aktionspläne, wobei insbesondere Folgendes für die Raumplanung zu beachten ist:*

– *die geplante Maßnahme zur Lärmminderung,*

– *die Maßnahme, die die zuständigen Behörden für die nächsten 5 Jahre geplant haben, einschließlich der Maßnahmen zum Schutz ruhiger Gebiete und*

– *die langfristige Strategie. [...]*

*Sowohl die strategischen Lärmkarten als auch die Aktionspläne sind in Kärnten derzeit nur an Hauptverkehrsstraßen, Eisenbahnstrecken und öffentlichen Flugplätzen, die für den internationalen Luftverkehr bestimmt sind, zu erstellen, da Ballungsräume mit mehr als 100.000 Einwohnern in Kärnten nicht gegeben sind. Die näheren*

*Regelungen betreffend die Aktionspläne und die strategischen Lärmkarten werden in Ausführung der Umgebungslärmrichtlinie nach einer entsprechenden Novelle im Kärntner Straßengesetz und im Kärntner IPPC-Anlagengesetz sowie im Bundes-Umgebungslärmschutzgesetz enthalten sein."*

Gemäß § 2 Abs. 2 Z 7 ist nunmehr auch die Vermeidung der Zersiedelung ein Grundsatz der Raumordnung."

## II. Anmerkungen

1   Der VfGH führte in ständiger Rechtsprechung (vgl VfGH VfSlg 14.041/1995; VfSlg14.179/1995; VfSlg 14.303/1995) aus, dass „in Bereichen, in denen der Gesetzgeber auf den Weg einer finalen Determinierung verwiesen ist, zum einen ein umfassender gesetzlicher Zielkatalog oder zumindest eine umfassende Umschreibung der Planungsaufgaben in inhaltlicher Hinsicht unabdingbar ist, weil sonst das Verwaltungshandeln weitgehend in einem rechtsfreien Raum stattfände und dementsprechend auch der verfassungsmäßig gebotene Maßstab für die Überprüfung der Verwaltungstätigkeit auf ihre Gesetzmäßigkeit vom Ansatz her fehlte. Zum anderen hat das Gesetz […] Regelungen darüber zu enthalten, wie die Entscheidungsgrundlagen des Verordnungsgebers zu erarbeiten sind, und die Methode selbst bindend vorzuschreiben". § 2 Abs 1 kommt diesem verfassungsrechtlichen Gebot nach (zum Ganzen siehe auch *Berka*, JBl 1996, 76; *Leitl*, Raumplanung 109 f). Denn es kommt nach der Rechtsprechung des VfGH (VfGH VfSlg 8280/1978; VfSlg 10.711/1985; VfSlg 12.926/1991; VfSlg 19.890/2014) den gesetzlichen Planungszielen besondere Bedeutung zu (VfGH VfSlg 16.032/2000; VfSlg 17.015/2003). Auf den Raumordnungsgesetzen beruhende Vollzugsakte haben sich daher an diesen Planungszielen auszurichten (VfGH 24.6.2021, V 18/2019). In diesem Sinne bilden die in § 2 Abs 1 festgelegten Ziele der Raumordnung ausdrücklich eine wesentliche Grundlage der Beurteilung für die Raumverträglichkeitsprüfung gemäß § 6 Abs 3, die überörtlichen Entwicklungsprogramme gemäß § 7 Abs 1, die örtlichen Entwicklungskonzepte gemäß § 9 Abs 1 und § 12 Abs 5 Z 1, die Flächenwidmungspläne gemäß § 13 Abs 1, § 38 Abs 7 Z 1 und § 39 Abs 3 Z 3 lit a, die Aufschließungsgebiete gemäß § 25 Abs 1 und 4 Z 1, den Teilbebauungsplan für Einkaufszentren gemäß § 32 Abs 3, die Rückwidmung gemäß § 36 Abs 4, 5 Z 3 und Abs 8, den generellen Bebauungsplan

gemäß § 47 Abs 1, den Teilbebauungsplan gemäß § 48 Abs 1, den Gestaltungsplan gemäß § 49 Abs 1, den integrierten Flächenwidmungs- und Bebauungsplan gemäß § 52 Abs 3 und die Vertragsraumordnung gemäß § 53 Abs 12.

Kompetenzrechtlich ist es nach ständiger Rechtsprechung des VfGH „dem Landesgesetzgeber nicht verwehrt, im Rahmen der von ihm zu treffenden Regelungen alle öffentlichen Zwecke und daher auch die des Bundes zu berücksichtigen [...]. Die Befugnis, die Interessen der gegenbeteiligten Gebietskörperschaft zu berücksichtigen, darf nur nicht dazu mißbraucht werden, die der anderen Gebietskörperschaft obliegende Regelung selbst vorzunehmen" (VfGH VfSlg 13.326/1993 mN).

Zu beachten sind in diesem Zusammenhang auch die Staatszielbestimmungen des Bundesverfassungsgesetzes über die Nachhaltigkeit, den Tierschutz, den umfassenden Umweltschutz, die Sicherstellung der Wasser- und Lebensmittelversorgung und die Forschung (in der Folge „BVG Umwelt"; siehe dazu *Budischowsky*, RdU 2013, 191 ff; *ders*, RdU 2015, 181 ff) sowie des K-LVG (vgl die Materialien ErlRV -2V-LG-1437/12-2011, 1 f, zur Novelle der K-LVG LGBl 2012/5). Aus Staatszielbestimmungen resultieren zwar keine unmittelbar durchsetzbaren Rechtsansprüche Einzelner. Indes lassen sich aber Handlungsanleitungen und Handlungsaufträge ableiten, Maßnahmen zur Umsetzung und Erreichung der Staatsziele zu setzen. Schlussendlich haben Staatszielbestimmungen auch Bedeutung als Interpretationsmaßstab und Abwägungsgebot für die Verwaltung (VfGH VfSlg 13.210/1992). Gemäß dem BVG Umwelt bekennt sich die Republik Österreich (Bund, Länder und Gemeinden) insbesondere

- zum Prinzip der Nachhaltigkeit bei der Nutzung der natürlichen Ressourcen, um auch zukünftigen Generationen bestmögliche Lebensqualität zu gewährleisten.
- zum Tierschutz.
- zum umfassenden Umweltschutz, dh die Bewahrung der natürlichen Umwelt als Lebensgrundlage des Menschen vor schädlichen Einwirkungen. Der umfassende Umweltschutz besteht insbesondere in Maßnahmen zur Reinhaltung der Luft, des Wassers und des Bodens sowie zur Vermeidung von Störungen durch Lärm.
- zur Wasserversorgung als Teil der Daseinsvorsorge und zu ihrer Verantwortung für die Sicherung deren Erbringung und Qualität,

insbesondere dazu, das öffentliche Eigentum an der Trinkwasserversorgung und die Verfügungsgewalt darüber im Interesse von Wohl und Gesundheit der Bevölkerung in öffentlicher Hand zu erhalten.
- zur Sicherung der Versorgung der Bevölkerung mit hochqualitativen Lebensmitteln tierischen und pflanzlichen Ursprungs auch aus heimischer Produktion sowie der nachhaltigen Gewinnung natürlicher Rohstoffe in Österreich zur Sicherstellung der Versorgungssicherheit.

Gemäß Art 7a K-LVG haben das Land und die Gemeinden durch Schutz und Pflege der Umwelt die Lebensbedingungen für die gegenwärtigen und die künftigen Generationen in Kärnten zu sichern. Das Land und die Gemeinden haben im Rahmen ihres Wirkungsbereiches folgende umweltpolitische Ziele einzuhalten:

- Die natürlichen Lebensgrundlagen Boden, Wasser und Luft sind zu schützen; sie dürfen nur sparsam und pfleglich genutzt werden. Die Möglichkeit der gentechnikfreien Bewirtschaftung natürlicher Ressourcen ist zu gewährleisten.
- Die Leistungsfähigkeit der natürlichen Umwelt ist zu erhalten; eingetretene Schäden sind möglichst zu beheben oder durch ökologisch sinnvolle Pflegemaßnahmen zu mindern; Maßnahmen, die eine Beeinträchtigung des Klimas herbeiführen, sind zu vermeiden.
- Die heimische Tier- und Pflanzenwelt ist in ihrem Artenreichtum und ihrer Vielfalt zu erhalten; ihre natürlichen Lebensräume sind zu schonen und zu bewahren.
- Die Eigenart und die Schönheit der Kärntner Landschaft, die charakteristischen Landschafts- und Ortsbilder sowie die Naturdenkmale und Kulturgüter Kärntens sind zu bewahren.
- Grund und Boden sind sparsam und schonend zu nutzen; eine Zersiedelung ist zu vermeiden; Verkehrswege sind umweltgerecht zu planen und herzustellen.
- Abfälle und Abwässer sind umweltschonend zu verwerten oder zu beseitigen; der Gefährdung von Boden, Wasser und Luft ist entgegenzuwirken.
- Schädlicher und störender Lärm ist einzudämmen.
- Das Umweltbewusstsein der Bewohner und Besucher Kärntens und der sparsame Umgang mit Rohstoffen und Energie sind zu fördern.

Darüber hinaus bekennt sich das Land Kärnten gemäß Art 7b K-LVG insbesondere

- zur Wahrung der Verantwortung für künftige Generationen unter Berücksichtigung der wirtschaftlichen, sozialen, gesundheitlichen, ökologischen und kulturellen Bedürfnisse der Bewohner des Landes,
- zum Schutz und zur Wahrung der Rechte der Kinder,
- zur Familie und zu einer kinderfreundlichen Gesellschaft,
- zur Unterstützung alter Menschen und von Menschen mit Behinderung,
- zur Chancengleichheit und Gleichberechtigung für alle Landesbürger, insbesondere für Frauen,
- zur nachhaltigen Sicherung des Wassers und strategisch wichtiger Wasserressourcen zur Sicherung der Versorgung der Bevölkerung mit qualitativ hochwertigem Trinkwasser zu sozialverträglichen Bedingungen,
- zu einer leistungsfähigen Wirtschaft, die von Dienstgebern und Dienstnehmern getragen wird, und zum Unternehmertum als unverzichtbare Voraussetzung für Arbeitsplätze, Einkommen und Wohlstand,
- zur Vorsorge für eine hochwertige Infrastruktur,
- zu einer produktiven Land- und Forstwirtschaft mit bäuerlichen Familienbetrieben, zur Gewährleistung der Versorgung der Bevölkerung mit hochwertigen Lebensmitteln und nachhaltigen Bau- und Grundstoffen sowie zur Erhaltung der Kulturlandschaft,
- zum Klimaschutz, zur verstärkten Deckung des Energiebedarfs aus erneuerbaren Energiequellen und zu deren nachhaltiger Nutzung sowie zur Steigerung der Energieeffizienz,
- zum Bestehen angemessener Gesundheits- und Pflegeeinrichtungen,
- zu Bildung und Kultur,
- zu angemessenen Wohnverhältnissen,
- zur Achtung und zum Schutz der Tiere.

**2** Zur Auslegung des Begriffes „natürliche Lebensgrundlagen" kann meiner Ansicht nach insbesondere auf die Staatsziele gemäß dem BVG Umwelt, der Art 7a und Art 7b K-LVG sowie auf die Ziele des K-NSG zurückgegriffen werden (siehe aber auch § 1a K-LWG). Demnach ist die Natur als Lebensgrundlage des Menschen so zu schützen und zu pflegen, dass ihre Vielfalt, Eigenart und Schönheit, der Artenreichtum der heimischen Tier- und Pflanzenwelt und deren natürliche Lebensräume sowie ein ungestörtes Wirkungsgefüge des Lebenshaushaltes der Natur erhalten und nachhaltig gesichert werden (zu dieser systematischen Interpretation vgl VwGH 23.11.2004, 2002/06/0064). Umfasst sind somit insbesondere die Schutzgüter Pflanzen, Tiere (vgl *Mauerhofer*, bbl 2008, 49 ff), Boden (vgl *Hirner*, RdU-U&T 2013, 38 f), Wasser, Luft, Klima und Landschaft. Von den „natürlichen Lebensgrundlagen" sind soziale, ökonomische, kulturelle oder technische Lebensgrundlagen abzugrenzen (diese Lebensgrundlagen sind aber von anderen Zielen der Raumordnung umfasst).

**3** Die Bewahrung der „Funktionsfähigkeit des Naturhaushalts" steht meiner Ansicht nach im Zusammenhang mit den Schutzgütern der natürlichen Lebensgrundlagen des § 2 Abs Z 1. Denn unter Naturhaushalt ist das Wirkungsgefüge aus den Wechselbeziehungen der Lebewesen untereinander und zu ihrer Umwelt zu verstehen (vgl VwGH 30.1.2014, 2013/10/0001; siehe auch zu anderen Begriffsdefinitionen *Lukits*, RdU-U&T 2015, 34 ff). Die Funktionsfähigkeit bezeichnet die Eignung von Ökosystemen, charakteristische Regulationsleistungen bzw -funktionen zu erfüllen, zB die Funktion des Bodens für den Fremdstoffabbau, von Oberflächengewässern bei der Umwandlung von Stoffen (Selbstreinigung), von Vegetationsbeständen für das Lokalklima oder von Lebensgemeinschaft von Organismen verschiedener Tier-, Pflanzen- und Pilzarten für Reproduktion und Regeneration (*Grünberg*, Naturhaushalt 15 ff). Die „Vielfalt und die Eigenart der Kärntner Landschaft" umfasst einerseits die „Naturlandschaft", als vom Menschen unbeeinflussten Naturzustand, andererseits insbesondere die „Kulturlandschaft", als vom Menschen geprägte Landschaft (*Marschall*, Kulturlandschaft 441 ff). Denn mit „Landschaft" „ist ein charakteristischer, individueller Teil der Erdoberfläche gemeint, bestimmt durch das Wirkungsgefüge der hier vorhandenen Geofaktoren einschließlich der anthropogeographischen, mögen auch die Einwirkungen des Menschen, etwa durch bauliche Anlagen, nur untergeordnete Teile der Landschaft ausmachen. Es ist daher vom Begriff der „Landschaft" auch die Kulturlandschaft [...] erfasst (vgl VwGH VwSlg 18.063 A/2011). Diese Landschaft ist eine Grundlage für die jeweilige – raumbezogene – Identität der Regionen des Landes (vgl *Mose*, Landschaft 279 ff). Als weitere Grundlagen der regionalen Identität sind insbesondere Natur, Geschichte, Kultur, Sprache, Wirtschaft und geografische Lage anzusehen (vgl *Göschel*, Lokale Identität 91 ff). Das Ziel des „freien Zugangs" zu Seen, öffentlichen Gewässern und sonstigen Naturschönheiten dient ausweislich der Materialien der Berücksichtigung der Ziele des K-WBG auch schon auf Planungsebene (ErlRV 01-VD-LG-1865/5-2021, 5). Gemäß § 1 Abs 1 K-WBG dürfen bestehende Wege, Steige und Stege im Berglande insoweit sie für den Touristen- oder Fremdenverkehr unentbehrlich oder besonders wichtig sind, für diesen Verkehr nicht geschlossen werden und müssen, wenn sie Privatwege sind, diesem Verkehr gegen angemessene Entschädigung geöffnet werden. Für die „öffentlichen Gewässer" ist in diesem Zusammenhang auch zu beachten, dass diese jedermann im Rahmen des gesetzlich beschränkten Gemeingebrauches zur Nutzung offenstehen (VwGH 28.5.2008, 2004/03/0030). So kann nur ein entsprechender Zugang zu diesen Gewässern gewährleisten, dass dieser Gemeingebrauch auch ausgeübt werden kann. „Öffentliche Gewässer" sind gemäß § 2 Abs 1 WRG 1959:

- die im Anhang A zum WRG 1959 namentlich aufgezählten Ströme, Flüsse, Bäche und Seen mit allen ihren Armen, Seitenkanälen und Verzweigungen;
- Gewässer, die schon vor Inkrafttreten des WRG 1959 anlässlich der Erteilung einer wasserrechtlichen Bewilligung als öffentliche behandelt wurden, von der betreffenden Stelle angefangen;
- alle übrigen Gewässer, sofern sie nicht im WRG 1959 ausdrücklich als Privatgewässer bezeichnet werden.

Da der Zugang zu „Seen" als eigenes Tatbestandsmerkmal besteht, sind hinsichtlich dieser, auch private Gewässer (siehe zu diesen § 3 WRG 1959) umfasst. „Naturschönheiten" sind gemäß § 1 Abs 1 K-WBG Wasserfälle, Klammen, Höhlen und dergleichen.

Unter „Region" versteht man „einen aufgrund bestimmter Merkmale abgrenzbaren, zusammenhängenden Teilraum mittlerer Größenordnung in einem Gesamtraum". Die Festlegung von Regionen erfolgt zumeist aus analytisch-deskriptiven und eher politisch-normativen Elementen (zum Ganzen *Sinz*, Handwörterbuch 1976 ff). Die „Wirtschaftsstruktur" einer Region ergibt sich aus den einzelnen Wirtschaftssektoren, zB verarbeitendes Gewerbe, Energie- und Wasserversorgung, Bergbau, Handel, Land- und Forstwirtschaft, öffentliche Dienstleister (vgl Gabler Wirtschaftslexikon online, https://wirtschaftslexikon.gabler.de/definition/wirtschaftsstruktur-48492/version-271744). Die „Sozialstruktur" ist das sich aus den Elementen Bildungsgrad, Stellung im Beruf, Höhe des Einkommens, Wertschätzung einzelner beruflicher Tätigkeiten in der öffentlichen Meinung, aus verschiedenen sozialen Schichten bildende Gefüge des Gesellschaftsaufbaus (vgl Gabler Wirtschaftslexikon online, https://wirtschaftslexikon.gabler.de/definition/sozialstruktur-44048/version-267369). Die „Daseinsvorsorge" umfasst die Versorgung der Bevölkerung mit wirtschaftlichen, kulturellen und sozialen Infrastrukturleistungen. Dazu zählen zB die Wasserversorgung (vgl § 4 BVG Umwelt, dazu *Budischowsky*, RdU 2015, 181 ff), die Energieversorgung, die Abfallbeseitigung (vgl § 34a Abs 1 Z 2 Deponieverordnung 2008), die Abwasserbeseitigung, Kommunikationseinrichtungen, Verkehrseinrichtungen (vgl § 3 Z 1 Klimaticketgesetz), Bildungseinrichtungen, Gesundheitseinrichtungen (vgl § 3 Abs 1 GÖGG), Feuerwehr und Rettung (*Antoniolli/Koja*, Allgemeines Verwaltungsrecht[3] 122).

5  Vom Begriff „Naturgewalten" sind insbesondere Hochwasser, Vermurung, Steinschlag sowie Erdrutsch (VwGH 29.5.2018, Ra 2018/06/0045), aber auch Feuer, Lawinen, Sturm und Erdbeben umfasst (siehe zum Ganzen auch Österreichische Raumordnungskonferenz (Hrsg), Risikomanagement für gravitative Naturgefahren in der Raumplanung; *Kanonier*, bbl 2005, 51 ff; *Rudolf-Miklau/Kanonier*, RdU-U&T 2016, 79 ff). Auch die geologischen Risiken hinsichtlich Radonstrahlung zählen dazu, die Bestimmung dient insofern auch der Umsetzung der RL 2013/59/EURATOM (so ErlRV 01-VD-LG-1865/5-2021, 5). Zu den „Umweltbelastungen" zählen gemäß § 16 Abs 2 insbesondere Lärm-, Staub- und Geruchsbelästigung, sonstige Luftverunreinigungen oder Erschütterungen. „Entsprechende Entwicklung" bedeutet ausweislich der Materialien (ErlRV 01-VD-LG-1865/5-2021, 5) eine an das Gefährdungspotential angepasste Anordnung von Nutzungen, insbesondere die Standortplanung von dauergenutzten Einrichtungen, sowie bauliche Gestaltung von Gebäuden, Infrastruktureinrichtungen und sonstigen baulichen Anlagen. Meiner Ansicht nach umfasst der Begriff „Siedlungsstruktur" in diesem Zusammenhang sowohl das Muster der Verteilung von Siedlungen in einem bestimmten Raum, als auch den Aufbau und die innere Gliederung einer Siedlung (vgl *Nuissl*, Handwörterbuch 2167 ff). Denn beide Wortbedeutungen sind insbesondere für den Schutz vor Gefährdung durch Naturgewalten relevant.

"Freiraumstruktur" ist das "quantitative und qualitative Verteilungsmuster bzw Gefüge von Nutzungen und Funktionen in naturnahem Zustand" (*Turowsk/Domhardt/Eberle/Troeger-Weiß*, Handbuch 58). Dem Freiraum kommt ausweislich der Materialien (ErlRV 01-VD-LG-1865/5-2021, 6) zB auch beim Immissionsschutz Lärm und Luft – zB lärmarme Gebiete – und dem Schutz vor Naturgefahren Bedeutung zu (zum Freiraum siehe § 2 Anm 15). Die "Standortplanung" ist der Entscheidungsprozess zur Ermittlung des jeweils optimalen Standortes einer dauergenutzten Einrichtung, insbesondere von Standorten für Unternehmen. Es ist somit vor dem Hintergrund des Schutzziels schon im Rahmen der planenden Maßnahmen die zielorientierte Suche alternativ infrage kommender Standorte, deren Beurteilung anhand der jeweiligen Standortgegebenheiten im Hinblick auf die relevanten Standortfaktoren sowie die Auswahl des bestmöglichen Standortes umfasst (vgl Gabler Wirtschaftslexikon online, https://wirtschaftslexikon.gabler.de/definition/standortplanung-45864/version-269152; siehe auch *Kanonier*, Betriebsansiedlungen 481 ff; *Potacs*, Betriebsansiedlung 49 ff; siehe für Seveso-Betriebe auch § 2 Anm 17). Die Bevölkerung ist "soweit als möglich zu schützen", die Planung ist somit ausweislich der Materialien auf das Restrisiko abzustimmen, dh das Schutzziel ist zu berücksichtigen, soweit dies nach dem Stand der Technik möglich ist (ErlRV 01-VD-LG-1865/5-2021, 5).

"Private Güter" sind Wirtschaftsgüter, die in der freien Marktwirtschaft von privaten Anbietern angeboten werden (vgl Gabler Wirtschaftslexikon online, https://wirtschaftslexikon.gabler.de/definition/individualgut-33130/version-256657). Private Güter der Grundversorgung, die häufig benötigt werden, sind insbesondere Lebensmittel und Bekleidung aber auch Wohnraum. Bei "öffentlichen Gütern" sind deren Nutzung grundsätzlich nicht von einem Preis und nicht von der Anzahl der Nutzer abhängig. Die Entscheidung über die Erstellung öffentlicher Güter erfolgt über kollektive Willensbildung (vgl Gabler Wirtschaftslexikon online, https://wirtschaftslexikon.gabler.de/definition/oeffentliches-gut-45206/version-268503). "Dienstleistungen" sind dadurch gekennzeichnet, dass die Produktion und der Verbrauch gleichzeitig erfolgen (vgl Gabler Wirtschaftslexikon online, https://wirtschaftslexikon.gabler.de/definition/dienstleistungen-28662/version-252288; *Bade*, Handwörterbuch 413 ff). "Private Dienstleistungen" werden von privaten Anbietern in der freien Marktwirtschaft angeboten. Zu diesen Dienstleistungen, die häufig benötigt werden, zählen zB Frisöre. Im gegebenen Zusammenhang sind „öffentliche Dienstleistungen" meiner Ansicht nach Dienstleistungen, die insbesondere durch staatliche Stellen erbracht werden. Häufig benötigt werden zB öffentliche Dienstleistungen des Gesundheitswesens, des Bildungswesens und der Daseinsvorsorge (siehe dazu schon § 2 Anm 4). Hinsichtlich der Kompetenzbestimmung des Art 10 Abs 1 Z 8 B-VG „Angelegenheiten des Gewerbes und der Industrie" bestehen für diese Zielbestimmungen keine verfassungsrechtlichen Bedenken (VfGH VfSlg 11.830/1988).

**7** Meiner Ansicht nach umfasst der Begriff „Siedlungsstruktur" in diesem Zusammenhang sowohl das Muster der Verteilung von Siedlungen in einem bestimmten Raum, als auch den Aufbau und die innere Gliederung einer Siedlung (vgl *Nuissl*, Handwörterbuch 2167 ff). Denn beide Wortbedeutungen sind insbesondere für die Vermeidung von Beeinträchtigungen und die Vermeidung der Zersiedelung relevant. Da auf die „historisch gewachsene" zentralörtliche Gliederung des Landes abgestellt wird, ist die Ist-Zentralität von zentralen Orten im Zentrale-Orte-System relevant. Zentralen Orten kommt eine Versorgungsfunktion der Bevölkerung mit Gütern und Dienstleistungen zu sowie eine Entwicklungsfunktion für die Stabilisierung und Entwicklung von Teilräumen. Da die Siedlungsstruktur unter Bedachtnahme auf die zentralörtliche Gliederung zu entwickeln ist, soll die Siedlungstätigkeit an dafür gut geeigneten Standorten gebündelt werden (zum Ganzen *Terfrüchte/Flex*, Handwörterbuch 2969 ff; gegen die Zentrale-Orte-Konzeption bestehen auch keine verfassungsrechtlichen Bedenken VfGH VfSlg 14.685/1996; VfSlg 17.057/2003). Den zentralen Orten kommt insbesondere auch im Rahmen der überörtlichen Entwicklungsprogramme (§ 7 Abs 3 Z 2 und Abs 4 Z 2), bei der Festlegung von Siedlungsschwerpunkten (§ 10 Abs 1 Z 2) und dem Teilbebauungsplan für Einkaufszentren (§ 32 Abs 3 Z 2) wesentliche Bedeutung zu.

Grundsatz der Raumordnung ist Nutzungskonflikte dadurch zu verhindern, dass mittels planender Maßnahmen gegenseitige Beeinträchtigungen unterschiedlicher Nutzungen weitestgehend verhindert oder zumindest auf ein vertretbares Ausmaß verringert werden (siehe § 2 Abs 2 Z 5). Dies gilt gemäß § 16 Abs 2 insbesondere für die Lage der einzelnen Baugebiete im Bauland sowie die zulässigen Nutzungen innerhalb eines Baugebietes. Wesentliches Ziel ist auch die möglichst sparsame Verwendung von Grund und Boden. Diesem Ziel dient insbesondere die Bauchflächenbilanz und die Bestimmungen über

1. Hauptstück – Allgemeine Bestimmungen    § 2

die Neufestlegung von Grundflächen für Bauland gemäß § 15 Abs 3 bis 6 sowie die geschlossene und abgerundete Gliederung der Baugebiete gemäß § 16 Abs 1 (vgl *Pallitsch/Pallitsch/Kleewein*, Baurecht[5] § 2 K-ROG Anm 2 bis 4).

„Maßnahmen der Orts- und Regionalentwicklung" sind insbesondere Information (siehe zB den Raumordnungskataster gemäß § 4), Beratung (siehe zB die Verpflichtung der Landesregierung gemäß § 38 Abs 9, die Gemeinden zu beraten), finanzielle Anreize (siehe zB Förderungen nach dem K-RegFG), infrastrukturelle Maßnahmen (Ausbau wirtschaftsnaher Infrastruktur), Kooperationen (siehe zB die Berücksichtigungspflicht gemäß § 2 Abs 2 Z 2) und Regulierungen (*Gruber/Kanonier/Pohn-Weidinger/Schindelegger*, Raumentwicklung 43).

Der erste Halbsatz sieht das Ziel einer allgemeinen Sicherstellung und Verbesserung der Voraussetzungen für eine leistungsfähige Wirtschaft vor. Im zweiten Halbsatz werden wesentliche Teilaspekte dieser Voraussetzungen beispielhaft („insbesondere") näher bestimmt: **8**

- Sicherung von Flächen für die Ansiedlung und Erweiterung von Betrieben (siehe dazu *Berka*, JBl 1996, 82 f; *Kanonier*, Betriebsansiedlung 481 ff; *Potacs*, Betriebsansiedlung 49 ff; zur Standortplanung siehe schon § 2 Anm 5; siehe zur Energieversorgung durch Photovoltaik auch *Hofmann*, RFG 2021, 52 ff);
- künftige Verfügbarkeit von Roh- und Grundstoffen (siehe § 2 Anm 13);
- Arbeitsmarktsituation (zB Verfügbarkeit von Fachkräften).

Durch die Aufzählung wird der Maßstab fixiert, dem die nicht konkret aufgezählten Voraussetzungen entsprechen müssen (VwGH 23.7.2009, 2006/05/0167). So ist wesentliche Voraussetzung auch die Infrastruktur, dh „Einrichtungen und Anlagen, die nicht nur individuelle, sondern auch kollektive Nutzeneffekte aufweisen, und Einfluss auf die wirtschaftliche Entwicklung haben" (zum Ganzen *Schmidt/Monstadt*, Handwörterbuch 975 ff). Dies gilt sowohl für die soziale Infrastruktur, zB Bildungswesen (Fachkräfte) und öffentliche Verwaltung (Rechtssicherheit), als auch die technische Infrastruktur, zB Verkehr (Straßen, öffentlicher Nahverkehr; siehe auch § 2 Anm 10), Kommunikation (Digitalisierung) und Ver- und Entsorgung (Wasser, Abwasser, Elektrizität; siehe auch § 2 Anm 12).

Bei der Sicherstellung und Verbesserung der Voraussetzungen für eine leistungsfähige Wirtschaft ist erstens „auf die zu erwartenden Beeinträchtigungen benachbarter Siedlungsräume" Bedacht zu nehmen. Denn Grundsatz der Raumordnung ist Nutzungskonflikte dadurch zu verhindern, dass mittels planender Maßnahmen gegenseitige Beeinträchtigungen unterschiedlicher Nutzungen weitestgehend verhindert oder zumindest auf ein vertretbares Ausmaß verringert werden (siehe § 2 Abs 2 Z 5). Dies gilt gemäß § 16 Abs 2 insbesondere für die Lage der einzelnen Baugebiete im Bauland sowie die zulässigen Nutzungen innerhalb eines Baugebietes (siehe bereits § 2 Anm 7; für Seveso-Betriebe § 2 Anm 17). Zweitens ist auf die naturräumliche Umwelt Bedacht zu nehmen, siehe dazu schon § 2 Anm 2 und 3.

**9** Aus dem Tatbestandsmerkmal „existenzfähig" ist meiner Ansicht nach abzuleiten, dass Ziel der wirtschaftliche Fortbestand von land- und forstwirtschaftlichen Betrieben ist (gemäß § 1 lit b K-LWG soll die Land- und Forstwirtschaft im Stande sein sich Änderungen der volkswirtschaftlichen Verhältnisse anzupassen). Vom Begriff „land- und forstwirtschaftlicher Betrieb" ist nach der Rechtsprechung des VwGH nicht schon jede land- und forstwirtschaftliche Tätigkeit im technischen Sinne umfasst. Es ist das Vorliegen betrieblicher Merkmale, dh eine planvolle, grundsätzlich auf die Erzielung von Einnahmen gerichtete nachhaltige Tätigkeit wesentlich, die zumindest die Annahme eines nebenberuflichen land- und forstwirtschaftlichen Betriebes rechtfertigt. Ob zumindest ein land- und forstwirtschaftlicher Nebenbetrieb vorliegt, hängt einerseits von der Betriebsgröße, aber auch von dem erzielbaren Bewirtschaftungserfolg ab. Dieser kann ein Indiz dafür sein, ob eine über einen bloßen Zeitvertreib hinausgehende land- und forstwirtschaftliche Nutzung vorliegt (zB VwGH 7.7.1986, 84/10/0290; 10.1988, 87/10/0133; 22.6.1993, 90/05/0228; 28.4.1997, 94/10/0148; 31.3.2008, 2007/05/0024; 29.1.2010, 2007/10/0107 mwN). Ein wesentlicher Bestandteil der land- und forstwirtschaftlichen Nutzung ist die Bodennutzung im Bereich der landwirtschaftlichen und forstwirtschaftlichen Urproduktion (VwGH 21.9.2000, 99/06/0057). Dazu zählen zB auch Pferdezucht (VwGH 16.12.2003, 2002/05/0687), Fischzucht (VwGH 29.1.2010, 2007/10/0107), Obstverwertung (VwGH 5.11.2015, 2013/06/0119; auch Obstveredelung und Edelbranderzeugung VwGH 27.2.2015, 2012/06/0063), Waldbewirtschaftung (zur Brennholzgewinnung VwGH 5.11.2015, 2013/06/0119) und Imkerei (VwGH 22.6.1993, 90/05/0228). Da der Gartenbau grundsätzlich zur Landwirtschaft zählt (VwGH 26.1.1998, 96/10/0121; 23.2.2004, 2000/10/0173), gilt Entsprechendes auch für diesen. Indes ist aus dem Tatbestandsmerkmal „bäuerlich" meiner Ansicht nach zu schließen, dass landwirtschaftliche Produktion industrieller Prägung (vgl § 17 Abs 2, § 22 Abs 1 Z 3, § 27 Abs 2 Z 2) von § 2 Abs 1 Z 8 nicht umfasst ist.

Der erste Satz der Bestimmung sieht das Ziel einer allgemeinen Sicherstellung des Fortbestandes einer existenzfähigen bäuerliche Land- und Forstwirtschaft durch die Erhaltung und Verbesserung der dazu erforderlichen räumlichen Voraussetzungen vor. Im zweiten Satz werden wesentliche Teilaspekte dieser Voraussetzungen beispielhaft („insbesondere") näher bestimmt. Erstens wird die Agrarstruktur angeführt. Denn die Agrarstruktur bildet einen entscheidenden Beitrag zur dauerhaften Existenzsicherung des land- und forstwirtschaftlichen Betriebes und gewährleistet einen zeitgemäßen Wirtschaftsbetrieb (vgl VwGH 24.10.2017, Ra 2016/10/0037). Mängel der Agrarstruktur sind gemäß § 1 Abs 2 lit a K-FLG zum Beispiel zersplitterter Grundbesitz, ganz oder teilweise eingeschlossene Grundstücke, ungünstige Grundstücksformen, unwirtschaftliche Betriebsgrößen, beengte Orts- oder Hoflage, unzulängliche Verkehrserschließung, ungünstige Geländeformen, ungünstige Wasserverhältnisse, unzureichende naturräumliche Ausstattung. Zweitens wird auf die Erhaltung ausreichender bewirtschaftbarer Nutzflächen verwiesen. Denn gemäß § 1 lit b K-LWG soll die Land- und Forstwirtschaft im Stande sein die Bevölkerung bestmöglich mit qualitativ hochwertigen Lebensmitteln zu versorgen sowie nachwachsende Rohstoffe und Energieträger in ausreichendem Maße bereitzustellen. Der Verkauf von Lebensmitteln sowie Rohstoffen dient dem wirtschaftlichen Fortbestand von land- und forstwirtschaftlichen Betrieben. Drittens ist der Schutz und die Pflege der Natur- und Kulturlandschaft umfasst (zum Ziel der Bewahrung der Natur- und Kulturlandschaft siehe schon § 2 Anm 3). Denn Voraussetzung einer Bewirtschaftung von Nutzflächen ist auch eine intakte „Naturlandschaft", als vom Menschen unbeeinflussten Naturzustand, und „Kulturlandschaft", als vom Menschen geprägte Landschaft (zu den Begriffen *Marschall*, Kulturlandschaft 441 ff). Allerdings ist zu beachten, dass durch die Land- und Forstwirtschaft die Natur- und Kulturlandschaft auch beeinträchtigt werden kann. Durch die demonstrative Aufzählung wird der Maßstab fixiert, dem die nicht konkret aufgezählten Voraussetzungen entsprechen müssen (VwGH 23.7.2009, 2006/05/0167). So wird auch die Infrastruktur wesentliche Voraussetzung sein (siehe dazu schon § 2 Anm 8).

**10** Ziel ist allgemein die Erhaltung und Weiterentwicklung der räumlichen Voraussetzungen für einen leistungsfähigen Tourismus. „Tourismus" ist „der gesamte der Erholung und Gesundheit, der Besichtigung von und der Erbauung an landschaftlichen Schönheiten, kulturellen Werten oder historischen Plätzen, der Sportausübung, der Volkstumspflege, dem gesellschaftlichen Leben, der Arbeit oder dem Vergnügen dienende Aufenthalt von Gästen und der damit zusammenhängende Reise- und Ausflugsverkehr" (so die Begriffsbestimmung in § 2 Abs 1 Z 1 Bgld. TG 2021; siehe auch die Definition nach der Tourismus „alle Aktivitäten von Personen, die an Orte außerhalb ihrer gewohnten Umgebung reisen und sich dort zu Freizeit-, Geschäfts- oder bestimmten anderen Zwecken nicht länger als ein Jahr ohne Unterbrechung aufhalten" umfasst *Freyer*, Handwörterbuch 2669 ff). Wesentliche Voraussetzung eines leistungsfähigen Tourismus sind die Infrastruktur (siehe dazu schon § 2 Anm 8; zu alpinen Schutzhütten, siehe *Schindelegger*, bbl 2017, 75 ff) und eine intakte Natur- und Kulturlandschaft (*Freyer*, Handwörterbuch 2677; siehe schon § 2 Anm 3; zum Ganzen *Pröbstl-Haider*, Tourismus 495 ff).

Bei der Erhaltung und Weiterentwicklung der räumlichen Voraussetzungen für einen leistungsfähigen Tourismus ist erstens „auf die soziale Tragfähigkeit" Bedacht zu nehmen. Denn der Tourismus hat soziokulturelle Folgen insbesondere auf Kultur, Kunst, Tradition, Sitte, Moral, Sozialstruktur, Umwelt, Religion, Gesundheit sowie Werteordnung (*Freyer*, Handwörterbuch 2679). Zu denken ist aber auch an sozialwirtschaftliche Auswirkungen, zB erhöhte Grundstückspreise. Schlussendlich ist „auf die ökologische Belastbarkeit des Raumes sowie die Erfordernisse des Landschafts- und Naturschutzes" Bedacht zu nehmen. Denn der Tourismus hat zwangsläufig Umweltauswirkungen, zB erhöhter Energieverbrauch, Gefährdung der Biodiversität, Flächenverbrauch und Landschaftsveränderung, Abfallaufkommen, Wasserverbrauch und Gewässerbelastung, Lärmbelastung sowie Beeinträchtigungen der Luftqualität (*Freyer*, Handwörterbuch 2679; zum Ziel der Bewahrung der Natur- und Kulturlandschaft siehe schon § 2 Anm 3).

**11** Ziel ist die Deckung der Verkehrsbedürfnisse der Bevölkerung und der Wirtschaft. Der Begriff „Verkehr" umfasst den öffentlichen Verkehr auf Straßen. Dh den Verkehr auf Straßen, die von jedermann unter den gleichen Bedingungen benützt werden können (vgl § 1 StVO 1960). Umfasst ist aber zB auch der Eisenbahnverkehr, der Luftverkehr, der

Schiffsverkehr und insbesondere der öffentliche Personennahverkehr und Regionalverkehr (siehe dazu § 2 Anm 15). Diese Verkehre verbindet, „dass es sich um Verkehrsleistungen (Beförderung von Gütern und Personen mittels Züge, Flugzeugen, Schiffen oder Lkw und Pkw) handelt, zu deren Bereitstellung die Inanspruchnahme von Verkehrsinfrastrukturen erforderlich ist" (zum Ganzen *Knieps*, Handwörterbuch 2799 ff). Die Verkehrsinfrastruktur umfasst den Aufbau und Betrieb sowohl von Wegeinfrastrukturen (zB Gleisanlagen, Bahnhöfen, Straßen, Flughäfen) als auch von Verkehrskontrollsystemen (zB Leit- und Informationssystemen für den Straßenverkehr). Ausgangspunkt zur Deckung der Verkehrsbedürfnisse ist die Verkehrsplanung als integraler Bestandteil räumlicher Planungen, dh „die zielorientierte, systematische, vorausschauende und informierte Vorbereitung von Entscheidungen über Handlungen, die den Verkehr (Angebot, Nachfrage, Abwicklung und Auswirkungen) nach den jeweils festgelegten Zielen beeinflussen sollen" (*Ahrens*, Handwörterbuch 2807). In Kärnten stellen sich auf Grund der Raumstruktur und der schlechteren Erreichbarkeitsverhältnisse insbesondere Fragen zum Verkehr im ländlichen Raum (dazu *Wittowsky/Ahlmeyer*, Handwörterbuch 2791 ff).

Bei der Deckung der Verkehrsbedürfnisse der Bevölkerung und der Wirtschaft sind die Umwelt, die Gesundheit der Bevölkerung und der Landschaftsschutz zu berücksichtigen. Denn „Verkehr hat nicht nur positive Wirkungen auf Wohlstand und Wachstum, sondern beansprucht endliche Ressourcen [...] und verursacht externe Kosten zu Lasten der Allgemeinheit und der Umwelt. Als externe Kosten bezeichnet man in der Verkehrsökonomie zusätzliche, nicht in den Preisen für die Verkehrsdienstleistungen kalkulierte Lasten für die Allgemeinheit, wie etwa Luftverschmutzung, $CO_2$-Emissionen, Lärmbeeinträchtigungen, Unfallfolgekosten sowie Versiegelungs- und Zerschneidungseffekte" (*Eisenkopf*, Handwörterbuch 2832 f; zum Ganzen *Brenck/Mitusch/Winte*, Kosten 401 ff; siehe zum Umwelt- und Landschaftsschutz auch schon § 2 Anm 2 und 3). Zum Schutz der Gesundheit vor schädlichen Umwelteinwirkungen sind vor allem Luftschadstoffe und Lärmimmissionen zu berücksichtigen (*Baumgart/Rüdiger*, Handwörterbuch 829 ff).

Ziel ist es, für entsprechende Entsorgungsstrukturen ausreichend Vorsorge zu treffen. Denn wo „Entsorgungssysteme nicht oder nicht mit ausreichender Qualität oder Leistung vorhanden sind (zum

Beispiel, weil sie zu weit entfernt sind), stellen sie einen erheblichen Nachteil für die Siedlungsentwicklung dar" (zum Ganzen *Tietz*, Handwörterbuch 2769 ff; *ders*, Systeme der Ver- und Entsorgung, 2007; zur wirtschaftlichen Bedeutung der Infrastruktur siehe schon § 2 Anm 7 bis 8). „Ver- und Entsorgung" umfasst „die technisch-materielle Infrastruktur, die zur punktuellen oder flächendeckenden Versorgung der Siedlungsräume mit Wasser, Energie und Nachrichten sowie zur Entsorgung von Abwasser und Abfällen dient". Zumeist ist diese Infrastruktur leitungsgebunden (zB Rohre, Leitungen), standortgebunden (zB Wasserbehälter, Kläranlage, Kraftwerk, Funkmast) sowie netzgebunden (zB Rohrnetz, Leitungsnetz) und verbindet den Siedlungsraum mit dem Freiraum.

**13** Ziel ist die Gebiete mit nutzbaren Wasser- und Rohstoffvorkommen von Nutzungen freizuhalten, die eine künftige Erschließung verhindern würden. Denn während dem Wasser als Lebensgrundlage (siehe schon § 2 Anm 2; auch im Sinne einer Erholungsfunktion und Lebensraumfunktionen für Pflanzen und Tiere) aber auch durch seine Entsorgungsfunktion, Kühl- und Löschfunktionen, Verkehrsfunktionen, klimatische Ausgleichsfunktionen sowie landschaftsprägende Funktionen besondere Bedeutung zukommt (vgl *Sommerhäuser/Stemplewski*, Handwörterbuch 2871 f), gilt dies für Rohstoffe insbesondere für die Sicherung und Verbesserung einer leistungsfähigen Wirtschaft (siehe schon § 2 Anm 8). Aufgrund der Ortsgebundenheit der Vorkommen bestehen häufig keine Standortalternativen. Das Ziel dient somit einerseits der Sicherung der Vorkommen gegenüber konkurrierenden Nutzungsinteressen, anderseits der Versorgungssicherung, „wodurch Transportwege sowie damit verbundene Umweltbelastungen und Kosten reduziert werden" (zum Ganzen *Langer/Löb*, Handwörterbuch 2097 ff). Auf Grund des Tatbestandsmerkmales „künftige Erschließung" sind bereits erschlossene Gebiete nicht umfasst. Der Begriff „Rohstoffe" umfasst alle mineralischen Rohstoffe, dh jedes Mineral, Mineralgemenge und Gestein, jede Kohle und jeder Kohlenwasserstoff, wenn sie natürlicher Herkunft sind, unabhängig davon, ob sie in festem, gelöstem, flüssigem oder gasförmigem Zustand vorkommen (siehe § 1 Z 8 MinroG).

**14** Wesentliches Ziel ist die möglichst sparsame Verwendung von Grund und Boden. Diesem Ziel dient insbesondere die Bauchflächenbilanz und die Bestimmungen über die Neufestlegung von Grundflächen für

Bauland gemäß § 15 Abs 3 bis 6 sowie die geschlossene und abgerundete Gliederung der Baugebiete gemäß § 16 Abs 1 (vgl *Pallitsch/Pallitsch/Kleewein*, Baurecht[5] § 2 K-ROG Anm 2 bis 4). Wesentliches Instrument ist in diesem Zusammenhang auch das „Flächenrecycling", dh die „Wiederbelebung ehemals gewerblicher, industrieller oder militärischer Brachflächen. Diese sind häufig aufgrund ihrer früheren Nutzung mit Schadstoffen (Altlasten; siehe dazu *Eisenberger*, RFG 2004, 167 ff) behaftet. Ziel ist v.a. die Innenentwicklung von Siedlungen" (so Gabler Wirtschaftslexikon online, https://wirtschaftslexikon.gabler.de/definition/flaechenrecycling-32859/version-25393; Vorbild ist ausweislich der Materialien § 1 Abs 1 Z 12 iVm § 3 Z 2 lit e StROG, ErlRV 01-VD-LG-1865/5-2021, 5).

„Ökosystemdienstleistungen" sind „direkte und indirekte Beiträge der Natur zum menschlichen Wohlbefinden" (zum Ganzen *Grunewald/Bastian*, Handwörterbuch 1677 ff; *Kirchhof*, Ökosystemdienstleistungen 807 ff). Nach dem Konzept der Ökosystemdienstleistungen soll das Naturkapital (natürliche Ressourcen, Biodiversität und Ökosysteme) bei planenden Maßnahmen berücksichtigt werden und eine nachhaltige Nutzung insbesondere der Naturlandschaft gewährleisten. „Freiraumstruktur" ist das „quantitative und qualitative Verteilungsmuster bzw Gefüge von Nutzungen und Funktionen in naturnahem Zustand" (*Turowsk/Domhardt/Eberle/Troeger-Weiß*, Handbuch 58; zum Ganzen *Hartz*, Handwörterbuch 717 ff; *Hennecke*, Freiraumplanung 219 ff). Dem Freiraum kommt insbesondere im Rahmen der überörtlichen Entwicklungsprogramme (siehe § 7 Abs 4 Z 4) und der örtlichen Entwicklungskonzepte (siehe § 9 Abs 3 Z 7) Bedeutung zu. Darüber hinaus siehe die oben unter Punkt I. abgedruckten ErlRV 01-VD-LG-1865/5-2021, 6. **15**

Die Festlegung von Gebieten, die eine wesentliche Funktion für die Wirtschafts-, Siedlungs-, Erholungs- oder Versorgungsentwicklung einer Region aufweisen, erfolgt insbesondere in überörtlichen Entwicklungsprogrammen (siehe § 7 Abs 3 Z 2 und 3 und Abs 4 Z 1), in örtlichen Entwicklungskonzepten (siehe § 9 Abs 3), vor allem bei der Festlegung von Siedlungsschwerpunkten (§ 10), im Flächenwidmungsplan (§ 13 Abs 1) und im Rahmen der Festlegung von Orts- oder Stadtkernen (siehe § 31). Zum Begriff „Verkehr" siehe schon § 2 Anm 11. Zum öffentlichen Personennahverkehr und Personenregionalverkehr siehe die oben unter Punkt I. abgedruckten ErlRV 01-VD-LG-1865/5-2021, 6. **16**

**17** Die Bestimmung dient der Umsetzung der RL 2012/18/EU zur Beherrschung der Gefahren schwerer Unfälle mit gefährlichen Stoffen (siehe dazu die oben unter Punkt I. abgedruckten ErlRV 01-VD-LG-1865/5-2021, 6; zum Ganzen *Steinwender*, bbl 2019, 1 ff; siehe auch *Büchele*, RdU 2003, 94 ff). Für Richtlinienumsetzungen typisch entspricht der Wortlaut grundsätzlich dem Richtlinientext und werden somit unionsrechtlich geprägte Begriffe Teil der Kärntner Landesrechtsordnung. Ein „Seveso-Betrieb" ist gemäß § 2 Z 1 K-SBG der unter der Aufsicht eines Inhabers stehende Bereich, in dem gefährliche Stoffe in einer oder in mehreren technischen Anlagen vorhanden sind, einschließlich gemeinsamer oder verbundener Infrastrukturen und Tätigkeiten. „Gefährliche Stoffe" sind gemäß § 2 Z 9 K-SBG Stoffe oder Gemische, die in der Anlage 5 der GewO 1994 Teil 1 angeführt sind oder die die in der Anlage 5 der GewO 1994 Teil 2 festgelegten Kriterien erfüllen, einschließlich in Form eines Rohstoffs, End-, Zwischen- oder Nebenprodukts oder Rückstands. Ein „Schwerer Unfall" ist gemäß § 2 Z 12 K-SBG ein Ereignis, das sich aus unkontrollierten Vorgängen in einem unter dieses Gesetz fallenden Betrieb ergibt (etwa eine Emission, ein Brand oder eine Explosion größeren Ausmaßes), das unmittelbar oder später innerhalb oder außerhalb des Betriebs zu einer ernsten Gefahr für die menschliche Gesundheit oder die Umwelt führt und bei dem ein oder mehrere gefährliche Stoffe beteiligt sind. „Risiko" ist gemäß § 2 Z 15 K-SBG die Wahrscheinlichkeit, dass innerhalb einer bestimmten Zeitspanne oder unter bestimmten Umständen eine bestimmte Wirkung eintritt. Es ist die Entwicklung in „angrenzenden Gebieten" zu berücksichtigen (die folgenden Ausführungen sind *Steinwender*, bbl 2019, 1 ff, entnommen). Aus dem Wortlaut von Art 13 Abs 1 lit c RL 2012/18/EU „Entwicklung in der Nachbarschaft" ist im Rahmen einer unionsrechtskonformen Auslegung (vgl VwGH VwSlg 16.601 A/2005) indes abzuleiten, dass damit nicht nur Gebiete umfasst sind, die eine gemeinsame Grenze zu dem Betrieb haben, sondern alle Gebiete, die sich unter Berücksichtigung des Sinn und Zwecks der Bestimmung in einem Nahbereich befinden. Abweichend von Art 13 Abs 1 lit c RL 2012/18/EU stellt die Bestimmung nicht auf „Verkehrswege" ab, sondern auf „Verkehrsflächen". Dieser Unterschied ist von Bedeutung (vgl *Eisenberger/Hödl*, ecolex 2002, 236). Denn gemäß § 26 sind als Verkehrsflächen die für den fließenden und den ruhenden Verkehr bestimmten Flächen festzulegen, die für die örtliche Gemeinschaft von besonderer Verkehrsbedeutung sind. Dazu gehören neben den Bestandteilen öffentlicher Straßen (siehe § 5 K-StrG 2017) auch Parkplätze. Demgegenüber umfasst der Begriff „Verkehrswege" meiner Ansicht nach nur Flächen für den fließenden Verkehr (die englische Sprachfassung von Art 13 Abs 1 RL 2012/18/EU spricht in diesem Sinne von „transport routes", auch die Einschränkung in Art 13 Abs 2 RL 2012/18/EU auf „Hauptverkehrswege" weist in diese Richtung). Ebenso abweichend von Art 13 Abs 1 lit c RL 2012/18/EU wird nicht der Begriff „Wohngebiete", sondern der Begriff „Siedlungsgebiete" verwendet. Auch dies ist relevant (vgl *Eisenberger/Hödl*, ecolex 2002, 236). Denn während meiner Ansicht nach Wohngebiete nur solche Gebiete sind, die ausschließlich oder überwiegend dem Wohnen dienen, sind Siedlungsgebiete bebaute Gebiete, unabhängig von der Nutzung der baulichen Anlagen (so sind zB gemäß § 6 und § 7 Abs 1 NÖ Naturschutzgesetz 2000 auch Industrie- oder Gewerbeparks Teile eines Siedlungsgebietes; *Randl/Raschauer N*, RdU-UT 2007/12; *Puntigam/Scharler*, RdU 2021, 204 ff; siehe auch VfGH VfSlg 6770/1972). Es erfolgt keine Einschränkung auf „geschlossene" Siedlungsgebiete, dh es sind auch vereinzelt bebaute Gebiete (vgl VfGH VfSlg 18.410/2008) umfasst. Schwierig ist eine Auslegung des Begriffs „öffentlich genutzte Örtlichkeit" (vgl *Eisenberger/Hödl*, ecolex 2002, 236). Es handelt sich meiner Ansicht nach aber jedenfalls um Örtlichkeiten, dh nicht zwingend bauliche Anlagen, die dazu bestimmt sind, vorwiegend von der Allgemeinheit genutzt zu werden und nicht ausschließlich privat.

Die Bestimmung dient der Umsetzung der RL (EU) 2018/2001 und normiert die Verpflichtung der frühzeitigen Berücksichtigung der Nutzung von erneuerbaren Energien auch schon auf Planungsebene im Sinne des Art 15 Abs 3 RL (EU) 2018/2001 (ErlRV 01-VD-LG-1865/5-2021, 6). Die Begriffsbestimmung für „erneuerbare Energie" entspricht Art 2 Z 1 RL (EU) 2018/2001 (zu den erneuerbaren Energien im Rahmen der Raumordnung siehe *Silva/Klagge*, Handwörterbuch 541 ff; siehe auch *Laimgruber/Nigmatullin*, RFG 2022, 123). **18**

Während in § 2 Abs 1 teils allgemeine Ziele der Raumordnung festgelegt werden oder auf einzelne raumordnungsrelevante Sachbereiche Bezug genommen wird und ihre anzustrebende Entwicklung dargestellt wird, umfassen die Grundsätze der Raumordnung gemäß § 2 Abs 2 planerisch-methodische Gesichtspunkte, die das planerische Handeln bei der Verfolgung der Ziele nach § 2 Abs 1 sowohl auf überörtlicher als auch auf örtlicher Ebene näher determinieren sollen (ErlRV 01-VD-LG-1865/5-2021, 4; *Berka*, JBl 1996, 73; die grundsätzliche **19**

Abgrenzung zwischen Zielen und Grundsätzen erscheint indes zuweilen schwierig, siehe § 2 Anm 27). Bei der Abwägung der Ziele, welche vorrangig zu verfolgen sind, kommt diesen Grundsätzen gemäß § 2 Abs 3 besondere Bedeutung zu (siehe dazu § 2 Anm 27).

**20** § 2 Abs 2 Z 1 normiert ein umfassendes Koordinations- und Abstimmungsgebot für planende Maßnahmen. Dadurch sollen Widersprüche nach Möglichkeit bereits frühzeitig vermieden werden. Dies gilt nach § 2 Abs 2 Z 1 erster und zweiter Satz in vertikaler Richtung, dh zwischen den unterschiedlichen Planungsebenen im Mehrebenensystem der Raumplanung (insbesondere EU; Bund, Land, Gemeinden). Dabei ist aber zu beachten, dass dies im Sinne einer Planungshierarchie (vgl *Lebitsch/Lebitsch-Buchsteiner*, bbl 2015, 60) nicht nur von oben nach unten zu verstehen ist. Denn einerseits haben sich die ordnenden Maßnahmen in den Teilräumen in die Ordnung des Gesamtraumes einzufügen. Anderseits hat die Ordnung des Gesamtraumes die Gegebenheiten und Erfordernisse seiner Teilräume zu berücksichtigen (vgl zu diesem „Gegenstromprinzip" *Kümper*, Handwörterbuch 761 ff). Gemäß § 2 Abs 2 Z 1 dritter Satz umfasst das Koordinations- und Abstimmungsgebot auch die horizontale Richtung, dh ordnende Maßnahmen in benachbarten Teilräumen der angrenzenden Länder, einschließlich des Auslandes. Dieses umfassende Koordinations- und Abstimmungsgebot für planende Maßnahmen geht somit über das Berücksichtigungsgebot hinsichtlich rechtswirksame raumbedeutsame Maßnahmen und Pläne von anderen Gebietskörperschaften, insbesondere dem verfassungsrechtlichen Berücksichtigungsgebot der Planung des Bundes (dazu siehe § 2 Anm 21), hinaus (zum Ganzen ErlRV 01-VD-LG-1865/5-2021, 4 f).

**21** Der bundestaatlichen Kompetenzverteilung sowie der Trennung zwischen überörtlicher und örtlicher Raumordnung sind Planungskonflikte, dh unvereinbare planende Maßnahmen unterschiedlicher Planungsträger für eine Fläche, immanent (vgl VfGH VfSlg 2674/1954). § 2 Abs 2 Z 2 normiert aus diesem Grund ein Berücksichtigungsgebot („rechtswirksame raumbedeutsame Maßnahmen und Pläne von Gebietskörperschaften sind zu berücksichtigen"). Dieses Gebot ergibt sich, da keine Über- und Unterordnung zwischen Bundes- und Landesplanungsrecht besteht, für Planungskonflikte, die sich aus der Kompetenzverteilung zwischen Bund und Länder ergeben (VfGH VfSlg 10.292/1984), schon aus der Verfassung (*Havranek*, Raumordnungsrecht 77). Demnach hat sowohl der Gesetz- als auch der Verordnungsgeber einer Gebietskörperschaft die vom Gesetzgeber einer anderen Gebietskörperschaft wahrgenommen Interessen zu beachten und darf – bei sonstiger Verfassungswidrigkeit – dessen gesetzliche Regelungen nicht unterlaufen. Es ist eine Interessenabwägung vorzunehmen, die zu einem angemessenen Ausgleich führt (VfGH VfSlg 17.889/2006; *Leitl*, Raumplanung 107 f). Diesem Grundsatz kommt aber auch für die Berücksichtigung von planenden Maßnahmen anderer Bundesländer (*Hauer*, Grundbegriffe 22) und im Rahmen der Vollziehung der Gemeinden im eigenen Wirkungsbereich Bedeutung zu (VfGH VfSlg 17.889/2006; *Berger*, Raumplanung 196; *Eller*, ZfV 2020, 349; auch gegenüber den Nachbargemeinde VfGH VfSlg 14.311/1995; *Kleewein*, bbl 2014, 91). Darüber hinaus wird durch den VfGH aus Art 118 Abs 4 B-VG abgeleitet, dass Pläne der Gemeinden überörtlichen Plänen des Bundes und der Länder nicht widersprechen dürfen (VfGH VfSlg 11.633/1998; VfSlg 17.147/2004; VfSlg 17.889/2006; im Ergebnis auch VfGH VfSlg 20.262/2018; *Berka*, JBl 1996, 74 und 79; hinsichtlich der Fachplanung des Bundes kritisch *Hauer*, Grundbegriffe 23 f). Auch diese Verpflichtung wird ausdrücklich als Grundsatz normiert („die örtliche Raumordnung hat der überörtlichen Raumordnung zu entsprechen"). „Raumbedeutsam" sind Maßnahmen und Pläne, wenn sie darauf gerichtet sind, im größeren Umfang Boden in Anspruch zu nehmen oder mögliche Bodennutzungen einzuschränken oder zu verändern oder die räumliche Entwicklung eines Gebietes im Sinn einer angestrebten räumlichen Ordnung zu beeinflussen (so § 3 Abs 3 TROG 2022; vgl auch § 6 Abs 2 StROG; § 3 Abs 2 Oö. ROG 1994; *Durner*, Handwörterbuch 1859 ff). Zu den rechtswirksamen raumbedeutsamen Maßnahmen und Plänen von Gebietskörperschaften, die zu berücksichtigen sind, zählen zB auch die Aktionspläne gemäß § 69 K-StrG 2017, § 9a Abs 2 Z 3 K-IPPC-AG und § 7 Bundes-LärmG (ErlRV 01-VD-LG-1865/5-2021, 7; vgl auch § 16 Abs 2). Schlussendlich ist auch auf raumbedeutsame Maßnahmen und Pläne anderer Planungsträger, dh in diesem Zusammenhang anderer als Gebietskörperschaften (zB Abfallwirtschaftsverbände VfGH VfSlg 14.616/1996 oder ausgegliederte Unternehmen im Bereich der Daseinsvorsorge, vgl § 2 Anm 4), Bedacht zu nehmen, wenn deren Planungen im öffentlichen Interesse liegen. Im „öffentlichen Interesse" liegen meiner Ansicht nach insbesondere Planungen, die wesentlichen Einfluss auf die Ziele und Grundsätze der Raumordnung haben (siehe dazu § 2 Anm 25).

**22** Schon nach § 1 BVG Umwelt bekennt sich die Republik Österreich (Bund, Länder und Gemeinden) zum Prinzip der Nachhaltigkeit bei der Nutzung der natürlichen Ressourcen, um auch zukünftigen Generationen bestmögliche Lebensqualität zu gewährleisten. Darüber hinaus bekennt sich das Land Kärnten gemäß Art 7b B-VG zur Wahrung der Verantwortung für künftige Generationen unter Berücksichtigung der wirtschaftlichen, sozialen, gesundheitlichen, ökologischen und kulturellen Bedürfnisse der Bewohner des Landes. In diesem Sinne wird in § 2 Abs 2 Z 3 zum Grundsatz erhoben, dass bei allen raumbedeutsamen Planungen auf die Lebensbedingungen künftiger Generationen Rücksicht zu nehmen ist. Somit ist meiner Ansicht nach der Begriff „Lebensbedingungen" in dem Sinne zu verstehen, dass er alle Faktoren umfasst (insbesondere wirtschaftliche, soziale, gesundheitliche, ökologische und kulturelle), die Grundlage der bestmöglichen Lebensqualität für zukünftige Generationen sind. „Raumbedeutsam" sind Planungen, wenn sie darauf gerichtet sind, im größeren Umfang Boden in Anspruch zu nehmen oder mögliche Bodennutzungen einzuschränken oder zu verändern oder die räumliche Entwicklung eines Gebietes im Sinn einer angestrebten räumlichen Ordnung zu beeinflussen (so § 3 Abs 3 TROG 2022; vgl auch § 6 Abs 2 StROG; § 3 Abs 2 Oö. ROG 1994; *Durner*, Handwörterbuch 1859 ff). Die Bestimmung normiert ausdrücklich, dass zwischen zwei wesentlichen Faktoren, nämlich den berechtigten Erfordernissen der wirtschaftlichen Entwicklung und der Ökologie ein Ausgleich anzustreben ist. Aus dem Grundsatz der Rücksichtnahme auf die Lebensbedingungen künftiger Generationen und der Einschränkung auf „berechtigte" Erfordernisse der wirtschaftlichen Entwicklung ist meiner Ansicht nach abzuleiten, dass auf wirtschaftliche Interessen bei der Abwägung nur insofern Rücksicht zu nehmen ist, als sie den Lebensbedingungen künftiger Generationen dienen. Gegenüber ausschließlich privaten wirtschaftlichen Interessen oder wirtschaftlichen Interessen, die nur der aktuellen Generation dienen, ist der Ökologie somit bei der Abwägung ein „relativer Vorrang" (so ErlRV 01-VD-LG-1865/5-2021, 5) eingeräumt. Zum Begriff der „Ökologie" im Sinne eines umfassenden Umweltschutzes siehe die oben unter Punkt I. abgedruckten ErlRV 01-VD-LG-1865/5-2021, 5 und § 2 Anm 2 und 3.

**23** „Siedlungen und ihre Struktur sind keine statischen Gebilde, sondern unterliegen einem kontinuierlichen Wandel" (*Nuissl*, Handwörterbuch 2177). Aufgabe der Raumplanung ist die Steuerung dieser Siedlungsentwicklung (*Gruber/Kanonier/Pohn-Weidinger/Schindelegger*, Raumentwicklung 57).

Als Grundsatz für diese Steuerung wird erstens die Orientierung an „bestehenden Siedlungsgrenzen" normiert. „Siedlungsgrenzen" sind die Außengrenzen (vgl § 15 Abs 6 Z 1) bebauter Gebiete, unabhängig von der Nutzung der baulichen Anlagen (so sind zB gemäß § 6 und § 7 Abs 1 NÖ Naturschutzgesetz 2000 auch Industrie- oder Gewerbeparks Teile eines Siedlungsgebietes; *Randl/Raschauer N*, RdU-UT 2007, 37 ff; siehe auch VfGH VfSlg 6770/1972; zur Schwierigkeit der Bestimmung von Siedlungsgrenzen vgl *Nuissl*, Handwörterbuch 2170). Aus der Einschränkung „bestehender" Siedlungsgrenzen ist abzuleiten, dass eine Siedlungsentwicklung außerhalb dieser nicht stattfinden soll (siehe dazu auch § 2 Anm 26). Im Ergebnis liegt meiner Ansicht nach dem Begriff „Siedlungsgrenze" somit ein weites – aber statisches („bestehend") – Verständnis zu Grunde, diese bildet aber iVm mit dem Grundsatz gemäß § 2 Abs 2 Z 7 die Grenze der dynamischen Siedlungsentwicklung.

Zweitens hat sich die Siedlungsentwicklung „an den bestehenden oder mit vertretbarem Aufwand zu schaffenden Infrastruktureinrichtungen" zu orientieren. Zum Begriff „Infrastruktureinrichtungen" siehe § 2 Anm 8. Orientierungspunkt ist somit nicht nur die bestehende Infrastruktur, sondern auch solche, die erst geschaffen werden soll. Bei der Neuschaffung ist auf einen „vertretbaren Aufwand" bzw gleichbedeutend „die größtmögliche Wirtschaftlichkeit" Bedacht zu nehmen. Hiebei ist meiner Ansicht nach sowohl ein bestmögliches Verhältnis von Aufwand und Erfolg des Infrastrukturvorhabens zu beachten, als auch der Aufwand und Erfolg im Vergleich zu anderen möglichen Infrastrukturvorhaben (vgl Gabler Wirtschaftslexikon online, https://wirtschaftslexikon.gabler. de/definition/wirtschaftlichkeit-47252/version-270518).

Drittens ist bei der Siedlungsentwicklung „vorrangig die Deckung des ganzjährigen Wohnbedarfs der Bevölkerung" und die „Schaffung der räumlichen Voraussetzungen für eine leistungsfähige Wirtschaft" anzustreben. Es besteht somit ein Vorrang des ganzjährigen Wohnbedarfs, dh einem dauernden, mit dem Mittelpunkt der Lebensbeziehungen verbundenen, Wohnbedarfes, insbesondere gegenüber Apartmenthäusern und sonstigen Freizeitwohnsitzen gemäß § 30, die überwiegend während des Wochenendes, der Ferien oder nur zeitweilig als Zweitwohnung benützt werden (zum „leistbaren Wohnen" siehe *Kanonier*, bbl 2017, 168 f; *Bajlicz*, ZfV 2021, 421 ff; vgl auch § 53 Abs 2 Z 1). Zum

Begriff der „Voraussetzungen für eine leistungsfähige Wirtschaft" siehe § 2 Anm 8.

**24** Eine der grundlegenden Aufgaben der Raumordnung ist Nutzungskonflikte dadurch zu verhindern, dass mittels planender Maßnahmen gegenseitige Beeinträchtigungen unterschiedlicher Nutzungen weitestgehend verhindert oder zumindest auf ein vertretbares Ausmaß verringert werden (*Berka*, JBl 1996, 81 f; *Kleewein*, bbl 2014, 90). Es bedarf hiezu einer Abstimmung insbesondere der wirtschaftlichen, sozialen und ökologischen Anforderungen an den Raum (*Diller*, Handwörterbuch 1895). Dies gilt gemäß § 16 Abs 2 insbesondere für die Lage der einzelnen Baugebiete im Bauland sowie die zulässigen Nutzungen innerhalb eines Baugebietes (siehe § 2 Anm 7 und § 16 Anm 3; für Seveso-Betriebe § 2 Anm 17). Dass die gegenseitige Beeinträchtigung „zumindest auf ein vertretbares Ausmaß verringert wird", entspricht der Judikatur des VfGH, nach der das raumordnungsrechtliche „Gebot, die verschiedenen Baulandwidmungen so aufeinander abzustimmen, dass eine gegenseitige Beeinträchtigung möglichst vermieden wird, in vielen Fällen nicht voll Rechnung getragen werden kann" (VfGH VfSlg 12.231/1989; VfSlg 12.936/1991; VfSlg 13.306/1992; VfSlg 15.101/1998).

**25** Die „Interessen des Gemeinwohls und sonstige öffentliche Interessen" sind in erster Linie aus den Zielen und Grundsätzen der Raumordnung abzuleiten (vgl VfGH 12.3.2019, E 3294/2018; *Kanonier*, bbl 2017, 168; zum Begriff Gemeinwohl siehe auch *Gailing/Moss*, Handwörterbuch 773 ff). Somit sind insbesondere der umfassende Umweltschutz, das Landschaftsbild (VfGH VfSlg 20.052/2016), die bestmögliche Entwicklung der Wirtschafts- und Sozialstruktur, die Daseinsvorsorge (VfGH 10.6.2013, B 974/2011), der Schutz vor Naturgewalten (VfGH VfSlg 19.947/2015) und Umweltbelastungen, die Grundversorgung, die Vermeidung von Nutzungskonflikten (VfGH VfSlg 14.757/1997), die leistungsfähige Wirtschaft (VfGH VfSlg 13.070/1992), die existenzfähige bäuerliche Land- und Forstwirtschaft (VfGH 12.3.2019, E 3294/2018), der leistungsfähige Tourismus (VfGH VfSlg 15.100/1998), die soziale Tragfähigkeit des Tourismus (VfGH VfSlg 14.850/1997), der Verkehr (VfGH VfSlg 16.812/2003), die Ver- und Entsorgung, die Freiräume (VfGH VfSlg 16.637/2002), die Ressourcensicherung (vgl *Tiess/Rossmann/Pilgram*, RdU 2002, 84 ff und 130 ff), die sparsame Verwendung von Grund und Boden sowie die Verhinderung der Zersiedelung (VfGH VfSlg 14.438/1996), der Wohnbedarf (VfGH VfSlg 14.757/1997), die

Lebensbedingungen künftiger Generationen sowie die Gesundheit umfasst. Diesen öffentlichen Interessen wird Vorrang vor privaten Interessen, insbesondere privaten wirtschaftlichen Interessen, eingeräumt (vgl *Pallitsch/Pallitsch/Kleewein*, Baurecht[5] § 2 K-ROG Anm 5; OGH 1.3.2012, 1 Ob 232/11s). Die Einschränkung, dass hiebei die verfassungsgesetzlich gewährleisteten Rechte der Bürger gewahrt werden müssen, entspricht der Judikatur des VfGH, nach der planende Maßnahmen dem verfassungsgesetzlich gewährleisteten Recht auf Unverletzlichkeit des Eigentums gemäß Art 5 StGG und Art 1 1. ZPEMRK und auf Gleichheit aller Staatsbürger vor dem Gesetz gemäß Art 2 StGG und Art 7 B-VG entsprechen müssen (vgl VfGH VfSlg 20.052/2016; insbesondere bei Rückwidmungen VfGH VfSlg 19.819/2013, siehe dazu § 36 und § 37). Dies gilt auch für die Vertragsraumordnung (siehe § 53 Anm 15 f).

Wesentlicher Grundsatz ist auch die möglichst sparsame Verwendung von Grund und Boden, um Zersiedelung zu verhindern (vgl *Berka*, JBl 1996, 81; *Kleewein*, bbl 2014, 90; *Eller*, ZfV 2020 347 f; *Häusler*, RdU 2021, 117 ff und 161 ff; zum Begriff „Zersiedelung" ausführlich *Storr/Szenkurök*, RFG 2022, 109 ff). Zum Begriff der „Landschaft" siehe § 2 Anm 3. Meiner Ansicht nach umfasst der Begriff „Siedlungsstruktur" in diesem Zusammenhang sowohl das Muster der Verteilung von Siedlungen in einem bestimmten Raum, als auch den Aufbau und die innere Gliederung einer Siedlung (vgl *Nuissl*, Handwörterbuch 2167 ff). Denn beide Wortbedeutungen sind für die Vermeidung der Zersiedelung relevant. Der „Innenentwicklung", dh „die bauliche (Wieder-)Nutzung von un- oder untergenutzten Flächen innerhalb von erschlossenen und zusammenhängend bebauten Siedlungsbereichen" (zB Baulücken, Grundstücke mit Umstrukturierungs- bzw Nachverdichtungspotenzial, Brachflächen, Um- oder Wiedernutzung von bestehenden Gebäuden, zu Überbauungen von Infrastrukturanlagen *Eller*, ZfV 2020 347 ff), ist Vorrang vor der „Außenentwicklung", dh der „Erweiterung des Siedlungskörpers durch erstmalige Inanspruchnahme von zumeist landwirtschaftlich genutzten Flächen an seinen Rändern", zu geben (*Reiß-Schmidt*, Handwörterbuch 996). **26**

Das Abwägungsgebot des § 2 Abs 3 entspricht der Judikatur des VfGH (VfSlg 10.12.2020, V 17/2019), nach der eine grundlegende Anforderung an planende Maßnahmen eine Abwägung der für die Erlassung bzw Änderung sprechenden Interessen ist. Dies gilt insbesondere zwischen öffentlichen Interessen und privaten Interessen (VfGH VfSlg **27**

10.12.2020, V 17/2019 mwN; zu berücksichtigen ist auch der rechtmäßige Bestand VfGH VfSlg 15.949/2000; VfSlg 18.162/2007), aber auch zwischen unterschiedlichen öffentlichen Interessen (VfGH VfSlg 17.815/2006; VfSlg 17.889/2006; VfSlg 19.760/2013; VfSlg 19.890/2014; *Berka*, JBl 1996, 77 f; *Kleewein*, bbl 2019, 219). Es muss aber nicht die bestmögliche oder zweckmäßigste Lösung gefunden werden, die planende Maßnahme muss „nur" mit dem Gesetz in Einklang stehen (VfGH VfSlg 16.629/2002; VfSlg 19.947/2015 mwN; VfSlg 19.949/2015 mwN; siehe auch *Berka*, JBl 1996, 80; *Leitl*, Raumplanung 110 f). Bei der Abwägung miteinander konkurrierender Ziele gemäß § 2 Abs 1 ist von den Grundsätzen gemäß § 2 Abs 2 auszugehen. Diesen Grundsätzen sind zum Teil auch Gewichtungen zwischen den einzelnen Zielen zu entnehmen („öffentliche Interessen kommt unter Wahrung der verfassungsgesetzlich gewährleisteten Rechte Vorrang gegenüber privaten Interessen zu" gemäß § 2 Abs 2 Z 6; zur Gewichtung *Kleewein*, bbl 2019, 219). Denn einem Zielkatalog im Sinne von § 2 Abs 1 ist immanent, dass Zielkonflikte auftreten können (ErlRV 01-VD-LG-1865/5-2021, 4; vgl VfGH VfSlg 14.041/1995; *Berka*, JBl 1996, 72; *Häusler*, RdU 2021, 166 f; siehe auch *Kleewein*, bbl 2014, 90 f). Daraus ergibt sich aber auch, dass im Gegensatz zu den Zielen, die einer Abwägung unterliegen, die Grundsätze bei der Entscheidung über planende Maßnahmen als Grundlage der Abwägung zu beachten sind (*Gruber/Kanonier/Pohn-Weidinger/Schindelegger*, Raumentwicklung 58). Hiebei ist aber zu berücksichtigen, dass in den Grundsätzen des § 2 Abs 2 selbst wiederum Abwägungen normiert sind (zB „ist ein Ausgleich zwischen den berechtigten Erfordernissen der wirtschaftlichen Entwicklung und der Ökologie anzustreben" gemäß § 2 Abs 2 Z 3). Die systematische Abgrenzung zwischen Zielen und Grundsätzen erscheint vor diesem Hintergrund zuweilen schwierig.

In diesem Sinne bilden die in § 2 Abs 2 festgelegten Grundsätze der Raumordnung ausdrücklich eine wesentliche Grundlage der Beurteilung für die Raumverträglichkeitsprüfung gemäß § 6 Abs 3, die überörtlichen Entwicklungsprogramme gemäß § 7 Abs 1, die örtlichen Entwicklungskonzepte gemäß § 9 Abs 1 und § 12 Abs 5 Z 1, die Flächenwidmungspläne gemäß § 13 Abs 1, § 38 Abs 7 Z 1 und § 39 Abs 3 Z 3 lit a, die Aufschließungsgebiete gemäß § 25 Abs 1 und 4 Z 1, den Teilbebauungsplan für Einkaufszentren gemäß § 32 Abs 3, die Rückwidmung gemäß § 36 Abs 4, 5 Z 3 und Abs 8, den generellen Bebauungsplan gemäß § 47 Abs 1, den Teilbebauungsplan gemäß

§ 48 Abs 1, den Gestaltungsplan gemäß § 49 Abs 1 und den integrierten Flächenwidmungs- und Bebauungsplan gemäß § 52 Abs 3.

Der Abwägung muss eine entsprechende Grundlagenforschung vorangehen. Diese verlangt eine sachgerechte und vollständige Erhebung der räumlichen Gegebenheiten und der von der Planung betroffenen Interessen (*Berka*, JBl 1996, 76 f; *Kanonier*, bbl 1998, 8 f; *Pabel*, RFG 2008, 20; ähnlich *Hauer*, Grundbegriffe 17; siehe auch § 3; *Schoen*, Handwörterbuch 19 ff). Denn wenn wie § 2 Abs 1 die zu erlassende Planungsnorm „nur final, dh im Hinblick auf bestimmte zu erreichende Planungsziele determiniert, müssen Entscheidungsgrundlagen […] in ausreichendem Maße erkennbar sein (vgl VfSlg 8280/1978, 10.711/1985, 12.926/1991, 17.224/2004, 20.081/2016). Die Grundlagenforschung hat im Allgemeinen aus Überlegungen zu bestehen, die die Grundlage für die jeweilige Planungsentscheidung bilden und als solche auch erkennbar und nachvollziehbar sind (zB VfSlg 14.537/1996, 19.075/2010)" (VfGH 1.3.2021, V 47/2019; siehe auch *Kleewein*, bbl 2014, 90 f). Die Grundlagenforschung und die Interessenabwägung müssen im Akt dokumentiert sein (VfGH 10.12.2020, V 17/2019).

### § 3 Bestandsaufnahme und Raumforschung

Die Landesregierung hat im Sinne einer Raumforschung[1] die für die überörtliche Raumordnung[2] bedeutsamen Gegebenheiten zu erheben (überörtliche Bestandsaufnahme).[3] Die Gemeinden haben im Sinne einer Raumforschung die für die örtliche Raumplanung[4] bedeutsamen Gegebenheiten zu erheben (örtliche Bestandsaufnahme)[5].

**Lit:**
*Berka*, Flächenwidmungspläne auf dem Prüfstand, JBl 1996, 69; Handwörterbuch der Stadt- und Raumentwicklung, Akademie für Raumentwicklung in der Leibniz-Gemeinschaft Geschäftsstelle (Hrsg), 2018; *Pernthaler*, Raumordnung und Verfassung I, 1975.

## I. Erläuterungen
### ErlRV 01-VD-LG-1865/5-2021, 7:

„§ 3 wird neu geschaffen. Nach dem Vorbild einiger anderer Bundesländer soll auch im K-ROG 2021 ein stärkerer Fokus auf die Erhebung der für die Raumordnung maßgeblichen Umstände gelegt werden, wobei sich die Bestimmung an § 5 und § 28 des Tiroler Raumordnungsgesetzes 2016, LGBl. Nr. 101/2016 idF LGBl. Nr. 116/2020, orientiert. Insbesondere wird der verwendete Begriff der „Bestandsaufnahmen" hierfür aufgegriffen, um den, insbesondere in Bezug auf die Erlassung von Verordnungen, sehr stark durch die Judikatur des Verfassungsgerichtshofes geprägten Terminus der „Grundlagenforschung" zu vermeiden. Gerade in Angelegenheiten der Raumordnung trifft die verordnungserlassende Behörde eine entsprechende Verpflichtung zur vollständigen Erarbeitung der erforderlichen Entscheidungsgrundlagen („Legitimation durch Verfahren"; hierzu statt vieler *Lienbacher*, Raumordnungsrecht, in Bachmann u.a. [Hrsg.], Besonderes Verwaltungsrecht, 8. Aufl. [2010], 433 [443]). Eine derartige Verpflichtung zur „Grundlagenforschung" (exempl. VfSlg. 8280/1978) trifft den Verordnungsgeber insbesondere auch dann, wenn das entsprechende Materiengesetz ihm eine solche nicht ausdrücklich aufträgt (*Pabel*, Voraussetzungen für die Abänderung von Flächenwidmungsplänen. Die Bauordnung für Wien im Lichte der Judikatur des VfGH, RFG 2008, 19 [20] mwN). Die Grundlagenforschung verlangt vom Verordnungsgeber eine sachgerechte und vollständige Erhebung der räumlichen Gegebenheiten und der von der Planung betroffenen Interessen (*Pabel*, RFG 2008, 20; ähnlich *Hauer*, Planungsrechtliche Grundbegriffe und verfassungsrechtliche Vorgaben, in Hauer/Nußbaumer [Hrsg.], Österreichisches Raum- und Fachplanungsrecht [2006], 1 [17]). Die in § 3 vorgesehene Verpflichtung zur Erhebung der erforderlichen Bestandsaufnahmen soll diese Verpflichtung des Verordnungsgebers zur Grundlagenforschung unterstützen, letztere besteht aber unabhängig davon, da sie bereits aus dem Wesen der Planung erfolgt und sich dementsprechend auf die maßgeblichen natürlichen, wirtschaftlichen, sozialen und kulturellen Voraussetzungen eines konkreten Planungsaktes (zB einer Änderung des Flächenwidmungsplanes) bezieht (vgl. *Berka*, Flächenwidmungspläne auf dem Prüfstand, JBl. 1996, 69 [77]). Aus diesem Sinn und Zweck der Bestimmung ergibt sich auch, dass die Bestandsaufnahmen auf dem aktuellen Stand zu halten sind."

## II. Anmerkungen

**1** Die Raumforschung ist wesentliche Grundlage für die Raumordnung. Sie hat durch eine interdisziplinäre (zB Geographie und Planungswissenschaften, siehe *Kilper*, Handwörterbuch 1943 ff) Datenerhebung und Analyse „die sachlogischen Voraussetzungen der politischen Entscheidung und rechtlichen Durchführung sowie die verschiedenen rationalen Möglichkeiten einer Planverwirklichung exakt zu erarbeiten und klar darzustellen" (*Pernthaler*, Raumordnung I 37). Indem § 3 die Landesregierung und die Gemeinden zur Raumforschung verpflichtet und den Forschungsgegenstand („für die überörtliche und örtliche Raumordnung bedeutsamen Gegebenheiten") normiert, ist die Raumforschung auch rechtlich determiniert. Die Ergebnisse sind festzuhalten (VfGH VfSlg 8330/1978), zB durch graphische Karten, verbale Analysen und Rauminformationssysteme (zum Ganzen siehe auch *Sturm*, Handwörterbuch 1865 ff; zum Raumordnungskataster siehe § 4).

Siehe zur überörtlichen Raumordnung § 1 Anm 1, zum Begriff „Raumordnung" § 1 Anm 3. **2**

Ausweislich der Materialien ist § 5 TROG 2016 Vorbild (ErlRV 01-VD-LG-1865/5-2021, 7; vgl nunmehr § 5 TROG 2022). Demnach zählen zu den für die überörtliche Raumordnung „bedeutsamen Gegebenheiten" der Bestandsaufnahme natürliche, wirtschaftliche, infrastrukturelle, soziale und kulturelle Gegebenheiten (dies entspricht VfGH VfSlg 8330/1978; vgl auch die Aufzählung in ErlRV 01-VD-LG-1865/5-2021, 7; dazu *Berka*, JBl 1996, 71). Ähnliches enthält auch § 8 Bgld. RPG 2019. Nach den Materialien zu dieser Bestimmung (ErlRV 1693, 21. GP) sind unter diesen Gegebenheiten insbesondere „Bodenbeschaffenheit, Bodennutzung, Mineralquellen, Gewässer, Überflutungs- und Hochwasserabflussgebiete, Klima, Wasser- und Stromversorgung, Abwässerbeseitigung, Straßen und sonstige Verkehrsflächen, Landschafts- und Naturschutzgebiete, sonstige Nutzungsbeschränkungen, eine Gliederung der Bevölkerung nach Alter, Geschlecht, Beruf, ihre räumliche Verteilung, Zu- und Abwanderung, die Wirtschafts- und Verkehrsverhältnisse, die Art, Größe und Lage der gewerblichen und landwirtschaftlichen Betriebe, die Linienführung, Dichte und Leistungsfähigkeit bestehender Verkehrseinrichtungen, Schulstandorte mit ihren Einzugsbereichen, zentrale Einrichtungen (Krankenhäuser, Behörden und Ämter usw.)" zu verstehen (siehe auch § 3 Anm 5). Insgesamt werden alle Gegebenheiten umfasst sein, die für die Ziele und Grundsätze der Raumordnung gemäß § 2 relevant sind. **3**

Vor dem Hintergrund, dass die Bestandsaufnahme wesentliche Bedeutung für die verfassungsrechtlich notwendige Grundlagenforschung hat (vgl VfGH VfSlg 8330/1978), auf deren Basis die Interessenabwägung zu erfolgen hat (siehe dazu § 2 Anm 27), ist abzuleiten, dass die Bestandsaufnahme auf aktuellem Stand zu halten ist (ErlRV 01-VD-LG-1865/5-2021, 7). Somit muss sie laufend, dh regelmäßig und zu festgelegten Zeitpunkten durchgeführt werden (*Sturm*, Handwörterbuch 1866).

**4** Siehe zur örtlichen Raumordnung § 1 Anm 2 f, zum Begriff „Raumplanung" § 1 Anm 3.

**5** Ausweislich der Materialien ist § 28 TROG 2016 Vorbild (ErlRV 01-VD-LG-1865/5-2021, 7; vgl nunmehr § 28 TROG 2022). Demnach zählen zu den für die örtliche Raumordnung „bedeutsamen Gegebenheiten" der Bestandsaufnahme natürliche, wirtschaftliche, infrastrukturelle, soziale und kulturelle Gegebenheiten (dies entspricht VfGH VfSlg 8330/1978; vgl auch die Aufzählung in ErlRV 01-VD-LG-1865/5-2021, 7). Gleiches sieht auch § 47 Abs 3 für die durchzuführende örtliche Bestandsaufnahme im Rahmen des generellen Bebauungsplanes vor, zusätzlich sind die städtebaulichen Gegebenheiten und für alle Gegebenheiten auch die voraussehbaren Veränderungen zu erheben. Nach § 28 Abs 2 bis 5 TROG 2016 sind unter diesen Gegebenheiten insbesondere folgende zu verstehen (siehe auch § 3 Anm 3; vgl nunmehr § 28 TROG 2022):

- die Gebiete und Grundflächen, die durch Lawinen, Hochwasser, Wildbäche, Steinschlag, Erdrutsch und andere Naturgefahren gefährdet sind, sowie das Ausmaß der Gefährdung;
- die Nutzungsbeschränkungen aufgrund von Umweltbelastungen, insbesondere im Hinblick auf Lärm und Luftschadstoffe;
- die bestehenden überörtlichen Anlagen sowie jene überörtlichen Anlagen, für die rechtsverbindliche Planungen bestehen, einschließlich allfälliger Schutz- oder Sicherheitsbereiche; überörtliche Anlagen sind insbesondere Bundes- und Landesstraßen, Eisenbahnanlagen, Flugplätze, Abfallbehandlungsanlagen und Deponien, Abwasserreinigungsanlagen, Bergbauanlagen, militärische Anlagen sowie Versorgungs- und Entsorgungsleitungen von überörtlicher Bedeutung, die eine Trassenfreihaltung erfordern;
- die Gebiete, Grundflächen und Objekte, für die gesetzliche Nutzungsbeschränkungen bestehen, wie öffentliche Gewässer, Wasserschutz- und Wasserschongebiete, Überschwemmungsgebiete, unter

besonderem Naturschutz stehende Gebiete, Naturdenkmäler, denkmalgeschützte Objekte, militärische Sperrgebiete und dergleichen;
- die Gebiete und Grundflächen, für die in Raumordnungsprogrammen bestimmte Maßnahmen festgelegt sind;
- allfällige Gefährdungsbereiche von Seveso-Betrieben;
- die Gebiete mit erhaltenswerten Orts- und Straßenbildern sowie erhaltenswerten Gebäudegruppen samt ihrem Umfeld;
- die bestehenden für die räumliche Entwicklung bedeutsamen technischen Infrastrukturen einschließlich solcher, für die rechtsverbindliche Planungen bestehen, die Rahmenbedingungen für die weitere Entwicklung dieser Infrastrukturen einschließlich allfälliger Defizite in der Entwicklung;
- die Erhebung der Naturwerte im Sinn der Ziele der örtlichen Raumordnung;
- die als Bauland gewidmeten unbebauten Grundflächen sowie jene derzeit ungenutzten Gebäude, die für eine spätere Verwendung zu Wohnzwecken oder zu geschäftlichen oder sonstigen betrieblichen Zwecken in Betracht kommen;
- die gesamthafte Darstellung aller derzeitigen Nutzungen und sonstigen für die bauliche Entwicklung bedeutsamen Gegebenheiten, weiters die Entwicklungstendenzen hinsichtlich der Siedlungsstrukturen;
- die Bevölkerungsstrukturen einschließlich absehbarer Entwicklungstendenzen;
- der Überblick über die Entwicklung der Wirtschaft und über die bestehenden Wirtschaftsstrukturen;
- die Versorgungsstruktur mit öffentlichen Einrichtungen, insbesondere in den Bereichen Verwaltung, Gesundheitswesen, soziale Belange, Schulen, Kindergärten, Kultur, Sport und Erholung.

Vor dem Hintergrund, dass Flächen im Sinne des § 14 im Flächenwidmungsplan nur ersichtlich zu machen sind, wenn der Flächenwidmungsplan erstellt oder geändert wird, müssen auch diese Flächen Teil der laufenden örtlichen Bestandsaufnahme sein. Gleiches gilt zB auch für die strategischen Lärmkarten im Sinne des § 16 Abs 2 und die Aktionspläne gemäß § 69 K-StrG 2017, § 9a Abs 2 Z 3 K-IPPC-AG und § 7 Bundes-LärmG. Insgesamt werden alle Gegebenheiten umfasst sein, die für die Ziele und Grundsätze der Raumordnung gemäß § 2 relevant sind.

## § 4 Raumordnungskataster

(1) Die Landesregierung hat einen Raumordnungskataster einzurichten und zu führen.[1] In den Raumordnungskataster sind die das Landesgebiet oder Teile des Landesgebietes betreffenden raumbedeutsamen Grundlagendaten, Maßnahmen und Pläne[2] aufzunehmen. Die Gemeinden haben die zur Führung des Raumordnungskatasters notwendigen Daten an die Landesregierung zu übermitteln.[3]

(2) Jede Person darf in den Raumordnungskataster Einsicht nehmen und Abschriften erstellen[4], soweit dem gesetzliche Verschwiegenheitspflichten nicht entgegenstehen[5].[6]

**Lit:**
Handwörterbuch der Stadt- und Raumentwicklung, Akademie für Raumentwicklung in der Leibniz-Gemeinschaft Geschäftsstelle (Hrsg), 2018; *Hengstschläger/Leeb*, Allgemeines Verwaltungsverfahrensgesetz[2], 2014; *Mauerhofer*, Wildökologische Korridorplanung in der öffentlich- und zivilrechtlichen Raumordnung, bbl 2008, 49; *Pallitsch/Pallitsch/Kleewein*, Kärntner Baurecht[5], 2014.

## I. Erläuterungen

### ErlRV 01-VD-LG-1865/5-2021, 7 f:

„§ 4 Abs. 1 entspricht grundsätzlich § 7 Abs. 1 K-ROG der geltenden Fassung. Ein Raumordnungskataster war schon in der Stammfassung des K-ROG, LGBl. Nr. 76/1969, vorgesehen. Dazu halten die Erläuterungen Verf-125/5/1969, 4, fest: *„Bestimmungen über einen Raumordnungskataster waren bisher nicht vorgesehen. Eine derartige Einrichtung ist vor allem deshalb notwendig, um eine Grundlage für erforderliche Koordinierungs- und Planungsmaßnahme zu schaffen."* Die Aufnahme von Grundlagendaten in den Raumordnungskataster wurde durch die Novelle LGBl. Nr. 42/1994 normiert. Die Erläuterungen Verf-262/24/1993, 10, führen dazu aus: *„Während nach der derzeitigen Rechtslage in den Raumordnungskataster lediglich „Maßnahmen und Planungen" aufzunehmen sind, sollen in Hinkunft auch raumbedeutsame Grundlagendaten aufgenommen werden können."* Nunmehr

1. Hauptstück – Allgemeine Bestimmungen § 4

soll die Führung des Raumordnungskatasters der Landesregierung obliegen.

§ 4 Abs. 2 entspricht grundsätzlich § 7 Abs. 2 und 3 K-ROG der geltenden Fassung.

Zu beachten ist, dass gemäß § 58 Abs. 3 der Raumordnungskataster elektronisch zu führen ist und im Internet zur Abfrage bereit zu halten ist."

## II. Anmerkungen

Die Bestimmung über den Raumordnungskataster steht in einem unmittelbaren Zusammenhang mit der Bestandsaufnahme im Sinne einer Raumforschung gemäß § 3. Denn die Ergebnisse der Raumforschung sind festzuhalten (VfGH VfSlg 8330/1978), zB durch graphische Karten, verbale Analysen und Rauminformationssysteme (siehe § 3 Anm 1). Zu den grundlegenden Motiven der Einrichtung eines solchen Raumordnungskatasters kann beispielgebend auf die Materialien zu § 6 StROG zurückgegriffen werden (IA EZ 99/1, 15. GP 7 ff): „Die Entwicklung eines Rauminformationssystems, verstanden als ein „Analyse-, Monitoring-, Berichts- und Präsentationsinstrument für raumbezogene Fragestellungen in Verwaltung und Politik", ist aus mehreren Gründen dringend angebracht. Es kann als Reaktion auf neue Anforderungen und neue – vor allem technische – Möglichkeiten aber auch auf bekannte Defizite verstanden werden. [...] Raumordnung beschäftigt sich mit den räumlichen Verhältnissen, die sich in ständiger Veränderung befinden. Neue Ansprüche an den Raum, neue räumliche Verhaltensweisen und neue Standortfaktoren ergeben sich aus generellen Entwicklungstendenzen mit wirtschaftlichem, sozialem und technologischem Hintergrund: [...]. Eine effektive und effiziente Raumordnung muss sich dabei zeitgemäßer Methoden und Techniken bedienen: Erst eine systematische Beobachtung der räumlichen Entwicklung ermöglicht, die richtigen Schlüsse zu ziehen und geeignete Maßnahmen zu entwickeln. [...] Viele Sachbereiche fließen in die Betrachtungen ein und müssen vernetzt behandelt werden. Der planerische Anspruch der Raumordnung bringt es mit sich, dass sie sich darüber hinaus auch mit zukünftigen Entwicklungen auseinandersetzen muss. Eine wesentliche Aufgabe der Raumordnung ist es daher, die Übersicht zu bewahren und die Komplexität auf ein notwendiges Maß

1

zu reduzieren. Raumordnung muss wegen der vielen betroffenen Fachdisziplinen und der Nähe zur Öffentlichkeit allgemein verständlich bleiben. [...] Experten der österreichischen Verwaltung auf Bundes-, Landes- und Gemeindeebene beobachten mit Unterstützung von privaten Experten seit Jahrzehnten den Zustand des Raumes, seine Entwicklung und die Einflussfaktoren, um eine Basis für ein notwendiges Einschreiten des Staates zu begründen. Die Operationalisierung von Zielen und in der Folge die Umsetzung von Plänen und Programmen, Infrastrukturinvestitionen aber auch die Förderungspolitik sind abhängig von einer sicheren Kenntnis des derzeitigen Zustandes des Raumes und einer Einschätzung möglicher Entwicklungen. Werden zur Erreichung dieser Ziele Planungen durchgeführt oder Maßnahmen gesetzt, muss konsequenterweise die Zielerreichung laufend beobachtet und bewertet werden. [...] Ein „Rauminformationssystem" muss deshalb mehr als nur eine GIS-Unterstützung der Planung bieten. Ein Rauminformationssystem muss über ein Geografisches Informationssystem hinaus verschiedenartige Daten in geeigneter Form verwalten und auch Verfahren und Methoden zur Erfassung, Aktualisierung und Umsetzung dieser Daten beinhalten. [...] Mit einem zeitgemäßen Rauminformationssystem soll in der Steiermark ein Instrument zur Verfügung stehen, das die alltägliche Arbeit der Verwaltung auf Landes-, Regions- und Gemeindeebene erheblich erleichtern, qualitativ verbessern und der Politik hochwertige Entscheidungsgrundlagen liefern kann. Es soll aber auch die Möglichkeit eröffnen, die Wirksamkeit von Raumplanung in der Öffentlichkeit darzustellen."

Systematisch werden im K-ROG 2021 in den einzelnen Bestimmungen keine Vorgaben über die technische Form der Vollziehung normiert (zB auch nicht für die Erstellung von Plänen). Diese Vorgaben erfolgen gesammelt in § 58. Gemäß § 58 Abs 3 ist der Raumordnungskataster in elektronischer Form einzurichten und zu führen. Dies erfolgt in Kärnten im Rahmen des KAGIS – Das Kärntner geographische Informationssystem (https://kagis.ktn.gv.at/).

**2** „Raumbedeutsame Grundlagendaten" sind meiner Ansicht nach alle Daten, die interdisziplinär in der Raumforschung erhoben werden (vgl § 3 Anm 1), zB Daten über die Bevölkerungs- und Wirtschaftsentwicklung (*Pallitsch/Pallitsch/Kleewein*, Baurecht[5] § 7 K-ROG Anm 1). „Raumbedeutsam" sind Maßnahmen und Pläne, wenn sie darauf gerichtet sind, im größeren Umfang Boden in Anspruch zu nehmen oder mögliche Bodennutzungen einzuschränken oder zu verändern oder die räumliche Entwicklung eines Gebietes im Sinn einer angestrebten räumlichen Ordnung zu beeinflussen (so § 3 Abs 3 TROG 2022; vgl auch § 6 Abs 2 StROG; § 3 Abs 2 Oö. ROG 1994; *Durner*, Handwörterbuch 1859 ff; zB die wildökologische Korridorplanung, dazu *Mauerhofer*, bbl 2008, 49 ff). Umfasst sind auch raumbedeutsame Grundlagendaten, Maßnahmen und Pläne, die einer gesetzlichen Verschwiegenheitspflicht unterliegen (siehe § 4 Anm 5).

Umfasst sind raumbedeutsame Grundlagendaten, Maßnahmen und Pläne (siehe § 4 Anm 3) der örtlichen Raumordnung (zur „örtlichen Raumordnung" siehe § 1 Anm 2). Denn diese sind in den Raumordnungskataster aufzunehmen und somit „notwendig". Gemäß § 58 Abs 5 sind die Daten elektronisch an die Landesregierung zu übermitteln. Diesem Aufwand der Gemeinden steht aber ein wesentlicher Nutzen für die Gemeinden gegenüber. Denn die Gemeinden sind gemäß § 3 zur örtlichen Bestandsaufnahme verpflichtet, deren Ergebnisse festzuhalten sind (siehe § 3 Anm 1). Dazu dient ua der Raumordnungskataster, der von der Landesregierung einzurichten ist. Der im Raumordnungskataster festgehaltenen Bestandsaufnahme kommt wesentliche Bedeutung für die Grundlagenforschung der Gemeinden zu (siehe § 3 Anm 4). Dies gilt insbesondere auch für die Berücksichtigung der rechtswirksamen raumbedeutsamen Maßnahmen und Pläne der anderen Gebietskörperschaften (siehe § 2 Anm 21). 3

Die Einsicht steht jeder Person zu, ein rechtliches Interesse muss nicht nachgewiesen werden. Einsicht kann auch bei der Landesregierung genommen werden. Da der Raumordnungskataster gemäß § 58 Abs 3 in elektronischer Form einzurichten ist, ist die Einsicht in diesen Fällen über entsprechende Geräte (Bildschirme) zu gewähren (vgl *Hengstschläger/Leeb*, AVG² § 17 Rz 7). Somit ist es weiterhin auch Personen, die keinen digitalen Zugang haben, möglich, in den Raumordnungskataster Einsicht zu nehmen. Es besteht auch das Recht, „Abschriften" selbst zu erstellen. Dies umfasst aber keine Verpflichtung der Landesregierung, Ausdrucke oder Kopien herzustellen (vgl *Hengstschläger/Leeb*, AVG² § 17 Rz 7). Gemäß § 58 Abs 3 ist der Raumordnungskataster aber auch im Internet zur Abfrage bereit zu halten (https://kagis.ktn.gv.at/). Auf Grund der fortschreitenden Digitalisierung ist dies inzwischen auch der übliche Weg der Einsichtnahme. 4

Aus der Einschränkung der Einsichtnahme auf Grund gesetzlicher Verschwiegenheitspflichten ist zunächst abzuleiten, dass im Raumord- 5 nungskataster auch raumbedeutsame Grundlagendaten, Maßnahmen und Pläne aufzunehmen sind, die einer gesetzlichen Verschwiegenheitspflicht unterliegen. Die Formulierung „soweit dem gesetzliche Verschwiegenheitspflichten nicht entgegenstehen" entspricht grundsätzlich Art 20 Abs 4 B-VG (siehe auch § 1 Abs 1 K-ISG). Als gesetzliche Verschwiegenheitspflicht kommt sowohl die in Art 20 Abs 3 B-VG umschriebene Amtsverschwiegenheit (Geheimhaltung im Interesse der Aufrechterhaltung der öffentlichen Ruhe, Ordnung und Sicherheit, der umfassenden Landesverteidigung, der auswärtigen Beziehungen, im wirtschaftlichen Interesse einer Körperschaft des öffentlichen Rechts, zur Vorbereitung einer Entscheidung oder im überwiegenden Interesse der Parteien, einschließlich der Wahrung von Betriebs- und Geschäftsgeheimnissen, zu letzterem siehe § 6 Anm 15) als auch die in § 1 Abs 1 und 2 DSG umschriebene Pflicht zur Geheimhaltung personenbezogener Daten in Betracht (VwGH 18.8.2017, Ra 2015/04/0010). Es ist insbesondere bei der Bereithaltung des Raumordnungskatasters im Internet gemäß § 58 Abs 3 technisch sicherzustellen, dass Daten, die einer gesetzlichen Verschwiegenheitspflicht unterliegen, nicht abgerufen werden können.

6 Zu beachten ist in diesem Zusammenhang auch das K-ISG. Denn dieses enthält spezielle Bestimmungen für Umweltinformationen, Geodaten und die Weiterverwendung von Dokumenten öffentlicher Stellen.

### § 5 Informationspflichten für Seveso-Betriebe[1]

Betriebsinhaber im Sinne des § 2 Z 20 K-SBG[2] sowie Projektwerber[3] von Seveso-Betrieben im Sinne des § 2 Z 1 K-SBG[4] sind verpflichtet, der Landesregierung und den zuständigen Gemeinden auf deren Verlangen ausreichende Informationen über Art und Ausmaß der vom jeweiligen Betrieb ausgehenden Gefahren im Sinne des § 2 Z 14 K-SBG[5], über die Gefährdungsbereiche[6] und über die zur Beurteilung des Gefährdungspotentials maßgeblichen Umstände zu erteilen, soweit dies zur Wahrnehmung deren Aufgaben nach diesem Gesetz erforderlich ist.[7]

**Lit:**
*Potacs*, Auslegung im öffentlichen Recht, 1994; *Schoppen*, Die Umsetzung der Seveso-III-Richtlinie in deutsches Recht, NVwZ 2017, 1561; *Steinwender*, Seveso-Betriebe im Kärntner Raumordnungs- und Baurecht, bbl 2019, 1;

*Wasielewski*, Das neue Störfallrecht zur Umsetzung der Seveso-III-Richtlinie, NVwZ 2018, 937.

## I. Erläuterungen
### ErlRV 01-VD-LG-1865/5-2021, 8:

„§ 5 entspricht § 4 K-ROG der geltenden Fassung. Die Bestimmung wurde durch LGBl. Nr. 24/2016 geschaffen. Dazu führen die Erläuterungen 01-VD-LG-1729/8-2016, 3 f, aus: *„Die in § 4 des Gesetzesentwurfs vorgesehene Informationspflicht von Inhabern und Projektwerbern von Betrieben iSd Seveso-III-Richtlinie (Richtlinie 2012/18/EU) wird aufgrund des Art. 13 Abs. 3 letzter Satz der Richtlinie 2012/17/EU aufgenommen, dem zufolge die Mitgliedstaaten sicherzustellen haben, dass die Betreiber von Betrieben der unteren Klasse auf Aufforderung der zuständigen Behörde für Zwecke der Flächenausweisung oder Flächennutzung genügend Informationen zu den vom Betrieb ausgehenden Risiken liefern, wobei, wie bereits ausgeführt, die Umsetzung dieser Informationsverpflichtung in erster Linie in den entsprechenden Materiengesetzen (insbesondere der Gewerbeordnung 1994 und dem Kärntner Seveso-Betriebegesetz 2015) erfolgt. Es erfolgt daher auch in § 8d des Gesetzesentwurfs ein entsprechender Umsetzungshinweis. Die Mitteilungspflichten des Betriebsinhabers wurden vor kurzem in § 4 des Kärntner Seveso-Betriebegesetzes 2015 – K-SBG, LGBl. Nr. 68/2015, neu geregelt. Nach § 10 des Kärntner Seveso- Betriebegesetzes 2015 ist der Betriebsinhaber verpflichtet, der Behörde auf Verlangen sämtliche Informationen bereitzustellen, die erforderlich sind, um die Möglichkeit des Eintritts eines schweren Unfalls beurteilen zu können, insbesondere soweit sie für die Erfüllung der Verpflichtung zur Durchführung von Inspektionen, zur Beurteilung der Möglichkeit des Auftretens von Domino-Effekten und zur genaueren Beurteilung der Eigenschaften gefährlicher Stoffe notwendig sind. Behörde im Sinne des Kärntner Seveso-Betriebegesetzes 2015 ist die Bezirksverwaltungsbehörde (vgl. § 15 leg. cit.). Nach § 13 des Kärntner Seveso-Betriebegesetzes 2015 hat die Behörde (die Bezirksverwaltungsbehörde) die einen Betrieb betreffenden Informationen gemäß § 4 Abs. 1 Z 1 und Z 5 sowie gemäß § 4 Abs. 3 und Abs. 4 Kärntner Seveso-Betriebegesetz 2015 unverzüglich nach ihrem Vorliegen der Landesregierung weiterzuleiten. Zudem hat die Behörde nach § 13 Abs. 5 des Kärntner Seveso-Betriebegesetzes 2015 zur Sicherstellung der Wahrnehmung der Aufgaben im Bereich der*

*Flächenausweisung und Flächennutzung die Mitteilung nach § 4 Abs. 1 sowie Änderungen der Mitteilung iSd § 4 Abs. 3 und 4 Kärntner Seveso-Betriebegesetz 2015 an die zuständigen Gemeinden weiterzuleiten. Unbeschadet dieser Verpflichtungen der Bezirksverwaltungsbehörde nach dem Kärntner Seveso-Betriebegesetz 2015, bestimmte Informationen an die Landesregierung und die Gemeinden weiterzuleiten, soll auch im Kärntner Raumordnungsgesetz eine Möglichkeit der Dienststellen des Landes und der betroffenen Gemeinden vorgesehen werden, die für die Wahrnehmung ihrer Aufgaben erforderlichen Informationen vom Betriebsinhaber und vom Projektwerber eines Betriebes im Sinne der Richtlinie 2012/17/EU verlangen zu können. Die im Gesetzesentwurf vorgesehene Möglichkeit, Informationen zu verlangen, soll inhaltlich die in den Materiengesetzen statuierten Informations- und Mitteilungspflichten in Bezug auf die Raumordnung und Raumplanung ergänzen, nicht jedoch ersetzen."*

## II. Anmerkungen

1 Diese Bestimmung dient der Umsetzung von Art 13 Abs 3 letzter Satz RL 2012/18/EU (siehe zum Ganzen die oben unter Punkt I. abgedruckten ErlRV 01-VD-LG-1865/5-2021, 8; *Steinwender*, bbl 2019, 1 ff).

2 „Betriebsinhaber" (Betreiber) ist gemäß § 2 Z 20 K-SBG jede natürliche oder juristische Person, die einen Betrieb oder eine technische Anlage betreibt oder kontrolliert oder der die ausschlaggebende wirtschaftliche Verfügungsgewalt oder Entscheidungsgewalt über das technische Funktionieren des Betriebes oder der technischen Anlage übertragen worden ist.

3 Der Begriff „Projektwerber" findet vor allem im Bereich der Umweltverträglichkeitsprüfung Verwendung. Projektwerber ist in diesem Sinne die Person, die für ein noch nicht ausgeführtes Vorhaben eines Seveso-Betriebs einen Antrag auf Genehmigung gestellt hat (vgl die Begriffsbestimmung zum Begriff „Projektträger" in Art 1 Abs 2 lit b RL 2011/92/EU; *Steinwender*, bbl 2019, 6).

4 Ein „Seveso-Betrieb" ist gemäß § 2 Z 1 K-SBG der unter der Aufsicht eines Inhabers stehende Bereich, in dem gefährliche Stoffe in einer oder in mehreren technischen Anlagen vorhanden sind, einschließlich gemeinsamer oder verbundener Infrastrukturen und Tätigkeiten.

„Gefahr" ist gemäß § 2 Z 14 K-SBG das Wesen eines gefährlichen Stoffes oder einer konkreten Situation, das darin besteht, der menschlichen Gesundheit oder der Umwelt Schaden zufügen zu können.

Es wird im Unionsrecht und im K-ROG weder der „Gefährdungsbereich" definiert noch erfolgt eine Festlegung, wie dieser zu ermitteln ist (die folgenden Ausführungen sind *Steinwender*, bbl 2019, 4 f, entnommen). Nach der Rechtsprechung des EuGH (ECLI:EU:C:2011:585) sind ua folgende Faktoren relevant: die Art der jeweiligen gefährlichen Stoffe, die Wahrscheinlichkeit eines schweren Unfalls, die Folgen eines etwaigen Unfalls für die menschliche Gesundheit und die Umwelt, die Art der Tätigkeit der neuen Ansiedlung oder die Intensität ihrer öffentlichen Nutzung sowie die Leichtigkeit, mit der Notfallkräfte bei einem Unfall eingreifen können. Darüber hinaus können alle diese spezifischen Faktoren mit der Berücksichtigung sozioökonomischer Faktoren zusammentreffen. Bei der Auslegung ist § 14 Abs 3 K-StrG 2017 hilfreich (zu dieser systematischen Interpretation vgl VwGH 23.11.2004, 2002/06/0064; siehe auch *Potacs*, Auslegung 84 f und 90 f mwN). Demnach ist der Gefährdungsbereich eines Seveso-Betriebes „jener angemessene Sicherheitsabstand von der Betriebsanlage, der sich aufgrund von mengenschwellenbezogenen Abstandsmodellen oder standardisierten Einzelfallbetrachtungen ergibt." Für den somit wesentlichen Begriff „angemessener Sicherheitsabstand" erfolgt in der – allerdings nicht verbindlichen – Empfehlung Nr. 1 des Bundesländer-Arbeitskreises Seveso (Grundlage zur Ermittlung von angemessenen Sicherheitsabständen für die Zwecke der Raumordnung, März 2015; abrufbar unter http://www.umwelt.steiermark.at/cms/beitrag/10899190/28322874/) folgende Begriffsbildung: „Ein angemessener Sicherheitsabstand bedeutet grundsätzlich eine räumliche Distanz zwecks Verringerung der Folgen eines schweren Unfalls." Darüber hinaus enthält diese Empfehlung Berechnungsmodelle sowie Rechenmodelle und -parameter für die standardisierte Einzelfallbetrachtung. Rechtsvergleichend findet sich in § 3 Abs 5c dt BImSchG folgende Definition: „Der angemessene Sicherheitsabstand im Sinne dieses Gesetzes ist der Abstand zwischen einem Betriebsbereich oder einer Anlage, die Betriebsbereich oder Bestandteil eines Betriebsbereichs ist, und einem benachbarten Schutzobjekt, der zur gebotenen Begrenzung der Auswirkungen auf das benachbarte Schutzobjekt, welche durch schwere Unfälle im Sinne des Art 3 Nr 13 der RL 2012/18/EU hervorgerufen werden können, beiträgt. Der angemessene

Sicherheitsabstand ist anhand störfallspezifischer Faktoren zu ermitteln" (dazu *Wasielewski*, NVwZ 2018, 939 und 941 f).

**7** Die Informationspflicht gegenüber der Landesregierung und den zuständigen Gemeinden besteht nur auf Verlangen und zur Wahrnehmung der Aufgaben nach dem K-ROG (die folgenden Ausführungen sind *Steinwender*, bbl 2019, 5, entnommen). Grenzen der Informationspflicht werden meiner Ansicht nach aber auch dort bestehen, wo Informationen zB rechtlich oder tatsächlich nicht erteilt werden können. Dies gilt insbesondere für Informationen über die zur Beurteilung des Gefährdungspotentials maßgeblichen Umstände, die außerhalb des Betriebs liegen (vgl *Schoppen*, NVwZ 2017, 1563 f). Neben der Informationspflicht gemäß § 5 bestehen für Betreiber von Seveso-Betrieben noch weitere Informationspflichten nach anderen Materiengesetzen (siehe zB § 4 K-SBG), diese werden durch § 5 nicht verdrängt (siehe ErlRV 01-VD-LG-1865/5-2021, 8).

## § 6 Raumverträglichkeitsprüfung

(1) Die Landesregierung darf über Veranlassung des Projektwerbers[1] und in Zusammenarbeit mit diesem bei einem geplanten Vorhaben[2], von dem über das Gebiet einer Gemeinde hinausgehende erhebliche Auswirkungen auf die Raumstruktur[3] zu erwarten sind,[4] zur Erarbeitung von Entscheidungsgrundlagen[5] die Durchführung einer Raumverträglichkeitsprüfung veranlassen, wenn der Betreiber die zur grundsätzlichen Beurteilung der raumbedeutsamen Auswirkungen[6] des Vorhabens erforderlichen fachlichen Unterlagen zur Verfügung stellt.

(2) Im Rahmen der Raumverträglichkeitsprüfung sind die abschätzbaren raumbedeutsamen Auswirkungen[7] bei einer Verwirklichung des Vorhabens insbesondere auf die Siedlungs- und Verkehrsentwicklung, die regionale Wirtschaft, den Arbeitsmarkt und die Umwelt[8] zu erheben und zusammenfassend darzustellen.

(3) Auf der Grundlage der Darstellung gemäß Abs. 2 ist die Verträglichkeit des geplanten Vorhabens[9] mit den Zielen und Grundsätzen der Raumordnung[10], den überörtlichen Entwicklungsprogrammen[11] und anderen bekannten Vorhaben[12] und Planungsabsichten zu beurteilen. Gegebenenfalls dürfen auch aus raumordnungspolitischer Sicht sinnvolle Modifikationen des Vorhabens oder Alternativen zu dem Vorhaben dargestellt werden[13].

(4) Die Darstellung gemäß Abs. 2 und die Beurteilung gemäß Abs. 3 bilden das Raumverträglichkeitsgutachten.[14]

(5) Mit der Erstellung des Raumverträglichkeitsgutachtens dürfen unter Verpflichtung zur Wahrung von Betriebs- und Geschäftsgeheimnissen[15] auch geeignete Sachverständige, die nicht Amtssachverständige sind, oder facheinschlägige wissenschaftliche Institute des universitären oder außeruniversitären Bereiches beauftragt werden[16].

**Lit:**
*Attlmayr/Walzel von Wiesentreu* (Hrsg), Handbuch des Sachverständigenrechts[3], 2021; Handwörterbuch der Stadt- und Raumentwicklung, Akademie für Raumentwicklung in der Leibniz-Gemeinschaft Geschäftsstelle (Hrsg), 2018; *Engelbert*, Die abschichtende Planungsentscheidung unter Vorläufigkeitsbedingungen, 2019; *Hengstschläger/Leeb*, Allgemeines Verwaltungsverfahrensgesetz[2], 2014; *Kleewein*, Raumplanung im Spannungsfeld zwischen Recht, Sachverstand und Gestaltungsspielraum, bbl 2019, 213; *Pallitsch/Pallitsch/Kleewein*, Kärntner Baurecht[5], 2014.

## I. Erläuterungen
### ErlRV 01-VD-LG-1865/5-2021, 8:

„§ 6 entspricht § 3c K-ROG der geltenden Fassung. Die Bestimmung wurde durch LGBl. Nr. 42/1994 eingefügt."

## II. Anmerkungen

Der Begriff „Projektwerber" findet vor allem im Bereich der Umwelt- 1
verträglichkeitsprüfung Verwendung (vgl die Begriffsbestimmung zum Begriff „Projektträger" in Art 1 Abs 2 lit b RL 2011/92/EU). Zu beachten ist, dass es sich um ein „geplantes" Vorhaben handelt, somit nicht zwingend das Vorhaben bereits beantragt sein muss. Projektwerber ist in diesem Sinne die Person, die für ein noch nicht ausgeführtes Vorhaben einen Antrag auf Genehmigung stellen will oder gestellt hat. Eine Raumverträglichkeitsprüfung kann nur auf „Veranlassung" des Projektwerbers erfolgen, eine amtswegige Einleitung einer Raumverträglichkeitsprüfung ist ausgeschlossen. Auch wenn gemäß § 6 Abs 1 die Raumverträglichkeitsprüfung „in Zusammenarbeit" mit dem Projektwerber zu erfolgen hat, ist meiner Ansicht nach die Objektivität des Raumverträglichkeitsgutachtens, das Teil der Grundlagenforschung ist, zu gewährleisten (vgl VfGH VfSlg 17.736/2005; zur Bestellung des

Sachverständigen siehe § 6 Anm 16). Es besteht keine Verpflichtung der Landesregierung eine Raumverträglichkeitsprüfung überhaupt durchzuführen („darf").

2   Für den Begriff des „Vorhabens" ist – auf Grund vergleichbarer Regelungsintention – meiner Ansicht nach an der Begriffsbestimmung des § 2 Abs 2 UVP-G 2000 anzuknüpfen. Demnach ist ein Vorhaben die Errichtung einer Anlage oder ein sonstiger Eingriff in Natur und Landschaft unter Einschluss sämtlicher damit in einem räumlichen und sachlichen Zusammenhang stehender Maßnahmen. Ein Vorhaben kann eine oder mehrere Anlagen oder Eingriffe umfassen, wenn diese in einem räumlichen und sachlichen Zusammenhang stehen. Zu beachten ist, dass es sich um ein „geplantes" Vorhaben handelt, somit nicht zwingend das Vorhaben bereits beantragt sein muss.

3   Die „Raumstruktur" ergibt sich „aus der Gesamtheit der räumlich verankerten Lebens- und Arbeitsverhältnisse, die sich weitgehend gegenseitig bedingen und somit den Aufbau oder das Gefüge des Raumes bestimmen und beeinflussen" (https://www.arl-net.de/de/lexica/de/raumstruktur-und-siedlungsstruktur). Umfasst ist somit insbesondere die Siedlungsstruktur (siehe dazu § 2 Anm 7), die Freiraumstruktur (siehe dazu § 2 Anm 5) und die Infrastruktur (siehe dazu § 2 Anm 8).

4   Die Raumverträglichkeitsprüfung ist, da überörtliche Interessen vorliegen müssen, ein Instrument der überörtlichen Raumordnung (*Pallitsch/ Pallitsch/Kleewein*, Baurecht[5] § 3c K-ROG Anm 1; siehe dazu § 1 Anm 1).

5   Bei der Raumverträglichkeitsprüfung handelt es sich um eine vorhabenbezogene Grundlagenforschung (zur Grundlagenforschung siehe § 2 Anm 27). Einem etwaigen Planänderungs- und Genehmigungsverfahren wird eine Klärung der raumordnerischen Verträglichkeit voran geschalten. Das Ergebnis der Raumverträglichkeitsprüfung ist als Grundlagenforschung in die Abwägung (siehe dazu § 2 Anm 27) einzubeziehen (zum Ganzen vgl *Janssen*, Handwörterbuch 1920 ff) und dient somit auch den Interessen der Planungsbehörde (*Pallitsch/Pallitsch/Kleewein*, Baurecht[5] § 3c K-ROG Anm 1). Die Raumverträglichkeitsprüfung dient insbesondere aber auch dem Interesse der Standortplanung (siehe dazu § 2 Anm 5) des Projektwerbers. Denn diese kann in einem frühen Stadium des Vorhabens Fehlplanungen – einschließlich der entsprechenden Kosten für den Projektwerber – verhindern, die zur Nichtrealisierbarkeit des Vorhabens führen. Die fakultative Raumverträglichkeitsprüfung ist von der verpflichtenden Umweltprüfung nach den Bestimmungen des

K-UPG zu unterscheiden (*Pallitsch/Pallitsch/Kleewein*, Baurecht[5] § 3c K-ROG Anm 1; das K-UPG ist einschließlich der Erläuterungen unter Punkt 2. abgedruckt).

„Raumbedeutsame Auswirkungen" können etwa „Auswirkungen auf die Umwelt, die Bevölkerungsstruktur, die Einkommensverteilung oder die Versorgungsstruktur, ausgeübte oder geplante Nutzungen, aber auch sonstige räumliche Funktionen wie Fremdenverkehr und Erholung" sein (*Durner*, Handwörterbuch 1862). Es handelt sich somit um Auswirkungen auf die Ziele und Grundsätze der Raumordnung (siehe zu diesen § 2). Solche Auswirkungen müssen aber dem geplanten Vorhaben konkret zurechenbar sein und eine gewisse Erheblichkeit aufweisen (*Durner*, Handwörterbuch 1862). **6**

Siehe zu den „raumbedeutsamen Auswirkungen" unmittelbar zuvor § 6 Anm 6. **7**

Die Bestimmung enthält eine demonstrative Aufzählung („insbesondere") der Interessen, hinsichtlich derer die raumbedeutsamen Auswirkungen zu erheben und zusammenfassend darzustellen sind. Zur „Siedlungsentwicklung" siehe § 2 Anm 23, zur „Verkehrsentwicklung" § 2 Anm 11 und 16, zur „regionalen Wirtschaft" und „Arbeitsmarkt" § 2 Anm 4 und 8 sowie zur „Umwelt" § 2 Anm 1 bis 3 und 22. Darüber hinaus sind aber meiner Ansicht nach alle Interessen des Gemeinwohls und sonstige öffentlichen Interessen (siehe dazu § 2 Anm 25), dh alle Ziele und Grundsätze der Raumordnung gemäß § 2 umfasst. **8**

Zum Begriff „geplantes Vorhaben" siehe § 6 Anm 2. **9**

Zu den Zielen und Grundsätzen der Raumordnung siehe § 2. **10**

Zum überörtlichen Entwicklungsprogramm siehe § 7. **11**

Zum Begriff „Vorhaben" siehe § 6 Anm 2. **12**

Gegenstand der Raumverträglichkeitsprüfung muss somit nicht nur das geplante Vorhaben sein, sondern es dürfen darüber hinaus auch Modifikationen des geplanten Vorhabens oder sogar Alternativen zum geplanten Vorhaben dargestellt werden. Aus „raumordnungspolitischer Sicht sinnvoll" sind solche Modifikationen und Alternativen, wenn dadurch eine bessere Verträglichkeit des Vorhabens erreicht wird (zu abschichtenden Planungsentscheidungen grundlegend *Engelbert*, Planungsentscheidungen, 2019). **13**

Das Ergebnis der Raumverträglichkeitsprüfung ist das Raumverträglichkeitsgutachten. Meiner Ansicht nach ist es nach denselben Grund- **14** sätzen zu erstellen, die der VwGH ganz allgemein für Gutachten im Verwaltungsverfahren herausgearbeitet hat (vgl VwGH 16.9.2003, 2002/05/0040; siehe zum Ganzen auch *Kleewein*, bbl 2019, 216 f). Daraus folgt, dass das Gutachten entsprechend den maßgebenden Fachkenntnissen abgefasst sein muss. Ausgehend von diesen Fachkenntnissen hat es ein hohes fachliches – aber nicht zwingend in jedem Fall wissenschaftliches – Niveau aufzuweisen, ist methodisch korrekt zu verfassen, sorgfältig zu begründen und muss den aktuellen Stand der Wissenschaft bzw Technik wiedergeben. Um die Schlüssigkeit, Widerspruchsfreiheit und Vollständigkeit des Gutachtens überprüfen zu können, müssen die – insbesondere fachlichen – Grundlagen, auf die sich das Gutachten stützt, und ihre konkrete Anwendung im Einzelfall in einer für den nicht Sachkundigen einsichtigen Weise offengelegt werden. Jedes Gutachten hat aus diesem Grund einen Befund zu enthalten, aus dem sich die Tatsachen, auf die sich das Gutachten stützt, ersichtlich sind, wie auch die Art, wie diese Tatsachen ermittelt wurden. Ausgehend von diesem Befund, hat der Sachverständige die fachliche Beurteilung schlüssig vorzunehmen (VwGH 22.9.1992, 92/05/0047; siehe auch VwGH 18.9.1990, 90/05/0086). Das Gutachten hat nur die Tatfrage – nicht Rechtsfragen – zu beantworten (zum Ganzen ausführlich *Hengstschläger/Leeb*, AVG[2] § 52 Rz 56 ff mN; *Attlmayr* in Attlmayr/Walzel von Wiesentreu, Sachverständigenrecht[3] Rz 8.001 ff).

**15** Zu den „Betriebsgeheimnissen" zählen Tatsachen technischer Natur wie zB die Zusammensetzung eines Produktes oder die Abläufe bei der Warenerzeugung. „Geschäftsgeheimnisse" sind Vorgänge geschäftlicher, das heißt kommerzieller Art wie etwa Kalkulationsgrundlagen für die Verkaufspreise, Marktstrategien, Zahlungsbedingungen, Bilanzen oder Einkaufskonditionen (VwGH 18.8.2017, Ra 2015/04/0010). Für das Vorliegen eines Geschäftsgeheimnisses ist darüber hinaus auch erforderlich, dass die Information tatsächlich geheim (nur einem eng begrenzten Personenkreis bekannt) ist und an der Geheimhaltung ein berechtigtes Interesse besteht. Dazu zählt auch, dass durch die Person, die Verfügungsgewalt über diese Information hat, angemessene Geheimhaltungsmaßnahmen gesetzt werden (VwGH 3.5.2021, Ra 2021/03/0002).

**16** Zunächst ist aus § 6 Abs 5 abzuleiten, dass bei Durchführung einer Raumverträglichkeitsprüfung grundsätzlich die Erstellung des Raumverträglichkeitsgutachtens durch Amtssachverständige der Landesregierung zu erfolgen hat (die Erstellung darf „auch" durch geeignete

Sachverständige erfolgen, die nicht Amtssachverständige sind; siehe zum Ganzen auch *Kleewein*, bbl 2019, 216 f). Auch wenn gemäß § 6 Abs 1 die Raumverträglichkeitsprüfung „in Zusammenarbeit" mit dem Projektwerber zu erfolgen hat, hat meiner Ansicht nach zur Gewährleistung der Objektivität des Raumverträglichkeitsgutachtens, das Teil der Grundlagenforschung ist, die Bestellung und Bezahlung eines nichtamtlichen Sachverständigen durch die Landesregierung zu erfolgen (vgl VfGH VfSlg 17.736/2005). Als (amtlicher oder nichtamtlicher) Sachverständiger darf nur eine Person bestellt werden, die über jene besondere Sachkunde bzw jene fachliche Befähigung verfügt, welche die Erstellung des Raumverträglichkeitsgutachtens notwendig macht. Grundsätzlich sind Gutachten nur von Menschen – auch mehreren gemeinsam – zu erstellen, nicht von juristischen Personen. § 6 Abs 5 sieht aber darüber hinaus ausdrücklich die Möglichkeit eines Anstaltsgutachtens, dh eine fachkundige Stellungnahme, die nur einer juristischen Person zugeordnet werden kann, vor. Dies gilt für facheinschlägige Institute des universitären Bereiches, dh Universitäten gemäß § 6 Abs 1 UG und Privatuniversitäten nach dem PrivHG, sowie des außeruniversitären Bereiches, dh insbesondere Fachhochschulen nach dem FHG und Privathochschulen nach dem PrivHG.

## 2. Hauptstück

## Überörtliche Raumordnung

### § 7 Überörtliche Entwicklungsprogramme

(1) Die Landesregierung hat in Übereinstimmung mit den Zielen und Grundsätzen der Raumordnung[1] durch Verordnung überörtliche[2] Entwicklungsprogramme zu beschließen[3], die die angestrebten Ziele für die Gestaltung und Entwicklung des jeweiligen Planungsraumes (Abs. 2) festzulegen und die zur Erreichung erforderlichen Maßnahmen aufzuzeigen haben[4].

(2) Überörtliche Entwicklungsprogramme dürfen für das gesamte Landesgebiet oder für einzelne Landesteile (Landesentwicklungsprogramme) und für einzelne Sachbereiche (Sachgebietsprogramme) beschlossen werden[5]. Sie haben aus einem Textteil und – soweit erforderlich – aus zeichnerischen Darstellungen samt Planzeichenerklärung zu bestehen[6].

(3) Das Landesentwicklungsprogramm hat die Grundzüge der anzustrebenden räumlichen Ordnung und Entwicklung des Landesgebietes festzulegen[7]. Im Landesentwicklungsprogramm sind insbesondere
1. die Ziele, Grundsätze und Maßnahmen der überörtlichen Raumordnung für das gesamte Landesgebiet im Hinblick auf die anzustrebende Entwicklung der räumlichen Strukturen zu konkretisieren,
2. die zentralen Orte und die von ihnen zu erfüllenden Funktionen innerhalb des Landesgebietes festzulegen und
3. die Zuordnung allgemeiner und überörtlicher Funktionen zu den Gemeinden

zu treffen.[8]

(4) Die Sachgebietsprogramme haben aufbauend auf dem Landesentwicklungsprogramm für einzelne raumbezogene Sachgebiete überörtliche Vorgaben für die örtliche Raumordnung festzu-

legen. Soweit dies zur Erreichung einzelner überörtlicher Entwicklungsziele erforderlich ist, dürfen auch Richt- und Grenzwerte festgelegt werden. Die Sachgebietsprogramme dürfen grundsätzliche Aussagen insbesondere für folgende Bereiche enthalten:
1. die Zuordnung allgemeiner und überörtlicher Funktionen zu den Gemeinden;
2. die Ausweisung von Vorrangflächen für die Erweiterung oder Neuansiedlung von Betrieben mit besonderen Standortvoraussetzungen oder für zentrale Errichtungen von überörtlicher Bedeutung;
3. die Ausweisung von Vorrangflächen für die Errichtung von Verkehrswegen und Anlagen und Leitungen technischer Infrastrukturen von überörtlicher Bedeutung;
4. die Erklärung von Vorranggebieten für Freiraumnutzungen;
5. die Ausweisung von Gefährdungsbereichen und Retentionsräumen;
6. die Festlegung, dass in bestimmten Gemeinden oder Teilen von Gemeinden bestimmte Widmungen im Interesse des Schutzes des Siedlungsraumes vor nachteiligen Umwelteinflüssen, vor Naturgefahren oder vor Nutzungskonflikten unzulässig sind.[9]

(5) Zu den überörtlichen Entwicklungsprogrammen sind Erläuterungen zu verfassen, die eine Bestandsaufnahme und Bewertung des jeweiligen Planungsraumes und eine Beurteilung seiner Entwicklungsmöglichkeiten in wirtschaftlicher, sozialer, ökologischer und kultureller Hinsicht zu enthalten haben. Diese Erläuterungen sind im Internet auf der Homepage der Landesregierung bereitzustellen.[10]

(6) Entwicklungsprogramme sind zu ändern, wenn sich die maßgebliche Rechtslage oder die ursprünglichen Planungsvoraussetzungen geändert haben.[11]

**Lit:**
*Eisenberger/Hödl*, Das Programm zur hochwassersicheren Entwicklung der Siedlungsräume in der Steiermark und dessen rechtliche Implikationen, bbl 2006, 179; *Götzl*, Hochwasserschutz mittels Zwangsrechtseinräumung zur Schaffung weitgehend natürlicher Retentionsräume?, RdU 2015/138; Handwörterbuch der Stadt- und Raumentwicklung, Akademie für Raumentwicklung in der Leibniz-Gemeinschaft Geschäftsstelle (Hrsg), 2018; *Hofmann*, Zulässigkeit von Photovoltaik-Anlagen, RFG 2021/10; *Kanonier*, Einschränkungen von

Bauführungen im Grünland durch das Raumordnungsrecht, bbl 1998, 8; *Kind*, Hochwasserschutz: Kalte Enteignung durch Retentionsflächen?, RdU 2012/142; *Kleewein*, Instrumente der Raumordnung – Überblick und Ausblick, bbl 2014, 89; *Mauerhofer*, Wildökologische Korridorplanung in der öffentlich- und zivilrechtlichen Raumordnung, bbl 2008, 49; *Pallitsch/Pallitsch/Kleewein*, Kärntner Baurecht[5], 2014; *Schlögel*, Windkraft in der Raumordnung der Bundesländer, RFG 2015/12; *Stöger*, Das steiermärkische Sachprogramm Windenergie, RdU-U&T 2014/31; *Wagner*, Grundinanspruchnahme privater Liegenschaften für Schutzmaßnahmen und Überflutungsflächen, RdU 2013/109.

## I. Erläuterungen

### ErlRV 01-VD-LG-1865/5-2021, 8 ff:

„§ 7 Abs. 1, 2, 4 und 5 entspricht grundsätzlich § 3 Abs. 1, 2, 4 und 5 K-ROG der geltenden Fassung. Schon im Landesplanungsgesetz 1959, LGBl. Nr. 47/1959, findet sich in § 1 Abs. 1 eine Bestimmung über Entwicklungsprogramme. Dazu halten die Erläuterungen Verf-7/8/1959 fest: *„Die Bestimmung des Abs. 1, wonach die Landesregierung die Grundsätze der Gesamtgestaltung des Landesgebietes oder einzelner Landesteile (Planungsraum) durch das Entwicklungsprogramm festzulegen hat, soll gewährleisten, daß die Planungen der Gemeinden über die Nutzung des Bodens (Flächenwidmungsplan, Bebauungsplan) mit den Gegebenheiten der Natur und er voraussichtlichen Entwicklung im gesamten Planungsraum in Einklang stehen."* Überörtliche Entwicklungsprogramme waren schon in der Stammfassung des K-ROG, LGBl. Nr. 76/1969, vorgesehen. Dazu halten die Erläuterungen Verf-125/5/1969, 3 f, fest: *„Diese Bestimmung wurde in Anlehnung an § 1 Abs. 1 des geltenden Landesplanungsgesetzes verfaßt. Während bisher die Entwicklungsprogramme nur für einen geschlossenen Planungsraum aus einer Gesamtschau („ Gesamtgestaltung") festzulegen waren, wird nunmehr die Möglichkeit eröffnet, ein solches Entwicklungsprogramm auch aus dem Gesichtswinkel nur eines Sachbereiches heraus, also als sogenannten Ressortplan aufzustellen. Zu den Entwicklungsprogrammen sind Erläuterungen zu verfassen, die zwar nicht wie das Entwicklungsprogramm selbst als Verordnung im Landesgesetzblatt, aber doch gesondert als Druckwerk zu veröffentlichen sind. Das Entwicklungsprogramm selbst kann als Verordnung nur Normen enthalten. Zum besseren Verständnis dieser Normen wird es beitragen, wenn der Öffentlichkeit die Bestandsaufnahme, die die Grundlage für diese Norm bildet, und eine Beurteilung der Entwicklungsmöglichkeit* *zugänglich gemacht wird.*" In ihrer heutigen Form wurde die Bestimmung durch LGBl. Nr. 42/1994 geschaffen. Die Erläuterungen Verf-262/24/1993, 9 f, führen dazu aus: „*In den Entwicklungsprogrammen sind in Übereinstimmung mit den Zielen und Grundsätzen der Raumordnung (§ 2) die Ziele für die Gestaltung und Entwicklung des jeweiligen Planungsraumes festzulegen und die zu ihrer Erreichung erforderlichen Maßnahmen aufzuzeigen. Überörtliche Entwicklungsprogramme haben demnach grundsätzlich Aussagen darüber zu enthalten, welche Ziele vornehmlich geeignet sind, bei einer sinnvollen Abstimmung aufeinander eine geordnete Gesamtentwicklung des jeweiligen Planungsraumes zu gewährleisten. Sie können [...] für bestimmte Sachbereiche der Raumordnung (Sachgebietsprogramme) aufgestellt werden. Im Gegensatz zur früheren Rechtslage werden in Hinkunft Sachgebietsprogramme auch nur für einzelne Landesteile erlassen werden können. Zulässige Inhalte von (überörtlichen) Entwicklungsprogrammen dürfen nach der Rechtsprechung des Verfassungsgerichtshofes (vgl. insbesondere VfSlg. 11633/1988) nur solche Festlegungen sein, denen ein konkretes überörtliches Ordnungsanliegen zugrundeliegt. Anderenfalls greifen überörtliche Festlegungen in verfassungswidriger Weise in die Kommunalautonomie ein. [...]*". Zusätzlich wird im Sinne der Transparenz in § 7 Abs. 5 nunmehr vorgesehen, dass die Erläuterungen im Internet bereitzustellen sind.

§ 7 Abs. 3 wird neu geschaffen. Hinkünftig soll neben dem Sachgebietsprogramm das Landesentwicklungsprogramm als zusätzliches überregionales Planungsinstrument zur Verfügung stehen, wobei nach dem Wortlaut der Norm in Bezug auf das Landesentwicklungsprogramm die Erlassung nur einer Verordnung intendiert ist, in Bezug auf regionale Entwicklungsprogramme und Sachgebietsprogramme jedoch mehrere derartiger Verordnungen erlassen werden können, was der bestehenden Praxis entspricht. So wurden etwa auf der Grundlage von § 3 K-ROG der geltenden Fassung die Kärntner Photovoltaikanlagen-Verordnung, LGBl. Nr. 49/2013, und die Windkraftstandorträume-Verordnung, LGBl. Nr. 100/2012, verordnet. Die Sachgebietsprogramme und die sektoralen Entwicklungsprogramme haben auf dem Landesentwicklungsprogramm aufzubauen, dh. wenn ein entsprechender Bedarf hierfür besteht, dieses zu konkretisieren.

§ 7 Abs. 4 entspricht grundsätzlich § 3 Abs. 4 K-ROG der geltenden Fassung. Im Sinne einer größeren Determinierung wird eine demonstrative Aufzählung jener grundsätzlichen Aussagen neu hinzugefügt, die die Sachgebietsprogramme enthalten dürfen. Zu § 7 Abs. 4 Z 4 ist auszuführen, dass aus der Sicht einer integrierten Raumordnung in den letzten Jahren gesellschaftspolitische Fragen der Raumnutzung enorm an Bedeutung gewonnen haben (Klimaschutz, Nutzung nachwachsender Rohstoffe, Erzeugung und Nutzung von erneuerbarer Energie, Rohstoffsicherung, Immissionsschutz Lärm und Luft – z.B. lärmarme Gebiete –, Schutz vor Naturgefahren etc.). Diese Raumnutzungen erfolgen in erster Linie im Freiraum. Die Bedeutung des Freiraums geht weit über die Erholungsnutzung und die Landwirtschaftliche Produktion hinaus. Vor allem aufgrund der Qualität des Natur- und Landschaftraumes in Kärnten soll einer geordneten und zielgerichteten Freiraumentwicklung das gleiche Gewicht beigemessen werden wie der Entwicklung der Siedlungsstrukturen. Unter Freiraumnutzungen ist auch die „Erholung" zu subsumieren.

In § 7 Abs. 5 wird auf die „wirtschaftliche, soziale, ökologische und kulturelle Entwicklung" abgestellt. Dies korrespondiert augenscheinlich mit den „wirtschaftlichen, sozialen, ökologischen und kulturellen Erfordernissen" des Flächenwidmungsplanes gemäß § 13 Abs. 1. Zum Flächenwidmungsplan halten die Erläuterungen Verf-7/8/1959, fest: *„Die wirtschaftliche, soziale und kulturelle Entwicklung in der Gemeinde läßt sich durch die Erforschung der Gegebenheiten der Natur (wie Bodenbeschaffenheit, Geländeformen, Quellen und Gewässer, Klima), des gegenwärtigen Bestandes (wie Bodennutzung, landwirtschaftliche Flächen, Bauland, Ödland), der Versorgungseinrichtungen (wie Wasser- und Stromversorgungsanlagen, Kanalisationsanlagen), der Straßen und sonstigen Verkehrswege, der Naturschutzgebiete, der Bevölkerung nach Zahl, Verteilung, Gliederung, Alter, Geschlecht, Beruf, der Zu- und Abwanderung, der Wirtschafts- und Verkehrsverhältnisse, die Art, Größe und Lage der gewerblichen Betriebe, Linienführung, Dichte und Leistungsfähigkeit bestehender Verkehrseinrichtungen ermitteln."* Zu den ökologischen Erfordernissen halten die Erläuterungen Verf-273/3/1994, 9, fest: *„Durch das zusätzliche Kriterium der „ökologischen Erfordernisse" wird im Bereich der örtlichen Raumplanung in verstärktem Maße den Zielsetzungen des (verfassungsrechtlich vorgeprägten) Umweltschutzes Rechnung getragen (vgl. dazu näher Punkt 1 lit. b des Allgemeinen Teils* [Anmerkung: siehe sogleich]*).*

Im Allgemeinen Teil der Erläuterungen Verf-273/3/1994, 3 f, wird zum Kriterium „ökologische Erfordernisse" darüber hinaus Folgendes ausgeführt: *„b) Neben den internationalen Rahmenbedingungen haben* *sich in der jüngeren Vergangenheit aber auch die Wertmaßstäbe für das staatliche Handeln überhaupt wesentlich geändert:*

*aa) Im gegeben Zusammenhang ist zunächst auf das Bundesverfassungsgesetz vom 27. November 1984 über den umfassenden Umweltschutz, BGBl. Nr. 491 (B-VG-Umweltschutz), zu verweisen, zufolge dessen § 1 Abs. 1 sich die Republik Österreich (Bund, Länder und Gemeinden) zum Staatsziel des umfassenden Umweltschutz bekennt. Gemäß Abs. 2 leg. cit. ist unter umfassendem Umweltschutz die Bewahrung der natürlichen Umwelt als Lebensgrundlage der Menschen vor schädlichen Einwirkungen zu verstehen.*

*bb) Ein ähnliches Bekenntnis zum Umweltschutz enthält auch das Kärntner Landesverfassungsgesetz vom 13. Mai 1986 über die Grundsätze des Umweltschutzes in Kärnten (Kärntner Umwelt-Verfassungsgesetz), LGBl. Nr. 42 [Anmerkung: siehe nunmehr Art. 7a K-LVG]. Nach dessen § 1 Abs. 1 haben das Land und die Gemeinden durch Schutz und Pflege der Umwelt die Lebensbedingungen für die gegenwärtigen und künftigen Generationen in Kärnten zu sichern. Das Land und die Gemeinden haben nach § 2 leg. cit. im Rahmen ihres jeweiligen Wirkungsbereiches (unter anderem)*

*– die natürliche Lebensgrundlage Boden zu schützen und sparsam und pfleglich zu nutzen (Z. 1),*

*– die Leistungsfähigkeit der natürlichen Umwelt zu erhalten und eingetretene Schäden möglichst zu beheben oder durch ökologisch sinnvolle Pflegemaßnahmen zu mindern (Z. 2),*

*– die Eigenart und die Schönheit der Kärntner Landschaft, die charakteristischen Landschafts- und Ortsbilder sowie die Naturdenkmale und Kulturgüter Kärntens zu bewahren (Z. 4) und*

*– Grund und Boden sparsam und schonend zu nutzen, eine Zersiedelung zu vermeiden und Verkehrswege umweltgerecht zu planen und herzustellen (Z. 5).*

*Neben diesen skizzierten Zielen und Maßnahmen des Umweltschutzes legt das Kärntner Umwelt-Verfassungsgesetz in seinem § 3 ausdrücklich fest, daß (unter anderem) Landesgesetze mit den Grundsätzen und Zielen dieses Landesverfassungsgesetzes im Einklang stehen müssen.*

*cc) Sowohl das B-VG-Umweltschutz als auch das Kärntner Umwelt-Verfassungsgesetz stellen sogenannte „Staatszielbestimmungen" dar, also Grundsätze und allgemein gefaßte Richtlinien für das gesamte staatliche*

*Handeln. Neben ihrer politischen Bedeutung als Ausdruck der Einigung maßgeblicher Gruppen im Staat über ein bestimmtes Ziel des staatlichen Handelns beinhalten Staatszielbestimmungen aber auch Gebote für den (jeweils zuständigen) Gesetzgeber, entsprechende Mechanismen zur Erreichung der verfassungsrechtlich postulierten Ziele zu schaffen. Ein wesentliches Anliegen des vorliegenden Gesetzesentwurfes besteht nun darin, im Bereich des Raumordnungsrechtes in verstärktem Maße den Zielsetzungen des (verfassungsrechtlich vorgeprägten) Umweltschutzes gerecht zu werden und ökologische Erfordernisse bei der planmäßigen Gestaltung des Landesraumes in stärkerem Maße als bisher zu berücksichtigen."*

§ 7 Abs. 6 entspricht § 3b K-ROG der geltenden Fassung.

Es ist schlussendlich darauf hinzuweisen, dass die Kärntner Landesverfassung – K-LVG die Verpflichtung vorsieht, dass Entwürfe von Verordnungen der Landesregierung einem Begutachtungsverfahren zu unterziehen sind. Dabei ist insbesondere auf das Rücksichtnahmegebot des § 2 Abs. 2 Z 2 Bedacht zu nehmen. Die Verpflichtung zur Kundmachung und der Zugang zur kundgemachten Verordnung ergeben sich aus dem Kärntner Kundmachungsgesetz – K-KMG."

## II. Anmerkungen

1  Zu den Zielen und Grundsätzen der Raumordnung siehe § 2.

2  In ein überörtliches Entwicklungsprogramm dürfen planerische Festlegungen nur unter der Voraussetzung aufgenommen werden, dass das überörtliche Interesse an diesen Festlegungen überwiegt. „Sollen konkrete Flächen im Wege der überörtlichen Raumplanung einer bestimmten Widmung (zB als Verkehrsweg) zugeführt oder von einer bestimmten Widmung (zB als Bauland) freigehalten werden, so müssen derartige planerische Festlegungen eindeutig und nachweislich aus überwiegenden überörtlichen Interessen begründet werden" (VfGH VfSlg 11.633/1988; siehe zum Verhältnis zum Selbstverwaltungsrecht der Gemeinden VfGH VfSlg 15.230/1998). Siehe zur überörtlichen Raumordnung auch § 1 Anm 1, zum Begriff „Raumordnung" § 1 Anm 3.

3  Entwürfe von Verordnungen der Landesregierung sind gemäß Art 38 Abs 2 iVm Art 33 Abs 3 bis 5 K-LVG vor der Beschlussfassung einem Begutachtungsverfahren zu unterziehen. Im Begutachtungsverfahren hat jede Person das Recht, innerhalb der mindestens vierwöchigen

## 2. Hauptstück – Überörtliche Raumordnung       § 7

Begutachtungsfrist eine schriftliche Stellungnahme abzugeben. Auf die Durchführung des Begutachtungsverfahrens besteht indes kein Rechtsanspruch. Die Unterlassung des Begutachtungsverfahrens hat auf die Rechtmäßigkeit des Gesetzes keinen Einfluss. Im Rahmen des Begutachtungsverfahrens ist insbesondere auf das Rücksichtnahmegebot des § 2 Abs 2 Z 2 insofern Bedacht zu nehmen, als die betroffenen Gebietskörperschaften und andere Planungsträger einzubinden und deren Interessen abzuwägen sind (siehe dazu § 2 Anm 21 und 27). Darüber hinaus ist gemäß § 55 Abs 2 der Raumordnungsbeirat vor Beschlussfassung bei sonstiger Gesetzwidrigkeit zwingend zu hören (siehe § 55 Anm 6). Die Verpflichtung zur Kundmachung und der Zugang zur kundgemachten Verordnung ergeben sich aus dem K-KMG (siehe zum Ganzen auch ErlRV 01-VD-LG-1865/5-2021, 10).

Während in § 2 die allgemeinen Ziele und Grundsätze der örtlichen und **4** überörtlichen Raumordnung normiert sind, sind im überörtlichen Entwicklungsprogramm auf Grundlage und in Übereinstimmung mit diesen die spezifischen Ziele für die Gestaltung und Entwicklung der überörtlichen Raumordnung für den jeweiligen Planungsraum festzulegen (diese finale Determinierung ist auch im Bereich der überörtlichen Entwicklungsprogramme zulässig VfGH VfSlg 17.057/2003; zur Bedeutung von Zielen in der Raumordnung siehe § 2 Anm 1). Dh es ist festzulegen, welche überörtliche zukünftige Entwicklung des jeweiligen Planungsraums angestrebt wird (*Knieling*, Handwörterbuch 1874; siehe auch *Gruber/Kanonier/Pohn-Weidinger/Schindelegger*, Raumentwicklung 56). „Überörtliche Entwicklungsprogramme haben demnach grundsätzlich Aussagen darüber zu enthalten, welche Ziele vornehmlich geeignet sind, bei einer sinnvollen Abstimmung aufeinander eine geordnete Gesamtentwicklung des jeweiligen Planungsraumes zu gewährleisten" (ErlRV 01-VD-LG-1865/5-2021, 9). Aufzuzeigen sind auch die zur Erreichung dieser Ziele erforderlichen „Maßnahmen", dh aller Aktivitäten öffentlicher Gebietskörperschaften, die die Gestaltung des jeweiligen Planungsraum, zum Gegenstand haben (*Gruber/Kanonier/ Pohn-Weidinger/Schindelegger*, Raumentwicklung 56). Umfasst sind somit nicht nur Pläne, sondern auch Information, Beratung, finanzielle Anreize, infrastrukturelle Maßnahmen, Kooperationen und andere Regulierungen (vgl *Gruber/Kanonier/Pohn-Weidinger/Schindelegger*, Raumentwicklung 43). Die örtlichen Raumordnungspläne (siehe insbesondere § 8 Abs 1, für den Flächenwidmungsplan § 9 Abs 1, für die Bebauungsplanung § 47 Abs 1) haben dem überörtlichen Entwicklungsprogramm zu entsprechen, sie binden also die Gemeinden. Hingegen richten sie sich nicht an den Grundeigentümer, diesen fehlt somit auch wegen fehlender unmittelbarer Betroffenheit die Legitimation zur Stellung des Individualantrages im Sinne des Art 139 B-VG (VfGH VfSlg 18.882/2009; siehe zum Ganzen auch *Kleewein*, bbl 2014, 92 f). Gleiches gilt für eine Gemeinde hinsichtlich einer Flächenwidmung einer anderen Gemeinde, die einem überörtliche Entwicklungsprogramm widersprechen soll (VfGH VfSlg 16.235/2001; siehe auch VfSlg 19.025/2010).

Es besteht für die Landesregierung eine Verpflichtung entsprechende überörtliche Entwicklungsprogramme zu beschließen („hat"). Dies gilt insbesondere für das Landesentwicklungsprogramm gemäß § 7 Abs 3, da die Landesentwicklungsprogramme für einzelne Landesteile und die Sachgebietsprogramme auf dieses aufzubauen haben (vgl § 7 Abs 4 und ErlRV 01-VD-LG-1865/5-2021, 9). Gemäß Art V Abs 6 LGBl 2021/59 gelten im Zeitpunkt des Inkrafttretens des K-ROG 2021 bestehende überörtliche Entwicklungsprogramme im Sinne des § 3 K-ROG als überörtliche Entwicklungsprogramme im Sinne des K-ROG 2021. Auf Grundlage von § 3 K-ROG wurden folgende überörtliche Entwicklungsprogramme erlassen:

- Entwicklungsprogramm Kärntner Zentralraum (abgedruckt unter Punkt 1.1)
- Entwicklungsprogramm Raum Villach (abgedruckt unter Punkt 1.2)
- Entwicklungsprogramm Nockgebiet (abgedruckt unter Punkt 1.3)
- Entwicklungsprogramm Mirnock-Verditz (abgedruckt unter Punkt 1.4)
- Entwicklungsprogramm Raum Klagenfurt (abgedruckt unter Punkt 1.5)
- Entwicklungsprogramm politischer Bezirk St. Veit an der Glan (abgedruckt unter Punkt 1.6)
- Entwicklungsprogramm Raum Weißensee (abgedruckt unter Punkt 1.7)
- Entwicklungsprogramm Sportstättenplan
- Industriestandorträume-Verordnung (abgedruckt unter Punkt 1.8)
- Windkraftstandorträume-Verordnung (abgedruckt unter Punkt 1.9; siehe *Schlögel*, RFG 2015, 60 ff; vgl zum steiermärkischen Sachprogramm Windenergie *Stöger*, RdU-U&T 2014, 102 ff)
- Kärntner Photovoltaikanlagen-Verordnung (abgedruckt unter Punkt 1.10; siehe auch *Hofmann*, RFG 2021, 52 ff)

## 2. Hauptstück – Überörtliche Raumordnung  § 7

Gemäß Art V Abs 7 LGBl 2021/59 hat die Landesregierung die bestehenden überörtlichen Entwicklungsprogramme im Sinne des § 3 K-ROG spätestens binnen drei Jahren ab Inkrafttreten des K-ROG 2021 (das K-ROG 2021 ist am 1.1.2022 in Kraft getreten) an die Bestimmungen des K-ROG 2021 anzupassen, wenn sie den Bestimmungen des K-ROG 2021 nicht entsprechen. Die Landesregierung hat darüber hinaus das bestehende überörtliche Entwicklungsprogramm im Sinne des § 10 K-GplG 1995, dh das Entwicklungsprogramm Versorgungsinfrastruktur, aufzuheben.

Landesentwicklungsprogramme sind auf einen bestimmten Planungsraum bezogen. Der Planungsraum, dh die räumliche Einheit, die einem überörtlichen Entwicklungskonzept unterliegt, umfasst entweder das gesamte Landesgebiet oder einzelne Landesteile. Sachgebietsprogramme sind hingegen auf bestimmte Sachgebiete, die raumwirksam sind, bezogen (zB Sportstätten, Windkraftanlagen, Industriestandorte). 5

Überörtliche Entwicklungskonzepte haben jedenfalls einen Textteil zu enthalten, in dem insbesondere die angestrebten Ziele, einschließlich allfälliger Vorgaben für die Abwägung, zu beschreiben sind. Nur soweit erforderlich, hat eine zeichnerische Darstellung durch einen Plan zu erfolgen. 6

Es besteht für die Landesregierung eine Verpflichtung entsprechende überörtliche Entwicklungsprogramme zu beschließen („hat"). Dies gilt insbesondere für das Landesentwicklungsprogramm für das gesamte Landesgebiet gemäß § 7 Abs 3, da die Landesentwicklungsprogramme für einzelne Landesteile und die Sachgebietsprogramme auf dieses aufzubauen haben (vgl § 7 Abs 4 und ErlRV 01-VD-LG-1865/5-2021, 9). In diesem Sinne hat das Landesentwicklungsprogramm die „Grundzüge" der anzustrebenden räumlichen Ordnung und Entwicklung des Landesgebietes festzulegen (siehe auch § 2 Anm 20). 7

Es handelt sich um eine demonstrative Aufzählung der Inhalte des Landesentwicklungsprogrammes („insbesondere"). Durch die Aufzählung wird aber doch der Maßstab fixiert, dem die nicht konkret aufgezählten Inhalte entsprechen müssen (VwGH 23.7.2009, 2006/05/0167). Zu den „Zielen, Grundsätzen und Maßnahmen" siehe § 7 Anm 4, zur „überörtlichen Raumordnung" § 1 Anm 1 und § 7 Anm 2, zum Begriff „Raumordnung" § 1 Anm 3, zur „Raumstruktur" § 6 Anm 3 sowie zu den „zentralen Orten und ihrer Funktion" siehe § 2 Anm 7. „Allgemeine und überörtliche Funktionen einer Gemeinde" sind zB zentralörtliche Einstufungen oder die Festlegung von regionalen Industrie- und 8

Gewerbestandorte (vgl zB § 4 des regionalen Entwicklungsprogramm für die Planungsregion Liezen) sowie Dienstleistungs-, Wohn-, Agrar-, Fremdenverkehrs- und Erholungsfunktionen.

**9** Die Sachgebietsprogramme bauen auf dem Landesentwicklungsprogramm gemäß § 7 Abs 3 auf, müssen also mit diesem übereinstimmen. Es dürfen ausdrücklich auch Richt- und Grenzwerte festgelegt werden, zB hinsichtlich Umgebungslärm und Luftimmission (vgl § 11 Abs 8 und 9 StROG). Es erfolgt eine demonstrative Aufzählung der Inhalte von Sachgebietsprogrammen („insbesondere"). Durch die Aufzählung wird aber doch der Maßstab fixiert, dem die nicht konkret aufgezählten Inhalte entsprechen müssen (VwGH 23.7.2009, 2006/05/0167). Zur „überörtlichen und örtlichen Raumordnung" siehe § 1 Anm 1 und 2 sowie § 7 Anm 2, zum Begriff „Raumordnung" § 1 Anm 3, zu den „Entwicklungszielen" § 7 Anm 4, zu den „allgemeinen und überörtlichen Funktionen einer Gemeinde" § 7 Anm 8, zur „Standortplanung" für Betriebe und zentrale Errichtungen § 2 Anm 5, 7, 8 und 17, zur „Errichtung von Verkehrswegen und der technischen Infrastruktur" § 2 Anm 11 und 12, zur „Freiraumnutzung" § 2 Anm 5 und 15 (siehe auch *Kanonier*, bbl 1998, 8 f; *Mauerhofer*, bbl 2008, 53 f), zu den „Gefährdungsbereichen" § 2 Anm 5 und 16 sowie zum „Schutz des Siedlungsraumes" § 2 Anm 5, 7, 8, 17 und 24. „Retentionsräume" dienen der Abflusshemmung und Abflussverzögerung durch natürliche Gegebenheiten (vgl ErlRV 01-VD-LG-1865/5-2021, 30; *Janssen*, Handwörterbuch, 893 ff; *Kind*, RdU 2012, 232; siehe auch *Eisenberger/Hödl*, bbl 2006, 179 ff; *Wagner*, RdU 2013, 181 ff; *Götzl*, RdU 2015, 228 ff). Zur Erreichung einzelner Ziele (siehe § 7 Abs 4 Z 2, 3 und 4) sind „Vorrangflächen" auszuweisen bzw zu „Vorranggebieten" zu erklären. Diese Flächen sind also für eine bestimmte raumbedeutsame Funktion oder Nutzung vorgesehen. Andere raumbedeutsame Nutzungen sind in diesem Gebiet ausgeschlossen, soweit diese mit der vorrangigen Funktion nicht vereinbar sind. Dies dient der Sicherung standortgebundener Nutzungen oder Funktionen oder deren gezielter Entwicklung in einem bestimmten Gebiet (so *Scholich*, Handwörterbuch 2843).

**10** Schon § 3 verpflichtet die Landesregierung zu einer überörtlichen Bestandsaufnahme. Diese hat wesentliche Bedeutung für die Grundlagenforschung, die einem überörtlichen Entwicklungsprogramm vorangehen muss (siehe dazu § 2 Anm 27). Die Ergebnisse dieser Grundlagenforschung sind in die Erläuterungen aufzunehmen. Dies soll dem

## 2. Hauptstück – Überörtliche Raumordnung § 8

besseren Verständnis der überörtlichen Entwicklungsprogramme dienen. Die Erläuterungen sind nicht als Bestandteil der Verordnung kundzumachen, aber auf der Homepage des Landes (https://www.ktn.gv.at) bereitzustellen. Diese sind somit nicht verbindlich. Stehen sie in Widerspruch zur Verordnung, ist die Verordnung entscheidend, nicht die Aussage in den Erläuterungen (vgl VfGH VfSlg 5153/1965; VfSlg 7698/1975; VwGH 5.11.1999, 99/19/0171). Zum Inhalt der Erläuterungen, dh zu den „wirtschaftlichen, sozialen, ökologischen und kulturellen Entwicklungsmöglichkeiten" siehe § 3 Anm 3 und die oben unter Punkt I. abgedruckten ErlRV 01-VD-LG-1865/5-2021, 9 f.

Die Landesregierung ist verpflichtet überörtliche Entwicklungsprogramme zu ändern, wenn sich die maßgebliche Rechtslage ändert, dh insbesondere die Ziele und Grundsätze der Raumordnung gemäß § 2 oder die Verordnungsermächtigung gemäß § 7, oder sich die ursprünglichen Planungsvoraussetzungen, dh die bedeutsamen Gegebenheiten (die wirtschaftlichen, sozialen, ökologischen und kulturellen, siehe dazu § 3 Anm 3 und die oben unter Punkt I. abgedruckten ErlRV 01-VD-LG-1865/5-2021, 9 f) geändert haben. Der Bestimmung ist aber nicht zu entnehmen, dass das überörtliche Entwicklungsprogramm nur unter diesen Voraussetzungen geändert werden dürfte (*Pallitsch/Pallitsch/Kleewein*, Baurecht[5] § 3b K-ROG Anm 1).  11

### § 8 Wirkung der überörtlichen Entwicklungsprogramme

(1) Verordnungen[1] und Bescheide[2] auf Grundlage von Landesgesetzen[3] dürfen nur im Einklang mit den überörtlichen Entwicklungsprogrammen erlassen werden.

(2) Entgegen den Bestimmungen des Abs. 1 erlassene Bescheide sind mit Nichtigkeit bedroht. Die Aufhebung ist nur innerhalb von fünf Jahren ab deren Rechtskraft zulässig. Die Zeit eines Verfahrens vor dem Verfassungsgerichtshof oder vor dem Verwaltungsgerichtshof ist in diese Frist nicht einzurechnen.[4]

**Lit:**
*Berchtold*, Gemeindeaufsicht, 1972; *Hengstschläger/Leeb*, Allgemeines Verwaltungsverfahrensgesetz[2], 2014; *Leitl*, Überörtliche und örtliche Raumplanung, in Hauer/Nußbaumer (Hrsg), Österreichisches Raum- und Fachplanungsrecht, 2006; *Pallitsch/Pallitsch/Kleewein*, Kärntner Baurecht[5], 2014; *Potacs*, Aufsicht über Gemeinden, in Rebhahn (Hrsg), Beiträge zum Kärntner Gemeinderecht, 1998; *Sturm/Kemptner*, Kärntner Allgemeine Gemeindeordnung[6], 2015.

## I. Erläuterungen

### ErlRV 01-VD-LG-1865/5-2021, 10:

„§ 8 Abs. 1 und 2 entspricht grundsätzlich § 5 K-ROG der geltenden Fassung. Die Bestimmung wurde durch LGBl. Nr. 76/1969 geschaffen. Die Erläuterungen Verf-125/5/1969, 4, führen dazu aus: *„Durch diese Bestimmung wird die Ausrichtung aller behördlichen Maßnahmen auf Grund von Landesgesetzen auf die Entwicklungsprogramme [...] gesichert."* Zu den sprachlichen Anpassungen durch LGBl. Nr. 42/1994 halten die Erläuterungen Verf-262/24/1993, 10, fest: *„Die Änderungen in den §§ 4, 5 und 6 bezwecken lediglich die Wahrung des sprachlichen Gleichklanges im Verhältnis zur (nunmehr geänderten) Diktion der §§ 2 und 3. Eine inhaltliche Änderung wird dadurch nicht bewirkt."* Da den Zielen der Raumordnung ein Zielkonflikt immanent ist, soll die Bindung „aller" Verordnungen, die auf Grundlage von Landesgesetzen erlassen werden, an die Ziele und Grundsätze der Raumordnung nunmehr entfallen. Für Verordnungen auf Grundlage dieses Gesetzes ergibt sich die Bindung an die Ziele und Grundsätze der Raumordnung durch besondere Anordnung (siehe zB für Flächenwidmungspläne § 13 Abs. 1)."

## II. Anmerkungen

1 Für Verordnungen der Gemeinde nach dem K-ROG 2021 ergibt sich dies auch aus § 9 Abs 1, § 12 Abs 5 Z 2, § 13 Abs 1, § 15 Abs 1 Z 5, § 32 Abs 3, § 38 Abs 7 Z 1, § 47 Abs 1, § 48 Abs 1, § 49 Abs 1 sowie § 51 Abs 7 Z 3. Umfasst sind aber auch alle anderen Verordnungen der Gemeinden, der Bezirksverwaltungsbehörden, des Amtes der Kärntner Landesregierung als Agrarbehörde oder der Landesregierung, die auf Grundlage von Landesgesetzen erlassen werden. Insofern ist bei raumbedeutsamen Verordnungen (zur Raumbedeutsamkeit siehe § 2 Anm 21) stets zu prüfen, ob diese mit den überörtlichen Entwicklungsprogrammen übereinstimmen. Gemäß § 99 Abs 2 K-AGO hat die Landesregierung gesetzwidrige Verordnungen der Gemeinden nach Anhören des Organes, das sie erlassen hat, durch Verordnung aufzuheben und die Gründe hiefür dem Bürgermeister gleichzeitig mitzuteilen.

2 Bescheide auf Grundlage von Landesgesetzen dürfen nur im Einklang mit den überörtlichen Entwicklungsprogrammen erlassen werden. Insofern ist bei Bescheiden, die raumbedeutsame Rechtsverhältnisse verbindlich gestalten bzw solche Rechtsverhältnisse oder Tatsachen

2. Hauptstück – Überörtliche Raumordnung § 8

verbindlich feststellen (zB auf Grundlage der K-BO 1996 oder dem K-NSG; zur Raumbedeutsamkeit siehe § 2 Anm 21), stets zu prüfen, ob diese mit den überörtlichen Entwicklungsprogrammen übereinstimmen.

Nach Art 35 Abs 3 K-LVG erstreckt sich die verbindende Kraft von 3 Landesgesetzen, wenn nicht ausdrücklich anderes bestimmt ist, auf das gesamte Landesgebiet (vgl Art 49 Abs 1 B-VG). § 8 enthält keine von Art 35 Abs 3 K-LVG abweichenden Bestimmungen. Daraus ergibt sich, dass die erfassten Sachverhalte mit rechtlicher Relevanz nur innerhalb des Landesgebietes verwirklicht werden können (vgl VwGH VwSlg 13.373 A/1991; VwSlg 14.941 A/1998; 3.2.2000, 99/07/0190; LVwG Vorarlberg 14.10.2015, LVwG-318-010/R1-2015). In diesem Sinne sind meiner Ansicht nach nur Verordnungen und Bescheide auf Grundlage von Kärntner Landesgesetzen umfasst (aA wohl *Leitl*, Raumplanung 111).

Gemäß § 68 Abs 4 Z 4 AVG können Bescheide von Amts wegen in 4 Ausübung des Aufsichtsrechtes von der sachlich in Betracht kommenden Oberbehörde als nichtig erklärt werden, wenn diese an einem durch gesetzliche Vorschrift ausdrücklich mit Nichtigkeit bedrohten Fehler leiden. Soweit die Gemeinden im eigenen Wirkungsbereich handeln, ist die Aufsichtsbehörde aber nicht sachlich in Betracht kommende Oberbehörde (*Hengstschläger/Leeb*, AVG[2] § 68 Rz 71 f mN). Gemäß § 59 Abs 2 obliegt in diesen Fällen der Bezirkshauptmannschaft im Rahmen der Aufsicht die Nichtigerklärung von Bescheiden (siehe aber auch § 100 K-AGO). Die Aufsicht über die Stadt Klagenfurt am Wörthersee und die Stadt Villach übt gemäß § 93 ff K-KStR 1998 und § 96 ff K-VStR 1998 die Kärntner Landesregierung aus. Durch Maßnahmen der Aufsicht darf auf Grundlage des Verhältnismäßigkeitsgrundsatzes lediglich in einem möglichst geringen Umfang in den Bereich der durch Art 116 Abs 1 B-VG und Art 3 Abs 1 K-LVG gewährleisteten Selbstverwaltung der Gemeinden eingegriffen werden (*Berchtold*, Gemeindeaufsicht 38 ff; *Potacs*, Aufsicht 132 f; *Sturm/Kemptner*, Gemeindeordnung[6] § 96 K-AGO Anm 22 f). Weiters ergibt sich schon aus der Verfassung, dass gemäß Art 119a Abs 7 B-VG Aufsichtsmittel auch nur unter möglichster Schonung erworbener Rechte Dritter auszuüben sind. Gleiches normiert § 96 Abs 3 K-AGO und gilt nach der Judikatur des VwGH für § 68 Abs 4 Z 4 AVG (VwGH 22.10.2001, 2001/19/0018; *Hengstschläger/Leeb*, AVG[2] § 68 Rz 106 mwN). Dies bildet eine wesentliche Schranke bei der Ausübung des Ermessens durch die Behörde (VfGH VfSlg 9665/1983), es ist eine Interessenabwägung vorzunehmen und diese in die Begründung des Bescheides aufzunehmen (VfGH VfSlg 7978/1977; VwGH 30.6.1998, 98/05/0042). Nur jene Maßnahmen dürfen getroffen werden, die den geringsten Eingriff mit sich bringen (vgl *Hengstschläger/Leeb*, AVG[2] § 68 Rz 106 mN). Das Ermessen darf daher nicht in der Weise ausgeübt werden, dass wegen jeder auch noch so geringfügigen Rechtswidrigkeit in rechtskräftige Bescheide eingegriffen wird. Dies bedeutet aber keinen Vorrang privater Interessen vor öffentlichen Interessen, sondern statuiert vielmehr ein Gebot der Verhältnismäßigkeit des Eingriffes in erworbene Rechte. Im Rahmen der Ermessensausübung sind „die nachteiligen Wirkungen des Bescheides in Bezug auf das durch die verletzte Norm geschützte öffentliche Interesse gegen jene Nachteile abzuwägen, welche die Aufhebung des Bescheides in Bezug auf die durch das (im Institut der Rechtskraft verkörperte) Prinzip der Rechtssicherheit geschützten Interessen des Dritten nach den konkret zu beurteilenden Umständen des Einzelfalles mit sich brächte" (zum Ganzen VwGH 20.11.2007, 2005/05/0161). So ist zB zu prüfen, ob der Bescheid zur Gänze für nichtig erklärt werden muss oder lediglich eine Teilnichtigkeit vorliegt (vgl *Pallitsch/Pallitsch/Kleewein*, Baurecht[5] § 25 K-BO 1996 Anm 2). Eine Nichtigerklärung kann gemäß § 8 Abs 2 vor dem Hintergrund möglichster Schonung erworbener Rechte Dritter nur innerhalb von fünf Jahren ab Rechtskraft des Bescheides erfolgen. Dies ist meiner Ansicht nach lex specialis zu der dreijährigen Frist gemäß K-AGO, K-KStR 1998 und K-VStR 1998. Die Zeit eines Verfahrens vor dem Verfassungsgerichtshof oder vor dem Verwaltungsgerichtshof ist in diese Frist nicht einzurechnen.

# 3. Hauptstück
# Örtliche Raumordnung

## 1. Abschnitt – Örtliches Entwicklungskonzept

### § 9 Örtliches Entwicklungskonzept

(1) Der Gemeinderat[1] hat in Übereinstimmung mit den Zielen und Grundsätzen der Raumordnung[2] und den überörtlichen Entwicklungsprogrammen[3] durch Verordnung[4] ein örtliches Entwicklungskonzept zu beschließen, das die Grundlage für die planmäßige Gestaltung und Entwicklung des Gemeindegebietes,[5] insbesondere für die Erlassung des Flächenwidmungsplanes, bildet[6].

(2) Das örtliche Entwicklungskonzept hat aus einem Textteil und aus planlichen Darstellungen zu bestehen.[7] Zum örtlichen Entwicklungskonzept sind Erläuterungen zu verfassen.[8] Die Maßstäbe der planlichen Darstellungen und die Verwendung bestimmter Planzeichen hat die Landesregierung durch Verordnung zu regeln.[9]

(3) Im örtlichen Entwicklungskonzept sind ausgehend von einer Erhebung der wirtschaftlichen, sozialen, ökologischen und kulturellen Gegebenheiten in der Gemeinde die Ziele der örtlichen Raumordnung für einen Planungszeitraum von zehn Jahren und die zu ihrer Erreichung erforderlichen Maßnahmen festzulegen.[10] Dabei sind grundsätzliche Aussagen zu treffen insbesondere über[11]:
1. die Stellung der Gemeinde in der Region und die Zuweisung von überörtlichen Funktionen;[12]
2. die abschätzbare Bevölkerungsentwicklung und die angestrebte Siedlungs- und Wirtschaftsentwicklung;[13]
3. den abschätzbaren Baulandbedarf unter Berücksichtigung der Bevölkerungs-, Siedlungs- und Wirtschaftsentwicklung;[14]
4. die funktionale Gliederung des Gemeindegebietes unter Berücksichtigung der Versorgungsfunktion, die großräumi-

ge Anordnung des Baulandes und die zweckmäßigste räumliche und zeitliche Abfolge der Bebauung;[15]
5. die Hauptversorgungs- und Hauptentsorgungseinrichtungen (Energie- und Wasserversorgung, Abwasser- und Abfallentsorgung uä.), einschließlich Integration und Einsatz von erneuerbarer Energie;[16]
6. die erforderliche Ausstattung der Gemeinde mit Erholungs-, Sport- und sonstigen Freizeiteinrichtungen;[17]
7. die Freihaltung von Gebieten, die zur Erhaltung der freien Landschaft, zur Erhaltung der Funktionsfähigkeit des Naturhaushaltes, zur Erhaltung ausreichender bewirtschaftbarer Nutzflächen für die bäuerliche Landwirtschaft, zur Sicherung der künftigen Verfügbarkeit von Roh- und Grundstoffen von Bedeutung sind;[18]
8. die für die Aufschließung des Gemeindegebietes erforderlichen öffentlichen Verkehrswege einschließlich der Radwege;[19]
9. die Siedlungsschwerpunkte einschließlich deren Funktion;[20]
10. die Stärkung von Orts- oder Stadtkernen;[21]
11. die Baulandmobilisierung;[22]
12. die angestrebte Baustruktur und die bauliche Entwicklung der Gemeinde;[23]
13. von Naturgefahren gefährdete Bereiche und Schadenspotentiale;[24]
14. die Festlegung von Gebieten oder Grundflächen, die als Hochwasserabflussbereiche oder Hochwasserrückhalteräume freizuhalten sind;[25]
15. die Abrundung von Bauland.[26]

**Lit:**
*Berka*, Flächenwidmungspläne auf dem Prüfstand, JBl 1996, 69; *Götzl*, Hochwasserschutz mittels Zwangsrechtseinräumung zur Schaffung weitgehend natürlicher Retentionsräume?, RdU 2015/138; *Gruber/Kanonier/Pohn-Weidinger/Schindelegger*, Raumordnung in Österreich und Bezüge zur Raumentwicklung und Regionalpolitik, ÖROK-Schriftenreihe 202, Österreichische Raumordnungskonferenz (Hrsg), 2018; Handwörterbuch der Stadt- und Raumentwicklung, Akademie für Raumentwicklung in der Leibniz-Gemeinschaft Geschäftsstelle (Hrsg), 2018; *Hauer,* Planungsrechtliche Grundbegriffe und verfassungsrechtliche Vorgaben, in Hauer/Nußbaumer (Hrsg), Österreichisches Raum- und Fachplanungsrecht, 2006; *Hofmann*, Möglichkeiten der Bestandsmobilisierung durch die Gemeinden – eine (Normen-) Bestandsaufnah-

me, RFG 2021/24; *Kanonier,* Einschränkungen von Bauführungen im Grünland durch das Raumordnungsrecht, bbl 1998, 8; *Kind,* Hochwasserschutz: Kalte Enteignung durch Retentionsflächen?, RdU 2012/142; *Pallitsch/Pallitsch/Kleewein,* Kärntner Baurecht[5], 2014; *Schindelegger,* Alpine Schutzhütten aus der Sicht der Raumordnung, bbl 2017, 75; *Sturm,* Raumordnungsrechtliche Instrumente und Mechanismen der Baulandbewirtschaftung in Kärnten, in Rebhahn (Hrsg), Kärntner Raumordnungs- und Grundverkehrsrecht, 1996; *Wagner,* Grundinanspruchnahme privater Liegenschaften für Schutzmaßnahmen und Überflutungsflächen, RdU 2013/109.

## I. Erläuterungen
### ErlRV 01-VD-LG-1865/5-2021, 11 f:

„§ 9 Abs. 1 bis 3 entspricht grundsätzlich § 2 Abs. 1 bis 3 K-GplG 1995 der geltenden Fassung. Das Planungsinstrument der örtlichen Entwicklungskonzepte wurde durch LGBl. Nr. 105/1994 als § 1a Gemeindeplanungsgesetz 1982 geschaffen. Dazu halten die Erläuterungen Verf-273/3/1994, 10 f, fest: *„Zur Erarbeitung der erforderlichen Entscheidungsgrundlagen für die Erlassung von Raumordnungsplänen (insbesondere der Erlassung der Flächenwidmungspläne) soll das örtliche Entwicklungskonzept als grundlegendes neues Planungsinstrument im Bereich der örtlichen Raumplanung in das Gemeindeplanungsgesetz 1982 aufgenommen werden. Im örtlichen Entwicklungskonzept sind zunächst die wirtschaftlichen, sozialen, ökologischen und kulturellen Gegebenheiten in der Gemeinde zu erheben. Nach der Feststellung des bestehenden Zustandes hat eine Bewertung desselben zu erfolgen; darauf aufbauend sind die Ziele der örtlichen Raumplanung in der Gemeinde für einen Planungszeitraum von zehn Jahren zu formulieren und die zu ihrer Entwicklung erforderlichen Maßnahmen darzustellen. […] Im Hinblick auf die Funktionen des örtlichen Entwicklungskonzeptes als grundlegendes Planungsinstrument für die weitere Gemeindeentwicklung ist eine längerfristige Ausrichtung der Ziele der örtlichen Raumplanung erforderlich. Der Entwurf sieht diesbezüglich einen zehnjährigen Planungszeitraum vor. Die Festlegung der Ziele für die örtliche Raumplanung der Gemeinde im örtlichen Entwicklungskonzept bezieht sich auf sämtliche Bereiche der räumlichen Entwicklung der Gemeinde. Im Abs. 3 werden als Mindestinhalte des örtlichen Entwicklungskonzeptes jene Planungsbereiche festgelegt, die ein generelles Konzept für die Gemeindeentwicklung jedenfalls umfassen muß. Auf der Grundlage einer vorausschauenden Abschätzung der Bevölke-*

*rungs-, Siedlungs- und Wirtschaftsentwicklung sind vor allem grundlegende Festlegungen für die Bauland- und Freiraumplanung sowie für die verkehrsmäßige und infrastrukturelle Erschließung des Gemeindegebietes zu treffen. Diese Festlegungen sollen jedoch im Gegensatz zur Flächenwidmungs- und Bebauungsplanung einen abstrakten, leitbildhaften und – wie bereits ausgeführt – nicht parzellenscharfen Charakter aufweisen* [Anmerkung: siehe aber nunmehr die Möglichkeit der parzellenscharfen Festlegung von vorrangigen Entwicklungsgebieten gemäß § 10 Abs. 2]."

Bislang wurde in den Erläuterungen Verf-273/3/1994, 10 f, davon ausgegangen, dass das örtliche Entwicklungskonzept als fachliche Grundlage der Planung keine unmittelbare rechtsverbindliche Wirkung entfaltete, sondern vielmehr mit einem qualifizierten Gutachten vergleichbar sei. Nach der Rechtsprechung des Verfassungsgerichtshofes vom 26.6.2018, G 254/2017, V 110/2017 ua., zur ähnlichen Rechtslage in Vorarlberg ist diese Rechtsansicht indes nicht mehr vertretbar. Aus diesem Grund wird in § 9 Abs. 1 nunmehr ausdrücklich bestimmt, dass es sich bei den örtlichen Entwicklungskonzepten um Verordnungen handelt. In diesem Sinne wird aber aus verfassungsrechtlichen Gründen insbesondere auf eine entsprechende Grundlagenforschung auch schon auf Ebene des örtlichen Entwicklungskonzeptes Bedacht zu nehmen sein.

In § 9 Abs. 3 wird auf die „wirtschaftlichen, sozialen, ökologischen und kulturellen Gegebenheiten" abgestellt. Dies korrespondiert augenscheinlich mit den „wirtschaftlichen, sozialen, ökologischen und kulturellen Erfordernissen" des Flächenwidmungsplanes gemäß § 13 Abs. 1. Zum Flächenwidmungsplan halten die Erläuterungen Verf-7/8/1959, fest: „*Die wirtschaftliche, soziale und kulturelle Entwicklung in der Gemeinde läßt sich durch die Erforschung der Gegebenheiten der Natur (wie Bodenbeschaffenheit, Geländeformen, Quellen und Gewässer, Klima), des gegenwärtigen Bestandes (wie Bodennutzung, landwirtschaftliche Flächen, Bauland, Ödland), der Versorgungseinrichtungen (wie Wasser- und Stromversorgungsanlagen, Kanalisationsanlagen), der Straßen und sonstigen Verkehrswege, der Naturschutzgebiete, der Bevölkerung nach Zahl, Verteilung, Gliederung, Alter, Geschlecht, Beruf, der Zu- und Abwanderung, der Wirtschafts- und Verkehrsverhältnisse, die Art, Größe und Lage der gewerblichen Betriebe, Linienführung, Dichte und Leistungsfähigkeit bestehender Verkehrseinrichtungen ermitteln.*" Zu den ökologisch Erfordernisse

3. Hauptstück – Örtliche Raumordnung                    § 9

halten die Erläuterungen Verf-273/3/1994, 9, fest: *„Durch das zusätzliche Kriterium der „ökologischen Erfordernisse" wird im Bereich der örtlichen Raumplanung in verstärktem Maße den Zielsetzungen des (verfassungsrechtlich vorgeprägten) Umweltschutzes Rechnung getragen (vgl. dazu näher Punkt 1 lit. b des Allgemeinen Teils* [Anmerkung: siehe sogleich]*).*

Im Allgemeinen Teil der Erläuterungen Verf-273/3/1994, 3 f, wird zum Kriterium „ökologische Erfordernisse" darüber hinaus Folgendes ausgeführt: *„b) Neben den internationalen Rahmenbedingungen haben sich in der jüngeren Vergangenheit aber auch die Wertmaßstäbe für das staatliche Handeln überhaupt wesentlich geändert:*

*aa) Im gegeben Zusammenhang ist zunächst auf das Bundesverfassungsgesetz vom 27. November 1984 über den umfassenden Umweltschutz, BGBl. Nr. 491 (B-VG-Umweltschutz), zu verweisen, zufolge dessen § 1 Abs. 1 sich die Republik Österreich (Bund, Länder und Gemeinden) zum Staatsziel des umfassenden Umweltschutz bekennt. Gemäß Abs. 2 leg. cit. ist unter umfassendem Umweltschutz die Bewahrung der natürlichen Umwelt als Lebensgrundlage der Menschen vor schädlichen Einwirkungen zu verstehen.*

*bb) Ein ähnliches Bekenntnis zum Umweltschutz enthält auch das Kärntner Landesverfassungsgesetz vom 13. Mai 1986 über die Grundsätze des Umweltschutzes in Kärnten (Kärntner Umwelt-Verfassungsgesetz), LGBl. Nr. 42* [Anmerkung: siehe nunmehr Art. 7a K-LVG]. *Nach dessen § 1 Abs. 1 haben das Land und die Gemeinden durch Schutz und Pflege der Umwelt die Lebensbedingungen für die gegenwärtigen und künftigen Generationen in Kärnten zu sichern. Das Land und die Gemeinden haben nach § 2 leg. cit. im Rahmen ihres jeweiligen Wirkungsbereiches (unter anderem)*

– *die natürliche Lebensgrundlage Boden zu schützen und sparsam und pfleglich zu nutzen (Z. 1),*

– *die Leistungsfähigkeit der natürlichen Umwelt zu erhalten und eingetretene Schäden möglichst zu beheben oder durch ökologisch sinnvolle Pflegemaßnahmen zu mindern (Z. 2),*

– *die Eigenart und die Schönheit der Kärntner Landschaft, die charakteristischen Landschaftsund Ortsbilder sowie die Naturdenkmale und Kulturgüter Kärntens zu bewahren (Z. 4) und*

– *Grund und Boden sparsam und schonend zu nutzen, eine Zersiedelung zu vermeiden und Verkehrswege umweltgerecht zu planen und herzustellen (Z. 5).*

*Neben diesen skizzierten Zielen und Maßnahmen des Umweltschutzes legt das Kärntner Umwelt-Verfassungsgesetz in seinem § 3 ausdrücklich fest, daß (unter anderem) Landesgesetze mit den Grundsätzen und Zielen dieses Landesverfassungsgesetzes im Einklang stehen müssen.*

*cc) Sowohl das B-VG-Umweltschutz als auch das Kärntner Umwelt-Verfassungsgesetz stellen sogenannte „Staatszielbestimmungen" dar, also Grundsätze und allgemein gefaßte Richtlinien für das gesamte staatliche Handeln. Neben ihrer politischen Bedeutung als Ausdruck der Einigung maßgeblicher Gruppen im Staat über ein bestimmtes Ziel des staatlichen Handelns beinhalten Staatszielbestimmungen aber auch Gebote für den (jeweils zuständigen) Gesetzgeber, entsprechende Mechanismen zur Erreichung der verfassungsrechtlich postulierten Ziele zu schaffen. Ein wesentliches Anliegen des vorliegenden Gesetzesentwurfes besteht nun darin, im Bereich des Raumordnungsrechtes in verstärktem Maße den Zielsetzungen des (verfassungsrechtlich vorgeprägten) Umweltschutzes gerecht zu werden und ökologische Erfordernisse bei der planmäßigen Gestaltung des Landesraumes in stärkerem Maße als bisher zu berücksichtigen."*

Gemäß § 9 Abs. 3 Z 5 sind nunmehr auch Aussagen über Integration und Einsatz von erneuerbarer Energie zu treffen. Dies setzt die Verpflichtung der frühzeitigen Berücksichtigung der Nutzung von erneuerbaren Energien auch schon auf Planungsebene gemäß Art. 15 Abs. 3 der Richtlinie (EU) 2018/2001 um.

Nach § 9 Abs. 3 Z 9 sind hinkünftig im örtlichen Entwicklungskonzept auch grundsätzliche Aussagen über die Festlegung von Siedlungsschwerpunkten innerhalb des Gemeindegebietes zu treffen (zu den Kriterien und zur Möglichkeit einer parzellenscharfen Festlegung von vorrangigen Entwicklungsgebieten siehe § 10). Diese Verpflichtung soll eine kohärentere örtliche Planung erleichtern und ein weiteres Fortschreiten von Zersiedelung verhindern. Als Siedlungsschwerpunkte werden unter Berücksichtigung der Funktion der Zentralen Orte und der Verflechtungsbereiche in den Talschaften Siedlungen oder Siedlungsteile innerhalb einer Gemeinde in Betracht kommen, die wegen ihrer Ausstattung mit zentralen Einrichtungen, ihrer Erreichbarkeit, ihrer Einwohnerzahl und vorhandener oder absehbarer Potentiale

## 3. Hauptstück – Örtliche Raumordnung § 9

für eine Bebauung oder Innenverdichtung günstige Voraussetzungen für ihre Weiterentwicklung aufweisen. Einen Anhaltspunkt hierfür können – neben sonstigen raumordnungsfachlichen Voraussetzungen – bspw. auch statistische Erkenntnisse über den in jeder Gemeinde bestehenden Dauersiedlungsraum bilden. Im gegenständlichen Zusammenhang wird etwa auf das jährlich vom Amt der Kärntner Landesregierung, Landesstelle für Statistik, herausgegebene Kärntner Ortsverzeichnisses hingewiesen, welches zu allen Gemeinden auch quantitative Aussagen über deren Dauersiedlungsräume enthält.

Schlussendlich soll das örtliche Entwicklungskonzept nunmehr Aussagen über die Stärkung von Orts- oder Stadtkernen, die Baulandmobilisierung, die angestrebte Baustruktur und die bauliche Entwicklung der Gemeinde, von Naturgefahren gefährdete Bereiche und Schadenspotentiale, die Festlegung von Gebieten oder Grundflächen, die als Hochwasserabflussbereiche oder Hochwasserrückhalteräume freizuhalten sind, sowie die Abrundung von Bauland sind enthalten (siehe § 9 Abs. 3 Z 10 bis 15). Nachdem es sich hiebei um zusätzliche verpflichtende Aussagen des örtlichen Entwicklungskonzeptes handelt, ist auf die Übergangsbestimmung des Art. V Abs. 9 des Entwurfes hinzuweisen."

## II. Anmerkungen

Die Beschlussfassung über das örtliche Entwicklungskonzept obliegt dem Gemeinderat, eine Übertragung an andere Gemeindeorgane ist unzulässig (vgl § 34 K-AGO). Der Gemeinderat ist nicht an den Entwurf des örtlichen Entwicklungskonzeptes des Bürgermeisters gebunden (siehe § 12 Anm 1). Gemäß Art 117 Abs 4 B-VG (siehe auch § 36 Abs 1 K-AGO) sind die Sitzungen des Gemeinderates öffentlich, es können jedoch Ausnahmen vorgesehen werden. **1**

Zu den Zielen und Grundsätzen der Raumordnung siehe § 2. **2**

Zu den überörtlichen Entwicklungsprogrammen siehe § 7 und § 8. **3**

Das örtliche Entwicklungskonzept ist ausdrücklich als Verordnung zu beschließen. Diese Rechtsqualität ist nach einem Judikat des VfGH schon aus § 45 Abs 1 abzuleiten (VfGH VfSlg 20.262/2018). So darf der Gemeinderat auf Antrag des Grundeigentümers die Wirkung des Flächenwidmungsplanes für bestimmte Grundflächen durch Bescheid ausschließen und ein genau bezeichnetes Vorhaben raumordnungsmäßig bewilligen, wenn dieses dem örtlichen Entwicklungskonzept nicht **4** entgegensteht. Auch die Anrainer können die Unzulässigkeit der Einzelbewilligung im Baubewilligungsverfahren geltend machen (vgl VwGH 16.12.2002, 2000/06/0191 mwN; 29.5.2018, Ro 2016/06/0010; zum Ganzen § 45 Anm 1 ff). Damit kommt dem örtlichen Entwicklungskonzept in diesen Fällen eine normative Außenwirkung zu. Grundsätzlich entfaltet das örtliche Entwicklungskonzept nach der Rechtsprechung des VfGH gegenüber einem Grundeigentümer aber keine unmittelbaren Auswirkungen auf ihre Rechtssphäre, sondern es besteht eine Bindungswirkung gegenüber der Gemeinde (vgl zB VfGH VfSlg 16.234/2001; VfSlg 17.351/2004; VfSlg 18.937/2009). Auf die Erlassung oder Abänderung eines örtlichen Entwicklungskonzeptes besteht aber für niemanden ein Rechtsanspruch (VwGH 15.12.1992, 92/05/0147; 16.9.1997, 97/05/0030; siehe auch *Hauer*, Grundbegriffe 18 f).

Gemäß § 15 Abs 1 K-AGO hat der Bürgermeister Verordnungen der Gemeinde im elektronisch geführten Amtsblatt der Gemeinde kundzumachen. Gleichzeitig mit der Kundmachung hat der Bürgermeister gemäß § 99 Abs 1 K-AGO im eigenen Wirkungsbereich erlassene Verordnungen aus dem Bereich der Landesvollziehung der Landesregierung elektronisch zu übermitteln (siehe auch Art 119a Abs 6 B-VG).

**5** Es besteht für die Gemeinde eine Verpflichtung, ein örtliches Entwicklungskonzept zu beschließen („hat"). Das örtliche Entwicklungskonzept ist auf einen bestimmten Planungsraum bezogen. Der Planungsraum, dh die räumliche Einheit, die dem örtlichen Entwicklungskonzept unterliegt, umfasst das gesamte Gemeindegebiet. Gemäß Art V Abs 6 LGBl 2021/59 gelten im Zeitpunkt des Inkrafttretens des K-ROG 2021 bestehende örtliche Entwicklungskonzepte als örtliche Entwicklungskonzepte im Sinne des K-ROG 2021. Gemäß Art V Abs 9 LGBl 2021/59 haben die Gemeinden die bestehenden örtlichen Entwicklungskonzepte spätestens binnen fünf Jahren ab Inkrafttreten des K-ROG 2021 (das K-ROG 2021 ist am 1.1.2022 in Kraft getreten) an die Bestimmungen des K-ROG 2021 anzupassen, wenn sie den Bestimmungen des K-ROG 2021 nicht entsprechen. Dies trifft insbesondere auf die Aussagen gemäß § 9 Abs 3 Z 9 bis 15 zu, da diese erst mit dem K-ROG 2021 in den Katalog des örtlichen Entwicklungskonzeptes aufgenommen wurden.

**6** Dem örtlichen Entwicklungskonzept kommt als Grundlage für die planmäßige Gestaltung und Entwicklung des Gemeindegebietes, dh insbesondere für die Flächenwidmungsplanung und Bebauungsplanung, wesentliche Bedeutung zu. Es hat „grundsätzliche Aussagen" zu enthalten (vgl VfGH VfSlg 17.656/2005). Aus diesem Grund sollte der Entwicklung des örtlichen Entwicklungskonzeptes höchste Bedeutung zukommen. Denn gemäß § 13 Abs 1 muss der Flächenwidmungsplan und gemäß § 32 Abs 3, § 47 Abs 1, § 48 Abs 1 und § 49 Abs 1 die Bebauungsplanung mit dem örtlichen Entwicklungskonzept übereinstimmen. Es ist gemäß § 45 Abs 1 Voraussetzung einer Einzelbewilligung, dass das örtliche Entwicklungskonzept dem nicht entgegensteht. Bei fehlender Bedachtnahme auf das örtliche Entwicklungskonzept im Rahmen der Flächenwidmung, der Bebauungsplanung oder einer Einzelbewilligung ist gemäß § 38 Abs 7 Z 2, § 45 Abs 2 Z 1 und § 51 Abs 7 Z 2 die Genehmigung durch die Landesregierung zu versagen. Darüber hinaus ist gemäß § 25 bei der Festlegung von Aufschließungsgebieten, gemäß § 32 Abs 1 bei der Prüfung der Zulässigkeit von Einkaufszentren auch außerhalb der Stadtkerne in den Städten Klagenfurt am Wörthersee und Villach sowie gemäß § 36 Abs 4 und 5 Z 3 bei der Rückwidmung auf das örtliche Entwicklungskonzept Bedacht zu nehmen. Schlussendlich ist die Gemeinde gemäß § 53 Abs 1 berechtigt, privatwirtschaftliche Maßnahmen zur Erreichung der im örtlichen Entwicklungskonzept festgelegten Ziele der örtlichen Raumplanung zu setzen.

Das örtliche Entwicklungskonzept muss somit jedenfalls einen Textteil und eine planliche Darstellung haben. Die Rechtslage muss aus einer planlichen Darstellung eindeutig und unmittelbar – also ohne die Notwendigkeit des Heranziehens von technischen Hilfsmitteln – festgestellt werden können. Die rechtsstaatlichen Anforderungen an die Planpräzision dürfen aber auch nicht überspannt werden. Vielmehr verlangt die Rechtsprechung des VfGH im Allgemeinen nur einen dem jeweiligen Regelungsgegenstand adäquaten Determinierungsgrad. Auch sind Gesichtspunkte der Vermeidung unwirtschaftlichen Verwaltungsaufwandes bei der Bemessung des gebotenen Maßes an Präzision mit zu berücksichtigen (so ausführlich VfGH VfSlg 20.329/2018 mwN). **7**

Die Erläuterungen sollen dem besseren Verständnis der örtlichen Entwicklungskonzepte dienen. Die Erläuterungen sind nicht als Bestandteil der Verordnung kundzumachen. Diese sind somit nicht verbindlich. Stehen sie in Widerspruch zur Verordnung, ist die Verordnung entscheidend, nicht die Aussage in den Erläuterungen (vgl VfGH VfSlg 5153/1965; VfSlg 7698/1975; VwGH 5.11.1999, 99/19/0171). **8**

Gemäß Art V Abs 6 LGBl 2021/59 gelten die im Zeitpunkt des Inkrafttretens des K-ROG 2021 bestehenden Planzeichenverordnungen als **9**

Planzeichenverordnungen im Sinne des K-ROG 2021. Eine eigene Planzeichenverordnung wurde für die örtlichen Entwicklungskonzepte indes bislang nicht erlassen, siehe aber die Planzeichenverordnung für Flächenwidmungspläne, LGBl 1995/62 idF LGBl 1998/30 (vgl *Pallitsch/Pallitsch/Kleewein*, Baurecht[5] § 2 K-GplG 1995 Anm 3; die Verordnung ist unter Punkt 1.12. abgedruckt). Gemäß Art V Abs 7 LGBl 2021/59 hat die Landesregierung die bestehenden Planzeichenverordnungen spätestens binnen drei Jahren ab Inkrafttreten des K-ROG 2021 (das K-ROG 2021 ist am 1.1.2022 in Kraft getreten) an die Bestimmungen des K-ROG 2021 anzupassen, wenn sie den Bestimmungen des K-ROG 2021 nicht entsprechen.

Entwürfe von Verordnungen der Landesregierung sind gemäß Art 38 Abs 2 iVm Art 33 Abs 3 bis 5 K-LVG vor der Beschlussfassung einem Begutachtungsverfahren zu unterziehen. Im Begutachtungsverfahren hat jede Person das Recht, innerhalb der mindestens vierwöchigen Begutachtungsfrist eine schriftliche Stellungnahme abzugeben. Auf die Durchführung des Begutachtungsverfahrens besteht indes kein Rechtsanspruch. Die Unterlassung des Begutachtungsverfahrens hat auf die Rechtmäßigkeit des Gesetzes keinen Einfluss. Im Rahmen des Begutachtungsverfahrens ist insbesondere auf das Rücksichtnahmegebot des § 2 Abs 2 Z 2 insofern Bedacht zu nehmen, als die betroffenen Gebietskörperschaften und andere Planungsträger einzubinden und deren Interessen abzuwägen sind (siehe dazu § 2 Anm 21 und 27). Die Verpflichtung zur Kundmachung und der Zugang zur kundgemachten Verordnung ergeben sich aus dem K-KMG.

**10** Schon § 3 verpflichtet die Gemeinden zu einer örtlichen Bestandsaufnahme. Diese hat wesentliche Bedeutung für die Grundlagenforschung, die einem örtlichem Entwicklungskonzept vorangehen muss (siehe dazu § 2 Anm 27). Auszugehen ist von den wirtschaftlichen, sozialen, ökologischen und kulturellen Gegebenheiten, siehe dazu § 3 Anm 3 und die unter oben Punkt I. abgedruckten ErlRV 01-VD-LG-1865/5-2021, 11 f. Während in § 2 die allgemeinen Ziele und Grundsätze der örtlichen und überörtlichen Raumordnung normiert sind, sind im örtlichen Entwicklungskonzept auf Grundlage und in Übereinstimmung mit diesen die spezifischen Ziele für die Gestaltung und Entwicklung der örtlichen Raumordnung für den jeweiligen Planungsraum, dh dem Gemeindegebiet, festzulegen (diese finale Determinierung ist auch im Bereich der örtlichen Entwicklungskonzepte zulässig VfGH VfSlg 12.926/1991; zur Bedeutung von Zielen in der Raumordnung siehe § 2

Anm 1; *Berka*, JBl 1996, 77). Dh es ist festzulegen, welche örtliche zukünftige Entwicklung des jeweiligen Planungsraums angestrebt wird (*Knieling*, Handwörterbuch 1874; siehe auch *Gruber/Kanonier/ Pohn-Weidinger/Schindelegger*, Raumentwicklung 56). Örtliche Entwicklungskonzepte haben demnach für einen Planungszeitraum von zehn Jahren grundsätzlich Aussagen darüber zu enthalten, welche Ziele vornehmlich geeignet sind, bei einer sinnvollen Abstimmung aufeinander eine geordnete Gesamtentwicklung des Gemeindegebietes zu gewährleisten (vgl ErlRV 01-VD-LG-1865/5-2021, 11). Aufzuzeigen sind auch die zur Erreichung dieser Ziele erforderlichen „Maßnahmen", dh alle Aktivitäten öffentlicher Gebietskörperschaften, die die Gestaltung des jeweiligen Planungsraums zum Gegenstand haben (*Gruber/Kanonier/Pohn-Weidinger/Schindelegger*, Raumentwicklung 56). Umfasst sind somit nicht nur Pläne, sondern auch Information, Beratung, finanzielle Anreize, infrastrukturelle Maßnahmen, Kooperationen und andere Regulierungen (vgl *Gruber/Kanonier/Pohn-Weidinger/Schindelegger*, Raumentwicklung 43).

**11** Es handelt sich um eine demonstrative Aufzählung der Inhalte der örtlichen Entwicklungskonzepte („insbesondere"). Durch die Aufzählung wird aber doch der Maßstab fixiert, dem die nicht konkret aufgezählten Inhalte entsprechen müssen (VwGH 23.7.2009, 2006/05/0167). Weitere mögliche Inhalte ergeben sich in erster Linie aus den Zielen und Grundsätzen gemäß § 2. Indes wären Inhalte über ausschließlich im überörtlichen Interesse liegende Maßnahmen (siehe dazu § 1 Anm 1) oder über Festlegungen, die im Flächenwidmungsplan oder in der Bebauungsplanung zu erfolgen haben (zB die Festlegung von konkreten Widmungen VfGH VfSlg 17.656/2005; siehe aber die Möglichkeit der parzellenscharfen Festlegung von vorrangigen Entwicklungsgebieten gemäß § 10 Abs 2), meiner Ansicht nach nicht zulässig. Denn es hat ausdrücklich „grundsätzliche Aussagen" zu enthalten (vgl VfGH VfSlg 17.656/2005).

**12** Unter „Region" versteht man „einen aufgrund bestimmter Merkmale abgrenzbaren, zusammenhängenden Teilraum mittlerer Größenordnung in einem Gesamtraum". Die Festlegung von Regionen erfolgt zumeist aus analytisch-deskriptiven und eher politisch-normativen Elementen (zum Ganzen *Sinz*, Handwörterbuch 1976 ff). Durch überörtliche Entwicklungsprogramme werden gemäß § 4 Abs 3 Z 2 und Abs 4 Z 1 Gemeinden allgemeine und überörtliche Funktionen zugeordnet (siehe § 7 Anm 8). „Überörtliche Funktionen einer Gemeinde" sind zB zentralörtliche Einstufungen oder die Festlegung von regionalen Industrie- und Gewerbestandorten (vgl zB § 4 des regionalen Entwicklungsprogramms für die Planungsregion Liezen) sowie Dienstleistungs-, Wohn-, Agrar-, Fremdenverkehrs- und Erholungsfunktionen. Zu den „zentralen Orten und ihrer Funktion" siehe § 2 Anm 7.

**13** Die „abschätzbare Bevölkerungsentwicklung" beruht auf Annahmen über die künftige Entwicklung von Geburten, Sterbefällen und Wanderungsbewegungen (vgl Gabler Wirtschaftslexikon online, https://wirtschaftslexikon.gabler.de/definition/bevoelkerungsvorausschaetzung-31593/version-255148). Zur „Siedlungsentwicklung" siehe § 2 Anm 23, zur „Wirtschaftsentwicklung" § 2 Anm 4.

**14** Gemäß § 15 Abs 3 ist bei der Ermittlung des „Baulandbedarfes" auf die prognostizierte Bevölkerungsentwicklung sowie auf eine flächensparende Bebauung Bedacht zu nehmen. Der Bürgermeister hat den Baulandbedarf jeweils getrennt für die einzelnen Baugebiete zu erheben, darzustellen und auf aktuellem Stand zu halten (Bauflächenbilanz siehe § 15 Anm 15). Zur „Bevölkerungsentwicklung" siehe § 9 Anm 13, zur „Siedlungsentwicklung" siehe § 2 Anm 23, zur „Wirtschaftsentwicklung" § 2 Anm 4.

**15** Die Arten der „funktionalen Gliederung" sind meiner Ansicht nach in erster Linie aus den Zielen und Grundsätzen der Raumordnung gemäß § 2 abzuleiten. Insbesondere umfasst sind demnach die Wirtschafts-, Siedlungs-, Erholungs- und Verkehrsfunktion sowie die ökologische Funktion. Zur Berücksichtigung der Versorgungsfunktion siehe § 2 Anm 12. Die „großräumige Anordnung des Baulandes" einschließlich der „zweckmäßigsten räumlichen und zeitlichen Abfolge der Bebauung" hat meiner Ansicht nach insbesondere unter Beachtung der Grundsätze gemäß § 2 Abs 2 Z 4 und 5 zu erfolgen, dass die Siedlungsentwicklung sich an den bestehenden Siedlungsgrenzen und an den bestehenden oder mit vertretbarem Aufwand zu schaffenden Infrastruktureinrichtungen zu orientieren hat (siehe § 2 Anm 23) sowie absehbare Konflikte zwischen unterschiedlichen Nutzungen des Raumes nach Möglichkeit zu vermeiden sind oder zumindest auf ein vertretbares Ausmaß zu verringern sind (siehe § 2 Anm 24).

**16** Zu „Hauptversorgungs- und Hauptentsorgungseinrichtungen" siehe § 2 Anm 12, zur „Integration und den Einsatz von erneuerbaren Energien" § 2 Anm 18.

**17** Zu beachten ist insbesondere, dass gemäß § 2 Abs 1 Z 6 die Siedlungsstruktur unter Bedachtnahme auf die historisch gewachsene zentralörtliche Gliederung des Landes derart zu entwickeln ist, dass eine bestmögliche Abstimmung der Standortplanung für Wohnen, wirtschaftliche Unternehmen, Dienstleistungs- und „Erholungseinrichtungen" unter weitestgehender Vermeidung gegenseitiger Beeinträchtigungen erreicht wird (siehe § 2 Anm 7). Bei der Festlegung von Gebieten, die eine wesentliche Funktion für die Wirtschafts-, Siedlungs-, „Erholungs-" oder Versorgungsentwicklung einer Region aufweisen, ist gemäß § 2 Abs 1 Z 15 auf die damit verbundenen voraussichtlichen Auswirkungen auf den Verkehr Bedacht zu nehmen, insbesondere auf deren Erreichbarkeit mit Angeboten des öffentlichen Personennahverkehrs und des Personenregionalverkehrs (siehe § 2 Anm 16). Zu den „Erholungs-, Sport- und sonstigen Freizeiteinrichtungen" zählen zB auch alpine Schutzhütten (siehe dazu *Schindelegger*, bbl 2017, 75 ff).

Zur Freihaltung von Gebieten, die zur Erhaltung der freien Landschaft sowie zur Erhaltung der Funktionsfähigkeit des Naturhaushaltes von Bedeutung sind siehe § 2 Anm 2, 3 und 15 (siehe auch *Kanonier*, bbl 1998, 8 f). Zur Erhaltung ausreichender bewirtschaftbarer Nutzflächen für die bäuerliche Landwirtschaft siehe § 2 Anm 9, zur Sicherung der künftigen Verfügbarkeit von Roh- und Grundstoffen siehe § 2 Anm 8 und 13. **18**

Zu den Verkehrsbedürfnissen siehe § 2 Anm 11. **19**

Die Bestimmung dient dem Grundsatz des § 2 Abs 2 Z 7, dass die Zersiedelung der Landschaft zu vermeiden ist und die Innenentwicklung der Siedlungsstruktur Vorrang vor deren Außenentwicklung hat (siehe § 2 Anm 26). Der Wortlaut der Bestimmung wurde aber im Vergleich zur RV 01-VD-LG-1865/5-2021 durch Abänderungsantrag zu Ldtgs Zl 122-5/32 wesentlich verändert. In der RV lautete die Bestimmung: „9. die Festlegung von Siedlungsschwerpunkten einschließlich deren Funktion". Auch der Einleitungssatz von § 10 Abs 1 wurde verändert. In der RV lautete dieser: „Bei der Festlegung von Siedlungsschwerpunkten gemäß § 9 Abs. 3 Z 9 ist insbesondere darauf Bedacht zu nehmen, dass diese:". In der RV war somit ausdrücklich vorgesehen, dass eine Festlegung von Siedlungsschwerpunkten nach den Kriterien von § 10 erfolgen muss. Daraus und aus dem Wortlaut der durch den Landtag schlussendlich beschlossenen Bestimmung ist zu schließen, dass zwar grundsätzliche Aussagen über die Siedlungsschwerpunkte einschließlich deren Funktion im örtlichen Entwicklungskonzept zu treffen sind, aber keine Festlegung von Siedlungs- **20** schwerpunkten nach den Kriterien von § 10 Abs 1 erfolgen muss (aus diesem Grund können die ErlRV 01-VD-LG-1865/5-2021, 12, zu § 9 Abs 3 Z 9 nur insofern zur Auslegung herangezogen werden, als eine Festlegung von Siedlungsschwerpunkten erfolgt). Es ist allerdings zu beachten, dass eine parzellenscharfe Festlegung von vorrangigen Entwicklungsgebieten gemäß § 10 Abs 2, eine Neufestlegung von Grundflächen als Bauland gemäß § 15 Abs 5 und eine entschädigungslose Rückwidmung gemäß § 37 Abs 3 Z 3 lit b nur dann möglich ist, wenn im örtlichen Entwicklungskonzept Siedlungsschwerpunkte nach den Kriterien von § 10 Abs 1 festgelegt wurden.

Die „Funktionen" sind meiner Ansicht nach in erster Linie aus den Zielen und Grundsätzen der Raumordnung gemäß § 2 und den Kriterien für Festlegung gemäß § 10 Abs 1 abzuleiten. Insbesondere umfasst sind demnach die Wirtschafts-, Siedlungs-, Erholungs-, Versorgungs- und Verkehrsfunktion eines Siedlungsschwerpunkts.

**21** Gemäß § 31 Abs 1 dürfen Gemeinden im Flächenwidmungsplan unter Bedachtnahme auf die Ziele und Grundsätze der Raumordnung sowie auf die Stärkung der typischen und gewachsenen innerörtlichen Strukturen unter Berücksichtigung der Zentrenhierachie innerhalb des Gemeindegebietes innerörtliche oder innerstädtische Gebiete als Orts- oder Stadtkerne festlegen. In einer Gemeinde darf nur ein innerörtliches oder innerstädtisches Gebiet als Orts- oder Stadtkern festgelegt werden. Die Kriterien für die Festlegung eines Orts- oder Stadtkerns ergeben sich aus § 31 Abs 2 (zum Ganzen § 31 Anm 1 ff). Insbesondere gilt es durch die Stärkung von Orts- oder Stadtkernen Fehlentwicklungen der Verlagerungen von Handelsbetrieben an die Peripherie entgegenzuwirken (ErlRV 01-VD-LG-1865/5-2021, 37). So sind Einkaufszentren gemäß § 32 Abs 1 – ausgenommen in den Städten Klagenfurt am Wörthersee und Villach – nur in Orts- oder Stadtkernen zulässig (siehe § 32 Anm 1 ff).

**22** Im K-ROG 2021 finden sich verschiedene Instrumente mit dem Zweck der Baulandmobilisierung, zB die befristete Festlegung von Bauland gemäß § 15 Abs 7, die Festlegung von Bebauungsfristen gemäß § 35, die Befristungen der Entschädigungen in § 37, die privatwirtschaftlichen Maßnahmen gemäß § 53 f (vgl ErlRV 01-VD-LG-1865/5-2021, 3, 18, 42, 46 und 61; *Sturm*, Baulandbewirtschaftung 1 ff; vgl auch *Hofmann*, RFG 2021, 135 ff). Gemein ist diesen Bestimmungen indes, dass diese grundsätzlich nicht verpflichtet sind, sondern lediglich den Gemeinden

Möglichkeiten einräumen. Denn die Ausgangssituationen in den einzelnen Kärntner Gemeinden sind zum Teil sehr unterschiedlich, zB hinsichtlich der Bevölkerungsentwicklung oder des tatsächlich verfügbaren Baulandes. So sind aus diesem Grund im örtlichen Entwicklungskonzept angepasst an die jeweilige Ausgangssituation grundlegende Aussagen zu treffen, ob bzw welche Instrumente und wie diese zur Erreichung der Ziele der Raumordnung eingesetzt werden sollen.

Die Baustruktur und die bauliche Entwicklung der Gemeinde wird insbesondere durch die Bebauungsplanung gemäß § 47 ff festgelegt (siehe zB die Bestimmung über Erhaltung und Gestaltung der charakteristischen Baustruktur gemäß § 47 Abs 7, die Bebauungsweise gemäß § 48 Abs 5 und 6 sowie den Gestaltungsplan gemäß § 49). Umfasst sind meiner Ansicht nach auch bauliche Aspekte der Baukultur (dazu *Nagel*, Handwörterbuch 131 ff), der Dorfentwicklung (dazu *Ritzinger*, Handwörterbuch 447 ff), der Stadtentwicklung (dazu *Friedrichs*, Handwörterbuch 2421 ff), der Stadterneuerung (dazu *Altrock*, Handwörterbuch 2441 ff), der Stadtgestalt (dazu *Reicher*, Handwörterbuch 2477 ff) sowie der Stadtgliederung und Stadtstruktur (dazu *Zehner*, Handwörterbuch 2485 ff). Die Ausgangssituationen in den einzelnen Kärntner Gemeinden sind zum Teil sehr unterschiedlich, zB hinsichtlich ländlich oder städtisch geprägten Gemeinden. So sind aus diesem Grund im örtlichen Entwicklungskonzept angepasst an die jeweilige Ausgangssituation grundlegende Aussagen über die Baustruktur und die bauliche Entwicklung zu treffen. **23**

Zu den Naturgefahren siehe § 2 Anm 5. Schadenspotentiale umfassen nicht nur ökonomische Schäden, sondern insbesondere auch die Gefährdung von Leib und Leben (dazu und zum Risikomanagement im Allgemeine siehe *Birkmann*, Handwörterbuch 2085 ff). **24**

Es handelt sich hiebei um „Retentionsräume". Diese dienen der Abflusshemmung und Abflussverzögerung durch natürliche Gegebenheiten (vgl ErlRV 01-VD-LG-1865/5-2021, 30; *Janssen*, Handwörterbuch, 893 ff; *Kind*, RdU 2012, 232; siehe auch *Wagner*, RdU 2013, 181 ff; *Götzl*, RdU 2015, 228 ff). **25**

Zu beachten ist, dass eine Abrundung von Bauland gemäß § 15 Abs 6 nur erfolgen darf, wenn die Grundflächen im Anschluss an bestehende Siedlungsstrukturen und innerhalb bestehender Siedlungsaußengrenzen gelegen sind und die Grundflächen jeweils 800 m² nicht übersteigen (siehe § 15 Anm 24). **26**

### § 10 Festlegung von Siedlungsschwerpunkten

(1) Bei einer Festlegung von Siedlungsschwerpunkten ist insbesondere darauf Bedacht zu nehmen, dass diese:[1]
1. eine dichte, zusammenhängende Bebauung und eine typische innerörtliche Nutzungsvielfalt aufweisen;
2. mit Versorgungs- und Dienstleistungseinrichtungen (zentralörtlichen Einrichtungen) ausgestattet sind;
3. Schwerpunkte der Bevölkerungsentwicklung darstellen;
4. innerhalb des Gemeindegebietes gut erreichbar sind;
5. innerörtliche Verdichtungspotentiale und Baulandreserven aufweisen und für eine Weiterentwicklung verfügbar sind.[2]

(2) In den planlichen Darstellungen des örtlichen Entwicklungskonzeptes darf innerhalb eines Siedlungsschwerpunktes eine parzellenscharfe Festlegung von vorrangigen Entwicklungsgebieten erfolgen.[3] Eine solche Festlegung darf nur erfolgen, wenn
1. die Grundflächen, die für eine Bebauung bestimmt sind, für eine Bebauung geeignet sind,
2. die Grundflächen eine weitere (zukünftige) zusammenhängende Bebauung zulassen,
3. die Grundflächen über eine dem Stand der Technik entsprechende Erschließung mit Einrichtungen der Energie- und Wasserversorgung, der Abwasser- und der Abfallentsorgung und des Verkehrs verfügen oder eine solche Erschließung mit einem wirtschaftlich vertretbaren Aufwand unter Bedachtnahme auf die im örtlichen Entwicklungskonzept festgelegten Ziele der örtlichen Raumplanung in absehbarer Zeit möglich ist und
4. durch die Siedlungsschwerpunkte die typischen und gewachsenen innerörtlichen oder innerstädtischen Strukturen unter Berücksichtigung der Zentrenhierarchie innerhalb des Gemeindegebietes gestärkt werden.[4]

(3) Die parzellenscharfe Festlegung von vorrangigen Entwicklungsgebieten ist in den planlichen Darstellungen des örtlichen Entwicklungskonzeptes durch eine Umfassungslinie darzustellen.[5]

(4) Die Landesregierung darf mit Verordnung unter Bedachtnahme auf Abs. 1 bis 3 nähere Regelungen für die Festlegung von Siedlungsschwerpunkten und die parzellenscharfe Festlegung von vorrangigen Entwicklungsgebieten erlassen.[6]

3. Hauptstück – Örtliche Raumordnung   **§ 10**

## I. Erläuterungen

### ErlRV 01-VD-LG-1865/5-2021, 12 f:

„§ 10 Abs. 1 sieht Kriterien für die Festlegung von Siedlungsschwerpunkten vor. Die „Bedachtnahme" soll anhand einer kumulativen raumordnungsfachlichen Betrachtung der Kriterien erfolgen. Nicht jedes einzelne Kriterium soll entscheidend sein, sondern das Gesamtbild der Kriterien.

§ 10 Abs. 2 und 3 soll den Gemeinden ermöglichen, bereits auf Ebene des örtlichen Entwicklungskonzeptes Festlegungen für das Bauland innerhalb eines Siedlungsschwerpunktes zu treffen. Unter „parzellenscharfer Planung" ist nach der Rechtsprechung des Verfassungsgerichtshofes VfSlg. 14.851/1997 (vgl. kürzlich VfGH 11.12.2018, E 4313/2017) eine Darstellung der mit normativer Wirkung in Gestalt von Nutzungsbeschränkungen ausgestatteten Grenzen zu verstehen, die mit gleicher Genauigkeit wie Parzellengrenzen erfolgt. Es besteht aber keine Notwendigkeit der Deckungsgleichheit dieser planerischen Abgrenzung mit den Parzellengrenzen. In diesem Sinne ist die parzellenscharfe Festlegung von vorrangigen Entwicklungsgebieten in der planlichen Darstellung des örtlichen Entwicklungskonzeptes durch eine Umfassungslinie ersichtlich zu machen. Es sollen solche parzellenscharfe Festlegungen von vorrangigen Entwicklungsgebieten nur dann festgelegt werden können, wenn die Voraussetzungen des § 10 Abs. 2 Z 1 bis 4 gegeben sind.

Bei der Prüfung der Voraussetzungen wird aus verfassungsrechtlichen Gründen besonderer Wert auf die Grundlagenforschung zu legen sein. Diesen parzellenscharfen Festlegungen von vorrangigen Entwicklungsgebieten kommt hinkünftig auch entscheidende Relevanz dahingehend zu, ob das vereinfachte Verfahren zur Änderung des Flächenwidmungsplanes anzuwenden ist (vgl. § 40)."

## II. Anmerkungen

Gemäß § 9 Abs 3 Z 9 hat das örtliche Entwicklungskonzept grundsätzliche Aussagen über die Siedlungsschwerpunkte einschließlich deren Funktion zu enthalten. Eine Verpflichtung zur Festlegung von Siedlungsschwerpunkten besteht indes nicht (siehe § 9 Anm 20). Wenn aber eine solche erfolgen soll, enthält § 10 Abs 1 die Kriterien für eine Fest-  **1** legung von Siedlungsschwerpunkten, sofern eine solche im örtlichen Entwicklungskonzept erfolgt. Die Bestimmung dient dem Grundsatz des § 2 Abs 2 Z 7, dass die Zersiedelung der Landschaft zu vermeiden ist und die Innenentwicklung der Siedlungsstruktur Vorrang vor deren Außenentwicklung hat (siehe § 2 Anm 26; zum Ganzen siehe ausführlich die oben unter Punkt I. abgedruckten ErlRV 01-VD-LG-1865/5-2021, 12). Unter Berücksichtigung der Kriterien des § 10 können auch mehrere Siedlungsschwerpunkte im Gemeindegebiet festgelegt werden.

Der Festlegung von Siedlungsschwerpunkten kommt auch in anderen Bereichen Bedeutung zu. Denn nur innerhalb eines Siedlungsschwerpunktes darf gemäß § 10 Abs 2 eine parzellenscharfe Festlegung von vorrangigen Entwicklungsgebieten erfolgen (siehe § 10 Anm 3 auch zur verfahrensrechtlichen Bedeutung). Darüber hinaus ist Voraussetzung der Neufestlegung von Bauland gemäß § 15 Abs 5, dass die Grundflächen in einem festgelegten Siedlungsschwerpunkt gelegen sind. Schlussendlich ist Voraussetzung der entschädigungslosen Rückwidmung gemäß § 37 Abs 3 Z 3, dass die Grundflächen sich außerhalb der im örtlichen Entwicklungskonzept festgelegten Siedlungsschwerpunkte befinden.

**2** Ausweislich der Materialien soll die „Bedachtnahme" auf diese Kriterien anhand einer kumulativen raumordnungsfachlichen Betrachtung erfolgen. „Nicht jedes einzelne Kriterium soll entscheidend sein, sondern das Gesamtbild der Kriterien" (ErlRV 01-VD-LG-1865/5-2021, 12). Die Kriterien sind meiner Ansicht nach insbesondere vor dem Hintergrund des Grundsatzes gemäß § 2 Abs 2 Z 4, dass die Siedlungsentwicklung sich an den bestehenden Siedlungsgrenzen und an den bestehenden oder mit vertretbarem Aufwand zu schaffenden Infrastruktureinrichtungen zu orientieren hat (siehe § 2 Anm 23), sowie des Grundsatzes gemäß § 2 Abs 2 Z 7, dass die Zersiedelung der Landschaft zu vermeiden ist sowie dass die Innenentwicklung der Siedlungsstruktur Vorrang vor deren Außenentwicklung hat (siehe § 2 Anm 26), zu prüfen. In diesem Sinne sind nur Flächen als Siedlungsschwerpunkt festzulegen, die die Kriterien bereits erfüllen, und nicht Flächen, die die Kriterien als Siedlungsschwerpunkt erst künftig erfüllen sollen. Dies bedeutet aber nicht, dass nur Flächen umfasst sein dürfen, die bereits bebaut sind. Denn aus § 10 Abs 1 („innerörtliche Verdichtungspotentiale und Baulandreserven aufweisen und für eine Weiterentwicklung verfügbar sind"), § 10 Abs 2 Z 2 („Grundflächen eine weitere (zukünftige) zusammenhängende Bebauung zulassen") und § 10 Abs 2 Z 3 („Erschließung mit einem wirtschaftlich vertretbaren Aufwand ... in absehbarer Zeit möglich ist") ist meiner Ansicht nach abzuleiten, dass die Festlegung auch die Entwicklung des bereits bestehenden Siedlungsschwerpunktes zu berücksichtigen hat. Zu den „Versorgungs- und Dienstleistungseinrichtungen" siehe § 2 Anm 4, 6 und 12, zu den „zentralörtlichen Einrichtungen" § 2 Anm 7, zur „Bevölkerungsentwicklung" § 9 Anm 13 sowie zur „guten Erreichbarkeit" § 2 Anm 11 und 16.

Während gemäß § 9 Abs 3 Z 9 das örtliche Entwicklungskonzept **3** grundsätzliche Aussagen über die Siedlungsschwerpunkte einschließlich deren Funktion zu enthalten hat (siehe § 9 Anm 20), besteht gemäß § 10 Abs 2 die Möglichkeit für die Gemeinden im örtliche Entwicklungskonzept innerhalb eines Siedlungsschwerpunktes parzellenscharfe Festlegungen von vorrangigen Entwicklungsgebieten vorzunehmen. Eine Verpflichtung besteht nicht („darf"). Erfolgt aber eine parzellenscharfe Festlegung, ist dies von verfahrensrechtlicher Bedeutung. Denn gemäß § 12 Abs 4 bedarf es dann zur Rechtswirksamkeit des örtlichen Entwicklungskonzepts der Genehmigung der Landesregierung. Der Vorteil für die Gemeinden liegt indes darin, dass eine Festlegung von Grundflächen im Flächenwidmungsplan als Bauland innerhalb parzellenscharfer Festlegungen von vorrangigen Entwicklungsgebieten gemäß § 40 Z 1 im vereinfachten Verfahren zu erfolgen hat und somit nicht der Genehmigung der Landesregierung bedarf. Darüber hinaus kommt im vereinfachten Verfahren auch nicht die Bestimmung des § 39 Abs 1 Z 1 zur Anwendung, nach der Änderungen des Flächenwidmungsplanes nach Tunlichkeit nur einmal jährlich erfolgen dürfen, wenn nicht zwingende öffentliche Interessen vorliegen. Im Ergebnis ist die parzellenscharfe Festlegung von vorrangigen Entwicklungsgebieten im örtlichen Entwicklungskonzept mit erhöhtem Verfahrensaufwand verbunden, führt aber in der Folge zu einem raschem Verfahrensablauf im Rahmen von Festlegungen von Grundflächen im Flächenwidmungsplan als Bauland innerhalb von vorrangigen Entwicklungsgebieten. Zur „parzellenscharfe Festlegung" siehe die oben unter Punkt I. abgedruckten ErlRV 01-VD-LG-1865/5-2021, 13.

Alle Kriterien für die Festlegung von Entwicklungsgebieten müssen **4** erfüllt sein (siehe „und" in § 10 Abs 2 Z 3). Auch diese Kriterien sind meiner Ansicht nach insbesondere vor dem Hintergrund des Grundsatzes gemäß § 2 Abs 2 Z 4, dass die Siedlungsentwicklung sich an den bestehenden Siedlungsgrenzen und an den bestehenden oder mit vertretbarem Aufwand zu schaffenden Infrastruktureinrichtungen zu orientieren hat (siehe § 2 Anm 23), sowie des Grundsatzes gemäß § 2 Abs 2 Z 7, dass die Zersiedelung der Landschaft zu vermeiden ist sowie dass die Innenentwicklung der Siedlungsstruktur Vorrang vor deren Außenentwicklung hat (siehe § 2 Anm 26), zu prüfen. Zur „Eignung für eine Bebauung" siehe § 15 Anm 1 ff, zur „Ver- und Entsorgung" siehe § 2 Anm 4, 6 und 12, zum „Verkehr" § 2 Anm 11 und 16 sowie zur „Zentrenhierachie" § 2 Anm 7.

**5** Gemäß § 9 Abs 2 hat das örtliche Entwicklungskonzept auch aus einer planlichen Darstellung zu bestehen. Durch die Darstellung mittels einer Umfassungslinie sind die parzellenscharfen Festlegungen von vorrangigen Entwicklungsgebieten eindeutig abgrenzbar. Dem kommt verfahrensrechtliche Bedeutung zu (siehe § 10 Anm 3). Die Rechtslage muss aus einer planlichen Darstellung eindeutig und unmittelbar – also ohne die Notwendigkeit des Heranziehens von technischen Hilfsmitteln – festgestellt werden können. Die rechtsstaatlichen Anforderungen an die Planpräzision dürfen aber auch nicht überspannt werden. Vielmehr verlangt die Rechtsprechung des VfGH im Allgemeinen nur einen dem jeweiligen Regelungsgegenstand adäquaten Determinierungsgrad. Auch sind Gesichtspunkte der Vermeidung unwirtschaftlichen Verwaltungsaufwandes bei der Bemessung des gebotenen Maßes an Präzision mit zu berücksichtigen (so ausführlich VfGH VfSlg 20.329/2018 mwN).

**6** Eine solche Verordnung wurde bislang nicht erlassen. Entwürfe von Verordnungen der Landesregierung sind gemäß Art 38 Abs 2 iVm Art 33 Abs 3 bis 5 K-LVG vor der Beschlussfassung einem Begutachtungsverfahren zu unterziehen. Im Begutachtungsverfahren hat jede Person das Recht, innerhalb der mindestens vierwöchigen Begutachtungsfrist eine schriftliche Stellungnahme abzugeben. Auf die Durchführung des Begutachtungsverfahrens besteht indes kein Rechtsanspruch. Die Unterlassung des Begutachtungsverfahrens hat auf die Rechtmäßigkeit des Gesetzes keinen Einfluss. Im Rahmen des Begutachtungsverfahrens ist insbesondere auf das Rücksichtnahmegebot des § 2 Abs 2 Z 2 insofern Bedacht zu nehmen, als die betroffenen Gebietskörperschaften und andere Planungsträger einzubinden und deren Interessen abzuwägen sind (siehe dazu § 2 Anm 21 und 27). Darüber hinaus ist gemäß § 55 Abs 2 der Raumordnungsbeirat vor Beschlussfassung bei sonstiger Gesetzwidrigkeit zwingend zu hören (siehe § 55 Anm 6). Die Verpflichtung zur Kundmachung und der Zugang zur kundgemachten Verordnung ergeben sich aus dem K-KMG.

## § 11 Überprüfung des örtlichen Entwicklungskonzepts

Der Gemeinderat hat das örtliche Entwicklungskonzept innerhalb eines Jahres nach Ablauf von zwölf Jahren nach seiner Kundmachung zu überprüfen und bei wesentlichen Änderungen der Planungsgrundlagen die Ziele der örtlichen Raumordnung zu ändern.[1] Zu einem früheren Zeitpunkt darf das örtliche Entwicklungskonzept geändert werden, wenn öffentliche Interessen dies erfordern[2].[3]

**Lit:**
*Kleewein*, Instrumente der Raumordnung – Überblick und Ausblick, bbl 2014, 89; *Leitl*, Überörtliche und örtliche Raumplanung, in Hauer/Nußbaumer (Hrsg), Österreichisches Raum- und Fachplanungsrecht, 2006.

## I. Erläuterungen
### ErlRV 01-VD-LG-1865/5-2021, 13:

„§ 11 entspricht § 2 Abs. 8 erster und zweiter Satz K-GplG 1995 der geltenden Fassung. Die Bestimmung wurde grundsätzlich durch LGBl. Nr. 134/1997 geschaffen. Die Verpflichtung des Gemeinderates zur Überprüfung des örtlichen Entwicklungskonzeptes soll – vor dem Hintergrund der Zeitspanne zweier Amtsperioden des Gemeinderates – nunmehr auf zwölf Jahre verlängert werden (bislang zehn Jahre)."

## II. Anmerkungen

Der Gemeinderat ist verpflichtet, eine Überprüfung des örtlichen Entwicklungskonzeptes vorzunehmen („hat"; zum Ganzen siehe auch *Kleewein*, bbl 2014, 97). Gemäß § 9 Abs 3 sind die Ziele der örtlichen Raumordnung für einen Planungszeitraum von zehn Jahren festzulegen, die Überprüfung des örtlichen Entwicklungskonzeptes hat indes innerhalb eines Jahres nach Ablauf von zwölf Jahren nach seiner Kundmachung (siehe dazu § 9 Anm 4) zu erfolgen. Ausweislich der Materialien wurden die zwölf Jahre vor dem Hintergrund der Zeitspanne zweier Amtsperioden des Gemeinderates normiert (ErlRV 01-VD-LG-1865/5-2021, 13; der Wahlabschnitt beträgt gemäß § 19 Abs 2 K-AGO sechs Jahre, gerechnet vom letzten Wahltag der allgemeinen Gemeinderatswahlen). Vor dem Hintergrund der Möglichkeit bzw Verpflichtung zurÄnderung des örtlichen Entwicklungskonzeptes (siehe § 11 Anm 2), kommt dieser Frage meiner Ansicht nach aber keine größere Bedeutung zu. Der Gemeinderat ist verpflichtet, bei wesentlichen Änderungen der Planungsgrundlagen die Ziele der örtlichen Raumordnung (siehe dazu § 9 Anm 10) zu ändern („hat"). Zu den Planungsgrundlagen zählen insbesondere die Ziele und Grundsätze der Raumordnung gemäß § 2, die überörtlichen Entwicklungsprogramme gemäß § 7 sowie die örtliche Bestandsaufnahme gemäß § 3 iVm der Grundlagenforschung (siehe dazu § 2 Anm 27).

Gemäß Art V Abs 6 LGBl 2021/59 gelten im Zeitpunkt des Inkrafttretens des K-ROG 2021 bestehende örtliche Entwicklungskonzepte als örtliche Entwicklungskonzepte im Sinne des K-ROG 2021. Gemäß Art V Abs 9 LGBl 2021/59 haben die Gemeinden die bestehenden örtlichen Entwicklungskonzepte spätestens binnen fünf Jahren ab Inkrafttreten des K-ROG 2021 (das K-ROG 2021 ist am 1.1.2022 in Kraft getreten) an die Bestimmungen des K-ROG 2021 anzupassen, wenn sie den Bestimmungen des K-ROG 2021 nicht entsprechen. Dies trifft insbesondere auf die Aussagen gemäß § 9 Abs 3 Z 9 bis 15 zu, da diese erst mit dem K-ROG 2021 in den Katalog des örtlichen Entwicklungskonzeptes aufgenommen wurden.

**2** Eine Änderung des örtlichen Entwicklungskonzeptes ist vor der Überprüfung gemäß § 11 erster Satz (siehe § 11 Anm 1) nur zulässig, wenn öffentliche Interessen (siehe dazu § 2 Anm 25) dies erfordern. Es besteht grundsätzlich unter dieser Voraussetzung eine Möglichkeit der Änderung („darf"). Aus dem Berücksichtigungsgebot gemäß § 2 Abs 2 Z 2 (siehe dazu § 2 Anm 21) ist meiner Ansicht nach aber im Rahmen einer verfassungskonformen Interpretation abzuleiten, dass in Fällen der Anwendung des Berücksichtigungsgebots das örtliche Entwicklungskonzept geändert werden muss, dh das „Dürfen" auch ein „Müssen" umfasst (vgl VfGH VfSlg 20.262/2018).

**3** Indem eine Änderung des örtlichen Entwicklungskonzeptes nur unter bestimmten Voraussetzungen angeordnet bzw gestattet ist („nach Ablauf von zwölf Jahren nach seiner Kundmachung zu überprüfen", „bei wesentlichen Änderungen der Planungsgrundlagen zu ändern", „zu einem früheren Zeitpunkt nur wenn öffentliche Interessen dies erfordern") besteht im Interesse der Rechtssicherheit grundsätzlich eine erhöhte Bestandskraft. Nicht jede Änderung der Planungsabsichten der Gemeinde berechtigt daher zu einer Änderung des örtlichen

Entwicklungskonzeptes (vgl VfGH VfSlg 12.926/1991; siehe auch *Kleewein*, bbl 2014, 97; *Leitl*, Raumplanung 125 f).

## § 12 Verfahren für den Beschluss über das örtliche Entwicklungskonzept

(1) Vor der Beschlussfassung ist der Entwurf des örtlichen Entwicklungskonzepts einschließlich der Erläuterungen durch vier Wochen während der Amtsstunden im Gemeindeamt (Magistrat) zur öffentlichen Einsicht aufzulegen und im Internet auf der Homepage der Gemeinde bereitzustellen.[1] Die Auflage zur öffentlichen Einsicht und die Bereitstellung im Internet sind nach den für die Kundmachung von Verordnungen der Gemeinde geltenden Bestimmungen kundzumachen.[2] Jede Person ist berechtigt, innerhalb der Auflagefrist eine Stellungnahme zum Entwurf des örtlichen Entwicklungskonzepts zu erstatten.[3]

(2) Gleichzeitig mit der Auflage zur öffentlichen Einsicht ist der Entwurf des örtlichen Entwicklungskonzepts einschließlich der Erläuterungen der Landesregierung, den sonst berührten Landes- und Bundesdienststellen, den angrenzenden Gemeinden und den in Betracht kommenden gesetzlichen Interessenvertretungen unter Einräumung einer Frist von vier Wochen zur Stellungnahme zu übermitteln.[4]

(3) Nach Abschluss des Begutachtungsverfahrens gemäß Abs. 1 und 2 und vor der Beschlussfassung ist der überarbeitete Entwurf[5] des örtlichen Entwicklungskonzepts einschließlich der Erläuterungen und der eingelangten Stellungnahmen der Landesregierung zu übermitteln. Die Landesregierung hat der Gemeinde binnen drei Monaten eine abschließende fachliche Stellungnahme zu übermitteln.[6]

(4) Wenn das beschlossene örtliche Entwicklungskonzept eine parzellenscharfe Festlegung von vorrangigen Entwicklungsgebieten innerhalb des Siedlungsschwerpunktes vorsieht[7], bedarf es zu seiner Rechtswirksamkeit der Genehmigung der Landesregierung.[8] Die Gemeinde hat in diesen Fällen das örtliche Entwicklungskonzept einschließlich der Erläuterungen, der eingelangten Stellungnahmen und der Niederschrift über die Beschlussfassung des Gemeinderates der Landesregierung zur Genehmigung zu übermitteln. Werden die Erläuterungen, die eingelangten Stellungnahmen oder die Nieder-

schrift über die Beschlussfassung des Gemeinderates nicht übermittelt, ist nach § 13 Abs. 3 AVG vorzugehen[9].

(5) Die Genehmigung ist zu versagen, wenn das örtliche Entwicklungskonzept
1. den Zielen und Grundsätzen der Raumordnung[10] widerspricht,
2. einem überörtlichen Entwicklungsprogramm[11] widerspricht,
3. in sonstiger Weise überörtliche Interessen[12] verletzt oder
4. sonst gesetzwidrig ist.[13]

Die Landesregierung hat ohne unnötigen Aufschub, spätestens aber fünf Monate nach Einlangen des örtlichen Entwicklungskonzepts einschließlich der Erläuterungen, den Bescheid zu erlassen.[14] Wird ein Bescheid nicht innerhalb der Entscheidungsfrist erlassen, so gilt die Genehmigung des örtlichen Entwicklungskonzepts als erteilt.[15]

(6) Die Landesregierung hat die Gemeinde über ihr Ersuchen in Fragen des Beschlusses über das örtliche Entwicklungskonzept unentgeltlich zu beraten.[16]

(7) Für die Änderung des örtlichen Entwicklungskonzeptes finden die Abs. 1 bis 6 sinngemäß Anwendung.

**Lit:**
*Berchtold*, Gemeindeaufsicht, 1972; *Berka*, Flächenwidmungspläne auf dem Prüfstand, JBl 1996, 69; *Hauer/Hofmann*, in Pabel (Hrsg), Das österreichische Gemeinderecht, 17. Teil Gemeindeaufsicht, 2017; *Hengstschläger/Leeb*, Allgemeines Verwaltungsverfahrensgesetz[2], 2014; *Kleewein*, Instrumente der Raumordnung – Überblick und Ausblick, bbl 2014, 89; *ders*, Raumplanung im Spannungsfeld zwischen Recht, Sachverstand und Gestaltungsspielraum, bbl 2019, 213; *Leitl*, Überörtliche und örtliche Raumplanung, in Hauer/Nußbaumer (Hrsg), Österreichisches Raum- und Fachplanungsrecht, 2006; *Pabel*, Die Planungshoheit der Gemeinde bei der Änderung von Flächenwidmungsplänen, RFG 2005/18.

## I. Erläuterungen

### ErlRV 01-VD-LG-1865/5-2021, 13 f:

„§ 12 Abs. 1 bis 3 sowie Abs. 6 und 7 entspricht grundsätzlich § 2 Abs. 4 bis 8 K-GplG 1995 der geltenden Fassung. Das Planungsinstrument der örtlichen Entwicklungskonzepte wurde durch LGBl. Nr. 105/1994 als § 1a Gemeindeplanungsgesetz 1982 geschaffen. Dazu halten die Erläuterungen Verf-273/3/1994, 10 f, fest: *„Die Auflage des Entwur-*

## 3. Hauptstück – Örtliche Raumordnung § 12

*fes des örtlichen Entwicklungskonzeptes zur allgemeinen Einsicht und zur Erstattung von schriftlichen (Änderungs-)Vorschlägen sowie die Mitteilung des Entwurfes an die Landesregierung, die sonst berührten Landes- und die Bundesdienststellen, die angrenzenden Gemeinden und die in Betracht kommenden gesetzlichen Interessenvertretungen zur Abgabe von Stellungsnahmen bezweckt die frühzeitige Einbindung sowohl der Bevölkerung als auch anderer Planungsträger in das Planungsverfahren. Durch die frühzeitige Einbindung sämtlicher interessierter Kreise soll einerseits die Akzeptanz der Planungsmaßnahmen erhöht und anderseits die Koordination mit den Planungsmaßnahmen und -absichten anderer Planungsträger sichergestellt werden (Abs. 4). Die im Rahmen des Auflageverfahrens erstatteten Vorschläge und sonstigen Äußerungen zum Entwurf des örtlichen Entwicklungskonzeptes sind in die Überlegungen betreffend die künftige Gestaltung und Entwicklung des Gemeindegebietes einzubeziehen, wenn sie miteinander und mit den grundsätzlichen Zielen der Gemeinde im Bereich der örtlichen Raumplanung vereinbar sind [...].*

Im Sinne eines vereinfachten Zuganges für den Bürger soll nunmehr der Entwurf des örtlichen Entwicklungskonzeptes einschließlich der textlichen Erläuterungen auch im Internet bereitgestellt und diese Bereitstellung auch kundgemacht werden (siehe zur Kundmachung §§ 15 und 80a K-AGO, §§ 16 und 82a des K-KStR 1998 sowie §§ 16 und 84a K-VStR 1998). Um den Entwurfscharakter für den Bürger ersichtlich zu machen, empfiehlt sich eine eindeutige Kennzeichnung dieser Entwürfe (zB durch Wasserzeichen).

Bislang wurde auf das Erfordernis der aufsichtsbehördlichen Genehmigung des örtlichen Entwicklungskonzeptes bewusst verzichtet (siehe Erläuterungen Verf-273/3/1994, 10 f). Aus gleichheitsrechtlichen Überlegungen soll aber nunmehr gemäß § 12 Abs. 4 und 5 eine aufsichtsbehördlichen Genehmigung für jene örtlichen Entwicklungskonzepte eingeführt werden, in denen eine parzellenscharfe Festlegung von vorrangigen Entwicklungsgebieten innerhalb des Siedlungsschwerpunktes erfolgt. Diese gleichheitsrechtliche Notwendigkeit ergibt sich daraus, dass diesen parzellenscharfen Festlegungen von vorrangigen Entwicklungsgebieten hinkünftig eine entscheidende Relevanz dahingehend zukommt, ob das vereinfachte Verfahren zur Änderung des Flächenwidmungsplanes anzuwenden ist, dh. in diesen Fällen keine aufsichtsbehördlichen Genehmigung des Flächenwidmungsplanes notwendig ist. § 12 Abs. 5 zweiter Satz orientiert sich an § 73 Abs. 1 erster Satz des Allgemeinen Verwaltungsverfahrensgesetzes 1991 – AVG, BGBl. Nr. 51/1991 idF BGBl. I Nr. 58/2018.

Da nunmehr in § 9 Abs. 1 ausdrücklich normiert ist, dass es sich bei dem örtlichen Entwicklungskonzept um eine Verordnung der Gemeinde handelt, bedarf es einer ausdrücklichen Regelung im Sinne von § 2 Abs. 6 K-GplG 1995 der geltenden Fassung nicht mehr. Denn die Notwendigkeit der Kundmachung des örtlichen Entwicklungskonzepts als Verordnung ergibt sich aus § 15 K-AGO, die Verpflichtung zur Übermittlung an die Landesregierung aus § 99 K-AGO."

## II. Anmerkungen

1   Die Bestimmungen über das Begutachtungsverfahren dienen der Publizität. Um insbesondere den Gemeindebürgern die Möglichkeit zu geben, den Gemeinderatssitzungen, in denen der Entwurf des örtlichen Entwicklungskonzeptes behandelt wird, inhaltlich zu folgen, ist es rechtstaatlich geboten, nicht nur die Tagesordnung der Sitzung zu veröffentlichen, sondern auch die entsprechenden Dokumente und insbesondere die Gemeindebürger über diesen Umstand in Kenntnis zu setzen (vgl VfGH VfSlg 17.656/2005; siehe auch *Kleewein*, bbl 2014, 97). Aus dem Begriff „bereitzustellen" ist abzuleiten, dass der Entwurf des örtlichen Entwicklungskonzeptes einschließlich der Erläuterungen auch herunterladbar sein muss.

Es wird im K-ROG 2021 nicht ausdrücklich angeordnet, wer den Entwurf des örtlichen Entwicklungskonzeptes einschließlich der Erläuterungen zu erstellen hat. Gemäß § 69 Abs 3 K-AGO obliegen dem Bürgermeister alle behördlichen Aufgaben des eigenen Wirkungsbereiches, die durch Gesetz nicht einem anderen Organ übertragen sind. Daraus ist abzuleiten, dass die Erstellung des Entwurfes des örtlichen Entwicklungskonzeptes einschließlich der Erläuterungen sowie die Kundmachung der Auflage und der Bereitstellung im Internet durch den Bürgermeister zu erfolgen haben.

Die Einhaltung der zur Erlassung des örtlichen Entwicklungskonzeptes gesetzlich angeordneten Verfahrensvorschriften ist aktenmäßig zu dokumentieren (VfGH VfSlg 20.357/2019 mwN). Bloß geringfügige Verfahrensverstöße bewirken keine Gesetzwidrigkeit des Zustandekommens des Planes, wenn dadurch die Unterrichtung der betroffenen

## 3. Hauptstück – Örtliche Raumordnung    § 12

Personen über die beabsichtigte Planungsmaßnahme nicht beeinträchtigt wird. „Wenn aber eine derartige maßgebliche Beeinträchtigung eintritt, dann hat der ihr zugrunde liegende Verstoß gegen Verfahrensvorschriften die Gesetzwidrigkeit der Verordnung zur Folge" (vgl VfGH VfSlg 19.344/2011 iVm VfSlg 20.357/2019).

Gemäß § 15 Abs 1 K-AGO hat der Bürgermeister Verordnungen der Gemeinde im elektronisch geführten Amtsblatt der Gemeinde kundzumachen. Somit ist auch die Auflage und die Bereitstellung des Entwurfes des örtlichen Entwicklungskonzeptes im elektronisch geführten Amtsblatt kundzumachen. Auf der Amtstafel und im elektronisch geführten Amtsblatt ist nur die Tatsache der Auflage und der Bereitstellung kundzumachen, nicht der Entwurf des örtlichen Entwicklungskonzeptes einschließlich der Erläuterungen selbst. Der Entwurf des örtlichen Entwicklungskonzeptes einschließlich der Erläuterungen ist lediglich im Gemeindeamt aufzulegen und auf der Homepage der Gemeinde bereitzustellen.    **2**

Das Recht eine Stellungnahme abzugeben besteht somit für aller natürlichen sowie juristischen Personen und ist nicht auf Gemeindebürger eingeschränkt. Es muss auch kein rechtliches Interesse glaubhaft gemacht werden. Durch das Recht im Rahmen des Begutachtungsverfahrens Stellungnahmen abzugeben, soll insbesondere die Akzeptanz der Planungsmaßnahmen erhöht werden (ErlRV 01-VD-LG-1865/5-2021, 13; siehe auch *Kleewein*, bbl 2014, 97).    **3**

Die individuelle Verständigung der anderen Gebietskörperschaften im Rahmen des Begutachtungsverfahrens erfolgt vor dem Grundsatz gemäß § 2 Abs 2 Z 2, dass rechtswirksame raumbedeutsame Maßnahmen und Pläne von Gebietskörperschaften zu berücksichtigen sind sowie auf raumbedeutsame Maßnahmen und Pläne anderer Planungsträger, deren Planungen im öffentlichen Interesse liegen, Bedacht zu nehmen ist (zum Berücksichtigungsgebot siehe § 2 Anm 21).    **4**

Änderungen des Entwurfes des örtlichen Entwicklungskonzeptes auf Grund der abgegebenen Stellungnahmen sind die zwangsläufige Folge des mit dem Begutachtungsverfahren verbundenen Zweckes (VfGH VfSlg 8697/1979). In diesem Sinne muss der Entwurf nach Änderungen nur dann nochmals einem Begutachtungsverfahren unterzogen werden, wenn eine grundlegende Änderung gegenüber dem ursprünglich aufgelegten und bereitgestellten Entwurf erfolgt (VfGH VfSlg 15.300/1998).    **5**

**6** Das örtliche Entwicklungskonzept unterliegt – ausgenommen es enthält parzellenscharfe Festlegungen von vorrangigen Entwicklungsgebieten (siehe § 12 Abs 4 und 5) – nicht dem Genehmigungsvorbehalt durch die Landesregierung. Vor dem Hintergrund des Berücksichtigungsgebotes gemäß § 2 Abs 2 Z 2 (siehe dazu § 2 Anm 21) und der Verpflichtung gemäß § 99 Abs 2 K-AGO, dass die Landesregierung gesetzwidrige Verordnungen durch Verordnung aufzuheben hat, wird dieser fachlichen Stellungnahme aber hohe Bedeutung zuzumessen sein.

**7** Zur „parzellenscharfe Festlegung von vorrangigen Entwicklungsgebieten innerhalb des Siedlungsschwerpunktes" siehe § 10 Anm 3 f.

**8** Gemäß Art 119a Abs 8 B-VG können einzelne von der Gemeinde im eigenen Wirkungsbereich zu treffende Maßnahmen, durch die auch überörtliche Interessen in besonderem Maß berührt werden, durch Gesetz an eine Genehmigung der Aufsichtsbehörde gebunden werden (zum Ganzen *Leitl*, Raumplanung 124 f; *Hauer/Hofmann*, Gemeindeaufsicht Rz 139 ff; *Pabel*, RFG 2005, 60 ff; *Kleewein*, bbl 2019, 222 f). So ist nach der Judikatur des VfGH eine aufsichtsbehördliche Genehmigung des Flächenwidmungsplanes verfassungsrechtlich unbedenklich, weil jeder Flächenwidmungsplan überörtliche Interessen in besonderem Maß berührt, da er sich zur Gänze in überörtliche Zusammenhänge einzufügen hat (VfGH VfSlg 12.918/1991 mwN; VfSlg 16.372/2001). Dies gilt meiner Ansicht nach auch für das örtliche Entwicklungskonzept, da dieses gemäß § 9 Abs 1 in Übereinstimmung mit den Zielen und Grundsätzen der Raumordnung und den überörtlichen Entwicklungsprogrammen zu beschließen ist (siehe § 9 Anm 1 f). Im Genehmigungsverfahren hat nur die Gemeinde Parteistellung (VfGH VfSlg 7294/1974; VfSlg 11.163/1986; VfSlg 19.451/2011), hingegen nicht ein betroffener Grundeigentümer (VfGH VfSlg 7211/1973; VfSlg 7294/1974; VfSlg 10.554/1985) oder eine Nachbargemeinde (VfGH VfSlg 16.235/2001; VwGH 17.3.2006, 2005/05/0131). Im Rahmen des Parteiengehörs hat die Landesregierung vor ihrer Entscheidung über die Versagung der Genehmigung der Gemeinde die Versagungsgründe mitzuteilen (VfGH VfSlg 16.372/2001). Die Verletzung der Wahrung des Parteiengehörs, zB wenn ein Sachverständigengutachten der Gemeinde nicht zur Kenntnis gebracht wird, belastet das Verfahren mit einem wesentlichen Verfahrensmangel (VwGH 29.8.2000, 2000/05/0013). Hingegen gilt der Antrag der Gemeinde auf Genehmigung nicht als zurückgezogen, wenn sich die Gemeinde zu einem Gutachten nicht äußert (VwGH 18.10.1988,

## 3. Hauptstück – Örtliche Raumordnung § 12

88/05/0193). Das Vorliegen des Genehmigungsbescheides (oder der Genehmigungsfiktion gemäß § 12 Abs 5) ist Voraussetzung für die Rechtmäßigkeit der Kundmachung des örtlichen Entwicklungskonzeptes (VfGH VfSlg 19.451/2011). Eine rückwirkende Aufhebung des Genehmigungsbescheides kann die einmal rechtmäßig erfolgte Kundmachung nicht rechtswidrig machen (VfGH VfSlg 19.451/2011).

Die Landesregierung hat gemäß § 13 Abs 3 AVG von Amts wegen unverzüglich die Behebung des Mangels zu veranlassen und kann der Gemeinde die Behebung des Mangels innerhalb einer angemessenen Frist mit der Wirkung auftragen, dass das Anbringen nach fruchtlosem Ablauf dieser Frist zurückgewiesen wird. Wird der Mangel rechtzeitig behoben, so gilt das Anbringen als ursprünglich richtig eingebracht (zum Ganzen ausführlich *Hengstschläger/Leeb*, AVG ² § 13 Rz 25 ff). **9**

Zu den Zielen und Grundsätzen der Raumordnung siehe § 2. **10**

Zu den „überörtlichen Entwicklungsprogrammen" siehe § 7 und § 8. **11**

Zu den „überörtlichen Interessen" siehe § 1 Anm 1. **12**

Der Landesgesetzgeber muss die Versagungsgründe normieren (VfGH VfSlg 7101/1973; VfSlg 11.163/1986). Verfassungsrechtlich zulässig ist auch der Versagungsgrund der „Gesetzwidrigkeit" (VfGH VfSlg 6494/1971; VfSlg 11.163/1986; zum Ganzen *Hauer/Hofmann*, Gemeindeaufsicht Rz 146 ff; *Kleewein*, bbl 2014, 97). Eine inhaltliche Änderung des örtlichen Entwicklungskonzeptes durch die Landesregierung, etwa durch die Genehmigung bzw Versagung der Genehmigung nur eines Teils des örtlichen Entwicklungskonzeptes ist unzulässig (VfGH VfSlg 13.633/1993; VwGH 23.2.1989, 83/06/0260; 27.9.2018, Ra 2018/06/0170). Nach der Judikatur des VwGH richtet sich die Genehmigungsfähigkeit des örtlichen Entwicklungskonzeptes nach der Rechtslage zum Zeitpunkt der Beschlussfassung des Gemeinderates (VwGH 20.6.1991, 90/06/0162; kritisch *Hauer/Hofmann*, Gemeindeaufsicht Rz 161). Die Landesregierung hat die Versagungsgründe konkret aufzuzeigen und nachvollziehbar zu begründen, warum sie die Voraussetzungen für eine Genehmigung nicht für gegeben erachtet (VwGH 7.2.2000, 96/05/0072). **13**

Die aufsichtsbehördliche Genehmigung oder die Versagung der Genehmigung hat durch Bescheid zu erfolgen (VfGH VfSlg 11.163/1986; VwGH 13.2.1973, 1920/72; *Leitl*, Raumplanung 124; *Hauer/Hofmann*, Gemeindeaufsicht Rz 158). **14**

**15** Nach Ablauf der Frist ist die aufsichtsbehördliche Genehmigung oder die Versagung der Genehmigung durch Bescheid unzulässig (VwGH 20.6.1991, 90/06/0162).

**16** Nach einem Judikat des VfGH (VfSlg 3632/1959) setzt die Tätigkeit der Aufsichtsbehörde nicht erst ein, wenn die Gemeinde gesetzwidrig gehandelt hat. „Die Aufgabe einer Aufsichtsbehörde besteht vielmehr auch darin, solche fehlerhaften Akte zu verhüten." Dem dient auch die Beratung durch die Landesregierung (*Berchtold*, Gemeindeaufsicht 199, bezeichnet im Zusammenhang mit der Gebarungskontrolle die Beratung sogar als Hauptfunktion). Dies darf aber nicht dazu führen, dass die Gemeinde ihre Entscheidung der Landesregierung überlässt und sich darauf beschränkt, „ohne eigene Planungsüberlegungen deren Willensäußerungen entsprechende Beschlüsse zu fassen" (VfGH VfSlg 12.169/1989; *Berka*, JBl 1996, 78).

## 2. Abschnitt – Festlegungen im Flächenwidmungsplan

### § 13 Flächenwidmungsplan

(1) Der Gemeinderat[1] hat in Übereinstimmung mit den Zielen und Grundsätzen der Raumordnung[2], den überörtlichen Entwicklungsprogrammen[3] und dem örtlichen Entwicklungskonzept[4] durch Verordnung[5] einen Flächenwidmungsplan zu beschließen, durch den das Gemeindegebiet in Bauland, in Grünland und in Verkehrsflächen gegliedert[6] wird.[7] Bei dieser Gliederung sind die voraussehbaren wirtschaftlichen, sozialen, ökologischen und kulturellen Erfordernisse[8] in der Gemeinde sowie die Auswirkungen auf das Landschaftsbild und das Ortsbild[9] zu beachten. Für übereinanderliegende Ebenen desselben Planungsgebietes dürfen, wenn räumlich funktionelle Erfordernisse nicht entgegenstehen, verschiedene Widmungsarten festgelegt werden[10].

(2) Der Flächenwidmungsplan hat aus einer planlichen Darstellung zu bestehen.[11] Zum Flächenwidmungsplan sind Erläuterungen zu verfassen,[12] aus denen insbesondere hervorgeht, inwieweit auf die wirtschaftlichen, sozialen, ökologischen und kulturellen Erfordernisse der Gemeinde Bedacht genommen wird[13].

(3) Die Landesregierung hat die Form der Flächenwidmungspläne, insbesondere die Maßstäbe der zeichnerischen Darstellungen

und die Verwendung bestimmter Planzeichen für die im Flächenwidmungsplan festzulegenden und ersichtlich zu machenden Flächen sowie für die Sonderwidmungen, durch Verordnung zu regeln.[14]

**Lit:**
*Aichlreiter*, Stufenbau- und Derogationsfragen bei Flächenwidmungsplänen, ecolex 1995, 65; *Eller*, Kompetenzrechtliche Überlegungen im Zusammenhang mit der Überbauung von Infrastrukturanlagen, ZfV 2020/34; *Hauer*, Zur „Theorie vom weißen Fleck", ecolex 1995, 58; *ders*, Planungsrechtliche Grundbegriffe und verfassungsrechtliche Vorgaben, in Hauer/Nußbaumer (Hrsg), Österreichisches Raum- und Fachplanungsrecht, 2006; *Kanonier*, Einschränkungen von Bauführungen im Grünland durch das Raumordnungsrecht, bbl 1998, 8; *Kleewein*, Instrumente der Raumordnung – Überblick und Ausblick, bbl 2014, 89; *ders*, Raumplanung im Spannungsfeld zwischen Recht, Sachverstand und Gestaltungsspielraum, bbl 2019, 213; *Mayer*, Über die derogatorische Kraft von Flächenwidmungsplänen, ecolex 1994, 354; *Pabel*, Der Individualantrag zur Prüfung von Flächenwidmungsplänen, RFG 2008/39; *Pallitsch/Pallitsch/Kleewein*, Kärntner Baurecht[5], 2014; *Palmstorfer*, Der Individualantrag gegen raumordnungsrechtliche Verordnungen, bbl 2015, 107; *Schelling*, Volksabstimmung im Bereich der Flächenwidmung, RFG 2021/5.

## I. Erläuterungen
### ErlRV 01-VD-LG-1865/5-2021, 14 f:

„§ 13 Abs. 1 entspricht grundsätzlich § 1 Abs. 1 bis 3 K-GplG 1995 der geltenden Fassung. Schon das Landesplanungsgesetz, LGBl. Nr. 47/1959, sah in § 5 Abs. 1 bis 3 entsprechende Bestimmungen vor. Zur Beachtung der voraussehbaren wirtschaftlichen, sozialen, ökologischen und kulturellen Erfordernisse halten die Erläuterungen Verf-7/8/1959 fest: *„Die wirtschaftliche, soziale und kulturelle Entwicklung in der Gemeinde läßt sich durch die Erforschung der Gegebenheiten der Natur (wie Bodenbeschaffenheit, Geländeformen, Quellen und Gewässer, Klima), des gegenwärtigen Bestandes (wie Bodennutzung, landwirtschaftliche Flächen, Bauland, Ödland), der Versorgungseinrichtungen (wie Wasser- und Stromversorgungsanlagen, Kanalisationsanlagen), der Straßen und sonstigen Verkehrswege, der Naturschutzgebiete, der Bevölkerung nach Zahl, Verteilung, Gliederung, Alter, Geschlecht, Beruf, der Zu- und Abwanderung, der Wirtschafts- und Verkehrsverhältnisse, die Art, Größe und Lage der gewerblichen Betriebe, Linienführung, Dichte und Leistungsfähigkeit bestehender Verkehrseinrichtungen ermitteln."*

Dass der Flächenwidmungsplan auch mit dem örtlichen Entwicklungskonzept übereinstimmen muss und ökologisch Erfordernisse zu beachten sind, wurde durch LGBl. Nr. 105/1994 in das Gemeindeplanungsgesetz 1982 aufgenommen. Dazu halten die Erläuterungen Verf-273/3/1994, 9, fest: *„Die Verpflichtung zur Bedachtnahme auf das örtliche Entwicklungskonzept trägt dem Umstand Rechnung, daß mit dem vorliegenden Gesetzesentwurf ein neues raumplanungsrechtliches Instrument für die Gestaltung und Entwicklung des Gemeindegebietes geschaffen wird, das in Hinkunft die fachliche Grundlage insbesondere für die Erlassung des Flächenwidmungsplanes bilden soll. Durch das zusätzliche Kriterium der „ökologischen Erfordernisse" wird im Bereich der örtlichen Raumplanung in verstärktem Maße den Zielsetzungen des (verfassungsrechtlich vorgeprägten) Umweltschutzes Rechnung getragen (vgl. dazu näher Punkt 1 lit. b des Allgemeinen Teils).*

Im Allgemeinen Teil der Erläuterungen Verf-273/3/1994, 3 f, wird zum Kriterium „ökologische Erfordernisse" darüber hinaus Folgendes ausgeführt: *„b) Neben den internationalen Rahmenbedingungen haben sich in der jüngeren Vergangenheit aber auch die Wertmaßstäbe für das staatliche Handeln überhaupt wesentlich geändert:*

*aa) Im gegeben Zusammenhang ist zunächst auf das Bundesverfassungsgesetz vom 27. November 1984 über den umfassenden Umweltschutz, BGBl. Nr. 491 (B-VG-Umweltschutz), zu verweisen, zufolge dessen § 1 Abs. 1 sich die Republik Österreich (Bund, Länder und Gemeinden) zum Staatsziel des umfassenden Umweltschutz bekennt. Gemäß Abs. 2 leg. cit. ist unter umfassendem Umweltschutz die Bewahrung der natürlichen Umwelt als Lebensgrundlage der Menschen vor schädlichen Einwirkungen zu verstehen.*

*bb) Ein ähnliches Bekenntnis zum Umweltschutz enthält auch das Kärntner Landesverfassungsgesetz vom 13. Mai 1986 über die Grundsätze des Umweltschutzes in Kärnten (Kärntner Umwelt-Verfassungsgesetz), LGBl. Nr. 42* [Anmerkung: siehe nunmehr Art. 7a K-LVG]. *Nach dessen § 1 Abs. 1 haben das Land und die Gemeinden durch Schutz und Pflege der Umwelt die Lebensbedingungen für die gegenwärtigen und künftigen Generationen in Kärnten zu sichern. Das Land und die Gemeinden haben nach § 2 leg. cit. im Rahmen ihres jeweiligen Wirkungsbereiches (unter anderem)*

*– die natürliche Lebensgrundlage Boden zu schützen und sparsam und pfleglich zu nutzen (Z. 1),*

## 3. Hauptstück – Örtliche Raumordnung § 13

- *die Leistungsfähigkeit der natürlichen Umwelt zu erhalten und eingetretene Schäden möglichst zu beheben oder durch ökologisch sinnvolle Pflegemaßnahmen zu mindern (Z. 2),*
- *die Eigenart und die Schönheit der Kärntner Landschaft, die charakteristischen Landschafts- und Ortsbilder sowie die Naturdenkmale und Kulturgüter Kärntens zu bewahren (Z. 4) und*
- *Grund und Boden sparsam und schonend zu nutzen, eine Zersiedelung zu vermeiden und Verkehrswege umweltgerecht zu planen und herzustellen (Z. 5).*

*Neben diesen skizzierten Zielen und Maßnahmen des Umweltschutzes legt das Kärntner Umwelt-Verfassungsgesetz in seinem § 3 ausdrücklich fest, daß (unter anderem) Landesgesetze mit den Grundsätzen und Zielen dieses Landesverfassungsgesetzes im Einklang stehen müssen.*

*cc) Sowohl das B-VG-Umweltschutz als auch das Kärntner Umwelt-Verfassungsgesetz stellen sogenannte „Staatszielbestimmungen" dar, also Grundsätze und allgemein gefaßte Richtlinien für das gesamte staatliche Handeln. Neben ihrer politischen Bedeutung als Ausdruck der Einigung maßgeblicher Gruppen im Staat über ein bestimmtes Ziel des staatlichen Handelns beinhalten Staatszielbestimmungen aber auch Gebote für den (jeweils zuständigen) Gesetzgeber, entsprechende Mechanismen zur Erreichung der verfassungsrechtlich postulierten Ziele zu schaffen. Ein wesentliches Anliegen des vorliegenden Gesetzesentwurfes besteht nun darin, im Bereich des Raumordnungsrechtes in verstärktem Maße den Zielsetzungen des (verfassungsrechtlich vorgeprägten) Umweltschutzes gerecht zu werden und ökologische Erfordernisse bei der planmäßigen Gestaltung des Landesraumes in stärkerem Maße als bisher zu berücksichtigen."*

§ 13 Abs. 1 letzter Satz wurde durch LGBl. Nr. 78/1979 in das Gemeindeplanungsgesetz 1970 aufgenommen. Dazu führen die Erläuterungen Verf-35/5/1979, 2, aus: *„Durch diese Regelung wird die Widmung in verschiedenen Ebenen ermöglicht. So wird es in Hinkunft etwa dann, wenn es die örtlichen Gegebenheiten erfordern, möglich sein, unter einer als Verkehrsfläche gewidmeten Grundfläche eine Tiefgarage zu errichten. Es werden als ober und unter der Erdoberfläche verschiedene Widmungen möglich sein. Vergleichbare Regelungen gibt es bereits in Oberösterreich, in Niederösterreich und in der Steiermark."*

Die Bestimmung soll nunmehr neu gefasst werden. Durch den Verweis in § 13 Abs. 1 auf die Ziele und Grundsätze der Raumordnung (siehe § 2 Abs. 1 Z 8) wird weiterhin sichergestellt, dass die Erfordernisse einer zeitgemäßen landwirtschaftlichen Betriebsführung zu beachten sind (vgl. § 1 Abs. 1 zweiter Satz K-GplG 1995 der geltenden Fassung). Gleiches gilt für das Rücksichtnahmegebot des § 1 Abs. 2 K-GplG 1995 der geltenden Fassung (siehe § 2 Abs. 2 Z 2 und dazu die entsprechenden Erläuterungen). Der Hinweis auf die kompetenzrechtlichen Grenzen in § 1 Abs. 3 K-GplG 1995 der geltenden Fassung findet sich nunmehr in § 1 Abs. 2 (siehe dazu auch die entsprechenden Erläuterungen).

§ 13 Abs. 2 normiert nunmehr ausdrücklich, dass der Flächenwidmungsplan aus einer planlichen Darstellung besteht. Im Sinne einer leichteren Verständlichkeit sollen nunmehr auch Erläuterungen verfasst werden müssen. Die Erläuterungen sind nicht Teil des Flächenwidmungsplanes, dh. der Verordnung, sondern sollen diesen lediglich erläutern.

§ 13 Abs. 3 entspricht grundsätzlich § 1 Abs. 4 K-GplG 1995 der geltenden Fassung. Schon das Landesplanungsgesetz, LGBl. Nr. 47/1959, sah in § 5 Abs. 4 eine entsprechende Bestimmung vor. Dass auch erteilte Bewilligungen im Sinne von § 45 ersichtlich zu machen sind, wurde durch LGBl. Nr. 134/1997 in das Gemeindeplanungsgesetz 1995 eingefügt. Dazu halten die Erläuterungen Verf-579/15/1997, 12, fest: *„Durch die vom Kärntner Landtag am 7. März 1996 beschlossene Novelle zur Kärntner Bauordnung 1992 wurde aufgrund der Neuregelung des § 12 Abs. 5 leg.cit. [Anmerkung: nunmehr § 45] die Möglichkeit geschaffen, daß der Gemeinderat „auf Antrag des Grundeigentümers die Wirkung des Flächenwidmungsplanes im Sinne des § 19 des Gemeindeplanungsgesetzes 1995 für bestimmte Grundflächen durch Bescheid ausschließen und ein genau bezeichnetes Vorhaben raumordnungsmäßig bewilligen (darf), wenn dieses dem örtlichen Entwicklungskonzept, sofern ein solches noch nicht erstellt worden ist, den erkennbaren grundsätzlichen Planungsabsichten der Gemeinde nicht entgegensteht". Um ein Auseinanderklaffen zwischen dem Flächenwidmungsplan einerseits und den tatsächlichen gemeindeplanungsrechtlichen Bebauungsmöglichkeiten, die sich aufgrund der Neuregelung in der Kärntner Bauordnung 1992 ergeben, anderseits zu vermeiden, sieht Z 38 des vorliegenden Gesetzesentwurfes (§ 19a Abs. 3 [Anmerkung: nunmehr § 14 Abs. 1 Z 3]) eine Ersichtlichmachung von erteilten Bewilligungen nach der in Rede stehenden Bestimmung der Kärntner Bauordnung unter Verwendung* *eines Planzeichens in der zeichnerischen Darstellung des Flächenwidmungsplanes vor. Um in der Planzeichenverordnung für Flächenwidmungspläne ein entsprechendes Planzeichen vorsehen zu können, bedarf es der durch Z 2 des vorliegenden Gesetzesentwurfes vorgenommen Änderungen des § 1 Abs. 4 des Gemeindeplanungsgesetzes 1995."*

## II. Anmerkungen

Die Beschlussfassung über den Flächenwidmungsplan obliegt dem Gemeinderat, eine Übertragung an andere Gemeindeorgane ist unzulässig (vgl § 34 K-AGO). Der Gemeinderat ist nicht an den Entwurf des Flächenwidmungsplanes des Bürgermeisters gebunden (siehe § 38 Anm 1). Gemäß Art 117 Abs 4 B-VG (siehe auch § 36 Abs 1 K-AGO) sind die Sitzungen des Gemeinderates öffentlich, es können jedoch Ausnahmen vorgesehen werden. 1

Zu den Zielen und Grundsätzen der Raumordnung siehe § 2. 2

Zu den überörtlichen Entwicklungsprogrammen siehe § 7 und § 8. 3

Zum örtlichen Entwicklungskonzept siehe § 9 bis § 12. 4

Der Flächenwidmungsplan ist ausdrücklich als Verordnung zu beschließen. Dies entspricht der Judikatur des VfGH, dass Flächenwidmungspläne Verordnungen sind (VfGH VfSlg 7585/1975 mwN; *Pallitsch/Pallitsch/Kleewein*, Baurecht[5] § 1 K-GplG 1995 Anm 1; vgl auch *Schelling*, RFG 2021, 23 f). Gleiches gilt für die Änderungen von Flächenwidmungsplänen (VfGH VfSlg 12.755/1991 mwN), auch wenn nur ein Grundstück betroffen ist (VfGH VfSlg 10.377/1985). Der Gemeinderat ist als Verordnungsgeber an das Gleichheitsgebot gebunden (VfGH VfSlg 12.171/1989; dies gilt auch für Änderungen des Flächenwidmungsplanes VfGH VfSlg 16.323/2001 mwN). Das Gleichheitsgebot wird zB dann verletzt, „wenn bezüglich der Bebaubarkeit in grundsätzlich gleicher Lage befindliche Grundstücke überhaupt von vornherein einem Liegenschaftseigentümer (ohne konkreten, bei der Planung offengelegten zwingenden Grund) gegenüber einem anderen kraß bevorzugt oder dem einen eine besonders günstige Bebauung gewährleistet, dem anderen die Bebauung hingegen überhaupt versagt wird" (VfGH VfSlg 13.570/1993; VfSlg 14.629/1996). Eine rechtswidrige Widmung einer Fläche führt aber nicht dazu, dass der Verordnungsgeber auch bei der Widmung einer anderen Fläche gesetzwidrig vorgehen muss (VfGH VfSlg 15.136/1998). Die Änderung oder Erlassung eines Flächenwid- 5 mungsplanes im Hinblick auf ein konkretes Vorhaben, macht diesen auch nicht per se gesetzwidrig (VfGH VfSlg 15.933/2000; VfSlg 17.815/2006). Die sachliche Rechtfertigung muss aber besonders begründet werden, es muss eine den Erfordernissen des Raumordnungsgesetzes entsprechende Interessenabwägung erfolgen. „Das konkrete Interesse einer Person an einer bestimmten Widmung ändert nichts an der Gesetzmäßigkeit der Widmung, wenn die sachlichen Voraussetzungen erfüllt sind" (zum Ganzen VfGH 29.9.2021, V 462/2020 mwN).

Gemäß § 15 Abs 1 K-AGO hat der Bürgermeister Verordnungen der Gemeinde im elektronisch geführten Amtsblatt der Gemeinde kundzumachen. Gleichzeitig mit der Kundmachung hat der Bürgermeister gemäß § 99 Abs 1 K-AGO im eigenen Wirkungsbereich erlassene Verordnungen aus dem Bereich der Landesvollziehung der Landesregierung elektronisch zu übermitteln (siehe auch Art 119a Abs 6 B-VG).

**6** In welche Widmungsarten das Gemeindegebiet zu gliedern ist, obliegt allein der rechtspolitischen Entscheidung des Landesgesetzgebers. Die Gemeinde hat in Entsprechung des Legalitätsprinzips gemäß Art 18 Abs 2 B-VG die Widmung aus den vom Gesetzgeber geschaffenen Möglichkeiten festzulegen und ist nicht ermächtigt, eigene Widmungsarten festzusetzen (VfGH VfSlg 13.633/1993). „Eine nähere, die gesetzlichen Widmungskategorien und die Verwendung von Grundstücken konkretisierende oder sie überhaupt ändernde Regelung durch Verordnung ist [....] verfassungsrechtlich nur zulässig, wenn der Gesetzgeber auch die raumordnungsrechtlichen Voraussetzungen und Bedingungen bestimmt, an denen dann jene Verordnungen im Sinne des Art 18 Abs 2 B-VG gemessen werden können" (VfGH VfSlg 14.179/1995). Zum Bauland siehe § 15, zum Grünland § 27 und zu den Verkehrsflächen § 26. Die Widmungsarten Bauland und Grünland werden durch einzelne Widmungskategorien und Sonderwidmungen näher bestimmt (siehe die Baugebiete gemäß § 16 Abs 1 und die gesondert festzulegenden Flächen im Grünland gemäß § 27 Abs 2; zum Ganzen *Kleewein*, bbl 2014, 94 f; siehe auch *Kanonier*, bbl 1998, 8 f).

**7** Es besteht für die Gemeinde eine Verpflichtung, einen Flächenwidmungsplan zu beschließen („hat"). Der Flächenwidmungsplan ist auf einen bestimmten Planungsraum bezogen. Der Planungsraum, dh die räumliche Einheit, die dem Flächenwidmungsplan unterliegt, umfasst das gesamte Gemeindegebiet. Aufgabe des Flächenwidmungsplanes ist es, Bauvorhaben in die durch öffentliche Rücksichten gebotenen Bahnen zu lenken (VfGH VfSlg 18.374/2008 mwN). Auf die Erlassung oder Abänderung eines Flächenwidmungsplanes besteht aber für niemanden ein Rechtsanspruch (VwGH 15.12.1992, 92/05/0147; 16.9.1997, 97/05/0030; siehe auch *Hauer*, Grundbegriffe 18 f). Dem Flächenwidmungsplan kommt wesentliche Bedeutung zu, da durch diesen die zulässige Art der Bodennutzung mittels Widmung rechtsverbindlich festgelegt wird. Als Negativplanung ist eine widmungswidrige Nutzung der Grundfläche unzulässig, es besteht für den Grundeigentümer aber keine Verpflichtung, die festgelegte Art der Bodennutzung umzusetzen (zum Ganzen *Leitl*, Raumplanung 113 f; *Kleewein*, bbl 2014, 94 f).

Gemäß Art V Abs 6 LGBl 2021/59 gelten im Zeitpunkt des Inkrafttretens des K-ROG 2021 bestehende Flächenwidmungspläne als Flächenwidmungspläne im Sinne des K-ROG 2021. Auf Grund dieser Übergangsbestimmung ist die Zulässigkeit von baulichen Anlagen in der jeweiligen Widmung, auch bei Flächenwidmungsplänen, die vor Inkrafttreten des K-ROG 2021 beschlossen wurden, nach dem K-ROG 2021 zu beurteilen (VfGH VfSlg 14.179/1995; VfSlg 14.866/1997; siehe aber auch die speziellen Übergangsbestimmungen für bestimmte bauliche Anlagen in Art V Abs 11 und 12 LGBl 2021/59). Gemäß Art V Abs 9 LGBl 2021/59 haben die Gemeinden die bestehenden Flächenwidmungspläne spätestens binnen fünf Jahren ab Inkrafttreten des K-ROG 2021 (das K-ROG 2021 ist am 1.1.2022 in Kraft getreten) an die Bestimmungen des K-ROG 2021 anzupassen, wenn sie den Bestimmungen des K-ROG 2021 nicht entsprechen.

Nach einem Judikat des VfGH ist nach der Kärntner Rechtslage ein Individualantrag des betroffenen Grundeigentümers gemäß Art 139 Abs 1 Z 3 B-VG zur Anfechtung des Flächenwidmungsplans auf Grund Zumutbarkeit eines Antrages auf Baubewilligung nicht zulässig (VfGH VfSlg 18.508/2008; zum Ganzen *Leitl*, Raumplanung 129 f; *Pabel*, RFG 2008, 158 ff; *Palmstorfer*, bbl 2015, 107 ff; *Kleewein*, bbl 2019, 223). Denn für das Vorprüfungsverfahren gemäß § 13 K-BO 1996 bedarf es gemäß § 11 K-BO 1996 nicht der Beibringung der für eine umfassende Beurteilung erforderlichen Pläne und Beschreibungen. Somit stünde dem Grundeigentümer ein zumutbarer Weg offen, einen Antrag auf Baubewilligung zu stellen. Der Grundeigentümer könne schlussendlich im Beschwerdeverfahren vor dem VfGH die Gesetzwidrigkeit des Flächenwidmungsplanes geltend machen und auf diese Weise eine gegebenenfalls von Amts wegen zu veranlassende Überprüfung der Verordnung auf ihre Gesetzmäßigkeit erreichen. Auch ein Individualantrag des Anrainers ist nicht zulässig, da es zu einem unmittelbaren Eingriff in die Rechtssphäre eines Anrainers erst durch die Erteilung der Baubewilligung kommt, nicht jedoch bereits durch den Flächenwidmungsplan (VfGH VfSlg 11.685/1988 mwN; VfSlg 19.143/2010). Gleiches gilt mangels fehlender unmittelbarer Betroffenheit für Nachbargemeinden (VfGH VfSlg 15.947/2000) und mangels Eingriffs in die Rechtssphäre für Umweltorganisationen (VfGH 14.12.2016, V 87/2014; kritisch *Kleewein*, bbl 2019, 223; für Umwelt- und Standortanwälte vgl die Judikatur zu Art 144 Abs 1 B-VG VfGH VfSlg 17.220/2004 iVm VfSlg 17.233/2004) und für Personen, die weder betroffene Grundeigentümer noch Anrainer sind (VfGH 22.9.2017, V 82/2017 mwN).

Nach der ständigen Judikatur des VfGH zu Flächenwidmungsplänen leben frühere Verordnungen nach der Aufhebung von Bestimmungen durch den Verfassungsgerichtshof nicht wieder auf (VfGH VfSlg 9690/1983; VfSlg 10.703/1985; VfSlg 12.560/1990; VfSlg 13.742/1994; VfSlg 15.851/2000; VfSlg 18.410/2008; VfSlg 20.400/2020 = RdU 2021/120 Anm *Walcher/Wallner* auch zu den Auswirkungen im Baubewilligungsverfahren; siehe auch *Mayer*, ecolex 1994, 354 ff; *Hauer*, ecolex 1995, 58 ff; *Aichlreiter*, ecolex 1995, 65 ff). Gegenteiliges gilt nur bei sogenannten Aufhebungsverordnungen, also von Verordnungen, die sich darin erschöpfen, andere Verordnungen aufzuheben (vgl VfGH VfSlg 11.024/1986; VfSlg 16.987/2003).

**8** Zu den wirtschaftlichen, sozialen, ökologischen und kulturellen Erfordernissen siehe die oben unter Punkt I. abgedruckten ErlRV 01-VD-LG-1865/5-2021, 14 f und § 3 Anm 3.

**9** Der Ortsbildschutz erfolgt in erster Linie durch das K-OBG. So hat die Gemeinde im eigenen Wirkungsbereich gemäß § 1 Abs 1 K-OBG bei allen ihren nach Landesgesetzen obliegenden Aufgaben, insbesondere solchen nach der K-BO 1996, für die Pflege des erhaltenswerten Ortsbildes zu sorgen, es unter Bedachtnahme auf die technische und ökonomische Entwicklung sowie auf die örtliche Bautradition zu bewahren und für die Schaffung eines erhaltenswerten Ortsbildes zu sorgen. Das Ortsbild umfasst gemäß § 2 K-OBG das Bild eines Ortes oder von Teilen davon, das vorwiegend durch Gebäude, sonstige bauliche Anlagen, Grünanlagen, Gewässer, Schlossberge uä geprägt wird, und zwar unabhängig davon, ob die Betrachtung von innen oder von einem Standpunkt außerhalb des Ortes erfolgt. Das Ortsbild umfasst auch den charakteris-

## 3. Hauptstück – Örtliche Raumordnung  § 13

tischen Ausblick auf Ausschnitte der umgebenden Landschaft. Die Bestimmungen des K-OBG gelten aber gemäß § 3 K-OBG nur für den Ortsbereich, das ist der Bereich der geschlossenen Siedlungen und der zum Siedlungsbereich gehörigen besonders gestalteten Flächen, wie Vorgärten, Haus- und Obstgärten. Dennoch umfasst sind Anlagen, Grünanlagen, Gewässer, Schlossberge uä, die zwar außerhalb des Ortsbereiches liegen, aber ihrer Umgebung eine charakteristische Prägung geben. Der Schutz des Landschaftsbildes erfolgt in erster Linie durch das K-NSG. Unter dem Landschaftsbild ist das Bild einer Landschaft von jedem möglichen Blickpunkt aus zu verstehen. Der Beurteilung der Auswirkung ist das sich von allen möglichen Blickpunkten bietende Bild der von der Maßnahme betroffenen Landschaft zu Grunde zu legen (VwGH 14.9.2004, 2000/10/0164). Die Einbeziehung des Schutzes des Landschaftsbildes in die örtliche Raumplanung begegnet keinen verfassungsrechtlichen Bedenken (VfGH VfSlg 8151/1977; *Pallitsch/Pallitsch/Kleewein*, Baurecht[5] § 3 K-GplG 1995 Anm 7).

Grundsätzlich wird für eine Grundfläche nur eine Widmung festgelegt. **10** Die Bestimmung ermöglicht aber, auf unterschiedlichen vertikalen Ebenen unterschiedliche Widmungen im Sinne einer Schichtwidmung festzulegen. Durch entsprechende unterschiedliche Widmungen wäre es zB möglich auf einer Grundfläche eine Tiefgarage (erste Ebene) eine Verkehrsfläche (zweite Ebene) und ein Wohngebäude im Rahmen einer Überbauung der Verkehrsfläche (dritte Ebene) zu errichten. „Räumlich funktionelle Erfordernisse" würden insbesondere entgegenstehen, wenn die jeweiligen Funktionen der Widmungen zu absehbaren Konflikten führen (vgl § 2 Anm 24) würden (zum Ganzen *Eller*, ZfV 2020, 350).

Der Flächenwidmungsplan hat aus einer planlichen Darstellung zu **11** bestehen, ein Textteil ist nicht vorgesehen. Die Rechtslage muss aus der planlichen Darstellung eindeutig und unmittelbar – also ohne die Notwendigkeit des Heranziehens von technischen Hilfsmitteln wie zB des Grenzkatasters – festgestellt werden können. Die Kennzeichnung der Widmungskategorien muss daher mit der aus rechtsstaatlichen Gründen erforderlichen Präzision erfolgen. Insbesondere, wenn für ein Grundstück mehrere Widmungsarten vorgesehen sind, muss aus der Plandarstellung ersichtlich sein, woran sich die Widmungsgrenzen orientieren (so VfGH VfSlg 20.396/2020 mwN). Die rechtsstaatlichen Anforderungen an die Planpräzision dürfen aber auch nicht überspannt werden. Vielmehr verlangt die Rechtsprechung des VfGH im Allgemeinen nur einen dem jeweiligen Regelungsgegenstand adäquaten Determinierungsgrad. Auch sind Gesichtspunkte der Vermeidung unwirtschaftlichen Verwaltungsaufwandes bei der Bemessung des gebotenen Maßes an Präzision mit zu berücksichtigen (so ausführlich VfGH VfSlg 20.329/2018 mwN).

**12** Die Erläuterungen sollen dem besseren Verständnis des Flächenwidmungsplanes dienen. Die Erläuterungen sind nicht als Bestandteil der Verordnung kundzumachen. Diese sind somit nicht verbindlich. Stehen sie in Widerspruch zur Verordnung, ist die Verordnung entscheidend, nicht die Aussage in den Erläuterungen (vgl VfGH VfSlg 5153/1965; VfSlg 7698/1975; VwGH 5.11.1999, 99/19/0171). Gemäß § 15 Abs 3 ist die Bauflächenbilanz (siehe dazu § 15 Anm 14) den Erläuterungen zum Flächenwidmungsplan anzuschließen. Gemäß § 53 Abs 12 ist im Falle des Abschlusses von privatwirtschaftlichen Vereinbarungen in den Erläuterungen darzulegen, inwieweit durch diese den Zielen der örtlichen Raumplanung Rechnung getragen wird. Gemäß § 53 Abs 13 ist jeweils eine anonymisierte schriftliche Ausfertigung von abgeschlossenen privatwirtschaftlichen Vereinbarungen den Erläuterungen in einer gesonderten Anlage anzuschließen.

**13** Zu den wirtschaftlichen, sozialen, ökologischen und kulturellen Erfordernissen siehe die oben unter Punkt I. abgedruckten ErlRV 01-VD-LG-1865/5-2021, 14 f sowie § 3 Anm 4 und 5.

**14** Gemäß Art V Abs 6 LGBl 2021/59 gelten die im Zeitpunkt des Inkrafttretens des K-ROG 2021 bestehenden Planzeichenverordnungen als Planzeichenverordnungen im Sinne des K-ROG 2021. Somit gilt die Planzeichenverordnung für Flächenwidmungspläne, LGBl 1995/62 idF LGBl 1998/30, als Planzeichenverordnung im Sinne des § 13 Abs 3 (diese ist unter Punkt 1.12. abgedruckt). Gemäß Art V Abs 7 LGBl 2021/59 hat die Landesregierung die Planzeichenverordnung spätestens binnen drei Jahren ab Inkrafttreten des K-ROG 2021 (das K-ROG 2021 ist am 1.1.2022 in Kraft getreten) an die Bestimmungen des K-ROG 2021 anzupassen, wenn sie den Bestimmungen des K-ROG 2021 nicht entspricht.

Entwürfe von Verordnungen der Landesregierung sind gemäß Art 38 Abs 2 iVm Art 33 Abs 3 bis 5 K-LVG vor der Beschlussfassung einem Begutachtungsverfahren zu unterziehen. Im Begutachtungsverfahren hat jede Person das Recht, innerhalb der mindestens vierwöchigen Begutachtungsfrist eine schriftliche Stellungnahme abzugeben. Auf die

Durchführung des Begutachtungsverfahrens besteht indes kein Rechtsanspruch. Die Unterlassung des Begutachtungsverfahrens hat auf die Rechtmäßigkeit des Gesetzes keinen Einfluss. Im Rahmen des Begutachtungsverfahrens ist insbesondere auf das Rücksichtnahmegebot des § 2 Abs 2 Z 2 insofern Bedacht zu nehmen, als die betroffenen Gebietskörperschaften und andere Planungsträger einzubinden und deren Interessen abzuwägen sind (siehe dazu § 2 Anm 21 und 27). Darüber hinaus ist gemäß § 55 Abs 2 der Raumordnungsbeirat vor Beschlussfassung bei sonstiger Gesetzwidrigkeit zwingend zu hören (siehe § 55 Anm 6). Die Verpflichtung zur Kundmachung und der Zugang zur kundgemachten Verordnung ergeben sich aus dem K-KMG.

## § 14 Ersichtlichmachungen im Flächenwidmungsplan

(1) Bei Erstellung oder Änderung des Flächenwidmungsplanes[1] sind, wenn die Daten den Gemeinden in einer Qualität und in einem Maßstab vorliegen oder übermittelt werden, die eine parzellenscharfe Darstellung ermöglichen,[2] ersichtlich zu machen:[3]
1. Flächen, die durch überörtliche Maßnahmen oder Planungen für eine besondere Nutzung bestimmt sind (wie Eisenbahnen, Flugplätze, Bundesstraßen, Landesstraßen, Ver- und Entsorgungsanlagen von überörtlicher Bedeutung);[4]
2. Flächen, für die Nutzungsbeschränkungen bestehen (wie Nationalparkgebiete[5], Naturschutzgebiete, Landschaftsschutzgebiete[6], wasserrechtlich besonders geschützte Gebiete und sonstige wasserwirtschaftliche Planungsgebiete, Hochwasserabflussgebiete[7], Gefahrenzonen nach dem Forstgesetz 1975[8] und WRG 1959[9], Gefährdungsbereiche nach schieß- und sprengmittelrechtlichen Vorschriften[10], Standorte und angemessene Sicherheitsabstände von Seveso-Betrieben im Sinne des § 2 Z 1 K-SBG[11], Verdachtsflächen und Altlasten nach dem Altlastensanierungsgesetz[12], Bergbaugebiete[13] und militärische Sperrgebiete[14]);
3. Flächen, für die erteilte Einzelbewilligungen gemäß § 45 Abs. 5 in einer Anlage zu den Erläuterungen zum Flächenwidmungsplan anzuschließen sind, unter Verwendung eines Planzeichens und unter Beifügung der fortlaufenden Nummer im Verzeichnis nach § 45 Abs. 6;[15]

4. Flächen, für die ein integrierter Flächenwidmungs- und Bebauungsplan erlassen wurde.[16]

(2) Andere Flächen als solche nach Abs. 1 Z 2, für die Nutzungsbeschränkungen bestehen, wie Bann- und Schutzwälder[17], Schutzbereiche entlang der Bundes-[18] und Landesstraßen[19], in der Umgebung von Eisenbahnanlagen[20] und um die Flugplätze[21], Sicherheitsstreifen entlang elektrischer Starkstromleitungen[22], Naturdenkmale[23] und Objekte unter Denkmalschutz[24] dürfen im Flächenwidmungsplan ersichtlich gemacht werden, insoweit dies unter Bedachtnahme auf die örtlichen Gegebenheiten erforderlich ist.[25]

(3) Ersichtlichmachungen von Flächen nach Abs. 1 oder Abs. 2 im Flächenwidmungsplan kommt keine verbindliche Wirkung zu.[26]

**Lit:**
*Eisenberger*, Steiermärkische Raumordnung und -planung im Lichte der Altlastengefahr, RFG 2004/45; *Kerschner*, Amtshaftung der Gemeinden bei Baugenehmigung in hochwassergefährdeten Gebieten, RFG 2008/22, 85; *Kleewein*, Naturgefahren im Bau- und Raumordnungsrecht, RdU 2013/79; *Pallitsch/Pallitsch/Kleewein*, Kärntner Baurecht⁵, 2014.

## I. Erläuterungen

### ErlRV 01-VD-LG-1865/5-2021, 15 ff:

„§ 14 entspricht grundsätzlich § 12 K-GplG 1995 der geltenden Fassung. Eine entsprechende Bestimmung wurde erstmals als § 9a in das Landesplanungsgesetz durch LGBl. Nr. 50/1969 eingefügt. Dazu halten die Erläuterungen Verf-462/1/1969, 3, fest: *„Eine Vorschrift im Flächenwidmungsplan, Flächen, die durch überörtliche Maßnahmen oder Planungen für eine besondere Nutzung gewidmet sind oder für die Nutzungsbeschränkungen bestehen, besonders kenntlich zu machen, hat das Landesplanungsgesetz expressis verbis nicht enthalten. Diese bisher nur in der Planzeichenverordnung, LGBl. Nr. 39/1961, ausgesprochene Verpflichtung wird nunmehr durch eine eindeutige Gesetzesbestimmung verfügt."* Die Bestimmung wurde in dieser Form als § 6 in das Gemeindeplanungsgesetz 1970, LGBl. Nr. 1/1970, übernommen. Durch LGBl. Nr. 78/1979 wurde die Wortfolge „Gefahrenzonen nach dem Forstgesetz 1975, Bergbaugebiete, militärische Sperrgebiete" eingefügt. Dazu führen die Erläuterungen Verf-35/5/1979, 13, aus: *„Der Gefahrenzonenplan ist ein forstlicher Raumplan gemäß § 8 Abs. 2 des Forstgesetzes 1975. Gemäß § 11 Abs. 2 des Forstgesetzes 1975 sind*

## 3. Hauptstück – Örtliche Raumordnung § 14

*im Gefahrenzonenplan die wildbach- und lawinengefährdeten Bereiche und deren Gefährdungsgrad sowie jene Bereiche darzustellen, für die eine besondere Art der Bewirtschaftung oder deren Freihaltung für spätere Schutzmaßnahmen erforderlich ist. In Hinkunft wird auch der Inhalt der Gefahrenzonenpläne im Flächenwidmungsplan ersichtlich zu machen sein. Auch militärische Sperrgebiete (vgl. BGBl. Nr. 204/1963) sollen in Hinkunft im Flächenwidmungsplan ersichtlich zu machen sein. Der Begriff „Bruchgebietes", den das Berggesetz 1971 nicht mehr kennt, wurde durch den Ausdruck „Bergbaugebietes" ersetzt." In dieser Form wurde die Bestimmung als § 6 in das Gemeindeplanungsgesetz 1982, LGBl. Nr. 51/1982, übernommen. Durch LGBl. Nr. 105/1994 erfolgte eine Erweiterung der ersichtlich zu machenden Flächen. Die Erläuterungen Verf-273/3/1994, 22, führen Folgendes aus: „Die demonstrative Aufzählung jener Flächen, für die Nutzungsbeschränkungen bestehen und die im Flächenwidmungsplan ersichtlich zu machen sind, wird teils erweitert, teils an geänderte Rechtsvorschriften angepaßt. Als „wasserrechtlich besonders geschützte Gebiete" sind die Schon- und Schutzgebiete, die Grundwassersanierungsgebiete und die Gebiete, für wasserwirtschaftliche Rahmenverfügungen erlassen worden sind, zu verstehen. Die Übrigen Erweiterungen des Kataloges der ersichtlich zu machenden Flächen nach § 6 Z. 2 bezwecken eine Verbesserung der Koordination und Abstimmung der Planungsmaßnahmen der Gemeinde mit Planungen und Vorhaben anderer Planungsträger."*

In ihrer heutigen Form wurde die Bestimmung als § 12 K-GplG 1995 durch LGBl. Nr. 71/2002 geschaffen. Dazu halten die Erläuterungen -2V-LG-544/34-2002, 7, fest: „*Abweichend von der bisher geltenden Rechtslage sieht der vorliegende Gesetzesentwurf eine Differenzierung zwischen jedenfalls und (bloß) fakultativ ersichtlich zu machende Nutzungsbeschränkungen im Flächenwidmungsplan vor: Bei den in § 12 Abs. 1 Z 2 des Gesetzesentwurfes angeführten Nutzungsbeschränkungen handelt es sich um solche, die jedenfalls im Flächenwidmungsplan ersichtlich zu machen sind. Aufgrund europarechtlicher Vorgaben [...] wurde der Katalog der verpflichtend ersichtlich zu machenden Nutzungsbeschränkungen um „Standorte und Gefährdungsbereiche im Sinne der Richtlinie 96/82/EG des Rates vom 9. Dezember 1996 zur Beherrschung der Gefahren bei schweren Unfällen mit gefährlichen Stoffen" erweitert. Erweitert wurde dieser Katalog auch insofern, als in Zukunft nicht bloß „wasserrechtlich besonders geschützte Gebiete", sondern auch „sonstige wasserwirtschaftliche Planungsgebiete" im Flächenwidmungsplan ersichtlich zu machen sein werden; von der Verpflichtung zur Ersichtlichmachung erfasst sind demnach insbesondere Gebiete nach den §§ 34, 35, 37, 53 und 54 des Wasserrechtsgesetzes 1959. Die in § 12 Abs. 2 umschriebenen Nutzungsbeschränkungen sind hingegen nur dann und insoweit im Flächenwidmungsplan ersichtlich zu machen, als „dies unter Bedachtnahme auf die örtlichen Gegebenheiten erforderlich" ist. Ausdrücklich klargestellt wird durch § 12 Abs. 3 des vorliegenden Gesetzesentwurfes, dass Ersichtlichmachungen von Flächen im Flächenwidmungsplan „keine verbindliche Wirkung" zukommt; damit wird der ständigen Rechtsprechung des Verwaltungsgerichtshofes (vgl. 20.9.1990, 86/06/0047; 19.12.2000, 98/05/0147) Rechnung getragen, wonach Ersichtlichmachungen im Flächenwidmungsplan (lediglich) informativer Charakter zukommt (vgl. im gegebenen Zusammenhang auch VfSlg. 15136/1998; VfGH 27.9.2001, B 514/99 ua.)."* Durch LGBl. Nr. 24/2016 erfolgte lediglich eine redaktionelle Anpassung.

§ 14 Abs. 1 Z 3 entspricht § 19a Abs. 3 K-GplG 1995 der geltenden Fassung und wird aus systematischen Gründen in § 14 integriert. Die Bestimmung wurde durch LGBl. Nr. 134/1997 geschaffen. Dazu führen die ErläuterungenVerf-579/15/1997, 7 f, aus: *„Die vom Kärntner Landtag am 7. März 1996 beschlossene Novelle zur Kärntner Bauordnung 1992 sieht in der Fassung der Wiederverlautbarung LGBl. Nr. 62/1988 (§ 14 Abs. 5) vor, daß der Gemeinderat „auf Antrag des Grundeigentümers die Wirkung des Flächenwidmungsplanes im Sinne des § 19 des Gemeindeplanungsgesetzes 1995 für bestimmte Grundflächen durch Bescheid ausschließen und ein genau bezeichnetes Vorhaben raumordnungsmäßig bewilligen (darf), wenn dieses dem örtlichen Entwicklungskonzept, sofern ein solches noch nicht erstellt worden ist, den erkennbaren grundsätzlichen Planungsabsichten der Gemeinde nicht entgegensteht". In weiterer Folge werden nähere Regelungen hinsichtlich solcher „Einzelbewilligungen" in materiell- und verfahrensrechtlicher Hinsicht getroffen. Das durch die in Rede stehende Regelung neugeschaffene Instrument der „Einzelbewilligungen" ermöglicht es, mit Bescheid Ausnahmen von der Wirkung des Flächenwidmungsplanes – der in der Rechtsform einer Verordnung erlassen wird (vgl. § 1 Abs. 1 des Gemeindeplanungsgesetzes 1995) – zu bewilligen. Dies hätte – nach der derzeit geltenden Rechtslage nach dem Gemeindeplanungsgesetz 1995 – zur Folge, daß der Flächenwidmungsplan nicht (mehr) umfassend und abschließend Auskunft über die planungsrechtli-*

*chen Bebauungsmöglichkeiten von Grundflächen geben würde. Um ein Auseinanderklaffen zwischen dem Flächenwidmungsplan einerseits und den tatsächlichen gemeindeplanungsrechtlichen Bebauungsmöglichkeiten andererseits zu vermeiden, soll durch den vorliegenden Gesetzesentwurf eine Verpflichtung des Bürgermeisters begründet werden, erteilte Einzelbewilligungen dem Flächenwidmungsplan in einer gesonderten Anlage anzuschließen und Flächen, für die solche Einzelbewilligungen erteilt worden sind, in der zeichnerischen Darstellung des Flächenwidmungsplanes ersichtlich zu machen."*

§ 14 Abs. 1 Z 4 soll neu aufgenommen werden, um im Flächenwidmungsplan auch Informationen über die Erlassung von integrierten Flächenwidmungs- und Bebauungsplänen ersichtlich zu machen.

Vor dem Hintergrund der elektronischen Kundmachung des Flächenwidmungsplanes als Verordnung wird nunmehr klargestellt (siehe den Wortlaut „Bei der Erstellung und Änderung des Flächenwidmungsplanes"), dass die Ersichtlichmachungen nicht am aktuellen Stand zu halten sind, sondern nur im Falle der Erstellung oder Änderung des Flächenwidmungsplanes zu erfolgen haben. Entsprechende Informationen können aber aus dem Raumordnungskataster gewonnen werden.

Die Bestimmung bezweckt zudem keine Verpflichtung der Gemeinde, Daten, die ihr nicht in einer entsprechenden Qualität oder in einem entsprechenden Maßstab zu Verfügung stehen, selbst aufzubereiten, um sie im Flächenwidmungsplan ersichtlich machen zu können. Hiebei ist insbesondere auf § 1 Abs. 1 der Planzeichenverordnung für Flächenwidmungspläne, LGBl. Nr. 62/1995 idF LGBl. Nr. 30/1998, hinzuweisen, wonach als Planungsgrundlage für die zeichnerische Darstellung der im Flächenwidmungsplan festzulegenden und ersichtlich zu machenden Flächen genordete Verkleinerungen der Katastermappe im Maßstab 1 : 5 000 zu verwenden sind."

## II. Anmerkungen

Die Ersichtlichmachung hat somit nur bei der Erstellung und Änderung des Flächenwidmungsplanes zu erfolgen und muss nicht am aktuellen Stand gehalten werden (ErlRV 01-VD-LG-1865/5-2021, 17). Die Flächen sind aber in der laufenden örtlichen Bestandsaufnahme gemäß § 3 zu berücksichtigen (siehe § 3 Anm 5).

**2** Grundsätzlich besteht eine Verpflichtung zur Ersichtlichmachung der Flächen gemäß § 14 Abs 1 („sind"; dazu *Kleewein*, Naturgefahren 137 f; zu Amtshaftungsansprüchen mangels Ersichtlichmachung siehe OGH 28.11.2006, 1 Ob 158/06a, kritisch dazu *Kerschner*, RFG 2008/22). Um den Zweck der Ersichtlichmachung im Flächenwidmungsplan (siehe § 14 Anm 3) zu erreichen, müssen die Daten aber in einer entsprechenden Qualität und in einem entsprechenden Maßstab vorliegen. Unter „parzellenscharfer Planung" ist nach der Judikatur des VfGH eine Darstellung zu verstehen, die mit gleicher Genauigkeit wie Parzellengrenzen erfolgt (VfGH VfSlg 14.851/1997). Gemäß § 1 Abs 1 Planzeichenverordnung für Flächenwidmungspläne (diese ist unter Punkt 1.12. abgedruckt) sind als Plangrundlage für die zeichnerische Darstellung der im Flächenwidmungsplan festzulegenden und ersichtlich zu machenden Flächen genordete Verkleinerungen der Katastermappe im Maßstab 1 : 5.000 zu verwenden. Es besteht auch keine Verpflichtung der Gemeinde, Daten, die diese Voraussetzungen nicht erfüllen, aufzubereiten (ErlRV 01-VD-LG-1865/5-2021, 17).

**3** Gemäß § 2 Abs 2 Z 2 hat die örtliche Raumordnung der überörtlichen Raumordnung zu entsprechen (siehe § 2 Anm 21). Vor dem Hintergrund dieses Berücksichtigungsgebotes ist Zweck der Bestimmung insbesondere, die entsprechenden Daten der überörtlichen Raumordnung in den Flächenwidmungsplan aufzunehmen. Darüber hinaus dient die Bestimmung auch der Umsetzung der Umsetzung der RL 2012/18/EU zur Beherrschung der Gefahren schwerer Unfälle mit gefährlichen Stoffen (Ersichtlichmachung der Standorte und der angemessenen Sicherheitsabstände von Seveso-Betrieben). Umfasst sind Flächen, für die der Gemeinde die Planungskompetenz fehlt oder es sollen Informationen über bestimmte tatsächliche Verhältnisse gegeben werden (VfGH VfSlg 12.879/1991). Da jeweils auf „Flächen" bezuggenommen wird, ist meiner Ansicht nach unerheblich, ob bereits bauliche Anlagen errichtet wurden (vgl VwGH 20.9.1990, 86/06/0047).

Neben § 14 Abs 1 sind gemäß § 15 Abs 7 und § 35 Abs 2 auch Bebauungsfristen sowie gemäß § 36 Abs 5 K-AWO Flächen für Behandlungsanlagen im Flächenwidmungsplan ersichtlich zu machen.

**4** Zu den überörtlichen Maßnahmen und Planungen siehe § 1 Anm 1 und 5 ff.

**5** Zu Nationalparkgebieten siehe § 4 ff K-NBG 2019.

Zu Naturschutzgebieten siehe § 23 K-NSG 2002, zu Landschafts-  **6**
schutzgebieten § 25 K-NSG 2002.

Zu den wasserrechtlich besonders geschützten Gebieten und sonstigen  **7**
wasserwirtschaftliche Planungsgebieten sowie Hochwasserabflussge-
bieten siehe insbesondere die §§ 34, 35, 37, 53 und 55 ff WRG 1959.

Zu den Gefahrenzonen nach dem Forstgesetz 1975 siehe § 11 Forstge-  **8**
setz 1975 und die ForstG-GZPV.

Zu den Gefahrenzonen nach dem WRG 1959 siehe § 42a WRG 1959  **9**
und die WRG-GZPV.

Zu den Gefährdungsbereichen nach schieß- und sprengmittelrechtli-  **10**
chen Vorschriften siehe insbesondere § 6 MunLG 2003 und § 376 Z 48
GewO 1994.

Zu den Standorten und den angemessenen Sicherheitsabständen von  **11**
Seveso-Betrieben im Sinne des § 2 Z 1 K-SBG siehe § 2 Anm 17.

Zu den Verdachtsflächen und Altlasten nach dem Altlastensanierungs-  **12**
gesetz siehe § 13 Altlastensanierungsgesetz (vgl auch *Eisenberger*, RFG
2004, 167 ff).

Zu den Bergbaugebieten siehe § 153 MinroG.  **13**

Zu den militärischen Sperrgebieten siehe das SperrGG 2002.  **14**

Zu den erteilten Einzelbewilligungen siehe § 45.  **15**

Zu den integrierten Flächenwidmungs- und Bebauungsplänen siehe  **16**
§ 52.

Zu den Bannwäldern siehe § 27 Forstgesetz 1975, zu den Schutzwäl-  **17**
dern § 21 Forstgesetz 1975.

Zu den Schutzbereichen entlang der Bundesstraßen siehe § 21 BStG  **18**
1971.

Zu den Schutzbereichen entlang der Landesstraßen siehe § 47 f K-StrG  **19**
2017.

Zu den Schutzbereichen in der Umgebung von Eisenbahnanlagen siehe  **20**
§ 42 und § 43 EisbG.

Zu den Schutzbereichen in der Umgebung von Flugplätzen siehe § 85 ff  **21**
LFG.

Zu den Sicherheitsstreifen entlang elektrischer Starkstromleitungen  **22**
siehe § 3 ETG 1992 und die ETV 2020.

**23** Zu den Naturdenkmälern siehe § 28 K-NSG 2002.

**24** Zu den Objekten unter Denkmalschutz siehe das DMSG.

**25** Eine Ersichtlichmachung ist nur zulässig, insoweit dies unter Bedachtnahme auf die örtlichen Gegebenheiten, zB der Eignung für die Bebauung, erforderlich ist. Es besteht aber keine Verpflichtung zur Ersichtlichmachung („dürfen"). Umfasst sind Flächen, für die der Gemeinde die Planungskompetenz fehlt oder es sollen Informationen über bestimmte tatsächliche Verhältnisse gegeben werden (VfGH VfSlg 12.879/1991).

**26** Die Bestimmung entspricht der Judikatur des VfGH und des VwGH. Die Ersichtlichmachungen sind verfassungsrechtlich unbedenklich. Ihnen kommt nicht die Rechtswirkung des Flächenwidmungsplanes zu, sie dienen „der Übersichtlichkeit des Flächenwidmungsplanes sowie dessen Informationswert, ohne entsprechende Rechte und Pflichten von Grundeigentümern oder sonstigen Personen zu begründen" (VfGH VfSlg 14.994/1997; VwGH 30.9.2015, 2013/06/0138; *Pallitsch/Pallitsch/Kleewein*, Baurecht[5] § 12 K-GplG 1995 Anm 1). Eine Ersichtlichmachung kann keine der tatsächlichen Rechtslage widersprechende Wirkung entfalten, sie hat nur deklarativen Charakter (VwGH 15.12.2004, 2003/09/0121). Sie ersetzt auch nicht eine notwendige Bewilligung (VwGH 17.3.1997, 92/10/0398). Erfolgt keine verpflichtende Ersichtlichmachung, ist die Genehmigung gemäß § 38 Abs 7 zu versagen (VwGH 23.2.1995, 94/06/0195). Eine fehlende verpflichtende Ersichtlichmachung führt zur Gesetzwidrigkeit des Flächenwidmungsplanes (VfGH VfSlg 20.262/2018).

### § 15 Bauland[1]

(1) **Als Bauland dürfen nur Grundflächen festgelegt werden, die für die Bebauung geeignet sind.**[2] Nicht als Bauland festgelegt werden dürfen insbesondere folgende Gebiete:
1. deren ungünstige örtliche Gegebenheiten (Bodenbeschaffenheit, Grundwasserstand, Hanglage, Kleinklima, Immissionsbelastung, Oberflächenwässer uä.) eine widmungsgemäße Bebauung ausschließen, wenn diese Hindernisse nicht mit objektiv wirtschaftlich vertretbaren Aufwendungen durch entsprechende Maßnahmen behoben werden können;[3]
2. die für eine widmungsgemäße Bebauung nicht geeignet sind, weil sie

a) im Gefährdungsbereich von Hochwasser oder Wildbächen gelegen sind oder nach den raumbedeutsamen Planungen oder Maßnahmen der zuständigen Planungsträger für den Rückhalt und Abfluss von Hochwasser erforderlich sind oder eine wesentliche Funktion für den Hochwasserabfluss oder Hochwasserrückhalt aufweisen[4] oder
b) im Gefährdungsbereich von Steinschlag, Lawinen, Rutschungen, Altlasten uä. gelegen sind;[5]
3. deren Erschließung mit dem Stand der Technik entsprechenden Einrichtungen der Energie- und der Wasserversorgung, der Abwasser- und der Abfallentsorgung oder des Verkehrs unwirtschaftliche Aufwendungen erforderlich machen würden oder die unter Bedachtnahme auf die im örtlichen Entwicklungskonzept festgelegten Ziele der örtlichen Raumplanung nicht in absehbarer Zeit mit diesen Einrichtungen erschlossen werden können;[6]
4. die aus Gründen der Erhaltung des Landschaftsbildes oder zum Schutz von Anlagen, die ihrer Umgebung eine charakteristische Prägung geben (§ 1 Abs. 2 K-OBG), von einer Bebauung freizuhalten sind;[7]
5. die entsprechend einem überörtlichen Entwicklungsprogramm von einer Bebauung freizuhalten sind oder nicht als Bauland gewidmet werden dürfen.[8]

(2) Abweichend von Abs. 1 Z 2 dürfen Grundflächen dann als Bauland gewidmet werden, wenn[9]
1. die Eignung dieser Grundflächen als Bauland durch Maßnahmen der Anordnung von baulichen Anlagen oder durch bauliche Maßnahmen, welche die Sicherheit der Benutzer gewährleisten, erreicht werden kann,[10]
2. die Grundflächen innerhalb eines bebauten Gebietes oder unmittelbar im Anschluss daran gelegen sind,[11]
3. keine Erweiterung des Baulandes in Gebiete mit erheblich höheren Gefährdungspotentialen erfolgt und
4. im Falle einer Gefährdung durch Hochwasser durch die Bebauung wesentliche Hochwasserabflussbereiche oder Hochwasserrückhalteräume nicht beeinträchtigt werden.

Zur Beurteilung sind insbesondere die Gefahrenzonenpläne im Sinne des Forstgesetzes 1975 und die Gefahrenzonenplanungen im Sinne des WRG 1959 heranzuziehen.[12]

(3) Das Ausmaß des unbebauten Baulandes hat sich nach dem abschätzbaren Baulandbedarf in der Gemeinde unter Berücksichtigung der Bevölkerungs-, Siedlungs- und Wirtschaftsentwicklung[13] innerhalb eines Planungszeitraumes von zehn Jahren zu richten. Bei der Ermittlung des Baulandbedarfes ist auf die prognostizierte Bevölkerungsentwicklung sowie auf eine flächensparende Bebauung Bedacht zu nehmen. Der Bürgermeister hat den Baulandbedarf jeweils getrennt für die einzelnen Baugebiete[14] zu erheben, darzustellen und auf aktuellem Stand zu halten (Bauflächenbilanz)[15]. Die Bauflächenbilanz ist den Erläuterungen zum Flächenwidmungsplan[16] anzuschließen.

(4) Eine Neufestlegung von Grundflächen als Bauland darf nur erfolgen, wenn
1. unter Berücksichtigung der Bauflächenbilanz der Baulandbedarf nicht durch Baulandreserven gedeckt ist oder
2. zumindest im Ausmaß der beabsichtigten Neufestlegung Rückwidmungen von als Bauland festgelegten Grundflächen in Grünland erfolgen.[17]

(5) Übersteigen die Baulandreserven den abschätzbaren Baulandbedarf für die nächsten zehn Jahre, darf abweichend von Abs. 4 eine Neufestlegung von Bauland erfolgen, wenn[18]
1. durch ein von der Gemeinde einzuholendes raumordnungsfachliches Gutachten nachgewiesen wird, dass der aufgetretene Baulandbedarf nach objektiven Maßstäben durch die vorhandenen Baulandreserven nicht gedeckt werden kann,[19]
2. die Grundflächen in einem festgelegten Siedlungsschwerpunkt gelegen sind[20] und
3. sich der Grundeigentümer in einer privatwirtschaftlichen Vereinbarung mit der Gemeinde verpflichtet, für eine widmungsgemäße Bebauung der Grundflächen innerhalb von fünf Jahren nach deren Festlegung als Bauland zu sorgen[21].

Bei der Ermittlung der Baulandreserven haben jene als Bauland festgelegten Grundflächen außer Betracht zu bleiben, die als Aufschließungsgebiete festgelegt sind.

(6) Übersteigen die Baulandreserven den abschätzbaren Baulandbedarf für die nächsten zehn Jahre, darf abweichend von Abs. 4 eine Neufestlegung von Bauland zur Abrundung[22] von Bauland erfolgen, wenn[23]

1. die Grundflächen im Anschluss an bestehende Siedlungsstrukturen und innerhalb bestehender Siedlungsaußengrenzen gelegen sind[24] und
2. die Grundflächen jeweils 800 m² nicht übersteigen[25].

Bei der Ermittlung der Baulandreserven haben jene als Bauland festgelegten Grundflächen außer Betracht zu bleiben, die als Aufschließungsgebiete festgelegt sind.

(7) Eine Neufestlegung von Grundflächen als Bauland darf dahingehend zeitlich befristet werden, dass nach Ablauf von zehn Jahren nach der Festlegung als Bauland eine neue Widmung festgelegt werden darf, wenn keine widmungsgemäße Bebauung begonnen wurde.[26] Zeiten, während derer eine widmungsgemäße Bebauung wegen ihrer Festlegung als Aufschließungsgebiet[27] oder als Vorbehaltsfläche[28] oder wegen einer befristeten Bausperre[29] nicht zulässig war, sind in die Frist nicht einzurechnen. Die Befristung ist im Flächenwidmungsplan ersichtlich zu machen.[30] Der Beginn einer widmungsgemäßen Bebauung ist gegeben, wenn für ein Bauvorhaben die erforderlichen Bewilligungen rechtskräftig erteilt worden sind[31] und mit dessen Ausführung tatsächlich begonnen worden ist[32].

**Lit:**
*Attlmayr/Walzel von Wiesentreu* (Hrsg), Handbuch des Sachverständigenrechts³, 2021; *Eisenberger*, Steiermärkische Raumordnung und -planung im Lichte der Altlastengefahr, RFG 2004/45; *Giese*, Raumordnungs- und baurechtliche Gefahrenabwehr bei verborgenen Fliegerbomben-Blindgängern, bbl 2007, 129; *Götzl*, Hochwasserschutz mittels Zwangsrechtseinräumung zur Schaffung weitgehend natürlicher Retentionsräume?, RdU 2015/138; Handwörterbuch der Stadt- und Raumentwicklung, Akademie für Raumentwicklung in der Leibniz-Gemeinschaft Geschäftsstelle (Hrsg), 2018; *Häusler*, Grundzüge des neuen Kärntner Raumordnungsrechtes, bbl 2021, 169; *Hofmann,* Möglichkeiten der Baulandmobilisierung durch Gemeinden – eine (Normen-) Bestandsaufnahme, RFG 2011/24; *Kanonier*, Wirkungsfähigkeit von baulandmobilisierenden Instrumenten im Raumordnungsrecht, bbl 2020, 119; *Kind*, Hochwasserschutz: Kalte Enteignung durch Retentionsflächen?, RdU 2012/142; *Kirchmayer*, Die Bauordnungsnovelle 2014 und weitere Neuerungen im Wiener Baurecht, bbl 2015, 1; *Kleewein*, Naturgefahren im Bau- und Raumordnungsrecht, RdU 2013/79; *ders*, Die rechtliche Stellung des Sachverständigen für Naturgefahren im Raumordnungs- und bauverfahren der Gemeinden, RdU 2018/65; *Lampert*, Befristete Baulandwidmung in Wien, bauaktuell 2017, 144; *ders*, Die befristete Baulandwidmung in Vorarlberg, bauaktuell 2018, 102; Österreichische Raumordnungskonferenz (Hrsg), Risikomanagement für gravitative Naturgefahren in der

Raumplanung, ÖROK-Schriftenreihe 193, 2015; *Pallitsch/Pallitsch/Kleewein*, Kärntner Baurecht[5], 2014; *Randl/Raschauer N*, Das „geschlossene Siedlungsgebiet" im UVP-G 2000, RdU-UT 2007/12; *Rudolf-Miklau/Kanonier*, Gravitative Naturgefahren: Risiken managen, RdU-U&T 2016/18; *Steinwender*, Kärntner Baurecht, 2017; *Trapichler*, Befristete Baulandwidmung und Vertragsraumordnung als neue Instrumente der Raumordnung nach der wr BauO-Novelle 2014 – Teil 1, bbl 2015, 16; *Wagner*, Grundinanspruchnahme privater Liegenschaften für Schutzmaßnahmen und Überflutungsflächen, RdU 2013/109.

## I. Erläuterungen
### ErlRV 01-VD-LG-1865/5-2021, 17 ff:

„§ 15 Abs. 1 entspricht grundsätzlich § 3 Abs. 1 K-GplG 1995 der geltenden Fassung. Schon das Landesplanungsgesetz, LGBl. Nr. 47/1959, sah in § 6 Abs. 1 eine entsprechende Bestimmungen vor. Dazu halten die Erläuterungen Verf-7/8/1959 fest: *„Durch diese Bestimmung wird einerseits der Rahmen für Bebauungspläne gezogen und anderseits die Möglichkeit geschaffen, Bauten in für eine Bebauung ungeeigneten Gebieten zu verhindern (siehe § 13 Abs. 1 lit. a des Landesplanungsgesetzes* [Anmerkung: siehe nunmehr § 43]*)."* In ihrer heutigen Form wurde die Bestimmung grundsätzlich als § 2 Abs. 1 des Gemeindeplanungsgesetzes 1982 durch LGBl Nr. 105/1994 geschaffen: Die Erläuterungen Verf-273/3/1994, 12 f, führen dazu aus: *„Im Vergleich zur derzeitigen Rechtslage wird der Katalog jener Umstände erweitert, die einer Festlegung von Grundflächen als Bauland entgegenstehen und – im Interesse der besseren Übersichtlichkeit – untergliedert. Gebiete, die ungünstige örtliche Gegebenheiten aufweisen oder in näher bezeichneten Gefährdungsbereichen gelegen sind, dürfen nicht als Bauland festgelegt werden, sofern die eine Bebauung entgegenstehenden Hindernisse nicht durch entsprechende Maßnahmen behoben werden können. Im wesentlichen gleiches gilt für Grundflächen, die noch nicht (oder nur mangelhaft) verkehrsmäßig oder sonst infrastrukturell erschlossen sind und bei denen anzunehmen ist, daß sich die Erschließungssituation auch nicht in absehbarer Zeit ändern wird. Neben der Erhaltung des Landschaftsbildes sollen in Hinkunft auch Gründe des Ensembleschutzes (§ 1 Abs. 2 des Ortsbildschutzgesetzes 1990) der Festlegung von Grundflächen als Bauland entgegenstehen."* Nunmehr sollen auch Grundflächen, die für eine widmungsgemäße Bebauung nicht geeignet sind, weil sie im Gefährdungsbereich von Wildbächen gelegen sind, sowie Grundflächen, die

## 3. Hauptstück – Örtliche Raumordnung § 15

nach den raumbedeutsamen Planungen oder Maßnahmen der zuständigen Planungsträger für den Rückhalt und Abfluss von Hochwasser erforderlich sind oder eine wesentliche Funktion für den Hochwasserabfluss aufweisen, nicht als Bauland festgelegt werden. Zu den Ausnahmen hievon siehe sogleich die Erläuterungen zu § 15 Abs. 2.

§ 15 Abs. 2 wird neu geschaffen. In der geltenden Rechtslage dürfen Grundflächen in Gebieten, die im Gefährdungsbereich von Hochwasser, Steinschlag, Lawinen, Muren, Altlasten u. ä. gelegen sind, ausnahmslos nicht als Bauland festgelegt werden. Ausweislich der Erläuterungen -2V-LG-544/34-2002, 4, zu LGBl. Nr. 71/2002 wurde dieses absolute Widmungsverbot vor dem Hintergrund der Hochwasserkatastrophe in Nordösterreich im Herbst 2002 erlassen. Aus fachlicher Sicht haben die Erfahrungen der letzten Jahre allerdings gezeigt, dass dies im alpinen Kärntner Raum dazu führt, dass unter Umständen in Teilen des Landesgebietes überhaupt keine Neufestlegungen von Bauland zulässig sind. Aus diesem Grund soll unter gewissen strengen Voraussetzungen nunmehr eine Widmung aus Bauland in diesen Gebieten möglich sein. Zur Beurteilung sind insbesondere die Gefahrenzonenpläne im Sinne des Forstgesetzes 1975 und die Gefahrenzonenplanungen im Sinne des WRG 1959 heranzuziehen (sofern notwendig, sind für die Grundlagenforschung aber auch entsprechende weitere Gutachten einzuholen). Nach § 2 Abs. 1 der WRG-Gefahrenzonenplanungsverordnung – WRG-GZPV, BGBl. II Nr. 145/2014, sind Gefahrenzonenplanungen Fachgutachten, in denen insbesondere Überflutungsflächen hinsichtlich der Gefährdung und der voraussichtlichen Schadenswirkung durch Hochwasser sowie ihrer Funktion für den Hochwasserabfluss, den Hochwasserrückhalt und für Zwecke späterer schutzwasserwirtschaftlicher Maßnahmen beurteilt werden. Gemäß § 8 Abs. 1 S 1 WRG-GZPV sind als rote Gefahrenzonen jene Flächen auszuweisen, die durch gem. § 5 Abs. 2 WRG-GZPV bestimmte Bemessungsereignisse mittlerer Wahrscheinlichkeit derart gefährdet sind, dass ihre ständige Benützung für Siedlungs- und Verkehrszwecke wegen der voraussichtlichen Schadenswirkungen nicht oder nur mit unverhältnismäßig hohem Aufwand möglich ist. Gemäß § 8 Abs. 2 WRG-GZPV sind als gelbe Gefahrenzonen alle übrigen durch gemäß § 5 Abs. 2 WRG-GZPV bestimmte Bemessungsereignisse mittlerer Wahrscheinlichkeit gefährdeten Überflutungsflächen auszuweisen, in denen unterschiedliche Gefährdungen geringeren Ausmaßes oder Beeinträchtigungen der Nutzung für Siedlungs- und Verkehrszwecke auftreten können oder Beschädigungen von Bauobjekten und Verkehrsanlagen möglich sind. Flächen, die durch gemäß § 5 Abs. 2 WRG-GZPV bestimmte Bemessungsereignisse niedrigerer Wahrscheinlichkeit gefährdet sind, sind gelb schraffiert darzustellen. Befinden sich solche Restrisikogebiete im Wirkungsbereich von Hochwasserschutzanlagen, wo hochwasserbedingt mit höheren Schadenswirkungen zu rechnen ist, sind diese rot schraffiert darzustellen. Nach § 10 Abs. 1 WRG-GZPV sind Funktionsbereiche auszuweisen, wenn im betrachteten Einzugsgebiet Abfluss- und Rückhalteräume für Gewässer aufgrund der naturräumlichen Gegebenheiten, der Charakteristik des Einzugsgebietes und des flussmorphologischen Gewässertyps für einen schadlosen Ablauf von Hochwasserereignissen bedeutsam sind, und wenn Flächen für Zwecke späterer schutzwasserwirtschaftlicher Maßnahmen benötigt werden. § 10 WRG-GZPV unterscheidet hierbei zwischen rot-gelb schraffierten Funktionsbereichen (Abs. 2) und blau markierten Funktionsbereichen (Abs. 3). Die auf § 11 ForstG 1975 basierende Verordnung über die Gefahrenzonenpläne, BGBl. Nr. 436/1976, wiederum sieht in ihrem § 6 die Rote Gefahrenzone (jene Flächen, die durch Wildbäche oder Lawinen derart gefährdet sind, dass ihre ständige Benützung für Siedlungs- und Verkehrszwecke wegen der voraussichtlichen Schadenswirkungen des Bemessungsereignisses oder der Häufigkeit der Gefährdung nicht oder nur mit unverhältnismäßig hohem Aufwand möglich ist) die Gelbe Gefahrenzone (alle übrigen durch Wildbäche oder Lawinen gefährdeten Flächen, deren ständige Benützung für Siedlungs- oder Verkehrszwecke infolge dieser Gefährdung beeinträchtigt ist) und die Blauen Vorbehaltsbereiche (Bereiche, die für die Durchführung von technischen oder forstlich-biologischen Maßnahmen der Dienststellen sowie für die Aufrechterhaltung der Funktionen dieser Maßnahmen benötigt werden oder Bereiche, die zur Sicherung einer Schutzfunktion oder eines Verbauungserfolges einer besonderen Art der Bewirtschaftung bedürfen) vor.

§ 15 Abs. 3 entspricht grundsätzlich § 3 Abs. 2 K-GplG 1995 der geltenden Fassung. Die Bestimmung wurde durch LGBl. Nr. 105/1994 als § 2 Abs. 1a erster bis dritter Satz in das Gemeindeplanungsgesetz 1982 eingefügt. Die Erläuterungen Verf-273/3/1994, 13, führen dazu aus: *„Mit der vorliegenden Bestimmung soll einerseits dem Gebot der sparsamen Verwendung von Grund und Boden Rechnung getragen und andererseits ein Höchstrahmen für die zulässigen Baulandreserven in der Gemeinde vorgegeben werden. Das Ausmaß des unbebau-*

*ten Baulandes in der Gemeinde wird sich demnach in Hinkunft am abschätzbaren Baulandbedarf innerhalb eines Planungszeitraumes von zehn Jahren zu orientieren haben. Zu diesem Zweck hat der Bürgermeister eine Bauflächenbilanz zu erstellen und auf aktuellem Stand zu halten, in der der Baulandbedarf – jeweils getrennt für die einzelnen Baugebiete – darzustellen ist. Entsprechende Bedarfsprognosen sind bereits im örtlichen Entwicklungskonzept zu treffen (§ 3 Abs. 3 lit. c [Anmerkung: nunmehr § 9 Abs. 3 Z 3]). Übersteigen die Baulandreserven in der Gemeinde den abschätzbaren Baulandbedarf innerhalb eines Planungszeitraumes von zehn Jahren, dürfen weiter Grundflächen als Bauland grundsätzlich nicht mehr festgelegt werden. [...] Die vom Bürgermeister zu führende Bauflächenbilanz bildet eine fachliche Grundlage für die Flächenwidmungsplanung und ist ihrem Rechtscharakter nach als Gutachten zu qualifizieren. In ihr ist auf der Grundlage der bisherigen Entwicklung eine Prognose hinsichtlich des künftigen Baulandbedarfes in der Gemeinde zu treffen."*

§ 15 Abs. 4 entspricht grundsätzlich § 3 Abs. 2a K-GplG 1995 der geltenden Fassung. Vor dem Hintergrund, dass zuweilen bereits große Baulandreserven vorhanden sind, wird aber nunmehr vorgesehen, dass eine Neufestlegung von Bauland nur mehr erfolgen darf, wenn der Bedarf durch bereits vorhandene Reserven nicht gedeckt werden kann. Eine Neufestlegung von Bauland soll darüber hinaus auch möglich sein, wenn zumindest im Ausmaß der beabsichtigten Neufestlegung Rückwidmungen von als Bauland festgelegten Grundflächen in Grünland erfolgen. Dies entspricht § 15 Abs. 3 lit. b K-GplG 1995 der geltenden Fassung.

§ 15 Abs. 5 und 6 werden neu geschaffen. Die Bestimmungen sehen unter strengen Voraussetzungen Abweichungen zu § 15 Abs. 4 vor. Im Unterschied zu § 15 Abs. 4 haben bei der Ermittlung der Baulandreserven jene als Bauland festgelegten Grundflächen außer Betracht zu bleiben, die als Aufschließungsgebiete festgelegt sind.

§ 15 Abs. 7 wird neu geschaffen. Es soll den Gemeinden ermöglicht werden, dass eine Festlegung von Bauland befristet auf zehn Jahre erfolgt. Dies soll zu einer effektiven Mobilisierung von zur Bebauung geeigneten Baugrundstücken in ausreichender Quantität und Qualität führen. Denn häufig sind für die Siedlungsentwicklung ideale Grundstücke zwar als Bauland ausgewiesen, de facto aber nicht verfügbar, weil für die Grundeigentümer eine Bebauung aus verschiedensten

Gründen nicht in Frage kommt. Solche „brachliegenden" Baulandreserven würden, wenn sie nicht befristet wären, wegen der Obergrenze für Baulandausweisungen neue Baulandwidmungen verhindern bzw. Neuausweisungen an für die Siedlungsentwicklung oftmals suboptimalen Standorten bewirken. Die Nicht-Bebauung widerspricht insoweit dem öffentlichen Interesse an ausreichendem Bauland für leistbaren Wohnraum und Gewerbeflächen, führt zu erhöhten Infrastrukturkosten und geht außerdem zu Lasten des Erhalts von Natur- und Erholungsraum sowie geeigneter landwirtschaftlicher Flächen. Andererseits lässt die Frist von zehn Jahren den Grundeigentümern einen ausreichenden Zeitraum für eine widmungsgemäße Bebauung. Die Wahl des Anknüpfungszeitpunkts „widmungsgemäße Bebauung" deckt sich mit den Regelungen des § 20 Abs. 1 und 4 lit. a K-GplG 1995 der geltenden Fassung, ist also dem geltenden Raumordnungsrecht nicht wesensfremd. Ein Anknüpfen an die Baubewilligung brächte zwar vollzugstechnisch gewisse Vorteile, bietet jedoch noch weniger bzw. überhaupt keine Gewähr dafür, dass das Grundstück auch tatsächlich bebaut wird. Anderseits erscheint auch ein Anknüpfen an die Baufertigstellung insoweit ungeeignet, als bei Nicht-Fertigstellung angefangener Bauten innerhalb der Zehnjahresfrist (zB auf Grund vorübergehender finanzieller Engpässe, Krankheit) diese Rohbauten dann uU in die Nutzungsart Grünland zurückfallen würden.

Die Festlegung der neuen Widmung erfolgt erst nach Ablauf der Frist durch Änderung des Flächenwidmungsplanes. Dies soll ermöglichen, auf zwischenzeitlich eingetretene planungsrelevante Umstände Rücksicht zu nehmen. Als neue Widmung kommen unter Beachtung von § 13 alle Widmungsarten in Frage. Die Ausnahme, dass Zeiten, während derer eine widmungsgemäße Bebauung wegen ihrer Festlegung als Aufschließungsgebiet oder als Vorbehaltsfläche oder wegen einer befristeten Bausperre nicht zulässig war, nicht in die Zehnjahresfrist einzuberechnen sind, entspricht § 17 Abs. 2 und § 20 Abs. 2 K-GplG 1995 der geltenden Fassung.

In grundrechtlicher Hinsicht ist auszuführen, dass von der Befristung nur zukünftige Widmungen betroffen sind und für im Zeitpunkt des Inkrafttretens dieses Gesetzes bestehende Baulandflächen keine Änderung in der bisherigen Rechtsposition eintritt. Ein besonderer Vertrauensschutz für Kaufinteressenten künftig befristeter Baulandgrundstücke ist nicht erforderlich, da die Befristung und die Möglichkeit zur

3. Hauptstück – Örtliche Raumordnung § 15

Folgewidmung bei Nichtbebauung innerhalb der (verbleibenden) Zehnjahresfrist auf Grund der Ersichtlichmachung im Flächenwidmungsplan für jedermann erkennbar ist."

## II. Anmerkungen

Die Bestimmung lässt sich in drei Regelungsbereiche gliedern. In § 15 Abs 1 und 2 finden sich Bestimmungen über die Eignung von Grundflächen als Bauland, dh es werden qualitative Aspekte geprüft. In § 15 Abs 3 bis 6 wird geregelt, ob und in welchem Ausmaß Neufestlegungen von Grundflächen als Bauland erfolgen dürfen, dh es werden quantitative Aspekte geprüft (vgl *Pallitsch/Pallitsch/Kleewein*, Baurecht[5] § 3 K-GplG 1995 Anm 1). Schlussendlich wird in § 15 Abs 7 die Möglichkeit der zeitlichen Befristung von Neufestlegungen von Grundflächen als Bauland normiert. **1**

Es dürfen nur Grundflächen als Bauland festgelegt werden, „die für die Bebauung geeignet sind" (dazu *Kleewein*, Naturgefahren 138 f; *Rudolf-Miklau/Kanonier*, RdU-U&T 2016, 79 ff; ausführlich Österreichische Raumordnungskonferenz (Hrsg), Risikomanagement für gravitative Naturgefahren in der Raumplanung; zu Amtshaftungsansprüchen siehe OGH 23.11.2016, 1 Ob 199/16w = RdU 2018/61 Anm *Jandl* = RdU 2018/65 Anm *Kleewein*; zur Rechtsstellung der Sachverständigen *Kleewein*, RdU 2018, 93 ff). In § 15 Abs 1 Z 1 bis 5 werden demonstrativ (siehe den Wortlaut „insbesondere"; *Pallitsch/Pallitsch/Kleewein*, Baurecht[5] § 3 K-GplG 1995 Anm 2) Tatbestände aufgezählt, die einer Widmung von Flächen als Bauland entgegenstehen. Durch die demonstrative Aufzählung wird der Maßstab fixiert, dem die nicht konkret aufgezählten Voraussetzungen entsprechen müssen (VwGH 23.7.2009, 2006/05/0167). So sind meiner Ansicht nach zB auch Gebiete in Gefährdungsbereich von Seveso-Betrieben (siehe dazu § 2 Anm 17) umfasst (zu Fliegerbomben-Blindgängern siehe *Giese*, bbl 2007, 129 ff). **2**

Nach einem Judikat des VfGH steht die Gefahrenabwehr des § 15 Abs 1 Z 2 einer Festlegung als Bauland allerdings nur dann und insoweit entgegen, als „eine Grundfläche auf Grund einer bestimmten Gefährdungslage – von vornherein und abstrakt betrachtet – in jedem Fall für jegliche Bebauung ungeeignet ist" (zum Ganzen VfGH VfSlg 19.907/2014). Denn aus der Festlegung als Bauland kann kein Recht abgeleitet werden, eine Baubewilligung zu erlangen und ein Vorhaben auszuführen. Erst im Baubewilligungsverfahren nach der K-BO 1996 wird individuell-konkret über die Bebaubarkeit der Grundfläche mit dem beantragten Vorhaben entschieden. Die Behörde hat gemäß § 17 Abs 1 K-BO 1996 die Baubewilligung zu erteilen, wenn dem Vorhaben nach Art, Lage, Umfang, Form und Verwendung öffentliche Interessen, insbesondere solche der Sicherheit, der Gesundheit, der Energieersparnis, des Verkehrs, des Fremdenverkehrs sowie der Erhaltung des Landschaftsbildes oder des Schutzes des Ortsbildes nicht entgegenstehen (siehe im Hinblick auf Seveso-Betriebe auch § 17 Abs 1a K-BO 1996). Entspricht das Vorhaben den Voraussetzungen des § 17 Abs 1 und 1a K-BO 1996 nicht, sind diese gemäß § 18 Abs 1 K-BO 1996 durch Auflagen herzustellen. Darüber hinaus hat die Baubehörde gemäß § 18 Abs 3 K-BO 1996 unter besonderer Bedachtnahme auf den Verwendungszweck des Vorhabens durch technisch mögliche und der Art des Vorhabens angemessene Auflagen Abhilfe zu schaffen, wenn der Errichtung einer baulichen Anlage Interessen der Sicherheit im Hinblick auf seine Lage, wie in den Fällen einer möglichen Gefährdung durch Lawinen, Hochwasser oder Steinschlag entgegenstehen. Siehe nunmehr die entsprechende Anknüpfung in der Ausnahmebestimmung des § 15 Abs 2 Z 1. In den Tatbeständen des § 15 Abs 1 Z 1 und 3 wird in diesem Sinne auch ausdrücklich auf wirtschaftlich vertretbare Maßnahmen zur Behebung der Hindernisse bzw wirtschaftlich vertretbare Erschließungen abgestellt. Zu beachten ist in diesem Zusammenhang auch, dass Vorhaben gemäß § 26 K-BO 1996 den K-BV entsprechen müssen. Gemäß § 3 K-BV dürfen bauliche Anlagen nicht auf Grundstücken errichtet werden, die sich im Hinblick auf die Bodenbeschaffenheit, die Grundwasserverhältnisse oder wegen einer Gefährdung durch Hochwässer, Lawinen, Steinschlag oder wegen ähnlicher Gefahren für eine Bebauung nicht eignen. Dies gilt insofern nicht, als diese Gefahren durch geeignete Maßnahmen abgewendet werden oder keine Gefährdung von Menschen eintritt oder wenn es sich um bauliche Anlagen zur Abwehr oder Verringerung von Gefahren handelt.

Die Baulandeignung einer Grundfläche verpflichtet aber die Gemeinde nicht dazu, eine bisher als Grünland gewidmete Grundfläche als Bauland zu widmen. Die Festlegung von Bauland liegt vielmehr im planerischen Gestaltungsspielraum der Gemeinde (VfGH VfSlg 16.372/2001).

**3** Die Bestimmung dient insbesondere dem Ziel des § 2 Abs 1 Z 4, dass die Bevölkerung vor Gefährdungen durch Naturgewalten sowie vor vermeidbaren Umweltbelastungen durch eine entsprechende Entwicklung der Siedlungs- und Freiraumstruktur und Standortplanung bei dauergenutzten Einrichtungen soweit als möglich zu schützen ist (siehe dazu § 2 Anm 5). „Wirtschaftlich vertretbar" sind Aufwendungen meiner Ansicht nach, wenn die Gesamtheit der mit den Aufwendungen zur Behebung der Hindernisse verbundenen Kosten bei objektiver Betrachtung im Verhältnis zum Wert des gesamten möglichen Bauvorhabens (Grundflächen und Gebäude) wirtschaftlich vertretbar ist. Es wird für die Behebung von Hindernissen auf „objektiv" wirtschaftlich vertretbare Aufwendungen abgestellt. Somit kommt es nicht auf die „subjektiven" finanziellen Möglichkeiten eines Grundstückseigentümers an (so *Pallitsch/Pallitsch/Kleewein*, Baurecht[5] § 3 K-GplG 1995 Anm 4).

Zu den „raumbedeutsamen Planungen oder Maßnahmen der zuständigen Planungsträger" siehe § 2 Anm 21. Es handelt sich hiebei um „Retentionsräume". Diese dienen der Abflusshemmung und Abflussverzögerung durch natürliche Gegebenheiten (vgl ErlRV 01-VD-LG-1865/5-2021, 30; *Janssen*, Handwörterbuch, 893 ff; *Kind*, RdU 2012, 232; siehe auch *Wagner*, RdU 2013, 181 ff; *Götzl*, RdU 2015, 228 ff). **4**

Die Bestimmung dient insbesondere dem Ziel des § 2 Abs 1 Z 4, dass die Bevölkerung vor Gefährdungen durch Naturgewalten sowie vor vermeidbaren Umweltbelastungen durch eine entsprechende Entwicklung der Siedlungs- und Freiraumstruktur und Standortplanung bei dauergenutzten Einrichtungen soweit als möglich zu schützen ist (siehe dazu § 2 Anm 5; zu Altlasten vlg *Eisenberger*, RFG 2004, 167 ff). Bei der Beurteilung ist die Ausnahmebestimmung des § 15 Abs 2 zu beachten (siehe dazu § 15 Anm 8 f). Zur Baulandeignung im Rahmen der Gefahrenabwehr siehe auch § 15 Anm 2. **5**

Die Bestimmung dient insbesondere dem Ziel des § 2 Abs 1 Z 11, dass im Hinblick auf bestehende und zu schaffende Versorgungsstrukturen für entsprechende Entsorgungsstrukturen ausreichend Vorsorge zu treffen ist (siehe dazu § 2 Anm 12), und dem Grundsatz des § 2 Abs 2 Z 4, dass die Siedlungsentwicklung sich an den bestehenden Siedlungsgrenzen und an den bestehenden oder mit vertretbarem Aufwand zu schaffenden Infrastruktureinrichtungen zu orientieren hat, wobei auf deren größtmögliche Wirtschaftlichkeit Bedacht zu nehmen ist (siehe dazu § 2 Anm 23). Zu den im örtlichen Entwicklungskonzept festgelegten Zielen der örtlichen Raumplanung siehe § 9 Anm 10. **6**

**7** Der Schutz des Landschaftsbildes erfolgt in erster Linie durch das K-NSG. Unter dem Landschaftsbild ist das Bild einer Landschaft von jedem möglichen Blickpunkt aus zu verstehen. Der Beurteilung der Auswirkung ist das sich von allen möglichen Blickpunkten bietende Bild der von der Maßnahme betroffenen Landschaft zu Grunde zu legen (VwGH 14.9.2004, 2000/10/0164). Die Einbeziehung des Schutzes des Landschaftsbildes in die örtliche Raumplanung begegnet keinen verfassungsrechtlichen Bedenken (VfGH VfSlg 8151/1977; *Pallitsch/Pallitsch/Kleewein*, Baurecht[5] § 3 K-GplG 1995 Anm 7). Gemäß § 1 Abs 2 K-OBG sind auch Anlagen, Grünanlagen, Gewässer, Schlossberge uä, die zwar außerhalb des Ortsbereiches liegen, aber ihrer Umgebung eine charakteristische Prägung geben, vom Ortsbildschutz des K-OBG umfasst.

**8** In ein überörtliches Entwicklungsprogramm dürfen planerische Festlegungen nur unter der Voraussetzung aufgenommen werden, dass das überörtliche Interesse an diesen Festlegungen überwiegt (siehe § 7 Anm 2). „Sollen konkrete Flächen im Wege der überörtlichen Raumplanung einer bestimmten Widmung (zB als Verkehrsweg) zugeführt oder von einer bestimmten Widmung (zB als Bauland) freigehalten werden, so müssen derartige planerische Festlegungen eindeutig und nachweislich aus überwiegenden überörtlichen Interessen begründet werden" (VfGH VfSlg 11.633/1988; siehe zum Verhältnis zum Selbstverwaltungsrecht der Gemeinden VfGH VfSlg 15.230/1998).

**9** Alle Kriterien für die Ausnahme von § 15 Abs 1 Z 2 müssen erfüllt sein (siehe „und" in § 15 Abs 2 Z 3). Ausnahmebestimmungen sind grundsätzlich restriktiv zu interpretieren (VwGH 26.3.2019, Ra 2018/05/0220). In diesem Sinne sprechen auch die ErlRV 01-VD-LG-1865/5-2021, 17, von „strengen Voraussetzungen". Zur Baulandeignung im Rahmen der Gefahrenabwehr siehe § 15 Anm 2.

**10** Zur Anknüpfung an das Baubewilligungsverfahren für die Gefahrenabwehr siehe § 15 Anm 2.

**11** Die Bestimmung dient insbesondere dem Grundsatz des § 2 Abs 2 Z 4, dass die Siedlungsentwicklung sich an den bestehenden Siedlungsgrenzen zu orientieren hat, wobei auf deren größtmögliche Wirtschaftlichkeit Bedacht zu nehmen ist (siehe dazu § 2 Anm 23), sowie dem Grundsatz des § 2 Abs 2 Z 7, dass die Zersiedelung der Landschaft zu vermeiden ist und die Innenentwicklung der Siedlungsstruktur Vorrang vor deren Außenentwicklung hat (siehe dazu § 2 Anm 26).

3. Hauptstück – Örtliche Raumordnung **§ 15**

Zur Prüfung der Gefährdungsbereiche gemäß § 15 Abs 2 Z 3 und 4 **12**
siehe ausführlich die oben unter Punkt I. abgedruckten ErlRV 01-VD-
LG-1865/5-2021, 17 f. Zu den „Retentionsräumen" siehe § 15 Anm 4.

Die „abschätzbare Bevölkerungsentwicklung" beruht auf Annahmen **13**
über die künftige Entwicklung von Geburten, Sterbefällen und Wanderungsbewegungen (vgl Gabler Wirtschaftslexikon online, https://wirtschaftslexikon.gabler.de/definition/bevoelkerungsvorausschaetzung-31593/version-255148). Zur „Siedlungsentwicklung" siehe § 2 Anm 23, zur „Wirtschaftsentwicklung" § 2 Anm 4.

Als „Baugebiete" dürfen gemäß § 16 Abs 1 Dorfgebiete (siehe § 17), **14**
Wohngebiete (siehe § 18), Kurgebiete (siehe § 19), Gewerbegebiete (siehe § 20), Geschäftsgebiete (siehe § 21), Industriegebiete (siehe § 22), gemischte Baugebiete (siehe § 23) und Sondergebiete (siehe § 24) festgelegt werden.

Ausweislich der ErlRV 01-VD-LG-1865/5-2021, 3, ist einer der Hauptgesichtspunkte des K-ROG 2021 die Reduktion des Baulandüberhanges insbesondere durch eine Anpassung der Baulandreserven an den Baulandbedarf. In diesem Sinne dient die Bestimmung insbesondere in Verbindung mit § 15 Abs 4 vor allem dem Ziel des § 2 Abs 1 Z 4, dass bei der Entwicklung der Siedlungsstruktur eine möglichst sparsame Verwendung von Grund und Boden sowie eine Begrenzung und räumliche Verdichtung der Bebauung anzustreben ist und eine Zersiedelung der Landschaft zu vermeiden ist (siehe dazu § 2 Anm 7), sowie dem Grundsatz des § 2 Abs 2 Z 7, dass die Zersiedelung der Landschaft zu vermeiden ist und die Innenentwicklung der Siedlungsstruktur Vorrang vor deren Außenentwicklung hat (siehe dazu § 2 Anm 26; siehe auch die oben unter Punkt I. abgedruckten ErlRV 01-VD-LG-1865/5-2021, 18). Die Probleme des in vielen Gemeinden bestehenden Baulandüberhangs werden schon in den ErlRV Verf-273/3/1994, 1 ff, zur tiefgreifenden Novelle des K-GplG LGBl. Nr. 105/1994 festgehalten: „Ein besonderes Problem, das auf dem Boden der geltenden Rechtslage kaum zu bewältigen ist, stellt beispielweise der Umstand dar, daß in den Flächenwidmungsplänen der Gemeinden in großem Umfang Baulandflächen ausgewiesen sind, diese jedoch weder durch den Grundeigentümer selbst einer Bebauung zugeführt noch Dritten hiefür zur Verfügung gestellt werden. Dies führt einerseits dazu, daß immer neue Grundflächen als Bauland ausgewiesen werden müssen, um den bestehenden Bedarf befriedigen zu können. Andererseits verlagert sich die **15**

Siedlungsentwicklung von bestehenden Siedlungskernen weg, was in weiterer Folge dazu führt, daß in immer stärkerem Ausmaß Flächen in Anspruch genommen werden (müssen), die für eine Bebauung nicht besonders geeignet sind. Dadurch wird einerseits einer – nicht nur aus raumordnungspolitischer Sicht – unerwünschten Zersiedelung der Landschaft Vorschub geleistet, andererseits bringt diese Entwicklung aber auch hohe Infrastrukturkosten für die Allgemeinheit und eine Vielzahl von Konflikten zwischen verschiedenen Nutzungsansprüchen an den Raum mit sich."

Die Bauflächenbilanz ist getrennt für die einzelnen Baugebiete zu erheben, dh es besteht für jedes Baugebiet eine eigene Bauflächenbilanz. Der Planungszeitraum beträgt zehn Jahre und entspricht somit den Planungszeitraum gemäß § 9 Abs 3 Z 3. Die Bauflächenbilanz ergänzt die örtliche Bestandsaufnahme gemäß § 3, sie ist Bestandteil der verfassungsrechtlich notwendigen Grundlagenforschung (siehe dazu § 2 Anm 27; *Pallitsch/Pallitsch/Kleewein*, Baurecht[5] § 3 K-GplG 1995 Anm 10). Schon im örtlichen Entwicklungskonzept müssen entsprechende Aussagen gemäß § 9 Abs 3 Z 3 getroffen werden. Wesentliche Bedeutung kommt der Bauflächenbilanz dadurch zu, dass bei der Ermittlung des Baulandbedarfes gemäß § 15 Abs 4 Z 1 und bei der Festlegung von Aufschließungsgebieten gemäß § 25 Abs 1 und 2 die Bauflächenbilanz zu berücksichtigen ist.

**16** Zu den Erläuterungen des Flächenwidmungsplanes siehe § 13 Anm 12 und 13.

**17** Die Bestimmung ist zentrale Norm für die Neufestlegung von Grundflächen als Bauland (zum Zweck der Bestimmung siehe § 15 Anm 14). Die Regelungen des § 15 Abs 5 und 6 sind lediglich Ausnahmen zu dieser Bestimmung. Es bestehen nur zwei Tatbestände, bei der eine Neufestlegung von Grundflächen als Bauland erfolgen darf. Erstens, wenn unter Berücksichtigung der Bauflächenbilanz der Baulandbedarf nicht durch Baulandreserven gedeckt ist. Die Baulandreserven umfassen auch jene als Bauland festgelegten Grundflächen, die als Aufschließungsgebiete gemäß § 25 festgelegt sind (siehe § 25 Abs 1 „innerhalb des Baulandes" und VfGH VfSlg 17.410/2004; im Gegensatz dazu haben diese Flächen bei der Beurteilung gemäß § 15 Abs 5 und 6 ausdrücklich außer Betracht zu bleiben ErlRV 01-VD-LG-1865/5-2021, 18). Die Beurteilung hat, da gemäß § 15 Abs 3 der Baulandbedarf jeweils getrennt für die einzelnen Baugebiete zu erheben ist, für jedes

Baugebiet einzeln zu erfolgen. Vor dem Hintergrund, dass in vielen Gemeinden bereits große Baulandreserven bestehen, wird dieser Tatbestand allerdings vielfach nicht zur Anwendung kommen können (vgl VwGH 18.11.2003, 2003/05/0085). Zweitens darf eine Neufestlegung von Grundflächen als Bauland erfolgen, wenn zumindest im Ausmaß der beabsichtigten Neufestlegung Rückwidmungen von als Bauland festgelegten Grundflächen in Grünland erfolgen (zu den Rückwidmungen siehe § 36 und § 37). Indes sind Rückwidmungen insbesondere aus verfassungsrechtlichen Gründen an strenge Voraussetzungen gebunden, sodass auch dieser Tatbestand vielfach keine Grundlage für zeitnahe und einfache Neufestlegungen von Grundflächen als Bauland sein wird.

Eine gewisse Aufweichung dieser Bestimmungen erfolgt durch die Ausnahmen in § 15 Abs 5 und 6. Aber auch hiebei ist zu berücksichtigen, dass diese an „strenge Voraussetzungen" (ErlRV 01-VD-LG-1865/5-2021, 18) gebunden sind. Unter anderem kommen sie nur zur Anwendung, wenn die Baulandreserven den abschätzbaren Baulandbedarf für die nächsten zehn Jahre übersteigen, wobei – im Gegensatz zu § 15 Abs 4 – bei der Ermittlung der Baulandreserven jene als Bauland festgelegten Grundflächen außer Betracht zu bleiben haben, die als Aufschließungsgebiete festgelegt sind (ErlRV 01-VD-LG-1865/5-2021, 18). Schon diese Voraussetzung wird nicht in allen Fällen erfüllt sein. Es müssen somit durch Gemeinden, deren Baulandreserven den Baulandbedarf übersteigen, unter Berücksichtigung der jeweiligen örtlichen Gegebenheiten aktiv Überlegungen angestellt werden, wie die Bauflächenbilanz verbessert werden soll bzw wie durch eine abgestimmte Nutzung der Instrumente des K-ROG 2021 (insbesondere der Befristung von Bauland gemäß § 15 Abs 7, der Festlegung und Aufhebung von Aufschließungsgebieten gemäß § 25, der Festlegung von Bebauungsfristen gemäß § 35, der Rückwidmungen von Bauland einschließlich von Aufschließungsgebieten gemäß § 36 sowie privatwirtschaftlicher Maßnahmen gemäß § 53) Handlungsspielräume eröffnet werden (vgl *Kanonier*, bbl 2020, 119 ff). Dies entspricht ausweislich der ErlRV 01-VD-LG-1865/5-2021, 18, auch den inhaltliche Hauptgesichtspunkten des K-ROG 2021 „Reduktion des Baulandüberhanges" und „Baulandmobilisierung".

Alle Kriterien für die Ausnahme gemäß § 15 Abs 5 müssen erfüllt sein **18** (siehe „und" in § 15 Abs 5 Z 2). Ausnahmebestimmungen sind grundsätzlich restriktiv zu interpretieren (VwGH 26.3.2019, Ra 2018/05/0220).

In diesem Sinne sprechen auch die ErlRV 01-VD-LG-1865/5-2021, 18, von „strengen Voraussetzungen". Im Gegensatz zu § 15 Abs 4 haben bei der Ermittlung der Baulandreserven jene als Bauland festgelegten Grundflächen außer Betracht zu bleiben, die als Aufschließungsgebiete festgelegt sind (ErlRV 01-VD-LG-1865/5-2021, 18; siehe dazu § 15 Anm 16).

**19** Meiner Ansicht nach ist das Gutachten nach denselben Grundsätzen zu erstellen, die der VwGH ganz allgemein für Gutachten im Verwaltungsverfahren herausgearbeitet hat (vgl VwGH 16.9.2003, 2002/05/0040; siehe zum Ganzen auch *Kleewein*, bbl 2019, 216 f). Daraus folgt, dass das Gutachten entsprechend den maßgebenden Fachkenntnissen abgefasst sein muss. Ausgehend von diesen Fachkenntnissen hat es ein hohes fachliches – aber nicht zwingend in jedem Fall wissenschaftliches – Niveau aufzuweisen, ist methodisch korrekt zu verfassen, sorgfältig zu begründen und muss den aktuellen Stand der Wissenschaft bzw Technik wiedergeben. Um die Schlussigkeit, Widerspruchsfreiheit und Vollständigkeit des Gutachtens überprüfen zu können, müssen die – insbesondere fachlichen – Grundlagen, auf die sich das Gutachten stützt, und ihre konkrete Anwendung im Einzelfall in einer für den nicht Sachkundigen einsichtigen Weise offengelegt werden. Jedes Gutachten hat aus diesem Grund einen Befund zu enthalten, aus dem sich die Tatsachen, auf die sich das Gutachten stützt, ersichtlich sind, wie auch die Art, wie diese Tatsachen ermittelt wurden. Ausgehend von diesem Befund, hat der Sachverständige die fachliche Beurteilung schlüssig vorzunehmen (VwGH 22.9.1992, 92/05/0047; siehe auch VwGH 18.9.1990, 90/05/0086). Das Gutachten hat nur die Tatfrage – nicht Rechtsfragen – zu beantworten (zum Ganzen ausführlich *Hengstschläger/Leeb*, AVG² § 52 Rz 56 ff mN; *Attlmayr* in Attlmayr/Walzel von Wiesentreu, Sachverständigenrecht³ Rz 8.001 ff).

**20** Zur Festlegung von Siedlungsschwerpunkten siehe § 10.

**21** Zu privatwirtschaftlichen Maßnahmen siehe § 53 und § 54. Die Bestimmungen zählen meiner Ansicht nach zur fakultativen Vertragsraumordnung (siehe § 53 Anm 5).

**22** Das Bauland ist gemäß § 16 Abs 1 in möglichst geschlossene und abgerundete Baugebiete zu gliedern, siehe § 16 Anm 1.

**23** Alle Kriterien für die Ausnahme gemäß § 15 Abs 6 müssen erfüllt sein (siehe „und" in § 15 Abs 6 Z 1). Ausnahmebestimmungen sind grundsätzlich restriktiv zu interpretieren (VwGH 26.32019, Ra 2018/05/0220). In diesem Sinne sprechen auch die ErlRV 01-VD-LG-1865/5-2021, 18, von „strengen Voraussetzungen". Im Gegensatz zu § 15 Abs 4 haben bei der Ermittlung der Baulandreserven jene als Bauland festgelegten Grundflächen außer Betracht zu bleiben, die als Aufschließungsgebiete festgelegt sind (ErlRV 01-VD-LG-1865/5-2021, 18; siehe dazu § 15 Anm 16).

Meiner Ansicht nach umfasst der Begriff „Siedlungsstruktur" in diesem **24** Zusammenhang das Muster der Verteilung von Siedlungen in einem bestimmten Raum (vgl *Nuissl*, Handwörterbuch 2167 ff). Siedlungen sind bebaute Gebiete, unabhängig von der Nutzung der baulichen Anlagen (so sind zB gemäß § 6 und § 7 Abs 1 NÖ Naturschutzgesetz 2000 auch Industrie- oder Gewerbeparks Teile eines Siedlungsgebietes; *Randl/Raschauer N*, RdU-UT 2007, 37 ff; *Puntigam/Scharler*, RdU 2021, 204 ff; siehe auch VfGH VfSlg 6770/1972). Es erfolgt keine Einschränkung auf „geschlossene" Siedlungsstrukturen, dh es sind auch vereinzelt bebaute Gebiete (vgl VfGH VfSlg 18.410/2008; *Randl/Raschauer N*, RdU-UT 2007, 39 f) umfasst. „Siedlungsgrenzen" sind Außengrenzen (vgl § 15 Abs 6 Z 1) bebauter Gebiete (zur Schwierigkeit der Bestimmung von Siedlungsgrenzen vgl *Nuissl*, Handwörterbuch 2170). Aus der Einschränkung „innerhalb bestehender" Siedlungsgrenzen ist abzuleiten, dass eine Siedlungsentwicklung außerhalb dieser nicht stattfinden soll (siehe dazu auch § 2 Anm 26). In diesem Sinne ist auch zu berücksichtigen, dass das Bauland gemäß § 16 Abs 1 entsprechend den örtlichen Erfordernissen in möglichst geschlossene und abgerundete Baugebiete zu gliedern ist (siehe § 16 Anm 1).

Die Grundflächen dürfen „jeweils" 800 m² nicht übersteigen. Somit **25** können einerseits mehrere Abrundungen im Gemeindegebiet vorgenommen werden. Anderseits ist vor dem Hintergrund, dass Ausnahmebestimmungen grundsätzlich restriktiv zu interpretieren sind (VwGH 26.32019, Ra 2018/05/0220; siehe § 15 Anm 22) sowie den Grundsätzen der Raumordnung (siehe § 15 Anm 14), eine Stückelung von Änderungen des Flächenwidmungsplanes für eine zusammengehörende Fläche, um für die einzelnen Stücke unter der Flächenbegrenzung zu bleiben, unzulässig.

Ein Hauptgesichtspunkt des K-ROG 2021 ist ausweislich der ErlRV **26** 01-VD-LG-1865/5-2021, 3, die „Baulandmobilisierung insbesondere durch die Möglichkeit der Befristung von Baulandwidmungen" (kritisch zur Wirkung der Befristung von Baulandwidmungen *Lampert*, bauaktuell 2018, 105). Nach der Judikatur des VfGH sind Befristungen grundsätzlich zulässig, sie bedürfen aber einer gesetzlichen Grundlage (vgl VfGH VfSlg 15.734/2000; zum Ganzen siehe auch *Kirchmayer*, bbl 2015, 2 f; *Trapichler*, bbl 2015, 16 ff; *Lampert*, bauaktuell 2017, 144 ff; *ders*, bauaktuell 2018, 102 ff; *Kanonier*, bbl 2020, 125 f; *Häusler*, bbl 2021, 173 f; *Hofmann*, RFG 2021, 135 ff). § 15 Abs 7 dient in diesem Sinne dem Ziel der Baulandmobilisierung und schafft die notwendige gesetzliche Grundlage (siehe dazu die Ausführungen in den oben unter Punkt I. abgedruckten ErlRV 01-VD-LG-1865/5-2021, 18 f).

Die Bestimmung umfasst nur die Neufestlegung von Grundflächen als Bauland (zur Bebauungsfrist für bestehendes Bauland siehe § 35). Es besteht für die Gemeinden keine Verpflichtung, eine Befristung vorzunehmen („darf"; zur Notwendigkeit der abgestimmten Nutzung der Instrumente des K-ROG 2021 siehe § 15 Anm 16). Die Befristung hat auf die Dauer von zehn Jahren zu erfolgen, für die Festlegung einer kürzeren oder längeren Frist besteht keine Rechtsgrundlage. Hingegen sind Zeiten, während derer eine widmungsgemäße Bebauung wegen ihrer Festlegung als Aufschließungsgebiet (siehe § 25) oder als Vorbehaltsfläche (siehe § 29) oder wegen einer befristeten Bausperre (siehe § 46) nicht zulässig war, ausdrücklich nicht in die Frist einzurechnen. Es besteht auch keine Rechtsgrundlage bereits bei der Befristung festzulegen, welche Widmung nach Ablauf der Frist bestehen soll. Wird eine widmungsgemäße Bebauung innerhalb der Frist begonnen, entfällt die Befristung ex lege, da kein Anwendungsbereich für § 15 Abs 7 mehr besteht.

Für die verfassungsrechtliche Beurteilung der Bestimmung ist von wesentlicher Bedeutung, welche Rechtsfolgen nach Ablauf der Frist eintreten (VfGH VfSlg 15.734/2000). Voraussetzung für den Eintritt von Rechtsfolgen ist, dass keine widmungsgemäße Bebauung begonnen wurde (dazu siehe § 15 Anm 27). In diesen Fällen ist erste Rechtsfolge, dass eine neue Widmung festgelegt werden „darf". Dies korrespondiert mit der Bestimmung des § 34 Abs 3, nach der der Ablauf der Frist ein Tatbestand zur Möglichkeit der Änderung des Flächenwidmungsplanes ist (siehe zur Bestandskraft des Flächenwidmungsplanes § 34 Anm 1 ff). Rechtsfolge ist somit nicht, dass ex lege eine Rückwidmung in Grünland erfolgen würde oder die Gemeinde verpflichtet wäre, eine solche vorzunehmen bzw eine andere Widmung – uU schon im Zeitpunkt der Befristung – festzulegen. Dies ist vor dem Hintergrund des Rechts der Gemeinde auf Selbstverwaltung (siehe dazu § 1 Anm 2), der Verpflichtung zur Grundlagenforschung und des Abwägungsgebotes (siehe dazu § 2 Anm 27) zu begrüßen. Denn solchen Rechtsfolgen wäre eine Beschränkung dieser verfassungsrechtlichen Gebote immanent. Zweite Rechtsfolge ist, dass gemäß § 36 Abs 5 Z 4 diese Flächen vorrangig rückzuwidmen sind und gemäß § 37 Abs 3 Z 4 kein Anspruch auf Leistung einer angemessenen Entschädigung besteht. Hiebei ist allerdings zu beachten, dass gemäß § 36 Abs 5 eine Rückwidmung auch dieser Flächen nur unter Bedachtnahme auf die Kriterien nach § 36 Abs 4 erfolgen darf, dh im Einklang mit den Zielen und Grundsätzen der Raumordnung und unter Bedachtnahme auf die im örtlichen Entwicklungskonzept festgelegten Ziele der örtlichen Raumplanung sowie unter Abwägung der Interessen der Raumordnung an der Rückwidmung mit den wirtschaftlichen Interessen des betroffenen Grundeigentümers, wenn dessen vermögensrechtliche Nachteile durch die Rückwidmung nicht durch Entschädigungen nach § 37 auszugleichen sind. Somit ist eine Rückwidmung dieser Flächen auch nach Ablauf der Befristung gemäß § 15 Abs 7 an eine Grundlagenforschung und Interessenabwägung gebunden (siehe dazu § 2 Anm 27; vgl VfGH VfSlg 15.034/1997; 12.3.2019, E 3294/2018). Aus diesen Ausführungen ist meiner Ansicht nach auch abzuleiten, dass es sich bei § 15 Abs 7 nicht um eine „Befristung der Baulandwidmung" im eigentlichen Sinne handelt, sondern um eine „Bebauungsfrist" für Grundflächen, die als Bauland neu festgelegt werden (vgl auch § 35). Schlussendlich ist zu berücksichtigen, dass die Befristung im Flächenwidmungsplan ersichtlich zu machen ist, die Befristung von zehn Jahren mit dem Planungszeitraum von zehn Jahren des örtlichen Entwicklungskonzepts und der Bauflächenbilanz korrespondiert (siehe § 9 Abs 3 und § 15 Abs 3) und eine regelmäßige Überprüfung des örtlichen Entwicklungskonzepts und des Flächenwidmungsplanes zu erfolgen hat (siehe § 11 und § 33). Aus diesen Gründen bestehen meiner Ansicht nach gegen § 15 Abs 7 keine verfassungsrechtlichen Bedenken.

Zu den „Aufschließungsgebieten" siehe § 25. **27**

Zu den „Vorbehaltsflächen" siehe § 29. **28**

Zur „befristeten Bausperre" siehe § 46. **29**

Zu den Ersichtlichmachungen im Flächenwidmungsplan siehe § 14. **30**
Wird eine widmungsgemäße Bebauung innerhalb der Frist begonnen, hat bei der nächsten Änderung des Flächenwidmungsplanes die Ersichtlichmachung zu entfallen, da mit Beginn der Bebauung die Befristung entfällt (siehe § 15 Anm 25).

**31** Der Wortlaut stellt nicht nur auf die Baubewilligung ab, sondern auf die „erforderlichen Bewilligungen" für das Bauvorhaben, dh auf alle Bewilligungen, die für dieses Bauvorhaben notwendig sind (zB Naturschutzrecht, Wasserrecht, Gewerberecht), auch unabhängig davon, ob eine baurechtliche Bewilligung notwendig ist. Ist für das Bauvorhaben keinerlei Bewilligung erforderlich (zB weil es sich um ein mitteilungspflichtiges Bauvorhaben gemäß § 7 K-BO 1996 handelt und keine anderen Bewilligungspflichten bestehen) ist das Tatbestandsmerkmal erfüllt.

Unter Rechtskraft wird die formelle Rechtskraft verstanden, dh die Parteien können die Bewilligung nicht mehr mit einem ordentlichen Rechtsmittel bekämpfen. Dies tritt mit dem ausdrücklichen Verzicht auf das Rechtsmittel nach Zustellung des Bescheides, mit Ablauf der Frist für die Erhebung des Rechtsmittels oder mit dem Zurückziehen des Rechtsmittels ein. Diese formelle Rechtskraft muss gegenüber allen Parteien vorliegen (zum Ganzen *Hengstschläger/Leeb*, AVG[2] § 68 Rz 5 ff mN). Das Erkenntnis eines Verwaltungsgerichtes wird mit seiner Erlassung rechtskräftig. Die Beschwerde an den VfGH und die Revision an den VwGH sind außerordentliche Rechtsmittel, der Eintritt der formellen Rechtskraft wird durch die Erhebung dieser nicht gehindert (VwGH 2.8.2019, Ra 2018/11/0017 mwN; 4.8.2020, Ra 2020/14/0343).

**32** Nach der Judikatur des VwGH zu den Bauordnungen ist unter Beginn der Bauausführung jede auf die Errichtung eines bewilligten Vorhabens gerichtete bautechnische Maßnahme anzusehen (die folgenden Ausführungen sind *Steinwender*, Kärntner Baurecht § 20 K-BO 1996 Rz 4 entnommen; VwGH 17.4.2012, 2009/05/0313; zum Ganzen *Giese*, Baurecht § 12 Baupolizeigesetz Anm 2; siehe auch *Häusler*, bbl 2021, 173 f). Der Baubeginn ist stets ein faktisches Geschehen und nicht ein rechtlicher Akt der Behörde (VwGH VwSlg 6726 A/1965). Der Baubeginn ist anhand von objektiven Kriterien zu ermitteln (VwGH VwSlg 11.796 A/1985; 23.1.1996, 95/05/0194; 17.4.2012, 2009/05/0313). Ohne Bedeutung ist, in welchem Größenverhältnis die durchgeführten Arbeiten zum geplanten Vorhaben stehen (VwGH 23.1.1996, 95/05/0194; 25.9.2007, 2006/06/0001; 17.4.2012, 2009/05/0313) oder ob diese von einem befugten Unternehmer durchgeführt werden (VwGH VwSlg 11.796 A/1985). Soweit die bautechnische Maßnahme der Herstellung des Vorhabens dient, ist auch schon die Errichtung eines kleinen Teiles des

Fundamentes (VwGH 23.1.1996, 95/05/0194; 25.9.2007, 2006/06/0001) oder die Aushebung (auch nur teilweise VwGH 17.12.1998, 97/06/0113) der Baugrube (VwGH 23.1.1996, 95/05/0194; 29.8.2000, 97/05/0101; 17.4.2012, 2009/05/0313) als Baubeginn anzusehen. Eine Maßnahme dient der Herstellung des Vorhabens nicht, sofern von vornherein feststeht, dass eine Fortführung dieser Arbeiten in absehbarer Zeit nicht möglich ist (VwGH 16.10.1997, 96/06/0185; 17.4.2012, 2009/05/0313). Die Planierung eines Bauplatzes (VwGH 23.1.1996, 95/05/0194; 29.8.2000, 97/05/0101; 17.4.2012, 2009/05/0313) oder die Errichtung einer Betonplatte an einem Ort, wo gemäß dem bewilligten Vorhaben keine vorgesehen ist (VwGH 17.12.1998, 97/06/0113), kann nicht als Baubeginn beurteilt werden, insofern diese Arbeiten nicht der Herstellung der baulichen Anlage dienen. Ebenso sind reine Vorbereitungshandlungen nicht als Ausführung eines Vorhabens zu bewerten, zB die Trassierung durch Kennzeichnung in der Natur und die Vermessung der Wasserführung durch Aufstellung einer Maßanlage (VwGH 3.6.1987, 87/10/0006). Zu beachten ist in diesem Zusammenhang, dass gemäß § 37 K-BO 1996 die Behörde gegenüber dem Inhaber der Baubewilligung die weitere Ausführung zu verfügen hat, soweit dies Interessen ua der Raumordnung erfordern. Gemäß § 50 Abs 1 lit d Z 12 ist mit Geldstrafe bis zu 3.000 Euro zu bestrafen, wer einer Verfügung der Behörde gemäß § 37 Abs 1 zur weiteren Ausführung des Vorhabens nicht nachkommt. Dies dient auch der Absicherung von § 15 Abs 7 (ErlRV 01-VD-LG-1865/5-2021, 65).

## § 16 Baugebiete

(1) Das Bauland ist entsprechend den örtlichen Erfordernissen in möglichst geschlossene und abgerundete Baugebiete zu gliedern.[1] Als Baugebiete dürfen festgelegt werden:
 1. Dorfgebiet;
 2. Wohngebiet;
 3. Kurgebiet;
 4. Gewerbegebiet;
 5. Geschäftsgebiet;
 6. Industriegebiet;
 7. gemischte Baugebiete;
 8. Sondergebiete.[2]

(2) Die Lage der einzelnen Baugebiete im Bauland sowie die zulässigen Nutzungen innerhalb eines Baugebietes sind so aufeinander

abzustimmen, dass unter Bedachtnahme auf die örtlichen Gegebenheiten und den Charakter der jeweiligen Art des Baulandes gegenseitige Beeinträchtigungen und örtlich unzumutbare Umweltbelastungen, insbesondere durch Lärm-, Staub- und Geruchsbelästigung, sonstige Luftverunreinigungen oder Erschütterungen möglichst vermieden werden.[3] Zur Beurteilung der Lärmbelästigung sind die strategischen Lärmkarten gemäß § 68 K-StrG 2017, § 9a Abs. 2 lit. b K-IPPC-AG und § 6 Bundes-LärmG heranzuziehen.[4]

(3) Sondergebiete für Seveso-Betriebe im Sinne des § 2 Z 1 K-SBG sind so festzulegen, dass zwischen diesen Sondergebieten und anderen Grundflächen im Bauland – mit Ausnahme von Sondergebieten für Seveso-Betriebe, Gewerbe- und Industriegebieten – sowie Verkehrsflächen und im Grünland gesondert festgelegten Gebieten, die jeweils erfahrungsgemäß häufig von Menschen frequentiert werden (insbesondere Hauptverkehrswege und Erholungsgebiete), und sonstigen im Grünland gesondert festgelegten Gebieten, für die aufgrund von Bundes- oder Landesgesetzen unter dem Gesichtspunkt des Umwelt- und Naturschutzes Nutzungsbeschränkungen bestehen (zB Nationalparkgebiete, Naturschutzgebiete, Landschaftsschutzgebiete, wasserrechtlich besonders geschützte Gebiete und sonstige wasserwirtschaftliche Planungsgebiete und dergleichen), ein angemessener Sicherheitsabstand zur Begrenzung der Folgen etwaiger schwerer Unfälle im Sinne des § 2 Z 12 K-SBG gewahrt wird. Dies gilt sinngemäß auch für die Erweiterung eines Sondergebietes für Seveso-Betriebe.[5]

(4) Zur Sicherstellung eines wirksamen Umweltschutzes sowie der künftigen Entwicklungsmöglichkeiten von gewerblichen, industriellen und landwirtschaftlichen Betrieben dürfen zwischen verschiedenen Baugebieten Schutzstreifen als Immissionsschutz festgelegt werden.[6]

**Lit:**
*Büchele*, Umsetzung des Art 12 der Seveso II-RL zur Flächennutzung, RdU 2003/49; *Eisenberger/Hödl*, Die raumordnungsrechtliche Umsetzung der Seveso II-RL am Beispiel der Steiermark, ecolex 2002, 235; *Eisenberger/Wurzinger*, Bau- und raumordnungsrechtliche Aspekte bei der Errichtung und Erweiterung von Tierhaltungsbetrieben, bbl 2018, 165; *Ferz*, Tierhaltungsbetriebe in der Steiermark – Die „neuen" raumordnungsrechtlichen und baugesetzlichen Maßnahmen, bbl 2010, 211; *Hauer*, Rechtsfragen der „heranrückenden Wohnbebauung", RdU 1995, 116; *ders*, Kann sich der Inhaber eines immissionsträchtigen Betriebs

im Baubewilligungsverfahren gegen eine heranrückende Wohnbevölkerung wehren?, ÖJZ 1995, 361; *Hauer*, Der Nachbar im Baurecht[6], 2008; *Kleewein*, Anrainerschutz bei Massentierhaltung im öffentlichen Recht, RdU 1994, 83; *ders*, Die Rechtstellung der Nachbarn beim Bauen, in Rebhahn (Hrsg), Rechtsfragen des Bauens in Kärnten, 1997; *Mantler*, Reflexionen von Sonnenlicht und Schall durch Bauwerke als subjektiv-öffentliches Nachbarrecht, ZVB 2021/29; *Pallitsch/Pallitsch/Kleewein*, Kärntner Baurecht[5], 2014; *Potacs*, Auslegung im öffentlichen Recht, 1994; *Steinwender*, Kärntner Baurecht, 2017; *ders*, Seveso-Betriebe im Kärntner Raumordnungs- und Baurecht, bbl 2019, 1; *Wasielewski*, Das neue Störfallrecht zur Umsetzung der Seveso-II-Richtlinie, NVwZ 2018, 937; *Weber*, Heranrückende Wohnbebauung zu Ende gedacht, ZfV 2011/898; *Wessely*, Emissionen aus landwirtschaftlichen Kompostieranlagen und ihre Beurteilung am Beispiel NÖ, bbl 1999, 217; *Zauner/Doppler*, Heranrückende Wohnbebauung – rechtliche Grundlagen, Praxisfälle und Lösungsansätze, RdU-U&T 2012/9; *Zauner/Edtstadler/Doppler*, Lichtimmissionen im Nachbarschaftsbereich und in der Natur, RdU-U&T 2013/11.

## I. Erläuterungen
### ErlRV 01-VD-LG-1865/5-2021, 19 ff:

„§ 16 Abs. 1 entspricht § 3 Abs. 3 erster und zweiter Satz K-GplG 1995 der geltenden Fassung. Schon in § 6 Abs. 2 des Landesplanungsgesetzes LGBl. Nr. 24/1959 findet sich eine entsprechende Bestimmung. In ihrer heutigen Form wurde die Bestimmung als § 3 Abs. 2 erster und zweiter Satz des Gemeindeplanungsgesetzes 1982 durch LGBl. Nr. 105/1994 geschaffen. Die Erläuterungen Verf-273/3/1994, 13 f, führen dazu aus: *„Der Verfassungsgerichtshof hat in seiner Rechtsprechung zum Ausdruck gebracht, daß Raumordnungsvorschriften zwar keine bestimmte Mindestgröße für Baugebiete vorsehen müssen und die natürlichen Gegebenheiten oder die tatsächlichen Benützungsverhältnisse auch die Bildung verhältnismäßig kleinräumiger Widmungseinheiten erforderlich machen können (VfSlg. 8701/1979, S. 389). Im Erkenntnis vom 1. Oktober 1992, V 318/91, hat der Verfassungsgerichtshof weiters ausgeführt, daß die Schaffung zahlreicher Widmungs-„Inseln" innerhalb einer bestimmten Widmungskategorie dem Grundsatz der funktionellen Teilung der Widmungskategorien widerspreche und überdies Nutzungen ermögliche, wie sie in dieser Art in den Widmungskategorien des Gesetzes nicht vorgesehen sind (vgl. auch VfGH vom 2. Dezember 1992, B 658/92). Diese skizzierten Grundgedanken dieser Rechtsprechung bringt das Gebot, das Bauland entsprechend den örtli-*

*chen Erfordernissen in möglichst geschlossene und abgerundete Baugebiete zu gliedern, zum Ausdruck."*

§ 16 Abs. 2 entspricht § 3 Abs. 3 dritter und vierter Satz K-GplG 1995 der geltenden Fassung. § 16 Abs. 2 dritter Satz wurde als § 3 Abs. 2 dritter Satz des Gemeindeplanungsgesetzes 1982 durch LGBl. Nr. 105/1994 geschaffen. Die Erläuterungen Verf-273/3/1994, 14, führen dazu aus: *„Bereits im Allgemeinen Teil wurde ausgeführt (vgl. Punkt 1. lit. b* [Anmerkung: siehe die Erläuterungen zu § 7 Abs. 6]*), daß ein wesentliches Anliegen des vorliegenden Gesetzesentwurfes darin besteht, im Bereich des örtlichen Raumplanungsrechtes in verstärktem Maße den Zielsetzungen des (in einem umfassenden Sinn verstandenen) Umweltschutzes gerecht zu werden und Konflikte zwischen verschiedenen Raumnutzungen nach Möglichkeit schon im Planungsstadium zu vermeiden. Diesem Anliegen trägt die Neuregelung insofern Rechnung, daß die Lage der einzelnen Baugebiete im Bauland sowie die zulässigen Nutzungen innerhalb eines Baugebietes so aufeinander abzustimmen sind, daß gegenseitige Beeinträchtigungen und örtlich unzumutbare Umweltbelastungen möglichst vermieden werden. Im Vergleich zu derzeit geltenden Rechtslage sollen die in Betracht kommenden Umweltbelastungen durch eine demonstrative Aufzählung näher konkretisiert werden."* § 16 Abs. 2 vierter Satz wurde als § 3 Abs. 2 vierter Satz K-GplG 1995 durch LGBl. Nr. 89/2005 geschaffen. Die Erläuterung -2V-LG-920/15-2005, 2, halten dazu fest: *„Bei der Beurteilung der Lärmbelästigung im Zuge der Gliederung des Baulandes in möglichst geschlossene und abgerundete Baugebiete sollen die strategischen Lärmkarten herangezogen werden. Die Mindestanforderungen für die Ausarbeitung strategischer Lärmkarten sind im Anhang IV der Richtlinie enthalten. [...] Sowohl die strategischen Lärmkarten als auch die Aktionspläne sind in Kärnten derzeit nur an Hauptverkehrsstraßen, Eisenbahnstrecken und öffentlichen Flugplätzen, die für den internationalen Luftverkehr bestimmt sind, zu erstellen, da Ballungsräume mit mehr als 100.000 Einwohnern in Kärnten nicht gegeben sind. Die näheren Regelungen betreffend die Aktionspläne und die strategischen Lärmkarten werden in Ausführung der Umgebungslärmrichtlinie nach einer entsprechenden Novelle im Kärntner Straßengesetz und im Kärntner IPPC-Anlagengesetz sowie im Bundes-Umgebungslärmschutzgesetz enthalten sein."*

§ 16 Abs. 3 entspricht grundsätzlich § 3 Abs. 3 fünfter und sechster Satz K-GplG 1995 der geltenden Fassung. Die Bestimmung wurde durch LGBl. Nr. 24/2016 geschaffen. Die Erläuterungen 01-VD-LG-1729/8-2016, 1 f, führen dazu aus: *„Die Neufassung des § 3 Abs. 3 K-GplG 1995 erfolgt aufgrund von Art. 13 der Richtlinie 2012/18/EU des Europäischen Parlaments und des Rates vom 4. Juli 2012 zur Beherrschung der Gefahren schwerer Unfälle mit gefährlichen Stoffen, zur Änderung und anschließenden Aufhebung der Richtlinie 96/82/EG des Rates, ABl. Nr. L 197 vom 24.7.2012, S 1 („Seveso-III-Richtlinie"). Im Zuge dieser Neufassung wird zudem – angelehnt an § 30 Abs. 1 Z 5 des Steiermärkischen Raumordnungsgesetzes 2010 – auch auf die Erweiterung bestehender Sonderwidmungen ausdrücklich Bezug genommen und es wird eine stärkere inhaltliche Determinierung der betroffenen Flächen iSd Art. 13 Abs. 2 der Richtlinie 2012/18/EU angestrebt. Nach Art. 13 Abs. 2 der Richtlinie 2013/18/EU (bisher Art. 12 Abs. 1 der Richtlinie 96/82/EG) haben die Mitgliedstaaten dafür zu sorgen, dass in ihrer Politik der Flächenausweisung oder Flächennutzung oder anderen einschlägigen Politiken sowie den Verfahren für die Durchführung dieser Politiken langfristig dem Erfordernis Rechnung getragen wird, dass zwischen den unter diese Richtlinie fallenden Betrieben einerseits und Wohngebieten, öffentlich genutzten Gebäuden und Gebieten, Erholungsgebieten und soweit möglich, Hauptverkehrswegen, ein angemessener Sicherheitsabstand („appropriate safety distance") gewahrt bleibt. Sie haben ferner dem Erfordernis Rechnung zu tragen, dass unter dem Gesichtspunkt des Naturschutzes besonders wertvolle bzw. besonders empfindliche Gebiete in der Nachbarschaft von Betrieben erforderlichenfalls durch angemessene Sicherheitsabstände oder durch andere relevante Maßnahmen geschützt werden, und dass bei bestehenden Betrieben zusätzliche technische Maßnahmen nach Art. 5 der Richtlinie ergriffen werden, damit es zu keiner Zunahme der Gefährdung der menschlichen Gesundheit und Umwelt kommt. Nach Art. 13 Abs. 3 der Richtlinie 2012/17/EU (bisher Art. 12 Abs. 2 der Richtlinie 96/82/EG) haben die Mitgliedstaaten auch dafür zu sorgen, dass alle zuständigen Behörden und alle für Entscheidungen in diesem Bereich zuständigen Dienststellen geeignete Konsultationsverfahren einrichten, um die Umsetzung dieser Politik zu erleichtern, wobei diese Verfahren zu gewährleisten haben, dass bei diesbezüglichen Entscheidungen unter Berücksichtigung des Einzelfalls oder nach allgemeinen Kriterien die Betreiber genügend Informationen zu den vom Betrieb ausgehenden Risiken liefern und auf fachliche*

*Beratung über die von dem Betrieb ausgehenden Risiken zurückgegriffen werden kann. Eine wesentliche Neuerung, die auf das Bestreben, eine stärkere inhaltliche Determinierung der betroffenen Flächen zu erreichen, zurückgeht, ist, dass nicht mehr generell auf Baugebiete, zu denen ein angemessener Sicherheitsabstand zu bestehen hat, sondern auf Gebiete im Bauland, mit Ausnahme von Sondergebieten, die in den Anwendungsbereich der Richtlinie 2012/18/EU fallen, sowie Gewerbe- und Industriegebieten, abgestellt wird. Dies erscheint vor dem Hintergrund, dass Art. 13 Abs. 2 lit. a der Richtlinie entsprechende Sicherheitsabstände „nur" in Bezug auf „Wohngebiete" und „öffentlich genutzte Gebäude" fordert, zulässig. Da Art. 13 Abs. 2 lit. b der Richtlinie 2012/18/EU angemessene Sicherheitsabstände auch in Bezug auf unter dem Gesichtspunkt des Naturschutzes besonders wertvolle bzw. besonders empfindliche Gebiete fordert, sind entsprechende Sicherheitsabstände auch in Bezug auf Gebiete, für die aufgrund von Bundes- oder Landesgesetzen unter dem Gesichtspunkt des Umwelt- und Naturschutzes Nutzungsbeschränkungen bestehen (zB Nationalparkgebiete, Naturschutzgebiete, Landschaftsschutzgebiete, wasserrechtlich besonders geschützte Gebiete und sonstige wasserwirtschaftliche Planungsgebiete und dergleichen), zu wahren. Die Ausnahme in Bezug auf Gewerbe- und Industriegebiete lehnt sich an § 37 Abs. 3 Tiroler Raumordnungsgesetz 2011 an; jene in Bezug auf Nutzungsbeschränkungen unter dem Gesichtspunkt des Umwelt- und Naturschutzes zum Teil an § 2 Abs. 3 Oö. Raumordnungsgesetz 1994, wo unter anderem auf wasserwirtschaftliche Planungs-, Schutz- und Schongebiete Bezug genommen wird. In Bezug auf sonstige Verkehrsflächen und (sonstigen) im Grünland gesondert festgelegten Gebiete, wird entsprechend der bisherigen Formulierung des § 3 Abs. 3 S 4 K-GplG 1995 auf deren häufige Frequentierung durch Menschen abgestellt; hiermit soll der von Art. 13 Abs. 2 lit. a Richtlinie 2012/18/EU geforderte angemessene Sicherheitsabstand zu Gebieten, Erholungsgebieten und Hauptverkehrswegen umgesetzt werden."*

§ 16 Abs. 4 entspricht § 3 Abs. 3 siebenter Satz K-GplG 1995 der geltenden Fassung. Die Bestimmung wurde als § 3 Abs. 2 vierter Satz des Gemeindeplanungsgesetzes 1982 durch LGBl. Nr. 105/1994 geschaffen. Die Erläuterungen Verf-273/3/1994, 14, führen dazu aus: *„Ausdrücklich vorgesehen wird weiters die Möglichkeit, zur Sicherstellung eines wirksamen Umweltschutzes sowie der künftigen (wirtschaftlichen) Entwicklungsmöglichkeiten von Betrieben zwischen verschie-*

*denen Baugebieten Schutzstreifen als Immissionsschutz festzulegen, wenn andernfalls unzumutbare gegenseitige Beeinträchtigungen nicht vermieden werden können."*

## II. Anmerkungen

Die Bestimmung dient insbesondere dem Grundsatz des § 2 Abs 2 Z 4, dass die Siedlungsentwicklung sich an den bestehenden Siedlungsgrenzen zu orientieren hat, wobei auf deren größtmögliche Wirtschaftlichkeit Bedacht zu nehmen ist (siehe dazu § 2 Anm 23), sowie dem Grundsatz des § 2 Abs 2 Z 7, dass die Zersiedelung der Landschaft zu vermeiden ist und die Innenentwicklung der Siedlungsstruktur Vorrang vor deren Außenentwicklung hat (siehe dazu § 2 Anm 26; *Pallitsch/ Pallitsch/Kleewein*, Baurecht[5] § 3 K-GplG 1995 Anm 12). Zur Gliederung in „geschlossene und abgerundete" Baugebiete siehe die oben unter Punkt I. abgedruckten ErlRV 01-VD-LG-1865/5-2021, 19.

Zum Dorfgebiet siehe § 17, zum Wohngebiet siehe § 18, zum Kurgebiet siehe § 19, zum Gewerbegebiet siehe § 20, zum Geschäftsgebiet siehe § 21, zum Industriegebiet siehe § 22, zum gemischten Baugebiet siehe § 23 und zum Sondergebiet siehe § 24.

Die Bestimmung dient insbesondere dem Ziel des § 2 Abs 1 Z 4, dass die Bevölkerung vor vermeidbaren Umweltbelastungen durch eine entsprechende Entwicklung der Siedlungs- und Freiraumstruktur und Standortplanung bei dauergenutzten Einrichtungen soweit als möglich zu schützen ist (siehe § 2 Anm 5), dem Ziel des § 2 Abs 1 Z 6, dass die Siedlungsstruktur des Landes derart zu entwickeln ist, dass eine bestmögliche Abstimmung der Standortplanung für Wohnen, wirtschaftliche Unternehmen, Dienstleistungs- und Erholungseinrichtungen unter weitest gehender Vermeidung gegenseitiger Beeinträchtigungen erreicht wird (siehe § 2 Anm 7), dem Ziel des § 2 Abs 1 Z 7, dass bei der Verbesserung der räumlichen Voraussetzungen für eine leistungsfähige Wirtschaft auf die zu erwartenden Beeinträchtigungen benachbarter Siedlungsräume und der naturräumlichen Umwelt Bedacht zu nehmen ist (siehe § 2 Anm 8) und dem Grundsatz des § 2 Abs 2 Z 5, dass absehbare Konflikte zwischen unterschiedlichen Nutzungen des Raumes nach Möglichkeit zu vermeiden sind oder zumindest auf ein vertretbares Ausmaß zu verringern sind (siehe § 2 Anm 24; *Pallitsch/Pallitsch/*

*Kleewein*, Baurecht[5] § 3 K-GplG 1995 Anm 13; siehe auch die oben unter Punkt I. abgedruckten ErlRV 01-VD-LG-1865/5-2021, 19 f).

Der Bestimmung kommt wesentliche Bedeutung zu, da sie Grundlage für die Festlegung der Lage der einzelnen Baugebiete untereinander und Voraussetzung für die zulässige Nutzung der Baugebiete ist (siehe auch die Verweisungen in § 17 Abs 1, § 18 Abs 1, § 19 Abs 1, § 20 Abs 2, § 21 Abs 1 und § 23 Z 2; *Pallitsch/Pallitsch/Kleewein*, Baurecht[5] § 3 K-GplG 1995 Anm 13). Die Beeinträchtigungen sind „möglichst" zu vermeiden, „da ein bestimmtes Maß wechselseitiger Beeinträchtigungen durch die verschiedenen Nutzungen niemals zu vermeiden sein wird" (VfGH VfSlg 10.377/1985; 18.9.2014, B 917/2012). Es wird diesem Erfordernis bei einem unmittelbaren Angrenzen von gemischtem Baugebiet und Gewerbegebiet oder von gemischtem Baugebiet und Wohngebiet allenfalls etwas weniger Gewicht zukommen als bei einem Zusammentreffen von reinem Wohngebiet (siehe § 18 Abs 2) und Gewerbegebiet. Die „Bedachtnahme auf die örtlichen Gegebenheiten" ist nur ein – wenngleich wichtiges – Kriterium, welches im Rahmen des Planungsermessens bei Beachtung der Ziele der Raumordnung zu berücksichtigen ist. Es sind hiebei auch Konstellationen denkbar, in denen nur die Möglichkeit bleibt, den bestehenden Zustand festzuschreiben, selbst wenn dadurch den übrigen Raumordnungsgrundsätzen nicht Rechnung getragen werden kann (so VfGH VfSlg 12.231/1989). Die Aufzählung der „Umweltbelastungen" ist demonstrativ („insbesondere"). Unzumutbare Umweltbelastungen können daher auch von Lichtreflexionen ausgehen (VwGH VwSlg 16.166 A/2003; 15.5.2012, 2009/05/0083 mN; *Zauner/Edtstadler/Doppler*, RdU-U&T 2013, 24; *Mantler*, ZVB 2021, 138 f).

Regelmäßig stellen sich Fragen der zulässigen Nutzung innerhalb eines Baugebietes bei gewerberechtlichen Betrieben (die folgenden Ausführungen sind *Steinwender*, Kärntner Baurecht § 23 K-BO 1996 Rz 29 entnommen). Der VwGH geht in ständiger Rechtsprechung davon aus (VwGH 10.12.1991, 91/05/0062; 30.11.1999, 97/05/0330; 26.4.2000, 99/05/0289; 18.3.2004, 2001/05/1102; 20.7.2004, 2001/05/1083; 15.12.2009, 2009/05/0213; 21.12.2010, 2009/05/0143; 31.1.2012, 2009/05/0114; *Kleewein*, Rechtstellung der Nachbarn 61; *Hauer*, Nachbar[6] 337 ff), dass als Maßstab – im Gegensatz zum Maßstab des konkreten Betriebs im Rahmen der gewerberechtlichen Betriebsanlagengenehmigung – die Betriebstype zu dienen hat. Diese ergibt sich aus der Art der in einem solchen Betrieb üblicherweise und aus dem jeweiligen Stand der Technik verwendeten Anlagen und Einrichtungen einschließlich der zum Schutz vor Belästigungen typisch getroffenen Maßnahmen sowie aus Art der dort entsprechend diesen Merkmalen herkömmlicherweise entfalteten Tätigkeit auf das Ausmaß und die Intensität der dadurch verursachten Immissionen. ZB ist gemäß § 17 Abs Z 2 im Geschäftsgebiet nur ein Gebäude für gewerbliche Kleinbetriebe zulässig, das keine örtlich unzumutbaren Umweltbelastungen mit sich bringt. Ob eine konkrete Kfz-Werkstätte mit Lackierungsanlage, Waschanlage, Spenglerei, Ausstellungsraum und Verkaufsraum im Geschäftsgebiet zulässig, dh keine örtlich unzumutbaren Umweltbelastungen mit sich bringt, ist – im Zweifelsfall auch unter Berücksichtigung entsprechender Messungen bei Vergleichsbetrieben im Rahmen eines betriebstypologischen Gutachtens – anhand der Betriebstype solcher Betriebe festzustellen. Weicht ein konkreter Betrieb auf Grund seiner Art, seiner Verwendung, seiner Ausstattung oder seiner Immissionen erheblich von Vergleichsbetrieben ab, so ist dies im Gutachten besonders zu berücksichtigen. Ein in einer Widmungskategorie unzulässiger Betrieb darf nicht durch Auflagen in einen (noch) zulässigen Betrieb umqualifiziert werden (VwGH 15.12.2009, 2009/05/0213). Immer wieder stellen sich Fragen der zulässigen Nutzung innerhalb eines Baugebietes auch bei baulichen Anlagen für landwirtschaftliche Betriebe (VwGH 31.3.2008, 2007/05/0024; VwSlg 18.150 A/2011; VwGH 3.4.1986, 84/06/0136; vgl *Kleewein*, RdU 1994, 85 ff; *Wessely*, bbl 1999, 217; *Ferz*, bbl 2010, 225 ff; *Eisenberger/Wurzinger*, bbl 2018, 165 ff). Auch in diesen Fällen erfolgt eine Prüfung der Widmungskonformität anhand der Betriebstype (vgl *Kleewein*, RdU 1994, 85 ff).

Im Rahmen der Grundlagenforschung ist auch die Problematik der „heranrückenden Wohnbebauung" zu beachten (VfGH VfSlg 12.468/1990; VfSlg 13.210/1992; VfSlg 14.943/1997; VfSlg 15.188/1998; VfSlg 15.475/1999; VfSlg 15.691/1999; VfSlg 15.792/2000; VfSlg 15.891/2000; VfSlg 16.250/2001; VfSlg 16.934/2003; VfSlg 17.143/2004; VfSlg 18.161/2007; VfSlg 19.846/2014; 18.9.2014, B 917/2012 Rz 15 f; kritisch *Hauer*, RdU 1995, 116 ff; *ders*, ÖJZ 1995, 361 ff; auch *Weber*, ZfV 2011, 573 f; zu den Auswirkungen für die Erstellung von Raumordnungsplänen *Zauner/Doppler*, RdU-U&T 2012, 22 ff; auch zur Judikaturdivergenz zum VwGH *Steinwender*, Kärntner Baurecht § 23 K-BO 1996 Rz 17). So führte der VfGH (VfSlg 12.468/1990) aus: Es „ist einer Vorschrift, die die Errichtung von Betrieben in Wohngebieten beschränkt, ein allgemeiner Grundsatz zu entnehmen, der insbesondere die Qualität der Wohnverhältnisse sicherstellen will. Erfaßt man die Regelung nach dem evidenten Zweck, so fehlte es an einer sachlichen Rechtfertigung für die Annahme, daß eine vom Gesetz verpönte schwerwiegende Beeinträchtigung ausschließlich dann zu unterbinden ist, wenn die Quelle der Emissionen geschaffen werden soll, nicht hingegen in dem bloß durch die zeitliche Abfolge verschiedenen Fall, daß sie bereits besteht und erst durch die Errichtung von Wohnhäusern ihre beeinträchtigende Wirkung entfalten kann." Nach dieser Rechtsprechung gebietet der Gleichheitssatz, „die Situation der Schaffung einer Emissionsquelle – im Hinblick auf die Unterbindung der von ihr ausgehenden schädlichen Emissionen – mit dem nachträglichen Hinzutreten eines Objekts, auf das sich eine solche Emissionsquelle auswirken kann, gleich zu behandeln."

**4** Diese Bestimmung setzt die RL 2002/49/EG über die Bewertung und Bekämpfung von Umgebungslärm um (siehe auch die oben unter Punkt I. abgedruckten ErlRV 01-VD-LG-1865/5-2021, 19 f). Zu den „strategischen Lärmkarten" siehe auch die K-ULV 2022 und die Bundes-LärmV.

**5** Die Bestimmung dient der Umsetzung der RL 2012/18/EU zur Beherrschung der Gefahren schwerer Unfälle mit gefährlichen Stoffen (siehe dazu die oben unter Punkt I. abgedruckten ErlRV 01-VD-LG-1865/5-2021, 20, und § 2 Anm 17; siehe auch *Büchele*, RdU 2003, 94 ff; die Ausführungen in dieser Anmerkung sind *Steinwender*, bbl 2019, 1 ff, entnommen). Für Richtlinienumsetzungen typisch entspricht der Wortlaut grundsätzlich dem Richtlinientext und werden somit unionsrechtlich geprägte Begriffe Teil der Kärntner Landesrechtsordnung. Ein „Seveso-Betrieb" ist gemäß § 2 Z 1 K-SBG der unter der Aufsicht eines Inhabers stehende Bereich, in dem gefährliche Stoffe in einer oder in mehreren technischen Anlagen vorhanden sind, einschließlich gemeinsamer oder verbundener Infrastrukturen und Tätigkeiten. Ein „Schwerer Unfall" ist gemäß § 2 Z 12 K-SBG ein Ereignis, das sich aus unkontrollierten Vorgängen in einem unter dieses Gesetz fallenden Betrieb ergibt (etwa eine Emission, ein Brand oder eine Explosion größeren Ausmaßes), das unmittelbar oder später innerhalb oder außerhalb des Betriebs zu einer ernsten Gefahr für die menschliche Gesundheit oder die Umwelt führt und bei dem ein oder mehrere gefährliche Stoffe beteiligt sind.

Gebiete für Seveso-Betriebe sind gemäß § 24 im Flächenwidmungsplan als Sondergebiet festzulegen. Zwischen diesen Sondergebieten und gewissen anderen Flächen und Gebieten muss ein angemessener Sicherheitsabstand gewahrt bleiben. Gleiches gilt auch für die Erweiterung von Sondergebieten für Seveso-Betriebe. Diese Bestimmungen dienen der Umsetzung von Art 13 Abs 2 lit a und b RL 2012/18/EU. Zu den abstandsrelevanten Flächen zählen erstens Grundflächen im Bauland. Ausgenommen sind hievon Grundflächen in Sondergebieten für Seveso-Betriebe und in Gewerbe- und Industriegebieten (siehe dazu *Eisenberger/Hödl*, ecolex 2002, 236). Entsprechende Grundflächen im Bauland können sich somit in Dorfgebieten, Wohngebieten, Kurgebieten, Geschäftsgebieten, gemischten Baugebieten und Sondergebieten, ausgenommen Sondergebiete für Seveso-Betriebe, befinden. Indes stellt Art 13 Abs 2 lit a RL 2012/18/EU auf „Wohngebiete sowie öffentlich genutzte Gebäude und Gebiete" ab. Interessant ist, dass § 16 Abs 3 als Anknüpfungspunkt somit „Grundflächen" normiert, während Art 13 Abs 2 lit a RL 2012/18/EU auf Gebiete bzw konkrete Gebäude Bezug nimmt. Dieser Unterschied wird aber dadurch relativiert, dass auch in Dorfgebieten, Kurgebieten, Geschäftsgebieten und gemischten Baugebieten Grundflächen für Wohngebäude und öffentlich genutzte Gebäude festgelegt werden können. Somit wird es sich regelmäßig auch bei diesen Gebieten um Wohngebiete oder öffentlich genutzte Gebiete im Sinne von Art 13 Abs 2 lit a RL 2012/18/EU handeln bzw werden sich öffentlich genutzte Gebäude in diesen Gebieten befinden.

Zweitens zählen zu den abstandsrelevanten Flächen und Gebieten Verkehrsflächen, insbesondere Hauptverkehrswege, und im Grünland gesondert festgelegte Gebiete, insbesondere Erholungsgebiete, die jeweils erfahrungsgemäß häufig von Menschen frequentiert werden. Abweichend von Art 13 Abs 1 lit c RL 2012/18/EU stellt die Bestimmung nicht auf „Verkehrswege" ab, sondern auf „Verkehrsflächen". Dieser Unterschied ist von Bedeutung (*Eisenberger/Hödl*, ecolex 2002, 236). Denn gemäß § 26 sind als Verkehrsflächen die für den fließenden und den ruhenden Verkehr bestimmten Flächen festzulegen, die für die örtliche Gemeinschaft von besonderer Verkehrsbedeutung sind. Dazu gehören neben den Bestandteilen öffentlicher Straßen auch Parkplätze. Demgegenüber umfasst der Begriff „Verkehrswege" meiner Ansicht nach nur Flächen für den fließenden Verkehr (die englische Sprachfassung von Art 13 Abs 1 RL 2012/18/EU spricht in diesem Sinne von „transport routes". Auch die Einschränkung in Art 13 Abs 2 RL

2012/18/EU auf „Hauptverkehrswege" weist in diese Richtung). Darüber hinaus enthält die Richtlinie hinsichtlich der Wahrung eines Sicherheitsabstandes zu Hauptverkehrswegen die Einschränkung „soweit möglich", in § 16 Abs 3 findet sich dies nicht. Vor dem Hintergrund, dass Seveso-Betriebe zwangsläufig über Verkehrsflächen erschlossen sind, ist die Bestimmung meiner Ansicht nach – auch aus verfassungsrechtlichen Gründen – dennoch so auszulegen, dass Seveso-Betriebe nicht generell verunmöglicht werden (*Eisenberger/Hödl*, ecolex 2002, 236). Wesentliches Element hiebei ist, dass nur Verkehrsflächen umfasst sind, die „erfahrungsgemäß häufig von Menschen frequentiert werden". Auch hinsichtlich „im Grünland gesondert festgelegte Gebiete" ist der Wortlaut des § 16 Abs 3 weiter als Art 13 Abs 2 lit a RL 2012/18/EU, der lediglich auf „Erholungsgebiete" abstellt. Wiederum wird dieser Unterschied aber dadurch relativiert, dass die gemäß § 27 Abs 2 im Grünland gesondert festzulegenden Gebiete einerseits in manchen Fällen öffentlich genutzte Gebiete im Sinne von Art 13 Abs 2 lit a RL 2012/18/EU sind (zB Sportanlagen, Campingplätze und Friedhöfe) und anderseits nur Gebiete umfasst sind, die „erfahrungsgemäß häufig von Menschen frequentiert werden".

Schlussendlich zählen zu den abstandsrelevanten Gebieten sonstige im Grünland gesondert festgelegten Gebiete, für die aufgrund von Bundes- oder Landesgesetzen unter dem Gesichtspunkt des Umwelt- und Naturschutzes Nutzungsbeschränkungen bestehen. Dazu zählen insbesondere Nationalparkgebiete, Naturschutzgebiete, Landschaftsschutzgebiete, wasserrechtlich besonders geschützte Gebiete und sonstige wasserwirtschaftliche Planungsgebiete. Diese Bestimmung setzt Art 13 Abs 2 lit b RL 2012/18/EU um. Auch für diese Gebiete müssen angemessene Sicherheitsabstände gewahrt sein, Alternativmaßnahmen – wie in Art 13 Abs 2 lit b RL 2012/18/EU angeführt – sind im Raumordnungsrecht nicht vorgesehen, können sich aber im Baubewilligungsverfahren ergeben (zB durch Auflagen gemäß § 18 K-BO 1996).

Es wird im Unionsrecht (EuGH ECLI:EU:C:2011:585) und im K-ROG 2021 weder der „angemessene Sicherheitsabstand" definiert noch erfolgt eine Festlegung, wie dieser im Rahmen der Grundlagenforschung zu ermitteln ist. Nach der Rechtsprechung des EuGH (ECLI:EU:C:2011:585) sind ua folgende Faktoren relevant: die Art der jeweiligen gefährlichen Stoffe, die Wahrscheinlichkeit eines schweren Unfalls, die Folgen eines etwaigen Unfalls für die menschliche

Gesundheit und die Umwelt, die Art der Tätigkeit der neuen Ansiedlung oder die Intensität ihrer öffentlichen Nutzung sowie die Leichtigkeit, mit der Notfallkräfte bei einem Unfall eingreifen können. Darüber hinaus können alle diese spezifischen Faktoren mit der Berücksichtigung sozioökonomischer Faktoren zusammentreffen. § 16 Abs 4 und § 27 Abs 2 Z 12 sehen vor, dass zwischen verschiedenen Baugebieten Pufferzonen durch Schutzstreifen als Immissionsschutz im Rahmen der Grünlandwidmungen festgelegt werden können bzw angemessene Sicherheitsabstände. Bei der Auslegung ist § 14 Abs 3 K-StrG 2017 hilfreich (zu dieser systematischen Interpretation vgl VwGH 23.11.2004, 2002/06/0064; siehe auch *Potacs*, Auslegung 84 f und 90 f mwN). Demnach ist der Gefährdungsbereich eines Seveso-Betriebes „jener angemessene Sicherheitsabstand von der Betriebsanlage, der sich aufgrund von mengenschwellenbezogenen Abstandsmodellen oder standardisierten Einzelfallbetrachtungen ergibt." In der – allerdings nicht verbindlichen – Empfehlung Nr. 1 des Bundesländer-Arbeitskreises Seveso (Grundlage zur Ermittlung von angemessenen Sicherheitsabständen für die Zwecke der Raumordnung, März 2015; abrufbar unter http://www.umwelt.steiermark.at/cms/beitrag/10899190/28322874/) erfolgt folgende Begriffsbildung: „Ein angemessener Sicherheitsabstand bedeutet grundsätzlich eine räumliche Distanz zwecks Verringerung der Folgen eines schweren Unfalls." Darüber hinaus enthält diese Empfehlung Berechnungsmodelle sowie Rechenmodelle und -parameter für die standardisierte Einzelfallbetrachtung. Rechtsvergleichend findet sich in § 3 Abs 5c dt BImSchG folgende Definition: „Der angemessene Sicherheitsabstand im Sinne dieses Gesetzes ist der Abstand zwischen einem Betriebsbereich oder einer Anlage, die Betriebsbereich oder Bestandteil eines Betriebsbereichs ist, und einem benachbarten Schutzobjekt, der zur gebotenen Begrenzung der Auswirkungen auf das benachbarte Schutzobjekt, welche durch schwere Unfälle im Sinne des Art 3 Nr. 13 der RL 2012/18/EU hervorgerufen werden können, beiträgt. Der angemessene Sicherheitsabstand ist anhand störfallspezifischer Faktoren zu ermitteln" (dazu *Wasielewski*, NVwZ 2018, 939 und 941 f).

Nach einem Judikat des VfGH (zum Ganzen vgl VfGH VfSlg 18.250/2007 = RdU 2008/15 kritisch *Jantschgi*) macht die fehlende Wahrung eines angemessenen Sicherheitsabstandes im Flächenwidmungsplan diesen gesetzwidrig, Sicherheitsvorkehrungen lediglich im Bebauungsplan sind nicht ausreichend. Standorte und Gefahrenbereiche von Seveso-Betrieben sind gemäß § 14 Abs 2 Z 2 im Flächenwidmungsplan ersichtlich zu machen. Gebiete innerhalb dieses Gefährdungsbereiches dürfen gemäß § 15 Abs 1 Z 2 lit b (vgl § 3 K-BV) nicht als Bauland festgelegt werden, eine bereits bestehende Bebauung innerhalb des Gefährdungsbereiches ändert daran nichts. Unionsrechtlich ist dieser strenge Maßstab der Wahrung eines angemessenen Sicherheitsabstandes bereits auf Ebene des Flächenwidmungsplanes nicht zwingend. Denn nach der Judikatur des EuGH (ECLI:EU:C:2011:585; Urteilsbesprechung *Hellriegel*, EuZW 2011, 877; kritisch *Wasielewski*, NVwZ 2018, 944) besteht für die Mitgliedsstaaten ein Wertungsspielraum, ob die Berücksichtigung der Verpflichtungen aus Art 13 RL 2012/18/EU auf Planungsebene oder im Einzelfall im Rahmen des Baubewilligungsverfahrens erfolgt. Ein absolutes Verschlechterungsverbot, dass jede Errichtung einer baulichen Anlage in der Nähe eines bestehenden Seveso-Betriebs verbieten würde, ergibt sich demnach aus Art 13 RL 2012/18/EU nicht.

6 „Schutzstreifen als Immissionsschutz" sind Grünland Sonderwidmungen gemäß § 27 Abs 2 Z 12 zwischen Baulandwidmungen. Eine Verpflichtung zur Festlegung solcher Schutzstreifen als Immissionsschutz besteht nicht („dürfen"). Um die Voraussetzungen des § 16 Abs 2 und 3 zu erfüllen, werden solche aber gegebenenfalls notwendig sein (*Pallitsch/Pallitsch/Kleewein*, Baurecht[5] § 3 K-GplG 1995 Anm 16).

## § 17 Dorfgebiet

(1) Als Dorfgebiete sind jene Grundflächen festzulegen, die vornehmlich für Gebäude samt dazugehörigen sonstigen baulichen Anlagen[1] für land- und forstwirtschaftliche Betriebe[2] bestimmt sind, im Übrigen
1. für Wohngebäude, die nach Lage, Größe, Ausgestaltung, Einrichtung uä. zur Deckung eines ganzjährig gegebenen Wohnbedarfes im Mittelpunkt der Lebensbeziehungen dienen, samt dazugehörigen sonstigen baulichen Anlagen (wie Garagen, Gartenhäuser, Gewächshäuser),[3]
2. für Gebäude für gewerbliche Kleinbetriebe samt dazugehörigen sonstigen baulichen Anlagen, die keine örtlich unzumutbaren Umweltbelastungen verursachen,[4] und
3. für bauliche Anlagen, die überwiegend den wirtschaftlichen, sozialen und kulturellen Bedürfnissen der Einwohner des Dorfgebietes oder dem Tourismus dienen, wie insbesondere Geschäftshäuser, Gemeinschaftshäuser, Kirchen, Rüsthäu-

ser, Gebäude für Erziehungs- und Bildungseinrichtungen sowie für die öffentliche Verwaltung,[5]
und die unter Bedachtnahme auf die örtlichen Gegebenheiten und den Charakter als Dorfgebiet die Voraussetzungen nach § 16 Abs. 2[6] erfüllen.

(2) Gebäude samt dazugehörigen sonstigen baulichen Anlagen für landwirtschaftliche Produktionsstätten industrieller Prägung (Maistrocknungsanlagen uä.) sind im Dorfgebiet nur zulässig, wenn sie keine örtlich unzumutbaren Umweltbelastungen verursachen.[7] Gebäude samt dazugehörigen sonstigen baulichen Anlagen für landwirtschaftliche Betriebsstätten mit Umweltverträglichkeitsprüfung gemäß § 27 Abs. 3 sind im Dorfgebiet nicht zulässig.[8]

**Lit:**
*Merli*, Wohnen und andere Nutzungen in Wohngebieten – am Beispiel eines Schubhaftzentrums, ZfV 2012/969; *Pallitsch/Pallitsch/Kleewein*, Kärntner Baurecht[5], 2014; *Steinwender*, Kärntner Baurecht, 2017.

## I. Erläuterungen

### ErlRV 01-VD-LG-1865/5-2021, 21:

„§ 17 entspricht grundsätzlich § 3 Abs. 4 K-GplG 1995 der geltenden Fassung. Schon in § 6 Abs. 3 des Landesplanungsgesetzes LGBl. Nr. 24/1959 findet sich eine entsprechende Bestimmung. Durch LGBl. Nr. 78/1979 wurde in § 2 Abs. 3 des Gemeindeplanungsgesetzes 1970 eingefügt, dass nur Gebäude und sonstige bauliche Anlagen zulässig sind, die unter Bedachtnahme auf die örtlichen Gegebenheiten und den Charakter als Dorfgebiet keine örtlich unzumutbare Umweltbelastungen mit sich bringen, wie landwirtschaftliche Produktionsstätten industrieller Prägung (siehe nunmehr den Verweis auf § 16 Abs. 2). Dazu halten die Erläuterungen Verf-35/5/1979, 4 f, fest: *„Durch diese Regelung wird sichergestellt, daß im Dorfgebiet keine Gebäude errichtet werden dürfen, die unter Bedachtnahme auf die örtlichen Gegebenheiten und den Charakter als Dorfgebiet örtlich unzumutbare Umweltbelastungen (z.B. durch Rauch, Geruch, Lärm, durch sonstige schädliche Einwirkungen auf die Umgebung, durch eine besondere Belastung der Infrastruktur) mit sich bringen würden. Diese Regelung bedeutet keineswegs, daß bei der Beurteilung der Frage, ob ein bestimmtes Bauvorhaben im Dorfgebiet im Einklang mit dem Flächen-*

*widmungsplan steht, von einem abstrakten Dorfgebiet auszugehen ist. Bei der Beurteilung der Frage, ob ein bestimmtes bauliches Vorhaben im Dorfgebiet zulässig erscheint, wird immer zu prüfen sein, wie die tatsächlichen örtlichen Gegebenheiten in diesem Dorfgebiet liegen; nur unter Berücksichtigung der tatsächlichen örtlichen Gegebenheiten kann die Frage beantwortet werden, ob ein Gebäude dem Flächenwidmungsplan deshalb widerspricht, weil es eine örtlich unzumutbare Umweltbelastung mit sich bringt. […]."* In ihrer heutigen Form wurde die Bestimmung durch LGBl. Nr. 105/1994 als § 2 Abs. 3 des Gemeindeplanungsgesetzes 1982 geschaffen. Dazu führen die Erläuterungen Verf-273/3/1994, 14 f, aus: *"Ein wesentliches Anliegen des vorliegenden Gesetzesentwurfes bildet die Überarbeitung der derzeitigen Widmungskategorien, wobei unter weitgehender Wahrung der bisherigen Systematik vor allem auch eine übersichtlichere Gestaltung der Kategorien angestrebt wurde. Der Ausgangspunkt war dabei die Intention, die zulässigen Nutzungen innerhalb eines Baugebietes einerseits zu präzisieren und andererseits so aufeinander abzustimmen, daß die gegenseitigen Beeinträchtigungen möglichst vermieden werden (vgl. dazu auch § 2 Abs. 2 [Anmerkung: nunmehr § 16 Abs. 1 und 2]). […] Im Gegensatz zur derzeit geltenden Rechtslage wird bei den im Dorfgebiet zulässigen Wohngebäuden ausdrücklich darauf abgestellt, daß diese nach Lage, Größe, Ausgestaltung, Einrichtung u.ä. zur Deckung eines ganzjährigen gegeben Wohnbedarfs bestimmt sein müssen. Die Wortfolge "Gebäude gewerblicher Kleinbetriebe" ist weit zu verstehen, insbesondere um im Dorfgebiet bestehenden gewerblichen Betrieben eine entsprechende Entwicklungsperspektive zu sichern. […]."*

Ähnlich der geltenden Rechtslage sollen Gebäude samt dazugehörigen sonstigen baulichen Anlagen für landwirtschaftliche Produktionsstätten industrieller Prägung (Maistrocknungsanlagen u. ä.) im Dorfgebiet nur zulässig sein, wenn sie keine örtlich unzumutbaren Umweltbelastungen verursachen. Hingegen sollen Gebäude samt dazugehörigen sonstigen baulichen Anlagen für landwirtschaftliche Betriebstätten mit Umweltverträglichkeitsprüfung gemäß § 27 Abs. 3 im Dorfgebiet generell nicht zulässig sein."

## II. Anmerkungen

1 Das K-ROG 2021 enthält keine Definition des Begriffes "bauliche Anlage" (die folgenden Ausführungen sind *Steinwender*, Kärntner

Baurecht § 6 Rz 3 und 4 entnommen, dort finden sich darüber hinaus zahlreiche Judikaturbeispiele zu den Begriffen „bauliche Anlage" und „Gebäude"). Nach der ständigen Rechtsprechung des VwGH ist darunter eine Anlage zu verstehen, „zu deren Herstellung ein wesentliches Maß bautechnischer Kenntnisse erforderlich ist, die mit dem Boden in eine gewisse Verbindung gebracht und wegen ihrer Beschaffenheit geeignet ist, die öffentlichen Interessen zu berühren" (VwGH 26.4.1994, 94/05/0017; zuletzt 19.3.2015, 2013/06/0019; vgl schon zur K-BO 1866 VwGH 22.5.1967, 0137/67; siehe auch ErlRV Verf-133/6/1967, 6; ErlRV Verf-86/32/1981, 10; dazu *Krzizek*, System II 16 ff). Eine Verbindung mit dem Boden ist dann anzunehmen, wenn eine solche bei ordnungsgemäßer Ausführung nach den Regeln der technischen Wissenschaft vorliegen müsste. Ein Fundament ist nicht notwendig, es genügt eine mittelbare Verbindung mit dem Boden oder das die Anlage auf Grund ihres Eigengewichtes nicht ohne weiteres bewegt werden kann (VwGH VwSlg 9657 A/1978; 17.1.1979, 2695/78; zB eine kraftschlüssige Verbindung durch Pfähle, VwGH 30.9.2015, 2013/06/0251; *Krzizek*, System II 17 f). Für die Abgrenzung einer baulichen Anlage von Fahrzeugen bzw fahrzeugähnlichen Objekten (zB fahrbare Verkaufsstände VwGH 22.5.1967, 0137/67; zuletzt VwGH 22.12.2015, Ra 2015/06/0114) ist maßgeblich, „ob eine Fortbewegung des Objektes über eine nennenswerte Strecke gefahrlos und/oder ohne unverhältnismäßigen Aufwand (beispielsweise ohne Zuhilfenahme eines Kranes) möglich ist, oder, anders ausgedrückt, ob die Anlage zur leichten und gefahrlosen Fortbewegung objektiv geeignet ist oder nicht" (VwGH 23.11.2010, 2008/06/0135; 21.5.2012, 2011/10/0119; *Krzizek*, System II 17 f; *Weismann*, RdU-U&T 2019, 20 f; vgl auch VwGH VwSlg 10.461 A/1981; 26.1.1984, 83/06/0176; 26.1.1984, 83/06/0206). Kein gefahrloses Fortbewegen liegt zB vor, wenn es infolge zu geringer Bodenfreiheit zu einem Aufsitzen kommen kann (VwGH 26.1.1984, 83/06/0176). Die ordnungsgemäße Ausführung ist auch Maßstab für die Beurteilung, ob bautechnische Kenntnisse erforderlich sind (VwGH VwSlg 9657 A/1978; 17.1.1979, 2695/78; 29.6.2000, 2000/06/0043; 22.11.2005, 2005/05/0255; 19.9.2006, 2003/06/0098). Es kommt nicht darauf an, ob bautechnische Kenntnisse am Ort der Aufstellung oder am Ort der Herstellung vorgefertigter Teile notwendig sind (zB Container VwGH 12.12.2013, 2013/06/0152; vorgefertigte Teile einer Hütte VwGH 30.9.2015, 2013/06/0251). Für bauliche Anlagen, die von Menschen betreten werden können, sind stets gewisse bautechnische Kenntnisse erforderlich (VwGH 30.9.2015, 2013/06/0251). Ob die bauliche Anlage für Dritte wahrnehmbar ist, ist nicht relevant (zB bei Errichtung in einem Innenhof VwGH 30.4.2013, 2011/05/0128).

Auch für den Begriff „Gebäude" enthält das K-ROG 2021 keine Definition. Nach der ständigen Rechtsprechung des VwGH zur Kärntner Rechtslage sind Gebäude bauliche Anlagen, „durch die ein allseits umschlossener Raum gebildet wird" (VwGH VwSlg 17.251 A/2007; zuletzt 29.4.2015, 2012/06/0085; siehe auch ErlRV Verf-133/6/1967, 6). Somit ist der Begriff bauliche Anlage der Oberbegriff und Gebäude der Unterbegriff (VwGH 18.3.1980, 193/79; 20.1.1994, 90/06/0203; siehe auch den Wortlaut „sonstige bauliche Anlagen"). Gebäude sind in diesem Sinne bauliche Anlagen mit der speziellen Eigenschaft, dass durch sie ein allseits umschlossener Raum gebildet wird (VwGH VwSlg 5951 A/1963; ErlRV Verf-86/32/1981, 10; missverständlich VwGH 19.3.2015, 2013/06/0019; eine weitgehend für sich stehende Stützmauer wird nicht zu einem Teil eines Gebäudes VwGH 29.9.2016, 2013/05/0143). Dh für die Beurteilung als Gebäude muss auch die Definition der baulichen Anlage erfüllt sein (vgl den entsprechenden Hinweis auf die Regeln der Baukunst und die Verbindung mit dem Boden VwGH 29.8.2000, 97/05/0046; 19.12.2000, 2000/05/0270; 2.4.2009, 2007/05/0158). Im Gegensatz zu Legaldefinitionen in den Bauordnungen einzelner anderer Bundesländer (zB § 2 Abs 2 TBO 2022; § 2 Abs 1 lit i V-BauG) sind die Betretbarkeit für Menschen oder ein bestimmter Schutzzweck keine Voraussetzungen. Ein Raum liegt auch dann vor, wenn eine raumbildende bauliche Anlage nach ihrer Fertigstellung mit Material aufgefüllt wird, das jederzeit entfernt werden kann, ohne dass in die Bausubstanz eingegriffen wird (VwGH 10.12.2013, 2011/05/0130 mwN). Mehr oder weniger große Öffnungen schaden dem Vorliegen eines allseits umschlossenen Raums nicht (VwGH 28.5.2013, 2012/05/0208 mwN; 29.4.2015, 2012/06/0085). Ein Gebäude kann auch unterirdisch angelegt sein (VwSlg 17.251 A/2007). Ein Gebäude verliert seine Qualifikation nicht, wenn es an ein bestehendes Gebäude angebaut ist (VwGH 11.9.1997, 97/06/0043). Die Materialien stellen auch auf das äußere Erscheinungsbild ab. So ist ein Aussichtsturm, der auch einen Aufenthaltsraum enthält, kein Gebäude, sondern eine bauliche Anlage (ErlRV Verf-86/32/1981, 10).

Das K-ROG 2021 enthält keine Definition des Begriffes „land- und 2
forstwirtschaftlicher Betrieb" (die folgenden Ausführungen sind *Steinwender*, Kärntner Baurecht § 23 Rz 21 entnommen). Darunter ist nach der Rechtsprechung des VwGH nicht schon jede land- und forstwirtschaftliche Tätigkeit im technischen Sinne zu verstehen. Es ist das Vorliegen betrieblicher Merkmale, dh eine planvolle, grundsätzlich auf die Erzielung von Einnahmen gerichtete nachhaltige Tätigkeit wesentlich, die zumindest die Annahme eines nebenberuflichen land- und forstwirtschaftlichen Betriebes rechtfertigt. Ob zumindest ein land- und forstwirtschaftlicher Nebenbetrieb vorliegt, hängt einerseits von der Betriebsgröße, aber auch von dem erzielbaren Bewirtschaftungserfolg ab. Dieser kann ein Indiz dafür sein, ob eine über einen bloßen Zeitvertreib hinausgehende land- und forstwirtschaftliche Nutzung vorliegt (zB VwGH 7.7.1986, 84/10/0290; 10.1988, 87/10/0133; 22.6.1993, 90/05/0228; 28.4.1997, 94/10/0148; 31.3.2008, 2007/05/0024; 29.1.2010, 2007/10/0107 mwN). Ein wesentlicher Bestandteil der land- und forstwirtschaftlichen Nutzung ist die Bodennutzung im Bereich der landwirtschaftlichen und forstwirtschaftlichen Urproduktion (VwGH 21.9.2000, 99/06/0057). Dazu zählen zB auch Pferdezucht (VwGH 16.12.2003, 2002/05/0687), Fischzucht (VwGH 29.1.2010, 2007/10/0107), Obstverwertung (VwGH 5.11.2015, 2013/06/0119; auch Obstveredelung und Edelbranderzeugung VwGH 27.2.2015, 2012/05/0063), Waldbewirtschaftung (zur Brennholzgewinnung VwGH 5.11.2015, 2013/06/0119) und Imkerei (VwGH 22.6.1993, 90/05/0228). Da der Gartenbau grundsätzlich zur Landwirtschaft zählt (VwGH 26.1.1998, 96/10/0121; 23.2.2004, 2000/10/0173), gilt entsprechendes auch für diesen. Zu beachten sind die speziellen Bestimmungen des § 17 Abs 2 für landwirtschaftliche Produktionsstätten industrieller Prägung und landwirtschaftliche Betriebsstätten mit Umweltverträglichkeitsprüfung.

„Wohngebäude" sind Gebäude, die Wohnzwecken dienen (VwGH 3
17.9.1996, 95/05/0243; 30.9.1997, 97/05/0128; VwSlg 16.824 A/2006; 30.10.2018, Ra 2018/05/0259; siehe auch *Merli*, ZfV 2012, 589 f). Wohnzwecken dienen Vorhaben, wenn sie dazu bestimmt sind, privates Leben zu ermöglichen, wenn sie Menschen somit grundsätzlich auf Dauer Aufenthalt und Unterkunft gewähren (vgl die Definitionen in VwGH 25.6.2014, 2010/13/0119 und OGH 19.3.1992, 7 Ob 542/92). Umfasst sind auch die dazugehörigen sonstigen baulichen Anlagen, demonstrativ ausdrücklich aufgezählt werden Garagen (wenn durch die Garage Pflichtstellplätze für ein Wohnhaus geschaffen werden bzw

wenn die Benützung der Garage nur durch Eigentümer oder andere rechtlich befugte Benützer des Wohnhauses erfolgt VwGH 11.3.2016, Ra 2015/06/0013), Gartenhäuser sowie Gewächshäuser („wie"). Darüber hinaus zählen zur Wohnnebennutzung auch Stellplätze, Carports (LVwG Kärnten 5.5.2022, KLVwG-1278/97/2021), Kinderspielplätze (VwGH 6.10.2011, 2011/06/0109), Schwimmbecken (VwGH VwSlg 18.663 A/2013), Aufzugsanlagen (VwGH 24.6.2014, 2013/05/0168), Heizungsanlagen (VwGH 28.2.2008, 2007/06/0265), Einfriedungen (LVwG Kärnten 30.12.2021, KLVwG-2101-2102/5/2021) sowie private Abfallsammelstellen (VwGH 23.11.2016, Ra 2016/05/0023). Systematisch ist in Verbindung mit § 18 Abs 1 abzuleiten, dass nur Wohngebäude umfasst sind, die ausschließlich Wohnzwecken dienen. Denn im Einleitungssatz des § 18 Abs 1 wird auf die Wohngebäude nach § 17 Abs 1 Z 1 verwiesen, während § 18 Abs 1 Z 1 auf Gebäude abstellt, die „neben Wohnzwecken" auch anderen Zwecken dienen.

Es sind nur Wohngebäude zulässig, „die nach Lage, Größe, Ausgestaltung, Einrichtung uä. zur Deckung eines ganzjährig gegebenen Wohnbedarfes im Mittelpunkt der Lebensbeziehungen dienen" (kritisch *Pallitsch/Pallitsch/Kleewein*, Baurecht[5] § 3 K-GplG 1995 Anm 17; siehe aber sogleich die Möglichkeit der Sonderwidmung). Dies dient dem Grundsatz des § 2 Anm 2 Z 4, dass bei der Siedlungsentwicklung vorrangig die Deckung des ganzjährig gegebenen Wohnbedarfes der Bevölkerung anzustreben ist (siehe dazu § 2 Anm 23). Gemäß § 30 bedürfen Apartmenthäuser und sonstige Freizeitwohnsitze der Sonderwidmung. Kennzeichnend für diese Gebäude bzw Wohnungen ist, dass diese nicht der Deckung eines dauernden, mit dem Mittelpunkt der Lebensbeziehungen verbundenen, Wohnbedarfes dienen, sondern überwiegend während des Wochenendes, des Urlaubes, der Ferien oder nur zeitweilig als Zweitwohnung benützt werden sollen. Diese Sonderwidmungen dürfen gemäß § 30 Abs 5 auch in Dorfgebieten festgelegt werden (*Pallitsch/Pallitsch/Kleewein*, Baurecht[5] § 3 K-GplG 1995 Anm 17; dies gilt auch für Hoteldörfer; die Sonderwidmung tritt zur Widmung Dorfgebiet hinzu, verdrängt diese aber nicht VwGH VwSlg 17.559 A/2008). Zu beachten ist aber auch, dass gemäß § 44 Abs 5 die Änderung der Verwendung von Gebäuden oder Gebäudeteilen in Freizeitwohnsitz im Sinn des § 5 K-GVG 2002 und von Freizeitwohnsitz in Hauptwohnsitz auch entgegen dem Flächenwidmungsplan ausgeführt werden dürfen, wenn bei bestehenden Gebäuden oder ihren Teilen, die Wohnzwecken dienen, dem Eigentümer oder einem Erben aufgrund

### 3. Hauptstück – Örtliche Raumordnung  § 17

persönlicher Lebensumstände, wie beispielsweise aufgrund beruflicher oder familiärer Veränderung, eine Verwendung zur Deckung eines ganzjährig gegebenen Wohnbedarfs nicht möglich oder nicht zumutbar ist (siehe dazu § 44 Abs 5).

Gebäude samt dazugehörigen sonstigen baulichen Anlagen für „gewerbliche" Kleinbetriebe sind der Entfaltung einer gewerblichen Tätigkeit nicht bloß vorübergehend zu dienen bestimmt (vgl § 74 Abs 1 GewO 1994). Das K-ROG 2021 enthält keine Definition des Begriffs „Kleinbetrieb". Verschiedene Maßgrößen sind denkbar, zB Produktionsausstoß, Anzahl der Beschäftigten, Anzahl der Maschinen, Lohnsumme, Umsatz, Bilanzsumme etc (vgl Gabler Wirtschaftslexikon online, https://wirtschaftslexikon.gabler.de/definition/betriebsgroesse-27953/version-251594). Der VwGH stellte in einem Judikat zB auf die bauliche Größe, die Anzahl der Beschäftigten und den Grad der Mechanisierung ab (VwGH 10.12.1991, 91/05/0062). Ausweislich der ErlRV 01-VD-LG-1865/5-2021, 21, ist ein weites Begriffsverständnis zu Grunde zu legen, um insbesondere im Dorfgebiet bestehenden gewerblichen Betrieben eine entsprechende Entwicklungsperspektive zu sichern. Zur „örtlich unzumutbaren Umweltbelastung" siehe § 16 Anm 3. **4**

Die „Bedürfnisse der Einwohner" sind die Bedürfnisse der Einwohner des „maßgeblichen Dorfgebiets" (VwGH 21.2.1995, 92/05/0245; VwSlg 14.771 A/1997; 26.4.2000, 99/05/0271). Es ist auf einen nennenswerten, jedenfalls über einen Privatgebrauch hinausgehenden Anteil von im maßgeblichen Dorfgebiet ansässigen Einwohner abzustellen (VwGH 20.7.2004, 2004/05/0111). „Überwiegend" bedeutet nicht ausschließlich (VwGH 1.9.1998, 96/05/0087). Das Kriterium „soziale Bedürfnisse" enthält keinerlei Wertung in moralischer Hinsicht (VwGH 21.2.1995, 92/05/0245), sondern umfasst gesellschaftliche oder gemeinnützige Bedürfnisse (VwGH VwSlg 14.771 A/1997). Das Kriterium „kulturelle Bedürfnisse" umfasst auch die Religion (VwGH VwSlg 14.186 A/1994). Auf die Lebensgewohnheiten der Einwohner kommt es nicht an (VwGH 26.4.2000, 99/05/0271). Die Aufzählung der zulässigen baulichen Anlagen ist demonstrativ („insbesondere"). Durch die demonstrative Aufzählung wird der Maßstab fixiert, dem die nicht konkret aufgezählten Voraussetzungen entsprechen müssen (VwGH 23.7.2009, 2006/05/0167). In diesem Sinne ist aus dieser Aufzählung meiner Ansicht nach abzuleiten, dass die Voraussetzungen **5** "wirtschaftliche, soziale und kulturelle" Bedürfnisse nicht kumulativ vorliegen müssen, die Konjunktion „und" also im Sinne eines „oder" zu lesen ist. Denn zB Kirchen oder Gebäude für die öffentliche Verwaltung dienen keinen „wirtschaftlichen Interessen". Nach der Judikatur des VwGH sind zB ein Gasthaus und eine Pension bestimmter Größe unbeschadet § 17 Abs 1 Z 2 zulässig, da diese den wirtschaftlichen, sozialen und kulturellen Bedürfnissen der Einwohner des Dorfgebietes und dem Tourismus dienen (VwGH 15.9.1983, 2367/80; zum „Tourismus" siehe § 2 Anm 10). Der Betrieb eines Bordells ist mit dieser Flächenwidmung hingegen unvereinbar. Denn ein Bordell entfaltet typischerweise eine Anziehungskraft vor allem für Bewohner der weiteren Umgebung, also von außerhalb des Dorfgebietes (VwGH 26.4.2000, 99/05/0271; VwSlg 16.751 A/2005; für die Zulässigkeit ist aber nicht notwendig, dass ein Betrieb ausschließlich von den Bewohnern des Dorfgebietes frequentiert wird VwGH 1.9.1998, 96/05/0087).

**6** Zur Erfüllung der Voraussetzungen nach § 16 Abs 2 unter Bedachtnahme auf die örtlichen Gegebenheiten und den Charakter als Dorfgebiet siehe § 16 Anm 3. Mit der Widmung Gewerbegebiet ist grundsätzlich ein Immissionsschutz verbunden (VwGH 18.12.2006, 2005/05/0301; 29.4.2008, 2007/05/0313; 23.11.2009, 2008/05/0111; zum Immissionsschutz der Anrainer im Baubewilligungsverfahren gemäß § 23 Abs 3 lit i K-BO 1996 siehe *Steinwender*, Kärntner Baurecht § 23 K-BO 1996 Rz 37 f). Für bauliche Anlagen normaler land- und forstwirtschaftlicher Betriebe besteht aber kein Immissionsschutz (VwGH VwSlg 15.211 A/1999; 29.4.2008, 2007/05/0313; siehe aber § 17 Anm 7 für landwirtschaftliche Produktionsstätten industrieller Prägung gemäß § 17 Abs 2).

**7** Das K-ROG 2021 enthält keine Definition des Begriffes „landwirtschaftliche Produktionsstätten industrieller Prägung". Als einziges demonstratives Beispiel werden Maistrocknungsanlagen angeführt („uä."). Ein Kriterium ist nach einem Judikat des VwGH ein intensiver Maschineneinsatz (VwGH VwSlg 12.422 A/1987). Dass Tiere mit den im eigenen landwirtschaftlichen Betrieb gewonnenen Futtermitteln ernährt werden, schließt das Vorliegen einer landwirtschaftlichen Produktionsstätte industrieller Prägung hingegen nicht aus (VwGH VwSlg 12.422 A/1987). Zur „örtlich unzumutbaren Umweltbelastung" siehe § 16 Anm 3. Damit ist ein Immissionsschutz verbunden (vgl VwGH 24.4.2014, 2011/06/0137; zum Immissionsschutz der Anrainer im Baubewilligungsverfahren gemäß § 23 Abs 3 lit i K-BO 1996 siehe *Steinwender*, Kärntner Baurecht § 23 K-BO 1996 Rz 37 f).

Zu den landwirtschaftlichen Betriebsstätten mit Umweltverträglichkeitsprüfung siehe § 27 Abs 3.

**8**

### § 18 Wohngebiet

(1) Als Wohngebiete sind jene Grundflächen festzulegen, die vornehmlich für Wohngebäude samt dazugehörige sonstige bauliche Anlagen[1] nach § 17 Abs. 1 Z 1 bestimmt sind[2], im Übrigen
1. für Gebäude, die neben Wohnzwecken auch der Unterbringung von Büros, Kanzleien, Ordinationen uä. dienen und die üblicherweise in Wohngebäuden untergebracht werden, wie insbesondere Rechtsanwalts- oder Notariatskanzleien, Zivilingenieurbüros, Arztpraxen,[3] und
2. für bauliche Anlagen, die überwiegend den wirtschaftlichen, sozialen und kulturellen Bedürfnissen der Einwohner des Wohngebietes dienen, wie insbesondere Geschäftshäuser, Sanatorien, Gasthäuser, Kirchen, Schulgebäude, Kindergärten und Sammelgaragen für Personenkraftwagen,[4]

und die unter Bedachtnahme auf die örtlichen Gegebenheiten und den Charakter als Wohngebiet die Voraussetzungen nach § 16 Abs. 2[5] erfüllen.

(2) In Wohngebieten dürfen Flächen als reine Wohngebiete festgelegt werden, in denen neben Wohngebäuden samt dazugehörigen sonstigen baulichen Anlagen nach § 17 Abs. 1 Z 1 nur solche Gebäude samt dazugehörigen sonstigen baulichen Anlagen zulässig sind, die der Versorgung der Einwohner des reinen Wohngebietes mit häufig benötigten Gütern und Dienstleistungen[6] dienen.

**Lit:**

*Laußermair*, Die Zulässigkeit der Kleintierhaltung im Wohngebiet in Oberösterreich, RFG 2019/26; *Merli*, Wohnen und andere Nutzungen in Wohngebieten – am Beispiel eines Schubhaftzentrums, ZfV 2012/969.

## I. Erläuterungen

### ErlRV 01-VD-LG-1865/5-2021, 21 f:

„§ 18 entspricht § 3 Abs. 5 K-GplG 1995 der geltenden Fassung. Schon in § 6 Abs. 5 des Landesplanungsgesetzes LGBl. Nr. 24/1959 findet sich eine entsprechende Bestimmung. Durch LGBl. Nr. 78/1979 wurde in § 2 Abs. 4 des Gemeindeplanungsgesetzes 1970 eingefügt, dass nur Gebäude und sonstige bauliche Anlagen zulässig sind, die unter Bedachtnahme auf die örtlichen Gegebenheiten und den Charakter als Wohngebiet keine örtlich unzumutbare Umweltbelastungen mit sich bringen (siehe nunmehr den Verweis auf § 16 Abs. 2). Dazu halten die Erläuterungen Verf-35/5/1979, 5, fest: *„Auch hinsichtlich des Wohngebietes wird durch den vorliegenden Entwurf ausdrücklich festgehalten, daß im Wohngebiet nur jene Gebäude möglich sind, durch die unter Bedachtnahme auf die örtlichen Gegebenheiten und den Charakter als Wohngebiet keine örtlich unzumutbare Umweltbelastung verursacht wird. Bei der Beurteilung, ob nun ein Bauvorhaben im Einklang mit dem Flächenwidmungsplan steht, wird auch hier wiederum auf die tatsächlichen örtlichen Gegebenheiten im Wohngebiet Bedacht zu nehmen sein, da „Wohngebiet" nicht Wohngebiet ist (vgl. etwa für Klagenfurter Verhältnisse ein Wohngebiet am Kreuzbergl bzw. ein Wohngebiet an einer Hauptdurchzugsstraße)."* In ihrer heutigen Form wurde die Bestimmung durch LGBl. Nr. 105/1994 als § 2 Abs. 4 des Gemeindeplanungsgesetzes 1982 geschaffen. Dazu führen die Erläuterungen Verf-273/3/1994, 14 f, aus: *„Ein wesentliches Anliegen des vorliegenden Gesetzesentwurfes bildet die Überarbeitung der derzeitigen Widmungskategorien, wobei unter weitgehender Wahrung der bisherigen Systematik vor allem auch eine übersichtlichere Gestaltung der Kategorien angestrebt wurde. Der Ausgangspunkt war dabei die Intention, die zulässigen Nutzungen innerhalb eines Baugebietes einerseits zu präzisieren und andererseits so aufeinander abzustimmen, daß die gegenseitigen Beeinträchtigungen möglichst vermieden werden (vgl. dazu auch § 2 Abs. 2 [Anmerkung: nunmehr § 16 Abs. 1 und 2]). […] Die Bestimmung stellt nunmehr ausdrücklich klar, daß in Wohngebieten auch die Errichtung von Gebäuden zulässig ist, die (neben Wohnzwecken) der Unterbringung von Büros, Kanzleien, Ordinationen udgl. dienen und die üblicherweise in Wohngebäuden untergebracht werden. Um wechselseitige Beeinträchtigungen zwischen den verschiedenen in Wohngebieten zulässigen Nutzungen zu verringern,* werden in Hinkunft Flächen innerhalb dieser Widmungskategorie als „reine Wohngebiete" mit eingeschränkteren Nutzungsmöglichkeiten festgelegt werden dürfen (zur Bedeutung der „häufig benötigten Güter und Dienstleistungen[„] vgl. das korrespondierende Raumordnungsziel in § 2 Abs. 1 Z. 5 des Kärntner Raumordnungsgesetzes."

## II. Anmerkungen

Zu „Gebäuden" und „sonstigen baulichen Anlagen" siehe § 17 Anm 1. **1**

Zu den „Wohngebäuden" siehe § 17 Anm 3 (siehe auch *Merli*, ZfV **2** 2012, 589 f; zur Zulässigkeit der Kleintierhaltung vgl *Laußermair*, RFG 2019, 113 ff). Zu beachten ist, dass gemäß § 30 Apartmenthäuser, sonstige Freizeitwohnsitze und Hoteldörfer einer Sonderwidmung bedürfen, die aber auch im Wohngebiet festgelegt werden darf (die Sonderwidmung tritt zur Widmung Wohngebiet hinzu, verdrängt diese aber nicht VwGH VwSlg 17.559 A/2008).

Es handelt sich um demonstrative Aufzählungen von zulässigen anderen **3** ren Nutzungen neben der Wohnnutzung („uä.", „wie"). Durch eine demonstrative Aufzählung wird der Maßstab fixiert, dem die nicht konkret aufgezählten Voraussetzungen entsprechen müssen (VwGH 23.7.2009, 2006/05/0167). „Kanzlei" ist ein Büro von Ämtern, Rechtsanwälten, Steuerberatern uä. Der Begriff „Büro" umfasst darüberhinausgehend auch Räume eines Gewerbebetriebs, in denen vorwiegend administrative Tätigkeiten, zB Verfassen, Lesen von bzw Umgang mit Schriftgut, Abhaltung von Besprechungen uä, stattfinden (VwGH VwSlg 17.753 A/2009). Umfasst sind in diesem Sinne zB auch Büros für die öffentliche Verwaltung, Immobilienmakler und Steuerberater (VwGH VwSlg 17.753 A/2009). Meiner Ansicht nach sind neben Ordinationen von Ärzten und Tierärzten auch Praxen anderer Heilberufe, zB ergotherapeutische, krankengymnastische oder logotherapeutische Praxen zulässig (vgl *Steinwender*, Kärntner Baurecht § 21 Rz 51).

Die „Bedürfnisse der Einwohner" sind die Bedürfnisse der Einwohner **4** des „maßgeblichen Wohngebietes" (VwGH 21.2.1995, 92/05/0245; VwSlg 14.771 A/1997; 26.4.2000, 99/05/0271; zum Ganzen siehe auch *Merli*, ZfV 2012, 591 f). Es ist auf einen nennenswerten, jedenfalls über einen Privatgebrauch hinausgehenden Anteil von im maßgeblichen Wohngebiet ansässigen Einwohner abzustellen (VwGH 20.7.2004, 2004/05/0111). „Überwiegend" bedeutet nicht ausschließlich (VwGH

1.9.1998, 96/05/0087). Das Kriterium „soziale Bedürfnisse" enthält keinerlei Wertung in moralischer Hinsicht (VwGH 21.2.1995, 92/05/0245), sondern umfasst gesellschaftliche oder gemeinnützige Bedürfnisse (VwGH VwSlg 14.771 A/1997). Das Kriterium „kulturelle Bedürfnisse" umfasst auch die Religion (VwGH VwSlg 14.186 A/1994). Auf die Lebensgewohnheiten der Einwohner kommt es nicht an (VwGH 26.4.2000, 99/05/0271). Die Aufzählung der zulässigen baulichen Anlagen ist demonstrativ („insbesondere"). Durch die demonstrative Aufzählung wird der Maßstab fixiert, dem die nicht konkret aufgezählten Voraussetzungen entsprechen müssen (VwGH 23.7.2009, 2006/05/0167). In diesem Sinne ist aus dieser Aufzählung meiner Ansicht nach abzuleiten, dass die Voraussetzungen „wirtschaftliche, soziale und kulturelle" Bedürfnisse nicht kumulativ vorliegen müssen, die Konjunktion „und" also im Sinne eines „oder" zu lesen ist. Denn zB Kirchen dienen keinen „wirtschaftlichen Interessen". Nach der Judikatur des VwGH ist zB ein Büro- und Geschäftspavillon (VwGH 18.6.1991, 90/05/0193), eine Theaterwerkstatt (VwGH 17.12.1987, 84/06/0102) und eine chemische Putzerei (VwGH 9.11.1999, 95/05/0268) im Wohngebiet zulässig. Ein Bordell hingegen nicht, denn ein Bordell entfaltet typischerweise eine Anziehungskraft vor allem für Bewohner der weiteren Umgebung, also von außerhalb des Dorfgebietes (VwGH 21.2.1995, 92/05/0245; für die Zulässigkeit ist aber nicht notwendig, dass ein Betrieb ausschließlich von den Bewohnern des Wohngebietes frequentiert wird VwGH 1.9.1998, 96/05/0087).

**5** Zur Erfüllung der Voraussetzungen nach § 16 Abs 2 unter Bedachtnahme auf die örtlichen Gegebenheiten und den Charakter als Wohngebiet siehe § 16 Anm 3. Mit der Widmung Wohngebiet ist ein Immissionsschutz verbunden (VwGH 23.2.1999, 97/05/0269; 9.11.1999, 95/05/0268; 18.12.2006, 2005/05/0301; zum Immissionsschutz der Anrainer im Baubewilligungsverfahren gemäß § 23 Abs 3 lit i K-BO 1996 siehe *Steinwender*, Kärntner Baurecht § 23 K-BO 1996 Rz 37 f).

**6** Im Vergleich zu § 18 Abs 1 ist die wohnzweckfremde Nutzung im reinen Wohngebiet eingeschränkt (VwGH 25.2.2010, 2005/06/0071). Für die Auslegung der Begriffe „häufig benötigte Güter und Dienstleistungen" ist ausweislich der ErlRV 01-VD-LG-1865/5-2021, 22, auf das Ziel des § 2 Abs 1 Z 5 zu verweisen, siehe dazu § 2 Anm 6.

## § 19 Kurgebiet

(1) Als Kurgebiete sind jene Grundflächen festzulegen, die vornehmlich für Gebäude von Gast- und Beherbergungsbetrieben[1] samt dazugehörigen sonstigen baulichen Anlagen[2] bestimmt sind, im Übrigen
1. für Wohngebäude samt dazugehörigen sonstigen baulichen Anlagen nach § 17 Abs. 1 Z 1,[3]
2. für Gebäude samt dazugehörigen sonstigen baulichen Anlagen, die dem Tourismus oder der Freizeitgestaltung dienen, wie insbesondere Sport- und Erholungseinrichtungen, Vergnügungs- und Veranstaltungsstätten,[4] und
3. für bauliche Anlagen, die überwiegend den wirtschaftlichen, sozialen und kulturellen Bedürfnissen der Einwohner des Kurgebietes oder dem Tourismus dienen,[5]

und die unter Bedachtnahme auf die örtlichen Gegebenheiten und den Charakter als Kurgebiet die Voraussetzungen nach § 16 Abs. 2[6] erfüllen.

(2) In Kurgebieten dürfen Flächen als reine Kurgebiete festgelegt werden, in denen neben Gebäuden für Gast- und Beherbergungsbetriebe samt dazugehörigen sonstigen baulichen Anlagen nur solche bauliche Anlagen nach Abs. 1 Z 2 und 3 zulässig sind, die keine örtlich unzumutbaren Umweltbelastungen nach § 16 Abs. 2 mit sich bringen.[7]

**Lit:**
*Steinwender*, Kärntner Baurecht, 2017.

## I. Erläuterungen

### ErlRV 01-VD-LG-1865/5-2021, 22:

„§ 19 Abs. 1 entspricht § 3 Abs. 6 erster Satz K-GplG 1995 der geltenden Fassung. Schon in § 6 Abs. 6 des Landesplanungsgesetzes LGBl. Nr. 24/1959 findet sich eine entsprechende Bestimmung. Durch LGBl. Nr. 78/1979 wurde in § 2 Abs. 5 des Gemeindeplanungsgesetzes 1970 eingefügt, dass nur Gebäude und sonstige bauliche Anlagen zulässig sind, die unter Bedachtnahme auf die örtlichen Gegebenheiten und den Charakter als Kurgebiet keine örtlich unzumutbare Umweltbelastungen mit sich bringen (siehe nunmehr den Verweis auf § 16 Abs. 2).

Dazu halten die Erläuterungen Verf-35/5/1979, 5 f, fest: *"Durch diese Regelung wird zum einen bestimmt, daß auch im Kurgebiet nur Gebäude und Einrichtungen möglich sind, die unter Bedachtnahme auf die örtlichen Gegebenheiten und den Charakter als Kurgebiet kein örtlich unzumutbare Umweltbelastung mit sich bringen. Auch hier wird letztlich bei der Beurteilung der Frage, ob ein Vorhaben dem Flächenwidmungsplan entspricht oder nicht, darauf Bedacht zu nehmen sein, wie dieses Kurgebiet in der Natur tatsächlich beschaffen ist."* In ihrer heutigen Form wurde die Bestimmung grundsätzlich durch LGBl. Nr. 105/1994 als § 2 Abs. 5 erster Satz des Gemeindeplanungsgesetzes 1982 geschaffen. Dazu führen die Erläuterungen Verf-273/3/1994, 14 f, aus: *"Ein wesentliches Anliegen des vorliegenden Gesetzesentwurfes bildet die Überarbeitung der derzeitigen Widmungskategorien, wobei unter weitgehender Wahrung der bisherigen Systematik vor allem auch eine übersichtlichere Gestaltung der Kategorien angestrebt wurde. Der Ausgangspunkt war dabei die Intention, die zulässigen Nutzungen innerhalb eines Baugebietes einerseits zu präzisieren und andererseits so aufeinander abzustimmen, daß die gegenseitigen Beeinträchtigungen möglichst vermieden werden (vgl. dazu auch § 2 Abs. 2* [Anmerkung: nunmehr § 16 Abs. 1 und 2]*). […]"*. § 19 Abs. 1 Z 3 wurde als § 3 Abs. 6 lit. c K-GplG 1995 durch LGBl. Nr. 69/2001 eingefügt. Die Erläuterungen 2V-LG-58/74-2001, 4, halten dazu fest: *"Durch die vorgeschlagene Neuregelung sollen zum einen die im Kurgebiet und im reinen Kurgebiet zulässigen Nutzungen erweitert werden (siehe dazu im Einzelnen § 3 Abs. 6 lit. c* [Anmerkung: nunmehr § 19 Abs. 1 Z 3]*);"*.

§ 19 Abs. 2 entspricht § 3 Abs. 6 zweiter Satz K-GplG 1995 der geltenden Fassung. Die Bestimmung wurde erstmals durch LGBl. Nr. 105/1994 als § 2 Abs. 5 zweiter Satz des Gemeindeplanungsgesetzes 1982 geschaffen. Dazu halten die Erläuterungen Verf-273/3/1994, 16, fest: *"Ebenso wie in Wohngebieten sollen auch in Kurgebieten Flächen als „reine Kurgebiete" festgelegt werden können, auf denen Einrichtungen und Gebäude nicht errichtet werden dürfen, die örtlich unzumutbare Umweltbelastungen mit sich bringen."* In ihrer heutigen Form wurde die Bestimmung als § 3 Abs. 6 zweiter Satz K-GplG 1995 durch LGBl. Nr. 69/2001 geschaffen."

3. Hauptstück – Örtliche Raumordnung § 19

## II. Anmerkungen

„Gastbetriebe" sind Betriebe, die Speisen und Getränke zum Verzehr  1
vor Ort anbieten, zB Gasthäuser, Wirtshäuser, Restaurants, Kaffees,
Bars (vgl § 111 Abs 1 Z 2 GewO 1994). „Beherbergungsbetriebe" sind
Betriebe, die Übernachtungsmöglichkeiten für Gäste in Zimmern oder
anderen Beherbergungseinheiten mit Erwerbszweck anbieten und
unter Leitung oder Aufsicht des Unterkunftsgebers oder seines Beauftragten stehen. Dazu zählen zB Hotels, Gasthöfe, Pensionen, Ferienhäuser und -wohnungen, Kurbetriebe, Kinder- oder Jugenderholungsheime, Jugendherbergen oder Jugendgästehäuser sowie Schutzhütten.
Ob diese Betriebe der GewO 1994 unterliegen, ist meiner Ansicht nach,
da nicht auf „gewerbliche Betriebe" abgestellt wird, nicht relevant (vgl
auch § 2 Tourismus-Statistik-Verordnung 2002). Zu beachten ist, dass
gemäß § 30 Apartmenthäuser (vgl VwGH 1.9.1988, 97/05/0161;
28.4.2006, 2005/05/0296), sonstige Freizeitwohnsitze und Hoteldörfer
einer Sonderwidmung bedürfen, die aber auch im Kurgebiet festgelegt
werden darf (die Sonderwidmung tritt zur Widmung Dorfgebiet hinzu,
verdrängt diese aber nicht VwGH VwSlg 17.559 A/2008).

Zu „Gebäuden" und „sonstigen baulichen Anlagen" siehe § 17 Anm 1.  2

Zu den „Wohngebäuden" siehe § 17 Anm 3.  3

Zum „Tourismus" siehe § 2 Anm 10. „Sporteinrichtungen" sind zB  4
Sportplätze, Sporthallen und Hallenbäder (vgl § 1 Entwicklungsprogramm Sportstättenplan). „Veranstaltungsstätten" sind gemäß § 2
Abs 4 K-VAG 2010 für die Durchführung einer Veranstaltung
bestimmte, ortsfeste Einrichtungen wie Gebäude, Gebäudeteile,
Räume, Sportstätten, Flächen, Plätze, sonstige Örtlichkeiten, Fahrtrouten und dergleichen samt den dazugehörigen Anlagen und Ausstattungen.

Die „Bedürfnisse der Einwohner" sind die Bedürfnisse der Einwohner  5
des „maßgeblichen Kurgebiets" (VwGH 21.2.1995, 92/05/0245; VwSlg
14.771 A/1997; 26.4.2000, 99/05/0271). Es ist auf einen nennenswerten,
jedenfalls über einen Privatgebrauch hinausgehenden Anteil von im
maßgeblichen Kurgebiet ansässigen Einwohner abzustellen (VwGH
20.7.2004, 2004/05/0111). „Überwiegend" bedeutet nicht ausschließlich (VwGH 1.9.1998, 96/05/0087). Das Kriterium „soziale Bedürfnisse" enthält keinerlei Wertung in moralischer Hinsicht (VwGH
21.2.1995, 92/05/0245), sondern umfasst gesellschaftliche oder gemein-

nützige Bedürfnisse (VwGH VwSlg 14.771 A/1997). Das Kriterium „kulturelle Bedürfnisse" umfasst auch die Religion (VwGH VwSlg 14.186 A/1994). Auf die Lebensgewohnheiten der Einwohner kommt es nicht an (VwGH 26.4.2000, 99/05/0271). Aus systematischen Überlegungen kann meiner Ansicht nach – unter Berücksichtigung der Spezifika eines Kurgebietes – für die Auslegung auf die in § 17 Abs 1 Z 3 und § 18 Abs 1 Z 2 angeführten Beispiele zurückgegriffen werden. Daraus ist meiner Ansicht nach auch abzuleiten, dass die Voraussetzungen „wirtschaftliche, soziale und kulturelle" Bedürfnisse nicht kumulativ vorliegen müssen, die Konjunktion „und" also im Sinne eines „oder" zu lesen ist (vgl § 17 Anm 5; § 18 Anm 4). Zum „Tourismus" siehe § 2 Anm 10.

**6** Zur Erfüllung der Voraussetzungen nach § 16 Abs 2 unter Bedachtnahme auf die örtlichen Gegebenheiten und den Charakter als Kurgebiet siehe § 16 Anm 3. Mit der Widmung Kurgebiet ist ein Immissionsschutz verbunden (VwGH 29.11.1994, 94/05/0205; 19.12.2000, 98/05/0220; 18.12.2006, 2005/05/0301; 16.5.2013, 2011/06/0116; zum Immissionsschutz der Anrainer im Baubewilligungsverfahren gemäß § 23 Abs 3 lit i K-BO 1996 siehe *Steinwender*, Kärntner Baurecht § 23 K-BO 1996 Rz 37 f).

**7** Wohngebäude samt dazugehörigen sonstigen baulichen Anlagen nach § 17 Abs 1 Z 1 sind somit im reinen Kurgebiet nicht zulässig. Sonderwidmungen für Apartmenthäuser und sonstige Freizeitwohnsitze dürfen im reinen Kurgebiet gemäß § 30 Abs 5 nicht festgelegt werden (ausführlich LVwG Kärnten 23.6.2022, KLVwG-127 1/45/2021).

### § 20 Gewerbegebiet

(1) **Als Gewerbegebiete sind jene Grundflächen festzulegen, die vornehmlich für Betriebsgebäude samt dazugehörigen sonstigen baulichen Anlagen[1] für gewerbliche Klein- und Mittelbetriebe[2] bestimmt sind, die keine örtlich unzumutbaren Umweltbelastungen verursachen[3], im Übrigen,**
  1. **für sonstige Betriebsgebäude samt dazugehörigen sonstigen baulichen Anlagen[4] und**
  2. **Lagerplätze uä.[5],**

und die unter Bedachtnahme auf die örtlichen Gegebenheiten und den Charakter als Gewerbegebiet die Voraussetzungen nach § 16 Abs. 2[6] erfüllen.

(2) Verkaufslokale des Einzelhandels – ausgenommen Kioske und Verkaufsstände zur Versorgung von Betriebsangehörigen – sind im Gewerbegebiet nur zulässig, wenn sie im räumlichen Zusammenhang mit einer Produktionsstätte stehen und in ihnen überwiegend die dort erzeugten Produkte angeboten werden[7]. Wohngebäude und Wohnungen[8] sind im Gewerbegebiet nicht zulässig.

**Lit:**
*Steinwender*, Kärntner Baurecht, 2017.

## I. Erläuterungen
### ErlRV 01-VD-LG-1865/5-2021, 22 f:

„§ 20 entspricht grundsätzlich § 3 Abs. 7 K-GplG 1995 der geltenden Fassung. Die Bestimmung wurde durch LGBl. Nr. 105/1994 als § 2 Abs. 6 des Gemeindeplanungsgesetzes 1982 geschaffen. Dazu führen die Erläuterungen Verf-273/3/1994, 14 f, aus: *„Ein wesentliches Anliegen des vorliegenden Gesetzesentwurfes bildet die Überarbeitung der derzeitigen Widmungskategorien, wobei unter weitgehender Wahrung der bisherigen Systematik vor allem auch eine übersichtlichere Gestaltung der Kategorien angestrebt wurde. Der Ausgangspunkt war dabei die Intention, die zulässigen Nutzungen innerhalb eines Baugebietes einerseits zu präzisieren und andererseits so aufeinander abzustimmen, daß die gegenseitigen Beeinträchtigungen möglichst vermieden werden (vgl. dazu auch § 2 Abs. 2* [Anmerkung: nunmehr § 16 Abs. 1 und 2]*).* […]"

Die Bestimmung wird neu gefasst. Durch die Neuerung soll einerseits im Gewerbegebiet die Errichtung von Betriebsgebäuden, die keine örtlich unzumutbaren Umweltbelastungen mit sich bringen, ermöglicht werden. Die derzeit in der Widmungskategorie Gewerbegebiet vorgesehene Beschränkung auf gewerbliche Klein- und Mittelbetriebe erscheint nicht mehr zeitgemäß, zumal diese umweltschonende Produktionsabläufe großgewerblichen oder industriellen Charakters von vornherein ausschließt. Aus diesem Grund sollen als zusätzliche Nutzungsmöglichkeit sonstige Betriebsgebäude aufgenommen werden.

Dies jedoch unter der Einschränkung, dass die betreffenden baulichen Anlagen die Voraussetzungen des § 16 Abs. 2 erfüllen müssen. Die vorgeschlagene Erweiterung erscheint vor dem Hintergrund, dass in § 21 Abs. 1 Z 1 im Geschäftsgebiet eine vergleichbare Nutzungsmöglichkeit durch „sonstige Betriebsgebäude, die keine örtlich unzumutbaren Umweltbelastungen mit sich bringen", bereits besteht, sachlich gerechtfertigt.

Ferner wird in § 20 Abs. 2 eine Einschränkung hinsichtlich von Verkaufslokalen des Einzelhandels aufgenommen, der zufolge derartige Verkaufslokale im Gewerbegebiet bzw. im Industriegebiet im Wesentlichen nur noch dann zulässig sein sollen, wenn sie im räumlichen Zusammenhang mit einer Produktionsstätte stehen und in ihnen überwiegend die dort erzeugten Produkte angeboten werden.

Eine weitere Neuerung besteht darin, dass die in § 3 Abs. 7 lit. a K-GplG 1995 in der geltenden Fassung enthaltene Nutzungsmöglichkeit hinsichtlich von Betrieben zugeordneten Betriebswohngebäuden entfällt und der in § 3 Abs. 7 lit. b K-GplG 1995 der geltenden Fassung enthaltene Hinweis auf Geschäfts- und Verwaltungsgebäude ebenfalls gestrichen wird. Dies soll dazu beitragen, Nutzungskonflikte zu vermeiden (siehe aber für den Bestand Art. V Abs. 12)."

## II. Anmerkungen

**1** Zu „Gebäuden" und „sonstigen baulichen Anlagen" siehe § 17 Anm 1. Zu den „Betriebsgebäuden" siehe § 20 Anm 4.

**2** Gebäude samt dazugehörigen sonstigen baulichen Anlagen für „gewerbliche" Klein- und Mittelbetriebe sind der Entfaltung einer gewerblichen Tätigkeit nicht bloß vorübergehend zu dienen bestimmt (vgl § 74 Abs 1 GewO 1994). Das K-ROG 2021 enthält keine Definition der Begriffe „Klein- und Mittelbetriebe". Verschiedene Maßgrößen sind denkbar, zB Produktionsausstoß, Anzahl der Beschäftigten, Anzahl der Maschinen, Lohnsumme, Umsatz, Bilanzsumme etc (vgl Gabler Wirtschaftslexikon online, https://wirtschaftslexikon.gabler.de/definition/betriebsgroesse-27953/version-251594). Der VwGH stellte in einem Judikat zB auf die bauliche Größe, die Anzahl der Beschäftigten und den Grad der Mechanisierung ab (VwGH 10.12.1991, 91/05/0062).

**3** Zur „örtlich unzumutbaren Umweltbelastung" siehe § 16 Anm 3.

## 3. Hauptstück – Örtliche Raumordnung § 20

„Betriebsgebäude" sind bauliche Anlagen, die ihrer Anlage nach für **4**
Betriebszwecke erbaut wurden, wie zB Fabrikhallen, Werkstätten,
Lagerschuppen und Verwaltungsgebäude (vgl Gabler Wirtschaftslexikon online, https://wirtschaftslexikon.gabler.de/definition/betriebsge
baeude-31519/version-255075). Es müssen gewisse betriebliche Merkmale im Zusammenhang mit einer Produktions-, Handels- oder
Dienstleistungstätigkeit vorhanden sein, insbesondere eine Gewinnerzielungsabsicht (vgl VwGH 4.9.2001, 2001/05/0204). Nach dieser
Bestimmung sind auch Betriebsgebäude von Großbetrieben und Industrie zulässig, allerdings nur, wenn sie unter Bedachtnahme auf die örtlichen Gegebenheiten und den Charakter als Gewerbegebiet die Voraussetzungen nach § 16 Abs 2 erfüllen (vgl ErlRV 01-VD-LG-1865/5-2021,
22 f). Ob diese Betriebe der GewO 1994 unterliegen, ist meiner Ansicht
nach, da nicht auf „gewerbliche Betriebsgebäude" abgestellt wird, nicht
relevant (zB öffentlich zugängliche Altstoffsammelzentren und
Sammelstellen für Problemstoffe gemäß § 54 AWG 2002, siehe VwGH
23.3.1999, 95/05/0001; 4.9.2001, 2001/05/0204). Umfasst sind meiner
Ansicht nach auch Betriebsgebäude für land- und forstwirtschaftliche
Betriebe (vgl VwGH VwSlg 14.994 A/1998; 4.9.2001, 2001/05/0204).

Es handelt sich um eine demonstrative Aufzählung („uä"). Durch die **5**
Aufzählung wird aber doch der Maßstab fixiert, dem die nicht konkret aufgezählten Inhalte entsprechen müssen (VwGH 23.7.2009,
2006/05/0167). Aus diesem Grund sind meiner Ansicht nach auch
Einstellplätze umfasst.

Zur Erfüllung der Voraussetzungen nach § 16 Abs 2 unter Bedachtnah- **6**
me auf die örtlichen Gegebenheiten und den Charakter als Gewerbegebiet siehe § 16 Anm 3. Mit der Widmung Gewerbegebiet ist ein Immissionsschutz verbunden (VwGH 18.12.2006, 2005/05/0301; zum
Immissionsschutz der Anrainer im Baubewilligungsverfahren gemäß
§ 23 Abs 3 lit i K-BO 1996 siehe *Steinwender*, Kärntner Baurecht § 23
K-BO 1996 Rz 37 f).

Die Geschäftstätigkeit von „Handelsbetrieben" liegt im Verkauf von **7**
Waren (vgl Gabler Wirtschaftslexikon online, https://wirtschaftslexikon.
gabler.de/definition/handelsbetrieb-32612/version-256151; VwGH
VwSlg 17.707 A/2009). Im „Einzelhandel" werden Waren an Letztverbraucher verkauft (vgl Gabler Wirtschaftslexikon online, https://wirt
schaftslexikon.gabler.de/definition/einzelhandel-33555/versi
on-257078; VwGH 13.6.2005, 2003/04/0175). Die „Produktionsstätte"

ist der Ort der betrieblichen Leistungserstellung, zB die Betriebsanlage oder das Werk (vgl Gabler Wirtschaftslexikon online, https://wirtschaftslexikon.gabler.de/definition/produktionsstaette-46144/version-269430). „Überwiegend" bedeutet nicht ausschließlich (VwGH 1.9.1998, 96/05/0087). Zulässig ist somit der „Fabrik- oder Werkverkauf", dh der Verkauf von selbst produzierten Waren durch Hersteller in fabrikeigenen Verkaufsstellen (vgl Gabler Wirtschaftslexikon online, https://wirtschaftslexikon.gabler.de/definition/fabrikverkauf-33289/version-256816).

8  Zu den „Wohngebäuden" siehe § 17 Anm 3. Eine „Wohnung" ist die „Gesamtheit von einzelnen oder zusammen liegenden Räumen, die baulich in sich abgeschlossen und zu Wohnzwecken bestimmt sind und die Führung eines eigenen Haushalts ermöglichen" (siehe OIB-Richtlinien Begriffsbestimmungen, April 2019; vgl VwGH VwSlg 18.479 A/2012).

### § 21 Geschäftsgebiet

(1) Als Geschäftsgebiete sind jene Grundflächen festzulegen, die vornehmlich für Gebäude für Handels- und Dienstleistungsbetriebe, Geschäfts- und Verwaltungsgebäude sowie Versammlungs-, Vergnügungs- und Veranstaltungsstätten[1], jeweils samt dazugehörigen sonstigen baulichen Anlagen[2], bestimmt sind, im Übrigen
  1. für sonstige Betriebsgebäude samt dazugehörigen sonstigen baulichen Anlagen,[3] und
  2. für Wohngebäude samt dazugehörigen sonstigen baulichen Anlagen nach § 17 Abs. 1 Z 1,[4]

und die unter Bedachtnahme auf die örtlichen Gegebenheiten und den Charakter als Geschäftsgebiet die Voraussetzungen nach § 16 Abs. 2[5] erfüllen.

(2) Bauliche Anlagen, von denen erfahrungsgemäß erhebliche Umweltbelastungen für die Einwohner oder Besucher des Geschäftsgebietes ausgehen, sind im Geschäftsgebiet nicht zulässig.[6]

**Lit:**
*Steinwender*, Kärntner Baurecht, 2017.

## I. Erläuterungen

### ErlRV 01-VD-LG-1865/5-2021, 23:

„§ 21 entspricht § 3 Abs. 8 K-GplG 1995 der geltenden Fassung. Schon in § 6 Abs. 8 des Landesplanungsgesetzes LGBl. Nr. 24/1959 findet sich eine entsprechende Bestimmung. Durch LGBl. Nr. 78/1979 wurde in § 2 Abs. 7 des Gemeindeplanungsgesetzes 1970 eingefügt, dass nur Gebäude und sonstige bauliche Anlagen zulässig sind, die unter Bedachtnahme auf die örtlichen Gegebenheiten und den Charakter als Geschäftsgebiet keine örtlich unzumutbare Umweltbelastungen mit sich bringen (siehe nunmehr den Verweis auf § 16 Abs. 2). Dazu halten die Erläuterungen Verf-35/5/1979, 5 f, fest: *Auch im Hinblick auf das Geschäftsgebiet werden diejenigen Gebäude ausgeschlossen, die unter Bedachtnahme auf die örtlichen Gegebenheiten und den Charakter als Geschäftsgebiet örtlich unzumutbare Umweltbelastungen mit sich bringen;* […]." In ihrer heutigen Form wurde die Bestimmung durch LGBl. Nr. 105/1994 als § 2 Abs. 7 des Gemeindeplanungsgesetzes 1982 geschaffen. Dazu führen die Erläuterungen Verf-273/3/1994, 14 f, aus: „*Ein wesentliches Anliegen des vorliegenden Gesetzesentwurfes bildet die Überarbeitung der derzeitigen Widmungskategorien, wobei unter weitgehender Wahrung der bisherigen Systematik vor allem auch eine übersichtlichere Gestaltung der Kategorien angestrebt wurde. Der Ausgangspunkt war dabei die Intention, die zulässigen Nutzungen innerhalb eines Baugebietes einerseits zu präzisieren und andererseits so aufeinander abzustimmen, daß die gegenseitigen Beeinträchtigungen möglichst vermieden werden (vgl. dazu auch § 2 Abs. 2 [Anmerkung: nunmehr § 16 Abs. 1 und 2]).* […]"

## II. Anmerkungen

Die Geschäftstätigkeit von „Handelsbetrieben" liegt im Verkauf von Waren (vgl Gabler Wirtschaftslexikon online, https://wirtschaftslexikon.gabler.de/definition/handelsbetrieb-32612/version-256151; VwGH VwSlg 17.707 A/2009). „Dienstleistungsbetriebe" sind Betriebe, die Dienstleistungen erstellen und verkaufen. Zu diesen zählen zB Banken, Versicherungen, Schneider, Friseure, chemische Reinigungen, ferner die freien Berufe wie Ärzte, selbstständige Wirtschaftsprüfer und Rechtsanwälte (vgl Gabler Wirtschaftslexikon online, https://wirtschaftslexikon.gabler.de/definition/dienstleistungsunterneh

men-27872/version-251514; VwGH 30.11.1999, 97/05/0330; hingegen nicht eine Kunsttischlerei VwGH 25.9.1990, 87/05/0210; zur Abgrenzung von Produktionsbetrieben vgl auch VfGH VfSlg 19.678/2012; siehe aber die Zulässigkeit für „Betriebsgebäude" gemäß § 21 Abs 1 Z 1). „Geschäftsgebäude" beinhalten insbesondere Verkaufslokale und Büros, jedoch keine Gastgewerbebetriebe (vgl VwGH 22.2.2012, 2011/06/0210). In „Verwaltungsgebäuden" erfolgen vorwiegend administrative Tätigkeiten, zB Verfassen, Lesen von bzw Umgang mit Schriftgut, Abhaltung von Besprechungen uä (vgl für den Begriff „Büro" VwGH VwSlg 17.753 A/2009). „Veranstaltungsstätten" sind gemäß § 2 Abs 4 K-VAG 2010 für die Durchführung einer Veranstaltung bestimmte, ortsfeste Einrichtungen wie Gebäude, Gebäudeteile, Räume, Sportstätten, Flächen, Plätze, sonstige Örtlichkeiten, Fahrtrouten und dergleichen samt den dazugehörigen Anlagen und Ausstattungen.

**2** Zu „Gebäuden" und „sonstigen baulichen Anlagen" siehe § 17 Anm 1.

**3** Zu den „Betriebsgebäuden" siehe § 20 Anm 4. Umfasst sind auch bauliche Anlagen der Kommunikationsinfrastruktur (LVwG Kärnten 5.7.2022, KLVwG-2350-2355/11/2021).

**4** Zu den „Wohngebäuden" siehe § 17 Anm 3.

**5** Zur Erfüllung der Voraussetzungen nach § 16 Abs 2 unter Bedachtnahme auf die örtlichen Gegebenheiten und den Charakter als Geschäftsgebiet siehe § 16 Anm 3. Mit der Widmung Geschäftsgebiet ist ein Immissionsschutz verbunden (VwGH 30.11.1999, 97/05/0330; zum Immissionsschutz der Anrainer im Baubewilligungsverfahren gemäß § 23 Abs 3 lit i K-BO 1996 siehe *Steinwender*, Kärntner Baurecht § 23 K-BO 1996 Rz 37 f).

**6** Somit sind bereits bauliche Anlagen, von denen „erhebliche Umweltbelastungen" ausgehen, nicht zulässig, nicht nur bauliche Anlagen, die „unzumutbare Umweltbelastungen" verursachen.

### § 22 Industriegebiet

**(1) Als Industriegebiete sind jene Grundflächen festzulegen, die vornehmlich bestimmt sind,**
  **1. für Betriebsgebäude[1] samt dazugehörigen sonstigen baulichen Anlagen[2] für nicht unter § 20 fallende gewerbliche**

Klein- und Mittelbetriebe, für Großbetriebe und für Industriebetriebe,[3]
2. für Verwaltungsgebäude, für Lagerplätze, für Maschinenhallen, für Werkshallen uä.[4] und
3. für Gebäude samt dazugehörigen sonstigen baulichen Anlagen für landwirtschaftliche Betriebstätten mit Umweltverträglichkeitsprüfung gemäß § 27 Abs. 3 oder für landwirtschaftliche Produktionsstätten mit industrieller Prägung (Maistrocknungsanlagen uä.)[5].[6]

(2) Bauliche Anlagen für Betriebe nach Abs. 1 Z 1, die erfahrungsgemäß in hohem Maß Umweltgefährdungen insbesondere durch Strahlen oder Explosionen mit sich bringen, sind im Industriegebiet nicht zulässig.[7]

(3) Im Industriegebiet sind – ausgenommen Kioske und Verkaufsstände zur Versorgung von Betriebsangehörigen – Verkaufslokale des Einzelhandels nur zulässig, wenn sie im räumlichen Zusammenhang mit einer Produktionsstätte stehen und in ihnen überwiegend die dort erzeugten Produkte angeboten werden.[8] Wohngebäude und Wohnungen sind im Industriegebiet nicht zulässig.[9]

**Lit:**
*Steinwender*, Kärntner Baurecht, 2017.

## I. Erläuterungen
### ErlRV 01-VD-LG-1865/5-2021, 23:

„§ 22 entspricht grundsätzlich § 3 Abs. 9 K-GplG 1995 der geltenden Fassung. Die Bestimmung wurde durch LGBl. Nr. 105/1994 als § 2 Abs. 8 des Gemeindeplanungsgesetzes 1982 geschaffen. Dazu führen die Erläuterungen Verf-273/3/1994, 14 f, aus: *„Ein wesentliches Anliegen des vorliegenden Gesetzesentwurfes bildet die Überarbeitung der derzeitigen Widmungskategorien, wobei unter weitgehender Wahrung der bisherigen Systematik vor allem auch eine übersichtlichere Gestaltung der Kategorien angestrebt wurde. Der Ausgangspunkt war dabei die Intention, die zulässigen Nutzungen innerhalb eines Baugebietes einerseits zu präzisieren und andererseits so aufeinander abzustimmen, daß die gegenseitigen Beeinträchtigungen möglichst vermieden werden (vgl. dazu auch § 2 Abs. 2* [Anmerkung: nunmehr § 16 Abs. 1

und 2]). [...] *Die Widmungskategorien „Leichtindustriegebiet" und „Schwerindustriegebiet" wurden in Anbetracht der geringen praktischen Bedeutung der letzten Widmung zu einer neuen Widmungskategorie „Industriegebiet" zusammengefaßt.* [...] *Die Widmungskategorien „Leichtindustriegebiet" und „Schwerindustriegebiet" wurden im Hinblick auf die geringe praktische Bedeutung der letztgenannten Widmung zu einer neuen Widmungskategorie „Industriegebiet" zusammengefaßt. Wohnnutzungen werden dort nur in sehr eingeschränktem Maße zulässig sein."*

Es entfallen nunmehr die bisher in § 3 Abs. 9 lit. b K-GplG 1995 in der geltenden Fassung vorgesehenen Nutzungsmöglichkeiten von betriebsnotwendigen Wohngebäuden für das Aufsichts- und Wartungspersonal sowie von Geschäftsgebäuden, um Nutzungskonflikte zu vermeiden (siehe aber für den Bestand Art. V Abs. 12). Darüber hinaus erfolgt – ebenso wie in § 20 – eine Einschränkung hinsichtlich der Errichtung von Verkaufslokalen des Einzelhandels."

## II. Anmerkungen

1 Zu den „Betriebsgebäuden" siehe § 20 Anm 4.
2 Zu „Gebäuden" und „sonstigen baulichen Anlagen" siehe § 17 Anm 1.
3 Betriebsgebäude samt dazugehörigen sonstigen baulichen Anlagen für „gewerbliche" Klein-, Mittel- und Großbetriebe sind der Entfaltung einer gewerblichen Tätigkeit nicht bloß vorübergehend zu dienen bestimmt (vgl § 74 Abs 1 GewO 1994). Das K-ROG 2021 enthält keine Definition der Begriffe „Klein-, Mittel- und Großbetriebe". Verschiedene Maßgrößen sind denkbar, zB Produktionsausstoß, Anzahl der Beschäftigten, Anzahl der Maschinen, Lohnsumme, Umsatz, Bilanzsumme etc (vgl Gabler Wirtschaftslexikon online, https://wirtschaftslexikon.gabler.de/definition/betriebsgroesse-27953/version-251594). Der VwGH stellte in einem Judikat zB auf die bauliche Größe, die Anzahl der Beschäftigten und den Grad der Mechanisierung ab (VwGH 10.12.1991, 91/05/0062).

Gemäß § 7 GewO 1994 wird ein Gewerbe in der Form eines „Industriebetriebes" ausgeübt, wenn für den Betrieb im wesentlichen nachfolgende Merkmale bestimmend sind:

- hoher Einsatz von Anlage- und Betriebskapital;

- Verwendung andersartiger als der dem Handwerk und den gebundenen Gewerben gemäßen Maschinen und technischen Einrichtungen oder Verwendung einer Vielzahl von Maschinen und technischen Einrichtungen gleichen Verwendungszweckes;
- Einsatz von Maschinen und technischen Einrichtungen überwiegend in räumlich oder
- organisatorisch zusammenhängenden Betriebsstätten;
- serienmäßige Erzeugung, typisierte Verrichtungen;
- weitgehende Arbeitsteilung im Rahmen eines vorbestimmten Arbeitsablaufes;
- größere Zahl von ständig beschäftigten Arbeitnehmern und Überwiegen der nur mit bestimmten regelmäßig wiederkehrenden Teilverrichtungen beschäftigten Arbeitskräfte oder automatisierte Betriebsweise;
- organisatorische Trennung in eine technische und eine kaufmännische Führung, wobei sich die Mitarbeit des Gewerbetreibenden im Wesentlichen auf leitende Tätigkeiten beschränkt.

**4** In „Verwaltungsgebäuden" erfolgen vorwiegend administrative Tätigkeiten, zB Verfassen, Lesen von bzw Umgang mit Schriftgut, Abhaltung von Besprechungen uä (vgl für den Begriff „Büro" VwGH VwSlg 17.753 A/2009).

**5** Das K-ROG 2021 enthält keine Definition des Begriffes „landwirtschaftliche Produktionsstätten industrieller Prägung". Als einziges demonstratives Beispiel werden Maistrocknungsanlagen angeführt („uä"). Ein Kriterium ist nach einem Judikat des VwGH ein intensiver Maschineneinsatz (VwGH VwSlg 12.422 A/1987). Dass Tiere mit den im eigenen landwirtschaftlichen Betrieb gewonnenen Futtermitteln ernährt werden, schließt das Vorliegen einer landwirtschaftlichen Produktionsstätte industrieller Prägung hingegen nicht aus (VwGH VwSlg 12.422 A/1987). Zu den landwirtschaftlichen Betriebsstätten mit Umweltverträglichkeitsprüfung siehe § 27 Anm 22.

**6** Im Gegensatz zu den Widmungen Dorfgebiet, Wohngebiet, Kurgebiet, Gewerbegebiet und Geschäftsgebiet enthält die Bestimmung keinen Hinweis darauf, dass die auf Grund dieser Widmung zulässigen Gebäude keine örtlich unzumutbaren Umweltbelastungen im Sinne des § 16 Abs 2 mit sich bringen dürfen. Die Widmung Sondergebiet ist somit nicht mit einem Immissionsschutz verbunden (vgl VwGH 18.12.2006,

2005/05/0301; zum Immissionsschutz der Anrainer im Baubewilligungsverfahren gemäß § 23 Abs 3 lit i K-BO 1996 siehe *Steinwender*, Kärntner Baurecht § 23 K-BO 1996 Rz 37 f).

**7** Solche baulichen Anlagen bedürfen somit einer Sonderwidmung gemäß § 24.

**8** Zu den zulässigen „Verkaufslokalen des Einzelhandels" siehe § 20 Anm 7.

**9** Zu den „Wohngebäuden" siehe § 17 Anm 3. Eine „Wohnung" ist die „Gesamtheit von einzelnen oder zusammen liegenden Räumen, die baulich in sich abgeschlossen und zu Wohnzwecken bestimmt sind und die Führung eines eigenen Haushalts ermöglichen" (siehe OIB-Richtlinien Begriffsbestimmungen, April 2019; vgl VwGH VwSlg 18.479 A/2012).

### § 23 Gemischte Baugebiete

Als gemischte Baugebiete sind jene Grundflächen festzulegen, die
1. aufgrund ihrer typischen und gewachsenen Strukturen in keine der Widmungskategorien (Baugebiete) gemäß § 17 bis § 22 fallen[1] und
2. vornehmlich für Gebäude für gewerbliche Klein- und Mittelbetriebe[2], für Wohngebäude[3] sowie für sonstige Betriebsgebäude[4], jeweils samt dazugehörigen sonstigen baulichen Anlagen[5], bestimmt sind und unter Bedachtnahme auf die örtlichen Gegebenheiten und den Charakter als gemischtes Baugebiet die Voraussetzungen nach § 16 Abs. 2[6] erfüllen.

**Lit:**
*Steinwender*, Kärntner Baurecht, 2017.

## I. Erläuterungen

### ErlRV 01-VD-LG-1865/5-2021, 23 f:

„Durch § 23 soll die Widmung „gemischte Baugebiete" erneut geschaffen werden. Schon in § 6 Abs. 7 des Landesplanungsgesetzes LGBl. Nr. 24/1959 findet sich eine entsprechende Bestimmung, die allerdings durch LGBl. Nr. 105/1994 entfallen war. Diese Baugebietskategorie soll allerdings nunmehr ausdrücklich nur dann zur Anwendung

3. Hauptstück – Örtliche Raumordnung § 24

kommen dürfen, wenn bereits eine gemischte Struktur gegeben ist und eine alternative Festlegung einer der übrigen Baugebietskategorien nicht in Betracht kommt. Diese Bestimmung bildet eine logische Fortführung der Übergangsbestimmung in Art. II Abs. 6 des Gesetzes LGBl. Nr. 105/1994, mit dem das Gemeindeplanungsgesetz 1982 geändert wurde. Eine Neuentwicklung eines gemischten Baugebietes ist daher nicht vorgesehen, geringfügige Abrundungen sollen aber nicht ausgeschlossen werden."

## II. Anmerkungen

Siehe dazu die oben unter Punkt I. abgedruckten ErlRV 01-VD-LG-1865/5-2021, 23 f. 1

Zu den „gewerblichen Klein- und Mittelbetrieben" siehe § 20 Anm 2. 2

Zu den „Wohngebäuden" siehe § 17 Anm 3. Umfasst sind auch Personalwohnungen (LVwG Kärnten 6.7.2022, KLVwG-48/2/2022). 3

Zu den „Betriebsgebäuden" siehe § 20 Anm 4. 4

Zu „Gebäuden" und „sonstigen baulichen Anlagen" siehe § 17 Anm 1. 5

Zur Erfüllung der Voraussetzungen nach § 16 Abs 2 unter Bedachtnahme auf die örtlichen Gegebenheiten und den Charakter als gemischtes Baugebiet siehe § 16 Anm 3. Die Widmung gemischtes Baugebiet ist mit einem Immissionsschutz verbunden (vgl VwGH 31.1.2012, 2009/05/0114; zum Immissionsschutz der Anrainer im Baubewilligungsverfahren gemäß § 23 Abs 3 lit i K-BO 1996 siehe *Steinwender*, Kärntner Baurecht § 23 K-BO 1996 Rz 37 f). 6

## § 24 Sondergebiete

Als Sondergebiete sind jene Grundflächen festzulegen[1], die für bauliche Anlagen[2] bestimmt sind, die sich nach der Art oder den Umständen des jeweiligen Bauvorhabens[3] oder im Hinblick auf die gewachsene Bebauungsstruktur[4] nicht unter die §§ 17 bis 23 einordnen lassen oder die einer besonderen Standortsicherung bedürfen, wie umweltgefährdende Gewerbe- oder Industriebetriebe[5] und Seveso-Betriebe im Sinne des § 2 Z 1 K-SBG[6], Explosivstofflager[7], Schießstätten, Kasernen, Schwerpunkt- und Zentralkrankenanstalten, Abfallbehandlungsanlagen, Kirchen, Klöster, Burgen, Schlösser, Ausflugsgasthäuser, Schutzhütten uä.⁸ Bei der Festlegung von Sondergebieten ist der jeweilige Verwendungszweck auszuweisen.⁹

**Lit:**
*Steinwender*, Kärntner Baurecht, 2017.

## I. Erläuterungen
### ErlRV 01-VD-LG-1865/5-2021, 24:

„§ 24 entspricht § 3 Abs. 10 K-GplG 1995 der geltenden Fassung. Die Bestimmung wurde grundsätzlich durch LGBl. Nr. 105/1994 als § 2 Abs. 9 des Gemeindeplanungsgesetzes 1982 geschaffen. Dazu führen die Erläuterungen Verf-273/3/1994, 14 f, aus: *„Ein wesentliches Anliegen des vorliegenden Gesetzesentwurfes bildet die Überarbeitung der derzeitigen Widmungskategorien, wobei unter weitgehender Wahrung der bisherigen Systematik vor allem auch eine übersichtlichere Gestaltung der Kategorien angestrebt wurde. Der Ausgangspunkt war dabei die Intention, die zulässigen Nutzungen innerhalb eines Baugebietes einerseits zu präzisieren und andererseits so aufeinander abzustimmen, daß die gegenseitigen Beeinträchtigungen möglichst vermieden (vgl. dazu auch § 2 Abs. 2* [Anmerkung: nunmehr § 16 Abs. 1 und 2]*). […] Die neue Widmungskategorie „Sonderfläche" ist für jene Flächen bestimmt, auf denen Gebäude und sonstige bauliche Anlagen errichtet werden sollen, die nach der Art oder den Umständen des jeweiligen Vorhabens nicht unter die übrigen Widmungskategorien eingeordnet werden können. […] Mit der neuen Widmungskategorie „Sonderfläche" soll eine Auffangwidmung für Gebäude und sonstige bauliche Anlagen geschaffen werden, die sich nach der Art oder en Umständen des jeweiligen Vorhabens nicht unter die zulässigen Nutzungen der Baugebiete nach Abs. 3 bis Abs. 8* [Anmerkung: nunmehr § 17 bis § 23] *einordnen lassen. Die demonstrative Aufzählung macht deutlich, an welche Vorhaben im gegebenen Zusammenhang gedacht ist, nämlich insbesondere umweltgefährdende Gewerbe- oder Industriebetriebe, die weder in „Gewerbegebieten" noch in „Industriegebieten" errichtet werden dürfen, Sprengstofflager und Schießstätten, für die keine gesonderte Festlegung nach § 3 Abs. 2 lit. k* [Anmerkung: nunmehr § 27 Abs. 2 Z 11] *erfolgt ist, Kasernen, Schwerpunkt- und Zentralkrankenanstalten u.ä.. Die Zweckbestimmung der Sonderfläche ist jeweils im Flächen-*

*widmungsplan selbst auszuweisen. Die Zuordnung zu einer anderen Zweckbestimmung kann demnach nur durch eine Änderung des Flächenwidmungsplanes erfolgen."* Durch LGBl. Nr. 134/1997 wurde die demonstrative Aufzählung in § 3 Abs. 10 K-GplG 1995 erweitert und ein Redaktionsversehen beseitigt. Dazu halten die Erläuterungen Verf-579/15/1997, 13, fest: *„Die Ergänzung der demonstrativen Aufzählung des § 3 Abs. 10 des Gemeindeplanungsgesetzes 1995 trägt dem Bedürfnis Rechnung, den Anwendungsbereich der Widmungskategorie „Sondergebiete" zu erweitern. Das neue Kriterium der „gewachsenen Bebauungsstruktur" soll es in Hinkunft ermöglichen, typische Mischstrukturen als Widmungseinheiten festzulegen. […] Durch diese Änderung der Rechtslage soll die sprachliche Einheitlichkeit innerhalb des Gemeindeplanungsgesetzes 1995 wiederhergestellt werden, nachdem aufgrund eines Redaktionsversehens bei der Wiederverlautbarung dieser Rechtsvorschrift eine unterschiedliche Diktion besteht."* Schlussendlich erfolgte durch LGBl. Nr. 24/2016 eine Anpassung an die Richtlinie 2012/18/EU und eine Begriffsanpassung. Dazu führen die Erläuterungen 01-VD-LG-1729/8-2016, 2, aus: *„Neben umweltgefährdenden Gewerbe- oder Industriebetrieben wird die demonstrative Aufzählung um Betriebe, die in den Anwendungsbereich der Richtlinie 2012/18/EU fallen, erweitert. Ferner wird auf Anregung der Abteilung 8 – Umwelt, Wasser und Naturschutz der Terminus „Sprengstofflager" durch jenen des „Explosivstofflagers" ersetzt."*

## II. Anmerkungen

Im Gegensatz zu den Widmungen Dorfgebiet, Wohngebiet, Kurgebiet, Gewerbegebiet und Geschäftsgebiet enthält die Bestimmung keinen Hinweis darauf, dass die auf Grund dieser Widmung zulässigen Gebäude keine örtlich unzumutbaren Umweltbelastungen im Sinne des § 16 Abs 2 mit sich bringen dürfen. Die Widmung Sondergebiet ist somit nicht mit einem Immissionsschutz verbunden (VwGH 18.12.2006, 2005/05/0301; zum Immissionsschutz der Anrainer im Baubewilligungsverfahren gemäß § 23 Abs 3 lit i K-BO 1996 siehe *Steinwender*, Kärntner Baurecht § 23 K-BO 1996 Rz 37 f). 1

Zu „baulichen Anlagen" siehe § 17 Anm 1. 2

Zu den bewilligungspflichten „Bauvorhaben" zählen gemäß § 6 K-BO 1996 insbesondere die Errichtung und die Änderung von Gebäuden 3 und sonstigen baulichen Anlagen sowie die Änderung der Verwendung von Gebäuden oder Gebäudeteilen, sofern für die neue Verwendung andere öffentlich-rechtliche, insbesondere raumordnungsrechtliche Anforderungen gelten als für die bisherige Verwendung. Gemäß § 7 Abs 3 iVm § 13 Abs 2 lit a K-BO 1996 müssen auch mitteilungspflichtige „Bauvorhaben" gemäß § 7 K-BO 1996 dem Flächenwidmungsplan entsprechen (siehe zum Ganzen *Steinwender*, Kärntner Baurecht § 6 K-BO 1996 Rz 7 ff und § 7 Rz 33).

**4** Dieser Tatbestand kommt nur zur Anwendung, wenn bereits eine entsprechende Bebauungsstruktur besteht („gewachsene"). Die „Bebauungsstruktur" ergibt sich insbesondere aus der Zusammensetzung der Gebäudenutzungen, zB Wohngebäude, Gewerbegebäude, Betriebsgebäude (vgl in den oben unter Punkt I. abgedruckten ErlRV 01-VD-LG-1865/5-2021, 24, den Hinweis auf „typische Mischstrukturen"). Siehe auch zum Begriff „Baustruktur" § 9 Anm 22.

**5** ZB sind bauliche Anlagen für Gewerbe- und Industriebetriebe (siehe dazu § 22 Anm 3), die erfahrungsgemäß in hohem Maß Umweltgefährdungen insbesondere durch Strahlen oder Explosionen mit sich bringen, gemäß § 22 Abs 2 im Industriegebiet nicht zulässig.

**6** Die Bestimmung dient der Umsetzung der RL 2012/18/EU zur Beherrschung der Gefahren schwerer Unfälle mit gefährlichen Stoffen. Ein „Seveso-Betrieb" ist gemäß § 2 Z 1 K-SBG der unter der Aufsicht eines Inhabers stehende Bereich, in dem gefährliche Stoffe in einer oder in mehreren technischen Anlagen vorhanden sind, einschließlich gemeinsamer oder verbundener Infrastrukturen und Tätigkeiten (siehe zum Ganzen § 2 Anm 17 und § 16 Anm 5).

**7** Für „Explosivstofflager" siehe insbesondere die Lager gemäß § 35 SprG iVm der SprLV.

**8** Es handelt sich um eine demonstrative Aufzählung („uä."). Es ist zB auch die Widmung „Bauland-Sondergebiet-Technologiepark" möglich (vgl VwGH 29.11.2018, Ra 2016/06/0151).

**9** Die Widmung Sondergebiet ist sehr konkret festzulegen und restriktiv auszulegen (VwGH VwSlg 17.520 A/2008).

## § 25 Aufschließungsgebiete

(1) Innerhalb des Baulandes[1] hat der Gemeinderat[2] durch Verordnung[3] jene Grundflächen[4] als Aufschließungsgebiete festzulegen, für deren widmungsgemäße Verwendung unter Berücksichtigung der Bauflächenbilanz[5] und unter Bedachtnahme auf das örtliche Entwicklungskonzept[6] wegen ausreichend vorhandener und verfügbarer Baulandreserven[7] in siedlungspolitisch günstigeren Lagen[8] kein allgemeiner unmittelbarer Bedarf besteht und deren widmungsmäßer Verwendung sonstige öffentliche Rücksichten, insbesondere wegen ungünstiger natürlicher Verhältnisse (§ 15 Abs. 1 Z 1 und 2) oder wegen ungenügender Erschließung (§ 15 Abs. 1 Z 3), entgegenstehen[9].[10] § 13 Abs. 1 gilt für die Festlegung von Aufschließungsgebieten sinngemäß.[11]

(2) Der Gemeinderat darf als Bauland festgelegte, unbebaute Grundflächen auch dann als Aufschließungsgebiete festlegen, wenn die Baulandreserven in der Gemeinde unter Berücksichtigung der Bauflächenbilanz den abschätzbaren Baulandbedarf nach den einzelnen Baugebieten innerhalb eines Planungszeitraumes von zehn Jahren übersteigen und unter Bedachtnahme auf das örtliche Entwicklungskonzept zu erwarten ist, dass die Gründe für die Festlegung als Aufschließungsgebiete innerhalb desselben Planungszeitraumes wegfallen werden.[12]

(3) Bei der Festlegung einer oder mehrerer zusammenhängender Grundflächen im Ausmaß von mehr als 10.000 m² als Aufschließungsgebiet darf der Gemeinderat dieses in Aufschließungszonen unterteilen, wenn das im Interesse einer geordneten Siedlungsentwicklung oder zur Sicherstellung einer bestimmten zeitlichen Abfolge der Bebauung zweckmäßig ist.[13]

(4) Der Gemeinderat hat die Festlegung von Bauland als Aufschließungsgebiet (Aufschließungszone) aufzuheben,[14] wenn
1. die Aufhebung den im örtlichen Entwicklungskonzept festgelegten Zielen der örtlichen Raumplanung nicht widerspricht,[15]
2. das Aufschließungsgebiet (die Aufschließungszone) im Anschluss an eine bestehende Bebauung gelegen ist[16] und
3. die Gründe für die Festlegung weggefallen sind[17].

(5) Weisen als Aufschließungsgebiete (Aufschließungszonen) festgelegte Grundflächen sämtliche Voraussetzungen für die Bebauung auf und verpflichten sich die Eigentümer solcher Grundflächen

mit Wirkung auch für ihre Rechtsnachfolger in einer privatwirtschaftlichen Vereinbarung mit der Gemeinde, für eine widmungsgemäße Bebauung der Grundflächen innerhalb von fünf Jahren nach der Freigabe zu sorgen, so hat der Gemeinderat die Festlegung als Aufschließungsgebiet (Aufschließungszone) ohne Bedachtnahme auf die vorhandenen und verfügbaren Baulandreserven in der Gemeinde aufzuheben.[18] Als widmungsgemäß bebaut ist eine Grundfläche dann anzusehen, wenn die widmungsgemäße Ausführung des Bauvorhabens vollendet worden ist[19].

(6) Stehen der Aufhebung des Aufschließungsgebietes Gründe nach § 15 Abs. 1 Z 3 entgegen, hat der Gemeinderat die Aufhebung des Aufschließungsgebietes bei Vorliegen der sonstigen Voraussetzungen dann vorzunehmen, wenn sich der betroffene Grundeigentümer in einer privatwirtschaftlichen Vereinbarung mit der Gemeinde verpflichtet, jene Aufwendungen zu ersetzen, die der Gemeinde durch die Schaffung der erforderlichen Erschließungsvoraussetzungen erwachsen und die nicht durch gesetzliche Gebühren und Beiträge abgegolten werden.[20]

(7) Umfasst ein Aufschließungsgebiet ein Ausmaß von mehr als 10.000 m², darf die Freigabe des Aufschließungsgebietes zur Gänze oder auch nur teilweise zur Bebauung nur dann erfolgen, wenn ein Teilbebauungsplan besteht.[21]

**Lit:**
*Pallitsch/Pallitsch/Kleewein*, Kärntner Baurecht⁵, 2014; *Steinwender*, Kärntner Baurecht, 2017.

## I. Erläuterungen
### ErlRV 01-VD-LG-1865/5-2021, 24 ff:

„§ 25 entspricht grundsätzlich § 4 K-GplG 1995 der geltenden Fassung. Eine Bestimmung über Aufschließungsgebiete wurde erstmals durch LGBl. Nr. 78/1979 als § 2a in das Kärntner Gemeindeplanungsgesetz 1970 aufgenommen. Dazu halten die Erläuterungen Verf-35/5/1979, 7 f, fest: *„In den Flächenwidmungsplänen der Gemeinden sind vielfach Grundflächen als Bauland festgelegt, die im Hinblick auf ihre ungenügende Erschließung ohne große Aufwendungen nicht als Bauland genützt werden können. Weiters sind in den Flächenwidmungsplänen vielfach auch wesentlich mehr Flächen als Bauland festgelegt, als in* *der Gemeinde tatsächlich benötigt werden. Durch den vorliegenden Entwurf sollen nun diejenigen als Bauland gewidmeten Grundflächen, deren Verwendung als Bauland wegen ihrer ungenügenden Erschließung öffentlichen Rücksichten widerspricht (große Erschließungskosten und Belastung für die Allgemeinheit) und diejenigen Baulandflächen, für deren Verwendung als Bauland kein unmittelbarer Bedarf besteht, als Aufschließungsgebiete festgelegt werden. […] Durch die Festlegung einer Fläche als Aufschließungsgebiet wird ihre Widmung als Bauland in keiner Weise berührt. Es wird lediglich die Wirkung einer Baulandwidmung, nämlich daß auf diesen Grundstücken Gebäude und sonstige bauliche Anlagen errichtet werden dürfen, für die Dauer der Festlegung als Aufschließungsgebiet zurückgedrängt (vgl. Z. 20 des Entwurfes* [Anmerkung: siehe nunmehr § 43 Abs. 2]). […] *Vergleichbare Regelungen über die Aufschließungsgebiete enthalten auch die Raumordnungsgesetze andere Länder (vgl. Burgenland, Niederösterreich, Salzburg, Steiermark, Tirol und Vorarlberg)."* Durch LGBl. Nr. 70/1981 erfolgte die Klarstellung, dass Aufschließungsgebiete durch Verordnung festzulegen sind. Dazu führe die Erläuterungen Verf-88/24/1981, 3, aus: *„Diese Regelung dient lediglich der Klarstellung und bewirkt keine inhaltliche Änderung. Aufschließungsgebiete sind auch auf Grund der geltenden Regelung des § 2a immer durch Verordnung des Gemeinderates festzulegen."*

§ 25 Abs. 1, 3, 4 und 5 entspricht grundsätzlich § 4 Abs. 1, 2 und 3 K-GplG 1995 der geltenden Fassung. Diese Absätze wurden als § 2a durch LGBl. Nr. 105/1994 in das Gemeindeplanungsgesetz 1982 eingefügt. Dazu halten die Erläuterungen fest: *„Die bereits nach der derzeitigen Rechtslage bestehende Verpflichtung, Grundflächen innerhalb des Baulandes als Aufschließungsgebiete festzulegen, wurde weitestgehend umgestaltet: Die bisher alternativen Voraussetzungen zur Festlegung von Aufschließungsgebieten nach § 2 Abs. 11 lit. a und lit. b werden nunmehr kumuliert und jeweils inhaltlich präziser gestaltet. Die Voraussetzung des fehlenden allgemeinen, unmittelbaren Bedarfs für die Festlegung von Grundflächen als Aufschließungsgebiete wird im Vergleich zur derzeit geltenden Rechtslage durch das Gebot der Berücksichtigung der Bauflächenbilanz (§ 2 Abs. 1a) und der Bedachtnahme auf das örtliche Entwicklungskonzept (§ 1a) sowie das Kriterium der „ausreichend vorhandenen und verfügbaren Baulandreserven in siedlungspolitisch günstigeren Lagen" näher determiniert. Die weitere, nunmehr kumulativ geforderte Voraussetzung für die Festlegung von Grundflächen als*

*Aufschließungsgebiete, daß nämlich ihrer widmungsgemäßen Verwendung sonstige öffentliche Rücksichten entgegenstehen, wurde durch einen Verweis auf § 2 Abs. 1 lit. a bis c* [Anmerkung: nunmehr § 15 Abs. 1 Z 1 bis 3 K-ROG 2021] *konkretisiert. Damit wird klargestellt, daß nicht nur die ungenügende Erschließung mit dem Stand der Technik entsprechenden Einrichtungen der Energie- und der Wasserversorgung, der Abwasser- und Abfallentsorgung oder des Verkehrs, sondern auch die Gefährdung durch Naturgefahren und ungünstige örtliche Gegebenheiten eine Verpflichtung zur Festlegung von als Bauland gewidmeten Grundflächen als Aufschließungsgebiete begründen können. Durch Abs. 2* [Anmerkung: nunmehr Abs. 3] *der Bestimmung soll sichergestellt werden, daß größere zusammenhängende Grundflächen, die als Aufschließungsgebiete festgelegt sind, in Aufschließungszonen unterteilt werden dürfen, wenn eine derartige Unterteilung im Interesse einer geordneten Siedlungsentwicklung oder zur Sicherstellung einer bestimmten zeitlichen Abfolge der Bebauung zweckmäßig ist. Damit soll insbesondere einer ungesteuerten und willkürlichen Bebauung großflächig gewidmeter Baugebiet entgegengewirkt und eine organische Baulandentwicklung „von innen nach außen" ermöglicht werden. Die Voraussetzungen, unter denen die Bezeichnung von Bauland als Aufschließungsgebiete (Aufschließungszone) aufzuheben ist, werden in den Abs. 3 und 5* [Anmerkung: nunmehr Abs. 4, 5 und 7] *näher geregelt: Neben dem bereits bisher vorgesehenen Kriterium des Wegfalles jenes Grundes, der für die Festlegung des Aufschließungsgebietes maßgeblich war, wird die Aufhebung künftig den im örtlichen Entwicklungskonzept festgelegten Zielen der örtlichen Raumplanung nicht widersprechen dürfen. Bei Vorliegen der Voraussetzungen nach Abs. 3 zweiter Satz* [Anmerkung: nunmehr Abs. 5 erster Satz] *hat der Gemeinderat die Festlegung als Aufschließungsgebiet (Aufschließungszone) auch dann aufzuheben, wenn die vorhandenen* [Anmerkung: vorhandenen] *und verfügbaren Baulandreserven den Baulandbedarf in der Gemeinde übersteigen.* […]"

§ 25 Abs. 1, 3, 4 und 5 wurde durch LGBl. Nr. 134/1997 in seiner heutigen Fassung geschaffen, gleichzeitig Abs. 2 und 6, als § 4 Abs. 1a und 3b K-GplG 1995, neu eingefügt. Dazu führen die Erläuterungen Verf-579/15/1997, 14, aus: „*aa) Mit Erkenntnis vom 10. Oktober 1995, G 21,22/95 ua., hat der Verfassungsgerichtshof festgestellt, daß § 2 Abs. 11 des Kärntner Gemeindeplanungsgesetzes 1982 verfassungswidrig war. Im Hinblick darauf, daß § 2 Abs. 11 des Gemeindeplanungsge-*

### 3. Hauptstück – Örtliche Raumordnung § 25

*setzes 1982 durch die Novelle LGBl. Nr. 105/1994 mit Wirkung vom 31. Dezember 1994 novelliert – und das Gemeindeplanungsgesetz 1982 in der Folge mit Kundmachung der Landesregierung vom 28. Februar 1995, LGBl. Nr. 23/1995, als „Gemeindeplanungsgesetz 1995 – K-GplG 1995" wiederverlautbart – worden ist, kam eine Aufhebung der in Rede stehenden Bestimmung des Gemeindeplanungsgesetzes 1982 durch den Verfassungsgerichtshof nicht in Betracht; vielmehr lautete der Ausspruch des Verfassungsgerichtshofes in dem eingangs erwähnten Erkenntnis dahingehend, „daß § 2 Abs. 11 des Gemeindeplanungsgesetzes 1982 idF vor der genannten Novelle [sowie der Wiederverlautbarung] ... verfassungswidrig war.*

*bb) § 2 Abs. 11 des Gemeindeplanungsgesetzes 1982 normierte in der vom Verfassungsgerichtshof als verfassungswidrig festgestellten Fassung, daß der Gemeinderat innerhalb des Baulandes jene Flächen als Aufschließungsgebiete festzulegen hat,*

*„a) deren widmungsgemäßer Verwendung im Zeitpunkt der Planerstellung wegen ihrer ungünstigen Erschließung öffentliche Rücksichten entgegenstehen oder*

*b) für deren widmungsgemäße Verwendung kein allgemeiner unmittelbarer Bedarf besteht."*

*In der Begründung des angeführten Erkenntnisses werden die Gründe, die den Verfassungsgerichtshof dazu bewogen haben, die wiedergegebene Bestimmung des § 2 Abs. 11 des Gemeindeplanungsgesetzes 1982 als verfassungswidrig festzustellen, soweit sie für die mit dem vorliegenden Gesetzesentwurf getroffenen Regelungen betreffend das Instrument der Aufschließungsgebiete unmittelbar von Relevanz sind, folgendermaßen umschrieben:*

*„Der Verfassungsgerichtshof verkennt nicht, daß durch die Festlegung eines Grundstückes als Aufschließungsgebiet dessen Baulandwidmung an sich aufrecht bleibt. Durch die Festlegung als Aufschließungsgebiet wurden nach dem Gemeindeplanungsgesetz 1982 die Wirkungen der Baulandwidmung aber insofern beseitigt als gemäß § 11 Abs. 2 dieses Gesetzes keine landesgesetzlich vorgesehenen Bewilligungen zur Errichtung von Gebäuden und zur Errichtung von sonstigen baulichen Anlagen, ausgenommen solche, die der Aufschließung dienten, sowie baulichen Anlagen iS des § 3 Abs. 5 leg.cit. (d.s. bauliche Anlagen im Zuge von elektrischen Leitungsanlagen, für Wasserversorgungsanlagen, zur Abwasserbeseitigung sowie Fernmeldeanlagen, Telefonzellen, Bild-*

*stöcke u.ä.) erteilt wetten durften. Dies bedeutete aber nichts anderes, als daß die primäre Rechtswirkung der Baulandwidmung, nämlich die Möglichkeit zur Bebauung, letztlich suspendiert werden konnte, wenn und solange die Voraussetzungen des § 2 Abs. 11 Gemeindeplanungsgesetz 1982 vorlagen.*

*Der Verfassungsgerichtshof vermag daher der Auffassung der Kärntner Landesregierung nicht zu folgen, daß sich die Festlegung als Aufschließungsgebiet nach dem Gemeindeplanungsgesetz 1982 von sonstigen im Flächenwidmungsplan festzulegenden Widmungen derart unterschied, daß die völlige Freizeichnung der Erklärung zum Aufschließungsgebiet von den ansonsten für Flächenwidmungspläne geltenden verfahrens- und aufsichtsrechtlichen Determinanten sachlich gerechtfertigt wäre.*

*Wenn die Kärntner Landesregierung in diesem Zusammenhang auf die Erkenntnisse des Verfassungsgerichtshofes VfSlg. 12.755/1991 und VfGH 15.12.1994, B 1609/93, verweist, so vermag dies ihre Auffassung nicht zu stützen, im Gegenteil: In den angeführten Entscheidungen zugrundeliegenden Fällen erfolgte die Festlegung als Aufschließungsgebiet im Flächenwidmungsplan selbst, also gerade nicht – wie nach dem Gemeindeplanungsgesetz 1982 – in einer eigenen Verordnung, die den für die Erlassung oder Änderung des Flächenwidmungsplanes geltenden Vorschriften nicht unterworfen ist (vgl. weiters VfSlg. 11.702/1988, 12.879/1991). im übrigen hegte der Verfassungsgerichtshof bislang lediglich keine Bedenken dagegen, daß sich die als „Freigabe" eines Aufschließungsgebietes bezeichnete Änderung des Flächenwidmungsplanes von den sonstigen Änderungen des Flächenwidmungsplanes durch ein vereinfachtes Verfahren oder durch andere sachliche Voraussetzungen unterschied (insbesondere VfSlg. 12.755/1991). Die dieser Beurteilung zugrundeliegenden Erwägungen lassen sich – entgegen der Auffassung der Kärntner Landesregierung – nicht ohne weiteres auf die Festlegung von Aufschließungsgebieten übertragen. Vielmehr hat der Verfassungsgerichtshof in seinem Erkenntnis vom 2. März 1995, G 289/94, V 297/94 u.a. Zlen., ausgeführt, daß in Bereichen, in denen der Gesetzgeber auf den Weg einer finalen Determinierung verwiesen ist, zum einen ein umfassender gesetzlicher Zielkatalog oder zumindest eine umfassende Umschreibung der Planungsaufgaben in inhaltlicher Hinsicht unabdingbar ist, weil sonst das Verwaltungshandeln weitgehend in einem rechtsfreien Raum stattfände und dementsprechend auch der verfassungsmäßig gebotene Maßstab für die Überprüfung der*

## 3. Hauptstück – Örtliche Raumordnung § 25

*Verwaltungstätigkeit auf ihre Gesetzmäßigkeit vom Ansatz her fehlte. Zum anderen hat das Gesetz – wie der Verfassungsgerichtshof in dem genannten Erkenntnis weiter ausführte – Regelungen darüber zu enthalten, wie die Entscheidungsgrundlagen des Verordnungsgebers zu erarbeiten sind, und die Methode selbst bindend vorzuschreiben.*

*Daß im übrigen nach dem Gemeindeplanungsgesetz 1982 die Festlegung von Aufschließungsgebieten den für Flächenwidmungspläne geltenden aufsichtsbehördlichen Regelungen, insbesondere der in § 7 As. [Anm: Abs.] 4 Gemeindeplanungsgesetz 1982 normierten Genehmigungspflicht, nicht unterlag, vermögen auch die von der Kärntner Landesregierung ins Treffen geführten Regelungen der allgemeinen Gemeindeaufsicht – namentlich § 99 Abs. 1 und 2 der Allgemeinen Gemeindeordnung 1993 – nicht zu kompensieren. Denn die bloße Pflicht, eine Verordnung der Aufsichtsbehörde mitzuteilen, kommt einer Genehmigungspflicht nicht gleich; denn diesfalls bedarf die zu erlassende Verordnung der Genehmigung, also eines aktiven Mitwirkens, der Aufsichtsbehörde, um überhaupt Rechtswirksamkeit zu erlangen (Bemerkt sei, daß die Kärntner Landesregierung in den Anlaßfällen B1975/93 und B 1976/93 auf Anfrage des Verfassungsgerichtshofes mitteilte, daß die Gemeinde Maria Wörth die in Prüfung gezogene Verordnung vom 30. Oktober 1990 über die Festlegung von Aufschließungsgebieten der Kärntner Landesregierung als Aufsichtsbehörde bis zur Anfrage des Verfassungsgerichtshofes gar nicht mitgeteilt hatte.)*

*Auch das weitere vom Verfassungsgerichtshof in seinem Prüfungsbeschluß aufgeworfene Bedenken, welches er im Hinblick auf einen Vergleich mit der Bausperre hegte, vermochte die Kärntner Landesregierung nicht zu entkräften. Die mit der Erklärung zum Aufschließungsgebiet verbundene Wirkung einer Bausperre ist im Gegensatz zur Verfügung einer Bausperre im eigentlichen Sinn ungeachtet der gleichartigen Rechtsfolgen zeitlich nicht begrenzt. Es ist unsachlich, wenn der Gemeinderat durch die Festlegung eines Aufschließungsgebietes die Wirkungen einer unbefristeten Bausperre herbeiführen kann, ohne an nähere Determinanten gebunden zu sein. Die nach § 2 Abs. 12 Gemeindeplanungsgesetz 1982 vorgesehene Verpflichtung, die Bezeichnung von Bauland als Aufschließungsgebiet aufzuheben, wenn der Grund für diese Festlegung weggefallen ist, bildet angesichts der sehr unbestimmten Formulierung dieser Regel kein ausreichendes Korrektiv. Das Vorbringen der Kärntner Landesregierung, die Festlegung von*

*Aufschließungsgebieten habe sich zu einem wichtigen Instrument der örtlichen Raumplanung zur Verminderung der in zahlreichen Kärntner Gemeinden bestehenden „Baulandüberhänge" entwickelt, vermag daran nichts zu ändern. Denn damit wird nur aufgezeigt, daß diesfalls § 2 Abs. 11 Gemeindeplanungsgesetz 1982 zu Zwecken zur Anwendung gelangte, zu deren Erreichung das Gesetz andere Instrumentarien vorsieht."*

*cc) Durch die Novelle LGBl. Nr. 105/1994 zum Gemeindeplanungsgesetz 1982 wurden die Regelungen dieses Gesetzes betreffend die Festlegung und die Freigabe von Aufschließungsgebieten erheblich ausgeweitet und in einem eigenen Paragraphen (§ 2a [Anmerkung: nunmehr § 25]) zusammengefaßt. Die bereits nach der Rechtslage vor der Novelle LGBl. Nr. 105/1994 bestehende Verpflichtung der Gemeinden, Grundflächen innerhalb des Baulandes bei Vorliegen bestimmter, gesetzlich vorgesehener Voraussetzungen als Aufschließungsgebiete festzulegen, wurde dabei weitgehend umgestaltet: Die früher alternativen Voraussetzungen nach dem § 2 Abs. 11 lit. a und lit. b des Gemeindeplanungsgesetzes 1982 wurden kumuliert und jeweils inhaltlich präziser gestaltet. Die Voraussetzung des „fehlenden allgemeinen, unmittelbaren Bedarfes" für die Festlegung von Grundflächen als Aufschließungsgebiete wurden im Vergleich zur früher geltenden Rechtslage durch das Gebot der Berücksichtigung der Bauflächenbilanz, die Verpflichtung zur Bedachtnahme auf das örtliche Entwicklungskonzept sowie das Kriterium der „ausreichend vorhandenen und verfügbaren Baulandreserven in siedlungspolitisch günstigeren Lagen" näher determiniert. Die weiters – nur mehr kumulativ – geforderte Voraussetzung für die Festlegung von Grundflächen als Aufschließungsgebiete, daß ihrer widmungsgemäßen Verwendung sonstige öffentliche Rücksichten entgegenstehen, wurde durch einen Verweis auf die Kriterien nach § 3 Abs. 1 lit. a bis lit. c konkretisiert. Damit sollte klargestellt werden, daß nicht nur die ungenügenden Erschließung mit dem Stand der Technik entsprechenden Einrichtungen der Energie- und der Wasserversorgung, der Abwasser- und der Abfallentsorgung oder des Verkehrs, sondern auch die Gefährdung durch Naturgefahren und ungünstige örtliche Gegebenheiten eine Verpflichtung zur Festlegung von als Bauland gewidmeten Grundflächen als Aufschließungsgebiete begründen können.*

*Die Voraussetzungen, unter denen die Bezeichnung von Bauland als Aufschließungsgebiet aufzuheben ist, wurden in den Abs. 3 und Abs. 5*

## 3. Hauptstück – Örtliche Raumordnung § 25

*des § 2a (nunmehr: § 4 des Gemeindeplanungsgesetzes 1995) näher geregelt: Neben dem bereits früher vorgesehen Kriterium des Wegfalles jenes Grundes, der für die Festlegung des Aufschließungsgebietes maßgeblich war, wurde (zusätzlich) vorgesehen, daß die Aufhebung (Freigabe) von Aufschließungsgebieten den im örtlichen Entwicklungskonzept festgelegten Zielen der örtlichen Raumplanung nicht widersprechen darf. Überdies wurde bei Vorliegen bestimmter Voraussetzungen ein Rechtsanspruch von Eigentümern von Grundflächen, die als Aufschließungsgebiete festgelegt worden sind, auf Freigabe dieser Grundflächen begründet.*

*dd) Obwohl das eingangs erwähnte Erkenntnis des Verfassungsgerichtshofes die nunmehr geltende Rechtslage nach dem Gemeindeplanungsgesetz 1995 hinsichtlich der Festlegung (und Freigabe) von Aufschließungsgebieten nicht unmittelbar betrifft, da sich dieses Erkenntnis auf die früher geltende Rechtslage bezieht, bestehen einzelne Bedenken des Verfassungsgerichtshofes gegen die frühere Rechtslage in gleicher Weise auch gegenüber den Regelungen betreffend die Aufschließungsgebiete im Gemeindeplanungsgesetz 1995; daraus folgt, daß die geltende Rechtslage jenen Vorgaben anzupassen ist, die sich aus der Begründung des in Rede stehenden Erkenntnisses des Verfassungsgerichtshofes ergeben.*

*[...]*

*Durch die Neuregelung soll jenen Vorgaben für die Festlegung und Freigabe von Aufschließungsgebieten Rechnung getragen werden, die sich aus dem Erkenntnis des Verfassungsgerichtshofes vom 10. Oktober 1995, G 21,22/95 ua., ergeben. Insbesondere sollen die materiell-, verfahrens- und aufsichtsrechtlichen Regelungen für die Erfassung (Änderung) des Flächenwidmungsplanes in Hinkunft – mit gewissen Modifikationen – auch für die Festlegung und Freigabe von Aufschließungsgebieten Anwendung finden. Ausdrücklich klargestellt wird auch, daß die Festlegung von Aufschließungsgebieten als – aus der Sicht, der betroffenen Grundeigentümer weniger eingriffsintensiven – Instrument zur Verringerung übermäßiger Baulandreserven in den Gemeinden eingesetzt werden darf; damit soll eine in vielen Kärntner Gemeinden schon bisher gehandhabte Verwaltungspraxis ausdrücklich gesetzlich verankert werden, an deren Zulässigkeit, im Hinblick auf das oben angeführte Erkenntnis des Verfassungsgerichtshofes – mangels ausdrücklicher gesetzlicher Deckung – Zweifel bestanden haben. Hinsichtlich der Frei-*

*gabe von Aufschließungsgebieten treffen die neugeschaffenen Abs. 3a und Abs. 3b des § 4* [Anmerkung: Abs. 3a entfällt, Abs. 3b nunmehr Abs. 5] *Anordnungen, bei Vorliegen welcher Voraussetzungen der Gemeinderat die Festlegung von Bauland als Aufschließungsgebiet jedenfalls (dh. ohne Bedachtnahme auf die vorhandenen und verfügbaren Baulandreserven in der Gemeinde) aufzuheben hat."*

In § 25 Abs. 5 wird nunmehr im Sinne einer Vereinheitlichung und Erleichterung des Vollziehung anstatt der bisher vorgesehenen „schriftlichen Erklärung" gegenüber dem Bürgermeister hinkünftig eine privatwirtschaftliche Vereinbarung im Sinne des § 53 K-ROG 2021 mit der Gemeinde über die Sicherstellung der widmungsgemäßen Bebauung binnen fünf Jahren vorgesehen. Im Hinblick darauf, dass die in § 4 Abs. 3 K-GplG 1995 der geltenden Fassung vorgesehene schriftliche Verpflichtungserklärung gegenüber dem Bürgermeister, für eine widmungsgemäße Bebauung zu sorgen, durch das Instrument der privatwirtschaftlichen Vereinbarung ersetzt wird, kann § 4 Abs. 4 K-GplG 1995 der geltenden Fassung entfallen. Ferner entfällt die in § 4 Abs. 3a K-GplG 1995 der geltenden Fassung vorgesehene Möglichkeit der Freigabe von Aufschließungsgebieten ohne Berücksichtigung der Bauflächenbilanz. Die Freigabe von Aufschließungsgebieten ohne Bedachtnahme auf die vorhandenen und verfügbaren Baulandreserven der Gemeinde soll hinkünftig nach § 25 Abs. 5 nur noch im Falle des Abschlusses einer privatwirtschaftlichen Vereinbarung mit dem Grundeigentümer über die widmungsgemäße Bebauung möglich sein. Aufgrund des vorgeschlagenen Entfalls des § 4 Abs. 3a K-GplG 1995 der geltenden Fassung sind ferner auch in § 25 Abs. 6 entsprechende Anpassungen vorzunehmen.

§ 25 Abs. 7 entspricht grundsätzlich § 4 Abs. 5 K-GplG 1995 der geltenden Fassung. Die Formulierung der geltenden Fassung hat aber in der Praxis teilweise zu divergierenden Auslegungsergebnissen geführt, weshalb die Bestimmung zur Sicherstellung eines möglichst einheitlichen Vollzugs neu gefasst werden soll. Durch die Neuformulierung soll klargestellt werden, dass ein rechtswirksamer Teilbebauungsplan immer dann zu bestehen hat (dh. gegebenenfalls vor der Freigabe des Aufschließungsgebietes zu erlassen ist), wenn ein festgelegtes Aufschließungsgebiet eine zusammenhängende Fläche von mehr als 10.000 m² umfasst und diese Fläche nunmehr zur Gänze oder zum Teil zur Bebauung freigegeben wird. Dies entspricht einem Wunsch der

Vollziehung, um eine nicht strukturierte, keinem Gesamtplan folgende „scheibchenweise" Freigabe von Aufschließungsgebieten zu verhindern. Darüber hinaus werden nicht mehr unterschiedliche Flächenausmaße für Gebietsgemeinden und Statutarstädte vorgesehen, sondern diese einheitlich mit 10.000 m² bestimmt."

## II. Anmerkungen

Zum „Bauland" siehe § 15. **1**

Die Beschlussfassung über Aufschließungsgebiete obliegt dem Gemeinderat, eine Übertragung an andere Gemeindeorgane ist unzulässig (vgl § 34 K-AGO). Der Gemeinderat ist nicht an den Entwurf des Aufschließungsgebietes des Bürgermeisters gebunden (siehe § 38 Anm 1). Gemäß Art 117 Abs 4 B-VG (siehe auch § 36 Abs 1 K-AGO) sind die Sitzungen des Gemeinderates öffentlich, es können jedoch Ausnahmen vorgesehen werden. **2**

Im Gegensatz zu § 25 Abs 2 wird in § 25 Abs 1 nicht ausdrücklich auf „unbebaute" Grundflächen abgestellt (siehe § 25 Anm 11). Meiner Ansicht nach können aus diesem Grund Aufschließungsgebiete auch bebaute Grundflächen umfassen. Zu beachten ist indes, dass die Rechtsfolge der Festlegung als Aufschließungsgebiet gemäß § 43 Abs 2 nur die Errichtung von baulichen Anlagen, nicht die Änderung von baulichen Anlagen umfasst. **3**

Die Festlegung als Aufschließungsgebiet stellt – auch wenn diese nicht im Flächenwidmungsplan erfolgt und die Baulandwidmung aufrecht bleibt – ihrer Funktion nach eine Widmung dar (VfGH VfSlg 14.303/1995). In diesem Sinne ist auch die Festlegung als Aufschließungsgebiet ausdrücklich als Verordnung zu beschließen (vgl zum Flächenwidmungsplan § 13 Anm 5). **4**

Gemäß § 15 Abs 1 K-AGO hat der Bürgermeister Verordnungen der Gemeinde im elektronisch geführten Amtsblatt der Gemeinde kundzumachen. Gleichzeitig mit der Kundmachung hat der Bürgermeister gemäß § 99 Abs 1 K-AGO im eigenen Wirkungsbereich erlassene Verordnungen aus dem Bereich der Landesvollziehung der Landesregierung elektronisch zu übermitteln (siehe auch Art 119a Abs 6 B-VG).

Zur „Bauflächenbilanz" siehe § 15 Anm 14. **5**

Zum „örtlichen Entwicklungskonzept" siehe § 9. **6**

**7** Zu den „Baulandreserven" siehe § 15 Anm 14. Die Baulandreserven müssen nicht nur vorhanden sein, sondern auch „verfügbar", dh es muss eine Bebauung dieser Flächen insbesondere auch zivilrechtlich möglich sein (zB durch ein entsprechendes Angebot an erwerbbaren Flächen oder durch die Möglichkeit der Einräumung von Baurechten).

**8** Die „siedlungspolitisch günstigere Lage" ist insbesondere nach dem Grundsatz gemäß § 2 Abs 2 Z 4, dass die Siedlungsentwicklung sich an den bestehenden Siedlungsgrenzen zu orientieren hat, wobei auf deren größtmögliche Wirtschaftlichkeit Bedacht zu nehmen ist (siehe dazu § 2 Anm 23), sowie dem Grundsatz des § 2 Abs 2 Z 7, dass die Zersiedelung der Landschaft zu vermeiden ist und die Innenentwicklung der Siedlungsstruktur Vorrang vor deren Außenentwicklung hat (siehe dazu § 2 Anm 26), zu beurteilen.

**9** Zur „Eignung von Grundflächen für die Bebauung" siehe § 15 Anm 2 bis 11. Die Aufzählung der öffentlichen Rücksichten, die der widmungsgemäßen Verwendung entgegenstehen, ist demonstrativ („insbesondere"). Gemäß § 36 Abs 7 sind zB auch als Bauland festgelegte zusammenhängende unbebaute Grundflächen, die nach den raumbedeutsamen Planungen oder Maßnahmen der zuständigen Planungsträger für den Rückhalt und Abfluss von Hochwasser erforderlich sind oder eine wesentliche Funktion für den Hochwasserabfluss aufweisen, zunächst als Aufschließungsgebiete festzulegen oder auf schriftliche Anregung des Grundeigentümers in Grünland rückzuwidmen.

**10** Es besteht für die Gemeinde eine Verpflichtung, Aufschließungsgebiete festzulegen, wenn die Voraussetzungen des § 25 Abs 1 vorliegen („hat"). Das Verfahren zur Festlegung und zur Freigabe von Aufschließungsgebieten wird in § 41 geregelt. Durch die Festlegung von Grundflächen als Aufschließungsgebiet bleibt die Baulandwidmung an sich unberührt. Das Aufschließungsgebiet ist weiterhin Bestandteil des Baulandes (VfGH VfSlg 17.410/2004). In den als Aufschließungsgebieten festgelegten Flächen des Baulandes dürfen aber gemäß § 43 Abs 2 keine landesgesetzlich vorgesehenen Bewilligungen zur Errichtung von baulichen Anlagen, ausgenommen solche, die der Aufschließung dienen oder bauliche Anlagen im Sinne des § 28 Abs 6 sind, erteilt werden. Dies bedeutet aber nichts anderes, als dass die primäre Rechtswirkung der Baulandwidmung, nämlich die Möglichkeit zur Bebauung, letztlich suspendiert wird (VfGH VfSlg 14.303/1995). Darüber hinaus bestehen in § 36 Abs 6 spezielle Bestimmungen für Rückwidmung von als

Aufschließungsgebieten festgelegten Flächen. Die erstmalige Festlegung als Aufschließungsgebiet vor mehr als zwanzig Jahren ist auch Tatbestandsmerkmal einer entschädigungslosen Rückwidmung gemäß § 37 Abs 3 Z 3 lit a.

Somit sind Aufschließungsgebiete insbesondere in Übereinstimmung mit den Zielen und Grundsätzen der Raumordnung, den überörtlichen Entwicklungsprogrammen und dem örtlichen Entwicklungskonzept zu beschließen. Hiebei sind die voraussehbaren wirtschaftlichen, sozialen, ökologischen und kulturellen Erfordernisse in der Gemeinde sowie die Auswirkungen auf das Landschaftsbild und das Ortsbild zu beachten (siehe dazu § 13 Anm 8 und 9). **11**

Es dürfen ausdrücklich nur „unbebaute" Grundflächen als Aufschließungsgebiet festgesetzt werden (siehe auch § 25 Anm 3). Es besteht für die Gemeinden keine Verpflichtung, eine Festlegung von Aufschließungsgebieten gemäß § 25 Abs 2 vorzunehmen („darf"). Zu den „Baulandreserven", zur „Bauflächenbilanz" und dem „Baulandbedarf" siehe § 15 Anm 14. Zum „örtlichen Entwicklungskonzept" siehe § 9. **12**

Es besteht für die Gemeinden keine Verpflichtung, eine Unterteilung in Aufschließungszonen vorzunehmen („darf"). Die „Siedlungsentwicklung" hat sich nach dem Grundsatz gemäß § 2 Abs 2 Z 4 an den bestehenden Siedlungsgrenzen zu orientieren, wobei auf deren größtmögliche Wirtschaftlichkeit Bedacht zu nehmen ist (siehe dazu § 2 Anm 23). Nach dem Grundsatz des § 2 Abs 2 Z 7 ist die Zersiedelung der Landschaft zu vermeiden und hat die Innenentwicklung der Siedlungsstruktur Vorrang vor deren Außenentwicklung (siehe dazu § 2 Anm 26). Eine „zeitliche Abfolge der Bebauung" kann zB bei schrittweisem Ausbau der Infrastruktur zweckmäßig sein (*Pallitsch/Pallitsch/Kleewein*, Baurecht[5] § 4 K-GplG 1995 Anm 5). **13**

Es besteht für die Gemeinde eine Verpflichtung, die Festlegung von Bauland als Aufschließungsgebiete aufzuheben, wenn die Voraussetzungen des § 25 Abs 1 vorliegen („hat"). Der VfGH sprach im Erkenntnis VfSlg 12.755/1991 zur Verpflichtung der Anpassung einer Verordnung an den geänderten Sachverhalt aus (siehe VfGH VfSlg 17.468/2005), dass es sich „bei der Kennzeichnung von Flächen innerhalb des Baulandes als Aufschließungsgebiete um einen jener Fälle [handelt], in denen das Gesetz dem Verordnungsgeber aufträgt, seine Entscheidung an sich ändernden Situationen zu orientieren. In derartigen Fällen wird nach der Rechtsprechung des Verfassungsgerichtshofes **14** selbst eine im Zeitpunkt ihrer Erlassung gesetzmäßig gewesene Verordnung gesetzwidrig, wenn der Grund zu ihrer Erlassung weggefallen ist (s. etwa VfSlg. 9588/1982; VfGH 2.3.1990, V34/89; vgl. auch VfSlg. 6774/1972). Der Verordnungsgeber ist dabei verhalten, fallweise zu untersuchen, ob die Annahmen, von denen er bei Verordnungserlassung ausgegangen ist, noch zutreffen (so etwa VfSlg. 8212/1977 und 8329/1978). Zwar muß die Anpassung einer Verordnung an den geänderten Sachverhalt nicht unverzüglich erfolgen, sondern es ist dem Verordnungsgeber hiefür eine gewisse Zeitspanne zuzubilligen. Die Verzögerung ist jedoch im allgemeinen nur so lange tolerierbar, bis der Verordnungsgeber von der Änderung des Sachverhaltes Kenntnis erlangte oder erlangen mußte und es ihm sodann zumutbar ist, die Anpassung der Norm vorzunehmen (so VfGH 2.3.1990, V 34/89)."

**15** Zu den im „örtlichen Entwicklungskonzept festgelegten Zielen der örtlichen Raumplanung" siehe § 9 Anm 10.

**16** Dies entspricht insbesondere dem Grundsatz des § 2 Abs 2 Z 4, dass die Siedlungsentwicklung sich an den bestehenden Siedlungsgrenzen zu orientieren hat, wobei auf deren größtmögliche Wirtschaftlichkeit Bedacht zu nehmen ist (siehe dazu § 2 Anm 23), sowie dem Grundsatz des § 2 Abs 2 Z 7, dass die Zersiedelung der Landschaft zu vermeiden ist und die Innenentwicklung der Siedlungsstruktur Vorrang vor deren Außenentwicklung hat (siehe dazu § 2 Anm 26; siehe zur abgerundeten Gliederung des Baulandes auch § 16 Anm 1).

**17** Gemäß § 41 Abs 1 iVm § 38 sind bei der Festlegung von Grundflächen als Aufschließungsgebiet auch Erläuterungen zu verfassen. Gemäß § 41 Abs 1 haben die Erläuterungen auch die Gründe für die Festlegung und für die Freigabe von Grundflächen als Aufschließungsgebiete darzulegen und bei der Festlegung von Aufschließungsgebieten auch Angaben darüber zu enthalten, innerhalb welchen Zeitraumes diese Gründe voraussichtlich wegfallen werden.

**18** Meiner Ansicht bestehen gegen diese Verknüpfung einer privatwirtschaftlichen Vereinbarung mit einer hoheitlichen Maßnahme keine verfassungsrechtlichen Bedenken (so auch *Pallitsch/Pallitsch/Kleewein*, Baurecht[5] § 4 K-GplG 1995 Anm 7; zu den privatwirtschaftlichen Vereinbarungen siehe § 53 und § 54). Denn der Abschluss der privatwirtschaftlichen Vereinbarung ist nicht die einzige Möglichkeit, dass eine Aufhebung von Aufschließungsgebieten erfolgt, und somit auch keine zwingende Verknüpfung privatwirtschaftlicher Maßnahmen mit hoheitlichen Maßnahmen im Sinne der Judikatur des VfGH (VfSlg 15.625/1999). So ist unter den Voraussetzungen des § 25 Abs 4 die Gemeinde – unabhängig von einer privatwirtschaftlichen Vereinbarung – verpflichtet, eine solche Aufhebung durchzuführen. § 25 Abs 5 ist eine zusätzliche Möglichkeit für die Eigentümer der Grundfläche, an die – da keine Bedachtnahme auf die vorhandenen und verfügbaren Baulandreserven zu erfolgen hat – auch geringere Anforderungen zur Aufhebung gestellt sind als nach § 15 Abs 4. Es müssen „sämtliche Voraussetzungen für die Bebauung" der Grundflächen vorliegen, dh die Grundflächen müssen insbesondere im Sinne von § 15 Abs 1 und 2 geeignet für eine Bebauung sein. Sonstige öffentliche Rücksichten im Sinne von § 25 Abs 1 sind indes nicht relevant. Für die Gemeinde besteht eine Verpflichtung, die Festlegung von Bauland als Aufschließungsgebiete aufzuheben, wenn die Voraussetzungen des § 25 Abs 5 vorliegen („hat").

Ab wann eine Ausführung eines Bauvorhabens vollendet worden ist, **19** definiert weder die K-BO 1996 noch das K-ROG 2021 (die folgenden Ausführungen sind *Steinwender*, Kärntner Baurecht § 39 Anm 4, entnommen). Nach der Judikatur des VwGH zu anderen Bauordnungen ist ein Vorhaben im Allgemeinen schon dann als vollendet zu beurteilen, wenn das Gebäude nach außen abgeschlossen ist und alle bauplanmäßigen konstruktiven Merkmale verwirklicht worden sind (VwGH 20.4.2004, 2003/06/0067). Die „schlüsselfertige" Herstellung des Vorhabens ist nicht Voraussetzung der Vollendung, es müssen somit nicht sämtliche Arbeiten ausgeführt worden sein (VwGH VwSlg 17.725 A/2009; 24.6.2014, 2012/05/0173). So schadet das Fehlen des Fassadenaußenputzes, des Innenverputzes und des Estrichs nicht der Vollendung (VwGH 29.8.2000, 99/05/0169). Fehlen aber zB Stiegen, welche vom Erdgeschoß ins Obergeschoß führen sollen, sowie Fenster, Türe und Tore, Ausgleichsmaßnahmen zur Überwindung von Höhenunterschieden von bis zu 95 cm, Bodenaufbauten oder tragende Konstruktionselemente, wie Teile der Treppenanlagen, ist von keiner Vollendung auszugehen (VwGH 24.6.2014, 2012/05/0173; 5.10.2016, Ra 2016/06/0118). Diese Judikatur beruht allerdings auf Bestimmungen, die das Erlöschen der Baubewilligung vorsehen, sofern nicht binnen bestimmter Frist das Vorhaben vollendet wird. Insofern kann diese nicht uneingeschränkt auf die Kärntner Rechtslage übertragen werden (*Pallitsch/Pallitsch/Kleewein*, Baurecht[5] § 37 K-BO 1996 Anm 4). Die Vollendung des Vorhabens ist vielmehr vor dem Hintergrund der öffentlichen Interessen auszulegen. So steht zB das Fehlen des Fassadenaußenputzes der Vollendung des Vorhabens entgegen, da dies Auswirkungen auf die Erhaltung des Landschaftsbildes oder des Schutzes des Ortbildes haben kann (VwGH 25.3.2010, 2009/05/0047).

**20** Meiner Ansicht nach bestehen gegen diese Verknüpfung einer privatwirtschaftlichen Vereinbarung mit einer hoheitlichen Maßnahme keine verfassungsrechtlichen Bedenken (so auch *Pallitsch/Pallitsch/Kleewein*, Baurecht[5] § 4 K-GplG 1995 Anm 7; zu den privatwirtschaftlichen Vereinbarungen siehe § 53 und § 54). Denn der Abschluss der privatwirtschaftlichen Vereinbarung ist nicht die einzige Möglichkeit, dass eine Aufhebung von Aufschließungsgebieten erfolgt, und somit auch keine zwingende Verknüpfung privatwirtschaftlicher Maßnahmen mit hoheitlichen Maßnahmen im Sinne der Judikatur des VfGH (VfSlg 15.625/1999). So ist unter den Voraussetzungen des § 25 Abs 4 die Gemeinde – unabhängig von einer privatwirtschaftlichen Vereinbarung – verpflichtet, eine solche Aufhebung durchzuführen. § 25 Abs 6 ist eine zusätzliche Möglichkeit für den betroffenen Eigentümer der Grundfläche, an die – da eine ungenügende Erschließung gemäß § 15 Abs 1 Z 3 unbeachtlich ist, wenn die Aufwendungen der Gemeinde ersetzt werden – auch geringere Anforderungen zur Aufhebung gestellt sind als nach § 15 Abs 4. Die sonstigen Voraussetzungen des § 25 Abs 4 müssen vorliegen. Für die Gemeinde besteht eine Verpflichtung, die Festlegung von Bauland als Aufschließungsgebiete aufzuheben, wenn die Voraussetzungen des § 25 Abs 6 vorliegen („hat"). Zum „Grundeigentümer" siehe § 45 Anm 2.

**21** Siehe die korrespondierende Bestimmung des § 48 Abs 2 Z 5.

### § 26 Verkehrsflächen

Als Verkehrsflächen sind die für den fließenden und den ruhenden Verkehr bestimmten Flächen festzulegen, die für die örtliche Gemeinschaft von besonderer Verkehrsbedeutung sind.[1] Dazu gehören neben den Bestandteilen öffentlicher Straßen (§ 5 K-StrG 2017)[2] auch Parkplätze[3]. Soweit sie mit der Zielsetzung der Widmung als Verkehrsfläche vereinbar sind, sind auch bauliche Anlagen im Sinne des § 28 Abs. 6 auf Verkehrsflächen zulässig.[4]

**Lit:**
*Pallitsch/Pallitsch/Kleewein*, Kärntner Baurecht[5], 2014.

## I. Erläuterungen

### ErlRV 01-VD-LG-1865/5-2021, 28 f:

„§ 26 entspricht grundsätzlich § 6 K-GplG 1995 der geltenden Fassung. Schon im Landesplanungsgesetz, LGBl. Nr. 47/1959, findet sich in § 7 eine entsprechende Bestimmung. Dazu halten die Erläuterungen Verf-7/8/1959 fest: *„Durch diese Bestimmungen soll insbesondere vorgebeugt werden, daß die Gemeinde zum Zwecke der Errichtung von Verkehrsflächen […] Eigentum an bebauten Grundstücken in Anspruch zu nehmen gezwungen ist."* Als § 8 wurde die Bestimmung im Landesplanungsgesetz durch LGBl. Nr. 50/1969 neu gefasst. Die Erläuterungen Verf-462/1/1969, 3, führen dazu aus: *„Die Bestimmung des § 8 entspricht dem § 7 des Landesplanungsgesetzes. Es wurde jedoch eine Fassung gewählt, die den Erfordernissen der Praxis entspricht und gleichzeitig auch klarstellt, daß Eisenbahnzufahrtsstraßen, Landesstraßen oder Bundesstraßen nicht als Verkehrsflächen festgelegt werden dürfen."* In ihrer heutigen Form wurde die Bestimmung als § 4 des Gemeindeplanungsgesetz 1982 durch LGBl. Nr. 105/1994 geschaffen. Die Erläuterungen Verf-273/3/1994, 20, halten fest: *„Durch die Neuregelung soll klargestellt werden, daß als Verkehrsflächen sowohl die fließenden als auch die für den ruhenden Verkehr bestimmten Flächen festzulegen sind, die für die örtliche Gemeinschaft von besonderer Verkehrsbedeutung sind. Von besonderer Verkehrsbedeutung für die örtliche Gemeinschaft sind solche Flächen, die der großflächigen Verkehrserschließung des Gemeindegebietes dienen; die verkehrsmäßige Anbindung der einzelnen Grundstücke soll hingegen – wie bisher – im Rahmen der Bebauungsplanung erfolgen. Durch die Neuregelung soll weiters klargestellt werden, was unter „Verkehrsflächen" zu verstehen ist."* Darüber hinaus sind bei der Festlegung von Verkehrsflächen öffentliche Platzräume mit zu betrachten, die für das soziale Leben einen wichtigen Mehrwert darstellen und damit entsprechend qualitätsvoll zu gestalten sind.

Mit der Ermöglichung der Errichtung von baulichen Anlagen gemäß § 28 Abs. 6 K-ROG 2021 (bauliche Anlagen im Zuge von elektrischen Leitungsanlagen, für Wasserversorgungsanlagen, zur Sammlung, Ableitung, Reinigung, Behandlung oder Beseitigung von Abwässern sowie Fernmeldeanlagen, Telefonzellen, Bildstöcken, Wartehäuschen, Schutz- und Stützmauern etc.) soll ein Wertungswiderspruch des Gesetzes beseitigt werden, weil derartige Anlagen nach geltender

Rechtslage bereits im Grünland errichtet werden dürfen, was wiederum aus raumplanerischer Sicht einen eingriffsintensiveren Vorgang als deren Errichtung auf Verkehrsflächen darstellt. Darüber hinaus werden lediglich redaktionelle Änderungen vorgenommen."

## II. Anmerkungen

**1** Für die Gemeinde besteht eine Verpflichtung, Verkehrsflächen festzulegen, die für die örtliche Gemeinschaft von besonderer Verkehrsbedeutung sind ("sind"). Da es sich bei einer Widmung als Verkehrsfläche aber um eine Eigentumsbeschränkung handelt, muss diese im öffentlichen Interesse liegen und darf nicht unverhältnismäßig sein (vgl VfGH 7.3.2012, V 32/09). Daraus folgt auch, dass eine Aufhebung der Festlegung als Verkehrsfläche zu erfolgen hat, wenn das öffentliche Interesse an der Verkehrsflächenwidmung weggefallen ist (VfGH VfSlg 13.744/1994). Es darf eine Verkehrsflächenwidmung ohne entsprechende Verwirklichungsmaßnahmen auch nicht eine unbegrenzt lange Zeit dauern. Die zeitliche Angemessenheit für die nähere Planung oder den Bau der Verkehrsfläche ist anhand der Größe, der Kompliziertheit und Kostenintensität des Verkehrsvorhabens zu beurteilen (VfGH VfSlg 13.820/1994; VfSlg 14.969/1997). Auch im Hinblick auf die Notwendigkeit einer langjährigen, vorausschauenden Verkehrsplanung ist unter diesen Voraussetzungen eine – uU auch jahrzehntelange – Verkehrsflächenwidmung zulässig (VfGH VfSlg 19.074/2010).

Es sind nur die Verkehrsflächen festzulegen, "die für die örtliche Gemeinschaft von besonderer Verkehrsbedeutung sind". „Von besonderer Verkehrsbedeutung für die örtliche Gemeinschaft sind solche Flächen, die der großflächigen Verkehrserschließung des Gemeindegebietes dienen" (siehe die oben unter Punkt I. abgedruckten ErlRV 01-VD-LG-1865/5-2021, 28). Das Ausmaß der Verkehrsflächen ist gemäß § 47 Abs 6 Z 4 im generellen Bebauungsplan festzulegen, der Verlauf der Verkehrsflächen darf gemäß § 48 Abs 1 und 5 Z 2 sowie Abs 11 bzw muss iVm § 48 Abs 2 im Teilbebauungsplan festgelegt werden (vlg *Pallitsch/Pallitsch/Kleewein*, Baurecht[5] § 6 K-GplG 1995 Anm 2).

**2** Gemäß § 5 K-StrG 2017 sind Fahrbahnen, Gehsteige, Radfahrstreifen, Haltestellenbuchten, Straßenbankette, Straßengräben und andere Straßenentwässerungsanlagen, Damm- und Einschnittsböschungen der Straßen, Brücken und andere Straßenbauwerke sowie die im Zuge der öffentlichen Straße gelegenen Anlagen zum Schutz der Nachbarn vor Beeinträchtigung durch den Verkehr auf der öffentlichen Straße, insbesondere gegen Lärmeinwirkung, Bestandteile der öffentlichen Straße. Neben der Straße angelegte Rad-, Geh- und Reitwege, ferner Plätze einschließlich der Parkplätze bilden in der Regel einen Bestandteil der Straße.

Umfasst sind nur öffentliche Parkplätze (VfGH VfSlg 16.394/2001). **3**

Insbesondere handelt es sich um bauliche Anlagen der Infrastruktur, zB **4** für die Verteilung von Elektrizität, Gas, Erdöl, Fern-/Nahwärme oder Fern-/Nahkälte, für die Wasserver- und Abwasserentsorgung sowie für die Kommunikation, aber zB auch Wartehäuschen für den öffentlichen Verkehr.

## § 27 Grünland

(1) Nicht als Bauland[1] oder als Verkehrsflächen[2] festgelegte Flächen sind als Grünland festzulegen.[3]

(2) Im Grünland sind alle Flächen gesondert festzulegen, die – ausgenommen solche nach Z 1 und 2 – nicht für die Land- und Forstwirtschaft bestimmt sind und die nicht zum Ödland gehören, wie insbesondere Flächen für:[4]
1. Gebäude samt dazugehörigen sonstigen baulichen Anlagen[5] für Hofstellen land- und forstwirtschaftlicher Betriebe mit zeitgemäßer herkömmlicher Produktions- und Erwerbsform[6];
2. Gebäude samt dazugehörigen sonstigen baulichen Anlagen für landwirtschaftliche Betriebsstätten mit Umweltverträglichkeitsprüfung gemäß Abs. 3 oder landwirtschaftliche Produktionsstätten industrieller Prägung (Maistrocknungsanlagen uä.)[7], wenn für solche Vorhaben nicht eine Festlegung als Industriegebiet nach § 22 Abs. 1 Z 3[8] erfolgt ist und eine unzumutbare Belästigung der Anrainer gemäß § 23 Abs. 2 lit. a K-BO 1996, insbesondere durch Lärm oder Geruch, nicht zu erwarten ist[9];
3. Erholungszwecke – mit oder ohne Beifügung einer spezifischen Erholungsnutzung – wie öffentlich zugängliche Gärten, Parkanlagen, Spielplätze, Freibäder uä.;[10]

4. Sportanlagen wie Golfplätze, Tennisplätze, Reitsportanlagen, Schipisten, Vergnügungs- und Veranstaltungsstätten samt allenfalls zum Betrieb erforderlichen Parkplätzen;[11]
5. Campingplätze;[12]
6. Erwerbsgärtnereien;[13]
7. Bienenhäuser, Jagdhütten uä.;[14]
8. Materialgewinnungsstätten und Materiallagerstätten;[15]
9. Friedhöfe;[16]
10. Abfallbehandlungsanlagen und Abfalllagerstätten;[17]
11. Sprengstofflager und Schießstätten, wenn für solche Vorhaben keine Festlegung als Sondergebiet nach § 24 erfolgt ist;[18]
12. Schutzstreifen als Immissionsschutz sowie zur Begrenzung der Folgen etwaiger schwerer Unfälle im Sinne des § 2 Z 12 K-SBG angemessene Sicherheitsabstände zwischen Sondergebieten für Seveso-Betriebe im Sinne von § 2 Z 1 K-SBG und anderen Grundflächen im Bauland – mit Ausnahme von Sondergebieten für Seveso-Betriebe im Sinne von § 2 Z 1 K-SBG, Gewerbe- und Industriegebieten – sowie Verkehrsflächen und im Grünland gesondert festgelegten Gebieten, die jeweils erfahrungsgemäß häufig von Menschen frequentiert werden, und sonstigen im Grünland gesondert festgelegten Gebieten, für die aufgrund von Bundes- oder Landesgesetzen unter dem Gesichtspunkt des Umwelt- und Naturschutzes Nutzungsbeschränkungen bestehen (zB Nationalparkgebiete, Naturschutzgebiete, Landschaftsschutzgebiete, wasserrechtlich besonders geschützte Gebiete und sonstige wasserwirtschaftliche Planungsgebiete und dergleichen);[19]
13. Anlagen zur Erzeugung erneuerbarer Energie, ausgenommen
    a) Photovoltaikanlagen, die in bauliche Anlagen baulich integriert oder an baulichen Anlagen angebracht sind, und
    b) bauliche Anlagen zur Erzeugung elektrischer Energie aus Wasserkraft;[20]
14. Freihalteflächen, die von einer Bebauung freizuhalten sind, wie Retentionsflächen[21].

(3) Als landwirtschaftliche Betriebsstätten mit Umweltverträglichkeitsprüfung im Sinne dieses Gesetzes gelten Betriebsstätten ab einer Größe von

1. 40.000 Legehennen-, Junghennen-, Mastelterntier- oder Truthühnerplätze,
2. 42.500 Mastgeflügelplätze,
3. 1.400 Mastschweineplätze,
4. 450 Sauenplätze.

Bei gemischten Beständen werden die Prozentsätze der jeweils erreichten Platzzahlen addiert, ab einer Summe von 100 % liegt eine landwirtschaftliche Betriebsstätte mit Umweltverträglichkeitsprüfung vor.[22]

(4) Als Bienenhäuser gemäß Abs. 2 Z 7 gelten nur Gebäude, die zumindest mit einem Raum ausgestattet sind, der zum länger dauernden Aufenthalt von Menschen bestimmt ist.[23]

**Lit:**
*Berger*, Netzwerk Raumplanung – im Spannungsfeld der Kompetenzverteilung, 2008; *Bernegger*, Fragen der Widmung aus der Sicht des Planungs- und Baurechts, insbesondere Grünlandwidmungen und Vorbehaltsflächen, in Rebhahn (Hrsg), Kärntner Raumordnungs- und Grundverkehrsrecht, 1996; *Doleschal*, Bauen im Grünland am Beispiel der Regelungen in Oberösterreich, RFG 2015/25; *Giese*, Sonderwidmungen im Raumordnungsrecht, bbl 2013, 225; *Götzl*, Hochwasserschutz mittels Zwangsrechtseinräumung zur Schaffung weitgehend natürlicher Retentionsräume?, RdU 2015/138; Handwörterbuch der Stadt- und Raumentwicklung, Akademie für Raumentwicklung in der Leibniz-Gemeinschaft Geschäftsstelle (Hrsg), 2018; *Hauer*, Planungsrechtliche Grundbegriffe und verfassungsrechtliche Vorgaben, in Hauer/Nußbaumer (Hrsg), Österreichisches Raum- und Fachplanungsrecht, 2006; *Kanonier*, Einschränkungen von Bauführungen im Grünland durch das Raumordnungsrecht, bbl 1998, 8; *Kind*, Hochwasserschutz: Kalte Enteignung durch Retentionsflächen?, RdU 2012/142; *Nußbaumer*, Abfallwirtschaftsrechtliche Planung, in Hauer/Nußbaumer (Hrsg), Österreichisches Raum- und Fachplanungsrecht, 2006; *Pallitsch/Pallitsch/Kleewein*, Kärntner Baurecht[5], 2014; *Potacs*, Auslegung im öffentlichen Recht, 1994; *Schmelz/Schwarzer*, Kommentar zum Umweltverträglichkeitsprüfungsgesetz 2000, 2011; *Schindelegger*, Alpine Schutzhütten aus der Sicht der Raumordnung, bbl 2017, 75; *Steinwender*, Kärntner Baurecht, 2017; *Tiess/Rossmann/Pilgram*, Besondere Bedeutung des Vorsorgeprinzips bei der Gewinnung mineralischer Baurohstoffe (Teil II), RdU 2002/45; *Wagner*, Grundinanspruchnahme privater Liegenschaften für Schutzmaßnahmen und Überflutungsflächen, RdU 2013/109.

## I. Erläuterungen
### ErlRV 01-VD-LG-1865/5-2021, 29 ff:

„1. Zu § 27 Abs. 1:

§ 27 Abs. 1 entspricht § 5 Abs. 1 K-GplG 1995 der geltenden Fassung. Die Bestimmung wurde als § 7 Abs. 1 des Landesplanungsgesetzes durch LGBl. Nr. 50/1969 geschaffen. Dazu führen die Erläuterungen Verf-462/1/1969, 3, aus: *„Die Bestimmung des § 7 entspricht im wesentlichen der Bestimmung des § 8 Landesplanungsgesetz. [...].*"

2. Zu § 27 Abs. 2:

§ 27 Abs. 2 entspricht grundsätzlich § 5 Abs. 2 K-GplG 1995 der geltenden Fassung. Eine entsprechende Bestimmung wurde erstmals als § 7 Abs. 2 des Landesplanungsgesetzes durch LGBl. Nr. 50/1969 geschaffen. Dazu führen die Erläuterungen Verf-462/1/1969, 3, aus: *„Die Bestimmung des § 7 entspricht im wesentlichen der Bestimmung des § 8 Landesplanungsgesetz. Es wurde lediglich klargestellt, daß auch Flächen für Gärtnereien gesondert festzulegen sind."* Die Bestimmung wurde als § 3 Abs. 2 des Gemeindeplanungsgesetzes 1970 durch LGBl. Nr. 78/1979 neu gefasst. Dazu halten die Erläuterungen Verf-35/5/1979, 8, fest: *„Die Regelung des § 3 Abs. 2 ist im wesentlichen bereits geltendes Recht; diese Regelung wurde nur klarer und verständlicher gefaßt. Neu im § 3 Abs. 2 ist, dass Flächen für landwirtschaftliche Produktionsstätten industrieller Prägung im Grünland gesondert festzulegen sind* [Anmerkung: vgl. nunmehr § 27 Abs. 2 Z 2]." In ihrer heutigen Form wurde die Bestimmung grundsätzlich als § 3 Abs. 2 des Gemeindeplanungsgesetzes 1982 durch LGBl. Nr. 105/1994 geschaffen. Dazu führen die Erläuterungen Verf-273/3/1994, 19, aus: *„Im Vergleich zur derzeit geltenden Rechtslage wird die demonstrative Aufzählung jener Flächen, die im Grünland gesondert festzulegen sind, im Interesse der Rechtssicherheit, Rechtsklarheit und besserer Übersichtlichkeit wesentlich erweitert und präzisiert. Zu lit. a der Bestimmung ist anzumerken, daß die gesonderte Festlegung von „Hofstellen" im Grünland auch dazu berechtigt, auf solcherart festgelegten Grünlandflächen z. B. Gebäude für Buschenschenken, für die vorübergehende Unterbringung von Urlaubsgästen („Urlaub am Bauernhof") oder Auszugshäuser (die der Hofstelle zugeordnet bleiben müssen) zu errichten. Zu lit. j der Bestimmung ist anzumerken, daß als „Abfallbehandlungsanlagen" sowohl Anlagen zur Behandlung als auch zur Ablagerung (Deponierung) von*

*Abfällen zu verstehen sind. „Abfalllagerstätten" dienen hingegen der kurz- und mittelfristigen Lagerung von Abfällen."*

In § 27 Abs. 2 Z 2 wird nunmehr zusätzlich normiert, dass eine Festlegung von Flächen im Grünland für Zwecke des § 27 Abs. 2 Z 2 nur zulässig ist, wenn eine unzumutbare Belästigung der Anrainer, insbesondere durch Lärm oder Geruch nicht zu erwarten ist. Hierbei ist darauf hinzuweisen, dass im Grünland eine Festlegung von Flächen für die Errichtung von Gebäuden samt dazugehörigen sonstigen baulichen Anlagen für landwirtschaftliche Betriebstätten mit Umweltverträglichkeitsprüfung oder sonstige landwirtschaftliche Produktionsstätten industrieller Prägung dann zu erfolgen hat, wenn für ein solches Vorhaben nicht eine Festlegung als Industriegebiet nach § 22 Abs. 1 Z 3 erfolgt ist. Nach § 17 Abs. 2 sind Gebäude samt dazugehörigen sonstigen baulichen Anlagen für landwirtschaftliche Produktionsstätten industrieller Prägung (Maistrocknungsanlagen u. ä.) im Dorfgebiet nur zulässig, wenn sie keine örtlich unzumutbaren Umweltbelastungen verursachen. Gebäude samt dazugehörigen sonstigen baulichen Anlagen für landwirtschaftliche Betriebstätten mit Umweltverträglichkeitsprüfung gemäß § 27 Abs. 3 sind im Dorfgebiet nicht zulässig. Gemäß § 22 Abs. 1 Z 3 wiederum sind als Industriegebiete jene Flächen festzulegen, die bestimmt sind für Gebäude und dazugehörige sonstige bauliche Anlagen für landwirtschaftlichen Betriebstätten mit Umweltverträglichkeitsprüfung oder für sonstige landwirtschaftliche Produktionsstäten industrieller Prägung.

§ 27 Abs. 2 Z 12 wurde in seiner heutigen Fassung durch LGBl. Nr. 24/2016 geschaffen. Dazu führen die Erläuterungen 01-VD-LG-1729/8-2016, 2 f, aus: *„Im Sinne der Richtlinie 2012/18/EU, welche in ihrem Art. 13 Abs. 2 (bisher Art. 12 Abs. 1 der Richtlinie 96/82/EG) vorsieht, dass die Mitgliedstaaten dafür zu sorgen haben, dass zwischen den unter diese Richtlinie fallenden Betrieben einerseits, und Wohngebieten, öffentlich genutzten Gebäuden und Gebieten, Erholungsgebieten und, soweit möglich, Hauptverkehrswegen, andererseits ein angemessener Sicherheitsabstand gewahrt bleibt, und dass unter dem Gesichtspunkt des Naturschutzes besonders wertvolle bzw. besonders empfindliche Gebiete in der Nachbarschaft von Betrieben erforderlichenfalls durch angemessene Sicherheitsabstände oder durch andere relevante Maßnahmen geschützt werden, sowie dass bei bestehenden Betrieben zusätzliche technische Maßnahmen nach Art. 5 der Richt-*

*linie ergriffen werden, damit es zu keiner Zunahme der Gefährdung der menschlichen Gesundheit und Umwelt kommt, wird § 5 Abs. 2 lit. l K-GplG 1995 neu gefasst. Im Unterschied zu § 5 Abs. 2 lit. l K-GplG 1995 idgF wird nunmehr nicht nur auf eine gesonderte Ausweisung von Schutzstreifen als Immissionsschutz Bezug genommen, sondern korrespondierend zu Art. I § 3 Abs. 3 Satz 4 des Gesetzesentwurfs auch auf die Festlegung angemessener Sicherheitsabstände zu Sondergebieten für Betriebe, die in den Anwendungsbereich der Richtlinie 2012/18/EU fallen. Im Übrigen wird auf die Ausführungen zu § 3 Abs. 3 des Gesetzesentwurfs verwiesen."*

In § 27 Abs. 2 Z 14 wird neu hinzugefügt, dass auch Freihalteflächen, die von einer Bebauung freizuhalten sind, gesondert festzulegen sind, zB für die Retention, dh. für Abflusshemmung und -verzögerung durch natürliche Gegebenheiten.

3. Zu § 27 Abs. 3:

Bislang wird im K-GplG 1995 auf den Begriff „Landwirtschaftliche Intensivtierhaltung" abgestellt. Es erfolgt in § 5 Abs. 3 K-GplG 1995 der geltenden Fassung eine verbale Umschreibung des Begriffes. Gemäß § 5 Abs. 4 K-GplG 1995 der geltenden Fassung hat die Landesregierung zu bestimmen, bei welchen Arten und bei welcher Anzahl oder Belegungsdichte von gehaltenen Nutztieren eine landwirtschaftliche Intensivtierhaltung vorliegt. Eine solche Verordnung wurde allerdings nicht erlassen.

Sowohl die Vollzugspraxis als auch die Rechtsprechung des Verwaltungsgerichtshofes hat gezeigt, dass eine Adaptierung der Bestimmungen dringend geboten ist. Dies insbesondere vor dem Hintergrund, dass die in § 5 Abs. 4 K-GplG 1995 der geltenden Fassung vorgesehene Verordnung der Landesregierung bis zum gegenwärtigen Zeitpunkt nicht erlassen wurde, sodass weder auf Verordnungs- noch Gesetzesebene festgelegt ist, bei welchen Arten und bei welcher Anzahl oder Belegungsdichte von gehaltenen Nutztieren eine landwirtschaftliche Nutztierhaltung vorliegt. Dieses Manko hat zum Teil zu einer stark divergierenden Vollzugspraxis geführt, weil die eigentlich im Verordnungswege zu regelnden Sachverhalte im jeweiligen Einzelfall gutachterlich einer Bewertung zugeführt werden müssen. Anstelle dieser einzelfallbezogenen Beurteilung sollen nunmehr die Grenzen gesetzlich festgelegt werden.

Im gegenständlichen Zusammenhang wird insbesondere auf ein Erkenntnis des VwGH vom 13.12.2011, 2008/05/0121, verwiesen. Der VwGH führt unter anderem aus:

„Weder aus § 5 Abs. 3 noch aus § 3 Abs. 4 lit c K-GplG lässt sich eine (konkrete) ziffernmäßige Grenzziehung nach Anzahl der gehaltenen Tiere zur Festlegung, wann landwirtschaftliche Intensivtierhaltungsbetriebe bzw. landwirtschaftliche Produktionsstätten industrieller Prägung im Sinn dieser Regelung gegeben sind, entnehmen. Schon deshalb versagt die Heranziehung eines bezüglich der UVP-Pflicht im Anhang 1 Z. 43 des UVP-G 2000 angegebenen Schwellenwertes einer bestimmten Tieranzahl zur Abgrenzung von Intensivtierhaltungsbetrieben bzw. landwirtschaftlichen Produktionsstätten industrieller Prägung von anderen landwirtschaftlichen Betrieben, wie dies seitens der Baubehörden – denen die belangte Behörde diesbezüglich nicht entgegentrat – zur Verneinung des Vorliegens eines Intensivtierhaltungsbetriebs im Beschwerdefall erfolgte. Da eine Verordnung iSd § 5 Abs. 4 K-GPlG zur Festlegung, bei welchen Arten und bei welcher Anzahl oder Belegungsdichte von gehaltenen Nutztieren eine landwirtschaftliche Intensivtierhaltung vorliegt und welche landwirtschaftlichen Produktionsstätten als solche industrieller Prägung gelten, fehlt, ist die Frage des Vorliegens einer landwirtschaftlichen Intensivtierhaltung von der Behörde im Einzelfall lediglich anhand der in § 5 Abs. 3 leg. cit. diesbezüglich vorgesehenen Kriterien zu beurteilen. Dabei ist anhand des beim konkreten Vorhaben projektierten Betriebes (insbesondere nach Art und Umfang) im Einzelnen zu prüfen, ob darauf die in § 5 Abs. 3 leg. cit. genannten Kriterien zutreffen. Weiters ist der besagte Emissionsvergleich nach § 3 Abs. 4 lit. c K-GPlG durchzuführen, der für die Frage der Zulässigkeit der Errichtung der beiden genannten landwirtschaftlichen Betriebstypen letztlich maßgeblich ist. Angesichts des zur Beurteilung dieser Fragen erforderlichen Sachverstandes hat die Behörde hiezu geeignete Sachverständige heranzuziehen. Zum von den Beschwerdeführern behaupteten Vorliegen eines landwirtschaftliche Betriebes mit Intensivtierhaltung wurden im Zuge des Bauverfahrens und des Vorstellungsverfahrens eine Reihe von Gutachten eingeholt, die sowohl von den Baubehörden erster und zweiter Instanz als auch von der belangten Behörde – die der das Vorliegen einer landwirtschaftlichen Intensivtierhaltung im Beschwerdefall verneinenden Beurteilung der (sich auf die von ihnen eingeholten Gutachten stützenden) Baubehörden nicht entgegentrat – als schlüssig und nachvollziehbar gewürdigt und ihrer Entscheidung zugrunde gelegt wurden. Diese Beweiswürdigung vermag der Verwaltungsgerichtshof allerdings (im Rahmen der ihm diesbezüglich zukommenden Kontrolle, vgl. insbesondere das hg. Erkenntnis eines verstärkten Senats vom 3. Oktober 1985, Zl. 85/02/0053) nicht zu teilen. [...]

In weiterer Folge „vermutet" der Sachverständige, dass der Landesgesetzgeber, bzw. die Landesregierung es damit habe bewenden lassen wollen, die Möglichkeit der Intensivtierhaltung nur zu verbalisieren, aber nicht eigens zu spezifizieren. Abschließend kommt er zum Ergebnis, dass es sich bei einem Betrieb mit zwei Hähnchenmaststalleinheiten und zusammen 33 000 Masthähnchen am gleichen Standort zweifelos um eine intensive Urproduktion handelt, allerdings in einem Ausmaß, das unter jenen Grenzen liegt, die man als „Limite" angewendet sehen will. Da keine Quantifizierung im Gesetz statuiert sei, sei davon auszugehen, dass die anderen „Limite" als Maßstab gewünscht seien. Welche „Limite" das sein könnten, wird aber im Gutachten nicht näher festgehalten. Zudem ergeben sich – wie bereits erwähnt – aus § 3 Abs. 4 lit c K-GplG keine Grenzziehungen betreffen die Anzahl gehaltener Tiere. Insoweit erscheint das Ergebnis dieses gerade die Frage des Vorliegens einer Intensivtierhaltung beim projektierten Bauvorhaben eingeholten Gutachtens, dass vorliegend eine Intensivtierhaltung nicht bejaht werden könnte, als nicht nachvollziehbar. Offensichtlich bezüglich des besagten Emissionsvergleiches wird in dem im Vorstellungsverfahren eingeholten landwirtschaftlichen Gutachten aus dem Jahr 2008 „zum näheren Begriff Ortsüblichkeit der Masthühnerhaltung" auf vier in einer Entfernung von 0.9 bis 4 km vom Vorhabensstandort schon vorhandene Masthühnerhaltungen hingewiesen. Gleichzeitig wird aber in diesem Gutachten erwähnt, dass der mitbeteiligte Bauwerber mittlerweile der einzige noch eigenständig landwirtschaftliche Nutzflächen bewirtschaftende und Nutztierhaltung betreibende Bergbauer in der Ortschaft Wo sei, die ansonsten eher von Waldbesitzungen und Wochenendhäusern gekennzeichnet sei. Von daher vermag aber der Hinweis auf die vier Betriebe eine „Bedachtnahme auf die örtlichen Gegebenheiten", wie sie § 3 Abs. 4 lit c K-GplG fordert, nicht darzustellen. Vielmehr richten sich diese örtlichen Gegebenheiten nach dem Gebiet, das konkret als „Dorfgebiet" – in dem der Vorhabensstandort liegt – gewidmet ist. Bezüglich der vier im Gutachten genannten Betriebe wird dort aber festgehalten, dass die Widmung bei diesen Betrieben nicht auf „Bauland-Dorfgebiet", sondern auf „Grünland – Landwirtschaft Hofstelle" lautet. Insofern, als sich die Berufungsbehörde – offenbar – auch bezüglich des von § 3 Abs. 4 lit c K-GplG geforderten Emissionsvergleiches auf das besagte Gutachten aus dem Jahr 2008 stützt, folgt die von der Behörde getroffene Beurteilung einem auf die Rechtslage nicht Bedacht nehmenden und insofern unschlüssigen Sachverständigengutachten."

Aus diesen Gründen und im Sinne der Rechtssicherheit sollen nunmehr schon im Gesetz Tierobergrenzen festgelegt werden. Diese entsprechen den Schwellenwerten in Anhang 1 Z 43 Spalte 3 des Umweltverträglichkeitsprüfungsgesetz 2000 – UVP-G 2000, BGBl. 697/1993 idF BGBl. I Nr. 80/2018. Um den Zusammenhang mit dem UVP-G 2000 herauszustreichen, soll hinkünftig auf den Begriff „Landwirtschaftliche Betriebsstätten mit Umweltverträglichkeitsprüfung" abgestellt werden. Da ein landwirtschaftlicher Betrieb mehrere Betriebsstätten haben kann, wird der Begriff „Betriebsstätte" verwendet. Für jede einzelne Betriebsstätte ist eine Prüfung des Schwellenwertes vorzunehmen. Die Abgrenzung einer Betriebsstätte ist nach raumordnungsrechtlichen Gesichtspunkten vorzunehmen, dh. insbesondere dem Gesichtspunkt Nutzungskonflikte möglichst zu vermeiden. In diesem Sinne sind alle baulichen Anlagen eines landwirtschaftlichen Betriebes, die Einfluss auf mögliche Nutzungskonflikte mit der Betriebsstätte haben, dieser Betriebsstätte zuzurechnen. Hingegen sind bauliche Anlagen eines landwirtschaftlichen Betriebes, die auf Grund ihrer räumlichen Entfernung keinen Einfluss auf mögliche Nutzungskonflikte der Betriebsstätte haben, nicht dieser Betriebsstätte zuzurechnen.

4. Zu § 27 Abs. 4:

§ 27 Abs. 4 entspricht § 5 Abs. 4a K-GplG 1995 der geltenden Fassung. Die Bestimmung wurde als § 5 Abs. 4a K-GplG 1995 durch LGBl. Nr. 69/2001 geschaffen. Dazu führen die Erläuterungen -2V-LG-58/74-2001, 5, aus: *„Nach der derzeit geltenden Rechtslage (vgl. § 5 Abs. 3 lit. g des Gemeindeplanungsgesetzes 1995) sind Grundflächen für „Bienenhäuser" im Grünland (ausnahmslos) gesondert festzulegen. Diese bisher umfassende Planungsvorgabe wird durch § 5 Abs. 4a dahingehend eingeschränkt, dass als „Bienenhäuser" nur Gebäude gelten, „die zumindest mit einem Raum ausgestattet sind, der zum längeren dauernden Aufenthalt von Menschen bestimmt ist". Durch diese Neuregelung soll die Errichtung von Bienenhäusern, die von vornherein nicht für eine Verwendung als „Freizeitwohnsitz" in Betracht* *kommen, hinsichtlich der raumordnerischen Planungserfordernissen erleichtert werden."*

## II. Anmerkungen

1 Zum „Bauland" siehe § 15.

2 Zu den „Verkehrsflächen" siehe § 26.

3 Für die Gemeinde besteht eine Verpflichtung, Flächen, die nicht als Bauland oder als Verkehrsflächen festgelegt sind, als Grünland festzulegen („sind"). Es handelt sich um eine „Auffangwidmung" (vgl *Doleschal*, RFG 2015, 122; siehe auch *Kanonier*, bbl 1998, 8), im Ergebnis muss somit der Flächenwidmungsplan das gesamte Gemeindegebiet umfassen (vgl § 13 Anm 7). Auch die Festlegung als Grünland erfolgt indes nicht ex lege, sondern bedarf des Beschlusses des Gemeinderates durch Verordnung („sind...festzulegen"; vgl *Pallitsch/Pallitsch/Kleewein*, Baurecht[5] § 5 K-GplG 1995 Anm 1). Grundsätzlich ist das Grünland mit keinem Immissionsschutz verbunden (VwGH 15.2.1994, 93/05/0294; VwSlg 16.216 A/2003; 8.6.2011, 2011/06/0019; 19.12.2012, 2011/06/0008; 19.12.2012, 2011/06/0009; siehe aber § 27 Anm 9; zum Immissionsschutz der Anrainer im Baubewilligungsverfahren gemäß § 23 Abs 3 lit i K-BO 1996 siehe *Steinwender*, Kärntner Baurecht § 23 K-BO 1996 Rz 37 f).

4 Daraus ist abzuleiten, dass das Grünland – ausgenommen das Ödland – grundsätzlich für die Land- und Forstwirtschaft bestimmt ist (vgl *Kanonier*, bbl 1998, 8). Denn Grünland, das für andere Nutzungen bestimmt ist, muss mit einer gesonderten Zusatzwidmung (vgl *Giese*, bbl 2013, 226) festgelegt werden. Darüber hinaus müssen auch Flächen – obwohl für Land- und Forstwirtschaft bestimmt –, die für Gebäude samt dazugehörigen sonstigen baulichen Anlagen für Hofstellen und für landwirtschaftliche Betriebsstätten mit Umweltverträglichkeitsprüfung oder landwirtschaftliche Produktionsstätten industrieller Prägung im Sinne von § 27 Abs 2 Z 1 und 2 bestimmt sind, mit einer gesonderten Zusatzwidmung festgelegt werden (vgl VwGH 28.9.1999, 99/05/0122). „Ödland" sind Flächen, die aus naturbedingten oder strukturellen Gründen derzeit oder permanent nicht land- und forstwirtschaftlich genutzt werden (so die Begriffsbestimmung in § 2 Z 27 StROG; vgl auch § 5 Z 2 S-NSchG). Zur „Land- und Forstwirtschaft" siehe § 27 Anm 6. Es handelt sich um eine demonstrative Aufzählung

## 3. Hauptstück – Örtliche Raumordnung § 27

der gesonderten Zusatzwidmungen („insbesondere"). Durch die Aufzählung wird aber doch der Maßstab fixiert, dem die nicht konkret aufgezählten Inhalte entsprechen müssen (VwGH 23.7.2009, 2006/05/0167; vgl *Bernegger*, Grünland und Vorbehaltsflächen 32). Es handelt sich um eine Ermächtigung zur Festlegung von solchen gesonderten Zusatzwidmungen, welche dem Verordnungsgeber erforderlich erscheinen (vgl VfGH VfSlg 12.650/1991). In diesem Sinne ist auch eine gesonderte Zusatzwidmung „Bioheizanlage" zulässig (VfGH VfSlg 20.310/2019).

Zu „Gebäuden" und „sonstigen baulichen Anlagen" siehe § 17 Anm 1.  5

Die „Hofstelle" eines land- und forstwirtschaftlichen Betriebs dient in  6
besonderer Form der Land- und Forstwirtschaft und wird für sie genutzt (VwGH 8.9.1977, 1059/75; vgl auch § 1 Abs 5 K-BuG). Gebildet wird die Hofstelle durch Wohn- und Wirtschaftsgebäude eines land- und forstwirtschaftlichen Betriebs, die in einem räumlichen Naheverhältnis zueinanderstehen („einen Komplex bilden" VwGH 24.1.2000, 99/17/0387; siehe auch § 28). Ausweislich der Materialien, ErlRV 01-VD-LG-1865/5-2021, 29, sollen auch Gebäude für die vorübergehende Unterbringung von Urlaubsgästen („Urlaub am Bauernhof") umfasst sein (kritisch *Bernegger*, Grünland und Vorbehaltsflächen 34).

Das K-ROG 2021 enthält keine Definition des Begriffes „land- und forstwirtschaftlicher Betrieb" (die folgenden Ausführungen sind *Steinwender*, Kärntner Baurecht § 23 Rz 21 entnommen). Vom Begriff „land- und forstwirtschaftlicher Betrieb" ist nach der Rechtsprechung des VwGH nicht schon jede land- und forstwirtschaftliche Tätigkeit im technischen Sinne umfasst. Es ist das Vorliegen betrieblicher Merkmale, dh eine planvolle, grundsätzlich auf die Erzielung von Einnahmen gerichtete nachhaltige Tätigkeit, wesentlich, die zumindest die Annahme eines nebenberuflichen land- und forstwirtschaftlichen Betriebes rechtfertigt. Ob zumindest ein land- und forstwirtschaftlicher Nebenbetrieb vorliegt, hängt einerseits von der Betriebsgröße, aber auch von dem erzielbaren Bewirtschaftungserfolg ab. Dieser kann ein Indiz dafür sein, ob eine über einen bloßen Zeitvertreib hinausgehende land- und forstwirtschaftliche Nutzung vorliegt (zB VwGH 7.7.1986, 84/10/0290; 10.1988, 87/10/0133; 22.6.1993, 90/05/0228; 28.4.1997, 94/10/0148; 31.3.2008, 2007/05/0024; 29.1.2010, 2007/10/0107 mwN). Ein wesentlicher Bestandteil der land- und forstwirtschaftlichen Nutzung ist die

Bodennutzung im Bereich der landwirtschaftlichen und forstwirtschaftlichen Urproduktion (VwGH 21.9.2000, 99/06/0057). Dazu zählen zB auch Pferdezucht (VwGH 16.12.2003, 2002/05/0687), Fischzucht (VwGH 29.1.2010, 2007/10/0107), Obstverwertung (VwGH 5.11.2015, 2013/06/0119; auch Obstveredelung und Edelbranderzeugung VwGH 27.2.2015, 2012/06/0063), Waldbewirtschaftung (zur Brennholzgewinnung VwGH 5.11.2015, 2013/06/0119) und Imkerei (VwGH 22.6.1993, 90/05/0228). Da der Gartenbau grundsätzlich zur Landwirtschaft zählt (VwGH 26.1.1998, 96/10/0121; 23.2.2004, 2000/10/0173), gilt entsprechendes auch für diesen.

Land- und forstwirtschaftliche Betriebe mit „zeitgemäßer herkömmlicher Produktions- und Erwerbsform" sind meiner Ansicht nach insbesondere land- und forstwirtschaftliche Betriebe, die nicht landwirtschaftliche Betriebsstätten mit Umweltverträglichkeitsprüfung gemäß § 27 Abs 3 oder landwirtschaftliche Produktionsstätten industrieller Prägung (Maistrocknungsanlagen uä) sind.

**7** Zu den „Landwirtschaftlichen Betriebsstätten mit Umweltverträglichkeitsprüfung" gemäß § 27 Abs 3 siehe § 27 Anm 21. Das K-ROG 2021 enthält keine Definition des Begriffes „landwirtschaftliche Produktionsstätten industrieller Prägung". Als einziges demonstratives Beispiel werden Maistrocknungsanlagen angeführt („uä."). Ein Kriterium ist nach einem Judikat des VwGH ein intensiver Maschineneinsatz (VwGH VwSlg 12.422 A/1987). Dass Tiere mit den im eigenen landwirtschaftlichen Betrieb gewonnenen Futtermitteln ernährt werden, schließt das Vorliegen einer landwirtschaftlichen Produktionsstätte industrieller Prägung hingegen nicht aus (VwGH VwSlg 12.422 A/1987).

**8** Zur „Festlegung im Industriegebiet" siehe § 22 Anm 5 und 6. Darüber hinaus ist zu beachten, dass nach § 17 Abs 2 Gebäude samt dazugehörigen sonstigen baulichen Anlagen für landwirtschaftliche Produktionsstätten industrieller Prägung (Maistrocknungsanlagen uä) im Dorfgebiet nur zulässig sind, wenn sie keine örtlich unzumutbaren Umweltbelastungen verursachen. Gebäude samt dazugehörigen sonstigen baulichen Anlagen für landwirtschaftliche Betriebstätten mit Umweltverträglichkeitsprüfung gemäß § 27 Abs 3 sind im Dorfgebiet nicht zulässig (vgl ErlRV 01-VD-LG-1865/5-2021, 29).

**9** „Anrainer gemäß § 23 Abs. 2 lit. a K-BO 1996" sind die Eigentümer (Miteigentümer) aller im Einflussbereich des Vorhabens liegenden

3. Hauptstück – Örtliche Raumordnung § 27

Grundstücke, wenn subjektiv-öffentliche Rechte verletzt werden könnten (siehe dazu *Steinwender*, Kärntner Baurecht § 23 K-BO 1996 Rz 10 f). Zulässig sind nur Betriebs- und Produktionsstätten, durch die eine unzumutbare Belästigung dieser Anrainer, insbesondere durch Lärm oder Geruch, nicht zu erwarten ist. Obwohl grundsätzlich das Grünland mit keinem Immissionsschutz verbunden ist (VwGH 15.2.1994, 93/05/0294; VwSlg 16.216 A/2003; 8.6.2011, 2011/06/0019; 19.12.2012, 2011/06/0008; 19.12.2012, 2011/06/0009), ist daraus meiner Ansicht nach abzuleiten, dass mit dieser gesonderten Zusatzwidmung ein Immissionsschutz verbunden ist (zum Immissionsschutz der Anrainer im Baubewilligungsverfahren gemäß § 23 Abs 3 lit i K-BO 1996 siehe *Steinwender*, Kärntner Baurecht § 23 K-BO 1996 Rz 37 f).

Für die Prüfung der Widmungskonformität ist meiner Ansicht nach in einem ersten Schritt anhand der konkreten geplanten Anlage zu prüfen, ob überhaupt eine landwirtschaftliche Betriebsstätte mit Umweltverträglichkeitsprüfung gemäß § 27 Abs 3 oder eine landwirtschaftliche Produktionsstätte industrieller Prägung vorliegt (vgl VwGH 24.4.2014, 2011/06/0137). Trifft dies zu, erfolgt eine Prüfung der Widmungskonformität anhand der Betriebstype (VwGH VwSlg 18.280 A/2011; vgl *Kleewein*, RdU 1994, 85 ff). Diese ergibt sich aus der Art der in einem solchen Betrieb üblicherweise und aus dem jeweiligen Stand der Technik verwendeten Anlagen und Einrichtungen einschließlich der zum Schutz vor Belästigungen typisch getroffenen Maßnahmen sowie aus der Art der dort entsprechend diesen Merkmalen herkömmlicherweise entfalteten Tätigkeit auf das Ausmaß und die Intensität der dadurch verursachten Immissionen.

Wird eine spezifische Erholungsnutzung nicht beigefügt, so sind gemäß § 28 Abs 5, soweit sich aus § 28 Abs 6 nicht anderes ergibt, bauliche Anlagen nicht zulässig (VwGH 19.12.2000, 2000/05/0270). Die land- und forstwirtschaftliche Nutzung – abseits der Errichtung von baulichen Anlagen – ist indes zulässig (VwGH VwSlg 13.006 A/1989). Zulässig ist auch die private Nutzung als Badeplatz oder Liegewiese (VwGH 15.12.2009, 2008/05/0213).

10

Es handelt sich um eine demonstrative Aufzählung von spezifischen Erholungsnutzungen („wie"). Durch die Aufzählung wird aber doch der Maßstab fixiert, dem die nicht konkret aufgezählten Inhalte entsprechen müssen (VwGH 23.7.2009, 2006/05/0167). So sind zB auch die spezifischen Erholungsnutzungen „Kabinenbau" (VwGH 19.3.2015,

2013/06/0192), „Liegewiese" (VwGH 16.3.2012, 2009/05/0163) und iVm § 27 Abs 2 Z 4 „Bad, Freizeit, Sport" (VwGH 30.4.2009, 2007/05/0225) möglich. Meiner Ansicht nach können auch alpine Schutzhütten darunter subsumiert werden (siehe zu diesen *Schindelegger*, bbl 2017, 75 ff). Aus dem Begriff „öffentlich" ist in diesem Sinne auch nicht abzuleiten, dass die spezifische Erholungsnutzung „jedenfalls und in vollem Umfang öffentlich zugänglich sein muss" (VwGH 21.3.2013, 2013/06/0024).

**11** Es handelt sich um eine demonstrative Aufzählung von „Sportanlagen" („wie"). Durch die Aufzählung wird aber doch der Maßstab fixiert, dem die nicht konkret aufgezählten Inhalte entsprechen müssen (VwGH 23.7.2009, 2006/05/0167). So sind meiner Ansicht nach zB auch Sportplätze, Sporthallen und Hallenbäder (VwGH 30.4.2009, 2007/05/0225) umfasst (vgl § 1 Entwicklungsprogramm Sportstättenplan). „Veranstaltungsstätten" sind gemäß § 2 Abs 4 K-VAG 2010 für die Durchführung einer Veranstaltung bestimmte, ortsfeste Einrichtungen wie Gebäude, Gebäudeteile, Räume, Sportstätten, Flächen, Plätze, sonstige Örtlichkeiten, Fahrtrouten und dergleichen samt den dazugehörigen Anlagen und Ausstattungen (zu den „Vergnügungsstätten" kritisch *Bernegger*, Grünland und Vorbehaltsflächen 30).

**12** Campingplätze sind zum Nächtigen von Personen in mobilen Unterkünften wie Zelten, Wohnwägen, Kraftfahrzeugen, Wohnmobilen und dergleichen samt Zubehör sowie in Mobilheimen und anderen mobilen Anlagen im Rahmen des Tourismus bestimmt. Ein Mobilheim ist ein freistehendes im Ganzen oder in Teilen transportables Wohnobjekt samt Zubehör. Als Zubehör gelten Vorzelte, Überdachungen von Wohnwägen, Vorrichtungen für die Wetterfestmachung, Türvorbauten, Schutzdächer, Freitreppen, Veranden und dergleichen sowie die punktuelle Verankerung oder Fundamentierung des Zubehörs oder des Mobilheims (so § 1 Abs 2 bis 4 K-CPG).

**13** Der Gartenbau zählt grundsätzlich zur Landwirtschaft (VwGH 26.1.1998, 96/10/0121; 23.2.2004, 2000/10/0173). Der „Erwerbsgärtner" ist aber Gärtner im Sinne von § 94 Z 24 GewO 1994. „Der gewerbliche Gärtner zieht und pflegt Blumen auf fremdem Grund (z. B. Friedhofsgärtner), legt fremde Gärten an (Gartenarchitekt), besorgt die gärtnerische Ausschmückung von Festsälen usw. und betreibt, um das erforderliche Material zur Hand zu haben, zwangsläufig auch die – allerdings meist nicht feldmäßige – Zucht von Blumen" (ErlRV 395 BlgNr 13. GP 111).

### 3. Hauptstück – Örtliche Raumordnung § 27

„Bienenhäuser" dienen der Haltung und Zucht von Bienen, dh der **14** Bienenwirtschaft (vgl § 1 Abs 1 K-BiWG). Als Bienenhäuser gelten gemäß § 27 Abs 4 nur Gebäude, die zumindest mit einem Raum ausgestattet sind, der zum länger dauernden Aufenthalt von Menschen bestimmt ist (siehe dazu § 27 Anm 22). „Jagdhütten" dienen dem Jagdbetrieb (vgl § 63 Abs 1 K-JG). Es handelt sich um eine demonstrative Aufzählung („uä"). Durch die Aufzählung wird aber doch der Maßstab fixiert, dem die nicht konkret aufgezählten Inhalte entsprechen müssen (VwGH 23.7.2009, 2006/05/0167). So sind meiner Ansicht nach zB auch Fischerhütten umfasst.

„Materialgewinnungsstätten" und „Materiallagerstätten" sind Betriebs- **15** stätten, die der Gewinnung, das ist das Lösen oder Freisetzen (Abbau) mineralischer Rohstoffe und die damit zusammenhängenden vorbereitenden, begleitenden und nachfolgenden Tätigkeiten, sowie der Lagerung mineralischer Rohstoffe dienen (vgl § 20 Abs 2 Z 5 NÖ ROG 2014 und § 1 Z 2 und 26 MinroG). Kompetenzrechtlich ist zu beachten, dass gemäß Art 10 Abs 1 Z 10 B-VG Angelegenheiten des Bergwesens in Gesetzgebung und Vollziehung Bundessache sind (siehe dazu § 1 Anm 11). Der Genehmigungstatbestand für Gewinnungsbetriebspläne des § 82 Abs 2 Z 1 MinroG sieht indes vor, dass die Grundstücke im Flächenwidmungsplan der Standortgemeinde als Abbaugebiete gewidmet sind (dazu *Tiess/Rossmann/Pilgram*, RdU 2002, 130 f; zum Berücksichtigungsgebot siehe § 2 Anm 21). Bergbaugebiete sind gemäß § 14 Abs 1 Z 2 im Flächenwidmungsplan ersichtlich zu machen (vgl *Pallitsch/Pallitsch/Kleewein*, Baurecht[5] § 5 K-GplG 1995 Anm 7).

„Friedhöfe" sind gemäß § 17 Abs 3 K-BStG Bestattungsanlagen, die **16** der Bestattung oder Beisetzung von Leichen oder Leichenasche dienen. Naturbestattungsanlagen sind Friedhöfe, die ausschließlich der Durchführung von Naturbestattungen dienen. Als Naturbestattung gilt gemäß § 13 Abs 4 K-BStG das Verstreuen von Leichenasche innerhalb einer Bestattungsanlage auf eigens hierfür vorgesehenen naturbelassenen Flächen sowie das Einbringen von Leichenasche in einer Urne in das Erdreich naturbelassener Flächen. Da es ich bei § 27 Abs 2 um eine demonstrative Aufzählung handelt, sind meiner Ansicht nach auch Urnenstätten, das sind gemäß § 17 Abs 4 K-BStG Bestattungsanlagen, die ausschließlich der Beisetzung von Leichenasche in hierfür vorgesehenen baulichen Anlagen, wie Urnenhainen oder Urnenhallen, dienen, umfasst. Gleiches gilt für Sonderbestattungsanlagen, dies sind gemäß

§ 17 Abs 5 K-BStG Bestattungsanlagen, die ausschließlich der Bestattung von Leichen oder der Beisetzung oder Verwahrung von Leichenasche von Angehörigen eines bestimmten, begrenzten Personenkreises, wie Familien oder Ordensgemeinschaften, dienen.

**17** „Abfallbehandlungsanlagen" und „Abfalllagerstätten" dienen der Sortierung, Aufbereitung, Verwertung und sonstigen Behandlung und der Ablagerung (Deponierung) von Abfällen (ErlRV 01-VD-LG-1865/5-2021, 29; vgl auch § 20 Abs 2 Z 13 NÖ ROG 2014 und die Begriffsbestimmungen in § 2 AWG). Kompetenzrechtlich ist zu beachten, dass gemäß Art 10 Abs 1 Z 12 B-VG die Abfallwirtschaft hinsichtlich gefährlicher Abfälle, hinsichtlich anderer Abfälle nur soweit ein Bedürfnis nach Erlassung einheitlicher Vorschriften vorhanden ist, in Gesetzgebung und Vollziehung Bundessache ist (*Hauer*, Grundbegriffe 9; *Nußbaumer*, Abfallwirtschaftsrechtliche Planung 383 ff; *Berger*, Raumplanung 79 ff; siehe auch § 1 Anm 11). Solange aber der Bund von seiner Planungskompetenz nicht Gebrauch gemacht hat, ist es nach einem Judikat des VwGH „der auf landesgesetzlichen Vorschriften beruhenden Raumplanung, zu der auch der Flächenwidmungsplan gehört, nicht verwehrt, Flächen ihrer Planung zu unterwerfen" (VwGH 16.9.1999, 99/07/0075; siehe zu einer Standortverordnung im Sinne von § 36 K-AWO auch VfGH VfSlg 17.389/2004; zum Berücksichtigungsgebot siehe § 2 Anm 21; kritisch *Bernegger*, Grünland und Vorbehaltsflächen 31 f). Darüber hinaus sind gemäß § 38 Abs 1 AWG im Genehmigungsverfahren und Anzeigeverfahren für gemäß § 37 AWG genehmigungspflichtige Behandlungsanlagen alle Vorschriften anzuwenden, die im Bereich des Raumordnungsrechts für Bewilligungen, Genehmigungen oder Untersagungen des Projekts anzuwenden sind. Entsorgungsanlagen von überörtlicher Bedeutung sind gemäß § 14 Abs 1 Z 1 im Flächenwidmungsplan ersichtlich zu machen (vgl *Pallitsch/Pallitsch/Kleewein*, Baurecht[5] § 5 K-GplG 1995 Anm 8). Darüber hinaus sind gemäß § 36 Abs 5 K-AWO die durch die Festlegung der in Betracht kommenden Grundstücke bestimmten Standorte für Abfallbehandlungsanlagen von der durch den Standort betroffenen Gemeinde im Flächenwidmungsplan als überörtliche Planung ersichtlich zu machen.

**18** Für „Sprengstofflager" siehe insbesondere die Lager gemäß § 35 SprG iVm der SprLV. Gefährdungsbereiche nach schieß- und sprengmittelrechtlichen Vorschriften sind gemäß § 14 Abs 1 Z 2 im Flächenwidmungsplan ersichtlich zu machen (vgl *Pallitsch/Pallitsch/Kleewein*, Baurecht[5] § 5 K-GplG 1995 Anm 9).

Die Bestimmung dient der Umsetzung der RL 2012/18/EU zur Beherrschung der Gefahren schwerer Unfälle mit gefährlichen Stoffen. Siehe dazu die oben unter Punkt I. abgedruckten ErlRV 01-VD-LG-1865/5-2021, 29 f, und ausführlich § 2 Anm 17 und § 16 Anm 4. **19**

„Erneuerbare Energie" ist gemäß § 2 Abs 1 Z 17 Energie aus erneuerbaren, nichtfossilen Energiequellen, das heißt Wind, Sonne (Solarthermie und Photovoltaik; siehe aber die Ausnahme in § 27 Abs 2 Z 13 lit a), geothermische Energie, Umgebungsenergie, Gezeiten-, Wellen- und sonstige Meeresenergie, Wasserkraft (siehe aber die Ausnahme in § 27 Abs 2 Z 13 lit b), und Energie aus Biomasse, Deponiegas, Klärgas und Biogas. Zum Begriff „bauliche Anlage" siehe § 17 Anm 1. Die Ausnahme für bauliche Anlagen zur Erzeugung elektrischer Energie aus Wasserkraft entspricht der Kompetenzrechtslage, nach der gemäß Art 10 Abs 1 Z 10 B-VG Angelegenheiten des Wasserrechts in Gesetzgebung und Vollziehung Bundessache sind (siehe dazu § 1 Anm 12). **20**

„Retentionsflächen" dienen der Abflusshemmung und Abflussverzögerung durch natürliche Gegebenheiten (vgl ErlRV 01-VD-LG-1865/5-2021, 30; *Janssen*, Handwörterbuch, 893 ff; *Kind*, RdU 2012, 232; siehe auch *Wagner*, RdU 2013, 181 ff; *Götzl*, RdU 2015, 228 ff). **21**

Anknüpfungspunkt ist die jeweilige „Betriebsstätte", nicht der land- und forstwirtschaftliche Betrieb. Zur Abgrenzung der Betriebsstätten siehe die unter Punkt I. abgedruckten ErlRV01-VD-LG-1865-2021, 31 (vgl auch VwGH 18. 11. 2003, 2001/05/0918). **22**

Die Tierobergrenzen entsprechen den Schwellenwerten in Anhang 1 Z 43 Spalte 3 UVP-G 2000. Zur Auslegung wird durch die Rechtsprechung die 1. Tierhaltungsverordnung herangezogen (US 27.6. 2008, 7B/2006/5-36; zum Ganzen *Schmelz/Schwarzer*, UVP-G Anh 1 Z 43 Rz 6 mwN). Demnach sind gemäß Anlage 6 Z 1 der 1. Tierhaltungsverordnung „Legehennen" Hennen im legereifen Alter der Art Gallus Gallus, die zur Erzeugung von Eiern, die nicht zum Ausbrüten bestimmt sind, gehalten werden. „Junghennen" sind Jungtiere – ausgenommen Küken – der Art Gallus Gallus, die zur späteren Eiererzeugung bestimmt sind. „Mastelterntiere" sind (erwachsene) Masthühner und Legehennen, also nicht Junghennen (US 17.9.2003, 7A/2003/1-39). Unter „Mastgeflügel" sind Vögel aller Art zu verstehen, die zur Fleischgewinnung gehalten werden, zB auch Enten und

Gänse. Gemäß Anlage 5 Z 1 der 1. Tierhaltungsverordnung sind „Mastschweine" zur Schlachtung bestimmte Schweine im Alter von 10 Wochen bis zur Schlachtung. Nach der Rechtsprechung müssen diese ein Gewicht über 30 kg haben (US 21.6.2000, 5/2000/3-19). „Sauen" sind weibliche Zuchtschweine ab dem ersten Abferkeln. Jungsauenplätze (US 17.9.2013, US 7B/2003/18-4), Plätze für Saugferkel und Absetzferkel (US 27.6.2008, US 7B/2006/5-36) sind bei der Prüfung der angeführten Schwellenwerte nicht zu berücksichtigen.

**23** „Bienenhäuser" dienen der Haltung und Zucht von Bienen, dh der Bienenwirtschaft (vgl § 1 Abs 1 K-BiWG). Für den Begriff „Gebäude" enthält das K-ROG 2021 keine Definition (die folgenden Ausführungen sind *Steinwender*, Kärntner Baurecht § 6 K-BO 1996 Rz 4 entnommen, dort finden sich darüber hinaus zahlreiche Judikaturbeispiele). Nach der ständigen Rechtsprechung des VwGH zur Kärntner Rechtslage sind Gebäude bauliche Anlagen, „durch die ein allseits umschlossener Raum gebildet wird" (VwGH VwSlg 17.251 A/2007; zuletzt 29.4.2015, 2012/06/0085; siehe auch ErlRV Verf-133/6/1967, 6). Somit ist der Begriff bauliche Anlage der Oberbegriff und Gebäude der Unterbegriff (VwGH 18.3.1980, 193/79; 20.1.1994, 90/06/0203). Gebäude sind in diesem Sinne bauliche Anlagen mit der speziellen Eigenschaft, dass durch sie ein allseits umschlossener Raum gebildet wird (VwGH VwSlg 5951 A/1963; ErlRV Verf-86/32/1981, 10; missverständlich VwGH 19.3.2015, 2013/06/0019; eine weitgehend für sich stehende Stützmauer wird nicht zu einem Teil eines Gebäudes VwGH 29.9.2016, 2013/05/0143). Dh für die Beurteilung als Gebäude muss auch die Definition der baulichen Anlage erfüllt sein (vgl den entsprechenden Hinweis auf die Regeln der Baukunst und die Verbindung mit dem Boden VwGH 29.8.2000, 97/05/0046; 19.12.2000, 2000/05/0270; 2.4.2009, 2007/05/0158; zum Begriff „bauliche Anlage" siehe § 17 Anm 1). Mehr oder weniger große Öffnungen schaden dem Vorliegen eines allseits umschlossenen Raums nicht (VwGH 28.5.2013, 2012/05/0208 mwN; 29.4.2015, 2012/06/0085). Ein Gebäude verliert seine Qualifikation nicht, wenn es an ein bestehendes Gebäude angebaut ist (VwGH 11.9.1997, 97/06/0043). „Zum länger dauernden Aufenthalt" dient zB ein Arbeitsraum oder ein Schleuderraum (vgl VwGH 11.2.1993, 92/06/0234; 22.6.1993, 90/05/0228; § 2 Abs 3 TBO 2022).

## § 28 Bauliche Anlagen im Grünland

(1) Im Grünland sind – unbeschadet der Regelungen des Abs. 6 – nur bauliche Anlagen[1] zulässig, die nach Art, Größe und insbesondere auch im Hinblick auf ihre Situierung[2] erforderlich und spezifisch[3] sind, und zwar:
1. für eine Nutzung als Grünland, das für die Land- und Forstwirtschaft bestimmt ist, wobei die Prüfung der Erforderlichkeit in den Fällen des § 27 Abs. 2 Z 1 und 2 entfällt;[4]
2. für eine der gemäß § 27 Abs. 2 – ausgenommen nach § 27 Abs. 2 Z 1 oder 2 – gesondert festgelegten Nutzungsarten.[5]

(2) Die Errichtung und die Änderung von baulichen Anlagen[6] im Sinne des Abs. 1 Z 1, die Wohnzwecken dienen[7], ist im Grünland nur zulässig, wenn diese auf Grundflächen im Sinne des § 27 Abs. 2 Z 1 oder 2 erfolgt. Dies gilt, wenn eine gesonderte Festlegung nach § 27 Abs. 2 nicht erfolgt, sinngemäß auch für bauliche Anlagen, die einem Nebengewerbe der Land- und Forstwirtschaft im Sinne des § 2 Abs. 4 GewO 1994 dienen[8], sowie für bauliche Anlagen, die der Ausübung üblicher land- und forstwirtschaftlicher Nebenerwerbstätigkeiten, wie insbesondere der Beherbergung von Urlaubsgästen,[9] dienen.

(3) Die Änderung der Verwendung von Gebäuden oder Gebäudeteilen[10] im Sinne des Abs. 1 Z 1 ist bei Auflassung des land- und forstwirtschaftlichen Betriebes[11] nur zulässig, wenn die Voraussetzungen des Abs. 2 erster Satz vorliegen, die Errichtung von neuen Gebäuden nicht erforderlich ist und der jeweilige Gebietscharakter[12] nicht verändert wird. Ein landwirtschaftlicher Betrieb gilt in diesem Sinn als aufgelassen, wenn die Hofbewirtschaftung eingestellt worden ist und die zum Hof gehörenden landwirtschaftlich nutzbaren Grundflächen veräußert[13] worden sind. Bauliche Anlagen, die Wohnzwecken dienen[14], dürfen, wenn keine Sonderwidmung gemäß § 30 erforderlich ist[15], weiterhin zu Wohnzwecken verwendet werden. Wirtschaftsgebäude dürfen zu Lager- und Einstellzwecken sowie für gewerbliche Kleinbetriebe[16] verwendet werden.

(4) Gebäude samt dazugehörigen sonstigen baulichen Anlagen für landwirtschaftliche Betriebstätten mit Umweltverträglichkeitsprüfung gemäß § 27 Abs. 3 sind im Grünland nur auf Grundflächen im Sinne des § 27 Abs. 2 Z 2 zulässig.[17]

(5) In Flächen im Grünland, die aus Gründen nach § 15 Abs. 1 von einer Bebauung freizuhalten sind, und in Flächen für Erho-

lungszwecke, für die keine spezifische Erholungsnutzung festgelegt wurde (§ 27 Abs. 2 Z 3), sind, soweit sich aus Abs. 6 nicht anderes ergibt, bauliche Anlagen nicht zulässig.[18]

(6) Im Grünland dürfen – ausgenommen auf Flächen gemäß § 27 Abs. 2 Z 14[19] – vorgesehen werden:
1. bauliche Anlagen, ausgenommen Gebäude, die keine funktionale Einheit bilden,
   a) die Elektrizität, Gas, Erdöl, Fern-/Nahwärme oder Fern-/Nahkälte verteilen,[20]
   b) zur Erzeugung elektrischer Energie aus Wasserkraft,[21]
   c) für Wasserversorgungsanlagen[22] oder
   d) zur Sammlung, Ableitung, Reinigung, Behandlung oder Beseitigung von Abwässern (Abwasserbeseitigungsanlagen);
2. bauliche Anlagen der Kommunikationsinfrastruktur[23], Telefonzellen, Bildstöcke, Wartehäuschen, Kapellen, Gipfelkreuze, Schutz- und Stützmauern, öffentliche WC-Anlagen uä.;[24]
3. die erforderlichen Aufschließungswege, wenn eine Erschließung über Bauland oder Verkehrsflächen[25] nicht möglich oder unverhältnismäßig ist.[26]

**Lit:**
*Baumgartner/Fister*, Die spätere Verwendung von Wohnobjekten als Freizeitwohnsitze nach dem Kärntner Bau- und Raumordnungsrecht – ausgewählte Fragen, bbl 2018, 83; *Bernegger*, Fragen der Widmung aus der Sicht des Planungs- und Baurechts, insbesondere Grünlandwidmungen und Vorbehaltsflächen, in Rebhahn (Hrsg), Kärntner Raumordnungs- und Grundverkehrsrecht, 1996; *Doleschal*, Bauen im Grünland am Beispiel der Regelungen in Oberösterreich, RFG 2015/25; *Kanonier*, Einschränkungen von Bauführungen im Grünland durch das Raumordnungsrecht, bbl 1998, 8; *Potacs*, Auslegung im öffentlichen Recht, 1994; *Steinwender*, Kärntner Baurecht, 2017.

## I. Erläuterungen

### ErlRV 01-VD-LG-1865/5-2021, 31 ff:

„1. Allgemeines:

§ 28 Abs 1, 5 und 6 entspricht grundsätzlich § 5 Abs. 5 bis 8 K-GplG 1995 der geltenden Fassung. Schon im Landesplanungsgesetz, LGBl. Nr. 47/1959, findet sich in § 8 eine entsprechende Bestimmung. Dazu

3. Hauptstück – Örtliche Raumordnung   § 28

halten die Erläuterungen Verf-7/8/1959 fest: *„Im Grünland sind [...] nur jene Bauten zulässig, die für die Nutzung des entsprechenden Teiles des Grünlandes notwendig sind. Für die Nutzung landwirtschaftlichen Grundes sind etwa Wohnhäuser für Landwirte und deren Bedienstete, Ställe, Heustadel, Silos usw., für den Gartenbau Treibhäuser, Gerätehäuser usw., für den Kur-, Erholungs- und Sportzwecke Kur- und Erholungsheime samt den erforderlichen Nebengebäuden, Badeanlagen, Tribünen usw., für Parkanlagen, Brunnen, Pavillons, für Friedhöfe Leichenhallen, Mausoleen usw., für Ödland insbesondere Schutzhütten erforderlich."* Im Wesentlichen entspricht dem auch § 7 des Landesplanungsgesetzes in der Fassung LGBl. Nr. 50/1969. Dazu führen die Erläuterungen Verf-462/1/1969, 3, aus: *„Die Bestimmung des § 7 entspricht im wesentlichen der Bestimmung des § 8 Landesplanungsgesetz. Es wurde lediglich klargestellt, daß auch Flächen für Gärtnereien gesondert festzulegen sind."*

2. Zu § 28 Abs. 1:

§ 28 Abs. 1 entspricht § 5 Abs. 5 K-GplG 1995 der geltenden Fassung. Die Bestimmung wurde erstmals als § 3 Abs. 3 des Gemeindeplanungsgesetzes 1970 durch LGBl. Nr. 78/1979 geschaffen. Dazu halten die Erläuterungen Verf-35/5/1979, 9, fest: *„Durch die Regelung des Abs. 3 soll klargestellt werden, welche Gebäude im Grünland errichtet werden dürfen; es sind dies nur jene Gebäude, die für eine Nutzung als land- und forstwirtschaftliches Grünland einerseits bzw. als gesondert festgelegtes Grünland andererseits erforderlich und spezifisch sind, wobei insbesondere die Situierung in Betracht zu ziehen ist. So wird etwa die Errichtung eines Wohnhauses auf einer als Grünland-Landwirtschaft festgelegten Fläche ohne gleichzeitige Errichtung eines Wirtschaftsgebäudes für die Nutzung dieser Fläche als Grünland-Landwirtschaft weder erforderlich noch spezifisch sein. Der Ausdruck „erforderlich" weist im besonderen darauf hin, daß zu prüfen sein wird, ob die im Flächenwidmungsplan festgelegte Nutzungsart auch ohne die Errichtung eines derartigen Gebäudes nicht realisiert werden könnte."* Durch LGBl. Nr. 70/1981 wurde der Verweis auf § 28 Abs. 6 (damals § 3 Abs. 6 des Gemeindeplanungsgesetzes 1970) aufgenommen und nach dem Wort „Gebäude" die Wortfolge „und sonstigen baulichen Anlagen" eingefügt. Dazu führen die Erläuterungen Verf-88/24/1981, 3, aus: *„Diese Änderung ist im Hinblick auf die Anfügung des Abs. 6 [Anmerkung: siehe nunmehr § 28 Abs. 6] erforderlich geworden. Mit dieser Klarstellung hinsichtlich* *der baulichen Anlagen, die im Grünland errichtet werden dürfen, sollen die bisherigen diesbezüglichen Auslegungsschwierigkeiten aus dem Weg geräumt werden. Es gibt demnach zwei Gruppen von baulichen Anlagen, die im Grünland vorgesehen werden dürfen:*

*– bauliche Anlagen, auf die die Merkmale des vorliegenden Abs. 3 zutreffen und*

*– bauliche Anlage, die in den Abs. 5 und 6* [Anmerkung: siehe nunmehr § 28 Abs. 5 und 6] *angeführt sind."*

Die heutige Form erhielt die Bestimmung schlussendlich durch LGBl. Nr. 105/1994.

3. Zu § 28 Abs. 2 und 3:

Nach § 27 Abs. 2 sind im Grünland Flächen gesondert festzulegen, die – ausgenommen solche nach § 27 Abs. 2 Z 1 und 2 – nicht für die Land- und Forstwirtschaft bestimmt sind und die nicht zum Ödland gehören. Bei den in § 27 Abs. 2 Z 1 und 2 angesprochenen Flächen handelt es sich um solche für die Errichtung von Gebäuden samt dazugehörigen baulichen Anlagen für Hofstellen land- und forstwirtschaftlicher Betriebe mit zeitgemäßer herkömmlicher Produktions- und Erwerbsform (Z 1) sowie die bereits zuvor dargelegten Flächen für die Errichtung von Gebäuden samt dazugehörigen sonstigen baulichen Anlagen für landwirtschaftliche Betriebe mit Umweltverträglichkeitsprüfung oder sonstige landwirtschaftliche Produktionsstätten industrieller Prägung (Z 2). Hieraus folgt, dass andere Grünlandwidmungen, die nicht für die Land- und Forstwirtschaft bestimmt sind und die nicht zum Ödland gehören, somit ausdrücklich als solche festzulegen sind, wobei dies auch für Hofstellen eines land- oder forstwirtschaftlichen Betriebes und Flächen für landwirtschaftliche Betriebstätten mit Umweltverträglichkeitsprüfung oder landwirtschaftliche Produktionsstätten industrieller Prägung gilt (*Kleewein*, Kärntner Raumordnungs- und Gemeindeplanungsrecht. Kurzkommentar mit Nebengesetzen und Durchführungsverordnungen [2011], § 5 Anm. 2, S 125). Dass im Flächenwidmungsplan keine gesonderte Festlegung erfolgt ist, hindert jedoch nicht grundsätzlich die Zulässigkeit einer Bebauung. Fehlt eine gesonderte Festlegung im Sinne des § 27 Abs. 2 Z 1 und 2, ist nach der Rechtsprechung des VwGH zu prüfen, ob eine Baulichkeit erforderlich und spezifisch im Sinn des § 28 Abs. 1 (§ 5 Abs. 5 K-GplG 1995 der geltenden Rechtslage) ist (VwGH 28.2.2000, 2000/10/0027).

Nach § 28 Abs. 1 wiederum ist das Grünland – unbeschadet der Regelungen des § 28 Abs. 6 – nur zur Errichtung derjenigen Gebäude und sonstigen baulichen Anlagen bestimmt, die nach Art, Größe und insbesondere auch im Hinblick auf ihre Situierung erforderlich und spezifisch sind, und zwar für eine Nutzung als Grünland, das für die Land- und Forstwirtschaft bestimmt ist, wobei die Prüfung der Erforderlichkeit in den Fällen des § 27 Abs. 2 Z 1 und 2 entfällt (siehe hiezu etwa VwGH 24.4.2014, 2012/06/0220). Nach der Judikatur des VwGH (24.4.2014, 2012/06/0220) liegt eine Nutzung als Grünland, das für die Land- und Forstwirtschaft bestimmt ist, dann nicht vor, *„[...] wenn sie nicht mit der grundsätzlich auf Erzielung von Einnahmen gerichteten nachhaltigen Tätigkeit der land- und forstwirtschaftlichen Urproduktion im Zusammenhang steht und es sich auch nicht um eine diese typischerweise begleitende Nebenerwerbstätigkeit handelt (vgl. das bereits zitierte Erkenntnis des Verwaltungsgerichtshofes vom 24. November 1997, 95/10/0213). In der Frage der Zulässigkeit eines Bauvorhabens im landwirtschaftlichen und forstwirtschaftlichen Grünland ist daher zunächst zu prüfen, ob die geplante landwirtschaftliche Nutzung wenigstens die Annahme eines landwirtschaftlichen Nebenerwerbes rechtfertigt. Zur Vermeidung missbräuchlicher Aushöhlung der Ziele der Raumordnung, insbesondere zur Vorkehrung gegen eine Zersiedelung, ist daher das Vorliegen betrieblicher Merkmale, das heißt einer planvollen, grundsätzlich auf die Erzielung von Einnahmen gerichteten nachhaltigen Tätigkeit wesentlich. Eine solche Tätigkeit kann nur angenommen werden, wenn nicht von vornherein ausgeschlossen ist, dass die aus der Tätigkeit zu erwartenden Einnahmen auf Dauer die damit zusammenhängenden Ausgaben übersteigen. Erst nach Bejahung des Begriffsmerkmales der landwirtschaftlichen Nutzung ist zu prüfen, ob die Maßnahme im projektierten Umfang für die bestimmungsgemäße Nutzung erforderlich und spezifisch ist (vgl. das Erkenntnis des Verwaltungsgerichtshofes vom 28. April 1997, 94/10/0148). [...] Für die Notwendigkeit einer Baumaßnahme im Grünland kommt es aber weder auf die Person noch auf die persönlichen Umstände des Bauwerbers an (vgl. das Erkenntnis des Verwaltungsgerichtshofes vom 14. März 1994, 92/10/0397 und die dort angeführte Vorjudikatur). „Spezifisch" im Sinne des § 5 Abs. 5 K-GplG 1995 ist eine Baumaßnahme nur dann, wenn sie in ihrer standörtlichen Zuordnung betriebstypisch ist (vgl. das Erkenntnis des Verwaltungsgerichtshofes vom 28. April 1997, 94/10/0148)."*

Im gegenständlichen Zusammenhang bestehen aus Sicht der Vollziehung zwei Probleme, die durch die Einfügung eines neuen Abs. 2 und Abs. 3 einer Lösung zugeführt werden sollen:

Zum einen fehlen nach der geltenden Rechtslage entsprechende gesetzliche Grundlagen für eine Nachnutzung von aufgelassenen Hofstellen oder sonstigen rechtmäßigen Beständen, beispielsweise in Bezug auf die Nachnutzung als Wohnung oder als kleinbetriebliche Nutzung. Andererseits sind im Hinblick darauf, dass sich diese Gebäude im Grünland befinden, sehr strenge Maßstäbe an die Zulässigkeit der Errichtung oder Änderung derartiger Gebäude zu legen und vor dem Hintergrund des Erkenntnisses des VwGH vom 28.02.2000, 2000/10/0027, erscheint es angezeigt zur Vermeidung einer missbräuchlichen Aushöhlung der Ziele der Raumordnung gesetzlich Grenzen in Bezug auf die Errichtung und Änderung von derartigen Gebäuden vorzusehen. Nach § 28 Abs. 2 erster Satz des Gesetzesentwurfs soll daher die Errichtung, die Wiedererrichtung und die Änderung von Gebäuden und sonstigen baulichen Anlagen im Sinne des § 28 Abs. 1 Z 1, die Wohnzwecken zu dienen bestimmt sind im Grünland (nur) dann zulässig sein, wenn diese auf Grundflächen im Sinne des § 27 Abs. 2 Z 1 oder 2 erfolgt. Für jene Fälle, in denen eine gesonderte Festlegung der Nutzung im Grünland nicht erfolgt ist, soll dies sinngemäß auch für Gebäude und sonstige bauliche Anlagen, die einem Nebengewerbe der Land- und Forstwirtschaft dienen, sowie für Gebäude und bauliche Anlagen, die der Ausübung üblicher land- und forstwirtschaftlicher Nebenerwerbstätigkeiten dienen, gelten.

Inhaltlich nehmen die Regelungen des § 28 Abs. 2 und 3 Anleihen an § 42 Abs. 2 und § 44 Abs. 4 und 5 des Tiroler Raumordnungsgesetzes 2016 – TROG 2016, LGBl. Nr. 101/2016 idF LGBl. Nr. 144/2018.

4. Zu § 28 Abs. 5:

§ 28 Abs. 5 entspricht § 5 Abs. 6 K-GplG 1995 der geltenden Fassung. Die Bestimmung wurde erstmals als § 3 Abs. 4 des Gemeindeplanungsgesetzes 1970 durch LGBl. Nr. 78/1979 geschaffen. Dazu halten die Erläuterungen Verf-35/5/1979, 9, fest: *„Die Frage, ob auf Flächen, die als Grünland-Erholung festgelegt sind (Abs. 4), überhaupt Bauwerke errichtet werden dürfen, bzw. wenn ja, welche Bauwerke mit der Widmung vereinbar sind, hat in der Praxis immer wieder zu großen Schwierigkeiten geführt. Durch die Regelung des Abs. 4 soll nun eindeutig klargestellt werden, daß auf Flächen, die als Grünland-Er-*

*holung festgelegt sind, keine Gebäude oder sonstigen baulichen Anlagen errichtet werden dürfen. Die als Grünland-Erholung festgelegten Flächen sollen jedenfalls ohne die Errichtung von Gebäuden und sonstigen baulichen Anlagen der Erholung dienen. Eine Ausnahmeregelung sieht der Abs. 4 ausschließlich für die im § 3 Abs. 5* [Anmerkung: siehe nunmehr § 28 Abs. 6] *des Entwurfes angeführten Anlagen vor."* Die heutige Form erhielt die Bestimmung schlussendlich durch LGBl. Nr. 105/1994.

5. Zu § 28 Abs. 6:

§ 28 Abs. 6 Z 1 und 2 entspricht § 5 Abs. 7 K-GplG 1995 der geltenden Fassung. Die Bestimmung wurde erstmals als § 3 Abs. 5 des Gemeindeplanungsgesetzes 1970 durch LGBl. Nr. 78/1979 geschaffen. Dazu halten die Erläuterungen Verf-35/5/1979, 9 f, fest: *"Durch die Regelung des Abs. 5 wird klargestellt, welche baulichen Anlagen im Grünland jedenfalls errichtet werden dürfen. Quellfassungen, Brunnstuben, Leitungsmasten, bauliche Anlagen im Zuge von Wasserversorgungsanlagen oder von Abwasserbeseitigungsanlagen sowie Fernmeldeanlagen dürfen im Grünland errichtet werden. […]"* Mit LGBl. Nr. 105/1994 erfolgte in § 3 Abs. 5 des Gemeindeplanungsgesetzes 1982 eine Einschränkung der Bestimmung hinsichtlich der Gebäuden für die Abwasserbeseitigung. Dazu führen die Erläuterungen Verf-273/3/1994, 20, aus: *"Durch die Änderung des § 3 Abs. 5 soll die Zulässigkeit der Errichtung von Gebäuden für die in dieser Bestimmung vorgesehenen Zwecke im Grünland eingeschränkt werden. Sollte die Errichtung von Gebäuden erforderlich sein, die mit solchen baulichen Anlagen keine funktionale Einheit bilden, kommt insbesondere die Widmung als „Sonderfläche" (§ 2 Abs. 9* [Anmerkung: siehe nunmehr § 24]*) in Betracht. Dies gilt etwa für größere kommunale Kläranlagen oder Wasserpumpwerke. Im übrigen bezweckt die Neufassung des Begriffes „Anlagen zur Abwasserbeseitigung" eine Anpassung an die geänderte Diktion des Gemeindekanalisationsgesetzes* [Anmerkung: vgl. nunmehr § 1 Abs. 1 K-GKG]*."* Durch LGBl. Nr. 134/1997 wurde die Wortfolge „Schutz- und Stützmauern" eingefügt. Dazu halten die Erläuterungen Verf-579/15/1997, 14 f, fest: *"Die vorliegende Ergänzung trägt einem Bedürfnis der Praxis Rechnung und dient der Klarstellung."*

Die eingefügte Wortfolge „zur Erzeugung elektrischer Energie aus Wasserkraft" in § 28 Abs. 6 Z 2 entspricht § 5 Abs. 8 K-GplG 1995 der geltenden Fassung. Die Bestimmung wurde erstmals als § 3 Abs. 6 des

Gemeindeplanungsgesetzes 1970 durch LGBl. Nr. 70/1981 geschaffen. Dazu halten die Erläuterungen Verf-88/24/1981, 3 f, fest: *„Durch die Novelle zum Gemeindeplanungsgesetz, LGBl. Nr. 78/1979, wurde im § 3 Abs. 5* [Anmerkung: siehe nunmehr § 27 Abs. 6] *die Möglichkeit eröffnet, daß bauliche Anlagen im Zuge von elektrischen Leitungsanlagen, für Wasserversorgungsanlagen, zur Abwasserbeseitigung sowie für Fernmeldeanlagen, Telefonzellen, Bildstöcke und ähnliches im Grünland vorgesehen werden dürfen. In systematischer Fortführung dieses Gedankens sollen in Hinkunft auch Stromerzeugungsanlagen auf der Basis von Wasserkraft – ausgenommen Gebäude – im Grünland vorgesehen werden dürfen. Die Wahrung der Interessen der Raumplanung ist dennoch gegeben, da im Verfahren nach dem Kärntner Elektrizitätswirtschaftsgesetz, LGBl. Nr. 77/1978 (§ 25), eine Abstimmung des Vorhabens u.a. mit den Interessen der Raumplanung sowie des Natur- und Denkmalschutzes zu erfolgen hat* [Anmerkung: vgl. nunmehr § 11 Abs. 4 K-ElWOG]. *Die Bestimmung des § 25 des Kärntner Elektrizitätswirtschaftsgesetzes erstrecken sich hinsichtlich dieser Prüfung zwar nicht auf Eigenanlagen im Sinne des § 2 Abs. 2 und 3 leg.cit. Derartige Eigenanlagen sind jedoch ohnedies den Ausnahmen vergleichbar, wie sie gemäß § 3 Abs. 5 des Kärntner Gemeindeplanungsgesetzes 1970, in der geltenden Fassung,* [Anmerkung: siehe nunmehr § 28 Abs. 6] *hinsichtlich baulicher Anlagen im Zuge von elektrischen Leitungsanlagen und Wasserversorgungsanlagen gelten. Nach den vorgesehenen Regelungen dieses Entwurfes dürfen Gebäude für Stromerzeugungsanlagen auf der Basis von Wasserkraft im Grünland jedoch nur dann vorgesehen werden, wenn sie mit den baulichen Anlagen zur Stromerzeugung eine funktionale Einheit bilden. Eine derartige funktionale Einheit eines Gebäudes mit einer baulichen Anlage zur Stromerzeugung wird etwa beim Krafthaus eines Speicherkraftwerkes vorliegen. Keine funktionale Einheit kann jedoch hinsichtlich reiner Verwaltungsgebäude oder Wohngebäude für das Wartungspersonal angenommen werden. Für die Errichtung von kalorischen Kraftwerken oder auch von Atomkraftwerken wird auch in Hinkunft eine entsprechende Widmung erforderlich bleiben."*

Der nicht mehr gebräuchliche Begriff „Fernmeldeanlagen" des § 5 Abs. 8 K-GplG 1995 der geltenden Fassung soll nunmehr in § 28 Abs. 6 Z 2 durch den Begriff „Kommunikationsinfrastruktur" ersetzt werden. Zum Begriffsinhalt siehe § 3 Z 9a, 10 und 11 des Telekommunikationsgesetzes 2003 – TKG 2003, BGBl. I Nr. 70/2003 idF BGBl. I Nr. 90/2020.

§ 28 Abs. 6 Z 3 wird neu geschaffen. Die Unverhältnismäßigkeit von Erschließungen ergibt sich aus raumordnungsfachlichen Gründen, zB weil eine einzelne Umwidmung notwendig wäre."

## II. Anmerkungen

Zum Begriff „bauliche Anlage" siehe § 17 Anm 1. **1**

Die „Art" der baulichen Anlage ergibt sich meiner Ansicht nach in **2** diesem Zusammenhang insbesondere aus der Funktion der baulichen Anlage, dh der Kategorie der baulichen Anlage (zB Wohngebäude, Bürogebäude, Wirtschaftsgebäude, Beherbergungsbetriebe etc). Die „Größe" ergibt sich insbesondere aus der Größe der überbauten Fläche, der Bruttogeschoßflächenzahl (vgl die Definition in § 6 Abs 4 K-BAV) oder zB bei Änderung der Verwendung durch die Anzahl und Größe der betroffenen Räume. Die „Situierung" ergibt sich insbesondere durch die Lage der baulichen Anlage im Grünland, hiebei kann auch die Entfernung zwischen der baulichen Anlage und einem Betrieb von Bedeutung sein (VwGH VwSlg 17.236 A/2007; 15.5.2012, 2009/05/0039).

Die Tatbestandsmerkmale, dass eine bauliche Anlage „erforderlich" und **3** „spezifisch" sein muss, sind restriktiv auszulegen. Bei der Prüfung sind objektive Maßstäbe anzulegen (VwGH 7.8.2013, 2013/06/0076; 19.3.2015, 2013/06/0192; siehe zum Ganzen auch *Kanonier*, bbl 1998, 8 ff), es kommt weder auf die Person noch auf die persönlichen Umstände des Bewilligungswerbers an (VwGH 28.2.2000, 2000/10/0027). Dies dient dem Grundsatz des § 2 Abs 2 Z 7, dass die Zersiedelung der Landschaft zu vermeiden ist (VwGH 15.12.2016, 2013/06/0175; siehe zur Zersiedelung § 2 Anm 26) und der Verhinderung der Umgehung des Flächenwidmungsplanes (VwGH 21.3.2014, 2012/06/0213). Die „Erforderlichkeit" ist im Sinne einer „Notwendigkeit" zu verstehen (VwGH 15.12.2016, 2013/06/0175; 5.10.2016, Ra 2016/06/0102), bloße „Zweckmäßigkeit" genügt nicht (VwGH 7.8.2013, 2013/06/0076; 26.3.2019, Ra 2018/05/0220).

Für die Beurteilung einer land- und forstwirtschaftlichen Nutzung ist **4** das Vorliegen betrieblicher Merkmale, dh eine planvolle, grundsätzlich auf die Erzielung von Einnahmen gerichtete nachhaltige Tätigkeit wesentlich, die zumindest die Annahme eines nebenberuflichen land-

und forstwirtschaftlichen Betriebes rechtfertigt (VwGH 15.12.2016, 2013/06/0175; siehe zum Ganzen auch *Doleschal*, RFG 2015, 122 f). Dies ist anhand eines Betriebskonzeptes zu prüfen (VwGH 16.9.2003, 2002/05/0773; 24.4.2014, 2012/06/0220), das zur Prüfung, ob sich aus der beabsichtigten Betriebsführung wenigstens mittelfristig ein Gewinn erzielen lässt, konkrete Anhaltspunkte über Umfang und Art des Betriebes enthalten muss (VwGH 31.3.2008, 2007/05/0024; 21.3.2014, 2012/06/0213; 24.4.2014, 2012/06/0220). Ob zumindest ein land- und forstwirtschaftlicher Nebenbetrieb vorliegt, hängt einerseits von der Betriebsgröße, aber auch von dem erzielbaren Bewirtschaftungserfolg ab. Dieser kann ein Indiz dafür sein, ob eine über einen bloßen Zeitvertreib hinausgehende land- und forstwirtschaftliche Nutzung vorliegt (zB VwGH 7.7.1986, 84/10/0290; 10.1988, 87/10/0133; 22.6.1993, 90/05/0228; 28.4.1997, 94/10/0148; 31.3.2008, 2007/05/0024; 29.1.2010, 2007/10/0107 mwN; 15.12.2016, 2013/06/0175). Ein wesentlicher Bestandteil der land- und forstwirtschaftlichen Nutzung ist die Bodennutzung im Bereich der landwirtschaftlichen und forstwirtschaftlichen Urproduktion (VwGH 21.9.2000, 99/06/0057). Dazu zählen zB auch Pferdezucht (VwGH 16.12.2003, 2002/05/0687), Fischzucht (VwGH 29.1.2010, 2007/10/0107), Obstverwertung (VwGH 5.11.2015, 2013/06/0119; auch Obstveredelung und Edelbranderzeugung VwGH 27.2.2015, 2012/06/0063), Waldbewirtschaftung (zur Brennholzgewinnung VwGH 5.11.2015, 2013/06/0119) und Imkerei (VwGH 22.6.1993, 90/05/0228). Da der Gartenbau grundsätzlich zur Landwirtschaft zählt (VwGH 26.1.1998, 96/10/0121; 23.2.2004, 2000/10/0173), gilt entsprechendes auch für diesen.

Liegt eine land- und forstwirtschaftliche Nutzung vor, ist zu prüfen, ob die bauliche Anlage erforderlich und spezifisch ist (VwGH 28.2.2000, 2000/10/0027; siehe schon § 28 Anm 3). Die bauliche Anlage ist erforderlich, wenn sie in einem sachlichen oder funktionellen Zusammenhang mit der land- und forstwirtschaftlichen Tätigkeit steht, und es dürfen nicht andere Möglichkeiten eine gleichartige oder bessere betriebswirtschaftliche Voraussetzung im Hinblick auf die widmungsgemäße Nutzung bieten (VwGH 24.4.2014, 2012/06/0220). Hiebei kann auch die Entfernung zwischen der baulichen Anlage und dem land- und forstwirtschaftlichen Betrieb von Bedeutung sein. Maßstab ist die Erforderlichkeit für den konkreten Betrieb, zB hinsichtlich der Streuung der Betriebsflächen oder der Vertriebsmöglichkeit (VwGH VwSlg 17.236 A/2007). Die baulichen Anlagen müssen der Betriebsfläche und Betriebsart insofern angepasst sein, als sie zu diesen Flächen nicht in einem Missverhältnis stehen dürfen (VwGH 24.11.1997, 95/10/0213). Für Gebäude samt dazugehörigen sonstigen baulichen Anlagen für Hofstellen land- und forstwirtschaftlicher Betriebe mit zeitgemäßer herkömmlicher Produktions- und Erwerbsform im Sinne von § 27 Abs 2 Z 1 (vgl VwGH 15.5.2012, 2009/05/0039) und für Gebäude samt dazugehörigen sonstigen baulichen Anlagen für landwirtschaftliche Betriebsstätten mit Umweltverträglichkeitsprüfung oder landwirtschaftliche Produktionsstätten industrieller Prägung im Sinne von § 27 Abs 2 Z 2 hat keine Prüfung der Erforderlichkeit zu erfolgen. „Spezifisch" ist eine bauliche Anlage „nur dann, wenn sie in ihrer standörtlichen Zuordnung betriebstypisch ist" (VwGH 28.2.2000, 2000/10/0027), unzulässig wären untypische bauliche Anlagen (VwGH 22.6.1993, 90/05/0228).

Die gesonderten Zusatzwidmungen des § 27 Abs 2 ermöglichen es, bestimmte Flächen im Grünland festzulegen, „die eine von der jeweiligen Nutzungsart abhängige Verbauung zulassen und sich damit nicht grundlegend von der Widmungskategorie „Bauland" unterscheiden. Als wesentlicher Unterschied zwischen der Bebauung im Grünland und jener im Bauland ist allerdings zu beachten, dass Bauland [...] „entsprechend den örtlichen Erfordernissen in möglichst geschlossene und abgerundete Baugebiete zu gliedern" ist, was einer abgelegenen Einzelwidmung im Allgemeinen entgegensteht" (VfGH VfSlg 20.310/2019). Zu den Tatbestandsmerkmalen, dass eine bauliche Anlage „erforderlich" und „spezifisch" für die gemäß § 27 Abs 2 gesondert festgelegten Nutzungsarten sein muss, siehe bereits § 28 Anm 3. In der Judikatur finden sich folgende Beispiele über die Zulässigkeit baulicher Anlagen:

- „Grünland – Kabinenbau": Badekästchen sowie Sanitär- und Umkleideeinrichtungen, einschließlich der Erschließung durch eine Fußgeherbrücke mit Aufzugsanlage zulässig (VwGH 19.3.2015, 2013/06/0192);
- „Grünland – Bad": Sanitäranlage zulässig (VwGH 23.2.1989, 83/06/0260);
- „Grünland – Bad, Freizeit, Sport": Hallenbad mit Erlebnisbecken, Sport- und Freizeitbecken sowie Saunalandschaft zur Befriedigung des Erholungsbedürfnisses und der Freizeitgestaltung eines weiteren Personenkreises, einschließlich Gastronomiebetriebe und Geschäfts-

lokale, soweit diese nach ihrer Art, Größe und Situierung zum Betrieb des Hallenbades erforderlich und spezifisch sind, zulässig (VwGH 30.4.2009, 2007/05/0225);
- „Grünland – Golfplatz": Schutznetz zulässig (LVwG Kärnten 12.5.2022, KLVwG-572-573/8/2022);
- „Grünland – Liegewiese": Saunahütte mit einem Grundriss von ca 8 m x 17 m auf Grund der Dimension nicht zulässig (VwGH 16.3.2012, 2009/05/0163);
- „Grünland – Schutzstreifen als Immissionsschutz": Abstellplatz nicht zulässig (VwGH 28.9.1999, 99/05/0122);
- „Grünland – Freizeitwohnsitz in dezentraler Lage": 4,4 m x 3,3 m x 3 m überdachte Sitzgruppe nicht zulässig (VwGH 7.8.2013, 2013/06/0076);
- „Grünland – Erholung, Sonderwidmung-Park": 6 m x 4 m Garage nicht zulässig (VwGH 10.10.1995, 95/05/0235).

**6** Die Begriffe „Errichtung" und „Änderung" von baulichen Anlagen entsprechen meiner Ansicht nach § 6 lit a und b K-BO 1996 (zu dieser systematischen Interpretation vgl VwGH 23.11.2004, 2002/06/0064; siehe auch *Potacs*, Auslegung 84 f und 90 f mwN; die folgenden Ausführungen sind weitgehend *Steinwender*, Kärntner Baurecht § 6 K-BO 1996 Rz 7 und 8 mwN entnommen). Die Errichtung von Gebäuden und sonstigen baulichen Anlagen ist gleichbedeutend mit einem Neubau von Gebäuden und sonstigen baulichen Anlagen (ErlRV Verf-133/6/1967, 6 f). Dies ist nach der Rechtsprechung des VwGH auch dann anzunehmen, wenn nach Abtragung bestehender baulicher Anlagen alte Fundamente oder Kellermauern ganz oder teilweise wiederverwendet werden (ErlRV Verf-133/6/1967, 6 f; vgl VwGH 5.11.2015, 2013/06/0199). So kann von einer Errichtung nur dann nicht mehr gesprochen werden, „wenn noch aufgehendes Mauerwerk so weit vorhanden ist, dass ohne weitere Baumaßnahmen dieses für den Wiederaufbau verwendet werden kann, ohne dass zur Gewährleistung der Standfestigkeit substanzielle Eingriffe in das Mauerwerk vorgenommen werden müssen" (VwGH VwSlg 12.183 A/1986; 4.3.2008, 2006/05/0139). Eine Errichtung liegt auch vor bei

- einer gänzlichen Substanzerneuerung (VwGH 20.9.2012, 2011/06/0046; auch eine Wiedererrichtung VwGH 5.2.1991, 90/05/0139; 12.8.2014, Ro 2014/06/0045),

3. Hauptstück – Örtliche Raumordnung    § 28

- einer Wiedererrichtung nach Zerstörung, unabhängig davon, ob die Zerstörung des Gebäudes durch ein aktives Handeln einer Person oder nur durch ein passives Verhalten herbeigeführt wurde (VwGH 30.1.2014, 2013/05/0223), ob ein Verschulden vorliegt (VwGH 17.12.2014, 2012/06/0154) sowie ob für die zerstörte bauliche Anlage zum Zeitpunkt der Errichtung eine Baubewilligungspflicht bestand (VwGH 30.1.2014, 2013/05/0223),
- einer Wiederverwendung von einzelnen Teilen, die nicht mehr raumbildend waren (VwGH 21.11.2017, Ra 2017/05/0260),
- einer etappenweisen Abtragung und Neuerrichtung (VwGH 22.12.1987, 87/05/0174; 11.9.1997, 97/06/0042),
- einer weitreichenden baulichen Umgestaltung (VwGH 23.8.2012, 2011/05/0111; LVwG Kärnten 17.7.2017, KLVwG-345/20/2016) oder
- einem Versetzen einer baulichen Anlage an einen neuen Standort (VwGH 17.3.1994, 92/06/0159; 29.1.2016, 2013/06/0253).

Die Änderung von Gebäuden und sonstigen baulichen Anlagen umfasst jedenfalls Umbauten von und Zubauten an Gebäuden (VwGH VwSlg 17.418 A/2008; siehe auch VwGH 28.9.1999, 95/05/0269; ErlRV Verf-133/6/1967, 7). Nach der Rechtsprechung des VwGH wird von einem Umbau dann gesprochen, wenn solche Änderungen vorgenommen werden, dass nach deren Ausführung das Gebäude im Vergleich zu dem früheren Zustand als ein wesentlich anderes Objekt erscheint (VwGH VwSlg 17.418 A/2008; 18.5.2010, 2008/06/0205; indes sind weitreichende bauliche Umgestaltungen als (neue) Errichtung anzusehen, VwGH 23.8.2012, 2011/05/0111; LVwG Kärnten 17.7.2017, KLVwG-345/20/2016). Ein solcher Umbau kann auch vorliegen, wenn der Umfang (Fläche und Kubatur) nicht verändert wird (VwGH 24.3.1998, 96/05/0153). Unter Zubau wird jede Vergrößerung eines Gebäudes in waagrechter oder lotrechter Richtung verstanden (VwGH VwSlg 17.418 A/2008; 18.5.2010, 2008/06/0205). Es muss eine Verbindung eines Gebäudes mit dem Zubau vorliegen, sei es durch eine Verbindungstüre, sei es in Form einer baulichen Integration, zB im Fall eines abgeschleppten Daches, das über den Zubau reicht, sodass zumindest optisch der Eindruck eines Gesamtbauwerkes entsteht (VwGH 19.9.2006, 2005/05/0147). Auf den Umfang der Erweiterung kommt es nicht an (VwGH VwSlg 7710 A/1970; 24.3.1998, 96/05/0153).

**7** „Wohnzwecken" dienen Gebäude oder Gebäudeteile, wenn sie dazu bestimmt sind, privates Leben zu ermöglichen, wenn sie Menschen somit grundsätzlich auf Dauer Aufenthalt und Unterkunft gewähren (vgl die Definitionen in VwGH 25.6.2014, 2010/13/0119 und OGH 19.3.1992, 7 Ob 542/92; *Baumgartner/Fister*, bbl 2018, 87). Vom Wohnzweck umfasst ist auch die Wohnnebennutzung, soweit sie im Ausmaß dem konkreten Gebäude adäquat ist (zB Garagen, Stellplätze, Kinderspielplätze, indes nicht Beachvolleyballplatz VwGH 6.10.2011, 2011/06/0109; Schwimmbecken VwGH VwSlg 18.663 A/2013; Aufzugsanlagen VwGH 24.6.2014, 2013/05/0168; Heizungsanlagen VwGH 28.2.2008, 2007/06/0265; Abfallsammelstellen VwGH 23.11.2016, Ra 2016/05/0023, indes nicht öffentliche Abfallsammelstellen). Gemäß § 17 Abs 1 Z 1 sind Wohngebäude Gebäude, die nach Lage, Größe, Ausgestaltung, Einrichtung uä zur Deckung eines ganzjährig gegebenen Wohnbedarfes im Mittelpunkt der Lebensbeziehungen dienen, samt dazugehörigen sonstigen baulichen Anlagen (wie Garagen, Gartenhäuser, Gewächshäuser).

**8** Die GewO 1994 ist auf Nebengewerbe der Land- und Forstwirtschaft gemäß § 2 Abs 1 Z 2 GewO 1994 nicht anzuwenden. Diese Nebengewerbe sind in § 2 Abs 4 GewO 1994 ausdrücklich aufgezählt.

**9** Umfasst sind Tätigkeiten, die zwar übliche land- und forstwirtschaftliche Nebenerwerbstätigkeiten sind, aber nicht im Bereich der land- bzw forstwirtschaftlichen Urproduktion oder einer diese typischerweise begleitenden Nebenerwerbstätigkeit liegen sowie nicht zu den Nebengewerben der Land- und Forstwirtschaft gemäß § 2 Abs 4 GewO 1994 zählen. Dies gilt zB für die „Beherbergung von Urlaubsgästen" (Urlaub am Bauernhof), die zur häuslichen Nebenbeschäftigung nach § 2 Abs 1 Z 9 GewO 1994 zählt (VwGH 23.11.2009, 2008/05/0271).

**10** Das Tatbestandsmerkmal „Änderung der Verwendung von Gebäuden oder Gebäudeteilen" entspricht meiner Ansicht nach § 6 lit c K-BO 1996 (zu dieser systematischen Interpretation vgl VwGH 23.11.2004, 2002/06/0064; siehe auch *Potacs*, Auslegung 84 f und 90 f mwN; die folgenden Ausführungen sind weitgehend *Steinwender*, Kärntner Baurecht § 6 K-BO 1996 Rz 7 und 8 mwN entnommen). Umfasst sind ausdrücklich nur die Änderungen der Verwendung von Gebäuden (siehe dazu § 17 Anm 1) und Gebäudeteilen (zB Änderung der Verwendung von einzelnen Räumen eines Wohngebäudes für Zwecke eines Gewerbebetriebes VwGH 18.6.1991, 90/05/0193; oder für Zwecke der

Prostitution VwGH 12.5.1987, 87/05/0044; 26.4.2000, 99/05/0271; siehe auch VwGH 21.2.1995, 92/05/0245).

Zu „land- und forstwirtschaftlichen Betrieben" siehe § 28 Anm 4. **11**

Der „Gebietscharakter" ergibt sich meiner Ansicht nach aus verschiedenen Komponenten, zB durch die unbebauten Flächen, die Bebauung und die Verwendung der baulichen Anlagen. Verändert wird der Gebietscharakter meiner Ansicht nach insbesondere durch eine neue Verwendung, bei der Nutzungskonflikte zu erwarten sind. **12**

Die Grundflächen müssen „veräußert" sein, dh das Eigentum zB durch Kauf übergegangen sein. Eine bloße Gebrauchsüberlassung, zB durch Pacht, genügt hingegen nicht. **13**

Zum Begriff „Wohnzweck" siehe § 28 Anm 7. **14**

Gemäß § 30 bedürfen Apartmenthäuser, sonstige Freizeitwohnsitze und Hoteldörfer einer Sonderwidmung. **15**

Zu den „gewerblichen Kleinbetrieben" siehe § 17 Anm 4. **16**

Zu den „landwirtschaftlichen Betriebsstätten mit Umweltverträglichkeitsprüfung" gemäß § 27 Abs 3 siehe § 27 Anm 22, zu den Grundflächen im Sinne des § 27 Abs 2 Z 2 siehe § 27 Anm 9. Gebäude samt dazugehörigen sonstigen baulichen Anlagen für landwirtschaftliche Betriebsstätten mit Umweltverträglichkeitsprüfung sind gemäß § 22 Abs 1 Z 3 auch im Industriegebiet zulässig. **17**

„Landwirtschaftliche Produktionsstätten industrieller Prägung" sind von dieser Bestimmung nicht umfasst, diese sind somit – wenn alle anderen Voraussetzungen erfüllt sind – im Grünland auch abseits von Grundflächen im Sinne des § 27 Abs 2 Z 2 zulässig (vgl *Bernegger*, Grünlandwidmung und Vorbehaltsflächen 27 f).

Zu den Flächen, „die aus Gründen nach § 15 Abs. 1 von einer Bebauung freizuhalten sind" siehe § 15 Anm 2 bis 11, zu den Flächen gemäß § 27 Abs 2 Z 3 für „Erholungszwecke, für die keine spezifische Erholungsnutzung festgelegt wurde" siehe § 27 Anm 10, zu den baulichen Anlagen gemäß § 28 Abs 6 siehe § 28 Anm 19 ff. **18**

Zur Freihaltung von Retentionsflächen siehe § 27 Anm 21. **19**

Die Verteilung von „Elektrizität" erfolgt insbesondere über Hoch-, Mittel- oder Niederspannungs-Verteilernetze. Elektrische Leitungsanlagen sind elektrische Anlagen, die der Fortleitung elektrischer Energie dienen. Hiezu zählen insbesondere auch Umspann-, Umform- und **20**

Schaltanlagen (vgl § 3 Abs 1 Z 77 K-ElWOG; § 2 Abs 1 Starkstromwegegesetz 1968).

Zur Verteilung von „Gas" dienen insbesondere Verteilerleitungsanlagen bzw Erdgasleitungsanlagen im Sinne von § 7 Abs 1 Z 15 iVm Z 71 GWG 2011, das sind Anlagen, die zum Zwecke der Fernleitung, der Verteilung von Erdgas durch Rohrleitungen oder Rohrleitungsnetze oder als Direktleitungen errichtet oder betrieben werden. Zu Erdgasleitungen zählen insbesondere auch Verdichterstationen, Molchschleusen, Schieberstationen, Messstationen und Gasdruckregeleinrichtungen.

Zur Verteilung von „Erdöl" dienen insbesondere Rohrleitungsanlagen im Sinne von § 2 Abs 1 Rohrleitungsgesetz, das sind alle jene Einrichtungen, welche das zu befördernde Gut allseits umschließen und als Transportweg für dieses Gut dienen; ferner alle mit dem Betrieb der Rohrleitung örtlich verbundenen Baulichkeiten und technischen Einrichtungen, welche ausschließlich für die Beförderung von Gütern in Rohrleitungen dienen. Insbesondere sind darunter auch örtlich gebundene Baulichkeiten und technische Einrichtungen zu verstehen, welche das zu befördernde Gut von der Abgabestelle aufnehmen, für die Beförderung in Rohrleitungen verteilen, zeitweise lagern oder nach der Beförderung von der Rohrleitung für eine weitere Beförderung, Verwendung oder Verarbeitung abgeben oder Wartungszwecken dienen.

Die Verteilung von „Fern-/Nahwärme oder Fern-/Nahkälte" erfolgt über Leitungsanlagen im Sinne von § 3 Z 10 WKLG, das sind Anlagen, die zum Zwecke der Fernleitung oder der Verteilung von Wärme oder Kälte durch Rohrleitungen oder Rohrleitungsnetze oder als Direktleitungen errichtet oder betrieben werden (eine Auslegung anhand bundesgesetzlicher Bestimmungen findet sich zB auch in VwGH 27.4.2016, Ra 2016/05/0031; zu dieser systematischen Interpretation siehe auch *Potacs*, Auslegung 84 f und 90 f mwN).

**21** Die Ausnahme für bauliche Anlagen zur Erzeugung elektrischer Energie aus Wasserkraft entspricht der Kompetenzrechtslage, nach der gemäß Art 10 Abs 1 Z 10 B-VG Angelegenheiten des Wasserrechts in Gesetzgebung und Vollziehung Bundessache sind (siehe dazu § 1 Anm 12).

**22** „Wasserversorgungsanlagen" dienen der Versorgung der Bevölkerung mit gesundheitlich einwandfreiem Trinkwasser sowie mit Nutz- und Löschwasser. Umfasst sind Anlagen, die zur Beschaffung, Reinigung oder sonstigen Aufbereitung, Weiterleitung, Speicherung und Verteilung bis zur Übergabestelle an den Letztverbraucher erforderlich sind (vgl VwGH VwSlg 19.207 A/2015; § 1 Abs 1 K-GWVG iVm § 2 Z 10 Wasserbautenförderungsgesetz 1985).

„Kommunikationsinfrastruktur" sind gemäß § 4 Z 56 TKG 2021 alle aktiven oder passiven Elemente von Kommunikationsnetzen samt Zubehör (siehe insbesondere auch die Begriffsbestimmung für „Kommunikationsnetz" in § 4 Z 1 TKG 2021; eine Auslegung anhand einer bundesgesetzlichen Bestimmung findet sich zB auch in VwGH 27.4.2016, Ra 2016/05/0031; zu dieser systematischen Interpretation siehe auch *Potacs*, Auslegung 84 f und 90 f mwN). **23**

Es handelt sich um eine demonstrative Aufzählung („uä"). Durch die Aufzählung wird aber doch der Maßstab fixiert, dem die nicht konkret aufgezählten Inhalte entsprechen müssen (VwGH 23.7.2009, 2006/05/0167). In diesem Sinne muss es sich entweder, wie die Kommunikationsinfrastruktur, um wichtige Infrastruktureinrichtungen handeln oder „wenigstens um solche Anlagen, die sich, wie Bildstöcke, traditionell ins Grünland einfügen" (VwGH 24.3.1987, 87/05/0038; 10.10.1991, 87/17/0158; zB auch bestimmte Einfriedungen LVwG Kärnten 29.4.2022, KLVwG-1879-1881/22/2021; siehe auch § 28 Anm 26). Plakattafeln sind nicht zulässig (VwGH 24.3.1987, 87/05/0038). **24**

Zum „Bauland" siehe § 15, zu den „Verkehrsflächen" § 26. **25**

Die Bestimmung „stellt nicht auf die Größe der Vorhaben ab, sondern auf deren Funktion" (zum Ganzen VwGH 9.10.2000, 98/10/0109). Bauliche Anlagen, denen eine infrastrukturelle Funktion zukommt oder die einen kulturellen Wert besitzen, sollen im Grünland zulässig sein. Nicht jedes geringfügige Vorhaben ist zulässig (siehe auch § 28 Anm 24). **26**

## § 29 Vorbehaltsflächen

(1) Wenn wirtschaftliche, soziale, ökologische oder kulturelle Bedürfnisse in der Gemeinde es erfordern, dürfen im Flächenwidmungsplan als Bauland oder als Grünland festgelegte Grundflächen für besondere Verwendungszwecke vorbehalten werden.[1]

(2) Die Festlegung von Vorbehaltsflächen darf zur Sicherstellung der Verfügbarkeit geeigneter Grundflächen erfolgen, insbesondere für:[2]

1. die Errichtung und Erweiterung von Einrichtungen des Gemeinbedarfes wie Schulen, Kindergärten, Spielplätze, Sportplätze, Friedhöfe, Grün- und Parkanlagen, Wasserversorgungs- und Abwasserbeseitigungsanlagen uä.;[3]
2. die Errichtung von nach dem III. Abschnitt des K-WBFG 2017 förderbaren Wohngebäuden, wenn in der Gemeinde eine erhebliche Nachfrage der ortsansässigen Bevölkerung nach Grundflächen für Wohnzwecke zur Deckung eines ganzjährig gegebenen Wohnbedarfes besteht, die trotz ausreichend vorhandener Baulandreserven nicht gedeckt werden kann.[4]

(3) Bei der Festlegung von Vorbehaltsflächen ist auf die Vermeidung unbilliger Härten für den betroffenen Grundeigentümer Bedacht zu nehmen.[5] Werden Vorbehalte festgelegt, ist hinsichtlich der davon betroffenen Grundflächen durch Rechtsgeschäft mit dem Grundeigentümer der Eigentumserwerb zum ortsüblichen Verkehrswert[6] oder die Erlangung der Nutzungsberechtigung[7] sicherzustellen.[8]

(4) Nach Ablauf von vier Jahren kann der Eigentümer von Grundflächen, die als Vorbehaltsflächen festgelegt worden sind, von der Gemeinde die Einlösung der Grundstücke verlangen. Begehrt der Grundeigentümer die Einlösung, so hat die Gemeinde innerhalb eines Jahres die Grundstücke zum ortsüblichen Verkehrswert zu erwerben oder – wenn sie hiezu nicht bereit ist – den Vorbehalt aufzuheben. Wird innerhalb dieser Frist keine Einigung über die Höhe des ortsüblichen Verkehrswertes erzielt, so hat der Grundeigentümer nach Ablauf der Frist das Recht, bei der Bezirksverwaltungsbehörde einen Antrag auf Eigentumsübergang an die Gemeinde und auf Festsetzung der Höhe des ortsüblichen Verkehrswertes zu stellen. Dieser Antrag kann vom Grundeigentümer bis zur Erlassung der Entscheidung der Bezirksverwaltungsbehörde zurückgezogen werden. Der Grundeigentümer kann binnen drei Monaten nach Zustellung des Bescheides der Bezirksverwaltungsbehörde die Festsetzung der Höhe des ortsüblichen Verkehrswertes beim Landesgericht Klagenfurt beantragen.[9]

(5) Für das Verfahren gemäß Abs. 4 sind, wenn in diesem Gesetz nicht anderes bestimmt wird, die Bestimmungen der §§ 46 bis 49 K-GFPO sinngemäß anzuwenden.[10]

(6) Zieht der Grundeigentümer seinen Antrag bei der Bezirksverwaltungsbehörde (Abs. 4) zurück, ist frühestens vier Jahre nach

diesem Zeitpunkt ein neuerliches Begehren auf Einlösung bei der Gemeinde zulässig.

**Lit:**
*Bernegger,* Fragen der Widmung aus der Sicht des Planungs- und Baurechts, insbesondere Grünlandwidmungen und Vorbehaltsflächen, in Rebhahn (Hrsg), Kärntner Raumordnungs- und Grundverkehrsrecht, 1996; *Forster,* Die Kontrolle der Verwaltung durch die ordentliche Gerichtsbarkeit, ZfV 2014/449; *Giese,* Sonderwidmungen im Raumordnungsrecht, bbl 2013, 225; *Huemer/Strobl-Mairhofer,* Grundstücksbewertung im Bauland – Auswirkungen wertbildender Merkmale auf den Verkehrswert, SV 2011, 67 und 134; *Kirchmayer,* Die Bauordnungsnovelle 2014 und weitere Neuerungen im Wiener Baurecht, bbl 2015, 1; *Mauerhofer,* Wildökologische Korridorplanung in der öffentlich- und zivilrechtlichen Raumordnung, bbl 2008, 49; *Pallitsch/Pallitsch/Kleewein,* Kärntner Baurecht[5], 2014; *Reinberg/Reinberg,* Definitionen des Verkehrswertes, ZLB 2021/2; *Steinschaden,* Der Verkehrswert von Liegenschaften – eine besondere Sachverhaltsfrage?, immolex 2005, 134.

## I. Erläuterungen
### ErlRV 01-VD-LG-1865/5-2021, 34 ff:

„§ 29 entspricht grundsätzlich § 7 K-GplG 1995 der geltenden Fassung. Schon das Landesplanungsgesetz, LGBl. Nr. 47/1959, sah in § 9 eine § 29 Abs. 1 entsprechende Bestimmungen vor. Dazu halten die Erläuterungen Verf-7/8/1959 fest: *„Für Anlagen und Einrichtungen, die im öffentlichen Interesse liegen, ist die örtliche Lage von größerer Bedeutung als für sonstige Gebäude. So liegt es im Interesse der Öffentlichkeit, daß Verwaltungsgebäude im Schwerpunkt des Ortes, Schulen abseits vom Verkehr, Kulturstätten im Bereich von Grünanlagen, Feuerwehrgerätehäuser an geeigneter Stelle (Vorplatz) und Parkanlagen in der Nähe von Wohngebieten gelegen sind. Das Gesetz sieht daher die Möglichkeit vor, Teile des Baulandes oder des Grünlandes ausschließlich für solche Bauten, Anlagen oder Einrichtungen vorzubehalten."* In ihrer heutigen Form wurde die Bestimmung als § 4a Abs. 1 des Gemeindeplanungsgesetzes 1982 durch LGBl. Nr. 105/1994 geschaffen. Die Erläuterungen Verf-273/3/1994, 21, führen dazu aus: *„Im Gegensatz zu derzeit geltenden Rechtslage soll in Hinkunft zwischen „Vorbehaltsflächen" und „Sonderwidmungen" schärfer unterschieden und sollen beide gemeindeplanungsrechtlichen Instrumente jeweils in einem eigenen Paragraphen geregelt werden. Zu diesem Zweck wurden* *die bestehenden Regelungen für Vorbehaltsflächen aus dem § herausgelöst und in einem neuen § 4a zusammengefaßt. Dabei wurden im Vergleich zur bisherigen Rechtslage folgende Änderungen vorgenommen: Nicht nur wirtschaftliche, soziale oder kulturelle Erfordernisse, sondern auch "ökologische" Bedürfnisse in der Gemeinde sollen künftig die Festlegung von Grundflächen als Vorbehaltsflächen rechtfertigen. Auch insofern soll im Bereich der örtlichen Raumplanung den Zielsetzungen des (verfassungsrechtlich vorgeprägten) Umweltschutzes in verstärktem Maße Rechnung getragen werden."*

§ 29 Abs. 2 wurde als § 4a Abs. 2 des Gemeindeplanungsgesetzes 1982 durch LGBl. Nr. 105/1994 geschaffen. Die Erläuterungen Verf-273/3/1994, 21, führen dazu aus: *"Im Rahmen der Aufzählung des Abs. 2, für welche (öffentliche) Zwecke Vorbehaltsflächen festgelegt werden dürfen, soll die vom Gesetzgeber intendierte Wertung durch die demonstrative Aufzählung der in Betracht kommenden Zwecke klarer zum Ausdruck gebracht werden. Ausdrücklich festgelegt wird, daß auch Grundflächen für den "sozialen Wohnbau" mit dem Vorbehalt belegt werden dürfen. Damit soll insbesondere gewährleistet werden können, daß eine andere Verwendung solcher Grundflächen für eine bestimmten Zeitraum ausgeschlossen bleibt. Daß Gemeindeplanungsvorschriften an wohnbauförderungsrechtliche Regelungen anknüpfen dürfen, ist nach der Rechtsprechung des Verfassungsgerichtshofes (1.7.1993, V 55/92) zulässig. Die Ausweisung eines Vorbehaltes kommt allerdings nur zur Errichtung von nach dem III. Abschnitt des Kärntner Wohnbauförderungsgesetzes ("Förderung der Errichtung von Wohnungen und Wohnheimen")* [Anmerkung: nunmehr III. Abschnitt des K-WBFG 2017] *förderbaren Wohngebäuden in Betracht."*

§ 29 Abs. 3 und 4 wurde grundsätzlich als § 9 Abs. 2 und 3 des Landesplanungsgesetzes durch LGBl. Nr. 50/1969 geschaffen. Die Erläuterungen Verf-462/1/1969, 3, führen dazu aus: *"§ 9 enthält Bestimmungen über Sonderwidmungen. Diese Sonderwidmungen entsprechen den im § 9 Landesplanungsgesetz enthaltenen Vorbehaltsflächen. Die Bestimmungen des Entwurfes bringen jedoch insoweit eine Verbesserung der bisherigen Rechtslage, als nunmehr Grundstücke durch Sonderwidmung für den Gemeindebedarf nicht mehr auf eine unbeschränkte Zeitdauer behaftet sind. Durch die Bestimmung des Abs. 2* [Anmerkung: nunmehr Abs. 3] *wird gewährleistet, daß die Gemeinden bei Sonder-*

3. Hauptstück – Örtliche Raumordnung § 29

*widmungen für Zwecke des Gemeinbedarfs entweder den Erwerb oder die Nutzungsberechtigung sicherzustellen haben."*

§ 29 Abs. 3 wurde in seiner heutigen Form als § 4a Abs. 3 des Gemeindeplanungsgesetzes 1982 durch LGBl. Nr. 105/1994 geschaffen. Die Erläuterungen Verf-273/3/1994, 21, führen dazu aus: *"Abs. 3 entspricht – von kleineren sprachlichen Anpassungen und der Festlegung des „ortsüblichen Verkehrswertes" als Maßstab für den Erwerb von Vorbehaltsflächen durch die Gemeinden abgesehen – im wesentlichen der bisherigen."*

§ 29 Abs. 4 erster bis vierter Satz wurde als § 5 Abs. 7 des Gemeindeplanungsgesetzes 1970 durch LGBl. Nr. 78/1979 neu gefasst. Dazu halten die Erläuterungen Verf-35/5/1979, 12 f, fest: *"Die vorgesehene Reglung dient der Klarstellung des Verfahrens in Fällen, in denen vom Grundeigentümer die Einlösung eines Grundstückes, für das eine Sonderwidmung für Zwecke des Gemeinbedarfs festgelegt wurde, verlangt wird. Nach Ablauf von sechs Jahren* [Anmerkung: nunmehr vier Jahre] *kann der Grundeigentümer die Einlösung bei der Gemeinde begehren. Dieses Begehren hat die Folge, daß zwischen der Gemeinde und dem Grundeigentümer Verhandlungen über den Verkehrswert des Grundstückes stattzufinden haben, wenn die Gemeinde nicht dazu bereit ist, die Sonderwidmung aufzuheben. Wird nun innerhalb von zwei Jahren* [Anmerkung: nunmehr ein Jahr] *zwischen der Gemeinde und dem Grundeigentümer keine Einigung über die Höhe des Verkehrswertes erzielt, so hat der Grundeigentümer das Recht, bei der Bezirksverwaltungsbehörde ein nach den Bestimmungen des AVG 1959 durchzuführendes Verfahren einzuleiten. Der Grundeigentümer ist bis zur Erlassung des Bescheides der Bezirksverwaltungsbehörde an seinen Antrag nicht gebunden; nach Erlassung des Bescheides durch die Bezirksverwaltungsbehörde darf der Grundeigentümer seinen Antrag jedoch nicht zurückziehen. Die Bezirksverwaltungsbehörde hat auf Grund des Antrages des Grundeigentümers auszusprechen, daß das Eigentum an dem Grundstück auf die Gemeinde übergeht und welcher Verkehrswert für dieses Grundstück zu entrichten ist."*

§ 29 Abs. 4 fünfter Satz und Abs. 5 wurden grundsätzlich als § 7 Abs. 5 und 6 K-GplG 1995 durch LGBl. Nr. 85/2013 geschaffen. Dazu führen die Erläuterungen 01-VD-LG-1569/48-2013, 34, aus: *"§ 7 Abs. 5 des Entwurfs verweist in Bezug auf das Einlösungsverfahren und das Verfahren zur gerichtlichen Festsetzung der Entschädigung hinsichtlich von Vorbehaltsflächen im Unterschied zur geltenden Rechtslage aus Gründen der Rechtsvereinheitlichung auf die Kärntner Gefahren- und Feuerpolizeiordnung anstatt auf das Eisenbahnenteignungsentschädigungsgesetz (Anm. nunmehr Eisenbahn-Enteignungsentschädigungsgesetz). Ferner sieht § 7 Abs. 6 des Entwurfs im Unterschied zur geltenden Rechtslage vor, dass der Grundeigentümer drei Monate nach Zustellung des Bescheides der Bezirksverwaltungsbehörde die Entscheidung über die Höhe des ortsüblichen Verkehrswertes beim Landesgericht Klagenfurt beantragen kann (Anm. nach der geltenden Rechtslage kann der Antrag binnen zwei Monaten nach Rechtskraft des Bescheides gestellt werden). Entsprechend der bisherigen Systematik des Gesetzes wird damit an der sog. „sukzessiven Kompetenz" der ordentlichen Gerichte festgehalten."*

§ 29 Abs. 6 wurde grundsätzlich als § 5 Abs. 8 des Gemeindeplanungsgesetzes 1970 durch LGBl. Nr. 78/1979 geschaffen. Dazu halten die Erläuterungen Verf-35/5/1979, 13, fest: „*Diese Regelung bringt die Ergänzung der Bestimmungen der Z. 15* [Anmerkung nunmehr Abs. 4 bis 6] *für den Fall, daß der Grundeigentümer den Antrag bei der Bezirksverwaltungsbehörde vor Fällung ihrer Entscheidung zurückzieht. In diesen Fällen ist er frühestens nach fünf Jahren* [Anmerkung: nunmehr vier Jahre] *nach der Stellung diese Antrages bei der Bezirksverwaltungsbehörde berechtigt, ein neuerliches Begehren auf Einlösung bei der Gemeinde zu stellen. Während dieser Zeit ist die Gemeinde keinesfalls verpflichtet, die Sonderwidmung aufzuheben, wenn nicht andere sachliche Gründe die Beibehaltung der Sonderwidmung entbehrlich machen."*

## II. Anmerkungen

1 Es bestehen keine verfassungsrechtlichen Bedenken dagegen, dass Flächen für besondere Verwendungszwecke vorbehalten werden, wenn wirtschaftliche, soziale oder kulturelle Bedürfnisse der Bevölkerung dies erfordern (vgl VfGH VfSlg 9150/1981; *Pallitsch/Pallitsch/Kleewein*, Baurecht[5] § 7 K-GplG 1995 Anm 1). Indes bedarf es auch für die Festlegung als Vorbehaltsfläche einer entsprechenden Grundlagenforschung (vgl VfGH VfSlg 17.793/2006; zur Grundlagenforschung siehe § 2 Anm 27) und ist zu beachten, dass der Flächenwidmungsplan gemäß § 34 Abs 1 nur aus wichtigen Gründen geändert werden darf (VfGH VfSlg 14.546/1996).

Der „besondere Verwendungszweck" muss den „wirtschaftlichen, sozialen, ökologischen und kulturellen Bedürfnissen" (siehe dazu § 3 Anm 3 und die unter § 13 Punkt I. abgedruckten ErlRV 01-VD-LG-1865/5-2021, 14 f) dienen. Meiner Ansicht nach sind davon insbesondere die „Interessen des Gemeinwohls und sonstigen öffentlichen Interessen" umfasst (siehe dazu § 2 Anm 25; vgl *Bernegger*, Grünlandwidmungen und Vorbehaltsflächen 37; *Mauerhofer*, bbl 2008, 56 f), der VfGH spricht von „gemeinnützigen Zwecken" (VfSlg 13.633/1993). Zu diesen Bedürfnissen zählt indes nicht, „einen der Behörde nicht genehmen Erwerb"(VfGH VfSlg 7949/1976) oder eine durch den Grundstückseigentümer beabsichtigte Bauführung (VfGH VfSlg 14.546/1996) zu verhindern. Unzulässig ist auch die Festlegung von Vorbehaltsflächen, die für die Realisierung eines Vorhabens mit besonderem Verwendungszweck nicht notwendig sind (VfGH VfSlg 7102/1973).

Aus dem Wortlaut „als Bauland oder als Grünland festgelegte Grundflächen" ist meiner Ansicht nach abzuleiten, dass die Festlegung als Vorbehaltsfläche im Sinne einer gesonderten Zusatzwidmung zur Bauland- und Grünlandwidmung hinzutritt. Die Besonderheit dieser gesonderten Zusatzwidmung liegt im Einlösungsverfahren gemäß § 29 Abs 4 bis 6 (*Giese*, bbl 2013, 229). Zum Flächenwidmungsplan siehe § 13, zum Bauland § 15, zum Grünland § 27.

Es handelt sich um eine demonstrative Aufzählung („insbesondere"; **2** *Pallitsch/Pallitsch/Kleewein*, Baurecht⁵ § 7 K-GplG 1995 Anm 2). Durch die Aufzählung wird aber doch der Maßstab fixiert, dem die nicht konkret aufgezählten Inhalte entsprechen müssen (VwGH 23.7.2009, 2006/05/0167). Weitere Festlegungen können erfolgen, sofern dies die „wirtschaftlichen, sozialen, ökologischen und kulturellen Bedürfnisse" erfordern (siehe § 29 Anm 1).

Es handelt sich um eine demonstrative Aufzählung („uä"). Durch die **3** Aufzählung wird aber doch der Maßstab fixiert, dem die nicht konkret aufgezählten Inhalte entsprechen müssen (VwGH 23.7.2009, 2006/05/0167). So sind zB meiner Ansicht nach auch Krankenanstalten und Feuerwehrhäuser umfasst. Zum „Gemeinbedarf" vgl § 2 Anm 25.

Gemäß dem III. Abschnitt des K-WBFG 2017 sind förderbar die **4** Errichtung von

- Mietwohnungen im mehrgeschoßigen Wohnbau und für die Errichtung von Reihenhäusern zur Einräumung des Miet- oder Nutzungsrechtes an begünstigte Personen oder zur Einräumung eines Haupt-

mietrechtes an Unternehmungen für Dienstwohnungen unternehmenseigener Dienstnehmer,
- Wohnheimen zur Einräumung des Miet- oder Nutzungsrechtes an begünstigte Personen,
- Wohnungen zur Einräumung des Miet- oder Nutzungsrechtes an begünstigte Personen.

Die Förderung ist auch davon abhängig, dass die Wohngebäude von gemeinnützigen Bauvereinigungen oder Gemeinden errichtet werden, bei Wohnheimen können dies zusätzlich Körperschaften, Personenvereinigungen oder Vermögensmassen, die nach Gesetz, Satzung, Stiftungsbrief oder ihrer sonstigen Rechtsgrundlage und nach ihrer tatsächlichen Geschäftsführung ausschließlich und unmittelbar der Förderung kirchlicher, gemeinnütziger oder mildtätiger Zwecke dienen, sein. Die Förderungsvoraussetzungen ergeben sich aus § 17 WBFG 2017 aus den auf dieser Grundlage erlassenen Förderrichtlinien. Es handelt sich gemäß § 60 Abs 1 um eine dynamische Verweisung (vgl zum Ganzen *Kirchmayer*, bbl 2015, 1 f).

Da ausdrücklich auf die „ortsansässige Bevölkerung", dh auf die „Bevölkerung der Gemeinde" (vgl VwGH VwSlg 11.679 A/1985), abgestellt wird, ist meiner Ansicht nach bei der Beurteilung der „erheblichen Nachfrage" die Nachfrage von Personen, die erst zuziehen wollen und noch nicht in der Gemeinde ortsansässig sind, nicht zu berücksichtigen. „Zur Deckung eines ganzjährigen Wohnbedarfs" siehe § 2 Anm 23, zu den „Baulandreserven" § 15.

**5** Meiner Ansicht nach sind auf Grund der Wortfolge „für den betroffenen Grundeigentümer" bei der Beurteilung, ob eine „unbillige Härte" vorliegt, auch die persönlichen Umstände des Grundeigentümers zu berücksichtigen. Dazu zählt insbesondere auch, dass die Festlegung als Vorbehaltsfläche wirtschaftlich unzumutbar wäre. Nicht jeglicher wirtschaftlicher Nachteil ist aber eine unbillige Härte (vgl VwGH 24.8.2011, 2009/06/0161). Zum „Grundeigentümer" siehe § 45 Anm 2.

**6** Der „Verkehrswert" ist gemäß § 2 Abs 2 LBG der Preis, der bei einer Veräußerung der Sache üblicherweise im redlichen Geschäftsverkehr für sie erzielt werden kann (zu den Bewertungsverfahren siehe *Steinschaden*, immolex 2005, 134; *Huemer/Strobl-Mairhofer*, SV 2011, 67 ff und 134 ff; *Reinberg/Reinberg*, ZLB 2021/2).

**7** ZB durch Einräumung eines Baurechtes im Sinne des BauRG.

Die Bestimmung sieht vor, dass die Gemeinde (vgl VfGH VfSlg 14.546/1996) den Eigentumserwerb oder die Erlangung der Nutzungsberechtigung „sicherzustellen" hat, dh an den Grundeigentümer heranzutreten hat, um eine entsprechende vertragliche Vereinbarung zu erzielen. Gelingt eine vertragliche Vereinbarung jedoch nicht, ist Rechtsfolge lediglich die Möglichkeit der Einleitung eines Einlösungsverfahrens durch den Grundeigentümer gemäß § 29 Abs 4 bis 6 (*Bernegger*, Grünland und Vorbehaltsflächen 39 f).  **8**

Die Besonderheit der Festlegung als Vorbehaltsfläche liegt im Einlösungsverfahren (*Giese*, bbl 2013, 229). Bei Anwendung der insofern vergleichbaren Bestimmungen des K-GplG 1970 sah sich der VfGH nicht gezwungen, einen Prüfungsbeschluss gemäß Art 140 Abs 1 B-VG zu fassen (VfGH VfSlg 14.546/1996; kritisch *Bernegger*, Grünland und Vorbehaltsflächen 39 ff).  **9**

Zunächst sind zwischen der Gemeinde und dem Grundeigentümer Verhandlungen über die Einlösung des Grundstückes und den ortsüblichen Verkehrswert zu führen, dh es ist der Versuch einer zivilrechtlichen Einigung zu unternehmen. Die Einlösung des Grundstückes und die Festsetzung des ortsüblichen Verkehrswerts durch die Bezirksverwaltungsbehörde ist somit lediglich subsidiär. Kann keine zivilrechtliche Einigung erzielt werden, kann die Einlösung des Grundstückes und die Festsetzung des ortsüblichen Verkehrswerts vom Grundeigentümer bei der Bezirksverwaltungsbehörde geltend gemacht werden.

Gegen den Bescheid der Bezirksverwaltungsbehörde kann der Entschädigungswerber binnen drei Monaten nach Zustellung des Entschädigungsbescheides die Neufestsetzung des ortsüblichen Verkehrswerts beim Landesgericht Klagenfurt beantragen. Es liegt somit eine sukzessive Gerichtszuständigkeit auf Grundlage von Art 94 Abs 2 B-VG vor (siehe dazu *Forster*, ZfV 2014, 312 ff). Da ausdrücklich normiert wird, dass das Antragsrecht dem „Grundeigentümer" zukommt und gemäß § 29 Abs 5 im Verfahren die Bestimmungen der §§ 46 bis 49 K-GFPO nur insoweit zur Anwendung kommen, als „in diesem Gesetz nicht anderes bestimmt wird", kommt der Gemeinde meiner Ansicht nach kein Antragsrecht zu.

Ausdrücklich nur für das „Verfahren" gemäß § 29 Abs 4 sind die Bestimmungen der K-GFPO sinngemäß anzuwenden und auch nur insofern, als § 29 nicht anderes bestimmt. Es handelt sich gemäß § 60 Abs 1 grundsätzlich um eine dynamische Verweisung. Indes verweist  **10**

§ 47 Abs 3 K-GFPO für das Verfahren auf das EisbEG, welches gemäß § 56 Abs 1 lit b K-GFPO in der Fassung BGBl 1954/71, zuletzt in der Fassung BGBl I 2010/111, anzuwenden ist.

## § 30 Sonderwidmungen Apartmenthäuser, sonstige Freizeitwohnsitze und Hoteldörfer

(1) Flächen für Apartmenthäuser, sonstige Freizeitwohnsitze und Hoteldörfer müssen als Sonderwidmung festgelegt werden.[1]

(2) Ein Apartmenthaus ist ein Gebäude[2] mit mehr als drei Wohneinheiten, von dem aufgrund seiner Lage, seiner Ausgestaltung und Einrichtung oder aufgrund der vorgesehenen Eigentums- oder Bestandsverhältnisse anzunehmen ist, dass es nicht der Deckung eines dauernden, mit dem Mittelpunkt der Lebensbeziehungen verbundenen, Wohnbedarfes dient, sondern überwiegend während des Wochenendes, der Ferien oder nur zeitweilig als Zweitwohnung benützt werden soll sowie nicht Teil eines Fremdenbeherbergungsbetriebes[3] ist. Eine Benützung als Zweitwohnung ist dann anzunehmen, wenn Wohnungen oder Wohnräume dem Aufenthalt während des Urlaubs oder des Wochenendes oder sie sonstigen Freizeitzwecken dienen und diese Nutzung nicht im Rahmen des Tourismus (gewerbliche Beherbergung im Sinne der GewO 1994 oder Privatzimmervermietung)[4] erfolgt. Verfügungsrechte[5] über Wohnungen und Wohnräume, die über den typischen Beherbergungsvertrag hinausgehen, schließen die Annahme einer Nutzung im Zusammenhang mit dem Tourismus aus.

(3) Ein sonstiger Freizeitwohnsitz ist ein Wohngebäude, eine Wohnung oder ein sonstiger Teil eines Gebäudes, das nicht der Deckung eines dauernden, mit dem Mittelpunkt der Lebensbeziehungen verbundenen, Wohnbedarfes dient, sondern überwiegend während des Wochenendes, des Urlaubes, der Ferien oder nur zeitweilig als Zweitwohnung benützt werden soll. Abs. 2 zweiter und dritter Satz gelten sinngemäß.[6]

(4) Ein Hoteldorf ist eine von einem Bauwerber nach einem Gesamtplan errichtete Anlage mit mehr als drei Gebäuden zur Unterbringung von Urlaubsgästen, von der aufgrund ihrer Lage, ihrer Ausgestaltung und Einrichtung sowie der räumlichen Naheverhältnisse der einzelnen Gebäude und aufgrund der vorgesehenen Eigentums- oder Bestandsverhältnisse anzunehmen ist, dass sie der gewerbsmäßigen Fremdenbeherbergung dient. Hoteldörfer müssen

jedenfalls eine Verpflegung der Gäste anbieten und über ein Gebäude verfügen, in dem die zentralen Infrastruktureinrichtungen, wie Rezeption, Speisesäle, Restaurants, Cafés, Aufenthaltsräume und dergleichen, untergebracht sind. Abs. 2 zweiter und dritter Satz gelten sinngemäß.[7]

(5) Sonderwidmungen für Apartmenthäuser und sonstige Freizeitwohnsitze dürfen in Dorfgebieten, Wohngebieten, Geschäftsgebieten und in Kurgebieten, ausgenommen in reinen Kurgebieten, festgelegt werden. Sonderwidmungen für Hoteldörfer dürfen in Dorfgebieten, Wohngebieten, Geschäftsgebieten und in Kurgebieten, einschließlich reinen Kurgebieten, festgelegt werden.[8]

(6) Die Gemeinde hat durch privatwirtschaftliche Vereinbarung gemäß § 53 sicherzustellen, dass die Nutzung und der Betrieb des Hoteldorfs ausschließlich im Rahmen der gewerbsmäßigen Fremdenbeherbergung erfolgt.[9]

**Lit:**
*Baumgartner*, Die Privatzimmervermietung im stmk Raumordnungsrecht, bbl 2010, 173; *Dworak*, Parifizierungsverbot zur Sicherstellung der widmungsgemäßen Verwendung?, bbl 2017, 43; *Eisenberger/Wurzinger*, Grundstücksverkauf in alpinen Ferienorten, bbl 2018, 205; *Faber*, Zweitwohnungsproblematik: Sachenrechtlich unwirksame „Reallasten der Hotelbetreibung" aus schuldrechtlicher Sicht, bbl 2013, 127; *Giese*, Sonderwidmungen im Raumordnungsrecht, bbl 2013, 225; *Urlesberger*, Beschränkungen von Zweitwohnsitzen und Europarecht, wobl 2016, 417 ff.

## I. Erläuterungen
### ErlRV 01-VD-LG-1865/5-2021, 36 ff:

„§ 30 entspricht grundsätzlich § 8 Abs. 1 bis 4a K-GplG 1995 der geltenden Fassung, wird aber nunmehr neu gefasst.

Die Definition des Begriffs „Apartmenthaus" in § 30 Abs. 2 entspricht grundsätzlich § 8 Abs. 2 K-GplG 1995 der geltenden Fassung, wird jedoch gegenüber diesem weiter spezifiziert. Diese Spezifizierung wiederum orientiert sich an § 5 Abs. 3 des Gemeindeplanungsgesetzes 1970 in der Fassung LGBl. Nr. 78/1979 und an § 31 Abs. 2 des Salzburger Raumordnungsgesetzes 2009 in der Stammfassung LGBl. Nr. 30/2009. Die Erläuterungen Verf-35/5/1979, 10 f, halten zu § 5 Abs. 3 des Gemeindeplanungsgesetzes 1970 in der Fassung LGBl. Nr. 78/1979 fest: *„Das Gemeindeplanungsgesetz legt im § 5 Abs. 3 für* *die Beurteilung der Frage, wann ein Apartmenthaus [...] vorliegt, ausschließlich objektive Kriterien als Grundlage der Beurteilung fest. Dies schließt es aus, subjektive Momente, wie etwa Beruf und Wohnsitz des Bauwerbers im Einzelfall bei der Beurteilung, ob ein Vorhaben dem Flächenwidmungsplan entspricht, oder nicht, heranzuziehen. (Vgl. Erk. D. VwGH vom 28. November 1978, Zl. 1363/77-10). Im Gegensatz zu geltenden Kärntner Regelung sieht das Tiroler Raumordnungsgesetz (§ 16a Abs. 3) nicht nur objektive Kriterien für die Beurteilung, ob ein Gebäude in Übereinstimmung mit dem Flächenwidmungsplan steht, ob also im vorliegenden Fall ein Gebäude als Zweitwohnung bestimmt ist oder nicht, vor. Durch die vorliegende Regelung soll nun auch darauf Bedacht genommen werden, daß nicht immer an Hand objektiver Kriterien allein beurteilt werden kann, ob eine Zweitwohnung vorliegt oder nicht. Bei Vorliegen der Sonderwidmung „Apartmenthaus" wird also in Hinkunft im Einzelfall immer darauf Bedacht zu nehmen sein, ob auf Grund der vorgesehenen Eigentums- und Bestandsverhältnisse angenommen werden kann, daß dieses Gebäude nicht zur Deckung eines ganzjährig gegebenen Wohnbedarfs sondern überwiegend als Zweitwohnung benützt werden soll."* Die weitgehende inhaltliche Übernahme der in § 31 Abs. 2 des Salzburger Raumordnungsgesetzes 2009 in der Stammfassung LGBl. Nr. 30/2009 vorgesehenen Legaldefinition, wann eine Verwendung als Zweitwohnung anzunehmen bzw. eine touristische Nutzung nicht mehr anzunehmen ist, soll in der Praxis immer wieder feststellbare Umgehungsversuche der Notwendigkeit des Vorliegens einer Sonderwidmung iSd § 30 verhindern. Die Erläuterungen Nr. 86 der Beilagen zum stenographischen Protokoll des Salzburger Landtages (6. Session der 13. Gesetzgebungsperiode), 104, halten dazu fest: *„Die Definition der Zweitwohnnutzung wird in zwei Punkten verändert: In der Praxis wird eine solche Nutzung dadurch bestritten, dass die Wohnung wenn auch nur geringfügig auch touristisch oder für Aufenthalte zur Verwaltung der Wohnung genutzt wird. Die Ausschließlichkeit einer Nutzung für Urlaubs-, Wochenend- oder sonstige Freizeitaufenthalte („nur") wird daher als Begriffselement der Zweitwohnnutzung fallen gelassen. Ebenso das Wort „nachweislich", weil den Nachweis, dass die Freizeitnutzung durch den Wohnungsinhaber nicht im Rahmen des Tourismus erfolgt, unbeschadet der verfahrensrechtlichen Mitwirkungspflicht der Partei niemand anderer als die Behörde selbst führen kann und dies nicht besonders geregelt werden muss."* Die Bestimmung beruht auf § 17 Abs. 8 des Salzburger Raumordnungsgesetzes 1998 und wurde durch LGBl. Nr. 13/2004 geschaffen. Dazu führen die Erläuterungen Nr. 228 der Beilagen zum stenographischen Protokoll des Salzburger Landtages (6. Session der 12. Gesetzgebungsperiode) aus: *„Eine berufsbedingte Nutzung fällt weiterhin nicht darunter, ebenso nicht die im touristischen Rahmen übliche Nutzung. Wesentlich für die touristische Nutzung ist der für den Tourismus typische Wechsel der Nutzer."*

§ 30 Abs. 3 entspricht grundsätzlich § 8 Abs. 3 K-GplG 1995 der geltenden Fassung. Die Bestimmung wurde als § 5 Abs. 3 in das Gemeindeplanungsgesetz 1982 durch LGBl. Nr. 105/1994 eingefügt. Dazu halten die Erläuterungen Verf-273/3/1994, 22, fest: *„Die Definition des „sonstigen Freizeitwohnsitzes" im § 5 Abs. 3 erfolgt unter Bedachtnahme auf die Begriffsbestimmung für den „Hauptwohnsitz" im Art. 6 Abs. 3 B-VG idF BGBl. Nr. 504/1994 und im § 1 Abs. 7 des Hauptwohnsitzgesetzes, BGBl. Nr. 505/1994, und korrespondiert mit der Definition des „Freizeitwohnsitzes" im § 6 des Kärntner Grundverkehrsgesetzes."*

In § 30 Abs. 4 soll nunmehr als eine weitere spezielle Kategorie von Sonderflächen jene der Sonderflächen für Hoteldörfer geschaffen werden. Da ein Hoteldorf aus mehreren vergleichsweise kleinen Gebäuden besteht, die betriebsorganisatorisch einen Beherbergungsbetrieb bilden, geht mit ihrer Errichtung ein ungleich höherer Flächenverbrauch einher als dies bei einem herkömmlichen Hotelbetrieb der Fall ist, der meist nur aus einem Gebäude besteht. Die Definition des Begriffs „Hoteldorf" in § 30 Abs. 4 orientiert sich am Begriff „Feriendorf" in § 5 Abs. 3 des Gemeindeplanungsgesetzes 1970 in der Fassung LGBl. Nr. 78/1979. Die Erläuterungen Verf-35/5/1979, 11, halten dazu fest: *„Auch hinsichtlich des „Feriendorfes" sollen in Hinkunft nicht nur objektive Kriterien bei der Beurteilung maßgebend sein, ob im Einzelfall ein Widerspruch zum Flächenwidmungsplan vorliegt oder nicht; es sollen auch hier auf Grund der Eigentums- und Bestandsverhältnisse Rückschlüsse darauf möglich sein, ob Zweitwohnungen geplant sind oder nicht."* § 30 Abs. 4 letzter Satz hat § 47a Abs. 2 zweiter Satz des *Tiroler Raumordnungsgesetz 2016, LGBl. Nr. 101/2016 idF LGBl. Nr. 116/2020, zum Vorbild. Dazu halten die Erläuterungen 275/19, 10, fest: „Auch sollen [...] entsprechend der tourismuspolitischen Zielsetzung des Landes nach Förderung eines Qualitätstourismus im Rahmen der gehobenen Gastronomie angesiedelt sein, weshalb entsprechende Qualitätskriterien festgelegt werden. So müssen vor allem entsprechen-*

*de Infrastruktureinrichtungen, wie eine Rezeption, Speisesäle, Restaurants, Cafes und Aufenthaltsräume fester Projektbestandteil sein [...]."*
Mit § 30 Abs. 6 wird – gewissermaßen als lex fugitiva zu § 53 – der Gemeinde im Rahmen der fakultativen Vertragsraumordnung aufgetragen, mittels einer privatwirtschaftlichen Maßnahme die Nutzung und den Betrieb des Hoteldorfes im Rahmen des Fremdenverkehrs sicherzustellen. § 53 Abs. 2 Z 7 nimmt hierauf Bezug, indem er die Sicherstellung der Nutzung und des Betriebes von Einrichtungen und Gebäuden, die dem Fremdenverkehr (gewerbliche Beherbergung im Sinne der Gewerbeordnung 1994 oder Privatzimmervermietung) dienen, über einen bestimmten Zeitraum als Beispiel für den Inhalt einer privatwirtschaftlichen Vereinbarung zwischen der Gemeinde und dem Grundeigentümer benennt."

## II. Anmerkungen

1   Es bestehen grundsätzlich keine verfassungsrechtlichen Bedenken dagegen, dass Flächen für Apartmenthäuser (vgl VfGH VfSlg 8073/1977), sonstige Freizeitwohnsitze (vgl VfGH VfSlg 13.964/1994; VfSlg 15.367/1998; siehe in diesem Zusammenhang auch die Ausnahme von der Wirkung des Flächenwidmungsplanes gemäß § 44 Abs 5) und Hoteldörfer als Sonderwidmung festgelegt werden müssen (vgl *Giese*, bbl 2013, 232 f). Dies gilt im Rahmen der Verfolgung des raumplanerischen Ziels zur Erhaltung einer dauerhaften ansässigen Bevölkerung (vgl § 2 Anm 23) auch aus unionsrechtlicher Sicht (vgl EuGH ECLI:EU:C:1999:271; ECLI:EU:C:2002:135; *Urlesberger*, wobl 2016, 417 ff).

Aus den Vorgaben des § 30 Abs 5, in welchen Baugebieten die Sonderwidmungen festgelegt werden dürfen, ist meiner Ansicht nach abzuleiten, dass die Festlegung im Sinne einer gesonderten Zusatzwidmung zur Baulandwidmung hinzutritt (*Giese*, bbl 2013, 229). In diesem Sinne sind bauliche Anlagen, die in der jeweiligen Baulandwidmung zulässig sind, auch dann zulässig, wenn eine Sonderwidmung festgelegt wurde. Zusätzlich zu der jeweiligen Baulandwidmung – nicht ausschließlich – sind auch bauliche Anlagen der jeweiligen Sonderwidmung zulässig (VwGH 28.10.2008, 2007/05/0242; 16.9.2009, 2008/05/0204).

Systematisch ist meiner Ansicht nach zu beachten, dass im Baubewilligungsverfahren die Behörde grundsätzlich nicht zu untersuchen hat, ob der Inhalt des Antrages mit der wahren Absicht des Bewilligungswerbers in Einklang steht (so ausdrücklich auch zur Frage des Vorliegens eines Apartmenthauses VwGH 27.2.2015, 2012/06/0049). Anderes gilt, wenn die Situierung oder die geplante Ausstattung eine andere Verwendung erkennen lassen. In diesem Fall hat die Behörde, gegebenenfalls nach Vornahme weiterer Ermittlungen, in der Begründung des Bescheides darzulegen, aus welchen Gründen sie von einer bestimmten Verwendung ausgeht (VwGH 19.11.1996, 96/05/0169; 29.1.2008, 2006/05/0282; 28.10.2008, 2008/05/0073). § 30 enthält auf Grund des Wortlautes „ist dann anzunehmen" indes meiner Ansicht nach Rechtsfiktionen für das Vorliegen eines Apartmenthauses, sonstigen Freizeitwohnsitzes oder Hoteldorfes, die unabhängig von der im Baubewilligungsantrag geäußerten beabsichtigten Verwendung zu prüfen sind (aA wohl VwGH 28.4.2006, 2005/05/0296; *Dworak*, bbl 2017, 43 f). Es liegt somit, wenn die Tatbestandsmerkmale des § 30 erfüllt sind (Lage, Größe, Ausgestaltung, Einrichtung etc), meiner Ansicht nach auch dann ein Apartmenthaus, sonstiger Freizeitwohnsitz oder Hoteldorf vor, wenn im Baubewilligungsantrag eine andere Verwendung angeführt wird. Von diesem Verständnis geht wohl auch der VfGH in seinem Erkenntnis VfSlg 8389/1978 aus (und auch der VwGH im gegenständlichen Antrag an den VfGH: „Mit dieser Formulierung hat der Gesetzgeber zu erkennen gegeben, daß mit dem Benützungszweck Eigenschaften, die ein Gebäude als solches, losgelöst von subjektiver Zwecksetzung, aufweist, verbunden sind, und vorgeschrieben, daß dessen Lage, Ausgestaltung und Einrichtung oder die es betreffenden Eigentums- oder Bestandsverhältnisse maßgebend zu sein haben."). Da die Tatbestandsmerkmale im Baubewilligungsverfahren anhand eines Sachverhaltes zu prüfen sind, der sich erst in Zukunft ereignen wird, ist durch die Behörde im Rahmen der Prüfung eine Prognoseentscheidung vorzunehmen (VfGH VfSlg 8389/1978).

Zum Begriff „Gebäude" siehe § 17 Anm 1. **2**

Der Begriff „Fremdenbeherbergung" ist dahin zu verstehen, „dass es **3** sich hierbei um eine Tätigkeit handelt, bei der das aus dem Zusammenwirken aller Umstände sich ergebende Erscheinungsbild ein Verhalten erkennen lässt, das, wenn auch in beschränkter Form, eine laufende Obsorge im Sinn einer Betreuung des Gastes verrät" (VwGH 16.3.2016, 2013/05/0095; siehe auch § 30 Anm 4).

Zur Auslegung der Wortfolge „im Rahmen des Tourismus" sind die **4** angeführten Tatbestandsmerkmale „gewerbliche Beherbergung im Sinne der GewO 1994" oder „Privatzimmervermietung" heranzuziehen (vgl VwGH 1.6.2017, Ro 2014/06/0079; ausführlich LVwG

Kärnten 23.6.2022, KLVwG-1271/45/2021; siehe auch die unter Punkt I. abgedruckten ErlRV 01-VD-LG-1865/5-2021, 36 f).

Der VwGH führt in seinem Erkenntnis vom 27.4.2011, 2009/06/0009, zur „gewerblichen Beherbergung im Sinne der GewO 1994" aus (vgl auch VwGH 23.11.2010, 2009/06/0013; 23.6.2012, 2008/06/0200; *Dworak*, bbl 2017, 43 f): „Die Frage, ob gewerbsmäßige Fremdenbeherbergung iSd GewO 1994 anzunehmen ist, ist unter Bedachtnahme auf alle Umstände des Einzelfalles zu beantworten, und zwar im Besonderen unter Bedachtnahme auf: Gegenstand des Vertrages (bloß Schlafstelle und Wohnraum und dessen Umfang), Dauer des Vertrages, Verabredung in Ansehung von Kündigung und Kündigungsfristen, Nebenverabredung über Beistellung von Bettwäsche und Bettzeug, über Dienstleistungen, wie Reinigung der Haupt- und der Nebenräume, der Bettwäsche, der Kleider usw. des Mieters, Beheizung udgl. sowie auch Art und Weise, in welcher sich der Betrieb nach außen darstellt. Eine den Begriff der Fremdenbeherbergung zuzuordnende Tätigkeit liegt dann vor, wenn gleichzeitig mit der Zurverfügungstellung von Wohnraum damit üblicherweise im Zusammenhang stehende Dienstleistungen erbracht werden. Dazu ist erforderlich, dass das aus dem Zusammenwirken aller Umstände sich ergebende Erscheinungsbild ein Verhalten des Vermieters der Räume erkennen lässt, das – wenn auch in beschränkter Form – eine laufende Obsorge hinsichtlich der vermieteten Räume im Sinne einer daraus resultierenden Betreuung des Gastes verrät (vgl. das hg. Erkenntnis vom 18. Februar 2009, Zl. 2005/04/0249). Aus der zahlreichen Judikatur zum Begriff der „gewerblichen Beherbergung von Gästen" hat der Verwaltungsgerichtshof im oben genannten Erkenntnis vom 23. Juni 2010 auch abgeleitet, dass dafür bereits ein geringes Ausmaß an für die Beherbergung typischen Dienstleistungen ausreichend ist."

„Privatzimmervermietung" ist die durch die gewöhnlichen Mitglieder des eigenen Hausstandes Vermietung von Wohnungen und sonstigen Wohnräumen an Gäste als häusliche Nebenbeschäftigung im Sinne des § 2 Abs 1 Z 9 GewO 1994. Dies setzt voraus, dass der Vermieter in der Wohnung auch tatsächlich wohnt, dh der Gast im Rahmen des Wohnverbandes des Vermieters bis zu einem gewissen Teil in dessen Hausstand aufgenommen wird. Das Ausmaß darf 10 Gästebetten nicht überschreiten (vgl Art III der Bundes-Verfassungsgesetznovelle 1974, BGBl 1974/444; tir Privatzimmervermietungsgesetz, LGBl 1959/29 idF LGBl 2021/96; § 2 Abs 1 Z 28 StROG; VwGH VwSlg 14.897 A/1998; VwGH 27.11.2003, 2002/06/0041; *Baumgartner*, bbl 2010, 175 f).

"Solche Verfügungsrechte liegen etwa bei Einräumen von längerfristi-  5
gen Mietrechten, keineswegs aber bei nur tage- bzw. wochenweiser
Vermietung vor" (VwGH 1.6.2017, Ro 2014/06/0079). Werden derartige Verfügungsrechte eingeräumt, liegt keine gewerbliche Beherbergung
vor (vgl VwGH 27.4.2011, 2009/06/0009; ausführlich LVwG Kärnten
23.6.2022, KLVwG-1271/45/2021).

"Wohngebäude" sind Gebäude, die ausschließlich oder zumindest  6
vorwiegend Wohnzwecken dienen (VwGH 17.9.1996, 95/05/0243;
30.9.1997, 97/05/0128; VwSlg 16.824 A/2006; 30.10.2018, Ra
2018/05/0259). Wohnzwecken dienen Vorhaben, wenn sie dazu bestimmt
sind, privates Leben zu ermöglichen, wenn sie Menschen somit grundsätzlich auf Dauer Aufenthalt und Unterkunft gewähren (vgl die Definitionen in VwGH 25.6.2014, 2010/13/0119 und OGH 19.3.1992, 7 Ob
542/92). Zum Begriff "Gebäude" siehe § 17 Anm 1. Systematisch ist aus
der weiteren Anknüpfung an "Wohnung" und "Teil eines Gebäudes"
abzuleiten, dass auch Wohngebäude umfasst sind, die nicht ausschließlich Wohnzwecken dienen. Eine "Wohnung" ist die "Gesamtheit von
einzelnen oder zusammenliegenden Räumen, die baulich in sich abgeschlossen und zu Wohnzwecken bestimmt sind und die Führung eines
eigenen Haushalts ermöglichen" (siehe OIB-Richtlinien Begriffsbestimmungen, April 2019; vgl VwGH VwSlg 18.479 A/2012). Siehe zum
Vorliegen der Tatbestandsmerkmale auch § 30 Anm 1 und 3 bis 5 (vgl
auch *Eisenberger/Wurzinger*, bbl 2018, 205 f).

Zum Begriff "Gebäude" siehe § 17 Anm 1. Siehe zum Vorliegen der  7
Tatbestandsmerkmale § 30 Anm 1 und 3 bis 5 und die unter Punkt I.
abgedruckten ErlRV 01-VD-LG-1865/5-2021, 36 f.

Zum Dorfgebiet siehe § 17, zum Wohngebiet § 18, zum Geschäftsgebiet  8
§ 21, zum Kurgebiet § 19 Abs 1 und zum reinen Kurgebiet § 19 Abs 2.

Zu den "privatwirtschaftlichen Vereinbarungen" siehe § 53 und § 54.  9
Die Bestimmungen zählen meiner Ansicht nach zur fakultativen
Vertragsraumordnung (siehe § 53 Anm 5). Vertragsinhalte werden zB
die Verpflichtung zur Errichtung eine Hoteldorfes, die Verpflichtung
zur Nutzung und zum Betrieb der errichteten baulichen Anlagen als
Hoteldorf im Rahmen der gewerbsmäßigen Fremdenbeherbergung, die
Verpflichtung, die errichteten baulichen Anlagen nicht als Zweitwohn-
sitz zu nutzen, und die Verpflichtung der Überbindung der vereinbarten Verpflichtungen an einen Rechtsnachfolger und dessen Rechtsnachfolger sein (zum Ganzen ausführlich *Faber*, bbl 2013, 127 ff; kritisch zu

einer Verpflichtung, eine Parifizierung zu unterlassen *Dworak*, bbl 2017, 46). Zur „gewerbsmäßigen Fremdenbeherbergung" siehe § 30 Anm 3 und 4.

### § 31 Orts- und Stadtkerne

(1) Gemeinden dürfen im Flächenwidmungsplan unter Bedachtnahme auf die Ziele und Grundsätze der Raumordnung[1] sowie auf die Stärkung der typischen und gewachsenen innerörtlichen Strukturen unter Berücksichtigung der Zentrenhierachie[2] innerhalb des Gemeindegebietes innerörtliche oder innerstädtische Gebiete als Orts- oder Stadtkerne festlegen. In einer Gemeinde darf nur ein innerörtliches oder innerstädtisches Gebiet als Orts- oder Stadtkern festgelegt werden.[3]

(2) Als Orts- oder Stadtkerne dürfen nur solche innerörtlichen oder innerstädtischen Gebiete festgelegt werden, die unter Bedachtnahme auf die jeweiligen örtlichen Gegebenheiten
   1. eine überwiegend zusammenhängende Bebauung vornehmlich mit Wohngebäuden, Gebäuden für Handels- und Dienstleistungsbetriebe, Geschäfts-, Büro- und Verwaltungsgebäuden, Gebäuden für Gast- und Beherbergungsbetriebe, Versammlungs-, Vergnügungs- und Veranstaltungsstätten sowie sonstigen Gebäuden, die der Deckung örtlicher und überörtlicher wirtschaftlicher, sozialer und kultureller Bedürfnisse der Bevölkerung dienen,[4] und
   2. gewachsene und typische innerörtliche oder innerstädtische Strukturen, insbesondere ein historisch gewachsenes Orts- oder Stadtbild, aufweisen.[5]

(3) Die Festlegung eines Orts- oder Stadtkernes ist im Flächenwidmungsplan durch eine Umfassungslinie darzustellen.[6]

(4) Die Landesregierung darf mit Verordnung unter Bedachtnahme auf Abs. 1 und Abs. 2 nähere Regelungen für die Festlegung von Orts- und Stadtkernen erlassen.[7]

**Lit:**
*Gruber/Kanonier/Pohn-Weidinger/Schindelegger*, Raumordnung in Österreich und Bezüge zur Raumentwicklung und Regionalpolitik, ÖROK-Schriftenreihe 202, Österreichische Raumordnungskonferenz (Hrsg), 2018; Handwörterbuch der Stadt- und Raumentwicklung, Akademie für Raumentwicklung in der Leibniz-Gemeinschaft Geschäftsstelle (Hrsg), 2018; *Madner/Kanonier*, Stärkung von

Orts- und Stadtkernen in Österreich, ÖROK-Schriftenreihe 205, Österreichische Raumordnungskonferenz (Hrsg), 2019.

## I. Erläuterungen
### ErlRV 01-VD-LG-1865/5-2021, 37:

„§ 31 entspricht § 9a Abs. 1 bis 4 K-GplG 1995 der geltenden Fassung. Die Bestimmung wurde durch LGBl. Nr. 71/2002 in das K-GplG 1995 eingefügt. Dazu halten die Erläuterungen -2V-LG-544/34-2002, 6, fest: *„Ausdrücklich klargestellt wird, dass in einer Gemeinde nur ein innerörtliches oder innerstädtisches Gebiet als Orts- oder Stadtkern festgelegt werden darf. Für die Festlegung als Orts- oder Stadtkern normiert § 9a Abs. 2 des Gesetzesentwurfes nähere Kriterien; die Landesregierung hat nach § 9a Abs. 3 des Gesetzesentwurfes „mit Verordnung unter Bedachtnahme auf Abs. 1 und Abs. 2 nähere Regelungen für die Festlegung von Orts- und Stadtkernen in Ober- und Mittelzentren zu erlassen. […]"*

Es wird nunmehr allen Gemeinden ermöglicht, ein innerörtliches oder innerstädtisches Gebiet als Orts- oder Stadtkern festzulegen.

Die in § 31 Abs. 4 enthaltene Ermächtigung der Landesregierung eine entsprechende Verordnung zu erlassen ist auch als Instrument der überörtlichen Raumordnung zu qualifizieren. Im Hinblick auf das überörtliche Ziel, die Ortskerne zu stärken, Handelseinrichtungen in guter räumlicher Abstimmung zum Verbraucher zu situieren, Fehlentwicklungen der Verlagerungen von Handelsbetrieben an die Peripherie entgegenzuwirken und insgesamt eine vorausschauende Gesamtgestaltung des Landesgebietes in diesen Angelegenheiten zu erreichen (vgl. hiezu VfGH VfSlg. 19.629/2012), ist das überörtliche Moment einer solchen Regelung als überwiegend gegenüber dem örtlichen anzusehen, und folglich unter dem Gesichtspunkt des Rechts der Gemeinde auf Selbstverwaltung nicht als verfassungsrechtlich bedenklich einzustufen."

## II. Anmerkungen

Zu den „Zielen und Grundsätzen der Raumordnung" siehe § 2.  **1**

Zur „Zentrenhierachie" siehe § 2 Anm 7.  **2**

**3** Der Schutz von Orts- und Stadtkern stellt eine wesentliche öffentliche Aufgabe dar (VwGH 12.4.1988, 88/05/0078). Die Festlegung von Orts- und Stadtkernen dient insbesondere dem Grundsatz gemäß § 2 Abs 2 Z 7, dass die Zersiedelung der Landschaft zu vermeiden ist sowie dass die Innenentwicklung der Siedlungsstruktur Vorrang vor deren Außenentwicklung hat (siehe § 2 Anm 26; siehe zum Ganzen ausführlich *Madner/Kanonier*, Stärkung von Orts- und Stadtkernen). Gemäß § 9 Abs 3 Z 10 sind bereits im örtlichen Entwicklungskonzept grundsätzliche Aussagen über die Stärkung von Orts- oder Stadtkernen zu treffen. Aufzuzeigen sind hiebei auch die zur Erreichung dieses Zieles erforderlichen „Maßnahmen", dh alle Aktivitäten öffentlicher Gebietskörperschaften, die die Gestaltung des jeweiligen Planungsraumes zum Gegenstand haben (*Gruber/Kanonier/Pohn-Weidinger/Schindelegger*, Raumentwicklung 56). Umfasst sind somit nicht nur Pläne, sondern auch Information, Beratung, finanzielle Anreize, infrastrukturelle Maßnahmen, Kooperationen und andere Regulierungen (vgl *Gruber/Kanonier/Pohn-Weidinger/Schindelegger*, Raumentwicklung 43). Durch die Stärkung, von Orts- oder Stadtkernen sollen insbesondere Fehlentwicklungen der Verlagerungen von Handelsbetrieben an die Peripherie entgegengewirkt werden (ErlRV 01-VD-LG-1865/5-2021, 37). Es besteht aber keine Verpflichtung, einen Orts- und Stadtkern festzulegen („darf"). Einkaufszentren sind indes gemäß § 32 Abs 1 – ausgenommen in den Städten Klagenfurt am Wörthersee und Villach – nur in Orts- oder Stadtkernen zulässig (siehe § 32 Anm 1 ff).

**4** Zum Begriff „Gebäude" siehe § 17 Anm 1, zum „Wohngebäude" § 17 Anm 3, zu „Handels- und Dienstleistungsbetrieben, Geschäfts-, Büro- und Verwaltungsgebäuden" sowie „Versammlungs-, Vergnügungs- und Veranstaltungsstätten" § 21 Anm 1, zu „Gast- und Beherbergungsbetrieben" § 19 Anm 1 und zu den „wirtschaftlichen, sozialen und kulturellen Bedürfnissen" § 17 Anm 5. Da die Bestimmung auf die Deckung „örtlicher und überörtlicher" Bedürfnisse der „Bevölkerung" (siehe im Gegensatz dazu die Einschränkung „ortsansässige Bevölkerung" in § 29 Abs 2 Z 2) abstellt, sind meiner Ansicht nach nicht nur die Bedürfnisse der Gemeindebürger relevant.

**5** Zum „Orts- oder Stadtbild" siehe § 13 Anm 9 (siehe auch zur „Stadtgestalt", *Reicher*, Handwörterbuch 2477 ff, sowie zur „Stadtgliederung und Stadtstruktur" *Zehner*, Handwörterbuch 2485 ff).

Durch die Darstellung mittels einer Umfassungslinie sind die Orts- und Stadtkerne eindeutig abgrenzbar.

Siehe die K-OSKV 2022, LGBl 2022/27. Die Verordnung ist unter Punkt 1.11. inklusive der Erläuterungen abgedruckt. Zu den verfassungsrechtlichen Grundlagen als Instrument der überörtlichen Raumordnung siehe die oben unter Punkt I. abgedruckten ErlRV 01-VD-LG-1865/5-2021, 37.

Entwürfe von Verordnungen der Landesregierung sind gemäß Art 38 Abs 2 iVm Art 33 Abs 3 bis 5 K-LVG vor der Beschlussfassung einem Begutachtungsverfahren zu unterziehen. Im Begutachtungsverfahren hat jede Person das Recht, innerhalb der mindestens vierwöchigen Begutachtungsfrist eine schriftliche Stellungnahme abzugeben. Auf die Durchführung des Begutachtungsverfahrens besteht indes kein Rechtsanspruch. Die Unterlassung des Begutachtungsverfahrens hat auf die Rechtmäßigkeit des Gesetzes keinen Einfluss. Im Rahmen des Begutachtungsverfahrens ist insbesondere auf das Rücksichtnahmegebot des § 2 Abs 2 Z 2 insofern Bedacht zu nehmen, als die betroffenen Gebietskörperschaften und andere Planungsträger einzubinden und deren Interessen abzuwägen sind (siehe dazu § 2 Anm 21 und 27). Darüber hinaus ist gemäß § 55 Abs 2 der Raumordnungsbeirat vor Beschlussfassung bei sonstiger Gesetzwidrigkeit zwingend zu hören (siehe § 55 Anm 6). Die Verpflichtung zur Kundmachung und der Zugang zur kundgemachten Verordnung ergeben sich aus dem K-KMG.

## § 32 Einkaufszentren

(1) Einkaufszentren sind nur in Orts- oder Stadtkernen[1] zulässig.[2] In den Städten Klagenfurt am Wörthersee und Villach sind Einkaufszentren auch außerhalb der Stadtkerne zulässig,[3] wenn
1. die wirtschaftlich zusammenhängende Verkaufsfläche 2.000 m² nicht übersteigt,[4]
2. durch privatwirtschaftliche Vereinbarung[5] mit der Gemeinde sichergestellt ist, dass zumindest im Ausmaß der beabsichtigten Verkaufsfläche rechtmäßig bewilligte und errichtete Verkaufsflächen von Einkaufszentren der gleichen Kategorie (EKZ I, EKZ II, EKZ II des Kraftfahrzeug- und Maschinenhandels, des Baustoffhandels, des Möbelhandels, des Brennstoffhandels sowie EKZ des Großhandels) außerhalb des Stadtkerns

a) abgebrochen werden oder
b) eine dauerhafte Auflassung mit einer alternativen widmungsgemäßen Nachnutzung erfolgt[6],
3. die Verkaufsfläche zur Versorgung überwiegend der örtlichen Bevölkerung dient[7] und
4. der vorgesehene Standort unter Berücksichtigung des örtlichen Entwicklungskonzeptes[8] und unter Bedachtnahme auf die Stärkung der typischen und gewachsenen innerörtlichen Strukturen unter Berücksichtigung der Zentrenhierarchie innerhalb des Stadtgebietes[9] einschließlich des Umstandes der Sicherung der Nahversorgung[10], des Lärm- und Umweltschutzes, der Vermeidung unnötiger Verkehrsbelastung, der fußläufigen Erreichbarkeit sowie der Erreichbarkeit mit Linien des öffentlichen Personenverkehrs[11] geeignet ist.

(2) Betriebe des Handels[12] gelten unter folgenden Bedingungen als Einkaufszentren im Sinne dieses Gesetzes:
1. Verkaufslokale des Einzelhandels und Großhandels wie Verbrauchermärkte, Warenhäuser, Supermärkte (Großgeschäfte), Shoppingcenters uä.[13], in denen Güter mehrerer Warengruppen[14] einschließlich Lebensmittel angeboten werden und bei denen die wirtschaftlich zusammenhängende Verkaufsfläche[15] 600 m² übersteigt (Einkaufszentrum der Kategorie I, im folgenden EKZ I genannt);
2. Verkaufslokale des Einzelhandels und Großhandels – ausgenommen Baumschulen und Gärtnereien sowie Verkaufslokale (Verkaufsflächen), in denen im räumlichen Zusammenhang mit einer Produktionsstätte ausschließlich die erzeugten Produkte angeboten werden[16] – wie Verbrauchermärkte, Warenhäuser, Supermärkte, Shoppingcenters uä., die in ihrem Warenangebot keine Lebensmittel führen und deren wirtschaftlich zusammenhängende Verkaufsfläche 600 m² übersteigt (Einkaufszentrum der Kategorie II, im folgenden EKZ II genannt). Verkaufslokale des Kraftfahrzeug- und Maschinenhandels, des Baustoffhandels (ausgenommen Baumärkte[17]) sowie des Möbelhandels und des Brennstoffhandels, von denen keines in seinem Warenangebot Lebensmittel führt, gelten erst ab einer wirtschaftlich zusammenhängenden Verkaufsfläche von 2.500 m² als EKZ II.[18]

(3) Für Einkaufszentren nach Abs. 2 ist ein Teilbebauungsplan zu erlassen, in dem neben den Bebauungsbedingungen nach § 47 Abs. 6 und § 48 Abs. 5 Z 2, 3, 11 und 12 auch das Höchstausmaß der zulässigen wirtschaftlich zusammenhängenden Verkaufsfläche festzulegen sind.[19] Hiebei ist im Einklang mit den Zielen und Grundsätzen der Raumordnung[20], den überörtlichen Entwicklungsprogrammen[21] und dem örtlichen Entwicklungskonzept[22] vorzugehen. Es ist insbesondere Bedacht zu nehmen auf:

1. die Erhaltung und Sicherung der in Kärnten vorgegebenen Zentrenstrukturen und die Erhaltung infrastrukturell vielfältiger Orts- und Stadtkerne;
2. die zentralörtlichen Funktionen in den Gemeinden aufgrund ihrer Ausstattung mit Diensten und Einrichtungen überörtlicher Bedeutung;
3. die Stärkung der typischen und gewachsenen innerörtlichen Strukturen unter Berücksichtigung der Zentrenhierarchie innerhalb des Gemeindegebietes;
4. die Sicherung der Nahversorgung, des Lärm- und Umweltschutzes, die Vermeidung unnötiger Verkehrsbelastung und die Erreichbarkeit mit Linien des öffentlichen Personenverkehrs.[23]

(4) Einkaufszentren sind unter Beachtung von Abs. 1 in Dorfgebieten, Wohngebieten, Kurgebieten und Geschäftsgebieten zulässig.[24]

(5) Zur Verkaufsfläche gemäß Abs. 1 und 2 gehören die Flächen aller Räume, die für Kunden allgemein zugänglich sind, ausgenommen Stiegenhäuser, Gänge, Hausflure und Räume für Sanitäranlagen sowie die Verkaufsflächen im Freien.

(6) Bei der Ermittlung wirtschaftlich zusammenhängender Verkaufsflächen eines Einkaufszentrums sind die Verkaufsflächen mehrerer Betriebe des Handels zusammenzuzählen, wenn diese eine bauliche oder betriebsorganisatorische Einheit bilden. Eine betriebsorganisatorische Einheit ist – auch bei Verschiedenheit der Unternehmer oder der Verschiedenheit des in den einzelnen Unternehmen beschäftigten Personals – insbesondere dann anzunehmen, wenn den einzelnen Verkaufslokalen eine gemeinsame bauliche Planung zugrunde liegt, die Verkaufslokale über gemeinsame Einrichtungen, wie etwa gemeinsame Parkplätze oder Sanitäranlagen, verfügen oder

eine gemeinsame Vermarktung der Verkaufslokale als einheitlicher Markt oder als einheitliches Shoppingcenter erfolgt.

**Lit:**

*Berka*, Einkaufszentren in Orts- und Stadtkernen – ein Beitrag zur Stärkung der Zentrenstrukturen, bbl 2003, 213; *ders*, Zum Rechtsbegriff „Einkaufszentrum" in der österreichischen Rechtsordnung, wbl 2009, 209; *Bußjäger/Schneider*, Raumordnung, Gewerberecht und Einkaufszentren – eine missglückte Regulierung, ecolex 1998, 442; *Hattenberger*, Neuer EKZ-Tatbestand im Kärntner Gemeindeplanungsgesetz – Verfassungsrechtliche Aspekte zur Orts- und Stadtkernregelung, insbesondere für Klagenfurt und Villach, bbl 2003, 171; *Häusler*, Raumentwicklung und Bodenschutz in den jüngsten Novellen der Landesgesetzgeber, RdU 2021/82; *Kienastberger/Maxian*, Einkaufszentren im österreichischen Raumordnungsrecht, RFG 2012/42; *Mayer*, Einkaufszentren in der Stmk Raumordnung, ecolex 1995, 376; *Madner/Kanonier*, Stärkung von Orts- und Stadtkernen in Österreich, ÖROK-Schriftenreihe 205, Österreichische Raumordnungskonferenz (Hrsg), 2019; *Steinwender*, Kärntner Baurecht, 2017.

## I. Erläuterungen
### ErlRV 01-VD-LG-1865/5-2021, 37 ff:

„In § 32 Abs. 1 soll nunmehr vorgesehen werden, dass Einkaufszentren grundsätzlich nur in Orts- oder Stadtkernen zulässig sind. So halten schon die Erläuterungen -2V-LG-544/34-2002, 2 f, der Novelle LGBl. Nr. 71/2002, zur Problematik fest: *„Ein weiteres Anliegen, das mit dem vorliegenden Gesetzesentwurf verfolgt wird, betrifft die Änderung des derzeit geltenden „Einkaufszentren-Regimes": Die Einkaufszentren-Regelungen des Kärntner Gemeindeplanungsgesetzes 1995 (in Verbindung mit dem Entwicklungsprogramm „Versorgungsinfrastruktur") erweisen sich nämlich insofern als unbefriedigend, als die grundsätzliche Attraktivität von Orts- und Stadtkernen nicht (mehr) in der Lage ist, die infrastrukturellen (Kosten-)Vorteile eines Einkaufszentren-Standortes auf der „grünen Wiese" auszugleichen. Unter Berücksichtigung der unterschiedlichen Bodenpreise und Errichtungskosten für Einkaufszentren in innerstädtischen Lagen einerseits und in peripheren Lagen andererseits führen diese wirtschaftlichen Rahmenbedingungen dazu, dass in immer stärker werdendem Ausmaß attraktive Geschäftsbereiche aus den Orts- und Stadtkernen in periphere Lagen abwandern. Diese Entwicklung lässt es erforderlich erscheinen, durch Änderungen der normativen Rahmenbedingungen für die Errichtung von Einkaufs-*

3. Hauptstück – Örtliche Raumordnung  **§ 32**

*zentren im Kärntner Gemeindeplanungsgesetz 1995 eine Gegensteuerung zu initiieren.*" Nur in den Städten Klagenfurt am Wörthersee und Villach soll eine Verlagerung von bereits außerhalb der Stadtkerne bestehenden Einkaufszentren möglich sein.

Von wesentlicher Bedeutung sind in diesem Zusammenhang die Übergangsbestimmungen in Art. V des Gesetzes. Gemäß Art. V Abs. 8 treten Sonderwidmungen für Einkaufszentren im Sinne des § 8 Abs. 7 K-GplG 1995, die binnen fünf Jahren vor dem Inkrafttreten dieses Gesetzes wirksam geworden sind, fünf Jahren nach ihrer jeweiligen Wirksamkeit außer Kraft. Gemäß Art. V Abs. 11 gelten hingegen im Zeitpunkt des Inkrafttretens dieses Gesetzes rechtmäßig errichtete oder bewilligte Einkaufszentren im Sinne des § 8 Abs. 8 und 9 K-GplG 1995, die nicht in einem festgelegten Orts- und Stadtkern gelegen sind, als rechtmäßig errichtete und bewilligte Einkaufszentren im Sinne des K-ROG 2021. Die Änderung sowie die gänzliche oder teilweise Wiedererrichtung von Gebäuden und sonstigen baulichen Anlagen für dieser Einkaufszentren sind zulässig, wenn hierdurch keine Änderung der bewilligten Kategorie dieser Einkaufszentren (EKZ I, EKZ II, EKZ II des Kraftfahrzeug- und Maschinenhandels, des Baustoffhandels, des Möbelhandels, des Brennstoffhandels sowie EKZ des Großhandels) eintritt und eine Vergrößerung der baubehördlich genehmigten Verkaufsfläche nur bis zu 10 Prozent, jedoch höchstens um 600 m², erfolgt. In den Städten Klagenfurt am Wörthersee und Villach ist unter diesen Voraussetzungen auch eine Vergrößerung der baubehördlich genehmigten Verkaufsfläche höchstens um 2000 m² zulässig, wenn im selben Flächenausmaß ein Abbruch von rechtmäßig errichteten Einkaufszentren außerhalb des Stadtkernes erfolgt. Somit können aber auch nur rechtmäßig bewilligte *und* errichtete Verkaufsflächen von Einkaufszentren im Sinne von Art. V Abs. 11 Grundlage für eine privatwirtschaftliche Vereinbarung im Sinne von § 32 Abs. 1 Z 2 sein.

§ 32 Abs. 2 entspricht § 8 Abs. 8 K-GplG 1995 der geltenden Fassung. Eine entsprechende Bestimmung wurde in dieser Form als § 5 Abs. 5 in das Gemeindeplanungsgesetz 1982 durch LGBl. Nr. 59/1992 eingefügt. Die Erläuterungen Verf-46/26/1991, 7 f, führen dazu aus: „*Der vorliegende Entwurf sieht nun im wesentlichen zwei Kategorien von Einkaufszentren vor. So werden zum einen Einkaufszentren der Kategorie I vorgesehen (EKZ I), in denen Lebensmittel neben anderen Gütern mehrerer Warengruppen angeboten werden. […] Verkaufslo-*

*kale des Einzelhandels und des Großhandels – ausgenommen Baumschulen, Gärtnereien und Verkaufslokale, in denen im räumlichen Zusammenhang mit einer Produktionsstätte ausschließlich die erzeugten Produkte angeboten werden – die keine Lebensmittel führen, gelten dann als Einkaufszentren der Kategorie II, wenn ihre wirtschaftlich zusammenhängende Verkaufsfläche 1.000 m² [Anmerkung: nunmehr 600 m²], bei Verkaufslokalen des Kraftfahrzeug und Maschinenhandels, des Baustoffhandels und des Möbelhandels 3.000 m² [Anmerkung: nunmehr 2500 m²], übersteigt. Im Bericht der Österreichischen Raumordnungskonferenz „Einkaufszentren und Nahversorgung – Sorgenkinder Raumordnung, Schriftenreihe Nr. 74, Wien 1989" sind folgende Umschreibungen für die einzelnen Arten von Einkaufszentren enthalten. Es wird darauf hingewiesen, daß diese Definition weitestgehend Standardwerken der Raumordnungsliteratur entnommen worden sind.*

*– Shoppingcenters: Es handelt sich hier von einer Gesellschaft oder einem einzelnen Unternehmen geplante und gebaute Einheit, wo einzelne Geschäftslokale an Handels- und Dienstleistungsbetriebe vermietet werden. Das Center betreffende Angelegenheiten (Werbung etc.) werden von einer gemeinsamen zentralen Leitung wahrgenommen.*

*– Verbrauchermärkte: Es handelt sich hier um Betriebe mit Verkaufsflächen von etwa 1.000 bis 30.000 m². Sie bieten schwerpunktmäßig Güter und Dienstleistungen des kurzfristigen Bedarfs, darüber hinaus, je nach Größe, auch des mittelund langfristigen Bedarfs an. Das Sortiment ähnelt in seiner Breite dem eines Warenhauses.*

*– Warenhäuser: Auf mehrgeschossigen Verkaufsflächen von etwa 1.000 bis 15.000 m² (international bis l00.000 m²) werden Güter des gesamten Bedarfs des Spektrums angeboten. Das Sortiment reicht von Lebensmitteln über Bekleidung bis zu Einrichtungsgegenständen.*

*– Supermärkte: Es handelt sich hier um Betriebe mit mindestens 400 m² Verkaufsfläche, die ausschließlich oder vor allem Nahrungsund Genußmittel in Selbstbedienungsform anbieten.*

*Vom Begriff „Baumärkte" in Abs. 5 lit. b [Anmerkung: nunmehr § 32 Abs. 2 Z 2] sollen diejenigen Verkaufslokale erfaßt werden, die Waren führen, die zur Ausstattung von Gebäuden dienen, wie etwa Fliesen, Lampen, Badezimmereinrichtungen (vgl. etwa IMO-Baumarkt Klagenfurt)."*

Der Begriff „Warengruppen" in § 32 Abs. 2 Z 1 wurde schon in § 5 Abs. 5 des Gemeindeplanungsgesetzes 1970 in der Fassung LGBl. Nr. 8/1977 für die Definition von Einkaufszentren herangezogen. Dazu halten die Erläuterungen Verf-413/23/1976, 2, fest: *„Zur Frage der Auslegung des Begriffes „Warengruppen" [...] wird auf die „Richtlinien zur Preiserhebung für den Index der Verbraucherpreise 1976" vom Österreichischen Statistischen Zentralamt verwiesen. In diesen Richtlinien werden folgende Warengruppen unterschieden:*

| | |
|---|---|
| *Lebensmittel* | *Babyausstattung* |
| *Obst und Gemüse* | *Schuhe* |
| *Konditorei* | *Stoffe* |
| *Fleisch- und Wurstwaren* | *Lederwaren* |
| *Elektriker* | *Schirme* |
| *Brennstoffe* | *Möbel* |
| *Installateur* | *Papierwaren* |
| *Maler/Tapezierer* | *Sportartikel/Spielwaren* |
| *Eisenwaren* | *Tankstelle* |
| *Haus- und Küchengeräte* | *Drogerie, Parfümerie* |
| *Teppiche und Heimtextilien* | *Elektrowaren/Radio* |
| *Herren-, Damen- und Kinderoberbekleidung* | *Fotowaren* |
| *Herren-, Damen- und Kinderwäsche* | *Autoreifen* |
| *Nähmaschinen"* | |

In diesem Zusammenhang wird auf die Unterscheidung der aktuellen Warengruppen nach Warenkorb und Gewichtung des H/VPI 2021 (harmonisierter Verbraucherpreisindex) der Statistik Austria verwiesen. Die Begriffe „Verkaufslokale des Einzelhandels und Großhandels" wurden durch LGBl. Nr. 70/1981 in § 5 Abs. 5 des Gemeindeplanungsgesetzes 1970 eingefügt. Dazu halten die Erläuterungen Verf-88/24/1981, 6 f, fest: *„Durch die Novelle zum Gemeindeplanungsgesetz 1970, LGBl. Nr. 8/1977, wurde [...] auch umschrieben, was unter einem Einkaufszentrum im Sinne dieser Regelung zu verstehen ist. In den Erläuterungen zur Regierungsvorlage wurde ausgeführt, daß ein wesentliches Motiv für diese Regelung die Sorge um die Nahversorgung der Bevölkerung mit den Gütern des täglichen Bedarfes war. Der*

*Begriff "Verkaufslokale des Handels" im § 5 Abs. 5 des Gemeindeplanungsgesetzes 1970 hat jedoch in der Praxis zu Auslegungsschwierigkeiten geführt: Gemäß § 5 Abs. 5 leg.cit. sind Einkaufszentren Verkaufslokale des Handels, wie Verbrauchermärkte, Abholgroßmärkte u.ä., in denen Güter mehrerer Warengruppen, einschließlich von Waren des täglichen Bedarfs, angeboten werden und bei denen die wirtschaftlich zusammenhängende Verkaufsfläche 600 m² übersteigt. Es hat sich die Frage gestellt, ob diese gesetzliche Regelung auch jene Verkaufslokale des Handels miterfaßt, die nicht unmittelbar der Versorgung der Wiederverkäufer dienen. Hiezu ist nun insbesondere folgendes auszuführen: Der Großhandel ist ex lege auch im untergeordneten Umfang zum Detailhandel berechtigt und in dieser Hinsicht in den Nahversorgungskomplex eingebunden. Auch in der Handelspraxis ist die Dualdistripution des Großhandels, der sowohl den Detailhandel als Wiederverkäufer, gewerbliche Abnehmer wie auch Endverbraucher beliefert, zunehmend die Regel. Diesem Umstand trägt auch das Preisgesetz Rechnung, in dem durch die jüngste Novellierung 1980, BGBl. Nr. 288, auch der Großhandel den für den Detailhandel geltenden Auszeichnungsvorschriften unterworfen wird. Mit Rücksicht auf die Auswirkungen in der Nahversorgung ist daher eine Klarstellung dahingehend notwendig, daß auch Verkaufslokale des Großhandels einer Sonderwidmung nach dem Gemeindeplanungsgesetz bedürfen [Anmerkung: Errichtung grundsätzlich nunmehr nur noch in Orts- oder Stadtkern zulässig]. Bemerkt darf noch werden, daß seitens des Amtes der Kärntner Landesregierung ursprünglich die Auffassung vertreten wurde, daß durch Einkaufszentren für den Großhandel kein Eingriff in die unmittelbare Versorgung der Bevölkerung mit Konsumgütern erfolgt. Von dieser Rechtsauffassung ging auch der zur Begutachtung versendete Entwurf aus. Die Argumente im Begutachtungsverfahren haben jedoch dazu geführt, diese Haltung neu zu überdenken und die Klarstellung so vorzunehmen, wie dies nun im vorliegenden Entwurf der Fall ist."*

Die Festlegung in § 32 Abs. 2 Z 1 auf „600 m²" erfolgte durch LGBl. Nr. 71/2002. Dazu führen die Erläuterungen -2V-LG-544/34-2002, 5, aus: *"§ 8 Abs. 8 lit. a des Kärntner Gemeindeplanungsgesetzes 1995 legt für Einkaufszentren der Kategorie I (EKZ I) das Sonderwidmungserfordernis mit 400 m² wirtschaftlich zusammenhängender Verkaufsfläche fest. Im Gegensatz dazu bestimmt § 77 Abs. 5 der Gewerbeordnung 1994 – GewO 1994, dass für die (gewerberechtliche) Genehmigung von Anlagen für Betriebe des Handels sowie von ausschließlich oder über-*

*wiegend für, Handelsbetriebe vorgesehenen Gesamtanlagen im Sinne des § 356e Abs. 1 GewO 1994 (Einkaufszentren), die überwiegend dem Handel mit Konsumgütern des kurzfristigen oder des täglichen Bedarfs dienen, (auch) folgende Voraussetzungen erfüllt sein müssen:*
– *der Standort muss für eine derartige Gesamtanlage gewidmet sein;*
– *Betriebsanlagen mit einer Gesamtverkaufsfläche von mehr als 800 m$^2$ dürfen für einen Standort nur genehmigt werden, wenn das Projekt keine Gefährdung der Nahversorgung der Bevölkerung mit Konsumgütern des kurzfristigen oder des täglichen Bedarfes im Einzugsgebiet erwarten lässt.*

*Im Interesse der Harmonisierung des Kärntner Gemeindeplanungsgesetzes hinsichtlich [...] „Einkaufszentren" mit den (korrespondierenden) Regelungen der Gewerbeordnung 1994 sieht der vorliegende Gesetzesentwurf die Anhebung des Sonderwidmungerfordernisses für EKZ I auf 600 m$^2$ vor."*

§ 32 Abs. 3 erster Satz entspricht § 8 Abs. 8b K-GplG 1995 der geltenden Fassung. Die Bestimmung wurde durch LGBl. Nr. 71/2002 aufgenommen. § 32 Abs. 3 zweiter und dritter Satz entspricht § 25 Abs. 10 K-GplG 1995. Die Bestimmung wurde durch LGBl. Nr. 59/2004 aufgenommen. Dazu halten die Erläuterungen -2V-LG-815/15-2014, 6, fest: „*Dieser Absatz legt die Rahmenbedingungen fest, anhand derer die Gemeinde im Teilbebauungsplan das Höchstausmaß der zulässigen wirtschaftlich zusammenhängenden Verkaufsfläche festzulegen hat; dabei werden jene Determinanten aufgelistet, die bereits bisher zur Festlegung dieser Höchstgrenze im Entwicklungsprogramm Versorgungsinfrastruktur heranzuziehen waren und vom Verfassungsgerichtshof als ausreichend anerkannt wurden.*"

§ 32 Abs. 4 erster Satz entspricht grundsätzlich § 8 Abs. 8c K-GplG 1995 der geltenden Fassung. Die Bestimmung wurde durch LGBl. Nr. 71/2002 aufgenommen. § 32 Abs. 4 zweiter Satz orientiert sich an § 15 Abs. 8 des Vorarlberger Gesetzes über die Raumplanung, LGBl. Nr. 39/1996 idF LGBl. Nr. 4/2019. Dazu halten die Erläuterungen 77. Beilage im Jahre 2018 zu den Sitzungsberichten des XXX. Vorarlberger Landtages, 21, fest: „*Um im Sinne des haushälterischen Umgangs mit Grund und Boden den Flächenverbrauch im Zuge der Errichtung von Einkaufszentren zu verringern, sieht § 15 Abs. 8 lit. d zusätzlich vor, dass Einkaufszentren mit einer Verkaufsfläche von mehr als 900 m$^2$ [Anmerkung: gemäß § 32 Abs. 4 600 m$^2$] nur errichtet werden* *dürfen, wenn die Stellplätze in Garagen oder auf Gebäuden, d.h. auf deren Dachfläche, errichtet werden. Eine Garage ist ein überdachtes Bauwerk, in dem Stellplätze errichtet werden und das allseits oder überwiegend umschlossen ist (insbesondere Tief- bzw. Hochgaragen). Von dieser Verpflichtung ausgenommen ist höchstens ein Drittel der [...] zu errichtenden Stellplätze. [...] Anzumerken ist, dass die Beurteilung, ob das Vorhaben, insbesondere die Errichtung von Stellplätzen auf Gebäuden, mit dem Orts- und Landschaftsbild vereinbar ist, der Baubehörde unter Beachtung der Vorschriften des Baugesetzes vorbehalten ist."* Zu beachten ist, dass diese Bestimmung nicht regelt, ob Stellplätze überhaupt errichtet werden müssen.

§ 32 Abs. 5 entspricht grundsätzlich § 9 erster Satz K-GplG 1995 der geltenden Fassung.

§ 32 Abs. 6 entspricht grundsätzlich § 9 zweiter Satz K-GplG 1995 der geltenden Fassung. Die Bestimmung wird erweitert. Diese Erweiterung orientiert sich inhaltlich an den Erläuternden Bemerkungen Verf-48/26/1991, 9, zu § 5a des Gemeindeplanungsgesetzes 1982 (Novelle LGBl. Nr. 59/1992), sowie an dem Erkenntnis des VwGH vom 27.11.1990, 89/04/0240. Im gegenständlichen Zusammenhang ist darauf hinzuweisen, dass die bauliche oder betriebsorganisatorische Einheit unabhängig von etwaigen Grundstückskonfigurationen zu sehen ist, dh. etwaige Grundstückgrenzen alleine nicht das Vorliegen einer betriebsorganisatorischen Einheit auszuschließen vermögen."

## II. Anmerkungen

1 Zu den „Orts- und Stadtkernen" siehe § 31.

2 Nach der Judikatur des VfGH ist es dem Landesgesetzgeber nicht verwehrt, aus rechtspolitischen Überlegungen Einkaufszentren, dh Handelsbetriebe, die hinsichtlich der Verkaufsfläche Schwellenwerte überschreiten, einer spezifischen raumordnungsrechtlichen Regulierung – zB durch die Notwendigkeit einer Sonderwidmung – zu unterwerfen (VfGH VfSlg 11.830/1988). Die rechtspolitischen Überlegungen finden sich als Ziele und Grundsätze der Raumordnung in § 2. Hinsichtlich der Errichtung von Einkaufszentren ist insbesondere auf folgende Ziele und Grundsätze zu verweisen:

- Ausstattung mit Einrichtungen der Daseinsvorsorge in zumutbarer Entfernung gemäß § 2 Abs 1 Z 3,

- Grundversorgung der Bevölkerung mit häufig benötigten öffentlichen und privaten Gütern und Dienstleistungen in ausreichendem Umfang, in angemessener Qualität und in zumutbarer Entfernung gemäß § 2 Abs 1 Z 5,
- sparsame Verwendung von Grund und Boden sowie eine Begrenzung und räumliche Verdichtung der Bebauung und Vermeidung von Zersiedelung gemäß § 2 Abs 1 Z 6 und § 2 Abs 2 Z 7,
- Schutz und die Pflege erhaltenswerter Siedlungsstrukturen durch Maßnahmen der Orts- und Regionalentwicklung gemäß § 2 Abs 1 Z 6,
- Bedachtnahme auf die damit verbundenen voraussichtlichen Auswirkungen auf den Verkehr inklusive Erreichbarkeit mit Angeboten des öffentlichen Personennahverkehrs und des Personenregionalverkehrs gemäß § 2 Abs 1 Z 15.

Zur Umsetzung dieser Ziele besteht in diesem Zusammenhang ua schon im örtlichen Entwicklungskonzept gemäß § 9 Abs 3 Z 10 die Verpflichtung, Aussagen über die Stärkung der Orts- und Stadtkerne zu treffen. Denn „die Stärkung von Orts- und Stadtkernen ist eine der Schlüsselfragen für eine nachhaltige Raumentwicklung, die Daseinsvorsorge, den sozialen Zusammenhalt und die lokale wirtschaftliche Prosperität in Österreich. Es braucht die Verschränkung von Wohnen, Nahversorgung, Wirtschaft, sozialen Einrichtungen und öffentlichen Freiräumen, um Zentren attraktiv zu halten oder zu machen. Bisherige Ansätze und Bemühungen waren dafür vielfach nicht ausreichend" (*Madner/Kanonier*, Stärkung von Orts- und Stadtkernen, 7). Dem steht aber eine Ansiedlung von Einkaufszentren „auf der grünen Wiese" auf Grund der negativen raumplanerischen Auswirkungen auf die Orts- und Stadtkerne entgegen. Darüber hinaus führt eine solche Ansiedlung insbesondere zu einer Erhöhung des Verkehrsaufkommens und einem erheblichen Bodenverbrauch (vgl ErlRV 01-VD-LG-1865/5-2021, 37; *Berka*, bbl 2003, 213 f; *Häusler*, RdU 2021, 164; *Madner/Kanonier*, Stärkung von Orts- und Stadtkernen, 22: „Fehlentwickelte Gebiete…z.B. … Fachmarktagglomeration auf der grünen Wiese"). Die Gründe für diese Regulierung liegen somit auf Grundlage von rechtspolitischen Überlegungen in der Erreichung der Ziele und Grundsätze der Raumordnung gemäß § 2 und nicht in einer Gewährung eines Konkurrenzschutzes (dies im Unterschied zu den Ausführungen in VfGH VfSlg 15.672/1999; siehe auch VfGH VfSlg 14.143/1995).

Zu beachten ist hiebei auch, dass diese Regulierung nicht zu einem gänzlichen Verbot von Einkaufszentren außerhalb der Orts- und Stadtkerne führt. Denn die zum Zeitpunkt des Inkrafttretens bereits zahlreich bestehenden rechtmäßig errichteten oder bewilligten Einkaufszentren im Sinne des § 8 Abs 8 und 9 K-GplG 1995, die nicht in einem festgelegten Orts- und Stadtkern gelegen sind, gelten gemäß Art V Abs 11 LGBl 2021/59 als rechtmäßig errichtete und bewilligte Einkaufszentren im Sinne des K-ROG 2021. Die Änderung sowie die gänzliche oder teilweise Wiedererrichtung von Gebäuden und sonstigen baulichen Anlagen für diese Einkaufszentren sind zulässig, wenn hiedurch keine Änderung der bewilligten Kategorie dieser Einkaufszentren (EKZ I, EKZ II, EKZ II des Kraftfahrzeug- und Maschinenhandels, des Baustoffhandels, des Möbelhandels, des Brennstoffhandels sowie EKZ des Großhandels) eintritt. „Aus dem Begriff Wiedererrichtung folgt, dass es sich dabei um die neuerliche Errichtung einer bereits vorher bestandenen Anlage handelt, und zwar im Wesentlichen an derselben Stelle, im gleichen Ausmaß und in der gleichen Ausführung" (VwGH 15.12.2009, 2008/05/0046; die Baubewilligung geht somit durch Abbruch in diesen Fällen nicht unter, vgl zum Untergang durch Abbruch VwGH VwSlg 19.345 A/2016). Aus der Wortfolge „für diese Einkaufszentren" ist aber abzuleiten, dass das Einkaufszentrum im Zeitpunkt des Inkrafttretens bestanden haben muss und dieses weiterhin besteht. Dh die Errichtung eines anderen Einkaufszentrums auf einer Fläche eines bereits früher abgebrochenen Einkaufszentrums wäre unzulässig. Darüber hinaus darf die baubehördlich genehmigte Verkaufsfläche sogar um bis zu 10 Prozent, jedoch höchstens um 600 m², vergrößert werden. Schlussendlich treten gemäß Art V Abs 8 LGBl 2021/59 Sonderwidmungen für Einkaufszentren gemäß § 8 Abs 7 K-GplG 1995, die binnen fünf Jahren vor dem Inkrafttreten dieses Gesetzes wirksam geworden sind, auch erst fünf Jahre nach ihrer jeweiligen Wirksamkeit außer Kraft.

Aus diesen Gründen bestehen meiner Ansicht nach keine verfassungsrechtlichen Bedenken gegen diese Bestimmung (vgl *Berka*, bbl 2003, 213 ff; aA wohl *Hattenberger*, bbl 2003, 171 ff). Dagegen spricht meiner Ansicht nach auch nicht, dass die Gemeinden gemäß § 31 Abs 1 nicht verpflichtet sind, einen Orts- und Stadtkern festzulegen. Denn wenn es dem Landesgesetzgeber nicht verwehrt ist, aus rechtspolitischen Überlegungen Einkaufszentren einer spezifischen raumordnungsrechtlichen Regulierung – zB durch die Notwendigkeit einer Sonderwidmung – zu unterwerfen (VfGH VfSlg 11.830/1988), so kann für die Notwendigkeit der Festlegung eines Orts- und Stadtkernes nichts anderes gelten. So ist in beiden Fällen mit solchen spezifischen Regulierungen immanent verbunden, dass den Gemeinden im Rahmen der örtlichen Raumplanung im eigenen Wirkungsbereich – aber sehr wohl unter Bedachtnahme auf die Ziele und Grundsätze der Raumordnung (vgl § 31 Abs 1) – auch die Möglichkeit offensteht, keine entsprechende Festlegung vorzunehmen (vgl *Hattenberger*, bbl 2003, 171 ff).

Da die Größe, Einwohnerzahl, Wirtschaftskraft und insbesondere die Stellung als Statutarstadt die Städte Klagenfurt am Wörthersee und Villach wesentlich von den anderen Kärntner Gemeinden unterscheidet, bestehen meiner Ansicht nach keine verfassungsrechtlichen Bedenken hinsichtlich der nur für diese Städte – unter strengen Voraussetzungen – normierten Zulässigkeit von Einkaufszentren auch außerhalb des Orts- und Stadtkernes (vgl *Berka*, bbl 2003, 213 ff; siehe auch VfGH VfSlg 9280/1981; aA wohl *Hattenberger*, bbl 2003, 171 ff). **3**

Zum Begriff „Verkaufsflächen" siehe die Begriffsbestimmungen in § 32 Abs 5 und 6. **4**

Zu den privatwirtschaftlichen Vereinbarungen siehe § 53 und § 54. Die Bestimmungen zählen meiner Ansicht nach zur fakultativen Vertragsraumordnung (siehe § 53 Anm 5). **5**

Durch Abbruch einer baulichen Anlage geht die bis dahin bestandene Baubewilligung unter (VwGH VwSlg 19.345 A/2016). Die Errichtung einer neuen baulichen Anlage bedarf somit einer neuen Baubewilligung (vgl *Steinwender*, Kärntner Baurecht § 6 K-BO 1996 Rz 7), die ua gemäß § 13 K-BO 1996 iVm § 17 K-BO 1996 nur erteilt werden darf, wenn das Vorhaben dem Flächenwidmungsplan entspricht. Die Erteilung einer Baubewilligung für die Errichtung eines Einkaufszentrums auf einer Fläche außerhalb des Orts- und Stadtkernes ist aber gemäß § 32 Abs 1 erster Satz nicht mehr zulässig, die Sonderwidmungen für Einkaufszentren gemäß § 8 Abs 7 K-GplG 1995 sind gemäß Art V Abs 8 LGBl 2021/59 mit Inkrafttreten des K-ROG 2021 außer Kraft getreten. Nur in den Städten Klagenfurt am Wörthersee und Villach ist es – wenn auch alle anderen Tatbestandsmerkmale erfüllt sind (siehe „und" in § 32 Abs 1 Z 3) – möglich, im Ausmaß der abgebrochenen Verkaufsflächen eine Baubewilligung für die Errichtung eines Einkaufszentrums auf einer anderen Fläche außerhalb des Stadtkernes zu erlangen. Alternativ kann auch eine dauerhafte Auflassung des Einkaufszentrums mit einer anderen widmungsgemäßen Nachnutzung erfolgen. Im **6**

Ergebnis wird durch diese Bestimmung die Verlagerung von bereits bestehenden Verkaufsflächen außerhalb des Stadtgebietes ermöglicht, aber keine zusätzliche Errichtung von Verkaufsflächen.

**7** „Überwiegend" bedeutet nicht ausschließlich (VwGH 1.9.1998, 96/05/0087). Die „örtliche Bevölkerung" ist meiner Ansicht nach die „Bevölkerung der Gemeinde" (vgl VwGH VwSlg 11.679 A/1985).

**8** Zum „örtlichen Entwicklungskonzept" siehe § 9 bis § 12. Dem örtlichen Entwicklungskonzept kommt im Rahmen der „Berücksichtigung" rechtsverbindliche Wirkung zu (vgl VfGH VfSlg 19.658/2012).

**9** Zur „Zentrenhierarchie" siehe § 2 Anm 7.

**10** Auf die Stärkung der typischen und gewachsenen innerörtlichen Strukturen unter Berücksichtigung der Zentrenhierarchie innerhalb des Stadtgebietes einschließlich des „Umstandes der Sicherung der Nahversorgung" ist ausdrücklich lediglich „Bedacht zu nehmen". Es handelt sich meiner Ansicht nach somit um eine verfassungsrechtlich unbedenkliche schlichte Bedachtnahmeregel, die eines von mehreren Tatbestandselementen ist und somit nicht in den Kompetenztatbestand „Angelegenheit des Gewerbes" des Art 10 Abs 1 Z 8 B-VG eingreift, da es sich um kein Zulassungssystem für Einkaufszentren nach alleiniger gewerberechtlicher Maßgabe handelt. Gestützt wird diese Auslegung auch dadurch, dass gemäß § 1 Abs 2 soweit durch dieses Gesetz der Zuständigkeitsbereich des Bundes berührt wird, es so auszulegen ist, dass sich keine über die Zuständigkeit des Landes hinausgehende Wirkung ergibt (zum Ganzen VfGH VfSlg 11.830/1988; VfSlg 12.918/1991; VfSlg 14.685/1996; *Bußjäger/Schneider*, ecolex 1998, 442 ff; *Mayer*, ecolex 1995, 376 ff).

**11** Zum Begriff „öffentlicher Personenverkehr" ist insbesondere auf das ÖPNRV-G 1999 zu verweisen. Gemäß § 2 Abs 1 ÖPNRV-G 1999 sind unter Personenverkehr Verkehrsdienste zu verstehen, die den Verkehrsbedarf innerhalb eines Stadtgebietes (Stadtverkehre) oder zwischen einem Stadtgebiet und seinem Umland (Vororteverkehre) befriedigen. Unter Personenregionalverkehr (Verkehr im ländlichen Raum) sind Verkehrsdienste, die den Verkehrsbedarf in einer Region bzw des ländlichen Raumes befriedigen und kein Personennahverkehr sind, zu verstehen (vgl § 2 Abs 1 Z 15 und ErlRV 01-VD-LG-1865/5-2021, 6).

**12** Zum Begriff „Handelsbetrieb" siehe § 21 Anm 1.

3. Hauptstück – Örtliche Raumordnung § 32

**13** Zu den Begriffen „Verkaufslokale des Einzelhandels und Großhandels", „Verbrauchermärkte", „Warenhäuser", „Supermärkte (Großgeschäfte)" sowie „Shoppingcenters" siehe die oben unter Punkt I. abgedruckten ErlRV 01-VD-LG-1865/5-2021, 38 f. Es handelt sich um eine demonstrative Aufzählung der Verkaufslokale des Einzelhandels und Großhandels („uä"). Durch die Aufzählung wird aber doch der Maßstab fixiert, dem die nicht konkret aufgezählten Inhalte entsprechen müssen (VwGH 23.7.2009, 2006/05/0167). So sind meiner Ansicht nach entsprechende Verkaufslokale des Einzelhandels und Großhandels umfasst, auch wenn diese als Malls, Galerien und Passagen baulich ausgeführt bzw bezeichnet werden.

**14** Zum Begriff „Warengruppen" siehe die oben unter Punkt I. abgedruckten ErlRV 01-VD-LG-1865/5-2021, 38 f.

**15** Zum Begriff „Verkaufsflächen" siehe die Begriffsbestimmungen in § 32 Abs 5 und 6.

**16** Zum Begriff „Produktionsstätten" siehe § 20 Anm 7.

**17** Zum Begriff „Baumärkte" siehe die oben unter Punkt I. abgedruckten ErlRV 01-VD-LG-1865/5-2021, 38.

**18** Gegen diese Unterscheidung der Einkaufszentren anhand des Warensortiments (mit und ohne Lebensmittel; des Kraftfahrzeug- und Maschinenhandels, des Baustoffhandels sowie des Möbelhandels und des Brennstoffhandels) bestehen keine verfassungsrechtlichen Bedenken (vgl VfGH VfSlg 14.658/1996; VfSlg 16.2014/2001; zum Rechtsbegriff „Einkaufszentrum" siehe auch *Berka*, wbl 2009, 209 ff; *Kienastberger/Maxian*, RFG 2012, 177 f).

**19** Es besteht eine Verpflichtung, einen Teilbebauungsplan zu erlassen („ist…zu erlassen"). Es werden auch die Mindestinhalte dieses Teilbebauungsplanes zwingend vorgegeben („festzulegen sind"). So müssen die Bebauungsbedingungen gemäß § 47 Abs 6, dh die Mindestgröße der Baugrundstücke, die bauliche Ausnutzung der Grundstücke, die Geschoßanzahl oder die Bauhöhe sowie das Ausmaß der Verkehrsflächen festgelegt werden. Darüber hinaus müssen auch Regelungen betreffend

- den Verlauf der Verkehrsflächen,
- die Begrenzung der Baugrundstücke,
- die Art der Nutzung von baulichen Anlagen (Wohnungen, Handelsbetriebe, Dienstleistungsbetriebe uä) und den Ausschluss bestimmter

Nutzungen zur Erhaltung oder Schaffung vielfältiger innerörtlicher Strukturen oder zur Vermeidung von Umweltbelastungen sowie

- Vorkehrungen zur Erhaltung und Gestaltung der charakteristischen Bebauungsstruktur und des Orts- und Landschaftsbildes, wie Festlegungen über die Dachform, Dachdeckung, Arkaden, Lauben, Balkone und Farbgebung, wenn entsprechende Festlegungen nicht bereits im generellen Bebauungsplan gemäß § 47 Abs 7 erfolgt sind

getroffen werden. Schlussendlich ist auch das Höchstausmaß der zulässigen wirtschaftlich zusammenhängenden Verkaufsfläche (siehe dazu § 32 Abs 5 und 6) festzulegen. Gegen diese Festlegung des Höchstausmaßes der zulässigen wirtschaftlich zusammenhängenden Verkaufsfläche bestehen keine verfassungsrechtlichen Bedenken, da dies durch die Ziele und Grundsätze der Raumordnung gemäß § 2 ausreichend determiniert ist (siehe auch ausdrücklich § 32 Abs 3 zweiter Satz). Es wird hiedurch auch nicht in den Kompetenztatbestand „Angelegenheit des Gewerbes" des Art 10 Abs 1 Z 8 B-VG eingegriffen (VfGH VfSlg 17.057/2003; VfSlg 17.243/2004).

**20** Zu den „Zielen und Grundsätzen der Raumordnung" siehe § 2.

**21** Zu den „überörtlichen Entwicklungsprogrammen" siehe § 7.

**22** Zu den „örtlichen Entwicklungskonzepten" siehe § 9.

**23** Zur „Zentrenhierachie" siehe § 2 Anm 7, zu den „Orts- und Stadtkernen" siehe § 31, zu den „Diensten und Einrichtungen" siehe § 2 Anm 4, 6 und 12, zum „öffentlichen Personenverkehr" siehe § 32 Anm 10.

**24** Zum „Dorfgebiet" siehe § 17, zum „Wohngebiet" siehe § 18, zum „Kurgebiet" siehe § 19 und zum „Geschäftsgebiet" siehe § 21.

## 3. Abschnitt – Änderungen im Flächenwidmungsplan

### § 33 Regelmäßige Überprüfung

(1) Der Bürgermeister hat innerhalb eines Jahres nach der Erlassung oder Änderung[1] des örtlichen Entwicklungskonzeptes[2] aufzufordern, allfällige Anregungen zur Abänderung des Flächenwidmungsplanes[3] einzubringen. Die Aufforderung ist durch vier Wochen nach den für die Kundmachung von Verordnungen der Gemeinde geltenden Bestimmungen kundzumachen.[4] Die Anre-

gungen[5] sind innerhalb der Kundmachungsfrist schriftlich[6] beim Gemeindeamt (Magistrat) einzubringen.[7]

(2) Nach Ablauf der Kundmachungsfrist ist zu prüfen, ob die Voraussetzungen für die Änderung des Flächenwidmungsplanes,[8] insbesondere auch hinsichtlich der Aufrechterhaltung von Sonderwidmungen[9], gegeben sind. Bejahendenfalls ist das Verfahren zur Änderung des Flächenwidmungsplanes einzuleiten.[10]

**Lit:**
*Aichlreiter*, Österreichisches Verordnungsrecht I, 1988; *Hauer*, Planungsrechtliche Grundbegriffe und verfassungsrechtliche Vorgaben, in Hauer/Nußbaumer (Hrsg), Österreichisches Raum- und Fachplanungsrecht, 2006.

## I. Erläuterungen

### ErlRV 01-VD-LG-1865/5-2021, 40:

„§ 33 entspricht § 18 K-GplG 1995 der geltenden Fassung. Schon das Landesplanungsgesetz, LGBl. Nr. 47/1959, sah in § 12 entsprechende Bestimmungen vor. Dazu halten die Erläuterungen Verf-7/8/1959 fest: *„Durch diese Bestimmung soll erzielt werden, daß der Flächenwidmungsplan stets den maßgebenden wirtschaftlichen, sozialen und kulturellen Verhältnissen und den neuesten Erkenntnissen auf dem Gebiete der örtlichen Planung entspricht. Durch die regelmäßige Überprüfung des Flächenwidmungsplanes soll insbesondere vermieden werden, daß Vorbehaltsflächen (§ 9* [Anmerkung: nunmehr § 29] *über Gebühr lange unausgenützt bleiben."*

§ 33 Abs. 1 wurde in seiner heutigen Form als § 18 Abs. 1 in das K-GplG 1995 durch LGBl. Nr. 71/2002 eingefügt. Die Erläuterungen -2V-LG-544/34-2002, 8, halten dazu fest: *„Nach § 18 Abs. 1 des Kärntner Gemeindeplanungsgesetzes 1995 (in der derzeit geltenden Fassung) hat der Bürgermeister „binnen einem Jahr nach dem Zusammentritt des neugewählten Gemeinderates"* zur Einbringung von Anregungen betreffend die Abänderung des Flächenwidmungsplanes aufzufordern. *Im Gegensatz zur regelmäßigen Überprüfung des Flächenwidmungsplanes innerhalb dieses – relativ kurzen – Zeitraumes sieht § 2 Abs. 8 des Kärntner Gemeindeplanungsgesetzes 1995 hinsichtlich des örtlichen Entwicklungskonzeptes einen längeren Planungshorizont vor: Die Überprüfung des örtlichen Entwicklungskonzeptes hat nämlich „innerhalb eines Jahres nach Ablauf von zehn Jahren"* nach der Erstel-

*lung dieses Planes zu erfolgen. Im Interesse der Harmonisierung beider Planungsinstrumente sieht der vorliegende Gesetzesentwurf vor, dass künftig die Überprüfung des Flächenwidmungsplanes „innerhalb eines Jahres nach der Erlassung oder Änderung (...) des örtlichen Entwicklungskonzeptes" statt zu finden hat."*

§ 33 Abs. 2 wurde in seiner heutigen Form als § 12 Abs. 2 des Landesplanungsgesetzes durch LGBl. Nr. 50/1969 geschaffen. Die Erläuterungen Verf-462/1/1969, 5, führen aus: *„Diese Bestimmung entspricht dem § 12 Abs. 2 des Landesplanungsgesetzes."*

## II. Anmerkungen

1 Die „Erlassung" einer Verordnung erfolgt mit ihrer Kundmachung (VfGH VfSlg 4161/1962). Zur Erlassung einer Verordnung zählt auch die „Änderung" einer Verordnung (vgl *Aichlreiter*, Verordnungsrecht I 476, 757).

2 Zum „örtlichen Entwicklungskonzept" siehe § 9 bis § 12.

3 Zum „Flächenwidmungsplan" siehe § 13.

4 Gemäß § 15 Abs 1 K-AGO hat der Bürgermeister Verordnungen der Gemeinde im elektronisch geführten Amtsblatt der Gemeinde kundzumachen. Somit ist auch die Aufforderung zur Einbringung von Anregungen zur Abänderung des Flächenwidmungsplanes im elektronisch geführten Amtsblatt kundzumachen.

5 Auf die Erlassung oder Abänderung eines Flächenwidmungsplanes besteht aber für niemanden ein Rechtsanspruch (VwGH 15.12.1992, 92/05/0147; 16.9.1997, 97/05/0030; siehe auch *Hauer*, Grundbegriffe 18 f). Auch aus § 33 ist nichts Gegenteiliges abzuleiten (VwGH 16.9.1997, 97/05/0030).

6 „Schriftliche" Anbringen können gemäß § 13 Abs 2 AVG der Behörde in jeder technisch möglichen Form übermittelt werden, mit E-Mail jedoch nur insoweit, als für den elektronischen Verkehr zwischen der Behörde und den Beteiligten nicht besondere Übermittlungsformen vorgesehen sind. Etwaige technische Voraussetzungen oder organisatorische Beschränkungen des elektronischen Verkehrs zwischen der Behörde und den Beteiligten sind im Internet bekanntzumachen.

7 Schon gemäß § 3 besteht die Verpflichtung zur örtlichen Bestandsaufnahme. Da dem örtlichen Entwicklungskonzept als Grundlage insbe-

sondere für die Erlassung des Flächenwidmungsplanes (siehe § 9 Abs 1) wesentliche Bedeutung zukommt, hat darüber hinaus nach der Erlassung oder Änderung des örtlichen Entwicklungskonzeptes eine Überprüfung unter Einbindung der Öffentlichkeit zu erfolgen. Das Unterlassen der Überprüfung selbst macht den Flächenwidmungsplan aber noch nicht rechtswidrig, sondern lediglich das Vorliegen von Umständen, welche die Änderung des Flächenwidmungsplanes gemäß § 34 Abs 4 zur Pflicht machen (VfGH VfSlg 15.042/1997).

Zu den „Voraussetzungen für die Änderung des Flächenwidmungsplanes" siehe § 34. **8**

Vom Begriff „Sonderwidmungen" sind meiner Ansicht nach alle gesonderten Zusatzwidmungen des K-ROG 2021 umfasst, dh nach § 27 Abs 2, § 29 (vgl die unter Punkt I. oben abgedruckten ErlRV 01-VD-LG-1865/5-2021, 40) und § 30. **9**

Zum „Verfahren zur Änderung des Flächenwidmungsplanes" siehe § 39. **10**

### § 34 Änderung des Flächenwidmungsplanes

(1) Der Flächenwidmungsplan[1] darf nur aus wichtigen Gründen abgeändert werden.[2]

(2) Die Widmung von als Bauland[3] und von gemäß § 27 Abs. 2 gesondert im Grünland festgelegten Grundflächen[4] darf innerhalb von zehn Jahren nach ihrer Festlegung im Flächenwidmungsplan nur geändert werden, wenn zwingende öffentliche Interessen es erfordern oder durch die Änderung Interessen der Grundeigentümer sowie sonstiger betroffener Dritter nicht verletzt werden.[5] Zeiten, während derer eine widmungsgemäße Bebauung von als Bauland festgelegten Grundflächen wegen ihrer Festlegung als Aufschließungsgebiet[6] oder als Vorbehaltsfläche[7] oder wegen einer befristeten Bausperre[8] nicht zulässig war, sind in diese Frist nicht einzurechnen.

(3) Die Widmung von als Bauland festgelegten Grundflächen darf nach Ablauf der Fristen gemäß § 15 Abs. 7 und § 35 geändert werden.[9]

(4) Der Flächenwidmungsplan ist zu ändern,[10] wenn dies
1. durch die Erstellung oder Änderung eines überörtlichen Entwicklungsprogrammes erforderlich wird,[11]

2. durch die Erstellung oder Änderung des örtlichen Entwicklungskonzeptes erforderlich wird oder sich die für die örtliche Raumplanung sonst maßgebenden wirtschaftlichen, sozialen, ökologischen oder kulturellen Verhältnisse wesentlich geändert haben[12] oder
3. zur Vermeidung von Widersprüchen zu Gesetzen und Verordnungen des Bundes oder des Landes geboten ist[13].

**Lit:**

*Auer*, Die Änderung des Flächenwidmungsplans, 1998; *Pabel*, Voraussetzungen für die Abänderung von Flächenwidmungsplänen, RFG 2008/6; *Pallitsch/Pallitsch/Kleewein*, Kärntner Baurecht[5], 2014.

## I. Erläuterungen

### ErlRV 01-VD-LG-1865/5-2021, 41 f:

„§ 34 Abs. 1 entspricht § 15 Abs. 1 K-GplG 1995 der geltenden Fassung. Schon das Landesplanungsgesetz, LGBl. Nr. 47/1959, sah in § 11 Abs. 2 eine entsprechende Bestimmung vor. Dazu halten die Erläuterungen Verf-7/8/1959 fest: *„Durch die Einschränkung der Möglichkeit der Änderung des Flächenwidmungsplanes soll eine kontinuierliche Wirkung der Planung gewährleistet und Bodenspekulation vorgebeugt werden."* In ihrer heutigen Fassung wurde die Bestimmung als § 11 Abs. 1 des Landesplanungsgesetzes durch LGBl. Nr. 50/1969 geschaffen. Die Erläuterungen Verf-462/1/1969, 4, führen dazu aus: *„Diese Bestimmung entspricht dem § 11 des Landesplanungsgesetzes. Die Möglichkeit, den Flächemwidmungsplan zu ändern, wird jedoch an das Vorliegen „wichtiger Gründe" gebunden. In den Erkenntnissen des Verfassungsgerichtshofes Slg. 3297/57, 4240/62 und 4898/64 ist dargelegt, daß Rücksichten nur dann als so wichtig angesehen werden können, daß sie die Abänderung eines Flächenwidmungsplanes oder eines Bebauungsplanes erfordern, wenn sie die Summe aller dagegen stehenden Rücksichten überwiegen, wenn sie also gewichtiger sind als die entgegenstehenden Rücksichten. Der Ausdruck „wichtiger Rücksichten" bedeutet im einzelnen in diesem Zusammenhang wohl nichts anderes als der Ausdruck „wichtige Gründe". Mit dieser Regelung wird einem Erfordernis der Praxis und einer in den letzten Jahren eingehaltenen Übung entsprochen."*

§ 34 Abs. 2 entspricht § 17 K-GplG 1995 der geltenden Fassung. Die Bestimmung wurde als § 9b des Gemeindeplanungsgesetzes 1982 durch LGBl. Nr. 105/1994 geschaffen. Die Erläuterungen Verf-273/3/1994, 27, führen dazu aus: „*Hinsichtlich der bereits von Verfassungs wegen sowie aufgrund der geltenden einfachgesetzlichen Rechtslage bestehenden (relativen) Bestandsgarantie von Widmungen ist zunächst auf die Ausführungen zu Z. 37 zu verweisen* [Anmerkung: siehe Erläuterungen zu § 34 Abs. 4]. *Darüber hinausgehend soll aber nunmehr ausdrücklich festgelegt werden, daß die Widmung von Grundflächen als Bauland oder von gesonderten im Grünland festgelegten Grundflächen innerhalb von zehn Jahren nach ihrer Festlegung im Flächenwidmungsplan nur geändert werden darf, wenn zwingende öffentliche Rücksichten es erfordern oder durch die Änderung Interessen der Grundeigentümer oder sonstiger betroffener Dritter nicht verletzt werden. Damit soll – für einen gewissen Zeitraum – eine gesteigerte Bestandsgarantie von Widmungen geschaffen werden, die es den Rechtsadressaten ermöglicht, im Vertrauen auf die festgelegte Flächenwidmung ihre individuellen Planungsabsichten zu gestalten.*"

§ 34 Abs. 3 berücksichtigt die neu geschaffene Möglichkeit einer befristetet Widmung gemäß § 15 Abs. 7. Siehe dazu die Erläuterungen oben.

§ 34 Abs. 4 entspricht § 15 Abs. 2 K-GplG 1995 der geltenden Fassung. Schon das Landesplanungsgesetz, LGBl. Nr. 47/1959, sah in § 11 Abs. 1 eine entsprechende Bestimmungen vor. Dazu halten die Erläuterungen Verf-7/8/1959 fest: „*Im Gesetz ist einerseits die Pflicht des Gemeinderates zur Abänderung des Flächenwidmungsplanes, falls dies zufolge einer Änderung des Entwicklungsprogrammes notwendig ist oder sich die für die örtliche Planung maßgebenden Verhältnisse wesentlich geändert haben [...] vorgesehen. Durch die Pflicht zur Änderung des Flächenwidmungsplanes in den vorgesehenen Fällen soll gewährleistet werden, daß der Flächenwidmungsplan ständig dem Entwicklungsprogramm und den Erfodernissen des § 5 Abs. 1 des Gesetzes* [Anmerkung: siehe nunmehr § 13 Abs. 1] *entspricht.*" In ihrer heutigen Form wurde die Bestimmung als § 9 Abs. 2 des Gemeindeplanungsgesetzes 1982 durch LGBl. Nr. 105/1994 geschaffen. Die Erläuterungen Verf-273/3/1994, 23 f, führen dazu aus: „*1. Da die Flächenwidmungsplanung in Verordnungsform erfolgt und Verordnungen – anders als Bescheide – nicht der Rechtskraft fähig sind, dürfen diese grundsätzlich jederzeit geändert werden. Ein gewisser Schutz gegen (willkürliche) Planungsänderungen besteht allerdings bereits von Verfassungs wegen insbesondere aufgrund des Gleichheitsgrundsatzes: Der Verfassungsgerichtshof hat in seiner Rechtsprechung ausdrücklich betont, daß mit der verbindlichen Festlegung der Widmung durch den Verordnungsgeber auch jenes Maß an Rechtssicherheit einzutreten hat, welches es dem Rechtsunterworfenen ermöglichen soll, „im Vertrauen auf die Rechtslage seine individuellen Planungsabsichten zu gestalten und mit der Rechtslage zu koordinieren" (VfSlg. 11374/1987). In der Folge hat der Verfassungsgerichtshof weiters ausgesprochen, daß Aspekte der Rechtssicherheit und des Vertrauens auf die durch eine rechtsverbindliche Widmung geschaffenen Nutzungsmöglichkeiten eines Grundstücks eine „Änderung der Grundstückswidmung" unter Umständen ausschließen können (VfSlg. 11744/1988). 2. Diese verfassungsrechtlichen Vorgaben berücksichtigt schon die derzeit geltende Rechtslage insofern, als gemäß § 9 Abs. 1 des Gemeindeplanungsgesetzes 1982 [Anmerkung: siehe nunmehr § 34 Abs. 1] der Flächenwidmungsplan nur aus „wichtigen Gründen" geändert werden darf und § 9 Abs. 2 leg.cit. jene Gründe aufzählt, bei deren Vorliegen der Flächenwidmungsplan zu ändern ist. Das Gesetz verleiht damit Flächenwidmungsplänen im Interesse der Rechtssicherheit grundsätzlich (erhöhte) Bestandskraft, indem es Änderungen nur unter bestimmt umschriebenen Voraussetzungen vorsieht und gestattet: Die gesetzlichen Änderungsbedingungen teilen sich in solche, die eine Abänderung des Flächenwidmungsplanes nicht notwendig erfordern, sondern eine derartige Maßnahme dem pflichtgemäßen freien Ermessen des Verordnungsgebers überlassen (arg. „darf" im § 9 Abs. 1 [Anmerkung: siehe nunmehr § 34 Abs. 1]) und solche, die den Verordnungsgeber zur Abänderung des Flächenwidmungsplanes verpflichten (arg. „ist" im § 9 Abs. 2; vgl. dazu auch VfSlg. 11990/1989). 3. Die Neufassung der Bestimmung des § 9 Abs. 2, der die Voraussetzungen regelt, bei deren Vorliegen der Flächenwidmungsplan (zwingend) zu ändern ist, knüpft zunächst an die derzeit geltenden Änderungsbedingungen (Aufstellung oder Änderung eines Entwicklungsprogrammes, Änderung der maßgeblichen Verhältnisse) an und übernimmt diese in geringfügig modifizierter Form. Als zusätzliche Änderungsbedingungen werden die Erstellung oder Änderung des örtlichen Entwicklungskonzeptes und die Vermeidung von Widersprüchen zu Gesetzen und Verordnungen des Bundes oder des Landes aufgenommen. Bei der Änderung des Flächenwidmungsplanes sind auch die sonstigen gesetzlichen Vorgaben (insbe-*

*sondere § 9b und § 11a [Anmerkung: siehe nunmehr § 34 Abs. 2 und § 36] zu berücksichtigen."*

## II. Anmerkungen

Zum „Flächenwidmungsplan" siehe § 13. **1**

Dass ein Flächenwidmungsplan „nur aus wichtigen Gründen abgeän- **2** dert werden" darf, entspricht der Judikatur des VfGH, nach der sich aus dem Gleichheitssatz ergibt, dass ein einmal erlassener Flächenwidmungsplan nur aus einem sachlich gerechtfertigten Grund geändert werden darf (vgl VfGH 29.9.2021, V 462/2020 mwN; zum Ganzen *Auer*, Änderung des Flächenwidmungsplans 1 ff; *Pabel*, RFG 2008, 19 f). Im Interesse der Rechtssicherheit wird dem Flächenwidmungsplan grundsätzlich erhöhte Bestandskraft verliehen (VfGH VfSlg 14.546/1996). Ein „wichtiger Grund" liegt etwa in einer Änderung der für die Raumplanung bedeutsamen Verhältnisse, die nicht ohnehin zu einer Verpflichtung zur Änderung gemäß § 34 Abs 4 führen (VfGH VfSlg 11.990/1989). Eine solche Änderung liegt aber nicht schon dann vor, „wenn neue Tatsachen bloß punktuell neue Zielsetzungen rechtfertigen, sondern erst dann, wenn sie erlauben, neue Ziele allgemeiner Art anzustreben" (vgl VfGH VfSlg 19.760/2013 mwN). Die Legalisierung eines Schwarzbaus ist jedenfalls kein sachlich gerechtfertigter Grund (VfGH VfSlg 19.760/2013). Für eine Änderung ist eine Interessenabwägung auf Basis einer Grundlagenforschung vorzunehmen (siehe zum „Abwägungsgebot" und zur „Grundlagenforschung" § 2 Anm 27). Eine Verpflichtung zur Änderung des Flächenwidmungsplanes ergibt sich aus § 34 Abs 1 nicht („darf"; zur Verpflichtung siehe § 34 Anm 10). Die Änderungen von Flächenwidmungsplänen ist als Verordnung zu beschließen (VfGH VfSlg 12.755/1991 mwN), auch wenn nur ein Grundstück betroffen ist (VfGH VfSlg 10.377/1985). Zum Gleichheitsgebot siehe § 13 Anm 5.

Zum „Bauland" siehe § 15. **3**

Zu den „gemäß § 27 Abs 2 gesondert im Grünland festgelegten Grund- **4** flächen" siehe § 27 Anm 4 ff.

Meiner Ansicht nach gilt § 34 Abs 1 auch für eine Änderung des **5** Flächenwidmungsplanes nach § 34 Abs 2. Es handelt sich um zusätzliche Anforderungen, um eine erhöhte Bestandskraft zu erreichen (vgl die unter Punkt I. oben abgedruckten ErlRV 01-VD-LG-1865/5-2021,

41; aA wohl *Pallitsch/Pallitsch/Kleewein*, Baurecht § 17 K-GplG 1995 Anm 1). Dies ergibt sich auch aus einer verfassungskonformen Interpretation auf Grund der Judikatur des VfGH, nach der sich aus dem Gleichheitssatz ergibt, dass ein einmal erlassener Flächenwidmungsplan nur aus einem sachlich gerechtfertigten Grund und nach Abwägung der für die Planänderung sprechenden öffentlichen Interessen mit den für den Bestand des Plans sprechenden privaten Interessen abgeändert werden darf (vgl VfGH 29.9.2021, V462/2020 mwN; siehe zum „Abwägungsgebot" § 2 Anm 27). Daraus folgt, dass nicht nur „wichtige Gründe" im Sinne des § 34 Abs 1 vorliegen müssen, sondern „zwingende öffentliche Interessen" (zu den „öffentlichen Interessen" siehe § 2 Anm 25). Alternativ („oder") genügen „wichtige Gründe" im Sinne des § 34 Abs 1 nur dann, wenn durch die Änderung Interessen der Grundeigentümer sowie sonstiger betroffener Dritter nicht verletzt werden. Dh eine Interessenabwägung im Sinne von § 34 Abs 1 ist in diesem Fall nicht vorzunehmen, da eine Änderung generell unzulässig ist, wenn private Interessen verletzt werden. Im Ergebnis besteht meiner Ansicht nach in den Fällen des § 34 Abs 2 somit eine erhöhte Bestandskraft des Flächenwidmungsplans. Eine Verpflichtung zur Änderung des Flächenwidmungsplanes ergibt sich aus § 34 Abs 2 nicht („darf"; zur Verpflichtung siehe § 34 Anm 10). Zum „Grundeigentümer" siehe § 45 Anm 2.

**6** Zu den „Aufschließungsgebieten" siehe § 25.

**7** Zu den „Vorbehaltsflächen" siehe § 29.

**8** Zur „befristeten Bausperre" siehe § 46.

**9** Eine Verpflichtung zur Änderung des Flächenwidmungsplanes ergibt sich aus § 34 Abs 3 nicht („darf"; zur Verpflichtung siehe § 34 Anm 10). Siehe, insbesondere zur verfassungsrechtlichen Beurteilung, § 15 Anm 25 f.

**10** Aus § 34 Abs 4 ergeben sich Verpflichtungen zur Änderung des Flächenwidmungsplans („ist"). Darüber hinaus ergeben sich Verpflichtungen zur Rückwidmung von als Bauland festgelegten Grundflächen in Grünland aus § 36.

**11** Zum „überörtlichen Entwicklungsprogramm" siehe § 7.

**12** Zum „örtlichen Entwicklungskonzept" siehe § 9 bis § 12. Zu den „wirtschaftlichen, sozialen, ökologischen oder kulturellen Verhältnissen" siehe § 3 Anm 3.

Dies entspricht der Judikatur des VfGH, nach der auf Grund des Art 18 B-VG eine Verpflichtung besteht, gesetzwidrige Flächenwidmungspläne zu korrigieren (VfGH VfSlg 12.555/1990; 16.323/2001; VfSlg 16.541/2002; VfSlg 20.126/2016). Zum „Berücksichtigungsgebot" siehe § 2 Anm 21.

## § 35 Bebauungsfrist

(1) Bei der Änderung des Flächenwidmungsplanes[1] darf für als Bauland[2] festgelegte Grundflächen,
1. die seit mindestens zehn Jahren als Bauland festgelegt sind,
2. auf denen mit einer widmungsgemäßen Bebauung nicht begonnen worden ist,[3]
3. für die keine privatwirtschaftliche Vereinbarung[4] mit der Gemeinde abgeschlossen oder keine Vorbehaltsfläche[5] festgelegt wurden und
4. die zusammenhängend mindestens 500 m² umfassen,

eine Bebauungsfrist von mindestens zehn Jahren ab Rechtswirksamkeit der Änderung des Flächenwidmungsplanes festgelegt werden.[6]

(2) Nach Ablauf der Bebauungsfrist darf eine neue Widmung festgelegt werden, wenn keine widmungsgemäße Bebauung begonnen wurde[7]. Zeiten, während derer eine widmungsgemäße Bebauung wegen ihrer Festlegung als Aufschließungsgebiet[8] oder als Vorbehaltsfläche oder wegen einer befristeten Bausperre[9] nicht zulässig war, sind in die Bebauungsfrist nicht einzurechnen. Die Bebauungsfrist ist im Flächenwidmungsplan ersichtlich zu machen[10].

(3) Der Beginn einer widmungsgemäßen Bebauung ist gegeben, wenn für ein Bauvorhaben die erforderlichen Bewilligungen rechtskräftig erteilt worden[11] sind und mit dessen Ausführung tatsächlich begonnen worden ist[12].

**Lit:**
*Häusler*, Grundzüge des neuen Kärntner Raumordnungsrechtes, bbl 2021, 169; *Hofmann*, Möglichkeiten der Baulandmobilisierung durch Gemeinden – eine (Normen-) Bestandsaufnahme, RFG 2021/24; *Kanonier*, Wirkungsfähigkeit von baulandmobilisierenden Instrumenten im Raumordnungsrecht, bbl 2020, 119; *Kirchmayer*, Die Bauordnungsnovelle 2014 und weitere Neuerungen im Wiener Baurecht, bbl 2015, 1; *Lampert*, Befristete Baulandwidmung in Wien, bauaktuell 2017, 144; *ders*, Die befristete Baulandwidmung in Vorarlberg, bauaktuell 2018,

102; *Trapichler*, Befristete Baulandwidmung und Vertragsraumordnung als neue Instrumente der Raumordnung nach der wr BauO-Novelle 2014 – Teil 1, bbl 2015, 16.

## I. Erläuterungen

### ErlRV 01-VD-LG-1865/5-2021, 42:

„§ 35 wird neu geschaffen. § 35 Abs. 1 orientiert sich an § 36 Abs. 1 Steiermärkisches Raumordnungsgesetz 2010 – StROG, LGBl. Nr. 49/2010 idF LGBl. Nr. 117/2017.

Es soll den Gemeinden ermöglicht werden, dass eine Bebauungsfrist festgelegt wird. Dies soll zu einer effektiven Mobilisierung von zur Bebauung geeigneten Baugrundstücken in ausreichender Quantität und Qualität führen. Denn häufig sind für die Siedlungsentwicklung ideale Grundstücke zwar als Bauland ausgewiesen, de facto aber nicht verfügbar, weil für die Grundeigentümer eine Bebauung aus verschiedensten Gründen nicht in Frage kommt. Solche „brachliegenden" Baulandreserven würden, wenn für sie nicht eine Bebauungsfrist festgelegt werden würde, wegen der Obergrenze für Baulandausweisungen neue Baulandwidmungen verhindern bzw. Neuausweisungen an für die Siedlungsentwicklung oftmals suboptimalen Standorten bewirken. Die Nicht-Bebauung widerspricht insoweit dem öffentlichen Interesse an ausreichendem Bauland für leistbaren Wohnraum und Gewerbeflächen, führt zu erhöhten Infrastrukturkosten und geht außerdem zu Lasten des Erhalts von Natur- und Erholungsraum sowie geeigneter landwirtschaftlicher Flächen. Andererseits lässt die Frist von mindestens zehn Jahren den Grundeigentümern einen ausreichenden Zeitraum für eine widmungsgemäße Bebauung. Die Wahl des Anknüpfungszeitpunkts „widmungsgemäße Bebauung" deckt sich mit den Regelungen des § 20 Abs. 1 und 4 lit. a K-GplG 1995 der geltenden Fassung, ist also dem geltenden Raumordnungsrecht nicht wesensfremd. Ein Anknüpfen an die Baubewilligung brächte zwar vollzugstechnisch gewisse Vorteile, bietet jedoch noch weniger bzw. überhaupt keine Gewähr dafür, dass das Grundstück auch tatsächlich bebaut wird. Anderseits erscheint auch ein Anknüpfen an die Baufertigstellung insoweit ungeeignet, als bei Nicht-Fertigstellung angefangener Bauten innerhalb der Zehnjahresfrist (zB auf Grund vorübergehender finanzieller Engpässe, Krankheit) diese Rohbauten dann in die Nutzungsart Grünland zurückfallen würden.

Die Festlegung der neuen Widmung erfolgt erst nach Ablauf der Frist durch Änderung des Flächenwidmungsplanes. Dies soll ermöglichen, auf zwischenzeitlich eingetretene planungsrelevante Umstände Rücksicht zu nehmen. Als neue Widmung kommen unter Beachtung von § 13 alle Widmungsarten in Frage. Die Ausnahme, dass Zeiten, während derer eine widmungsgemäße Bebauung wegen ihrer Festlegung als Aufschließungsgebiet oder als Vorbehaltsfläche oder wegen einer befristeten Bausperre nicht zulässig war, nicht in die Bebauungsfrist einzuberechnen sind, entspricht § 17 Abs. 2 und § 20 Abs. 2 K-GplG 1995 der geltenden Fassung.

In grundrechtlicher Hinsicht ist auszuführen, dass von einer Bebauungsfrist zwar bereits als Bauland festgelegte Grundflächen betroffen sind. Indes ist ua. Voraussetzung, dass nur Grundflächen, die seit mindestens zehn Jahren als Bauland festgelegt sind, umfasst sein dürfen. Inklusive der mindestens zehn Jahre der Bebauungsfrist sind somit zwanzig Jahre Zeit, eine widmungsgemäße Bebauung herbeizuführen, bevor eine neue Widmung gemäß § 34 Abs. 3 festgelegt werden darf. Zu beachten ist auch, dass die Bebauungsfrist als gelinderes Mittel als die Rückwidmung gemäß § 36 anzusehen ist. Ein besonderer Vertrauensschutz für Kaufinteressenten dieser Baulandgrundstücke ist nicht erforderlich, da die Bebauungsfrist und die Möglichkeit der Festlegung einer anderen Widmung bei Nichtbebauung binnen der Frist auf Grund der Ersichtlichmachung im Flächenwidmungsplan für jedermann erkennbar ist."

## II. Anmerkungen

Zur „Änderung des Flächenwidmungsplanes" siehe § 34. **1**

Zum „Bauland" siehe § 15. **2**

Zum „Beginn einer widmungsgemäßen Bebauung" siehe § 35 Abs 3. **3**

Zu den „privatwirtschaftlichen Vereinbarungen" siehe § 53 und § 54. **4**

Zu den „Vorbehaltsflächen" siehe § 29. **5**

Ein Hauptgesichtspunkt des K-ROG 2021 ist ausweislich der ErlRV **6**
01-VD-LG-1865/5-2021, 3, die „Baulandmobilisierung insbesondere durch die Möglichkeit der Befristung von Baulandwidmungen" (kritisch zur Wirkung der Befristung von Baulandwidmungen *Lampert*,

bauaktuell 2018, 105). Nach der Judikatur des VfGH sind Befristungen grundsätzlich zulässig, sie bedürfen aber einer gesetzlichen Grundlage (vgl VfGH VfSlg 15.734/2000; zum Ganzen siehe auch *Kirchmayer*, bbl 2015, 2 f; *Trapichler*, bbl 2015, 16 ff; *Lampert*, bauaktuell 2017, 144 ff; *ders*, bauaktuell 2018, 102 ff; *Kanonier*, bbl 2020, 125 f; *Häusler*, bbl 2021, 173 f; *Hofmann*, RFG 2021, 135 ff). § 35 dient in diesem Sinne dem Ziel der Baulandmobilisierung und schafft die notwendige gesetzliche Grundlage (siehe dazu die Ausführungen in den oben unter Punkt I. abgedruckten ErlRV 01-VD-LG-1865/5-2021, 42).

Die Bestimmung umfasst nur Grundflächen, die bereits als Bauland festgelegt sind (zur Bebauungsfrist für Neufestlegungen von Bauland siehe § 15 Abs 7). Es besteht für die Gemeinden keine Verpflichtung, eine Befristung vorzunehmen („darf"; zur Notwendigkeit der abgestimmten Nutzung der Instrumente des K-ROG 2021 siehe § 15 Anm 16). Die Befristung hat auf die Dauer von mindestens zehn Jahren zu erfolgen, für die Festlegung einer kürzeren Frist besteht keine Rechtsgrundlage. Hingegen sind Zeiten, während derer eine widmungsgemäße Bebauung wegen ihrer Festlegung als Aufschließungsgebiet (siehe § 25) oder als Vorbehaltsfläche (siehe § 29) oder wegen einer befristeten Bausperre (siehe § 46) nicht zulässig war, gemäß § 35 Abs 2 zweiter Satz nicht in die Frist einzurechnen. Es besteht auch keine Rechtsgrundlage bereits bei der Befristung festzulegen, welche Widmung nach Ablauf der Frist bestehen soll. Wird eine widmungsgemäße Bebauung innerhalb der Frist begonnen, entfällt die Befristung ex lege, da kein Anwendungsbereich für § 35 mehr besteht.

Für die verfassungsrechtliche Beurteilung der Bestimmung ist einerseits von wesentlicher Bedeutung, unter welchen Voraussetzungen die Festlegung der Befristung erfolgen darf (siehe dazu die Ausführungen in den oben unter Punkt I. abgedruckten ErlRV 01-VD-LG-1865/5-2021, 42), anderseits welche Rechtsfolgen nach Ablauf der Frist eintreten (VfGH VfSlg 15.734/2000). Voraussetzung für den Eintritt von Rechtsfolgen ist, dass keine widmungsgemäße Bebauung begonnen wurde (dazu siehe § 35 Abs 3). In diesen Fällen ist erste Rechtsfolge, dass eine neue Widmung festgelegt werden „darf". Dies korrespondiert mit der Bestimmung des § 34 Abs 3, nach der der Ablauf der Frist ein Tatbestand zur Möglichkeit der Änderung des Flächenwidmungsplanes ist (siehe zur Bestandskraft des Flächenwidmungsplanes § 34 Anm 1 ff). Rechtsfolge ist somit nicht, dass ex lege eine Rückwidmung in Grünland erfolgen würde oder die Gemeinde verpflichtet wäre, eine solche vorzunehmen bzw eine andere Widmung – uU schon im Zeitpunkt der Befristung – festzulegen. Dies ist vor dem Hintergrund des Rechts der Gemeinde auf Selbstverwaltung (siehe dazu § 1 Anm 2), der Verpflichtung zur Grundlagenforschung und des Abwägungsgebotes (siehe dazu § 2 Anm 27) zu begrüßen. Denn solchen Rechtsfolgen wäre eine Beschränkung dieser verfassungsrechtlichen Gebote immanent. Zweite Rechtsfolge ist, dass gemäß § 36 Abs 5 Z 4 diese Flächen vorrangig rückzuwidmen sind und gemäß § 37 Abs 3 Z 4 kein Anspruch auf Leistung einer angemessenen Entschädigung besteht. Hiebei ist allerdings zu beachten, dass gemäß § 36 Abs 5 eine Rückwidmung auch dieser Flächen nur unter Bedachtnahme auf die Kriterien nach § 36 Abs 4 erfolgen darf, dh im Einklang mit den Zielen und Grundsätzen der Raumordnung und unter Bedachtnahme auf die im örtlichen Entwicklungskonzept festgelegten Ziele der örtlichen Raumplanung sowie unter Abwägung der Interessen der Raumordnung an der Rückwidmung mit den wirtschaftlichen Interessen des betroffenen Grundeigentümers, wenn dessen vermögensrechtliche Nachteile durch die Rückwidmung nicht durch Entschädigungen nach § 37 auszugleichen sind. Somit ist eine Rückwidmung dieser Flächen auch nach Ablauf der Befristung gemäß § 35 an eine Grundlagenforschung und Interessenabwägung gebunden (siehe dazu § 2 Anm 27; vgl VfGH VfSlg 15.034/1997; 12.3.2019, E 3294/2018). Aus diesen Ausführungen ist meiner Ansicht nach auch abzuleiten, dass es sich bei § 35 nicht um eine „Befristung der Baulandwidmung" im eigentlichen Sinne handelt, sondern um eine „Bebauungsfrist" für Grundflächen, die als Bauland festgelegt sind (vgl auch die Überschrift des § 35). Schlussendlich ist zu berücksichtigen, dass die Befristung im Flächenwidmungsplan ersichtlich zu machen ist, die Befristung von mindestens zehn Jahren mit dem Planungszeitraum von zehn Jahren des örtlichen Entwicklungskonzepts und der Bauflächenbilanz korrespondiert (siehe § 9 Abs 3 und § 15 Abs 3) und eine regelmäßige Überprüfung des örtlichen Entwicklungskonzepts und des Flächenwidmungsplanes zu erfolgen hat (siehe § 11 und § 33). Aus diesen Gründen bestehen meiner Ansicht nach gegen § 35 keine verfassungsrechtlichen Bedenken.

Zum „Beginn einer widmungsgemäßen Bebauung" siehe § 35 Abs 3. **7**

Zu den „Aufschließungsgebieten" siehe § 25. **8**

Zur „befristeten Bausperre" siehe § 46. **9**

**10** Zu den „Ersichtlichmachungen im Flächenwidmungsplan" siehe § 14. Wird eine widmungsgemäße Bebauung innerhalb der Frist begonnen, hat bei der nächsten Änderung des Flächenwidmungsplanes die Ersichtlichmachung zu entfallen, da mit Beginn der Bebauung die Befristung entfällt (siehe § 35 Anm 6).

**11** Zur „rechtskräftigen Erteilung der Baubewilligung" siehe § 15 Anm 30.

**12** Zum „Beginn einer widmungsgemäßen Bebauung" siehe § 15 Abs 31.

### § 36 Rückwidmungen[1]

(1) Als Bauland[2] festgelegte Grundflächen, auf denen mit einer widmungsgemäßen Bebauung nicht begonnen worden ist[3], sind in Grünland[4] rückzuwidmen, wenn
1. die Baulandreserven in der Gemeinde unter Berücksichtigung der Bauflächenbilanz den abschätzbaren Baulandbedarf nach den einzelnen Baugebieten innerhalb eines Planungszeitraumes von zehn Jahren übersteigen,[5]
2. bei Vorliegen der Voraussetzungen nach Abs. 7 die betreffenden Grundflächen für den Rückhalt und Abfluss von Hochwasser erforderlich sind oder eine wesentliche Funktion für den Hochwasserabfluss oder Hochwasserrückhalt aufweisen oder[6]
3. die betreffenden Grundflächen an Sondergebiete für Seveso-Betriebe im Sinne des § 2 Z 1 K-SBG oder an Schutzstreifen für den Immissionsschutz unmittelbar angrenzen und eine Rückwidmung in Grünland vom jeweiligen Grundeigentümer des Baulandes schriftlich angeregt wird[7].[8]

(2) Bei der Ermittlung der Baulandreserven in der Gemeinde nach Abs. 1 Z 1[9] haben jene als Bauland festgelegte Grundflächen außer Betracht zu bleiben, die als Aufschließungsgebiete[10] festgelegt sind. Die Rückwidmung darf nur erfolgen, wenn seit ihrer erstmaligen Festlegung zumindest zwanzig Jahre verstrichen sind und mit einer widmungsgemäßen Bebauung seither nicht begonnen worden ist[11]. Zeiten, während derer eine widmungsgemäße Bebauung von als Bauland festgelegten Grundflächen wegen ihrer Festlegung als Aufschließungsgebiet oder als Vorbehaltsfläche[12] oder wegen einer befristeten Bausperre[13] nicht zulässig war, sind in diese Frist nicht einzurechnen.

(3) Als Bauland festgelegte zusammenhängende unbebaute Grundflächen, die im Gefährdungsbereich von Hochwasser, Wildbächen, Steinschlag, Lawinen, Rutschungen, Altlasten uä. gelegen sind, sind in Grünland rückzuwidmen, wenn mit hoher Wahrscheinlichkeit nicht zu erwarten ist, dass diese Gefahren innerhalb eines Planungszeitraumes von zehn Jahren durch entsprechende Maßnahmen abgewendet werden.[14]

(4) Die Auswahl der rückzuwidmenden Grundflächen aus den Baulandreserven in der Gemeinde hat im Einklang mit den Zielen und Grundsätzen der Raumordnung[15] und unter Bedachtnahme auf die im örtlichen Entwicklungskonzept festgelegten Ziele der örtlichen Raumplanung[16] zu erfolgen. Dabei sind die Interessen der Raumordnung an der Rückwidmung den wirtschaftlichen Interessen der betroffenen Grundeigentümer, wenn deren vermögensrechtliche Nachteile durch die Rückwidmung nicht durch Entschädigungen nach § 37 auszugleichen sind, gegenüberzustellen und gegeneinander abzuwägen.[17] Als Gewerbegebiete oder Industriegebiete festgelegte Grundflächen, die im unmittelbaren Nahebereich von bestehenden gewerblichen oder industriellen Betrieben gelegen sind und die zur Sicherstellung der künftigen Entwicklungsmöglichkeiten solcher Betriebe erforderlich und geeignet sind, dürfen zur Anpassung der Baulandreserven in der Gemeinde an den abschätzbaren Baulandbedarf nicht in Grünland rückgewidmet werden[18].

(5) Unter Bedachtnahme auf die Kriterien nach Abs. 4 sind vorrangig folgende Grundflächen aus den Baulandreserven in der Gemeinde rückzuwidmen:[19]

1. die größere zusammenhängende Gebiete bilden und mit deren widmungsgemäßer Bebauung bisher noch nicht begonnen worden ist;[20]
2. deren widmungsgemäßer Verwendung wegen ungünstiger natürlicher Verhältnisse (§ 15 Abs. 1 Z 1 und 2) oder wegen ungenügender Erschließung (§ 15 Abs. 1 Z 3) nicht oder nur mit unwirtschaftlichen Aufwendungen behebbare Hindernisse entgegenstehen;[21]
3. deren lagemäßige Anordnung den im örtlichen Entwicklungskonzept festgelegten Zielen der örtlichen Raumplanung widerspricht;[22]
4. auf denen trotz Ablauf der Fristen gemäß § 15 Abs. 7 und § 35 keine widmungsgemäßen Bebauung begonnen wurde[23].

(6) Unbeschadet Abs. 1 bis 5 dürfen als Aufschließungsgebiete[24] festgelegte unbebaute Grundflächen von der Gemeinde in Grünland rückgewidmet werden,[25] wenn
 1. seit ihrer erstmaligen Festlegung als Aufschließungsgebiete mehr als zwanzig Jahre verstrichen sind,
 2. die Gründe für die Festlegung der Grundflächen als Aufschließungsgebiet nicht weggefallen sind und wegen ihrer Lage, ihrer ungenügenden Erschließung oder wegen ungünstiger natürlicher Verhältnisse mit hoher Wahrscheinlichkeit auch nicht zu erwarten ist, dass diese Umstände innerhalb der nächsten fünf Jahre wegfallen werden,[26] und
 3. es zu keiner privatwirtschaftlichen Vereinbarung zwischen dem betroffenen Grundeigentümer und der Gemeinde im Sinn des § 25 Abs. 5 in Verbindung mit § 53 gekommen ist[27].

(7) Als Bauland festgelegte zusammenhängende unbebaute Grundflächen, die nach den raumbedeutsamen Planungen oder Maßnahmen der zuständigen Planungsträger für den Rückhalt und Abfluss von Hochwasser erforderlich sind oder eine wesentliche Funktion für den Hochwasserabfluss aufweisen, sind zunächst als Aufschließungsgebiete festzulegen oder auf schriftliche Anregung des Grundeigentümers in Grünland rückzuwidmen.[28] Ist mit hoher Wahrscheinlichkeit zu erwarten[29], dass diese Grundflächen innerhalb eines Planungszeitraumes von zehn Jahren ab ihrer erstmaligen Festlegung als Aufschließungsgebiet ihre Erforderlichkeit für den Rückhalt und Abfluss von Hochwasser oder ihre wesentliche Funktion für den Hochwasserabfluss nicht verlieren oder ist in wasserwirtschaftlichen Regionalprogrammen oder in Hochwassermanagementplänen im Sinne der §§ 55g Abs. 1 Z 1 und 55l WRG 1959 eine Freihaltung der betreffenden Grundflächen von einer Bebauung vorgesehen, sind diese in Grünland rückzuwidmen. Zur Beurteilung der Wahrscheinlichkeit im Sinne des vorletzten Satzes sind insbesondere, soweit vorhanden, die aktuellen Gefahrenzonenplanungen im Sinne des WRG 1959 heranzuziehen[30].

(8) Als Bauland festgelegte unbebaute Grundflächen, die an Sondergebiete für Betriebe im Sinne des § 2 Z 1 K-SBG oder an Schutzstreifen für den Immissionsschutz unmittelbar angrenzen, sind auf schriftliche Anregung des Grundeigentümers in Grünland rückzuwidmen, wenn zwischen dem betroffenen Grundeigentümer und dem Eigentümer des angrenzenden Betriebes eine Verein-

barung über die Leistung einer Entschädigung für die aufgrund der Rückwidmung zu erwartende Minderung des Verkehrswertes der Grundfläche abgeschlossen wird und die Rückwidmung im Einklang mit den Zielen und Grundsätzen der Raumordnung sowie den im örtlichen Entwicklungskonzept getroffenen Festlegungen steht. Die Vereinbarung ist der Gemeinde unverzüglich nach ihrem Abschluss zur Kenntnis zu bringen.[31]

(9) Der Bürgermeister hat die Grundeigentümer rückzuwidmender Grundflächen mindestens sechs Monate vor der beabsichtigten Rückwidmung von den Planungsabsichten der Gemeinde schriftlich zu verständigen.[32] Eine Verlängerung der Frist von zwanzig Jahren nach Abs. 2 wird dadurch nicht bewirkt. Die Verständigungspflicht entfällt, wenn die beabsichtigte Rückwidmung über Anregung des betroffenen Grundeigentümers erfolgt.

(10) Der Beginn einer widmungsgemäßen Bebauung gemäß Abs. 1, 2 und 4 ist gegeben, wenn für ein Bauvorhaben die erforderlichen Bewilligungen rechtskräftig erteilt worden sind und mit dessen Ausführung tatsächlich begonnen worden ist.[33]

**Lit:**
*Eisenberger*, Steiermärkische Raumordnung und -planung im Lichte der Altlastengefahr, RFG 2004/45; *ders*, Prognosemodelle und generelles Verwaltungshandeln, ÖJZ 2022/51; *Götzl*, Hochwasserschutz mittels Zwangsrechtseinräumung zur Schaffung weitgehend natürlicher Retentionsräume?, RdU 2015/138; Handwörterbuch der Stadt- und Raumentwicklung, Akademie für Raumentwicklung in der Leibniz-Gemeinschaft Geschäftsstelle (Hrsg), 2018; *Huemer/Strobl-Mairhofer*, Grundstücksbewertung im Bauland – Auswirkungen wertbildender Merkmale auf den Verkehrswert, SV 2011, 67 und 134; *Kerschner*, Das Bauerwartungsland insbesondere im Recht der Enteignungsentschädigung – Teil 1, JBl 2014, 345; *Kind*, Hochwasserschutz: Kalte Enteignung durch Retentionsflächen?, RdU 2012/142; *Wagner*, Grundinanspruchnahme privater Liegenschaften für Schutzmaßnahmen und Überflutungsflächen, RdU 2013/109.

## I. Erläuterungen
### ErlRV 01-VD-LG-1865/5-2021, 42 ff:

„§ 36 Abs. 1 und 2 entspricht grundsätzlich § 15 Abs. 4 erster und zweiter Satz K-GplG 1995 der geltenden Fassung. Die Bestimmungen wurde als § 9 Abs. 3a in das Gemeindeplanungsgesetz 1982 durch LGBl. Nr. 105/1994 eingefügt. Dazu halten die Erläuterungen Verf-273/3/1994, 26, fest: *"Im Gegensatz zu § 9 Abs. 3, der die Voraussetzungen regelt, unter denen Umwidmungen von Grünland in Bauland erfolgen dürfen* [Anmerkung: vgl. nunmehr § 15 Abs. 4 bis 6], *soll mit der vorliegenden Bestimmung festgelegt werden, daß als Bauland festgelegten Grundflächen in Grünland rückzuwidmen sind, wenn die Baulandreserven in der Gemeinde unter Berücksichtigung der Bauflächenbilanz den abschätzbaren Baulandbedarf nach den einzelnen Baugebieten innerhalb eines Planungszeitraumes von zehn Jahren übersteigen. Damit wird eine ausdrückliche Verpflichtung begründet, die Baulandreserven in der Gemeinde an das Gebot des § 2 Abs. 1a* [Anmerkung: siehe nunmehr § 15 Abs. 3] *(Orientierung des Ausmaßes des unbebauten Baulandes am abschätzbaren zehnjährigen Baulandbedarf) anzupassen, wobei jedoch als Aufschließungsgebiete festgelegte Teile des Baulandes bei der Ermittlung der Baulandreserven außer Betracht zu bleiben haben. Die Regelungen des vorliegenden Entwurfes hinsichtlich der Rückwidmungen* [...] *legen aber auch die Grenzen der Zulässigkeit von Rückwidmungen fest und sollen so zur Rechtssicherheit beitragen."* Einschlägig zur Rückwidmung sind auch folgende Erläuterungen Verf-273/3/1994, 28 f: *"Der Verfassungsgerichtshof hat in seiner Rechtsprechung zur Notwendigkeit einer Reduzierung des Baulandes bereits wiederholt (vgl. insbesondere VfSlg. 9975/1984 und 10277/1984) ausgesprochen, daß die Verringerung eines Baulandüberhanges in Anbetracht neuer, legitimer planerischer Zielsetzungen einen an sich zulässigen Grund für eine Flächenwidmungsplanänderung bildet. Der Verfassungsgerichts-hof hat im gegebenen Zusammenhang aber betont, daß diese Notwendigkeit für sich allein betrachtet noch nicht rechtfertigt, ein beliebiges Grundstück in Grünland rückzuwidmen. Auch aus dem Gleichheitssatz, an dem Planänderungen vom Verfassungsgerichtshof stets gemessen werden (vgl etwa VfSlg. 3009/1960, 4240/1962, 8163/1977, 11075/1986 und insbesondere 8259/1978), ist abzuleiten, daß die Auswahl der für die Rückwidmung in Betracht kommenden Liegenschaften nach sachlichen Kriterien zu erfolgen hat. Daraus ist abzuleiten, daß die für den jeweiligen Grundeigentümer mit einer Flächenwidmungsplanänderung einhergehende Beeinträchtigung seiner Nutzungsmöglichkeiten und (auch wirtschaftlichen) Nutzungsinteressen bei der Umwidmung nicht außer Betracht bleiben darf. Dies gilt jedenfalls dann, wenn der Gesetzgeber nicht durch besondere Regelungen die aus einer Planänderung für den Grundstückseigentümer resultierenden (vermögensrechtlichen) Nach-*

*teile ausgleicht und diesen Ausgleich die Allgemeinheit tragen läßt, in deren Interesse die wesentliche Beschränkung der Nutzungsmöglichkeiten der Liegenschaft durch deren Rückwidmung liegt. Im Erkenntnis vom 3. Dezember 1992, V 239/91, hat der Verfassungsgerichtshof diese Auffassung bekräftigt und dahingehend konkretisiert, daß eine konkrete Rückwidmung trotz grundsätzlicher Zulässigkeit der Verringerung des Baulandes als neue planerische Zielsetzung dann rechtswidrig ist, „wenn ihr keine entsprechende, auf das konkrete Grundstück bezogene Grundlagenforschung vorangegangen ist oder wenn die bei der Auswahl der für eine Umwidmung in Betracht kommenden Grundstücke aus der Baulandreserve der Gemeinde [...] notwendige Interessenabwägung fehlerhaft vorgenommen wurde". Dabei seien insbesondere die Interessen der Gemeinde an einer bestmöglichen Anordnung und Gliederung des Baulandes sowie der Erhaltung des Grünlandes einerseits gegenüber dem Interesse an einer Baulandnutzung infrastrukturell entsprechend aufgeschlossener Flächen und den wirtschaftlichen Interessen der Grundstückseigentümer und Grundstücksnutzer andererseits gehörig abzuwägen. Die zuletzt genannten Interessen sind im Fall der Rückwidmung freilich nur insoweit zu berücksichtigen, als sie nicht durch raumordnungsrechtliche Entschädigungsregelungen gesondert behandelt und abgegolten werden."*

Für als Bauland festgelegte zusammenhängende unbebaute Grundflächen, die für den Rückhalt und Abfluss von Hochwasser erforderlich sind oder eine wesentliche Funktion für den Hochwasserabfluss aufweisen, soll gemäß § 36 Abs. 1 Z 2 hinkünftig ebenfalls eine erleichterte Möglichkeit der Rückwidmung bestehen, wobei ein zweistufiges Verfahren vorgesehen ist. Diese sind als erster Schritt entweder als Aufschließungsgebiet festzulegen oder auf Antrag des Grundeigentümers in Grünland rückzuwidmen. Erfolgt kein solcher Antrag auf Rückwidmung und ist mit hoher Wahrscheinlichkeit zu erwarten, dass diese Grundflächen innerhalb eines Planungszeitraumes von zehn Jahren ab ihrer erstmaligen Festlegung als Aufschließungsgebiet ihre Funktion als Retentionsfläche nicht verlieren oder sieht der Bund im Rahmen seiner wasserrechtlichen Fachplanungskompetenz (wasserwirtschaftliche Regionalprogramme, Hochwassermanagementpläne) eine Freihaltung dieser Grundflächen vor, sind sie in einem zweiten Schritt in Grünland rückzuwidmen. Die Verpflichtung zur Rücksichtnahme auf rechtsverbindliche raumbedeutsame Maßnahmen erfließt bereits aus § 2 Abs. 2 Z 2. Das im Unterschied zu sonstigen Gefährdungsbereichen vorgesehene zweistufige Verfahren bei Retentionsflächen erscheint insbesondere vor dem Hintergrund gerechtfertigt, dass erst im Zuge der Umsetzung der Hochwasserrichtlinie (Richtlinie 2007/60/EG) ein verstärkter Fokus auf die Ausweisung von Retentionsräumen (vgl. § 55i Abs. 2 WRG 1959) gelegt wurde und insoweit nicht von vornherein eine Gefährdungslage erkennbar war (grundsätzlich zu dieser Problematik *Wagner*, Grundinanspruchnahme privater Liegenschaften für Schutzmaßnahmen und Überflutungsflächen, RdU 2013, 181 ff). In § 36 Abs. 1 Z 3 soll schlussendlich vor dem Hintergrund der Richtlinie 2012/18/EU auch eine Bestimmung über die Rückwidmung von Grundflächen, die an Sondergebiete für Seveso-Betriebe im Sinne des § 2 Z 1 K-SBG oder an Schutzstreifen für den Immissionsschutz unmittelbar angrenzen, hinzugefügt werden.

§ 36 Abs. 3 entspricht grundsätzlich § 15 Abs. 4 dritter Satz der geltenden Fassung. Der Satz wurde durch LGBl. Nr. 71/2002 eingefügt. Die Erläuterungen -2V-LG-544/34-2002, 4 iVm. 7, führen dazu aus: *„Vor dem Hintergrund der Hochwasserkatastrophe in Nordösterreich im Herbst 2002 [...] (siehe im gegebenen Zusammenhang auch die Rückwidmungsverpflichtung für unbebaute Baulandwidmungen in diesen Gefährdungsbereichen nach Art. I Z 11 dieses Gesetzesentwurfes."*
Die geplante Änderung beschränkt sich im Wesentlichen darauf, dass auch der Gefährdungsbereich von Wildbächen miteinbezogen wird und die Wahrscheinlichkeit im Sinne einer hohen Wahrscheinlichkeit konkretisiert wird (vgl. zur Problematik nicht hinreichend konkretisierter Wahrscheinlichkeitsgrade insbesondere *Kerschner*, Das Bauerwartungsland insbesondere im Recht der Enteignungsentschädigung [1. Teil], JBl. 2014, 345 [350 ff]). Im gegenständlichen Zusammenhang ist darauf hinzuweisen, dass ein Bestandsschutz für rechtswidrige Planungen in dem Sinn, dass sich nachträglich herausstellt, dass bereits die ursprüngliche Widmung unzulässig war, nicht anzunehmen ist (*Berka*, Flächenwidmungspläne auf dem Prüfstand, JBl. 1996, 69 [79]). In derartige Fällen ist vielmehr davon auszugehen, dass der Verordnungsgeber unabhängig von den gesetzlichen Kriterien für die Änderung des Plans das seinerzeitige Vorgehen zu korrigieren befugt und eine andere Widmung verfügen darf (*Berka*, JBl. 1996, 79 unter Verweis auf VfGH VfSlg. 12.555/1990). Insoweit besteht bereits jetzt eine Verpflichtung zur Korrektur des Flächenwidmungsplans, wenn die erforderliche natürliche Beschaffenheit der Grundfläche für die

Baulandwidmung fehlt und auch durch entsprechende Maßnahmen nicht herbeigeführt werden kann.

§ 36 Abs. 4 und 5 entspricht grundsätzlich § 20 Abs. 3 und 4 K-GplG 1995 der geltenden Fassung. Die Bestimmungen wurden als § 11a Abs. 3 und 4 in das Gemeindeplanungsgesetz 1982 durch LGBl. Nr. 105/1994 eingefügt. Dazu halten die Erläuterungen Verf-273/3/1994, 30 ff, fest: *"Von den dargestellten verfassungsrechtlichen Vorgaben* [Anmerkung: siehe Erläuterungen zu § 36 Abs. 1 und 2] *geht nun die Regelung des § 11a betreffend die Rückwidmung von als Bauland festgelegten Grundflächen zur Anpassung der Baulandreserven an den abschätzbaren Baulandbedarf aus. Dies gilt insbesondere für die im Abs. 3* [Anmerkung: siehe nunmehr Abs. 4] *der Bestimmung vorgesehene Interessenabwägung und die im Abs. 4* [Anmerkung: siehe nunmehr Abs. 5] *der Bestimmung enthaltenen Kriterien für die Auswahl der vorrangig rückzuwidmenden Grundflächen aus den Baulandreserven. Zu Abs. 4 lit. a* [Anmerkung: siehe nunmehr Abs. 5 Z 1] *ist anzumerken, daß der Umstand, daß ein größeres zusammenhängendes Gebiet trotz seiner Widmung als Bauland durch längere Zeit hindurch tatsächlich nicht seiner Widmung entsprechend bebaut worden ist, zeigt, daß die der seinerzeitigen Planung zugrundeliegende Entwicklungsprognose falsch gewesen ist. Die Beibehaltung einer derart als verfehlt erkannten Planung würde die Perpetuierung ihrer bisherigen Ineffizienz bedeuten. Daraus ergibt sich, daß eine die tatsächliche Entwicklung berücksichtigende Rückwidmung solcher Gebiete von Bauland in Grünland aus raumplanerischen Gesichtspunkten zweckmäßig erscheint (idS auch VfSlg. 7382/1974). Auch hinsichtlich der im Abs. 4 lit. b* [Anmerkung: siehe nunmehr Abs. 5 Z 2] *aufgezählten Kriterien ist auf die Rechtsprechung des Verfassungsgerichtshofes (VfSlg. 9951/1984) zu verweisen, wonach ungünstige natürliche Verhältnisse und mangelnde Erschließbarkeit eine Rückwidmung von als Bauland festgelegten Grundflächen in Grünland nahelegen. Zu dem im Abs. 4 lit. c* [Anmerkung: siehe nunmehr Abs. 5 Z 3] *angesprochenen Auswahlkriterium für die Rückwidmung ist auf die [...] dargestellte Rechtsprechung des Verfassungsgerichtshofes zu verweisen* [Anmerkung: siehe Erläuterungen zu § 36 Abs. 1 und 2]*, wonach die Verringerung des Baulandes in Anbetracht neuer, legitimer planerischer Zielsetzungen einen an sich zulässigen Grund für eine Flächenwidmungsplanänderung bildet."*

§ 36 Abs. 6 wird neu geschaffen. Durch diese Bestimmung sollen die Möglichkeiten der Gemeinde, unbebaute Grundflächen, die als Aufschließungsgebiete festgelegt sind, rückzuwidmen erheblich erweitert werden. In der Vollzugspraxis hat sich nämlich gezeigt, dass im Bereich des Baulandes auch ein erheblicher Überhang an Aufschließungsgebieten besteht, und ein Wegfall der Gründe für ihre Festlegung in naher Zukunft nicht anzunehmen ist, weil sie sich entweder in ungünstigen natürlichen Lagen befinden oder eine infrastrukturelle Erschließung der Aufschließungsgebiete mit einem wirtschaftlich vertretbaren Aufwand für die Gemeinde nicht möglich ist. Die Bestimmung sieht daher vor, dass als Aufschließungsgebiete festgelegte unbebaute Grundflächen von der Gemeinde in Grünland rückzuwidmen sind, wenn seit der erstmaligen Festlegung mehr als 20 Jahre vergangen sind, die Gründe für die Festlegung als Aufschließungsgebiet nicht weggefallen sind oder aufgrund ungünstiger natürlicher Verhältnisse nicht zu erwarten ist, dass diese Umstände innerhalb von fünf Jahren wegfallen werden und keine privatwirtschaftliche Vereinbarung mit dem Grundeigentümer iSd § 25 Abs. 6 abgeschlossen wird. Hierbei wird nicht verkannt, dass das an sich legitime Ziel der Reduktion des Baulandüberhangs alleine es nicht rechtfertigen kann, ein beliebiges Grundstück umzuwidmen. Die Umwidmung ist jedoch dann als rechtmäßig anzusehen, wenn sie durch weitere sachliche Gesichtspunkte, durch bestimmte Planungsziele oder Planungsgrundsätze gedeckt ist (vgl. hierzu *Berka*, JBl. 1996, 81). Hierzu zählen nach der Judikatur beispielsweise die Erhaltung landwirtschaftlich nutzbarer Flächen und Erholungsräume (VfGH VfSlg. 10.710/1985), die Verhinderung einer weiteren Zersiedelung der Landschaft (VfGH VfSlg. 13.117/1992) oder die Vermeidung unwirtschaftlicher Aufschließungskosten (VfGH VfSlg. 11.914/1988).

§ 36 Abs. 7 wird neu geschaffen. Für als Bauland festgelegte zusammenhängende unbebaute Grundflächen, die für den Rückhalt und Abfluss von Hochwasser erforderlich sind oder eine wesentliche Funktion für den Hochwasserabfluss aufweisen, soll hinkünftig ebenfalls eine erleichterte Möglichkeit der Rückwidmung bestehen, wobei ein zweistufiges Verfahren vorgesehen ist. Diese sind als erster Schritt entweder als Aufschließungsgebiet festzulegen oder auf Antrag des Grundeigentümers in Grünland rückzuwidmen. Erfolgt kein solcher Antrag auf Rückwidmung und ist mit hoher Wahrscheinlichkeit zu erwarten, dass diese Grundflächen innerhalb eines Planungszeitraumes von zehn

Jahren ab ihrer erstmaligen Festlegung als Aufschließungsgebiet ihre Funktion als Retentionsfläche nicht verlieren oder sieht der Bund im Rahmen seiner wasserrechtlichen Fachplanungskompetenz (wasserwirtschaftliche Regionalprogramme, Hochwassermanagementpläne) eine Freihaltung dieser Grundflächen vor, sind sie in einem zweiten Schritt in Grünland rückzuwidmen. Die Verpflichtung zur Rücksichtnahme auf rechtsverbindliche raumbedeutsame Maßnahmen erfließt bereits aus § 1 Abs. 2 K-GplG 1995. Das im Unterschied zu sonstigen Gefährdungsbereichen vorgesehene zweistufige Verfahren bei Retentionsflächen erscheint insbesondere vor dem Hintergrund gerechtfertigt, dass erst im Zuge der Umsetzung der Hochwasserrichtlinie (Richtlinie 2007/60/EG) ein verstärkter Fokus auf die Ausweisung von Retentionsräumen (vgl. § 55i Abs. 2 WRG 1959) gelegt wurde und insoweit nicht von vornherein eine Gefährdungslage erkennbar war (grundsätzlich zu dieser Problematik *Wagner*, Grundinanspruchnahme privater Liegenschaften für Schutzmaßnahmen und Überflutungsflächen, RdU 2013, 181 ff).

§ 36 Abs. 8 wird neu geschaffen. Die Bestimmung soll die Rechtsgrundlage dafür schaffen, dass auf Anregung des Grundeigentümers an „Seveso-Betriebe" oder an Schutzstreifen für den Immissionsschutz angrenzende Grundflächen in Grünland rückgewidmet werden können.

§ 36 Abs. 9 entspricht § 20 Abs. 5 K-GplG 1995 der geltenden Fassung. In § 36 Abs. 10 wird der Begriff „Beginn der widmungsgemäßen Bebauung" im Sinne der Rechtsklarheit näher definiert."

## II. Anmerkungen

Ausweislich der ErlRV 01-VD-LG-1865/5-2021, 3, ist einer der Hauptgesichtspunkte des K-ROG 2021 die Reduktion des Baulandüberhanges insbesondere durch eine Anpassung der Baulandreserven an den Baulandbedarf. In diesem Sinne dient die Bestimmung insbesondere in Verbindung mit § 15 vor allem dem Ziel des § 2 Abs 1 Z 4, dass bei der Entwicklung der Siedlungsstruktur eine möglichst sparsame Verwendung von Grund und Boden sowie eine Begrenzung und räumliche Verdichtung der Bebauung anzustreben sind und eine Zersiedelung der Landschaft zu vermeiden ist (siehe dazu § 2 Anm 7), sowie dem Grundsatz des § 2 Abs 2 Z 7, dass die Zersiedelung der Landschaft zu vermeiden ist und die Innenentwicklung der Siedlungsstruktur Vorrang vor deren Außenentwicklung hat (siehe dazu § 2 Anm 26; siehe auch die oben unter Punkt I. abgedruckten ErlRV 01-VD-LG-1865/5-2021, 18). Die Probleme des in vielen Gemeinden bestehenden Baulandüberhangs werden schon in den ErlRV Verf-273/3/1994, 1 ff, zur tiefgreifenden Novelle des K-GplG LGBl. Nr. 105/1994 festgehalten: „Ein besonderes Problem, das auf dem Boden der geltenden Rechtslage kaum zu bewältigen ist, stellt beispielweise der Umstand dar, daß in den Flächenwidmungsplänen der Gemeinden in großem Umfang Baulandflächen ausgewiesen sind, diese jedoch weder durch den Grundeigentümer selbst einer Bebauung zugeführt noch Dritten hiefür zur Verfügung gestellt werden. Dies führt einerseits dazu, daß immer neue Grundflächen als Bauland ausgewiesen werden müssen, um den bestehenden Bedarf befriedigen zu können. Andererseits verlagert sich die Siedlungsentwicklung von bestehenden Siedlungskernen weg, was in weiterer Folge dazu führt, daß in immer stärkerem Ausmaß Flächen in Anspruch genommen werden (müssen), die für eine Bebauung nicht besonders geeignet sind. Dadurch wird einerseits einer – nicht nur aus raumordnungspolitischer Sicht – unerwünschten Zersiedelung der Landschaft Vorschub geleistet, andererseits bringt diese Entwicklung aber auch hohe Infrastrukturkosten für die Allgemeinheit und eine Vielzahl von Konflikten zwischen verschiedenen Nutzungsansprüchen an den Raum mit sich."

Der VfGH spricht in ständiger Rechtsprechung zur Rückwidmung von Bauland in Grünland aus, „dass es zwar unter dem Blickwinkel des Gleichheitssatzes zulässig sein kann, das Ausmaß des Baulandes in Anbetracht neuer, legitimer planerischer Zielsetzungen zu verringern, dass aber die Auswahl der für eine Rückwidmung in Betracht kommenden Liegenschaften nach sachlichen Kriterien zu erfolgen hat. Die Auswahl der für eine Umwidmung von Bauland in Grünland in Betracht kommenden Grundstücke ist dabei auf eine entsprechende Grundlagenforschung und eine die Interessen der bisherigen Baulandeigentümer mitberücksichtigende Interessenabwägung zu stützen. Alle für die Widmung maßgebenden Planungsgrundlagen müssen dargetan und erkennbar gegeneinander abgewogen werden (VfSlg 10.277/1984, 13.282/1992, 17.223/2004, 20.030/2015)" (so VfGH VfSlg 20.328/2019; vgl VfGH VfSlg 15.034/1997; siehe auch die unter Punkt I. abgedruckten ErlRV 01-VD-LG-1865/5-2021, 42 f; zur Grundlagenforschung und Interessenabwägung siehe § 2 Anm 27). Diese verfassungsrechtlichen Vorgaben bilden die Grundlagen von § 36. So enthält die Bestimmung einerseits in Abs 1 und 3 Verpflichtungen zur Rückwidmung von Bauland in Grünland. Anderseits werden aber in Abs 4 ausdrücklich eine Interessenabwägung normiert und in Abs 5 Kriterien für die Auswahl von Grundflächen (siehe auch die oben unter Punkt I. abgedruckten ErlRV 01-VD-LG-1865/5-2021, 44).

Zum „Bauland" siehe § 15. 2

Zum „Beginn einer widmungsgemäßen Bebauung" siehe § 36 Abs 10. 3

Zum „Grünland" siehe § 27. 4

Zu den „Baulandreserven", der „Bauflächenbilanz", dem „abschätzbaren Baulandbedarf" und den „Baugebieten" siehe § 15 Anm 14 und 15. Zur „Ermittlung der Baulandreserven" siehe § 36 Abs 2. 5

Zu den „Voraussetzungen nach Abs. 7" siehe § 36 Anm 28 bis 30. Es handelt sich hiebei um „Retentionsräume". Diese dienen der Abflusshemmung und Abflussverzögerung durch natürliche Gegebenheiten (vgl ErlRV 01-VD-LG-1865/5-2021, 30; *Janssen*, Handwörterbuch, 893 ff; *Kind*, RdU 2012, 232; siehe auch *Wagner*, RdU 2013, 181 ff; *Götzl*, RdU 2015, 228 ff). 6

Auch wenn in § 36 Abs 1 Z 3 im Gegensatz zu § 36 Abs 1 Z 2 nicht ausdrücklich auf „das Vorliegen der Voraussetzungen" gemäß § 36 Abs 8 abgestellt wird, ist meiner Ansicht nach aus systematischen Überlegungen eine Rückwidmung nur unter diesen Voraussetzungen zulässig (siehe dazu § 36 Anm 31). Denn eine andere Auslegung würde § 36 Abs 8 jeglichen Anwendungsbereich nehmen. Zum „Grundeigentümer" siehe § 45 Anm 2. 7

Ist einer der aufgezählten Tatbestände erfüllt (siehe „oder" am Ende von § 36 Abs 1 Z 2), besteht eine Verpflichtung zur Rückwidmung (siehe „sind in Grünland rückzuwidmen" im Einleitungssatz). Voraussetzung einer Rückwidmung ist aber jedenfalls eine Grundlagenforschung und eine Interessenabwägung (siehe dazu § 36 Anm 1). 8

Zu „Abs. 1 Z 1" siehe § 36 Anm 5. 9

Zu den „Aufschließungsgebieten" siehe § 25. 10

Zum „Beginn einer widmungsgemäßen Bebauung" siehe § 36 Abs 10. 11

Zu den „Vorbehaltsflächen" siehe § 29. 12

Zu den „befristeten Bausperren" siehe § 46. 13

**14** Die Bestimmung dient insbesondere dem Ziel des § 2 Abs 1 Z 4, dass die Bevölkerung vor Gefährdungen durch Naturgewalten sowie vor vermeidbaren Umweltbelastungen durch eine entsprechende Entwicklung der Siedlungs- und Freiraumstruktur und Standortplanung bei dauergenutzten Einrichtungen soweit als möglich zu schützen ist (siehe dazu § 2 Anm 5; siehe auch die oben unter Punkt I. abgedruckten ErlRV 01-VD-LG-1865/5-2021, 44; zu den Altlasten vgl *Eisenberger*, RFG 2004, 167 ff). Aus einem Judikat des VfGH ist meiner Ansicht nach aber abzuleiten, dass eine Rückwidmung nur dann zulässig ist, als „eine Grundfläche auf Grund einer bestimmten Gefährdungslage – von vornherein und abstrakt betrachtet – in jedem Fall für jegliche Bebauung ungeeignet ist" (zum Ganzen VfGH VfSlg 19.907/2014). In diesem Sinne sind meiner Ansicht nach Rückwidmungen nur dann vorzunehmen, wenn auf Grund einer Gefährdungslage keine Baulandeignung gemäß § 15 Abs 1 und 2 vorliegt (siehe dazu § 15 Anm 2 f) und mit hoher Wahrscheinlichkeit nicht zu erwarten ist, dass diese Gefahren innerhalb eines Planungszeitraumes von zehn Jahren durch entsprechende Maßnahmen abgewendet werden. Für eine „hohe Wahrscheinlichkeit" müssen im Rahmen der Grundlagenforschung deutlich mehr konkrete, objektive und nachweisbare Umstände für die fehlende Umsetzung von Maßnahmen der Gefahrenabwehr im Planungszeitraum sprechen als dagegen (vgl *Kerschner*, JBl 2014, 345 ff mN; siehe zu Prognosemodellen im Verwaltungsrecht *Eisenberger*, ÖJZ 2022, 418 ff).

**15** Zu den „Zielen und Grundsätzen der Raumordnung" siehe § 2.

**16** Zum „örtlichen Entwicklungskonzept" siehe § 9.

**17** Der VfGH spricht in ständiger Rechtsprechung zur Rückwidmung von Bauland in Grünland aus, „dass es zwar unter dem Blickwinkel des Gleichheitssatzes zulässig sein kann, das Ausmaß des Baulandes in Anbetracht neuer, legitimer planerischer Zielsetzungen zu verringern, dass aber die Auswahl der für eine Rückwidmung in Betracht kommenden Liegenschaften nach sachlichen Kriterien zu erfolgen hat. Die Auswahl der für eine Umwidmung von Bauland in Grünland in Betracht kommenden Grundstücke ist dabei auf eine entsprechende Grundlagenforschung und eine die Interessen der bisherigen Baulandeigentümer mitberücksichtigende Interessenabwägung zu stützen. Alle für die Widmung maßgebenden Planungsgrundlagen müssen dargetan und erkennbar gegeneinander abgewogen werden (VfSlg 10.277/1984,

13.282/1992, 17.223/2004, 20.030/2015)" (so VfGH VfSlg 20.328/2019; vgl VfGH VfSlg 15.034/1997; siehe auch die oben unter Punkt I. abgedruckten ErlRV 01-VD-LG-1865/5-2021, 42 f; zur Grundlagenforschung und Interessenabwägung siehe § 2 Anm 27; zu Entschädigungen siehe § 37). Zum „Grundeigentümer" siehe § 45 Anm 2.

Die Bestimmung dient insbesondere dem Ziel des § 2 Abs 1 Z 7, dass auf die „Standorterfordernisse für die Ansiedlung und Erweiterung von Betrieben der Industrie und des Gewerbes" Bedacht zu nehmen ist (siehe dazu § 2 Anm 8). Zum „Gewerbegebiet" siehe § 20 und zum „Industriegebiet" § 22. **18**

Die Bestimmung enthält im Sinne der Judikatur des VfGH Kriterien für die Auswahl der rückzuwidmenden Grundflächen aus den Baulandreserven (vgl § 36 Anm 1 und 17; siehe auch die oben unter Punkt I. abgedruckten ErlRV 01-VD-LG-1865/5-2021, 44). Aus dem Wort „vorrangig" ist meiner Ansicht nach abzuleiten, dass auch andere Grundflächen rückgewidmet werden können, sofern keine Grundflächen im Sinne von § 36 Abs 5 bestehen bzw nicht in ausreichender Menge bestehen, um die raumplanerischen Ziele zu erreichen, und die anderen Tatbestandsmerkmale für eine Rückwidmung erfüllt sind. Aus dem Wortlaut der Bestimmung lässt sich meiner Ansicht nach keine innere Rangordnung der aufgezählten Grundflächen ableiten. Bei der Auswahl ist aber ausdrücklich auf die Interessenabwägung gemäß § 36 Abs 4 Bedacht zu nehmen. **19**

Zum „Beginn einer widmungsgemäßen Bebauung" siehe § 36 Abs 10. **20**

Zu den „ungünstigen natürlichen Verhältnissen (§ 15 Abs. 1 Z 1 und 2)", der „ungenügenden Erschließung (§ 15 Abs. 1 Z 3)" und den „nur mit unwirtschaftlichen Aufwendungen behebbaren Hindernissen" siehe § 15 Anm 2 bis 5. **21**

Zum „örtlichen Entwicklungskonzept" siehe § 9. **22**

Zum „Ablauf der Fristen gemäß § 15 Abs. 7 und § 35" siehe § 15 Anm 25 und § 35 Anm 1 ff. Zum „Beginn einer widmungsgemäßen Bebauung" siehe § 36 Abs 10. **23**

Zu den „Aufschließungsgebieten" siehe § 25. **24**

Zu den Grundlagen für die Rückwidmung von Aufschließungsgebieten siehe die oben unter Punkt I. abgedruckten ErlRV 01-VD-LG-1865/5-2021, 44 f). Die Voraussetzungen in § 36 Abs 6 Z 1 bis 3 müssen kumulativ vorliegen (siehe „und" am Ende von § 36 Abs 6 Z 2). **25**

**26** Zu den „Gründen für die Festlegung der Grundflächen als Aufschließungsgebiet" sowie zu „ihrer Lage, ihrer ungenügenden Erschließung oder wegen ungünstiger natürlicher Verhältnisse" siehe § 15 Anm 2 bis 5 und § 25 Anm 8 bis 11. Für eine „hohe Wahrscheinlichkeit" müssen im Rahmen der Grundlagenforschung deutlich mehr konkrete, objektive und nachweisbare Umstände gegen den Wegfall der Umstände für die Festlegung der Grundflächen als Aufschließungsgebiet im Planungszeitraum sprechen als dagegen (vgl *Kerschner*, JBl 2014, 345 ff mN; siehe zu Prognosemodellen im Verwaltungsrecht *Eisenberger*, ÖJZ 2022, 418 ff).

**27** Zu den „privatwirtschaftlichen Vereinbarungen im Sinn des § 25 Abs. 5 in Verbindung mit § 53" siehe § 25 Anm 18 und § 53 Anm 1 ff. Zum „Grundeigentümer" siehe § 45 Anm 2.

**28** Die Bestimmung dient insbesondere dem Ziel des § 2 Abs 1 Z 4, dass die Bevölkerung vor Gefährdungen durch Naturgewalten durch eine entsprechende Entwicklung der Siedlungs- und Freiraumstruktur und Standortplanung bei dauergenutzten Einrichtungen soweit als möglich zu schützen ist (siehe dazu § 2 Anm 5). Schon gemäß § 36 Abs 1 Z 2 sind Grundflächen in Grünland rückzuwidmen, wenn bei Vorliegen der Voraussetzungen nach § 36 Abs 7 die betreffenden Grundflächen für den Rückhalt und Abfluss von Hochwasser erforderlich sind oder eine wesentliche Funktion für den Hochwasserabfluss oder Hochwasserrückhalt aufweisen. Es handelt sich hiebei um „Retentionsräume". Diese dienen der Abflusshemmung und Abflussverzögerung durch natürliche Gegebenheiten (vgl ErlRV 01-VD-LG-1865/5-2021, 30; *Janssen*, Handwörterbuch, 893 ff; *Kind*, RdU 2012, 232; siehe auch *Wagner*, RdU 2013, 181 ff; *Götzl*, RdU 2015, 228 ff). Zu den Grundlagen für die Festlegung der Grundflächen als Aufschließungsgebiet sowie die Rückwidmung dieser Grundflächen siehe die oben unter Punkt I. abgedruckten ErlRV 01-VD-LG-1865/5-2021, 44 f. Zu den „raumbedeutsamen Planungen oder Maßnahmen der zuständigen Planungsträger" siehe § 2 Anm 21 und zu den „Aufschließungsgebieten" § 25. „Schriftliche" Anbringen können gemäß § 13 Abs 2 AVG der Behörde in jeder technisch möglichen Form übermittelt werden, mit E-Mail jedoch nur insoweit, als für den elektronischen Verkehr zwischen der Behörde und den Beteiligten nicht besondere Übermittlungsformen vorgesehen sind. Etwaige technische Voraussetzungen oder organisatorische Beschränkungen des elektronischen Verkehrs zwischen der Behörde und den Beteiligten sind im Internet bekanntzumachen. Zum „Grundeigentümer" siehe § 45 Anm 2.

Für eine „hohe Wahrscheinlichkeit" müssen im Rahmen der Grundlagenforschung deutlich mehr konkrete, objektive und nachweisbare Umstände für die Erforderlichkeit für den Rückhalt und Abfluss von Hochwasser oder die wesentliche Funktion für den Hochwasserabfluss im Planungszeitraum sprechen als dagegen (vgl *Kerschner*, JBl 2014, 345 ff mN; siehe zu Prognosemodellen im Verwaltungsrecht *Eisenberger*, ÖJZ 2022, 418 ff). **29**

Zur „Gefahrenzonenplanung" siehe ausführlich die zu § 15 unter Punkt I. abgedruckten ErlRV 01-VD-LG-1865/5-2021, 17 f. **30**

Die Bestimmung dient der Umsetzung der RL 2012/18/EU zur Beherrschung der Gefahren schwerer Unfälle mit gefährlichen Stoffen (zum Ganzen *Steinwender*, bbl 2019, 1 ff; siehe auch *Büchele*, RdU 2003, 94 ff). Ein „Seveso-Betrieb" ist gemäß § 2 Z 1 K-SBG der unter der Aufsicht eines Inhabers stehende Bereich, in dem gefährliche Stoffe in einer oder in mehreren technischen Anlagen vorhanden sind, einschließlich gemeinsamer oder verbundener Infrastrukturen und Tätigkeiten. „Schutzstreifen für den Immissionsschutz" sind Grünland Sonderwidmungen gemäß § 27 Abs 2 Z 12 zwischen Baulandwidmungen. Zum „Zweck der Verhütung schwerer Unfälle" siehe § 2 Anm 17. „Schriftliche" Anbringen können gemäß § 13 Abs 2 AVG der Behörde in jeder technisch möglichen Form übermittelt werden, mit E-Mail jedoch nur insoweit, als für den elektronischen Verkehr zwischen der Behörde und den Beteiligten nicht besondere Übermittlungsformen vorgesehen sind. Etwaige technische Voraussetzungen oder organisatorische Beschränkungen des elektronischen Verkehrs zwischen der Behörde und den Beteiligten sind im Internet bekanntzumachen. Der „Verkehrswert" ist gemäß § 2 Abs 2 LBG der Preis, der bei einer Veräußerung der Sache üblicherweise im redlichen Geschäftsverkehr für sie erzielt werden kann (zu den Bewertungsverfahren siehe *Steinschaden*, immolex 2005, 134; *Huemer/Strobl-Mairhofer*, SV 2011, 67 ff und 134 ff; *Reinberg/Reinberg*, ZLB 2021/2). Zu den „Zielen und Grundsätzen der Raumordnung" siehe § 2, zum „örtlichen Entwicklungskonzept" § 9. Zum „Grundeigentümer" siehe § 45 Anm 2. **31**

Die mangelnde schriftliche Verständigung der Grundeigentümer führt zur Gesetzwidrigkeit der Verordnung zur Änderung des Flächenwidmungsplans (vgl VfGH VfSlg 19.816/2010). Denn die Verständigung **32** ermöglicht dem Grundeigentümer die Grundfläche vor der Rückwidmung zu bebauen oder über die Grundfläche anderweitig zu verfügen (*Pallitsch/Pallitsch/Kleewein*, Baurecht § 2 K-GplG 1995 Anm 7). Aus diesem Grund ist es zweckmäßig eine nachweisliche Verständigung, zB mittels Rückscheins, vorzunehmen. Zum „Grundeigentümer" siehe § 45 Anm 2.

33 Zum „Beginn einer widmungsgemäßen Bebauung" siehe § 15 Anm 27 und 28.

### § 37 Entschädigungen[1]

(1) Wenn eine als Bauland[2] festgelegte Grundfläche in Grünland[3] rückgewidmet und dadurch ihre Bebauung unzulässig wird, hat die Gemeinde auf Antrag dem betroffenen Grundeigentümer für die Aufwendungen, die dieser oder mit seiner Zustimmung ein Dritter für die Baureifmachung dieser Grundfläche getätigt hat, eine angemessene Entschädigung zu leisten.[4]

(2) Die Gemeinde hat auf Antrag dem betroffenen Grundeigentümer eine angemessene Entschädigung auch für die Minderung des Verkehrswertes einer Grundfläche zu leisten[5], wenn diese innerhalb von fünfundzwanzig Jahren nach ihrer Festlegung als Bauland in Grünland rückgewidmet wird und die frühere Widmung als Bauland entweder
1. bei einem der Rückwidmung vorangegangenen entgeltlichen Erwerbsvorgang bestimmend für den Wert einer Gegenleistung (wie Kaufpreis, Tauschgrundstück uä.) war oder
2. einem vorangegangenen unentgeltlichen Erwerbsvorgang unter Lebenden oder von Todes wegen wertmäßig zugrunde gelegt worden ist[6].

(3) Ein Anspruch des betroffenen Grundeigentümers auf Leistung einer angemessenen Entschädigung gegenüber der Gemeinde gemäß Abs. 1 und 2 besteht nicht,[7] wenn
1. die Rückwidmung der als Bauland festgelegten unbebauten Grundfläche in Grünland vom Grundeigentümer selbst nachweislich angeregt wurde[8] oder
2. die Rückwidmung als Bauland festgelegte unbebaute Grundflächen in Grünland betrifft,
   a) die im Gefährdungsbereich von Hochwasser, Wildbächen, Steinschlag, Lawinen, Rutschungen, Altlasten uä. gelegen

sind oder nach den raumbedeutsamen Planungen oder Maßnahmen der zuständigen Planungsträger für den Rückhalt und Abfluss von Hochwasser erforderlich sind oder eine wesentliche Funktion für den Hochwasserabfluss oder Hochwasserrückhalt aufweisen und deren Eignung als Bauland deshalb nicht oder nicht mehr vorliegt[9],

b) hinsichtlich derer mit hoher Wahrscheinlichkeit nicht zu erwarten ist, dass diese Gefahren innerhalb von zehn Jahren durch entsprechende Maßnahmen abgewendet werden[10] und

c) hinsichtlich derer keine nachweislichen Aufwendungen für die Baureifmachung dieser Grundflächen getätigt worden sind,[11] oder

3. die Rückwidmung als Bauland festgelegte unbebaute Grundflächen in Grünland betrifft,

a) die vor mehr als zwanzig Jahren erstmals als Aufschließungsgebiet festgelegt worden sind,[12]

b) die sich außerhalb der im örtlichen Entwicklungskonzept festgelegten Siedlungsschwerpunkte befinden,[13]

c) die gemäß § 36 Abs. 6 in Grünland rückgewidmet worden sind[14] und

d) hinsichtlich derer keine nachweislichen Aufwendungen für die Baureifmachung dieser Grundflächen getätigt worden sind[15] oder

4. die Rückwidmung der als Bauland festgelegten unbebauten Grundfläche in Grünland nach Ablauf der Fristen gemäß § 15 Abs. 7 oder § 35 erfolgt[16].

(4) Aufwendungen für die Baureifmachung und Erwerbsvorgänge, die nach einer Verständigung nach § 36 Abs. 9 getätigt worden sind, haben bei der Ermittlung der vermögensrechtlichen Nachteile nach Abs. 1 und Abs. 2 außer Betracht zu bleiben. Dies gilt nicht für solche Aufwendungen, die dazu geführt haben, dass danach sämtliche Voraussetzungen – ausgenommen die Abwasserentsorgung – für die Bebauung einer Grundfläche vorliegen.[17]

(5) Liegen die seinerzeitigen Aufwendungen für die Baureifmachung oder ein Erwerbsvorgang nach Abs. 2 länger als drei Jahre vor dem Wirksamwerden der Rückwidmung zurück, so ist der Entschädigungsbetrag entsprechend der Änderung des von der

Statistik Austria verlautbarten Verbraucherpreisindex 2020 oder eines entsprechenden früheren Indexes aufzuwerten.[18]

(6) Der Antrag auf Entschädigung ist vom Grundeigentümer bei sonstigem Anspruchsverlust innerhalb eines Jahres nach dem Wirksamwerden der anspruchsbegründenden Rückwidmung unter Nachweis der Höhe der getätigten Aufwendungen oder der Minderung des Verkehrswertes der Grundfläche bei der Gemeinde einzubringen.[19]

(7) Wird innerhalb eines Jahres nach der Einbringung des Antrages zwischen der Gemeinde und dem Grundeigentümer keine Einigung über die Höhe der zu leistenden Entschädigung erzielt, so hat der Grundeigentümer innerhalb von drei Monaten nach Ablauf dieser Frist das Recht, bei der Bezirksverwaltungsbehörde einen Antrag auf Festsetzung der Höhe der Entschädigung zu stellen. Der Grundeigentümer kann binnen drei Monaten nach Zustellung des Bescheides der Bezirksverwaltungsbehörde die Festsetzung der Höhe der Entschädigung beim Landesgericht Klagenfurt beantragen.[20]

(8) Für das Verfahren gemäß Abs. 7 sind, wenn in diesem Gesetz nicht anderes bestimmt wird, die Bestimmungen der §§ 46 bis 49 K-GFPO sinngemäß anzuwenden. Abweichend von § 47 Abs. 3 lit. a K-GFPO ist der Entschädigungsbetrag stets aufgrund der Schätzung beeideter Sachverständiger festzusetzen und zugleich eine angemessene Leistungsfrist zu bestimmen.[21]

(9) Vor der Auszahlung von Entschädigungen anlässlich der Rückwidmung von als Bauland festgelegten Grundflächen, die hypothekarisch belastet sind, ist der Hypothekargläubiger davon zu verständigen.[22]

(10) Die Entschädigung ist vom jeweiligen Eigentümer der Grundfläche an die Gemeinde zurückzuzahlen, wenn innerhalb eines Zeitraumes von zehn Jahren nach ihrer Auszahlung durch eine Änderung des Flächenwidmungsplanes die von der seinerzeitigen Rückwidmung betroffene Grundfläche neuerlich als Bauland gewidmet und dadurch ihre Bebauung wieder möglich wird. Abs. 5 gilt in diesem Fall sinngemäß.[23]

(11) Die Entschädigung ist der Gemeinde vom Land zurückzuerstatten, wenn die Gemeinde die Rückwidmung aufgrund einer Verpflichtung durch ein überörtliches Entwicklungsprogramm oder eine sonstige überörtliche Planungsmaßnahme des Landes

vorgenommen hat. Eine zurückgezahlte Entschädigung nach Abs. 10 ist in diesem Fall an das Land abzuführen.[24]

**Lit:**
*Auer*, Zur Entschädigung bei Rückwidmungen – OGH versus VfGH, bbl 2011, 168; *Berka*, Das „Sichtfenster zum See": Zu den entschädigungsrechtlichen Konsequenzen einer Rückwidmung, Zak 2009/92; *Eisenberger*, Prognosemodelle und generelles Verwaltungshandeln, ÖJZ 2022/51; *Forster*, Die Kontrolle der Verwaltung durch die ordentliche Gerichtsbarkeit, ZfV 2014/449; *Götzl*, Hochwasserschutz mittels Zwangsrechtseinräumung zur Schaffung weitgehend natürlicher Retentionsräume?, RdU 2015/138; Handwörterbuch der Stadt- und Raumentwicklung, Akademie für Raumentwicklung in der Leibniz-Gemeinschaft Geschäftsstelle (Hrsg), 2018; *Hengstschläger/Leeb*, Allgemeines Verwaltungsverfahrensgesetz[2], 2014; *Huemer/Strobl-Mairhofer*, Grundstücksbewertung im Bauland – Auswirkungen wertbildender Merkmale auf den Verkehrswert, SV 2011, 67 und 134; *Kerschner*, Das Bauerwartungsland insbesondere im Recht der Enteignungsentschädigung – Teil 1, JBl 2014, 345; *Kind*, Hochwasserschutz: Kalte Enteignung durch Retentionsflächen?, RdU 2012/142; *Korinek/Pauger/Rummel*, Handbuch des Enteignungsrechts, 1994; *Pallitsch/Pallitsch/Kleewein*, Kärntner Baurecht[5], 2014; *Koziol*, Österreichisches Haftpflichtrecht I[3], 1997; *Reinberg/Reinberg*, Definitionen des Verkehrswertes, ZLB 2021/2; *Schüssling*, Rückwidmungen von Liegenschaften und die daraus resultierende Entschädigung unter Berücksichtigung des Vlbg RPG, AnwBl 2012, 78; *Steinschaden*, Der Verkehrswert von Liegenschaften – eine besondere Sachverhaltsfrage?, immolex 2005, 134; *Wagner*, Grundinanspruchnahme privater Liegenschaften für Schutzmaßnahmen und Überflutungsflächen, RdU 2013/109; *Wimmer*, Die Entschädigung im öffentlichen Recht, 2009; *Wimmer*, Grenzen der verfassungskonformen Interpretation und bewegliche System im Entschädigungsrecht am Beispiel der Raumordnung, ZfV 2011/897.

## I. Erläuterungen
### ErlRV 01-VD-LG-1865/5-2021, 45 f:

„§ 37 Abs. 1 und 2 sowie § 37 Abs. 4 bis 11 entsprechen grundsätzlich § 21 K-GplG 1995 der geltenden Fassung. Die Bestimmungen wurden als § 11b in das Gemeindeplanungsgesetz 1982 durch LGBl. Nr. 105/1994 eingefügt. Dazu halten die Erläuterungen Verf-273/3/1994, 30 ff, fest: *„Derzeit enthalten weder das Kärntner Raumordnungsgesetz noch das Gemeindeplanungsgesetz 1982 ausdrückliche Bestimmungen für den Fall, daß als Bauland ausgewiesene Flächen in Grünland rückgewidmet werden und dadurch die Bebauung solcher Grundstücke verhindert wird, dahingehend, daß für die dadurch verur-*

*sachten vermögensrechtlichen Nachteile des betroffenen Grundstückeigentümers eine Entschädigung zu leisten wäre. Ungeachtet des Fehlens einer derartigen Regelung kann sich eine solche Entschädigungspflicht nach der Rechtsprechung des Verfassungsgerichtshofes allerdings insofern bereits von Verfassungs wegen ergeben, als aus dem verfassungsgesetzlich gewährleisteten Recht auf Unversehrtheit des Eigentums nicht bloß bei Enteignung, sondern auch bei bestimmten Eigentumsbeschränkungen ein Gebot zur angemessenen Schadloshaltung abzuleiten ist (vgl. insbesondere VfSlg. 10345/1985, 11019/1986, 12100/1989). Bei einer Beeinträchtigung von Eigentümerbefugnissen durch raumordnende Maßnahmen (wie sie insbesondere die Rückwidmung von Bauland in Grünland zweifellos darstellt) handelt es sich nun um solche Eigentumsbeschränkungen, die iS der Rechtsprechung des Verfassungsgerichtshofes dadurch gekennzeichnet sind, daß lediglich einzelne Dispositionsbefugnisse des Liegenschaftseigentümers eingeschränkt werden (und zwar hinsichtlich der dadurch bewirkten weitgehenden Unzulässigkeit der Bebauung des Grundstückes). Auch aus dem Gleichheitssatz, an dem Planänderungen vom Verfassungsgerichtshof stets gemessen werden (vgl. insbesondere VfSlg. 8259/1978 und 11075/1986), ist abzuleiten, daß die für einen Grundstückseigentümer mit der Rückwidmung seiner Grundflächen von Bauland in Grünland einhergehenden Beeinträchtigung seiner Nutzungsmöglichkeiten und (auch wirtschaftlichen) Nutzungsinteressen bei der Umwidmung nicht außer Betracht bleiben darf (vgl. insbesondere VfGH vom 3.12.1992, V 239/91). Es ist zwar unbestritten, daß ein Liegenschaftseigentümer – verfassungsrechtlich gedeckt – entschädigungslos gewisse Eigentumsbeschränkungen hinzunehmen hat. Nicht jede Beeinträchtigung der freien Verfügbarkeit über das Liegenschaftseigentum führt bereits zu einer Entschädigungspflicht, sondern vielmehr nur solche Beschränkungen, die über eine vorhersehbares, berechenbares und erträgliches Maß hinausgehen und dem Liegenschaftseigentümer ein über das übliche Ausmaß hinausgehendes Risiko übertragen (vgl. etwa VfSlg. 10841/1986). Aus der dargestellten Verfassungsrechtslage ergibt sich demnach das Gebot, Regelungen betreffend eine Verpflichtung zur Leistung einer – wenn auch möglicherweise nicht vollen (vgl. dazu VfGH vom 3.12.1992, V 239/1991) – Entschädigung in das Gemeindeplanungsgesetz 1982 aufzunehmen, um die (unter bestimmten Voraussetzungen) aus der Rückwidmung für den Grundstückseigentümer resultierenden Nachteile (zumindest teilweise) auszugleichen. Die Entschädigungspflicht wird daran gebunden,*

## 3. Hauptstück – Örtliche Raumordnung    § 37

*daß eine unbebaute Baulandfläche wieder in Grünland rückgewidmet und dadurch ihre Bebauung verhindert wird. Die Gemeinde hat im Fall der Rückwidmung auf Antrag des betroffenen Grundeigentümers für bestimmte dadurch verursachte vermögensrechtliche Nachteile (Aufwendungen für die Baureifmachung nach Abs. 1 und Minderung des Verkehrswertes nach Abs. 2) eine angemessene Entschädigung zu leisten. Durch die zeitliche Begrenzung des Entschädigungsanspruches nach Abs. 2 wird sich voraussichtlich ein nicht unbeträchtlicher Mobilisierungseffekt für unbebautes Bauland ergeben. Bei der Ermittlung der vermögensrechtlichen Nachteile haben Aufwendungen für die Baureifmachung und Erwerbsvorgänge, die nach bestimmten Zeitpunkten getätigt worden sind, außer Betracht zu bleiben; in derartigen Fällen ist nämlich ein schutzwürdiges Interesse des betroffenen Grundeigentümers nicht (mehr) gegeben (vgl. Abs. 3)* [Anmerkung: nunmehr Abs. 4]. *Das Verfahren zur Geltendmachung eines Entschädigungsanspruches wird im Interesse einer weitgehenden Einheitlichkeit dem in § 4a* [Anmerkung: siehe nunmehr § 29] *für die Einlösung von Vorbehaltsflächen geregelten Verfahren nachgebildet."*

§ 37 Abs. 3 wird neu geschaffen. Die Bestimmung erweitert die Möglichkeiten der Gemeinde ohne Leistung einer Entschädigung unbebaute Grundflächen rückzuwidmen. Die Rückwidmung einer als Bauland gewidmeten Grundfläche in Grünland oder Verkehrsfläche, wodurch die Bebaubarkeit des Grundstücks verhindert wird, steht naturgemäß in einem Spannungsverhältnis mit dem Grundrecht auf Schutz des Eigentums (Art. 5 StGG, Art. 1 1. ZP EMRK). Derartige Rückwidmungen stellen zwar keine formelle Enteignung im Sinn der Entziehung der Herrschaftsbefugnis über das Grundstück und deren Übertragung auf eine andere Person („Übertragungstheorie"; näher hierzu *Wimmer,* Die Entschädigung im öffentlichen Recht [2009], 28), aber doch eine Eigentumsbeschränkung dar, weil die Nutzung des Grundstücks durch die Verhinderung des Bebaubarkeit beschränkt wird. Ein Entschädigungsanspruch für Eigentumsbeschränkungen besteht nach der Judikatur des VfGH grundsätzlich zwar nicht (exemplarisch VfGH VfSlg. 9911/1983 und VfSlg. 14.405/1996; näher hierzu und mwN *Wimmer,* Entschädigung, 76 ff), nimmt die Eigentumsbeschränkung jedoch eine solche Intensität an, dass sie einer formelle Enteignung gleichzusetzen ist oder wird dem Betroffenen ein „Sonderopfer" auferlegt, ist das Bestehen eines Entschädigungsanspruchs anzunehmen (*Bußjäger,* in Feik/Winkler, FS Berka, 22). Die Auferlegung eines „Sonderopfers" ist bei Vorliegen eines unsachlichen Eingriffs in das Grundrecht auf Eigentum anzunehmen (VfGH VfSlg. 16.636/2002 unter Hinweis auf VfSlg. 6884/1972, VfSlg. 7234/1973, VfSlg. 13.006/1992). Auch nach der Judikatur des OGH kann im Falle der Rückwidmung von als Bauflächen gewidmeten Grundstücken ein Entschädigungsanspruch bestehen, und dies selbst dann wenn das Materiengesetz bei wörtlicher Interpretation einen solchen nicht zulässt, wenn dem Grundeigentümer eine besonders gravierendes Vermögensopfer zugunsten der Allgemeinheit abverlangt (OGH 9.9.2008, 5 Ob 30/08k; kritisch hierzu *Wilhelm*, Die „Sonderopfer"-Sondertheorie. Zur Entschädigung bei Flächenrückwidmungen, ecolex 2011, 381, der dem OGH vorwirft im Ergebnis direkt auf den Gleichheitssatz als Anspruchsgrundlage für den Ersatz der Wertminderung zurückgegriffen zu haben, anstatt ein Gesetzesprüfungsverfahren betreffend § 27 des Vorarlberger Raumplanungsgesetzes eingeleitet zu haben). Der OGH vertritt daher in ständiger Rechtsprechung die Ansicht, dass eine, wenngleich verfassungsrechtlich nicht gebotene Entschädigungsregelung in Raumordnungsgesetzen sich am Gleichheitssatz zu messen hat. Eine derartige unverhältnismäßige Belastung Einzelner zugunsten der öffentlichen Interessen ist daher aufgrund des Gleichheitssatzes nur bei Leistung einer Entschädigung vertretbar (*Bußjäger*, in Feik/Winkler, FS Berka, 26 f). Allerdings bleibt auch nach dieser Judikatur dort, wo objektiv ohnedies keine Baulandeignung gegeben war, und die Rückwidmung ohnedies nur den gesetzmäßigen Zustand herstellt, kein Raum für eine Entschädigung (OGH 9.9.2008, 5 Ob 30/08k). Dasselbe gilt für jene Fälle, in denen eine Abgeltung durch teilweise Umwidmung in Bauland erfolgte oder Umwidmungen großen Stils erfolgten und mehrere Liegenschaftseigentümer gleichartig betroffen waren (OGH 9.9.2008, 5 Ob 30/08k). Im Sinne dieser Judikatur erscheint die entschädigungslose Rückwidmung in den geregelten Fallkonstellationen sowohl sachlich gerechtfertigt als auch in weiterer Folge verfassungsrechtlich unbedenklich."

## II. Anmerkungen

1   Der VfGH spricht in ständiger Rechtsprechung zur Rückwidmung von Bauland in Grünland aus, „dass es zwar unter dem Blickwinkel des Gleichheitssatzes zulässig sein kann, das Ausmaß des Baulandes in Anbetracht neuer, legitimer planerischer Zielsetzungen zu verringern, dass aber die Auswahl der für eine Rückwidmung in Betracht kommen-

den Liegenschaften nach sachlichen Kriterien zu erfolgen hat. Die Auswahl der für eine Umwidmung von Bauland in Grünland in Betracht kommenden Grundstücke ist dabei auf eine entsprechende Grundlagenforschung und eine die Interessen der bisherigen Baulandeigentümer mitberücksichtigende Interessenabwägung zu stützen. Alle für die Widmung maßgebenden Planungsgrundlagen müssen dargetan und erkennbar gegeneinander abgewogen werden (VfSlg 10.277/1984, 13.282/1992, 17.223/2004, 20.030/2015)" (so VfGH VfSlg 20.328/2019; vgl VfGH VfSlg 15.034/1997; siehe auch die zu § 36 unter Punkt I. abgedruckten ErlRV 01-VD-LG-1865/5-2021, 42 f; zur Grundlagenforschung und Interessenabwägung siehe § 2 Anm 27). Es muss somit zwar eine Interessenabwägung erfolgen, eine Entschädigungspflicht als Voraussetzung für jegliche Rückwidmung besteht aber nicht (VfGH VfSlg 19.341/2011; OGH RIS-Justiz RS 0010823; vgl aber auch OGH 9.9.2008, 5 Ob 30/08k; zu diesen Judikaten siehe *Berka*, Zak 2009, 63 f; *Auer*, bbl 2011, 168 ff; *Wimmer*, ZfV 2011, 561 ff; *Schüssling*, AnwBl 2012, 78 ff; siehe zum Ganzen auch ausführlich die oben unter Punkt I. abgedruckten ErlRV 01-VD-LG-1865/5-2021, 45 f). Nach der Judikatur des VfGH (VfSlg 20.397/2020) „ist dabei jedoch stets zu prüfen, ob die Eigentumsbeschränkung im konkreten Fall dem Grundsatz der Verhältnismäßigkeit entspricht (vgl etwa VfSlg 13.587/1993). Der Verfassungsgerichtshof geht darüber hinaus in ständiger Rechtsprechung davon aus, dass eine Entschädigung in jenen Fällen verfassungsrechtlich geboten sein kann, in denen einem Einzelnen oder einer Gruppe von Personen ein sachlich nicht gerechtfertigtes „Sonderopfer" auferlegt wird. Die Rechtsprechung zu entschädigungspflichtigen „Sonderopfern" betraf zunächst Fallkonstellationen, in denen von einem einzelnen Planungsakt Eigentümer in unterschiedlicher und unsachlicher Weise betroffen waren (vgl insbesondere VfSlg 13.006/1992). Darüber hinaus können aber auch gravierende, unverhältnismäßige Eigentumsbeschränkungen in speziellen Einzelfällen eine Entschädigungspflicht begründen (vgl VfSlg 16.636/2002). [...] Der Europäische Gerichtshof für Menschenrechte geht davon aus, dass im Falle sonstiger Eingriffe in das Grundrecht auf Eigentum gemäß Art 1 1. ZPEMRK ein fairer Ausgleich zwischen den Anforderungen der Öffentlichkeit und dem Allgemeininteresse der Gemeinschaft einerseits sowie den Anforderungen an den Grundrechtsschutz des Einzelnen andererseits vorgenommen werden muss (vgl EGMR 23.9.1983 [GK], Fall Sporrong-Lönnroth, Appl 7151/75 ua,

EuGRZ 1983, 523). Ein solcher Ausgleich ist nicht erreicht, wenn dem Einzelnen eine individuelle und exzessive Last auferlegt wird (vgl etwa EGMR 23.4.1996, Fall Phocas, Appl 17.869/91, NL 1996, 84)."

Für die Interessenabwägung sieht in diesem Sinne § 36 Abs 4 zweiter Satz ausdrücklich vor, dass die Interessen der Raumordnung an der Rückwidmung den wirtschaftlichen Interessen der betroffenen Grundeigentümer, wenn deren vermögensrechtliche Nachteile durch die Rückwidmung nicht durch Entschädigungen nach § 37 auszugleichen sind, gegenüberzustellen und gegeneinander abzuwägen sind. Somit ist wesentliches Kriterium für die Interessenabwägung, ob § 37 einen Entschädigungsanspruch vorsieht.

Die Festsetzung einer Entschädigung für Eigentumsbeschränkungen im Zusammenhang mit der Erlassung bzw Änderung eines Flächenwidmungsplanes zählt zur überörtlichen Raumordnung (VfGH VfSlg 6088/1969; VfSlg 8901/1980; VfSlg 13.568/1993; siehe auch § 1 Anm 1).

**2** Zum „Bauland" siehe § 15.

**3** Zum „Grünland" siehe § 27.

**4** Durch die Rückwidmung muss die „Bebauung unzulässig" werden. Hiebei ist zu beachten, dass auch eine Festlegung von Grundflächen als Grünland nicht zwangsläufig dazu führt, dass eine Bebauung der Grundfläche unzulässig ist (vgl § 28). Regelmäßig erfolgen aber Rückwidmungen von Grundflächen, die aus Gründen des § 15 Abs 1 für eine Bebauung nicht geeignet sind. Auf solchen Grundflächen sind bauliche Anlagen gemäß § 28 Abs 5 indes nicht zulässig (dies gilt auch für Flächen für Erholungszwecke gemäß § 27 Abs 2 Z 3, für die keine spezifische Erholungsnutzung festgelegt wurde). Dass auch in diesen Fällen bauliche Anlagen gemäß § 28 Abs 6 zulässig sind, ändert meiner Ansicht nach an der Unzulässigkeit der Bebauung im Sinne des § 37 Abs 1 nichts. Denn erstens handelt es sich in erster Linie um bauliche Anlagen der Infrastruktur im öffentlichen Interesse, für die zweitens regelmäßig keine Baureifmachung (zum Begriff siehe sogleich) im Sinne des § 37 Abs 1 erforderlich ist. Sollte aber trotz Rückwidmung eine Bebauung zulässig und eine Baureifmachung erfolgt sein, die für diese zulässige Bebauung weiterhin genutzt werden kann, besteht meiner Ansicht nach kein Entschädigungsanspruch nach § 37 Abs 1.

Da der Zweck der Entschädigung und des Schadenersatzrechtes jeweils im Nachteilsausgleich gelegen ist (VfGH VfSlg 11.760/1988;

OGH RIS-Justiz RS 0030513; *Wimmer*, Entschädigung 31 f), kann auf die im allgemeinen Schadenersatzrecht entwickelten Grundsätze analog zurückgegriffen werden (*Korinek/Pauger/Rummel*, Enteignungsrecht 195 ff; zu den trotzdem bestehenden Unterschieden *Wimmer*, Entschädigung 9 ff). Der konkrete Schaden des Entschädigungswerbers ist Ausgangspunkt und Grenze der Entschädigung (*Korinek/Pauger/Rummel*, Enteignungsrecht 198). Daraus folgt, dass vermögensrechtlicher Nachteil grundsätzlich alles ist, was Schaden gemäß § 1293 ABGB ist, somit jeder Nachteil im Vermögen (in diesem Sinne gegen eine Sozialbindung der Entschädigung *Korinek/Pauger/Rummel*, Enteignungsrecht 199 ff; vgl OGH 29.1.1992, 1 Ob 616/91; ausführlich zum positiven Schaden *Koziol*, Haftpflichtrecht I$^3$ Rz 2/34 ff). Nicht umfasst sind hingegen der entgangene Gewinn (OGH 29.1.1992, 1 Ob 616/91; *Wimmer*, Entschädigung 162; aA *Korinek/Pauger/Rummel*, Enteignungsrecht 228 ff) und der Wert der besonderen Vorliebe (OGH RIS-Justiz RS 0053604; zum Begriff *Koziol*, Haftpflichtrecht I$^3$ Rz 2/105). Die Feststellung der durch die Eigentumsbeschränkung bedingten Nachteile und der „angemessenen Entschädigung" (vgl OGH SZ 68/41) hat konkret unter Berücksichtigung der individuellen Verhältnisse des Entschädigungswerbers unter Heranziehung eines objektiven Maßstabes bei der Wertermittlung, also objektiv-konkret zu erfolgen (OGH RIS-Justiz RS 0053657; ausführlich *Korinek/Pauger/Rummel*, Enteignungsrecht 216 ff; *Wimmer*, Entschädigung 158 ff).

Anspruchsberechtigt ist nur der „betroffene Grundeigentümer" (dass von der Entschädigung auch Aufwendungen umfasst sind, die mit seiner Zustimmung ein Dritter getätigt hat, ändert daran nichts, vgl OGH SZ 73/90). Ausdrücklich begrenzt ist der Entschädigungsanspruch nach § 37 Abs 1 mit den „Aufwendungen für die Baureifmachung". Umfasst sind nur Kosten, die aufgewendet wurden, um auf einem für die Bebauung geeigneten Grundstück die Voraussetzungen für die Erteilung einer Baubewilligung (Schaffung einer Zufahrtsmöglichkeit, Möglichkeit des Anschlusses an eine Wasserleitung, Kanalleitung, Stromversorgung, Abwässerbeseitigung) zu schaffen. Zu ersetzen sind nur jene Aufwendungen, „die der Baureifmachung im Rahmen der geltenden Flächenwidmung erfolgten und die für die nunmehrige Flächenwidmung nicht mehr erforderlich erscheinen und damit endgültig frustriert sind" (OGH 28.8.1997, 3 Ob 525/95). Aufwendungen, die sich auf ein nunmehr nicht mehr zulässiges Bauvorhaben beziehen, zB Honorare von Architekten, sind hingegen nicht umfasst (OGH RIS-Justiz RS 0110329; VwGH VwSlg 14.188 A/1994), es sei denn, die Aufwendungen sind Teil der Aufschließungsplanung (OGH 28.8.1997, 3 Ob 525/95). Aufwendungen für den Erwerb des Grundstücks oder einer Teilfläche sind ebenso nicht umfasst (OGH RIS-Justiz RS 0071833).

Schlussendlich ist zu beachten, dass gemäß § 37 Abs 4 Aufwendungen für die Baureifmachung, die nach einer Verständigung nach § 36 Abs 9 getätigt worden sind, bei der Ermittlung der vermögensrechtlichen Nachteile außer Betracht zu bleiben haben. Dies gilt nicht für solche Aufwendungen, die dazu geführt haben, dass danach sämtliche Voraussetzungen – ausgenommen die Abwasserentsorgung – für die Bebauung einer Grundfläche vorliegen. Liegen die seinerzeitigen Aufwendungen für die Baureifmachung länger als drei Jahre vor dem Wirksamwerden der Rückwidmung zurück, so ist der Entschädigungsbetrag nach den Bestimmungen des § 37 Abs 5 aufzuwerten.

**5** Zu den Grundlagen von Entschädigungsansprüchen siehe § 37 Anm 4. Von einer „angemessen Entschädigung" ist auszugehen, wenn der Wert des Substanzverlustes, der sich aus der Minderung des Verkehrswertes durch die Eigentumsbeschränkung ergibt, umfasst ist (*Wimmer*, Entschädigung 224). Der „Verkehrswert" ist gemäß § 2 Abs 2 LBG der Preis, der bei einer Veräußerung der Sache üblicherweise im redlichen Geschäftsverkehr für sie erzielt werden kann (zu den Bewertungsverfahren siehe *Steinschaden*, immolex 2005, 134; *Huemer/Strobl-Mairhofer*, SV 2011, 67 ff und 134 ff; *Reinberg/Reinberg*, ZLB 2021/2).

Zu beachten ist, dass gemäß § 37 Abs 4 Erwerbsvorgänge, die nach einer Verständigung nach § 36 Abs 9 getätigt worden sind, bei der Ermittlung der vermögensrechtlichen Nachteile außer Betracht zu bleiben haben. Liegt ein Erwerbsvorgang länger als drei Jahre vor dem Wirksamwerden der Rückwidmung zurück, so ist der Entschädigungsbetrag nach den Bestimmungen des § 37 Abs 5 aufzuwerten.

**6** Der Entschädigungsanspruch für die Minderung des Verkehrswertes ist zeitlich begrenzt (vgl *Pallitsch/Pallitsch/Kleewein*, Baurecht[5] § 21 K-GplG 1995 Anm 5). Es muss innerhalb von fünfundzwanzig Jahren nach der Festlegung als Bauland ein entgeltlicher oder unentgeltlicher Erwerbsvorgang im Sinne von § 37 Abs 2 Z 1 oder 2 erfolgt sein. Eine Unterscheidung zwischen entgeltlicher und unentgeltlicher Erwerbsart würde, da in beiden Fällen ein Wertverlust eintritt (siehe „Wert einer

## 3. Hauptstück – Örtliche Raumordnung § 37

Gegenleistung" und „wertmäßig"), dem Gleichheitssatz widersprechen (vgl VfGH VfSlg 19.341/2011).

Zu den verfassungsrechtlichen Grundlagen der Rückwidmung ohne Entschädigungsanspruch siehe ausführlich die oben unter Punkt I. abgedruckten ErlRV 01-VD-LG-1865/5-2021, 46, und § 37 Anm 1. Systematisch enthält die Bestimmung vier alternativ zu prüfende Tatbestände (siehe jeweils „oder" am Ende von § 37 Abs 3 Z 1 bis 3). Die einzelnen Tatbestandsmerkmale in § 37 Abs 3 Z 2 und 3 müssen aber jeweils kumulativ vorliegen, damit diese beiden Tatbestände erfüllt sind (siehe jeweils „und" am Ende von § 37 Abs 3 Z 2 lit b und Z 3 lit c).  **7**

Eine Anregung auf Rückwidmung sehen § 36 Abs 1 Z 2 iVm Abs 7 und § 36 Abs 1 Z 3 iVm Abs 8 vor. Umfasst sind meiner Ansicht nach aber auch Fälle abseits von diesen Bestimmungen, zB Anregungen auf Rückwidmungen durch den Grundeigentümer im Rahmen der regelmäßigen Überprüfung gemäß § 33.  **8**

Die Bestimmung dient insbesondere dem Ziel des § 2 Abs 1 Z 4, dass die Bevölkerung vor Gefährdungen durch Naturgewalten sowie vor vermeidbaren Umweltbelastungen durch eine entsprechende Entwicklung der Siedlungs- und Freiraumstruktur und Standortplanung bei dauergenutzten Einrichtungen soweit als möglich zu schützen ist (siehe dazu § 2 Anm 5). Zu den „raumbedeutsamen Planungen oder Maßnahmen der zuständigen Planungsträger" siehe § 2 Anm 21. Es handelt sich hiebei um „Retentionsräume". Diese dienen der Abflusshemmung und Abflussverzögerung durch natürliche Gegebenheiten (vgl ErlRV 01-VD-LG-1865/5-2021, 30; *Janssen*, Handwörterbuch, 893 ff; kritisch zum Entfall des Entschädigungsanspruches *Kind*, RdU 2012, 232 ff; *Wagner*, RdU 2013, 181 ff; siehe auch *Götzl*, RdU 2015, 228 ff). Zur Baulandeignung im Rahmen der Gefahrenabwehr siehe auch § 15 Anm 2.  **9**

Für eine „hohe Wahrscheinlichkeit" müssen im Rahmen der Grundlagenforschung deutlich mehr konkrete, objektive und nachweisbare Umstände für die fehlende Umsetzung von Maßnahmen der Gefahrenabwehr im Planungszeitraum sprechen als dagegen (vgl *Kerschner*, JBl 2014, 345 ff mN; siehe zu Prognosemodellen im Verwaltungsrecht *Eisenberger*, ÖJZ 2022, 418 ff).  **10**

Zu den „Aufwendungen für die Baureifmachung" siehe § 37 Anm 4.  **11**

Zur Festlegung von „Aufschließungsgebieten" siehe § 25.  **12**

**13** Zu den „im örtlichen Entwicklungskonzept festgelegten Siedlungsschwerpunkten" siehe § 10.

**14** Zu den „Rückwidmungen von Aufschließungsgebieten gemäß § 36 Abs 6" siehe § 36 Anm 24 bis 27.

**15** Zu den „Aufwendungen für die Baureifmachung" siehe § 37 Anm 4.

**16** Zum „Ablauf der Bebauungsfristen" siehe § 15 Anm 26 bis 32 und § 35 Anm 1 ff.

**17** Zu den „Aufwendungen für die Baureifmachung" siehe § 37 Anm 4, zu den „Erwerbsvorgängen" § 37 Anm 6, zur „Ermittlung der vermögensrechtlichen Nachteile" § 37 Anm 1 ff und zur „Verständigung nach § 36 Abs. 9" § 36 Anm 32.

**18** Zu den „Aufwendungen für die Baureifmachung" siehe § 37 Anm 4, zu den „Erwerbsvorgängen" § 37 Anm 6, zum „Wirksamwerden der Rückwidmung" siehe § 37 Anm 19. Die Höhe des Entschädigungsbetrages unterliegt zur Abgeltung der Inflation der Indexanpassung. Es ist auf den Zeitpunkt der Aufwendung für die Baureifmachung bzw des Erwerbes des Grundstückes abzustellen und auf den Zeitpunkt der Festsetzung der Entschädigung zu beziehen (OGH 16.7.1998, 6 Ob 365/97p; 11.5.2006, 8 Ob 34/06t).

**19** Auf Grund der Wortfolge „bei sonstigem Anspruchsverlust" handelt es sich um eine materiellrechtliche Frist (VwGH 16.12.2002, 2001/10/0006 mwN; *Pallitsch/Pallitsch/Kleewein*, Baurecht[5] § 21 K-GplG 1995 Anm 7; *Wimmer*, Entschädigung 231). Es erlischt somit nach Ablauf der Frist der Anspruch selbst (zum Ganzen *Hengstschläger/Leeb*, AVG[2] § 32 Rz 1 ff). Das „Wirksamwerden der anspruchsbegründenden Rückwidmung" erfolgt mit dem Inkrafttreten der Verordnung über den Flächenwidmungsplan bzw der Verordnung über die Änderung des Flächenwidmungsplans (vgl *Wimmer*, Entschädigung 231). Gemäß § 15 K-AGO, § 16 K-KStR 1998 und § 16 K-VStR 1998 treten Verordnungen, wenn nicht ausdrücklich ein späterer Zeitpunkt festgelegt ist, mit Ablauf des Tages der Freigabe zur Abfrage im Internet in Kraft. Für Flächenwidmungspläne und deren Änderungen vor dem Inkrafttreten des K-ROG 2021 ist zu beachten, dass diese gemäß § 14 Abs 1 K-GplG 1995 mit dem Ablauf des Tages der Kundmachung der Genehmigung der Landesregierung in der Kärntner Landeszeitung wirksam wurden. Zur „Höhe der getätigten Aufwendungen oder der Minderung des Verkehrswertes" siehe § 37 Anm 1 ff.

Zunächst sind zwischen der Gemeinde und dem Entschädigungswer- 20
ber Verhandlungen über die Entschädigungshöhe zu führen, dh es ist
der Versuch einer zivilrechtlichen Einigung zu unternehmen. Die Festsetzung der Entschädigung durch die Bezirksverwaltungsbehörde ist
somit lediglich subsidiär. Kann keine zivilrechtliche Einigung erzielt
werden, ist die Entschädigung vom Entschädigungswerber bei der
Bezirksverwaltungsbehörde geltend zu machen (vgl *Pallitsch/Pallitsch/
Kleewein*, Baurecht[5] § 21 K-GplG 1995 Anm 8 und 9).

Gegen den Bescheid der Bezirksverwaltungsbehörde kann der Entschädigungswerber binnen drei Monaten nach Zustellung des Entschädigungsbescheides die Neufestsetzung der Entschädigungshöhe beim
Landesgericht Klagenfurt beantragen. Es liegt somit eine sukzessive
Gerichtszuständigkeit auf Grundlage von Art 94 Abs 2 B-VG vor
(siehe dazu *Forster*, ZfV 2014, 312 ff). Da ausdrücklich normiert wird,
dass das Antragsrecht dem „Grundeigentümer" zukommt und im
Verfahren gemäß § 37 Abs 8 die Bestimmungen der §§ 46 bis 49 K-GFPO nur insoweit zur Anwendung kommen, als „in diesem Gesetz nicht
anderes bestimmt wird", kommt der Gemeinde meiner Ansicht nach
kein Antragsrecht zu (aA *Pallitsch/Pallitsch/Kleewein*, Baurecht[5] § 21
K-GplG 1995 Anm 10).

Ausdrücklich nur für das „Verfahren" gemäß § 37 Abs 7 sind die 21
Bestimmungen der K-GFPO sinngemäß anzuwenden und auch nur
insofern, als durch das Gesetz nicht anderes bestimmt wird. Es handelt
sich gemäß § 60 Abs 1 grundsätzlich um eine dynamische Verweisung.
Indes verweist § 47 Abs 3 K-GFPO für das Verfahren auf das EisbEG,
welches gemäß § 56 Abs 1 lit b K-GFPO in der Fassung BGBl 1954/71,
zuletzt in der Fassung BGBl I 2010/111, anzuwenden ist.

Die Ermittlung des Entschädigungsbetrages hat „stets aufgrund der
Schätzung beeideter Sachverständiger" zu erfolgen. Dies bedeutet
meiner Ansicht nach aber nicht, dass § 52 AVG nicht anzuwenden
wäre und Amtssachverständige ausgeschlossen wären. Somit sind in
erster Linie Amtssachverständige beizuziehen, nur, wenn diese nicht
zur Verfügung stehen, es mit Rücksicht auf die Besonderheit des Falles
geboten ist, oder auf Anregung der Partei gemäß § 52 Abs 3 AVG, kann
die Behörde ausnahmsweise nichtamtliche Sachverständige heranziehen
(so zur vergleichbaren Rechtslage bei Enteignungen im Straßenrecht
*Wimmer*, Entschädigung 171). Sind Amtssachverständige befangen (§ 7
AVG), so haben sie sich der Ausübung ihres Amtes zu enthalten (§ 53

**22** AVG). Dass „zugleich eine angemessene Leistungsfrist" festzusetzen ist, sieht schon § 47 Abs 3 lit a K-GFPO vor.

**22** Entschädigungsberechtigt ist gemäß § 37 Abs 1 und 2 nur der betroffene Grundeigentümer (siehe § 37 Anm 4). Die Verständigung des Hypothekargläubigers bietet diesem aber Informationen, um allfällige Befriedigungsrechte an der Entschädigungssumme geltend zu machen (siehe dazu *Korinek/Pauger/Rummel*, Enteignungsrecht 270 ff; *Wimmer*, Entschädigung 180).

**23** Gegen diese Bestimmung werden in der Literatur verfassungsrechtliche Bedenken geäußert, da keine Gerichtszuständigkeit normiert wird und somit die Rückzahlung mittels Bescheid vorzuschreiben sei (*Wimmer*, Entschädigung 180; *Pallitsch/Pallitsch/Kleewein*, Baurecht[5] § 21 K-GplG 1995 Anm 11). Meiner Ansicht beruht diese Bestimmung aber auf dem Verständnis des Erkenntnisses VfGH VfSlg 8981/1980. Demnach ist es – „gestützt auf Art 15 Abs 9 B-VG" – zulässig, „den bei Rückgängigmachung einer Enteignung notwendigen Ausgleich mit der schon geleisteten Entschädigung" näher zu regeln. Die Rückzahlung einer seinerzeitigen Entschädigung ist nach dem Judikat eine Rechtsfrage, die nach den Bestimmungen des Privatrechts zu lösen ist. So normiert die Bestimmung auch nur, dass materiell ein Rückzahlungsanspruch der Gemeinde besteht. Darüber hinaus bestehen aber keine verfahrensrechtlichen Bestimmungen zur Durchsetzung dieses Anspruches, insbesondere ist kein verwaltungsbehördlicher Akt vorgesehen. Mangels Normierung eines verwaltungsbehördlichen Verfahrens ergibt sich aus diesem Grund meiner Ansicht nach die Gerichtszuständigkeit. Zur „Änderung des Flächenwidmungsplanes" siehe § 34.

**24** Es hat somit das Land den Aufwand für die Entschädigung zu tragen, wenn die Rückwidmung auf Grund überörtlicher planender Maßnahmen des Landes erfolgt (vgl *Pallitsch/Pallitsch/Kleewein*, Baurecht[5] § 21 K-GplG 1995 Anm 12). Zu den „überörtlichen Entwicklungsprogrammen" siehe § 7.

## 4. Abschnitt – Verfahren

### § 38 Verfahren für den Beschluss über den Flächenwidmungsplan

(1) Vor der Beschlussfassung ist der Entwurf des Flächenwidmungsplanes einschließlich der Erläuterungen durch vier Wochen während der Amtsstunden im Gemeindeamt (Magistrat) zur öffentlichen Einsicht aufzulegen und im Internet auf der Homepage der Gemeinde bereitzustellen.[1] Die Auflage zur öffentlichen Einsicht und die Bereitstellung im Internet sind nach den für die Kundmachung von Verordnungen der Gemeinde geltenden Bestimmungen kundzumachen.[2] Jede Person ist berechtigt, innerhalb der Auflagefrist eine Stellungnahme zum Entwurf des Flächenwidmungsplanes zu erstatten.[3]

(2) Gleichzeitig mit der Auflage zur öffentlichen Einsicht ist der Entwurf des Flächenwidmungsplanes einschließlich der Erläuterungen der Landesregierung, den sonst berührten Landes- und Bundesdienststellen, den angrenzenden Gemeinden und den in Betracht kommenden gesetzlichen Interessenvertretungen unter Einräumung einer Frist von vier Wochen zur Stellungnahme zu übermitteln.[4]

(3) Der Bürgermeister hat die Grundeigentümer jener Grundflächen, an deren Flächenwidmung sich Änderungen ergeben, gleichzeitig mit der Auflage zur öffentlichen Einsicht des Entwurfes davon schriftlich zu verständigen.[5]

(4) Die während der Auflagefrist beim Gemeindeamt (Magistrat) gegen den Entwurf schriftlich eingebrachten und begründeten Einwendungen sind vom Gemeinderat bei der Beratung über den Flächenwidmungsplan in Erwägung zu ziehen.[6]

(5) Der Gemeinderat darf nur Widmungen beschließen, die im Entwurf des Flächenwidmungsplanes gemäß Abs. 1 zur öffentlichen Einsicht aufgelegt und im Internet auf der Homepage der Gemeinde bereitgestellt wurden. Weicht eine beabsichtigte Widmung nicht bloß unwesentlich davon ab, ist hinsichtlich einer solchen geänderten Festlegung das Verfahren nach Abs. 1 bis 3 zu wiederholen.[7]

(6) Der Flächenwidmungsplan bedarf – ausgenommen in den Fällen des § 40[8] – zu seiner Rechtswirksamkeit der Genehmigung der Landesregierung.[9] Der Bürgermeister hat den vom Gemeinderat beschlossenen Flächenwidmungsplan einschließlich der Erläu-

terungen, der eingelangten Stellungnahmen und der Niederschrift über die Beschlussfassung des Gemeinderates der Landesregierung zu übermitteln. Werden die Erläuterungen, die eingelangten Stellungnahmen oder die Niederschrift über die Beschlussfassung des Gemeinderates nicht übermittelt, ist nach § 13 Abs. 3 AVG vorzugehen[10].

(7) Die Genehmigung ist zu versagen, wenn der Flächenwidmungsplan
1. den Zielen und Grundsätzen der Raumordnung, einem überörtlichen Entwicklungsprogramm oder sonstigen raumbedeutsamen Maßnahmen und Planungen des Landes widerspricht,[11]
2. die wirtschaftlichen, sozialen, ökologischen und kulturellen Erfordernisse der Gemeinde nicht beachtet oder auf die im örtlichen Entwicklungskonzept festgelegten Ziele der örtlichen Raumplanung nicht Bedacht nimmt,[12]
3. auf die wirtschaftlichen, sozialen, ökologischen und kulturellen Erfordernisse der angrenzenden Gemeinden nicht Bedacht nimmt,[13]
4. raumbedeutsame Maßnahmen und Planungen des Bundes sowie Planungen anderer Planungsträger, deren Planungen im öffentlichen Interesse liegen, nicht berücksichtigt[14] oder
5. sonst gesetzwidrig ist.[15]

(8) Die Landesregierung hat ohne unnötigen Aufschub, spätestens aber fünf Monate nach Einlangen des Flächenwidmungsplanes einschließlich der Erläuterungen, der eingelangten Stellungnahmen und der Niederschrift über die Beschlussfassung des Gemeinderates den Bescheid zu erlassen.[16] Wird ein Bescheid nicht innerhalb der Entscheidungsfrist erlassen, so gilt die Genehmigung des Flächenwidmungsplanes als erteilt.[17]

(9) Die Landesregierung hat die Gemeinde auf ihr Ersuchen in Angelegenheiten des Flächenwidmungsplanes unentgeltlich zu beraten.[18]

**Lit:**
*Berchtold*, Gemeindeaufsicht, 1972; *Berka*, Flächenwidmungspläne auf dem Prüfstand, JBl 1996, 69; *Hauer*, Planungsrechtliche Grundbegriffe und verfassungsrechtliche Vorgaben, in Hauer/Nußbaumer (Hrsg), Österreichisches Raum- und Fachplanungsrecht, 2006; *Hauer/Hofmann*, in Pabel (Hrsg), Das österreichische Gemeinderecht, 17. Teil Gemeindeaufsicht, 2017; *Hengst-*

*schläger/Leeb*, Allgemeines Verwaltungsverfahrensgesetz², 2014; *Kleewein*, Instrumente der Raumordnung – Überblick und Ausblick, bbl 2014, 89; *ders*, Raumplanung im Spannungsfeld zwischen Recht, Sachverstand und Gestaltungsspielraum, bbl 2019, 213; *Leitl*, Überörtliche und örtliche Raumplanung, in Hauer/Nußbaumer (Hrsg), Österreichisches Raum- und Fachplanungsrecht, 2006; *Pabel*, Die Planungshoheit der Gemeinde bei der Änderung von Flächenwidmungsplänen, RFG 2005/18.

## I. Erläuterungen
### ErlRV 01-VD-LG-1865/5-2021, 46 ff:

„§ 38 Abs. 1 bis 3 entspricht grundsätzlich § 13 Abs. 1 und 2 K-GplG 1995 der geltenden Fassung. Schon das Landesplanungsgesetz, LGBl. Nr. 47/1959, sah in § 10 Abs. 1 bis 3 entsprechende Regelungen vor. Neu gefasst wurden die Bestimmungen durch LGBl. Nr. 50/1969 und LGBl. Nr. 1994/105. Zu letzterer Novelle halten die Erläuterungen Verf-273/3/1994, 23, fest: *„Die Verständigungspflicht von betroffenen Grundeigentümern wird im Interesse der Transparenz der Planungsvorgänge ausgebaut."* Im Sinne eines vereinfachten Zuganges für den Bürger soll nunmehr der Entwurf des Flächenwidmungsplanes einschließlich der Erläuterungen auch im Internet bereitgestellt und diese Bereitstellung auch kundgemacht werden (siehe zur Kundmachung §§ 15 und 80a K-AGO, §§ 16 und 82a des K-KStR 1998 sowie §§ 16 und 84a K-VStR 1998). Um den Entwurfscharakter für den Bürger ersichtlich zu machen, empfiehlt sich eine eindeutige Kennzeichnung dieser Entwürfe (zB durch Wasserzeichen). Wird von der Gemeinde regelmäßig ein Publikations- oder ein Mitteilungsblatt herausgegeben, darf selbstverständlich weiterhin in diesem auf die Auflage zur öffentlichen Einsicht und die Bereitstellung im Internet hingewiesen werden. Siehe zum Ganzen auch die Erläuterungen zu § 38 Abs. 5.

§ 38 Abs. 4 entspricht § 13 Abs. 3 K-GplG 1995 der geltenden Fassung. Die Bestimmung findet sich nahezu wortgleich bereits als § 10 Abs. 3 des Landesplanungsgesetzes, LGBl. Nr. 47/1959.

§ 38 Abs. 5 entspricht § 13 Abs. 4 K-GplG 1995 der geltenden Fassung. Die Bestimmung wurde in dieser Form grundsätzlich als § 7 Abs. 3 des Gemeindeplanungsgesetzes 1982, LGBl. Nr. 1994/105, geschaffen. Die Erläuterungen Verf-273/3/1994, 23 f, führen dazu aus: *„Nach der Rechtsprechung des Verfassungsgerichtshofes (vgl. etwa VfSlg. 8280/1978) sind raumplanende Maßnahmen streng daraufhin zu* *prüfen, ob die Entscheidungsgrundlagen des Verordnungsgebers in ausreichendem Maße erkennbar sind und ob der Verordnungsgeber die im Gesetz zur Gewinnung ausreichender Entscheidungsgrundlagen vorgesehene Vorgangsweise eingehalten hat. Dies gilt insbesondere auch für die im § 7 Abs. 3 normierte Verpflichtung zur Auflage des Planentwurfes zur allgemeinen Einsicht. Sinn und Zweck jeder Auflage eines Planentwurfes (ebenso wie der Verständigung der betroffenen Grundeigentümer über das Stattfinden einer solchen Auflage) ist es, den Planunterworfenen eine ausreichende Möglichkeit zur Erhebung allfälliger Einwendungen gegen die in Aussicht genommene Planänderung einzuräumen, mit anderen Worten, ihnen die Möglichkeit einer Berücksichtigung ihrer Interessen zu gewähren (vgl. etwa VfGH 23.6.1990 V 150/90; 27.6.1991 V 472/90). Der Verfassungsgerichtshof hat im gegebenen Zusammenhang wiederholt ausgesprochen, daß (kleinere) Verstöße gegen Verfahrensvorschriften bei der Auflage von Entwürfen (oder in der Verständigung darüber) dann (noch) keine Gesetzwidrigkeit des Zustandekommens des Planes bewirken, wenn dadurch die Unterrichtung der betroffenen Gemeindebürger über die beabsichtigten Planungsmaßnahmen nicht beeinträchtigt wird (vgl. VfSlg. 8463/1978, 9150/1981 und 10208/1984). Wenn aber eine derartige Beeinträchtigung eintritt, hat der ihr zugrundeliegende Verstoß gegen Verfahrensvorschriften die Gesetzwidrigkeit der Flächenwidmungsplanänderung zur Folge. Die Ergänzung des § 7 Abs. 3 dahingehend, daß ein nicht bloß unwesentliches Abweichen der beabsichtigten Widmung von der in dem zur allgemeinen Einsicht aufgelegten Entwurf enthaltenen Widmung hinsichtlich einer solchen geänderten Festlegung eine neuerliche Auflage nach Abs. 1 erfordert, trägt den skizzierten Grundgedanken der Rechtsprechung des Verfassungsgerichtshofes zu Sinn und Zweck der Auflage von Planentwürfen nunmehr ausdrücklich Rechnung."*

§ 38 Abs. 6 bis 8 entspricht § 13 Abs. 5, 7 und 8 K-GplG 1995 der geltenden Fassung. Schon das Landesplanungsgesetz, LGBl. Nr. 47/1959, sah in § 10 Abs. 4 eine entsprechende Regelung vor.

§ 38 Abs. 6 letzter Satz wurde durch LGBl. Nr. 1994/105 § 7 Abs. 4 des Gemeindeplanungsgesetzes 1982 angefügt. Die Erläuterungen Verf-273/3/1994, 24, führen dazu aus: „*Mit der Ergänzung des § 7 Abs. 4, daß die Aufsichtsbehörde nach § 13 Abs 3 AVG vorzugehen hat, wenn die Erläuterungen oder die sonstigen Unterlagen nicht beigebracht werden, wird nunmehr ausdrücklich klargestellt, daß in einem* derartigen Fall zunächst ein Auftrag zur Erhebung der Formgebrechen zu erteilen und hiefür eine angemessene Frist zu bestimmen ist. Dies hat zur Folge, daß der Antrag auf aufsichtsbehördliche Genehmigung des Flächenwidmungsplanes bzw. seiner Änderung nach fruchtlosem Ablauf der Frist zurückzuweisen ist. Wird das Formgebrechen hingegen innerhalb der gesetzten Frist behoben, so gilt der Genehmigungsantrag als ursprünglich richtig eingebracht."

Zu den Versagungsgründen in § 38 Abs. 7 halten die Erläuterungen Verf-462/1/1969, 3 f, zur Novelle LGBl. Nr. 50/1969 fest: „Die gewählte Fassung nimmt insbesondere auf Art. 119a Abs. 8 B.-VG Bedacht, wonach den Grund für das Versagen der Genehmigung einer Angelegenheit des eigenen Wirkungsbereiches einer Gemeinde nur ein Tatbestand bilden darf, der die Bevorzugung überörtlicher Interessen eindeutig rechtfertigt. Jede Gesetzwidrigkeit verletzt auch überörtliche Interessen und bildet damit einen Tatbestand, der die Versagung der Genehmigung rechtfertigt." Die Bestimmung wurde in ihrer heutigen Form als § 7 Abs. 5 des Gemeindeplanungsgesetzes 1982 durch LGBl. Nr. 1994/105 geschaffen. Die Erläuterungen Verf-273/3/1994, 24 f, führen dazu aus: „Die verfassungsrechtliche Grundlage dafür, daß § 7 Abs. 5 die Erlassung bzw. in Verbindung mit § 9 [Anmerkung: siehe nunmehr § 39] auch die Änderung des Flächenwidmungsplanes einer aufsichtsbehördlichen Genehmigung durch die Landesregierung unterwirft, bildet Art. 119a Abs. 8 B-VG, wonach die Gesetzgebung Maßnahmen im eigenen Wirkungsbereich der Gemeinde, durch die auch überörtliche Interessen im besonderen Maße berührt werden, an eine Genehmigung binden kann. Wie sich aus Art. 119a Abs. 8 B-VG nach der Rechtsprechung des Verfassungsgerichtshofes ergibt, muß ein Gesetz, durch das eine im eigenen Wirkungsbereich der Gemeinde zu treffende Maßnahme an die Genehmigung einer Aufsichtsbehörde gebunden wird, die Gründe für die Versagung der Genehmigung normieren (vgl. VfSlg. 7101/1973). Als Versagungsgrund darf Art. 119a Abs. 8 letzter Satz B-VG zufolge nur ein Tatbestand vorgesehen werden, „der die Bevorzugung überörtlicher Interessen eindeutig rechtfertigt". Es bedarf nun keiner näheren Erörterung, daß die in lit. a bis lit. d vorgesehenen Versagungstatbestände diesen bundesverfassungsgesetzlichen Voraussetzungen entsprechen. Dies gilt insbesondere auch für den Versagungstatbestand der mangelnden Bedachtnahme auf die im örtlichen Entwicklungskonzept festgelegten Ziele der örtlichen Raumplanung, wenn man bedenkt, daß dieses Konzept die fachliche Grundlage *für die planmäßige Gestaltung und Entwicklung des Gemeindegebietes, insbesondere für die Erlassung des Flächenwidmungsplanes bildet (vgl. im gegebenen Zusammenhang die Ausführungen zu § 1a [Anmerkung: siehe nunmehr § 9] und dort insbesondere die Ausführungen zur (Selbst-)Bindungswirkung des örtlichen Entwicklungskonzeptes). Aber auch insofern, als zufolge der lit. e ein Versagungstatbestand auch dann vorliegen soll, wenn der Flächenwidmungsplan „sonst gesetzwidrig ist", ist durch die Rechtsprechung des Verfassungsgerichtshofes (vgl. VfSlg. 11163/1986) klargestellt, daß eine Regelung, die die Versagung der aufsichtsbehördlichen Genehmigung für den Fall vorsieht, daß der Flächenwidmungsplan gesetzwidrig ist, nicht im Widerspruch zu Art. 119a Abs. 8 B-VG steht."*

Die Genehmigungsfiktion in § 38 Abs. 8 wurde durch LGBl. Nr. 134/1997 in § 13 Abs. 8 des Gemeindeplanungsgesetzes 1995 geschaffen. Dazu führen die Erläuterungen Verf-579/15/1997, 16, aus: *„Eine wesentliche Neuregelung des vorliegenden Gesetzesentwurfes besteht in der „Fiktion der aufsichtsbehördlichen Genehmigung" für den Fall, daß der Gemeinde innerhalb der Frist des § 13 Abs. 8 erster Satz keine Entscheidung der Landesregierung zugestellt wird. Vergleichbare Regelungen enthalten auch die raumordnungsrechtlichen Vorschriften anderer Länder (vgl. etwa § 34 Abs. 4 des Oberösterreichischen Raumordnungsgesetzes, LGBl. Nr. 114/1993)[.]"* Die Bestimmung orientiert sich an § 73 Abs. 1 AVG (in der geltenden Rechtslage wird für die Fristberechnung auf § 73 Abs. 1 AVG verwiesen, so schon LGBl. Nr. 57/1972).

§ 38 Abs. 9 entspricht § 13 Abs. 9 K-GplG 1995 der geltenden Fassung. Die Bestimmung findet sich wortgleich bereits als § 10 Abs. 9 des Landesplanungsgesetzes, LGBl. Nr. 47/1959."

## II. Anmerkungen

**1** Zum „Flächenwidmungsplan" siehe § 13. Die Bestimmungen über das Begutachtungsverfahren dienen der Publizität. Um den Gemeindebürgern die Möglichkeit zu geben, den Gemeinderatssitzungen, in denen der Entwurf des Flächenwidmungsplans behandelt wird, inhaltlich zu folgen, ist es rechtsstaatlich geboten, nicht nur die Tagesordnung der Sitzung zu veröffentlichen, sondern auch die entsprechenden Dokumente und insbesondere die Gemeindebürger über diesen Umstand in

Kenntnis zu setzen (vgl VfGH VfSlg 17.656/2005; siehe auch *Kleewein*, bbl 2014, 97). Die Bestimmungen sollen insbesondere auch die Möglichkeit zur Erhebung von Einwendungen und ein Mitspracherecht (siehe § 38 Abs 4) gewährleisten (vgl VfGH VfSlg 15.275/1998). Aus dem Begriff „bereitzustellen" ist abzuleiten, dass der Entwurf des Flächenwidmungsplans einschließlich der Erläuterungen auch herunterladbar sein muss.

Es wird im K-ROG 2021 nicht ausdrücklich angeordnet, wer den Entwurf des Flächenwidmungsplans einschließlich der Erläuterungen zu erstellen hat. Gemäß § 69 Abs 3 K-AGO obliegen dem Bürgermeister alle behördlichen Aufgaben des eigenen Wirkungsbereiches, die durch Gesetz nicht einem anderen Organ übertragen sind. Daraus ist abzuleiten, dass die Erstellung des Entwurfes des Flächenwidmungsplans einschließlich der Erläuterungen sowie die Kundmachung der Auflage und der Bereitstellung im Internet durch den Bürgermeister zu erfolgen haben.

Die Einhaltung der zur Erlassung des Flächenwidmungsplans gesetzlich angeordneten Verfahrensvorschriften ist aktenmäßig zu dokumentieren (VfGH VfSlg 20.357/2019 mwN). Bloß geringfügige Verfahrensverstöße bewirken keine Gesetzwidrigkeit des Zustandekommens des Planes, wenn dadurch die Unterrichtung der betroffenen Personen über die beabsichtigte Planungsmaßnahme nicht beeinträchtigt wird. „Wenn aber eine derartige maßgebliche Beeinträchtigung eintritt, dann hat der ihr zugrunde liegende Verstoß gegen Verfahrensvorschriften die Gesetzwidrigkeit der Verordnung zur Folge" (vgl VfGH VfSlg 19.344/2011 iVm VfSlg 20.357/2019).

Gemäß § 15 Abs 1 K-AGO hat der Bürgermeister Verordnungen der Gemeinde im elektronisch geführten Amtsblatt der Gemeinde kundzumachen. Somit ist auch die Auflage und die Bereitstellung des Entwurfes des Flächenwidmungsplans im elektronisch geführten Amtsblatt kundzumachen. Auf der Amtstafel und im elektronisch geführten Amtsblatt ist nur die Tatsache der Auflage und der Bereitstellung kundzumachen, nicht der Entwurf des Flächenwidmungsplans einschließlich der Erläuterungen selbst. Der Entwurf des Flächenwidmungsplans einschließlich der Erläuterungen ist lediglich im Gemeindeamt aufzulegen und auf der Homepage der Gemeinde bereitzustellen. **2**

Das Recht, eine Stellungnahme abzugeben, besteht somit für alle natürlichen sowie juristischen Personen und ist nicht auf Gemeindebürger **3** eingeschränkt. Es muss auch kein rechtliches Interesse glaubhaft gemacht werden. Durch das Recht, im Rahmen des Begutachtungsverfahrens Stellungnahmen abzugeben, soll insbesondere die Akzeptanz der Planungsmaßnahmen erhöht werden (vgl die zu § 12 unter Punkt I. abgedruckten ErlRV 01-VD-LG-1865/5-2021, 13; siehe auch *Kleewein*, bbl 2014, 97).

**4** Die individuelle Verständigung der anderen Gebietskörperschaften im Rahmen des Begutachtungsverfahrens erfolgt vor dem Grundsatz gemäß § 2 Abs 2 Z 2, dass rechtswirksame raumbedeutsame Maßnahmen und Pläne von Gebietskörperschaften zu berücksichtigen sind sowie auf raumbedeutsame Maßnahmen und Pläne anderer Planungsträger, deren Planungen im öffentlichen Interesse liegen, Bedacht zu nehmen ist (zum Berücksichtigungsgebot siehe § 2 Anm 21).

**5** Nur die Grundeigentümer jener Grundflächen, „an deren Flächenwidmung sich Änderungen ergeben", sind umfasst (die Judikate VfGH VfSlg 17.189/2004 und VfSlg 17.888/2006 ergingen zu einem anderen Wortlaut der vergleichbaren Bestimmung des § 13 Abs 1 letzter Satz K-GplG 1995). Die Unterlassung der Verständigungspflicht führt zur Gesetzwidrigkeit der Verordnung (VfGH VfSlg 16.394/2001; VfSlg 16.991/2003; VfSlg 17.189/2004; VfSlg 17.753/2006; VfSlg 17.888/2006). Aus diesem Grund ist es zweckmäßig, eine nachweisliche Verständigung, zB mittels Rückscheins, vorzunehmen. „Zur öffentlichen Einsicht des Entwurfes" siehe § 38 Abs 1. Zum „Grundeigentümer" siehe § 45 Anm 2.

**6** Auf die Erlassung oder Abänderung eines Flächenwidmungsplans besteht für niemanden ein Rechtsanspruch (VwGH 15.12.1992, 92/05/0147; 16.9.1997, 97/05/0030; siehe auch *Hauer*, Grundbegriffe 18 f). Für eine Erlassung oder Änderung ist aber eine Interessenabwägung auf Basis einer Grundlagenforschung vorzunehmen (siehe zum „Abwägungsgebot" und zur „Grundlagenforschung" § 2 Anm 27). Die schriftlichen Einwendungen sind in diesem Sinne in die Interessenabwägung einzubeziehen (VfGH VfSlg 20.182/2017). „Schriftliche" Anbringen können gemäß § 13 Abs 2 AVG der Behörde in jeder technisch möglichen Form übermittelt werden, mit E-Mail jedoch nur insoweit, als für den elektronischen Verkehr zwischen der Behörde und den Beteiligten nicht besondere Übermittlungsformen vorgesehen sind. Etwaige technische Voraussetzungen oder organisatorische Beschränkungen des elektronischen Verkehrs zwischen der Behörde und den Beteiligten sind im Internet bekanntzumachen.

Dies entspricht der Judikatur des VfGH, nach der Änderungen des Entwurfes des Flächenwidmungsplanes auf Grund der abgegebenen Stellungnahmen die zwangsläufige Folge des mit dem Begutachtungsverfahren verbundenen Zweckes sind (VfGH VfSlg 8697/1979). In diesem Sinne muss der Entwurf nach Änderungen dann nochmals einem Begutachtungsverfahren unterzogen werden, wenn eine nicht bloß unwesentliche Änderung gegenüber dem ursprünglich aufgelegten und bereitgestellten Entwurf erfolgt (vgl VfGH VfSlg 15.300/1998). Eine wesentliche Änderung kann sich ausweislich der Materialien insbesondere aus rechtlichen oder raumordnungsfachlichen Gründen ergeben (siehe die zu § 39 unter Punkt I. abgedruckten ErlRV 01-VD-LG-1865/5-2021, 49). Dies liegt meiner Ansicht nach insbesondere dann vor, wenn durch die Abänderung die Ziele und Grundsätze der Raumordnung gemäß § 2 berührt werden. Wenn aber eine bloße Verkleinerung des Planungsraumes des Flächenwidmungsplanes vorliegt, die ansonsten keine inhaltliche Änderung bedeutet, ist dies keine wesentliche Änderung (vgl VfGH 6.12.2021, V 521/2020). 7

Zum „vereinfachten Verfahren" siehe § 40 Anm 1 f. 8

Gemäß Art 119a Abs 8 B-VG können einzelne von der Gemeinde im eigenen Wirkungsbereich zu treffende Maßnahmen, durch die auch überörtliche Interessen in besonderem Maß berührt werden, durch Gesetz an eine Genehmigung der Aufsichtsbehörde gebunden werden (zum Ganzen *Leitl*, Raumplanung 124 f; *Hauer/Hofmann*, Gemeindeaufsicht Rz 139 ff; *Pabel*, RFG 2005, 60 ff; *Kleewein*, bbl 2019, 222 f). So ist nach der Judikatur des VfGH eine aufsichtsbehördliche Genehmigung des Flächenwidmungsplanes verfassungsrechtlich unbedenklich, weil jeder Flächenwidmungsplan überörtliche Interessen in besonderem Maß berührt, da er sich zur Gänze in überörtliche Zusammenhänge einzufügen hat (VfGH VfSlg 12.918/1991 mwN; VfSlg 16.372/2001). Im Genehmigungsverfahren hat nur die Gemeinde Parteistellung (VfGH VfSlg 7294/1974; VfSlg 11.163/1986; VfSlg 19.451/2011), hingegen nicht ein betroffener Grundeigentümer (VfGH VfSlg 7211/1973; VfSlg 7294/1974; VfSlg 10.554/1985) oder eine Nachbargemeinde (VfGH VfSlg 16.235/2001; VwGH 17.3.2006, 2005/05/0131). Im Rahmen des Parteiengehörs hat die Landesregierung vor ihrer Entscheidung über die Versagung der Genehmigung der Gemeinde die Versagungsgründe 9 mitzuteilen (VfGH VfSlg 16.372/2001). Die Verletzung der Wahrung des Parteiengehörs, zB wenn ein Sachverständigengutachten der Gemeinde nicht zur Kenntnis gebracht wird, belastet das Verfahren mit einem wesentlichen Verfahrensmangel (VwGH 29.8.2000, 2000/05/0013). Hingegen gilt der Antrag der Gemeinde auf Genehmigung nicht als zurückgezogen, wenn sich die Gemeinde zu einem Gutachten nicht äußert (VwGH 18.10.1988, 88/05/0193). Das Vorliegen des Genehmigungsbescheides (oder der Genehmigungsfiktion gemäß § 38 Abs 8) ist Voraussetzung für die Rechtmäßigkeit der Kundmachung des Flächenwidmungsplanes (VfGH VfSlg 19.451/2011). Eine rückwirkende Aufhebung des Genehmigungsbescheides kann die einmal rechtmäßig erfolgte Kundmachung nicht rechtswidrig machen (VfGH VfSlg 19.451/2011).

Zu übermitteln sind gemäß § 53 Abs 12 auch privatwirtschaftliche Vereinbarungen, die sich auf Grundflächen beziehen, hinsichtlich derer der Gemeinderat eine Änderung des Flächenwidmungsplans beschlossen hat.

**10** Die Landesregierung hat gemäß § 13 Abs 3 AVG von Amts wegen unverzüglich die Behebung des Mangels zu veranlassen und kann der Gemeinde die Behebung des Mangels innerhalb einer angemessenen Frist mit der Wirkung auftragen, dass das Anbringen nach fruchtlosem Ablauf dieser Frist zurückgewiesen wird. Wird der Mangel rechtzeitig behoben, so gilt das Anbringen als ursprünglich richtig eingebracht (zum Ganzen ausführlich *Hengstschläger/Leeb*, AVG [2] § 13 Rz 25 ff).

**11** Zu den „Zielen und Grundsätzen der Raumordnung" siehe § 2, zum „überörtlichen Entwicklungsprogramm" siehe § 7 und § 8 und zu den „raumbedeutsamen Planungen oder Maßnahmen" des Landes und anderer Planungsträger siehe § 2 Anm 21.

**12** Zum „örtlichen Entwicklungskonzept" siehe § 9, zu den „wirtschaftlichen, sozialen, ökologischen oder kulturellen Erfordernissen" siehe § 3 Anm 3.

**13** Zu den „wirtschaftlichen, sozialen, ökologischen oder kulturellen Erfordernissen" siehe § 3 Anm 3, zum Berücksichtigungsgebot siehe § 2 Anm 21.

**14** Zum Berücksichtigungsgebot siehe § 2 Anm 21.

**15** Der Landesgesetzgeber muss die Versagungsgründe normieren (VfGH VfSlg 7101/1973; VfSlg 11.163/1986). Verfassungsrechtlich zulässig ist auch der Versagungsgrund der „Gesetzwidrigkeit" (VfGH VfSlg

6494/1971; VfSlg 11.163/1986; zum Ganzen *Hauer/Hofmann*, Gemeindeaufsicht Rz 146 ff; *Kleewein*, bbl 2014, 97). Eine inhaltliche Änderung des Flächenwidmungsplanes durch die Landesregierung, etwa durch die Genehmigung bzw Versagung der Genehmigung nur eines Teils des Flächenwidmungsplans, ist unzulässig (VfGH VfSlg 13.633/1993; 23.2.1989, 83/06/0260; 27.9.2018, Ra 2018/06/0170). Nach der Judikatur des VwGH richtet sich die Genehmigungsfähigkeit des Flächenwidmungsplanes nach der Rechtslage zum Zeitpunkt der Beschlussfassung des Gemeinderates (VwGH 20.6.1991, 90/06/0162; kritisch *Hauer/Hofmann*, Gemeindeaufsicht Rz 161). Die Landesregierung hat die Versagungsgründe konkret aufzuzeigen und nachvollziehbar zu begründen, warum sie die Voraussetzungen für eine Genehmigung nicht für gegeben erachtet (VwGH 7.2.2000, 96/05/0072).

Die aufsichtsbehördliche Genehmigung oder die Versagung der Genehmigung hat durch Bescheid zu erfolgen (VfGH VfSlg 11.163/1986; VwGH 13.2.1973, 1920/72; *Leitl*, Raumplanung 124; *Hauer/Hofmann*, Gemeindeaufsicht Rz 158). 16

Nach Ablauf der Frist ist die aufsichtsbehördliche Genehmigung oder die Versagung der Genehmigung durch Bescheid unzulässig (VwGH 20.6.1991, 90/06/0162). 17

Nach einem Judikat des VfGH (VfSlg 3632/1959) setzt die Tätigkeit der Aufsichtsbehörde nicht erst ein, wenn die Gemeinde gesetzwidrig gehandelt hat. „Die Aufgabe einer Aufsichtsbehörde besteht vielmehr auch darin, solche fehlerhafte Akte zu verhüten." Dem dient auch die Beratung durch die Landesregierung (*Berchtold*, Gemeindeaufsicht 199, bezeichnet im Zusammenhang mit der Gebarungskontrolle die Beratung sogar als Hauptfunktion). Dies darf aber nicht dazu führen, dass die Gemeinde ihre Entscheidung der Landesregierung überlässt und sich darauf beschränkt, „ohne eigene Planungsüberlegungen deren Willensäußerungen entsprechende Beschlüsse zu fassen" (VfGH VfSlg 12.169/1989; *Berka*, JBl 1996, 78). 18

## § 39 Verfahren zur Änderung des Flächenwidmungsplanes

(1) Für das Verfahren bei der Änderung des Flächenwidmungsplanes gilt § 38[1] mit der Maßgabe, dass
  1. Änderungen des Flächenwidmungsplanes – ausgenommen im Rahmen des vereinfachten Verfahrens gemäß § 40 –

dürfen nach Tunlichkeit nur einmal jährlich erfolgen, wenn nicht zwingende öffentliche Interessen vorliegen,[2] und
2. die Genehmigung auch zu versagen ist, wenn die Voraussetzungen nach § 34 nicht gegeben sind[3].

(2) Vor der Einleitung des Verfahrens zur Änderung des Flächenwidmungsplanes hat die Gemeinde in einem Vorprüfungsverfahren entweder eine Stellungnahme der Landesregierung einzuholen, ob der beabsichtigten Änderung des Flächenwidmungsplanes fachliche Gründe der Raumordnung entgegenstehen, oder der Landesregierung ein raumordnungsfachliches Gutachten eines Sachverständigen vorzulegen, welches bescheinigt, dass der beabsichtigten Änderung des Flächenwidmungsplanes keine raumordnungsfachlichen Gründe entgegenstehen.[4]

(3) Das raumordnungsfachliche Gutachten gemäß Abs. 2 hat insbesondere zu enthalten:
1. die von der Änderung des Flächenwidmungsplanes betroffenen Grundflächen, ihr Flächenausmaß, ihre gegenwärtige und die in Aussicht genommene künftige Widmung;
2. eine planliche Darstellung des Entwurfs des Flächenwidmungsplanes;
3. eine Bescheinigung dass,
   a) die Änderung des Flächenwidmungsplanes mit den Zielen und Grundsätzen der Raumordnung übereinstimmt und
   b) für die Änderung des Flächenwidmungsplanes Gründe gemäß § 34 vorliegen.[5]

(4) Der Landesregierung sind zur Abgabe der Stellungnahme gemäß Abs. 2 zu übermitteln:
1. die von der beabsichtigten Änderung des Flächenwidmungsplanes betroffenen Grundflächen, ihr Flächenausmaß, ihre gegenwärtige und die in Aussicht genommene künftige Widmung;
2. Informationen über die bestehende Verbauung auf den betroffenen und angrenzenden Grundflächen;
3. eine planliche Darstellung, in der die lagemäßige Anordnung der betroffenen Grundflächen und die Widmung der angrenzenden Grundflächen ersichtlich sind.[6]

(5) Die Landesregierung hat der Gemeinde innerhalb von drei Monaten nach der Übermittlung der vollständigen Unterlagen nach Abs. 4 in einer Stellungnahme mitzuteilen, ob und gegebenen-

falls welche fachlichen Gründe der Raumordnung der beabsichtigten Änderung des Flächenwidmungsplanes entgegenstehen. Stehen der Änderung des Flächenwidmungsplanes keine fachlichen Gründe entgegen, hat die Landesregierung in ihrer Stellungnahme an die Gemeinde zusätzlich bekannt zu geben, ob die Voraussetzungen für die Änderung des Flächenwidmungsplanes im vereinfachten Verfahren vorliegen.[7]

(6) Das raumordnungsfachliche Gutachten ist von der Gemeinde der Landesregierung zur Stellungnahme zu übermitteln. Die Landesregierung hat die beabsichtigte Änderung des Flächenwidmungsplanes aufgrund des raumordnungsfachlichen Gutachtens auf das Vorliegen offenkundiger Widersprüche zu den Voraussetzungen nach § 38 Abs. 7 und auf die Vollständigkeit der übermittelten Unterlagen hin zu prüfen. Es ist insbesondere auf die Schlüssigkeit des Fachgutachtens Bedacht zu nehmen. Das Ergebnis der Überprüfung ist der Gemeinde unverzüglich, jedenfalls aber innerhalb von zwei Monaten nach Übermittlung der vollständigen Unterlagen, mitzuteilen. Die Landesregierung hat in ihrer Stellungnahme an die Gemeinde zusätzlich bekannt zu geben, ob die Voraussetzungen für die Änderung des Flächenwidmungsplanes im vereinfachten Verfahren vorliegen.[8]

(7) Wird die Änderung des Flächenwidmungsplanes nach Abschluss des Vorprüfungsverfahrens nicht bloß unwesentlich abgeändert, ist das Vorprüfungsverfahren zu wiederholen.[9]

**Lit:**
*Attlmayr/Walzel von Wiesentreu* (Hrsg), Handbuch des Sachverständigenrechts[3], 2021; *Hengstschläger/Leeb*, Allgemeines Verwaltungsverfahrensgesetz[2], 2014; *Kleewein*, Raumplanung im Spannungsfeld zwischen Recht, Sachverstand und Gestaltungsspielraum, bbl 2019, 213; *Pallitsch/Pallitsch/Kleewein*, Kärntner Baurecht[5], 2014.

## I. Erläuterungen

### ErlRV 01-VD-LG-1865/5-2021, 48 f:

„§ 39 Abs. 1 entspricht grundsätzlich § 15 Abs. 5 K-GplG 1995 der geltenden Fassung. Schon das Landesplanungsgesetz, LGBl. Nr. 47/1959, sah in § 11 Abs. 3 eine entsprechende Regelung vor. In ihrer heutigen Fassung wurde die Bestimmung grundsätzlich durch

LGBl. Nr. 134/1997 geschaffen. Dazu halten die Erläuterungen Verf-579/15/1997, 17, fest: *"§ 15 Abs. 5 des Gemeindeplanungsgesetzes 1995 in der derzeit geltenden Fassung sieht (ua.) vor, daß "Änderungen des Flächenwidmungsplanes höchstens einmal jährlich erfolgen dürfen". Diese Regelung hat in der Praxis insofern zu Problemen geführt, als sich immer wieder die Notwendigkeit ergeben hat, Änderungen des Flächenwidmungsplanes häufiger als einmal jährlich vorzunehmen. Einem Anliegen der Praxis Rechnung tragend soll die in Rede stehende Regelung des § 15 Abs. 5 des Gemeindeplanungsgesetzes 1995 dahingehend geändert werden, daß vom Gebot der "höchstens einmal jährlichen Änderung des Flächenwidmungsplanes["] ausdrücklich Änderungen im Rahmen des vereinfachten Verfahrens nach § 16 leg.cit. ausgenommen werden; bei anderen Änderungen des Flächenwidmungsplanes soll es hingegen grundsätzlich bei der Beschränkung bleiben, daß solche Änderungen des Flächenwidmungsplanes höchstens einmal jährlich erfolgen dürfen, für Fälle zwingenden öffentlichen Interesses wird jedoch von diesem Gebot ein ausdrücklicher Vorbehalt geschaffen."*

§ 39 Abs. 2 bis 7 entspricht grundsätzlich § 15 Abs. 6 und 7 K-GplG 1995 der geltenden Fassung. Die Möglichkeit eines Vorprüfungsverfahrens wurde erstmals als § 9 Abs. 5 des Gemeindeplanungsgesetzes 1982 durch LGBl. Nr. 105/1994 geschaffen. Dazu führen die Erläuterungen Verf-273/3/1994, 27, aus: *"Die neu in das Gemeindeplanungsgesetz 1982 aufgenommene Bestimmung des § 9 Abs. 5 verankert nunmehr das in der Praxis bereits seit einiger Zeit praktizierte Vorprüfungsverfahren vor der Einleitung des Verfahrens zur Änderung des Flächenwidmungsplanes ausdrücklich auf Gesetzesstufe."*

Die Verpflichtung zur Durchführung eines Vorprüfungsverfahrens wurde als § 15 Abs. 6 und 7 K-GplG 1995 durch LGBl. Nr. 134/1997 geschaffen. Dazu halten die Erläuterungen Verf-273/3/1994, 27, fest: *"Im Vergleich zur derzeit geltenden Rechtslage soll das – bisher fakultative – Vorprüfungsverfahren in Hinkunft obligatorisch durchzuführen sein. Dadurch soll gewährleistet werden, daß die fachliche Beurteilung der Änderung des Flächenwidmungsplanes jedenfalls vor der Beschlußfassung des Gemeinderates über die Umwidmung erfolgt und der Beratung und Beschlußfassung im Gemeinderat zugrundegelegt werden kann. Nach der Rechtsprechung des Verfassungsgerichtshofes (vgl. VfGH vom 2.12.1991, V 16/91) ["] belastet nämlich das Unterbleiben der gebotenen Grundlagenforschung vor der Beschlußfassung der Gemeindevertretung ... (eine) Änderung des Flächenwidmungsplanes mit Gesetzwidrigkeit". Die Landesregierung hat der Gemeinde das Ergebnis ihrer fachlichen Beurteilung sowie den Umstand mitzuteilen, ob die Voraussetzungen für die Änderung des Flächenwidmungsplanes im vereinfachten Verfahren vorliegen (§ 15 Abs. 7)* [Anmerkung: siehe nunmehr § 39 Abs. 5 und 6]. *Ist dies der Fall, so hat – nach einer entsprechenden Beschlußfassung des Gemeinderates, die in seinem freien Planungsermessen liegt, – die betreffende Änderung des Flächenwidmungsplanes im vereinfachten Verfahren zu erfolgen (§ 16 Abs. 1a)* [Anmerkung: siehe nunmehr § 40 Z 2]. *Das skizzierte Regelungssystem stellt somit einen unmittelbaren Konnex zwischen dem Vorprüfungsverfahren und der Flächenwidmungsplanänderung im vereinfachten Verfahren her. Die damit verfolgten Zielsetzungen sind*

– *eine bessere fachliche Fundierung von Änderungen der Flächenwidmungspläne,*
– *eine erhebliche Beschleunigung der Umwidmungsverfahren,*
– *eine Stärkung der Gemeindeautonomie im Bereich der örtlichen Raumplanung,*
– *eine Vereinfachung der Verfahrensabläufe und*
– *eine Verringerung des Verwaltungsaufwandes auf der Ebene der Gemeinden und auf der Ebene des Landes."*

Das bereits jetzt vorgesehene Vorprüfungsverfahren soll im Sinne der Verfahrensbeschleunigung durch die Möglichkeit der Vorlage eines raumordnungsfachlichen Gutachtens ergänzt werden. Der Gemeinde kommt eine Wahlmöglichkeit zu, für welche Verfahrensart sie sich entscheidet. Das raumordnungsfachliches Gutachten ist von einem „Sachverständigen" zu erstellen, dh. durch einen staatlich befugten und beeideten Zivilgesetzgeber oder ein Technischen Büros (im Rahmen ihrer jeweiligen Befugnisse) oder einen Bediensteten der Gemeinde, der über eine vergleichbare fachliche Qualifikation verfügt. In diesem Zusammenhang ist auf die Problematik einer unzulässigen „Verfahrensprivatisierung" (vgl. hiezu *Kleewein*, Anm. zu VfGH 2.10.2013, G 118/2012, RdU 2014, 76 [78]) hinzuweisen, dass die Gemeinde (unzulässiger Weise) die Durchführung der erforderlichen Grundlagenforschung unterlässt und an von ihr beauftragte Zivilgesetzgeber oder Technische Büros delegiert. Nach der Rechtsprechung des VfGH verlangt nämlich das Rechtstaatsprinzip, dass die Behörde selbst überprüft, ob die erforderlichen Genehmigungsvoraussetzungen vorliegen oder nicht (VfGH VfSlg. 16.049/2000, VfSlg. 17.736/2005, 2.10.2013, G 118/2012); auch eine nachprüfende Kontrolle der Landesregierung in ihrer Funktion als Aufsichtsbehörde in Angelegenheiten der Gemeindeplanung kann die gesetzmäßige Vorgangsweise der Gemeinde zur Gewinnung einer ausreichenden Entscheidungsgrundlage nicht ersetzen (VfGH VfSlg. 17.736/2005). Aus diesem Grund entbindet die Erstellung des Fachgutachtens durch einen staatlich befugten und beeideten Ziviltechniker oder ein Technisches Büro die Gemeinde nicht von der Durchführung der erforderlichen Grundlagenforschung, insbesondere nicht von einer Prüfung, ob die Voraussetzungen des § 34 vorliegen. Die raumordnungsfachlichen Gutachten sind der Landesregierung zur Stellungnahme zu übermitteln. Im Sinne einer Verfahrensbeschleunigung hat die Landesregierung die ihr im Rahmen des vereinfachten Vorprüfungsverfahrens übermittelten raumordnungsfachlichen Gutachten nur mehr auf offenkundige Widersprüche zu den Voraussetzungen nach § 38 Abs. 7 hin zu überprüfen und der Gemeinde das Ergebnis der Überprüfung unverzüglich, jedenfalls aber innerhalb von zwei Monaten nach Übermittlung der vollständigen Unterlagen, mitzuteilen. Die Landesregierung hat allerdings der Gemeinde auch im Rahmen des vereinfachten Vorprüfungsverfahrens bekannt zu geben, ob die Voraussetzungen für die Änderung des Flächenwidmungsplanes im vereinfachten Verfahren vorliegen. Diese positive Stellungnahme bildet einen Tatbestand für die Änderung des Flächenwidmungsplanes im vereinfachten Verfahren. Hinsichtlich der „nicht bloß unwesentlichen Abänderung" in § 39 Abs. 7 ist darauf hinzuweisen, dass sich bereits in § 13 Abs. 4 K-GplG 1995 der geltenden Fassung (nunmehr § 38 Abs. 5) eine ähnliche Bestimmung findet. Eine wesentliche Abänderung kann sich insbesondere aus rechtlichen oder raumordnungsfachlichen Gründen ergeben."

## II. Anmerkungen

1   Zum Verfahren für den Beschluss über den Flächenwidmungsplan siehe § 38 Anm 1 ff. Die Einhaltung der gesetzlich angeordneten Verfahrensvorschriften ist aktenmäßig zu dokumentieren (VfGH VfSlg 20.357/2019 mwN). Bloß geringfügige Verfahrensverstöße bewirken keine Gesetzwidrigkeit des Zustandekommens des Planes, wenn dadurch die Unterrichtung der betroffenen Personen über die beab-

sichtigte Planungsmaßnahme nicht beeinträchtigt wird. „Wenn aber eine derartige maßgebliche Beeinträchtigung eintritt, dann hat der ihr zugrunde liegende Verstoß gegen Verfahrensvorschriften die Gesetzwidrigkeit der Verordnung zur Folge" (vgl VfGH VfSlg 19.344/2011 iVm VfSlg 20.357/2019).

Auf Grund der Wortfolge „nach Tunlichkeit" besteht keine bedingungslose Verpflichtung, eine Änderung des Flächenwidmungsplanes ohne zwingende öffentliche Interessen nur einmal jährlich vorzunehmen (vgl VfGH VfSlg 3309/1958; VfSlg 20.361/2019), sondern nur soweit dies angebracht bzw möglich ist. Zum „vereinfachten Verfahren" siehe § 40 Anm 1 f, zu den „öffentlichen Interessen" § 2 Anm 25.  2

Zu den Voraussetzungen zur Änderung des Flächenwidmungsplanes siehe § 34 Anm 1 ff.  3

Das Vorprüfungsverfahren dient den Gemeinden dazu, schon vor dem Genehmigungsverfahren eine Rückmeldung der Aufsichtsbehörde über mögliche Gesetzwidrigkeiten des Verordnungsentwurfes zu erhalten. Darüber hinaus erhält die Gemeinde auch eine Rückmeldung der Aufsichtsbehörde, ob überhaupt ein Genehmigungsverfahren durchzuführen ist oder der Verordnungsentwurf dem vereinfachten Verfahren gemäß § 40 unterliegt (siehe § 39 Abs 5; vgl *Pallitsch/ Pallitsch/Kleewein*, Baurecht[5] § 15 K-GplG 1995 Anm 12). Für die Gemeinde besteht im Rahmen der raumfachlichen Vorprüfung die Wahlmöglichkeit („oder") entweder eine Stellungnahme der Landesregierung einzuholen oder ein raumordnungsfachliches Gutachten vorzulegen (siehe zum Gutachten § 39 Anm 3).  4

Meiner Ansicht nach ist das Gutachten nach denselben Grundsätzen zu erstellen, die der VwGH ganz allgemein für Gutachten im Verwaltungsverfahren herausgearbeitet hat (vgl VwGH 16.9.2003, 2002/05/0040; siehe zum Ganzen auch *Kleewein*, bbl 2019, 216 f). Daraus folgt, dass das Gutachten entsprechend den maßgebenden Fachkenntnissen abgefasst sein muss. Ausgehend von diesen Fachkenntnissen hat es ein hohes fachliches – aber nicht zwingend in jedem Fall wissenschaftliches – Niveau aufzuweisen, ist methodisch korrekt zu verfassen, sorgfältig zu begründen und muss den aktuellen Stand der Wissenschaft bzw Technik wiedergeben. Um die Schlüssigkeit, Widerspruchsfreiheit und Vollständigkeit des Gutachtens überprüfen zu können (siehe § 39 Abs 6), müssen die – insbesondere fachlichen – Grundlagen, auf die sich das Gutachten stützt, und ihre konkrete Anwendung im Einzelfall in einer für den nicht  5

Sachkundigen einsichtigen Weise offengelegt werden. Jedes Gutachten hat aus diesem Grund einen Befund zu enthalten, aus dem die Tatsachen, auf die sich das Gutachten stützt, ersichtlich sind, wie auch die Art, wie diese Tatsachen ermittelt wurden. Ausgehend von diesem Befund, hat der Sachverständige die fachliche Beurteilung schlüssig vorzunehmen (VwGH 22.9.1992, 92/05/0047; siehe auch VwGH 18.9.1990, 90/05/0086). Das Gutachten hat nur die Tatfrage – nicht Rechtsfragen – zu beantworten (zum Ganzen ausführlich *Hengstschläger/Leeb*, AVG² § 52 Rz 56 ff mN; *Attlmayr* in Attlmayr/Walzel von Wiesentreu, Sachverständigenrecht³ Rz 8.001 ff). Zu beachten ist, dass gemäß § 39 Abs 6 vierter Satz der zweimonatige Fristenlauf für die Mitteilung der Landesregierung an die Gemeinde erst nach Übermittlung der vollständigen Unterlagen beginnt. Zum „Sachverständigen" siehe die oben unter Punkt I. abgedruckten ErlRV 01-VD-LG-1865/5-2021, 49, zu den „Zielen und Grundsätzen der Raumordnung" § 2 und zu den Voraussetzungen zur „Änderung des Flächenwidmungsplanes" siehe § 34 Anm 1 ff.

**6** Für die Gemeinde besteht im Rahmen der raumfachlichen Vorprüfung gemäß § 39 Abs 2 die Wahlmöglichkeit („oder") entweder eine Stellungnahme der Landesregierung einzuholen oder ein raumordnungsfachliches Gutachten vorzulegen. § 39 Abs 4 kommt zur Anwendung, wenn sich die Gemeinde entschieden hat, eine Stellungnahme der Landesregierung einzuholen. Die zu übermittelnden Unterlagen dienen der Landesregierung zur Prüfung, ob der beabsichtigten Änderung des Flächenwidmungsplanes fachliche Gründe der Raumordnung entgegenstehen. Zu beachten ist, dass gemäß § 39 Abs 5 erster Satz der dreimonatige Fristenlauf für die Mitteilung der Landesregierung an die Gemeinde erst nach Übermittlung der vollständigen Unterlagen beginnt. Gemäß § 58 Abs 5 haben Übermittlungen zwischen den Gemeinden und der Landesregierung in elektronischer Form zu erfolgen.

**7** Für die Gemeinde besteht im Rahmen der raumfachlichen Vorprüfung gemäß § 39 Abs 2 die Wahlmöglichkeit („oder") entweder eine Stellungnahme der Landesregierung einzuholen oder ein raumordnungsfachliches Gutachten vorzulegen. § 39 Abs 5 kommt zur Anwendung, wenn sich die Gemeinde entschieden hat, eine Stellungnahme der Landesregierung einzuholen. Der dreimonatige Fristenlauf für die Mitteilung der Landesregierung an die Gemeinde beginnt erst nach Übermittlung der vollständigen Unterlagen gemäß § 39 Abs 4. Das Vorprüfungsverfahren dient den Gemeinden dazu, schon vor dem Genehmigungsverfahren eine Rückmeldung der Aufsichtsbehörde über mögliche Gesetzwidrigkeiten des Verordnungsentwurfes zu erhalten. Darüber hinaus erhält die Gemeinde auch eine Rückmeldung der Aufsichtsbehörde, ob überhaupt ein Genehmigungsverfahren durchzuführen ist oder der Verordnungsentwurf dem vereinfachten Verfahren gemäß § 40 unterliegt. Die Stellungnahme der Landesregierung hat meiner Ansicht nach nicht als Bescheid zu erfolgen, da es sich um eine bloße Mitteilung bzw die Weitergabe einer Rechtsansicht handelt (vgl VwGH 11.12.2009, 2009717/0221; siehe auch den Wortlaut „mitzuteilen"). Gemäß § 58 Abs 5 haben Übermittlungen zwischen den Gemeinden und der Landesregierung in elektronischer Form zu erfolgen.

Die Bestimmung normiert nicht, welche Rechtsfolgen eintreten, wenn die Landesregierung nicht binnen der dreimonatigen Frist eine Stellungnahme mitteilt. Meiner Ansicht nach kann nach Fristablauf die Gemeinde ein Verfahren zur Änderung des Flächenwidmungsplanes einleiten, denn ein Devolutionsantrag gemäß Art I Abs 2 Z 1 EGVG iVm § 73 Abs 2 AVG ist mangels Bescheidqualität der Stellungnahme nicht zulässig (vgl *Hengstschläger/Leeb*, AVG² § 73 Rz 151 f). Dies gilt auch für den Fall, dass in der Stellungnahme mitgeteilt wird, dass der Änderung des Flächenwidmungsplanes fachliche Gründe entgegenstehen. Gegen eine allfällige Versagung der Genehmigung kann die Gemeinde Rechtsmittel erheben (vgl *Pallitsch/Pallitsch/Kleewein*, Baurecht[5] § 15 Anm 13).

Für die Gemeinde besteht im Rahmen der raumfachlichen Vorprüfung gemäß § 39 Abs 2 die Wahlmöglichkeit („oder") entweder eine Stellungnahme der Landesregierung einzuholen oder ein raumordnungsfachliches Gutachten vorzulegen. § 39 Abs 6 kommt zur Anwendung, wenn sich die Gemeinde entschieden hat, ein raumordnungsfachliches Gutachten vorzulegen. Das Gutachten ist insbesondere unter Bedachtnahme auf die „Schlüssigkeit" von der Landesregierung nur „auf die Vollständigkeit der übermittelten Unterlagen" und „auf das Vorliegen offenkundiger Widersprüche" zu prüfen (siehe § 39 Anm 5). Im Gegensatz zur Stellungnahme der Landesregierung gemäß § 39 Abs 5 hat somit keine detaillierte eigenständige Prüfung der Landesregierung zu erfolgen, ob und gegebenenfalls welche fachlichen Gründe der Raumordnung der Änderung des Flächenwidmungsplanes entgegenstehen. Die Prüfung beschränkt sich in diesem Sinne auf das vorgelegte Gutachten. Der zweimonatige Fristenlauf für die Mitteilung der Landesregie-

8

rung an die Gemeinde beginnt erst nach Übermittlung der vollständigen Unterlagen gemäß § 39 Abs 3. Durch dieses Vorprüfungsverfahren erhält die Gemeinde auch eine Rückmeldung der Landesregierung, ob überhaupt ein Genehmigungsverfahren durchzuführen ist oder der Verordnungsentwurf dem vereinfachten Verfahren gemäß § 40 unterliegt. Die Stellungnahme der Landesregierung hat meiner Ansicht nach nicht als Bescheid zu erfolgen, da es sich um eine bloße Mitteilung bzw die Wiedergabe einer Rechtsansicht handelt (vgl VwGH 11.12.2009, 2009717/0221; siehe auch den Wortlaut „mitzuteilen"). Gemäß § 58 Abs 5 haben Übermittlungen zwischen den Gemeinden und der Landesregierung in elektronischer Form zu erfolgen.

Die Bestimmung normiert nicht, welche Rechtsfolgen eintreten, wenn die Landesregierung nicht binnen der zweimonatigen Frist eine Stellungnahme übermittelt. Meiner Ansicht nach kann nach Fristablauf die Gemeinde ein Verfahren zur Änderung des Flächenwidmungsplanes einleiten. Denn ein Devolutionsantrag gemäß Art I Abs 2 Z 1 EGVG iVm § 73 Abs 2 AVG ist mangels Bescheidqualität der Stellungnahme nicht zulässig (vgl *Hengstschläger/Leeb*, AVG² § 73 Rz 151 f).

9 Eine wesentliche Änderung kann sich ausweislich der Materialien insbesondere aus rechtlichen oder raumordnungsfachlichen Gründen ergeben (siehe die oben unter Punkt I. abgedruckten ErlRV 01-VD-LG-1865/5-2021, 49). Dies liegt meiner Ansicht nach insbesondere dann vor, wenn durch die Abänderung die Ziele und Grundsätze der Raumordnung gemäß § 2 berührt werden.

### § 40 Vereinfachtes Verfahren

Eine Änderung des Flächenwidmungsplanes bedarf zu ihrer Rechtswirksamkeit nicht der Genehmigung der Landesregierung,[1] wenn:
1. die Festlegung von Grundflächen als Bauland innerhalb parzellenscharfer Festlegungen von vorrangigen Entwicklungsgebieten gemäß § 10 Abs. 2 und 3 erfolgt;[2]
2. die Landesregierung in ihrer Stellungnahme im Vorprüfungsverfahren der Gemeinde mitteilt, dass die Änderung des Flächenwidmungsplanes unwesentlich ist.[3]

## I. Erläuterungen

### ErlRV 01-VD-LG-1865/5-2021, 49 f:

„§ 40 entspricht grundsätzlich § 16 Abs. 1 und 1a K-GplG 1995 der geltenden Fassung. Eine entsprechende Bestimmung wurde erstmals als § 9a in das Gemeindeplanungsgesetz 1982 durch LGBl. Nr. 105/1994 eingefügt. Dazu halten die Erläuterungen Verf-273/3/1994, 27, fest: *„Das durch § 9a neugeschaffene „vereinfachte Verfahren" zur Änderung des Flächenwidmungsplanes [...] sieht bei Vorliegen bestimmter, im einzelnen festgelegter Voraussetzungen den Entfall des aufsichtsbehördlichen Genehmigungserfordernisses für bestimmte Änderungen des Flächenwidmungsplanes vor. Die Regelung bezweckt – abgesehen von verwaltungsökonomischen Aspekten – insbesondere eine Stärkung der Gemeindeautonomie im Bereich der örtlichen Raumplanung und eine Verfahrensbeschleunigung bei tendenziell geringfügigen Änderungen des Flächenwidmungsplanes."* Das „vereinfachte Verfahren" zur Änderung des Flächenwidmungsplanes hat sich sowohl auf kommunaler Ebene als auch im Rahmen des aufsichtsbehördlichen Genehmigungsverfahrens bewährt und zur Vereinfachung und Beschleunigung der Verfahren geführt. Hand in Hand damit ging auch eine Verringerung des administrativen Verwaltungsaufwandes auf Gemeinde- und Landesebene (vgl. Erläuterungen -2V-LG-544/34-2002, 7 f, zu LGBl. Nr. 71/2002). Das vereinfachte Verfahren soll nunmehr erstens für die Festlegung oder Umwidmung von Grundflächen als Bauland innerhalb parzellenscharfer Festlegungen von vorrangigen Entwicklungsgebieten gemäß § 10 Abs. 2 und 3 zur Anwendung kommen, da bereits die parzellenscharfe Festlegung von vorrangigen Entwicklungsgebieten der Genehmigung durch die Landesregierung bedarf (siehe § 12 Abs. 4). Zweitens soll das vereinfachte Verfahren zur Anwendung kommen, wenn die Landesregierung in ihrer Stellungnahme im Vorprüfungsverfahren der Gemeinde mitteilt, dass die Änderung des Flächenwidmungsplanes unwesentlich ist. Die Wesentlichkeit der Änderung wird insbesondere anhand rechtlichen oder raumordnungsfachlichen Aspekten zu prüfen sein."

## II. Anmerkungen

Wesentlicher Unterschied zum Regelverfahren für die Änderung des Flächenwidmungsplanes ist somit der Entfall des Genehmigungsvorbe- **1** haltes. Zur „Änderung des Flächenwidmungsplanes" siehe § 34 und § 39, zum Genehmigungsvorbehalt § 38 Anm 8 ff. Die Einhaltung der gesetzlich angeordneten Verfahrensvorschriften ist aktenmäßig zu dokumentieren (VfGH VfSlg 20.357/2019 mwN). Bloß geringfügige Verfahrensverstöße bewirken keine Gesetzwidrigkeit des Zustandekommens des Planes, wenn dadurch die Unterrichtung der betroffenen Personen über die beabsichtigte Planungsmaßnahme nicht beeinträchtigt wird. „Wenn aber eine derartige maßgebliche Beeinträchtigung eintritt, dann hat der ihr zugrunde liegende Verstoß gegen Verfahrensvorschriften die Gesetzwidrigkeit der Verordnung zur Folge" (vgl VfGH VfSlg 19.344/2011 iVm VfSlg 20.357/2019).

**2** Zur „Festlegung von Grundflächen als Bauland innerhalb parzellenscharfer Festlegungen von vorrangigen Entwicklungsgebieten" siehe § 10 Anm 3 f.

**3** Zur „Stellungnahme der Landesregierung im Vorprüfungsverfahren" siehe § 39.

### § 41 Verfahren zur Festlegung und zur Freigabe von Aufschließungsgebieten

(1) Für das Verfahren zur Festlegung und zur Freigabe von Aufschließungsgebieten gelten die in § 38 festgelegten Verfahrensvorschriften für die Erlassung von Flächenwidmungsplänen sinngemäß mit der Maßgabe, dass die Erläuterungen nach § 13 Abs. 2 zweiter Satz auch die Gründe für die Festlegung und für die Freigabe von Grundflächen als Aufschließungsgebiete darzulegen und bei der Festlegung von Aufschließungsgebieten auch Angaben darüber zu enthalten haben, innerhalb welchen Zeitraumes diese Gründe voraussichtlich wegfallen werden.[1]

(2) Die Festlegung sowie die Freigabe von Aufschließungsgebieten mit einer zusammenhängenden Grundfläche im Ausmaß von mehr als 5.000 m² bedarf zu ihrer Rechtswirksamkeit der Genehmigung der Landesregierung. § 38 Abs. 7 gilt sinngemäß.[2] Die Landesregierung hat ohne unnötigen Aufschub, spätestens aber drei Monate nach Übermittlung der vollständigen Unterlagen den Bescheid zu erlassen.[3] Wird ein Bescheid nicht innerhalb der Entscheidungsfrist erlassen, so gilt die Genehmigung als erteilt.[4]

**Lit:**
*Hauer/Hofmann*, in Pabel (Hrsg), Das österreichische Gemeinderecht, 17. Teil Gemeindeaufsicht, 2017; *Hengstschläger/Leeb*, Allgemeines Verwaltungsverfahrensgesetz², 2014; *Leitl*, Überörtliche und örtliche Raumplanung, in Hauer/ Nußbaumer (Hrsg), Österreichisches Raum- und Fachplanungsrecht, 2006.

## I. Erläuterungen

### ErlRV 01-VD-LG-1865/5-2021, 50:

„§ 41 entspricht grundsätzlich § 4a Abs. 1 und 2 K-GplG 1995 der geltenden Fassung. Die Bestimmung wurde durch LGBl. Nr. 134/1997 in das K-GplG 1995 eingefügt. Dazu halten die Erläuterungen Verf-579/15/1997, 14, fest: *„Die Verfahrensbestimmungen des (neugeschaffenen) § 4a für die Festlegung (und Freigabe) von Aufschließungsgebieten entsprechen [...] grundsätzlich den korrespondierenden Regelungen für die Erlassung (Änderung) von Flächenwidmungsplänen; Abweichungen davon wurden nur insofern vorgesehen, als diese sich aus den unterschiedlichen Anforderungen sowie aus Überlegungen der Verwaltungsökonomie ergeben. Im Interesse der Verfahrensbeschleunigung werden die Frist für die aufsichtsbehördliche Genehmigung (§ 4a Abs. 2) mit drei Monaten festgelegt und für den Fall des Fristverstreichens die Erteilung der Genehmigung fingiert.*" Im Sinne der Verwaltungsökonomie soll nunmehr der Schwellenwert für die Genehmigungspflicht der Landesregierung von 3000 m² auf 5000 m² erhöht werden."

## II. Anmerkungen

Die sinngemäße Anwendung von den in § 38 festgelegten Verfahrensvorschriften für die Erlassung von Flächenwidmungsplänen ist gleichheitsrechtlichen Gründen geschuldet (vgl VfGH VfSlg 14.303/1995). Die Einhaltung der gesetzlich angeordneten Verfahrensvorschriften ist aktenmäßig zu dokumentieren (VfGH VfSlg 20.357/2019 mwN). Bloß geringfügige Verfahrensverstöße bewirken keine Gesetzwidrigkeit des Zustandekommens des Planes, wenn dadurch die Unterrichtung der betroffenen Personen über die beabsichtigte Planungsmaßnahme nicht beeinträchtigt wird. „Wenn aber eine derartige maßgebliche Beeinträchtigung eintritt, dann hat der ihr zugrunde liegende Verstoß gegen Verfahrensvorschriften die Gesetzwidrigkeit der Verordnung zur Folge" (vgl VfGH VfSlg 19.344/2011 iVm VfSlg 20.357/2019). Zu den

„Aufschließungsgebieten" siehe § 25, zu den „Verfahrensvorschriften für die Erlassung von Flächenwidmungsplänen" § 38 Anm 1 ff und zu den „Erläuterungen" § 13 Anm 12 f.

**2** Die sinngemäße Anwendung von den Bestimmungen über den Genehmigungsvorbehalt ist gleichheitsrechtlichen Gründen geschuldet (vgl VfGH VfSlg 14.303/1995). Zu den Versagungsgründen gemäß § 38 Abs 7 siehe § 38 Anm 11 ff. Die Ausnahme vom Genehmigungsvorbehalt für die Festlegung und Freigabe für Grundflächen bis zu 5000 m² erfolgt ausweislich der Materialien aus Gründen der Verwaltungsökonomie (siehe die oben unter Punkt I. abgedruckten ErlRV 01-VD-LG-1865/5-2021, 50).

**3** Die aufsichtsbehördliche Genehmigung oder die Versagung der Genehmigung hat durch Bescheid zu erfolgen (VfGH VfSlg 11.163/1986; VwGH 13.2.1973, 1920/72; *Leitl*, Raumplanung 124; *Hauer/Hofmann*, Gemeindeaufsicht Rz 158).

**4** Nach Ablauf der Frist ist die aufsichtsbehördliche Genehmigung oder die Versagung der Genehmigung durch Bescheid unzulässig (VwGH 20.6.1991, 90/06/0162).

### § 42 Verfahren zur Festlegung von Orts- und Stadtkernen

Für das Verfahren zur Festlegung von Orts- und Stadtkernen gelten § 38 und § 39 mit der Maßgabe,[1] dass
1. die Genehmigung auch zu versagen ist, wenn die Voraussetzungen nach § 31 Abs. 1 oder Abs. 2 nicht gegeben sind oder der Flächenwidmungsplan der Verordnung gemäß § 31 Abs. 4 nicht entspricht,[2] und
2. von einer schriftlichen Verständigung der Grundeigentümer gemäß § 38 Abs. 3 abgesehen werden darf, wenn in einer in Kärnten erscheinenden regionalen, auflagestarken Tageszeitung ein Hinweis auf die Auflage zur öffentlichen Einsicht und auf die Bereitstellung des Entwurfes des Flächenwidmungsplanes auf der Homepage der Gemeinde im Internet aufgenommen wird[3].

3. Hauptstück – Örtliche Raumordnung     § 42

## I. Erläuterungen
### ErlRV 01-VD-LG-1865/5-2021, 50:

„§ 42 entspricht grundsätzlich § 9a Abs. 5 K-GplG 1995 der geltenden Fassung. Die Bestimmung wurde durch LGBl. Nr. 59/2004 in das K-GplG 1995 aufgenommen. Wie bisher soll im Sinne der Verfahrensökonomie von der schriftlichen Verständigung der Grundeigentümer abgegangen werden können, wenn in einer in Kärnten erscheinenden regionalen, auflagestarken Tageszeitung ein Hinweis auf die Auflage zur öffentlichen Einsicht und die Bereitstellung im Internet des Entwurfes des Flächenwidmungsplanes aufgenommen wird. Diese Erleichterung kann hier ohne besondere Nachteile des Grundeigentümers zuerkannt werden, da die Festlegung von Orts- und Stadtkernen nicht die gleichen Folgen für den Grundeigentümer hat wie zB bei einer Widmungsänderung."

## II. Anmerkungen

Zur „Festlegung von Orts- und Stadtkernen" siehe § 31, zum Verfahren für den Beschluss über den Flächenwidmungsplan und zur Änderung des Flächenwidmungsplanes § 38 Anm 1 ff und § 39 Anm 1 ff. Die Einhaltung der gesetzlich angeordneten Verfahrensvorschriften ist aktenmäßig zu dokumentieren (VfGH VfSlg 20.357/2019 mwN). Bloß geringfügige Verfahrensverstöße bewirken keine Gesetzwidrigkeit des Zustandekommens des Planes, wenn dadurch die Unterrichtung der betroffenen Personen über die beabsichtigte Planungsmaßnahme nicht beeinträchtigt wird. „Wenn aber eine derartige maßgebliche Beeinträchtigung eintritt, dann hat der ihr zugrunde liegende Verstoß gegen Verfahrensvorschriften die Gesetzwidrigkeit der Verordnung zur Folge" (vgl VfGH VfSlg 19.344/2011 iVm VfSlg 20.357/2019). **1**

Zu den „Voraussetzungen nach § 31 Abs. 1 oder Abs. 2" und „der Verordnung gemäß § 31 Abs. 4" siehe § 31 Anm 1 ff, zum Genehmigungsvorbehalt § 38 Anm 8 ff. **2**

Die Möglichkeit des Absehens von einer schriftlichen Verständigung der Grundeigentümer erfolgt ausweislich der Materialien aus Gründen der Verwaltungsökonomie (siehe die oben unter Punkt I. abgedruckten ErlRV 01-VD-LG-1865/5-2021, 50). Eine Verpflichtung zum Absehen von einer schriftlichen Verständigung der Grundeigentümer besteht **3** nicht („darf"). Zur „schriftlichen Verständigung der Grundeigentümer gemäß § 38 Abs. 3" siehe § 38 Anm 5. Zum „Grundeigentümer" siehe § 45 Anm 2.

## 5. Abschnitt – Wirkung des Flächenwidmungsplanes

### § 43 Wirkung des Flächenwidmungsplanes

(1) In Landesgesetzen vorgesehene Bewilligungen[1] für raumbeeinflussende Maßnahmen, die von den Gemeinden im eigenen Wirkungsbereich erteilt werden, sind nur zulässig, wenn sie dem Flächenwidmungsplan nicht widersprechen[2].

(2) In den als Aufschließungsgebieten festgelegten Flächen des Baulandes dürfen keine landesgesetzlich vorgesehenen Bewilligungen zur Errichtung von baulichen Anlagen, ausgenommen solche, die der Aufschließung dienen oder bauliche Anlagen im Sinne des § 28 Abs. 6 sind, erteilt werden.[3]

(3) Entgegen den Bestimmungen der Abs. 1 und 2 erlassene Bescheide sind mit Nichtigkeit bedroht. Die Aufhebung ist nur innerhalb von fünf Jahren ab deren Rechtskraft zulässig. Die Zeit eines Verfahrens vor dem Verfassungsgerichtshof oder vor dem Verwaltungsgerichtshof ist in diese Frist nicht einzurechnen.[4]

(4) Die Nichtigkeit von Baubewilligungsbescheiden auf Grundlage der K-BO 1996 richtet sich nach den Bestimmungen der K-BO 1996.[5]

**Lit:**
*Berchtold*, Gemeindeaufsicht, 1972; *Hengstschläger/Leeb*, Allgemeines Verwaltungsverfahrensgesetz[2], 2014; *Leitl*, Überörtliche und örtliche Raumplanung, in Hauer/Nußbaumer (Hrsg), Österreichisches Raum- und Fachplanungsrecht, 2006; *Pallitsch/Pallitsch/Kleewein*, Kärntner Baurecht[5], 2014; *Potacs*, Aufsicht über Gemeinden, in Rebhahn (Hrsg), Beiträge zum Kärntner Gemeinderecht, 1998; *Sturm/Kemptner*, Kärntner Allgemeine Gemeindeordnung[6], 2015.

## I. Erläuterungen

### ErlRV 01-VD-LG-1865/5-2021, 50 f:

„§ 43 entspricht grundsätzlich § 19 K-GplG 1995 der geltenden Fassung. Schon das Landesplanungsgesetz, LGBl. Nr. 47/1959, sah in § 13 eine entsprechende Regelung vor.

In § 43 Abs. 1 wurde die Wortfolge „die von den Gemeinden im eigenen Wirkungsbereich erteilt werden" durch LGBl. Nr. 134/1997 in das K-GplG 1995 eingefügt. Dazu führen die Erläuterungen-Verf-579/15/1997, 19, aus: *„Mit Erkenntnis vom 26. September 1996, G 59/96 ua., hob der Verfassungsgerichtshof eine Bestimmung des Burgenländischen Naturschutz- und Landschaftspflegegesetzes als verfassungswidrig auf, die der Bezirksverwaltungsbehörde im naturschutzrechtlichen Bewilligungsverfahren (ua.) die Beurteilung der Widmungskonformität der beabsichtigten Errichtung von Gebäuden und baulichen Anlagen auftrug; begründend wurde im gegebenen Zusammenhang ausgeführt, daß damit einer staatlichen Behörde „Agenden übertragen werden, deren Besorgung im eigenen Wirkungsbereich den Gemeinden verfassungsgesetzlich (Art. 118 Abs. 3 Z 9 B-VG) gewährleistet ist." § 19 Abs. 1 des Gemeindeplanungsgesetzes 1995 in der derzeit geltenden Fassung sieht nun aber ebenfalls vor, daß etwa im naturschutzrechtlichen Bewilligungsverfahren die Bezirksverwaltungsbehörden die Widmungskonformität von zur Bewilligung beantragten Bauvorhaben zu beurteilen haben; damit werden – im Sinne der Rechtssprechung des Verfassungsgerichtshofes – Aufgaben der örtlichen Raumplanung und der örtlichen Baupolizei einer staatlichen Behörde zur Vollziehung zugewiesen. § 13 Abs. 1 leg.cit. in der derzeit geltenden Fassung ist insofern mit derselben Verfassungswidrigkeit belastet wie die oben skizzierte burgenländische Regelung. Die Einschränkung des Anwendungsbereiches dieser Regelung soll der Rechtsprechung des Verfassungsgerichtshofes Rechnung tragen und die beschriebene Verfassungswidrigkeit beseitigen."*

§ 43 Abs. 2 wurde als § 11 Abs. 2 des Gemeindeplanungsgesetz 1970 durch LGBl. Nr. 78/1979 geschaffen. Die Erläuterungen Verf-35/5/1979, 15, halten dazu fest: *„Die Regelung des § 11 Abs. 2 enthält die Rechtswirkung einer Festlegung einer Baulandfläche als Aufschließungsgebiet [...]. So ist etwa die Baubewilligung für ein Gebäude oder eine bauliche Anlage auf einer als Aufschließungsgebiet festgelegten*

*Baulandfläche mit Nichtigkeit bedroht. Hinsichtlich der baulichen Anlagen ist die Ausnahme lediglich hinsichtlich der Anlagen, die im § 3 Abs. 5 dieses Entwurfes* [Anmerkung: siehe nunmehr § 27 Abs. 8 K-ROG 2021] *umschrieben sind, festgelegt."*

§ 43 Abs. 3 zweiter Satz wurde als § 11 Abs. 4 des Gemeindeplanungsgesetzes 1982 durch LGBl. Nr. 105/1994 geschaffen. Die Erläuterungen Verf-273/3/1994, 28, führen dazu aus: *„Die zeitliche Beschränkung der Möglichkeit, mit Nichtigkeit bedrohte Bescheide aufzuheben, trägt dem Bedürfnis nach Rechtssicherheit Rechnung und bezweckt die Sicherstellung einer nachträglichen Sanierung von – in Abweichung vom Flächenwidmungsplan ergangenen – Bescheiden nach Ablauf eines Zeitraumes von fünf Jahren seit deren Rechtskraft."*

Durch § 43 Abs. 4 soll die Anwendung für Baubewilligungsbescheide auf Grundlage der K-BO 1996 ausgeschlossen werden. Denn die Nichtigkeit von Baubewilligungsbescheiden, die dem Flächenwidmungsplan widersprechen, ergibt sich bereits aus § 25 K-BO 1996. Da aber gewisse bauliche Anlagen gemäß § 2 Abs. 2 K-BO 1996 zwar keiner Baubewilligung bedürfen aber dennoch Bewilligungen nach anderen Landesgesetzen eingeholt werden müssen, bestehen weiterhin Anwendungsfälle für § 43."

## II. Anmerkungen

**1** Von der Bestimmung sind alle Bewilligungen umfasst, die ihre Grundlage in einem Landesgesetz haben und von den Gemeinden im eigenen Wirkungsbereich erlassen werden. Nach Art 35 Abs 3 K-LVG erstreckt sich die verbindende Kraft von „Landesgesetzen", wenn nicht ausdrücklich anderes bestimmt ist, auf das gesamte Landesgebiet (vgl Art 49 Abs 1 B-VG). § 43 enthält keine von Art 35 Abs 3 K-LVG abweichenden Bestimmungen. Daraus ergibt sich, dass die erfassten Sachverhalte mit rechtlicher Relevanz nur innerhalb des Landesgebietes verwirklicht werden können (vgl VwGH VwSlg 13.373 A/1991; VwSlg 14.941 A/1998; 3.2.2000, 99/07/0190; LVwG Vorarlberg 14.10.2015, LVwG-318-010/R1-2015). In diesem Sinne sind meiner Ansicht nach nur Bewilligungen auf Grundlage von Kärntner Landesgesetzen umfasst (aA wohl *Leitl*, Raumplanung 111).

Zu denken ist an Bewilligungen zB nach dem K-OBG und dem K-GTG. Vom Wortlaut sind auch Bewilligungen nach der K-BO 1996 umfasst. Indes richtet sich gemäß § 43 Abs 4 die Nichtigkeit von Baubewilligungsbescheiden auf Grundlage der K-BO 1996 nach den Bestimmungen der K-BO 1996. So sind Baubewilligungsbescheide gemäß § 25 Abs 1 lit a K-BO 1996 iVm § 13 Abs 2 lit a K-BO 1996 mit Nichtigkeit bedroht, wenn diese erteilt wurden, obwohl dem Vorhaben der Flächenwidmungsplan entgegensteht. Die Aufhebung nichtiger Baubewilligungsbescheide aus dem eigenen Wirkungsbereich der Gemeinde obliegt gemäß § 52 Abs 2 K-BO 1996 der zuständigen Bezirkshauptmannschaft. Die Bestimmungen der K-BO 1996 sind meiner Ansicht nach somit insoweit lex specialis zu § 43.

Zu den „raumbeeinflussenden Maßnahmen" siehe § 2 Anm 21, zum „eigenen Wirkungsbereich" § 1 Anm 2 sowie § 59 und zum „Flächenwidmungsplan" § 13. 2

Zu den „Aufschließungsgebieten" siehe § 25, zum „Bauland" § 15, zu den „landesgesetzlich vorgesehenen Bewilligungen" § 43 Anm 1, zur „Errichtung" § 28 Anm 6, zu „baulichen Anlagen" § 17 Anm 1. Der „Aufschließung dienen" meiner Ansicht nach baulichen Anlagen, wenn diese die Voraussetzungen für die Erteilung einer Baubewilligung schaffen (Schaffung einer Zufahrtsmöglichkeit, Möglichkeit des Anschlusses an eine Wasserleitung, Kanalleitung, Stromversorgung, Abwässerbeseitigung; vgl VwGH 20.12.1994, 92/05/0170). Zu den „baulichen Anlagen im Sinne des § 28 Abs. 6" siehe § 28 Anm 19 ff. 3

Gemäß § 68 Abs 4 Z 4 AVG können Bescheide von Amts wegen in Ausübung des Aufsichtsrechtes von der sachlich in Betracht kommenden Oberbehörde als nichtig erklärt werden, wenn diese an einem durch gesetzliche Vorschrift ausdrücklich mit Nichtigkeit bedrohten Fehler leiden. Soweit die Gemeinden im eigenen Wirkungsbereich handeln, ist die Aufsichtsbehörde aber nicht sachlich in Betracht kommende Oberbehörde (*Hengstschläger/Leeb*, AVG² § 68 Rz 71 f mN). Gemäß § 59 Abs 2 obliegt in diesen Fällen der Bezirkshauptmannschaft im Rahmen der Aufsicht die Nichtigerklärung von Bescheiden (siehe aber auch § 100 K-AGO). Die Aufsicht über die Stadt Klagenfurt am Wörthersee und die Stadt Villach übt gemäß § 93 ff K-KStR 1998 und § 96 ff K-VStR 1998 die Kärntner Landesregierung aus. Durch Maßnahmen der Aufsicht darf auf Grundlage des Verhältnismäßigkeitsgrundsatzes lediglich in einem möglichst geringen Umfang in den Bereich der durch Art 116 Abs 1 B-VG und Art 3 Abs 1 K-LVG gewährleisteten Selbstverwaltung der Gemeinden eingegriffen 4 werden (*Berchtold*, Gemeindeaufsicht 38 ff; *Potacs*, Aufsicht 132 f; *Sturm/Kemptner*, Gemeindeordnung[6] § 96 K-AGO Anm 22 f). Weiters ergibt sich schon aus der Verfassung, dass gemäß Art 119a Abs 7 B-VG Aufsichtsmittel auch nur unter möglichster Schonung erworbener Rechte Dritter auszuüben sind. Gleiches normiert § 96 Abs 3 K-AGO und gilt nach der Judikatur des VwGH für § 68 Abs 4 Z 4 AVG (VwGH 22.10.2001, 2001/19/0018; *Hengstschläger/Leeb*, AVG[2] § 68 Rz 106 mwN). Dies bildet eine wesentliche Schranke bei der Ausübung des Ermessens durch die Behörde (VfGH VfSlg 9665/1983), es ist eine Interessenabwägung vorzunehmen und diese in die Begründung des Bescheides aufzunehmen (VfGH VfSlg 7978/1977; VwGH 30.6.1998, 98/05/0042). Nur jene Maßnahmen dürfen getroffen werden, die den geringsten Eingriff mit sich bringen (vgl *Hengstschläger/Leeb*, AVG[2] § 68 Rz 106 mN). Das Ermessen darf daher nicht in der Weise geübt werden, dass wegen jeder auch noch so geringfügigen Rechtswidrigkeit in rechtskräftige Bescheide eingegriffen wird. Dies bedeutet aber keinen Vorrang privater Interessen vor öffentlichen Interessen, sondern statuiert vielmehr ein Gebot der Verhältnismäßigkeit des Eingriffes in erworbene Rechte. Im Rahmen der Ermessensausübung sind „die nachteiligen Wirkungen des Bescheides in Bezug auf das durch die verletzte Norm geschützte öffentliche Interesse gegen jene Nachteile abzuwägen, welche die Aufhebung des Bescheides in Bezug auf die durch das (im Institut der Rechtskraft verkörperte) Prinzip der Rechtssicherheit geschützten Interessen des Dritten nach den konkret zu beurteilenden Umständen des Einzelfalles mit sich brächte" (zum Ganzen VwGH 20.11.2007, 2005/05/0161). So ist zB zu prüfen, ob der Bescheid zur Gänze für nichtig erklärt werden muss oder lediglich eine Teilnichtigkeit vorliegt (vgl *Pallitsch/Pallitsch/Kleewein*, Baurecht[5] § 25 K-BO 1996 Anm 2). Eine Nichtigerklärung kann gemäß § 44 Abs 3 vor dem Hintergrund möglichster Schonung erworbener Rechte Dritter nur innerhalb von fünf Jahren ab Rechtskraft des Bescheides erfolgen. Dies ist meiner Ansicht nach lex specialis zu der dreijährigen Frist gemäß K-AGO, K-KStR 1998 und K-VStR 1998. Die Zeit eines Verfahrens vor dem Verfassungsgerichtshof oder vor dem Verwaltungsgerichtshof ist in diese Frist nicht einzurechnen.

**5** Baubewilligungsbescheide sind gemäß § 25 Abs 1 lit a K-BO 1996 iVm § 13 Abs 2 lit a K-BO 1996 mit Nichtigkeit bedroht, wenn diese erteilt wurden, obwohl dem Vorhaben der Flächenwidmungsplan entgegensteht. Die Aufhebung nichtiger Baubewilligungsbescheide aus dem eigenen Wirkungsbereich der Gemeinde obliegt gemäß § 52 Abs 2 K-BO 1996 der zuständigen Bezirkshauptmannschaft.

## § 44 Ausnahmen von der Wirkung des Flächenwidmungsplanes[1]

(1) Die Änderung von Gebäuden und sonstigen baulichen Anlagen ist auch entgegen dem Flächenwidmungsplan zulässig, wenn
1. es sich um Gebäude oder sonstige bauliche Anlagen handelt,
   a) die sich auf Grundstücken befinden, die im Flächenwidmungsplan als Bauland festgelegt sind, wenn die Grenzen der Widmung mit den Grenzen der tatsächlich bebauten Grundfläche übereinstimmen oder nur geringfügig davon abweichen („Punktwidmungen"), oder
   b) die im Zeitpunkt des Wirksamwerdens des Flächenwidmungsplanes oder seiner Änderung aufgrund einer rechtskräftig erteilten baubehördlichen Bewilligung bestanden, der neu festgelegten Widmung aber nicht entsprechen, oder
   c) für die das Vorliegen einer Baubewilligung nach § 54 K-BO 1996 vermutet wird oder für die eine Baubewilligung im Zeitpunkt der Errichtung nicht erforderlich war und
2. die im Zeitpunkt des Wirksamwerdens der Flächenwidmung bestehende Kubatur um höchstens 20 % vergrößert wird.[2]

(2) Unter den Voraussetzungen des Abs. 1 ist auch die gänzliche oder teilweise Wiedererrichtung von Gebäuden und sonstigen baulichen Anlagen nach ihrer Zerstörung durch ein Elementarereignis zulässig, wenn ein erforderlicher Antrag auf Erteilung der Baubewilligung spätestens innerhalb von fünf Jahren nach Zerstörung des Gebäudes oder der sonstigen baulichen Anlage gestellt wird und das Baugrundstück die Bedingungen für eine Festlegung als Bauland im Sinn des § 15 Abs. 1 und 2 erfüllt. Letzteres ist auf Antrag des Bewilligungswerbers mit Bescheid festzustellen.[3]

(3) Vorhaben nach § 7 K-BO 1996 müssen dem Flächenwidmungsplan nicht entsprechen, wenn sie im Zusammenhang mit Gebäuden oder sonstigen baulichen Anlagen nach Abs. 1 oder 2 ausgeführt werden und für deren Nutzung erforderlich sind.[4]

(4) Die Errichtung oder die Änderung von baulichen Anlagen im Rahmen von Märkten, Kirchtagen, Ausstellungen, Messen und ähnlichen Veranstaltungen (zB Festzelte, Tribünen, Tanzböden,

Kioske, Stände, Buden) dürfen für höchstens vier Wochen pro Jahr auch entgegen dem Flächenwidmungsplan ausgeführt werden.[5]

(5) Die Änderung der Verwendung von Gebäuden oder Gebäudeteilen in Freizeitwohnsitz im Sinn des § 5 K-GVG 2002 und von Freizeitwohnsitz in Hauptwohnsitz dürfen auch entgegen dem Flächenwidmungsplan ausgeführt werden, wenn bei bestehenden Gebäuden oder ihren Teilen, die Wohnzwecken dienen, dem Eigentümer oder einem Erben aufgrund persönlicher Lebensumstände, wie beispielsweise aufgrund beruflicher oder familiärer Veränderung, eine Verwendung zur Deckung eines ganzjährig gegebenen Wohnbedarfs nicht möglich oder nicht zumutbar ist; diese Gründe sind in der schriftlichen Mitteilung gemäß § 7 Abs. 4 K-BO 1996 darzulegen. Der erste Satz gilt nicht, wenn durch das Vorhaben die Verwendung des Gebäudes als Apartmenthaus bewirkt wird.[6]

(6) Entgegen dem Flächenwidmungsplan dürfen auch
1. die Errichtung und die Änderung von baulichen Anlagen im Nahbereich von bestehenden Grenzübergangsstellen zur Regelung, Lenkung und Überwachung des Eintrittes in das Bundesgebiet sowie die Änderung der Verwendung in eine solche Anlage,[7] und
2. die Änderung der Verwendung von Gebäuden oder Gebäudeteilen in ein Gebäude oder einen Gebäudeteil zur Unterbringung von Personen im Sinne des § 2 K-GrvG[8]
ausgeführt werden.

**Lit:**
*Baumgartner/Fister*, Die spätere Verwendung von Wohnobjekten als Freizeitwohnsitz nach der Novelle LGBl 31/2015 zur Kärntner Bauordnung (K-BO), bbl 2016, 1; *dies*, Die spätere Verwendung von Wohnobjekten als Freizeitwohnsitze nach dem Kärntner Bau- und Raumordnungsrecht – ausgewählte Fragen, bbl 2018, 83; *Hengstschläger/Leeb*, Allgemeines Verwaltungsverfahrensgesetz[2], 2014; *Lukan*, Der Forstbestand bewilligter, angezeigter und bewilligungsfrei ausgeführter Bauten im Falle der Änderung der Rechtslage, ZfV 2018/11; *Pallitsch/Pallitsch/Kleewein*, Kärntner Baurecht[5], 2014; *Steinwender*, Aufgaben- und Finanzreform – Insbesondere zu Fragen der Übertragung von einzelnen Angelegenheiten gemäß Art 118 Abs 7 B-VG und des Entfalls der Grundsteuerbefreiung, in Baumgartner/Sturm (Hrsg), Der Kärntner Gemeindekonvent, 2013; *ders*, Kärntner Baurecht, 2017.

## I. Erläuterungen

### ErlRV 01-VD-LG-1865/5-2021, 51 f:

„§ 44 entspricht § 14 Abs. 1 bis 4 und 6 K-BO 1996 der geltenden Fassung. Die Bestimmung soll aus systematischen Überlegungen in das K-ROG 2021 aufgenommen werden. Denn die Ausnahmen von der Wirkung des Flächenwidmungsplanes sollen im gleichen Gesetz verankert sein wie die Wirkung des Flächenwidmungsplanes.

§ 44 Abs. 1 wurde grundsätzlich als § 12 Abs. 1 K-BO 1992 durch LGBl. Nr. 44/1996 geschaffen. Die Erläuterungen Verf-135/94/195, 15, führen dazu aus: *„Die vorgeschlagene Neuregelungen des § 12 entspricht – mit Nachdruck vorgetragenen – Wünschen der Vollzugspraxis: Sogenannte „Punktwidmungen", das sind Baulandwidmungen, deren Grenzen mit den Umriss bestehender baulicher Anlagen gänzlich oder doch nahezu übereinstimmen, [...] machen die Änderung von Gebäuden oder sonstigen baulichen Anlagen [...] wegen Widerspruches zum Flächenwidmungsplan in der Praxis faktisch unmöglich. Für diese Härtefälle wird versucht, in § 12 Abs. 1 eine sachlich gerechtfertigte Lösung zu finden. Auch Gebäude und sonstige bauliche Anlagen, deren Bestand bei der Festlegung von Widmungen im Rahmen der örtlichen Raumplanung nicht berücksichtigt wurde, obwohl sie aufgrund rechtskräftig erteilter Baubewilligungen errichtet worden sind, sollen unter den genannten Voraussetzungen geändert werden dürfen (vgl. dazu auch VwGH 23.2.1995, 94/06/0245, zur Stmk. BauO)."*

§ 44 Abs. 1 Z 1 lit. c wurde in seiner heutigen Form als § 14 Abs. 1 lit. a Z 4 K-BO 1996 durch LGBl. Nr. 80/2012 geschaffen. Dazu halten die Erläuterungen 01-VD-LG-1369/4-2012, 8, fest: *„§ 14 Abs. 1 lit. d Z 4 idgF umfasst lediglich Gebäude und bauliche Anlagen, für die das Vorliegen einer Baubewilligung nach § 54 [Anmerkung: K-BO 1996] vermutet wird. Die zulässige Abweichung vom Flächenwidmungsplan soll aber gerade auch bei Gebäuden, für die zum Zeitpunkt der Errichtung eine Baubewilligung nicht erforderlich war (weil zB.: vor Jahrhunderten errichtet), möglich sein."*

§ 44 Abs. 2 bis 4 wurde als § 12 Abs. 2 bis 4 K-BO 1992 durch LGBl. Nr. 44/1996 geschaffen. Die Erläuterungen Verf-135/94/195, 16, führen dazu aus: *„Für Gebäude und sonstigen bauliche Anlagen, die im Widerspruch zum Flächenwidmungsplan errichtet und durch ein Elementarereignis zerstört wurden, soll eine Wiedererrichtung nur unter der* *zusätzlichen Voraussetzung der „Baulandeignung" im Sinne des § 3 Abs. 1 des Kärntner Gemeindeplanungsgesetzes 1995* [Anmerkung: siehe nunmehr § 15 Abs. 1 und 2] *zulässig sein. Auch bewilligungsfreie Vorhaben nach § 5 Abs. 1* [Anmerkung: siehe nunmehr § 7 Abs. 1 K-BO 1996] *dürfen gemäß § 5 Abs. 3* [Anmerkung: siehe nunmehr § 7 Abs. 3 K-BO 1996] *dem Flächenwidmungsplan nicht widersprechen. Ein derartiger Widerspruch kann jedoch bei Vorhaben im Sinne des § 5 Abs. 1 lit. n (bauliche Anlagen für den vorübergehenden Bedarf von höchstens vier Wochen im Rahmen von Veranstaltungen)* [Anmerkung: siehe nunmehr § 7 Abs. 1 lit. n K-BO 1996] *ausnahmsweise hingenommen werden, soferne dies nicht öfter als einmal pro Jahr für vier Wochen der Fall ist."*

§ 44 Abs. 5 wurde als § 14 Abs. 6 K-BO 1996 durch LGBl. Nr. 31/2015 geschaffen. Die Erläuterungen 01-VD-LG-1641/12-2015, 3, führen dazu aus: *„Als eine zulässige Ausnahme vom Flächenwidmungsplan regelt der geltende § 14 Abs. 6 K-BO 1996, dass Vorhaben nach § 7 Abs. 1 lit. d K-BO 1996 auch entgegen dem Flächenwidmungsplan ausgeführt werden dürfen. Um durch diese generelle Ausnahme die Wirkung des Flächenwidmungsplanes nicht systematisch unterlaufen zu können, soll der künftige § 14 Abs. 6 K-BO 1996 lediglich Fälle erfassen, in denen das betreffende Gebäude oder der betreffende Gebäudeteil, die Wohnzwecken dienen, auf Grund persönlicher Lebensumstände des Eigentümers oder seines Erben nicht mehr zur Deckung eines ganzjährig gegebenen Wohnbedarfes im Mittelpunkt der Lebensbeziehungen herangezogen werden kann bzw. dies nicht zumutbar ist. Die nunmehr vorgeschlagene Regelung hat nicht nur den Erbfall oder den Fall der Schenkung an potenzielle Erben im Auge, sondern auch den Fall, dass jemand als Eigentümer nicht mehr seinen bisherigen Hauptwohnsitz aufrechterhalten kann (z.B. weil er altersbedingt übersiedeln muss oder das Gebäude nicht barrierefrei ist). Vor Beginn der Ausführung ist in der schriftlichen Mitteilung gemäß § 8 Abs. 4 K-BO 1996 die Notwendigkeit der Verwendungsänderung entsprechend plausibel zu begründen. Die Verwendung als Freizeitwohnsitz entgegen der Flächenwidmung soll nur als persönliche Ausnahme zugunsten des Eigentümers und seiner Angehörigen zum Tragen kommen (keine Wirkung in rem). Zur Vermeidung einer Umgehung des Gemeindeplanungsrechts soll die neu gefasste Ausnahmebestimmung allerdings dann nicht gelten, wenn die hinzutretende Verwendungsänderung einer (vierten) selbständigen Wohnung in Freizeitwohnsitz dazu führen würde, dass ein Gebäude* *die Legaldefinition des Begriffs „Apartmenthaus" gemäß § 8 Abs. 2 K-GplG 1995* [Anmerkung: siehe nunmehr § 30 Abs. 2] *erfüllt. Vorhaben gemäß § 7 Abs. 1 lit. d K-BO 1996, die bereits vor dem Zeitpunkt des Inkrafttretens der Novelle ausgeführt worden sind, fallen als bereits verwirklichte Sachverhalte nicht in den zeitlichen Geltungsbereich des neu gefassten § 14 Abs. 6 K-BO 1996. Dies ergibt sich aus Art. 35 Abs. 3 der Kärntner Landesverfassung, wonach Landesgesetze, soweit nicht ausdrücklich anderes bestimmt ist, mit Ablauf des Tages ihrer Kundmachung im Landesgesetzblatt in Kraft treten. Der neu gefasste § 14 Abs. 6 K-BO 1996 gilt daher nur für Vorhaben, die ab dem Tag des Inkrafttretens des Gesetzes verwirklicht werden."*

§ 44 Abs. 6 wurde als § 7 Abs. 1 lit. w und x iVm. § 14 Abs. 7 K-BO 1996 durch LGBl. Nr. 19/2016 geschaffen. Der Initiativantrag Ldtgs. Zl. 52-7/31 wurde wie folgt begründet: *„Um auch in Kärnten eine Lenkung der Flüchtlingsströme an den bestehenden Grenzübertrittsstellen sicherzustellen, ist die vorliegende Novelle der Kärntner Bauordnung im Hinblick auf eine Verfahrensbeschleunigung und Flexibilisierung notwendig. § 7 Abs. 1 lit. w umfasst ausschließlich bauliche Anlagen im Bereich von bestehenden Grenzübergangsstellen zur Regelung, Lenkung und Überwachung des Eintrittes in das Bundesgebiet. Anknüpfend an die im Kompetenztatbestand des Bundes gemäß Art. 10 Abs. 1 Z 3 B-VG enthaltene Formulierung wird als zusätzliches (kumulativ zu erfüllendes) Tatbestandsmerkmal ausdrücklich der Begriff „Lenkung" hinzugefügt, um klarzustellen, dass nicht alle bestehenden Grenzübergangsstellen, sondern nur jene erfasst sind, die im Rahmen des „Grenzmanagement" zur Bewältigung der aktuellen Flüchtlings- bzw. Migrationsströme dienen (wie z.B. in Spielfeld). Umfasst sind freilich nur bestehende Grenzübergangsstellen, dh Grenzübergangsstellen, die zum Zeitpunkt des Inkrafttretens bereits errichtet bzw. in Verwendung sind und nunmehr den genannten Zwecken des „Grenzmanagement" dienen sollen. Angeknüpft wird am Begriff „Grenzübergangsstelle" des Grenzkontrollgesetzes – GrekoG. Überdies wird der Tatbestand örtlich auf den „Nahbereich" der Grenzübergangsstelle eingeschränkt. Bewusst wird hier nicht auf den Begriff des „Grenzkontrollbereiches" des Grenzkontrollgesetzes – GrekoG abgestellt. Der „Bereich" im Sinnen von § 7 Abs. 1 lit. w umfasst somit nur jenen unmittelbaren Nahbereich, der im Rahmen des „Grenzmanagement" zur Regelung, Lenkung und Überwachung des Eintrittes in das Bundesgebiet im Rahmen der Grenzübergangsstellen tatsächlich, insbe-*

*sondere in topographischer und technischer Hinsicht, notwendig ist. Die aufgrund dieser Gesetzesnovelle getroffenen Maßnahmen sollen einer laufenden Evaluierung unterzogen werden."*

## II. Anmerkungen

**1** Vorhaben müssen gemäß § 43 Abs 1, § 7 Abs 3 K-BO 1996, § 13 Abs 2 lit a K-BO 1996, § 15 Abs 1 K-BO 1996 und § 17 Abs 1 K-BO 1996 dem Flächenwidmungsplan entsprechen (die gesamte Kommentierung dieser Bestimmung ist weitgehend *Steinwender*, Kärntner Baurecht § 7 und § 14 K-BO 1996, entnommen). § 44 sieht gesetzlich zulässige Abweichungen davon vor. Sinn und Zweck ist, Härtefälle zu vermeiden. Denn zB für „Punktwidmungen" oder für bestehende bauliche Anlagen, denen zwar Baubewilligungen erteilt wurden, die aber einem später erlassenen Flächenwidmungsplan nicht entsprechen, bestünden ohne entsprechende Ausnahme Schwierigkeiten bei der Bewilligung von Änderungen (VwGH 19.9.2006, 2005/05/0357). Gleiches gilt für die Ausnahme auf Grund von Zerstörung durch ein Elementarereignis.

**2** Die Ausnahme nach § 44 Abs 1 umfasst lediglich die Änderung von Gebäuden und sonstigen baulichen Anlagen gemäß § 6 lit b K-BO 1996 (siehe zur „Änderung von Gebäuden und baulichen Anlagen" § 28 Anm 6, zu den Begriffen „Gebäude und bauliche Anlage" § 17 Anm 1), dh zB nicht die Errichtung oder die Änderung der Verwendung eines Gebäudes. Die Ausnahme besteht auch nur hinsichtlich des Flächenwidmungsplanes, alle anderen Voraussetzungen der K-BO 1996 müssen erfüllt sein. Weiters darf gemäß § 44 Abs 1 Z 2 die im Zeitpunkt des Wirksamwerdens der Flächenwidmung bestehende Kubatur um höchstens 20 Prozent vergrößert werden. Das „Wirksamwerden" erfolgt mit dem Inkrafttreten der Verordnung über den Flächenwidmungsplan bzw der Verordnung über die Änderung des Flächenwidmungsplans. Gemäß § 15 K-AGO, § 16 K-KStR 1998 und § 16 K-VStR 1998 treten Verordnungen, wenn nicht ausdrücklich ein späterer Zeitpunkt festgelegt ist, mit Ablauf des Tages der Freigabe zur Abfrage im Internet in Kraft. Für Flächenwidmungspläne und deren Änderungen vor dem Inkrafttreten des K-ROG 2021 ist zu beachten, dass diese gemäß § 14 Abs 1 K-GplG 1995 mit dem Ablauf des Tages der Kundmachung der Genehmigung der Landesregierung in der Kärntner Landeszeitung wirksam wurden. Da die Bestimmung ausdrücklich auch auf sonstige bauliche Anlagen anzuwenden ist, dh auch nicht raumbildende bauliche Anlagen umfasst sind, ist unter dem Begriff Kubatur das Volumen der baulichen Anlage zu verstehen und nicht der Brutto-Rauminhalt. Sind diese Voraussetzungen erfüllt, erfolgt eine zulässige Abweichung vom Flächenwidmungsplan in drei Fällen:

Erstens gemäß § 44 Abs 1 Z 1 lit a bei Gebäuden oder sonstigen baulichen Anlagen, die sich auf Grundstücken befinden, die im Flächenwidmungsplan als Bauland ausgewiesen sind, sofern die Grenzen der Widmung mit den Grenzen der tatsächlich bebauten Grundfläche übereinstimmen oder nur geringfügig davon abweichen („Punktwidmungen"). Diese Ausnahme besteht somit nur für Gebäude oder sonstige bauliche Anlagen im Bauland (VwGH 23.2.2010, 2007/05/0260; dagegen bestehen keine verfassungsrechtlichen Bedenken VfGH 24.9.2007, B 1199/07). An das Tatbestandsmerkmal der nur geringfügigen Abweichung der Grenzen der tatsächlich bebauten Grundfläche von den Grenzen der Widmung ist ein strenger Maßstab anzulegen, da die Ausnahmebestimmung des § 44 restriktiv zu interpretieren ist (VwGH 15.12.2009, 2008/05/0046; 20.9.2012, 2011/06/0021; 7.8.2013, 2013/06/0076). Punktwidmungen sind Baulandwidmungen, deren Grenzen mit den Umrissen bestehender baulicher Anlagen gänzlich oder doch nahezu übereinstimmen (siehe die oben unter Punkt I. abgedruckten ErlRV 01-VD-LG-1865/5-2021, 51; VwGH 19.9.2006, 2005/05/0357; *Pallitsch/Pallitsch/Kleewein*, Baurecht[5] § 14 K-BO 1996 Anm 4).

Zweitens erfolgt gemäß § 44 Abs 1 Z 1 lit b eine zulässige Abweichung vom Flächenwidmungsplan bei Gebäuden oder sonstigen baulichen Anlagen, die im Zeitpunkt des Wirksamwerdens des Flächenwidmungsplanes oder seiner Änderung aufgrund einer rechtskräftig erteilten baubehördlichen Bewilligung bestanden, der neu festgelegten Widmung aber nicht entsprechen. Das Gebäude oder die sonstige bauliche Anlage müssen somit zum Zeitpunkt des Wirksamwerdens des Flächenwidmungsplanes oder seiner Änderung auch schon bestanden haben, eine lediglich zu diesem Zeitpunkt bereits rechtskräftig erteilte Baubewilligung genügt nicht. Umfasst sind auch nur Gebäude oder sonstige bauliche Anlagen, für die nachweislich eine rechtskräftige Baubewilligung erteilt wurde, die somit bei Erteilung der Baubewilligung der Widmung entsprochen haben. Der Widerspruch zum Flächenwidmungsplan darf somit erst durch eine Änderung oder durch einen neuen Flächenwidmungsplan entstehen. Das „Wirksamwerden" erfolgt mit dem Inkrafttreten der Verordnung über den Flächenwidmungsplan bzw der Verordnung über die Änderung des Flächenwidmungsplans (siehe schon oben).

Drittens erfolgt gemäß § 44 Abs 1 Z lit c eine zulässige Abweichung vom Flächenwidmungsplan bei Gebäuden oder sonstigen baulichen Anlagen, für die das Vorliegen einer Baubewilligung nach § 54 K-BO 1996 vermutet wird oder für die eine Baubewilligung im Zeitpunkt der Errichtung nicht erforderlich war (VwGH 20.9.2012, 2011/06/0021). Umfasst sind somit einerseits Gebäude und sonstige bauliche Anlagen, die seit mindestens 30 Jahren bestehen und für die eine Baubewilligung im Zeitpunkt ihrer Errichtung erforderlich war, welche jedoch nicht nachgewiesen werden kann, sofern das Fehlen der Baubewilligung innerhalb dieser Frist baubehördlich unbeanstandet geblieben ist (VwGH 23.2.2010, 2007/05/0260; siehe *Steinwender*, Kärntner Baurecht § 54 K-BO 1996 Rz 3 ff). Andererseits sind auch Gebäude und sonstige bauliche Anlagen umfasst, für die eine Baubewilligung im Zeitpunkt der Errichtung gar nicht erforderlich war, zB weil diese vor Jahrhunderten errichtet wurden (siehe die oben unter Punkt I. abgedruckten ErlRV 01-VD-LG-1865/5-2021, 51).

**3** Die Ausnahme nach § 44 Abs 2 umfasst die gänzliche oder teilweise Wiedererrichtung von Gebäuden und sonstigen baulichen Anlagen (zu den Begriffen „Gebäude und bauliche Anlage" siehe § 17 Anm 1), die durch ein Elementarereignis zerstört wurden, trotz Widerspruchs zum Flächenwidmungsplan. Ein Antrag auf Erteilung der Baubewilligung zur Wiedererrichtung muss binnen fünf Jahren nach der Zerstörung des Gebäudes oder der sonstigen baulichen Anlage gestellt werden (es handelt sich hiebei aber um keinen Antrag auf Abweichung vom Flächenwidmungsplan, siehe dazu § 45). Die Voraussetzungen gemäß § 44 Abs 1 müssen erfüllt sein (siehe § 44 Anm 2). § 44 Abs 2 ist restriktiv zu interpretieren (VwGH 15.12.2009, 2008/05/0046; VwGH 20.9.2012, 2011/06/0021). Die Zerstörung muss durch ein Elementarereignis erfolgt sein. Entscheidend für das Vorliegen eines Elementarereignisses ist, ob der Schaden durch ein von außen einwirkendes, außergewöhnliches und nicht regelmäßig auftretendes Ereignis verursacht wurde (vgl VwGH VwSlg 17.702 A/2009; hingegen nicht der Einsturz eines Hauses bei dem Versuch es zu sanieren, VwGH 1.4.1993, 93/06/0033). Dazu zählen insbesondere Hochwasser, Lawinen, Schneedruck, Steinschlag, Muren, Feuer (vgl VwGH 26.6.2012, 2010/07/0222),

Sturm oder Erdbeben. „Aus dem Begriff Wiedererrichtung folgt, dass es sich dabei um die neuerliche Errichtung einer bereits vorher bestandenen Anlage handelt, und zwar im Wesentlichen an derselben Stelle, im gleichen Ausmaß und in der gleichen Ausführung" (VwGH 15.12.2009, 2008/05/0046). Dabei kann es sich auch um eine gänzliche Wiedererrichtung handeln (VwGH 20.9.2012, 2011/06/0021). Darüber hinaus muss das betreffende Baugrundstück die Bedingungen für eine Festlegung als Bauland im Sinne des § 15 Abs 1 und 2 erfüllen (siehe dazu § 15 Anm 2 ff). Wird zB ein Gebäude durch eine Lawine zerstört und führt gerade dieses Ereignis zur Erkenntnis, dass gemäß § 15 Abs 1 Z 2 lit b die Grundfläche des Baugrundstückes nicht als Bauland festgelegt werden darf, da dieses Gebiet im Gefährdungsbereich von Lawinen gelegen ist und für jegliche Bebauung ungeeignet ist, ist eine Baubewilligung nicht zu erteilen (vgl auf Grund eines Widerspruchs zum örtlichen Entwicklungskonzept VwGH 20.9.2012, 2011/06/0021). Ob das betreffende Baugrundstück die Bedingungen für eine Festlegung als Bauland im Sinne des § 15 Abs 1 und 2 erfüllt, ist auf Antrag des Bewilligungswerbers mit Bescheid festzustellen (zu Feststellungsbescheiden siehe *Hengstschläger/Leeb*, AVG² § 56 Rz 68 ff mN). Als „Baugrundstück" gilt gemäß § 47 Abs 7 das gesamte zu bebauende Grundstück, wenn im Bebauungsplan nicht anderes festgelegt ist. Es wird am grundbuchsrechtlichen Begriff angeknüpft, dh „Grundstücke sind demnach durch Grenzpunkte festgelegte Flächen, anhand deren der Grenzverlauf ermittelt werden kann. Durch die einzelnen Grenzpunkte wird die Lage eines Grundstückes zu einem anderen Grundstück festgelegt" (VwGH 16.5.2013, 2011/06/0116; 27.3.2018, Ra 2016/06/0116; vgl *Pallitsch/Pallitsch/Kleewein*, Baurecht[5] § 3 K-BV Anm 1).

Auch mitteilungspflichtige Vorhaben nach § 7 K-BO 1996 müssen **4** gemäß § 7 Abs 3 K-BO 1996 dem Flächenwidmungsplan entsprechen. Gemäß § 44 Abs 3 dürfen diese aber entgegen dem Flächenwidmungsplan ausgeführt werden, wenn sie im Zusammenhang mit Gebäuden oder sonstigen baulichen Anlagen (zu den Begriffen Gebäude und bauliche Anlage siehe § 17 Anm 1) nach § 44 Abs 1 oder 2 (siehe § 44 Anm 2 und 3) ausgeführt werden und für deren Nutzung erforderlich sind. Es ist wiederum ein restriktiver Maßstab anzulegen. So muss sich die Erforderlichkeit des Vorhabens zur Nutzung des Gebäudes oder der sonstigen baulichen Anlage im jeweiligen Einzelfall nach objektiven Gesichtspunkten ergeben. Die Zweckmäßigkeit des Vorhabens alleine genügt nicht (VwGH 7.8.2013, 2013/06/0076).

**5** Es handelt sich hiebei um mitteilungspflichtige Vorhaben gemäß § 7 Abs 1 lit a Z 8 K-BO 1996 (siehe zur „Errichtung oder Änderung" von baulichen Anlagen § 28 Anm 6, zum Begriff „bauliche Anlage" § 17 Anm 1). Mitteilungspflichtige Vorhaben müssen gemäß § 7 Abs 3 K-BO 1996 dem Flächenwidmungsplan entsprechen. Gemäß § 44 Abs 4 dürfen die Vorhaben gemäß § 7 Abs 1 lit a Z 8 K-BO 1996 aber entgegen dem Flächenwidmungsplan ausgeführt werden. Bei der Aufzählung von Veranstaltungen handelt es sich auf Grund des Zusatzes „und ähnliche" um eine demonstrative Aufzählung. Durch die Aufzählung wird aber doch der Maßstab fixiert, dem die nicht konkret aufgezählten Veranstaltungen entsprechen müssen (VwGH 23.7.2009, 2006/05/0167). Bei der Aufzählung der baulichen Anlagen – Festzelte, Tribünen, Tanzböden, Kioske, Stände, Buden – handelt es sich auf Grund des Zusatzes „zB" ebenfalls um eine demonstrative Aufzählung. Auch hier wird aber durch die Aufzählung doch der Maßstab fixiert, dem die nicht konkret aufgezählten baulichen Anlagen entsprechen müssen (VwGH 23.7.2009, 2006/05/0167).

**6** Es handelt sich hiebei um mitteilungspflichtige Vorhaben gemäß § 7 Abs 1 lit f K-BO 1996 (siehe zur „Änderung der Verwendung von Gebäuden oder Gebäudeteilen" § 28 Anm 10). Auch diese müssen gemäß § 7 Abs 3 K-BO 1996 dem Flächenwidmungsplan entsprechen. Eine Abweichung vom Flächenwidmungsplan ist nur unter den Voraussetzungen des § 44 Abs 5 möglich. So muss erstens das bestehende Gebäude oder der Gebäudeteil Wohnzwecken dienen (siehe dazu § 17 Anm 3). Zweitens bedarf es persönlicher Lebensumstände des Eigentümers oder seines Erben, durch die das Gebäude oder der Gebäudeteil nicht mehr zur Deckung eines ganzjährig gegebenen Wohnbedarfes im Mittelpunkt der Lebensbeziehungen herangezogen werden kann oder dies nicht zumutbar ist. Beispielhaft führt die Bestimmung berufliche oder familiäre Veränderung an. So können diese den Eigentümer zwingen seinen Hauptwohnsitz zu ändern, zB weil altersbedingt eine Übersiedlung in eine barrierefreie Wohnung notwendig ist oder eine Arbeitsstelle in einem anderen Bundesland angenommen wird. Bei Erben sind Fälle, in denen die Erbfolge durch Rechtsgeschäft unter Lebenden vorweggenommen wird, sowie der Erbanfall umfasst (siehe die oben unter Punkt I. abgedruckten ErlRV 01-VD-LG-1865/5-2021, 51 f). Diese Gründe sind in der schriftlichen Mitteilung gemäß § 7 Abs 4 K-BO 1996 darzulegen. Die Inanspruchnahme der Ausnahme des § 44 Abs 5 bewirkt aber meiner Ansicht nach nicht, dass das Gebäude oder der Gebäudeteil zukünftig generell entgegen dem Flächenwidmungsplan als Freizeitwohnsitz genutzt werden kann. Wird zB das Gebäude in der Folge an einen Dritten verkauft, der das Gebäude als Freizeitwohnsitz nutzen will, ohne die persönlichen Voraussetzungen des § 44 Abs 5 zu erfüllen, tritt insofern eine Verwendungsänderung ein, als die für die Ausnahme vom Flächenwidmungsplan notwendigen Gründe der persönlichen Lebensumstände weggefallen sind (siehe die oben unter Punkt I. abgedruckten ErlRV 01-VD-LG-1865/5-2021, 51 f; aA *Baumgartner/Fister*, bbl 2018, 88 f). Dies gilt meiner Ansicht nach auch, sofern die ursprünglich bestehenden persönlichen Lebensumstände beim Eigentümer wegfallen. Es handelt sich dann nicht mehr um einen Freizeitwohnsitz aus Gründen der persönlichen Lebensumstände im Sinne des § 44 Abs 5, sondern um einen anderen Freizeitwohnsitz. Der Wortlaut der Bestimmung kann so verstanden werden, dass die persönlichen Lebensumstände beim Eigentümer weiterhin gegeben sein müssen (aA *Baumgartner/Fister*, bbl 2016, 4; *dies*, bbl 2018, 88 f). Eine andere Auslegung würde die Ausnahme vom Flächenwidmungsplan lediglich davon abhängig machen, ob irgendwann – unter Umständen auch bei einem Voreigentümer – entsprechende persönliche Lebensumstände vorgelegen sind und seit diesem Zeitpunkt ein Freizeitwohnsitz besteht. Dies würde aber dem ausweislich der Materialien bestehenden Zweck einer Vermeidung von Umgehungen widersprechen (siehe die oben unter Punkt I. abgedruckten ErlRV 01-VD-LG-1865/5-2021, 51 f). Systematisch stellt § 44 Abs 4 durchaus vergleichbar auf eine zeitliche Komponente ab, § 44 Abs 5 auf das Vorliegen persönlicher Lebensumstände. Dagegen spricht auch nicht § 53 K-BO 1996, denn dieser regelt nur die dingliche Wirkung von Baubewilligungsbescheiden bzw entsprechender Erkenntnisse, dh Bescheiden, die derart auf eine bestimmte Sache bezogen sind, dass es lediglich auf die Eigenschaft der Sache, nicht auf eine solche der Person ankommt (VwGH 29.3.2004, 2003/17/0303; siehe *Steinwender*, Kärntner Baurecht § 53 K-BO 1996 Rz 3 f). Bei gegenständlichen Fällen handelt es sich aber um keine Baubewilligungsbescheide und es sind gerade die persönlichen Lebensumstände entscheidend. Die Ausnahme des § 44 Abs 5 besteht auch nicht, sofern durch das Vorhaben die Verwendung des Gebäudes als Apartmenthaus bewirkt wird, zum Begriff „Apartmenthaus" siehe § 30 Abs 2. Damit sollen entsprechende Umgehungen des K-ROG 2021 verhindert werden (siehe die oben unter Punkt I. abgedruckten ErlRV 01-VD-LG-1865/5-2021,

51 f). Indes sind Vorhaben in Gebäuden, die bereits vor Ausführung des Vorhabens als Apartmenthaus anzusehen sind (in einem Apartmenthaus soll eine weitere Wohnung, die bislang als Hauptwohnsitz genutzt wird, nunmehr als Freizeitwohnsitz verwendet werden), nicht umfasst, da der Wortlaut ausdrücklich darauf abstellt, dass erst durch die Ausführung des Vorhabens die Verwendung des Gebäudes als Apartmenthaus „bewirkt" wird (*Baumgartner/Fister*, bbl 2018, 90 f).

Ursprünglich durften alle Vorhaben im Sinne von § 7 Abs 1 lit f K-BO 1996 entgegen dem Flächenwidmungsplan ausgeführt werden (siehe § 14 Abs 6 K-BO 1996 idF vor LGBl 2015/31; dazu kritisch *Steinwender*, Aufgaben- und Finanzreform 65). Durch die Novelle LGBl 2015/31 erfolgten die oben dargestellten Einschränkungen. Die Novelle ist am 22. Mai 2015 in Kraft getreten und ist somit auf entsprechende Vorhaben ab diesem Zeitpunkt anzuwenden, jedoch nicht auf rechtskonforme Verwendungsänderungen vor diesem Zeitpunkt (siehe die oben unter Punkt I. abgedruckten ErlRV 01-VD-LG-1865/5-2021, 51 f; *Baumgartner/Fister*, bbl 2018, 87 ff). Dies gilt meiner Ansicht nach für rechtskonforme Verwendungsänderungen vor diesem Zeitpunkt auch dann, sofern eine verpflichtende Mitteilung nach § 7 Abs 4 K-BO 1996 unterlassen wurde. So sieht § 36 Abs 3 K-BO 1996 im Gegensatz zum Auftrag der Beantragung der Baubewilligung gemäß § 36 Abs 1 K-BO 1996 nicht vor, dass eine solche Mitteilung aufzutragen ist. Daraus folgt meiner Ansicht nach, dass bei rechtskonformer Ausführung eines mitteilungspflichtigen Vorhabens gemäß § 7 K-BO 1996, aber unterlassener Mitteilung nach § 7 Abs 4 (dies stellt aber eine Verwaltungsübertretung nach § 50 Abs 1 lit d Z 7 K-BO 1996 dar, siehe dazu *Steinwender*, Kärntner Baurecht § 50 K-BO 1996 Rz 23), kein Bescheid auf Grundlage von § 36 Abs 3 K-BO 1996 zu erlassen ist (*Lukan*, ZfV 2018, 139; vgl zur Frage der Rückwirkung der Novelle LGBl 2015/31 auf die Verwendungsänderung von Gebäuden oder Gebäudeteilen in Freizeitwohnsitz gemäß § 7 Abs 1 lit d K-BO 1996 iVm § 14 Abs 6 K-BO 1996 *Baumgartner/Fister*, bbl 2018, 89 f).

**7** Es handelt sich hiebei um mitteilungspflichtige Vorhaben gemäß § 7 Abs 1 lit g K-BO 1996 (siehe zur „Errichtung oder Änderung" von baulichen Anlagen § 28 Anm 6, zum Begriff „bauliche Anlage" § 17 Anm 1). Mitteilungspflichtige Vorhaben müssen gemäß § 7 Abs 3 K-BO 1996 dem Flächenwidmungsplan entsprechen. Gemäß § 44 Abs 6 Z 1 dürfen die Vorhaben gemäß § 7 Abs 1 lit g K-BO 1996 aber entgegen dem Flächenwidmungsplan ausgeführt werden. Hintergrund dieser Bestimmung ist die große Anzahl von Flüchtlingen und Migranten, die beginnend mit dem Jahr 2015 unter anderem im Bereich des Kärntner Landesgebietes in das Bundesgebiet eingereist sind. Um durch eine Verfahrensbeschleunigung möglichst rasch die notwendigen baulichen Anlagen errichten bzw bereits bestehende bauliche Anlagen nutzen zu können, sind diese bewilligungsfrei (siehe zum Ganzen die oben unter Punkt I. abgedruckten ErlRV 01-VD-LG-1865/5-2021, 52). Umfasst sind nur bauliche Anlagen, die zur Regelung, Lenkung und Überwachung des Eintrittes in das Bundesgebiet dienen. Diese Formulierung lehnt sich an den Kompetenztatbestand des Art 10 Abs 1 Z 3 B-VG an, ergänzt um den Begriff „Lenkung". Dies können unter anderem Zäune und Sperren oder auch Container und Großzelte, zB zur Kontrolle und Registrierung bzw zum Aufenthalt während auftretender Wartezeiten, sein. Hingegen sind zB Gebäude zur längeren Unterbringung von Asylwerbern nicht umfasst, da solche Gebäude nicht der Regelung, Lenkung und Überwachung des Eintrittes in das Bundesgebiet dienen. Umfasst sind weiters nur solche baulichen Anlagen, die sich im Nahbereich von bestehenden Grenzübergangsstellen befinden. Es erfolgt somit eine örtliche Einschränkung. Es kommt darauf an, welche baulichen Anlagen zur Regelung, Lenkung und Überwachung des Eintrittes tatsächlich, insbesondere in topographischer und technischer Hinsicht, notwendig sind. Nicht zuletzt kommt es daher meiner Ansicht nach auch auf die Umstände des Einzelfalles an, eine Grenzübergangsstelle in einem Taleinschnitt ist anders zu bewerten, als eine Grenzübergangsstelle im offenen Gelände. Es wurde aber bewusst nicht auf den Begriff „Grenzkontrollbereich" des GrekoG abgestellt. Somit sind bauliche Anlagen, die nicht mehr diesem Nahbereich einer Grenzübergangsstelle zugeordnet werden können, zB ein durchgehender Grenzzaun entlang der Landesgrenze, jedenfalls nicht umfasst. Für den Begriff „Grenzübergangsstelle" wurde hingegen bewusst am GrekoG angeknüpft. Gemäß § 1 Abs 3 GrekoG ist eine Grenzübergangsstelle „eine an der Außengrenze oder an der Binnengrenze im Falle der Wiedereinführung von Grenzkontrollen im Sinne der Artikel 23 ff der Verordnung (EG) Nr. 562/2006 über einen Gemeinschaftskodex für das Überschreiten der Grenzen durch Personen (Schengener Grenzkodex), ABl. Nr. L 105 vom 13.04.2006, S. 1, in der geltenden Fassung, von den zuständigen Behörden zum Grenzübertritt bestimmte Stelle oder bestimmtes Gebiet während der Verkehrszeiten und im

Umfang der Zweckbestimmung." Da die Bestimmung auf „bestehende" Grenzübergangsstellen abstellt, sind meiner Ansicht nach nur solche Grenzübergangsstellen umfasst, die zum Zeitpunkt des erstmaligen Inkrafttretens der Bestimmung, dh am 12. März 2016, bestanden haben. Die systematische Verlagerung der Bestimmung in das K-ROG 2021 ändert meiner Ansicht nach daran nichts.

**8** Es handelt sich hiebei um mitteilungspflichtige Vorhaben gemäß § 7 Abs 1 lit h K-BO 1996 (siehe zur „Änderung der Verwendung von Gebäuden oder Gebäudeteilen" § 28 Anm 10; zu diesen Vorhaben siehe *Steinwender*, Kärntner Baurecht § 7 K-BO 1996 Rz 31). Mitteilungspflichtige Vorhaben müssen gemäß § 7 Abs 3 K-BO 1996 dem Flächenwidmungsplan entsprechen. Gemäß § 44 Abs 6 Z 2 dürfen die Vorhaben gemäß § 7 Abs 1 lit h K-BO 1996 aber entgegen dem Flächenwidmungsplan ausgeführt werden. Es sind nur Verwendungsänderungen zur Unterbringung von Personen im Sinne des § 2 K-GrvG, dh hilfs- und schutzbedürftige Fremde, die unterstützungswürdig sind und die ihren Hauptwohnsitz in Kärnten haben oder sich in Kärnten aufhalten, umfasst. Daraus folgt, dass eine Verwendungsänderung zur Unterbringung von Personen, die trotz Hauptwohnsitz oder Aufenthalt in Kärnten keinen Anspruch auf Grundversorgung nach dem K-GrvG haben, zB weil sie in einer Betreuungseinrichtung des Bundes untergebracht werden, nicht umfasst ist.

## § 45 Einzelbewilligungen[1]

(1) Der Gemeinderat darf auf Antrag des Grundeigentümers die Wirkung des Flächenwidmungsplanes für bestimmte Grundflächen durch Bescheid ausschließen und ein genau bezeichnetes Vorhaben raumordnungsmäßig bewilligen, wenn dieses dem örtlichen Entwicklungskonzept, wenn ein solches noch nicht erstellt wurde, den erkennbaren grundsätzlichen Planungsabsichten der Gemeinde nicht entgegensteht. Eine solche Einzelbewilligung darf nicht für Vorhaben gemäß § 32 und für Vorhaben, für die eine Sonderwidmung gemäß § 30 erforderlich ist, erteilt werden. Vor Erteilung der im behördlichen Ermessen gelegenen Einzelbewilligung sind die Anrainer gemäß § 23 Abs. 2 K-BO 1996 zu hören. Der Antrag auf Erteilung einer Einzelbewilligung ist vier Wochen lang ortsüblich kundzumachen. Die in § 38 Abs. 2 genannten Einrichtungen sind berechtigt, Anregungen vorzubringen. Anregungen und sonstige

Vorbringen zum Antrag auf Erteilung einer Einzelbewilligung sind in die Beratungen zur bescheidmäßigen Erledigung einzubeziehen.[2]

(2) Die Bewilligung bedarf der Genehmigung der Landesregierung. Die Genehmigung ist zu versagen, wenn diese
1. die wirtschaftlichen, sozialen, ökologischen und kulturellen Erfordernisse der Gemeinde nicht beachtet oder auf die im örtlichen Entwicklungskonzept festgelegten Ziele der örtlichen Raumplanung nicht Bedacht nimmt,
2. auf die wirtschaftlichen, sozialen, ökologischen und kulturellen Erfordernisse der angrenzenden Gemeinden nicht Bedacht nimmt oder
3. raumbedeutsame Maßnahmen und Planungen des Bundes sowie Planungen anderer Planungsträger, deren Planungen im öffentlichen Interesse liegen, nicht berücksichtigt.[3]

(3) Eine erteilte Einzelbewilligung ist im elektronisch geführten Amtsblatt kundzumachen.[4]

(4) Eine erteilte Einzelbewilligung wird unwirksam, wenn nicht binnen sechs Monaten ab Rechtskraft ein erforderlicher Antrag auf Erteilung der Baubewilligung für das Vorhaben, für das die Einzelbewilligung erteilt wurde, gestellt wird oder die beantragte Baubewilligung aufgrund der Vorschriften der K-BO 1996 rechtskräftig nicht erteilt wurde.[5]

(5) Der Bürgermeister hat die erteilte Einzelbewilligung den Erläuterungen zum Flächenwidmungsplan in einer gesonderten Anlage anzuschließen, wenn für das betreffende Vorhaben eine Baubewilligung rechtskräftig erteilt worden ist. In den anzuschließenden Ausfertigungen sind personenbezogene Angaben zu anonymisieren, die Rückschlüsse auf die persönlichen Verhältnisse der Betroffenen ermöglichen.[6]

(6) Der Anlage ist ein Verzeichnis voranzustellen, das jedenfalls folgende Angaben zu enthalten hat:
1. die fortlaufende Nummer der angeschlossenen Einzelbewilligungen;
2. die Geschäftszahlen der angeschlossenen Einzelbewilligungen;
3. die Grundstücksnummern der betroffenen Grundflächen.[7]

**Lit:**
*Pallitsch/Pallitsch/Kleewein*, Kärntner Baurecht[5], 2014; *Rummel* (Hrsg), Kommentar zum Allgemeinen bürgerlichen Gesetzbuch I[3], 2000; *Schwimann/Kodek* (Hrsg), ABGB-Praxiskommentar II[4], 2012; *Steinwender*, Kärntner Baurecht, 2017; *Sturm/Kemptner*, Kärntner Allgemeine Gemeindeordnung[6], 2015.

## I. Erläuterungen

### ErlRV 01-VD-LG-1865/5-2021, 52 f:

„§ 45 Abs. 1 bis 4 entspricht § 14 Abs. 5 K-BO 1996 der geltenden Fassung. Die Bestimmungen wurden als § 12 Abs. 5 K-BO 1992 durch LGBl. Nr. 44/1996 geschaffen. Der VwGH 15.6.2010, 2008/05/0061, geht davon aus, dass Vorbild für diese Regelung § 24 Abs. 3 S-ROG 1998 war und somit auch für § 14 Abs. 5 der Rechtsprechung gefolgt werden kann, wonach es sich bei dieser Ausnahmebewilligung um einen Dispens mit Bescheidcharakter handelt (zum Ganzen ausführlich *Steinwender*, Kommentar zum Kärntner Baurecht, 2017, § 14 Rz 8 ff).

§ 45 Abs. 5 und 6 entspricht § 19a Abs. 1 und 2 K-GplG 1995 der geltenden Fassung. Die Bestimmungen wurden durch LGBl. Nr. 134/1997 in das K-GplG 1995 eingefügt. Dazu führen die Erläuterungen Verf-579/15/1997, 7 f, aus: *„Die vom Kärntner Landtag am 7. März 1996 beschlossene Novelle zur Kärntner Bauordnung 1992 sieht in der Fassung der Wiederverlautbarung LGBl. Nr. 62/1988 (§ 14 Abs. 5) vor, daß der Gemeinderat „auf Antrag des Grundeigentümers die Wirkung des Flächenwidmungsplanes im Sinne des § 19 des Gemeindeplanungsgesetzes 1995 für bestimmte Grundflächen durch Bescheid ausschließen und ein genau bezeichnetes Vorhaben raumordnungsmäßig bewilligen (darf), wenn dieses dem örtlichen Entwicklungskonzept, sofern ein solches noch nicht erstellt worden ist, den erkennbaren grundsätzlichen Planungsabsichten der Gemeinde nicht entgegensteht". In weiterer Folge werden nähere Regelungen hinsichtlich solcher „Einzelbewilligungen" in materiell- und verfahrensrechtlicher Hinsicht getroffen. Das durch die in Rede stehende Regelung neugeschaffene Instrument der „Einzelbewilligungen" ermöglicht es, mit Bescheid Ausnahmen von der Wirkung des Flächenwidmungsplanes – der in der Rechtsform einer Verordnung erlassen wird (vgl. § 1 Abs. 1 des Gemeindeplanungsgesetzes 1995 [Anmerkung: siehe nunmehr § 13 Abs. 1]) – zu bewilligen. Dies hätte – nach der derzeit geltenden Rechtslage nach dem Gemeindeplanungsgesetz 1995 – zur Folge, daß der Flächenwidmungsplan nicht (mehr) umfassend und* *abschließend Auskunft über die planungsrechtlichen Bebauungsmöglichkeiten von Grundflächen geben würde. Um ein Auseinanderklaffen zwischen dem Flächenwidmungsplan einerseits und den tatsächlichen gemeindeplanungsrechtlichen Bebauungsmöglichkeiten andererseits zu vermeiden, soll durch den vorliegenden Gesetzesentwurf eine Verpflichtung des Bürgermeisters begründet werden, erteilte Einzelbewilligungen dem Flächenwidmungsplan in einer gesonderten Anlage anzuschließen und Flächen, für die solche Einzelbewilligungen erteilt worden sind, in der zeichnerischen Darstellung des Flächenwidmungsplanes ersichtlich zu machen* [Anmerkung: vgl. nunmehr § 14 Abs. 1 Z 3]."

## II. Anmerkungen

§ 45 sieht im Rahmen einer Einzelbewilligung auf Antrag des Grundeigentümers eine zulässige Abweichung vom Flächenwidmungsplan durch Bescheid des Gemeinderates vor (die gesamte Kommentierung dieser Bestimmung ist weitgehend *Steinwender*, Kärntner Baurecht § 14 K-BO 1996, entnommen). Der VwGH geht davon aus, dass Vorbild für diese Regelung § 24 Abs 3 S-ROG 1998 war und somit auch für § 14 Abs 5 der Rechtsprechung gefolgt werden kann, wonach es sich bei dieser Ausnahmebewilligung um einen Dispens mit Bescheidcharakter handelt (Bzw § 19 Abs 3 S-ROG 1977; VwGH 15.6.2010, 2008/05/0061; siehe zum Ganzen auch *Pallitsch/Pallitsch/Kleewein*, Baurecht[5] § 14 K-BO 1996 Anm 12). Dagegen bestehen keine verfassungsrechtlichen Bedenken (vgl VfGH VfSlg 6550/1971; VfSlg 10.288/1984).

Die Einzelbewilligung gemäß § 45 bedarf eines Antrages und ist vom Gemeinderat zu erteilen, nicht von der Baubehörde. Auch ein Antrag, das betreffende Grundstück „mit einer Baulandwidmung zu versehen", ist als ein solcher zu qualifizieren (VwGH 15.6.2010, 2008/05/0061). Grundsätzlich wird zuerst der Antrag gemäß § 45 an den Gemeinderat zu stellen sein und nach der Erteilung der Einzelbewilligung der Antrag gemäß § 9 K-BO 1996 auf Erteilung der Baubewilligung an die Baubehörde. Die Anträge können aber auch gleichzeitig gestellt werden. Wurde auch der Antrag gemäß § 45 bei der Baubehörde eingebracht, ist dieser gemäß § 6 Abs 1 AVG an den Gemeinderat weiterzuleiten. Das Vorliegen einer rechtskräftigen Einzelbewilligung ist keine Vorfrage für die Erteilung der Baubewilligung, die die Behörde „im Baubewilligungsverfahren auch selbst beurteilen könnte, sondern eine Tatbestandsvoraussetzung für die Erteilung der Baubewilligung" (eine Aussetzung des Verfahrens gemäß § 38 AVG ist aus diesem Grund nicht möglich VwGH 29.1.2016, Ro 2014/06/0034).

Wer antragsberechtigter „Grundeigentümer" ist, hat der Gemeinderat als Vorfrage gemäß § 38 AVG zu klären. Da auf Grund des Eintragungsgrundsatzes gemäß § 431 ABGB eine Übertragung von Eigentum an unbeweglichen Sachen grundsätzlich nur durch gültigen Titel (zB Kaufvertrag) und Eintragung ins Grundbuch erfolgen kann (*Spielbüchler* in Rummel, ABGB I[3] § 431 Rz 1 ff mN; *Hinteregger* in Schwimann/Kodek, ABGB II[4] § 431 Rz 1 f mN; VwGH VwSlg 12.426 A/1987), ist dies in erster Linie der im Grundbuch eingetragene Eigentümer. Zum Eintragungsgrundsatz bestehen allerdings zahlreiche Ausnahmen, eine Eintragung ins Grundbuch hat in diesen Fällen des außerbücherlichen Eigentums nur eine deklaratorische Bedeutung (Zum Ganzen *Spielbüchler* in Rummel, ABGB I[3] § 431 Rz 2 mN; *Hinteregger* in Schwimann/Kodek, ABGB II[4] § 431 Rz 4 ff mN). So erwirbt der Erbe bereits mit Rechtskraft der Einantwortung Eigentum (VwGH 31.1.1995, 94/05/0197). Zum außerbücherlichen Eigentumserwerb kommt es auch bei Fällen der umgründungsrechtlichen Gesamtrechtsnachfolge zB bei der Umwandlung, Verschmelzung oder Spaltung von Gesellschaften. Weiters wird mit Rechtskraft des Bescheides, mit dem eine vorläufige Übernahme im Rahmen einer Zusammenlegung von land- und forstwirtschaftlichen Grundstücken gemäß § 31 Abs 2 K-FLG angeordnet wird, Eigentum – wenn auch auflösend bedingt – erworben (vgl zur Tiroler Rechtslage VwGH 17.5.1991, 91/06/0045). Bei Zwangsversteigerungen und freiwilligen Versteigerungen erwirbt der Ersteher mit Zuschlag Eigentum. Bei Enteignung richtet sich der Eigentumserwerb nach den Bestimmungen des jeweiligen Enteignungsgesetzes. Bei Ersitzung wird mit Ablauf der Ersitzungszeit originär Eigentum erworben. Der redliche Bauführer erwirbt mit der Errichtung des Gebäudes Eigentum.

Eine Einzelbewilligung ist nur für ein konkretes Vorhaben zu erteilen (VwGH 15.6.2010, 2008/05/0061; vgl auch VwGH 12.10.1995, 93/06/0182). Das Vorhaben muss im Antrag genau bezeichnet werden, dh es müssen sich Art, Lage und Umfang des Vorhabens aus dem Antrag ergeben (siehe dazu *Steinwender*, Kärntner Baurecht § 9 K-BO 1996 Rz 4). Der Antrag ist vier Wochen lang ortsüblich kundzumachen (die Kundmachung hat das gesamte Vorhaben zu enthalten LVwG Kärnten 28.10.2021, KLVwG – 1680/6/2021). Als ortsübliche Kundmachung ist in erster Linie der Anschlag an der Amtstafel anzusehen, zusätzlich kann eine Kundmachung im elektronisch geführten Amtsblatt gemäß § 80a Abs 1 K-AGO (§ 82a Abs 1 K-KStR 1998, § 84a Abs 1 K-VStR 1998; siehe auch *Sturm/Kemptner*, Gemeindeordnung[6] § 80a Anm 1 f) erfolgen. Die Anrainer sind zu hören, dh sie sind zu einer allfälligen Stellungnahme aufzufordern, es wird ihnen aber keine Parteistellung eingeräumt (VwGH 7.11.1991, 91/06/0082). Die Anrainer können aber die Unzulässigkeit der Ausnahme im Baubewilligungsverfahren geltend machen (vgl VwGH 16.12.2002, 2000/06/0191 mwN; 29.5.2018, Ro 2016/06/0010). Wer Anrainer ist, ergibt sich aus § 23 Abs 2 K-BO 1996 (siehe dazu *Steinwender*, Kärntner Baurecht § 23 K-BO 1996 Rz 10 f). Die in § 38 Abs 2 genannten Personen und Einrichtungen, dh die Kärntner Landesregierung, die sonst berührten Landes- und Bundesdienststellen, die angrenzenden Gemeinden und die in Betracht kommenden gesetzlichen Interessenvertretungen, sind berechtigt, Anregungen vorzubringen (siehe dazu § 38 Anm 4). Diese Anregungen und die Vorbringen der Anrainer sind in die Beratung zur bescheidmäßigen Erledigung einzubeziehen.

Nach ständiger Rechtsprechung des VwGH zum Vorbild § 24 Abs 3 S-ROG 1998 stellt die Erteilung der Einzelbewilligung einen Dispens mit Bescheidcharakter dar (bzw zu § 19 Abs 3 S-ROG 1977; VwGH 15.6.2010, 2008/05/0061; siehe zum Ganzen auch *Pallitsch/Pallitsch/Kleewein*, Baurecht[5] § 14 K-BO 1996 Anm 12). Die Behörde hat „zunächst (in rechtlicher Gebundenheit) zu beurteilen, ob die beantragte Ausnahmegenehmigung einem räumlichen Entwicklungskonzept bzw der erkennbaren grundsätzlichen Planungsabsicht entgegen steht und – falls dies zutrifft – schon deshalb die beantragte Bewilligung zu versagen. Der Widerspruch des Bauvorhabens mit der nach dem bestehenden Flächenwidmungsplan gültigen Widmung reicht allein noch nicht aus, das Bauvorhaben nicht zu genehmigen, setzt doch die Erteilung einer Ausnahmebewilligung gedanklich eine Widmungswidrigkeit voraus. Vielmehr ist maßgebend, ob nach den konkreten Verhältnissen des Einzelfalles die raumrelevanten Planungsabsichten durch das Bauvorhaben nicht beeinträchtigt werden. Die Beurteilung dieser Rechtsfrage setzt auf Tatsachenebene zweierlei voraus, nämlich die Feststellung der für das betreffende Grundstück bestehenden – allenfalls in ein Entwicklungskonzept eingebetteten – „erkennbaren grundsätzlichen Planungsabsicht" und des vorhandenen baulichen oder sonst raumplanerisch bedeutsamen bereits bewilligten Bestandes (ein Bauvorhaben steht nämlich der Planungsabsicht auch dann nicht entgegen, wenn diese schon auf Grund des rechtmäßig vorhandenen Baubestandes im maßgebenden Bereich entweder nicht mehr oder nur mit Modifikationen verwirklicht werden kann, in welche sich auch das Projekt, für das die Ausnahmebewilligung beantragt wird, störungsfrei einfügt;...)" (vgl VwGH 26.6.2008, 2008/06/0025 mwN). Die Einzelbewilligung bezieht sich auf die vorgesehenen Flächenwidmungen und nicht auf das einzelne Vorhaben. Es ist deshalb zu prüfen, ob die angestrebte Einzelbewilligung dem räumlichen Entwicklungskonzept bzw der erkennbaren grundsätzlichen Planungsabsicht widerspricht (vgl VwGH 14.9.1995, 94/06/0206 mwN). Auf die Umstände des Antragstellers, zB die wirtschaftliche Lage, kommt es dabei nicht an (vgl VwGH 14.9.1995, 92/06/0052; 26.6.2008, 2008/06/0025). Für Vorhaben, die einer Sonderwidmung gemäß § 30 bedürfen, dh für Apartmenthäuser, sonstige Freizeitwohnsitze und Hoteldörfer, darf keine Einzelbewilligung erteilt werden (siehe dazu § 30 Anm 1 ff).

**3** Die Einzelbewilligung bedarf einer aufsichtsbehördlichen Genehmigung der Kärntner Landesregierung. Obwohl nicht ausdrücklich normiert, ist analog der Genehmigung des Flächenwidmungsplanes gemäß § 38 Abs 6 davon auszugehen, dass die Einzelbewilligung erst mit der Genehmigung rechtswirksam wird. In der Zeit zwischen Beschlussfassung des Gemeinderates und der aufsichtsbehördlichen Genehmigung ist die Einzelbewilligung „schwebend unwirksam" (vgl VwGH VwSlg 14.790 A/1997 mN). Zum Genehmigungsverfahren siehe § 38 Anm 9 f; zum „örtlichen Entwicklungskonzept" siehe § 9, zu den „wirtschaftlichen, sozialen, ökologischen oder kulturellen Erfordernissen" siehe § 3 Anm 3 und zum Berücksichtigungsgebot siehe § 2 Anm 21. Wird die aufsichtsbehördliche Genehmigung verweigert, ist der Antrag des Grundeigentümers vom Gemeinderat durch Bescheid abzuweisen (vgl VwGH VwSlg 10.175 A/1980).

**4** Zum „elektronisch geführten Amtsblatt" siehe § 80a K-AGO.

**5** Zweck dieser Bestimmung ist, dass Einzelbewilligungen auf Vorrat verhindert werden sollen. Der Antragsteller soll rasch nach der erteilten Einzelbewilligung die Erteilung der Baubewilligung für das konkrete Vorhaben beantragen (vgl VwGH 21.2.2007, 2005/06/0128). Zur „Rechtskraft" von Bescheiden siehe § 15 Anm 31.

**6** Zweck dieser Bestimmung ist, ein „Auseinanderklaffen zwischen dem Flächenwidmungsplan einerseits und den tatsächlichen gemeindeplanungsrechtlichen Bebauungsmöglichkeiten andererseits zu vermeiden" (vgl ErlRV 01-VD-LG-1865/5-2021, 53). Gleiches gilt für die Verpflichtung gemäß § 14 Abs 1 Z 3, dass Flächen für erteilte Einzelbewilligungen im Flächenwidmungsplan ersichtlich zu machen sind. Für diesen Zweck sind personenbezogene Angaben der Einzelbewilligung nicht notwendig und daher, zB durch Schwärzung, zu anonymisieren. Zu personenbezogenen Daten zählen gemäß Art 4 Z 1 DSGVO „alle Informationen, die sich auf eine identifizierte oder identifizierbare natürliche Person [...] beziehen; als identifizierbar wird eine natürliche Person angesehen, die direkt oder indirekt, insbesondere mittels Zuordnung zu einer Kennung wie einem Namen, zu einer Kennnummer, zu Standortdaten, zu einer Online-Kennung oder zu einem oder mehreren besonderen Merkmalen, die Ausdruck der physischen, physiologischen, genetischen, psychischen, wirtschaftlichen, kulturellen oder sozialen Identität dieser natürlichen Person sind, identifiziert werden kann".

Siehe dazu § 45 Anm 6.

**7**

## 6. Abschnitt – Befristete Bausperre

### § 46 Befristete Bausperre

(1) Der Gemeinderat hat durch Verordnung[1] vor der Erlassung oder Änderung eines Bebauungsplanes für das gesamte Gemeindegebiet[2] oder vor der Erlassung oder Änderung eines Teilbebauungsplanes für die davon betroffenen Teile[3] desselben eine befristete Bausperre zu verfügen, wenn sonst die Durchführung der Bebauungsplanung wesentlich erschwert oder die beabsichtigte Wirkung eines Bebauungsplanes beeinträchtigt würde. In der Verordnung sind die angestrebten Ziele oder die beabsichtigten Änderungen eines Bebauungsplanes anzuführen.[4]

(2) Der Gemeinderat darf nach der Erstellung oder Änderung des örtlichen Entwicklungskonzeptes für einzelne Teile des Gemeindegebietes mit Verordnung eine befristete Bausperre verfügen, wenn dies unter Bedachtnahme auf die örtlichen Gegebenheiten in den davon betroffenen Teilen des Gemeindegebietes erforderlich ist, um die Umsetzung der im örtlichen Entwicklungskonzept enthaltenen Planungsabsichten der Gemeinde durch eine entsprechende Änderung des Flächenwidmungsplanes sicherzustellen.[5]

(3) Der Gemeinderat hat Verordnungen, mit denen eine befristete Bausperre verfügt worden ist, mit dem Wirksamwerden des Bebauungs- oder Flächenwidmungsplanes,[6] aus Anlass dessen sie erlassen worden sind, längstens aber nach Ablauf von zwei Jahren nach deren Erlassung,[7] aufzuheben.[8] Die Geltungsdauer solcher Verordnungen darf einmal um höchstens ein Jahr verlängert werden, wenn die Bebauungs- oder Flächenwidmungsplanungen aus Gründen, die nicht von der Gemeinde verschuldet worden sind, nicht rechtzeitig abgeschlossen werden konnten[9].

(4) Während der Geltung der befristeten Bausperre dürfen Baubewilligungen nach § 6 lit. a K-BO 1996 nicht erteilt werden, wenn dadurch die Umsetzung konkreter Planungsabsichten der Gemeinde im Rahmen der Bebauungs- oder Flächenwidmungsplanung wesentlich erschwert oder ihre beabsichtigten Wirkungen wesentlich beeinträchtigt würden.[10]

**Lit:**
*Bußjäger/Kopf*, Die Bausperre als Instrument örtlicher Raumplanung im Spiegel der Rechtsprechung, ÖGZ 1998, Heft 2, 14; *Leitl*, Überörtliche und örtliche Raumplanung, in Hauer/Nußbaumer (Hrsg), Österreichisches Raum- und Fachplanungsrecht, 2006; *Pallitsch/Pallitsch/Kleewein*, Kärntner Baurecht[5], 2014.

## I. Erläuterungen

### ErlRV 01-VD-LG-1865/5-2021, 53:

„§ 46 entspricht grundsätzlich § 23 K-GplG 1995 der geltenden Fassung. Schon das Landesplanungsgesetz 1959, LGBl. Nr. 47/1959, sah in § 14 eine entsprechende Bestimmung vor. Die Erläuterungen Verf-7/8/1959 halten dazu fest: *„Um den Erfolg der Planung nicht zu gefährden, wird für die Zeit zwischen der Festlegung des Flächenwidmungsplanes und der Erlassung eines Bebauungsplanes die Anordnung einer befristeten Bausperre vorgesehen. [...] Während des Bestehens der Bausperre dürfen keine Bewilligungen nach der Bauordnung, wie Baubewilligungen [...] erteilt werden."* Durch LGBl. Nr. 105/1994 wurde die Bestimmung neu gefasst. Die Erläuterungen Verf-273/3/1994, 33 f, halten dazu fest: *„Die Neuregelungen betreffend die Erlassung einer befristeten Bausperre bezwecken teils einen Ausbau dieses Planungsinstrumentes, teils eine Anpassung an die geänderten Vorschriften über die Bebauungsplanung (§§ 13 ff.* [Anmerkung: siehe nunmehr § 47 ff]*). Hinsichtlich des räum-*

*lichen Geltungsbereiches einer befristeten Bausperre wird nunmehr ausdrücklich zwischen textlichen Bebauungsplänen [...] und Teilbebauungsplänen [...] unterschieden. Eine befristete Bausperre wird nicht nur dann zu verfügen sein, wenn die beabsichtigte Wirkung des Bebauungsplanes sonst beeinträchtigt werden würde, sondern auch dann, wenn andernfalls „die Durchführung der Bebauungsplanung wesentlich erschwert würde" [...]. Durch diese Ergänzung soll der Anwendungsbereich dieses Planungsinstrumentes erweitert werden. [...] Die Regelungen betreffend das Außerkrafttreten einer Verordnung, mit der eine befristete Bausperre verfügt worden ist, werden im Vergleich zur derzeit geltenden Rechtslage präzisiert. Die Verlängerung der Fristen für das Außerkraftsetzen ist erforderlich, um einen effizienten Planungsablauf zu gewährleisten. Ergänzend zur Regelung des Abs. 3 [Anmerkung: siehe nunmehr Abs. 4], wonach während der befristeten Bausperre Baubewilligungen nicht erteilt werden dürfen, wird nunmehr in einem (neuen) Abs. 4 [Anmerkung: siehe nunmehr Abs. 5] zusätzlich festgelegt, daß bauliche Vorhaben, die länger als zwei Jahre vor dem Inkrafttreten der befristeten Bausperre rechtskräftig bewilligt worden sind, mit deren Ausführung aber noch nicht begonnen worden ist, während der Dauer der befristeten Bausperre nicht ausgeführt werden dürfen. Diese Ergänzung ist insofern erforderlich, als es den mit der Bebauungsplanung verfolgten Zielsetzungen widersprechen würde, wenn diese durch bereits früher bewilligte bauliche Vorhaben unterlaufen oder gleichsam vor vollendete Tatsachen gestellt werden würde."*

§ 46 Abs. 1 zweiter Satz soll nunmehr vor dem Hintergrund des Erkenntnisses des Verfassungsgerichtshofes vom 23.2.2017, V 73/2016, eingefügt werden.

§ 46 Abs. 2 wurde durch LGBl. Nr. 134/1997 geschaffen. Die Erläuterungen Verf-579/15/1997, 23, führen dazu aus: *„§ 23 des Gemeindeplanungsgesetzes 1995 (in der derzeit geltenden Fassung) regelt die Verfügung «befristete Bausperren» vor der Erlassung oder Änderung eines textlichen Bebauungsplanes bzw. eines Teilbebauungsplanes. Ein gleichartiges Bedürfnis danach, befristete Bausperren zu verhängen, besteht jedoch zusätzlich insofern, als nach der Erstellung (oder Änderung) des örtlichen Entwicklungskonzeptes zur Umsetzung der in diesem Konzept enthaltenen Planungsabsichten der Gemeinde eine entsprechende Änderung des Flächenwidmungsplanes erforderlich ist. Da § 23 des Gemeindeplanungsgesetzes 1995 (in der derzeit geltenden Fassung) keine*

*Ermächtigung dafür beinhaltet, befristete Bausperren auch vor der Änderung des Flächenwidmungsplanes zu verfügen, erfolgte in der Vergangenheit häufig – gesetzwidrigerweise – die Festlegung von Aufschließungsgebieten, um dem praktischen Bedürfnis nach der Verhängung einer befristeten Bausperre zu entsprechen. Mit den in Rede stehenden Neuregelungen soll dem beschriebenen Bedürfnis in der Praxis Rechnung getragen werden. Vergleichbare Regelungen enthalten etwa auch die Raumordnungsgesetze in Salzburg und in Niederösterreich."*

## II. Anmerkungen

**1** Die Beschlussfassung über den Flächenwidmungsplan obliegt dem Gemeinderat, eine Übertragung an andere Gemeindeorgane ist unzulässig (vgl § 34 K-AGO). Gemäß Art 117 Abs 4 B-VG (siehe auch § 36 Abs 1 K-AGO) sind die Sitzungen des Gemeinderates öffentlich, es können jedoch Ausnahmen vorgesehen werden. Es besteht unter den Voraussetzungen des § 46 Abs 1 eine Verpflichtung, eine befristete Bausperre zu beschließen („hat"). Diese ist ausdrücklich als Verordnung zu beschließen. Gemäß § 15 Abs 1 K-AGO hat der Bürgermeister Verordnungen der Gemeinde im elektronisch geführten Amtsblatt der Gemeinde kundzumachen. Gleichzeitig mit der Kundmachung hat der Bürgermeister gemäß § 99 Abs 1 K-AGO im eigenen Wirkungsbereich erlassene Verordnungen aus dem Bereich der Landesvollziehung der Landesregierung elektronisch zu übermitteln (siehe auch Art 119a Abs 6 B-VG).

**2** Zum „generellen Bebauungsplan" sowie dessen Erlassung und Änderung siehe § 47, § 50 und § 51.

**3** Zum „Teilbebauungsplan" sowie dessen Erlassung und Änderung siehe § 48, § 50 und § 51.

**4** Der VfGH hält zur Rechtmäßigkeit einer befristeten Bausperre in seiner Judikatur fest (VfGH VfSlg 20.235/2019; in diesem Sinne auch VwGH 6.11.2013, 2010/05/0072; zum Ganzen *Bußjäger/Kopf*, ÖGZ 1998, Heft 2, 14 ff; siehe auch *Leitl*, Raumplanung 127 f): „Anlässlich der Verhängung der Bausperre [sind] die beabsichtigten Planungsmaßnahmen in der kundgemachten Verordnung zum Ausdruck zu bringen […] (vgl. zB VfSlg. 9910/1983, 10.953/1986). Seit seinem Erkenntnis VfSlg. 11.743/1988 geht er ferner davon aus, dass es genügt, in der Verordnung über die Bausperre die beabsichtige(n)

Änderung(en) zu benennen, ohne dass die Rechtmäßigkeit der Bausperre von der Zulässigkeit der Änderungsabsichten abhängt (vgl. idS VfSlg. 13.150/1992, 14.271/1995 und 17.325/2004): Ob nämlich die Voraussetzungen für eine Planänderung vorliegen, braucht bei der Erlassung der Verordnung über die Bausperre noch nicht geprüft werden. Alle Einwände, welche die Fehlerhaftigkeit der Änderungsabsichten dartun wollen, gehen sohin von vornherein ins Leere, wenn sie gegen die Bausperre anstatt gegen die auf deren Grundlage dann geänderte Planungsnorm erhoben werden. Wie der Verfassungsgerichtshof in VfSlg. 9910/1983 bereits ausgeführt hat, ist es gerade Sinn und Zweck einer Bausperre, innerhalb ihres von vornherein begrenzten Geltungszeitraums die Prüfung der Frage zu ermöglichen, ob die gesetzlichen Voraussetzungen für eine Änderung der Planungsnorm vorliegen."

§ 46 Abs 1 zweiter Satz entspricht dem oben angeführten Konkretisierungserfordernis nach der Judikatur des VfGH (vgl VfGH VfSlg 15.347/1998; VfSlg 17.325/2004; 23.2.2017, V 73/2016). Vor dem Hintergrund, dass eine befristete Bausperre gemäß § 46 Abs 4 keine ausnahmslose Unzulässigkeit der Erteilung von Baubewilligungen für die Errichtung von baulichen Anlagen normiert, ermöglicht dies den Parteien eines Baubewilligungsverfahrens, die Rechtmäßigkeit der Erteilung einer Baubewilligung gemäß § 46 Abs 4 zu prüfen (vgl VfGH VfSlg 14.376/1995). Darüber hinaus wird dadurch ein Maßstab für die Prüfung der Baubehörde gebildet und die nachprüfende Kontrolle ermöglicht (VfGH 23.2.2017, V 73/2016 mwN).

Im Gegensatz zu § 46 Abs 1 besteht unter den Voraussetzungen des 5 § 46 Abs 2 keine Verpflichtung, eine befristete Bausperre zu beschließen („darf"). Meiner Ansicht nach müssen aber auch diese Verordnungen über befristete Bausperren dem Konkretisierungserfordernis nach der Judikatur des VfGH entsprechen (vgl VfGH VfSlg 15.347/1998; VfSlg 17.325/2004; 23.2.2017, V 73/2016; siehe § 46 Anm 4). Zur „Erstellung oder Änderung des örtlichen Entwicklungskonzeptes" siehe § 9 bis § 12, zur „Änderung des Flächenwidmungsplanes" § 34 und § 39.

Das „Wirksamwerden" erfolgt mit dem Inkrafttreten der Verordnung 6 über den Flächenwidmungsplan bzw des Bebauungsplanes. Gemäß § 15 K-AGO, § 16 K-KStR 1998 und § 16 K-VStR 1998 treten Verordnungen, wenn nicht ausdrücklich ein späterer Zeitpunkt festgelegt ist, mit Ablauf des Tages der Freigabe zur Abfrage im Internet in Kraft. Für

Flächenwidmungspläne und deren Änderungen vor dem Inkrafttreten des K-ROG 2021 ist zu beachten, dass diese gemäß § 14 Abs 1 K-GplG 1995 mit dem Ablauf des Tages der Kundmachung der Genehmigung der Landesregierung in der Kärntner Landeszeitung wirksam wurden. Für Bebauungspläne und deren Änderungen – ausgenommen Bebauungspläne der Städte Klagenfurt am Wörthersee und Villach – vor dem Inkrafttreten des K-ROG 2021 ist zu beachten, dass diese gemäß § 26 Abs 5 K-GplG 1995 mit dem Ablauf des Tages der Kundmachung der Genehmigung der Bezirkshauptmannschaft in der Kärntner Landeszeitung wirksam wurden.

**7** Die „Erlassung" einer Verordnung erfolgt mit ihrer Kundmachung (VfGH VfSlg 4161/1962).

**8** Es besteht unter den Voraussetzungen des § 46 Abs 3 eine Verpflichtung, die Verordnung aufzuheben („hat"). Mit dem Wirksamwerden des Bebauungs- oder Flächenwidmungsplanes ist somit die befristete Bausperre aufzuheben. Auch wenn binnen zwei Jahren kein entsprechender Bebauungs- oder Flächenwidmungsplan wirksam wird, ist diese aufzuheben (zur einmaligen Verlängerungsmöglichkeit siehe § 46 Anm 9). Die Aufhebung hat durch Verordnung des Gemeinderates zu erfolgen (*Pallitsch/Pallitsch/Kleewein*, Baurecht[5] § 23 K-GplG 1995 Anm 5).

**9** Auch die Verlängerung der Geltungsdauer der befristeten Bausperre hat durch Verordnung zu erfolgen. Ein Grund, der „nicht durch die Gemeinde verschuldet worden" ist, liegt zB in einer Verzögerung eines aufsichtsbehördlichen Verfahrens, die nicht durch die Gemeinde zu verantworten ist (*Pallitsch/Pallitsch/Kleewein*, Baurecht[5] § 23 K-GplG 1995 Anm 6).

**10** Die Errichtung von baulichen Anlagen bedarf „nach § 6 lit a K-BO 1996 einer Baubewilligung", siehe dazu § 28 Anm 6. Es besteht keine ausnahmslose Unzulässigkeit der Erteilung von Baubewilligungen für die Errichtung von baulichen Anlagen. Nur wenn dadurch die schon in der Verordnung (siehe § 46 Anm 4) konkretisierten Planungsabsichten der Gemeinde im Rahmen der Bebauungs- oder Flächenwidmungsplanung wesentlich erschwert oder ihre beabsichtigten Wirkungen wesentlich beeinträchtigt würden, ist keine Baubewilligung zu erteilen. Denn eine generelle Unzulässigkeit der Erteilung von Baubewilligungen wäre verfassungswidrig (VfGH VfSlg 15.577/1999).

Zu beachten ist, dass gemäß § 20 Abs 2 K-BO 1996 Vorhaben nach § 6 lit a K-BO 1996, die länger als zwei Jahre vor dem Inkrafttreten einer befristeten Bausperre nach § 46 bewilligt worden sind, mit deren Ausführung aber noch nicht begonnen worden ist, während der befristeten Bausperre nicht ausgeführt werden dürfen. Da an die befristete Bausperre angeknüpft wird, diese aber nur insoweit besteht, als dadurch die schon in der Verordnung (siehe § 46 Anm 4) konkretisierten Planungsabsichten der Gemeinde im Rahmen der Bebauungs- oder Flächenwidmungsplanung wesentlich erschwert oder ihre beabsichtigten Wirkungen wesentlich beeinträchtigt würden, gilt dies meiner Ansicht auch für die Ausführung dieser Vorhaben (auch aus verfassungsrechtlichen Gründen VfGH VfSlg 15.577/1999). Darüber hinaus kann es sich hiebei, da ohne Baubeginn eine erteilte Baubewilligung gemäß § 21 Abs 1 K-BO 1996 nur zwei Jahre wirksam ist, nur um Fälle handeln, für die die Wirksamkeit der Baubewilligung gemäß § 21 Abs 2 K-BO 1996 verlängert wurde (*Pallitsch/Pallitsch/Kleewein*, Baurecht[5] § 23 K-GplG 1995 Anm 10). Eine solche Verlängerung ist aber nur möglich, wenn in der Zwischenzeit kein Versagungsgrund – zB eine befristete Bausperre – eingetreten ist.

## 7. Abschnitt – Bebauungsplanung

### Allgemeine Erläuterungen zum 7. Abschnitt
### ErlRV 01-VD-LG-1865/5-2021, 53 f:

„Schon das Landesplanungsgesetz 1959, LGBl. Nr. 47/1959, sah in § 15 und § 16 Bestimmungen über die Bebauungsplanung vor. Die Erläuterungen Verf-7/8/1959 halten dazu fest: *„Während der Flächenwidmungsplan nur in Umrissen, die Entwicklung der Gemeinde zu enthalten hat, sind im Bebauungsplan nach den im Flächenwidmungsplan gegebenen Grundzügen die Einzelheiten der Bebauung festzulegen. […] Im Gegensatz zu anderen Bauordnungen wurde im Gesetz auf die Festlegung von Bauklassen verzichtet und dafür vorgesehen, daß die maximale Bauausnützung der Baugründe sowie die Bebauungsweise (offene Bebauung, geschlossene Bebauung, Gruppenbebauung usw.)* [Anmerkung: zur Bebauungsweise siehe nunmehr § 48 Abs. 5] *und die Geschoßanzahl im Bebauungsplan festgelegt wird. Die maximale Bauausnützung wird je nachdem, um welches Baugebiet es sich handelt,* *verschieden sein. Jedenfalls wird immer darauf zu achten sein, daß für die Aufenthaltsräume ein ausreichendes Maß von Licht, Luft und Sonne gegeben ist."* Durch LGBl. Nr. 50/1969 wurden die Bestimmungen neu gefasst. Die Erläuterungen Verf-462/1/1969, 5, führen dazu aus: *„[…] Der Inhalt des Bebauungsplanes war auch bisher im § 16 geregelt. Hinsichtlich des Bebauungsplanes soll eine wichtige Neuerung eingeführt werden. Es wird vorgesehen, daß der Bebauungsplan bestimmte grundlegende Angaben zwingend zu enthalten hat. Es handelt sich hiebei um Angaben, deren Festlegungen auf textlicher Basis erfolgen kann. Mit Einführung von Bebauungsplänen in Form von textlichen Darstellungen wird die Möglichkeit eröffnet, für alle Gebiete, in denen gebaut werden soll, einen Bebauungsplan aufzustellen. […]"*

### § 47 Genereller Bebauungsplan

(1) Der Gemeinderat[1] hat in Übereinstimmung mit den Zielen und Grundsätzen der Raumordnung[2], den überörtlichen Entwicklungsprogrammen[3], dem örtlichen Entwicklungskonzept[4] und dem Flächenwidmungsplan[5] für die als Bauland gewidmeten Flächen[6] durch Verordnung[7] einen generellen Bebauungsplan zu beschließen.[8]

(2) Der generelle Bebauungsplan ist in Textform zu erlassen.[9] Zum generellen Bebauungsplan sind Erläuterungen zu verfassen, aus denen insbesondere hervorgeht, inwieweit auf Abs. 4 Bedacht genommen wurde.[10]

(3) Vor Beschluss über den generellen Bebauungsplan hat die Gemeinde eine örtliche Bestandsaufnahme durchzuführen, in der die für das Gemeindegebiet bedeutsamen natürlichen, wirtschaftlichen, infrastrukturellen, sozialen, kulturellen und städtebaulichen Gegebenheiten und deren voraussehbare Veränderungen zu erheben und in den Erläuterungen zum generellen Bebauungsplan festzuhalten sind.[11] Der Gemeinderat kann hierbei auf die im örtlichen Entwicklungskonzept getroffenen Festlegungen und Feststellungen sowie auf verfügbare Ergebnisse von städtebaulichen Wettbewerben zurückgreifen.[12]

(4) Im generellen Bebauungsplan sind
1. entsprechend den örtlichen Gegebenheiten (Abs. 3),
2. unter Berücksichtigung der Grundsätze der Wirtschaftlichkeit, der geordneten Siedlungsentwicklung, der sparsamen

Verwendung von Grund und Boden, der Erfordernisse des Orts- und Landschaftsbildes, der räumlichen Verdichtung der Bebauung und der Energieeffizienz
die allgemeinen Bedingungen für die Bebauung des Baulandes festzulegen. Ein genereller Bebauungsplan für das Kurgebiet hat über Z 1 und 2 hinausgehend auch auf die Erfordernisse des Tourismus und auf die Erholungsfunktion des Kurgebietes Bedacht zu nehmen.[13]

(5) Wenn dies aufgrund der bestehenden natürlichen, wirtschaftlichen, infrastrukturellen, sozialen, kulturellen oder städtebaulichen Gegebenheiten innerhalb des Gemeindegebietes erforderlich ist, kann das Gemeindegebiet in unterschiedliche Bebauungszonen unterteilt werden. Für einzelne Bebauungszonen dürfen unterschiedliche Bebauungsbedingungen festgelegt werden. Eine planliche Darstellung der Bebauungszonen ist abweichend von Abs. 2 zulässig.[14]

(6) Der generelle Bebauungsplan hat eine Regelung zumindest folgender Bebauungsbedingungen zu beinhalten:[15]
 1. die Mindestgröße der Baugrundstücke;[16]
 2. die bauliche Ausnutzung der Grundstücke;[17]
 3. die Geschoßanzahl oder die Bauhöhe;[18]
 4. das Ausmaß der Verkehrsflächen.[19]

(7) Wenn dies aufgrund der bestehenden natürlichen, wirtschaftlichen, infrastrukturellen, sozialen, kulturellen oder städtebaulichen Gegebenheiten innerhalb des Gemeindegebietes erforderlich ist, dürfen im generellen Bebauungsplan auch Bebauungsbedingungen zur Erhaltung und Gestaltung der charakteristischen Baustruktur und des Orts- und Landschaftsbildes, wie Festlegungen über die Dachform, Dachdeckung, Farbgebung, Begrünung, das Höchstausmaß der Kubatur und Grünflächenanteile, getroffen werden.[20] Als Baugrundstück gilt das gesamte zu bebauende Grundstück, wenn im Bebauungsplan nicht anderes festgelegt ist.

(8) Beschränkungen hinsichtlich der Teilung von Grundstücken, ausgenommen die Festlegung der Mindestgröße der Baugrundstücke, dürfen im generellen Bebauungsplan nicht festgelegt werden.[21]

(9) Die bauliche Ausnutzung der Grundstücke ist durch die Geschoßflächenzahl oder die Baumassenzahl auszudrücken. Die Geschoßflächenzahl ist das Verhältnis der Bruttogeschoßflächen zur Fläche des Baugrundstückes.[22] Die Baumassenzahl ist das Verhältnis

der Baumasse zur Fläche des Baugrundstückes, wobei als Baumasse der oberirdisch umbaute Raum bis zu den äußeren Begrenzungen des Baukörpers gilt.[23] Die bauliche Ausnutzung der Baugrundstücke ist so festzulegen, dass für die Aufenthaltsräume in Gebäuden ein ausreichendes Maß an Licht, Luft und Sonne gewährleistet ist[24].

(10) Die Bauhöhe kann als Höchsthöhe, oder, wenn es die örtlichen Gegebenheiten und die Interessen des Ortsbildschutzes erfordern, auch als Höchst- und Mindesthöhe festgelegt werden. Sie ist unter Bedachtnahme auf die jeweiligen örtlichen Gegebenheiten so festzulegen, dass die Erhaltung oder Gestaltung eines charakteristischen Ortsbildes gewährleistet wird.[25]

(11) Die Landesregierung darf durch Verordnung nähere Bestimmungen erlassen über:
1. die Form und den Maßstab der planlichen Darstellungen im generellen Bebauungsplan und die in diesen Darstellungen zu verwendenden Planzeichen;[26]
2. soweit dies zur Konkretisierung der Abs. 3 bis 10 erforderlich ist, inhaltliche Vorgaben des generellen Bebauungsplanes.[27]

**Lit:**
*Giese*, Zum Begriff des „oberirdischen Baukörpers" bei der Berechnung der überbauten Grundfläche gem § 32 Abs 2 sbg ROG 1998, bbl 2008, 63; *Gruber/Kanonier/Pohn-Weidinger/Schindelegger*, Raumordnung in Österreich und Bezüge zur Raumentwicklung und Regionalpolitik, ÖROK-Schriftenreihe 202, Österreichische Raumordnungskonferenz (Hrsg), 2018; Handwörterbuch der Stadt- und Raumentwicklung, Akademie für Raumentwicklung in der Leibniz-Gemeinschaft Geschäftsstelle (Hrsg), 2018; *Hauer*, Planungsrechtliche Grundbegriffe und verfassungsrechtliche Vorgaben, in Hauer/Nußbaumer (Hrsg), Österreichisches Raum- und Fachplanungsrecht, 2006; *Kleewein*, Instrumente der Raumordnung – Überblick und Ausblick, bbl 2014, 89; *ders*, Raumplanung im Spannungsfeld zwischen Recht, Sachverstand und Gestaltungsspielraum, bbl 2019, 213; *Pabel*, Der Individualantrag zur Prüfung von Flächenwidmungsplänen, RFG 2008/39; *Pallitsch/Pallitsch/Kleewein*, Kärntner Baurecht[5], 2014; *Palmstorfer*, Der Individualantrag gegen raumordnungsrechtliche Verordnungen, bbl 2015, 107; *Steinwender*, Kärntner Baurecht, 2017.

## I. Erläuterungen

### ErlRV 01-VD-LG-1865/5-2021, 54 f:

„Mit § 47 soll nunmehr ein „genereller Bebauungsplan" für jede Gemeinde eingeführt werden. Der generelle Bebauungsplan ist gemäß

Abs. 2 in Textform zu erlassen, wobei gemäß Abs. 5 letzter Satz eine planliche Darstellung von Bebauungszonen zulässig ist. Nach der neuen Systematik sind im Bebauungsplan die allgemeinen Bebauungsbedingungen festzulegen. Eine „Verfeinerung" der allgemeinen Bebauungsbedingungen bzw. wenn erforderlich, auch ein Abgehen von diesen, kann durch einen Teilbebauungsplan gemäß § 48 oder durch einen Gestaltungsplan gemäß § 49 erfolgen.

Um für den generellen Bebauungsplan die erforderlichen Planungsgrundlagen zu erhalten, wird dem Gemeinderat in § 47 Abs. 3 die Verpflichtung auferlegt, die entsprechenden natürlichen, wirtschaftlichen, infrastrukturellen, sozialen, kulturellen und städtebaulichen Gegebenheiten und deren voraussehbaren Veränderungen zu erheben.

§ 47 Abs. 4 entspricht grundsätzlich § 24 Abs. 5 zweiter und dritter Satz K-GplG 1995 der geltenden Fassung. Die Bestimmung wurde als § 13 Abs. 3 durch LGBl. Nr. 105/1994 in das Gemeindeplanungsgesetz 1982 eingefügt. Dazu halten die Erläuterungen Verf-273/3/1994, 36, fest: *„Im System der örtlichen Raumplanung kommt der Bebauungsplanung schon deshalb eine zentrale Bedeutung zu, weil durch sie auf die angestrebte Siedlungsentwicklung und zeitliche Abfolge der Bebauung innerhalb des Gemeindegebietes unmittelbar Einfluß genommen werden kann. Bereits im Allgemeinen Teil wurde auf die negativen raumordnungspolitischen sowie sonstigen volkswirtschaftlichen Auswirkungen einer ungesteuerten Siedlungsentwicklung hingewiesen. Um den dort aufgezeigten Nachteilen entgegenzuwirken, soll auch die Bebauungsplanung in verstärktem Maße in den Dienst einer geordneten Siedlungsentwicklung gestellt werden. Im Hinblick darauf werden neben den bereits derzeit bestehenden Kriterien als zusätzliche Determinanten für die Bebauungsplanung die Grundsätze der geordneten Siedlungsentwicklung, der sparsamen Verwendung von Grund und Boden und der räumlichen Verdichtung der Bebauung ausdrücklich vorgesehen."*

Neu ist die in § 47 Abs. 5 vorgesehene ausdrückliche Ermächtigung zur Untergliederung des Bebauungsgebietes in Bebauungszonen, wenngleich sich in der Praxis eine derartige Untergliederung bereits in vielen Bebauungsplänen findet.

§ 47 Abs. 6 des Gesetzesentwurfs regelt den „Mindestinhalt", den jeder generelle Bebauungsplan zu enthalten hat. Hierbei handelt es sich um die Mindestgröße der Baugrundstücke, die bauliche Ausnutzung der Grundstücke, die Geschoßanzahl oder Bauhöhe und das Ausmaß der

Verkehrsflächen. Mit Ausnahme der Bebauungsweise entspricht die Bestimmung § 25 Abs. 1 K-GplG 1995 der geltenden Fassung; die Bebauungsweise bildet nunmehr einen Gegenstand des Teilbebauungsplanes oder Gestaltungsplanes. Darüber hinaus können im generellen Bebauungsplan gemäß § 47 Abs. 7 auch Bebauungsbedingungen zur Erhaltung und Gestaltung der charakteristischen Baustruktur und des Orts- und Landschaftsbildes festgelegt werden. Eine weitere Konkretisierung dieser Bebauungsbedingungen ist durch einen Teilbebauungsplanes oder Gestaltungsplanes möglich. Der „Mindestinhalt" bildet zugleich auch das inhaltliche Fundament des Teilbebauungsplanes oder Gestaltungsplanes, wobei gemäß § 48 Abs. 8 bzw. gemäß § 49 Abs. 6 von den im generellen Bebauungsplan festgelegten Bebauungsbedingungen, auch abgewichen werden kann.

§ 47 Abs. 8 entspricht § 25 Abs. 3 letzter Satz K-GplG 1995 der geltenden Fassung. Die Bestimmung wurde durch LGBl. Nr. 69/2001 in das K-GplG 1995 eingefügt. Dazu halten die Erläuterungen -2V-LG-58/74-2001, 6, fest: *„Die Neuregelung trägt dem Umstand Rechnung, dass das Grundstücksteilungsgesetz 1985 detaillierte Regelungen für die Teilung von Grundstücken im Rahmen von bescheidmäßigen Genehmigungsverfahren enthält; im Hinblick darauf ist klarzustellen, dass Beschränkungen hinsichtlich der Teilung von Grundstücken in Bebauungsplänen (also auf Verordnungsstufe) nicht festgelegt werden dürfen."* Es ist darauf hinzuweisen ist, dass dadurch das Kärntner Grundstücksteilungsgesetzes – K-GTG unangetastet bleibt.

§ 47 Abs. 9 entspricht § 25 Abs. 4 K-GplG 1995 der geltenden Fassung. Die Bestimmung wurde in § 14 Abs. 3 des Gemeindeplanungsgesetzes 1982 durch LGBl. Nr. 105/1994 eingefügt. Die Erläuterungen Verf-273/3/1994, 37, führen dazu aus: *„In Präzisierung der Bebauungsbedingung nach § 14 Abs. 1 lit. b* [Anmerkung: nunmehr § 47 Abs. 6 lit. b] *wird festgelegt, daß die bauliche Ausnutzung der Baugrundstücke im textlichen Bebauungsplan entweder durch die „Geschoßflächenzahl" oder durch die „Baumassenzahl" auszudrücken ist. Durch diese Konkretisierung soll mit der von Verfassungs wegen gebotenen Klarheit und Deutlichkeit (Art. 18 B-VG) das planende Verwaltungshandeln in einem sehr wesentlichen Bereich der Bebauungsplanung näher determiniert werden."*

§ 47 Abs. 10 entspricht § 25 Abs. 5 K-GplG 1995 der geltenden Fassung."

## II. Anmerkungen

Die Beschlussfassung über den generellen Bebauungsplan obliegt dem 1
Gemeinderat, eine Übertragung an andere Gemeindeorgane ist unzulässig (vgl § 34 K-AGO). Der Gemeinderat ist nicht an den Entwurf des Flächenwidmungsplanes des Bürgermeisters gebunden (siehe § 51 Anm 1). Gemäß Art 117 Abs 4 B-VG (siehe auch § 36 Abs 1 K-AGO) sind die Sitzungen des Gemeinderates öffentlich, es können jedoch Ausnahmen vorgesehen werden.

Zu den „Zielen und Grundsätzen der Raumordnung" siehe § 2. 2

Zu den „überörtlichen Entwicklungsprogrammen" siehe § 7 und § 8. 3

Zum „örtlichen Entwicklungskonzept" siehe § 9 bis § 12. 4

Zum „Flächenwidmungsplan" siehe § 13. 5

Zum „Bauland" siehe § 15. 6

Der generelle Bebauungsplan ist ausdrücklich als Verordnung zu 7
beschließen. Dies entspricht der Judikatur des VfGH, dass Bebauungspläne Verordnungen sind (VfGH VfSlg 20.053/2016). Gleiches gilt für die Änderungen von Bebauungsplänen (VfGH VfSlg 6081/1969), auch wenn nur ein Grundstück betroffen ist (VfGH VfSlg 8119/1977). Der Gemeinderat ist als Verordnungsgeber an das Gleichheitsgebot gebunden (VfGH 7.3.2022, V 260/2021). Das Gleichheitsgebot wird zB dann verletzt, „wenn bezüglich der Bebaubarkeit in grundsätzlich gleicher Lage befindliche Grundstücke überhaupt von vornherein einem Liegenschaftseigentümer (ohne konkreten, bei der Planung offengelegten zwingenden Grund) gegenüber einem anderen krass bevorzugt oder dem einen eine besonders günstige Bebauung gewährleistet, dem anderen die Bebauung hingegen überhaupt versagt wird" (VfGH 7.3.2022, V 260/2021). Ein rechtswidriger Bebauungsplan führt aber nicht dazu, dass der Verordnungsgeber auch bei der Bebauungsplanung einer anderen Fläche gesetzwidrig vorgehen muss (vgl VfGH VfSlg 15.136/1998). Die Änderung oder Erlassung eines Bebauungsplanes im Hinblick auf ein konkretes Vorhaben macht diesen auch nicht per se gesetzwidrig, sofern die gesetzlichen Vorgaben erfüllt sind und die Erlassung sachlich gerechtfertigt ist (VfGH 30.11.2021, V 600/2020). Die sachliche Rechtfertigung muss aber besonders begründet werden, es muss eine den Erfordernissen des Raumordnungsgesetzes entsprechende Interessenabwägung erfolgen. Das konkrete Interesse einer Person an einem bestimmten Raumplan ändert nichts an der Gesetzmä-

ßigkeit des Planes, wenn die sachlichen Voraussetzungen erfüllt sind (zum Ganzen VfGH 29.9.2021, V 462/2020 mwN).

Gemäß § 15 Abs 1 K-AGO hat der Bürgermeister Verordnungen der Gemeinde im elektronisch geführten Amtsblatt der Gemeinde kundzumachen. Gleichzeitig mit der Kundmachung hat der Bürgermeister gemäß § 99 Abs 1 K-AGO im eigenen Wirkungsbereich erlasene Verordnungen aus dem Bereich der Landesvollziehung der Landesregierung elektronisch zu übermitteln (siehe auch Art 119a Abs 6 B-VG).

**8** Es besteht für die Gemeinde eine Verpflichtung, einen generellen Bebauungsplan zu beschließen („hat"). Der generelle Bebauungsplan ist auf einen bestimmten Planungsraum bezogen. Der Planungsraum, dh die räumliche Einheit, die dem generellen Bebauungsplan unterliegt, umfasst die als Bauland gewidmeten Flächen. Das Wesen eines Bebauungsplanes besteht in der planmäßigen und vorausschauenden Gestaltung eines bestimmten Planungsraumes in Bezug auf seine Bebauung (VfGH VfSlg 6857/1972). Aufgabe der Bebauungsplanung ist es, Bauvorhaben in die durch öffentliche Rücksichten gebotenen Bahnen zu lenken (VfGH VfSlg 14.378/1995). Auf die Erlassung oder Abänderung eines Bebauungsplanes besteht aber für niemanden ein Rechtsanspruch (VwGH 17.1.1984, 83/05/0123; siehe auch *Hauer*, Grundbegriffe 18 f). Dem Bebauungsplan kommt wesentliche Bedeutung zu, da durch diesen die zulässige Art der Bebauung rechtsverbindlich festgelegt wird. Als Negativplanung ist eine bebauungsplanwidrige Nutzung der Grundfläche unzulässig, es besteht für den Grundeigentümer aber keine Verpflichtung, die festgelegte Art der Bodennutzung umzusetzen (zum Ganzen *Leitl*, Raumplanung 113 f; *Kleewein*, bbl 2014, 94 f).

Gemäß Art V Abs 6 LGBl 2021/59 gelten im Zeitpunkt des Inkrafttretens des K-ROG 2021 bestehende Bebauungspläne als Bebauungspläne im Sinne des K-ROG 2021. Auf Grund dieser Übergangsbestimmung ist die Zulässigkeit von baulichen Anlagen in Bezug auf die Bebauung, auch bei Bebauungsplänen, die vor Inkrafttreten des K-ROG 2021 beschlossen wurden, nach dem K-ROG 2021 zu beurteilen (vgl VfGH VfSlg 14.179/1995; VfSlg 14.866/1997; siehe aber auch die speziellen Übergangsbestimmungen für bestimmte bauliche Anlagen in Art V Abs 11 und 12 LGBl 2021/59). Gemäß Art V Abs 9 LGBl 2021/59 haben die Gemeinden die bestehenden Bebauungspläne spätestens binnen fünf Jahren ab Inkrafttreten des K-ROG 2021 (das K-ROG 2021 ist am

1.1.2022 in Kraft getreten) an die Bestimmungen des K-ROG 2021 anzupassen, wenn sie den Bestimmungen des K-ROG 2021 nicht entsprechen. Nach der Judikatur des VfGH ist nach der Kärntner Rechtslage ein Individualantrag des betroffenen Grundeigentümers gemäß Art 139 Abs 1 Z 3 B-VG zur Anfechtung des Flächenwidmungsplans auf Grund Zumutbarkeit eines Antrages auf Baubewilligung nicht zulässig (VfGH VfSlg 9135/1981; VfSlg 9574/1982; VfSlg 9987/1984; VfSlg 11.156/1986; VfSlg 18.508/2008; zum Ganzen *Leitl*, Raumplanung 129 f; *Pabel*, RFG 2008, 158 ff; *Palmstorfer*, bbl 2015, 107 ff; *Kleewein*, bbl 2019, 223). Denn für das Vorprüfungsverfahren gemäß § 13 K-BO 1996 bedarf es gemäß § 11 K-BO 1996 nicht der Beibringung der für eine umfassende Beurteilung erforderlichen Pläne und Beschreibungen. Somit stünde dem Grundeigentümer ein zumutbarer Weg offen, einen Antrag auf Baubewilligung zu stellen. Der Grundeigentümer könne schlussendlich im Beschwerdeverfahren vor dem VfGH die Gesetzwidrigkeit des Flächenwidmungsplanes geltend machen und auf diese Weise eine gegebenenfalls von Amts wegen zu veranlassende Überprüfung der Verordnung auf ihre Gesetzmäßigkeit erreichen. Dies gilt meiner Ansicht nach auch für Bebauungspläne. Auch ein Individualantrag des Anrainers ist nicht zulässig, da es zu einem unmittelbaren Eingriff in die Rechtssphäre eines Anrainers erst durch die Erteilung der Baubewilligung kommt, nicht jedoch bereits durch einen Bebauungsplan (vgl VfGH VfSlg 15.615/1999; VfSlg 19.143/2010). Gleiches gilt mangels fehlender unmittelbarer Betroffenheit für Nachbargemeinden (vgl VfGH VfSlg 15.947/2000) und mangels Eingriffs in die Rechtssphäre für Umweltorganisationen (vgl VfGH 14.12.2016, V 87/2014; kritisch *Kleewein*, bbl 2019, 223; für Umwelt- und Standortanwälte vgl die Judikatur zu Art 144 Abs 1 B-VG VfGH VfSlg 17.220/2004 iVm VfSlg 17.233/2004) und für Personen, die weder betroffene Grundeigentümer noch Anrainer sind (VfGH VfSlg 15.774/2000).

Nach der ständigen Judikatur des VfGH zu Bebauungsplänen leben frühere Verordnungen nach der Aufhebung von Bestimmungen durch den Verfassungsgerichtshof nicht wieder auf (VfGH VfSlg 9690/1983; VfSlg 10.703/1985; VfSlg 12.560/1990; VfSlg 13.742/1994; VfSlg 15.851/2000; VfSlg 18.410/2008; VfSlg 20.400/2020 = RdU 2021/120 Anm *Walcher/Wallner* auch zu den Auswirkungen im Baubewilligungsverfahren). Gegenteiliges gilt nur bei sogenannten Aufhebungsverordnungen, also von Verordnungen, die sich darin erschöpfen, andere Verordnungen aufzuheben (vgl VfGH VfSlg 11.024/1986, 16.987/2003).

**9** Der generelle Bebauungsplan ist in Textform zu erlassen, eine planliche Darstellung – ausgenommen eine planliche Darstellung der Bebauungszonen gemäß § 47 Abs 5 – ist nicht vorgesehen.

**10** Die Erläuterungen sollen dem besseren Verständnis des generellen Bebauungsplanes dienen. Die Erläuterungen sind nicht als Bestandteil der Verordnung kundzumachen. Diese sind somit nicht verbindlich. Stehen sie in Widerspruch zur Verordnung, ist die Verordnung entscheidend, nicht die Aussage in den Erläuterungen (vgl VfGH VfSlg 5153/1965; VfSlg 7698/1975; VwGH 5.11.1999, 99/19/0171). Gemäß § 53 Abs 12 ist im Falle des Abschlusses von privatwirtschaftlichen Vereinbarungen in den Erläuterungen darzulegen, inwieweit durch diese den Zielen der örtlichen Raumplanung Rechnung getragen wird. Gemäß § 53 Abs 13 ist jeweils eine anonymisierte schriftliche Ausfertigung von abgeschlossenen privatwirtschaftlichen Vereinbarungen den Erläuterungen in einer gesonderten Anlage anzuschließen.

**11** Schon gemäß § 3 haben die Gemeinden im Sinne einer Raumforschung die für die örtliche Raumplanung bedeutsamen Gegebenheiten zu erheben, dh eine örtliche Bestandsaufnahme durchzuführen. Siehe dazu § 3 Anm 4 und 5.

**12** Zum „örtlichen Entwicklungskonzept" siehe § 9 bis § 12. Ein „städtebaulicher Wettbewerb" ist ein Auslobungsverfahren, das öffentlichen oder privaten Auslobern auf dem Gebiet der Stadtplanung einen Plan oder eine Planung verschaffen will. Der städtebauliche Wettbewerb wird meist als Ideenwettbewerb, seltener als Realisierungswettbewerb durchgeführt. Bei einem Ideenwettbewerb besteht keine Absicht, die Wettbewerbsarbeit der Gewinner baulich zu verwirklichen. Bei einem Realisierungswettbewerb wird im Anschluss an die Durchführung eines Auslobungsverfahrens ein Verhandlungsverfahren zur Vergabe eines Dienstleistungsauftrages durchgeführt. Es besteht die Absicht, die verfahrensgegenständliche Planungsleistung auch tatsächlich zu vergeben (siehe die Begriffsbestimmungen zum Architekturwettbewerb in Wettbewerbsstandard Architektur – WSA 2010, 51 ff; siehe auch *Gruber/Kanonier/Pohn-Weidinger/Schindelegger*, Raumentwicklung 116). Die „Stadtplanung" beschäftigt sich „mit der Planung und Steuerung der räumlichen Entwicklung auf der kommunalen Ebene. Sie umfasst alle Tätigkeiten zur vorausschauenden Ordnung und Lenkung der Entwicklung der gebauten Umwelt in städtischen wie auch ländlichen Räumen und deren jeweiligen Teilräumen. [...] Sie umfasst die

Planung Gemeinden ganz unterschiedlicher Größe, unabhängig davon, ob es sich um Städte handelt" (zur Stadtplanung *Pahl-Weber/Schwartze*, Handwörterbuch 2509 ff).

„Bebauungspläne haben die Aufgabe, die zweckmäßige und geordnete Bebauung durch die Festlegung baulicher Gestaltungskriterien zu bewirken und somit die städtebauliche Ordnung hinsichtlich Baulichkeiten zu regeln" (*Gruber/Kanonier/Pohn-Weidinger/Schindelegger*, Raumentwicklung 115). Im generellen Bebauungsplan sind die allgemeinen Bedingungen für die Bebauung des Baulandes festzulegen. Detailliertere Bedingungen bzw Abweichungen von den Bedingungen des generellen Bebauungsplanes sind in den Teilbebauungsplänen gemäß § 48 festzulegen (siehe die oben unter Punkt I. abgedruckten ErlRV 01-VD-LG-1865/5-2021, 54). Zu den „örtlichen Gegebenheiten" siehe § 3 Anm 4 und 5 sowie § 47 Anm 11, zu den „Grundsätzen der Wirtschaftlichkeit der geordneten Siedlungsentwicklung" siehe § 2 Anm 23, zur „sparsamen Verwendung von Grund und Boden" siehe § 2 Anm 7 und 26, zu den „Erfordernissen des Orts- und Landschaftsbildes" siehe § 13 Anm 9 und zur „räumlichen Verdichtung der Bebauung" siehe § 2 Anm 7 und 26. „Energieeffizienz" ist das Verhältnis von Ertrag an Leistung, Dienstleistungen, Waren oder Energie zu Energieeinsatz (so § 49 lit d K-BV; zu dieser systematischen Interpretation vgl VwGH 23.11.2004, 2002/06/0064; siehe auch *Potacs*, Auslegung 84 f und 90 f mwN). Zum „Bauland" siehe § 15, zum „Kurgebiet" siehe § 19 und zum „Tourismus" siehe § 2 Anm 10.

**13**

Zu den „natürlichen, wirtschaftlichen, infrastrukturellen, sozialen, kulturellen oder städtebaulichen Gegebenheiten" siehe die zu § 13 unter Punkt I. abgedruckten ErlRV 01-VD-LG-1865/5-2021, 14 f, § 3 Anm 4 und 5 sowie § 47 Anm 11 und 12. Zu den „Bebauungsbedingungen" siehe § 47 Anm 13, 15 ff. Die „planliche Darstellung der Bebauungszonen" ist eine Ausnahme zum Grundsatz des § 47 Abs 2, dass der generelle Bebauungsplan in Textform zu erlassen ist.

**14**

Die aufgezählten Bebauungsbedingungen sind verpflichtender Regelungsgegenstand des generellen Bebauungsplanes („hat"). Darüber hinaus dürfen aber auch andere allgemeine Bebauungsbedingungen festgelegt werden („zumindest"). Die Voraussetzungen dafür und welche zusätzliche Bebauungsbedingungen festgelegt werden dürfen, ergeben sich aus § 47 Abs 7.

**15**

**16** Als „Baugrundstück" gilt gemäß § 47 Abs 7 zweiter Satz das gesamte zu bebauende Grundstück, wenn im Bebauungsplan nicht anderes festgelegt ist. Es wird am grundbuchsrechtlichen Begriff angeknüpft, dh „Grundstücke sind demnach durch Grenzpunkte festgelegte Flächen, anhand deren der Grenzverlauf ermittelt werden kann. Durch die einzelnen Grenzpunkte wird die Lage eines Grundstückes zu einem anderen Grundstück festgelegt" (VwGH 16.5.2013, 2011/06/0116; 27.3.2018, Ra 2016/06/0116; vgl *Pallitsch/Pallitsch/Kleewein*, Baurecht[5] § 3 K-BV Anm 1).

**17** Die „bauliche Ausnutzung der Grundstücke" ist gemäß § 47 Abs 9 durch die Geschoßflächenzahl oder die Baumassenzahl auszudrücken (siehe die Begriffsbestimmungen in § 47 Abs 9). Die bauliche Ausnutzung der Baugrundstücke ist gemäß § 47 Abs 9 so festzulegen, dass für die Aufenthaltsräume in Gebäuden ein ausreichendes Maß an Licht, Luft und Sonne gewährleistet ist.

**18** Die Bauhöhe kann gemäß § 47 Abs 10 als Höchsthöhe, oder, wenn es die örtlichen Gegebenheiten und die Interessen des Ortsbildschutzes erfordern, auch als Höchst- und Mindesthöhe festgelegt werden. Sie ist unter Bedachtnahme auf die jeweiligen örtlichen Gegebenheiten so festzulegen, dass die Erhaltung oder Gestaltung eines charakteristischen Ortsbildes gewährleistet wird.

**19** Im Flächenwidmungsplan sind gemäß § 26 als Verkehrsflächen nur die für den fließenden und den ruhenden Verkehr bestimmten Flächen festzulegen, die für die örtliche Gemeinschaft „von besonderer Verkehrsbedeutung sind". Zu den „Verkehrsflächen" siehe § 26.

**20** Zu den „natürlichen, wirtschaftlichen, infrastrukturellen, sozialen, kulturellen oder städtebaulichen Gegebenheiten" siehe die zu § 13 unter Punkt I. abgedruckten ErlRV 01-VD-LG-1865/5-2021, 14 f, § 3 Anm 4 und 5 sowie § 47 Anm 11 und 12. Die Bestimmung normiert die Voraussetzungen und welche zusätzliche Bebauungsbedingungen im generellen Bebauungsplan festgelegt werden dürfen. Zur „Baustruktur" siehe § 9 Anm 23 und zum „Orts- und Landschaftsbild" siehe § 13 Anm 9.

**21** Die Teilung von Grundstücken wird im K-GTG geregelt.

**22** Für die Berechnung der „Geschoßflächenzahl" ist grundsätzlich das gesamte Grundstück heranzuziehen (VwGH 16.5.2013, 2011/06/0116; 27.3.2018, Ra 2016/06/0116; 26.6.2020, Ra 2020/06/0064). Dies gilt aber meiner Ansicht nach auf Grund von § 47 Abs 7 zweiter Satz nur mehr dann, wenn im Bebauungsplan nicht anderes festgelegt ist. Es wird am grundbuchsrechtlichen Begriff angeknüpft, dh „Grundstücke sind demnach durch Grenzpunkte festgelegte Flächen, anhand deren der Grenzverlauf ermittelt werden kann. Durch die einzelnen Grenzpunkte wird die Lage eines Grundstückes zu einem anderen Grundstück festgelegt" (VwGH 16.5.2013, 2011/06/0116; 27.3.2018, Ra 2016/06/0116; vgl *Pallitsch/Pallitsch/Kleewein*, Baurecht⁵ § 3 K-BV Anm 1). Unterirdische Gebäude oder Gebäudeteile haben bei der Berechnung der bebauten Flächen außer Betracht zu bleiben (VwGH 29.11.1994, 94/05/0205; zur Frage, ob ein Gebäude oder Gebäudeteile unterirdisch ist, siehe aber VwGH 24.10.2017, Ro 2014/06/0017). Ebenso untergeordnete Bauteile, zB Dachvorsprünge, Sonnenblenden, Erker, Balkone, Wetterdächer uä (VwGH VwSlg 16.821 A/2006). Im Hinblick auf den bei der Ermittlung der Geschoßflächenzahl zu berücksichtigenden Bestand auf dem Grundstück kommt es auf den rechtmäßigen Bestand in dem Sinne an, dass für diesen eine Bewilligung erteilt wurde bzw ein rechtmäßiger Bestand nach § 54 K-BO 1996 (siehe *Steinwender*, Kärntner Baurecht § 54 K-BO 1996 Rz 3 f) vermutet wird (VwGH 3.5.2012, 2010/06/0156; siehe zum Ganzen *Steinwender*, Kärntner Baurecht § 23 K-BO 1996 Anm 31).

Bei der „Baumassenzahl" kommt es nur auf den umbauten Raum an, die Anzahl der Geschoße ist nicht relevant (VwGH 18.9.2020, Ra 2020/06/0108; vgl zum Begriff „oberirdischen Baukörper" gemäß § 32 Abs 2 sbg ROG 1998 *Giese*, bbl 2008, 63 ff). **23**

Die Bestimmungen über die Ausnutzbarkeit des Baugrundstückes dienen insofern auch der Wahrung des Interesses der Anrainer an einem gewissen Maß an Lichteinfall und Luftzugang (VwGH 26.9.2017, Ra 2016/05/0049). **24**

Die Festlegung einer Höchsthöhe von zB 0, um ein sonst rechtlich zulässiges Vorhaben zu verhindern, ist gesetzwidrig (VwGH 23.11.1989, 86/06/0042). Die „örtlichen Gegebenheiten" ergeben sich meiner Ansicht nach aus den „natürlichen, wirtschaftlichen, infrastrukturellen, sozialen, kulturellen oder städtebaulichen Gegebenheiten", siehe dazu die zu § 13 unter Punkt I. abgedruckten ErlRV 01-VD-LG-1865/5-2021, 14 f, § 3 Anm 4 und 5 sowie § 47 Anm 11 und 12. Zum „Ortsbild" siehe § 13 Anm 9. **25**

Eine planliche Darstellung ist gemäß § 47 Abs 5 nur für Bebauungszonen zulässig. Die Rechtslage muss aus einer planlichen Darstellung eindeutig und unmittelbar – also ohne die Notwendigkeit des Heran- **26** ziehens von technischen Hilfsmitteln – festgestellt werden können. Die rechtsstaatlichen Anforderungen an die Planpräzision dürfen aber auch nicht überspannt werden. Vielmehr verlangt die Rechtsprechung des VfGH im Allgemeinen nur einen dem jeweiligen Regelungsgegenstand adäquaten Determinierungsgrad. Auch sind Gesichtspunkte der Vermeidung unwirtschaftlichen Verwaltungsaufwandes bei der Bemessung des gebotenen Maßes an Präzision mit zu berücksichtigen (so ausführlich VfGH VfSlg 20.329/2018 mwN).

**27** Eine solche Verordnung wurde bislang nicht erlassen. Entwürfe von Verordnungen der Landesregierung sind gemäß Art 38 Abs 2 iVm Art 33 Abs 3 bis 5 K-LVG vor der Beschlussfassung einem Begutachtungsverfahren zu unterziehen. Im Begutachtungsverfahren hat jede Person das Recht, innerhalb der mindestens vierwöchigen Begutachtungsfrist eine schriftliche Stellungnahme abzugeben. Auf die Durchführung des Begutachtungsverfahrens besteht indes kein Rechtsanspruch. Die Unterlassung des Begutachtungsverfahrens hat auf die Rechtmäßigkeit des Gesetzes keinen Einfluss. Im Rahmen des Begutachtungsverfahrens ist insbesondere auf das Rücksichtnahmegebot des § 2 Abs 2 Z 2 insofern Bedacht zu nehmen, als die betroffenen Gebietskörperschaften und andere Planungsträger einzubinden und deren Interessen abzuwägen sind (siehe dazu § 2 Anm 21 und 27). Darüber hinaus ist gemäß § 55 Abs 2 der Raumordnungsbeirat vor Beschlussfassung bei sonstiger Gesetzwidrigkeit zwingend zu hören (siehe § 55 Anm 6). Die Verpflichtung zur Kundmachung und der Zugang zur kundgemachten Verordnung ergeben sich aus dem K-KMG.

### § 48 Teilbebauungsplan

(1) Der Gemeinderat darf in Übereinstimmung mit den Zielen und Grundsätzen der Raumordnung, den überörtlichen Entwicklungsprogrammen, dem örtlichen Entwicklungskonzept, dem Flächenwidmungsplan und dem generellen Bebauungsplan durch Verordnung für einzelne Grundflächen oder für zusammenhängende Teile des Baulandes einen Teilbebauungsplan beschließen, wenn dies zur Sicherstellung einer geordneten Bebauung erforderlich ist.[1] Die Erlassung von Teilbebauungsplänen für im Grünland gesondert festgelegte Grundflächen, ausgenommen Grundflächen für Erholungszwecke ohne spezifische Erholungsnutzung, ist zulässig.[2]

(2) Ein Teilbebauungsplan ist zu erlassen:[3]

1. wenn für einzelne Grundflächen oder für zusammenhängende Teile des Baulandes von den im generellen Bebauungsplan festgelegten Bebauungsbedingungen abgewichen werden soll;[4]
2. für unbebaute Teile des Baulandes mit einer zusammenhängenden Gesamtfläche von mehr als 10.000 m² vor dem Beginn ihrer Bebauung;[5]
3. für sonstige zusammenhängende Teile des Baulandes, in denen dies aufgrund der besonderen örtlichen Verhältnisse zur Erhaltung oder Gestaltung des Orts- oder Landschaftsbildes erforderlich ist;[6]
4. wenn dies aufgrund der bestehenden natürlichen, wirtschaftlichen, infrastrukturellen, sozialen, kulturellen oder städtebaulichen Gegebenheiten innerhalb des Gemeindegebietes sowie der Art und des Umfangs der angestrebten Bebauung aus städtebaulicher Sicht erforderlich ist;[7]
5. vor der gänzlichen oder teilweisen Freigabe eines Aufschließungsgebietes oder einer Aufschließungszone mit einer zusammenhängenden Fläche von mehr als 10.000 m²;[8]
6. für Grundflächen, die im Flächenwidmungsplan als Vorbehaltsflächen für den förderbaren Wohnbau vorgesehen sind[9].

(3) Der Teilbebauungsplan hat aus einem Textteil und planlichen Darstellungen zu bestehen. Im Textteil des Teilbebauungsplanes sind jedenfalls die gemäß Abs. 5 getroffenen Regelungen aufzunehmen.[10] Zum Teilbebauungsplan sind Erläuterungen zu verfassen, aus denen insbesondere hervorgeht, inwieweit auf § 47 Abs. 4 Bedacht genommen wurde[11].

(4) § 47 Abs. 3 und 4 gilt sinngemäß für den Teilbebauungsplan.[12]

(5) Wenn dies aufgrund der bestehenden natürlichen, wirtschaftlichen, infrastrukturellen, sozialen, kulturellen oder städtebaulichen Gegebenheiten innerhalb des Gemeindegebietes erforderlich ist, dürfen im Teilbebauungsplan auch Regelungen betreffend[13]
1. die Bebauungsweise,[14]
2. den Verlauf der Verkehrsflächen,[15]
3. die Begrenzung der Baugrundstücke,[16]
4. die Baulinien,[17]
5. den Verlauf der Anlagen der Energieversorgung und der Fernmeldeeinrichtungen,[18]
6. Flächen für den ruhenden Verkehr,[19]

7. die Erhaltung und Schaffung von Grünanlagen und Vorgaben für die Geländegestaltung,[20]
8. die Lage von Jugend- und Kinderspielplätzen und anderen Gemeinschaftseinrichtungen,[21]
9. Vorgaben für die äußere Gestaltung baulicher Vorhaben (Firstrichtung, Dachform, Dachdeckung, Dachneigung, Farbgebung, Begrünung uä.),[22]
10. die Höhe der Erdgeschoßfußbodenoberkante für Wohnungen, Geschäftsräume uä.,[23]
11. die Art der Nutzung von baulichen Anlagen (Wohnungen, Handelsbetriebe, Dienstleistungsbetriebe uä.) und den Ausschluss bestimmter Nutzungen zur Erhaltung oder Schaffung vielfältiger innerörtlicher Strukturen oder zur Vermeidung von Umweltbelastungen,[24]
12. Vorkehrungen zur Erhaltung und Gestaltung der charakteristischen Bebauungsstruktur und des Orts- und Landschaftsbildes, wie Festlegungen über die Dachform, Dachdeckung, Arkaden, Lauben, Balkone und Farbgebung, wenn entsprechende Festlegungen nicht bereits im generellen Bebauungsplan gemäß § 47 Abs. 7 erfolgt sind,[25] sowie
13. Vorgaben für eine bestimmte zeitliche Abfolge der Bebauung (Baustufen)[26]

getroffen werden.

(6) Als zulässige Bebauungsweisen im Sinne des Abs. 5 Z 1 kommen in Betracht:
1. die geschlossene Bauweise, wenn straßenseitig von Nachbargrundgrenze zu Nachbargrundgrenze fortlaufend gebaut werden muss, wenn die K-BO 1996 und die K-BV nicht Ausnahmen hiervon zulassen;
2. die offene Bauweise, wenn die Gebäude allseits freistehend mit einem bestimmten Mindestabstand von den seitlichen Grenzen und der hinteren Grenze des Bauplatzes errichtet werden müssen, wenn die K-BO 1996 und die K-BV nicht Ausnahmen hiervon zulassen;
3. die halboffene Bauweise, wenn auf zwei benachbarten Bauplätzen die Gebäude an der gemeinsamen seitlichen Grenze aneinander gebaut, nach allen anderen Seiten aber freistehend errichtet werden müssen;

4. sonstige Bauweisen, soweit sie im Teilbebauungsplan (Gestaltungsplan) hinreichend umschrieben sind.[27]

(7) Unter Baulinien im Sinne des Abs. 5 Z 4 sind Grenzlinien auf einem Baugrundstück, innerhalb derer Gebäude errichtet werden dürfen, zu verstehen.[28]

(8) In den Teilbebauungsplan sind die im generellen Bebauungsplan festgelegten Bebauungsbedingungen aufzunehmen.[29] Wenn es die örtlichen Gegebenheiten und die Interessen einer geordneten Siedlungsentwicklung erfordern, dürfen im Teilbebauungsplan vom generellen Bebauungsplan abweichende Bebauungsbedingungen festgelegt werden.[30] Beschränkungen hinsichtlich der Teilung von Grundstücken, ausgenommen die Festlegung der Mindestgröße, dürfen in einem Teilbebauungsplan nicht festgelegt werden.[31]

(9) Wenn es zur Schaffung eines einheitlichen Straßenbildes oder Platzraumes erforderlich ist, ist im Teilbebauungsplan festzulegen, dass mit den Gebäuden an eine bestimmte Baulinie herangerückt werden muss.[32]

(10) Werden Baulinien nicht zugleich mit Bebauungsbedingungen nach § 47 Abs. 6 Z 2 und 3 festgelegt oder mit Festlegungen nach Abs. 9 verbunden, so gelangen die Vorschriften des 2. Abschnittes der Kärntner Bauvorschriften hinsichtlich der erforderlichen Abstände zur Anwendung.[33]

(11) Die Bebauungsbedingungen nach Abs. 5 Z 1 bis 4 sind in einem Teilbebauungsplan jedenfalls festzulegen, wobei die Bebauungsbedingungen nach Abs. 5 Z 2 und 3 jedenfalls planlich darzustellen sind.[34] Wenn Bebauungsbedingungen nach Abs. 5 Z 6 getroffen werden, ist bei erhöhtem Bedarf an Stellplätzen vorzusehen, dass diese – ausgenommen Stellplätze in Garagen unter Gebäuden oder auf Gebäuden – höchstens zu einem Drittel neu errichtet werden.[35]

(12) Die Landesregierung darf durch Verordnung nähere Bestimmungen erlassen über:
1. die Form und den Maßstab der planlichen Darstellungen im Teilbebauungsplan und die in diesen Darstellungen zu verwendenden Planzeichen;
2. soweit dies zur Konkretisierung der Abs. 4 bis 11 erforderlich ist, inhaltliche Vorgaben des Teilbebauungsplanes.[36]

**Lit:**

*Kanonier*, Einschränkungen von Bauführungen im Grünland durch das Raumordnungsrecht, bbl 1998, 8; *Lebitsch/Lebitsch-Buchsteiner*, Zur Planungshierarchie im Raumordnungsrecht am Beispiel der Bebauungsplanung nach Salzburger Rechtslage, bbl 2015, 60; *Pallitsch/Pallitsch/Kleewein*, Kärntner Baurecht[5], 2014; *Steinwender*, Kärntner Baurecht, 2017.

## I. Erläuterungen
### ErlRV 01-VD-LG-1865/5-2021, 55 ff:

„§ 48 entspricht grundsätzlich § 24 Abs. 3 und 4 sowie § 25 Abs. 2, 3 und 8 K-GplG 1995 der geltenden Fassung. Die Einführung der Teilbebauungsplanes erfolgte erstmals mit LGBl. Nr. 105/1994. Dazu halten die Erläuterungen Verf-273/3/1994, 34 ff, fest: *„Neben dem Flächenwidmungsplan ist der Bebauungsplan das wichtigste hoheitliche Planungsinstrument der Gemeinde im Bereich der örtlichen Raumplanung. Ungeachtet des Umstandes, daß die Kärntner Gemeinden bereits langjährig von Gesetzes wegen dazu verhalten sind, Bebauungspläne zu erlassen, ist festzustellen, daß eine große Anzahl von Gemeinden dieser Verpflichtung bis heute nicht oder nur teilweise nachgekommen ist. Ausgehend von dieser Gegebenheit soll – nicht zuletzt um den Gemeinden den Einstieg in die Bebauungsplanung zu erleichtern – künftig ein zweistufiges Verfahren der Bebauungsplanung ausdrücklich vorgesehen werden, obwohl bereits die derzeitige Rechtslage diese Form der Bebauungsplanung ermöglicht, wie Beispiele aus zahlreichen Kärntner Gemeinden belegen. Die Neuregelung sieht nunmehr iS einer echten Zweistufigkeit der Bebauungsplanung zunächst einen textlichen Bebauungsplan für das gesamte als Bauland gewidmete Gemeindegebiet vor. Die Inhalte dieses textlichen Bebauungsplanes stimmen weitgehend mit den derzeitigen Mindestinhalten des Bebauungsplanes nach § 14 Abs. 1* [Anmerkung: siehe nunmehr § 47 Abs. 6] *überein, sieht man davon ab, daß in der lit. d der Bestimmung der Begriff der „Traufenhöhe" durch den Begriff der „Bauhöhe" ersetzt wird und die Festlegung der Baulinien nach lit. f im textlichen Bebauungsplan im Interesse einer Vereinfachung des Inhaltes der ersten Planungsstufe entfällt. Die solcherart modifizierten Inhalte des textlichen Bebauungsplanes müssen noch nicht unmittelbar grundstücksbezogen sein und können auch getroffen werden, ohne daß die künftige Art der baulichen Nutzung der Baugrundstücke bereits im einzelnen feststehen. Wenn es zur Sicherstellung einer geordneten Bebauung erforderlich ist, kann der Gemeinderat überdies für einzelne Grundflächen oder für zusammenhängende Teile des Baulandes einen Teilbebauungsplan erlassen, im Teilbebauungsplan dürfen neben den* *(bereits im textlichen Bebauungsplan festzulegenden) Bebauungsbedingungen nach § 14 Abs. 1* [Anmerkung: siehe nunmehr § 47 Abs. 6] *auch jene nach § 14 Abs. 2* [Anmerkung: siehe nunmehr § 48 Abs. 5] *festgelegt werden. Wird ein Teilbebauungsplan erlassen, so sind in diesen nach § 14 Abs. 2a* [Anmerkung: siehe nunmehr § 48 Abs. 8] *auch die im textlichen Bebauungsplan festgelegten Bebauungsbedingungen aufzunehmen. Ungeachtet des Umstandes, daß die Bebauungsplanung der zweiten Stufe grundsätzlich auf den Festlegungen des textlichen Bebauun[g]splanes aufbauen soll, wird es auch möglich sein, im Teilbebauungsplan vom textlichen Bebauungsplan abweichende Bebauungsbedingungen festzulegen, wenn es die jeweiligen örtlichen Gegebenheiten und die Interessen einer geordneten Siedlungsentwicklung erfordern (§ 14 Abs. 2a* [Anmerkung: siehe nunmehr § 48 Abs. 8]). *Dadurch kommt klar zum Ausdruck, daß trotz der Zweistufigkeit im Planungsprozeß die Bebauungsplanung auch weiterhin eine Einheit bildet. Im Verhältnis zwischen genereller und Detailbebauungsplanung wird so ein ausreichendes Maß an Flexibilität gewährleistet. Während der Gemeinde bei der Beurteilung der Frage, ob gemäß § 13 Abs. 1b* [Anmerkung: siehe nunmehr § 48 Abs. 1] *ein Teilbebauungsplan „zur Sicherstellung einer geordneten Bebauung" erforderlich ist, ein gewisser Beurteilungsspielraum zukommt, wird ein Teilbebauungsplan bei Vorliegen der Voraussetzungen des § 13 Abs. 1b lit. a bis d* [Anmerkung: siehe nunmehr § 48 Abs. 2] *jedenfalls zu erlassen sein. [...] Die möglichen Inhalte des Teilbebauungsplanes decken sich zum Teil mit den bisher fakultativen Bebauungsbedingungen nach § 14 Abs. 2; zusätzlich wird aber auch die Möglichkeit vorgesehen, weitere Bebauungsbedingungen festzulegen: Die Bebauungsbedingungen der lit. a, b, g und i entsprechen weitgehend bereits den derzeit möglichen Bebauungsbedingungen. Die bisherigen Bebauungsbedingungen nach lit. e, f und g (Firstrichtung, Dachform und Dachfarbe) wurden zur neuen lit. f zusammengefaßt und um einzelne weitere Vorgaben für die äußere Gestaltung baulicher Vorhaben erweitert. Die bisherige lit. d (Grünanlagen nach der Kärntner Bauordnung) wurde konkretisiert und insofern ergänzt, als im Rahmen der Bebauungsplanung in Hinkunft auch Vorgaben für die Geländegestaltung festgelegt werden dürfen. Neu geschaffen wurde die Möglichkeit, im Teilbebauungsplan die Lage von Spielplätzen und anderen Gemeinschaftseinrichtungen festzulegen."*

Durch § 48 soll das Instrument des Teilbebauungsplanes nunmehr neu geregelt werden. Im gegenständlichen Zusammenhang ist grundsätzlich darauf hinzuweisen, dass auch ein Teilbebauungsplan ein Bebauungsplan ist. Jeder Teilbebauungsplan hat sowohl aus einem Textteil als auch aus den entsprechenden planlichen Darstellungen zu bestehen (§ 48 Abs. 3).

Grundsätzlich besteht gemäß § 48 Abs. 1 eine Ermächtigung der Gemeinde einen Teilbebauungsplan zu erlassen, wenn dies zur Sicherstellung einer geordneten Bebauung erforderlich erscheint. § 48 Abs. 1 zweiter Satz findet sich erstmals als § 15 Abs. 2 des Landesplanungsgesetzes in der Fassung LGBl. Nr. 50/1969. Die Erläuterungen Verf-462/1/1969, 5, führen dazu aus: *„Die Bestimmung des § 15 entspricht dem § 15 des Landesplanungsgesetzes. Neu ist jedoch, daß auch für das im Flächenwidmungsplan gesondert festzulegende Grünland Bebauungspläne erlassen werden dürfen. Damit wird als insbesondere die Möglichkeit eröffnet, etwa für die Anlage eines Strandbades oder einer Sportanlage Bebauungspläne festzulegen."*

Von der Ermächtigung in § 48 Abs. 1 abweichend besteht bei Vorliegen der in § 48 Abs. 2 genannten Voraussetzungen eine Verpflichtung des Gemeinderates einen Teilbebauungsplan zu erlassen. Die in § 48 Abs. 2 enthaltenen Gründe, wann jedenfalls ein Teilbebauungsplan zu erlassen ist, entsprechen größtenteils § 24 Abs. 3 K-GplG 1995 der geltenden Fassung. Neu aufgenommen wird eine Verpflichtung zur Erlassung eines Teilbebauungsplanes, wenn von den im generellen Bebauungsplan festgelegten Bebauungsbedingungen abgewichen werden soll. Ebenfalls neu sind die in § 48 Abs. 2 Z 4 und Z 5 vorgesehenen Verpflichtungen zur Erlassung eines Teilbebauungsplanes, wenn dies aufgrund der bestehenden natürlichen, wirtschaftlichen, infrastrukturellen, sozialen, kulturellen oder städtebaulichen Gegebenheiten erforderlich ist, oder wenn es sich um Grundflächen handelt, die im Flächenwidmungsplan als Vorbehaltsflächen für den förderbaren Wohnbau vorgesehen sind.

In § 48 Abs. 5 werden über § 47 Abs. 6 hinausgehend Bebauungsbedingungen normiert, die im Teilbebauungsplan vorgesehen werden können. Hervorzuheben ist hier insbesondere, dass die Bebauungsweise nunmehr im Teilbebauungsplan bzw. im Gestaltungsplan vorzusehen ist, sie zählt nicht (mehr) zum Mindestinhalt des generellen Bebauungsplanes. Die in § 48 Abs. 5 vorgesehenen weiteren Bebauungsbedingungen orientieren sich an § 25 Abs. 2 K-GplG 1995 der geltenden Fassung, gehen jedoch über diese hinaus. Nach § 48 Abs. 11 sind die in § 48 Abs. 5 Z 1 bis 4 genannten Bebauungsbedingungen jedenfalls in einem Teilbebauungsplan festzulegen. § 48 Abs. 5 Z 11 und 12 wurde erstmals als § 14 Abs. 2 lit. h und i durch LGBl. Nr. 78/1979 in das Gemeindeplanungsgesetz

1970 eingefügt. Dazu halten die Erläuterungen Verf-35/5/1979, 15 f, fest: „*Die Regelung der lit. h* [Anmerkung: nunmehr § 48 Abs. 5 Z 11] *wird es ermöglichen, über den Bebauungsplan die Nutzung bzw. eine nutzungsgemäße Mischung der zu errichtenden Gebäude festzulegen. Es ist in bestimmten Fällen aus planerischen Gründen unbedingt erforderlich, beispielsweise für Neubauten im Stadtgebiet im Erdgeschoß etwa Geschäfte vorzuschreiben (Zentrumsbildung). Erst dadurch erscheint es möglich, eine wirksame Lenkung in den einzelnen Stadtteilen vorzunehmen. Es erscheint jedoch ausgeschlossen, auf dem Umweg über die lit. h* [Anmerkung: nunmehr § 48 Abs. 5 Z 11] *etwa nur bestimmte Geschäfte, etwa Lebensmittelgeschäfte, zuzulassen. Durch die lit. i* [Anmerkung: nunmehr § 48 Abs. 5 Z 12] *wird über den Bebauungsplan ein Einfluß auf den Schutz des Ortsbildes möglich sein.*"

Die in § 48 Abs. 6 vorgesehene Definition zulässiger Bebauungsweisen orientiert sich sehr stark an § 32 Abs. 5 des Oö. Raumordnungsgesetzes 1994.

Die in § 48 Abs. 7 vorgesehene Definition der Baulinien entspricht § 25 Abs. 2 lit. c K-GplG 1995 der geltenden Fassung.

§ 48 Abs. 8 entspricht § 25 Abs. 3 K-GplG 1995 der geltenden Fassung. Die Bestimmung wurde als § 14 Abs. 2a durch LGBl. Nr. 105/1994 in das Gemeindeplanungsgesetz 1982 eingefügt. Dazu halten die Erläuterungen Verf-273/3/1994, 37 fest: „*Hinsichtlich der Regelung des § 14 Abs. 2a ist […] anzumerken, daß durch diese Bestimmung das Verhältnis zwischen dem textlichen Bebauungsplan und den Teilbebauungsplänen geregelt werden soll: Durch das Gebot, in den Teilbebauungsplan die im textlichen Bebauungsplan festgelegten Bebauungsbedingungen aufzunehmen, wird deutlich, daß trotz der Zweistufigkeit des Verfahrens die Bebauungsplanung als Einheit erhalten bleibt. Für ein Gebiet, für das ein Teilbebauungsplan erlassen worden ist, treten die Festlegungen des textlichen Bebauungsplanes demnach in den Hintergrund. Wird der Teilbebauungsplan aufgehoben, so werden für das ursprünglich davon erfaßte Gebiet die Festlegungen des textlichen Bebauungsplanes wieder wirksam.*" Es ist darauf hinzuweisen, dass dadurch die Bestimmungen des Kärntner Grundstücksteilungsgesetzes – K-GTG unangetastet bleiben (siehe auch die Erläuterungen zu § 47 Abs. 8).

§ 48 Abs. 9 entspricht § 25 Abs. 6 K-GplG 1995 der geltenden Fassung.

§ 48 Abs. 10 entspricht grundsätzlich § 25 Abs. 7 K-GplG 1995 der geltenden Fassung. Die Bestimmung wurde als § 14 Abs. 4a durch LGBl.

Nr. 70/1981 in das Gemeindeplanungsgesetz 1970 eingefügt. Dazu halten die Erläuterungen Verf-88/24/1981, 8 f, fest: *„Gemäß § 13 Abs. 4 der Kärntner Bauordnung [Anmerkung: siehe nunmehr § 17 Abs. 4 K-BO 1996] ist der Standort des Vorhabens, wenn er nicht schon durch die Art bestimmt ist, in der Baubewilligung festzulegen. Zur Festlegung des Standortes im Sinne des § 13 Abs. 4 der Kärntner Bauordnung sind auch die Abstandsflächen im Sinne des § 4 der Kärntner Bauvorschriften zu berücksichtigen. Gemäß § 4 Abs. 1 der Kärntner Bauvorschriften ist der Abstand oberirdischer Gebäude von der Grundstücksgrenze und von anderen Gebäuden nach den Bestimmungen der Abs. 2 bis 9 festzulegen, soweit sich aus einem Bebauungsplan keine Abstände ergeben. Es wurde nun in der Praxis die Frage aufgeworfen, wann nun ein Bebauungsplan andere Abstände enthält. Ein andere Abstand kann sich aus der Festlegung der Baulinien d.s. die Grenzlinien auf einem Baugrundstück, innerhalb derer Gebäude errichtet werden dürfen, ergeben. Für die Abstandsregelungen, die die Baubehörde nach § 4 der Kärntner Bauvorschriften anzuwenden hat, sind diejenigen Überlegungen maßgeblich gewesen, daß die Festlegung eines Abstandes zur Grundstücksgrenze und zu anderen Gebäuden nur dann sachlich erscheint, wenn dieser Abstand in Relation zur Gebäudehöhe und zur Gebäudegröße gesetzt wird. Von diesem Gedanken sind auch die Bestimmungen des § 4 der Kärntner Bauvorschriften getragen. Werden nun in einem Bebauungsplan lediglich Baulinien festgelegt, ohne daß jetzt gleichzeitg auch bestimmt wird, daß an diese Baulinien heranzubauen ist, oder ohne daß festgelegt wird, wie groß die bauliche Ausnutzung des Baugrundstückes und wie hoch die Geschoßanzahl oder die Traufenhöhe des Gebäudes sein darf, so liegt kein Abstand vor, der geeignet ist, die Regelung des § 4 der Kärntner Bauvorschriften im Bauverfahren auszuschalten. Eine Baulinie, die eben nicht unter Bedachtnahme auf die Geschoßflächendichte sowie auf die Höhe des Gebäudes Bedacht nimmt oder an die nicht herangebaut werden muß, ist eben sachlich nicht geeignet, eine Abstandsregelung zu sein."* § 48 Abs. 10 orientiert sich zum Teil an § 25 Abs. 7 K-GplG 1995 der geltenden Fassung, weicht allerdings von diesem ab. Im Unterschied zur geltenden Rechtslage soll durch § 48 Abs. 10 unmissverständlich klargestellt werden, dass in jenen Fällen, in denen nicht im generellen Bebauungsplan oder im Teilbebauungsplan Baulinien festgelegt werden, die Abstandsvorschriften der Kärntner Bauvorschriften – K-BV maßgeblich sind. Nach § 4 Abs. 1 K-BV sind oberirdische Gebäude und sonstige bauliche Anlagen entweder unmittelbar aneinander zu bauen oder so anzuordnen, dass sie voneinander und von der Grundstücksgrenze einen ausreichenden Abstand haben, wobei der Abstand in Abstandsflächen gem. § 5 K-BV auszudrücken ist. Nach § 4 Abs. 2 K-BV sind in jenen Fällen, in denen in einem Bebauungsplan Abstände festgelegt sind, die Bestimmungen des § 4 Abs. 1 K-BV, wonach der Abstand in Abstandsflächen auszudrücken ist und der §§ 5 bis 10 K-BV nicht anzuwenden. Eine entsprechende Klarstellung der subsidiären Maßgeblichkeit der Kärntner Bauvorschriften erscheint nicht zuletzt vor dem Hintergrund der Rechtsprechung des Verfassungsgerichtshofes geboten. Hierbei wird insbesondere auf die Ausführungen des VfGH im Prüfungsbeschluss betreffend eine Verordnung der Stadtgemeinde St. Veit a. d. Glan vom 26. Februar 1998, mit der ein textlicher Bebauungsplan erlassen wird, verwiesen. In VfSlg. 16.991/2003 führt der Gerichtshof nämlich (im Prüfungsbeschluss) Folgendes aus:

„[…] *Gegen die in Prüfung gezogene Bestimmung des § 5 der Verordnung besteht das weitere Bedenken, dass sie durch die Kärntner Bauvorschriften nicht gedeckt ist:*

*Die Abstandsbestimmungen der Kärntner Bauvorschriften, LGBl. Nr. 56/1985 idF LGBl. Nr. 55/1997, gelten gegenüber den Festlegungen im Bebauungsplan nur subsidiär. Denn gemäß § 4 Abs 2 sind, soweit in einem Bebauungsplan Abstände festgelegt wurden, die Bestimmungen des Abs 1 letzter Satz und der §§ 5 bis 10 nicht anzuwenden. Dieser Ermächtigung des § 4 Abs 2 an den Verordnungsgeber dürfte im Zusammenhang mit den Abstandsbestimmungen der §§ 5 bis 10 Kärntner Bauvorschriften und den darin festgelegten Kriterien ein Sinn beizumessen sein, gemäß dem zB von den gesetzlichen Abstandsvorschriften abweichende Festlegungen im Bebauungsplan grundstücksbezogen und nicht allgemeingültig für ein gesamtes Gemeindegebiet getroffen werden dürfen. Dafür dürften nicht zuletzt zB die im § 6 Abs 2 Kärntner Bauvorschriften normierten Bestimmungen über die Zulässigkeit baulicher Anlagen in den Abstandsflächen sprechen. Da die in Prüfung gezogene Bestimmung die Anordnung von Garagen ohne Bezugnahme auf die Größe und Lage der Grundstücke regelt, dürfte sie den Kärntner Bauvorschriften widersprechen.*"

§ 48 Abs. 11 entspricht § 25 Abs. 8 erster Satz K-GplG 1995 der geltenden Fassung. Die Bestimmung wurde als § 14 Abs. 6 des Gemeindeplanungsgesetzes 1982 durch LGBl. Nr. 105/1994 eingefügt. Die Erläuterungen Verf-273/3/1994, 38, führen dazu aus: „*Durch diese*

*Bestimmung wird die Verpflichtung begründet, die Bebauungsbedingungen [...] im Teilbebauungsplan jedenfalls festzulegen und zeichnerisch darzustellen. [...]"*
§ 48 Abs. 12 Z 1 entspricht § 25 Abs. 8 dritter Satz K-GplG 1995 der geltenden Fassung."

## II. Anmerkungen

**1** Zum „Gemeinderat" als Beschlussorgan siehe § 47 Anm 1, zu den „Zielen und Grundsätzen der Raumordnung" siehe § 2, zu den „überörtlichen Entwicklungsprogrammen" siehe § 7 und § 8, zum „örtlichen Entwicklungskonzept" siehe § 9 bis § 12, zum „Flächenwidmungsplan" siehe § 13, zum „generellen Bebauungsplan" siehe § 47, zum Teilbebauungsplan als Verordnung siehe § 47 Anm 7, zum „Bauland" siehe § 15 und zu den Aufgaben sowie dem Wesen des Teilbebauungsplanes, der Übergangsbestimmung gemäß Art V Abs 6 LGBl 2021/59 und der Unzulässigkeit eines Individualantrags gemäß Art 139 Abs 1 Z 3 B-VG siehe § 47 Anm 8.

„Bebauungspläne haben die Aufgabe, die zweckmäßige und geordnete Bebauung durch die Festlegung baulicher Gestaltungskriterien zu bewirken und somit die städtebauliche Ordnung hinsichtlich Baulichkeiten zu regeln" (*Gruber/Kanonier/Pohn-Weidinger/Schindelegger*, Raumentwicklung 115). Im generellen Bebauungsplan sind die allgemeinen Bedingungen für die Bebauung des Baulandes festzulegen. Detailliertere Bedingungen bzw Abweichungen von den Bedingungen des generellen Bebauungsplanes sind in den Teilbebauungsplänen gemäß § 48 festzulegen (siehe die zu § 47 unter Punkt I. abgedruckten ErlRV 01-VD-LG-1865/5-2021, 54; vgl *Lebitsch/Lebitsch-Buchsteiner*, bbl 2015, 60 ff).

Es besteht für die Gemeinde aus § 48 Abs 1 keine Verpflichtung, einen Teilbebauungsplan zu beschließen („darf"). Eine Verpflichtung besteht aber in den Fällen des § 48 Abs 2, für Einkaufszentren gemäß § 32 Abs 3 und für die Freigabe eines Aufschließungsgebietes im Ausmaß von mehr als 10.000 m² gemäß § 25 Abs 7 iVm § 48 Abs 2 Z 5.

**2** Der Teilbebauungsplan ist auf einen bestimmten Planungsraum bezogen. Der Planungsraum, dh die räumliche Einheit, die dem Teilbebauungsplan unterliegt, umfasst einzelne Grundflächen oder zusammenhängende Teile des Baulandes. Im Gegensatz zum generellen Bebauungsplan ist die Erlassung von Teilbebauungsplänen für im Grünland gesondert festgelegte Grundflächen, ausgenommen Grundflächen für Erholungszwecke ohne spezifische Erholungsnutzung, zulässig (vgl *Kanonier*, bbl 1998, 8 f). Zu „im Grünland gesondert festgelegten Grundflächen" siehe § 27 und zu „Grundflächen für Erholungszwecke ohne spezifische Erholungsnutzung" siehe § 27 Abs 2 Z 3.

Es besteht für die Gemeinde in den Fällen des § 48 Abs 2 eine Verpflichtung, einen Teilbebauungsplan zu beschließen („ist"). Eine Verpflichtung besteht aber auch für Einkaufszentren gemäß § 32 Abs 3 und für die Freigabe eines Aufschließungsgebietes im Ausmaß von mehr als 10.000 m² gemäß § 25 Abs 7 iVm § 48 Abs 2 Z 5. **3**

Gemäß § 48 Abs 8 dürfen im Teilbebauungsplan vom generellen Bebauungsplan abweichende Bebauungsbedingungen festgelegt werden, wenn es die örtlichen Gegebenheiten und die Interessen einer geordneten Siedlungsentwicklung erfordern. Zu den „im generellen Bebauungsplan festgelegten Bebauungsbedingungen" siehe § 47 Anm 13 und 15 ff. **4**

Im Rahmen der integrierten Flächenwidmungs- und Bebauungsplanung ergibt sich dies auch aus § 52 Abs 2 iVm § 52 Abs 3 zweier Satz, alternativ darf ein Gestaltungsplan erlassen werden. Zum „Baubeginn" siehe § 15 Anm 32. **5**

Zum „Orts- und Landschaftsbild" siehe § 13 Anm 9. **6**

Zu den „natürlichen, wirtschaftlichen, infrastrukturellen, sozialen, kulturellen oder städtebaulichen Gegebenheiten" siehe die zu § 13 unter Punkt I. abgedruckten ErlRV 01-VD-LG-1865/5-2021, 14 f, § 3 Anm 4 und 5 sowie § 47 Anm 11 und 12. **7**

Dies entspricht § 25 Abs 7. Zu den „Aufschließungsgebieten" siehe § 25. **8**

Zu den „Vorbehaltsflächen für den förderbaren Wohnbau" siehe § 29 Anm 4. **9**

Teilbebauungspläne sind in Textform und mit planlichen Darstellungen zu erstellen. Gemäß § 48 Abs 11 sind die Bebauungsbedingungen gemäß § 48 Abs 5 Z 2 und 3 jedenfalls planlich darzustellen. Die Rechtslage muss aus einer planlichen Darstellung eindeutig und unmittelbar – also ohne die Notwendigkeit des Heranziehens von technischen Hilfsmitteln – festgestellt werden können. Die rechtsstaatlichen Anforderungen an die Planpräzision dürfen aber auch nicht überspannt werden. Vielmehr verlangt die Rechtsprechung des VfGH im Allge- **10** meinen nur einen dem jeweiligen Regelungsgegenstand adäquaten Determinierungsgrad. Auch sind Gesichtspunkte der Vermeidung unwirtschaftlichen Verwaltungsaufwandes bei der Bemessung des gebotenen Maßes an Präzision mit zu berücksichtigen (so ausführlich VfGH VfSlg 20.329/2018 mwN).

**11** Die Erläuterungen sollen dem besseren Verständnis des Teilbebauungsplanes dienen. Die Erläuterungen sind nicht als Bestandteil der Verordnung kundzumachen. Diese sind somit nicht verbindlich. Stehen sie in Widerspruch zur Verordnung, ist die Verordnung entscheidend, nicht die Aussage in den Erläuterungen (vgl VfGH VfSlg 5153/1965; VfSlg 7698/1975; VwGH 5.11.1999, 99/19/0171). Gemäß § 53 Abs 12 ist im Falle des Abschlusses von privatwirtschaftlichen Vereinbarungen in den Erläuterungen darzulegen, inwieweit durch diese den Zielen der örtlichen Raumplanung Rechnung getragen wird. Gemäß § 53 Abs 13 ist jeweils eine anonymisierte schriftliche Ausfertigung von abgeschlossenen privatwirtschaftlichen Vereinbarungen den Erläuterungen in einer gesonderten Anlage anzuschließen.

**12** Zu „§ 47 Abs. 3 und 4" siehe § 47 Anm 11 bis 13.

**13** Zu den „natürlichen, wirtschaftlichen, infrastrukturellen, sozialen, kulturellen oder städtebaulichen Gegebenheiten" siehe die zu § 13 unter Punkt I. abgedruckten ErlRV 01-VD-LG-1865/5-2021, 14 f, § 3 Anm 4 und 5 sowie § 47 Anm 11 und 12. Nach dem Wortlaut dieser Bestimmung besteht keine Verpflichtung alle angeführten Regelungen in einen Teilbebauungsplan aufzunehmen („dürfen"). Gemäß § 48 Abs 11 sind allerdings Bebauungsbedingungen nach § 47 Abs 5 Z 1 bis 4 jedenfalls in einem Teilbebauungsplan festzulegen, wobei die Bebauungsbedingungen gemäß § 48 Abs 5 Z 2 und 3 jedenfalls planlich darzustellen sind (zur planlichen Darstellung siehe § 48 Anm 10). Darüber hinaus ist zu beachten, dass in einem Teilbebauungsplan für ein Einkaufszentrum gemäß § 32 Abs 3 auch die Bebauungsbedingungen gemäß § 48 Abs 5 Z 11 und 12 sowie das Höchstausmaß der zulässigen wirtschaftlich zusammenhängenden Verkaufsfläche festzulegen sind.

**14** Zulässige Bebauungsweisen sind gemäß § 48 Abs 6 unter gewissen Voraussetzungen die geschlossene Bauweise, die offene Bauweise, die halboffene Bauweise und sonstige Bauweisen (siehe dazu § 48 Anm 27 f).

**15** Im Flächenwidmungsplan sind gemäß § 26 als Verkehrsflächen nur die für den fließenden und den ruhenden Verkehr bestimmten Flächen fest-

## 3. Hauptstück – Örtliche Raumordnung §48

zulegen, die für die örtliche Gemeinschaft „von besonderer Verkehrsbedeutung sind". Zu den „Verkehrsflächen" siehe § 26.

Als „Baugrundstück" gilt gemäß § 47 Abs 7 zweiter Satz das gesamte zu bebauende Grundstück, wenn im Bebauungsplan nicht anderes festgelegt ist. Es wird am grundbuchsrechtlichen Begriff angeknüpft, dh „Grundstücke sind demnach durch Grenzpunkte festgelegte Flächen, anhand deren der Grenzverlauf ermittelt werden kann. Durch die einzelnen Grenzpunkte wird die Lage eines Grundstückes zu einem anderen Grundstück festgelegt" (VwGH 16.5.2013, 2011/06/0116; 27.3.2018, Ra 2016/06/0116; vgl *Pallitsch/Pallitsch/Kleewein*, Baurecht[5] § 3 K-BV Anm 1).  **16**

Unter „Baulinien" sind gemäß § 48 Abs 7 Grenzlinien auf einem Baugrundstück, innerhalb derer Gebäude errichtet werden dürfen, zu verstehen.  **17**

Aus dem Wort „Verlauf" ist meiner Ansicht nach abzuleiten, dass es sich um Leitungsanlagen handelt. Zu den Leitungsanlagen der „Energieversorgung" siehe § 28 Anm 20. „Fernmeldeanlagen" zählen zur Kommunikationsinfrastruktur, siehe dazu § 28 Anm 23.  **18**

Im Flächenwidmungsplan sind gemäß § 26 als Verkehrsflächen nur die für den fließenden und den ruhenden Verkehr bestimmten Flächen festzulegen, die für die örtliche Gemeinschaft „von besonderer Verkehrsbedeutung sind". Zu den „Verkehrsflächen" siehe § 26. Wenn Bebauungsbedingungen für Flächen für den ruhenden Verkehr getroffen werden, ist gemäß § 48 Abs 11 zweiter Satz bei erhöhtem Bedarf an Stellplätzen vorzusehen, dass diese – ausgenommen Stellplätze in Garagen unter Gebäuden oder auf Gebäuden – höchstens zu einem Drittel neu errichtet werden.  **19**

„Grünanlagen" sind meiner Ansicht nach insbesondere Parkanlagen. Bei entsprechender Gestaltung können aber auch Kleingärten, Sportanlagen, Freibäder, Spielplätze uä umfasst sein. Meiner Ansicht nach umfasst der Begriff „Geländegestaltung" die Geländegestaltung für Grünanlagen (vgl *Pallitsch/Pallitsch/Kleewein*, Baurecht[5] § 25 K-GplG 1995 Anm 11).  **20**

Die Aufzählung ist demonstrativ („andere Gemeinschaftseinrichtungen"). Durch die demonstrative Aufzählung wird der Maßstab fixiert, dem die nicht konkret aufgezählten Voraussetzungen entsprechen müssen (VwGH 23.7.2009, 2006/05/0167). In diesem Sinne ist aus  **21** dieser Aufzählung meiner Ansicht nach abzuleiten, dass auch zB Sportplätze oder Grillplätze umfasst sind.

**22** Dies dient insbesondere dem „Orts- und Landschaftsbild", siehe dazu § 13 Anm 9.

**23** Eine „Wohnung" ist die „Gesamtheit von einzelnen oder zusammenliegenden Räumen, die baulich in sich abgeschlossen und zu Wohnzwecken bestimmt sind und die Führung eines eigenen Haushalts ermöglichen" (siehe OIB-Richtlinien Begriffsbestimmungen, April 2019; vgl VwGH VwSlg 18.479 A/2012). Die Aufzählung ist demonstrativ („uä."). Durch die demonstrative Aufzählung wird der Maßstab fixiert, dem die nicht konkret aufgezählten Voraussetzungen entsprechen müssen (VwGH 23.7.2009, 2006/05/0167). In diesem Sinne ist aus dieser Aufzählung meiner Ansicht nach abzuleiten, dass auch Magazine, Werkstätten, Arbeitsräume sowie Amts- oder Kanzleiräume umfasst sind (vgl § 1 Abs 1 MRG).

**24** Zum Begriff „bauliche Anlage" siehe § 17 Anm 1, zur „Erhaltung oder Schaffung vielfältiger innerörtlicher Strukturen" im Rahmen der Zentrenhierachie siehe § 2 Anm 7 und zu den „Umweltbelastungen" siehe § 2 Anm 5. Zu den „Wohnungen" siehe § 48 Anm 23, zu den „Handelsbetrieben" und den „Dienstleistungsbetrieben" siehe § 21 Anm 1. Die Aufzählung der Nutzungen ist demonstrativ („uä."). Durch die demonstrative Aufzählung wird der Maßstab fixiert, dem die nicht konkret aufgezählten Voraussetzungen entsprechen müssen (VwGH 23.7.2009, 2006/05/0167). In diesem Sinne ist aus dieser Aufzählung meiner Ansicht nach abzuleiten, dass zB auch Geschäfts- und Verwaltungsgebäude umfasst sind (siehe auch zu diesen Begriffen § 21 Anm 1). Aus den oben unter Punkt I. abgedruckten ErlRV 01-VD-LG-1865/5-2021, 56, ist abzuleiten, dass auch eine Festlegung für einzelne Geschoße zulässig ist (*Pallitsch/Pallitsch/Kleewein*, Baurecht[5] § 25 K-GplG 1995 Anm 13).

**25** Die „Bebauungsstruktur" ergibt sich insbesondere aus der Zusammensetzung der Gebäudenutzungen, zB Wohngebäude, Gewerbegebäude, Betriebsgebäude (vgl die zu § 24 unter Punkt I. abgedruckten ErlRV 01-VD-LG-1865/5-2021, 24, den Hinweis auf „typische Mischstrukturen"). Zum „Orts- und Landschaftsbild" siehe § 13 Anm 9. Siehe auch zum Begriff „Baustruktur" § 9 Anm 22.

**26** Siehe auch die Möglichkeit gemäß § 18 Abs 10 K-BO 1996 (dazu *Steinwender*, Kärntner Baurecht § 18 K-VO 1996 Rz 24) und § 52 Abs 3

## 3. Hauptstück – Örtliche Raumordnung § 48

K-NSG 2002 die zeitliche Abfolge der Bauausführung durch Auflage zu bestimmen.

Es handelt sich um eine taxative Aufzählung der möglichen Bebauungsweisen („Als zulässige Bebauungsweisen…kommen in Betracht"). Zum Begriff „Gebäude" siehe § 17 Anm 1.  **27**

„Baulinien" sind gemäß § 48 Abs 11 in einem Teilbebauungsplan jedenfalls festzulegen.  **28**

Zu den „Bebauungsbedingungen im generellen Bebauungsplan" siehe § 48 Abs 4 bis 10.  **29**

Die „örtlichen Gegebenheiten" ergeben sich meiner Ansicht nach aus den „natürlichen, wirtschaftlichen, infrastrukturellen, sozialen, kulturellen oder städtebaulichen Gegebenheiten", siehe dazu die zu § 13 unter Punkt I. abgedruckten ErlRV 01-VD-LG-1865/5-2021, 14 f, § 3 Anm 4 und 5 sowie § 47 Anm 11 und 12. Zur „Siedlungsentwicklung" siehe § 2 Anm 23.  **30**

Die Teilung von Grundstücken wird im K-GTG geregelt. Zur „Festlegung der Mindestgröße" siehe § 47 Anm 16.  **31**

Das jeweilige „Straßenbild" ergibt sich „aus dem Gesamteindruck der verschiedenen in der Natur bestehenden Gebäude im örtlichen Zusammenhang" (VwGH 29.11.2018, Ro 2016/06/0021). Unter „Baulinien" sind gemäß § 48 Abs 7 Grenzlinien auf einem Baugrundstück, innerhalb derer Gebäude errichtet werden dürfen, zu verstehen.  **32**

Unter „Baulinien" sind gemäß § 48 Abs 7 Grenzlinien auf einem Baugrundstück, innerhalb derer Gebäude errichtet werden dürfen, zu verstehen. Zu dieser Bestimmung siehe ausführlich die oben unter Punkt I. abgedruckten ErlRV 01-VD-LG-1865/5-2021, 57 (siehe auch VwGH 27.2.2017, Ro 2015/06/0021).  **33**

Nach dem Wortlaut von § 48 Abs 5 besteht keine Verpflichtung alle angeführten Regelungen in einen Teilbebauungsplan aufzunehmen („dürfen"). Gemäß § 48 Abs 11 sind allerdings Bebauungsbedingungen nach § 47 Abs 5 Z 1 bis 4 jedenfalls in einem Teilbebauungsplan festzulegen, wobei die Bebauungsbedingungen gemäß § 48 Abs 5 Z 2 und 3 jedenfalls planlich darzustellen sind (zur planlichen Darstellung siehe § 48 Anm 10). Darüber hinaus ist zu beachten, dass in einem Teilbebauungsplan für ein Einkaufszentrum gemäß § 32 Abs 3 auch die Bebauungsbedingungen gemäß § 48 Abs 5 Z 11 und 12 sowie das Höchstausmaß der zulässigen wirtschaftlich zusammenhängenden Verkaufsfläche festzulegen sind.  **34**

**35** Von einem erhöhten Bedarf an Stellplätzen ist meiner Ansicht nach dann auszugehen, wenn durch die Art des Vorhabens von einem solchen auszugehen ist, zB bei Einkaufszentren, Supermärkten, Stadien, Wohnbauten mit zahlreichen Wohnungen. Für diese Fälle ist im Sinne des Zieles der sparsamen Verwendung von Grund und Boden (siehe dazu § 2 Anm 14) vorzusehen, dh als Bebauungsbedingung aufzunehmen, dass die notwendigen Stellplätze nur zu einem Drittel neu errichtet werden dürfen. Dies gilt nicht für Stellplätze in Garagen unter Gebäuden oder auf Gebäuden, diese dürfen unbegrenzt errichtet werden. Es besteht aber auch die Möglichkeit, bereits errichtete Stellplätze zu nutzen oder keine neuen Stellplätze zu errichten.

**36** Gemäß Art V Abs 6 LGBl 2021/59 gelten die im Zeitpunkt des Inkrafttretens des K-ROG 2021 bestehenden Planzeichenverordnungen als Planzeichenverordnungen im Sinne des K-ROG 2021. Somit gilt die Planzeichenverordnung für Teilbebauungspläne, LGBl 1998/29, als Planzeichenverordnung im Sinne des § 48 Abs 12 (diese ist unter Punkt 1.13. abgedruckt). Gemäß Art V Abs 7 LGBl 2021/59 hat die Landesregierung die Planzeichenverordnung spätestens binnen drei Jahren ab Inkrafttreten des K-ROG 2021 (das K-ROG 2021 ist am 1.1.2022 in Kraft getreten) an die Bestimmungen des K-ROG 2021 anzupassen, wenn sie den Bestimmungen des K-ROG 2021 nicht entspricht.

Entwürfe von Verordnungen der Landesregierung sind gemäß Art 38 Abs 2 iVm Art 33 Abs 3 bis 5 K-LVG vor der Beschlussfassung einem Begutachtungsverfahren zu unterziehen. Im Begutachtungsverfahren hat jede Person das Recht, innerhalb der mindestens vierwöchigen Begutachtungsfrist eine schriftliche Stellungnahme abzugeben. Auf die Durchführung des Begutachtungsverfahrens besteht indes kein Rechtsanspruch. Die Unterlassung des Begutachtungsverfahrens hat auf die Rechtmäßigkeit des Gesetzes keinen Einfluss. Im Rahmen des Begutachtungsverfahrens ist insbesondere auf das Rücksichtnahmegebot des § 2 Abs 2 Z 2 insofern Bedacht zu nehmen, als die betroffenen Gebietskörperschaften und andere Planungsträger einzubinden und deren Interessen abzuwägen sind (siehe dazu § 2 Anm 21 und 27). Darüber hinaus ist gemäß § 55 Abs 2 der Raumordnungsbeirat vor Beschlussfassung bei sonstiger Gesetzwidrigkeit zwingend zu hören (siehe § 55 Anm 6). Die Verpflichtung zur Kundmachung und der Zugang zur kundgemachten Verordnung ergeben sich aus dem K-KMG.

## § 49 Gestaltungsplan

(1) Der Gemeinderat darf in Übereinstimmung mit den Zielen und Grundsätzen der Raumordnung, den überörtlichen Entwicklungsprogrammen, dem örtlichen Entwicklungskonzept, dem Flächenwidmungsplan und dem generellen Bebauungsplan durch Verordnung für einzelne Grundflächen oder für zusammenhängende Teile des Baulandes anstelle eines Teilbebauungsplanes einen Gestaltungsplan erlassen, wenn dies aufgrund der bestehenden natürlichen, wirtschaftlichen, infrastrukturellen, sozialen, kulturellen oder städtebaulichen Gegebenheiten innerhalb des Gemeindegebietes, insbesondere gewachsener städtebaulicher Strukturen, erforderlich ist.[1]

(2) Der Gestaltungsplan hat aus einem Textteil und planlichen Darstellungen zu bestehen.[2]

(3) § 47 Abs. 3 gilt sinngemäß für den Gestaltungsplan.[3]

(4) In einem Gestaltungsplan sind, je nach den örtlichen Erfordernissen, jedenfalls folgende Bebauungsbedingungen festzulegen:[4]
1. Vorgaben für die äußere Gestaltung baulicher Vorhaben (Firstrichtung, Dachform, Dachdeckung, Dachneigung, Farbgebung, Begrünung uä.);[5]
2. die Art der Nutzung von baulichen Anlagen (Wohnungen, Handelsbetriebe, Dienstleistungsbetriebe uä.) und der Ausschluss bestimmter Nutzungen zur Erhaltung oder Schaffung vielfältiger innerörtlicher Strukturen;[6]
3. über Z 1 hinausgehend, Vorkehrungen zur Erhaltung und Gestaltung charakteristischer Stadt- und Ortskerne;[7]
4. die Geschoßanzahl oder die Bauhöhe[8].

(5) Soweit dies aufgrund der örtlichen Gegebenheiten erforderlich ist, dürfen auch weitere in § 48 Abs. 5 genannte Bebauungsbedingungen im Gestaltungsplan festgelegt werden.[9]

(6) In einem Gestaltungsplan dürfen, wenn dies aus einem der in § 48 Abs. 5 genannten Gründe erforderlich ist, vom generellen Bebauungsplan abweichende Bebauungsbedingungen festgelegt werden.[10]

(7) Die Bestimmungen des § 48 Abs. 9, 10 und 12 gelten für den Gestaltungsplan sinngemäß.[11]

**Lit:**
*Lebitsch/Lebitsch-Buchsteiner*, Zur Planungshierarchie im Raumordnungsrecht am Beispiel der Bebauungsplanung nach Salzburger Rechtslage, bbl 2015, 60; *Madner/Kanonier*, Stärkung von Orts- und Stadtkernen in Österreich, ÖROK-Schriftenreihe 205, Österreichische Raumordnungskonferenz (Hrsg), 2019.

## I. Erläuterungen
### ErlRV 01-VD-LG-1865/5-2021, 58:

„§ 49 entspricht grundsätzlich § 25 Abs. 9 K-GplG 1995 der geltenden Fassung. Diese Bestimmung wurde als § 14 Abs. 6 durch LGBl. Nr. 78/1979 in das Gemeindeplanungsgesetz 1970 eingefügt. Durch § 49 soll das Instrument des Gestaltungsplanes nunmehr neu geregelt werden. Im gegenständlichen Zusammenhang ist grundsätzlich darauf hinzuweisen, dass auch ein Gestaltungsplan ein Bebauungsplan ist.

Nach § 49 Abs. 1 darf der Gemeinderat anstelle eines Teilbebauungsplanes einen Gestaltungsplan erlassen, wenn dies aufgrund bestehender natürlicher, wirtschaftlicher, infrastruktureller, sozialer, kultureller oder städtebaulichen Gegebenheiten erforderlich ist. Hierbei ist insbesondere an Vorgaben für historische Stadt- und Ortskerne zu denken. Der Gestaltungsplan hat gemäß § 49 Abs. 2 ebenso wie der Teilbebauungsplan aus einem Textteil und aus einer entsprechenden planlichen Darstellung zu bestehen.

§ 49 Abs. 4 regelt den Mindestinhalt des Gestaltungsplanes. Hierbei handelt es sich im Wesentlichen um Vorgaben für die äußere Gestaltung, um die Art der Nutzung von Gebäuden, um Vorkehrungen zur Erhaltung und Gestaltung charakteristischer Stadt- und Ortskerne sowie um die Geschoßanzahl oder die Bauhöhe.

Nach § 49 Abs. 6 dürfen im Gestaltungsplan Abweichungen vom generellen Bebauungsplan vorgesehen werden."

## II. Anmerkungen

**1** Zum „Gemeinderat" als Beschlussorgan siehe § 47 Anm 1, zu den „Zielen und Grundsätzen der Raumordnung" siehe § 2, zu den „überörtlichen Entwicklungsprogrammen" siehe § 7 und § 8, zum „örtlichen Entwicklungskonzept" siehe § 9 bis § 12, zum „Flächenwidmungsplan" siehe

§ 13, zum „generellen Bebauungsplan" siehe § 47, zum Gestaltungsplan als Verordnung siehe § 47 Anm 7, zum „Bauland" siehe § 15, zur „Stadtstruktur" *Zehner*, Handwörterbuch 2485 ff, und zu den Aufgaben sowie dem Wesen des Gestaltungsplans, den Übergangsbestimmung gemäß Art V Abs 6 LGBl 2021/59 und der Unzulässigkeit eines Individualantrags gemäß Art 139 Abs 1 Z 3 B-VG siehe § 47 Anm 8.

Zu den „natürlichen, wirtschaftlichen, infrastrukturellen, sozialen, kulturellen oder städtebaulichen Gegebenheiten" siehe die zu § 13 unter Punkt I. abgedruckten ErlRV 01-VD-LG-1865/5-2021, 14 f, § 3 Anm 4 und 5 sowie § 47 Anm 11 und 12. „Hierbei ist insbesondere an Vorgaben für historische Stadt- und Ortskerne zu denken" (siehe die oben unter Punkt I. abgedruckten ErlRV 01-VD-LG-1865/5-2021, 58; zum Ganzen ausführlich *Madner/Kanonier*, Stärkung von Orts- und Stadtkernen; zu den „Orts- und Stadtkernen" siehe auch § 31).

„Bebauungspläne haben die Aufgabe, die zweckmäßige und geordnete Bebauung durch die Festlegung baulicher Gestaltungskriterien zu bewirken und somit die städtebauliche Ordnung hinsichtlich Baulichkeiten zu regeln" (*Gruber/Kanonier/Pohn-Weidinger/Schindelegger*, Raumentwicklung 115). Im generellen Bebauungsplan sind die allgemeinen Bedingungen für die Bebauung des Baulandes festzulegen. Detailliertere Bedingungen bzw Abweichungen von den Bedingungen des generellen Bebauungsplanes dürfen anstelle der Teilbebauungspläne gemäß § 49 auch in einem Gestaltungsplan festgelegt werden (siehe die zu § 47 unter Punkt I. abgedruckten ErlRV 01-VD-LG-1865/5-2021, 54; auch der Gestaltungsplan ist ein Bebauungsplan, siehe die oben unter Punkt I. abgedruckten ErlRV 01-VD-LG-1865/5-2021, 58; vgl *Lebitsch/Lebitsch-Buchsteiner*, bbl 2015, 60 ff).

Es besteht für die Gemeinde keine Verpflichtung, einen Gestaltungsplan zu beschließen („darf"). Im Rahmen der integrierten Flächenwidmungs- und Bebauungsplanung ergibt sich eine Verpflichtung aus § 52 Abs 2 iVm § 52 Abs 3 zweier Satz, alternativ darf ein Teilbebauungsplan erlassen werden.

**2** Der Gestaltungsplan ist in Textform und mit planlichen Darstellungen zu erstellen. Die Rechtslage muss aus einer planlichen Darstellung eindeutig und unmittelbar – also ohne die Notwendigkeit des Heranziehens von technischen Hilfsmitteln – festgestellt werden können. Die rechtsstaatlichen Anforderungen an die Planpräzision dürfen aber auch nicht überspannt werden. Vielmehr verlangt die Rechtsprechung des

VfGH im Allgemeinen nur einen dem jeweiligen Regelungsgegenstand adäquaten Determinierungsgrad. Auch sind Gesichtspunkte der Vermeidung unwirtschaftlichen Verwaltungsaufwandes bei der Bemessung des gebotenen Maßes an Präzision mit zu berücksichtigen (so ausführlich VfGH VfSlg 20.329/2018 mwN).

**3** Zu „§ 47 Abs. 3" siehe § 47 Anm 11 und 12.

**4** Es besteht eine Verpflichtung die angeführten Bebauungsbedingungen in den Gestaltungsplan aufzunehmen („sind...jedenfalls...festzulegen"). Die „örtlichen Erfordernisse" ergeben sich meiner Ansicht nach aus den „natürlichen, wirtschaftlichen, infrastrukturellen, sozialen, kulturellen oder städtebaulichen Gegebenheiten", siehe dazu die zu § 13 unter Punkt I. abgedruckten ErlRV 01-VD-LG-1865/5-2021, 14 f, § 3 Anm 4 und 5 sowie § 47 Anm 11 und 12.

**5** Dies dient insbesondere dem „Orts- und Landschaftsbild", siehe dazu § 13 Anm 9.

**6** Die Bestimmung entspricht grundsätzlich (die „Vermeidung von Umweltbelastungen" ist nicht umfasst) § 48 Abs 5 Z 11, siehe dazu § 48 Anm 24.

**7** § 48 Abs 4 Z 1 beschränkt sich auf die äußere Gestaltung baulicher Vorhaben. Denkbar sind meiner Ansicht nach aber auch zB Festlegungen für den öffentlichen Raum, zB Brunnen, Kinderspielplätze, Fußgängerzonen etc (zum Ganzen ausführlich *Madner/Kanonier*, Stärkung von Orts- und Stadtkernen; zu den „Orts- und Stadtkernen" siehe auch § 31).

**8** Ein „Geschoß" ist ein „Gebäudeabschnitt zwischen den Oberkanten der Fußböden übereinanderliegender Räume oder lichter Abschnitt zwischen der Oberkante des Fußbodens und der Unterfläche des Daches, wenn die jeweils geforderte Raumhöhe erreicht wird. Gebäudeabschnitte, die zueinander bis einschließlich der halben Geschoßhöhe versetzt sind, gelten als ein Geschoß" (so die OIB-Richtlinien Begriffsbestimmungen, April 2019). Zur „Bauhöhe" siehe § 47 Abs 10.

**9** Die „örtlichen Gegebenheiten" ergeben sich meiner Ansicht nach aus den „natürlichen, wirtschaftlichen, infrastrukturellen, sozialen, kulturellen oder städtebaulichen Gegebenheiten", siehe dazu die zu § 13 unter Punkt I. abgedruckten ErlRV 01-VD-LG-1865/5-2021, 14 f, § 3 Anm 4 und 5 sowie § 47 Anm 11 und 12. Zu den „Bebauungsbedingungen gemäß § 48 Abs. 5" siehe § 48 Anm 13 bis 16.

Die Gründe des § 48 Abs 5 liegen in den „natürlichen, wirtschaftlichen, **10** infrastrukturellen, sozialen, kulturellen oder städtebaulichen Gegebenheiten innerhalb des Gemeindegebiets", siehe dazu die zu § 13 unter Punkt I. abgedruckten ErlRV 01-VD-LG-1865/5-2021, 14 f, § 3 Anm 4 und 5 sowie § 47 Anm 11 und 12. Zum „generellen Bebauungsplan" siehe § 47.

Zu „§ 48 Abs. 9, 10 und 12" siehe § 48 Anm 32, 33 und 36. **11**

### § 50 Änderung eines Bebauungsplans

(1) Der generelle Bebauungsplan[1] darf nur aus wichtigen Gründen geändert werden.[2]

(2) Der generelle Bebauungsplan ist zu ändern,[3] wenn
1. sich die für die örtliche Raumplanung maßgebenden Planungsgrundlagen, insbesondere die wirtschaftlichen, sozialen, ökologischen oder kulturellen Verhältnisse innerhalb der Gemeinde, wesentlich geändert haben,[4]
2. eine Änderung aufgrund der Erstellung oder Änderung des örtlichen Entwicklungskonzeptes erforderlich ist,[5]
3. eine Änderung aufgrund der Erstellung oder Änderung des Flächenwidmungsplanes erforderlich ist,[6]
4. dies zur Vermeidung von Planungswidersprüchen zu rechtswirksamen raumbedeutsamen Planungen des Bundes, des Landes oder der Europäischen Union erforderlich ist oder
5. dies zur Vermeidung von Planungswidersprüchen zu sonstigen raumbedeutsamen Maßnahmen und Planungen des Landes, des Bundes, der angrenzenden Gemeinden und anderer Planungsträger, deren Planungen im öffentlichen Interesse liegen, insbesondere den Gefahrenzonenplänen nach dem Forstgesetz 1975 oder den Gefahrenzonenplanungen des WRG 1959, erforderlich ist[7].

(3) Ein Teilbebauungsplan und ein Gestaltungsplan sind zu ändern, wenn
1. dies aufgrund der Erlassung oder Änderung des generellen Bebauungsplanes erforderlich ist oder
2. ein Grund nach Abs. 2 vorliegt.[8]

(4) Ein Teilbebauungsplan und ein Gestaltungsplan dürfen geändert werden, wenn innerhalb von fünf Jahren nach ihrer Erlassung eine Bebauung im Sinne des Teilbebauungsplanes oder des Gestal-

tungsplanes nicht begonnen wurde.[9] Der Beginn einer Bebauung im Sinne des Teilbebauungsplanes liegt vor, wenn für ein Bauvorhaben die erforderlichen Bewilligungen rechtskräftig erteilt worden sind und mit dessen Ausführung tatsächlich begonnen worden ist.[10] Zu einem früheren Zeitpunkt darf der Teilbebauungsplan geändert werden, wenn öffentliche Interessen dies erfordern und durch die Änderung Interessen der Grundeigentümer oder sonstiger betroffener Dritter nicht unverhältnismäßig beeinträchtigt werden[11].

**Lit:**
*Auer*, Die Änderung des Flächenwidmungsplans, 1998; *Pabel*, Voraussetzungen für die Abänderung von Flächenwidmungsplänen, RFG 2008/6.

## I. Erläuterungen

### ErlRV 01-VD-LG-1865/5-2021, 58:

„§ 50 entspricht grundsätzlich § 27 K-GplG 1995. Schon das Landesplanungsgesetz 1959, LGBl. Nr. 47/1959, sah in § 18 eine entsprechende Bestimmungen vor. Die Erläuterungen Verf-7/8/1959 halten dazu fest: *„Die Bestimmung des Abs. 1 soll eine gleichmäßig fortschreitende Entwicklung der Bebauung gewährleisten."* Durch § 50 soll nunmehr auch für Bebauungspläne eine ausdrückliche Regelung über deren Änderung aufgenommen werden. Für Flächenwidmungspläne besteht schon lange eine entsprechende Bestimmung (siehe § 34 und die obigen Erläuterungen), bislang erfolgte nur ein Verweis auf diese Bestimmung. So soll einem Bebauungsplan – vor dem Hintergrund des Gleichheitsgrundsatzes und im Interesse der Rechtssicherheit – erhöhte Bestandskraft zukommen. Diesem Ziel dient auch, dass gesetzlich bestimmt ist, wann eine Bebauungsplan zu ändern ist oder geändert werden darf."

## II. Anmerkungen

1 Zum „generellen Bebauungsplan" siehe § 47.

2 Dass ein genereller Bebauungsplan „nur aus wichtigen Gründen abgeändert werden" darf, entspricht der Judikatur des VfGH zum Flächenwidmungsplan, nach der sich aus dem Gleichheitssatz ergibt, dass ein einmal erlassener Flächenwidmungsplan nur aus einem sachlich gerechtfertigten Grund geändert werden darf (vgl VfGH 29.9.2021,

V462/2020 mwN; siehe für einen Bebauungsplan auch VfGH VfSlg 16.991/2003; zum Ganzen *Auer*, Änderung des Flächenwidmungsplans 1 ff; *Pabel*, RFG 2008, 19 f). Im Interesse der Rechtssicherheit wird dem generellen Bebauungsplan grundsätzlich erhöhte Bestandskraft verliehen (vgl VfGH VfSlg 14.546/1996). Ein „wichtiger Grund" liegt etwa in einer Änderung der für die Raumplanung bedeutsamen Verhältnisse, die nicht sowieso zu einer Verpflichtung zur Änderung gemäß § 50 Abs 2 führen (vgl VfGH VfSlg 11.990/1989). Eine solche Änderung liegt aber nicht schon dann vor, „wenn neue Tatsachen bloß punktuell neue Zielsetzungen rechtfertigen, sondern erst dann, wenn sie erlauben, neue Ziele allgemeiner Art anzustreben" (vgl VfGH VfSlg 19.760/2013 mwN). Die Legalisierung eines Schwarzbaus ist jedenfalls kein sachlich gerechtfertigter Grund (VfGH VfSlg 15.104/1998). Für eine Änderung ist eine Interessenabwägung auf Basis einer Grundlagenforschung vorzunehmen (siehe zum „Abwägungsgebot" und zur „Grundlagenforschung" § 2 Anm 27). Eine Verpflichtung zur Änderung des generellen Bebauungsplanes ergibt sich aus § 50 Abs 1 nicht („darf"; zur Verpflichtung siehe § 50 Anm 3). Die Änderung ist als Verordnung zu beschließen, auch wenn nur ein Grundstück betroffen ist (VfGH VfSlg 8163/1977). Zum Gleichheitsgebot siehe § 47 Anm 7.

Aus § 50 Abs 2 ergibt sich eine Verpflichtung zur Änderung des generellen Bebauungsplanes („ist"). **3**

Siehe zur örtlichen Raumordnung § 1 Anm 2 f, zum Begriff „Raumplanung" § 1 Anm 3. Zu den „maßgebenden Planungsgrundlagen, insbesondere die wirtschaftlichen, sozialen, ökologischen oder kulturellen Verhältnisse innerhalb der Gemeinde" siehe die zu § 13 unter Punkt I. abgedruckten ErlRV 01-VD-LG-1865/5-2021, 14 f, § 3 Anm 4 und 5 sowie § 47 Anm 11 und 12. **4**

Zum „überörtlichen Entwicklungsprogramm" siehe § 7. **5**

Zum „örtlichen Entwicklungskonzept" siehe § 9 bis § 12. Zu den „wirtschaftlichen, sozialen, ökologischen oder kulturellen Verhältnissen" siehe § 3 Anm 3. **6**

Zu den „raumbedeutsamen Maßnahmen" und zum „Berücksichtigungsgebot" siehe § 2 Anm 21. **7**

Aus § 50 Abs 3 ergibt sich eine Verpflichtung zur Änderung eines Teilbebauungsplanes und eines Gestaltungsplanes („sind zu ändern"). Zum „Teilbebauungsplan" siehe § 48, zum „Gestaltungsplan" siehe § 49, **8** zum „generellen Bebauungsplan" siehe § 47 und zu „einem Grund nach Abs. 2" § 50 Anm 2 bis 7.

**9** Eine Verpflichtung zu einer Änderung ergibt sich aus § 50 Abs 4 erster Satz nicht („dürfen"). Die „Erlassung" einer Verordnung erfolgt mit ihrer Kundmachung (VfGH VfSlg 4161/1962).

**10** Zum „Baubeginn" siehe § 15 Anm 32.

**11** Eine Verpflichtung zu einer Änderung ergibt sich aus § 50 Abs 4 dritter Satz nicht („darf"). Nach der Judikatur des VfGH ergibt sich aus dem Gleichheitssatz, dass ein einmal erlassener Plan nur aus einem sachlich gerechtfertigten Grund und nach Abwägung der für die Planänderung sprechenden öffentlichen Interessen mit den für den Bestand des Plans sprechenden privaten Interessen abgeändert werden darf (vgl VfGH 29.9.2021, V 462/2020 mwN; siehe zum „Abwägungsgebot" § 2 Anm 27). Zu den „öffentlichen Interessen" siehe § 2 Anm 25 und zum „Grundeigentümer" siehe § 45 Anm 2.

### § 51 Verfahren für den Beschluss über einen Bebauungsplan

(1) Vor der Beschlussfassung ist der Entwurf des generellen Bebauungsplanes einschließlich der Erläuterungen durch acht Wochen während der Amtsstunden im Gemeindeamt (Magistrat) zur öffentlichen Einsicht aufzulegen und im Internet auf der Homepage der Gemeinde bereitzustellen.[1] Die Auflage zur öffentlichen Einsicht und die Bereitstellung im Internet sind nach den für die Kundmachung von Verordnungen der Gemeinde geltenden Bestimmungen kundzumachen.[2] Jede Person ist berechtigt, innerhalb der Auflagefrist eine Stellungnahme zum Entwurf des generellen Bebauungsplanes zu erstatten.[3]

(2) Gleichzeitig mit der Auflage zur öffentlichen Einsicht ist der Entwurf des generellen Bebauungsplanes einschließlich der Erläuterungen der Landesregierung, den sonst berührten Landes- und Bundesdienststellen, den angrenzenden Gemeinden und den in Betracht kommenden gesetzlichen Interessenvertretungen unter Einräumung einer Frist von acht Wochen zur Stellungnahme zu übermitteln.[4]

(3) Der Bürgermeister hat die Grundeigentümer jener Grundflächen, die von dem generellen Bebauungsplan betroffen sind, gleichzeitig mit der Auflage zur öffentlichen Einsicht des Entwurfes

davon schriftlich zu verständigen.[5] Von einer schriftlichen Verständigung darf abgesehen werden, wenn in einer in Kärnten erscheinenden regionalen, auflagestarken Tageszeitung ein Hinweis auf die Auflage zur öffentlichen Einsicht und die Bereitstellung im Internet des Entwurfes des generellen Bebauungsplanes aufgenommen wird.[6]

(4) Die während der Auflagefrist beim Gemeindeamt (Magistrat) gegen den Entwurf schriftlich eingebrachten und begründeten Einwendungen sind vom Gemeinderat bei der Beratung über den Bebauungsplan in Erwägung zu ziehen.[7]

(5) Der Gemeinderat darf nur einen generellen Bebauungsplan beschließen, der gemäß Abs. 1 zur öffentlichen Einsicht aufgelegt und im Internet auf der Homepage der Gemeinde bereitgestellt wurde. Weicht ein beabsichtigter genereller Bebauungsplan nicht bloß unwesentlich davon ab, ist das Verfahren nach Abs. 1 bis 3 zu wiederholen.[8]

(6) Der generelle Bebauungsplan bedarf – ausgenommen generelle Bebauungspläne der Städte mit eigenem Statut[9] – zu seiner Rechtswirksamkeit der Genehmigung der Landesregierung, wenn die Landesregierung in ihrer Stellungnahme gemäß Abs. 2 mitgeteilt hat, dass dem Entwurf des generellen Bebauungsplanes Versagungsgründe gemäß Abs. 7 entgegenstehen.[10] Der Bürgermeister hat den vom Gemeinderat beschlossenen generellen Bebauungsplan einschließlich der Erläuterungen, der eingelangten Stellungnahmen und der Niederschrift über die Beschlussfassung des Gemeinderates der Landesregierung zu übermitteln. Werden die Erläuterungen, die eingelangten Stellungnahmen oder die Niederschrift über die Beschlussfassung des Gemeinderates nicht übermittelt, ist nach § 13 Abs. 3 AVG vorzugehen[11].

(7) Die Genehmigung ist zu versagen, wenn der generelle Bebauungsplan
1. dem Flächenwidmungsplan widerspricht,[12]
2. dem örtlichen Entwicklungskonzept widerspricht,[13]
3. einem überörtlichen Entwicklungsprogramm des Landes widerspricht,[14]
4. in sonstiger Weise überörtliche Interessen, insbesondere im Hinblick auf den Landschaftsschutz, verletzt,[15] oder
5. sonst gesetzwidrig ist.[16]

(8) Die Landesregierung hat ohne unnötigen Aufschub, spätestens aber fünf Monate nach Einlangen des generellen Bebauungs-

planes einschließlich der Erläuterungen, der eingelangten Stellungnahmen und der Niederschrift über die Beschlussfassung des Gemeinderates den Bescheid zu erlassen.[17] Wird ein Bescheid nicht innerhalb der Entscheidungsfrist erlassen, so gilt die Genehmigung des generellen Bebauungsplanes als erteilt.[18]

(9) Die Landesregierung hat die Gemeinde auf ihr Ersuchen in Angelegenheiten des generellen Bebauungsplanes unentgeltlich zu beraten.[19]

(10) Abs. 1 bis 9 gelten sinngemäß für:
1. das Verfahren für den Beschluss über den Teilbebauungsplan und den Gestaltungsplan;
2. das Verfahren bei der Änderung des generellen Bebauungsplanes, des Teilbebauungsplanes und des Gestaltungsplanes.[20]

**Lit:**
*Berchtold*, Gemeindeaufsicht, 1972; *Berka*, Flächenwidmungspläne auf dem Prüfstand, JBl 1996, 69; *Hauer*, Planungsrechtliche Grundbegriffe und verfassungsrechtliche Vorgaben, in Hauer/Nußbaumer (Hrsg), Österreichisches Raum- und Fachplanungsrecht, 2006; *Hauer/Hofmann*, in Pabel (Hrsg), Das österreichische Gemeinderecht, 17. Teil Gemeindeaufsicht, 2017; *Hengstschläger/Leeb*, Allgemeines Verwaltungsverfahrensgesetz[2], 2014; *Kleewein*, Instrumente der Raumordnung – Überblick und Ausblick, bbl 2014, 89; *ders*, Raumplanung im Spannungsfeld zwischen Recht, Sachverstand und Gestaltungsspielraum, bbl 2019, 213; *Leitl*, Überörtliche und örtliche Raumplanung, in Hauer/Nußbaumer (Hrsg), Österreichisches Raum- und Fachplanungsrecht, 2006; *Pabel*, Die Planungshoheit der Gemeinde bei der Änderung von Flächenwidmungsplänen, RFG 2005/18.

## I. Erläuterungen
### ErlRV 01-VD-LG-1865/5-2021, 58:

„§ 51 entspricht grundsätzlich § 26 der geltenden Fassung. Wie bisher entspricht das Verfahren für den Beschluss über einen Bebauungsplan weitgehend dem Verfahren für den Beschluss über den Flächenwidmungsplan gemäß § 38 (vgl. zum Inhalt der Bestimmung die obigen Erläuterungen). Weiterhin besteht im Rahmen des Beschlusses über einen Bebauungsplan die Wahl, ob die Grundeigentümer schriftlich verständigt werden oder ein Inserat in einer auflagenstarken Tageszeitung mit einem entsprechenden Hinweis erfolgt."

## II. Anmerkungen

Zum „generellen Bebauungsplan" siehe § 47. Die Bestimmungen über das Begutachtungsverfahren dienen der Publizität. Um den Gemeindebürgern die Möglichkeit zu geben, den Gemeinderatssitzungen, in denen der Entwurf des generellen Bebauungsplanes behandelt wird, inhaltlich zu folgen, ist es rechtstaatlich geboten, nicht nur die Tagesordnung der Sitzung zu veröffentlichen, sondern auch die entsprechenden Dokumente und insbesondere die Gemeindebürger über diesen Umstand in Kenntnis zu setzen (vgl VfGH VfSlg 17.656/2005; siehe auch *Kleewein*, bbl 2014, 97). Die Bestimmungen sollen insbesondere auch die Möglichkeit zur Erhebung von Einwendungen und ein Mitspracherecht (siehe § 51 Abs 4) gewährleisten (vgl VfGH VfSlg 15.275/1998). Aus dem Begriff „bereitzustellen" ist abzuleiten, dass der Entwurf des örtlichen Entwicklungskonzeptes einschließlich der Erläuterungen auch herunterladbar sein muss.  **1**

Es wird im K-ROG 2021 nicht ausdrücklich angeordnet, wer den Entwurf des generellen Bebauungsplans einschließlich der Erläuterungen zu erstellen hat. Gemäß § 69 Abs 3 K-AGO obliegen dem Bürgermeister alle behördlichen Aufgaben des eigenen Wirkungsbereiches, die durch Gesetz nicht einem anderen Organ übertragen sind. Daraus ist abzuleiten, dass die Erstellung des Entwurfes des generellen Bebauungsplans einschließlich der Erläuterungen sowie die Kundmachung der Auflage und die Bereitstellung im Internet durch den Bürgermeister zu erfolgen haben.

Die Einhaltung der zur Erlassung des generellen Bebauungsplans gesetzlich angeordneten Verfahrensvorschriften ist aktenmäßig zu dokumentieren (VfGH VfSlg 20.357/2019 mwN). Bloß geringfügige Verfahrensverstöße bewirken keine Gesetzwidrigkeit des Zustandekommens des Planes, wenn dadurch die Unterrichtung der betroffenen Personen über die beabsichtigte Planungsmaßnahme nicht beeinträchtigt wird. „Wenn aber eine derartige maßgebliche Beeinträchtigung eintritt, dann hat der ihr zugrunde liegende Verstoß gegen Verfahrensvorschriften die Gesetzwidrigkeit der Verordnung zur Folge" (vgl VfGH VfSlg 19.344/2011 iVm VfSlg 20.357/2019).

Gemäß § 15 Abs 1 K-AGO hat der Bürgermeister Verordnungen der Gemeinde im elektronisch geführten Amtsblatt der Gemeinde kundzumachen. Somit ist auch die Auflage und die Bereitstellung des Entwurfes des generellen Bebauungsplans im elektronisch geführten Amtsblatt  **2** kundzumachen. Auf der Amtstafel und im elektronisch geführten Amtsblatt ist nur die Tatsache der Auflage und der Bereitstellung kundzumachen, nicht der Entwurf des generellen Bebauungsplans einschließlich der Erläuterungen selbst. Der Entwurf des generellen Bebauungsplans einschließlich der Erläuterungen ist lediglich im Gemeindeamt aufzulegen und auf der Homepage der Gemeinde bereitzustellen.

3   Das Recht eine Stellungnahme abzugeben besteht somit für alle natürlichen sowie juristischen Personen und ist nicht auf Gemeindebürger eingeschränkt. Es muss auch kein rechtliches Interesse glaubhaft gemacht werden. Durch das Recht im Rahmen des Begutachtungsverfahrens Stellungnahmen abzugeben, soll insbesondere die Akzeptanz der Planungsmaßnahmen erhöht werden (vgl die zu § 12 unter Punkt I. abgedruckten ErlRV 01-VD-LG-1865/5-2021, 13; siehe auch *Kleewein*, bbl 2014, 97).

4   Die individuelle Verständigung der anderen Gebietskörperschaften im Rahmen des Begutachtungsverfahrens erfolgt vor dem Grundsatz gemäß § 2 Abs 2 Z 2, dass rechtswirksame raumbedeutsame Maßnahmen und Pläne von Gebietskörperschaften zu berücksichtigen sind sowie auf raumbedeutsame Maßnahmen und Pläne anderer Planungsträger, deren Planungen im öffentlichen Interesse liegen, Bedacht zu nehmen ist (zum Berücksichtigungsgebot siehe § 2 Anm 21).

5   Die Unterlassung der Verständigungspflicht führt zur Gesetzwidrigkeit der Verordnung (VfGH VfSlg 16.394/2001; VfSlg 16.991/2003; VfSlg 17.189/2004; VfSlg 17.753/2006; VfSlg 17.888/2006). Aus diesem Grund ist es zweckmäßig eine nachweisliche Verständigung, zB mittels Rückscheins vorzunehmen. „Zur öffentlichen Einsicht des Entwurfes" siehe § 51 Abs 1. Zum „Grundeigentümer" siehe § 45 Anm 2.

6   Insbesondere bei der Erlassung des generellen Bebauungsplanes ist eine Vielzahl von Grundeigentümern betroffen. Im Sinne der Verwaltungsvereinfachung besteht aus diesem Grund die Möglichkeit, die individuelle Verständigung der Grundeigentümer durch einen Hinweis, dh durch eine Bekanntmachung, in einer Tageszeitung zu ersetzen. Die Auflagenstärke lässt sich über die Publikationen der Österreichischen Auflagenkontrolle (www.oeak.at) ermitteln. Zu beachten ist, dass es sich um eine Tageszeitung handeln muss, die in Kärnten erscheint und die Auflagenstärke in der Region der betroffenen Grundeigentümer vorliegen muss.

7   Auf die Erlassung oder Abänderung eines generellen Bebauungsplanes besteht für niemanden ein Rechtsanspruch (VwGH 15.12.1992, 92/05/0147; 16.9.1997, 97/05/0030; siehe auch *Hauer*, Grundbegriffe

### 3. Hauptstück – Örtliche Raumordnung § 51

18 f). Für eine Erlassung oder Änderung ist aber eine Interessenabwägung auf Basis einer Grundlagenforschung vorzunehmen (siehe zum „Abwägungsgebot" und zur „Grundlagenforschung" § 2 Anm 27). Die schriftlichen Einwendungen sind in diesem Sinne in die Interessenabwägung einzubeziehen (VfGH VfSlg 20.182/2017). „Schriftliche" Anbringen können gemäß § 13 Abs 2 AVG der Behörde in jeder technisch möglichen Form übermittelt werden, mit E-Mail jedoch nur insoweit, als für den elektronischen Verkehr zwischen der Behörde und den Beteiligten nicht besondere Übermittlungsformen vorgesehen sind. Etwaige technische Voraussetzungen oder organisatorische Beschränkungen des elektronischen Verkehrs zwischen der Behörde und den Beteiligten sind im Internet bekanntzumachen.

Dies entspricht der Judikatur des VfGH, nach der Änderungen des Entwurfes des generellen Bebauungsplanes auf Grund der abgegebenen Stellungnahmen die zwangsläufige Folge des mit dem Begutachtungsverfahren verbundenen Zweckes sind (VfGH VfSlg 8697/1979). In diesem Sinne muss der Entwurf nach Änderungen dann nochmals einem Begutachtungsverfahren unterzogen werden, wenn eine nicht bloß unwesentliche Änderung gegenüber dem ursprünglich aufgelegten und bereitgestellten Entwurf erfolgt (vgl VfGH VfSlg 15.300/1998). Eine wesentliche Änderung kann sich ausweislich der Materialien insbesondere aus rechtlichen oder raumordnungsfachlichen Gründen ergeben (siehe die zu § 39 unter Punkt I. abgedruckten ErlRV 01-VD-LG-1865/5-2021, 49). Dies liegt meiner Ansicht nach insbesondere dann vor, wenn durch die Abänderung die Ziele und Grundsätze der Raumordnung gemäß § 2 berührt werden. Wenn aber eine bloße Verkleinerung des Planungsraumes des Bebauungsplanes vorliegt, die ansonsten keine inhaltliche Änderung bedeutet, ist dies keine wesentliche Änderung (vgl VfGH 6.12.2021, V 521/2020). **8**

Das sind die Städte Klagenfurt am Wörthersee und Villach. **9**

Gemäß Art 119a Abs 8 B-VG können einzelne von der Gemeinde im eigenen Wirkungsbereich zu treffende Maßnahmen, durch die auch überörtliche Interessen in besonderem Maß berührt werden, durch Gesetz an eine Genehmigung der Aufsichtsbehörde gebunden werden (zum Ganzen *Leitl*, Raumplanung 124 f; *Hauer/Hofmann*, Gemeindeaufsicht Rz 139 ff; *Pabel*, RFG 2005, 60 ff; *Kleewein*, bbl 2019, 222 f). Ein Genehmigungsvorbehalt für Bebauungspläne besteht in diesem Sinne nur, wenn die Landesregierung in ihrer Stellungnahme gemäß **10**

§ 51 Abs 2 mitgeteilt hat, dass dem Entwurf des generellen Bebauungsplanes Versagungsgründe gemäß § 51 Abs 7 entgegenstehen. So ist nach der Judikatur des VfGH eine aufsichtsbehördliche Genehmigung des Bebauungsplans verfassungsrechtlich unbedenklich, weil jeder Flächenwidmungsplan überörtliche Interessen in besonderem Maß berührt, da er sich zur Gänze in überörtliche Zusammenhänge einzufügen hat (VfGH VfSlg 6857/1972). Im Genehmigungsverfahren hat nur die Gemeinde Parteistellung (VfGH VfSlg 7294/1974; VfSlg 11.163/1986; VfSlg 19.451/2011), hingegen nicht ein betroffener Grundeigentümer (VfGH VfSlg 7211/1973; VfSlg 7294/1974; VfSlg 10.554/1985) oder eine Nachbargemeinde (VfGH VfSlg 16.235/2001; VwGH 17.3.2006, 2005/05/0131). Im Rahmen des Parteiengehörs hat die Landesregierung vor ihrer Entscheidung über die Versagung der Genehmigung der Gemeinde die Versagungsgründe mitzuteilen (VfGH VfSlg 16.372/2001). Die Verletzung der Wahrung des Parteiengehörs, zB wenn ein Sachverständigengutachten der Gemeinde nicht zur Kenntnis gebracht wird, belastet das Verfahren mit einem wesentlichen Verfahrensmangel (VwGH 29.8.2000, 2000/05/0013). Hingegen gilt der Antrag der Gemeinde auf Genehmigung nicht als zurückgezogen, wenn sich die Gemeinde zu einem Gutachten nicht äußert (VwGH 18.10.1988, 88/05/0193). Das Vorliegen des Genehmigungsbescheides (oder der Genehmigungsfiktion gemäß § 51 Abs 8) ist Voraussetzung für die Rechtmäßigkeit der Kundmachung des generellen Bebauungsplanes (vgl VfGH VfSlg 19.451/2011). Eine rückwirkende Aufhebung des Genehmigungsbescheides kann die einmal rechtmäßig erfolgte Kundmachung nicht rechtswidrig machen (VfGH VfSlg 19.451/2011).

Zu übermitteln sind gemäß § 53 Abs 12 auch privatwirtschaftliche Vereinbarungen, die sich auf Grundflächen beziehen, hinsichtlich derer der Gemeinderat eine Änderung des Flächenwidmungsplans beschlossen hat.

**11** Die Landesregierung hat gemäß § 13 Abs 3 AVG von Amts wegen unverzüglich die Behebung des Mangels zu veranlassen und kann der Gemeinde die Behebung des Mangels innerhalb einer angemessenen Frist mit der Wirkung auftragen, dass das Anbringen nach fruchtlosem Ablauf dieser Frist zurückgewiesen wird. Wird der Mangel rechtzeitig behoben, so gilt das Anbringen als ursprünglich richtig eingebracht (zum Ganzen ausführlich *Hengstschläger/Leeb*, AVG ² § 13 Rz 25 ff).

**12** Zum „Flächenwidmungsplan" siehe § 13.

**13** Zum „örtlichen Entwicklungskonzept" siehe § 9.

Zu den „überörtlichen Entwicklungsprogrammen" siehe § 7.  **14**

Zu den „überörtlichen Interessen" siehe § 1 Anm 1. Zum „Landschafts- **15**
schutz" siehe § 2 Anm 2 und 3. Umfasst ist in diesem Zusammenhang
meiner Ansicht nach vor allem das „Landschaftsbild" siehe dazu § 13
Anm 9 (das Landschaftsbild ist von den Interessen des Naturschutzes
umfasst, vgl VwGH 9.6.2020, Ra 2019/10/0075).

Der Landesgesetzgeber muss die Versagungsgründe normieren (VfGH **16**
VfSlg 7101/1973; VfSlg 11.163/1986). Verfassungsrechtlich zulässig ist
auch der Versagungsgrund der „Gesetzwidrigkeit" (VfGH VfSlg
6494/1971; VfSlg 11.163/1986; zum Ganzen *Hauer/Hofmann*, Gemeindeaufsicht Rz 146 ff; *Kleewein*, bbl 2014, 97). Eine inhaltliche Änderung des generellen Bebauungsplanes durch die Landesregierung, etwa
durch die Genehmigung bzw Versagung der Genehmigung nur eines
Teils des generellen Bebauungsplanes ist unzulässig (vgl VfGH VfSlg
13.633/1993; 23.2.1989, 83/06/0260; 27.9.2018, Ra 2018/06/0170). Nach
der Judikatur des VwGH richtet sich die Genehmigungsfähigkeit des
generellen Bebauungsplanes nach der Rechtslage zum Zeitpunkt der
Beschlussfassung des Gemeinderates (vgl VwGH 20.6.1991, 90/06/0162;
kritisch *Hauer/Hofmann*, Gemeindeaufsicht Rz 161). Die Landesregierung hat die Versagungsgründe konkret aufzuzeigen und nachvollziehbar zu begründen, warum sie die Voraussetzungen für eine Genehmigung nicht für gegeben erachtet (vgl VwGH 7.2.2000, 96/05/0072).

Die aufsichtsbehördliche Genehmigung oder die Versagung der Geneh- **17**
migung hat durch Bescheid zu erfolgen (vgl VfGH VfSlg 11.163/1986;
VwGH 13.2.1973, 1920/72; *Leitl*, Raumplanung 124; *Hauer/Hofmann*,
Gemeindeaufsicht Rz 158).

Nach Ablauf der Frist ist die aufsichtsbehördliche Genehmigung oder **18**
die Versagung der Genehmigung durch Bescheid unzulässig (VwGH
20.6.1991, 90/06/0162).

Nach einem Judikat des VfGH (VfSlg 3632/1959) setzt die Tätigkeit der **19**
Aufsichtsbehörde nicht erst ein, wenn die Gemeinde gesetzwidrig
gehandelt hat. „Die Aufgabe einer Aufsichtsbehörde besteht vielmehr
auch darin, solche fehlerhafte Akte zu verhüten." Dem dient auch die
Beratung durch die Landesregierung (*Berchtold*, Gemeindeaufsicht
199, bezeichnet im Zusammenhang mit der Gebarungskontrolle die
Beratung sogar als Hauptfunktion). Dies darf aber nicht dazu führen,
dass die Gemeinde ihre Entscheidung der Landesregierung überlässt
und sich darauf beschränkt, „ohne eigene Planungsüberlegungen deren

Willensäußerungen entsprechende Beschlüsse zu fassen" (VfGH VfSlg 12.169/1989; *Berka*, JBl 1996, 78).

**20** Zum „Teilbebauungsplan" siehe § 48, zum „Gestaltungsplan" § 49 und zur „Änderung des generellen Bebauungsplanes, des Teilbebauungsplanes und des Gestaltungsplanes" § 50.

## 8. Abschnitt – Integrierte Flächenwidmungs- und Bebauungsplanung

### § 52 Integrierter Flächenwidmungs- und Bebauungsplan

(1) Wenn dies im Interesse der Zweckmäßigkeit, Raschheit, Einfachheit und Kostenersparnis[1] gelegen ist sowie der Verwirklichung der im örtlichen Entwicklungskonzept festgelegten Ziele der örtlichen Raumplanung[2] dient, darf der Gemeinderat[3] mit Verordnung[4] einen integrierten Flächenwidmungs- und Bebauungsplan beschließen.[5]

(2) Der Gemeinderat hat mit Verordnung für unbebaute Grundflächen mit einer zusammenhängenden Gesamtfläche von mehr als 10.000 m[2] einen integrierten Flächenwidmungs- und Bebauungsplan zu beschließen.[6]

(3) Im Rahmen der integrierten Flächenwidmungs- und Bebauungsplanung sind in einem Verfahren sowohl die Flächenwidmungen der betroffenen Grundflächen als auch die Bebauungsbedingungen für jene Bauvorhaben festzulegen, die auf diesen Grundflächen ausgeführt werden sollen.[7] Die Bebauungsbedingungen sind in Form eines Teilbebauungsplanes oder eines Gestaltungsplanes festzulegen.[8] Die Flächenwidmungen dürfen nur im Einklang mit den Bestimmungen des 2. bis 4. Abschnittes des dritten Hauptstückes dieses Gesetzes festgelegt werden, die Bebauungsbedingungen nur im Einklang mit den Bestimmungen des 7. Abschnittes des dritten Hauptstückes[9].

(4) Für das Verfahren für den Beschluss eines integrierten Flächenwidmungs- und Bebauungsplans gelten die Verfahrensvorschriften für den Beschluss über den Flächenwidmungsplan sinngemäß.[10]

3. Hauptstück – Örtliche Raumordnung § 52

**Lit:**

*Hengstschläger/Leeb*, Allgemeines Verwaltungsverfahrensgesetz[2], 2014; *Kuprian*, Die Kontrolle der Gemeindegebarung, SPRW 2013 POP A, 37.

## I. Erläuterungen

### ErlRV 01-VD-LG-1865/5-2021, 58 f:

„§ 52 entspricht grundsätzlich § 31a und § 31b K-GplG 1995 der geltenden Fassung. Die Bestimmung wurde durch LGBl. Nr. 134/1997 geschaffen. Die Erläuterungen Verf-579/15/1997, 8, führen dazu aus: *„Die praktischen Erfahrungen bei der Planung von größeren Bauvorhaben, die sowohl eine Änderung des Flächenwidmungsplanes als auch die Erlassung (Änderung) von Teilbebauungsplänen erfordern, haben in der Vergangenheit gezeigt, daß das dem Gemeindeplanungsgesetz 1995 zugrundeliegende Konzept der der Flächenwidmung sukzessiv nachfolgenden Bebauungsplanung zu erheblichen Schwierigkeiten führt: Die unterschiedlichen aufsichtsbehördlichen Zuständigkeiten zur Genehmigung beider Arten von Planungsakten sowie der Umstand, daß die Bebauungsplanung erst nach dem Abschluß Flächenwidmungsplanung erfolgen kann (vgl. § 24 Abs. 5 des Gemeindeplanungsgesetzes 1995), haben immer wieder zu langwierigen Verfahren und zu erheblichen Verzögerungen bei der Realisierung von (Groß-) Bauvorhaben geführt. Um die aufgezeigten Probleme zu vermeiden, sieht der vorliegende Gesetzesentwurf als neues Planungsinstrument ein „integriertes Flächenwidmungs- und Bebauungsplanungsverfahren" vor, bei dem im Rahmen eines Verfahrens sowohl die Flächenwidmung der betroffenen Grundflächen als auch die Bebauungsbedingungen für die darauf auszuführenden Bauvorhaben festzulegen sind."*

§ 52 Abs. 2 wurde durch LGBl. Nr. 71/2002 eingefügt. Die Erläuterungen halten dazu fest: *„§ 31a Abs. 1 des Kärntner Gemeindeplanungsgesetzes 1995 (in der derzeit geltenden Fassung) sieht vor, dass der Gemeinderat mit Verordnung für unbebaute Grundflächen mit einer zusammenhängenden Gesamtfläche von mehr als 10.000 m² sowie für Bauvorhaben mit einer Bruttogesamtgeschossfläche von mehr als 2.500 m² oder mit einer Baumaße von mehr als 7.500 m³ eine „integrierte Flächenwidmungs- und Bebauungsplanung" durchführen „darf". Die praktischen Erfahrungen mit diesem – bisher bloß fakultativen – Planungsinstrument waren derart positiv, dass der Anwendungsbereich dieses Planungsinstrumentes mit dem vorliegenden Gesetzesentwurf erheblich erweitert werden soll:* [...]

*Schließlich wird eine Verpflichtung des Gemeinderates begründet, „für unbebaute Grundflächen mit einer zusammenhängenden Gesamtfläche von mehr als 10.000 m² eine integrierte Flächenwidmungs- und Bebauungsplanung ... durchzuführen"."*

## II. Anmerkungen

1 Mit dem Tatbestandsmerkmal der „Interessen der Zweckmäßigkeit, Raschheit, Einfachheit und Kostenersparnis" wird der Grundsatz der Verfahrensökonomie angeordnet (vgl *Hengstschläger/Leeb*, AVG² § 39 Rz 39; gegen diese unbestimmten Begriffe bestehen keine verfassungsrechtlichen Bedenken, vgl VfGH VfSlg 11.766/1988). In finanzieller Hinsicht liegen diese meiner Ansicht nach insbesondere dann vor, wenn durch diese integrierte Raumplanung im Vergleich zu getrennten Verfahren für Flächenwidmungsplan und Bebauungsplanung ein bestmögliches Verhältnis von Aufwand und Erfolg erzielt wird. Eine dieser beiden Variablen muss indes vorgegeben werden, um die andere optimieren zu können. Dh entweder soll mit gegebenem Aufwand der größtmögliche Erfolg erzielt werden oder aber es soll ein gegebener Erfolg mit dem geringstmöglichen Aufwand erreicht werden (so *Kuprian*, Kontrolle der Gemeindegebarung, SPRW 2013 POP A, 55 f). Es besteht auf Grundlage von § 52 Abs 1 aber keine Verpflichtung einen integrierten Flächenwidmungs- und Bebauungsplan zu beschließen („darf").

2 Zu den „im örtlichen Entwicklungskonzept festgelegten Zielen der örtlichen Raumplanung" siehe § 9.

3 Die Beschlussfassung über die integrierte Flächenwidmungs- und Bebauungsplanung obliegt dem Gemeinderat, eine Übertragung an andere Gemeindeorgane ist unzulässig (vgl § 34 K-AGO). Gemäß Art 117 Abs 4 B-VG (siehe auch § 36 Abs 1 K-AGO) sind die Sitzungen des Gemeinderates öffentlich, es können jedoch Ausnahmen vorgesehen werden.

4 Zur integrierten Flächenwidmungs- und Bebauungsplanung als „Verordnung" siehe § 13 Anm 5 und 47 Anm 7.

5 Gemäß Art V Abs 6 LGBl 2021/59 gelten im Zeitpunkt des Inkrafttretens des K-ROG 2021 bestehende integrierte Flächenwidmungs- und Bebauungspläne als integrierte Flächenwidmungs- und Bebauungspläne im Sinne des K-ROG 2021. Auf Grund dieser Übergangsbestimmung ist die Zulässigkeit von baulichen Anlagen in der jeweiligen

Widmung, auch bei integrierten Flächenwidmungs- und Bebauungsplänen, die vor Inkrafttreten des K-ROG 2021 beschlossen wurden, nach dem K-ROG 2021 zu beurteilen (VfGH VfSlg 14.179/1995; VfSlg 14.866/1997; siehe aber auch die speziellen Übergangsbestimmungen für bestimmte bauliche Anlagen in Art V Abs 11 und 12 LGBl 2021/59). Gemäß Art V Abs 9 LGBl 2021/59 haben die Gemeinden die bestehenden integrierten Flächenwidmungs- und Bebauungspläne spätestens binnen fünf Jahren ab Inkrafttreten des K-ROG 2021 (das K-ROG 2021 ist am 1.1.2022 in Kraft getreten) an die Bestimmungen des K-ROG 2021 anzupassen, wenn sie den Bestimmungen des K-ROG 2021 nicht entsprechen.

Unabhängig von den Voraussetzungen nach § 52 Abs 1 besteht eine Verpflichtung für unbebaute Grundflächen mit einer zusammenhängenden Gesamtfläche von mehr als 10.000 m² einen integrierten Flächenwidmungs- und Bebauungsplan zu beschließen („hat"). **6**

Zur „Flächenwidmung" siehe § 13 und zu den „Bebauungsbedingungen" siehe § 47 Abs 4 f, § 48 Abs 5 f und § 49 Abs 4 f. **7**

Zum „Teilbebauungsplan" siehe § 48 und zum „Gestaltungsplan" siehe § 49. Es besteht eine Verpflichtung zum Beschluss eines Teilbebauungsplanes („sind ... festzulegen"). Für den Teilbebauungsplan ergibt sich entsprechendes schon aus § 48 Abs 2 Z 2. **8**

Zu „den Bestimmungen des 2. bis 4. Abschnittes des dritten Hauptstückes dieses Gesetzes" siehe § 13 bis § 42 und zu „den Bestimmungen des 7. Abschnittes des dritten Hauptstückes" § 47 bis § 51. **9**

Zu den „Verfahrensvorschriften für den Beschluss über den Flächenwidmungsplan" siehe § 38 bis § 42. **10**

## 9. Abschnitt – Vertragsraumordnung

### § 53 Privatwirtschaftliche Maßnahmen[1]

(1) Die Gemeinde[2] ist berechtigt, privatwirtschaftliche Maßnahmen[3] zur Erreichung der im örtlichen Entwicklungskonzept festgelegten Ziele der örtlichen Raumplanung[4] zu setzen.[5]

(2) Zu den privatwirtschaftlichen Maßnahmen nach Abs. 1 zählen jedenfalls folgende Vereinbarungen mit Grundeigentümern:[6]

1. über die Sicherstellung der Verfügbarkeit von Grundflächen zur Vorsorge für die Deckung des örtlichen Bedarfs an Baugrundstücken zu angemessenen Preisen;[7]
2. zur Zurverfügungstellung von geeigneten Grundstücken für die Errichtung von nach dem III. Abschnitt des K-WBFG 2017 förderbaren Wohngebäuden;[8]
3. zur Sicherstellung einer widmungs- oder bebauungsplangemäßen Verwendung von Baugrundstücken innerhalb angemessener Fristen;[9]
4. über die Beteiligung der Grundeigentümer an den mit der Gemeinde durch die Festlegung von Grundflächen als Bauland erwachsenden Aufschließungskosten;[10]
5. über die Beteiligung der Grundeigentümer an den durch die Änderung des Flächenwidmungs- oder Bebauungsplanes zu erwartenden Planungskosten;[11]
6. über die Tragung von Kosten für Maßnahmen, mit welchen die Baulandeignung von Grundflächen hergestellt oder verbessert wird;[12]
7. über die Sicherstellung der Nutzung und des Betriebes von Gebäuden samt dazugehörigen baulichen Anlagen, die dem Tourismus (gewerbliche Beherbergung im Sinne der GewO 1994 oder Privatzimmervermietung) dienen, über einen bestimmten Zeitraum[13].

Darüber hinaus sind Vereinbarungen zulässig, die der Vorbereitung und Umsetzung von im örtlichen Entwicklungskonzept konkret festgelegten Planungen und Maßnahmen dienen.[14]

(3) Beim Abschluss und bei der inhaltlichen Gestaltung von Vereinbarungen ist die Gleichbehandlung der in Betracht kommenden Vertragspartner der Gemeinde zu wahren. Eine unterschiedliche Behandlung von Vertragspartnern darf ihre Grundlage ausschließlich in unterschiedlichen tatsächlichen Verhältnissen, wie insbesondere der Größe oder der Lage der betroffenen Grundflächen, deren bisherigen oder künftigen Verwendung udgl., haben.[15]

(4) Bei der inhaltlichen Gestaltung von Vereinbarungen sind die verfassungsgesetzlich gewährleisteten Rechte der Vertragspartner der Gemeinde zu wahren und deren wirtschaftliche Interessen den Interessen der örtlichen Raumplanung gegenüberzustellen und gegeneinander abzuwägen. Bei der Festlegung der Leistungspflich-

ten, zu deren Übernahme sich die Vertragspartner verpflichten, ist auf deren Verhältnismäßigkeit zu achten.[16]

(5) Die Vereinbarungen sind unter der aufschiebenden Bedingung abzuschließen, dass sie erst wirksam werden dürfen, wenn die in Aussicht genommene Flächenwidmung oder Bebauungsplanung hinsichtlich jener Grundflächen, auf die sich die Vereinbarung bezieht, rechtswirksam geworden ist. In den Vereinbarungen ist ausdrücklich festzuhalten, dass ihr Abschluss keinen Rechtsanspruch auf die Erlassung oder Änderung des Flächenwidmungs- oder Bebauungsplanes begründet.[17]

(6) In den Vereinbarungen ist die Erfüllung der Leistungspflichten, zu denen sich die Vertragspartner der Gemeinden verpflichten, durch geeignete Sicherungsmittel zu gewährleisten. Als Sicherungsmittel dürfen nur solche vorgesehen werden, die im Hinblick auf die mit der Vereinbarung verfolgten Interessen der örtlichen Raumplanung geeignet, erforderlich und verhältnismäßig sind. Insbesondere kommen als Sicherungsmittel die Vereinbarung einer Konventionalstrafe, die Bestellung einer Kaution oder Hypothek, die Einräumung eines Optionsrechtes und die Übernahme einer Bürgschaft durch einen Dritten in Betracht. Bei der Auswahl und bei der inhaltlichen Gestaltung der Sicherungsmittel gilt Abs. 4 sinngemäß.[18]

(7) In Vereinbarungen vorgesehene Fristen, innerhalb derer die vereinbarungsgemäßen Leistungspflichten zu erfüllen sind, haben längstens fünf Jahre zu betragen. Auf Ersuchen des Vertragspartners dürfen die Fristen längstens bis zum Ablauf von zehn Jahren ab dem Zeitpunkt des Abschlusses der Vereinbarung verlängert werden. In Vereinbarungen vorgesehene Zeiträume im Sinne des Abs. 2 Z 7 müssen angemessen sein.[19]

(8) In den Vereinbarungen ist für den Fall der Weitergabe jener Grundflächen, auf die sich die Vereinbarungen beziehen, durch die Vertragspartner der Gemeinde an Dritte sicherzustellen, dass die von den Vertragspartnern übernommenen Leistungspflichten auf deren Rechtsnachfolger überbunden werden. Als Rechtsnachfolger gelten dabei insbesondere auch Dritte, die an den vereinbarungsgegenständlichen Grundflächen längerfristige Nutzungsrechte wie Bau- oder Bestandsrechte erwerben.[20]

(9) Die Inhalte der Vereinbarungen sind schriftlich festzuhalten. Sie haben jedenfalls zu beinhalten:[21]
1. die Bezeichnung der Vertragspartner;

2. die Bezeichnung der Grundflächen, auf die sich die Vereinbarungen beziehen, ihr Flächenausmaß und ihre gegenwärtige Widmung oder Bebauungsplanung;
3. die in Aussicht genommene Widmung oder Bebauungsplanung der Grundflächen, auf die sich die Vereinbarungen beziehen;
4. die Festlegung der Leistungspflichten, zu deren Übernahme sich die Vertragspartner der Gemeinden verpflichten;
5. die Fristen, innerhalb derer die vereinbarungsgemäßen Leistungspflichten zu erfüllen sind;
6. die Mittel zur Sicherstellung der Erfüllung der vereinbarungsgemäßen Leistungspflichten;
7. die Regelung der Tragung der mit dem Abschluss der Vereinbarungen verbundenen Kosten;
8. die aufschiebende Bedingung für das Wirksamwerden der Vereinbarung (Abs. 5).

(10) Die Landesregierung darf unter Bedachtnahme auf die Regelungen der Abs. 2 bis 9 mit Verordnung Richtlinien für die nähere inhaltliche Gestaltung der Vereinbarungen festlegen.[22]

(11) Die Gemeinde hat ein elektronisches Verzeichnis über alle Vereinbarungen, die sich auf Grundflächen beziehen, hinsichtlich derer der Gemeinderat eine Änderung des Flächenwidmungs- oder Bebauungsplanes beschlossen hat, zu führen und auf aktuellem Stand zu halten. Das Verzeichnis hat auch die Erfüllung der vereinbarungsgemäßen Leistungspflichten des Vertragspartners der Gemeinde zu dokumentieren.[23]

(12) Der Bürgermeister hat im Rahmen des Genehmigungsverfahrens nach § 38 Abs. 6, § 51 Abs. 6 oder § 52 Abs. 4 Vereinbarungen, die sich auf Grundflächen beziehen, hinsichtlich derer der Gemeinderat eine Änderung des Flächenwidmungs- oder Bebauungsplanes oder des integrierten Flächenwidmungs- und Bebauungsplans beschlossen hat, der Landesregierung zu übermitteln. In den Erläuterungen ist im Falle des Abschlusses von Vereinbarungen darzulegen, inwieweit durch diese den Zielen der örtlichen Raumplanung Rechnung getragen wird. Werden die Erläuterungen nicht übermittelt, ist nach § 13 Abs. 3 AVG vorzugehen.[24]

(13) Der Bürgermeister hat jeweils eine schriftliche Ausfertigung von abgeschlossenen Vereinbarungen den Erläuterungen in einer gesonderten Anlage anzuschließen. In den schriftlichen Ausfer-

tigungen sind personenbezogene Angaben zu anonymisieren, die Rückschlüsse auf die persönlichen Verhältnisse von Vertragspartnern der Gemeinden ermöglichen. In die Ausfertigungen der Vereinbarungen darf jedermann, der ein berechtigtes Interesse glaubhaft macht, Einsicht nehmen.[25]

**Lit:**
*Auer,* Salzburger Vertragsraumordnung verfassungswidrig!, bbl 2000, 1; *Bajlicz,* Leistbares Bauland für alle?, ZfV 2021/54; *Baumgartner/Fister,* Verfassungsrechtliche Grundlagen der kommunalen Wirtschaftstätigkeit, in Baumgartner (Hrsg), Recht der kommunalen Wirtschaftstätigkeit, 2019; *Berka/Kletečka,* Gutachten zur Rechtsfragen der Vertragsraumordnung in Österreich, in Beiträge der Raumordnung zur Unterstützung „leistbaren Wohnens", ÖROK-Schriftenreihe 191, Österreichische Raumordnungskonferenz (Hrsg), 2014; *Binder,* Zivilrechtliche Aspekte der Vertragsraumordnung unter besonderer Berücksichtigung der Salzburger Situation, ZfV 1995, 609; *Böhm,* Zivilrechtliche Anmerkungen zur Vertragsraumordnung, wobl 1996, 17; *Dullinger,* Vertragsraumordnung aus privatrechtlicher Sicht, ZfV 1997, 11; *Dworak,* Parifizierungsverbot zur Sicherstellung der widmungsgemäßen Verwendung?, bbl 2017, 43; *Eisenberger/Steineder,* Privatrechtliche Vereinbarungen mit der Gemeinde zur Beseitigung von Umwidmungshindernissen, bbl 2011, 157; *Kalss,* Vereinbarungen über die Verwendung von Grundflächen, ZfV 1993, 552; *Kanonier,* Leistbares Wohnen im österreichischen Raumordnungsrecht, bbl 2017, 165; *ders,* Wirkungsfähigkeit von baulandmobilisierenden Instrumenten im Raumordnungsrecht, bbl 2020, 119; *Kirchmayer,* Die Bauordnungsnovelle 2014 und weitere Neuerungen im Wiener Baurecht, bbl 2015, 1; *Kleewein,* Konsequenzen aus dem Erkenntnis des VfGH zur Salzburger Vertragsraumordnung, JBl 2000, 562; *ders,* Vertragsraumordnung, 2003; *ders,* Vertragsraumordnung in der Praxis – Privatrechtliche Verträge und deren Grenzen, RFG 2005/16; *ders,* Überwälzung von Raumplanungskosten auf Private?, bbl 2006, 139; *ders,* Infrastrukturverträge im Bau- und Raumordnungsrecht, bbl 2017, 117; *ders,* Raumplanung im Spannungsfeld zwischen Recht, Sachverstand und Gestaltungsspielraum, bbl 2019, 213; *Krenn/Steinwender,* Kärntner Gemeindehaushaltsgesetz, 2020; *Mauerhofer,* Wildökologische Korridorplanung in der öffentlich- und zivilrechtlichen Raumordnung, bbl 2008, 49; *Pallitsch/Pallitsch/Kleewein,* Kärntner Baurecht[5], 2014; *Raschauer B,* Investitionsverträge, wbl 2016, 829; *Schöndorfer-Haslauer,* Vertragsraumordnung in Salzburg, ZfV 2021/22; *Schweichhart,* Vertragsraumordnung in der Stadt Salzburg, ÖGZ 1998, Heft 5, 13; *Steinwender,* Landesrechtliche Vorgaben der kommunalen Wirtschaftstätigkeit, in Baumgartner (Hrsg), Recht der kommunalen Wirtschaftstätigkeit, 2019; *Trapichler,* Befristete Baulandwidmung und Vertragsraumordnung als neue Instrumente der Raumordnung nach der wr BauO-Novelle 2014 – Teil 2, bbl 2015, 47; *Tschaler,* Die zivilrechtlichen Folgen der Aufhebung der Bestimmungen des Salzburger Raumordnungsrechtes über die Vertragsraumordnung durch den Verfassungsgerichtshof, bbl 2001, 10;

*Weber,* Tiroler Vertragsraum(un)ordnung, ecolex 2000, 162; *Welser/Kletečka,* Bürgerliches Recht I[15], 2018.

## I. Erläuterungen

### ErlRV 01-VD-LG-1865/5-2021, 59 ff:

„§ 53 entspricht grundsätzlich § 22 K-GplG 1995 der geltenden Fassung. Eine Bestimmung über privatwirtschaftliche Maßnahmen wurde erstmals als § 11c in das Gemeindeplanungsgesetz 1982 durch LGBl. Nr. 105/1994 eingefügt. Dazu halten die Erläuterungen Verf-273/3/1994, 32 f, fest: *„1. Derzeit beschränkt sich die Tätigkeit der Gemeinde im Bereich der örtlichen Raumplanung weitgehend darauf, die planmäßige Gestaltung und Entwicklung des Gemeindegebietes durch hoheitliche Planungsakte, insbesondere durch die Erlassung von Flächenwidmungs- und Bebauungsplänen zu steuern. Das neue Planungsinstrument des örtlichen Entwicklungskonzeptes wird der Gemeinde in Hinkunft auch die Zuständigkeit zuweisen, die (mittelfristigen) Ziele der örtlichen Raumplanung in Eigenverantwortung selbst festzulegen und die zu ihrer Erreichung erforderlichen Maßnahmen aufzuzeigen (vgl. § 1a Abs. 3* [Anmerkung: siehe nunmehr § 9 Abs. 3]*). Allein mit den bestehenden hoheitlichen Raumplanungsinstrumenten wird jedoch die Verwirklichung der im örtlichen Entwicklungskonzept festgelegten Zielvorstellungen nicht möglich sein: Es wird vielmehr erforderlich sein, daß die Gemeinde im Bereich der örtlichen Raumplanung im verstärkten Maße auch im Rahmen ihrer Privatwirtschaftsverwaltung tätig wird. Eine den Zielen des örtlichen Entwicklungskonzeptes entsprechende Gestaltung und Entwicklung des Gemeindegebietes wird insbesondere nur dann möglich sein, wenn es gelingt, Bauland zu mobilisieren und einer widmungsgemäßen Verwendung zuzuführen. Die im örtlichen Entwicklungskonzept festzulegende Siedlungsentwicklung (§ 1a Abs. 3 lit. b und lit. d* [Anmerkung: siehe nunmehr § 9 Abs. 3 Z 2]*) kann nämlich nur dann verwirklicht werden, wenn die für eine Bebauung vorgesehenen (unbebauten) Baugrundstücke innerhalb bestimmter Zeiträume tatsächlich zur Verfügung stehen. Andernfalls müßten immer neue Grundflächen als Bauland ausgewiesen werden, um den bestehenden Bedarf befriedigen zu können, was längerfristig wieder ein Abgehen vom örtlichen Entwicklungskonzept bzw. zu seiner Abänderung führen müßte. Davon abgesehen würde durch eine derartige Entwicklung einer weiteren Zersiedelung der Landschaft Vorschub geleistet. Da im*

*Hinblick auf die verfassungsrechtliche Eigentumsgarantie sowie auf die sich für den Landesgesetzgeber aus der Gesetzgebungszuständigkeit des Bundes bezüglich des Volkswohnungswesens ergebenden kompetenzrechtlichen Schranken die widmungsgemäße Verwendung von unbebauten Baugrundstücken durch hoheitliche Maßnahmen nicht unmittelbar erzwungen werden kann, erscheint es erforderlich, daß die Gemeinden in Hinkunft in verstärktem Maße privatwirtschaftliche Maßnahmen zur Erreichung der im örtlichen Entwicklungskonzept festgelegten Ziele der örtlichen Raumplanung, insbesondere zur Verwirklichung der angestrebten Siedlungsentwicklung, setzen.*

*2. Nun eröffnet zwar bereits Art. 116 Abs. 2 B-VG der Gemeinde die Möglichkeit, im Rahmen ihrer Privatautonomie Akte einer aktiven Raumplanungs- und Bodenpolitik zu setzen. Nach der Rechtsprechung des Verwaltungsgerichtshofes (Zl. 91/05/0204 vom 28. April 1992) ist es jedoch Aufgabe des zuständigen Gesetzgebers, die (normativen) Grundlagen für Vereinbarungen zwischen der Gemeinde einerseits und den Grundstückseigentümern andererseits zur „Verhinderung der Bodenspekulation und zur Sicherung einer geordneten Bebauung und Aufschließung von Bauland" zu schaffen. Mit der ausdrücklichen Ermächtigung der Gemeinde im Abs. 1, durch privatrechtliche Maßnahmen zur Umsetzung der Ziele des örtlichen Entwicklungskonzeptes beizutragen, wird der dargestellten Rechtsprechung des Verwaltungsgerichtshofes Rechnung getragen und werden die gesetzlichen Voraussetzungen für eine effizientere Bodenpolitik der Gemeinde geschaffen. Abs. 2 der Bestimmung zählt demonstrativ die möglichen Inhalte von Vereinbarungen der Gemeinden mit Grundeigentümern auf. Sie können insbesondere zur Sicherstellung einer widmungsgemäßen Verwendung von unbebauten Baugrundstücken innerhalb angemessener Fristen oder zur Beteiligung der Grundeigentümer an den der Gemeinde durch die Festlegung von Grundflächen als Bauland erwachsenden Aufschließungskosten geschlossen werden. Vereinbarungspartner der Grundstückseigentümer ist stets die Gemeinde. Zur Sicherstellung einer gleichförmigen Behandlung und im Interesse einer gewissen Vereinheitlichung wird die Erlassung von Richtlinien für den Inhalt solcher Vereinbarungen durch Verordnung der Landesregierung vorgesehen [Anmerkung: siehe nunmehr Abs. 10]. Zum Schutz der Grundeigentümer wird im Abs. 3 der Bestimmung ausdrücklich angeordnet, daß bei der Gestaltung der Vereinbarungen der Gemeinde nach Abs. 2 die Gleichbehandlung der in Betracht kommenden Grundeigentümer zu wahren ist."*

Durch LGBl. Nr. 134/1997 wurde die Bestimmung wesentlich erweitert. Dazu halten die Erläuterungen Verf-579/15/1997, 20 ff, fest: „*1. Durch die Novelle LGBl. Nr. 105/1994 wurde in das Gemeindeplanungsgesetz 1982 § 11c (nunmehr: § 22 des Gemeindeplanungsgesetzes 1995) neu aufgenommen: Demnach sind die Gemeinden berechtigt, „privatwirtschaftliche Maßnahmen zur Erreichung der im örtlichen Entwicklungskonzept festgelegten Ziele der örtlichen Raumplanung zu setzen".* […]
*2. Nicht nur das Gemeindeplanungsgesetz 1995, sondern auch eine Reihe von Raumordnungsgesetzen anderer Länder enthalten Bestimmungen, die für die Gemeinden neben dem herkömmlichen hoheitlichen raumplanerischen Instrumentarium privatwirtschaftliche Maßnahmen zur Baulandsicherung vorsehen: Entsprechende Regelungen enthält das Salzburger Raumordnungsgesetz 1992, LGBl. Nr. 98, (§ 14: „Privatwirtschaftliche Maßnahmen zur Verwirklichung der Entwicklungsziele"), das Tiroler Raumordnungsgesetz, LGBl. Nr. 81/1993, (§ 33: „Verpflichtung der Gemeinden als Träger von Privatrechten"), das Oberösterreichische Raumordnungsgesetz, (§ 14a: „Privatwirtschaftliche Maßnahmen zur Baulandsicherung") sowie § 16b des Niederösterreichischen Raumordnungsgesetzes. Obwohl nicht alle diese Gesetze die darin vorgesehenen privatwirtschaftlichen Maßnahmen als „Privatrechtsakte" bezeichnen, ergibt sich aus den Überschriften und aus den Erläuterungen der Wille des Gesetzgebers, daß in allen genannten Ländern jeweils die gesetzliche Grundlage zum Abschluß privatrechtlicher Vereinbarungen geschaffen werden sollte. Die Gemeinden sind nach den angeführten landesrechtlichen Vorschriften zum Abschluß derartiger Vereinbarungen nicht nur berechtigt, sondern – anders als nach der derzeitigen Kärntner Rechtslage – zum Teil auch verpflichtet. Gemeinsam ist den angeführten landesrechtlichen Bestimmungen jeweils, daß sie die unabdingbare gesetzliche Grundlage für die Zulässigkeit des Abschlusses derartiger privatrechtlicher Vereinbarungen im Bereich der örtlichen Raumordnung bilden.*
*3. Zu den Kompetenzrechtlichen Grundlagen privatwirtschaftlicher Vereinbarungen im Bereich der örtlichen Raumplanung wird in der Literatur (Kalss, Vereinbarungen über die Verwendung von Grundflächen, ZfV 1993, S 551 ff., hier: 562 f.) folgendes ausgeführt:*
*„Als verfassungsrechtliche Grundlage für landesrechtliche Regelungen, im Bereich des Zivilrechts bietet sich zunächst Art. 15 Abs. 9 B-VG an. Diese Bestimmung ermächtigt die Länder, im Bereich jener Materien,*

3. Hauptstück – Örtliche Raumordnung § 53

*die nach der Systematik der Rechtsordnung zur Zeit des Inkrafttretens der Kompetenzverteilung des B-VG dem Zivilrecht zuzurechnen waren, zivilrechtliche Bestimmungen vorzusehen. Auch neue Regelungen die systematisch dem Bereich des Zivilrechts angehören, werden von diesem Kompetenztatbestand erfaßt. Die Bestimmungen auf dem Gebiet des Zivilrechts können nach ihrem Wortlaut dasselbe regeln wie bundesrechtliche Normen aufgrund des Kompetenztatbestands Zivilrechtswesen. Die Länder dürfen die Kompetenz gemäß Art 15 Abs. 9 B-VG nicht in Anspruch nehmen, wenn nach der bundesgesetzlichen Rechtslage – neue – Zivilrechtsnormen nicht erforderlich sind. Die Materie der örtlichen Raumordnung ist nicht dem Zivilrecht zuzuordnen, sondern die Festlegung der Nutzung von Flächen gehört zu den behördlichen oder hoheitlichen Aufgaben des eigenen Wirkungsbereichs der Gemeinde. Dem Gesetzgeber steht es in gewissem Rahmen frei, die Handlungsform für die Aufgabenbewältigung zu wählen und das Verhältnis und Zusammenwirken der beiden Handlungsformen zu bestimmen. Insbesondere können Teilbereiche der Raumordnung privatrechtlich geregelt werden. Die einzelnen landesrechtlichen Regelungen sehen nicht bloß die Möglichkeit des Abschlusses zivilrechtlicher Vereinbarungen vor, sondern sie regeln den Inhalt derartiger Vereinbarungen und legen die Grenzen derartiger privatrechtlicher Akte fest. Detaillierte Regelungen der Gestaltung sollen in Verordnungsform normiert werden die sich im Rahmen der angedeuteten Beschränkungen zu halten haben. Mit dieser Anordnung wird aber kein neues Zivilrecht geschaffen, sodaß die Tragweite von Art. 15 Abs. 9 B-VG wohl nicht berührt wird, sondern es wird bloß geltendes Zivilrecht für anwendbar erklärt. Die Regelung der inhaltlichen Ausgestaltung stellt sich ähnlich einem Katalog von Vertragsklauseln dar. Die Anordnung, allgemein geltende zivilrechtliche Bestimmungen bei bestimmten Sachverhalten anzuwenden, fällt in den Kompetenzbereich des Materiengesetzgebers, sodaß der Abschluß der Verträge verfassungsrechtlich einerseits auf Art. 15 Abs. 1 B-VG und andererseits auf die verfassungsrechtlich eingeräumte Befugnis, in den Formen des Privatrechts tätig zu werden, gestützt werden kann."*

*4. Nach der derzeit geltenden Rechtslage gemäß § 22 des Gemeindeplanungsgesetzes 1995 erfolgte die Determinierung des gemeindlichen Handelns im Bereich der privatwirtschaftlichen Vereinbarungen zur Erreichung der im örtlichen Entwicklungskonzept festgelegten Ziele der örtlichen Raumplanung nur ansatzweise auf Gesetzesstufe; im übrigen wird die Landesregierung ermächtigt, mit Verordnung Richtlinien für den Inhalt solcher Vereinbarungen festzulegen (§ 22 Abs. 2 letzter Satz des Gemeindeplanungsgesetzes 1995 in der derzeit geltenden Fassung). In der Literatur (vgl. Kalss, aaO., S 564) wird auf den Umstand hingewiesen, daß privatrechtliche Vereinbarungen Akte der Positivplanung darstellen, die dazu dienen, die (hoheitlich vorgegebenen) Planungsziele der örtlichen Raumplanung zu verwirklichen. Von besonderer Bedeutung sei im gegebenen Zusammenhang, daß „der Staat in die Privatautonomie lediglich unter den Voraussetzungen eingreifen darf, die die Verfassungsordnung ganz allgemein für die Zulässigkeit von Eigentumseingriffen vorsieht". Zwar dürfen auch durch Verordnung Beschränkungen des Eigentums oder der Privatautonomie – sofern sie den verfassungsrechtlichen Kriterien entsprechen – vorgesehen werden, jede Beschränkung von Grundrechten darf jedoch nur auf der Grundlage einer entsprechenden Ermächtigung auf Gesetzesstufe erfolgen. Ein Gesetz, das einen Eingriff in das verfassungsgesetzlich geleistete Recht auf Schutz des Eigentums gestattet, muß nicht nur dem Determinierungsgebot des Art. 18 B-VG entsprechen, sondern den zusätzlichen Anforderungen des Art. 5 des Staatsgrundgesetzes Rechnung tragen, wonach auch der Zweck des Eingriffes genau festzulegen ist. Demnach müssen Eigentumsbeschränkungen im öffentlichen Interesse liegen und den Kriterien der Geeignetheit, Erforderlichkeit und Verhältnismäßigkeit entsprechen. In der Literatur (vgl. dazu näher z.B. Kalss, aaO., S 564) wird nun der Umstand kritisiert, daß in den landesrechtlichen Regelungen betreffend die Ermächtigung (Verpflichtung) der Gemeinden, im Bereich der örtlichen Raumplanung privatwirtschaftliche Vereinbarungen abzuschließen, die Determinierung des gemeindlichen Handelns durch Regelungen auf Gesetzesstufe unzureichend sei. Im Hinblick darauf, daß durch privatwirtschaftliche Vereinbarungen der in Rede stehenden Art verfassungsgesetzlich gewährleistete Rechte „berührt" werden und ein Eingriff in Grundrechte (grundsätzlich) einer ausdrücklichen gesetzlichen Ermächtigung bedarf, erscheint es erforderlich, die wesentlichen Regelungen hinsichtlich der inhaltlichen Gestaltung derartiger Vereinbarungen unmittelbar auf Gesetzesstufe zu treffen, Diesem Anliegen trägt die Neufassung des § 22 des Gemeindeplanungsgesetzes 1995 Rechnung, wobei jedoch die Ermächtigung zur inhaltlichen Präzisierung der gesetzlichen Vorgaben für die inhaltliche Gestaltung der Vereinbarungen durch Verordnung der Landesregierung bestehen bleiben soll.*

*5. Die Abs. 10 und 11 des § 22 (in der Fassung des vorliegenden Gesetzesentwurfes)* [Anmerkung: siehe nunmehr Abs. 12 und 13] *treffen flankierende verfahrensrechtliche Regelungen betreffend die privatwirtschaftlichen Vereinbarungen im Bereich der örtlichen Raumplanung. Derartige Regelungen dürften – im Hinblick auf Art. 18 B-VG – ohne ausdrückliche gesetzliche Regelung auf Verordnungsstufe nicht getroffen werden."*

Nunmehr soll, nachdem sich in der Vollzugspraxis ein Bedürfnis hierfür gezeigt hat, die Bestimmung insofern erweitert werden, dass eine ausdrückliche Regelung über die Erfüllungsfristen der Leistungspflichten und deren Verlängerung aufgenommen wird (siehe Abs. 7). Um die mit der Vertragsraumordnung bezweckten Effekte der Baulandmobilisierung nicht zu konterkarieren, wird der maximal zulässige Zeitraum begrenzt.

Um eine entsprechende Dokumentation sicherzustellen, sollen die Gemeinden hinkünftig auch ein elektronisches Verzeichnis über die Vereinbarungen führen (siehe Abs. 11). Für zum Zeitpunkt des Inkrafttretens bestehende Vereinbarungen bestimmt Art. V Abs. 13 des Entwurfes, dass solche Vereinbarungen aufzunehmen sind, wenn unabhängig von Leistungspflichtenerfüllungsfristen die vereinbarungsgemäßen Leistungspflichten nicht oder nicht zur Gänze erfüllt worden sind."

## II. Anmerkungen

Die Vertragsraumordnung ergänzt die hoheitlichen Akte der örtlichen Raumordnung (örtliches Entwicklungskonzept, Flächenwidmungspläne, Bebauungspläne), um die Ziele der Raumordnung zu erreichen. Denn die Entwicklung der Raumordnung hat gezeigt, dass eine Zielerreichung ausschließlich auf Grundlage von Hoheitsakten nicht immer gewährleistet werden kann (die Ausführungen in dieser Anmerkung beruhen in erster Linie auf *Kleewein*, Vertragsraumordnung, *Berka/Kletečka*, Vertragsraumordnung, jeweils mN, und den oben unter Punkt I. abgedruckten ErlRV 01-VD-LG-1865/5-2021, 59 ff; siehe aber insgesamt auch die oben angeführte zahlreiche Literatur zu Rechtsfragen der Vertragsraumordnung).

1

Gemäß Art 116 Abs 2 B-VG ist die Gemeinde selbständiger Wirtschaftskörper. „Sie hat das Recht, innerhalb der Schranken der allgemeinen Bundes- und Landesgesetze Vermögen aller Art zu besitzen, zu erwerben und darüber zu verfügen, wirtschaftliche Unternehmungen zu betreiben sowie im Rahmen der Finanzverfassung ihren Haushalt selbständig zu führen und Abgaben auszuschreiben." Grundsätzlich unterliegt diese Privatwirtschaftsverwaltung innerhalb der Schranken der Gesetze nicht dem Legalitätsprinzip des Art 18 B-VG und es ist somit keine spezielle gesetzliche Determinierung notwendig (VfGH VfSlg 7716/1975; *Baumgartner/Fister*, Kommunale Wirtschaftstätigkeit 74). Nach einem Judikat des VwGH bedarf indes die Vertragsraumordnung sehr wohl einer solchen (VwGH VwSlg 13.625 A/1992). Dieses Judikat entspricht somit im Ergebnis der Ansicht, dass auf Grund des engen Zusammenhangs der Vertragsraumordnung mit den hoheitlichen Akten der örtlichen Raumordnung eine gesetzliche Grundlage notwendig ist (vgl *Kleewein*, Vertragsraumordnung 105 f; *Berka/Kletečka*, Vertragsraumordnung 97 mN). § 53 und § 54 kommen diesem Gebot nach, die Bestimmungen wurden in diesem Sinne im Vergleich zur Rechtslage nach dem K-GplG 1995 wesentlich erweitert.

Kompetenzrechtlich können die Bestimmungen über die Vertragsraumordnung auf Art 15 Abs 1 B-VG gestützt werden, soweit diese im Rahmen der Raumordnungskompetenz im Sinne des Judikates des VfGH VfSlg 2674/1954 erlassen werden (siehe dazu § 1 Anm 4). Darüber hinaus können Bestimmungen über die Vertragsraumordnung, sofern diese bloß intern wirksame Selbstbindungsgesetze sind, auf Art 17 B-VG gestützt werden. Schlussendlich können Bestimmungen der Vertragsraumordnung, die unter die Zivilrechtskompetenz nach Art 10 Abs 1 Z 6 B-VG fallen, auf Art 15 Abs 9 B-VG gestützt werden (*Berka/Kletečka*, Vertragsraumordnung 99 f; aA *Kleewein*, Vertragsraumordnung 101 f). Der Landesgesetzgeber darf nach der Judikatur des VfGH (16.2.2022, G 227/2021) aber nur solche zivilrechtlichen Bestimmungen erlassen, die „in einem „unerlässlichen Zusammenhang mit anderen Bestimmungen, die den Hauptinhalt des jeweiligen Gesetzes bilden", stehen (VfSlg 8989/1980, 10.097/1984, 19.427/2011). Es muss ein innerer, „rechtstechnischer" Zusammenhang der zivilrechtlichen Regelung mit einer konkreten Bestimmung öffentlich-rechtlichen Inhalts des Gesetzes bestehen und die jeweilige Bestimmung zivilrechtlichen Inhalts muss eine notwendige Ergänzung einer bestimmten Regelung der Verwaltungsmaterie darstellen (VfSlg 13.322/1992)." In einem Judikat zur Einräumung von Vorkaufs-, Vorbestands- und ähnlichen Rechten für die Gemeinden in Zusammenhang mit dem Raumordnungsrecht hat der VfGH (VfSlg 13.322/1992) diese Voraussetzungen als nicht gegeben angesehen (vgl zu den kompetenzrechtlichen Schranken *Kleewein*, JBl 2000, 562 ff). Eine kompetenzrechtliche Prüfung kann vor diesem Hintergrund nur für jede einzelne

Bestimmung erfolgen. Hiebei ist zu beachten, dass gemäß § 1 Abs 4 soweit durch das K-ROG 2021 der Zuständigkeitsbereich des Bundes berührt wird, es so auszulegen ist, dass sich keine über die Zuständigkeit des Landes hinausgehende Wirkung ergibt (siehe auch § 1 Anm 5).

Zu den grundrechtlichen Grenzen der Vertragsraumordnung siehe § 58 Anm 15 und 16.

Es wird im K-ROG 2021 nicht normiert, welches Gemeindeorgan für privatwirtschaftliche Maßnahmen zuständig ist. Hiebei ist grundsätzlich zwischen der Zuständigkeit zur Willensbildung im Innenverhältnis und zur Abgabe von Willenserklärungen im Außenverhältnis zu unterscheiden (vgl zum Ganzen *Steinwender*, Landesrechtliche Vorgaben 128 ff). Für die innere Willensbildung ist der Gemeinderat zuständig, dem gemäß § 34 Abs 2 K-AGO alle Aufgaben obliegen, „die ihm durch Gesetz übertragen sind, und alle nichtbehördlichen Aufgaben des eigenen Wirkungsbereiches, die durch Gesetz nicht einem anderen Organ übertragen sind." Gemäß § 69 Abs 1 K-AGO vertritt der Bürgermeister die Gemeinde, somit ist er für die Abgabe der Willenserklärungen im Außenverhältnis zuständig (die Schriftform ergibt sich aus § 71 K-AGO iVm § 53 Abs 9; zur Fertigung und Rechtswirksamkeit siehe § 71 K-AGO). 2

Zu den „privatwirtschaftlichen Maßnahmen" siehe § 53 Anm 6. 3

Zu den „im örtlichen Entwicklungskonzept festgelegten Zielen der örtlichen Raumplanung" siehe § 9. 4

Nach einem Judikat des VfGH (VfSlg 15.625/1999) ist die zwingende unmittelbare Verknüpfung von privatwirtschaftlichen Maßnahmen, im Sinne einer obligatorischen Vertragsraumordnung, mit der Erlassung von hoheitlichen Planungsakten auf Grund der Verletzung des Legalitätsprinzips, des Rechtsstaatsprinzips, des Eigentumsrechts und des Gleichheitsgrundsatzes verfassungswidrig (siehe dazu *Auer*, bbl 2000, 1 ff; *Kleewein*, JBl 2000, 562 ff; *Eisenberger/Steineder*, bbl 2011, 157 f; *Berka/Kletečka*, Vertragsraumordnung 89 f; *Schöndorfer-Haslauer*, ZfV 2021, 130 f). 5

Aus § 53 Abs 1 entsteht aber keine Verpflichtung privatwirtschaftliche Maßnahmen zu setzen („ist berechtigt"; vgl OGH 16.3.2016, 3 Ob 241/15k). Die Bestimmungen zählen somit zur fakultativen Raumordnung. Zur fakultativen Raumordnung zählen aber auch Bestimmungen, die keine Verpflichtung zu einem vorherigen Vertrag zwischen

Gemeinde und Grundeigentümer vorsehen, um eine Baulandwidmung festlegen zu können, sowie der fehlende Abschluss eines Vertrages auch nicht zur aufsichtsbehördlichen Versagung im Rahmen des Genehmigungsverfahrens führt (*Kleewein*, Vertragsraumordnung 261 f). In diesem Sinne zählt meiner Ansicht nach auch die Verpflichtung der Gemeinde gemäß § 30 Abs 6 durch privatwirtschaftliche Vereinbarung gemäß § 53 sicherzustellen, dass die Nutzung und der Betrieb des Hoteldorfs ausschließlich im Rahmen der gewerbsmäßigen Fremdenbeherbergung erfolgt, und die Verpflichtung zur privatwirtschaftlichen Vereinbarung gemäß § 32 Abs 1 Z 2, um in Klagenfurt am Wörthersee und Villach ein Einkaufszentren auch außerhalb der Stadtkerne errichten zu dürfen, zur fakultativen Raumordnung.

Auch für die Verfassungskonformität der Bestimmung des § 15 Abs 5, nach der abweichend von § 15 Abs 4 eine Neufestlegung von Bauland erfolgen darf, wenn ua sich der Grundeigentümer in einer privatwirtschaftlichen Vereinbarung mit der Gemeinde verpflichtet, für eine widmungsgemäße Bebauung der Grundflächen innerhalb von fünf Jahren nach deren Festlegung als Bauland zu sorgen, sprechen gute Gründe. Denn erstens ist die Gemeinde nicht verpflichtet eine Neufestlegung von Bauland auf Grundlage von § 15 Abs 5 überhaupt vorzunehmen („darf") und darf sich dazu gemäß § 53 Abs 5 auch nicht verpflichten. Die Behörde ist somit nicht an den Willen eines Dritten gebunden. Zweitens handelt es sich nur um ein zu prüfendes Tatbestandsmerkmal neben anderen. Die Behörde hat zu prüfen, ob die privatwirtschaftliche Vereinbarung die gesetzlichen Voraussetzungen erfüllt. Es besteht aber keine Bindung an den Inhalt der privatwirtschaftlichen Vereinbarung, die Verordnung beruht ausschließlich auf dem Gesetz. Drittens handelt es sich bei § 15 Abs 5 um eine Ausnahmebestimmung. Denn gemäß § 15 Abs 4 wäre eine Neufestlegung von Bauland in diesen Fällen auf Grund einer den abschätzbaren Baulandbedarf für die nächsten zehn Jahre übersteigenden Baulandreserve gar nicht zulässig. Die privatwirtschaftliche Vereinbarung einer widmungsgemäßen Verbauung dient gerade dazu, die Voraussetzung für eine Baulandwidmung – keine neuen Baulandreserven – zu schaffen (vgl zu Vereinbarungen über die Bezahlung von Aufschließungskosten *Eisenberger/Steineder*, bbl 2011, 159 ff). Es wird somit aber auch keine Grundfläche, an deren Verbauung ein raumordnungsfachliches Interesse besteht, nur wegen einer fehlenden privatwirtschaftlichen Vereinbarung nicht als Bauland festgelegt. Aus diesen Gründen ist meiner Ansicht nach auch § 15 Abs 5 zur fakultativen Vertragsraumordnung zu zählen.

Die Bestimmung enthält eine demonstrative Aufzählung von privatwirtschaftlichen Vereinbarungen („zählen jedenfalls"). Innerhalb der Schranken der Gesetze sind auch andere privatwirtschaftliche Vereinbarungen zulässig (siehe auch § 53 Anm 1). Zu den einzelnen Vertragstypen zählen (ausführlich *Kleewein*, Vertragsraumordnung 285 ff; *ders*, RFG 2005, 52 ff; *Berka/Kletečka*, Vertragsraumordnung 108 ff; siehe auch *Mauerhofer*, bbl 2008, 59 ff) zB Verwendungsverträge (zB § 53 Abs 2 Z 3 und 7), Überlassungsverträge (zB § 53 Abs 2 Z 1 und 2), Aufschließungsverträge (zB § 53 Abs 2 Z 4; Herstellung von Einrichtungen der Daseinsvorsorge durch den Grundeigentümer), Planungskostenverträge (zB § 53 Abs 2 Z 5), Förderungsverträge (zB Förderungen an Grundeigentümer im Rahmen von § 53 Abs 2 Z 1) und Umlegungsverträge (zB Vereinbarung über die Neuaufteilung von Parzellen). **6**

Gemäß § 2 Abs 2 Z 4 ist ein Grundsatz des K-ROG 2021, dass bei der Siedlungsentwicklung „vorrangig die Deckung des ganzjährigen Wohnbedarfs der Bevölkerung" anzustreben ist (siehe § 2 Anm 23; zum „leistbaren Wohnen" *Kanonier*, bbl 2017, 168 f; siehe auch *Bajlicz*, ZfV 2021, 421 ff). Privatwirtschaftliche Vereinbarungen gemäß § 53 Abs 2 Z 1 können zB durch Überlassungsverträge oder Förderungsverträge Voraussetzungen hiefür schaffen. Gemäß § 54 Abs 1 darf vorgesehen werden, dass sich der Grundeigentümer zur Veräußerung an die Gemeinde oder an einen sonstigen Dritten zu einem angemessenen Preis verpflichtet (siehe § 54 Anm 1). **7**

Gemäß § 2 Abs 1 Z 5 ist die Grundversorgung der Bevölkerung mit häufig benötigten privaten Gütern, dazu zählt auch der Wohnraum, in ausreichendem Umfang, in angemessener Qualität und in zumutbarer Entfernung sicherzustellen und weiterzuentwickeln (siehe § 2 Anm 6). Gemäß § 2 Abs 2 Z 4 ist ein Grundsatz des K-ROG 2021, dass bei der Siedlungsentwicklung „vorrangig die Deckung des ganzjährigen Wohnbedarfs der Bevölkerung" anzustreben ist (siehe § 2 Anm 23; zum „leistbaren Wohnen" *Kanonier*, bbl 2017, 168 f; *Bajlicz*, ZfV 2021, 421 ff). Privatwirtschaftliche Vereinbarungen gemäß § 53 Abs 2 Z 2 können durch Überlassungsverträge Voraussetzungen hiefür schaffen. Gemäß § 54 Abs 1 darf vorgesehen werden, dass sich der Grundeigentümer zur Veräußerung an die Gemeinde oder an einen sonstigen Dritten zu einem angemessenen Preis verpflichtet (siehe § 54 Anm 1). Zu **8** den „förderbaren Wohngebäuden nach dem III. Abschnitt des K-WB-FG 2017" siehe § 29 Anm 4.

**9** Ausweislich der ErlRV 01-VD-LG-1865/5-2021, 3, ist einer der Hauptgesichtspunkte des K-ROG 2021 die Reduktion des Baulandüberhanges insbesondere durch eine Anpassung der Baulandreserven an den Baulandbedarf. In diesem Sinne dienen solche Vereinbarungen vor allem dem Ziel des § 2 Abs 1 Z 4, dass bei der Entwicklung der Siedlungsstruktur eine möglichst sparsame Verwendung von Grund und Boden sowie eine Begrenzung und räumliche Verdichtung der Bebauung anzustreben ist und eine Zersiedelung der Landschaft zu vermeiden ist (siehe dazu § 2 Anm 7), sowie dem Grundsatz des § 2 Abs 2 Z 7, dass die Zersiedelung der Landschaft zu vermeiden ist und die Innenentwicklung der Siedlungsstruktur Vorrang vor deren Außenentwicklung hat (siehe dazu § 2 Anm 26). Eine widmungsgemäße Bebauung ist gemäß § 2 Abs 2 der Richtlinien-Verordnung (die Richtlinien-Verordnung ist unter Punkt 1.14. abgedruckt) gegeben, wenn das Bauvorhaben vollendet worden ist (siehe zur „Bauvollendung" § 25 Anm 19). Gemäß § 54 Abs 2 darf vorgesehen werden, dass sich der Grundeigentümer im Falle einer tatsächlichen Umwidmung in Bauland anstelle einer widmungsgemäßen Verbauung dazu verpflichtet, Teile der Grundflächen für Zwecke des § 53 Abs 2 Z 1 oder 2 an die Gemeinde oder an einen Dritten zu einem angemessenen Preis zu veräußern (siehe § 54 Anm 2).

**10** Gemäß § 4 Abs 1 der Richtlinien-Verordnung (die Richtlinien-Verordnung ist unter Punkt 1.14. abgedruckt) sind „Aufschließungskosten" insbesondere Kosten für die Errichtung einer der vorgesehenen Verwendung der Grundflächen entsprechenden Abwasserversorgung, Wasserversorgung oder verkehrsmäßigen Erschließung, und für die Schaffung der sonstigen Bebauungsvoraussetzungen. Soweit die Aufschließungskosten durch gesetzliche Gebühren und Beiträge abgegolten werden, dürfen diese nicht im Rahmen einer privatwirtschaftlichen Vereinbarung überbunden werden. Dies ergibt sich schon aus § 53 Abs 4 zweiter Satz, nach dem bei der Festlegung der Leistungspflichten, zu deren Übernahme sich die Vertragspartner verpflichten, auf deren Verhältnismäßigkeit zu achten ist, und aus § 4 Abs 1 der Richtlinien-Verordnung (vgl *Kleewein*, Vertragsraumordnung 303 f; *ders*, bbl 2017, 117 ff; siehe auch § 25 Abs 6).

**11** Vereinbarungen mit Grundeigentümern über deren Beteiligung an den der Gemeinde nachweislich entstehenden Planungskosten dürfen nur unter den Voraussetzungen des § 54 Abs 3 abgeschlossen werden. Diese Voraussetzungen dienen dazu, einen rechtsmissbräuchlichen Einsatz dieser privatwirtschaftlichen Vereinbarungen zu verhindern (zum Ganzen *Kleewein*, bbl 2006, 139 ff). Meiner Ansicht nach sind nur „Planungskosten" im Rahmen der Änderung der Flächenwidmungspläne und der Bebauungspläne umfasst. Dies ergibt sich schon aus dem Wortlaut. Auch sind grundsätzlich nur diese Kosten im Sinne von § 54 Abs 3 letzter Satz „konkret zurechenbar". Planungskosten der örtlichen Entwicklungskonzepte dürfen aus diesen Gründen nicht Inhalt einer privatwirtschaftlichen Vereinbarung sein.

Zur „Baulandeignung" siehe § 15. Es ist insbesondere zu beachten, dass gemäß § 53 Abs 4 zweiter Satz bei der Festlegung der Leistungspflichten, zu deren Übernahme sich die Vertragspartner verpflichten, auf deren Verhältnismäßigkeit zu achten ist (vgl *Kleewein*, Vertragsraumordnung 303 f; *ders*, bbl 2017, 117 ff). **12**

Zu den „Gebäuden samt dazugehörigen baulichen Anlagen" siehe § 17 Anm 1, zum „Tourismus" § 2 Anm 10, zur „gewerblichen Beherbergung im Sinne der GewO 1994" und zur „Privatzimmervermietung" § 30 Anm 4. Mit solchen Verwendungsverträgen ist aber keine für eine Reallast geforderte positive Leistung des Grundeigentümers verbunden, es stellt damit kein der Einverleibung im Grundbuch zugängliches dingliches Recht gemäß § 9 GBG dar (OGH SZ 2012/141). **13**

Zum „örtlichen Entwicklungskonzept" siehe § 9. **14**

Die verfassungsrechtlich gewährleisteten Grundrechte binden den Staat auch im Rahmen der Privatwirtschaftsverwaltung (zum Ganzen ausführlich *Kleewein*, Vertragsraumordnung 161 und 207 ff mN; siehe auch *Berka/Kletečka*, Vertragsraumordnung 100 ff). Somit müssen privatwirtschaftliche Vereinbarungen der Gleichheit aller Staatsbürger vor dem Gesetz gemäß Art 2 StGG und Art 7 B-VG entsprechen. Durch § 53 Abs 3 wird dies für die Vertragsraumordnung auch ausdrücklich einfachgesetzlich im K-ROG 2021 normiert und durch eine demonstrative Aufzählung von Kriterien, die Grundlage für eine unterschiedliche Behandlung von Vertragspartnern der Gemeinde sein können, näher determiniert. **15**

Die verfassungsrechtlich gewährleisteten Grundrechte binden den Staat auch im Rahmen der Privatwirtschaftsverwaltung (zum Ganzen ausführlich *Kleewein*, Vertragsraumordnung 161 ff; siehe auch *Berka/Kletečka*, Vertragsraumordnung 100 ff mN). Schon durch § 2 Abs 2 Z 6 **16** wird normiert, dass den Interessen des Gemeinwohles sowie den sonstigen öffentlichen Interessen „unter Wahrung der verfassungsgesetzlich gewährleisteten Rechte der Bürger" der Vorrang gegenüber den Einzelinteressen zukommt (siehe dazu § 2 Anm 25). Durch § 53 Abs 4 wird dies für die Vertragsraumordnung auch ausdrücklich einfachgesetzlich im K-ROG 2021 normiert. Neben der Gleichheit aller Staatsbürger vor dem Gesetz gemäß Art 2 StGG und Art 7 B-VG, welche schon in § 53 Abs 3 ausdrücklich im K-ROG 2021 normiert ist, ist insbesondere das Grundrecht auf Unverletzlichkeit des Eigentums gemäß Art 5 StGG und Art 1 1. ZPEMRK wesentlich.

Nach der Judikatur des VfGH (VfSlg 10.12.2020, V 17/2019), ist eine grundlegende Anforderung an planende Maßnahmen eine Abwägung der für die Erlassung bzw Änderung sprechenden Interessen. Dies gilt insbesondere zwischen öffentlichen Interessen und privaten Interessen (VfGH VfSlg 10.12.2020, V 17/2019 mwN; zu berücksichtigen ist auch der rechtmäßige Bestand VfGH VfSlg 15.949/2000; VfSlg 18.162/2007). Indem § 53 Abs 4 normiert, dass die wirtschaftlichen Interessen der Vertragspartner der Gemeinde den Interessen der örtlichen Raumplanung gegenüberzustellen und gegeneinander abzuwägen sind, wird dieses Abwägungsgebot in Hinsicht auf die wirtschaftlichen Interessen der Vertragspartner der Gemeinde auch in die Vertragsraumordnung übernommen.

Hinsichtlich der Festlegung von Leistungspflichten wird darüber hinaus auf die Verhältnismäßigkeit als Teil des Verhältnismäßigkeitsprinzips abgestellt. Es ist somit das öffentliche Interesse an der Erreichung des Ziels und der Eingriff in das verfassungsrechtlich gewährleistete Grundrecht gegenüberzustellen und abzuwägen. Die Schwere der vereinbarten Leistungspflicht muss in einem angemessenen Verhältnis zum Gewicht der öffentlichen Interessen stehen (zum Ganzen ausführlich *Kleewein*, Vertragsraumordnung 170 ff mN).

**17** Nach einem Judikat des VfGH (VfSlg 15.625/1999) ist die zwingende unmittelbare Verknüpfung von privatwirtschaftlichen Maßnahmen, im Sinne einer obligatorischen Vertragsraumordnung, mit der Erlassung von hoheitlichen Planungsakten ua auf Grund der Verletzung des Legalitätsprinzips verfassungswidrig (siehe dazu *Auer*, bbl 2000, 1 ff; *Kleewein*, JBl 2000, 562 ff; *Eisenberger/Steineder*, bbl 2011, 157 f; *Schöndorfer-Haslauer*, ZfV 2021, 130 f). Denn eine Bindung des Verordnungsgebers an privatwirtschaftliche Vereinbarungen führt dazu, dass die Verordnung nicht mehr unmittelbar und ausschließlich auf dem Gesetz beruht. Gemäß § 53 Abs 5 ist eine solche Verknüpfung unzulässig.

Durch Sicherungsmittel soll gewährleistet werden, dass der Vertragspartner der Gemeinde seiner vertraglichen Leistungspflicht auch tatsächlich nachkommt (zum Ganzen ausführlich *Kleewein*, Vertragsraumordnung 323 ff mN; *Trapichler*, bbl 2015, 52 f; siehe auch die Bestimmungen in der Richtlinien-Verordnung, die Richtlinien-Verordnung ist unter Punkt 1.14. abgedruckt). Auch bei der Auswahl und bei der inhaltlichen Gestaltung der Sicherungsmittel ist die Gemeinde an die verfassungsrechtlich gewährleisteten Grundrechte gebunden. Dies wird in § 53 Abs 6 dadurch ausdrücklich normiert, dass „nur solche Sicherungsmittel vorgesehen werden, die im Hinblick auf die mit der Vereinbarung verfolgten Interessen der örtlichen Raumplanung geeignet, erforderlich und verhältnismäßig sind" und auf § 54 Abs 4 verwiesen wird (siehe dazu § 53 Anm 16). Zu „Konventionalstrafen" siehe § 1336 ABGB, zu „Kautionen" siehe zB die Kautionshypothek gemäß § 14 Abs 2 GBG 1955, zur „Hypothek" § 447 ff ABGB und zur „Bürgschaft" § 1346 ff ABGB. „Die Einräumung eines Optionsrechtes" ist mit dem Vorvertrag gemäß § 936 ABGB verwandt. Der Gemeinde wird dadurch das Gestaltungsrecht eingeräumt unmittelbar zB die Grundfläche oder ein Baurecht an der Grundfläche zu erwerben. Es handelt sich um eine demonstrative Aufzählung der Sicherungsmittel („insbesondere"). Denkbar sind zB auch Wiederkaufsrechte gemäß § 1068 ff ABGB, Vorkaufsrechte gemäß § 1072 ff ABGB (vgl zur kompetenzrechtlichen Problematik VfGH VfSlg 13.322/1992), Bestandsverträge gemäß § 1090 ff ABGB (vgl § 3 Abs 2 der Richtlinien-Verordnung), Veräußerungs- oder Belastungsverbote, Bankgarantien oder die Übergabe eines Sparbuches (zu Parifizierungsverboten zur Sicherstellung der widmungsgemäßen Verwendung kritisch *Dworak*, bbl 2017, 46 f). Gemäß § 54 Abs 4 darf auch vereinbart werden, dass anstelle der in der Vereinbarung festgelegten Mittel zur Sicherstellung der Erfüllung der vereinbarungsgemäßen Leistungspflichten auf Ersuchen des Vertragspartners der Gemeinde, die Leistungspflicht auch durch andere geeignete Sicherungsmittel, die über denselben Geldwert, wie die in der Vereinbarung festgelegten Sicherungsmittel verfügen, erfolgen darf (alternative Sicherungsmittel). Auf Ersuchen des Vertragspartners dürfen mit Zustimmung der Gemeinde auch für bereits abgeschlossene Vereinbarungen alternative Sicherungsmittel vereinbart werden (siehe dazu § 54 Anm 4).

**18**

**19** „Frist" ist der rechtlich erhebliche Zeitraum. Wenn vertraglich nichts anderes bestimmt ist, ist eine zivile Fristberechnung nach § 902 f ABGB vorzunehmen (*Welser/Kletečka*, Bürgerliches Recht I[15] Rz 701). Bei der Bemessung der Frist für Vereinbarungen über die Sicherstellung der widmungsgemäßen Verwendung ist gemäß § 2 Abs 3 der Richtlinien-Verordnung (die Richtlinien-Verordnung ist unter Punkt 1.14. abgedruckt) insbesondere auf notwendige Aufwendungen zur Baureifmachung, Art und Umfang der künftigen Bebauung sowie die Zeit zur Erwirkung der erforderlichen behördlichen Genehmigungen Bedacht zu nehmen. In solchen Vereinbarungen ist auch vorzusehen, dass bei Vorliegen berücksichtigungswürdiger Gründe eine angemessene Verlängerung der Frist zur widmungsgemäßen Bebauung zu gewähren ist. Darüber hinaus besteht gemäß § 53 Abs 7 für alle Arten von Vereinbarungen die Möglichkeit („darf"), auf Ersuchen des Vertragspartners die Fristen längstens bis zum Ablauf von zehn Jahren ab dem Zeitpunkt des Abschlusses der Vereinbarung zu verlängern.

**20** In die privatwirtschaftliche Vereinbarung ist die Verpflichtung für den Vertragspartner der Gemeinde aufzunehmen, dass dieser die von ihm übernommenen Leistungspflichten auf seinen Rechtsnachfolger überbindet (zum Ganzen *Trapichler*, bbl 2015, 54 f). Die „Sicherstellung" erfolgt durch diese vertragliche Verpflichtung, soweit möglich sollte eine Sicherstellung auch im Grundbuch erfolgen. Aus dem Zweck der Bestimmung – der Sicherstellung der Erreichung der Ziele der Raumordnung im Rahmen der Vertragsraumordnung auch bei Rechtsnachfolge – ist meiner Ansicht nach abzuleiten, dass die „Leistungspflicht", die zu überbinden ist, auch die Sicherungsmittel umfasst. Gegebenenfalls sind aber aus grundrechtlichen Erwägungen Vertragsanpassungen mit dem Rechtsnachfolger vorzunehmen. Welche Nutzungsverträge „längerfristig" sind, ist ebenso vor dem Hintergrund des Zwecks der Bestimmung und der Geeignetheit zur Umgehung dieses Zweckes auszulegen. So werden ganz kurze Nutzungsverträge nicht zur Rechtsnachfolge von Dritten führen. Zum „Baurecht" siehe das BauRG und zu den „Bestandsrechten" § 1090 ff ABGB.

**21** Schon gemäß § 71 Abs 1 K-AGO bedürfen Erklärungen, durch die sich die Gemeinde privatrechtlich verpflichtet, zu ihrer Rechtswirksamkeit der Schriftform. Es handelt sich um eine Aufzählung der zwingenden Vertragsinhalte, weitere Inhalte sind möglich („jedenfalls"). Im Auftrag der Abteilung 3 – Gemeinden, Raumordnung und Katastrophenschutz – des Amtes der Kärntner Landesregierung wurden durch das Notariat Schöffmann Muster für privatwirtschaftliche Vereinbarungen ausgearbeitet. Diese sind unter Punkt 3. abgedruckt (der Abteilung 3 – Gemeinden, Raumordnung und Katastrophenschutz – des Amtes der Kärntner Landesregierung und dem Notariat Schöffmann danke ich für die Zurverfügungstellung für dieses Buch).

Gemäß Art V Abs 6 LGBl 2021/59 gelten die im Zeitpunkt des Inkrafttretens des K-ROG 2021 bestehenden Richtlinien-Verordnungen als Richtlinien-Verordnungen im Sinne des K-ROG 2021. Somit gilt die Richtlinien-Verordnung, LGBl 1997/105, als Richtlinien-Verordnung im Sinne des § 53 Abs 10 (diese ist unter Punkt 1.14. abgedruckt). Gemäß Art V Abs 7 LGBl 2021/59 hat die Landesregierung die Richtlinien-Verordnung spätestens binnen drei Jahren ab Inkrafttreten des K-ROG 2021 (das K-ROG 2021 ist am 1.1.2022 in Kraft getreten) an die Bestimmungen des K-ROG 2021 anzupassen, wenn sie den Bestimmungen des K-ROG 2021 nicht entspricht. **22**

Entwürfe von Verordnungen der Landesregierung sind gemäß Art 38 Abs 2 iVm Art 33 Abs 3 bis 5 K-LVG vor der Beschlussfassung einem Begutachtungsverfahren zu unterziehen. Im Begutachtungsverfahren hat jede Person das Recht, innerhalb der mindestens vierwöchigen Begutachtungsfrist eine schriftliche Stellungnahme abzugeben. Auf die Durchführung des Begutachtungsverfahrens besteht indes kein Rechtsanspruch. Die Unterlassung des Begutachtungsverfahrens hat auf die Rechtmäßigkeit des Gesetzes keinen Einfluss. Im Rahmen des Begutachtungsverfahrens ist insbesondere auf das Rücksichtnahmegebot des § 2 Abs 2 Z 2 insofern Bedacht zu nehmen, als die betroffenen Gebietskörperschaften und andere Planungsträger einzubinden und deren Interessen abzuwägen sind (siehe dazu § 2 Anm 21 und 27). Darüber hinaus ist gemäß § 55 Abs 2 der Raumordnungsbeirat vor Beschlussfassung bei sonstiger Gesetzwidrigkeit zwingend zu hören (siehe § 55 Anm 6). Die Verpflichtung zur Kundmachung und der Zugang zur kundgemachten Verordnung ergeben sich aus dem K-KMG.

Schon gemäß § 78 Abs 7 K-AGO ist im Gemeindeamt ein Archiv zur sicheren Aufbewahrung von Akten, Urkunden und Verhandlungsschriften zu führen. Darüber hinaus sind gemäß § 51 Abs 2 lit c K-GHG Belege über Rechte an unbeweglichen Sachen dauernd gesichert aufzubewahren. Diese Aufbewahrungspflicht besteht unabhängig von einer Eintragung dieser Rechte im Grundbuch (*Krenn/Steinwender*, Gemein- **23** dehaushaltsgesetz § 52 K-GHG Anm 6). Zusätzlich sieht § 53 Abs 11 ein spezielles Verzeichnis für die privatwirtschaftlichen Vereinbarungen nach § 53 vor. Es sind aber nur jene privatwirtschaftlichen Vereinbarungen aufzunehmen, hinsichtlich derer der Gemeinderat eine „Änderung des Flächenwidmungs- oder Bebauungsplanes" (siehe dazu § 34 und § 50) beschlossen hat. Da das Verzeichnis „auf aktuellem Stand zu halten" ist, hat meiner Ansicht nach die Dokumentation der Erfüllung der vereinbarungsgemäßen Leistungspflichten auch den Erfüllungsstatus, dh die Erfüllung abgeschlossener Teile der Gesamtleistungspflichten, zu umfassen. Gemäß Art V Abs 13 LGBl 2021/59 sind im Zeitpunkt des Inkrafttretens dieses Gesetzes bestehende privatwirtschaftliche Vereinbarungen in das Verzeichnis aufzunehmen, wenn unabhängig von Leistungspflichtenerfüllungsfristen die vereinbarungsgemäßen Leistungspflichten nicht oder nicht zur Gänze erfüllt worden sind.

**24** Zu den „Genehmigungsverfahren" siehe § 38 Anm 9 und § 51 Anm 10, zu den „Erläuterungen" siehe § 13 Anm 12, § 47 Anm 10 und § 48 Anm 11, zu den im örtlichen Entwicklungskonzept festgelegten „Zielen der örtlichen Raumplanung" siehe § 9 Anm 10 und zur Mängelbehebung „nach § 13 Abs. 3 AVG" siehe § 38 Anm 10 und § 51 Anm 11.

**25** Zu den „Erläuterungen" siehe § 13 Anm 12, § 47 Anm 10 und § 48 Anm 11. Zu personenbezogenen Daten zählen gemäß Art 4 Z 1 DSGVO „alle Informationen, die sich auf eine identifizierte oder identifizierbare natürliche Person […] beziehen; als identifizierbar wird eine natürliche Person angesehen, die direkt oder indirekt, insbesondere mittels Zuordnung zu einer Kennung wie einem Namen, zu einer Kennnummer, zu Standortdaten, zu einer Online-Kennung oder zu einem oder mehreren besonderen Merkmalen, die Ausdruck der physischen, physiologischen, genetischen, psychischen, wirtschaftlichen, kulturellen oder sozialen Identität dieser natürlichen Person sind, identifiziert werden kann".

Ein berechtigtes Interesse ist zB bei Grundeigentümern, die unter gleichen Bedingungen eine privatwirtschaftliche Vereinbarung mit der Gemeinde abschließen wollen, oder bei potentiellen Käufern, Pächtern etc der betroffenen Grundflächen anzunehmen (*Pallitsch/Pallitsch/Kleewein*, Baurecht[5] § 22 K-GplG 1995 Anm 9). Das berechtigte Interesse ist lediglich „glaubhaft" zu machen, somit nicht zu beweisen (vgl VwGH 18.12.2012, 2009/11/0249).

### § 54 Besondere Vertragsinhalte

(1) In Vereinbarungen mit Grundeigentümern über die Sicherstellung der Verfügbarkeit von Grundflächen zur Vorsorge für die Deckung des örtlichen Bedarfs an Baugrundstücken zu angemessenen Preisen und zur Zurverfügungstellung von geeigneten Grundstücken für die Errichtung von nach dem III. Abschnitt des K-WBFG 2017 förderbaren Wohngebäuden darf vorgesehen werden, dass sich der Grundeigentümer zur Veräußerung an die Gemeinde oder an einen sonstigen Dritten zu einem angemessenen Preis verpflichtet.[1]

(2) In Vereinbarungen mit Grundeigentümern zur Sicherstellung einer widmungsgemäßen Verwendung von Baugrundstücken darf vorgesehen werden, dass sich der Grundeigentümer im Falle einer tatsächlichen Umwidmung in Bauland anstelle einer widmungsgemäßen Verbauung dazu verpflichtet, Teile der Grundflächen für Zwecke des § 53 Abs. 2 Z 1 oder 2 an die Gemeinde oder an einen Dritten zu einem angemessenen Preis zu veräußern.[2]

(3) Vereinbarungen mit Grundeigentümern über deren Beteiligung an den der Gemeinde nachweislich entstehenden Planungskosten im Sinne des § 53 Abs. 2 Z 5 dürfen nur abgeschlossen werden, wenn
1. die Änderungen des Flächenwidmungsplanes oder des Bebauungsplanes hinsichtlich der betroffenen Grundflächen aufgrund von Anregungen der jeweiligen Grundeigentümer erfolgen, welche diese der Gemeinde schriftlich übermittelt haben,
2. die Änderungen des Flächenwidmungsplanes oder des Bebauungsplanes nicht bereits aus den in § 34 Abs. 4 oder § 50 Abs. 2 und 3 genannten Gründen erforderlich ist und
3. die durch die Planänderung tatsächlich anfallenden Kosten nicht bereits durch etwaige Abgaben oder Gebühren gedeckt sind.

Die Gemeinde darf in derartigen Vereinbarungen die Tragung der einzelnen Grundeigentümern konkret zurechenbaren Kosten, die der Gemeinde durch die Ausarbeitung der Pläne erwachsen sind, vorsehen.[3]

(4) In Vereinbarungen mit Grundeigentümern darf vorgesehen werden, dass anstelle der in der Vereinbarung festgelegten Mittel zur Sicherstellung der Erfüllung der vereinbarungsgemäßen Leistungspflichten auf Ersuchen des Vertragspartners der Gemeinde, die Leistungspflicht auch durch andere geeignete Sicherungsmittel, die über

denselben Geldwert, wie die in der Vereinbarung festgelegten Sicherungsmittel verfügen, erfolgen darf (alternative Sicherungsmittel). Auf Ersuchen des Vertragspartners dürfen mit Zustimmung der Gemeinde auch für bereits abgeschlossene Vereinbarungen alternative Sicherungsmittel vereinbart werden. Bei der Auswahl und bei der inhaltlichen Gestaltung alternativer Sicherungsmittel gilt § 53 Abs. 3 bis 12 sinngemäß.[4]

**Lit:**
*Giese*, Die Namhaftmachung des Käufers und Festlegungen des Grundstückspreises bei raumordnungs-rechtlichen Überlassungsverträgen für den geförderten Wohnbau, bbl 2017, 8; *Huemer/Strobl-Mairhofer*, Grundstücksbewertung im Bauland – Auswirkungen wertbildender Merkmale auf den Verkehrswert, SV 2011, 67 und 134; *Kleewein*, Vertragsraumordnung, 2003; *ders*, Überwälzung von Raumplanungskosten auf Private?, bbl 2006, 139; *Reinberg/Reinberg*, Definitionen des Verkehrswertes, ZLB 2021/2; *Steinschaden*, Der Verkehrswert von Liegenschaften – eine besondere Sachverhaltsfrage?, immolex 2005, 134.

## I. Erläuterungen

### ErlRV 01-VD-LG-1865/5-2021, 61 f:

„§ 54 wird neu geschaffen.

In § 54 Abs. 1 wird eine Ermächtigung der Gemeinde vorgesehen, in privatwirtschaftlichen Vereinbarungen zur Deckung des örtlichen Bedarfs an Baugrundstücken oder zur Errichtung von förderbaren Wohngebäuden eine Verpflichtung zur Veräußerung an die Gemeinde oder an einen Dritten zu einem angemessenen Preis vorzusehen. Die Wahl vertraglicher Mechanismen zur Bereitstellung von Baugrundstücken für Zwecke des sozialen Wohnbaus erscheint insbesondere vor dem Hintergrund der Notwendigkeit der Abgrenzung zur Kompetenz des Bundes gem. Art. 11 Abs. 1 Z 3 B-VG, in Angelegenheiten des Volkswohnungswesens mit Ausnahme der Förderung des Wohnbaus und der Wohnhaussanierung gesetzgeberisch tätig zu werden, erforderlich. Nach VfGH VfSlg. 2217/1951 gehört nämlich die Grundbeschaffung zur Errichtung von Klein- und Mittelwohnungen sowie für Siedlungszwecke im Wege der Enteignung zu den Angelegenheiten des Art. 11 Abs. 1 Z 3 B-VG (näher hierzu *Berka/Kletečka*, Gutachten zu Rechtsfragen der Vertragsraumordnung in Österreich, im Auftrag der Österreichischen Raumordnungskonferenz, vorläufige Endversion vom 27.6.2014, 24 f). Allerdings darf der Landesgesetzgeber im Rahmen seiner Raumord-

### 3. Hauptstück – Örtliche Raumordnung § 54

nungskompetenz besondere Flächenwidmungen für Zwecke des sozialen Wohnbaus vorsehen und dabei auch an wohnbauförderungsrechtliche Vorschriften knüpfen, soweit es um die Begrenzung der Größe und Ausstattung von Wohnungen in dieser Widmungskategorie geht (*Berka/Kletečka*, Gutachten Vertragsraumordnung, 25 mwN). Nach *Berka/Kletečka* legt diese Judikatur nahe, dass die flächenmäßige Vorsorge für tatsächlich geförderte Wohnungen nicht mehr von der Raumordnungskompetenz erfasst ist (*Berka/Kletečka*, Gutachten Vertragsraumordnung, 25). Im gegenständlichen Zusammenhang ist insbesondere auch auf das Bundesgesetz vom 3. Mai 1974, betreffend die Beschaffung von Grundflächen für die Errichtung von Häusern mit Klein- oder Mittelwohnungen oder von Heimen (Bodenbeschaffungsgesetz), BGBl. Nr. 288/1974 idF BGBl. I Nr. 112/2003, hinzuweisen.

Damit in Zusammenhang stehend ermächtigt § 54 Abs. 2 die Gemeinde zum Abschluss von Überlassungsverträgen mit Grundstückseigentümern, in welchen anstelle einer Bebauungsverpflichtung die Veräußerung der Grundflächen zu bestimmten Zwecken (Vereinbarungen zur Deckung des örtlichen Bedarfs, Errichtung von förderbaren Wohngebäuden) vorgesehen werden kann. Die Statuierung einer gesetzlichen Ermächtigung, den Grundeigentümer im Fall der Umwidmung der Grundflächen dazu zu verpflichten, Projekte des förderbaren Wohnbaus zu realisieren, erscheint vor dem Hintergrund des Gleichbehandlungsgebotes sowie der Einschränkung hoheitsrechtlicher Nutzungsmöglichkeiten bedenklich (*Kanonier*, Förderbarer Wohnbau, 34), weshalb im gegenständlichen Fall auch davon abgesehen wird. Ebenso unzulässig im Hinblick auf das Grundrecht auf Eigentum erscheint eine Verpflichtung zur Veräußerung an einen von der Gemeinde vorgeschlagenen Dritten (vgl. hierzu VfSlg. 9004/1981 – Versagung einer grundverkehrsbehördlichen Genehmigung eines Rechtsgeschäftes: „[... Grundverkehrsrechtlich darf die Untersagung des Eigentumserwerbes also nur dann vorgesehen werden, wenn der Erwerb an sich den erwähnten öffentlichen Interessen widerspricht. Das Gesetz darf die Grundverkehrsbehörde nicht dazu ermächtigen, im Einzelfall festzustellen, welcher Erwerber den Grundverkehrsinteressen am besten entspricht und damit (zumindest indirekt) zu bestimmen, daß nur eine ganz bestimmte Person das Grundstück erwerben darf (vgl. zB VfGH VfSlg. 5585/1967)"]). Eine grundrechtskonforme Ausgestaltung des Vertrages gebietet ferner, dass derartige Überlassungsverträge nur unter Zugrundelegung eines angemessenen Preises erfolgen dürfen.

In § 54 Abs. 3 wird nach dem Vorbild des § 43 Abs. 1 des Steiermärkischen Raumordnungsgesetzes 2010 eine gesetzliche Ermächtigung zum Abschluss sog. „Planungskostenverträge" mit dem Grundeigentümer vorgesehen. Da nach § 2 F-VG 1948 die Gebietskörperschaften, wenn gesetzlich nicht anderes bestimmt ist, den Aufwand, der sich aus der Besorgung ihrer Aufgaben ergibt, zu tragen haben, ist eine gesetzliche Verankerung für die Tragung von Planungskosten jedenfalls geboten (*Kleewein*, bbl 2014, 104).

Nach § 54 Abs. 4 wird die Gemeinde ermächtigt, in privatwirtschaftlichen Vereinbarungen vorzusehen, dass anstelle der in der Vereinbarung festgelegten Mittel zur Sicherstellung der Leistungspflichten auf Ersuchen des Vertragspartners der Gemeinde die Leistungspflicht durch alternative Sicherungsmittel erfolgen darf (andere geeignete Sicherungsmittel, die über denselben Geldwert verfügen); mit Zustimmung der Gemeinde ist dies auch für bereits bestehende Vereinbarungen zulässig. Auch dies erfolgt aufgrund von Wünschen der Vollzugspraxis."

## II. Anmerkungen

**1** Zu den „Vereinbarungen mit Grundeigentümern über die Sicherstellung der Verfügbarkeit von Grundflächen zur Vorsorge für die Deckung des örtlichen Bedarfs an Baugrundstücken zu angemessenen Preisen" gemäß § 53 Abs 2 Z 1 siehe § 53 Anm 7 und zu den Vereinbarungen mit Grundeigentümern „zur Zurverfügungstellung von geeigneten Grundstücken für die Errichtung von nach dem III. Abschnitt des K-WBFG 2017 förderbaren Wohngebäuden" gemäß § 53 Abs 2 Z 2 siehe § 53 Anm 8. Zu den kompetenzrechtlichen Grundlagen und grundrechtlichen Aspekten siehe die oben unter Punkt I. abgedruckten ErlRV 01-VD-LG-1865/5-2021, 61 f. Aus grundrechtlichen Überlegungen hat sich meiner Ansicht nach der „angemessene Preis" am Verkehrswert zu orientieren (vgl *Kleewein*, Vertragsraumordnung 200 ff; kritisch zum Ganzen *Giese*, bbl 2017, 8 ff). Der „Verkehrswert" ist gemäß § 2 Abs 2 LBG der Preis, der bei einer Veräußerung der Sache üblicherweise im redlichen Geschäftsverkehr für sie erzielt werden kann (zu den Bewertungsverfahren siehe *Steinschaden*, immolex 2005, 134; *Huemer/Strobl-Mairhofer*, SV 2011, 67 ff und 134 ff; *Reinberg/Reinberg*, ZLB 2021/2).

**2** Zu den „Vereinbarungen mit Grundeigentümern über die Sicherstellung einer widmungsgemäßen Verwendung von Baugrundstücken" gemäß

§ 53 Abs 2 Z 3 siehe § 53 Anm 9. Zu den kompetenzrechtlichen Grundlagen und grundrechtlichen Aspekten siehe die oben unter Punkt I. abgedruckten ErlRV 01-VD-LG-1865/5-2021, 61 f. Aus grundrechtlichen Überlegungen hat sich meiner Ansicht nach der „angemessene Preis" am Verkehrswert zu orientieren (vgl *Kleewein*, Vertragsraumordnung 200 ff). Zu den „Zwecken des § 53 Abs. 2 Z 1 oder 2" siehe § 53 Anm 7 und 8. Der „Verkehrswert" ist gemäß § 2 Abs 2 LBG der Preis, der bei einer Veräußerung der Sache üblicherweise im redlichen Geschäftsverkehr für sie erzielt werden kann (zu den Bewertungsverfahren siehe *Steinschaden*, immolex 2005, 134; *Huemer/Strobl-Mairhofer*, SV 2011, 67 ff und 134 ff; *Reinberg/Reinberg*, ZLB 2021/2).

Zu den „Vereinbarungen mit Grundeigentümern über deren Beteiligung an den der Gemeinde nachweislich entstehenden Planungskosten im Sinne des § 53 Abs. 2 Z 5" siehe § 53 Anm 11. Die Voraussetzungen dienen dazu, einen rechtsmissbräuchlichen Einsatz dieser privatwirtschaftlichen Vereinbarungen zu verhindern (zum Ganzen *Kleewein*, Vertragsraumordnung 147 ff; *ders*, bbl 2006, 139 ff). Die Voraussetzungen müssen kumulativ vorliegen („und"). Zu den „Flächenwidmungsplänen" siehe § 13, zu den „Bebauungsplänen" § 47 f. Besteht bereits eine gesetzliche Verpflichtung gemäß § 34 Abs 4 oder § 50 Abs 2 und 3 zur Änderung eines Flächenwidmungs- oder Bebauungsplanes (siehe dazu § 34 Anm 10 f und § 50), ist eine privatwirtschaftliche Vereinbarung über die Planungskosten unzulässig. Daran ändert auch eine Anregung des Grundeigentümers zur Änderung nichts. Soweit die Planungskosten durch gesetzliche Gebühren und Beiträge abgegolten werden, dürfen diese nicht im Rahmen einer privatwirtschaftlichen Vereinbarung überbunden werden. Dies ergibt sich auch schon aus § 53 Abs 4 zweiter Satz, nach dem bei der Festlegung der Leistungspflichten, zu deren Übernahme sich die Vertragspartner verpflichten, auf deren Verhältnismäßigkeit zu achten ist (siehe § 53 Anm 16).

Zu den „Planungskosten", die überbunden werden dürfen, zählen nur die „einzelnen Grundeigentümer konkret zurechenbaren Kosten, die der Gemeinde durch die Ausarbeitung der Pläne erwachsen sind". Meiner Ansicht nach sind nur „Planungskosten" im Rahmen der Änderung der Flächenwidmungspläne und der Bebauungspläne umfasst. Dies ergibt sich schon aus dem Wortlaut von § 53 Abs 2 Z 5. Auch sind grundsätzlich nur diese Kosten „konkret zurechenbar". Planungskosten der örtlichen Entwicklungskonzepte dürfen aus diesen Gründen nicht Inhalt einer privatwirtschaftlichen Vereinbarung sein. Die Höhe der Planungskosten, die überbunden werden sollen, ist zwar nicht ausdrücklich begrenzt, es ist aber insbesondere die Bindung des Staates an die verfassungsrechtlich gewährleisteten Grundrechte auch im Rahmen der Privatwirtschaftsverwaltung zu beachten (siehe dazu § 53 Anm 16). So müssen diese in einem angemessenen Verhältnis zum Interesse des Grundeigentümers, zum öffentlichen Interesse und zum Planungsaufwand stehen. Eine Überbindung der gesamten Planungskosten oder gar darüberhinausgehender Kosten auf den Vertragspartner ist vor diesem Hintergrund unzulässig. Ausweislich der Materialien ErlRV 01-VD-LG-1865/5-2021, 62, ist § 43 Abs 1 StROG Vorbild der Bestimmung. Die Höhe der Planungskosten ist dort ausdrücklich mit höchstens der Hälfte der konkret zurechenbaren Kosten begrenzt. Dies ist meiner Ansicht nach auch der Ausgangswert, der auf Grund der Gegebenheiten im Einzelfall zu mindern ist oder erhöht werden kann (zum Ganzen *Kleewein*, Vertragsraumordnung 147 ff; *ders*, bbl 2006, 139 ff).

**4** Die Bestimmung ermöglicht, in den privatwirtschaftlichen Vereinbarungen vorzusehen, dass das in der Vereinbarung vorgesehene Sicherungsmittel durch ein anderes Sicherungsmittel ersetzt wird. Da das alternative Sicherungsmittel „denselben Geldwert" haben muss, ist dies nur zulässig, wenn sowohl das in der Vereinbarung vorgesehene Sicherungsmittel in Geld bewertet werden kann als auch das alternative Sicherungsmittel. Es bedarf eines „Ersuchens" des Vertragspartners der Gemeinde. Eine einseitige Festlegung eines alternativen Sicherungsmittels durch die Gemeinde ist somit nicht zulässig. Anderseits gewährt aber § 54 Abs 4 keinen Rechtsanspruch des Vertragspartners der Gemeinde auf Festlegung eines alternativen Sicherungsmittels („Ersuchen", „darf"), es bedarf somit der Zustimmung der Gemeinde. Wurde diese Möglichkeit in eine privatwirtschaftliche Vereinbarung nicht aufgenommen, darf gemäß § 54 Abs 4 zweiter Satz dennoch ein alternatives Sicherungsmittel vereinbart werden. Für die „inhaltliche Gestaltung alternativer Sicherungsmittel gilt § 53 Abs. 3 bis 12 sinngemäß", siehe dazu § 53 Anm 15 ff.

# 4. Hauptstück
# Raumordnungsbeirat

### § 55 Raumordnungsbeirat

(1) Beim Amt der Landesregierung[1] ist zur Beratung der Landesregierung in den Angelegenheiten der Raumordnung[2] ein Raumordnungsbeirat[3] einzurichten.[4]

(2) Der Raumordnungsbeirat ist von der Landesregierung in Angelegenheiten der Raumordnung, insbesondere vor Beschluss einer Verordnung der Landesregierung aufgrund dieses Gesetzes,[5] zu hören.[6]

(3) Die Mitgliedschaft zum Raumordnungsbeirat ist ein Ehrenamt. Die Landesregierung hat jedoch den Mitgliedern ein der Bedeutung ihres Amtes angemessenes Sitzungsgeld zu gewähren.[7]

**Lit:**
*Lachmayer*, Beiräte in der Bundesverwaltung, 2003.

## I. Erläuterungen
### ErlRV 01-VD-LG-1865/5-2021, 62:

„§ 55 entspricht grundsätzlich § 8 K-ROG der geltenden Fassung. Schon das Landesplanungsgesetz 1959, LGBl. Nr. 47/1959, sah in § 4 einen Landesplanungsbeirat vor. Die Bestimmung wurde durch LGBl. Nr. 76/1969 in das Kärntner Raumordnungsgesetz als § 8 übernommen (vgl. Erläuterungen Verf-125/5/1969, 4). In ihrer heutigen Form wurde die Bestimmung durch LGBl. Nr. 42/1994 geschaffen. In den Erläuterungen -2V-LG-386/12-2001, 1, zur Novelle LGBl. Nr. 136/2001 finden sich folgende Ausführungen zum Raumordnungsbeirat: *„Das Kärntner Raumordnungsgesetz, LGBl. Nr. 76/1969, idF der Gesetze LGBl. Nr. 5/1990, 42/1994, 86/1996 und der Kundmachungen*

*LGBl. Nr. 60/1994, 89/1994, enthält neben den zentralen gesetzlichen Grundlagen der überörtlichen Raumplanung in Kärnten in den §§ 8 ff. leg.cit. auch detaillierte Regelungen für den Raumordnungsbeirat. Unter Beiräten versteht man nach dem in Österreich gebräuchlichen Begriffsverständnis jene ständigen, fachlich spezialisierten Beratungsgremien staatlicher Behörden, die nicht ausschließlich aus Berufsbeamten, sondern teilweise oder zur Gänze aus „Laien", reinen Fachleuten oder Interessenvertretern zusammengesetzt sind (vgl. dazu näher Antoniolli/Koja, Allgemeines Verwaltungsrecht, 1986, S 331 ff.). Ihre Aufgabe besteht regelmäßig in der Beratung der Verwaltungsbehörden, denen sie beigegeben sind, wobei es sowohl um die Bereitstellung von Sachverstand als auch um die Darstellung von Interessengesichtspunkten gehen kann."*

## II. Anmerkungen

1 Das Amt der Landesregierung ist durch das BVG ÄmterLReg eingerichtet (siehe auch Art 44 K-LVG). Es ist administrativer Hilfsapparat des Landeshauptmanns und der Landesregierung (vgl VfGH VfSlg 16.584/2002). Es ist grundsätzlich keine Verwaltungsbehörde, sondern lediglich Hilfsorgan (vgl VwGH 19.12.2000, 2000/14/0196).

2 Zum Begriff der „Raumordnung" siehe § 1 Anm 3.

3 Zum Begriff „Beirat" siehe die oben unter Punkt I. abgedruckten ErlRV 01-VD-LG-1865/5-2021, 62 (zu anderen Definitionen *Lachmayer*, 33 ff).

4 § 55 Abs 1 bildet die rechtliche Grundlage für den Raumordnungsbeirat, er wird durch diese Bestimmung errichtet. Dieser ist beim Amt der Kärntner Landesregierung nach den Vorgaben der § 55 bis § 57 einzurichten (vgl *Lachmayer*, Beiräte 146 f). Er ist zwar beim Amt der Kärntner Landesregierung eingerichtet, dient aber gemäß § 55 Abs 2 der Beratung der Landesregierung.

5 Zu diesen Verordnungen zählen insbesondere:
- die überörtlichen Entwicklungsprogramme gemäß § 7;
- die Planzeichenverordnung für örtliche Entwicklungskonzepte gemäß § 9 Abs 2;
- die Verordnung über die Festlegung von Siedlungsschwerpunkten und die parzellenscharfe Festlegung von vorrangigen Entwicklungsgebieten gemäß § 10 Abs 4;

## 4. Hauptstück – Raumordnungsbeirat §55

- die Planzeichenverordnung für Flächenwidmungspläne gemäß § 13 Abs 3;
- die Verordnung über die Festlegung von Orts- und Stadtkernen gemäß § 31 Abs 4;
- die Verordnung über die generellen Bebauungspläne gemäß § 47 Abs 11;
- die Verordnung über die Teilbebauungspläne gemäß § 48 Abs 12;
- die Verordnung über privatwirtschaftliche Vereinbarungen gemäß § 53 Abs 10;
- die Verordnung über die Geschäftsordnung des Raumordnungsbeirates gemäß § 57 Abs 11;
- die Verordnung über automationsunterstützte Vollziehung gemäß § 58 Abs 6.

Es besteht eine rechtliche Verpflichtung den Raumordnungsbeirat anzuhören (zum Ganzen *Lachmayer*, Beiräte 224 ff). Daraus ist auch abzuleiten, dass dem Raumordnungsbeirat nicht nur der Verordnungsentwurf, sondern auch allfällige Erläuterungen zu übermitteln sind. Es muss dem Raumordnungsbeirat auch ein angemessener Zeitraum zur Abgabe einer Stellungnahme gegeben werden. Dem Raumordnungsbeirat kommt meiner Ansicht nach nicht nur das Recht, sondern auf Grund seiner gesetzlichen Beratungsfunktion gemäß § 55 Abs 1 auch die Pflicht zu, eine Stellungnahme abzugeben. Wird der Raumordnungsbeirat nicht angehört, führt dies zur Gesetzwidrigkeit der Verordnung (VfGH VfSlg 5111/1965; VfSlg 5784/1968; VfSlg 10.313/1984; VfSlg 10.595/1985; VwGH VwSlg 14.191 A/1994). **6**

Darüber hinaus ist zu beachten, dass gemäß Art 38 Abs 2 K-LVG iVm Art 33 K-LVG Entwürfe von Verordnungen der Landesregierung einem mindestens vierwöchigen Begutachtungsverfahren zu unterziehen sind. Vor dem Hintergrund, dass die Interessenvertretungen bereits im Begutachtungsverfahren Gelegenheit haben, eine Stellungnahme abzugeben, ist der Nutzen des Raumordnungsbeirates als Interessentenbeirat (siehe § 56 Anm 3) meiner Ansicht nach nicht unmittelbar offensichtlich.

§ 1 Abs 3 K-GOROB (diese ist unter Punkt 1.15. abgedruckt) sieht indes einen Spesenersatz für die Reisekosten in Form des amtlichen Kilometergeldes vor. Bei sonstiger Gesetzwidrigkeit ist dieser Spesenersatz als „angemessenes Sitzungsgeld" im Sinne von § 55 Abs 3 zu **7** verstehen. Für darüberhinausgehende Vergütungen besteht aber somit keine Rechtsgrundlage.

### § 56 Zusammensetzung des Raumordnungsbeirates

(1) Der Raumordnungsbeirat besteht aus sechzehn Mitgliedern.[1]

(2) Die Mitglieder sind von der Landesregierung für die Dauer der Gesetzgebungsperiode des Landtages[2] auf Vorschlag folgender Stellen zu bestellen:[3]

1. neun Mitglieder auf Vorschlag der im Landtag vertretenen Parteien nach Maßgabe ihres Stärkeverhältnisses;
2. zwei Mitglieder auf Vorschlag des Kärntner Gemeindebundes;
3. je ein Mitglied auf Vorschlag der Kammer für Arbeiter und Angestellte für Kärnten, der Kammer der gewerblichen Wirtschaft für Kärnten, der Kammer für Land- und Forstwirtschaft in Kärnten, der Landarbeiterkammer und des Österreichischen Städtebundes, Landesgruppe Kärnten.

(3) Die Landesregierung hat die vorschlagsberechtigten Stellen einzuladen, innerhalb einer angemessen festzusetzenden Frist, welche nicht kürzer als ein Monat sein darf, von ihrem Vorschlagsrecht Gebrauch zu machen. Langt innerhalb dieser Frist kein entsprechender Vorschlag bei der Landesregierung ein, hat die Landesregierung die Bestellung ohne weitere Bedachtnahme auf das Vorschlagsrecht vorzunehmen. Die im Landtag vertretenen Parteien sind im Wege ihres jeweiligen Klubs oder ihrer jeweiligen Interessengemeinschaft von Abgeordneten einzuladen, Vorschläge gemäß Abs. 2 Z 1 zu erstatten, wenn alle Mitglieder des Landtages, die auf Vorschlag derselben Partei gewählt wurden, diesem Klub oder dieser Interessengemeinschaft angehören; ansonsten ist eine im Landtag vertretene Partei im Wege ihres zustellungsbevollmächtigten Vertreters zur Erstattung eines Vorschlags einzuladen.[4]

(4) Für jedes Mitglied ist in gleicher Weise ein Ersatzmitglied zu bestellen, welches das Mitglied bei dessen Verhinderung zu vertreten hat.[5]

(5) Scheidet ein Mitglied (Ersatzmitglied) vor Ablauf der Funktionsperiode aus seinem Amt aus, hat die Landesregierung unverzüglich unter sinngemäßer Anwendung der Abs. 2 bis 4 für die restliche

Dauer der Funktionsperiode ein neues Mitglied (Ersatzmitglied) zu bestellen.[6]

(6) Die Mitglieder (Ersatzmitglieder) bleiben nach Ablauf der Gesetzgebungsperiode des Landtages bis zur Bestellung neuer Mitglieder (Ersatzmitglieder) in ihrem Amt.[7]

**Lit:**
*Lachmayer*, Beiräte in der Bundesverwaltung, 2003; *ders*, Sachverstand oder Interessenvertretung? (Teil II), ZTR 2012, 134.

## I. Erläuterungen

### ErlRV 01-VD-LG-1865/5-2021, 62 f:

„§ 56 entspricht § 8a K-ROG der geltenden Fassung.

§ 56 Abs. 1 und 2 wurde durch LGBl. Nr. 42/1994 geschaffen.

§ 56 Abs. 3 wurde grundsätzlich durch LGBl. Nr. 42/1994 geschaffen, § 7 Abs. 3 letzter Satz durch LGBl. Nr. 10/2018. Dazu halten die Erläuterungen 01-VD-LG-1820/12-2017, 1 f, fest: *„Der Kärntner Landtag hat am 1. Juni 2017 ein umfangreiches Gesetzeskonvolut beschlossen, mit dem das Projekt „Verfassungs- und Demokratiereform", wie es im Regierungsprogramm 2013 bis 2018 in Aussicht genommen war, umgesetzt wird. Die Kundmachung der Sammelnovelle ist im LGBl. Nr. 25/2017 erfolgt. Die novellierten Bestimmungen werden überwiegend mit Beginn der XXXII. Gesetzgebungsperiode des Landtages in Kraft treten. Die Verfassungs- und Demokratiereform umfasst als eine wesentliche Neuerung der Kärntner Landesverfassung, dass das Proporzsystem bei der Wahl der Landesregierung durch den Landtag (d.h. die Verhältniswahl nach dem Stärkeverhältnis der im Landtag vertretenen Parteien) zu Gunsten einer freien Regierungsbildung auf Grund einer Mehrheitswahl abgeschafft wird. Im Gefolge der Verfassungs- und Demokratiereform soll nunmehr auf unterverfassungsrechtlicher Ebene – in Abkehr vom System der Proportionalität und im Sinne einer klaren Trennung von Regierung und parlamentarischer Opposition – grundsätzlich sichergestellt werden, dass die Landesregierung die Mitglieder der sog. „Steuerungsgremien" (Kuratorien, Fonds) von landesgesetzlich eingerichteten juristischen Personen öffentlichen Rechts im Nahebereich des Landes ohne ein Vorschlagsrecht der im Landtag vertretenen Parteien und ohne Rücksichtnahme auf das Stärkeverhältnis der im Landtag vertretenen Parteien bestellen* *kann. Dies betrifft vorerst den Aufsichtsrat der Anstalt „Kärntner Beteiligungsverwaltung" (Art. I des Entwurfs), das Kuratorium des Kärntner Familienfonds (Art. III des Entwurfs), das Kuratorium des Kärntner Regionalfonds (Art. XI des Entwurfs) und das Kuratorium des Kärntner Volksgruppen-Kindergartenfonds (Art. V des Entwurfs). Die Vorschrift über die Bestellung der Mitglieder des Kuratoriums des Kärntner Wasserwirtschaftsfonds (Art. XIII des Entwurfs) ist zwar ebenfalls an das künftige System der Mehrheitsregierung anzupassen, jedoch soll weiterhin dem Stärkeverhältnis der im Landtag vertretenen Parteien entsprochen werden. Die Zusammensetzung des Kuratoriums des Kärntner Wirtschaftsförderungsfonds soll dem künftigen System der Mehrheitsregierung Rechnung tragen und auf einer fixen Zahl von Mitgliedern mit Stimmrecht beruhen, allerdings soll den im Landtag vertretenen Parteien, die nicht in der Landesregierung vertreten sind, das Vorschlagsrecht für jeweils ein Mitglied ohne Stimmrecht zukommen (siehe Art. XIV des Entwurfs). Dessen ungeachtet sollen jedoch bei sog. „Beratungsgremien" (Beiräte), wenn sie schon nach bisheriger Rechtslage Vertreter der Landtagsparteien als Mitglieder umfassen, diese Mitglieder weiterhin auf Vorschlag der im Landtag vertretenen Parteien – nach Nominierung grundsätzlich durch Klub oder Interessengemeinschaft von Abgeordneten – nach ihrem Stärkeverhältnis durch die Landesregierung bestellt werden. Sonstige Vorschlagsrechte bleiben unverändert. […] Klargestellt wird jeweils, dass die Nominierung der Mitglieder […] des Raumordnungsbeirates [….], wenn sie einer im Landtag vertretenen Partei zusteht, grundsätzlich im Wege ihres Klubs oder ihrer Interessengemeinschaft von Abgeordneten zu erfolgen hat; falls jedoch nicht alle Abgeordneten einer im Landtag vertretenen Partei parlamentarisch organisiert sind, sind Vorschläge dieser Partei im Wege ihres Zustellungsbevollmächtigten einzuholen."*

§ 56 Abs. 4 und 5 wurde durch LGBl. Nr. 42/1994 geschaffen.

§ 56 Abs. 6 wurde durch LGBl. Nr. 136/2001 geschaffen. Dazu führen die Erläuterungen -2V-LG-386/12-2001, 1 ff, aus: *„Das Ziel des vorliegenden Gesetzesentwurfes besteht darin, die innere Organisation des Raumordnungsbeirates – im Lichte der praktischen Erfahrungen – an die geänderten Anforderungen anzupassen. […] Nach § 8a Abs. 2 des Kärntner Raumordnungsgesetzes sind die Mitglieder des Raumordnungsbeirates von der Landesregierung „für die Dauer der Gesetzgebungsperiode des Landtages" zu bestellen; dies hat zu Folge, dass die Funktionsperiode der Mitglieder des Raumordnungsbeirates mit dem Ablauf der Gesetzge-*

*bungsperiode des Landtages ex lege endet.* Um sicherzustellen, dass nach diesem Zeitpunkt bis zur (Neu-) Bestellung der Mitglieder des Raumordnungsbeirates die Funktionsfähigkeit des Beirates sichergestellt ist, sieht die Neuregelung des § 8a Abs. 6 vor, dass die Mitglieder (Ersatzmitglieder) des Beirates nach Ablauf der Gesetzgebungsperiode des Landtages „bis zur Bestellung neuer Mitglieder (Ersatzmitglieder) in ihrem Amt" bleiben."

## II. Anmerkungen

Der Raumordnungsbeirat ist somit ein Kollegialorgan. Die Willensbildung erfolgt durch mehrere, gleichberechtigte Mitglieder (zum Ganzen *Lachmayer*, Beiräte 34 und 167 ff). **1**

Die Bestellung der Mitglieder ist zeitlich begrenzt. Die Gesetzgebungsperiode des Landtages dauert gemäß Art 14 K-LVG fünf Jahre, vom Tag seines ersten Zusammentrittes an gerechnet, jedenfalls aber bis zu dem Tag, an dem der neugewählte Landtag zusammentritt. Im Falle der Selbstauflösung dauert die Gesetzgebungsperiode des Landtages bis zum Zusammentritt des neugewählten Landtages. **2**

Die Bestellung erfolgt gemäß § 3 Abs 1 Z 20 lit a K-GOL durch kollegiale Beratung und Beschlussfassung der Landesregierung. Auf Grund der Zusammensetzung des Raumordnungsbeirates mit Vertretern aus Parteien, Kammern und Gemeinde- sowie Städtebund handelt es sich um keinen Fachbeirat, sondern um einen Interessentenbeirat (zum Ganzen *Lachmayer*, Beiräte 153 ff; *ders*, ZTR 2012, 137 f). Vor dem Hintergrund, dass gemäß Art 38 Abs 2 iVm Art 33 Abs 3 bis 5 K-LVG Entwürfe von Verordnungen der Landesregierung vor der Beschlussfassung einem Begutachtungsverfahren zu unterziehen sind, in dem die Interessenvertretungen bereits Gelegenheit haben, eine Stellungnahme abzugeben, ist der Nutzen des Raumordnungsbeirates als Interessentenbeirat meiner Ansicht nach nicht unmittelbar offensichtlich. **3**

Siehe zu dieser Bestimmung die oben unter Punkt I. abgedruckten ErlRV 01-VD-LG-1865/5-2021, 62 f. **4**

Die „Verhinderung" eines Mitgliedes des Beirates liegt gemäß § 4 K-GOROB (diese ist unter Punkt 1.15. abgedruckt) jedenfalls im Fall seiner Befangenheit vor. Darüber hinaus ist eine Verhinderung „jede tatsächliche oder rechtliche Unmöglichkeit, die konkrete Aufgabe wahrzunehmen. [...] Der „klassische" Verhinderungsgrund ist die körperliche Abwesenheit. Ob diese Abwesenheit auf Urlaub, Dienst- **5** befreiung, Dienstreise, Krankheit oder anderen Gründen beruht, ist für den Vertretungsfall ohne Bedeutung" (VwGH 23.9.1993, 92/09/0297).

**6** Es sind somit auch bei Ausscheiden eines Mitgliedes (Ersatzmitgliedes) alle Mitglieder (Ersatzmitglieder) nach Ablauf der Funktionsdauer auf einmal neu zu bestellen.

**7** Die Funktionsdauer endet somit erst mit der Neubestellung von Mitgliedern nach Ablauf der Gesetzgebungsperiode des Landtages.

### § 57 Sitzungen des Raumordnungsbeirates

(1) Die Landesregierung hat den Raumordnungsbeirat zu seiner konstituierenden Sitzung einzuberufen. Den Vorsitz in der konstituierenden Sitzung hat bis zur Wahl des Vorsitzenden das an Jahren älteste Mitglied zu führen.[1]

(2) Der Raumordnungsbeirat hat in seiner konstituierenden Sitzung aus seiner Mitte bei Anwesenheit von mindestens zwei Dritteln seiner Mitglieder mit einfacher Mehrheit der abgegebenen Stimmen einen Vorsitzenden und einen Stellvertreter zu wählen. Im Fall der Verhinderung tritt an die Stelle des Vorsitzenden mit gleichen Rechten und Pflichten der Stellvertreter, ist auch dieser verhindert, so tritt an dessen Stelle das an Jahren älteste Mitglied.[2]

(3) Die Mitglieder haben ihr Amt gewissenhaft und unparteiisch auszuüben; für sie gelten die Bestimmungen des Art. 20 Abs. 3 B-VG über die Amtsverschwiegenheit und des § 7 AVG über die Befangenheit von Verwaltungsorganen sinngemäß.[3]

(4) Der Raumordnungsbeirat ist vom Vorsitzenden nach Bedarf schriftlich unter Bekanntgabe der Tagesordnung zu den Sitzungen einzuberufen. Der Raumordnungsbeirat ist vom Vorsitzenden binnen zwei Wochen einzuberufen, wenn dies mindestens ein Drittel seiner Mitglieder oder das mit den Angelegenheiten der Raumordnung betraute Mitglied der Landesregierung schriftlich unter Bekanntgabe der Tagesordnung verlangt.[4]

(5) Der Raumordnungsbeirat ist beschlussfähig, wenn der Vorsitzende und mindestens zwei Drittel seiner sonstigen Mitglieder anwesend sind.[5] Für einen Beschluss des Raumordnungsbeirates ist die einfache Mehrheit der abgegebenen Stimmen erforderlich.[6] Beschlüsse, mit denen die Tagesordnung geändert wird, dürfen nur mit einer Mehrheit von zwei Dritteln der abgegebenen Stimmen gefasst werden.[7] Der Vorsitzende stimmt mit und gibt bei Stim-

mengleichheit mit seiner Stimme den Ausschlag.[8] Stimmenthaltungen und Erklärungen, weder zuzustimmen noch abzulehnen, gelten als Ablehnung.[9]

(6) Das mit den Angelegenheiten der Raumordnung betraute Mitglied der Landesregierung und die Leiter der mit den rechtlichen und den fachlichen Angelegenheiten der Raumordnung betrauten Abteilungen des Amtes der Landesregierung oder jeweils ein von ihnen bestellter Vertreter haben das Recht, an den Sitzungen des Raumordnungsbeirates mit beratender Stimme teilzunehmen. Sie sind auf ihr Verlangen zu einzelnen Tagesordnungspunkten zu hören.[10]

(7) Der Raumordnungsbeirat darf für die Dauer seiner Funktionsperiode oder im Einzelfall beschließen, seinen Sitzungen Bedienstete des Amtes der Landesregierung und sonstige Sachverständige und Auskunftspersonen mit beratender Stimme beizuziehen.[11] Der Raumordnungsbeirat darf von amtlichen und nichtamtlichen Sachverständigen im Einzelfall Gutachten einholen.[12] Den beigezogenen Sachverständigen (Auskunftspersonen) – ausgenommen Bediensteten des Amtes der Landesregierung – ist für ihre Mühewaltung der entsprechende Ersatz zu gewähren.[13]

(8) Der Raumordnungsbeirat darf aus seiner Mitte zur Vorbereitung seiner Beschlüsse Ausschüsse bilden.[14]

(9) Über die Sitzungen des Raumordnungsbeirates ist eine Niederschrift anzufertigen, die vom Vorsitzenden und vom Schriftführer zu unterzeichnen ist. Die Niederschrift hat jedenfalls zu enthalten:
1. Tag und Ort der Sitzung;
2. die Namen der an der Sitzung teilnehmenden Personen;
3. die Gegenstände der Beratung und Beschlussfassung;
4. das ziffernmäßige Abstimmungsergebnis;
5. den Wortlaut der gefassten Beschlüsse.[15]

(10) Die Kanzleigeschäfte des Raumordnungsbeirates sind von der nach der Geschäftseinteilung des Amtes der Landesregierung mit den rechtlichen Angelegenheiten der Raumordnung betrauten Abteilung des Amtes der Landesregierung zu führen.[16]

(11) Die Landesregierung hat nach Anhörung des Raumordnungsbeirates in Durchführung der Abs. 1 bis Abs. 10 mit Verordnung eine Geschäftsordnung des Beirates zu erlassen.[17]

**Lit:**

*Hengstschläger/Leeb*, Allgemeines Verwaltungsverfahrensgesetz², 2014; *Kneihs/ Lienbacher* (Hrsg), Rill-Schäffer-Kommentar Bundesverfassungsrecht, 26. Lfg, 2021; *Korinek/Holoubek ua* (Hrsg), Österreichisches Bundesverfassungsrecht, 17. Lfg, 2022; *Lachmayer*, Beiräte in der Bundesverwaltung, 2003; *Sturm/Kemptner*, Kärntner Allgemeine Gemeindeordnung⁶, 2015.

## I. Erläuterungen

### ErlRV 01-VD-LG-1865/5-2021, 63 f:

„§ 57 entspricht grundsätzlich § 8b K-ROG der geltenden Fassung. Die Bestimmung wurde im Wesentlichen durch LGBl. Nr. 42/1994 geschaffen, in ihrer geltenden Form durch LGBl. Nr. 136/2001. Dazu führen die Erläuterungen -2V-LG-386/12-2001, 1 ff, aus:

*„In der Vergangenheit haben die geltenden Regelungen des Kärntner Raumordnungsgesetzes betreffend die innere Organisation des Raumordnungsbeirates wiederholt zu Problemen insofern geführt, als – insbesondere hinsichtlich der Willensbildung – Fälle eingetreten sind, für die das Kärntner Raumordnungsgesetz keine Regelungen trifft. Dies gilt sowohl für die (innere) Willensbildung des Beirates als auch für die Protokollierung der Ergebnisse der Beratungen in einer Niederschrift. Der vorliegende Gesetzesentwurf soll diesen Regelungsdefiziten auf Gesetzesstufe abhelfen und die gesetzliche Grundlage für die Erlassung einer Geschäftsordnung des Raumordnungsbeirates schaffen.* […]

*Zu Z 3 (§ 8b Abs. 2 zweiter Satz* [Anmerkung: siehe nunmehr § 57 Abs. 2 zweiter Satz]*): Für den Fall der Verhinderung sowohl des Vorsitzenden als auch dessen Stellvertreters an der Wahrnehmung ihrer Funktion (insbesondere wegen Befangenheit) wird vorgesehen, dass dann die Funktion des Vorsitzenden von dem an Jahren ältesten Mitglied des Beirates auszuüben ist.*

*Zu Z 4 (§ 8b Abs. 4 zweiter Satz* [Anmerkung: siehe nunmehr § 57 Abs. 4 zweiter Satz]*): Die Neuregelung in § 8b Abs. 4 zweiter Satz soll sicherstellen, dass der Beirat vom Vorsitzenden innerhalb des festgelegten Zeitraumes zu einer Sitzung einzuberufen ist, wenn dies mindestens ein Drittel seiner Mitglieder oder das mit den Angelegenheiten der Raumordnung betraute Mitglied der Landesregierung schriftlich unter Bekanntgabe der Tagesordnung verlangt.*

*Zu Z 5 (§ 8b Abs. 5* [Anmerkung: siehe nunmehr § 57 Abs. 5]*): § 8b Abs. 5 wird betreffend die Beschlussfassung im Raumordnungsbeirat modifiziert und ergänzt: Ausdrücklich festgelegt wird zum einen, dass für Beschlüsse, mit denen die Tagesordnung geändert wird (d.s. die Aufnahme eines zusätzlichen Tagesordnungspunktes, die Absetzung eines Tagesordnungspunktes und die Umstellung der Tagesordnung), eine Zwei-Drittel-Mehrheit erforderlich ist. Zum anderen wird das Abstimmungsrecht des Vorsitzenden neu geregelt: Nach der derzeit geltenden Rechtslage stimmt der Vorsitzende bei Abstimmungen im Raumordnungsbeirat „zuletzt ab" und gibt „bei Stimmengleichheit mit seiner Stimme den Ausschlag". Da die Abstimmung im Raumordnungsbeirat (im Regelfall) durch Handheben durchgeführt werden, hat die Regelung, wonach der Vorsitzende zuletzt abstimmt, in der Praxis immer wieder zu Problemen geführt; die vorgeschlagene Neuregelung soll diese Probleme in Hinkunft vermeiden. Eine der vorgeschlagenen (Neu-)Regelungen des letzten Satzes gleichartige Anordnung enthält § 39 Abs. 2 der Kärntner Allgemeinen Gemeindeordnung. Durch die (Neu-)Regelung wird klargestellt, dass Stimmenthaltungen und Erklärungen, weder zuzustimmen noch abzulehnen, als Ablehnung zu werten sind.*

*Zu Z 6 (§ 8b Abs. 6* [Anmerkung: siehe nunmehr § 57 Abs. 6]*): Nach derzeit geltenden Rechtslage dürfen das mit den Angelegenheiten der Raumordnung betraute Mitglied der Landesregierung und die Vorstände der mit den rechtlichen und den fachlichen Angelegenheiten der Raumordnung betrauten Abteilungen der [des] Amtes der Landesregierung oder jeweils ein von ihnen bestellter Vertreter „an den Sitzungen des Beirates mit beratender Stimme teilnehmen". Die vorgeschlagene (Neu-)Regelung soll eindeutig klarstellen, dass die angeführten Funktionsträger auf ihr Verlangen (überdies) zu einzelnen Tagesordnungspunkten zu hören sind.*

*Zu Z 7 (§ 8[b] Abs. 7 erster Satz* [Anmerkung: siehe nunmehr § 57 Abs. 7 erster Satz]*): § 8b Abs. 7 des Kärntner Raumordnungsgesetzes in der derzeit geltenden Fassung hätte zur Folge, dass die Beiziehung von Bediensteten des Amtes der Landesregierung sowie von sonstigen Sachverständigen und Auskunftspersonen zu den Sitzungen des Raumordnungsbeirates in jeder (einzelnen) Sitzung des Beirates beschlossen werden müsste; die vorgeschlagene (Neu-) Regelung sieht – im Interesse der Verfahrensökonomie – vor, dass ein entsprechender Beschluss auch für die (gesamte) Funktionsperiode des Raumordnungsbeirates gefasst werden darf.*

*Zu Z 8 (§ 8[b] Abs. 7 zweiter Satz* [Anmerkung: siehe nunmehr § 57 Abs. 7 zweiter Satz]*): Die vorgeschlagene (Neu-) Regelung bereinigt lediglich ein sprachliches Redaktionsversehen.*

*Zu Z 9 (§ 8b Abs. 7a und Abs. 7b* [Anmerkung: siehe nunmehr § 57 Abs. 8 und 9]*): Die derzeit geltende Rechtslage enthält keine ausdrückliche Grundlage dafür, dass der Raumordnungsbeirat zur Vorbereitung seiner Beschlüsse „Ausschüsse" bilden kann; überdies enthält die geltende Rechtslage keine Regelungen hinsichtlich der Verfassung einer Niederschrift über die über die Beratungen und Abstimmungen im Raumordnungsbeirat. Die vorgeschlagenen (Neu-) Regelungen sollen diesen Regelungsdefiziten abhelfen.*

*Zu Z 10 (§ 8b Abs. 10* [Anmerkung: siehe nunmehr § 57 Abs. 11]*): Die derzeitige Geschäftsordnung des Raumordnungsbeirates, die von diesem (selbst) beschlossen worden ist, entbehrt einer ausdrücklichen gesetzlichen Grundlage. Durch die vorgeschlagene (Neu-)Regelung soll eine Ermächtigung für die Landesregierung geschaffen werden, nach Anhörung des Beirates mit Verordnung eine Geschäftsordnung zu erlassen."*

In § 57 Abs. 7 wird zur Klarstellung nunmehr eingefügt, dass der Raumordnungsbeirat nicht nur Sachverständige zur Sitzung beiziehen darf, sondern auch von amtlichen und nichtamtlichen Sachverständigen im Einzelfall Gutachten einholen darf."

## II. Anmerkungen

**1** Nach der Bestellung der Mitglieder durch die Landesregierung (siehe § 56 Anm 3), hat die Landesregierung den Raumordnungsbeirat zur konstituierenden Sitzung einzuladen. Diese Sitzung dient insbesondere der Wahl des Vorsitzenden. Bis zur Wahl des Vorsitzenden hat das an Jahren älteste Mitglied den Vorsitz zu führen und diesen nach der Wahl an den gewählten Vorsitzenden zu übergeben.

**2** Zum Vorsitzenden darf nur ein Mitglied des Raumordnungsbeirates gewählt werden („aus seiner Mitte"). Das mit den Angelegenheiten der Raumordnung betraute Mitglied der Landesregierung und die Leiter der mit den rechtlichen und den fachlichen Angelegenheiten der Raumordnung betrauten Abteilungen des Amtes der Landesregierung haben zwar gemäß § 57 Abs 6 das Recht, an den Sitzungen des Raumordnungsbeirates mit beratender Stimme teilzunehmen. Sie sind aber nicht Mitglieder des Raumordnungsbeirates und dürfen somit nicht zum

Vorsitzenden gewählt werden. Wenn es die einfache Mehrheit des Beirates verlangt, ist gemäß § 2 Abs 3 K-GOROB (diese ist unter Punkt 1.15. abgedruckt) die Wahl des Vorsitzenden und des Stellvertreters in geheimer Wahl durchzuführen.

Der Vorsitzende hat zu den Sitzungen einzuberufen (siehe § 57 Abs 4) und die Sitzung zu führen (siehe § 5 K-GOROB). Er ist in der Willensbildung des Raumordnungsbeirates den anderen Mitgliedern nicht übergeordnet, er stimmt gemäß § 6 Abs 2 K-GOROB zwar mit, seine Stimme zählt aber nicht mehr. Nur bei Stimmengleichheit gibt seine Stimme den Ausschlag (siehe § 57 Abs 5). Mangels ausdrücklicher anderer Regelungen ist der Vorsitzende Zustellbevollmächtigter und für die Durchführung der Beschlüsse des Raumordnungsbeirates verantwortlich. Er vertritt den Raumordnungsbeirat nach außen, dh gegenüber der Landesregierung und der Öffentlichkeit. Hiebei hat er den Willen des Raumordnungsbeirates zu repräsentieren und nicht seine persönliche Meinung (zum Ganzen *Lachmayer*, Beiräte 164 ff).

Die „Verhinderung" eines Mitgliedes des Beirates liegt gemäß § 4 K-GOROB jedenfalls im Fall seiner Befangenheit vor. Darüber hinaus ist eine Verhinderung „jede tatsächliche oder rechtliche Unmöglichkeit, die konkrete Aufgabe wahrzunehmen. [...] Der „klassische" Verhinderungsgrund ist die körperliche Abwesenheit. Ob diese Abwesenheit auf Urlaub, Dienstbefreiung, Dienstreise, Krankheit oder anderen Gründen beruht, ist für den Vertretungsfall ohne Bedeutung" (VwGH 23.9.1993, 92/09/0297).

Die Mitglieder des Raumordnungsbeirates sind sinngemäß des Art 20 Abs 3 B-VG zur Verschwiegenheit über alle ihnen ausschließlich aus ihrer Tätigkeit im Raumordnungsbeirat bekannt gewordenen Tatsachen verpflichtet, deren Geheimhaltung im Interesse der Aufrechterhaltung der öffentlichen Ruhe, Ordnung und Sicherheit, der umfassenden Landesverteidigung, der auswärtigen Beziehungen, im wirtschaftlichen Interesse einer Körperschaft des öffentlichen Rechts, zur Vorbereitung einer Entscheidung oder im überwiegenden Interesse der Parteien geboten ist (zur Amtsverschwiegenheit ausführlich *Wieser* in Korinek/Holoubek, Art 20/3 B-VG Rz 1 ff; *Feik* in Kneihs/Lienbacher, Art 20 Abs 3 B-VG Rz 1 ff). **3**

Befangenheit liegt gemäß § 7 Abs 1 Z 1 bis 3 AVG vor: in Sachen, (i) an denen das Mitglied des Raumordnungsbeirates selbst, einer seiner Angehörigen im Sinne des § 36a AVG (insbesondere Ehegatten, Eltern,

Kinder etc) oder einer seiner Pflegebefohlenen beteiligt ist, (ii) in denen das Mitglied des Raumordnungsbeirates als Bevollmächtigter einer Partei bestellt war oder noch bestellt ist, (iii) oder wenn sonstige wichtige Gründe vorliegen, die geeignet sind, seine volle Unbefangenheit in Zweifel zu ziehen (siehe auch § 4 Abs 1 Z 1 bis 4 K-GOROB; zu den Befangenheitsgründen ausführlich *Hengstschläger/Leeb*, AVG² § 7 Rz 6 ff mN). Zusätzlich liegt gemäß § 4 Abs 1 Z 5 K-GOROB (diese ist unter Punkt 1.15. abgedruckt) Befangenheit des Mitglieds des Raumordnungsbeirates vor, wenn ein Beschluss einer Gemeinde den Gegenstand der Beratung und Beschlussfassung des Beirates bildet, an dem es in seiner Eigenschaft als Gemeindefunktionär mitgewirkt hat. Ob ein sonstiger wichtiger Befangenheitsgrund (siehe § 7 Abs 1 Z 3 AVG und §§ 4 Abs 1 Z 4 K-GOROB) vorliegt, entscheidet gemäß § 4 Abs 1 K-GOROB im Zweifelsfall der Beirat auf Antrag des Betroffenen oder eines anderen Mitgliedes. Das Mitglied kann die Befangenheit zu einem einzelnen Tagesordnungspunkt als Hinderungsgrund für die Teilnahme an der Sitzung als solcher behandeln.

**4** „Nach Bedarf" bedeutet, dass der Raumordnungsbeirat so häufig vom Vorsitzenden einzuberufen ist, dass er seinen Aufgaben wirksam nachkommen kann (vgl *Wieser* in Kneihs/Lienbacher, Art 69 B-VG Rz 56).

Die Einberufung zum Raumordnungsbeirat hat gemäß § 3 Abs 1 K-GOROB (diese ist unter Punkt 1.15. abgedruckt) auch Zeit und Ort der Sitzung zu enthalten. Die „Tagesordnung" dient den Mitgliedern des Raumordnungsbeirates zur Vorbereitung. Die Einladung zu einer Sitzung ist den Mitgliedern des Beirates, dem mit den Angelegenheiten der Raumordnung betrauten Mitglied der Landesregierung, den Vorständen der mit den rechtlichen und den fachlichen Angelegenheiten der Raumordnung betrauten Abteilungen des Amtes der Landesregierung sowie den weiteren beigezogenen Auskunftspersonen tunlichst eine Woche, in dringenden Fällen mindestens zwei Tage vor der Sitzung zuzustellen. Sofern keine Verhinderung (siehe dazu § 57 Anm 2) an der Teilnahme an der Sitzung vorliegt, haben die Mitglieder des Beirates der Einladung Folge zu leisten.

Sofern es sich um eine verlangte Sitzung gemäß § 57 Abs 4 zweiter Satz handelt, ist der Vorsitzende gemäß § 3 Abs 1 K-GOROB berechtigt, die Tagesordnung um weitere Punkte zu ergänzen.

Die Einberufung des Raumordnungsbeirats und das Verlangen der Einberufung des Raumordnungsbeirates haben „schriftlich" zu erfolgen. Eine elektronische Übermittlung (zB per E-Mail) ist gesetzlich und in der K-GOROB nicht vorgesehen.

Im Falle der Verhinderung (siehe dazu § 57 Anm 2) des Vorsitzenden tritt gemäß § 57 Abs 2 an die Stelle des Vorsitzenden mit gleichen Rechten und Pflichten der Stellvertreter. Zu den zwei Dritteln der Mitglieder, die anwesend sein müssen, zählt meiner Ansicht nach auch der Vorsitzende, da auch er Mitglied des Raumordnungsbeirates ist. 5

Die einfache Mehrheit ist von der Zahl der abgegebenen Stimmen der anwesenden Mitglieder zu berechnen. Als anwesendes Mitglied gilt nur, wer stimmberechtigt ist. Ein befangenes Mitglied ist nicht stimmberechtigt und somit nicht in die Berechnung einzubeziehen. Gleiches gilt für das zuständige Mitglied der Landesregierung und den Leiter der zuständigen Abteilung des Amtes der Landesregierung, ihnen kommt gemäß § 57 Abs 6 nur ein Teilnahme- und Anhörungsrecht zu, hingegen kein Stimmrecht. Eine Beschlussfassung im Umlaufwege ist nicht vorgesehen und somit unzulässig (vgl *Sturm/Kemptner*, Gemeindeordnung[6] § 39 K-AGO Anm 2, 4 und 5; in den ErlRV 01-VD-LG-1865/5-2021, 63 f, wird auf § 39 Abs 2 K-AGO verwiesen). 6

Die Abstimmung erfolgt gemäß § 6 Abs 2 K-GOROB (diese ist unter Punkt 1.15 abgedruckt) namentlich oder durch Handzeichen. Die Art der Abstimmung wird durch den Vorsitzenden festgelegt. 7

Dem Vorsitzenden obliegt gemäß § 5 Abs 1 und 2 K-GOROB (diese ist unter Punkt 1.15. abgedruckt) die Sitzungsführung. Er eröffnet und schließt die Sitzung des Beirates und hat für den geordneten Ablauf der Sitzung Sorge zu tragen. Er ist insbesondere im Fall einer Störung berechtigt, die Sitzung auf angemessene Zeit zu unterbrechen. Er hat das Vorliegen der Beschlussfähigkeit festzustellen, leitet die Verhandlungen, erteilt das Wort, lässt über Anträge abstimmen und stellt das Ergebnis der Abstimmung fest. Liegen zu einem Tagesordnungspunkt mehrere Anträge vor, entscheidet der Vorsitzende über die Reihenfolge der Abstimmung. Die Art der Abstimmung – namentlich oder durch Handzeichen – wird gemäß § 6 Abs 2 K-GOROB durch den Vorsitzenden festgelegt. Er ist in der Willensbildung des Raumordnungsbeirates den anderen Mitgliedern nicht übergeordnet, er stimmt gemäß § 6 Abs 2 K-GOROB zwar mit, seine Stimme zählt aber nicht mehr. Nur bei Stimmengleichheit gibt seine Stimme den Ausschlag (siehe § 57 Abs 5). 8

Stimmenthaltungen und Erklärungen, weder zuzustimmen noch abzulehnen, sind als Ablehnung in die Niederschrift zum ziffernmäßigen 9

Abstimmungsergebnis (siehe § 57 Abs 9 Z 4) aufzunehmen (vgl *Sturm/ Kemptner*, Gemeindeordnung⁶ § 39 K-AGO Anm 6; in den ErlRV 01-VD-LG-1865/5-2021, 63 f, wird auf § 39 Abs 2 K-AGO verwiesen).

**10** „Das mit den Angelegenheiten der Raumordnung betraute Mitglied der Landesregierung" wird durch die K-RE bestimmt. Gemäß § 1 K-RE iVm der Anlage K-RE ist dies derzeit Landesrat Ing. Daniel Fellner. Die „mit den rechtlichen und den fachlichen Angelegenheiten der Raumordnung betrauten Abteilungen des Amtes der Landesregierung" wird durch K-GEA bestimmt. Gemäß § 1 K-GEA iVm der Anlage K-GEA ist dies derzeit die Abteilung 3 – Gemeinden, Raumordnung und Katastrophenschutz. Dem Mitglied der Landesregierung und dem Leiter der Abteilung des Amtes der Landesregierung kommt nur ein Teilnahme- und Anhörungsrecht zu, hingegen kein Stimmrecht.

**11** Zur Beiziehung bedarf es eines Beschlusses des Raumordnungsbeirates. Aus der Beiziehung entsteht keine rechtliche Bindung des Raumordnungsbeirates (zum Ganzen *Lachmayer*, Beiräte 176 f).

**12** Als (amtlicher oder nichtamtlicher) Sachverständiger darf nur eine Person bestellt werden, die über jene besondere Sachkunde bzw jene fachliche Befähigung verfügt, welche die Erstellung des Gutachtens notwendig macht. Gutachten sind nur von Menschen – auch mehreren gemeinsam – zu erstellen, nicht von juristischen Personen. Meiner Ansicht nach ist das Gutachten nach denselben Grundsätzen zu erstellen, die der VwGH ganz allgemein für Gutachten im Verwaltungsverfahren herausgearbeitet hat (vgl VwGH 16.9.2003, 2002/05/0040; siehe zum Ganzen auch *Kleewein*, bbl 2019, 216 f). Daraus folgt, dass das Gutachten entsprechend den maßgebenden Fachkenntnissen abgefasst sein muss. Ausgehend von diesen Fachkenntnissen hat es ein hohes fachliches – aber nicht zwingend in jedem Fall wissenschaftliches – Niveau aufzuweisen, ist methodisch korrekt zu verfassen, sorgfältig zu begründen und muss den aktuellen Stand der Wissenschaft bzw Technik wiedergeben. Es müssen die – insbesondere fachlichen – Grundlagen, auf die sich das Gutachten stützt, und ihre konkrete Anwendung im Einzelfall in einer für den nicht Sachkundigen einsichtigen Weise offengelegt werden. Jedes Gutachten hat aus diesem Grund einen Befund zu enthalten, aus dem die Tatsachen, auf die sich das Gutachten stützt, ersichtlich sind, wie auch die Art, wie diese Tatsachen ermittelt wurden. Ausgehend von diesem Befund, hat der Sachverständige die fachliche Beurteilung schlüssig vorzunehmen (VwGH 22.9.1992, 92/05/0047; siehe auch VwGH 18.9.1990, 90/05/0086). Im Gegensatz zu den

## 4. Hauptstück – Raumordnungsbeirat § 57

Gutachten im Verwaltungsverfahren darf ein Gutachten auch zu Rechtsfragen erstellt werden (*Lachmayer*, Beiräte 176).

Für „den entsprechenden Ersatz der Mühewaltung" kann meiner Ansicht **13**
nach analog auf die Bestimmungen des GebAG zurückgegriffen werden.

Zur Bildung eines Ausschusses bedarf es eines Beschlusses des Raum- **14**
ordnungsbeirates (siehe § 9 Abs 2 K-GOROB). Ausschussmitglied darf nur ein Mitglied des Raumordnungsbeirates sein („aus seiner Mitte"). Die „Vorbereitung" der Beschlüsse kann zB in sachlicher Hinsicht oder zur Erzielung eines Konsenses erfolgen (zum Ganzen *Lachmayer*, Beiräte 174 f).

Ein Ausschuss besteht gemäß § 9 Abs 1 K-GOROB (diese ist unter Punkt 1.15. abgedruckt) aus mindestens drei und höchstens fünf Mitgliedern. Der Beschluss, mit dem ein Ausschuss eingerichtet wird, hat gemäß § 9 Abs 2 K-GOROB jedenfalls die Mitglieder zu benennen und daraus einen Vorsitzenden zu bestimmen. Er hat die Aufgabe des Ausschusses und den zeitlichen Rahmen zu ihrer Erfüllung festzulegen. Die Aufgabe hat in der Auf- und Vorbereitung eines konkreten Themas zur Beschlussfassung im Beirat zu bestehen. Die Einrichtung ständiger Ausschüsse ist unzulässig. Die Tätigkeit des Ausschusses ist beendet, sobald der Beirat einen Beschluss über das vorbereitete Thema gefasst hat. Der Ausschuss ist gemäß § 9 Abs 3 K-GOROB beschlussfähig, wenn der Vorsitzende und mindestens zwei Drittel der sonstigen Mitglieder anwesend sind. Für einen Beschluss des Ausschusses ist die einfache Mehrheit der abgegebenen Stimmen erforderlich. Der Vorsitzende stimmt mit und gibt bei Stimmengleichheit mit seiner Stimme den Ausschlag. Stimmenthaltungen und Erklärungen, weder zuzustimmen noch abzulehnen, gelten als Ablehnung.

Die Niederschrift dient der Dokumentation des Ablaufes der Sitzung **15**
(zum Ganzen *Lachmayer*, Beiräte 244 f). Es handelt sich um eine demonstrative Aufzählung der Inhalte der Niederschrift („jedenfalls"), es können somit darüberhinausgehende Inhalte aufgenommen werden. Wenn es ein Mitglied des Beirates unmittelbar nach der Abstimmung verlangt, so ist gemäß § 7 Abs 1 K-GOROB (diese ist unter Punkt 1.15. abgedruckt) seine vor der Abstimmung zum Gegenstand geäußerte abweichende Meinung in die Niederschrift aufzunehmen. Jedes Mitglied des Raumordnungsbeirates kann die Richtigstellung der Niederschrift verlangen, wenn es seiner Ansicht nach unrichtige Tatsa-

chen inhaltlich oder formell wiedergibt. Hiezu sollte in der nächstfolgenden Sitzung eine Beschlussfassung über die Niederschrift erfolgen.

**16** Die „mit den rechtlichen und den fachlichen Angelegenheiten der Raumordnung betrauten Abteilungen des Amtes der Landesregierung" ist gemäß § 1 K-GEA iVm der Anlage K-GEA derzeit die Abteilung 3 – Gemeinden, Raumordnung und Katastrophenschutz. Die „Kanzleigeschäfte" umfassen insbesondere die Aussendung der Einberufungen der Sitzungen, die Ausfertigung der Niederschrift, die Kommunikation etc (zum Ganzen *Lachmayer*, Beiräte 173 f).

**17** Entwürfe von Verordnungen der Landesregierung sind gemäß Art 38 Abs 2 iVm Art 33 Abs 3 bis 5 K-LVG vor der Beschlussfassung einem Begutachtungsverfahren zu unterziehen. Im Begutachtungsverfahren hat jede Person das Recht, innerhalb der mindestens vierwöchigen Begutachtungsfrist eine schriftliche Stellungnahme abzugeben. Auf die Durchführung des Begutachtungsverfahrens besteht indes kein Rechtsanspruch. Die Unterlassung des Begutachtungsverfahrens hat auf die Rechtmäßigkeit des Gesetzes keinen Einfluss. Im Rahmen des Begutachtungsverfahrens ist insbesondere auf das Rücksichtnahmegebot des § 2 Abs 2 Z 2 insofern Bedacht zu nehmen, als die betroffenen Gebietskörperschaften und andere Planungsträger einzubinden und deren Interessen abzuwägen sind (siehe dazu § 2 Anm 21 und 27). Darüber hinaus ist gemäß § 55 Abs 2 der Raumordnungsbeirat vor Beschlussfassung bei sonstiger Gesetzwidrigkeit zwingend zu hören (siehe § 55 Anm 6). Die Verpflichtung zur Kundmachung und der Zugang zur kundgemachten Verordnung ergeben sich aus dem K-KMG.

# 5. Hauptstück

# Schlussbestimmungen

### § 58 Automationsunterstützte Vollziehung

(1) Überörtliche Entwicklungsprogramme, örtliche Entwicklungskonzepte, Flächenwidmungspläne, Teilbebauungspläne, Gestaltungspläne und die integrierte Flächenwidmungs- und Bebauungsplanung sind in elektronischer Form zu erstellen.[1]

(2) Bei der elektronischen Erstellung ist sicherzustellen, dass
1. dokumentierte, freigegebene, geeignete und gültige Programme verwendet werden,
2. die Richtigkeit und Vollständigkeit der Datenerfassung, Dateneingabe, Datenspeicherung und Datenausgabe durch Kontrollen gewährleistet sind,
3. in den Verfahrensablauf nicht unbefugt eingegriffen werden kann,
4. Vorkehrungen gegen einen Verlust oder eine unkontrollierte Veränderung der gespeicherten Daten getroffen sind,
5. die Aufgaben- und Verantwortungsbereiche der an der Vollziehung Beteiligten festgelegt und gegeneinander abgegrenzt sind,
6. bei Ausfall eines automatisierten Verfahrens Vorkehrungen zur Fortführung der Vollziehung im unbedingt notwendigen Ausmaß getroffen werden und
7. nur in visuell nicht lesbarer Form aufgezeichnete Daten so sichergestellt sind, dass diese Daten innerhalb einer angemessenen Frist in Form einer richtigen und vollständigen Wiedergabe visuell lesbar gemacht werden können.

(3) Der Raumordnungskataster ist in elektronischer Form einzurichten und zu führen. Der Raumordnungskataster ist im Internet zur Abfrage bereit zu halten.[2]

(4) Bei elektronischer Fertigung ist sicherzustellen, dass an die Stelle einer Unterschrift ein Verfahren zum Nachweis der Identität im Sinne von § 2 Z 1 E-GovG[3] des Fertigenden und der Authentizität im Sinne von § 2 Z 5 E-GovG[4] tritt.

(5) Übermittlungen zwischen den Gemeinden und der Landesregierung haben in elektronischer Form zu erfolgen.[5]

(6) Die Landesregierung darf durch Verordnung die elektronische Form der Erstellung gemäß Abs. 1 und 2, der Führung des Raumordnungskatasters gemäß Abs. 3 sowie der Übermittlungen gemäß Abs. 5 näher bestimmen.[6]

**Lit:**
*Janeschitz*, Elektronische Gemeindeverwaltung, in Potacs/Sturm (Hrsg), Reform der Kärntner Gemeindeverwaltung, 2006, 183.

## I. Erläuterungen

### ErlRV 01-VD-LG-1865/5-2021, 64 f:

„Im Regierungsprogramm 2018 – 2023, Seite 52, findet sich folgende Ausführung: *„Die Landesverwaltung geht bei der digitalen Transformation mit gutem Beispiel voran und bietet E-Governement als durchgängigen Service an"*. Insbesondere in der Raumplanung ist die Digitalisierung bereits weit fortgeschritten (siehe zB das Kärntner geographische Informationssystem – KAGIS). Die Digitalisierung soll nunmehr auch hinsichtlich der Pläne und der Übermittlungen zwischen Gemeinden und Landesregierung durchgehend erfolgen. § 58 soll für das Raumordnungsrecht einerseits die ausdrückliche gesetzliche Grundlage für eine elektronische Vollziehung schaffen, andererseits bestimmte Voraussetzungen für eine solche elektronische Vollziehung normieren. § 58 Abs. 2 Z 1 bis 7 orientiert sich an § 57 des Kärntner Gemeindehaushaltsgesetzes – K-GHG in der Fassung der Regierungsvorlage 01-VD-LG-1756/26-2019 (siehe auch § 104 Bundeshaushaltsgesetz 2003 – BHG 2003, BGBl. I Nr. 139/2009 idF BGBl. I Nr. 60/2018, § 3 der Tiroler Gemeinde-Haushaltsverordnung 2012 – GHV, LGBl. Nr. 113/2012 und § 29 Abs. 1 der Burgenländischen Gemeindehaushaltsordnung 2015 – GHO 2015, LGBl. Nr. 48/2014). Durch das Gebot in § 58 Abs. 2 Z l, dass „freigegebene Programme" verwendet werden müssen, soll sichergestellt werden, dass nur Programme verwendet werden, die nach den entsprechenden Vorgaben beschafft und installiert wurden. § 58 Abs. 4 orientiert sich an

§ 18 Abs. 3 und 4 des Allgemeinen Verwaltungsverfahrensgesetzes 1991 – AVG, BGBl. Nr. 51/1991 idF BGBl. I Nr. 58/2018. In einer Verordnung gemäß § 58 Abs. 6 können zB Vorgaben für die Verwendung bestimmter Dateiformate bei der Übermittlung festgelegt werden."

## II. Anmerkungen

Systematisch finden sich im 1. bis 3. Hauptstück des K-ROG 2021 die Grundlagen für die Erstellung von überörtlichen Entwicklungsprogrammen, örtlichen Entwicklungskonzepten, Flächenwidmungsplänen, Teilbebauungsplänen, Gestaltungsplänen und die integrierte Flächenwidmungs- und Bebauungsplanung. Es wird aber nicht bestimmt, ob die Erstellung der Plandokumente analog oder digital zu erfolgen hat. § 58 sieht die Verpflichtung der elektronischen Erstellung vor. Hiebei sind die Voraussetzungen des § 58 Abs 2 zu beachten (siehe zum Ganzen auch *Janeschitz*, Elektronische Gemeindeverwaltung 184 ff). Da nur auf die „Erstellung" der Pläne Bezug genommen wird, bedeutet dies aber nicht, dass das Verfahren über den Beschluss der Pläne digital durchzuführen ist. Dies ergibt sich auch daraus, dass in die Aufzählung nur jene Instrumente aufgenommen wurden, in der auch zeichnerische oder planliche Darstellungen vorgesehen sind, zB nicht der generelle Bebauungsplan, der gemäß § 47 Abs 2 nur textlich zu erstellen ist. Zu den „überörtlichen Entwicklungsprogrammen" siehe § 7, zu den „örtlichen Entwicklungskonzepten" siehe § 9, zu den „Flächenwidmungsplänen" siehe § 13, zu den „Teilbebauungsplänen" siehe § 48, zu den „Gestaltungsplänen" siehe § 49 und zur „integrierten Flächenwidmungs- und Bebauungsplanung" siehe § 52.

Zum „Raumordnungskataster" siehe § 4. Die Abfrage im Internet erfolgt im Rahmen des KAGIS – Das Kärntner geographische Informationssystem (https://kagis.ktn.gv.at/).

„Identität" ist gemäß § 2 Z 1 E-GovG die Bezeichnung der Nämlichkeit von Betroffenen durch Merkmale, die geeignet sind, ihre Unterscheidbarkeit von anderen zu ermöglichen; solche Merkmale sind insbesondere der Name und das Geburtsdatum, aber auch etwa die Firma oder (alpha)nummerische Bezeichnungen. „Betroffene" sind gemäß § 2 Z 7 E-GovG jede natürliche Person, juristische Person sowie sonstige Personenmehrheit oder Einrichtung, der bei ihrer Teilnahme am Rechts- oder Wirtschaftsverkehr eine eigene Identität zukommt.

**4** „Authentizität" ist gemäß § 2 Z 5 E-GovG die Echtheit einer Willenserklärung oder Handlung in dem Sinn, dass der vorgebliche Urheber auch ihr tatsächlicher Urheber ist.

**5** Das K-ROG 2021 sieht in § 12 Abs 2 bis 4, § 38 Abs 2 und 6, § 39 Abs 2, 4 und 6, § 51 Abs 2 und 6 sowie § 53 Abs 12 Übermittlungen der Gemeinde an die Landesregierung und in § 12 Abs 5, § 38 Abs 8, § 39 Abs 5, § 41 Abs 2 und § 51 Abs 8 Übermittlungen der Landesregierung an die Gemeinde vor. Es wird aber in diesen Bestimmungen nicht normiert, ob diese Übermittlungen analog oder digital zu erfolgen haben. Gemäß § 58 Abs 3 besteht eine Verpflichtung der digitalen Übermittlung, zB mittels E-Mail.

**6** Eine solche Verordnung wurde bislang nicht erlassen. Entwürfe von Verordnungen der Landesregierung sind gemäß Art 38 Abs 2 iVm Art 33 Abs 3 bis 5 K-LVG vor der Beschlussfassung einem Begutachtungsverfahren zu unterziehen. Im Begutachtungsverfahren hat jede Person das Recht, innerhalb der mindestens vierwöchigen Begutachtungsfrist eine schriftliche Stellungnahme abzugeben. Auf die Durchführung des Begutachtungsverfahrens besteht indes kein Rechtsanspruch. Die Unterlassung des Begutachtungsverfahrens hat auf die Rechtmäßigkeit des Gesetzes keinen Einfluss. Im Rahmen des Begutachtungsverfahrens ist insbesondere auf das Rücksichtnahmegebot des § 2 Abs 2 Z 2 insofern Bedacht zu nehmen, als die betroffenen Gebietskörperschaften und andere Planungsträger einzubinden und deren Interessen abzuwägen sind (siehe dazu § 2 Anm 21 und 27). Darüber hinaus ist gemäß § 55 Abs 2 der Raumordnungsbeirat vor Beschlussfassung bei sonstiger Gesetzwidrigkeit zwingend zu hören (siehe § 55 Anm 6). Die Verpflichtung zur Kundmachung und der Zugang zur kundgemachten Verordnung ergeben sich aus dem K-KMG.

### § 59 Eigener Wirkungsbereich

(1) **Die der Gemeinde nach diesem Gesetz übertragenen Aufgaben sind solche des eigenen Wirkungsbereiches.**[1]

(2) **Der örtlich zuständigen Bezirkshauptmannschaft obliegt die Aufhebung der nach diesem Gesetz mit Nichtigkeit bedrohten Bescheide aus dem eigenen Wirkungsbereich der Gemeinde.**[2]

5. Hauptstück – Schlussbestimmungen  § 60

## I. Erläuterungen

### ErlRV 01-VD-LG-1865/5-2021, 65:

„§ 59 entspricht § 32 K-GplG 1995 der geltenden Fassung. Diese Regelung entspricht dem Gebot des Art. 118 Abs. 2 B-VG (so schon in den Erläuterungen Verf-462/1/1969, 6, zu § 19d des Landesplanungsgesetzes, LGBl. Nr. 50/1969)."

## II. Anmerkungen

Zum „eigenen Wirkungsbereich" siehe § 1 Anm 2. Gemäß Art 118 Abs 2 B-VG sind Angelegenheiten des eigenen Wirkungsbereiches ausdrücklich als solche zu bezeichnen. § 59 kommt diesem verfassungsrechtlichen Gebot nach. **1**

Die Nichtigkeitsgründe des § 8 Abs 2 und des § 43 Abs 3 stellen Aufsichtsmittel dar, die von der Aufsichtsbehörde von Amts wegen wahrzunehmen sind (vgl VwGH 11.6.1981, 1737/79; VwSlg 12.213 A/1986). Gegen dieses Aufsichtsrecht der Bezirkshauptmannschaft bestehen keine verfassungsrechtlichen Bedenken (VfGH VfSlg 7978/1977; VfSlg 9943/1984; VwGH 11.6.1981, 1737/79). Die Bestimmung ist nicht auf die Landeshauptstadt Klagenfurt am Wörthersee und die Stadt Villach anzuwenden, da ausdrücklich den Bezirkshauptmannschaften die Aufhebung obliegt. Die Landeshauptstadt Klagenfurt am Wörthersee gemäß Art 116 Abs 3 B-VG iVm § 1 Abs 3 K-KStR 1998 und die Stadt Villach gemäß Art 116 Abs 3 B-VG iVm § 1 Abs 3 K-VStR 1998 haben hingegen selbst die Aufgaben der Bezirksverwaltung zu besorgen, die Aufsicht übt gemäß § 93 ff K-KStR 1998 und § 96 ff K-VStR 1998 die Kärntner Landesregierung aus. **2**

### § 60 Verweisungen[1]

(1) Soweit in diesem Gesetz auf andere Landesgesetze verwiesen wird, sind diese in ihrer jeweils geltenden Fassung anzuwenden.

(2) Eine Verweisung in diesem Gesetz auf eines der nachstehend angeführten Bundesgesetze ist als Verweisung auf die nachstehend angeführte Fassung zu verstehen:
1. Allgemeines Verwaltungsverfahrensgesetz 1991 – AVG, BGBl. Nr. 51/1991, zuletzt in der Fassung des Bundesgesetzes BGBl. I Nr. 58/2018;

2. Bundes-Umgebungslärmschutzgesetz – Bundes-LärmG, BGBl. I Nr. 60/2005;
3. E-Government-Gesetz – E-GovG, BGBl. I Nr. 10/2004, zuletzt in der Fassung des Bundesgesetzes BGBl. I Nr. 169/2020;
4. Forstgesetz 1975, BGBl. I Nr. 440/1975, zuletzt in der Fassung des Bundesgesetzes BGBl. I Nr. 56/2016;
5. Gewerbeordnung 1994 – GewO 1994, BGBl. I Nr. 194/1994, zuletzt in der Fassung des Bundesgesetzes BGBl. I Nr. 65/2020;
6. Wasserrechtsgesetz 1959 – WRG 1959, BGBl. Nr. 215/1959, zuletzt in der Fassung des Bundesgesetzes BGBl. I Nr. 73/2018.

**Lit:**
*Irresberger*, Verweisungen im Landesrecht unter besonderer Berücksichtigung Kärntens, in Festschrift Havranek, 2007, 85; *Novak*, Verweisungen aus der Sicht der Länder, in Linzer Legistik-Gespräche 2015, Schriftenreihe des Landes Oberösterreich Band 14, 2016, 147.

## I. Erläuterungen
### ErlRV 01-VD-LG-1865/5-2021, 65:

„§ 60 entspricht § 8d K-ROG und § 35 K-GplG 1996 der geltenden Fassung. In § 61 Abs. 2 erfolgt die aus verfassungsrechtlichen Gründen notwendige statische Verweisung auf Bundesgesetze."

## II. Anmerkungen

**1** Das K-ROG 2021 nimmt an verschiedenen Stellen Bezug auf Rechtsvorschriften in anderen Gesetzen. Eine Verweisung liegt nach der Judikatur des VfGH (VfSlg 15.267/1998) dann vor, wenn „sich der Inhalt einer Norm nicht abschließend aus der Rechtsnorm erschließt, sondern sich erst unter Heranziehung einer oder mehrerer anderer Rechtsvorschriften ergibt." Zu unterscheiden ist, ob diese Bezugnahme auf Rechtsvorschriften des gleichen Normsetzers erfolgt, dh auf ein Kärntner Landesgesetz, oder auf Rechtsvorschriften eines anderen Normsetzers, dh auf ein Bundesgesetz oder eine Unionsbestimmung. Weiters ist zu unterscheiden, ob bloß auf geltende Rechtsvorschriften Bezug genommen wird, dh statisch verwiesen wird, oder auch auf künftige Rechtvorschriften, dh dynamisch verwiesen wird. Denn dynamische Verweisungen auf Normen eines anderen Rechtserzeugungsorganes werden durch den VfGH als verfassungswidrig erachtet, dynamische Verweisungen auf Normen desselben Rechtserzeugungsorganes jedoch als grundsätzlich verfassungsrechtlich zulässig angesehen (VfGH VfSlg 6290/1970; VfSlg 14.606/1996; zum Ganzen *Irresberger*, Verweisungen im Landesrecht 85 ff mN; *Novak*, Verweisungen aus der Sicht der Länder 147 ff). Typisch für den Kärntner Landesgesetzgeber wird dieser Judikatur durch eine eigene Bestimmung über Verweisungen nachgekommen. So bestimmt § 60 Abs 1, dass sofern auf andere Landesgesetze verwiesen wird, diese in ihrer jeweils geltenden Fassung anzuwenden sind. Es handelt sich somit um dynamische Verweisungen. Hingegen sind gemäß § 60 Abs 2 die Verweisungen auf eines der angeführten Bundesgesetze als Verweisungen auf die ausdrücklich angeführten Fassungen zu verstehen. Diese Verweisungen sind somit statisch.

## Artikel V [Anm: zu LGBl 2021/59]
## Inkrafttretens-, Außerkrafttretens- und Übergangsbestimmungen

(1) Dieses Gesetz tritt, wenn in Abs. 2 nicht anderes bestimmt wird, mit 1. Jänner 2022 in Kraft und das Kärntner Raumordnungsgesetz – K-ROG, LGBl. Nr. 76/1969, zuletzt in der Fassung des Landesgesetzes LGBl. Nr. 10/2018, sowie das Kärntner Gemeindeplanungsgesetz 1995 – K-GplG 1995, LGBl. Nr. 23/1995, zuletzt in der Fassung des Landesgesetzes LGBl. Nr. 71/2018, außer Kraft.

(2) Art. IV Z 7 und 8 tritt an dem der Kundmachung folgenden Tag in Kraft.

(3) Verordnungen aufgrund dieses Gesetzes dürfen bereits ab dem der Kundmachung dieses Gesetzes folgenden Tag erlassen werden. Sie dürfen jedoch frühestens gleichzeitig mit dem Inkrafttreten dieses Gesetzes in Kraft gesetzt werden.

(4) Im Zeitpunkt des Inkrafttretens dieses Gesetzes bereits durch Auflage zur allgemeinen Einsicht gemäß § 2 Abs. 4, § 13 Abs. 1 iVm. § 26 Abs. 1 sowie § 31b Abs. 1 K-GplG 1995 eingeleitete Verfahren zur Erlassung oder Änderung von örtlichen Entwicklungskonzepten, Flächenwidmungsplänen, Bebauungsplänen oder integrierten Flächenwidmungs- und Bebauungsplänen sind, wenn in Abs. 5 nicht anderes bestimmt wird, entsprechend dem jeweiligen Verfahrensstand nach der durch dieses Gesetz geänderten Rechtslage weiterzuführen.

(5) Die Genehmigung von Flächenwidmungsplänen, Bebauungsplänen oder integrierten Flächenwidmungs- und Bebauungsplänen, die vom Gemeinderat bereits vor dem Inkrafttreten dieses Gesetzes beschlossen worden sind, hat nach der im Zeitpunkt dieser Beschlussfassung geltenden Rechtslage zu erfolgen. Auf im Zeitpunkt des Inkrafttretens dieses Gesetzes bereits anhängige Genehmigungsverfahren entsprechend den Bestimmungen des K-GplG 1995 finden die Bestimmungen dieses Gesetzes keine Anwendung.

(6) Im Zeitpunkt des Inkrafttretens dieses Gesetzes bestehende überörtliche Entwicklungsprogramme im Sinne des § 3 K-ROG, Verordnungen über die Geschäftsordnung des Raumordnungsbeirates, Planzeichenverordnungen, Orts- und Stadtkernverordnungen, Richtlinien-Verordnungen, örtliche Entwicklungskonzepte, Flächenwidmungspläne, Bebauungspläne und integrierte Flächenwidmungs- und Bebauungspläne gelten als überörtliche Entwicklungsprogramme, Verordnungen über die Geschäftsordnung des Raumordnungsbeirates, Planzeichenverordnungen, Orts- und Stadtkernverordnungen, Richtlinien-Verordnungen, örtliche Entwicklungskonzepte, Flächenwidmungspläne, Bebauungspläne und integrierte Flächenwidmungs- und Bebauungspläne im Sinne des K-ROG 2021.

(7) Die Landesregierung hat die bestehenden überörtlichen Entwicklungsprogramme im Sinne des § 3 K-ROG, Verordnungen über die Geschäftsordnung des Raumordnungsbeirates, Planzeichenverordnungen, Orts- und Stadtkernverordnung, Richtlinien-Verordnungen, wenn sie den Bestimmungen dieses Gesetzes nicht entsprechen, spätestens binnen drei Jahren ab Inkrafttreten dieses Gesetzes an die Bestimmungen des K-ROG 2021 anzupassen. Die Landesregierung hat bestehende überörtliche Entwicklungsprogramme im Sinne des § 10 K-GplG 1995 aufzuheben.

(8) Mit dem Inkrafttreten dieses Gesetzes treten Sonderwidmungen für Einkaufszentren gemäß § 8 Abs. 7 K-GplG 1995 und Sonderwidmungen für Veranstaltungszentren gemäß § 8 Abs. 10 K-GplG 1995 außer Kraft. Sonderwidmungen für Einkaufszentren gemäß § 8 Abs. 7 K-GplG 1995 und Sonderwidmungen für Veranstaltungszentren gemäß § 8 Abs. 10 K-GplG 1995, die binnen fünf Jahren vor dem Inkrafttreten dieses Gesetzes wirksam geworden sind, treten fünf Jahre nach ihrer jeweiligen Wirksamkeit außer Kraft.

(9) Die Gemeinden haben die bestehenden örtlichen Entwicklungskonzepte, Flächenwidmungspläne, Bebauungspläne und integrierten Flächenwidmungs- und Bebauungspläne, wenn sie den Bestimmungen dieses Gesetzes nicht entsprechen, spätestens binnen fünf Jahren ab Inkrafttreten dieses Gesetzes an die Bestimmungen des K-ROG 2021 anzupassen. Dies gilt auch für Flächenwidmungspläne, Bebauungspläne und integrierte Flächenwidmungs- und Bebauungspläne im Sinne des Abs. 5.

(10) Wird das örtliche Entwicklungskonzept nicht innerhalb der in Abs. 9 genannten Frist angepasst, darf keine Änderung des Flächenwidmungsplanes mehr aufsichtsbehördlich genehmigt und keine Änderung des Flächenwidmungsplanes im vereinfachten Verfahren durchgeführt werden.

(11) Im Zeitpunkt des Inkrafttretens dieses Gesetzes rechtmäßig errichtete oder bewilligte Einkaufszentren im Sinne des § 8 Abs. 8 und 9 K-GplG 1995, die nicht in einem festgelegten Orts- und Stadtkern gelegen sind, gelten als rechtmäßig errichtete und bewilligte Einkaufszentren im Sinne des K-ROG 2021. Die Änderung sowie die gänzliche oder teilweise Wiedererrichtung von Gebäuden und sonstigen baulichen Anlagen für diese Einkaufszentren sind zulässig, wenn hiedurch keine Änderung der bewilligten Kategorie dieser Einkaufszentren (EKZ I, EKZ II, EKZ II des Kraftfahrzeug- und Maschinenhandels, des Baustoffhandels, des Möbelhandels, des Brennstoffhandels sowie EKZ des Großhandels) eintritt und die baubehördlich genehmigten Verkaufsfläche nur bis zu 10 Prozent, jedoch höchstens um 600 m$^2$, vergrößert wird. In den Städten Klagenfurt am Wörthersee und Villach ist unter diesen Voraussetzungen auch eine Vergrößerung der baubehördlich genehmigten Verkaufsfläche höchstens um 3.000 m$^2$ zulässig, wenn durch privatwirtschaftliche Vereinbarung mit der Gemeinde sichergestellt ist, dass zumindest im Ausmaß der beabsichtigten Verkaufsfläche rechtmäßig bewilligte und errichtete Verkaufsflächen von Einkaufszentren der gleichen Kategorie (EKZ I, EKZ II, EKZ II des Kraftfahrzeug- und Maschinenhandels, des Baustoffhandels, des Möbelhandels, des Brennstoffhandels sowie EKZ des Großhandels) außerhalb des Stadtkerns
1. abgebrochen werden oder
2. eine dauerhafte Auflassung mit einer alternativen widmungsgemäßen Nachnutzung erfolgt.

(12) Im Zeitpunkt des Inkrafttretens dieses Gesetzes rechtmäßig errichtete oder bewilligte bauliche Anlagen für land- und forstwirtschaftliche Betriebe gelten als rechtmäßig errichtete und bewilligte bauliche Anlagen für land- und forstwirtschaftliche Betriebe im Sinne des K-ROG 2021. Im Zeitpunkt des Inkrafttretens dieses Gesetzes rechtmäßig errichtete oder bewilligte Betriebswohngebäude sowie Geschäfts- und Verwaltungsgebäude im Gewerbegebiet gelten als rechtmäßig errichtete und bewilligte Gebäude im Gewerbegebiet im Sinne des K-ROG 2021. Im Zeitpunkt des Inkrafttretens dieses Gesetzes rechtmäßig errichtete oder bewilligte betriebsnotwendige Wohngebäude für das Aufsichts- und Wartungspersonal sowie Geschäftsgebäude im Industriegebiet gelten als rechtmäßig errichtete und bewilligte Gebäude im Industriegebiet im Sinne des K-ROG 2021.

(13) Im Zeitpunkt des Inkrafttretens dieses Gesetzes bestehende privatwirtschaftliche Vereinbarungen sind in das elektronische Verzeichnis gemäß § 53 Abs. 11 K-ROG 2021 aufzunehmen, wenn unabhängig von Leistungspflichtenerfüllungsfristen die vereinbarungsgemäßen Leistungspflichten nicht oder nicht zur Gänze erfüllt worden sind.

(14) In Art. IV Abs. 11 des Landesgesetzes LGBl. Nr. 80/2012 entfällt die Wortfolge „über die Baulinie oder". Wird an ein am 1. Oktober 2012 bereits bestehendes Gebäude ein Vollwärmeschutz oder eine Außendämmung angebracht, so dürfen diese höchstens 20 cm über die Baulinie ragen. Diese Anbringungen eines Vollwärmeschutzes oder einer Außendämmung dürfen auch entgegen dem Flächenwidmungsplan ausgeführt werden.

(15) Die Landesregierung hat die Zielerreichung des K-ROG 2021 fünf Jahre nach seinem Inkrafttreten zu evaluieren.

(16) Mit diesem Gesetz werden umgesetzt:
1. Richtlinie 2002/49/EG des Europäischen Parlaments und des Rates vom 25. Juni 2002 über die Bewertung und Bekämpfung von Umgebungslärm, ABl. Nr. L 189 vom 18. Juli 2002, S 12;
2. Richtlinie 2010/31/EU des Europäischen Parlaments und des Rates vom 19. Mai 2010 über die Gesamtenergieeffizienz von Gebäuden (Neufassung), ABl. Nr. L 153 vom 18. 6. 2010, S 13;
3. Richtlinie 2012/18/EU des Europäischen Parlaments und des Rates vom 4. Juli 2012 zur Beherrschung der Gefahren

schwerer Unfälle mit gefährlichen Stoffen, zur Änderung und anschließenden Aufhebung der Richtlinie 96/82/EG des Rates, ABl. Nr. L 197 vom 24.7.2012, S 1;
4. Richtlinie 2013/59/Euratom des Rates vom 5. Dezember 2013 zur Festlegung grundlegender Sicherheitsnormen für den Schutz vor den Gefahren einer Exposition gegenüber ionisierender Strahlung und zur Aufhebung der Richtlinien 89/618/Euratom, 90/641/Euratom, 96/29/Euratom, 97/43/Euratom und 2003/122/Euratom, ABl. Nr. L 13 vom 17.1.2014, S 1;
5. Richtlinie (EU) 2018/2001 des Europäischen Parlamentes und Rates vom 11. Dezember 2018 zur Förderung der Nutzung von Energie aus erneuerbaren Quellen, ABl. Nr. L 328 vom 21.12.2018, S 82.

## 1.1. Entwicklungsprogramm Kärntner Zentralraum

LGBl 1977/39

### Inhaltsverzeichnis
§ 1   Planungsraum
§ 2   Flächenwidmungspläne
§ 3   Wirkung
Anlage

Auf Grund des § 3 des Kärntner Raumordnungsgesetzes, LGBl. Nr. 76/1969, wird verordnet:

### § 1 Planungsraum

(1) Für den Kärntner Zentralraum wird das in der Anlage enthaltene Entwicklungsprogramm festgelegt.

(2) Das Entwicklungsprogramm erstreckt sich auf die Gebiete der Landeshauptstadt Klagenfurt und der Stadt Villach; im politischen Bezirk Klagenfurt Land auf die Gemeinden Ebental, Feldkirchen in Kärnten, Feistritz im Rosental, Ferlach, Glanegg, Grafenstein, Keutschach, Köttmannsdorf, Krumpendorf, Ludmannsdorf, Magdalensberg, Maria Rain, Maria Saal, Maria Wörth, Moosburg, Ossiach, Poggersdorf, Pörtschach am Wörther See, Schiefling am See, Steindorf und Techelsberg am Wörther See; im politischen Bezirk Villach Land auf die Gebiete der Gemeinden Arnoldstein, Arriach, Finkenstein, Rosegg, St. Jakob im Rosental, Velden am Wörther See, Treffen, Wernberg und Weißenstein; im politischen Bezirk St. Veit an der Glan auf die Gebiete der Gemeinden Liebenfels, St. Georgen am Längsee und St. Veit an der Glan.

## § 2 Flächenwidmungspläne

Flächenwidmungspläne der Gemeinden des Kärntner Zentralraumes sind dem Gebietsstand vom l. Jänner 1973 und dem Entwicklungsprogramm für den Zentralraum anzupassen.

## § 3 Wirkung

(1) Die Landesregierung hat den jährlichen Voranschlag im Einklang mit dem Entwicklungsprogramm zu erstellen (§ 4 Kärntner Raumordnungsgesetz).

(2) Verordnungen und Bescheide auf Grund von Landesgesetzen dürfen nur im Einklang mit dem Entwicklungsprogramm erlassen werden (§ 5 Abs. 1 Kärntner Raumordnungsgesetz).

(3) Investitionen und Förderungsmaßnahmen dürfen nur im Einklang mit dem Entwicklungsprogramm erfolgen.

(4) Die Bestimmungen des Abs. 3 gelten für

a) das Land Kärnten,
b) die auf Grund von Landesgesetzen eingerichteten Körperschaften öffentlichen Rechts und
c) die Vertreter der unter lit. a und b genannten Körperschaften in den Gesellschaften, an denen diese Körperschaften beteiligt sind.

Auf Förderungsmaßnahmen, die von den in lit. a und b genannten Körperschaften mit Mitteln des Bundes durchgeführt werden, findet der Abs. 3 keine Anwendung.

## Anlage

Entwicklungsprogramm Kärntner Zentralraum

1. Leitziele (Allgemeine Entwicklungsziele) für das Landesgebiet

Für den Zentralraum gelten insbesondere folgende Leitziele aus dem Kärntner Raumordnungsgesetz:

Der Bevölkerung Kärntens soll durch die Wirtschaftsstruktur des Landes die Teilnahme an der fortschreitenden Entwicklung der österreichischen Volkswirtschaft gesichert werden. Es ist anzustreben, die Produktivität der Landwirtschaft zu erhöhen und deren Wettbewerbsfähigkeit zu verbessern.

Das Verkehrsnetz ist so auszubilden, daß Kärnten in den europäischen Großraum eingegliedert wird und sich die Wirtschaft des Landes entfalten kann; auf die vorausschaubare Entwicklung, auf ein Höchstmaß an Sicherheit und auf die Schonung der Erholungsräume ist Bedacht zu nehmen.

Die Siedlungstätigkeit soll zur Verdichtung der Bebauung führen. Die Siedlungsräume sind entsprechend den örtlichen Bedürfnissen der Bevölkerung aufzuschließen und dem Verkehrsnetz anzugliedern. Die Versorgung der Bevölkerung mit Gütern und Leistungen des täglichen Bedarfs sowie die ärztliche Betreuung sind zu gewährleisten. Die Entfaltung des kulturellen und sozialen Lebens ist durch Einrichtungen, die diesem Zweck entsprechen, an geeigneten Orten zu sichern. Den Erfordernissen der Erholung und der körperlichen Ertüchtigung ist Rechnung zu tragen.

Die Eigenart der Kärntner Landschaft sowie deren natürliche Bestimmung, auch als Erholungsraum und Grundlage des Tourismus zu dienen, ist zu bewahren.

## 2. Zielsystem

Das Entwicklungsprogramm für den Zentralraum enthält Leitziele und Hauptziele, die in Entwicklungsprogrammen für Teilbereiche des Zentralraumes zu verfeinern sind. Weiters sind in den Entwicklungsprogrammen für Teilbereiche des Zentralraumes noch Teilziele für wichtige raumwirksame Zusammenhänge festzulegen.

Leitziele sind allgemeine Grundsätze, die aus der Funktion des Planungsraumes im größeren Raum und aus den abschätzbaren Bedürfnissen der zukünftigen Wohn-, Arbeits- und Urlaubsbevölkerung abzuleiten sind.

Hauptziele sind allgemeine Grundsätze mit konkretem Inhalt und Geltungsanspruch für genau umrissene funktionelle Zusammenhänge (Sachbereiche).

Teilziele sind konkrete und lokalisierte Grundsätze für jene raumwirksamen funktionellen Zusammenhänge, deren Verwirklichung durch die Instrumente der örtlichen Raumplanung (Flächenwidmungsplan, Bebauungsplan) gewährleistet sein soll.

1.1. Entwicklungsprogramm Kärntner Zentralraum **Anlage**

3. Leitziele für den Kärntner Zentralraum

3.1. Der Zentralraum ist so zu entwickeln und zu gestalten, daß er seiner Funktion als wirtschaftlicher, sozialer und kultureller Schwerpunktraum Kärntens in bestmöglicher Weise gerecht wird. Dabei ist auf die angestrebte Entwicklung der übrigen Landesteile Bedacht zu nehmen.

3.2. Der Verbesserung der Verkehrsverbindungen zwischen dem Kärntner Zentralraum, den übrigen Landesteilen, den benachbarten Zentralräumen sowie den nähergelegenen Verdichtungsgebieten in Italien und Jugoslawien ist besondere Bedeutung beizumessen.

3.3. Im Hinblick auf die angestrebte Entwicklung des Zentralraumes sind in den Entwicklungsprogrammen für dessen Teilbereiche zentrale Orte festzulegen und Funktionsgebiete abzugrenzen.

3.4. Die zentralen Orte im Kärntner Zentralraum sind so zu entwickeln, daß sie ihre überregionalen und regionalen Funktionen für die Bevölkerung bei jeweils zumutbarem Zeitaufwand in bestmöglicher Weise wahrnehmen können. Auszubauen oder zu entwickeln sind als Oberzentren die Landeshauptstadt Klagenfurt und die Stadt Villach;

als Mittelzentrum die Stadt St. Veit an der Glan;

als Unterzentren die Orte Arnoldstein, Ebenthal, Feldkirchen in Kärnten, Ferlach, Finkenstein, Grafenstein, Krumpendorf, Pörtschach am Wörther See, St. Jakob (Gemeinde St. Jakob im Rosental), Velden am Wörther See;

als Kleinzentren die Orte Feistritz im Rosental, Köttmannsdorf, Maria Saal, Moosburg, Treffen, Wernberg und Wölfnitz (Landeshauptstadt Klagenfurt).

Die Festlegung der Kleinstzentren hat in den Entwicklungsprogrammen für Teilbereiche des Zentralraumes zu erfolgen.

3.5. Als Funktionsgebiete sind jedenfalls Landwirtschaftsgebiete, Geschäftsbezirke und Industriebezirke entsprechend der Dominanz der jeweiligen Hauptfunktion abzugrenzen.

3.6. Die Siedlungsstruktur soll insbesondere in den Ober- und Mittelzentren so entwickelt und gestaltet werden, daß durch eine überdurchschnittliche Verdichtung der Wohn- und Arbeitsstätten in den Einzugsbereichen der öffentlichen Massenverkehrsmittel eine möglichst günstige öffentliche Verkehrsbedienung erzielt werden kann.

3.7. Der Ausbau der Infrastruktur im Zentralraum soll unter besonderer Bedachtnahme auf eine Stärkung überregionaler Funktionen so erfolgen, daß für die Bevölkerung ein hoher Lohn-, Wohn- und Freizeitwert erreicht und auch in Zukunft gewährleistet werden kann. Er soll weiters so vorgenommen werden, daß er den charakteristischen Aufgaben der zentralen Orte und Funktionsgebiete jeweils im besonderen Maße zu entsprechen vermag. Dabei soll auf eine ganzjährige Nutzung sowie auf die Grenzen der Belastbarkeit des Naturhaushaltes in bestmöglicher Weise Bedacht genommen werden.
Ebenso ist dafür zu sorgen, daß die Umweltschutzbelange Berücksichtigung finden.

## 4. Hauptziele für den Kärntner Zentralraum

### 4.1. Land- und Forstwirtschaft

Die Land- und Forstwirtschaft muß in die Lage versetzt werden, die Wirtschafts-, Pflege- und Umweltschutzfunktion im Zentralraum nachhaltig, kostengünstig und unbehindert durch die übrigen Aktivitäten auszuüben.

Die Bedeutung des Waldes für die Landeskultur, die Erholung und den Schutz der natürlichen Umwelt ist zu beachten. Rodungen im Zentralraum sollen durch Aufforstungen landwirtschaftlicher Flächen von geringer Ertragskraft ausgeglichen werden. Im Zentralraum dürfen Waldflächen für bauliche oder gewerbliche Zwecke nur dann und nur im erforderlichen Ausmaß beansprucht werden, wenn andere geeignete Flächen nicht vorhanden sind.

In den Entwicklungsprogrammen für die Teilbereiche des Zentralraumes sind Landwirtschaftszonen abzugrenzen, die langfristig der Landwirtschaft vorbehalten bleiben sollen.

Als Landwirtschaftszonen kommen Gebiete in Betracht, in denen in bezug auf natürliche Ertragsfähigkeit und maschinelle Bearbeitungsmöglichkeit am besten geeignete Böden vorherrschen.
Die in den Landwirtschaftszonen liegenden Betriebe sind durch eine vorrangig betriebene Flurneuordnung sowie durch wirksame strukturpolitische Maßnahmen in die Lage zu versetzen, ein ausreichendes Einkommen aus der Landwirtschaft zu erzielen.
In Fremdenverkehrs-Sättigungsgebieten und Fremdenverkehrs-Ergänzungsgebieten, wo infolge eines hohen Anteiles an Nebenerwerbsbetrieben die nachhaltige ordnungsgemäße Bewirtschaftung landwirtschaftlicher Nutzflächen gefährdet ist, soll die Pflege der landwirtschaftlichen Nutzflächen durch wirksame Förderungsmaßnahmen langfristig gesichert werden.
Bei der Abgrenzung von Grünland (landwirtschaftlich genutzten Flächen) in Flächenwidmungsplänen soll durch die Schaffung von Pufferzonen eine gegenseitige Beeinträchtigung der Raumnutzungen für Wohnen, Wirtschaften, Erholen und Bilden soweit wie möglich vermieden werden.

4.2. Produzierendes Gewerbe und Industrie

Um die Produktivität von Gewerbe und Industrie zu fördern, ist eine weitere branchenmäßige Differenzierung anzustreben.
Zur Steigerung des Wachstums des produzierenden Gewerbes und der Industrie soll die Erweiterung dynamischer Unternehmungen ebenso gefördert werden wie die Gründung neuer Unternehmungen, die hochwertige Arbeitsplätze anbieten. Dabei soll den Industriezweigen der Vorzug gegeben werden, deren Produktion nur in geringem Maß transportkostenempfindlich ist und eine hohe Wertschöpfung pro Kopf der Bevölkerung erwarten läßt.
In Gebieten, in denen Industrie und Fremdenverkehr in gleicher Weise wirtschaftsbestimmend sind, ist eine koordinierte Entwicklung anzustreben.
Die Ansiedlung von Gewerbe- und Industriebetrieben soll in der Regel in zentralen Orten so erfolgen, daß keine Beeinträchtigung der Wohn-, Fremdenverkehrs- und Naherholungsgebiete eintritt und möglichst zahlreiche Arbeitsplätze von den Wohngebieten mit vertretbarem Zeitaufwand erreicht werden können. Dies erfordert die langfristige Sicherung und planmäßige Erschließung günstig gelegener Gewerbe- und Industriegebiete. Zur Förderung des Gleis-

anschlußverkehrs sollen im Bereich von Stammgleisen Industriegebiete für gleisanschlußgeeignete Betriebe festgelegt werden.
In der zukünftigen Regionalstadt Klagenfurt — Villach sind neben Industriegebieten von örtlicher Bedeutung zwei große Industriebezirke von regionaler Bedeutung so festzulegen, daß optimale Wirtschaftsbedingungen gewährleistet sind und keine Beeinträchtigung der Wohn-, Fremdenverkehrs- und Naherholungsgebiete eintreten kann.

4.3. Fremdenverkehr

In Fremdenverkehrs-Sättigungsgebieten soll insbesondere eine Qualitätsverbesserung der Fremdenverkehrs- und übrigen Dienstleistungs-Einrichtungen vorgenommen werden.
In Fremdenverkehrs-Ergänzungsgebieten soll eine planmäßige, qualitative Komplettierung der Fremdenverkehrs- und übrigen Dienstleistungs-Einrichtungen erfolgen.
In den Fremdenverkehrsgebieten ist durch Förderungsmaßnahmen auf eine möglichst große Saisonverlängerung hinzuwirken. Insbesondere soll in den westlichen Randzonen des Zentralraumes durch die Erschließung von Skigebieten und anderen wirksamen Maßnahmen eine möglichst optimale Kapazitätsausnutzung in zwei Saisonen angestrebt werden.
Zur Intensivierung des Fremdenverkehrs soll auch außerhalb der Fremdenverkehrsgebiete der Ausbau von Fremdenzimmern in Bauernhöfen gefördert werden.
In den Fremdenverkehrs-Sättigungs- und Fremdenverkehrs-Ergänzungsgebieten sollen attraktive regionale Wander- und Radwegnetze errichtet werden.
Das Überwiegen einseitiger Nutzungen in Fremdenverkehrsgebieten, insbesondere durch Campingplätze, ist zu vermeiden. Größere Campingplätze sind durch land- und forstwirtschaftlich genutzte Flächen voneinander zu trennen und in sich durch Freiflächen zu gliedern. Sie sollen sich nicht entlang der Seeufer erstrecken, sondern in die Tiefe gestaffelt werden.

4.4. Handel und übrige private Dienstleistungs-Einrichtungen

Den unterschiedlichen Standorterfordernissen der Handels-, Handwerks- und übrigen Dienstleistungsbetriebe soll im Hinblick auf

## 1.1. Entwicklungsprogramm Kärntner Zentralraum **Anlage**

eine optimale Versorgung der Bevölkerung durch vorsorgliche Flächensicherung Rechnung getragen werden.
Der Erhaltung und Verbesserung der Funktionsfähigkeit der historischen Stadtkerne von Feldkirchen in Kärnten, Klagenfurt, St. Veit an der Glan und Villach als Hauptgeschäftszentren ist besondere Bedeutung beizumessen.
Die Flächensicherung für Einkaufszentren, Verbrauchermärkte und ähnliche Betriebe, insbesondere auch solche mit einem großen Anteil an Frauenarbeitsplätzen, soll möglichst in einem städtebaulichen Zusammenhang mit bestehenden Siedlungen erfolgen.

4.5. öffentliche Einrichtungen

Die Versorgung der Bevölkerung mit öffentlichen Einrichtungen soll zu möglichst wirtschaftlichen Bedingungen zweckentsprechend erfolgen. Dabei soll den unterschiedlichen Bedürfnissen der einzelnen Altersstufen in bestmöglicher Weise Rechnung getragen werden.
In den Flächenwidmungsplänen sind in den zentralen Orten entsprechend der angestrebten räumlichen Entwicklung günstig gelegene, ausreichend große und erweiterungsfähige Flächen für Schulen, Jugendheime, Kirchen, Bildungs- und Freizeiteinrichtungen, Spiel- und Sportplätze sowie Einrichtungen des Sozial- und Gesundheitswesens rechtzeitig zu sichern.

4.6. Verkehr

Der Ausbau der Verkehrsinfrastruktur soll entsprechend der angestrebten räumlichen Entwicklung und den Anforderungen der zukünftigen Produktionsstruktur und des Umweltschutzes erfolgen. Dabei ist ein Zusammenwirken aller Planungsträger und Verkehrsträger anzustreben.
Beim Ausbau des Verkehrswegenetzes soll eine optimale Verknüpfung des regionalen und kommunalen Hauptstraßennetzes mit dem Fernstraßen- und Eisenbahnnetz erzielt werden. Dabei ist auf die bessere Erschließung der weniger entwickelten Randgebiete des Zentralraumes Bedacht zu nehmen.
Ausreichende Flächen für die Errichtung von Autobusbahnhöfen und von ausreichenden Parkmöglichkeiten an Aufnahmestellen des

Personenverkehrs sind in den Flächenwidmungsplänen rechtzeitig zu sichern.

Im Einzugsbereich von Aufnahmestellen des Personen- und Güterverkehrs ist eine funktionsgerechte Umgestaltung des regionalen und kommunalen Straßennetzes anzustreben.

Beim Ausbau eines attraktiven Personen Nahverkehrs, insbesondere für den Berufs- und Schülerverkehr, in der künftigen Regionalstadt Klagenfurt-Villach, ist eine zeitliche und räumliche Abstimmung mit der angestrebten Siedlungsentwicklung unerläßlich. Die erforderliche städtebauliche Umgestaltung der Einzugsbereiche der Aufnahmestellen in Verbindung mit einer maßvollen Verdichtung der Wohn- und Arbeitsplätze soll auf Grund von Bebauungsplänen erfolgen.

Für den zukünftigen Güterverkehr sollen die erforderlichen Flächen für den Ausbau von Güterverkehrsanlagen rechtzeitig gesichert werden.

Bei der Errichtung von Seilbahnen, Liften und sonstigen Aufstiegshilfen sind neben leistungsfähigen Zufahrtsstraßen auch ausreichende Parkplätze vorzusehen.

Für die Linienschiffahrt sollen geeignete Anlegestellen so ausgebaut werden, daß eine günstige Anbindung an das Straßen-, Rad- und Wanderwegenetz gewährleistet ist.

In den Stadtkernen von Feldkirchen in Kärnten, Klagenfurt, St. Veit an der Glan und Villach sind günstig gelegene und attraktiv gestaltete Fußgängerzonen zu schaffen.

4.7. Wasserwirtschaft und Abfallstoffbeseitigung

Reinhaltung des Wassers

Die Erhaltung des Wasserdargebotes ist in bestmöglicher Weise zu sichern.

Grundwasser und oberirdische Gewässer sind gegen schädliche oder nachteilige Verunreinigungen zu schützen.

Wasserversorgung

Bei raumwirksamen Planungen und Investitionen ist besonders auf eine ausreichende Wasserversorgung zu achten. Zur bestmöglichen Versorgung der Siedlungszentren des Zentralraumes für die Zukunft ist die Errichtung überregionaler Wasserversorgungsanlagen anzustreben.

Baugebiete, die einen erheblichen Wasserbedarf verursachen, dürfen nur dann gewidmet werden, wenn die Wasserversorgung schon bei der Planung gewährleistet ist.
Wasserversorgungsanlagen sollen rechtzeitig geplant werden, damit die Sicherung der erforderlichen Wasserschutzgebiete frühzeitig erfolgen kann. Auf einen Verbund der Leitungssysteme ist bereits bei der Planung zu achten.

Abwasserbehandlung

In Gebieten mit bestehender oder geplanter überdurchschnittlicher Siedlungsdichte, insbesondere in den zentralen Orten und den Fremdenverkehrsgebieten, sind für die Abwasserbehandlung zentrale Anlagen vorzusehen. Solche Anlagen sind auch dort erforderlich, wo Vorfluter eine über das vertretbare Maß hinausgehende Verunreinigung aufweisen oder deren Selbstreinigungsvermögen durch Abwässer überfordert sind.
Ein Verbund der Abwasserbehandlungssysteme ist bereits bei der Planung zu berücksichtigen.

Schutzwasserbau

Der Abfluß des Oberflächenwassers ist so zu lenken, daß ein möglichst großer Nutzen für den Wasserhaushalt und ein ausreichender Hochwasserschutz gewährleistet wird.
Für die Freihaltung des notwendigen Abflußraumes sowie die Freihaltung von Retentionsräumen an den Fließgewässern ist vorzusorgen. Durch Naturkatastrophen gefährdete Siedlungen sowie Verkehrs- und Versorgungsanlagen sind durch Flußbaumaßnahmen, Wildbach- und Lawinenverbauungen in bestmöglicher Weise zu schützen.

4.8. Energieversorgung

Die Flächensicherung für Anlagen und Einrichtungen der Energieversorgung ist unter Bedachtnahme auf den Schutz und die Entwicklung der natürlichen Umwelt rechtzeitig vorzunehmen. Insbesondere ist auf die Freihaltung ausreichender Leitungskorridore Bedacht zu nehmen.

4.9. Siedlungsstruktur

Die Gebiete mit überdurchschnittlicher Siedlungsdichte und hochwertiger Verkehrsinfrastruktur im Raum Klagenfurt — Velden am Wörther See — Villach sind entsprechend den Daseinsgrundfunktionen Wohnen, Arbeiten, Bilden und Erholen unter Bedachtnahme auf Umweltschutzanforderungen funktionell zu gliedern, maßvoll zu verdichten und so zu gestalten, daß sie sich zur künftigen „Regionalstadt Klagenfurt-Villach" entwickeln. Auf die Erhaltung historischer Siedlungskerne und den Schutz bedeutungsvoller Ortsbilder bei Maßnahmen zum Ausbau der Infrastruktur und der baulichen Erweiterung ist besonders Bedacht zu nehmen.

In den übrigen Teilgebieten des Zentralraumes sollen geeignete Siedlungsgebiete maßvoll verdichtet und die zentralen Orte so gestaltet werden, daß eine der angestrebten räumlichen Entwicklung entsprechende Zahl von Wohnungen mit unterschiedlicher Größe und Ausstattung zur Verfügung steht.

Bauland darf in Hinkunft nur dann ausgewiesen werden, wenn der erforderliche Aufwand für Erschließung und Versorgung angemessen ist. Insbesondere soll durch eine Gliederung des Baulandes in Aufschließungszonen, die entsprechend dem Bedarf und den finanziellen Möglichkeiten der Gemeinden, aber auch unter Bedachtnahme auf den Umweltschutz zu erschließen sind, eine wirtschaftliche und konzentrierte Siedlungstätigkeit angestrebt werden.

Siedlungsgebiete, die ihre Funktion nicht mehr oder nur noch unzureichend erfüllen und durch einen schlechten baulichen Zustand gekennzeichnet sind, sollen grundlegend erneuert werden.

## 4.10. Spiel, Sport und Erholung

Spiel-, Sport- und Erholungsflächen sollen bei Berücksichtigung der unterschiedlichen Bedürfnisse der Altersgruppen in günstiger und ausreichender Zahl allgemein zur freien Verfügung stehen.

Die Planung von Sportanlagen und anderen Freizeiteinrichtungen ist insbesondere mit der Fremdenverkehrsentwicklung und den Naherholungsbedürfnissen abzustimmen.

Die Standortfestlegung, Bemessung und Flächensicherung soll nach überörtlichen Gesichtspunkten und jeweils unter Bedachtnahme auf die Umwelthygiene und die zukünftige mögliche Einwohnerzahl bei voller Inanspruchnahme des geeigneten Baulandes erfolgen. In den Ober- und Mittelzentren ist auf die Festlegung ausreichender und günstig gelegener Naherholungsgebiete Bedacht zu nehmen. Sie sollen durch Wander- und Radwegenetze erschlossen und mit den erforderlichen Einrichtungen ausgestattet werden. Dabei ist ein Ausgleich zwischen Sport- und Freizeitinteressen herbeizuführen.

## 4.11. Landespflege

Der Festlegung und Gestaltung von ausreichend großen und günstig gelegenen Naherholungsgebieten, der Beseitigung von Landschaftsschäden durch Rekultivierung, Beseitigung oder Milderung von schädlichen Belastungen und der Freihaltung von Uferzonen sowie der Oberflächengewässer von einer Bebauung ist besondere Bedeutung beizumessen.

## 4.12. Luftreinhaltung und Lärmbekämpfung

Die Belastung der Umwelt durch den Schadstoffgehalt der Luft und durch Lärm ist durch Messungen zu erfassen.

Die Standortfestlegung für Anlagen, von denen besondere Verkehrsbelastungen oder unzumutbare Emissionen ausgehen, hat so zu erfolgen, daß insbesondere Wohngebiete, Erholungsgebiete und Gewässer möglichst wenig beeinträchtigt werden.

In Gebieten, wo eine starke Lärmbelästigung oder Luftverunreinigung besteht oder zu erwarten ist, hat die Festlegung von Kurgebieten, Wohngebieten oder Erholungsgebieten zu unterbleiben.

Beim Bau von Wohnungen in Gebieten mit bestehender übermäßiger Lärmbelästigung sind wirksame Schallschutzmaßnahmen vorzusehen.

## 4.13. Landesverteidigung und Zivilschutz

Den Erfordernissen und raumwirksamen Vorhaben der Landesverteidigung und des Zivilschutzes ist im notwendigen Ausmaß Rechnung zu tragen. Insbesondere sollen bei der Verkehrs- und Versorgungsplanung die Belange der Landesverteidigung und des Zivilschutzes berücksichtigt werden.

Soweit militärische Anlagen die Verwirklichung der Ziele der Raumordnung behindern, ist eine Verlegung in geeignete Standorte anzustreben.

Militärische Anlagen, von denen störende Wirkungen ausgehen, sollen von Wohngebieten und Naherholungsgebieten räumlich getrennt liegen.

Die Planung und Errichtung von Verkehrs- und Versorgungssystemen soll so durchgeführt werden, daß bei Ausfall von Einzelgliedern die Funktion von Gesamtsystemen nicht gefährdet ist.

## 1.2 Entwicklungsprogramm Raum Villach

*LGBl 1977/40*

### Inhaltsverzeichnis

§ 1 Planungsraum
§ 2 Wirkung
Anlage

Auf Grund des § 3 des Kärntner Raumordnungsgesetzes, LGBl. Nr. 76/1969, wird verordnet:

### § 1 Planungsraum

(1) Für den Raum Villach wird das in der Anlage enthaltene Entwicklungsprogramm festgelegt.

(2) Das Entwicklungsprogramm erstreckt sich auf die Gebiete der Gemeinden Arnoldstein, Finkenstein, Ossiach, Steindorf, Treffen, Villach, Weißenstein und Wernberg.

### § 2 Wirkung

(1) Die Landesregierung hat den jährlichen Voranschlag im Einklang mit dem Entwicklungsprogramm zu erstellen (§ 4 Kärntner Raumordnungsgesetz).

(2) Verordnungen und Bescheide auf Grund von Landesgesetzen dürfen nur im Einklang mit dem Entwicklungsprogramm erlassen werden (§ 5 Abs. 1 Kärntner Raumordnungsgesetz).

(3) Investitionen und Förderungsmaßnahmen dürfen nur im Einklang mit dem Entwicklungsprogramm erfolgen.

(4) Die Bestimmungen des Abs. 3 gelten für
a) das Land Kärnten,
b) die auf Grund von Landesgesetzen eingerichteten Körperschaften öffentlichen Rechts und

c) die Vertreter der unter lit. a und b genannten Körperschaften in den Gesellschaften, an denen diese Körperschaften beteiligt sind.

Auf Förderungsmaßnahmen, die von den in lit. a und b genannten Körperschaften mit Mitteln des Bundes durchgeführt werden, findet der Abs. 3 keine Anwendung.

(5) Die rechtswirksamen Flächenwidmungspläne der Gemeinden Arnoldstein, Finkenstein, Ossiach, Steindorf, Treffen, Villach, Weißenstein und Wernberg sind dem Gebietsstand vom 1. Jänner 1973 und dem Entwicklungsprogramm für den Raum Villach anzupassen.

**Anlage**

Entwicklungsprogramm Raum Villach

1. Planungsraum

Der Planungsraum Villach umfaßt die Gebiete der Gemeinden Arnoldstein, Finkenstein, Ossiach, Steindorf, Treffen, Villach, Weißenstein und Wernberg.

2. Leitziele (Allgemeine Entwicklungsziele) für das Landesgebiet

Für den Planungsraum gelten insbesondere folgende Leitziele aus dem Kärntner Raumordnungsgesetz:

a) Der Bevölkerung Kärntens soll durch die Wirtschaftsstruktur des Landes die Teilnahme an der fortschreitenden Entwicklung der österreichischen Volkswirtschaft gesichert werden. Es ist anzustreben, die Produktivität der Landwirtschaft zu erhöhen und deren Wettbewerbsfähigkeit zu verbessern.

b) Das Verkehrsnetz ist so auszubilden, daß Kärnten in den europäischen Großraum eingegliedert wird und sich die Wirtschaft des Landes entfalten kann. Auf die vorausschaubare Entwicklung, auf ein Höchstmaß an Sicherheit und auf die Schonung der Erholungsräume ist Bedacht zu nehmen.

c) Die Siedlungstätigkeit soll zur Verdichtung der Bebauung führen. Die Siedlungsräume sind entsprechend den örtlichen Bedürfnissen der Bevölkerung aufzuschließen und dem Verkehrsnetz anzugliedern. Die Versorgung der Bevölkerung mit Gütern und Leistungen des täglichen Bedarfes sowie die ärztliche Betreuung sind zu gewährleisten. Die Entfaltung des kulturellen und sozialen Lebens ist durch Einrichtungen, die diesem Zweck entsprechen, an geeigneten Orten zu sichern. Den Erfordernissen der Erholung und der körperlichen Ertüchtigung ist Rechnung zu tragen.

d) Die Eigenart der Kärntner Landschaft sowie deren natürliche Bestimmung, auch als Erholungsraum und Grundlage des Tourismus zu dienen, ist zu bewahren.

3. Leitziele für den Kärntner Zentralraum

3.1. Der Zentralraum ist so zu entwickeln und zu gestalten, daß er seiner Funktion als wirtschaftlicher, sozialer und kultureller Schwerpunktraum Kärntens in bestmöglicher Weise gerecht wird. Dabei ist auf die angestrebte Entwicklung der übrigen Landesteile Bedacht zu nehmen.

3.2. Der Verbesserung der Verkehrsverbindungen zwischen dem Kärntner Zentralraum und den benachbarten Zentralräumen sowie den nähergelegenen Verdichtungsgebieten in Italien und Jugoslawien ist besondere Bedeutung beizumessen.

3.3. Die zentralen Orte sind so zu entwickeln, daß sie ihre überregionalen und regionalen Funktionen für die Bevölkerung bei jeweils zumutbarem Zeitaufwand in bestmöglicher Weise wahrnehmen können. Auszubauen oder zu entwickeln im Raum Villach sind:

als Oberzentrum die Stadt Villach;
als Unterzentren die Orte Arnoldstein und Finkenstein;
als Kleinzentren die Orte Treffen und Wernberg.
Die Festlegung der Kleinstzentren hat in den Entwicklungsprogrammen für Teilbereiche des Zentralraumes zu erfolgen.

3.4. Die Siedlungsstruktur soll insbesondere im Oberzentrum so entwickelt und gestaltet werden, daß durch eine überdurchschnittliche Verdichtung der Wohn- und Arbeitsstätten in den Einzugsbereichen der öffentlichen Massenverkehrsmittel eine möglichst günstige öffentliche Verkehrsbedienung erzielt werden kann.

3.5. Der Ausbau der Infrastruktur im Zentralraum soll unter besonderer Bedachtnahme auf eine Stärkung überregionaler Funktionen so erfolgen, daß für die Bevölkerung ein hoher Lohn-, Wohn- und Freizeitwert erreicht und auch in Zukunft

gewährleistet werden kann. Er soll weiters so vorgenommen werden, daß er den charakteristischen Aufgaben der zentralen Orte und Funktionsgebiete jeweils im besonderen Maße zu entsprechen vermag. Dabei soll auf eine ganzjährige Nutzung sowie auf die Grenzen der Belastbarkeit des Naturhaushaltes in bestmöglicher Weise Bedacht genommen werden.
Ebenso ist dafür zu sorgen, daß die Umweltschutzbelange Berücksichtigung finden.

## 4. Leit-, Haupt- und Teilziele für den Raum Villach

### 4.1. Leitziele

#### 4.1.1. Überregionale und regionale Funktionen

Als Teilgebiet des Kärntner Zentralraumes ist der Raum Villach (Planungsraum) so zu entwickeln und zu gestalten, daß er insbesondere seine überregionalen Fernverkehrs-, Fremdenverkehrs- und Wintersportfunktionen sowie seine regionalen Funktionen in bestmöglicher Weise wahrnehmen kann.

#### 4.1.2. Ausbau der Infrastruktur

Der Ausbau der Infrastruktur hat so zu erfolgen, daß zwischen dem Planungsraum und den angrenzenden Gebieten sowie den nahegelegenen Mittel- und Unterzentren kontinuierliche und enge Verflechtungen ermöglicht werden. Er ist ferner so vorzunehmen, daß der unterschiedlichen Struktur der Funktionsgebiete in bestmöglicher Weise Rechnung getragen wird.
Beim Ausbau der Infrastruktur ist ferner darauf Bedacht zu nehmen, daß zwischen den ehemaligen Gemeindegebieten Villach, Finkenstein, Treffen und Weißenstein sowie den mit Wirkung vom 1. Jänner 1973 eingemeindeten Gebieten so enge Verflechtungen erfolgen, daß innerhalb der neuen Gemeindegrenzen gleichwertige Lebensbedingungen gewährleistet sind.

#### 4.1.3. Entwicklung der zentralen Orte

Die zentralen Orte sind so zu entwickeln, daß die erforderlichen öffentlichen und privaten Dienstleistungs-Einrichtungen unter günstigen Voraussetzungen und mit zumutbarem Zeitaufwand von der Wohn-, Arbeits- und Urlaubsbevölkerung des Planungsraumes erreicht werden können.

### 4.1.4. Landschaftspflege und Umweltschutz

Auf die Schonung, Erhaltung und Pflege der Landschaft sowie auf die Grenzen der Belastbarkeit des Naturhaushaltes ist im Interesse der Wohnbevölkerung und des Fremdenverkehrs besonders zu achten. Dabei sind die Schutz- und Pflegemaßnahmen durch eine wirksame Bodenvorratspolitik zu ergänzen. Stillgelegte Entnahmestellen für Sand, Kies und Lehm sind durch geeignete landschaftspflegerische Maßnahmen zu rekultivieren.

### 4.2. Hauptziele

### 4.2.1. Zentrale Orte

Das Mittelzentrum Villach ist wegen seiner überregionalen Bedeutung als Verkehrsknotenpunkt, wegen seiner Bevölkerungszahl und seiner Infrastruktur zum Oberzentrum zu entwickeln. Dies soll erreicht werden durch den Ausbau der öffentlichen Einrichtungen insbesondere des Sozial-, Bildungs- und Kulturwesens, durch Schaffung günstiger infrastruktureller Voraussetzungen für den Ausbau privater Dienstleistungs-Einrichtungen, die Verbesserung der überörtlichen Verkehrsverbindungen, den Ausbau eines leistungsfähigen Nahverkehrssystems und die Vorsorge für aufgeschlossene, ausreichend große und günstig gelegene Flächen für Wirtschaftsbetriebe von regionaler und überregionaler Bedeutung.

Die Unterzentren Arnoldstein und Finkenstein sind so auszubauen, daß sie vor allem ihren regionalen Funktionen auch für die Bevölkerung der Nachbargemeinden noch besser entsprechen können. Dies soll insbesondere durch den Ausbau der regionalen Verkehrsverbindungen, des Schul- und Bildungswesens, der privaten Dienstleistungs-Einrichtungen sowie durch die Vorsorge für aufgeschlossene Flächen für Industrie- und Gewerbebetriebe von regionaler Bedeutung erreicht werden.

Im Gemeindegebiet Wernberg sind zentral und verkehrsgünstig gelegene Kleinzentren zu entwickeln, die über die erforderlichen öffentlichen und privaten Dienstleistungs-Einrichtungen von örtlicher Bedeutung verfügen.

Das Kleinzentrum Bodensdorf ist unter Bedachtnahme auf die Belastbarkeit des Naturhaushaltes und die Erhaltung der Landschaft so zu entwickeln, daß es auch regionale Funktionen für die Nachbargemeinde Ossiach ausüben kann. Der Ausbau der öffent-

lichen und privaten Dienstleistungs-Einrichtungen hat daher so zu erfolgen, daß der Funktion als Fremdenverkehrs-Schwerpunkt des Ossiacher-See-Gebietes in bestmöglicher Weise Rechnung getragen werden kann. Dabei muß die begrenzte Aufnahmefähigkeit der Erholungs- und Wassersportflächen im Seeuferbereich besondere Berücksichtigung finden.
Weiters soll die Errichtung umweltfreundlicher produzierender Gewerbebetriebe auf geeigneten Standorten durch die Sicherung günstig gelegener Flächen ermöglicht werden.
Das Kleinzentrum Treffen ist hinsichtlich der öffentlichen und privaten Dienstleistungs-Einrichtungen und des produzierenden Gewerbes so auszubauen, daß es auch regionale Funktionen ausüben kann.
Das Kleinstzentrum Weißenstein ist wegen seiner Bedeutung als Industriestandort zum Kleinzentrum zu entwickeln.
Die Kleinstzentren und Fremdenverkehrsschwerpunkte Droballach, Faak und Ossiach sind unter besonderer Bedachtnahme auf die Belastbarkeit des Naturhaushaltes und die Erhaltung der Landschaft zu entwickeln.

4.2.2. Besiedelung

Die Inanspruchnahme von Bauland soll nur in dem Ausmaß erfolgen, als Verkehrserschließung, Wasserversorgung, Abwasserbeseitigung und Energieversorgung gewährleistet sind. Dabei sollen aus gemeindewirtschaftlichen Gründen jeweils die Gebiete mit der höchsten Versorgungsgunst zuerst bebaut werden. Im Einzugsbereich der Eisenbahn-Haltepunkte ist eine maßvolle Verdichtung der Besiedlung anzustreben, um so eine Verlegung des Schüler- und Berufspendelverkehrs auf die Schiene zu fördern. Bei der Festlegung von Bauland sowie von Verkehrswege- und Versorgungsleitungsnetzen ist auf Gebiete mit hohem Grundwasserstand, auf Lawinenstriche und auf Überflutungsgebiete besonders Bedacht zu nehmen. Ebenso sind neue Siedlungsgebiete nur außerhalb der Immissionsbereiche von Industriebetrieben, Autobahnen, Bundesstraßen und Eisenbahnlinien, jedoch in der Nähe der Haltepunkte öffentlicher Verkehrsmittel festzulegen.
Um eine bestmögliche und gemeindewirtschaftlich günstige Versorgung der Bevölkerung mit Dienstleistungen zu gewährleisten, ist die Zusammenfassung bestehender und neuer Siedlungsgebiete

zu Wohnvierteln und Wohnbezirken erforderlich. Dabei soll die Einwohnerzahl eines Wohnviertels mindestens so groß sein, daß der Bestand einer vierklassigen Volksschule auf Dauer gesichert ist. Die Größe eines Wohnbezirkes hängt von den örtlichen Gegebenheiten ab. Er soll jedoch mindestens zwei Wohnviertel umfassen. Wohnviertel und Wohnbezirke sind jeweils aus einer städtebaulichen Konzeption zu entwickeln, die Erweiterungsmöglichkeiten zuläßt. Industrie- und Gewerbeflächen für Betriebe von regionaler und überregionaler Bedeutung sind nach Möglichkeit zu Industriegebieten bzw. zu Industriebezirken zusammenzufassen und mit den erforderlichen Dienstleistungs-Einrichtungen auszustatten. Bei der Standortfestlegung ist besonders zu beachten, daß Siedlungs-, Naherholung- oder Fremdenverkehrsgebiete nicht durch Immissionen beeinträchtigt werden und daß die Abwasser- und Abfallstoffbeseitigung gesichert ist. Eine zusätzliche punktuelle Verkehrsbelastung des kommunalen Straßennetzes ist zu vermeiden und eine günstige Lage zu Eisenbahnlinien anzustreben.

### 4.2.3. Verkehr

Beim Ausbau des Verkehrswegenetzes ist eine möglichst weitgehende Verknüpfung des Autobahn-, Bundes-, Landes- und Gemeindestraßennetzes untereinander sowie mit dem Schienennetz erforderlich.
Auf die Entlastung von Fremdenverkehrsschwerpunkten bzw. Kleinst-, Klein- und Unterzentren vom Durchgangsverkehr durch den Bau von Umfahrungsstraßen ist Bedacht zu nehmen.
Dem Flächenbedarf des Wirtschaftsverkehrs in den Geschäftsgebieten und Industriegebieten sowie des ruhenden Verkehrs in den Geschäftsgebieten, Siedlungsgebieten, Industriegebieten, Fremdenverkehrszonen, Naherholungs- und Wintersportgebieten ist unter Bedachtnahme auf den zukünftigen Bedarf durch rechtzeitige Flächensicherung Rechnung zu tragen.
Der Ausbau des Personen-Nahverkehrs ist besonders im Hinblick auf die zunehmende Belastung der Bundes- und Landesstraßen während der Sommersaison zu fördern. Zur Gewährleistung einer entsprechenden Rentabilität des zukünftig erforderlichen schienengebundenen Personen-Nahschnellverkehrs ist eine Verdichtung der Wohn- und Arbeitsplätze im Haltepunktbereich anzustreben. Sie ist

ebenso in den Gebieten erforderlich, die durch Autobuslinien unzureichend oder noch überhaupt nicht bedient werden.

Die Kapazität und Qualität der Güterumschlags- und Verladeanlagen soll durch den Bau des Zentralverschiebebahnhofes Oberrain-Fürnitz und die rechtzeitige Anpassung an die zukünftigen Bedürfnisse des Straßen- und Schienenverkehrs sowie durch die bestmögliche Verbindung zwischen diesen Verkehrsarten verbessert werden.

### 4.2.4. Versorgung

#### 4.2.4.1. Energieversorgung

Bei der räumlichen Entwicklung ist auf den künftigen Energiebedarf besonders Bedacht zu nehmen. Insbesondere ist für die auszubauenden oder zu entwickelnden zentralen Orte, Industriegebiete, Fremdenverkehrs-Schwerpunkte und Wintersportgebiete die Versorgung mit der notwendigen Kapazität rechtzeitig sicherzustellen.

#### 4.2.4.2. Wasserversorgung

Die genutzten und nutzungswürdigen Quell- und Grundwasservorkommen sollen so weit wie möglich geschützt, erhalten und vorsorglich beansprucht werden. Der Ausbau regionaler Wassergewinnungs- und Versorgungsanlagen ist anzustreben. Die regionalen Wasserversorgungsanlagen sollen zu einem überregionalen Wasserversorgungsnetz verbunden werden. Auf den vorsorglichen Schutz von Heilquellen ist Bedacht zu nehmen.

#### 4.2.4.3. Fluß- und Wildbachverbauung

Flußbau- und Wildbachverbauung sind im Hinblick auf die angestrebte räumliche Entwicklung und unter Berücksichtigung von Naturschutz und Landschaftspflege durchzuführen.

#### 4.2.4.4. Abwasser- und Abfallstoffbeseitigung

Um eine ausreichende Reinhaltung der Badeseen und Vorfluter zu gewährleisten, sind insbesondere in den Fremdenverkehrszonen regionale Abwasserreinigungsanlagen zu errichten.

Ebenso sind die Voraussetzungen für eine geordnete Abfallstoffbeseitigung in regionalen Behandlungsanlagen unerläßlich.

### 4.2.5. Öffentliche Einrichtungen

#### 4.2.5.1. Konzentration öffentlicher Einrichtungen in Zentralen Orten

Um eine bestmögliche Versorgung der Wohn-, Arbeits- und Urlaubsbevölkerung bei zumutbarem Wegaufwand zu erreichen, ist die Konzentration öffentlicher Einrichtungen in geeigneten Zentralen Orten anzustreben. Dabei sollen jeweils Art der öffentlichen Einrichtung und Art der Funktion des Zentralen Ortes miteinander in Einklang stehen. Beim Ausbau der öffentlichen Einrichtungen sollen möglichst gemeinsame Investitionen benachbarter Gemeinden mit dem Ziel der Kostenminderung und Leistungsvergrößerung angestrebt werden. Auf die möglichst frühzeitige Flächensicherung durch Festlegung von Flächen für besondere Verwendungszwecke ist Bedacht zu nehmen.

#### 4.2.5.2. Verwaltungseinrichtungen

In Zentralen Orten von überregionaler und regionaler Bedeutung sollen günstig gelegene Standorte für Verwaltungseinrichtungen des Bundes, des Landes und der Gemeinden festgelegt werden.

#### 4.2.5.3. Kindergärten, Schulen, Einrichtungen des Bildungswesens

Kindergärten, Schulen und Bildungseinrichtungen sind im Hinblick auf die angestrebte räumliche Entwicklung und in Übereinstimmung mit den Schulentwicklungsplänen des Landes zu errichten bzw. auszubauen. Kindergärten sollen auf verkehrssicheren, von Wohngebieten leicht erreichbaren Standorten in genügender Anzahl zur Verfügung gestellt werden. Dabei ist eine Zusammenfassung mit Volksschulen anzustreben. Volksschulen sind unter besonderer Berücksichtigung der angestrebten Siedlungsentwicklung so zu dimensionieren, daß der Unterricht in mindestens vier Jahrgangsklassen erfolgen kann. Auf die gute Erreichbarkeit von den Siedlungsgebieten auf sicheren Schulwegen ist besonders Bedacht zu nehmen.

Sonderschulen sollen im notwendigen Umfang in den Hauptschulorten errichtet werden.

Allgemein- und Berufsbildende mittlere und höhere Schulen sollen in Ober- und Mittelzentren, fallweise auch in Unterzentren errichtet bzw. ausgebaut werden. Bei der Standortfestlegung ist auf die angestrebte Entwicklung des jeweiligen Einzugsbereiches, auf eine günstige Erreichbarkeit von den Haltepunkten öffentlicher Verkehrsmittel und auf Erweiterungsmöglichkeiten besonders Bedacht zu nehmen.

Einrichtungen der Erwachsenenbildung von regionaler Bedeutung sollen in Ober-, Mittel- und Unterzentren errichtet bzw. ausgebaut werden.

Bei der Standortfestlegung von Schulen soll die Zusammenfassung mehrerer Schulen mit ähnlichen Einzugsbereichen zu einem leistungsfähigen Schulzentrum angestrebt werden, um eine mehrfache Nutzung der Verkehrs-, Sport- und Spielflächen zu ermöglichen.

### 4.2.5.4. öffentliche Einrichtungen des Sozial- und Gesundheitswesens

Standorte für die notwendigen Einrichtungen des Sozial- und Gesundheitswesens sind unter Berücksichtigung der angestrebten räumlichen Entwicklung, der Bevölkerungsentwicklung sowie der Sozial- und Altersstruktur im Planungsraum festzulegen. Insbesondere ist auf die Flächensicherung in Verkehrs- und klimatisch günstigen und immissionsfreien Standorten Bedacht zu nehmen.

### 4.2.6. Einrichtungen für Erholung und Sport

Für Erholung, Spiel und Sport sind ausreichend große, zu den Siedlungsgebieten und Haltepunkten öffentlicher Verkehrsmittel günstig gelegene Einrichtungen zu schaffen bzw. auszubauen. Dabei ist bei der Standortsfestlegung auf die speziellen Bedürfnisse von Tages-, Wochenend- und Urlaubserholung besonders Bedacht zu nehmen.

Einrichtungen für die tägliche Erholung der Wohnbevölkerung in allen Siedlungsgebieten sind daher in zumutbarer Entfernung für Fußgänger zu errichten bzw. auszubauen. Insbesondere ist die Schaffung zusammenhängender Fuß- und Radwegenetze sowie von ausreichenden und günstig gelegenen Kinderspielplätzen anzustreben.

Einrichtungen für die Wochenenderholung (Ausflugsgaststätten, Rastplätze, Sportstätten u. dgl.) sollen in Naherholungsgebieten so geschaffen werden, daß sie von Verkehrswegen leicht erreichbar sind. Die Verbindung dieser Einrichtungen durch ein Fuß- und Radwegenetz ist anzustreben.

Bei der Festlegung von Einrichtungen für die Urlaubserholung ist besonders in den Uferzonen der Badeseen auf eine maßvolle

Konzentration gleichartiger Einrichtungen zur Erhaltung freier Landschaft Bedacht zu nehmen. Dabei soll die allgemeine Zugänglichkeit der Seeufer so weit wie möglich gewährleistet und auf die Errichtung von Uferpromenaden, Rad- und Fußwegenetzen sowie Fußgängerbereichen Bedacht genommen werden.

Die Erschließung von Wintersportgebieten soll so erfolgen, daß die Standorte für Aufstiegshilfen, Gebäude für Dienstleistungs- und Beherbergungs-Einrichtungen an Schwerpunkten konzentriert werden können.

### 4.2.7. Einrichtungen für Zivilschutz und Landesverteidigung

Die raumbeanspruchenden Erfordernisse der Landesverteidigung sollen nach Möglichkeit außerhalb von Siedlungsgebieten, Industriegebieten und Fremdenverkehrszentren gedeckt werden.

### 4.3. Teilziele

### 4.3.1. Zentrale Orte

### 4.3.1.1. Festlegungen für die Entwicklung des Mittelzentrums Villach zum Oberzentrum

Wichtigste Voraussetzung für die Entwicklung des Mittelzentrums Villach zum Oberzentrum ist die Festlegung eines Geschäftsbezirkes, eines Industriebezirkes sowie von ausreichenden und günstig gelegenen Flächen für besondere Verwendungszwecke für öffentliche und private Dienstleistungs-Einrichtungen wie auch ein dementsprechender Ausbau des kommunalen Hauptstraßennetzes.

Geschäftsbezirk

In dem von Hauptbahnhof-Bahnsteig-Steinwenderstraße-Pestalozzistraße-Hausergasse-Trattengasse-Dreschnigstraße begrenzten Geschäftsbezirk ist die Festlegung von Bauland vorwiegend nur als Geschäftsgebiet, im übrigen als gemischtes Baugebiet und als Wohngebiet zulässig.

Bei der Festlegung von Verkehrsflächen ist auf den Flächenbedarf des öffentlichen und des Wirtschaftsverkehrs sowie auf die Schaffung von Fußgängerzonen im besonderen Maße Bedacht zu nehmen.

Das Parkplatzangebot im Geschäftsbezirk und die Leistungsfähigkeit der Zufahrtsstraßen müssen dabei übereinstimmen.

1.2 Entwicklungsprogramm Raum Villach **Anlage**

Industriebezirk
Im Gebiet des Zusammenflusses der Drau und der Gail, nördlich der Gail und beiderseits der Drau ist die Festlegung von Bauland überwiegend nur als Leichtindustriegebiet zulässig.
Bei der Festlegung von Verkehrsflächen ist auf eine gute Anbindung an die Süd-Autobahn und das Bundesstraßennetz sowie auf ausreichende Flächen für den Wirtschaftsverkehr und den ruhenden Verkehr Bedacht zu nehmen. Für Dienstleistungs-Einrichtungen, die dem gesamten Industriebezirk dienen, sind günstig gelegene und erweiterungsfähige Flächen für besondere Verwendungszwecke festzulegen.
Flächen für besondere Verwendungszwecke
Im Bauland des Geschäftsbezirkes, der Wohnbezirkszentren und anderer Gebiete von besonderer Verkehrsgunst sind günstig gelegene, ausreichend große und erweiterungsfähige Flächen für besondere Verwendungszwecke zur Schaffung von regionalen und überregionalen Dienstleistungs-Einrichtungen festzulegen.

4.3.1.2. Festlegungen für den Ausbau der Unterzentren Arnoldstein und Finkenstein

Arnoldstein
In dem südlich der Eisenbahnlinie Villach-Tarvis gelegenen Baugebiet sind günstig gelegene, ausreichend große erweiterungsfähige Flächen für besondere Verwendungszwecke für öffentliche und private Dienstleistungs-Einrichtungen von regionaler Bedeutung, insbesondere für solche des Großhandels- und Gütertransports vorzusehen. Dabei ist auf die Funktion von Arnoldstein als Grenzort besonders Bedacht zu nehmen.
Bei der Festlegung von Verkehrsflächen ist auf eine günstige Anbindung an die Süd-Autobahn, die Kärntner und die Gailtal Bundesstraße in bestmöglicher Weise Rücksicht zu nehmen.
Finkenstein
Günstig gelegene und erweiterungsfähige Flächen für besondere Verwendungszwecke für öffentliche und private Dienstleistungs-Einrichtungen von örtlicher und regionaler Bedeutung sind im Ortsgebiet Finkenstein festzulegen. Im Anschluß an den künftigen Zentralverschiebebahnhof Oberrain-Fürnitz hat die Festlegung von Bauland als Leichtindustriegebiet so zu erfolgen, daß die Ausbildung eines einheitlich gestalteten Industriebezirkes gewährleistet

ist. Dabei ist auch auf eine gute Anbindung an die Süd-Autobahn sowie die Kärntner und Rosental Bundesstraße besonders Bedacht zu nehmen.

#### 4.3.1.3. Festlegungen für den Ausbau der Kleinzentren Bodensdorf, Treffen und Wernberg

Im Ortsgebiet von Bodensdorf sind ausreichend große und erweiterungsfähige Flächen für besondere Verwendungszwecke für öffentliche und private Dienstleistungs-Einrichtungen so festzulegen, daß sie von der ständig und zeitweise anwesenden Bevölkerung in den Gemeinden Steindorf und Ossiach günstig erreicht werden können. Der südlich der Bahnlinie Villach-Feldkirchen liegende Seeuferbereich soll so gestaltet werden, daß den Belangen der Erholung und des Wassersportes in besonderer Weise Rechnung getragen wird. Nördlich der Bahnlinie Villach-Feldkirchen ist auf die Festlegung von ausreichenden Flächen für umweltfreundliche Gewerbebetriebe Bedacht zu nehmen.

Im Ortsgebiet Treffen sind günstig gelegene, ausreichend große und erweiterungsfähige Flächen für besondere Verwendungszwecke für öffentliche und private Dienstleistungs-Einrichtungen von örtlicher und regionaler Bedeutung vorzusehen. Insbesondere sind Leichtindustrieflächen für die Errichtung von Gewerbebetrieben festzulegen.

Im Gemeindegebiet Wernberg ist in dem zwischen Süd-Autobahn und Kärntner Straße gelegenen Gebiet insbesondere die Festlegung von Flächen für besondere Verwendungszwecke für öffentliche und private Dienstleistungs-Einrichtungen sowie von Leichtindustriegebieten für die Errichtung von Gewerbebetrieben zulässig.

In dem von der Drau und der Bahnlinie Klagenfurt—Villach begrenzten, zwischen Gottestal und Föderlach liegenden Gebiet ist die Festlegung von Bauland nur als Leichtindustriegebiet zulässig.

#### 4.3.1.4. Festlegungen für den Ausbau des Kleinstzentrums Weißenstein

Im Ortsgebiet Weißenstein sind günstig gelegene und erweiterungsfähige Flächen für besondere Verwendungszwecke für öffentliche und private Dienstleistungs-Einrichtungen von örtlicher Bedeutung vorzusehen.

### 4.3.1.5. Festlegungen für den Ausbau des Kleinstzentrums Ossiach

Im Ortsgebiet Ossiach sind zur Verbesserung der überwiegend durch Sommerfremdenverkehr geprägten Wirtschaftsstruktur günstig gelegene, erweiterungsfähige Flächen für besondere Verwendungszwecke für öffentliche und private Dienstleistungs-Einrichtungen sowie für umweltfreundliche Gewerbebetriebe festzulegen.

### 4.3.2. Besiedlung

Bei der Festlegung von Bauland ist auf günstig gelegene und erweiterungsfähige Flächen für besondere Verwendungszwecke für die Errichtung von Wohnviertel- und Wohnbezirkszentren besonders Bedacht zu nehmen.

Die Verdichtung der Wohn- und Arbeitsstätten in den Einzugsbereichen der Eisenbahn-Haltestellen ist durch die Festlegung entsprechender Dichtewerte in den Bebauungsplänen zu gewährleisten. Im gesamten Planungsraum ist die Festlegung von Bauland als Schwerindustriegebiet nicht zulässig.

Bei der Festlegung von Bauland ist auf die Freihaltung der Gebiete, in denen in bezug auf die natürliche Ertragsfähigkeit und die maschinellen Bearbeitungsmöglichkeiten am besten geeignete Böden vorherrschen (Landwirtschaftszonen), Bedacht zu nehmen.

### 4.3.3. Verkehr

Bei der Festlegung von kommunalen Verkehrsflächen ist das durch Bundes- und Landesstraßen gegebene Verkehrswegenetz zu berücksichtigen. In den Gemeindegebieten Arnoldstein, Finkenstein, Steindorf, Villach und Wernberg sind zur Entlastung der Bundesstraßen vom Ortsverkehr ausreichende Verkehrsflächen für den Bau von kommunalen Parallelstraßen zu sichern. Das kommunale Straßennetz im Gemeindegebiet Wernberg ist überdies auf die zu schaffenden Gemeindezentren auszurichten. Kommunale Verkehrsflächen sind ferner so festzulegen, daß insbesondere im Geschäftsbezirk und den Wohnbezirkszentren von Villach und im Ortszentrum Arnoldstein Fußgängerzonen errichtet werden können.

Im Hinblick auf den zukünftigen Personen-Nahschnellverkehr sind bei den Eisenbahn-Haltepunkten Arnoldstein, Fürnitz, Villach/Westbahnhof, Villach/Hauptbahnhof, Seebach und Föderlach ausreichende und günstig gelegene Parkplätze festzulegen.

Bei den Talstationen der Aufstiegshilfen in den Gemeindegebieten Arnoldstein, Finkenstein, Treffen und Villach sowie in den Fremdenverkehrszentren am Faaker See und Ossiacher See sind ausreichende Parkplätze als Verkehrsflächen festzulegen.
Größere Parkplätze sind jeweils an das Fußwegenetz anzubinden.

4.3.4. Versorgung

Bei der Festlegung von Flächen für Ver- und Entsorgungsanlagen ist insbesondere auf die Wohngebiete, Geschäfts- und Industriegebiete Bedacht zu nehmen.

4.3.5. Öffentliche Einrichtungen

Bei der Bemessung und Festlegung der Flächen für besondere Verwendungszwecke für Dienstleistungs-Einrichtungen sind die abschätzbaren Bedürfnisse der zukünftigen Wohn-, Arbeits- und Urlaubsbevölkerung zugrunde zu legen.

4.3.6. Einrichtungen für Erholung und Sport

Für die abschätzbaren Bedürfnisse der zukünftigen Wohn-, Arbeits- und Urlaubsbevölkerung sind entsprechende günstig gelegene und ausreichende Grünflächen vor allem in den derzeit unterversorgten Wohngebieten festzulegen.
Diese Grünflächen sollen untereinander bzw. mit den Wohnviertel- und Wohnbezirkszentren sowie mit den Naherholungsgebieten durch ein Fuß- und Radwegenetz verbunden werden, wofür die erforderlichen Verkehrsflächen festzulegen sind.
Insbesondere ist auf die Festlegung von Verkehrsflächen für die Errichtung von durchgehenden Fußwegen beiderseits der Drau von Obere Fellach bis zur Gailmündung Bedacht zu nehmen.
In gleicher Weise sind für die Erschließung der Landschaftsschutzgebiete Dobratsch, Wollanig-Oswaldiberg, Ruine Landskron, Faaker See-West und Faaker See-Ost durch Errichtung von Parkplätzen in Randlage sowie von Fuß- und Radwegenetzen die erforderlichen Verkehrsflächen festzulegen.
In den Uferzonen des Faaker- und des Ossiacher Sees sind für die Errichtung von weiteren Campingplätzen keine Grünflächen mehr zu widmen. Insbesondere ist die Uferzone des Landschaftsschutzgebietes Faaker See-West in ihrem derzeitigen Zustand zu belassen.

1.2 Entwicklungsprogramm Raum Villach **Anlage**

Die Schaffung eines Fuß- und Radwegenetzes in der Uferzone des Ossiacher Sees ist anzustreben.
Auf den weiteren Ausbau der regionalen Wintersportgebiete Dreiländerecke – Arnoldstein, Gerlitze, Heiligengeist und Verditz ist in bestmöglicher Weise Bedacht zu nehmen. Dabei kommt der Erhaltung und Pflege der Landschaft besondere Bedeutung zu.

### 4.3.7. Einrichtungen für Zivilschutz und Landesverteidigung

Bei der Festlegung von Baugebieten ist insbesondere im Raum Gödersdorf-Fürnitz-Hart wegen der Ballung von überregionalen Verkehrswegen, Verkehrsanlagen, Strom- und Rohrleitungen auf die Belange des Zivilschutzes besonders Bedacht zu nehmen. Um die Einrichtung eines Truppenübungsplatzes im Raum Ossiacher Tauern zu ermöglichen, ist auf die vorsorgliche Sicherung geeigneter Grundflächen Bedacht zu nehmen.

## 1.3. Entwicklungsprogramm Nockberge

*LGBl 1977/41 und LGBl 1991/119*

## Inhaltsverzeichnis
§ 1   Planungsraum
§ 2   Wirkung
Anlage

Auf Grund des § 3 des Kärntner Raumordnungsgesetzes, LGBl. Nr. 76/1969, wird verordnet:

### § 1 Planungsraum

(1) Für das Nockgebiet wird das in der Anlage enthaltene Entwicklungsprogramm festgelegt.

(2) Das Entwicklungsprogramm erstreckt sich auf die Gemeinden Krems in Kärnten, Bad Kleinkirchheim, Reichenau und Albeck sowie auf das Gebiet der ehemaligen Gemeinden Kaning in der Gemeinde Radenthein und die Gebiete der ehemaligen Gemeinden Glödnitz, Deutsch-Griffen und Metnitz in der Gemeinde Weitensfeld-Flattnitz.

(3) Das Entwicklungsprogramm Nockgebiet gilt nicht für das Schutzgebiet des „Nationalparks Nockberge", eingerichtet durch die Verordnung der Landesregierung, LGBl. Nr. 79/1986, in ihrer jeweils geltenden Fassung.

### § 2 Wirkung

(1) Die Landesregierung hat den jährlichen Voranschlag im Einklang mit dem Entwicklungsprogramm zu erstellen (§ 4 Kärntner Raumordnungsgesetz).

(2) Verordnungen und Bescheide auf Grund von Landesgesetzen dürfen nur im Einklang mit dem Entwicklungsprogramm erlassen werden (§ 5 Abs. 1 Kärntner Raumordnungsgesetz).

1.3. Entwicklungsprogramm Nockberge **Anlage**

(3) Investitionen und Förderungsmaßnahmen dürfen nur im Einklang mit dem Entwicklungsprogramm erfolgen.

(4) Die Bestimmungen des Abs. 3 gelten für
a) das Land Kärnten,
b) die auf Grund von Landesgesetzen eingerichteten Körperschaften öffentlichen Rechtes und
c) die Vertreter der unter lit. a und b genannten Körperschaften in den Gesellschaften, an denen diese Körperschaften beteiligt sind.

Auf Förderungsmaßnahmen, die von den in lit. a und b genannten Körperschaften mit Mitteln des Bundes durchgeführt werden, findet der Abs. 3 keine Anwendung.

## Anlage

Entwicklungsprogramm Nockgebiet

### I.

#### 1. Planungsraum

Der Planungsraum Nockgebiet umfaßt das Gebiet der Gemeinde Krems in Kärnten, von der Marktgemeinde Radenthein das Gebiet der ehemaligen Gemeinde Kaning, die Gemeinde Bad Kleinkirchheim, die Gemeinde Reichenau, die Gemeinde Albeck und von der Marktgemeinde Weitensfeld-Flattnitz die Gebiete der ehemaligen Gemeinden Glödnitz, Deutsch-Griffen und Metnitz.

#### 2. Raumordnungsgesetz

Für den Planungsraum gelten insbesondere folgende Entwicklungsziele aus dem Kärntner Raumordnungsgesetz:
   a) Jedem Arbeitsfähigen soll es möglich sein, einer dauernden wirtschaftlichen Betätigung nachzugehen.

Der Bevölkerung Kärntens soll durch die Wirtschaftsstruktur des Landes die Teilnahme an der fortschreitenden Entwicklung der österreichischen Volkswirtschaft gesichert werden. Es ist anzustreben, die Produktivität der Landwirtschaft zu erhöhen und deren Wettbewerbsfähigkeit zu verbessern.
   b) Das Verkehrsnetz ist so auszubilden, daß Kärnten in den europäischen Großraum eingegliedert wird und sich die Wirtschaft des Landes entfalten kann; auf die vorausschau-

bare Entwicklung, auf ein Höchstmaß an Sicherheit und auf die Schonung der Erholungsräume ist Bedacht zu nehmen.
c) Die Siedlungstätigkeit soll zur Verdichtung der Bebauung führen. Die Siedlungsräume sind entsprechend den örtlichen Bedürfnissen der Bevölkerung aufzuschließen und dem Verkehrsnetz anzugliedern.

Die Versorgung der Bevölkerung mit Gütern und Leistungen des täglichen Bedarfes sowie die ärztliche Betreuung sind zu gewährleisten.

Die Entfaltung des kulturellen und sozialen Lebens ist durch Einrichtungen, die diesem Zweck entsprechen, an geeigneten Orten zu sichern.

Den Erfordernissen der Erholung und der körperlichen Ertüchtigung ist Rechnung zu tragen.
d) Die Eigenart der Kärntner Landschaft sowie deren natürliche Bestimmung, auch als Erholungsraum und Grundlage des Tourismus zu dienen, ist zu bewahren.

3. Hauptziel

Der Planungsraum soll unter Beibehaltung seiner agrarischen Struktur nach wirtschaftlichen Gesichtspunkten für den Fremdenverkehr erschlossen werden.

II.

1. Landschaft

Die Lebensgrundlage für die Bevölkerung des Planungsraumes ist die natürliche Landschaft des Nockgebietes. Eine Minderung des Erholungs- und Freizeitwertes des Planungsraumes und die Beeinträchtigung des Orts- und Landschaftsbildes ist zu vermeiden.
Das Gleichgewicht in der Natur ist in biologischer, wasserwirtschaftlicher und klimatischer Hinsicht zu erhalten, störende Einflüsse durch Bergbau, Industrie und Gewerbe sollen vermieden werden. Bau- und Erschließungsmaßnahmen dürfen nicht zu einer dauernden Schädigung des Gleichgewichtes im Naturhaushalt führen.

2. Bevölkerung und Besiedelung

Der Abwanderung aus dem Planungsraum ist entgegenzuwirken. Eine Erhöhung des Wohn-, Arbeits- und Freizeitwertes der Gemeindehauptorte ist anzustreben. Arbeitsplätze sollen vor allem im Wirtschaftssektor Fremdenverkehr geschaffen werden.

3. Flächenwidmungspläne

In den Flächenwidmungsplänen der Gemeinden des Planungsraumes haben folgende Grundsätze Beachtung zu finden:
Baulandbeschränkungen

   a) Die Festlegung von Bauland hat so zu erfolgen, daß eine Verdichtung der Bebauung erreicht und eine Zersiedelung der Landschaft vermieden wird. Für das Bauland soll möglichst wenig Grund in Anspruch genommen werden. Es sollen nur solche Flächen herangezogen werden, die eine möglichst geringe Umweltbelastung zur Folge haben und das ökologische Gleichgewicht nicht gefährden.

   b) Im Planungsraum dürfen die Überschwemmungs- und Hochwasserabflußgebiete der Lieser, der Zuflüsse zum Millstätter See und zur Mur, der Gurk und der Metnitz und deren Zubringer, die Gefährdungsbereiche der Wildbäche, die vermurungs- und lawinengefährdeten Gebiete, die Moore, die für die Siedlungswasserwirtschaft notwendigen Flächen, die Bewässerungs- und Entwässerungsgebiete, die agrarischen Operationsgebiete sowie die militärischen Sonderflächen nicht als Bauland festgelegt werden. Insbesondere ist auf die Aussagen in den Gefahrenzonenplänen Bedacht zu nehmen.

   c) Bei der Festlegung von Bauland ist im gesamten Planungsraum auf die Erhaltung von hochwertigen landwirtschaftlichen Flächen Bedacht zu nehmen. Böden, die für die Land- und Forstwirtschaft besondere Eignung besitzen, sollen für andere Nutzungen nur in dem unbedingt erforderlichen Ausmaß herangezogen werden.

   d) Auf die Funktion der Nockalmstraße als Erschließungsachse für die bestehenden und geplanten Fremdenverkehrszentren ist Bedacht zu nehmen; außerhalb der Zentren dürfen für Einzelobjekte an der Straße nur Rasthäuser, Tankstellen u. dgl. vorgesehen werden.

Sonderwidmungen für den Fremdenverkehr
In den Bereichen Innerkrems-Heiligenbach Alm (Gemeinde Krems in Kärnten), Langalm (Marktgemeinde Radenthein), Grundalm-St. Oswald (Gemeinde Bad Kleinkirchheim) Rosentaler Alm, Turracher Höhe, Falkert (Gemeinde Reichenau), Hinteres Griffental, Hochrindl-Rauscheggen (Gemeinde Albeck und Marktgemeinde Weitensfeld-Flattnitz) und Flattnitz-Guttenbrunntal (Marktgemeinde Weitensfeld-Flattnitz) ist durch ausreichende Sonderwidmungen die Errichtung von Fremdenverkehrsbetrieben und -einrichtungen zu ermöglichen.

Verkehrsflächen
  a) Verkehrsflächen sind so festzulegen, daß die für die Erholung geeigneten Gebiete vom Durchgangsverkehr freigehalten werden; für ausreichende Straßenverbreiterungsflächen ist im Bereich von Schwerpunkten vorzusorgen.
  b) Zufahrtsstraßen sollen nur bis zu den touristischen Zentren geführt und ausgebaut werden.
  c) In der Almregion sind nur die für die Land- und Forstwirtschaft notwendigen Bringungswege zu errichten.
  d) Im gesamten Planungsraum, insbesondere in den Fremdenverkehrsschwerpunkten, sind Parkplätze in genügender Anzahl und ausreichender Größe festzulegen.

Grünland
  a) In den Gemeindehauptorten Eisentratten, Radenthein, Bad Kleinkirchheim, Ebene Reichenau, Sirnitz und Weitensfeld sind Grünflächen für Sportanlagen festzulegen.
  b) Auf die Möglichkeit der Ausübung des Wintersportes ist Bedacht zu nehmen.

III.

1. Verkehr

Zur Verbindung der Zentren des Planungsraumes ist die Schaffung einer Straßenverbindung von der Tauernautobahn bis zur Flattnitz erforderlich.

Ausgehend von der Hauptverbindung durch das Nockgebiet sind weitere Verkehrswege zu schaffen, um die geplanten Fremdenverkehrszentren an das Hauptverkehrsnetz anzuschließen.

Die Leistungsfähigkeit der vorhandenen Verkehrswege ist zu erhöhen, um die Verkehrsbedienung zu verbessern.

1.3. Entwicklungsprogramm Nockberge **Anlage**

Bei der verkehrsmäßigen Erschließung sind folgende Grundsätze einzuhalten:
a) Die Verkehrswege sollen die notwendige Fahrbahnbreite aufweisen und sich harmonisch in die Landschaft einfügen. Auch die zukünftigen Siedlungszentren sollen durch Umfahrungsstraßen vom Durchzugsverkehr freigehalten werden.
b) In den Fremdenverkehrszentren und an den Aussichtspunkten sind ausreichende Parkplätze vorzusehen.

2. Wasserversorgung

Auf die Sicherstellung von Wassergewinnungsgebieten ist Bedacht zu nehmen. Um eine ausreichende Trinkwasserversorgung für die bestehenden und geplanten Siedlungsgebiete sicherzustellen, sind die hiefür erforderlichen Grundwassergebiete und Quellen samt ihren Einzugsgebieten zu erfassen und ihre wasserrechtliche Sicherstellung anzustreben.
In den Siedlungsgebieten soll die Wasserversorgung durch Gemeindewasserversorgungsanlagen oder genossenschaftliche Wasserversorgungsanlagen erfolgen; überörtliche Anlagen sind anzustreben.

3. Abwasserbeseitigung

In jedem Siedlungsgebiet soll die Abwasserbeseitigung durch eine gemeinsame Kanalisationsanlage mit zentraler vollbiologischer Kläranlage erfolgen; überörtliche Anlagen sind anzustreben.

4. Wildbach- und Lawinenverbauung

Bei der Anlage von Siedlungen, Verkehrswegen und Aufstiegshilfen ist den Gefahrenzonen nach dem Forstgesetz, BGBl. Nr. 440/1975, auszuweichen. Davon kann nur dann abgesehen werden, wenn durch Schutzvorkehrungen die Sicherheit gewährleistet wird.
Die Anlage von Aufstiegshilfen und Schipisten darf nur nach vorheriger Klärung der Lawinensicherheit vorgenommen werden.
Bei der Anlage von Siedlungen, Verkehrswegen, Aufstiegshilfen und Schipisten ist die Entstehung von Erosionen und Rutschungen durch Erd- und Felsbewegungen zu vermeiden.

5. Schutz gegen Lärm und Verunreinigung von Landschaft, Luft und Wasser

Anlagen und Einrichtungen, die eine Umweltverschmutzung oder Lärmbelästigung bewirken können, sind so zu situieren, daß die negativen Auswirkungen solcher Anlagen und Errichtungen auf ein Mindestmaß beschränkt bleiben. Grundwasser, Quellen sowie stehende und fließende Gewässer sind vor jeder Verunreinigung zu schützen.

IV.

1. Land- und Forstwirtschaft

Die Produktivitätsverbesserung der Landwirtschaft im Planungsraum soll den besonderen Zielen für das Entwicklungsgebiet, nämlich der Erhaltung des Erholungswertes der Landschaft und eines ausgeglichenen Naturhaushaltes, entsprechen.

Im Planungsraum sollen die bestehenden land- und forstwirtschaftlichen Vollerwerbsbetriebe sowie die Zu- und Nebenerwerbsbetriebe erhalten bleiben und auch die Nebenerwerbsbetriebe zur Aufrechterhaltung einer entsprechenden Siedlungsdichte sowie zur weiteren Betreuung der Kulturlandschaft beitragen. Der land- und forstwirtschaftliche Grundverkehr ist daher auf die Erhaltung und Schaffung leistungsfähiger Betriebe auszurichten.

Der Ertrag des Waldes und der Landwirtschaft soll gesteigert werden. Hiezu ist die Verbesserung der Besitzstruktur durch die Aufstockung ökonomischer Grenzbetriebe anzustreben und auf die verkehrsmäßige Erschließung der Betriebe und Wirtschaftsflächen Bedacht zu nehmen.

Die Bemühungen um die Trennung von Wald und Weide sind fortzusetzen, um den Zuwachs des Waldes zu erhöhen, den Wasserhaushalt zu verbessern und Erosionsschäden zu vermindern.

2. Handel und Gewerbe

In den Fremdenverkehrszentren soll die Schaffung von neuen und die Verbesserung der Qualität bestehender, den Fremdenverkehr begleitender Dienstleistungseinrichtungen angestrebt werden.

1.3. Entwicklungsprogramm Nockberge **Anlage**

V.

1. Fremdenverkehr

Im Planungsraum sollen die folgenden Orte zu touristischen Haupt- oder Nebenzentren für den Sommer- und Winterfremdenverkehr entwickelt werden:
Krems in Kärnten:
Hauptzentrum-Innerkrems
Nebenzentrum-Heiligenbachalm
Bad Kleinkirchheim:
Hauptzentrum-Bad Kleinkirchheim
Nebenzentrum-St. Oswald
Nebenzentrum-Grundalm
Reichenau:
Hauptzentrum-Reichenau-Turrach
Nebenzentrum-Falkert
Nebenzentrum-Rosentaler Alm
Nebenzentrum-St. Lorenzen
Weitensfeld-Flattnitz:
Hauptzentrum-Flattnitz
Albeck:
Hauptzentrum-Sirnitz-Hochrindl
Radenthein:
Nebenzentrum-Langalm

2. Wintersport und Wintererholung

Schwerpunkträume für den Wintersport und für die Wintererholung sind die Gebiete:
   a) Innerkrems-Heiligenbachalm
   b) Grundalm-Langalm-St. Oswald-Rosentaler Alm-Falkert
   c) Bad Kleinkirchheim mit Ausstrahlung in den Raum Arriach-Innerteuchen, Feld am See, Afritz und Radenthein
   d) Turracher Höhe-Flattnitz-Hochrindl

Diese Schwerpunkträume sollen mit Einrichtungen für den Wintersport und für die Wintererholung, insbesondere mit Schiliften, Pisten, Langlaufloipen, Schibobbahnen, Rodelbahnen u. ä., ausgestattet werden.
Die Errichtung von Schiliften und Pisten, von Schiabfahrten, Langlaufloipen u. dgl. hat unter geringstmöglicher Störung des

natürlichen Landschaftsgefüges auf der Grundlage von von Expertengutachten zu erfolgen.

## VI.
Maßnahmen

In den Gemeinden des Planungsraumes sollen die verkehrsmäßige Erschließung, die Wasserversorgung, die Abwasserbeseitigung und die Schaffung von Einrichtungen für den Fremdenverkehr, einschließlich derjenigen für den Wintersport, entsprechend ihrer Dringlichkeit erfolgen. Dabei ist davon auszugehen, daß zuerst die bestehenden Zentren die erforderliche Grundausstattung erhalten.

## 1.4. Entwicklungsprogramm Mirnock-Verditz

*LGBl 1978/2*

## Inhaltsverzeichnis

§ 1 Planungsraum
§ 2 Wirkung
Anlage

Auf Grund des § 3 des Kärntner Raumordnungsgesetzes, LGBl. Nr. 76/1969, wird verordnet:

### § 1 Planungsraum

(1) Für das Gebiet des Mirnock und der Verditz wird das in der Anlage 1 enthaltene Entwicklungsprogramm festgelegt.

(2) Das Entwicklungsprogramm erstreckt sich auf die Gemeinde Fresach und Teile der Gemeinde Feld am See, Ferndorf und Treffen.

(3) Die Grenzen des Planungsraumes sind in der Anlage 2 festgelegt.

### § 2 Wirkung

(1) Die Landesregierung hat den jährlichen Voranschlag im Einklang mit dem Entwicklungsprogramm zu erstellen (§ 4 Kärntner Raumordnungsgesetz).

(2) Verordnungen und Bescheide auf Grund von Landesgesetzen dürfen nur im Einklang mit dem Entwicklungsprogramm erlassen werden (§ 5 Abs. 1 Kärntner Raumordnungsgesetz).

(3) Investitionen und Förderungsmaßnahmen dürfen nur im Einklang mit dem Entwicklungsprogramm erfolgen.

(4) Die Bestimmungen des Abs. 3 gelten für
a) das Land Kärnten,
b) die auf Grund von Landesgesetzen eingerichteten Körperschaften öffentlichen Rechtes und

c) die Vertreter der unter lit. a und b genannten Körperschaften in den Gesellschaften, an denen diese Körperschaften beteiligt sind.

Auf Förderungsmaßnahmen die von den in lit. a und b genannten Körperschaften mit Mitteln des Bundes durchgeführt werden, findet der Abs. 3 keine Anwendung.

**Anlage**

Entwicklungsprogramm Mirnock-Verditz

I.

1. Planungsraum

Das Entwicklungsprogramm erstreckt sich auf die Gemeinde Fresach und Teile der Gemeinde Feld am See, Ferndorf und Treffen. Die Grenzen des Planungsraumes sind in der Anlage 2 festgelegt.

2. Raumordnungsgesetz

Für den Planungsraum gelten insbesondere folgende Entwicklungsziele aus dem Kärntner Raumordnungsgesetz:

a) Jedem Arbeitsfähigen soll es möglich sein, einer dauernden wirtschaftlichen Betätigung nachzugehen. Der Bevölkerung Kärntens soll durch die Wirtschaftsstruktur des Landes die Teilnahme an der fortschreitenden Entwicklung der österreichischen Volkswirtschaft gesichert werden. Es ist anzustreben, die Produktivität der Landwirtschaft zu erhöhen und deren Wettbewerbsfähigkeit zu verbessern.

b) Das Verkehrsnetz ist so auszubilden, daß Kärnten in den europäischen Großraum eingegliedert wird und sich die Wirtschaft des Landes entfalten kann; auf die vorausschaubare Entwicklung, auf ein Höchstmaß an Sicherheit und auf die Schonung der Erholungsräume ist Bedacht zu nehmen.

c) Die Siedlungstätigkeit soll zur Verdichtung der Bebauung führen. Die Siedlungsräume sind entsprechend den örtlichen Bedürfnissen der Bevölkerung aufzuschließen und dem Verkehrsnetz anzugliedern. Die Versorgung der Bevölkerung mit Gütern und Leistungen des täglichen Bedarfes, sowie die ärztliche Betreuung sind zu gewährleisten. Die Entfaltung des kulturellen und sozialen Lebens ist durch Einrichtun-

gen, die diesem Zweck entsprechen, an geeigneten Orten zu sichern. Den Erfordernissen der Erholung und der körperlichen Ertüchtigung ist Rechnung zu tragen.
d) Der Eigenart der Kärntner Landschaft sowie deren natürliche Bestimmung auch als Erholungsraum und Grundlage des Tourismus zu dienen, ist zu bewahren.

3. Hauptziel

Der Planungsraum soll unter Beibehaltung seiner agrarischen Struktur nach wirtschaftlichen Gesichtspunkten für den Fremdenverkehr erschlossen werden.

II.

1. Landschaft

Die Lebensgrundlage für die Bevölkerung des Planungsraumes ist die natürliche Landschaft des Gebietes des Mirnock und der Verditz. Eine Minderung des Erholungs- und Freizeitwertes und die Beeinträchtigung des Orts- und Landschaftsbildes ist zu vermeiden. Das Gleichgewicht in der Natur ist in biologischer, wasserwirtschaftlicher und klimatischer Hinsicht zu erhalten, störende Einflüsse durch Bergbau, Industrie und Gewerbe sollen vermieden werden. Bau- und Erschließungsmaßnahmen dürfen nicht zu einer dauernden Schädigung des Gleichgewichts im Naturhaushalt führen. Beim Abbau von Lagerstätten ist auf die größtmögliche Schonung der Landschaft zu achten.

2. Bevölkerung und Besiedelung

Der Abwanderung aus dem Planungsraum ist entgegenzuwirken. Eine Erhöhung des Wohn-, Arbeits- und Freizeitwertes in den Gemeindeschwerpunkten ist anzustreben. Arbeitsplätze sollen vor allem im Wirtschaftssektor Fremdenverkehr geschaffen werden.

3. Flächenwidmungspläne

In den Flächenwidmungsplänen der Gemeinden des Planungsraumes haben folgende Grundsätze Beachtung zu finden:
Baulandbeschränkungen
a) Die Festlegung von Bauland hat so zu erfolgen, daß eine Verdichtung der Bebauung erreicht und eine Zersiedelung der

Landschaft vermieden wird. Für das Bauland soll möglichst wenig Grund in Anspruch genommen werden. Es sollen nur solche Flächen herangezogen werden, die möglichst geringe Umweltbelastungen zur Folge haben und das ökologische Gleichgewicht nicht gefährden.

b) Im Planungsraum dürfen Gefährdungsbereiche der Wildbäche, vermurungs- und lawinengefährdete Gebiete, Moore, die für die Siedlungswasserwirtschaft notwendigen Flächen, Bewässerungs- und Entwässerungsgebiete, agrarische Operationsgebiete und sonstige Schon- und Schutzgebiete nicht als Bauland festgelegt werden. Insbesondere ist auf die Aussagen in den Gefahrenzonenplänen Bedacht zu nehmen.

c) Bei der Festlegung von Bauland ist im gesamten Planungsraum auf die Erhaltung von hochwertigen land- und forstwirtschaftlichen Flächen Bedacht zu nehmen. Böden, die für die Land- und Forstwirtschaft besondere Eignung besitzen, sollen für andere Nutzungen nur in dem unbedingt erforderlichen Ausmaß herangezogen werden.

Sonderwidmungen für den Fremdenverkehr

Hotels, Appartementhäuser, Feriendörfer und Wochenendsiedlungen dürfen nur in tieferliegenden Bereichen der bestehenden und geplanten touristischen Zentren (s. V. Z l) vorgesehen werden. In der Bergregion darf Bauland nur bei den Bergstationen der Lifte und an markanten Aussichtspunkten in der Form der Sonderwidmungen für Almgasthöfe (Tagesgaststätten) und Schutzhütten vorgesehen werden.

Verkehrsflächen

a) Verkehrsflächen sind so festzulegen, daß die für die Erholung geeigneten Gebiete vom Durchgangsverkehr freigehalten werden.

b) Zufahrtsstraßen sollen nur bis zu den touristischen Zentren geführt und ausgebaut werden.

c) In der Almregion sind nur die für die Land- und Forstwirtschaft notwendigen Bringungswege zu errichten.

d) Im Planungsraum, insbesondere in den touristischen Zentren, sind Parkplätze in genügender Anzahl und ausreichender Größe festzulegen.

1.4. Entwicklungsprogramm Mirnock-Verditz **Anlage**

Grünland

Auf Einrichtungen für den Sommerfremdenverkehr und zur Ausübung des Wintersportes ist Bedacht zu nehmen.

III.

1. Verkehr

Die Leistungsfähigkeit der vorhandenen Verkehrswege und Zufahrtsstraßen ist zu erhöhen um die Verkehrsbedienung zu verbessern.

Bei der verkehrsmäßigen Erschließung sind folgende Grundsätze einzuhalten:
- a) Die Verkehrswege sollen die notwendige Fahrbahnbreite aufweisen und sich harmonisch in die Landschaft einfügen.
- b) In den touristischen Zentren sind ausreichende Parkplätze vorzusehen.

2. Wasserversorgung

Auf die Sicherstellung von Wassergewinnungsgebieten ist Bedacht zu nehmen. Um eine ausreichende Trinkwasserversorgung für die Siedlungsgebiete sicherzustellen, sind die hiefür erforderlichen Grundwassergebiete und Quellen mit ihren Einzugsgebieten zu erfassen und ihre wasserwirtschaftliche Sicherstellung anzustreben. In den Siedlungsgebieten soll die Wasserversorgung durch Gemeindewasserversorgungsanlagen oder genossenschaftlichen Wasserversorgungsanlagen erfolgen; überörtliche Anlagen sind anzustreben.

3. Abwasserbeseitigung

In den Siedlungsgebieten soll die Abwasserbeseitigung durch Kanalisationsanlagen mit Kläranlagen erfolgen. Der Anschluß an überörtliche Anlagen ist anzustreben.

4. Wildbach- und Lawinenverbauung

Bei der Anlage von Siedlungen, Verkehrswegen und Aufstiegshilfen ist den Gefahrenzonen nach dem Forstgesetz, BGBl. Nr. 440/1975, auszuweichen. Davon kann nur dann abgesehen werden, wenn durch Schutzvorkehrungen die Sicherheit gewährleistet ist.

Die Anlage von Aufstiegshilfen und Schipisten darf nur nach vorhergegangener Klärung der Lawinensicherheit vorgenommen werden.
Bei der Anlage von Siedlungen, Verkehrswegen, Aufstiegshilfen und Schipisten ist die Entstehung von Erosionen und Rutschungen durch Erd- und Felsbewegungen zu vermeiden.

5. Schutz gegen Lärm und Verunreinigung von Landschaft, Luft und Wasser

Anlagen und Einrichtungen, die eine Umweltverschmutzung oder Lärmbelästigung bewirken können, sind so zu situieren, daß die negativen Auswirkungen solcher Anlagen und Einrichtungen auf ein Mindestmaß beschränkt bleiben. Grundwasser, Quellen sowie stehende und fließende Gewässer sind vor jeder Verunreinigung zu schützen.

IV.

1. Land- und Forstwirtschaft

Die Produktivitätsverbesserung der Landwirtschaft im Planungsraum soll den besonderen Zielen für das Entwicklungsgebiet, nämlich der Erhaltung des Erholungswertes der Landschaft und eines ausgeglichenen Naturhaushaltes, entsprechen.

Im Planungsraum sollen die bestehenden land- und forstwirtschaftlichen Vollerwerbsbetriebe erhalten bleiben und auch Zu- und Nebenerwerbsbetriebe zur Aufrechterhaltung einer entsprechenden Siedlungsdichte sowie zur weiteren Betreuung der Kulturlandschaft beitragen. Der land- und forstwirtschaftliche Grundverkehr ist daher auf die Erhaltung und Schaffung leistungsfähiger Betriebe auszurichten. Der Ertrag des Waldes und der Landwirtschaft soll gesteigert werden. Hiezu ist eine Strukturverbesserung insbesondere durch die Aufstockung ökonomischer Grenzbetriebe anzustreben und auf die Erschließung der Betriebe und Wirtschaftsflächen Bedacht zu nehmen.

Die Bemühungen um die Trennung von Wald und Weide sind fortzusetzen um den Zuwachs des Waldes zu erhöhen, den Wasserhaushalt zu verbessern und Erosionsschäden zu vermindern.

## 2. Handel und Gewerbe

In den Fremdenverkehrszentren soll die Schaffung von neuen und die Verbesserung der Qualität bestehender den Fremdenverkehr begleitender Dienstleistungseinrichtungen angestrebt werden.

## V.

### 1. Fremdenverkehr

Im Planungsraum sollen zu touristischen Zentren entwickelt oder weiterentwickelt werden:
In der Gemeinde Ferndorf der Bereich der Ortschaft Gschriet (geplante Talstation für die Mirnock-Sesselbahn).
In der Gemeinde Fresach der Gemeindehauptort Fresach und die Ortschaft Mooswald.
In der Gemeinde Treffen der Bereich der Verditz (Bergstation erster Lift, Talstation zweiter Lift bis zum Gasthof „Moser").

### 2. Tourismus, Erholung und Wintersport

Der Planungsraum soll mit Einrichtungen für den Tourismus, den Wintersport und die Erholung, insbesondere mit Wanderwegen, Pisten, Sessel- und Schiliften, Langlaufloipen, Rodelbahnen, Reitmöglichkeiten und ähnlichen ausgestattet werden.
Die Errichtung dieser Einrichtungen soll bei geringstmöglicher Störung des natürlichen Landschaftsgefüges auf der Grundlage von Expertengutachten erfolgen.

## VI.

### Maßnahmen

In den Gemeinden des Planungsraumes sollen die verkehrsmäßige Erschließung, die Wasserversorgung, die Abwasserbeseitigung und die Einrichtungen für den Fremdenverkehr, einschließlich derjenigen für die Sommererholung und den Wintersport entsprechend, ihrer Dringlichkeit erfolgen. Dabei ist davon auszugehen, daß zuerst die bestehenden Zentren die erforderliche Grundausstattung erhalten.

## 1.5. Entwicklungsprogramm Raum Klagenfurt

*LGBl 1981/19 und LGBl 2008/76*

### Inhaltsverzeichnis
§ 1 Planungsraum
§ 2 Wirkung
Anlage

Auf Grund des § 3 des Kärntner Raumordnungsgesetzes, LGBl. Nr. 76/1969, wird verordnet:

### § 1 Planungsraum

(1) Für den Raum Klagenfurt wird das in der Anlage enthaltene Entwicklungsprogramm festgelegt.

(2) Das Entwicklungsprogramm erstreckt sich auf die Gebiete der Gemeinden Ebental, Grafenstein, Keutschach, Klagenfurt, Köttmannsdorf, Krumpendorf, Magdalensberg, Maria Rain, Maria Saal, Maria Wörth, Moosburg, Poggersdorf und Pörtschach am Wörther See.

### § 2 Wirkung

(1) [Anm: entfallen]
(2) Verordnungen und Bescheide auf Grund von Landesgesetzen dürfen nur im Einklang mit dem Entwicklungsprogramm erlassen werden (§ 5 Abs. 1 Kärntner Raumordnungsgesetz).

(3) Investitionen und Förderungsmaßnahmen dürfen nur im Einklang mit dem Entwicklungsprogramm erfolgen.
(4) Die Bestimmungen des Abs. 3 gelten für
a) das Land Kärnten,
b) die auf Grund von Landesgesetzen eingerichteten Körperschaften öffentlichen Rechts und

c) die Vertreter der unter lit. a und b genannten Körperschaften in den Gesellschaften, an denen diese Körperschaften beteiligt sind.

Auf Förderungsmaßnahmen, die von den in lit. a und b genannten Körperschaften mit Mitteln des Bundes durchgeführt werden, findet der Abs. 3 keine Anwendung.

(5) Die rechtswirksamen Flächenwidmungspläne der Gemeinden Ebental, Grafenstein, Keutschach, Klagenfurt, Köttmannsdorf, Krumpendorf, Magdalensberg, Maria Rain, Maria Saal, Maria Wörth, Moosburg, Poggersdorf und Pörtschach am Wörther See sind dem Gebietsstand vom 1. Jänner 1973 und dem Entwicklungsprogramm für den Raum Klagenfurt anzupassen.

**Anlage**

Entwicklungsprogramm Raum Klagenfurt

1. Planungsraum

Der Planungsraum Klagenfurt umfaßt die Gebiete der Gemeinden Ebental, Grafenstein, Keutschach, Klagenfurt, Köttmannsdorf, Krumpendorf, Magdalensberg, Maria Rain, Maria Saal, Maria Wörth, Moosburg, Poggersdorf und Pörtschach am Wörther See.

2. Leitziele (allgemeine Entwicklungsziele) für das Landesgebiet

Für den Planungsraum gelten insbesondere folgende Leitziele aus dem Kärntner Raumordnungsgesetz:

a) Der Bevölkerung Kärntens soll durch die Wirtschaftsstruktur des Landes die Teilnahme an der fortschreitenden Entwicklung der österreichischen Volkswirtschaft gesichert werden. Es ist anzustreben, die Produktivität der Landwirtschaft zu erhöhen und deren Wettbewerbsfähigkeit zu verbessern.

b) Das Verkehrsnetz ist so auszubilden, daß Kärnten in den europäischen Großraum eingegliedert wird und sich die Wirtschaft des Landes entfalten kann. Auf die vorausschaubare Entwicklung, auf ein Höchstausmaß an Sicherheit und auf die Schonung der Erholungsräume ist Bedacht zu nehmen.

c) Die Siedlungstätigkeit soll zur Verdichtung der Bebauung führen. Die Siedlungsräume sind entsprechend den örtlichen Bedürfnissen der Bevölkerung aufzuschließen und dem Verkehrsnetz anzugliedern. Die Versorgung der Bevölkerung mit Gütern und Leistungen des täglichen Bedarfes sowie die ärztliche Betreuung sind zu gewährleisten. Die Entfaltung des kulturellen und sozialen Lebens ist durch Einrichtungen, die diesem Zweck entsprechen, an geeigneten Orten zu sichern. Den Erfordernissen der Erholung und der körperlichen Ertüchtigung ist Rechnung zu tragen.

d) Die Eigenart der Kärntner Landschaft sowie deren natürliche Bestimmung, auch als Erholungsraum und Grundlage des Tourismus zu dienen, ist zu bewahren.

3. Leitziele für den Kärntner Zentralraum

3.1 Der Zentralraum ist so zu entwickeln und zu gestalten, daß er seiner Funktion als wirtschaftlicher, sozialer und kultureller Schwerpunktraum Kärntens in bestmöglicher Weise gerecht wird. Dabei ist auf die angestrebte Entwicklung der übrigen Landesteile Bedacht zu nehmen.

3.2 Der Verbesserung der Verkehrsverbindungen zwischen dem Kärntner Zentralraum und den benachbarten Zentralräumen sowie den nähergelegenen Verdichtungsgebieten in Italien und Jugoslawien ist besondere Bedeutung beizumessen.

3.3 Die zentralen Orte sind so zu entwickeln, daß sie ihre überregionalen und regionalen Funktionen für die Bevölkerung bei jeweils zumutbarem Zeitaufwand in bestmöglicher Weise wahrnehmen können. Auszubauen oder zu entwickeln im Raum Klagenfurt sind:

als Oberzentrum die Landeshauptstadt Klagenfurt;
als Unterzentren die Orte Ebental, Grafenstein, Krumpendorf, Pörtschach am Wörther See;
als Kleinzentren die Orte Köttmannsdorf, Maria Saal und Moosburg.

1.5. Entwicklungsprogramm Raum Klagenfurt **Anlage**

3.4 Die Siedlungsstruktur soll insbesondere im Oberzentrum so entwickelt und gestaltet werden, daß durch eine überdurchschnittliche Verdichtung der Wohn- und Arbeitsstätten in den Einzugsbereichen der öffentlichen Massenverkehrsmittel eine möglichst günstige öffentliche Verkehrsbedienung erzielt werden kann.

3.5 Der Ausbau der Infrastruktur im Zentralraum soll unter besonderer Bedachtnahme auf eine Stärkung überregionaler Funktionen so erfolgen, daß für die Bevölkerung ein hoher Lohn-, Wohn- und Freizeitwert erreicht und auch in Zukunft gewährleistet werden kann. Er soll weiters so vorgenommen werden, daß er den charakteristischen Aufgaben der zentralen Orte und Funktionsgebiete jeweils im besonderen Maße zu entsprechen vermag. Dabei soll auf eine ganzjährige Nutzung sowie auf die Grenzen der Belastbarkeit des Naturhaushaltes in bestmöglicher Weise Bedacht genommen werden. Ebenso ist dafür zu sorgen, daß die Umweltschutzbelange Berücksichtigung finden.

4. Leit-, Haupt- und Teilziele für den Raum Klagenfurt

4.1 Leitziele

4.1.1 Überregionale und regionale Funktionen

Als Teilgebiet des Kärntner Zentralraumes ist der Raum Klagenfurt (Planungsraum) so zu entwickeln und zu gestalten, daß er seine regionalen und überregionalen Funktionen als wirtschaftlicher, sozialer und kultureller Schwerpunktraum in bestmöglicher Weise wahrnehmen kann und die wirtschaftliche, soziale und kulturelle Weiterentwicklung dieses Gebietes gesichert ist. Insbesondere ist auf den Ausbau der politischen, wirtschaftlichen, administrativen und kulturellen Funktionen der Landeshauptstadt Bedacht zu nehmen.

4.1.2 Ausbau der Infrastruktur

Der Ausbau der Infrastruktur hat so zu erfolgen, daß zwischen dem Planungsraum und den angrenzenden Gebieten sowie den nahegelegenen Ober-, Mittel- und Unterzentren kontinuierliche und enge Verflechtungen ermöglicht werden. Er ist ferner so vorzunehmen, daß der unterschiedlichen Struktur der Funktionsgebiete in bestmöglicher Weise Rechnung getragen wird.

Beim Ausbau der Infrastruktur ist ferner darauf Bedacht zu nehmen, daß zwischen den ehemaligen Gemeindegebieten Klagenfurt, Ebental, Grafenstein, Moosburg, Ottmanach und St. Thomas am Zeiselberg sowie den mit Wirkung vom l. Jänner 1973 eingemeindeten Gebieten so enge Verflechtungen erfolgen daß innerhalb der neuen Gemeindegrenzen gleichwertige Lebensbedingungen gewährleistet sind.

4.1.3 Entwicklung der zentralen Orte

Die zentralen Orte sind so zu entwickeln und zu gestalten, daß insbesondere die erforderlichen öffentlichen und privaten Dienstleistungs-Einrichtungen unter günstigen Voraussetzungen und mit zumutbarem Zeitaufwand von der Wohn-, Arbeits- und Urlaubsbevölkerung des Planungsraumes erreicht werden können.

4.1.4 Landschaftspflege und Umweltschutz

Auf die Schonung, Erhaltung und Pflege der Landschaft sowie auf die Grenzen der Belastbarkeit des Naturhaushaltes ist im Interesse der Wohnbevölkerung, des Fremdenverkehrs und der Landwirtschaft besonders zu achten. Dabei sind die Schutz- und Pflegemaßnahmen durch eine wirksame Bodenvorratspolitik zu ergänzen.
Die begrenzte Aufnahmefähigkeit der Erholungs- und Wassersportflächen im Seeuferbereich ist in bestmöglicher Weise zu berücksichtigen.
Stillgelegte Entnahmestellen für Sand, Kies und Lehm sind durch geeignete landschaftspflegerische Maßnahmen zu rekultivieren.

4.1.5 Entwicklung des industriellen und gewerblichen Sektors

Die Vorteile des Planungsraumes hinsichtlich der Lagegunst, der infrastrukturellen Gegebenheiten, des Bevölkerungs- und Arbeitskräftepotentials für die Weiterentwicklung einer leistungsstarken Industrie und eines wettbewerbsfähigen Gewerbes sind zu nutzen.
Dabei ist die räumliche Trennung von Betriebsgebieten des gewerblich-industriellen Sektors von Gebieten mit intensiver Fremdenverkehrsnutzung anzustreben. Bei der Festlegung von Einkaufszentren ist auf die Aufrechterhaltung der Nahversorgung der Bevölkerung im Umland Bedacht zu nehmen.

## 4.2 Hauptziele
### 4.2.1 Zentrale Orte

Das Oberzentrum Klagenfurt ist insbesondere hinsichtlich seiner überregionalen Funktionen als Landeshauptstadt weiter zu entwickeln. Dies soll erreicht werden durch den Ausbau der öffentlichen Einrichtungen, insbesondere des Sozial-, Bildungs- und Kulturwesens, durch Schaffung günstiger infrastruktureller Voraussetzungen für den Ausbau öffentlicher und privater Dienstleistungs-Einrichtungen, durch die Verbesserung der überörtlichen Verkehrsverbindungen, insbesondere den Ausbau der Südautobahn, durch den Ausbau eines leistungsfähigen Fern- und Nahverkehrssystems und durch die Vorsorge für aufgeschlossene, ausreichend große und günstig gelegene Flächen für Industrie- und Gewerbebetriebe von regionaler und überregionaler Bedeutung.

Die Unterzentren Krumpendorf und Pörtschach am Wörther See sind unter Bedachtnahme auf die Belastbarkeit des Naturhaushaltes und die Erhaltung der Landschaft so zu entwickeln, daß der Funktion als Fremdenverkehrs-Schwerpunkt im Wörther-See-Gebiet in bestmöglicher Weise Rechnung getragen werden kann.

Der Ausbau der öffentlichen und privaten Dienstleistungs-Einrichtungen hat daher so zu erfolgen, daß die begrenzte Aufnahmefähigkeit der Erholungs- und Wassersportflächen vor allem im Seeuferbereich besondere Berücksichtigung findet.

Um die große Abhängigkeit vom Sommer-Fremdenverkehr zu verringern, soll die Errichtung umweltfreundlicher produzierender Gewerbebetriebe auf geeigneten Standorten durch die Bereitstellung von erschlossenen Flächen gefördert werden.

Die Unterzentren Ebental und Grafenstein sind so zu entwickeln, daß sie vor allem ihren regionalen Funktionen auch für die Bevölkerung der Nachbargemeinden noch besser entsprechen können. Dies soll insbesondere durch den Ausbau der regionalen Verkehrsverbindungen, des Schul- und Bildungswesens, der privaten Dienstleistungs-Einrichtungen sowie durch die Vorsorge für aufgeschlossene Flächen für Industrie- und Gewerbebetriebe von regionaler und überregionaler Bedeutung erreicht werden.

Das Kleinzentrum Moosburg ist unter besonderer Bedachtnahme auf die Belastbarkeit des Landschaftshaushaltes – vor allem im Gebiete der Moosburger Teiche – und die Erhaltung der Landschaft zu entwickeln.

Der Ausbau der öffentlichen und privaten Dienstleistungs-Einrichtungen sowie die Errichtung umweltfreundlicher, produzierender Gewerbebetriebe hat so zu erfolgen, daß die Wahrnehmung regionaler Funktionen ermöglicht und verbessert werden kann.
Die Kleinzentren Köttmannsdorf und Maria Saal sind hinsichtlich der öffentlichen und privaten Dienstleistungs-Einrichtungen und des produzierenden Gewerbes so auszubauen, daß sie auch regionale Funktionen ausüben können.
Die Orte Keutschach, Maria Wörth und Reifnitz sind wegen ihrer Bedeutung als Fremdenverkehrs-Schwerpunkte und ihrer Bevölkerungszahl unter besonderer Bedachtnahme auf die Belastbarkeit des Naturhaushaltes und die Erhaltung der Landschaft zu Kleinstzentren zu entwickeln. Dabei ist insbesondere auf die bestmögliche Nahversorgung der Wohn-, Arbeits- und Urlaubsbevölkerung Bedacht zu nehmen. Zur Verringerung der großen Abhängigkeit vom Sommerfremdenverkehr soll die Errichtung umweltfreundlicher produzierender Gewerbebetriebe auf geeigneten Standorten durch die Bereitstellung von erschlossenen Flächen ermöglicht und gefördert werden. Die Orte Maria Rain, Poggersdorf und Lassendorf-Deinsdorf sind wegen ihrer günstigen Verkehrslage und ihrer Bevölkerungszahl zu Kleinstzentren so zu entwickeln, daß sie insbesondere die bestmögliche Nahversorgung der Bevölkerung gewährleisten können.
Der Ausbau der öffentlichen und privaten Dienstleistungs-Einrichtungen hat daher so zu erfolgen, daß sie dieser zentralen Funktion entsprechen können.
Weiters soll die Errichtung von umweltfreundlichen produzierenden Gewerbebetrieben auf geeigneten Standorten durch die Bereitstellung von erschlossenen Grundflächen gefördert werden.

4.2.2 Besiedelung

Die Inanspruchnahme von Bauland soll nur in dem Ausmaß erfolgen, als Verkehrserschließung, Wasserversorgung, Abwasserbehandlung, Abfallstoffbeseitigung und Energieversorgung gewährleistet sind. Aus gemeindewirtschaftlichen Gründen sollen jeweils die Gebiete mit der höchsten Versorgungsgunst zuerst bebaut werden. Dabei ist auf die Sicherung geeigneter Flächen für Dienstleistungsbetriebe zur Versorgung der Bevölkerung mit Waren des täglichen Bedarfs Bedacht zu nehmen. Die Festlegung von Flächen

## 1.5. Entwicklungsprogramm Raum Klagenfurt **Anlage**

für Einkaufszentren soll bei Bedarf nur im Oberzentrum bzw. in den Unterzentren im Bereich größerer Siedlungsgebiete erfolgen. Im Einzugsbereich der Eisenbahn-Haltepunkte ist eine maßvolle Verdichtung der Besiedlung anzustreben, um so eine Verlegung des Schüler- und Berufspendelverkehrs auf die Schiene zu fördern. Bei der Festlegung von Bauland sowie von Verkehrswege- und Versorgungsleitungsnetzen ist auf Gebiete mit hohem Grundwasserstand, auf Vermurungs- und Überflutungsgebiete sowie auf den Schutzbereich der Pipeline, Luftverunreinigung, Gewässerverunreinigung und Lärmerregung besonders Bedacht zu nehmen. Neue Siedlungsgebiete sind nur außerhalb der Immissionsbereiche von Industriebetrieben, Autobahnen, Bundesstraßen und Eisenbahnlinien sowie des Flughafens, jedoch in der Nähe der Haltepunkte öffentlicher Verkehrsmittel festzulegen. Um eine bestmögliche und gemeinde-wirtschaftlich günstige Versorgung der Bevölkerung mit Dienstleistungen zu gewährleisten, ist die Zusammenfassung bestehender und neuer Siedlungsgebiete zu Wohnvierteln und Wohnbezirken erforderlich. Dabei soll die Einwohnerzahl eines Wohnviertels mindestens so groß sein, daß der Bestand einer vierklassigen Volksschule auf Dauer gesichert ist. Die Größe eines Wohnbezirkes hängt von den örtlichen Gegebenheiten und der Bevölkerungszahl ab. Er soll jedoch mindestens zwei Wohnviertel umfassen. Wohnviertel und Wohnbezirke sind jeweils aus einer städtebaulichen Konzeption zu entwickeln, die Erweiterungsmöglichkeiten zuläßt.

Industrie- und Gewerbeflächen für Betriebe von regionaler und überregionaler Bedeutung sind nach Möglichkeit zu Industriegebieten bzw. zu Industriebezirken zusammenzufassen und mit den erforderlichen Dienstleistungs-Einrichtungen auszustatten. Dabei ist auf Gebiete mit besonderer Lage- und Versorgungsgunst Bedacht zu nehmen. Bei der Standortfestlegung ist besonders zu beachten, daß Siedlungs- und Naherholungs- oder Fremdenverkehrsgebiete nicht durch Immissionen beeinträchtigt werden und daß die Abwasserbehandlung und Abfallstoffbeseitigung gesichert sind. Eine zusätzliche punktuelle Verkehrsbelastung des kommunalen Straßennetzes ist zu vermeiden und eine günstige Lage zu Eisenbahnlinien anzustreben.

### 4.2.3 Verkehr

Beim Ausbau des Verkehrswegenetzes ist eine möglichst weitgehende Verknüpfung des Autobahn-, Bundes-, Landes- und Gemeindestraßennetzes untereinander sowie mit dem Eisenbahnnetz erforderlich.

Für die wirtschaftliche Entwicklung des Planungsraumes ist eine Verbesserung der Verkehrsverbindungen zu den österreichischen Zentralräumen und den benachbarten Verdichtungsgebieten in Italien und Jugoslawien durch einen raschen Ausbau des Bundesstraßen- und Autobahnnetzes von besonderer Bedeutung.

Auf die Entlastung von Fremdenverkehrs-Schwerpunkten, größeren Wohngebieten sowie Kleinst-, Klein- und Unterzentren vom Durchgangsverkehr durch den Bau von Umfahrungsstraßen ist Bedacht zu nehmen. Insbesondere sollen in diesen Gebieten verkehrsarme Zonen vorgesehen werden.

Dem Flächenbedarf des Wirtschaftsverkehrs in den Geschäftsgebieten und Industriegebieten sowie des ruhenden Verkehrs in den Geschäftsgebieten, Siedlungsgebieten, Industriegebieten, Fremdenverkehrszonen, Naherholungs- und Wintersportgebieten ist unter Bedachtnahme auf den zukünftigen Bedarf durch rechtzeitige Flächensicherung Rechnung zu tragen. Die öffentlichen Personenverkehrsmittel sollen der angestrebten räumlichen Struktur entsprechend ausgebaut werden. Die Fahrpläne der einzelnen öffentlichen Personenverkehrsmittel sollen gegenseitig so abgestimmt werden, daß zu möglichst allen Tageszeiten gute Verkehrsbedingungen bestehen. Ein Verkehrsverbund der öffentlichen Verkehrsträger soll angestrebt werden.

Der Ausbau des Personen-Nahverkehrs ist besonders im Hinblick auf die zunehmende Belastung der Bundes- und Landesstraßen während der Sommersaison sowie wegen des Berufs- und Schülerverkehrs zu fördern. Bei der Schaffung neuer Eisenbahn-Haltestellen, insbesondere im Bereich der Landeshauptstadt Klagenfurt, soll auf eine ausreichende Fahrgastfrequenz Bedacht genommen werden. Zur Gewährleistung einer entsprechenden Rentabilität des zukünftig erforderlichen schienengebundenen Personen-Nahschnellverkehrs ist eine Verdichtung der Wohn- und Arbeitsplätze im Einzugsbereich der Haltepunkte anzustreben. Die Kapazität und Qualität der Güterumschlags- und Beförderungsanlagen soll durch die rechtzeitige Anpassung an die zukünftigen Bedürfnisse des Straßen- und Schienenverkehrs, durch die bestmögliche Verbindung zwischen diesen Verkehrsarten sowie unter Bedachtnahme auf die zukünftige Industrie- und Gewerbeentwicklung verbessert werden.

### 4.2.4 Versorgung

#### 4.2.4.1 Energieversorgung

Bei der räumlichen Entwicklung ist auf den künftigen Energiebedarf besonders Bedacht zu nehmen. Insbesondere ist für die auszubauenden oder zu entwickelnden zentralen Orte, Industriegebiete und Fremdenverkehrs-Schwerpunkte die Versorgung mit der notwendigen Kapazität rechtzeitig sicherzustellen. Die Versorgung des Planungsraumes mit Gas und der Einsatz von Fernwärme zur Sicherung der Energieversorgung soll gefördert werden.

#### 4.2.4.2 Wasserversorgung

Die genutzten und nutzungswürdigen Quell- und Grundwasservorkommen sollen so weit wie möglich geschützt, erhalten und vorsorglich beansprucht werden. Der Ausbau regionaler Wassergewinnungs- und Versorgungsanlagen ist anzustreben. Die hiefür erforderlichen Flächen sind rechtzeitig in den Flächenwidmungsplänen zu sichern. Die regionalen Wasserversorgungsanlagen sollen zu einem überregionalen Wasserversorgungsnetz verbunden werden. Auf den vorsorglichen Schutz von Heilquellen ist Bedacht zu nehmen.

#### 4.2.4.3 Schutzwasserbau

Flußbau- und Wildbachverbauung sind im Hinblick auf die angestrebte räumliche Entwicklung und unter Berücksichtigung von Naturschutz und Landschaftspflege durchzuführen.

#### 4.2.4.4 Abwasserbehandlung und Abfallstoffbeseitigung

Im Interesse der Reinhaltung des Grundwassers und der oberirdischen Gewässer ist in den bebauten Gebieten für eine hygienisch einwandfreie Beseitigung der Abwässer zu sorgen.
Um eine ausreichende Reinhaltung der Badeseen und Vorfluter zu gewährleisten, sind insbesondere in den Fremdenverkehrszonen regionale Abwasserbehandlungsanlagen zu errichten.
Ebenso sind die Voraussetzungen für eine geordnete Abfallstoffbeseitigung in regionalen Behandlungsanlagen unerläßlich.

### 4.2.5 Öffentliche Einrichtungen

#### 4.2.5.1 Konzentration öffentlicher Einrichtungen in zentralen Orten

Um eine bestmögliche Versorgung der Wohn-, Arbeits- und Urlaubsbevölkerung bei zumutbarem Wegaufwand zu erreichen, ist die Konzentration öffentlicher Einrichtungen in geeigneten zentralen Orten anzustreben. Dabei sollen jeweils Art der öffentlichen Einrichtung und Art der Funktion des zentralen Ortes miteinander in Einklang stehen. Beim Ausbau der öffentlichen Einrichtungen sollen möglichst gemeinsame Investitionen benachbarter Gemeinden mit dem Ziel der Kostenminderung und Leistungsvergrößerung angestrebt werden. Auf die möglichst frühzeitige Flächensicherung durch Festlegung von Flächen für besondere Verwendungszwecke ist Bedacht zu nehmen.

#### 4.2.5.2 Verwaltungseinrichtungen

In der Landeshauptstadt Klagenfurt und den Gemeindehauptorten sollen günstig gelegene Standorte für öffentliche Verwaltungseinrichtungen festgelegt werden.

#### 4.2.5.3 Kindergärten, Schulen, Einrichtungen des Bildungswesens

Kindergärten, Schulen und Bildungseinrichtungen sind im Hinblick auf die angestrebte räumliche Entwicklung und in Übereinstimmung mit den Schulentwicklungsplänen des Landes zu errichten bzw. auszubauen. Kindergärten sollen auf verkehrssicheren, von Wohngebieten leicht erreichbaren Standorten in genügender Anzahl zur Verfügung gestellt werden.
Dabei ist eine Zusammenfassung mit Volksschulen anzustreben. Volksschulen sind unter besonderer Berücksichtigung der angestrebten Siedlungsentwicklung so zu dimensionieren, daß der Unterricht in mindestens vier Jahrgangsklassen erfolgen kann. Auf die gute Erreichbarkeit von den Siedlungsgebieten auf sicheren Schulwegen ist besonders Bedacht zu nehmen.
Sonderschulen sollen im notwendigen Umfang in den Hauptschulorten errichtet werden.
Allgemein- und berufsbildende mittlere und höhere Schulen sollen im Oberzentrum, fallweise auch in Unterzentren errichtet bzw. ausgebaut werden. Bei der Standortfestlegung ist auf die angestreb-

te Entwicklung des jeweiligen Einzugsbereiches, auf eine günstige Erreichbarkeit von den Haltepunkten öffentlicher Verkehrsmittel und auf Erweiterungsmöglichkeiten besonders Bedacht zu nehmen. Für den weiteren Ausbau der Universität sollen ausreichend große Grundstücksflächen gesichert werden.

Einrichtungen der Erwachsenenbildung von regionaler Bedeutung sollen im Oberzentrum und in den Unterzentren errichtet bzw. ausgebaut werden.

Bei der Standortfestlegung von Schulen soll die Zusammenfassung mehrerer Schulen mit ähnlichen Einzugsbereichen zu einem leistungsfähigen Schulzentrum angestrebt werden, um eine mehrfache Nutzung der Verkehrs-, Sport- und Spielflächen zu ermöglichen.

### 4.2.5.4 Öffentliche Einrichtungen des Sozial- und Gesundheitswesens

Standorte für die notwendigen Einrichtungen des Sozial- und Gesundheitswesens sind unter Berücksichtigung der angestrebten räumlichen Entwicklung, der Bevölkerungsentwicklung sowie der Sozial- und Altersstruktur im Planungsraum festzulegen. Insbesondere ist auf die Flächensicherung in Verkehrs- und klimatisch günstigen und immissionsfreien Standorten Bedacht zu nehmen.

### 4.2.6 Einrichtungen für Erholung und Sport

Für Erholung, Spiel und Sport sind ausreichend große, zu den Siedlungsgebieten und Haltepunkten öffentlicher Verkehrsmittel günstig gelegene Einrichtungen zu schaffen bzw. auszubauen. Dabei ist bei der Standortfestlegung auf die speziellen Bedürfnisse von Tages-, Wochenend- und Urlaubserholung besonders Bedacht zu nehmen.

Einrichtungen für die tägliche Erholung der Wohnbevölkerung in allen Siedlungsgebieten sind daher in zumutbarer Entfernung für Fußgänger zu errichten bzw. auszubauen. Insbesondere ist die Schaffung zusammenhängender Fuß- und Radwegnetze sowie von ausreichenden und günstig gelegenen Kinderspielplätzen anzustreben.

Einrichtungen für die Wochenenderholung (Ausflugsgaststätten, Rastplätze, Sportstätten u. dgl.) sollen in Naherholungsgebieten so geschaffen werden, daß sie von Verkehrswegen leicht erreichbar sind. Die Verbindung dieser Einrichtungen durch ein Fuß- und Radwegenetz ist anzustreben. Bei der Festlegung von Einrichtungen für die Urlaubserholung ist besonders in den Uferzonen der Badeseen auf eine maßvolle Konzentration gleichartiger Einrichtungen zur Erhaltung freier Landschaft Bedacht zu nehmen. Dabei soll die allgemeine Zugänglichkeit der Seeufer soweit als möglich gewährleistet und eine weitere Verbauung der Seeufer für private Zwecke vermieden werden. Auf die Errichtung von Uferpromenaden, Rad- und Fußwegenetzen, Fußgängerbereichen sowie Segelbootshäfen soll Bedacht genommen werden.

### 4.2.7 Einrichtungen für Zivilschutz und Landesverteidigung

Die raumbeanspruchenden Erfordernisse der Landesverteidigung sollen nach Möglichkeit außerhalb von Siedlungsgebieten, Industriegebieten und Fremdenverkehrszentren gedeckt werden. Für den gesamten Planungsraum ist die Erhaltung des natürlichen Hinderniswertes anzustreben und eine Erhöhung desselben an bedeutsamen Bewegungslinien zu ermöglichen.

### 4.3 Teilziele

### 4.3.1 Zentrale Orte

#### 4.3.1.1. Festlegungen für die Entwicklung des Oberzentrums Landeshauptstadt Klagenfurt

Wichtigste Voraussetzungen für die Entwicklung des Oberzentrums Klagenfurt sind die Festlegung eines der zukünftigen Entwicklung entsprechenden Geschäftsbezirkes, eines erweiterungsfähigen Industriebezirkes und ausreichend großer und günstig gelegener Naherholungsbezirke bzw. Naherholungsbereiche.

Zur Stärkung der überregionalen Funktionen als Landeshauptstadt ist auf die Festlegung ausreichend großer und verkehrsgünstig gelegener Flächen für besondere Verwendungszwecke für öffentliche und private Dienstleistungs-Einrichtungen besonders Bedacht zu nehmen. Einem diesen Funktionen entsprechenden Ausbau des Hauptverkehrsstraßennetzes und des Liniennetzes der öffentlichen Verkehrsmittel kommt deshalb wesentliche Bedeutung zu.

Geschäftsbezirk

In dem von Hauptbahnhof-Karawankenzeile-Rosentaler Straße-Villacher Ring-Feldkirchner Straße-Kraßniggstraße-St. Veiter Straße-St. Veiter Ring-Völkermarkter Ring-Völkermarkter Straße-Rudolfsbahngürtel begrenzten Geschäftsbezirk ist die Festle-

gung von Bauland vorwiegend nur als Geschäftsgebiet, im übrigen als gemischtes Baugebiet und als Wohngebiet zulässig.
Bei der Festlegung von Verkehrsflächen ist auf den Flächenbedarf des öffentlichen und des Wirtschaftsverkehrs sowie auf die Schaffung von Fußgängerzonen im besonderen Maße Bedacht zu nehmen.
Das Parkplatzangebot im Geschäftsgebiet und die Leistungsfähigkeit der Zufahrtsstraßen müssen dabei übereinstimmen.

Industriebezirk

Für das Gebiet, das von der Bahnlinie Klagenfurt-Rosenbach, der Bahnlinie Klagenfurt-Bleiburg, der Glanfurt und der Gemeindegrenzen zu Ebental begrenzt wird, ist die Festlegung von Bauland außerhalb des Bereiches bestehender Wohnsiedlungen nur als Leichtindustriegebiet zulässig.
Im nördlichen Anschluß der Bahnlinie Klagenfurt-Bleiburg, im Bereich der Gemeindegrenze zu Ebental, hat die Festlegung von Bauland als Leichtindustriegebiet so zu erfolgen, daß die abschnittweise Errichtung eines einheitlich gestalteten Industriebezirkes erfolgen kann.
Bei der Festlegung von Verkehrsflächen in diesen Bereichen ist auf eine bestmögliche Erschließung durch Schleppbahnen und auf eine gute Anbindung an die Süd-Autobahn und das Bundesstraßennetz sowie auf ausreichende Flächen für den Wirtschaftsverkehr und den ruhenden Verkehr Bedacht zu nehmen. Für Dienstleistungs-Einrichtungen, die dem gesamten Industriebezirk dienen, sind günstig gelegene und erweiterungsfähige Flächen für besondere Verwendungszwecke festzulegen.

Naherholungsbezirke bzw. Naherholungsbereiche

Die Schaffung eines Naherholungsbezirkes Kreuzbergl, dessen Grenze im Westen, Süden und Osten mit der Grenze des Landschaftsschutzgebietes Kreuzbergl und im Norden mit der Grenze des zwölften Stadtbezirkes von Klagenfurt zusammenfällt, sowie die Einrichtung eines Naherholungsbezirkes Wörther-See-Ost, der von Metnitzstrand-Bahnlinie Klagenfurt-Villach-Kärntner Straße (B 83)-Lendkanal-Wörther-See-Südufer-Straße (bis Stadtgrenze)-Wörther See begrenzt wird, soll angestrebt werden. Außerdem sollen der Spitalberg und der Ehrentaler Berg als Naherholungsbereiche insbesondere für die tägliche Erholung sowie der Maria Saaler Berg als Naherholungsbereich insbesondere für die Wochenenderholung entwickelt werden. Dabei ist die Festlegung von Flächen für spezifische Erholungsnutzungen nur zulässig, wenn sie zur Schaffung von notwendigen Erholungs- und Sporteinrichtungen dient. Ebenso ist die Festlegung von Bauland nur dann zulässig, wenn öffentliche Interessen dies erfordern. Beiderseits der Glan und Glanfurt sind ausreichend breite Grünzonen als Naherholungsbereiche vorzusehen.

Weiters ist auf die für die Landeshauptstadt Klagenfurt ebenfalls bedeutenden Naherholungsgebiete Sattnitzberg, Plöschenberg, Schrottkogel, Maierniggalpe, Siebenhügel, Stifterkogel, Zwanzgerberg, Radsberg, Magdalensberg, Ulrichsberg, Keutschacher-Seetal, Pyramidenkogel und Moosburger-Teichlandschaft zur Bewahrung ihrer Erholungsfunktion vorsorglich Bedacht zu nehmen.

Die Festlegung von Verkehrsflächen soll die Errichtung eines geschlossenen Rad- und Fußwegenetzes gewährleisten, das insbesondere die Sport- und Erholungs-Einrichtungen sowie die in Randlage anzuordnenden Parkplätze miteinander verbindet.

Zur Bewahrung der Erholungsgunst ist die kontinuierliche Durchführung von wirksamen Landschaftspflegemaßnahmen anzustreben.

### 4.3.1.2 Festlegungen für den Ausbau der Unterzentren Ebental, Grafenstein, Krumpendorf und Pörtschach am Wörther See

#### Ebental

Günstig gelegene, ausreichende große und erweiterungsfähige Flächen für öffentliche und private Dienstleistungs-Einrichtungen von örtlicher und regionaler Bedeutung sind im Ortsgebiet von Ebental festzulegen. In dem nördlich der Glan gelegenen Baugebiet sollen solche Flächen insbesondere für Zwecke des Großhandels- und Gütertransportes vorgesehen und gesichert werden.

Im nordöstlichen Bereich von Ebental hat die Festlegung von Bauland als Leichtindustriegebiet so zu erfolgen, daß die abschnittweise Errichtung eines einheitlich gestalteten Industriebezirkes erfolgen kann.

Für Dienstleistungs-Einrichtungen, die dem ganzen Industriebezirk dienen, sind günstig gelegene und erweiterungsfähige Flächen festzulegen.

1.5. Entwicklungsprogramm Raum Klagenfurt **Anlage**

Eine bestmögliche Erschließung durch Schleppbahnen und Anbindung an die Süd-Autobahn (A 2), die Packer Straße (B 70) und Görtschitztal Straße (B 92) sowie das Hauptstraßennetz muß gewährleistet sein.

Grafenstein

Im Ortsgebiet von Grafenstein sind günstiggelegene, ausreichend große und erweiterungsfähige Flächen für öffentliche und private Dienstleistungs-Einrichtungen von örtlicher und regionaler Bedeutung festzulegen.
In dem nördlich und südlich der Eisenbahnstation Grafenstein gelegenen Gebiet sowie im Raum Froschendorf ist auf die Festlegung von ausreichenden Leichtindustrieflächen insbesondere für die Errichtung von Gewerbebetrieben Bedacht zu nehmen. Dabei muß eine Anbindung an die Süd-Autobahn (A 2) sowie die Packer Straße (B 70) in bestmöglicher Weise gewährleistet werden.

Krumpendorf

Im Ortsgebiet von Krumpendorf sind ausreichend große und erweiterungsfähige Flächen für öffentliche und private Dienstleistungs-Einrichtungen von örtlicher und regionaler Bedeutung festzulegen. Dabei ist der begrenzten Aufnahmefähigkeit der Erholungs- und Wassersportflächen insbesondere im Seeuferbereich Rechnung zu tragen.
Nördlich der Bahnlinie Klagenfurt-Villach und in ausreichender Entfernung von den Wohngebieten ist auf die Festlegung von Flächen in vertretbarem Ausmaß für umweltfreundliche, produzierende Gewerbebetriebe Bedacht zu nehmen.

Pörtschach am Wörther See

Günstig gelegene und erweiterungsfähige Flächen für öffentliche und private Dienstleistungs-Einrichtungen von örtlicher und regionaler Bedeutung sind im Ortsgebiet von Pörtschach am Wörther See so festzulegen, daß sie von der ständig und zeitweise anwesenden Bevölkerung in den Gemeinden Moosburg und Pörtschach am Wörther See günstig erreicht werden können.
Der südlich der Kärntner Straße (B 83) liegende Seeuferbereich ist so zu gestalten, daß die Belange des Fremdenverkehrs, der Erholung

und des Wassersports in bestmöglicher Weise Berücksichtigung finden. Nördlich der Kärntner Straße (B 83) sind Flächen in vertretbarem Ausmaß für umweltfreundliche, produzierende Gewerbebetriebe festzulegen, um die überwiegend durch den Sommerfremdenverkehr geprägte Wirtschaftstruktur zu verbessern.

### 4.3.1.3 Festlegungen für den Ausbau der Kleinzentren Köttmannsdorf, Maria Saal und Moosburg

Im Ortsgebiet von Köttmannsdorf sind ausreichend große und erweiterungsfähige Flächen für öffentliche und private Dienstleistungs-Einrichtungen von örtlicher und regionaler Bedeutung festzulegen. Zur Verbesserung der Wirtschaftsstruktur sollen verkehrsgünstig gelegene und erweiterungsfähige Flächen für die Errichtung von umweltfreundlichen, produzierenden Gewerbebetrieben festgelegt und nach Bedarf erschlossen werden.

Im Ortsgebiet von Maria Saal sind günstig gelegene, ausreichend große und erweiterungsfähige Flächen für öffentliche und private Dienstleistungs-Einrichtungen von örtlicher und regionaler Bedeutung vorzusehen. Zur Verbesserung der Wirtschaftsstruktur sollen bei Bedarf ausreichend große Flächen für umweltfreundliche Gewerbebetriebe erschlossen werden, die so festzulegen sind, daß das charakteristische Ortsbild nicht beeinträchtigt wird.

Günstig gelegene, ausreichend große und erweiterungsfähige Flächen für öffentliche und private Dienstleistungs-Einrichtungen von Örtlicher und regionaler Bedeutung sind im Ortsgebiet Moosburg festzulegen.

Zur Verbesserung der durch den Sommerfremdenverkehr geprägten Wirtschaftsstruktur sollen ausreichend große und verkehrsgünstig gelegene Flächen zur Errichtung von umweltfreundlichen, produzierenden Gewerbebetrieben festgelegt und nach Bedarf erschlossen werden. Im Gebiet der Moosburger Teiche ist auf die Belange der Erholung unter besonderer Berücksichtigung der landschaftlichen Gegebenheiten Bedacht zu nehmen.

### 4.3.1.4 Festlegungen für den Ausbau des Kleinstzentrums Keutschach

Im Ortsgebiet von Keutschach sind günstig gelegene und erweiterungsfähige Flächen für öffentliche und private Dienstleistungs-Einrichtungen festzulegen.

Zur Verbesserung der überwiegend durch Sommerfremdenverkehr geprägten Wirtschaftsstruktur sollen auch verkehrsgünstig gelegene und ausreichend große Flächen für umweltfreundliche, produzierende Gewerbebetriebe festgelegt und nach Bedarf erschlossen werden.

### 4.3.1.5 Festlegung für den Ausbau des Kleinstzentrums Maria Rain

Im Ortsgebiet Maria Rain sind günstig gelegene und erweiterungsfähige Flächen für öffentliche und private Dienstleistungs-Einrichtungen von örtlicher Bedeutung vorzusehen.

Im Anschluß an die Eisenbahnhaltestelle Maria Rain soll die Festlegung und – nach Bedarf – die Erschließung von ausreichenden Flächen für umweltfreundliche, produzierende Gewerbebetriebe erfolgen.

### 4.3.1.6 Festlegungen für den Ausbau des Kleinstzentrums Maria Wörth

Zur Verringerung der großen Abhängigkeit vom Sommerfremdenverkehr sind im Ortsgebiet von Maria Wörth günstig gelegene und erweiterungsfähige Flächen für öffentliche und private Dienstleistungs-Einrichtungen in ausreichendem Maß festzulegen. Dabei ist der begrenzten Aufnahmefähigkeit der Erholungs- und Wassersportflächen insbesondere im Seeuferbereich ebenso in besonderer Weise Rechnung zu tragen wie der Erhaltung des charakteristischen Ortsbildes.

### 4.3.1.7 Festlegungen für den Ausbau des Kleinstzentrums Poggersdorf

Im Ortsgebiet von Poggersdorf sind günstig gelegene, ausreichend große und erweiterungsfähige Flächen für öffentliche und private Dienstleistungs-Einrichtungen von örtlicher Bedeutung vorzusehen.

Insbesondere soll zur Verbesserung der Wirtschaftsstruktur die Festlegung und – nach Bedarf – die Erschließung verkehrsgünstig gelegener und erweiterungsfähiger Flächen für die Errichtung umweltfreundlicher, produzierender Gewerbebetriebe erfolgen.

#### 4.3.1.8 Festlegungen für den Ausbau des Kleinstzentrums Reifnitz

Günstig gelegene und erweiterungsfähige Flächen für öffentliche und private Dienstleistungs-Einrichtungen sind im Ortsgebiet von Reifnitz festzulegen. Der Ausbau dieser Einrichtungen hat so zu erfolgen, daß die begrenzte Aufnahmefähigkeit der Erholungs- und Wassersportflächen vor allem im Seeuferbereich volle Berücksichtigung findet.

Zur Verbesserung der Wirtschaftsstruktur sollen verkehrsgünstig gelegene und erweiterungsfähige Flächen für umweltfreundliche, produzierende Gewerbebetriebe festgelegt und nach Bedarf erschlossen werden.

#### 4.3.1.9 Festlegungen für den Ausbau des Kleinstzentrums Lassendorf-Deinsdorf

Im Ortsgebiet Lassendorf-Deinsdorf sind günstig gelegene und erweiterungsfähige Flächen für öffentliche und private Dienstleistungs-Einrichtungen von örtlicher Bedeutung festzulegen. Zur Verbesserung der Wirtschaftsstruktur soll die Festlegung und – nach Bedarf – die Erschließung von verkehrsgünstig gelegenen und ausreichend großen Flächen für umweltfreundliche, produzierende Gewerbebetriebe erfolgen.

#### 4.3.2 Besiedelung

Bei der Festlegung von Bauland ist auf günstig gelegene und erweiterungsfähige Flächen für besondere Verwendungszwecke für die Errichtung von Wohnviertel- und Wohnbezirkszentren besonders Bedacht zu nehmen. Insbesondere sollen Gebiete mit hoher Standortgunst und guter Infrastrukturausstattung vorrangig bebaut werden. Ferner ist zu gewährleisten, daß Wohnviertel und Wohnbezirke von Hauptverkehrsstraßen tangiert, aber nicht durchquert werden.

Die Verdichtung der Wohn- und Arbeitsstätten in den Einzugsbereichen der Eisenbahn-Haltestellen ist durch die Festlegung entsprechender Dichtewerte in den Bebauungsplänen zu gewährleisten. Weiters ist auf die Belange der Altstadtsanierung und die Sanierung erhaltenswerter Dorfkerne Bedacht zu nehmen. Im gesamten Planungsraum ist die Festlegung von Bauland als Schwerindustriegebiet nicht zulässig.

1.5. Entwicklungsprogramm Raum Klagenfurt **Anlage**

Die Besiedelung von landwirtschaftlich genutzten Flächen mit hoher Standortgunst und guter Infrastrukturausstattung ist erst nach entsprechender Verdichtung der bestehenden Baugebiete zulässig.

### 4.3.3 Verkehr

Die Festlegung und der Ausbau von Verkehrsflächen hat so zu erfolgen, daß eine Beeinträchtigung der Umgebung durch Lärm und Abgase möglichst vermieden wird. Bei der Festlegung von kommunalen Verkehrsflächen ist auf eine bestmögliche Verknüpfung des Autobahn-, Bundes- und Landesstraßennetzes mit dem kommunalen Hauptstraßennetz besonders Bedacht zu nehmen, wobei die Erschließung und Verbindung wichtiger bestehender Funktionsgebiete Vorrang erhalten soll.

Zur Entlastung der Bundesstraßen im Ortsverkehr sind insbesondere in den Gemeindegebieten Grafenstein, Klagenfurt, Magdalensberg, Maria Saal, Moosburg und Poggersdorf ausreichende Verkehrsflächen für den Bau von kommunalen Parallelstraßen zu sichern.

Kommunale Verkehrsflächen sind ferner so festzulegen, daß im Geschäftsbezirk und in den Wohnbezirkszentren im Gemeindegebiet der Landeshauptstadt Klagenfurt sowie in den Ortszentren der Unter-, Klein- und Kleinstzentren Fußgängerzonen oder verkehrsarme Zonen errichtet werden können.

Der Ausbau des Rad- und Fußwegenetzes mit Anschluß an die Bildungs- und Erholungseinrichtungen sowie an die Zentren von Arbeits- und Wohnstätten soll angestrebt werden.

Im Hinblick auf die Intensivierung des Personen-Nahschnellverkehrs sind bei den Eisenbahnhaltepunkte Annabichl, Klagenfurt/Ostbahnhof, Klagenfurt/Hauptbahnhof, Klagenfurt-Lend, Krumpendorf, Pritschitz und Pörtschach am Wörther See günstig gelegene und ausreichend große Parkplätze festzulegen.

Zur Entlastung des Geschäftsbereiches von Klagenfurt vom Individualverkehr sollen bei geeigneten Haltepunkten öffentlicher Verkehrsmittel ausreichend große Auffangparkplätze festgelegt werden.

Bei der Festlegung von Bauland im Flughafenbereich ist auf die Lärmbelästigung besonders Bedacht zu nehmen. In den Fremdenverkehrszentren in den Gemeinden Keutschach, Krumpendorf,

Maria Wörth, Moosburg und Pörtschach am Wörther See sind ausreichende Parkplätze so festzulegen, daß eine möglichst geringe Belästigung durch Lärm und Abgase gewährleistet wird.
Größere Parkplätze sind jeweils an das Fußwegenetz anzubinden.

4.3.4 Versorgung

Bei der Festlegung von Flächen für Ver- und Entsorgungsanlagen ist insbesondere auf die Wohngebiete, Erholungsgebiete sowie auf Geschäfts- und Industriegebiete Bedacht zu nehmen.

4.3.5 Öffentliche Einrichtungen

Bei der Bemessung und Festlegung der Flächen für besondere Verwendungszwecke für Dienstleistungs-Einrichtungen sind die abschätzbaren Bedürfnisse der zukünftigen Wohn-, Arbeits- und Urlaubsbevölkerung zugrunde zu legen.

4.3.6 Einrichtungen für Erholung und Sport

Für die abschätzbaren Bedürfnisse der zukünftigen Wohn-, Arbeits- und Urlaubsbevölkerung sind entsprechend günstig gelegene und ausreichende Grünflächen vor allem in den derzeit unterversorgten Wohngebieten festzulegen.
Diese Grünflächen sollen untereinander bzw. mit den Wohnviertel- und Wohnbezirkszentren sowie mit den Naherholungsgebieten durch ein Fuß- und Radwegenetz verbunden werden, wofür die erforderlichen Verkehrsflächen festzulegen sind.
Insbesondere ist die Festlegung von Verkehrsflächen für die Errichtung eines Fuß- und Radwegenetzes entlang der Glan von Ebental bis zum Landschaftsschutzgebiet Kreuzbergl, weiters entlang der Glanfurt und entlang des Lendkanals bis zum Wörther See sowie eine Verlängerung des Radwegenetzes bis in den Raum St. Veit an der Glan bzw. bis Grafenstein anzustreben.
In gleicher Weise sollen für die maßvolle Erschließung der Landschaftsschutzgebiete Keutschacher-See-Tal, Pyramidenkogel, Schrottkogel, Kreuzbergl und Moosburger Teichlandschaft durch Errichtung von Parkplätzen in Randlage sowie von Fuß- und (oder) Radwegenetzen die erforderlichen Verkehrsflächen festgelegt werden. Insbesondere soll das Naturschutzgebiet Hallegger Teiche durch ein Fuß- und Radwegenetz mit dem Naherholungs-

bezirk Kreuzbergl verbunden werden, wofür die erforderlichen Verkehrsflächen festzulegen und zu sichern sind.

In den Uferzonen des Wörther Sees, des Keutschacher Sees, des Rauschelesees, des Hafnersees und der Moosburger Teiche sind für die Errichtung von neuen sowie für die Erweiterung von bestehenden Campingplätzen keine Grünflächen mehr zu widmen. Die Schaffung eines Fuß- und Radwegenetzes insbesondere in der Uferzone des Wörther Sees und des Keutschacher Sees ist anzustreben. Weiters ist in den Gemeindegebieten von Krumpendorf, Maria Wörth und Pörtschach am Wörther See die Festlegung von Fußgängerbereichen und Promenaden am Seeufer oder in Seeufernähe anzustreben.

4.3.7 Einrichtungen für Zivilschutz und Landesverteidigung

Bei der Festlegung von Baugebieten ist insbesondere im Raum St. Jakob an der Straße – Gutendorf – Niederdorf und im Raum Ebental-Reichersdorf-Pfaffendorf wegen der Ballung von überregionalen Verkehrswegen, Verkehrsanlagen, Strom- und Rohrleitungen sowie Schieß- und Sprengmittellagern auf die Belange des Zivilschutzes besonders Bedacht zu nehmen. Die Verlegung der Pulvertürme und des Munitionslagers soll angestrebt werden. Um den Übungsplatz im Bereich der Khevenhüllerkaserne zu erweitern, ist auf die vorsorgliche Sicherung geeigneter Grundflächen Bedacht zu nehmen.

## 1.6. Entwicklungsprogramm politischer Bezirk St. Veit an der Glan

*LGBl 1983/37*

## Inhaltsverzeichnis
§ 1    Planungsraum
§ 2    Wirkung
Anlage

Auf Grund des § 3 des Kärntner Raumordnungsgesetzes, LGBl. Nr. 76/1969, wird verordnet:

### § 1 Planungsraum

(1) Für den politischen Bezirk St. Veit an der Glan wird das in der Anlage enthaltene Entwicklungsprogramm festgelegt.

(2) Das Entwicklungsprogramm erstreckt sich auf die Gebiete der Gemeinden Althofen, Brückl, Eberstein, Frauenstein, Friesach, Gurk, Guttaring, Hüttenberg, Klein St. Paul, Kappel am Krappfeld, Liebenfels, Metnitz, Mölbling, St. Georgen am Längsee, St. Veit an der Glan, Straßburg und Weitensfeld-Flattnitz.

### § 2 Wirkung

(1) Die Landesregierung hat den jährlichen Voranschlag im Einklang mit dem Entwicklungsprogramm zu erstellen (§ 4 Kärntner Raumordnungsgesetz).

(2) Verordnungen und Bescheide auf Grund von Landesgesetzen dürfen nur im Einklang mit dem Entwicklungsprogramm erlassen werden (§ 5 Abs. 1 Kärntner Raumordnungsgesetz).

(3) Investitionen und Förderungsmaßnahmen des Landes dürfen nur im Einklang mit dem Entwicklungsprogramm erfolgen.

(4) Die Bestimmungen des Abs. 3 gelten für
   a) das Land Kärnten,

b) die auf Grund von Landesgesetzen eingerichteten Körperschaften öffentlichen Rechts und

c) die Vertreter der unter lit. a und b genannten Körperschaften in den Gesellschaften, an denen diese Körperschaften beteiligt sind.

Auf Förderungsmaßnahmen, die von den in lit. a und b genannten Körperschaften mit Mitteln des Bundes durchgeführt werden, findet der Abs. 3 keine Anwendung.

Die rechtswirksamen Flächenwidmungspläne der Gemeinden Althofen, Brückl, Eberstein, Frauenstein, Friesach, Gurk, Guttaring, Hüttenberg, Klein St. Paul, Kappel am Krappfeld, Liebenfels, Metnitz, Mölbling, St. Georgen am Längsee, St. Veit an der Glan, Straßburg und Weitensfeld-Flattnitz sind dem Gebietsstand vom 1. Jänner 1973 und dem Entwicklungsprogramm für den politischen Bezirk St. Veit an der Glan anzupassen.

## Anlage

Entwicklungsprogramm für den politischer Bezirk St. Veit an der Glan

1. Planungsraum

Der Planungsraum umfaßt den politischen Bezirk St. Veit an der Glan mit den Gemeinden Althofen, Brückl, Eberstein, Frauenstein, Friesach, Gurk, Guttaring, Hüttenberg, Klein St. Paul, Kappel am Krappfeld, Liebenfels, Metnitz, Mölbling, St. Georgen am Längsee, St. Veit an der Glan, Straßburg und Weitensfeld-Flattnitz.

2. Leit-, Haupt- und Teilziele für den politischen Bezirk St. Veit an der Glan

2.1 Leitziele

2.1.1 Überregionale und regionale Funktionen

Der politische Bezirk St. Veit an der Glan ist so zu entwickeln und zu gestalten, daß er seine überregionalen wirtschaftlichen, sozialen und kulturellen Funktionen, die durch die Randlage weiter Bezirksteile beeinträchtigt sind, sowie seine Verkehrsfunktionen und seine regionalen Funktionen in bestmöglicher Weise wahrnehmen kann. Dabei sind Maßnahmen, die der Entsiedelung abwanderungsbedrohter Bezirksteile entgegenwirken, vorrangig zu fördern.

### 2.1.2 Entwicklung der regionalen Wirtschaft und des regionalen Arbeitsmarktes

Der regionale Arbeitsmarkt soll so entwickelt werden, daß der ansässigen Bevölkerung ausreichende Arbeitsplätze mit entsprechender Arbeitsplatzqualität und angemessenem Einkommensniveau in zumutbarer Entfernung vom Wohnort zur Verfügung stehen.

Die Vorteile des Planungsraumes hinsichtlich seiner Standortfaktoren, der Infrastruktur, des Bevölkerungs- und Arbeitskräftepotentials sind für die Weiterentwicklung einer leistungsstarken und ausgeglichenen Wirtschaftsstruktur zu nutzen. Auf die Förderung bestehender und die Ansiedelung neuer umweltverträglicher Gewerbe- und Industriebetriebe ist dabei besonders Bedacht zu nehmen.

Die Landwirtschaft ist so zu entwickeln und in einem solchen Umfang zu erhalten, daß sie ihre Versorgungs- und Landschaftspflegefunktion erfüllen kann und ihre Einkommenssituation insbesondere in den landwirtschaftlichen Ungunstlagen verbessert wird.

Die Fremdenverkehrswirtschaft ist unter Bewahrung der Erholungseignung des Planungsraumes zu verbessern.

### 2.1.3 Ausbau der Infrastruktur

Verbesserung und Ausbau der Infrastruktur hat so zu erfolgen, daß innerhalb des Planungsraumes und den nahegelegenen höherrangigen Zentralen Orten kontinuierliche und enge Verflechtungen ermöglicht werden, wobei im Interesse der Schonung der Landschaft und der Wirtschaftlichkeit ein maßvoller Ausbau vorzusehen ist.

### 2.1.4 Entwicklung der Zentralen Orte

Die Zentralen Orte im politischen Bezirk St. Veit an der Glan sind so zu entwickeln und zu gestalten, daß die erforderlichen öffentlichen und privaten Dienstleistungseinrichtungen unter günstigen Voraussetzungen und mit zumutbarem Zeitaufwand von der Wohn-, Arbeits- und Urlaubsbevölkerung des Planungsraumes in bestmöglicher Weise in Anspruch genommen werden können.

## 2.1.5 Anzustrebende Siedlungsstruktur

Die Siedlungsstruktur soll unter Bedachtnahme der natürlichen Gegebenheiten, der Erhaltung und Pflege der Landschaft sowie auf den Schutz vor Naturkatastrophen so erfolgen, daß sowohl eine wirtschaftliche Nutzung der Infrastruktur als auch eine bestmögliche Versorgung erzielt werden kann. Dabei soll eine der Kapazität der Gemeindebedarfs-Einrichtungen entsprechende sowie die Erhaltung von Landwirtschafts- bzw. Erholungsgebieten gewährleistende maßvolle Siedlungskonzentration angestrebt werden. Für diese Konzentration sind insbesondere Gebiete mit überdurchschnittlicher Verkehrs- und Versorgungsgunst vorzusehen. Gebiete mit günstigen Bewirtschaftungsverhältnissen sollen der Landwirtschaft vorrangig erhalten bleiben.

## 2.1.6 Natur- und Landschaftsschutz

Auf die Schonung, Erhaltung und Pflege der Landschaft, die Erhaltung für den Naturhaushalt bedeutender Flächen sowie auf die Grenzen der Belastbarkeit des Naturhaushaltes ist im Interesse der ansässigen Bevölkerung besonders zu achten.
Maßnahmen des Natur- und Landschaftsschutzes sollen dort vorrangig ergriffen werden, wo besondere Biotope, seltene Tier- und Pflanzenarten und Gebiete von besonderer Schönheit oder Eigenart dies erfordern.
Die im Rahmen der forstlichen Raumplanung erstellten Waldentwicklungspläne sind im Interesse einer Koordination aller raumrelevanten Planungen zu berücksichtigen.

## 2.2 Hauptziele

### 2.2.1 Zentrale Orte

Das Mittelzentrum St. Veit an der Glan ist wegen seiner überregionalen Bedeutung als Arbeits- und Versorgungszentrum in seiner zentralörtlichen Funktion als Bezirkshauptstadt weiter zu entwickeln.
Der Zentrale Ort Althofen ist als Unterzentrum so zu entwickeln, daß er vor allem seine regionalen Funktionen auch als Entwicklungszentrum für den nördlichen Bereich des Bezirkes erfüllen kann.

Der Zentrale Ort Friesach ist als Unterzentrum so zu entwickeln, daß er seine Versorgungsfunktion auch für die Bevölkerung der angrenzenden Gemeinden erfüllen kann.

Die Kleinzentren Brückl und Straßburg sind hinsichtlich der öffentlichen und privaten Dienstleistungs-Einrichtungen und des produzierenden Gewerbes so auszubauen, daß sie auch regionale Funktionen ausüben können. Das Kleinzentrum Brückl ist wegen seiner Bedeutung als Industriestandort und seiner Standortgunst langfristig zum mäßig ausgestatteten Unterzentrum zu entwickeln.

Die Kleinzentren Hüttenberg, Klein St. Paul, Metnitz und Weitensfeld sind so zu entwickeln, daß sie Versorgungsfunktionen für benachbarte Ortschaften übernehmen können.

Die Kleinstzentren Eberstein, Gurk, Guttaring und Launsdorf sind als Nahversorgungszentren zu entwickeln.

Im Gemeindegebiet Frauenstein ist in Kraig ein zentrales und verkehrsgünstig gelegenes Kleinstzentrum zu entwickeln, das über die erforderlichen öffentlichen und privaten Dienstleistungs-Einrichtungen von örtlicher Bedeutung verfügt. Die Gemeindehauptorte Kappel am Krappfeld, Liebenfels und Mölbling sind wegen ihrer günstigen Verkehrslage und Bevölkerungszahl zu Kleinstzentren zu entwickeln.

Die ehemaligen Gemeindehauptorte Deutsch-Griffen, Glödnitz, Grades, Micheldorf und St. Salvator sind in ihrer Funktion als Nahversorgungszentren zu erhalten.

In allen Zentralen Orten des Bezirkes sind entsprechend ihrer Funktion günstig gelegene, ausreichend große und erweiterungsfähige Flächen für öffentliche und private Dienstleistungseinrichtungen sowie für die Errichtung von umweltfreundlichen, produzierenden Gewerbebetrieben festzulegen.

2.2.2 Besiedelung

Die Inanspruchnahme von Bauland soll nur in dem Ausmaß erfolgen, als Verkehrserschließung, Wasserversorgung, Abwasserbehandlung, Abfallstoffbeseitigung und Energieversorgung gewährleistet sind. Dabei sollen aus gemeindewirtschaftlichen Gründen jeweils die Gebiete mit der höchsten Versorgungsgunst zuerst bebaut werden. Dabei ist auf die Sicherung geeigneter Flächen für Dienstleistungsbetriebe zur Versorgung der Bevölkerung mit Waren des täglichen Bedarfs Bedacht zu nehmen.

Im Bedarfsfall sind Siedlungsgebiete nur außerhalb der Immissionsbereiche von Industriebetrieben, Bundesstraßen und Eisenbahnlinien, jedoch in der Nähe der Haltepunkte öffentlicher Verkehrsmittel festzulegen. Dabei sind Gebiete im Anschluß an bestehende, mit Gemeindebedarfs-Einrichtungen voll ausgestattete Siedlungen vorrangig vorzusehen.

In Almregionen sind mit Ausnahme touristischer Erschließungsgebiete Siedlungsentwicklungen nicht zulässig. Zur Vermeidung von gemeindewirtschaftlich ungünstigen Siedlungsbändern entlang überörtlicher Straßenverbindungen sind die einzelnen Siedlungen klar abzugrenzen und durch Gebiete mit Grünlandwidmung zu trennen.

Um eine bestmögliche und gemeindewirtschaftlich günstige Versorgung der Bevölkerung mit Dienstleistungen zu gewährleisten, ist insbesondere in Gebieten mit überdurchschnittlicher Siedlungsdichte die Zusammenfassung bestehender und neuer Siedlungsgebiete zu Wohnvierteln erforderlich.

Dabei soll die Einwohnerzahl eines Wohnviertels mindestens so groß sein, daß der Bestand einer vierklassigen Volksschule auf Dauer gesichert ist. Wohnviertel sind jeweils aus einer städtebaulichen Konzeption zu entwickeln, die Erweiterungsmöglichkeiten zuläßt.

Industrie- und Gewerbeflächen für Betriebe von regionaler und überregionaler Bedeutung sind nach Möglichkeit zu Industriegebieten zusammenzufassen und mit den erforderlichen Dienstleistungs-Einrichtungen auszustatten. Dabei ist auf Gebiete mit besonderer Lage und Versorgungsgunst Bedacht zu nehmen. Bei der Standortfestlegung ist zu beachten, daß Siedlungs-, Naherholungs- oder Fremdenverkehrsgebiete nicht durch Immissionen beeinträchtigt würden und daß Energie- und Wasserversorgung sowie die Abwasserbehandlung und Abfallstoffbeseitigung gesichert sind.

### 2.2.3 Verkehr

Beim Ausbau des Verkehrswegenetzes ist eine funktionale Verflechtung des Bundes-, Landes- und Gemeindestraßennetzes untereinander sowie mit dem Eisenbahnnetz erforderlich. Dem Ausbau der Kärntner Bundesstraße (B 83) sowie dem zweigleisigen Ausbau der Eisenbahnlinie Klagenfurt-St. Veit an der Glan ist dabei wegen seiner zentralen Bedeutung für die Entwicklung des politischen Bezirkes St. Veit an der Glan Vorrang zu geben.

Auf die Entlastung der Zentralen Orte sowie der Fremdenverkehrs-Schwerpunkte vom Durchzugsverkehr ist Bedacht zu nehmen, insbesondere sollen in den Unterzentren und im Mittelzentrum verkehrsarme Zonen vorgesehen werden.

Dem Flächenbedarf des Wirtschaftsverkehrs in den Geschäfts- und Industriegebieten sowie des ruhenden Verkehrs in den Geschäftsgebieten, Siedlungsgebieten, Industriegebieten, Fremdenverkehrszonen und Naherholungsgebieten ist unter Berücksichtigung des zukünftigen Bedarfs durch Flächensicherung Rechnung zu tragen. Der öffentliche Personen-Nahschnellverkehr ist auszubauen.

Zur Gewährleistung einer entsprechenden Rentabilität des zukünftig erforderlichen schienengebundenen Personen-Nahschnellverkehrs von St. Veit an der Glan zu den Oberzentren im Kärntner Zentralraum ist eine Verdichtung der Wohn- und Arbeitsplätze im Einzugsbereich der Haltepunkte anzustreben. Ferner ist auch auf eine Einbindung der Unterzentren in einen Personen-Nahschnellverkehr mit dem Kärntner Zentralraum Bedacht zu nehmen. Die Kapazität und Qualität der Güterumschlags- und Beförderungsanlagen soll durch Anpassung an die zukünftigen Bedürfnisse des Straßen- und Schienenverkehrs sowie durch die bestmögliche Verbindung zwischen diesen Verkehrsarten unter Bedachtnahme auf die zukünftige Industrie- und Gewerbeentwicklung verbessert werden.

### 2.2.4 Versorgung

Bei der Festlegung von Flächen für Ver- und Entsorgungsanlagen ist insbesondere auf die Wohngebiete, Erholungsgebiete sowie auf Geschäfts- und Industriegebiete Bedacht zu nehmen.

### 2.2.5 Öffentliche Einrichtungen

Für eine bestmögliche Versorgung der Wohn-, Arbeits- und Urlaubsbevölkerung bei zumutbarem Weg- und Zeitaufwand ist die Konzentration öffentlicher Einrichtungen in geeigneten Zentralen Orten anzustreben. Dabei sollen jeweils Art der öffentlichen Einrichtung und Funktion des Zentralen Ortes miteinander in Einklang stehen. Beim Ausbau der öffentlichen Einrichtungen sollen möglichst gemeinsame Investitionen benachbarter Gemeinden mit dem Ziel der Kostenminderung und Leistungsvergrößerung angestrebt werden. Auf frühzeitige Flächensicherung für besondere

öffentliche Verwendungszwecke ist in den Flächenwidmungsplänen Bedacht zu nehmen. Dabei sind die abschätzbaren Bedürfnisse der zukünftigen Wohn-, Arbeits- und Urlaubsbevölkerung zugrunde zu legen.
Kindergärten, Schulen und Bildungseinrichtungen sind im Hinblick auf die angestrebte räumliche Entwicklung und in Übereinstimmung mit den Schulentwicklungsplänen des Landes zu erhalten, auszubauen bzw. neu zu errichten. Kindergärten sollen auf verkehrssicheren, von Wohngebieten leicht erreichbaren Standorten in genügender Anzahl zur Verfügung gestellt werden. Dabei ist eine Zusammenfassung mit Volksschulen anzustreben.
Sonderschulen bzw. Sonderschulklassen sollen im notwendigen Umfang in den Hauptschulorten errichtet werden. Allgemein- und berufsbildende mittlere und höhere Schulen sollen im Mittelzentrum, fallweise auch in den beiden Unterzentren errichtet bzw. ausgebaut werden.
Standorte für die notwendigen Einrichtungen des Sozial- und Gesundheitswesens sind unter Berücksichtigung der angestrebten räumlichen Entwicklung, der Bevölkerungsentwicklung sowie der Sozial- und Altersstruktur im Planungsraum festzulegen. Insbesondere ist auf die Flächensicherung in verkehrs- und immissionsfreien sowie klimatischgünstigen Standorten Bedacht zu nehmen.

## 2.2.6 Einrichtungen für Erholung und Sport

Für Erholung, Spiel und Sport sind ausreichend große, zu den Siedlungsgebieten und Haltepunkten öffentlicher Verkehrsmittel günstig gelegene Einrichtungen zu schaffen bzw. auszubauen. Dabei sind bei der Standortfestlegung die speziellen Bedürfnisse von Tages-, Wochenend- und Urlaubserholung zu berücksichtigen.
Einrichtungen für die tägliche Erholung der Wohnbevölkerung in allen Siedlungsgebieten sind daher in zumutbarer Entfernung für Fußgänger zu errichten bzw. auszubauen. Insbesondere ist die Schaffung zusammenhängender Fuß- und Radwegenetze sowie von ausreichenden und günstig gelegenen Kinderspielplätzen anzustreben.
Einrichtungen für die Wochenenderholung insbesondere auf der Saualpe, im Nockgebiet, in den Wimitzer Bergen und den Gurktaler Alpen (Ausflugsgaststätten, Rastplätze, Sportstätten und dgl.)

sollen in Naherholungsgebieten so geschaffen werden, daß sie von Verkehrswegen leicht erreichbar sind.

Bei der Festlegung von Einrichtungen für die Urlaubserholung ist besonders in den Uferzonen der Badeseen auf eine maßvolle Konzentration gleichartiger Einrichtungen zur Erhaltung freier Landschaft Bedacht zu nehmen. Im Interesse der Seenreinhaltung ist größter Wert auf die Erhaltung der natürlichen Ufervegetation, insbesondere der Schilfzonen, zu legen. Dabei soll die allgemeine Zugänglichkeit der Seeufer so weit wie möglich gewährleistet und auf die Errichtung von Uferpromenaden, Rad- und Fußwegenetzen sowie Fußgängerbereichen Bedacht genommen werden.

Bei der Erschließung von Almregionen durch den Ausbau des landwirtschaftlichen Wegenetzes ist durch geeignete Maßnahmen das Befahren der Wege durch nichtlandwirtschaftliche Fahrzeuge und die Errichtung von nicht dauernd bewohnten Gebäuden zu verhindern.

2.2.7 Einrichtungen für Zivilschutz und Landesverteidigung

Auf Einrichtungen des Zivilschutzes ist bei der Errichtung neuer bzw. der Erweiterung bestehender Siedlungs- bzw. Industriegebiete sowie Fremdenverkehrszentren Bedacht zu nehmen. Die raumbeanspruchenden Erfordernisse der Landesverteidigung sollen nach Möglichkeit außerhalb von Siedlungsgebieten, Industriegebieten und Fremdenverkehrszentren gedeckt werden.

2.3 Teilziele

2.3.1 Zentrale Orte

Wichtigste Voraussetzungen für die Entwicklung des Mittelzentrums St. Veit an der Glan sind die Festlegung eines der zukünftigen Entwicklung entsprechenden Geschäftsbezirkes, eines erweiterungsfähigen Industriegebietes und ausreichend großer und günstig gelegener Naherholungsgebiete.

Zur Stärkung der überregionalen Funktionen als Bezirksstadt ist auf die Festlegung ausreichend großer und verkehrsgünstig gelegener Flächen für besondere Verwendungszwecke sowie für öffentliche und private Dienstleistungs-Einrichtungen besonders Bedacht zu nehmen.

In dem von Grabenstraße, Schiller-Platz, Ossiacher Straße und Waagstraße begrenzten Geschäftsbezirk ist die Festlegung von

## 1.6. Entwicklungsprogramm politischer Bezirk St. Veit an der Glan **Anlage**

Bauland vorwiegend nur als Geschäftsgebiet, im übrigen als gemischtes Baugebiet und als Wohngebiet zulässig.

Bei der Festlegung von Verkehrsflächen ist auf den Flächenbedarf des öffentlichen und des Wirtschaftsverkehrs sowie auf die Schaffung einer Fußgängerzone bzw. verkehrsberuhigter Zonen im besonderen Maße Bedacht zu nehmen.

Das Parkplatzangebot im fußläufigen Einzugsbereich des Geschäftsbezirkes und die Leistungsfähigkeit der Zufahrtsstraßen müssen dabei übereinstimmen.

Für das Gebiet, das von der Bahnlinie St. Veit an der Glan, Feldkirchen, der Salpeterstraße und der Glan bis zur Mülldeponie begrenzt wird, ist die Festlegung von Bauland außerhalb des Bereiches bestehender Wohnsiedlungen nur als Leichtindustriegebiet zulässig.

Bei der Festlegung von Verkehrsflächen in diesen Bereichen ist auf eine gute Anbindung an das Bundesstraßennetz sowie auf ausreichende Flächen für den Wirtschaftsverkehr und den ruhenden Verkehr Bedacht zu nehmen. Für Dienstleistungs-Einrichtungen, die den gesamten Industriegebieten dienen, sind günstig gelegene und erweiterungsfähige Flächen für besondere Verwendungszwecke festzulegen.

Das Gebiet zwischen St. Veit an der Glan und Obermühlbach, dessen Grenzen mit der Spitalgasse und der Obermühlbacher Straße zusammenfallen, sowie der Bereich, der von der Eisenbahnlinie Klagenfurt-Friesach, der Völkermarkter Straße (B 82), der Glan und der neuen Trasse der Kärntner Straße begrenzt wird, sollen als Naherholungsgebiete gesichert werden. Außerdem sollen der Vitus Park, das Gebiet um die Ruine Taggenbrunn, der Kalvarienberg, Lorenziberg und der Muraun Berg, insbesondere für die tägliche Erholung, sowie der Hörzendorfer See, das Gebiet Eggen/Kraiger Berg und der Magdalensberg als Naherholungsbereiche, insbesondere für die Wochenenderholung, erhalten bleiben.

Dabei ist die Festlegung von Flächen für besondere Verwendungszwecke nur zulässig, wenn sie zur Schaffung von notwendigen Erholungs-, Sport- und Dienstleistungs-Einrichtungen dient.

Die Festlegung von Verkehrsflächen soll die Errichtung eines geschlossenen Rad- und Fußwegenetzes gewährleisten, das insbesondere die Sport- und Erholungs-Einrichtungen sowie die in Randlage anzuordnenden Parkplätze miteinander verbindet.

### 2.3.2 Besiedelung

Baugebiete mit hoher Standortgunst und guter Infrastrukturausstattung sollen vorrangig bebaut werden.

Die Verdichtung der Wohn- und Arbeitsstätten in den fußläufigen Einzugsbereichen der Haltestellen öffentlicher Massenverkehrsmittel ist durch die Festlegung angemessener Dichtewerte in den Bebauungsplänen anzustreben. Weiters ist auf die Belange der Altstadtsanierung und die Sanierung erhaltensweiter historischer Dorfkerne Bedacht zu nehmen. Im gesamten Planungsraum ist die Festlegung von Bauland als Schwerindustriegebiet nur im Anschluß an bereits bestehende Schwerindustriegebietswidmungen zulässig.

Bei der Festlegung von Bauland ist auf die Freihaltung der Gebiete, in denen in bezug auf die natürliche Ertragsfähigkeit und die maschinellen Bearbeitungsmöglichkeiten am besten geeignete Böden vorherrschen (relative landwirtschaftliche Intensivzonen), Bedacht zu nehmen.

Ein Vorrang einer künftigen Besiedelung gegenüber einer landwirtschaftlichen Nutzung ist in Gebieten mit hoher Standortgunst und guter Infrastrukturausstattung erst nach Inanspruchnahme der derzeitigen Baugebiete zulässig.

Bei der Festlegung von Bauland ist aus Gründen einer vorausschauenden Rohstoffsicherung auf die Freihaltung von Flächen, die zukünftig für den Abbau von Rohstoffen benötigt werden, Bedacht zu nehmen.

### 2.3.3 Verkehr

Die für den Ausbau der Kärntner Straße (B 83) insbesondere in den Gemeindegebieten von Althofen, Mölbling und St. Veit an der Glan benötigten Flächen sind durch Begrenzung der Siedlungsentwicklung im Trassenbereich und Festlegung in den Flächenwidmungsplänen umgehend zu sichern. Dabei soll das Baulos Mölbling mit neuer Anbindung des Marktes Althofen vorrangig durchgeführt werden. Dringlich sind auch die Abschnitte Umfahrung Pöckstein-Hirt mit Anschluß der Gurktal Straße (B 93) und der Abschnitt Wolschart Wald einzustufen. Durch die Fertigstellung der Ausbaumaßnahmen an der Seeberg Straße (B 82) soll eine leistungsfähige, überregional bedeutsame Verbindung zur Südautobahn bei Völkermarkt geschaffen werden.

1.6. Entwicklungsprogramm politischer Bezirk St. Veit an der Glan **Anlage**

Die Flattnitzer Straße (L 63) soll als bedeutsame Straßenverbindung zwischen dem Murtal und dem Gurk- bzw. Metnitztal entsprechend ausgebaut werden.

Die ungünstigen Verkehrsverhältnisse im Kleinstzentrum Guttaring sollen durch den Bau einer südlichen Umfahrungsstraße verbessert werden (L 82).

Zwischen Althofen und der projektierten Trasse der Kärntner Straße (B 83) soll unter Auflassung der derzeit das Industriegebiet trennenden Trasse der Silberegger Straße (L 82) ein funktionales Landesstraßennetz ausgebaut werden. Im Zuge dieser Neuordnung soll auch die Krappfeld Straße (L 83) teilweise neu trassiert werden. Weiters sollen im Gebiet des Unterzentrums Althofen die erforderlichen Flächen für einen neuen Industriegleisanschluß gesichert werden.

Für eine günstige verkehrsmäßige Anbindung der Wohn-, Arbeits- und Urlaubsbevölkerung an die Zentralen Orte sind Bereiche der Wimitzer Straße (L 67) fertigzustellen.

Zur Entlastung der Bundesstraßen vom Ortsverkehr sind insbesondere in den Gemeindegebieten Althofen, Mölbling und St. Veit an der Glan ausreichende Verkehrsflächen für den Bau von parallelen Sammelstraßen für den örtlichen Verkehr zu sichern. Kommunale Verkehrsflächen sind ferner so festzulegen, daß in den Zentralen Orten, insbesondere im Mittelzentrum St. Veit an der Glan, und in den Unterzentren Fußgängerzonen oder verkehrsarme Zonen – bei gleichzeitiger Vorsorge für den ruhenden Verkehr – errichtet werden können.

Im Gurk- und Metnitztal ist zur besseren Erreichbarkeit der Verwaltungs- und Bildungseinrichtungen der Autobusliniendienst zu verbessern. Dabei sollen das Liniennetz und die Fahrpläne stärker als bisher auf das Arbeitsplatz- und Bundesschulzentrum Althofen ausgerichtet werden.

Bei den Eisenbahnhaltepunkten Friesach, Treibach-Althofen, Launsdorf-Hochosterwitz und St. Veit an der Glan sind günstig gelegene und ausreichend große Parkplätze festzulegen. Die Parkplätze sind nach Möglichkeit jeweils an das Fußwegenetz anzubinden.

Der Ausbau des Rad- und Fußwegenetzes mit Anschluß an die Bildungs- und Erholungseinrichtungen sowie an die Zentren von Arbeits- und Wohnstätten soll angestrebt werden.

### 2.3.4 Versorgung

#### 2.3.4.1 Energieversorgung

Bei der räumlichen Entwicklung ist auf den künftigen Energiebedarf besonders Bedacht zu nehmen. Insbesondere ist für die auszubauenden oder zu entwickelnden Zentralen Orte, Industriegebiete und Fremdenverkehrsschwerpunkte die Versorgung mit der notwendigen Kapazität rechtzeitig sicherzustellen.

Auf eine landschaftsschonende Trassenführung elektrischer Leitungsanlagen ist Bedacht zu nehmen.

Bei der Erweiterung bestehender und der Entwicklung neuer Industriegebiete ist auf die Anschlußfähigkeit an die Gasleitung Klagenfurt-Wietersdorf mit möglichen Abzweigungen nach St. Veit an der Glan und in den Raum Althofen-Hirt-Micheldorf Rücksicht zu nehmen.

In Siedlungs- und Fremdenverkehrsgebieten ist die Substitution von Freileitungen durch Erdkabel zu prüfen und gegebenenfalls durchzuführen. Vorrangiges Ziel bei der angestrebten Verbesserung der Energieversorgung im Planungsgebiet ist die Elektrifizierung bisher noch nicht versorgter Gebiete.

#### 2.3.4.2 Wasserversorgung

Die genutzten und nutzungswürdigen Quell- und Grundwasservorkommen müssen erhalten und gesichert werden. Der Ausbau regionaler Wassergewinnungs- und Versorgungsanlagen ist anzustreben. Auf den vorsorglichen Schutz von Mooren bzw. der Heilmoore ist Bedacht zu nehmen. Die erforderlichen Flächen sind durch entsprechende gesetzliche Maßnahmen zu sichern.

#### 2.3.4.3 Schutzwasserbau

Flußbau- und Wildbachverbauung sind im Hinblick auf die angestrebte räumliche Entwicklung und die Sicherung des Lebensraumes der Bevölkerung und unter Berücksichtigung von Natur- und Landschaftsschutz durchzuführen. Im Interesse der Erhaltung des ökologischen Gleichgewichtes ist soweit als möglich naturnaher Wasserbau anzuwenden. Weiters ist im Interesse der vorbeugenden Hochwasserbekämpfung eine ausreichende Walderhaltung im Einzugsbereich der Fluß- und Bachläufe sowie für eine ungestörte Erhaltung der alpinen Rasen oberhalb der Waldgrenze zu sorgen.

### 2.3.4.4 Abwasserbehandlung und Abfallstoffbeseitigung

Im Interesse der Reinhaltung des Grundwassers und der oberirdischen Gewässer ist in den bebauten Gebieten für eine hygienisch einwandfreie Beseitigung der Abwässer zu sorgen.

Um eine ausreichende Reinhaltung der Badeseen und Vorfluter zu gewährleisten, sind regionale Abwasserbehandlungsanlagen zu errichten. Bei diesen regionalen Abwassersammel- und Kläranlagen ist auf gemeindewirtschaftlich günstige Anschlußmöglichkeiten Bedacht zu nehmen. Insbesondere sind Sammelstrecken ohne Einmündungen nur in wirtschaftlich vertretbarem Ausmaß vorzusehen.

Eine geordnete Abfallstoffbeseitigung ist entsprechend dem Kärntner Abfallbeseitigungsgesetz (LGBl. Nr. 19/1978) und dem Entwicklungsprogramm für die Abfallbeseitigung (LGBl. Nr. 104/1978) in regionalen Behandlungsanlagen durchzuführen.

### 2.3.5 Einrichtungen für Erholung und Sport

Auf die Festlegung von Verkehrsflächen für Errichtung eines Fuß- und Radwegenetzes entlang der Glan von Liebenfels bis St. Veit an der Glan, weiters entlang der Glan bis zum Landschaftsschutzgebiet Hörzendorfer See-Tanzenberg und entlang des Ziegelbaches bis Hochosterwitz ist Bedacht zu nehmen. Dabei ist eine Verlängerung des Radwegenetzes bis in den Raum Klagenfurt anzustreben. Daneben ist der Ausbau des regionalen Wanderwegenetzes insbesondere vom Gurk- und Metnitztal zum Nockgebiet mit Anschluß zur Turrach sowie von Althofen und Guttaring zum Görtschitztal sowie dem Saualpengebiet fortzuführen.

Generell sollen zur Verbesserung der Erreichbarkeit der Landschaftsschutzgebiete Kraiger Schlösser, Längsee, Burg Hochosterwitz, Magdalensberg, Haldensee-Hardegg, Zmulner See, Hörzendorfer See-Tanzenberg, Virunum und Ulrichsberg Parkplätze in Randlage (Ausgangspunkt von Rundwanderwegen) sowie Fuß- und (oder) Radwege angestrebt werden. Insbesondere ist das Mittelzentrum St. Veit an der Glan durch ein Fuß- und Radwegenetz mit den nahegelegenen Landschaftsschutzgebieten zu verbinden. In den Uferzonen des Längsees, des Kraiger Sees, des Hörzendorfer Sees und des Zmulner Sees ist die Errichtung von Campingplätzen hintanzuhalten.

Die Schaffung eines Fuß- und Radwegenetzes im Bereich der Uferzone des Längsees, des Kraiger Sees und des Hörzendorfer Sees ist anzustreben. Die erforderlichen Flächen für die Errichtung und den Ausbau von Sportanlagen entsprechend dem „Entwicklungsprogramm Sportstättenplan" (LGBl. Nr 1/1978) sind vorsorglich zu sichern. Insbesondere sind in der Marktgemeinde Althofen für die Errichtung einer erweiterungsfähigen Sportanlage von überörtlicher Bedeutung die erforderlichen Flächen festzulegen und zu sichern.

Die Erweiterung und Verbesserung der Aufstiegshilfen und Abfahrten im Saualpengebiet der Gemeinden Hüttenberg, Eberstein und Klein St. Paul sowie der Ausbau der Zufahrtsmöglichkeiten soll entsprechend der naturräumlichen Voraussetzungen und wirtschaftlichen Tragfähigkeit vorgenommen werden.

2.3.6 Natur- und Landschaftsschutz

Den Intentionen des Natur- und Landschaftsschutzes ist durch entsprechende Sicherung der bestehenden und durch die Schaffung neuer Schutzgebiete Rechnung zu tragen. So soll das Gebiet südöstlich der Landesstraße (L 82 b) zwischen Althofen und Guttaring, das von der Verbindung Unterer Markt-Dachberg bzw. Höhenwirt-Dachberg begrenzt wird, insbesondere zum Schutz des Moorvorkommens und des Erholungsgebietes Althofen-Guttaring zum Landschaftsschutzgebiet erklärt werden. Auf mögliche Erweiterungen ist Bedacht zu nehmen.

Gebietsteile nördlich der Metnitz, westlich der Flattnitzer Straße (L 63), sowie die weitere Umgebung des Naturschutzgebietes Flattnitzbach-Hochmoor sollen zu Landschaftsschutzgebieten erklärt werden.

Fließgewässer und ihre Uferbereiche sollen in ihrem natürlichen Verlauf und Ausbildung soweit erhalten bleiben, als dies mit der Sicherheit des Lebensraumes der betroffenen Bevölkerung vereinbar ist.

Die erforderlichen Maßnahmen der Wildbachverbauung, insbesondere in den Nebentälern der Görtschitz, der Gurk und der Metnitz, sind fortzuführen.

Die nicht mehr in Betrieb befindlichen Steinbrüche, Sand- und Schottergruben sind erforderlichenfalls durch geeignete landschaftspflegerische Maßnahmen zu rekultivieren.

**2.3.7 Einrichtungen für Zivilschutz und Landesverteidigung**

Bei der Festlegung von Baugebieten ist insbesondere im Raum St. Veit an der Glan-Glandorf-St. Donat wegen der Ballung von überregionalen Verkehrswegen, Verkehrsanlagen, Strom- und Rohrleitungen sowie Munitionslagern auf die Belange des Zivilschutzes besonders Bedacht zu nehmen.

## 1.7. Entwicklungsprogramm Raum Weißensee

*LGBl 1987/59*

### Inhaltsverzeichnis
§ 1    Planungsraum
§ 2    Wirkung
Anlage

Auf Grund des § 3 des Kärntner Raumordnungsgesetzes, LGBl. Nr. 76/1969, wird verordnet:

### § 1 Planungsraum

(1) Für den Raum Weißensee wird das in der Anlage enthaltene Entwicklungsprogramm festgelegt.

(2) Das Entwicklungsprogramm erstreckt sich auf das Gebiet der Gemeinden Weißensee im politischen Bezirk Spittal an der Drau und Stockenboi im politischen Bezirk Villach Land.

### § 2 Wirkung

(1) Die Landesregierung hat den jährlichen Voranschlag im Einklang mit dem Entwicklungsprogramm zu erstellen (§ 4 Kärntner Raumordnungsgesetz).

(2) Verordnungen und Bescheide auf Grund von Landesgesetzen dürfen nur im Einklang mit dem Entwicklungsprogramm erlassen werden (§ 5 Abs. 1 Kärntner Raumordnungsgesetz).

(3) Investitionen und Förderungsmaßnahmen dürfen nur im Einklang mit dem Entwicklungsprogramm erfolgen.

(4) Die Bestimmungen des Abs. 3 gelten für
    a) das Land Kärnten,
    b) die auf Grund von Landesgesetzen eingerichteten Körperschaften öffentlichen Rechts und
    c) die Vertreter der unter lit. a und b genannten Körperschaften in den Gesellschaften, an denen diese Körperschaften

beteiligt sind. Auf Förderungsmaßnahmen, die von den in lit. a und b genannten Körperschaften mit Mitteln des Bundes durchgeführt werden, findet der Abs. 3 keine Anwendung.

(5) Die Flächenwidmungspläne der Gemeinden Weißensee und Stockenboi sind dem Gebietsstand auf Grund der Gemeindestrukturreform vom 1. Jänner 1973 und dem Entwicklungsprogramm für den Raum Weißensee anzupassen.

(6) Die Landesregierung und die Gemeinden des Planungsraumes haben im Rahmen ihrer Zuständigkeiten darauf hinzuwirken, daß die Entwicklungsmaßnahmen des Entwicklungsprogrammes (Z 3 und 4 der Anlage) im Zeitraum von zehn Jahren nach dem Inkrafttreten dieser Verordnung verwirklicht werden.

## Anlage

Entwicklungsprogramm Raum Weißensee

1. Planungsraum:

Der Planungsraum Weißensee umfaßt das Gebiet der Gemeinden Weißensee im politischen Bezirk Spittal an der Drau und Stockenboi im politischen Bezirk Villach Land.

2. Hauptziele:

2.1 Der Planungsraum ist als Lebens-, Wirtschafts- und Erholungsraum für die ansässige Bevölkerung langfristig zu erhalten.

2.2 Die Besiedelung des Dauersiedlungsraumes ist in der bestehenden Siedlungsdichte zu erhalten; die Abwanderung soll möglichst verhindert werden.

2.3 Die wirtschaftliche Eigenständigkeit ist insbesondere durch den Ausbau eines zweisaisonalen Fremdenverkehrs zu verbessern.

2.4 Der Bevölkerung des Planungsraumes sind ausreichende Beschäftigungsmöglichkeiten mit entsprechender Arbeitsqualität und angemessenem Einkommensniveau in zumutbarer Entfernung vom Wohnort zur Verfügung zu stellen.

2.5 Die Förderung der Landwirtschaft hat unter Berücksichtigung ihrer Einkommens-, Versorgungs- und Landschaftspflegefunktion zu erfolgen.

**Anlage**   1. Kärntner Raumordnungsgesetz 2021 – K-ROG 2021

2.6 Die Forstwirtschaft ist so zu entwickeln und in einem solchen Umfang zu erhalten, daß der Wald seine Nutz-, Schutz-, Wohlfahrts- und Erholungsfunktion langfristig erfüllen kann.

2.7 Der Fremdenverkehr ist unter vorrangiger Beteiligung der einheimischen Bevölkerung sowie unter Berücksichtigung der ökologischen Belastbarkeit und der Erfordernisse des Natur- und sonstigen Umweltschutzes zu entwickeln.

2.8 Das Gewerbe und der Handel sind unter Berücksichtigung ihrer Arbeitsplatz- und Versorgungsfunktion zu entwickeln.

2.9 Die Erhaltung und Entwicklung eines ausgewogenen Landschaftshaushaltes, insbesondere der Pflanzen- und Tierwelt sowie der Nutzungsfähigkeit der Naturgüter, ist zu gewährleisten.

2.10 Die Verkehrswege und öffentlichen Verkehrsverbindungen sowie Anlagen für die Ver- und Entsorgung der Bevölkerung und Urlaubsgäste im Planungsraum haben der Wohn-, Wirtschafts- und Erholungsfunktion zu entsprechen.

3. Entwicklungsmaßnahmen:

Zur Erreichung der Hauptziele sind folgende Entwicklungsmaßnahmen erforderlich:

3.1 Siedlungsstruktur

a) Schwerpunktmäßige Konzentration der Siedlungsentwicklung in der Gemeinde Weißensee in den Ortschaften Praditz, Oberdorf, Gatschach, Techendorf und Neusach, wobei auf die Freiflächen zwischen den Ortschaften Bedacht zu nehmen ist und in der Gemeinde Stockenboi in den Ortschaften Zlan und Stockenboi.

b) Ausbau der Ortschaften Techendorf, Zlan und Stockenboi mit Ausbildung je eines Ortszentrums.

3.2 Schutz des Lebensraumes

Sicherung des Lebensraumes vor Naturgefahren durch Verbauungsmaßnahmen – insbesondere in den Unterläufen – der Wildbäche, Weiße-Wand-Bach, Baumeckgraben, Paschitzgraben, Kamengraben, Neusachermühlbach, Mesmadeberggraben, Hochreiterbach, Trojenbach und Draxlgraben, durch Uferschutzbauten am Weißenbach im

1.7. Entwicklungsprogramm Raum Weißensee **Anlage**

Bereich der Ortschaften Stockenboi und Mosel sowie am Tscherniheimerbach, durch Verbauungen im Bereich des Tibold- und Karbaches, durch Dammschüttungen am Silbergraben.

3.3 Landschaft – Umwelt

a) Erhaltung der in der Karte ausgewiesenen Vorrangflächen (ökologisch bedeutende Gebiete, für das Landschaftsbild bedeutsame Freiflächen, für die Landwirtschaft und das Landschaftsbild gleichrangig bedeutsame Freifläche).

b) Maßnahmen der Landschaftspflege im Bereich des Weißensee-Ostufers.

c) Bedachtnahme auf die im Bereich des Weißensee-Nordufers gelegenen Schilf- und Schwingrasengesellschaften sowie auf die vorhandenen Lebensräume seltener Pflanzen und Tiere.

3.4 Verkehr

a) Verkehrsgerechter Ausbau der B 87-Weißenseestraße vom Bereich Kreuzwirt nach Weißbriach.

b) Ausbau der L 7a-Naggler Straße mit kleinräumiger Umfahrung des Freizeit- und Sportzentrums Techendorf Schattseite.

c) Schaffung zusätzlicher Pkw- und Bus-Abstellplätze in der Gemeinde Weißensee unter Bedachtnahme auf den Tagesausflugs- und Urlaubsreiseverkehr.

d) Ausbau der L 32-Stockenboier Straße im Kreuzungsbereich Kavallar-Mößlacher.

e) Ausbau der L 31- Zlaner Straße.

f) Ausbau der Umfahrung des Ortszentrums Zlan durch die Goldeck-Panoramastraße.

g) Ausbau der Kreuzung der L 31-Zlaner und der L 32-Stockenboier Straße im südwestlichen Bereich von Zlan.

h) Errichtung von Fußwegen im Bereich der Ortschaft Zlan mit Anschluß in den Bereich Hochegg.

i) Errichtung einer direkten Autobusverbindung von Zlan in den Bezirkshauptort Spittal an der Drau.

j) Anpassung der öffentlichen Kraftwagenfahrpläne an die der überregionalen öffentlichen Verkehrsmittel im Drautal.

k) Erhaltung und Ausbau der gewerblichen Schiffahrt auf dem Weißensee unter Berücksichtigung des Tages- und Ausflugsverkehrs.

**Anlage**  1. Kärntner Raumordnungsgesetz 2021 – K-ROG 2021

3.5 Wasserversorgung, Abwasserbeseitigung
  a) Errichtung einer Wasserversorgungsanlage für das Siedlungsgebiet Scharnitzen-Alberden in der Gemeinde Stockenboi.
  b) Ausbau der biologischen Kläranlage im Bereich Hochegg in Abstimmung mit der Siedlungs- und Fremdenverkehrsentwicklung.
  c) Errichtung einer biologischen Kläranlage im Bereich des Weißensee-Ostufers.

3.6 Energieversorgung
  a) Sicherung der Energieversorgung unter Berücksichtigung der Fremdenverkehrs- und Erholungsfunktion des Planungsraumes sowie unter Bedachtnahme auf eine verstärkte Nutzung der regenerierbaren Energiequellen.
  b) Substitution von Freileitungen durch Erdkabel.

3.7 Bildung, Gesundheitswesen
  a) Langfristige Sicherung von Volksschulen in den Gemeindehauptorten Zlan und Techendorf.
  b) Bedarfsgerechte Einrichtung von Kindergärten im Bereich der Volksschulstandorte.
  c) Niederlassung je eines praktischen Kassenvertragsarztes in den Gemeinden des Planungsraumes.

3.8 Sport-, Freizeit- und Erholungseinrichtungen
  a) Verbesserung der Sport- und Freizeitmöglichkeiten schwerpunktmäßig in den Ortschaften Zlan und Techendorf Schattseite unter Berücksichtigung der Bedürfnisse sowohl der ansässigen Bevölkerung als auch der Urlaubsgäste.
  b) Ausarbeitung eines Wanderwegekonzeptes und eines Wanderführers für den gesamten Planungsraum.
  c) Ausbau des Uferpromenadenweges als Fuß- und Radweg im Gebiet der Gemeinde Weißensee.

1.7. Entwicklungsprogramm Raum Weißensee **Anlage**

3.9 Landwirtschaft
   a) Erhaltung der in der Karte für die Landwirtschaft ausgewiesenen Freiflächen.
   b) Erhaltung kulturell landschaftlich wertvoller Bausubstanz unter Berücksichtigung gebietstypischer Gebäudeformen anläßlich der Sanierung von landwirtschaftlichen Wohn- und Wirtschaftsgebäuden.
   c) Schaffung von Nebenerwerbsmöglichkeiten.

3.10 Fremdenverkehr
   a) Verbesserung der Bettenauslastung durch eine Belebung der Wintersaison sowie der Vor- und Nachsaison.
   b) Qualitative Verbesserung des Beherbergungsangebotes und gezielte Kapazitätserweiterung im Bereich Hochegg sowie im Bereich der Talstation Goldeck-Seetal.
   c) Spezialisierung der Urlaubsangebote nach den vorhandenen Voraussetzungen und Möglichkeiten.
   d) Aufbau einer Fremdenverkehrsorganisation mit touristischer Service- und Vermarktungseinrichtung.

4. Grundsätze für die örtliche Raumplanung:
   a) Die Widmung von Bauland hat sich nach dem abschätzbaren Bedarf im Hinblick auf die vorhersehbare Bevölkerungs- und Wirtschaftsentwicklung zu richten.
   b) Bei der Widmung von Bauland ist insbesondere auf eine Verdichtung der Bebauung im unmittelbaren Anschluß an bestehende Ortskerne Bedacht zu nehmen.
   c) Die in der Karte ausgewiesenen Vorrangflächen dürfen nicht als Bauland gewidmet werden.
   d) In den Almregionen darf Bauland nur für die Errichtung von Liftstationen, Schihütten, Almgasthöfen u. ä. gewidmet werden.
   e) Bei der Flächenwidmung sind die durch Wildbäche und Lawinen verursachten Gefährdungsgebiete zu berücksichtigen.
   f) Für den Bereich der Ortschaften Techendorf, Zlan und Hochegg und im Bereich der Talstation Goldeck-Seetal ist die Erstellung von Gestaltungsplänen anzustreben.
   g) Die Gemeinden haben nach Maßgabe ihrer finanziellen Möglichkeiten entsprechende Grundstücksreserven zur

Unterstützung einer geordneten Siedlungsentwicklung bereitzustellen.
h) Bei der Erstellung und Änderung der Flächenwidmungspläne ist auf die Bestimmungen der Z 3.1a und b, 3.2, 3.3a, b und c, 3.4a bis h, 3.7a und b, 3.8a und c, 3.9a und 3.10b Bedacht zu nehmen.

## 1.8. Industriestandorträume-Verordnung

*LGBl 1996/49*

Gemäß § 3 Abs. 1 und 4 des Kärntner Raumordnungsgesetzes, LGBl. Nr. 76/1969, in der Fassung der Gesetze LGBl. Nr. 5/1990, 42/1994 und der Kundmachungen LGBl. Nr. 60/1994, 89/1994, wird verordnet:

### § 1

Als Industrieflächen von überörtlicher Bedeutung gelten zusammenhängende, aufgrund der gegebenen räumlichen und strukturellen Voraussetzungen für die Ansiedlung von industriellen Betrieben in besonderem Maß geeignete Grundflächen mit einem Gesamtausmaß von mehr als 5 ha.

### § 2

Als Standorträume für Industrieflächen von überörtlicher Bedeutung gelten jedenfalls:
a) der Standortraum Klagenfurt-Ferlach, bestehend aus den Gemeindegebieten der Landeshauptstadt Klagenfurt, der Stadtgemeinde Ferlach und der Gemeinde Ebental;
b) der Standortraum Villach-Arnoldstein, bestehend aus den Gemeindegebieten der Stadt Villach, der Marktgemeinden Arnoldstein und Finkenstein, der Gemeinden Nötsch im Gailtal und Weißenstein;
c) der Standortraum Feldkirchen, bestehend aus dem Gemeindegebiet der Stadtgemeinde Feldkirchen in Kärnten;
d) der Standortraum Hermagor, bestehend aus dem Gemeindegebiet der Stadtgemeinde Hermagor-Pressegger See;
e) der Standortraum Spittal an der Drau, bestehend aus den Gemeindegebieten der Stadtgemeinden Radenthein und Spittal an der Drau und der Marktgemeinde Lurnfeld;
f) der Standortraum St. Veit an der Glan, bestehend aus den Gemeindegebieten der Stadtgemeinden Althofen und St. Veit

an der Glan, der Gemeinden Liebenfels und St. Georgen am Längsee;
g) der Standortraum Völkermarkt, bestehend aus den Gemeindegebieten der Stadtgemeinde Völkermarkt und der Marktgemeinde Eberndorf;
h) der Standortraum Wolfsberg, bestehend aus den Gemeindegebieten der Stadtgemeinden St. Andrä und Wolfsberg und der Marktgemeinde St. Paul im Lavanttal.

## § 3

(1) Diese Verordnung tritt mit dem der Kundmachung folgenden Monatsersten in Kraft.

(2) Diese Verordnung findet keine Anwendung auf Grundflächen, die außerhalb der in § 2 angeführten Standorträume gelegen und in bestehenden Flächenwidmungsplänen im Zeitpunkt des Inkrafttretens dieser Verordnung für die Ansiedlung von industriellen Betrieben festgelegt sind.

(3) Das Sachgebietsprogramm für Standorträume für Industrieflächen von überörtlicher Bedeutung ist bei der Abteilung 20 – Landesplanung des Amtes der Kärntner Landesregierung, Wulfengasse 13, Klagenfurt, sowie bei allen Bezirkshauptmannschaften und Gemeinden während der für den Parteienverkehr bestimmten Amtsstunden zur allgemeinen Einsichtnahme bereitzuhalten.

## 1.9. Windkraftstandorträume-Verordnung

*LGBl 2016/46*

## Inhaltsverzeichnis

§ 1  Zielbestimmung
§ 2  Geltungsbereich
§ 3  Begriffsbestimmung
§ 4  Standorträume
§ 5  Spezifische Standortvoraussetzungen
§ 6  Verweisungen
§ 7  Inkrafttreten

Gemäß § 3 Abs. 1 und 4 des Kärntner Raumordnungsgesetzes – K-ROG, LGBl. Nr. 76/1969, in der Fassung der Gesetze LGBl. Nr. 5/1990, 42/1994, 86/1996 und 136/2001 sowie der Kundmachungen LGBl. Nr. 60/1994 und 89/1994, wird verordnet:

### § 1 Zielbestimmung

Ziel dieser Verordnung ist es, die energetische Nutzung der Windpotenziale des Landes Kärnten unter weitgehender Erhaltung der Eigenart der Kärntner Landschaft und der Identität der Regionen des Landes zu ermöglichen.

### § 2 Geltungsbereich

Den Gegenstand dieser Verordnung bildet die raumordnungsfachliche Zulässigkeit der Errichtung von Windparks in Kärnten.

### § 3 Begriffsbestimmung

(1) Als Windpark im Sinne der Verordnung gelten drei oder mehr Windkraftanlagen nach Abs. 2 am selben Standortraum, ungeach-

tet dessen, ob diese Windkraftanlagen eine betriebsorganisatorische Einheit bilden.

(2) Windkraftanlagen im Sinn dieser Verordnung sind Anlagen zur Erzeugung elektrischer Energie aus Windkraft, ausgenommen kleine Windenergieanlagen gemäß ÖVE/ÖNORM EN 61400-2 (Windenergieanlagen Teil 2: Sicherheit kleiner Windenergieanlagen, Ausgabedatum: 01.04.2007).

(3) Der Dauersiedlungsraum im Sinne dieser Verordnung ist jener Anteil des Landes Kärnten, der für eine ganzjährige Besiedelung geeignet sowie wirtschaftlich und verkehrsmäßig genutzt ist. Almen, Fels, Ödland, Wald und Wasserflächen sind davon ausgeschlossen.

### § 4 Standorträume

(1) Als Standorträume für Windparks kommen jene Gebiete des Landes Kärnten in Betracht, in denen
 a) die Eigenart der Kärntner Landschaft und die Identität der Regionen des Landes durch die Errichtung großtechnischer Anlagen aufgrund spezifischer Sichtverhältnisse nicht oder nur in geringem Ausmaß verändert wird,
 b) auch im Fall von Kumulationswirkungen (bei windtechnischer Nutzung mehrerer Standorträume) keine erheblichen Auswirkungen auf die Landschaft sowie den Charakter der Landschaft zu erwarten sind,
 c) eine landschaftsgebundene Erholungsnutzung insbesondere in touristisch stark genutzten Räumen durch die Errichtung großtechnischer Anlagen nicht oder nur geringfügig beeinträchtigt werden kann,
 d) die Funktionsfähigkeit des Naturhaushaltes durch die Errichtung von Windkraftanlagen nur geringfügig beeinträchtigt wird,
 e) bei Betrieb von Windparks keine unzumutbaren Belastungen für die Bewohner dauergenutzter Wohngebäude und Siedlungen zu erwarten sind,
 f) die Trinkwasserversorgung der Bevölkerung im Unglücksfall nicht gefährdet oder nachhaltig beeinträchtigt werden kann,
 g) keine Beeinträchtigung militärischer Einrichtungen oder der militärischen Luftraumüberwachung zu erwarten ist.

(2) Als Standorträume für Windparks kommen nicht in Betracht:
a) National- und Biosphärenparke,
b) Naturschutzgebiete,
c) Landschaftsschutzgebiete,
d) Naturparke,
e) Europaschutzgebiete,
f) Natura 2000-Gebiete,
g) ökologische Sonderstandorte, an denen die Errichtung oder der Betrieb von Windparks mit den Schutzzielen der FFH-Richtlinie oder der Vogelschutz-Richtlinie nicht im Einklang steht.

### § 5 Spezifische Standortvoraussetzungen

(1) Um die Auswirkungen von Windparks auf das Landschaftsbild und den Charakter der Kärntner Landschaft gering zu halten, gelten nach Maßgabe der Abs. 2 bis 6 nur jene Standorträume gemäß § 4 Abs. 1 als geeignet, bei denen eine geringe Sichtbarkeit der Anlagen sowohl für den Dauersiedlungsraum (§ 3 Abs. 3) als auch für den alpinen Raum gewährleistet ist. Die Größe der jeweils zulässigen Anlagen richtet sich dabei nach dem Grad der Einsehbarkeit der Standorträume. Als Berechnungsgrundlage für die Einsehbarkeit der Standorträume und davon abgeleitet der Festlegung von Standorttypen wird von einer Nabenhöhe von 80 m ausgegangen, unabhängig von der zur Errichtung zugelassenen Nabenhöhe. Die Frage der ökologischen Verträglichkeit entsprechender Standorte bleibt von den nachfolgenden Regelungen unberührt.

(2) Als Standorttyp 1 gelten jene Standorträume, bei denen folgende Sichtbarkeitsverhältnisse gegeben sind:
a) Maximale Sichtbarkeit aus dem Dauersiedlungsraum:
   – bei einem Radius bis 10 km eine Sichtbarkeit von maximal 7 km²,
   – bei einem Radius bis 25 km eine Sichtbarkeit von maximal 20 km²,
b) Maximale Gesamtsichtbarkeit:
   – bei einem Radius bis 25 km eine Sichtbarkeit von maximal 60 km².

Im Standortraum des Standorttyp 1 sind Windkraftanlagen (§ 3 Abs. 2) mit einer Nabenhöhe von mehr als 80 m zulässig, solange diese Grenzwerte der Sichtbarkeit nicht überschritten werden.

(3) Als Standorttyp 2 gelten jene Standorträume, bei denen folgende Sichtbarkeitsverhältnisse gegeben sind:
 a) Maximale Sichtbarkeit aus dem Dauersiedlungsraum:
   – bei einem Radius bis 10 km eine Sichtbarkeit von maximal 10 km$^2$,
   – bei einem Radius bis 25 km eine Sichtbarkeit von maximal 40 km$^2$,
 b) Maximale Gesamtsichtbarkeit:
   – bei einem Radius bis 25 km eine Sichtbarkeit von maximal 80 km$^2$.

Im Standortraum des Standorttyp 2 sind Windkraftanlagen (§ 3 Abs. 2) mit einer Nabenhöhe bis zu 80 m zulässig.

(4) Als Standorttyp 3 gelten jene Standorträume, bei denen folgende Sichtbarkeitsverhältnisse gegeben sind:
 a) Maximale Sichtbarkeit aus dem Dauersiedlungsraum:
   – bei einem Radius bis 10 km eine Sichtbarkeit von maximal 13 km$^2$,
   – bei einem Radius bis 25 km eine Sichtbarkeit von maximal 60 km$^2$,
 b) Maximale Gesamtsichtbarkeit:
   – bei einem Radius bis 25 km eine Sichtbarkeit von maximal 100 km$^2$.

Im Standortraum des Standorttyp 3 sind Windkraftanlagen (§ 3 Abs. 2) mit einer Nabenhöhe bis zu 60 m zulässig.

(5) Wenn in einem Standortraum durch einzelne Windkraftanlagen eines Windparks die Grenzwerte der Sichtbarkeit eines Standorttyps nach Abs. 2 bis Abs. 4 bei einem Radius überschritten werden, dann sind dennoch Windkraftanlagen mit Nabenhöhen des entsprechenden Standorttyps zulässig, wenn unter Berücksichtigung der geländespezifischen Gegebenheiten sowie der für den Raum innerhalb des betroffenen Radius angestrebten Bevölkerungs-, Siedlungs- und Wirtschaftentwicklung in einem raumordnungsfachlichen Gutachten der Nachweis geführt wird, dass durch den Windpark eine unzumutbare Beeinträchtigung des Orts- und Landschaftsbildes nicht zu erwarten ist.

(6) Die Entfernung von Windparks zu ständig bewohnten Gebäuden und zu gewidmetem Bauland, das für dauergenutzte

Wohngebäude bestimmt ist, muss mindestens 1500 m betragen. Eine Unterschreitung dieser Distanz ist dann zulässig, wenn aufgrund der geländespezifischen Gegebenheiten, zB durch die Abschirmungswirkung vorgelagerter Berge, unzumutbare Belastungen von ständig bewohnten Gebäuden nicht möglich und sicherheitstechnische Anforderungen im erforderlichen Ausmaß berücksichtigt sind.

## § 6 Verweisungen

Soweit in dieser Verordnung auf Richtlinien der Europäischen Union verwiesen wird, sind diese in der nachstehenden Fassung anzuwenden:
a) Richtlinie 2009/147/EG des Europäischen Parlaments und des Rates vom 30. November 2009 über die Erhaltung der wildlebenden Vogelarten, ABl. Nr. L 020 vom 26.01.2010, S 7, zuletzt in der Fassung der Richtlinie 2013/17/EU des Rates vom 13. Mai 2013, ABl. Nr. L 158 vom 10.06.2013, S 193 (Vogelschutz-Richtlinie);
b) Richtlinie 92/43/EWG des Rates vom 21. Mai 1992 zur Erhaltung der natürlichen Lebensräume sowie der wildlebenden Tiere und Pflanzen, ABl. Nr. L 206 vom 22.07.1992, S 7, zuletzt in der Fassung der Richtlinie 2013/17/EU des Rates vom 13. Mai 2013, ABl. Nr. L 158 vom 10.06.2013, S 193 (FFH-Richtlinie).

## § 7 Inkrafttreten

(1) Diese Verordnung tritt an dem ihrer Kundmachung folgenden Monatsersten in Kraft.

(2) Mit dem Inkrafttreten dieser Verordnung tritt die Verordnung der Kärntner Landesregierung vom 25. September 2012, Zl. 03-Ro-ALL-373/38-2012, LGBl. Nr. 100/2012 außer Kraft.

(3) Diese Verordnung ist spätestens nach Ablauf von drei Jahren nach dem Inkrafttreten im Hinblick auf die Zielsetzung des § 1 zu evaluieren.

## 1.10. Kärntner Photovoltaikanlagen-Verordnung

*LGBl 2013/49*

### Inhaltsverzeichnis
§ 1   Zielbestimmung
§ 2   Anwendungsbereich
§ 3   Begriffsbestimmung
§ 4   Standorte
§ 5   Widmungsvoraussetzungen
§ 6   Verweisungen
§ 7   Inkrafttreten und Übergangsbestimmungen

Gemäß § 3 Abs. 1 und 4 des Kärntner Raumordnungsgesetzes – K-ROG, LGBl. Nr. 76/1969, in der Fassung der Gesetze LGBl. Nr. 5/1990, 42/1994, 86/1996 und 136/2001 sowie der Kundmachungen LGBl. Nr. 60/1994 und 89/1994 wird verordnet:

### § 1 Zielbestimmung

Ziel dieser Verordnung ist es, die Nutzung der Sonnenenergie zur Erzeugung von Elektrizität unter prioritärer Wahrung der Raumordnungsziele nach § 2 Abs. 1 Z 2 und 9 des Kärntner Raumordnungsgesetzes zu gewährleisten.

### § 2 Anwendungsbereich

(1) Diese Verordnung gilt für alle Photovoltaikanlagen, die die Voraussetzungen des § 3 erfüllen und im Land Kärnten errichtet werden.

(2) Abweichend von Abs. 1 gilt diese Verordnung nicht für Photovoltaikanlagen, die in Gebäude oder sonstige bauliche Anlagen baulich integriert oder an Gebäuden oder sonstigen baulichen Anlagen angebracht sind.

## § 3 Begriffsbestimmung

Als Photovoltaikanlagen im Sinne dieser Verordnung gelten – unbeschadet des § 2 Abs. 2 – Anlagen zur Erzeugung von Elektrizität aus Sonnenenergie mit einer Fläche von mehr als 40 m², die über einen Netzanschluss im Sinn des § 3 Abs. 1 Z 48 des Kärntner Elektrizitätswirtschafts- und -organisationsgesetzes 2011 verfügen.

## § 4 Standorte

(1) Standorte für Photovoltaikanlagen (§ 2 Abs. 1) sind – unbeschadet der nach anderen landesgesetzlichen Bestimmungen erforderlichen Voraussetzungen – so zu wählen, dass keine von ihnen ausgehende erhebliche Umweltauswirkungen (§ 7 Abs. 2 lit. f Kärntner Umweltplanungsgesetz) zu erwarten sind. Insbesondere sollen
 a) nachteilige Auswirkungen auf das Ortsbild, das Landschaftsbild und den Landschaftscharakter, auf die Standortsicherheit sowie auf die menschliche Gesundheit vermieden werden,
 b) keine nachteiligen Auswirkungen auf die Verkehrssicherheit, wie etwa durch Blend- oder Spiegelungswirkungen, entstehen und
 c) die Interessen des Denkmalschutzes, insbesondere des Ensembleschutzes, angemessen berücksichtigt werden.

(2) Zum Schutz der freien Landschaft sind Standorte für Photovoltaikanlagen (§ 2 Abs. 1) im Nahebereich von bestehenden, das Landschaftsbild bereits beeinflussenden Infrastrukturanlagen und sonstigen baulichen Anlagen vorzusehen.

(3) Als Standorte für Photovoltaikanlagen (§ 2 Abs. 1) kommen nicht in Betracht:
 a) Kernzonen und Sonderschutzgebiete der Nationalparke sowie Naturzonen und Pflegezonen der Biosphärenparke;
 b) Naturschutzgebiete;
 c) Landschaftsschutzgebiete;
 d) andere ökologische Sonderstandorte, an denen die Errichtung oder der Betrieb von Photovoltaikanlagen (§ 2 Abs. 1) mit den Schutzzielen insbesondere der FFH-Richtlinie oder der Vogelschutz-Richtlinie nicht im Einklang steht;
 e) wichtige überörtliche Grünraumverbindungen.

(4) Standorte, die eine hohe Anfälligkeit für Massenbewegungen aufweisen, sowie Standorte, durch die der Wasserabfluss gestört werden kann, kommen für Photovoltaikanlagen nicht in Betracht.

### § 5 Widmungsvoraussetzungen

(1) Photovoltaikanlagen (§ 2 Abs. 1) dürfen nur auf Grundflächen errichtet werden, die im Flächenwidmungsplan als „Grünland – Photovoltaikanlage" gewidmet sind.

(2) Auf Grundflächen, die im Flächenwidmungsplan als Gewerbegebiet (§ 3 Abs. 7 Kärntner Gemeindeplanungsgesetz 1995) oder Industriegebiet (§ 3 Abs. 9 Kärntner Gemeindeplanungsgesetz 1995) gewidmet sind, dürfen Photovoltaikanlagen (§ 2 Abs. 1) errichtet werden, wenn sie mit einem Gewerbe- oder Industriebetrieb in einer betriebsorganisatorischen Einheit stehen.

### § 6 Verweisungen

(1) Soweit in dieser Verordnung auf Landesgesetze verwiesen wird, sind diese in der nachstehenden Fassung anzuwenden:
a) Kärntner Elektrizitätswirtschafts- und -organisationsgesetz 2011, LGBl. Nr. 10/2012;
b) Kärntner Gemeindeplanungsgesetz 1995, LGBl. Nr. 23, zuletzt in der Fassung LGBl. Nr. 88/2005;
c) Kärntner Raumordnungsgesetz, LGBl. Nr. 76/1969, zuletzt in der Fassung LGBl. Nr. 136/2001;
d) Kärntner Umweltplanungsgesetz, LGBl. Nr. 52/2004, zuletzt in der Fassung LGBl. Nr. 24/2007.

(2) Soweit in dieser Verordnung auf Richtlinien der Europäischen Union verwiesen wird, sind diese in der nachstehenden Fassung anzuwenden:
a) Richtlinie 79/409/EWG des Rates vom 2. April 1979 über die Erhaltung der wildlebenden Vogelarten, ABl. Nr. L 103 vom 24.4.1979, S 1, zuletzt in der Fassung der Richtlinie 2008/102/EG des Europäischen Parlaments und des Rates vom 19. November 2008, ABl. Nr. L 323 vom 3.12.2008, S 31 (Vogelschutz-Richtlinie);
b) Richtlinie 92/43/EWG des Rates vom 21. Mai 1992 zur Erhaltung der natürlichen Lebensräume sowie der wildlebenden Tiere und Pflanzen, ABl. Nr. L 206 vom 27.7.1992, S 7, zuletzt

in der Fassung der Richtlinie 2006/105/EG des Rates vom 20. November 2006, ABl. Nr. L 363 vom 20.12.2006, S 368 (FFH-Richtlinie).

## § 7 Inkrafttreten und Übergangsbestimmungen

(1) Diese Verordnung tritt an dem ihrer Kundmachung folgenden Monatsersten in Kraft.

(2) In geltenden Flächenwidmungsplänen festgelegte Widmungen als Grünland-Photovoltaikanlage bleiben von dieser Verordnung unberührt.

(3) Rechtmäßig bestehende Photovoltaikanlagen bleiben von dieser Verordnung unberührt.

(4) Diese Verordnung ist spätestens nach Ablauf von drei Jahren nach dem Inkrafttreten im Hinblick auf die energiewirtschaftliche Effektivität und die Auswirkungen auf die Eigenart der Kärntner Landschaft zu evaluieren.

## 1.11. Kärntner Orts- und Stadtkern-Verordnung 2022 – K-OSKV 2022

*LGBl 2022/27*

Gemäß § 31 Abs. 4 des Kärntner Raumordnungsgesetzes 2021 – K-ROG 2021, LGBl. Nr. 59/2021, wird verordnet:

### § 1

(1) Die Festlegung von Orts- oder Stadtkernen hat in folgenden Schritten zu erfolgen:
1. Bestimmung des historisch gewachsenen Ortsmittelpunktes;
2. Analyse der Nutzungsstruktur sowie der städtebaulichen Gegebenheiten im Umfeld des Ortsmittelpunktes;
3. Bestimmung der äußeren Grenze des Orts- oder Stadtkernes;
4. Festlegung der Umfassungslinie des Orts- oder Stadtkernes.

(2) Der historisch gewachsene Ortsmittelpunkt ist das traditionelle Geschäftszentrum mit Marktplatzfunktion im historischen Zentrum des dicht bebauten Siedlungskernes.

(3) Die Nutzungsstruktur ist durch Kartierung der bestehenden Gebäudenutzungen – beschränkt auf die Nutzungen im Erdgeschoß – ausgehend vom Ortsmittelpunkt in sämtlichen anschließenden räumlichen Bereichen, die eine typische innerörtliche oder innerstädtische Nutzungsvielfalt und -dichte aufweisen, zu erheben. Dabei sind Wohngebäude, Gebäude für Handels- und Dienstleistungsbetriebe, Geschäfts-, Büro- und Verwaltungsgebäude, Gebäude für Gast- und Beherbergungsbetriebe, Versammlungs-, Vergnügungs- und Veranstaltungsstätten sowie sonstige Gebäude, die der Deckung örtlicher und überörtlicher wirtschaftlicher, sozialer und kultureller Bedürfnisse der Bevölkerung dienen, zu berücksichtigen.

(4) Die städtebaulichen und stadtgestalterischen Gegebenheiten sind – ausgehend vom Ortsmittelpunkt, dem Stadtgrundriss und der fußläufigen Erreichbarkeit – nach der Art und der Dichte der Bebauung sowie dem historisch gewachsenen Orts- oder Stadtbild zu beurteilen. Dabei sind vorrangig Bereiche mit zusammenhängender, mehrgeschossiger Bebauung und historischen Gebäuden,

Plätzen und Ensembles sowie mit zentrentypischer Gestaltung und Nutzungsvielfalt zu berücksichtigen.

(5) Die äußere Grenze des Orts- oder Stadtkernes ergibt sich aus der deutlichen Abnahme der innerörtlichen oder innerstädtischen Nutzungsvielfalt und -dichte sowie dem Übergang zu einer aufgelockerten und für das historisch gewachsene Orts- oder Stadtbild nicht mehr charakteristischen Bebauung unter gleichzeitiger Bedachtnahme auf topographische Gegebenheiten sowie städtebauliche und natürliche Zäsuren, wie insbesondere deutliche Niveauunterschiede, breite Verkehrstrassen, Flüsse, Gewässer, Grünzonen und sonstige Gegebenheiten, die eine räumliche Trenn- oder Barrierewirkung entfalten.

(6) Die Umfassungslinie ist die äußere Begrenzung des Orts- oder Stadtkernes. Sie ist auf der Grundlage der Katastermappe parzellenscharf festzulegen. Die Umfassungslinie hat vorrangig vorhandenen Straßenzügen oder anderen räumlichen Zäsuren zu folgen. Dabei ist auf eine Vermeidung der Durchschneidung von bestehenden Gebäuden und Grundstücken Bedacht zu nehmen.

## § 2

(1) Diese Verordnung tritt an dem der Kundmachung folgenden Tag in Kraft.

(2) Mit dem Inkrafttreten dieser Verordnung tritt die Verordnung der Kärntner Landesregierung vom 17. Juli 2003, Zl. 3Ro-ALLG-294/10-2003, mit der Regelungen für die Festlegung von Orts- und Stadt- kernen in Ober- und Mittelzentren erlassen werden (Orts- und Stadtkern-Verordnung – K-OSKV), LGBl. Nr. 44/2003, außer Kraft.

### ErlRV 03-Ro-ALL-294/5-2022, 1 ff:

„Allgemeiner Teil:

Der Kärntner Landtag hat am 29. April 2021 ein neues Kärntner Raumordnungsgesetz 2021 – K-ROG 2021 beschlossen. Das K-ROG 2021 wurde im Landesgesetzblatt für Kärnten am 26. Juli 2021 unter Nummer 59/2021 verlautbart und tritt am 1. Jänner 2022 in Kraft.

Die Einkaufszentren-Regelung wurde dabei unter Beibehaltung der begrifflichen Definition der Einkaufszentren (EKZ) grundlegend überarbeitet. Sonderwidmungen für EKZ im Flächenwidmungsplan entfallen, EKZ sollen künftig nur mehr in festgelegten Orts- bzw. Stadtkernen errichtet werden dürfen (für die Statutarstädte Klagenfurt am Wörthersee und Villach trifft § 32 Abs. 1 zweiter Satz K-ROG 2021 eine ergänzende Regelung), wobei nunmehr jede Gemeinde berechtigt ist, einen Orts- oder Stadtkern im Flächenwidmungsplan nach entsprechenden Kriterien festzulegen. Diesbezüglich ist eine Adaptierung der bisher bereits bestehenden, für Ober- und Mittelzentren geltenden Durchführungsverordnung der Landesregierung vorgesehen. Außerhalb des Orts- oder Stadtkernes rechtmäßig errichtete oder bewilligte EKZ gelten als EKZ im Sinn dieses Gesetzes und können geändert, gänzlich oder teilweise wiedererrichtet werden, wenn keine Änderung der Kategorie des jeweiligen EKZ eintritt und die baubehördlich genehmigte Verkaufsfläche nur bis zu 10 %, jedoch höchstens um 600 m², vergrößert wird; für die Statutarstädte Klagenfurt am Wörthersee und Villach sind weitere Sonderregelungen vorgesehen (im Einzelnen sei auf § 32 Abs. 1 zweiter Satz und Art. V Abs. 11 des Gesetzes LGBl. Nr. 59/2021 hingewiesen). Sonderwidmungen für EKZ außerhalb eines Orts- oder Stadtkernes sind nicht mehr vorgesehen, innerhalb eines Orts- bzw. Stadtkernes war eine Sonderwidmung schon bisher nicht notwendig. Die Bebauungsbedingungen und Verkaufsflächenbegrenzungen sind in Teilbebauungsplanen festzulegen. Das bisherige Entwicklungsprogramm Versorgungsinfrastruktur, mit dem die zentralen Orte sowie Verkaufsflächenbegrenzungen und Verkaufsflächenkontingente festgelegt worden sind und die Grundlage für die Festlegung von Sonderwidmungen für EKZ durch die Gemeinden gebildet hat, ist gemäß der Übergangsbestimmung in Art. V Abs. 7 zweiter Satz des Gesetzes LGB l. Nr. 59/2021 von der Landesregierung aufzuheben. Im K-ROG 2021 sind die Orts- und Stadtkerne in § 31 geregelt:

### § 31

### Orts- und Stadtkerne

(1) Gemeinden dürfen im Flächenwidmungsplan unter Bedachtnahme auf die Ziele und Grundsätze der Raumordnung sowie auf die Stärkung der typischen und gewachsenen innerörtlichen Strukturen unter Berücksichtigung der Zentrenhierachie innerhalb des Gemeindegebietes innerörtliche oder innerstädtische Gebiete als Orts- oder Stadtkerne festlegen. In einer Gemeinde darf nur ein innerörtliches oder innerstädtisches Gebiet als Orts- oder Stadtkern festgelegt werden.

(2) Als Orts- oder Stadtkerne dürfen nur solche innerörtlichen oder innerstädtischen Gebiete festgelegt werden, die unter Bedachtnahme auf die jeweiligen örtlichen Gegebenheiten

1. eine überwiegend zusammenhängende Bebauung vornehmlich mit Wohngebäuden, Gebäuden für Handels- und Dienstleistungsbetriebe, Geschäfts-, Büro- und Verwaltungsgebäuden, Gebäuden für Gast- und Beherbergungsbetriebe, Versammlungs-, Vergnügungs- und Veranstaltungsstätten sowie sonstigen Gebäuden, die der Deckung örtlicher und überörtlicher wirtschaftlicher, sozialer und kultureller Bedürfnisse der Bevölkerung dienen, und

2. gewachsene und typische innerörtliche oder innerstädtische Strukturen, insbesondere ein historisch gewachsenes Orts- oder Stadtbild, aufweisen.

(3) Die Festlegung eines Orts- oder Stadtkernes ist im Flächenwidmungsplan durch eine

Umfassungslinie darzustellen.

Hinsichtlich des Verfahrens zur Festlegung von Orts- und Stadtkernen im Flächenwidmungsplan wird normiert:

§ 42

Verfahren zur Festlegung von Orts- und Stadtkernen

Für das Verfahren zur Festlegung von Orts- und Stadtkernen gelten § 38 und § 39 mit der Maßgabe, dass

1. die Genehmigung auch zu versagen ist, wenn die Voraussetzungen nach § 31 Abs. 1 oder Abs. 2 nicht gegeben sind oder der Flächenwidmungsplan der Verordnung gemäß § 31 Abs. 4 nicht entspricht, und

2. von einer schriftlichen Verständigung der Grundeigentümer gemäß § 38 Abs. 3 abgesehen werden darf, wenn in einer in Kärnten erscheinenden regionalen, auflagestarken Tageszeitung ein Hinweis auf die Auflage zur öffentlichen Einsicht und auf die Bereitstellung des Entwurfes des Flächenwidmungsplanes auf der Homepage der Gemeinde im Internet aufgenommen wird.

Bereits nach § 9a des Kärntner Gemeindeplanungsgesetzes 1995 (K-GplG 1995) waren die im Entwicklungsprogramm Versorgungsinfrastruktur als Oberzentren und Mittelzentren festgelegten Gemeinden ermächtigt, jeweils einen Orts- bzw. Stadtkern im Flächenwidmungsplan festzulegen. Die materiellen Kriterien des § 9a K-GplG

1995 wurden im Wesentlichen unverändert in § 31 K-ROG 2021 übernommen, mit dem Unterschied, dass nunmehr allen Gemeinden in Kärnten unabhängig von deren Zentralität die Ermächtigung zur Festlegung eines Orts- oder Stadtkernes eingeräumt worden ist, die bisher geltenden speziellen formellen Regelungen wurden aus systematischen Gründen in § 42 K-ROG 2021 getroffen.

Mit Verordnung der Kärntner Landesregierung, LGBl. Nr. 44/2003, wurden auf der Grundlage des § 9a K-GplG 1995 nähere Regelungen für die Festlegung von Orts- und Stadtkernen in Ober- und Mittelzentren erlassen (Orts- und Stadtkern-Verordnung – K-OSKV). Diese Verordnung wird gemäß Art. V Abs. 6 des Gesetzes LGBl. Nr. 59/2021 als Verordnung im Sinn des K-ROG 2021 erklärt und die Landesregierung gemäß Art. V Abs. 7 leg. cit. verpflichtet diese Verordnung spätestens binnen drei Jahren nach Inkrafttreten dieses Gesetzes an die Bestimmungen des K-ROG 2021 anzupassen.

Die Orts- und Stadtkern-Verordnung – K-OSKV, LGBl. Nr. 44/2003, hat sich aus raumordnungsfachlicher Sicht als taugliche methodische Grundlage für die Festlegung und Abgrenzung von Orts- bzw. Stadtkernen bewährt und bildete nicht nur den Hintergrund, sondern auch ein zentrales Element für die Neugestaltung der Regelungen bezüglich Einkaufszentren im K-ROG 2021. In dieser Hinsicht soll daher diese normative Handlungsanleitung für die Gemeinden unverändert beibehalten werden.

Zu den einzelnen Bestimmungen:

1. Zu § 1:

In den diesbezüglichen Erläuterungen zur K-OSKV aus dem Jahr 2003 wurde ausgeführt (Auszug):

*„I. Allgemeiner Teil*

*Mit Gesetz vom 24. Oktober 2002, LGBl. Nr. 71/2002, wurde das Kärntner Gemeindeplanungsgesetz 1995 (K-GplG 1995) geändert. Ein wesentliches Anliegen, das mit dem genannten Gesetz verfolgt wird, betrifft die Änderung der Bestimmungen bezüglich Einkaufszentren. Das bisher geltende Regelungssystem des K-GplG 1995 (in Verbindung mit dem Entwicklungsprogramm ‚Versorgungsinfrastruktur') hat sich insofern als unbefriedigend erwiesen, als die (grundsätzliche) Attraktivität von Orts- und Stadtkernen nicht (mehr) in der Lage ist, die infrastrukturellen (Kosten-)Vorteile eines EKZ-Standortes auf der*

### 1.11. Kärntner Orts- und Stadtkern-Verordnung 2022 – K-OSKV 2022 **§ 2**

*‚grünen Wiese' (dh. in peripheren Lagen) auszugleichen. Unter Berücksichtigung der unterschiedlichen Bodenpreise und Errichtungskosten für Einkaufszentren in innerstädtischen Lagen einerseits und in peripheren Lagen andererseits führen diese wirtschaftlichen Rahmenbedingungen dazu, dass in immer stärker werdendem Ausmaß attraktive Geschäftsbereiche aus den Orts- und Stadtkernen in periphere Lagen abwandern.*

*Um die beschriebenen Problembereiche hinsichtlich des geltenden EKZ-Regimes in Kärnten (besser) bewältigen zu können, sieht das K-GplG 1995 nunmehr die Begünstigung der Errichtung von EKZ in innerstädtischen Lagen vor. Die Begünstigung von EKZ in innerstädtischen Lagen wird dadurch bewirkt, dass das Sonderwidmungserfordernis für Einkaufszentren in ‚Orts- oder Stadtkernen' in Ober- und Mittelzentren (im Sinne des Entwicklungsprogrammes ‚Versorgungsinfrastruktur') entfällt. Verkaufslokale des Einzelhandels nach § 8 Abs. 8 lit. a und lit. b K-GplG 1995 sollen dann nicht als Einkaufszentren im Sinne dieses Gesetzes gelten, wenn ‚sie in einem festgelegten Orts- oder Stadtkern (...) gelegen sind.'*

*Nach dem Entwicklungsprogramm ‚Versorgungsinfrastruktur', LGBl. Nr. 25/1993 idF LGBl. Nr. 9/2000, festgelegt sind*

*als Oberzentren die Landeshauptstadt Klagenfurt und die Stadt Villach,*

*Mittelzentren die Stadtgemeinden Feldkirchen in Kärnten, Hermagor-Pressegger See, Spittal an der Drau, St. Veit an der Glan, Völkermarkt und Wolfsberg.*

*§ 9a Abs. 1 des nun geltenden Gesetzes ermächtigt die als Ober- oder Mittelzentren festgelegten Gemeinden unter Bedachtnahme auf die Grundsätze nach § 10 Abs. 3 des K-GplG 1995 innerörtliche oder innerstädtische Gebiete als ‚Orts- oder Stadtkerne' festzulegen. Ausdrücklich klargestellt wird, dass in einer Gemeinde nur ein innerörtliches oder innerstädtisches Gebiet als Orts- oder Stadtkern festgelegt werden darf. Für die Festlegung als Orts- oder Stadtkern normiert § 9a Abs. 2 K-GplG 1995 nähere Kriterien; die Landesregierung hat nach § 9a Abs. 3 K-GplG 1995 ‚mit Verordnung unter Bedachtnahme auf Abs. 1 und Abs. 2 nähere Regelungen für die Festlegung von Orts- und Stadtkernen in Ober- und Mittelzentren zu erlassen'.*

*Der vorliegende Verordnungsentwurf trägt diesem gesetzlichen Auftrag Rechnung. Grundlage hiefür bildet die seitens der Abteilung 20 – Landesplanung, Unterabteilung Gemeindeplanung des Amtes der Kärntner Landesregierung in Auftrag gegebene ‚Handlungsanleitung zur Abgren-*

*zung von Orts- und Stadtkernen entsprechend § 9a der Novelle zum Kärntner Gemeindeplanungsgesetz 1995', die von der GMA – Gesellschaft für Markt- und Absatzforschung mbH, Wien, im Jänner 2003 erstellt worden ist. In dieser Untersuchung sollten an Hand der gesetzlichen Rahmenbedingungen die relevanten Parameter zur Abgrenzung der Orts- und Stadtkerne erarbeitet und diese in verständlicher und nachvollziehbarer Weise so dargestellt und erläutert werden, dass die Städte und Gemeinden bzw. deren Planungsbeauftragte in die Lage versetzt werden, auf dieser Basis eine entsprechende Abgrenzung des jeweiligen Orts- oder Stadtkernes im Sinn des Gesetzes vorzunehmen.*

*Durch die gegenständliche Durchführungsverordnung sind über die durch die Änderung des K- GplG 1995 bewirkten finanziellen Auswirkungen hinaus keine weiteren zu erwarten.*

*II. Besonderer Teil*

*Allgemeine Grundlagen bei der Abgrenzung von Orts- und Stadtkernbereichen:*

*Wesentliche Grundlage zur Bestimmung eines Orts- und Stadtkernbereiches ist die Feststellung, was die spezifischen Differenzierungs- bzw. Unterscheidungsmerkmale eines solchen Raumes zu anderen räumlichen Bereichen einer Stadt oder Gemeinde sind. Hiebei kann zunächst von einer idealtypischen Vorstellung eines ‚attraktiven' Orts- oder Stadtkernes ausgegangen werden, welche v.a. dem Leitbild der Multifunktionalität folgt. Das diesem Leitbild zu Grunde liegende Funktionsbzw. Angebotsbündel besteht insbesondere aus Einzelhandel, sonstigen Dienstleistungen, Verwaltung, Handwerk, Beherbergung, Gastronomie, Bildung und Kultur, Freizeitnutzung, Wohnen und Verkehr, wobei der Einzelhandel die sog. Leitfunktion darstellt.*

*Wenngleich sich in den vergangenen Jahren in vielen Städten und Gemeinden eine zunehmende Verlagerung einzelner dieser Funktionen – v.a. der Einzelhandelsfunktion – auf Standorte an der Peripherie ergeben hat, ist trotz allem festzustellen, dass sich eine vergleichbare, räumlich verdichtete Bündelung sämtlicher der verschiedenen Funktionen an solchen Außenbereichsstandorten bislang weitestgehend nicht ergeben hat. Damit bestehen die wesentlichen Differenzierungs- und Unterscheidungsmerkmale eines Orts- oder Stadtkernes gleichzeitig in*

*1. den Nutzungs- und Angebotsstrukturen, d.h. es findet sich hier eine gleichzeitige räumliche Verdichtung von Versorgungs- und Dienstleistungsangeboten (Handels-, Gastronomie-, Vergnügungs-, Dienstleis-*

*tungs-, Verwaltungsbetriebe sowie Anlagen für kirchliche, kulturelle, soziale und gesundheitliche Zwecke, etc.);*

*2. den städtebaulichen Strukturen, d.h. es handelt sich hier siedlungsstrukturell um einen Raum um den ursprünglichen Ortsmittelpunkt (Markt- oder Hauptplatz), welcher sich gegenüber anderen räumlichen Bereichen einer Stadt oder Gemeinde durch eine verdichtete, in der Regel mehrgeschossige Bebauung auszeichnet;*

*3. der Stadtgestalt bzw. dem Orts- oder Stadtbild in Form von oftmals historischen Gebäuden,*

*Plätzen und Bauensembles. Hiebei handelt es sich um subjektiv wahrgenommene qualitative Faktoren, welche in hohem Maß identitätsstiftend wirken;*

*4. den vernetzten Verkehrsstrukturen. Üblicherweise ist kein städtischer Raum so gut mit dem öffentlichen Personennahverkehr (ÖPNV) – gemessen an dessen Taktzahlen sowie der Dichte von Haltestellen – erschlossen, wie der Orts- oder Stadtkern. Ebenso findet sich hier eine direkte Vernetzung der verschiedenen Verkehrsträger (PKW, Bahn, Bus, etc.).*

*Wie sich aus einem Vergleich mit Erfahrungen in anderen Bundesländern aber auch in der Bundesrepublik Deutschland ergibt, sind insbesondere die Kriterien in Bezug auf Differenzierungs- und Unterscheidungsmerkmale, die den spezifischen Charakter eines Orts- oder Stadtkernes ausmachen, allgemein konsensfähig, d.h. bei der räumlichen Abgrenzung des Orts- oder Stadtkernes werden im allgemeinen dieselben Kriterien angewendet. Übereinstimmung herrscht weiterhin darüber, dass die Abgrenzung eines Orts- oder Stadtkernbereiches jeweils parzellenscharf an Hand einer geschlossenen Umfassungslinie auf kartographischer Grundlage durchgeführt wird, wobei jener räumliche Bereich, welcher innerhalb dieser Umfassungslinie liegt, als Orts- oder Stadtkern definiert wird und innerhalb dieses räumlichen Bereiches eine Generalisierung erfolgt.*

*Zu den einzelnen Bestimmungen:*

*Zu § 1:*

*Bestimmung des historisch gewachsenen Ortsmittelpunktes: Bei der Analyse der räumlichen Ausdehnung und Form eines Orts- oder Stadtkernbereiches wird immer von innen nach außen vorgegangen, d.h.*

*– es werden nicht jene äußeren räumlichen Bereiche ausgeschlossen, welche den Kriterien von Orts- und Stadtkernen nicht entsprechen (wie z. B. landwirtschaftlich genutzte Grünflächen, Industriegebiete), sondern*

*– es werden jene inneren räumlichen Bereiche bestimmt, welche den Kriterien von Orts- und Stadtkernen entsprechen.*

*Ausgangspunkt bildet hiebei die Lokalisierung des historisch gewachsenen Ortsmittelpunktes als traditionelles Geschäftszentrum (Marktplatzfunktion). Hiebei handelt es sich um jenen Ort, welcher üblicherweise vom Hauptplatz oder Marktplatz dargestellt wird und im historischen Zentrum des dicht bebauten Siedlungskernes liegt. Allgemein findet sich an diesem Ortsmittelpunkt auch zumeist das Rathaus, die Kirche ebenso wie ein geschlossener, zumindest aber verdichteter Besatz von Handels-, Gastronomie- und Dienstleistungsbetrieben, etc.*

*Analyse der Nutzungsstruktur sowie der städtebaulichen Situation im Umfeld des Ortsmittelpunktes:*

*Ausgehend von diesem Ortsmittelpunkt wird in sämtlichen angrenzenden räumlichen Bereichen auf Grundlage einer Begehung und/oder Kartierung die aktuelle Nutzungsform der jeweiligen Gebäude erfasst, wobei sich diese Analyse auf die Nutzungen in Erdgeschoßlage beschränken kann. Jene räumlichen Bereiche, in denen sich*

*– Wohngebäude*

*– Gebäude für Handels- und Dienstleistungsbetriebe*

*– Geschäfts-, Büro- und Verwaltungsgebäude*

*– Gebäude für Gast- und Beherbergungsbetriebe*

*– Versammlungs-, Vergnügungs- und Veranstaltungsstätten sowie*

*– sonstige Gebäude, die der Deckung örtlicher und überörtlicher wirtschaftlicher, sozialer und kultureller Bedürfnisse der Bevölkerung dienen, finden und welche gleichzeitig eine typisch innerörtliche Nutzungsvielfalt bzw. -mischung in einer typischen Nutzungsdichte bzw. -intensität aufweisen, sind als mögliche Bereiche innerhalb eines abgegrenzten Orts- oder Stadtkernes zu berücksichtigen. Reine Wohngebiete mit nur einem sporadischen Besatz an Versorgungs- und Dienstleistungseinrichtungen werden üblicherweise nicht mehr einem Orts- oder Stadtkern zugerechnet.*

*Neben der Nutzungsstruktur ist ebenfalls – wiederum ausgehend vom Ortsmittelpunkt – die städtebauliche und stadtgestalterische Situation dahingehend zu berücksichtigen, ob neben einer verdichteten Bebauung auch ein historisch gewachsenes Orts- oder Stadtbild vorliegt. Hiebei sind zu berücksichtigen:*

*– Erste wichtige Hinweise bietet der Stadtgrundriss; dieser ist u.a. auch an den Stadtmauern der historischen Stadt ablesbar, wobei jener Bereich*

*innerhalb dieser früheren Stadtbegrenzung häufig einen wesentlichen Teil des abgegrenzten Orts- oder Stadtkernes darstellt; -die Bebauungsdichte, wobei eine möglichst kompakte bzw. zusammenhängende, mehrgeschossige Bebauung für einen Orts- oder Stadtkern charakteristisch ist, während eine aufgelockerte Bebauung (z. B. freistehende Einzelhäuser mit privaten Gärten) dem nicht entspricht;*

*– die Architektur und Stadtbildqualität, die sich in den oftmals historischen Gebäuden, Plätzen und Bauensembles widerspiegelt (historisch gewachsenes Orts- oder Stadtbild), wobei Gebäude mit moderner Architektur hier eine Weiterentwicklung und Ergänzung darstellen können. Nicht dem Orts- oder Stadtkern zuzurechnen sind jedenfalls Gebiete mit z. B. einer überwiegend gewerblichen Hallenbebauung, Wohnsiedlungsstraßen o.ä.*

*Damit qualifizieren sich v.a. räumliche Bereiche mit zentrentypischer Gestaltung und einem entsprechenden Nutzungsmix (z. B. Geschäftsstraßen, Ladenfronten, Fußgängerzonen, verkehrsberuhigte Bereiche, Platzgestaltungen) als Orts- oder Stadtkern, welche in sich eine fußläufige Erreichbarkeit und Erlebbarkeit besitzen.*

*Bestimmung der äußeren Grenzen des Orts- oder Stadtkernes:*

*Jeder Orts- oder Stadtkern benötigt – gerade auch zur zweifelsfreien Darstellung im Flächenwidmungsplan – eine klar und eindeutig definierte äußere Begrenzung. Diese ergibt sich aus*

*– der Analyse der Nutzungsstruktur dahingehend, als die Nutzungsdichte, -vielfalt, etc. in den Randbereichen der Orts- oder Stadtkerne deutlich abnimmt und z. B. merkliche Brüche in der Nutzungsstruktur oder sog. ‚tote Zonen' feststellbar sind*

*– der Analyse der städtebaulichen Situation dahingehend, als die zusammenhängende, verdichtete Bebauung in eine aufgelockerte Bauweise übergeht und das für den Ortsmittelpunkt (bzw. hier unmittelbar angrenzende Räume) prägende Orts- oder Stadtbild nicht mehr charakteristisch ist. Insbesondere städtebauliche Zäsuren, wie z. B. Industriegebiete oder breitere Verkehrstrassen (Bahn, PKW), welche eine räumliche Trenn- oder Barrierewirkung entfalten, bilden die äußeren Grenzen des Orts- oder Stadtkernes; gerade das Straßennetz (hier v.a. Ringstraßen, Radialstraßen zum Zentrum) beruht häufig auf früheren historischen Stadtanlagen, da kaum ein anderes Strukturelement in der Orts- und Stadtentwicklung so konsistent ist wie das Straßennetz.*

*Diese äußere Begrenzung ergibt sich weiterhin auf Grund der topographischen Situation, wobei deutliche Niveauunterschiede (z. B. stark ansteigende Gefällstrecken) gegenüber dem Ortsmittelpunkt die äußere Grenze des Orts- oder Stadtkernes markieren.*

*Weitere Anhaltspunkte für die äußere Begrenzung ergeben sich auf Grund von natürlichen Zäsuren, wie z. B. Flüsse, Gewässer, Grünzonen (sofern es sich nicht um kleinere Parkanlagen handelt) und Böschungen, wobei diese natürlichen Zäsuren wiederum die äußere Grenze des Orts- oder Stadtkernes bilden.*

*Festlegung der Umfassungslinie des Orts- oder Stadtkernes*

*Vor dem Hintergrund der Ergebnisse der Analyse der Nutzungsstruktur und der städtebaulichen Situation im Umfeld des Ortsmittelpunktes sowie der damit verbundenen Bestimmung der äußeren Grenzen des Orts- oder Stadtkernes ist jener Raum, welcher als Orts- oder Stadtkern definiert wird, mittels einer durchgehenden, in sich geschlossenen Umfassungslinie kenntlich zu machen.*

*Für eine zweifelsfreie und eindeutige Festlegung ist hiebei eine parzellenscharfe Darstellung auf Grundlage einer Katastralmappe erforderlich, wobei folgende Aspekte zu beachten sind:*

*– Nach Möglichkeit sollte die Umfassungslinie vorhandenen Straßenzügen oder anderen räumlichen Zäsuren folgen, wobei die Grenzziehung z. B. in der Mitte der Straße erfolgen kann, d.h. die Gebäude bzw. Parzellen auf der einen Straßenseite zählen zum Orts- oder Stadtkern, während jene auf der anderen Straßenseite nicht mehr dazu zählen;*

*– ergibt sich auf Grundlage der vorgenommenen Analyseschritte der Umstand, dass an der äußeren Grenze des Orts- oder Stadtkernes z. B. die Bebauung auf beiden Seiten einer Straße als Orts- oder Stadtkern zu bewerten ist, so verläuft die Umfassungslinie entlang der Parzellengrenze an der rückwärtigen Seite der äußeren Bebauung;*

*– nach Möglichkeit ist zu vermeiden, dass die Umfassungslinie vorhandene Gebäude oder Parzellen durchschneidet, d.h. Gebäudekörper oder Parzellen sollten jeweils vollständig entweder dem Orts- oder Stadtkern zu- oder nicht zugeordnet werden;*

*– bei der Festlegung der Umfassungslinie ist nach Möglichkeit ein ‚Ausfransen' oder eine ‚Zerstückelung' zu vermeiden, sodass eine möglichst klare Linienführung gewährleistet ist.*

*Die Umfassungslinie, welche den Orts- oder Stadtkern abgrenzt, ist nach außen geschlossen und stellt so den äußeren Rand dieses räumlichen Bereiches dar. Nach innen erfolgt eine Generalisierung, d.h. es findet keine weitere Abstufung nach Lagequalität statt. Dies bedeutet, dass innerhalb des abgegrenzten Orts- oder Stadtkernes durchaus auch – in einem allerdings deutlich untergeordneten Maß – Bereiche enthalten sein können, welche ggf. nutzungsbezogene oder städtebauliche Defizite aufweisen, aus innerörtlich wertvollen Freihaltebereichen oder z. B. aus einem Friedhof, einer kleineren Parkanlage, etc. bestehen; hiebei gilt: je näher ein solcher Bereich am eigentlichen Ortsmittelpunkt liegt, desto größer und je weiter ein solcher Bereich vom eigentlichen Ortsmittelpunkt entfernt liegt, desto geringer ist der Abwägungsspielraum, ob dieser Bereich noch zum Orts- oder Stadtkern zu zählen ist oder nicht. ....."*

Wie im Allgemeinen Teil bereits dargestellt, bleibt der methodische Ansatz unverändert, weshalb sich die Ausführungen an dieser Stelle auf die obige Wiedergabe der bezugnehmenden Erläuterungen der Verordnung LGBl. Nr. 44/2003 beschränken können. Wie die Erfahrung zeigt, ist auf der Grundlage dieser methodischen Vorgaben eine sachlich begründete und nachvollziehbare Abgrenzung eines Orts- bzw. Stadtkernes möglich, wobei sich die Gemeinden im Regelfall der Fachexpertise der beigezogenen Ortsplaner bedienen. Der Vollständigkeit halber wird festgehalten, dass diese Festlegung im Flächenwidmungsplan einer aufsichtsbehördlichen Genehmigung bedarf.

Die Gemeinden sind zwar ermächtigt, nicht jedoch verpflichtet einen Orts- bzw. Stadtkern zu erlassen. In denjenigen Stadtgemeinden, die bereits aufgrund der vorigen Regelung einen Stadtkern im Flächenwidmungsplan ausgewiesen haben (Oberzentren und Mittelzenten), gilt die getroffene Festlegung gemäß der Übergangsbestimmung in Art. V Abs. 6 des Gesetzes LGBl. Nr. 59/2021 weiter. Es ist davon auszugehen, dass Festlegungen von Orts- bzw. Stadtkernen aufgrund der vorigen Regelung dem Art. V Abs. 9 des Gesetzes LGBl. Nr. 59/2021 entsprechen und sohin keine Anpassungen erforderlich werden.

2. Zu § 2:

Gemäß der Übergangsbestimmung in Art. V Abs. 3 des Gesetzes LGBl. Nr. 59/2021 dürfen Verordnungen aufgrund dieses Gesetzes bereits ab dem der Kundmachung dieses Gesetzes folgenden Tag erlassen werden. Sie dürfen jedoch frühestens gleichzeitig mit dem Inkrafttreten dieses Gesetzes in Kraft gesetzt werden."

## 1.12. Planzeichenverordnung für Flächenwidmungspläne

*LGBl 1995/62 und LGBl 1998/30*

### Inhaltsverzeichnis
§ 1   Plangrundlage
§ 2   Zeichnerische Darstellung
§ 3   Äußere Form der zeichnerischen Darstellung
§ 4   Verzeichnis der ersichtlich zu machenden Festlegungen
§ 5   Änderung von Festlegungen im Flächenwidmungsplan
§ 5a  Einzelbewilligung nach § 14 Abs. 5 der Kärntner Bauordnung 1996
§ 6   Zeichnerische Darstellung mittels automationsunterstützter Datenverarbeitung
§ 7   Schlußbestimmungen
Anlage

**Aufgrund des § 1 Abs. 4 des Gemeindeplanungsgesetzes 1995, LGBl Nr 23, wird verordnet:**

### § 1 Plangrundlage

(1) Als Plangrundlage für die zeichnerische Darstellung der im Flächenwidmungsplan festzulegenden und ersichtlich zu machenden Flächen sind genordete Verkleinerungen der Katastermappe im Maßstab 1 : 5.000 zu verwenden. Die Gemeindegrenze sowie die Grenzen der Katastralgemeinden sind ersichtlich zu machen.

(2) Die Plangrundlage setzt sich aus den für die Darstellung des Gemeindegebietes erforderlichen Einzelblättern im Ausmaß 50 x 50 cm zusammen. Der Blattschnitt hat der Unterteilung des Triangulierungsblattes des Bundesamtes für Eich- und Vermessungswesen zu entsprechen.

(3) Flächen mit ausgeprägter Differenzierung von Festlegungen auf engem Raum können auch im Maßstab 1 : 2.000 oder 1 : 2.500

dargestellt werden, ohne daß sich für das Ausmaß der Einzelblätter Änderungen ergeben. Derartige Bereiche sind in der Plangrundlage 1:5.000 lediglich kenntlich zu machen.

### § 2 Zeichnerische Darstellung

(1) Die zeichnerische Darstellung des Flächenwidmungsplanes hat auf reißfesten, ausreichend lichtechten Lichtpausen oder Plandrucken der Plangrundlage zu erfolgen.

(2) Die Eintragung der Planzeichen (Abs. 3) ist ausreichend lichtecht, etwa mit Druck, Tusche oder Aquarellfarbe, derart durchzuführen, daß sie nicht ohne sichtbare Spuren abgeändert werden kann und die Erkennbarkeit der Grundstücksgrenzen sowie die Lesbarkeit der Grundstücksnummern nicht wesentlich beeinträchtigt werden.

(3) Zur Darstellung der vom Gemeinderat zu treffenden Festlegungen sind die Planzeichen der Anlage 1, zur Darstellung der im Flächenwidmungsplan nach § 12 des Gemeindeplanungsgesetzes 1995 ersichtlich zu machenden Festlegungen die Planzeichen der Anlage 2 zu verwenden.

(4) Nach Durchführung der Eintragungen ist die zeichnerische Darstellung mit einem dauerhaften Oberflächenschutz (zB durchsichtige Folie) zu versehen.

### § 3 Äußere Form der zeichnerischen Darstellung

(1) Die zeichnerische Darstellung des Flächenwidmungsplanes hat aus dem Deckblatt, dem Übersichtsblatt, dem Legendenblatt, den Einzelblättern und gegebenenfalls einem gesonderten Verzeichnis (§ 4 und § 5 Abs. 2) in einheitlichem Format zu bestehen.

(2) Das Deckblatt hat zu beinhalten:
a) Die Bezeichnung der Gemeinde;
b) einen Vermerk über den Beschluß des Gemeinderates;
c) einen Vermerk über die Genehmigung der Landesregierung;
d) einen Vermerk über das Inkrafttreten;
e) die Unterschrift, das Siegel und die fortlaufende Geschäftszahl des Planverfassers, wenn der Flächenwidmungsplan nicht amtlich erstellt worden ist.

(3) Das Übersichtsblatt hat für das gesamte Gemeindegebiet in geeignetem Maßstab die Gemeindegrenze und die Grenzen der Katastralgemeinden darzustellen und darüberhinaus zu beinhalten:
  a) Die Blattschnittgrenzen der Einzelblätter;
  b) die Bezeichnung der Einzelblätter nach der Unterteilung des Triangulierungsblattes (Blattschnitt 50 x 50 cm);
  c) die Numerierung der Einzelblätter;
  d) eine Kennzeichnung der in einem anderen Maßstab als 1:5.000 dargestellten Gebiete;
  e) die Namen der Katastralgemeinden.

(4) Das Legendenblatt hat die Legende der in der zeichnerischen Darstellung verwendeten Planzeichen sowie die verwendeten Maßstäbe zu beinhalten. Werden im Flächenwidmungsplan Festlegungen getroffen oder sind Festlegungen ersichtlich zu machen, für die in den Anlagen 1 und 2 keine Planzeichen vorgesehen sind, dürfen ergänzende Planzeichen verwendet werden, wenn diese im Legendenblatt mit ausreichender Klarheit beschrieben sind.

(5) Die Einzelblätter haben neben den der Legende entsprechenden Planzeichen die jeweilige Bezeichnung nach dem Übersichtsblatt (Abs. 3 lit. c) und – soweit nicht bereits in der Plangrundlage enthalten – Ortschafts-, Vulgarnamen sowie althergebrachte Flur- und Feldbezeichnungen zu beinhalten.

### § 4 Verzeichnis der ersichtlich zu machenden Festlegungen

Bei Flächen, die gemäß § 12 Gemeindeplanungsgesetz 1995 in der zeichnerischen Darstellung des Flächenwidmungsplanes ersichtlich zu machen und durch Verordnung oder Bescheid festgelegt worden sind, sind auf dem Deckblatt oder in einem gesonderten Verzeichnis (§ 3 Abs. 1) die Fundstelle und das Datum der jeweiligen Verordnung oder des jeweiligen Bescheides unter fortlaufender Numerierung anzugeben.

### § 5 Änderung von Festlegungen im Flächenwidmungsplan

(1) Im Verfahren zur Änderung des Flächenwidmungsplanes dürfen zur zeichnerischen Darstellung abweichend von den Bestimmungen der §§ 1 bis 3 genordete Auszüge der Katastermappe im Maßstab 1 : 1.000, 1 : 2.000, 1 : 2.500 oder 1 : 5.000 im Format A4 (297 mm x 210 mm) verwendet werden, in denen die von der Ände-

1.12. Planzeichenverordnung für Flächenwidmungspläne § 5a

rung betroffene Fläche unter Verwendung der Planzeichen der Anlage 1, erforderlichenfalls ergänzender Planzeichen (§ 3 Abs. 4), derart darzustellen ist, daß die Erkennbarkeit der Grundstücksgrenzen sowie die Lesbarkeit der Grundstücksnummern nicht wesentlich beeinträchtigt werden. Zusätzlich sind auf diesen Auszügen der Katastermappe an geeigneter Stelle

a) die Bezeichnung der Gemeinde, der Katastralgemeinde und der von der Änderung betroffenen Grundstücke,
b) die Angabe des Maßstabes der Darstellung,
c) die Angabe der bisherigen und der vom Gemeinderat angestrebten und in der Folge beschlossenen Flächenwidmung,
d) die Angabe des Ausmaßes der von der Änderung betroffenen Fläche,
e) ein Vermerk über die Auflage zur allgemeinen Einsicht während vier Wochen und
f) ein Vermerk über den Beschluß des Gemeinderates anzubringen.

(2) Nach Kundmachung des Wirksamwerdens der Änderung des Flächenwidmungsplanes in der Kärntner Landeszeitung ist die Änderung des Flächenwidmungsplanes unter fortlaufender Numerierung mit Angabe des Datums, der Zahl und unter Wiedergabe des Spruches des Genehmigungsbescheides der Landesregierung – in den Fällen des § 16 des Gemeindeplanungsgesetzes 1995 mit Angabe des Wortlautes der Änderung des Flächenwidmungsplanes und des Datums der Beschlußfassung des Gemeinderates – sowie des Tages des Wirksamwerdens auf dem Deckblatt (§ 3) oder gegebenenfalls im gesonderten Verzeichnis (§ 4) zu vermerken.

(3) In den Einzelblättern (§ 3) ist tunlichst in der Mitte der von der Änderung betroffenen Fläche die fortlaufende Nummer (Abs. 2) des Vermerkes der Änderung einzutragen. § 2 gilt sinngemäß.

(4) Für die Änderung von ersichtlich zu machenden Festlegungen gelten Abs. 3 mit der Maßgabe, daß die fortlaufende Nummer an geeigneter Stelle einzutragen ist, und § 4 sinngemäß.

## § 5a Einzelbewilligung nach § 14 Abs. 5 der Kärntner Bauordnung 1996

Flächen, für die Einzelbewilligungen aufgrund des § 14 Abs. 5 der Kärntner Bauordnung 1996 erteilt worden sind, die nach § 19a

Abs. 1 des Gemeindeplanungsgesetzes 1995 in einer gesonderten Anlage den Erläuterungen zum Flächenwidmungsplan anzuschließen sind, sind unter Verwendung des Planzeichens der Anlage 3 und unter Beifügung der fortlaufenden Nummer im Verzeichnis nach § 19a Abs. 2 des Gemeindeplanungsgesetzes 1995 in der zeichnerischen Darstellung des Flächenwidmungsplanes ersichtlich zu machen.

### § 6 Zeichnerische Darstellung mittels automationsunterstützter Datenverarbeitung

(1) Bei der zeichnerischen Darstellung von Festlegungen im Flächenwidmungsplan mittels automationsunterstützter Datenverarbeitung dürfen die Planzeichen von jenen in den Anlagen 1 bis 3 festgelegten nur insofern abweichen, als dies technisch unumgänglich ist.

(2) Wird die zeichnerische Darstellung des Flächenwidmungsplanes mittels automationsunterstützter Datenverarbeitung erstellt, ist neben den Ausfertigungen der zeichnerischen Darstellung des Flächenwidmungsplanes nach § 2 nach der Genehmigung durch die Landesregierung zusätzlich ein vollständiger Datensatz der mittels automationsunterstützter Datenverarbeitung erstellten zeichnerischen Darstellung des Flächenwidmungsplanes im Format der vom Amt der Kärntner Landesregierung definierten Schnittstelle an diese auszufolgen.

### § 7 Schlußbestimmungen

(1) Diese Verordnung tritt mit dem der Kundmachung folgenden Monatsersten in Kraft.

(2) Mit dem Inkrafttreten dieser Verordnung tritt die Verordnung der Landesregierung vom 11. November 1970, Zl. Verf-84/24/1970, mit der die Form der Flächenwidmungspläne geregelt wird (Planzeichenverordnung), LGBl. Nr. 134/1970, außer Kraft, soweit im folgenden nicht anderes bestimmt wird.

(3) Soweit nicht die zeichnerische Darstellung von Festlegungen eines Flächenwidmungsplanes zur Gänze neu erstellt wird (Abs. 5), bleibt die Planzeichenverordnung, LGBl. Nr. 134/1970, für die zeichnerische Darstellung von Festlegungen in bestehenden Flächenwidmungsplänen weiterhin in Kraft. Dies gilt sinngemäß für Änderun-

gen von Festlegungen in bestehenden Flächenwidmungsplänen, die vom Gemeinderat vor dem 31. Dezember 1994 beschlossen worden und nach dem Inkrafttreten dieser Verordnung wirksam geworden sind, sofern sie nicht nach den Bestimmungen dieser Verordnung dargestellt werden können.

(4) Für die zeichnerische Darstellung von sonstigen Änderungen von Festlegungen in bestehenden Flächenwidmungsplänen (§ 5) sind die Planzeichen der Anlagen 1 und 2 dieser Verordnung und erforderlichenfalls ergänzende Planzeichen (§ 3 Abs. 4) mit der Maßgabe zu verwenden, daß die jeweils verwendeten Planzeichen in einer Ergänzung zur Legende zu erklären sind.

(5) Wird die zeichnerische Darstellung von Festlegungen eines Flächenwidmungsplanes zur Gänze neu erstellt, hat dies nach Maßgabe der §§ 1 bis 6 dieser Verordnung zu erfolgen.

### Artikel II [Anm: zu LGBl 1998/30]

Diese Verordnung tritt mit dem der Kundmachung folgenden Monatsersten in Kraft.

**Anlage**     1. Kärntner Raumordnungsgesetz 2021 – K-ROG 2021

**Darstellung der vom Gemeinderat zu treffenden Festlegungen**

**Anlage 1**

**A. BAULAND**

1. Dorfgebiet — Fläche: Englischrot dunkel (Schmincke 650)

2.1 Wohngebiet — Fläche: Permanentrot 1 (Schmincke 360)

2.2 Reines Wohngebiet — **WGR**
- Fläche: Permanentrot 1 (Schmincke 360)
- Randlinie: schwarz 0,5 mm
- Signatur: schwarz WGR

3.1 Kurgebiet — Fläche: Chromorange (Schmincke 214)

3.2 Reines Kurgebiet — **KGR**
- Fläche: Chromorange (Schmincke 214)
- Randlinie: schwarz 0,5 mm
- Signatur: schwarz KGR

4.1 Gewerbegebiet — Fläche: Neutraltinte (Schmincke 782)

4.2 Gemischtes Baugebiet — **GB**
- Fläche: Neutraltinte (Schmincke 782)
- Randlinie: schwarz 0,5 mm
- Signatur: schwarz GB

5. Geschäftsgebiet — Fläche: Echtrot tief (Schmincke 345)

6. Industriegebiet — Fläche: Purpurviolett (Schmincke 493)

7. Sondergebiet — **KA**
- Fläche: Ultramarinviolett (Schmincke 495)
- Signatur: schwarz, z. B.
  - ⊙ – Schießstätte
  - KA – Krankenanstalt
  - KS – Kaserne
  - SPL – Sprengstofflager
  - SPF – Sprengstoff- und Pulverfabrik
  - AB – Abfallbehandlungsanlage

8. Sonderwidmung — **AP**
- Fläche: in Farbe der Widmung
- Randlinie: schwarz 0,35 mm laut Darstellung
- Signatur: schwarz, z. B.
  - AP – Apartmenthaus
  - FZW – Freizeitwohnsitz
  - EKZ 1 – Einkaufszentrum der Kategorie I
  - EKZ 2 – Einkaufszentrum der Kategorie II

## 1.12. Planzeichenverordnung für Flächenwidmungspläne **Anlage**

9. Vorbehaltsfläche

VS

Fläche: in Farbe der Widmung
Randlinie: schwarz 0,7 mm
Signatur: schwarz, z. B. VS — Volksschule
SWB — sozialer Wohnbau
KG — Kindergarten
A — Altersheim
KA — Krankenanstalt
G — Gemeindeamt
F — Feuerwehrrüsthaus

10. Aufschließungsgebiet

Fläche: in Farbe der Widmung
Schraffur: schwarz 0,25 mm 45° laut Darstellung

11. Mehrgeschoßige Widmung

Fläche: in Farbe der Widmung
Schraffur: schwarz 0,25 mm 135° laut Darstellung
Signatur: schwarz fortlaufende Nummer (Hinweis auf Legende/Genehmigungsbescheid)

## B. GRÜNLAND

1. Für die Land- u. Forstwirtschaft bestimmte Fläche; Ödland

Fläche: Neapelgelb rötlich (Schmincke 230)

2. Hofstelle eines land- und forstwirtschaftlichen Betriebes

H

Fläche: Neapelgelb rötlich (Schmincke 230)
Randlinie: Permanentgrün dunkel (Schmincke 527) 0,5 mm
Signatur: schwarz H

3. Fläche für landwirtschaftlichen Betrieb mit Intensivtierhaltung; Fläche für landwirtschaftliche Produktionsstätte industrieller Prägung

IT

Fläche: Neapelgelb rötlich (Schmincke 230)
Randlinie: Echtrot tief (Schmincke 345) 0,5 mm
Signatur: schwarz IT, LPI

4. Erholungsfläche mit oder ohne Beifügen einer spezifischen Erholungsnutzung

ÖGA

Fläche: Permanentgrün hell (Schmincke 526)
Randlinie: schwarz 0,5 mm
Signatur: schwarz, z. B. ÖGA — öffentlich zugänglicher Garten
PA — Park
KSP — Kinderspielplatz
Bad — (Frei-)Bad
LW — Liegewiese
KB — Kabinenbau

5. Sportanlage, Vergnügungs- und Veranstaltungsstätte

SP

Fläche: Permanentgrün hell (Schmincke 526)
Randlinie: schwarz 0,5 mm
Signatur: schwarz, z. B. SP — Sportanlage allgemein
TE — Tennisplatz
GO — Golfplatz
RS — Reitsport-, Pferdesportanlage
SA — Schiabfahrt, Schipiste
LT — Lifttrasse
VG — Vergnügungsstätte, Vergnügungspark
VA — Veranstaltungsstätte

**Anlage** 1. Kärntner Raumordnungsgesetz 2021 – K-ROG 2021

6. Campingplatz

Fläche: Permanentgrün hell (Schmincke 526)
Randlinie: schwarz 0,5 mm
Signatur: schwarz laut Darstellung

7. Erwerbsgärtnerei u. ä.

GÄ

Fläche: Permanentgrün dunkel (Schmincke 527)
Randlinie: schwarz 0,5 mm
Signatur: schwarz, z. B. GÄ – Gärtnerei
SCHG – Schrebergarten
BS – Baumschule

8. Bienenhaus, Jagdhütte u. ä.

JA

Fläche: Permanentgrün dunkel (Schmincke 527)
Randlinie: schwarz 0,5 mm
Signatur: schwarz, z. B. JA – Jagdhütte
FI – Fischzuchtanlage
BH – Bienenhütte

9. Materialgewinnungsstätte und Materiallagerstätte

SG

Fläche: Olivengrün (Schmincke 525)
Randlinie: schwarz 0,5 mm
Signatur: schwarz, z. B. SG – Schottergrube
LG – Lehmgrube
STB – Steinbruch

10. Friedhof

† † †

Fläche: Brillant-Türkis II (Schmincke 914)
Randlinie: schwarz 0,5 mm
Signatur: schwarz laut Darstellung

11. Abfallbehandlungsanlage, Abfallagerstätte

AB

Fläche: Olivengrün (Schmincke 525)
Randlinie: schwarz 0,5 mm
Signatur: schwarz, z. B. AB – Abfallbehandlungsanlage
AL – Abfallagerstätte

12. Sprengstofflager, Schießstätte

◎

Fläche: Umbra natur (Schmincke 667)
Randlinie: schwarz 0,5 mm
Signatur: schwarz, z. B. ◎ – Schießstätte
SPL – Sprengstofflager
SPF – Sprengstoff- und Pulverfabrik

13. Schutzstreifen als Immissionsschutz

Fläche: Permanentgrün hell (Schmincke 526)
Raster: Letraset LT 915

14. Vorbehaltsfläche

ÖGA

Fläche: in Farbe der Widmung
Randlinie: schwarz 0,7 mm
Signatur: schwarz, z. B. ÖGA – öffentlich zugänglicher Garten
PA – Park
KSP – Kinderspielplatz

15. Sonstige

AGH

Fläche: in Farbe der Widmung
Randlinie: schwarz 0,5 mm
Signatur: schwarz, z. B. AGH – Ausflugsgasthaus
SH – Schutzhütte

## 1.12. Planzeichenverordnung für Flächenwidmungspläne **Anlage**

### C. VERKEHRSFLÄCHE

Verkehrsfläche in der Gemeinde

Fläche: Kadmiumgelb hell (Schmincke 224)
Signatur: schwarz, z. B. P — Parkplatz
.... — Weg nach Luftbild

**Anlage 2**

**Darstellung der ersichtlich zu machenden Festlegungen**

| | Bestand | Planung | |
|---|---|---|---|
| 1. Autobahn (mit Schutzzone) | [A2] | [A2] | Randlinie: schwarz 0,5 mm<br>Fläche: weiß<br>Begrenzungslinie: schwarz strichpunktiert 0,35 mm<br>Signatur: schwarz Straßennumerierung |
| 2. Bundesstraße | [B100] | [B100] | Randlinie: schwarz 0,5 mm<br>Fläche: weiß<br>Signatur: schwarz Straßennumerierung |
| 3. Landesstraße | (L10) | (L10) | Randlinie: schwarz 0,5 mm und 0,35 mm<br>Fläche: weiß<br>Signatur: schwarz Straßennumerierung |
| 4. Haupt-, Nebenbahn, Anschlußbahn, Materialbahn | HB | | Randlinie: Ultramarinviolett (Schmincke 495) 0,5 mm<br>Fläche: weiß<br>Signatur: schwarz HB, NB, AB, MB |
| 5. Hauptseilbahn, Kleinseilbahn, Materialseilbahn usw. | ⊤ ⊥ | ⊤ ⊥ | Linie: Ultramarinviolett (Schmincke 495) 0,5 mm laut Darstellung mit allfälliger Bezeichnung |
| 6. Schlepplift | ⁄ ⁄ | ⁄ ⁄ | Linie: Ultramarinviolett (Schmincke 495) 0,5 mm laut Darstellung |
| 7. Flugplatz und Sicherheitszone | | | Farbband: Ultramarinviolett (Schmincke 495) 2 mm<br>Fläche: weiß<br>Signatur: schwarz laut Darstellung<br>Begrenzungslinie: Ultramarinviolett (Schmincke 495) strichpunktiert 0,3 mm |
| 8. Kraft-, Umspannwerk, Funk-, Sendestation mit allfälligem Baubeschränkungsbereich | | | Farbband: Ultramarinviolett (Schmincke 495) 2 mm<br>Fläche: weiß<br>Signatur: schwarz laut Darstellung<br>Begrenzungslinie: Ultramarinviolett (Schmincke 495) strichpunktiert 0,3 mm |

**Anlage**      1. Kärntner Raumordnungsgesetz 2021 – K-ROG 2021

| | | |
|---|---|---|
| 9. Hochspannungsfreileitung ab 20 kV mit allfälligem Gefährdungsbereich (bei Leitungen ab 110 kV) oder Bahnstromleitung | KELAG 20kV <br> — — — — <br><br> ÖBB <br> — · — · — · | Linie: schwarz 0,35 mm <br> Begrenzungslinie: schwarz strichpunktiert 0,25 mm <br> Signatur: schwarz Angabe der kV-Zahl und des Eigentümers <br><br> Linie: Ultramarinviolett (Schmincke 495) 0,35 mm <br> Begrenzungslinie: Ultramarinviolett (Schmincke 495) strichpunktiert 0,25 mm <br> Signatur: schwarz ÖBB |
| 10. Erdöl-, Erdgasleitung, wichtige verkabelte Leitungen | EÖ — — — | Linie: schwarz strichliert 0,5 mm <br> Signatur: schwarz EÖ, EG, P und Angabe des Eigentümers |
| 11. Straßenbau-, -planungsgebiet; Eisenbahn-Hochleistungsstrecken-Baugebiet | — — — — <br> — — — — | Begrenzungslinie: schwarz strichliert 0,25 mm |
| 12. Schutz-, Emissionsbereich | ÖBB (gerastert) | Fläche: in Farbe der Widmung <br> Raster: Letraset LT 915 <br> Signatur: schwarz, z. B. ÖBB |
| 13. Kanalisationsbereich | ⌐ ⌐ <br> ⌐ ⌐ | Begrenzungslinie: Chromgelb hell (Schmincke 212) 0,7 mm laut Darstellung |
| 14. Versorgungsleitung in der Gemeinde | W — — — | Linie: schwarz 0,35 mm <br> Signatur: schwarz, z. B. W = Wasserleitung K = Kanal |
| 15. Wald | ▭ | Farbband: Phthalogrün (Schmincke 519) 4 mm <br> Fläche: in Farbe der Widmung |
| 16. Schutzwald, Bannwald | (S) | Randlinie: schwarz 0,7 mm <br> Farbband: Phthalogrün (Schmincke 519) 4 mm <br> Fläche: in Farbe der Widmung <br> Signatur: schwarz S, B |
| 17. Nationalpark, Natur-, Landschaftsschutzgebiet, geschützter Grünbestand, Naturdenkmal | (NPA) | Randlinie: schwarz laut Darstellung <br> Fläche: in Farbe der Widmung <br> Signatur: schwarz, z. B. <br> NPA = Nationalpark-Außenzone <br> NPK = Nationalpark-Kernzone <br> NPSG = Nationalpark-Sonderschutzgebiet <br> NS = Naturschutzgebiet <br> LS = Landschaftsschutzgebiet <br> GG = geschützter Grünbestand <br> ND = Naturdenkmal |

## 1.12. Planzeichenverordnung für Flächenwidmungspläne — **Anlage**

18. Naturhöhle — Signatur: schwarz laut Darstellung

19. Gewässer, See — Fläche: Kobaltblau hell (Schmincke 487)

20. Fluß-, Bachregulierung — Begrenzungslinie: Kobaltblau hell (Schmincke 487) strichliert 0,5 mm

21. Festgestelltes Hochwasserabflußgebiet, Überschwemmungsgebiet — Begrenzungslinie: Ultramarin feinst (Schmincke 494) 0,5 mm laut Darstellung
Signatur: schwarz HA, Ü

22. Wasserschutzgebiet (engeres — weiteres) — Randlinie: Cölinblau (Schmincke 481) 1,0 mm
Fläche: in Farbe der Widmung
Begrenzungslinie: Cölinblau (Schmincke 481) strichpunktiert 0,3 mm
Signatur: schwarz, z. B. BR — weiteres, engeres Brunnenschutzgebiet
QU — weiteres, engeres Quellschutzgebiet
HQU — weiteres, engeres Heilquellenschutzgebiet
HM — weiteres, engeres Heilmoorschutzgebiet

23. Wasserschongebiet — Randlinie: Cölinblau (Schmincke 481) laut Darstellung
Fläche: in Farbe der Widmung
Signatur: schwarz, z. B. K — Kernzone
A — Außenzone
KG — Karstgebiet

24. Verdachtsfläche, Altlast (falls bekannt mit Begrenzung) — Begrenzungslinie: schwarz strichliert 0,5 mm
Signatur: schwarz △ — Verdachtsfläche
▲ — Altlast

25. Bergbaugebiet — Randlinie: Terra pozzuoli (Schmincke 666) 0,7 mm
Fläche: in Farbe der Widmung

26. Bruchgebiet — Randlinie: Terra pozzuoli (Schmincke 666) 0,7 mm, laut Darstellung
Fläche: in Farbe der Widmung
Signatur: schwarz BG

27. Verscharrungsplatz — Randlinie: Stil de grain brun (Schmincke 664) 0,7 mm, laut Darstellung
Fläche: in Farbe der Widmung
Signatur: schwarz VP

28. Denkmalgeschützte bauliche Anlage — Signatur: schwarz, mit Darstellung nach Erfordernis

**Anlage**  1. Kärntner Raumordnungsgesetz 2021 – K-ROG 2021

29. Archäologisches Fundgebiet

Begrenzungslinie: Lichter Ocker gebrannt (Schmincke 657) strichliert 0,5 mm
Signatur: schwarz   F

30. Weiterer und engerer Gefährdungsbereich von Schieß- und Sprengmittelanlagen und militärischen Munitionslagern

Erzeugungs- und Lagerfläche
(Anlage 1, B. 12.):   Umbra natur (Schmincke 667)
Engerer
Gefährdungsbereich: schwarz strichpunktiert 0,5 mm
Weiterer
Gefährdungsbereich: schwarz strichpunktiert 0,25 mm

31. Militärische Übungsflächen und Sperrgebiete

Farbband: Neutraltinte (Schmincke 782) 3,0 mm
Fläche:   in Farbe der Widmung
Signatur: schwarz
   z. B. TÜPL  – Truppenübungsplatz
         GÜPL  – Garnisonsübungsplatz
         WÜPL  – Wasserübungsplatz
         MSP   – militärisches Sperrgebiet

32. Rote Gefahrenzone

Randlinie: Echtrot tief (Schmincke 345) 0,3 mm
Fläche:    in Farbe der Widmung
Signatur:  schwarz, z. B. WR – Wildbach
                        LR – Lawine
                        FR – Fluß

33. Gelbe Gefahrenzone

Randlinie: Chromgelb dunkel (Schmincke 213) 0,3 mm
Fläche:    in Farbe der Widmung
Signatur:  schwarz, z. B. WG – Wildbach
                        LG – Lawine
                        FG – Fluß

34. Blauer Vorbehaltsbereich

Randlinie: Phthaloblau (Schmincke 484) 0,3 mm
Fläche:    in Farbe der Widmung
Signatur:  schwarz, z. B. SS – Sicherstellung der Schutzfunktion
                        SV – Sicherstellung des Verbauungserfolges
                        TM – technische Maßnahmen
                        FM – forstlich biologische Maßnahmen

35. Brauner Hinweisbereich

Randlinie: Caput mortuum (Schmincke 645) 0,3 mm
Fläche:    in Farbe der Widmung
Signatur:  schwarz, z. B. ST  – Steinschlag
                        RU  – Rutschung
                        VN  – Vernässung
                        STH – Steilhang

36. Violetter Hinweisbereich

Randlinie: Magenta (Schmincke 490) 0,3 mm
Fläche:    in Farbe der Widmung
Signatur:  schwarz, z. B. BB – Beschaffenheit des Bodens
                        BG – Beschaffenheit des Geländes

1.12. Planzeichenverordnung für Flächenwidmungspläne **Anlage**

37. Sonstige

| AB |

Randlinie: schwarz 0,5 mm
Fläche:    in Farbe der Widmung
Signatur:  schwarz, z. B. AB   – Abfallbehandlungs-
                                                anlage
                              ARA – Abwasserreinigungs-
                                                anlage (Zentralklär-
                                                anlage)
                              HB   – Hochbehälter

38. Grenzen     •••▬▬•••     Gemeindegrenze: schwarz 1,0 mm laut Darstellung

    •–•–•–•     Katastralgemeindegrenze: schwarz punktiert 1,0 mm

**Anlage 3**
**Darstellung ersichtlich zu machender Einzelbewilligungen (§ 14 Abs. 5 K-BO 1996 und § 19a K-GplG 1995)**

Fläche, für die eine Einzelbewilligung erteilt worden ist (samt fortlaufender Nummer des Verzeichnisses nach § 19a Abs. 2 K-GplG 1995)

▽̇ (1)

Fläche: in Farbe der Widmung
Signatur: schwarz lt. Darstellung

## 1.13. Planzeichenverordnung für Teilbebauungspläne

LGBl 1998/29

### Inhaltsverzeichnis
§ 1  Plangrundlage
§ 2  Zeichnerische Darstellung
§ 3  Änderung eines Teilbebauungsplanes
§ 4  Schlußbestimmungen
Anlage

Aufgrund des § 25 Abs. 8 des Gemeindeplanungsgesetzes 1995, LGBl. Nr. 23, in der Fassung des Gesetzes LGBl. Nr. 134/1997, wird verordnet:

### § 1 Plangrundlage

(1) Als Plangrundlage für Teilbebauungspläne sind ausreichend lichtechte Reproduktionen der Katastermappen in den Maßstäben 1:200, 1:500 oder 1:1000 zu verwenden.

(2) Die Plangrundlage hat mindestens die Größe des Formates A4 (297 mm x 210 mm) aufzuweisen; größere Pläne müssen auf das Format A4 faltbar sein.

### § 2 Zeichnerische Darstellung

(1) Für die zeichnerische Darstellung der Teilbebauungspläne sind die in der Anlage enthaltenen Planzeichen zu verwenden. Sind Darstellungen oder Festlegungen erforderlich, für die in der Anlage keine Planzeichen vorgesehen sind, dürfen ergänzende Planzeichen verwendet werden, wenn diese in der Legende (Abs. 3 lit. e) mit ausreichender Klarheit beschrieben sind. Darüber hinaus ist ein beschreibender Wortlaut im Verordnungstext zulässig, wenn dies zum Verständnis des Norminhaltes erforderlich ist.

(2) Die Eintragung der Planzeichen in die Plangrundlage ist ausreichend lichtecht und derart durchzuführen, daß sie nicht ohne sichtbare Spuren abgeändert werden kann und die Erkennbarkeit der Grundstücksgrenzen sowie die Lesbarkeit der Grundstücksnummern nicht wesentlich beeinträchtigt werden.

(3) Die zeichnerische Darstellung hat neben den Planzeichen nach Abs. 1 folgende Angaben zu enthalten:
a) Bezeichnung der Gemeinde;
b) Kurzbezeichnung des räumlichen Geltungsbereiches;
c) Maßstab der zeichnerischen Darstellung;
d) Nordrichtung;
e) Legende der verwendeten Planzeichen;
f) Vermerk über den Beschluß des Gemeinderates;
g) Genehmigungsvermerk der zuständigen Behörde gemäß § 26 Abs. 2 und 3 des Gemeindeplanungsgesetzes 1995;
h) Unterschrift, Siegel und fortlaufende Geschäftszahl des Planverfassers, wenn der Teilbebauungsplan nicht amtlich erstellt worden ist.

(4) Bei der zeichnerischen Darstellung der im Teilbebauungsplan festzulegenden Bebauungsbedingungen mittels automationsunterstützter Datenverarbeitung dürfen die verwendeten Planzeichen von jenen in der Anlage festgelegten nur insoweit abweichen, als dies technisch unumgänglich ist.

## § 3 Änderung eines Teilbebauungsplanes

(1) Werden die in einem Teilbebauungsplan festgelegten Bebauungsbedingungen, die unter Verwendung der in der Anlage enthaltenen Planzeichen zeichnerisch dargestellt sind, geändert, ist die zeichnerische Darstellung zur Gänze neu anzufertigen. Für die Änderung des Teilbebauungsplanes gelten die Bestimmungen der §§ 1 und 2 sinngemäß.

(2) In zeichnerischen Darstellungen von rechtswirksamen Teilbebauungsplänen dürfen keine nachträglichen Veränderungen vorgenommen werden.

### § 4 Schlußbestimmungen

(1) Diese Verordnung tritt mit dem der Kundmachung folgenden Monatsersten in Kraft.

(2) Die Bestimmungen dieser Verordnung sind auf Teilbebauungspläne, die bereits vor dem Inkrafttreten dieser Verordnung erlassen worden sind, nicht anzuwenden, wenn die Legende zu den in der zeichnerischen Darstellung verwendeten Planzeichen mit hinreichender Deutlichkeit Auskunft über die festgelegten Bebauungsbedingungen gibt. Teilbebauungspläne, bei denen diese Voraussetzung nicht zutrifft, sind bis 1. Jänner 2001 an die Bestimmungen dieser Verordnung anzupassen.

(3) Im Zeitpunkt des Inkrafttretens dieser Verordnung bereits eingeleitete Verfahren zur Erlassung oder Änderung von Teilbebauungsplänen sind entsprechend dem jeweiligen Verfahrensstand nach der durch diese Verordnung geänderten Rechtslage weiterzuführen.

(4) Die Genehmigung von Teilbebauungsplänen, die vom Gemeinderat bereits vor dem Inkrafttreten dieser Verordnung beschlossen worden sind, hat nach der zum Zeitpunkt der Beschlußfassung geltenden Rechtslage zu erfolgen.

(5) Für die Änderung von Teilbebauungsplänen, auf die Abs. 2 Anwendung findet, gilt § 3 sinngemäß.

## 1.13. Planzeichenverordnung für Teilbebauungspläne **Anlage**

Anlage

**Planzeichen für Teilbebauungspläne**

1. Grenze des Planungsraumes ооо ооо ооо schwarz lt. Darstellung

2. Grenze zwischen unterschiedlichen Bebauungsbedingungen; Grenze zwischen unterschiedlichen Bebauungszonen — ① ② — Linie schwarz 0,5 mm lt. Darstellung (gegebenenfalls mit Numerierung der Bebauungszonen zur Angabe der zeitlichen Abfolge der Bebauung)

3. Grundstücksgrenze — Linie schwarz 0,25 mm

4. Begrenzung der Baugrundstücke (wenn abweichend von 3.) — — — — — Linie schwarz 0,35 mm strichliert

5. Mindestgröße der Baugrundstücke  $500\ m^2$  Angabe in der Nutzungsschablone in Quadratmeter

6. Baulinie — · — · — · — Linie schwarz 0,7 mm strichpunktiert

7. Baulinie mit Anbaupflicht ▬▬▬▬ Linie schwarz 0,7 mm

8. Gestaffelte Baulinien nach Geschoßebenen

$\underline{II\ 4.0}$

$\underline{I\ 5.0}$

| 6.0 STRASSE

z. B. Erdgeschoß mit Anbauverpflichtung im Abstand von 5 Meter zur Straße, 1. Obergeschoß um 4 Meter zurückversetzt

**Anlage**  1. Kärntner Raumordnungsgesetz 2021 – K-ROG 2021

| | | |
|---|---|---|
| 9. Geschoßflächenzahl | **GFZ** | Angabe in der Nutzungsschablone als Dezimalzahl |
| | **GFZ 0.3** | Höchswert |
| | **GFZ 0.3–0.5** | Mindest- und Höchstwert |
| 10. Baumassenzahl | **BMZ** | Angabe in der Nutzungsschablone als Dezimalzahl |
| | **BMZ 2.0** | Höchswert |
| | **BMZ 2.0–2.5** | Mindest- und Höchstwert |
| 11. Geschoßanzahl (Anzahl der oberirdischen Vollgeschosse) | | Angabe in der Nutzungsschablone in römischen Ziffern |
| | **III** | Höchstanzahl |
| | **II-IV** | Mindest- und Höchstanzahl |
| | **Ⓘ** (II eingekreist) | Zwingende Geschoßanzahl |
| 12. Firsthöhe | **FH** | Angabe in der Nutzungsschablone in Meter |
| | **FH 5.0** | Höchsthöhe |
| | **FH 5.0–7.0** | Mindest- und Höchsthöhe |
| | **FH = 5.0** | Zwingende Höhe |
| 13. Traufenhöhe | **TH** | Angabe in der Nutzungsschablone in Meter |
| | **TH 5.0** | Höchsthöhe |
| | **TH 5.0–7.0** | Mindest- und Höchsthöhe |
| | **TH = 5.0** | Zwingende Höhe |
| 14. Geländehöhe, Bezugspunkt | ✥ **450.0 NN** | Symbol lt. Darstellung, Angabe der Meereshöhe in Meter |
| 15. Erdgeschoßfußbodenoberkante | **I + 0.8** | relative Höhenangabe |
| | **I 450.8 NN** | Angabe in Meereshöhe |
| 16. Bebauungsweise | | Angabe in der Nutzungsschablone |
| | **g** | ... geschlossene Bebauung |
| | **o** | ... offene Bebauung |
| | **h** | ... halboffene Bebauung |
| | **b** | ... besondere Bebauung |
| | ▶◀ | ... zwingender Zusammenschluß bei halboffener Bebauung |

1.13. Planzeichenverordnung für Teilbebauungspläne **Anlage**

| | | |
|---|---|---|
| 17. Art der Nutzung von Gebäuden (Anteil in Prozent der Bruttogesamtgeschoßfläche) | | Angabe in der Nutzungsschablone, z. B.: |
| | **W 60% – 80%** | ... Mindest- und Höchstanteil Wohnnutzung |
| | **T > 60%** | ... Mindestanteil touristische Nutzung |
| | **X̄** | ... Ausschluß einer gewerblichen Nutzung |
| | **D** | ... Dienstleistungsnutzung |
| 18. Dachform | | Angabe in der Nutzungsschablone, z. B.: |
| | **FD** | ... Flachdach |
| | **TD** | ... Tonnendach |
| | **SD** | ... Satteldach |
| | **WD** | ... Walmdach |
| | **PD** | ... Pultdach |
| 19. Dachneigung (Gradangabe) | **DN 35°** <br> **DN 35° – 45°** | Angabe in der Nutzungsschablone |
| 20. Firstrichtung mit oder ohne Angabe der Dachneigung und der Dachform | ←**DN 35°**→ <br> **SD** | Linie schwarz 0,7 mm mit Pfeilsymbol lt. Darstellung |
| 21. Begrenzung von Straßen mit Angabe der Breite in Meter und mit Straßenbezeichnung (beim Zusammenfallen von Straßenbegrenzungslinie und Baulinie ist die Baulinie darzustellen) | **6.0 STRASSE** | Linie schwarz 0,35 mm, Angabe der Breite lt. Darstellung, gegebenenfalls Bezeichnung als: <br> RW = selbständiger Radweg <br> FW = selbständiger Fußweg |
| 22. Fläche für den ruhenden Verkehr mit Angabe der Stellplätze | **(P) 10** | Begrenzungslinie schwarz 0,25 mm strichliert mit Signatur lt. Darstellung, z. B.: <br> P = Parkplatz <br> G = Garage <br> PD = Parkdeck <br> TG = Tiefgarage |
| 23. Durchfahrt, Durchgang unter Überbauung | **LH 5.0** | Begrenzungslinie des Durchgangsbereiches schwarz 0,25 mm strichliert mit Punktsignatur lt. Darstellung und Angabe der lichten Höhe in Meter |

633

**Anlage**  1. Kärntner Raumordnungsgesetz 2021 – K-ROG 2021

| | | |
|---|---|---|
| 24. Spielplätze, Gemeinschaftseinrichtungen gegebenenfalls mit Flächenbegrenzung | 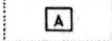 [A] | Begrenzungslinie schwarz 0,35 mm punktiert mit Signatur lt. Darstellung, z. B.:<br>SP = Spielplatz<br>A = Abfallbehälter, Altstoffcontainer |
| 25. Bepflanzungsgebot, Erhaltungsgebot von Grünbeständen (Einzelbaum, Baumgruppen) | ⊕ ⊕⊕⊕ | Randlinie schwarz 0,35 mm mit Symbol lt. Darstellung |
| 26. Einfriedungsgebot | ▬■▬■▬■▬ | Linie schwarz 0,35 mm mit Symbolen lt. Darstellung |
| 27. Einfriedungsverbot | ✻✻✻✻✻✻ | Linie schwarz 0,35 mm mit Symbolen lt. Darstellung |
| 28. Böschung | ⊤⊤⊤ ⊤⊤⊤ | schwarz 0,25 mm lt. Darstellung |
| 29. Nutzungsschablone für einheitliche Bebauungsbedingungen | Mindestgröße der Baugrundstücke / Bebauungsweise / Geschoßflächenzahl oder Baumassenzahl / Geschoßanzahl oder sonstige Höhenangabe / Dachform und Dachneigung / Art der Nutzung | Rahmen schwarz 0,25 mm, Größe nach Erfordernis |
| 30. Verweis auf den Wortlaut der Verordnung | ➝ Ⓥ | Angabe in der Nutzungsschablone oder in der Legende zur zeichnerischen Darstellung |

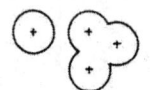

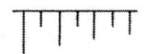

## 1.14. Richtlinien-Verordnung

*LGBl 1997/105*

## Inhaltsverzeichnis

§ 1 Grundsätze für privatwirtschaftliche Maßnahmen zur Erreichung der Ziele der örtlichen Raumplanung

§ 2 Sicherstellung der widmungsgemäßen Verwendung

§ 3 Sicherstellung der Verfügbarkeit von Grundflächen

§ 4 Beteiligung des Grundeigentümers an Aufschließungskosten

Auf Grund des § 22 Abs. 2 des Gemeindeplanungsgesetzes 1995, LGBl. Nr. 23, wird verordnet:

### § 1 Grundsätze für privatwirtschaftliche Maßnahmen zur Erreichung der Ziele der örtlichen Raumplanung

(1) Die Gemeinde ist berechtigt, zur Erreichung der im örtlichen Entwicklungskonzept nach § 2 des Gemeindeplanungsgesetzes 1995 festgelegten Ziele der örtlichen Raumplanung privatwirtschaftliche Maßnahmen zu setzen (§ 22 Abs. 1 des Gemeindeplanungsgesetzes 1995).

(2) In Gemeinden, in denen ein örtliches Entwicklungskonzept besteht, das nicht den Bestimmungen des § 2 des Gemeindeplanungsgesetzes 1995 vollinhaltlich entspricht, gilt das örtliche Entwicklungskonzept bis zur Anpassung an die Bestimmungen des Gemeindeplanungsgesetzes 1995 als örtliches Entwicklungskonzept im Sinne des Abs. 1.

(3) Zu den privatwirtschaftlichen Maßnahmen zählen insbesondere Vereinbarungen der Gemeinde mit Grundeigentümern anläßlich der Erlassung oder Änderung von Flächenwidmungsplänen

a) zur Sicherstellung einer widmungsgemäßen Verwendung von unbebauten Baugrundstücken innerhalb angemessener Fristen,

b) über die Sicherstellung der Verfügbarkeit von Grundflächen zur Vorsorge für die Deckung des örtlichen Bedarfes an Baugrundstücken zu angemessenen Preisen,
c) über die Beteiligung der Grundeigentümer an den der Gemeinde durch die Festlegung von Grundflächen als Bauland erwachsenden Kosten für Aufschließungsmaßnahmen und für die Schaffung der sonstigen Bebauungsvoraussetzungen.

(4) Beim Abschluß und bei der inhaltlichen Gestaltung von Vereinbarungen ist die Gleichbehandlung der in Betracht kommenden Vertragspartner der Gemeinden zu wahren. Eine unterschiedliche Behandlung von Vertragspartnern darf ihre Grundlage ausschließlich in unterschiedlichen tatsächlichen Verhältnissen, wie insbesondere der Größe oder der Lage der betroffenen Grundflächen, deren bisherige oder künftige Verwendung u. dgl., haben.

(5) Bei der inhaltlichen Gestaltung von Vereinbarungen sind die verfassungsgesetzlich gewährleisteten Rechte der Vertragspartner der Gemeinden zu wahren und deren wirtschaftliche Interessen den Interessen der örtlichen Raumplanung gegenüberzustellen und gegeneinander abzuwägen; bei der Festlegung der Leistungspflichten, zu deren Übernahme sich die Vertragspartner verpflichten, ist auf deren Verhältnismäßigkeit zu achten.

(6) Die Vereinbarungen sind unter der aufschiebenden Bedingung abzuschließen, daß sie erst wirksam werden dürfen, wenn die in Aussicht genommene Flächenwidmung hinsichtlich jener Grundflächen, auf die sich die Vereinbarung bezieht, rechtswirksam geworden ist. In der Vereinbarung ist ausdrücklich festzuhalten, daß ihr Abschluß keinen Rechtsanspruch auf die Erlassung oder Änderung des Flächenwidmungsplanes begründet.

(7) In den Vereinbarungen ist die Erfüllung der Leistungspflichten, zu denen sich die Vertragspartner der Gemeinden verpflichten, durch geeignete Sicherungsmittel zu gewährleisten. Als Sicherungsmittel dürfen nur solche vorgesehen werden, die im Hinblick auf die mit der Vereinbarung verfolgten Interessen der örtlichen Raumplanung geeignet, erforderlich und verhältnismäßig sind. Insbesondere kommen als Sicherungsmittel die Vereinbarung einer Konventionalstrafe, die Bestellung einer Kaution oder Hypothek, die Einräumung eines Optionsrechtes oder die Übernahme einer Bürgschaft

durch einen Dritten in Betracht. Bei der Auswahl und bei der inhaltlichen Gestaltung der Sicherungsmittel gilt Abs. 5 sinngemäß.

(8) In den Vereinbarungen ist für den Fall der Weitergabe jener Grundflächen, auf die sich die Vereinbarungen beziehen, durch die Vertragspartner der Gemeinden an Dritte sicherzustellen, daß die von den Vertragspartnern übernommenen Leistungspflichten auf deren Rechtsnachfolger überbunden werden. Als Rechtsnachfolger gelten dabei insbesondere auch Dritte, die an den vereinbarungsgegenständlichen Grundflächen längerfristige Nutzungsrechte, wie Bau- oder Bestandsrechte, erwerben.

(9) Die Inhalte der Vereinbarungen sind schriftlich festzuhalten. Sie haben jedenfalls zu beinhalten:
   a) die Bezeichnung der Vertragspartner;
   b) die Bezeichnung der Grundflächen, auf die sich die Vereinbarungen beziehen, ihr Flächenausmaß und ihre gegenwärtige Widmung;
   c) die in Aussicht genommene Widmung der Grundflächen, auf die sich die Vereinbarungen beziehen;
   d) die Festlegung der Leistungspflichten, zu deren Übernahme sich die Vertragspartner der Gemeinden verpflichten;
   e) die Fristen, innerhalb derer die vereinbarungsgemäßen Leistungspflichten zu erbringen sind;
   f) die Mittel zur Sicherstellung der Erfüllung der vereinbarungsgemäßen Leistungspflichten;
   g) die Regelung der Tragung der mit dem Abschluß der Vereinbarungen verbundenen Kosten;
   h) die aufschiebende Bedingung für das Wirksamwerden der Vereinbarung (Abs. 6).

## § 2 Sicherstellung der widmungsgemäßen Verwendung

(1) Die Gemeinden sind ermächtigt, vor einer Neufestlegung von Grundflächen als Bauland mit dem Grundeigentümer eine Vereinbarung nach § 1 Abs. 3 lit. a zur Sicherstellung einer widmungsgemäßen Verwendung der von der in Aussicht genommenen Widmung erfaßten Grundflächen abzuschließen, wenn dies zur Erreichung der im örtlichen Entwicklungskonzept festgelegten Ziele der örtlichen Raumplanung, insbesondere im Interesse einer

geordneten Siedlungsentwicklung, oder zur Sicherstellung einer bestimmten zeitlichen Abfolge der Bebauung erforderlich ist.

(2) In einer Vereinbarung nach Abs. 1 ist vorzusehen, daß die Grundflächen, auf die sich die Vereinbarung bezieht, innerhalb einer angemessenen Frist einer widmungsgemäßen Bebauung zuzuführen sind. Diese Frist darf zehn Jahre ab Wirksamwerden der in Aussicht genommenen Widmung nicht übersteigen. Eine widmungsgemäße Bebauung ist gegeben, wenn das Bauvorhaben vollendet worden ist.

(3) Bei der Bemessung der Frist ist insbesondere auf notwendige Aufwendungen zur Baureifmachung, Art und Umfang der künftigen Bebauung sowie die Zeit zur Erwirkung der erforderlichen behördlichen Genehmigungen Bedacht zu nehmen. In der Vereinbarung ist vorzusehen, daß bei Vorliegen berücksichtigungswürdiger Gründe eine angemessene Verlängerung der Frist zur widmungsgemäßen Bebauung zu gewähren ist.

(4) Die Erfüllung der sich aus der Vereinbarung ergebenden Verpflichtung darf für den Fall, daß diese Grundflächen nicht oder nicht rechtzeitig vereinbarungsgemäß bebaut werden, im Einvernehmen mit dem Grundeigentümer sichergestellt werden durch:
a) Vereinbarung einer Konventionalstrafe;
b) Bestellung einer Kaution;
c) Bestellung einer Hypothek;
d) Einräumung eines Optionsrechtes.

(5) Neben einer Vereinbarung nach Abs. 1 ist der Abschluß einer Vereinbarung nach § 3 nicht zulässig.

### § 3 Sicherstellung der Verfügbarkeit von Grundflächen

(1) Die Gemeinde darf auf Angebot des Grundeigentümers eine Vereinbarung nach § 1 Abs. 3 lit. b abschließen, wenn
a) dies zur Deckung des im örtlichen Entwicklungskonzept unter Berücksichtigung der angestrebten Bevölkerungs-, Siedlungs- und Wirtschaftsentwicklung erhobenen Baulandbedarfes erforderlich ist,
b) geeignete Grundflächen aus den in der Bauflächenbilanz ausgewiesenen Baulandreserven zu angemessenen Preisen nicht ausreichend verfügbar sind. Bei der Gestaltung der Vereinbarung ist insbesondere bei verhältnismäßig kleinen, das Flächenausmaß von 3000 m² nicht übersteigenden

## 1.14. Richtlinien-Verordnung § 3

Grundflächen auf einen geltend gemachten Eigenbedarf des Grundeigentümers angemessen Rücksicht zu nehmen.

(2) Die Sicherstellung der Verfügbarkeit von geeigneten Grundflächen hat durch deren Erwerb durch die Gemeinde oder durch sonstige rechtsgeschäftliche Vereinbarungen der Gemeinde mit Grundeigentümern von zu sichernden Grundflächen, wie insbesondere Baurechtsverträge, Optionsverträge oder Bestandsverträge, zu erfolgen.

(3) In der Vereinbarung ist ein angemessenes Entgelt für die Zurverfügungstellung der Grundflächen festzulegen. Wird in der Vereinbarung die Veräußerung dieser Grundflächen an die Gemeinde oder einen von ihr namhaft gemachten Dritten vorgesehen, darf der zu vereinbarende Kaufpreis die Hälfte des ortsüblichen Preises von gleichwertigen Baugrundstücken in vergleichbarer Lage nicht unterschreiten. In der Vereinbarung ist vorzusehen, daß der Kaufpreis in seinem Wert gesichert wird; als Grundlage für die Feststellung von Geldwertänderungen ist der vom Österreichischen Statistischen Zentralamt verlautbarte Verbraucherpreisindex 1986 oder dessen vergleichbarer Nachfolgeindex heranzuziehen.

(4) Für den Fall der Weitergabe dieser Grundflächen innerhalb von zehn Jahren ist sicherzustellen, daß dies höchstens zum vereinbarten Entgelt (Abs. 3) einschließlich allfälliger Aufwendungen erfolgt. Die Sicherstellung hat durch eine auf die Rechtsnachfolger zu überbindende Vereinbarung einer Konventionalstrafe in der Höhe des dieses Entgelt übersteigenden Mehrerlöses zugunsten des Grundeigentümers, der diese Grundflächen zur Verfügung gestellt hat, zu erfolgen.

(5) In der Vereinbarung ist vorzusehen, daß auf Verlangen des Grundeigentümers die Vereinbarung nach Abs. 1 rückabzuwickeln ist, wenn durch die Gemeinde innerhalb von zehn Jahren nach Wirksamkeit der in Aussicht genommenen Widmung nicht mit einer widmungsgemäßen Bebauung der von der Vereinbarung erfaßten Grundflächen begonnen worden oder eine Weitergabe zum Zweck einer widmungsgemäßen Bebauung dieser Grundflächen nicht erfolgt ist.

## § 4 Beteiligung des Grundeigentümers an Aufschließungskosten

(1) Durch eine Vereinbarung nach § 1 Abs. 3 lit. c darf eine Begründung von Leistungspflichten nur hinsichtlich der Kosten für Aufschließungsmaßnahmen, wie insbesondere für die Errichtung einer der vorgesehenen Verwendung der Grundflächen entsprechenden Abwasserversorgung, Wasserversorgung oder verkehrsmäßigen Erschließung, und für die Schaffung der sonstigen Bebauungsvoraussetzungen, deren Kosten nicht bereits durch gesetzliche Beiträge und Gebühren abgedeckt sind, erfolgen.

(2) In der Vereinbarung sind jedenfalls Art und Umfang der Leistungspflichten des Grundeigentümers und der Gemeinde sowie die Fristen, innerhalb derer die vereinbarungsgemäßen Leistungspflichten zu erbringen sind, festzulegen. Dabei ist ein angemessener Ausgleich zwischen den Interessen der Gemeinde an der größtmöglichen Wirtschaftlichkeit der zu schaffenden Aufschließung von Baugrundstücken und den wirtschaftlichen Interessen des Grundeigentümers anzustreben.

(3) In der Vereinbarung ist die Erfüllung der vereinbarungsgemäßen Leistungsverpflichtungen sicherzustellen. Die Sicherstellung darf erfolgen durch
a) Bestellung einer Kaution,
b) Bestellung einer Hypothek oder
c) Übernahme einer Bürgschaft durch einen Dritten.

(4) Neben einer Vereinbarung nach Abs. 1 ist der Abschluß einer Vereinbarung nach § 3 nicht zulässig.

## 1.15. Verordnung der Kärntner Landesregierung, mit der eine Geschäftsordnung des Raumordnungsbeirates erlassen wird (Geschäftsordnung des Raumordnungsbeirates – K-GOROB)

*LGBl 2002/41*

### Inhaltsverzeichnis

§ 1  Raumordnungsbeirat
§ 2  Konstituierende Sitzung und Wahl des Vorsitzenden
§ 3  Einberufung zu Sitzungen des Beirates
§ 4  Verhinderung an der Teilnahme an einer Sitzung
§ 5  Sitzungen des Beirates
§ 6  Beschlüsse des Beirates
§ 7  Niederschrift
§ 8  Kanzleigeschäfte des Beirates
§ 9  Ausschüsse des Beirates
§ 10 Beiziehung von Sachverständigen und Auskunftspersonen
§ 11 Schlussbestimmungen

Gemäß § 8b des Kärntner Raumordnungsgesetzes – K-ROG, LGBl. Nr. 76/1969, in der Fassung der Gesetze LGBl. Nr. 5/1990, 42/1994, 86/1996 und 136/2001 sowie der Kundmachungen LGBl. Nr. 60/1994 und 89/1994, wird verordnet:

### § 1 Raumordnungsbeirat

(1) Der Raumordnungsbeirat – im Folgenden Beirat genannt – besteht aus sechzehn Mitgliedern und ist zur Beratung der Landesregierung in Angelegenheiten der Raumordnung beim Amt der Landesregierung eingerichtet.

(2) Die Mitglieder des Beirates haben ihr Amt gewissenhaft und unparteiisch auszuüben und sind nach den näheren gesetz-

lichen Bestimmungen (§ 8b Abs. 3 K-ROG, Art. 20 Abs. 3 B-VG) zur Verschwiegenheit über alle ihnen ausschließlich aus ihrer amtlichen Tätigkeit bekannt gewordenen Tatsachen verpflichtet. Diese Verpflichtung bleibt auch nach dem Ausscheiden als Mitglied (Ersatzmitglied) des Beirates bestehen.

(3) Die Mitgliedschaft zum Beirat ist ein Ehrenamt. Den Mitgliedern (Ersatzmitgliedern) ist jedoch für ihre Mühewaltung ein Spesenersatz für die Reisekosten in Form des amtlichen Kilometergeldes zu gewähren.

### § 2 Konstituierende Sitzung und Wahl des Vorsitzenden

(1) Die Landesregierung hat den Beirat zu seiner konstituierenden Sitzung einzuberufen. Den Vorsitz in der konstituierenden Sitzung des Beirates hat bis zur Wahl des Vorsitzenden das an Jahren älteste Mitglied zuführen.

(2) Der Beirat hat in seiner konstituierenden Sitzung aus seiner Mitte bei Anwesenheit von mindestens zwei Dritteln seiner Mitglieder mit einfacher Mehrheit der abgegebenen Stimmen einen Vorsitzenden und einen Stellvertreter zu wählen. Erhält im ersten Wahlgang kein Kandidat die erforderliche einfache Mehrheit, so hat ein zweiter Wahlgang zwischen jenen beiden Kandidaten stattzufinden, die im ersten Wahlgang die meisten Stimmen erhalten haben. Bei Stimmengleichheit im zweiten Wahlgang entscheidet das Los.

(3) Wenn es die einfache Mehrheit des Beirates verlangt, ist die Wahl des Vorsitzenden und des Stellvertreters in geheimer Wahl durchzuführen.

### § 3 Einberufung zu Sitzungen des Beirates

(1) Der Beirat ist vom Vorsitzenden nach Bedarf unter Bekanntgabe der Tagesordnung sowie von Zeit und Ort der Sitzung schriftlich mittels Einladung einzuberufen. Die Einladung zu einer Sitzung ist den Mitgliedern des Beirates, dem mit den Angelegenheiten der Raumordnung betrauten Mitglied der Landesregierung, den Vorständen der mit den rechtlichen und den fachlichen Angelegenheiten der Raumordnung betrauten Abteilungen des Amtes der Landesregierung sowie den weiteren beigezogenen Auskunftspersonen tunlichst eine Woche, in dringenden Fällen mindestens zwei

Tage vor der Sitzung zuzustellen. Sofern keine Verhinderung an der Teilnahme an der Sitzung (§ 4) vorliegt, haben die Mitglieder des Beirates der Einladung Folge zu leisten

(2) Der Beirat ist vom Vorsitzenden binnen zwei Wochen einzuberufen, wenn dies mindestens ein Drittel seiner Mitglieder oder das mit den Angelegenheiten der Raumordnung betraute Mitglied der Landesregierung schriftlich unter Bekanntgabe der Tagesordnung verlangt. Der Vorsitzende ist berechtigt, die Tagesordnung um weitere Punkte zu ergänzen.

### § 4 Verhinderung an der Teilnahme an einer Sitzung

(1) Im Fall der Verhinderung eines Mitgliedes des Beirates wird dieses von seinem Ersatzmitglied vertreten. Die Verhinderung eines Mitgliedes des Beirates liegt jedenfalls im Fall seiner Befangenheit vor. Ein Mitglied des Beirates ist befangen und hat an der Beratung und Beschlussfassung nicht teilzunehmen und seine Vertretung zu veranlassen:

1. in Sachen, an denen es selbst, sein Ehegatte, ein Verwandter oder Verschwägerter in auf- oder absteigender Linie, ein Geschwisterkind oder eine Person, die noch näher verwandt oder im gleichen Grad verschwägert ist, beteiligt ist;
2. in Sachen seiner Wahl- oder Pflegeeltern, Wahl- oder Pflegekinder, seines Mündels oder Pflegebefohlenen;
3. in Sachen, in denen es als Bevollmächtigter einer Partei bestellt war oder noch bestellt ist;
4. wenn sonstige wichtige Gründe vorliegen, die geeignet sind, seine volle Unbefangenheit in Zweifel zu ziehen;
5. wenn ein Beschluss einer Gemeinde den Gegenstand der Beratung und Beschlussfassung des Beirates bildet, an dem es in seiner Eigenschaft als Gemeindefunktionär mitgewirkt hat.

Ob ein wichtiger Grund im Sinn der Z 4 vorliegt, entscheidet im Zweifelsfall der Beirat auf Antrag des Betroffenen oder eines anderen Mitgliedes. Das Mitglied kann die Befangenheit zu einem einzelnen Tagesordnungspunkt als Hinderungsgrund für die Teilnahme an der Sitzung als solcher behandeln.

(2) Ein Mitglied des Beirates hat seine Verhinderung dem Vorsitzenden und seinem Ersatzmitglied zum ehestmöglichen Zeitpunkt

anzuzeigen. Ersatzmitglieder dürfen in dringenden Fällen auch mündlich oder telefonisch zu Sitzungen einberufen werden.

(3) Im Fall der Verhinderung des Vorsitzenden tritt an seine Stelle mit gleichen Rechten und Pflichten der Stellvertreter, ist auch dieser verhindert, so tritt an dessen Stelle das an Jahren älteste nicht verhinderte Mitglied des Beirates.

### § 5 Sitzungen des Beirates

(1) Der Vorsitzende eröffnet und schließt die Sitzung des Beirates und hat für den geordneten Ablauf der Sitzung Sorge zu tragen. Er ist insbesondere im Fall einer Störung berechtigt, die Sitzung auf angemessene Zeit zu unterbrechen.

(2) Der Vorsitzende hat das Vorliegen der Beschlussfähigkeit festzustellen, leitet die Verhandlungen, erteilt das Wort, lässt über Anträge abstimmen und stellt das Ergebnis der Abstimmung fest. Liegen zu einem Tagesordnungspunkt mehrere Anträge vor, entscheidet der Vorsitzende über die Reihenfolge der Abstimmung.

(3) Das mit den Angelegenheiten der Raumordnung betraute Mitglied der Landesregierung und die Vorstände der mit den rechtlichen und den fachlichen Angelegenheiten der Raumordnung betrauten Abteilungen des Amtes der Landesregierung oder jeweils ein von ihnen bestellter Vertreter haben das Recht, an den Sitzungen des Beirates mit beratender Stimme teilzunehmen. Sie sind auf ihr Verlangen zu einzelnen Tagesordnungspunkten zu hören.

### § 6 Beschlüsse des Beirates

(1) Der Beirat ist beschlussfähig, wenn der Vorsitzende und mindestens zwei Drittel seiner sonstigen Mitglieder anwesend sind.

(2) Für einen Beschluss des Beirates ist die einfache Mehrheit der abgegebenen Stimmen erforderlich. Beschlüsse, mit denen die Tagesordnung geändert wird, dürfen nur mit einer Mehrheit von zwei Dritteln der abgegebenen Stimmen gefasst werden. Die Abstimmung erfolgt namentlich oder durch Handzeichen; die Art der Abstimmung wird durch den Vorsitzenden festgelegt. Der Vorsitzende stimmt mit und gibt bei Stimmengleichheit mit seiner Stimme den Ausschlag. Stimmenthaltungen und Erklärungen, weder zuzustimmen noch abzulehnen, gelten als Ablehnung.

### § 7 Niederschrift

(1) Über die Sitzungen des Beirates ist eine Niederschrift anzufertigen, die vom Vorsitzenden und vom Schriftführer zu unterzeichnen ist. Die Niederschrift hat jedenfalls zu enthalten:
a) Tag und Ort der Sitzung;
b) die Namen der an der Sitzung teilnehmenden Personen;
c) die Gegenstände der Beratung und Beschlussfassung;
d) das ziffernmäßige Abstimmungsergebnis;
e) den Wortlaut der gefassten Beschlüsse.

Wenn es ein Mitglied des Beirates unmittelbar nach der Abstimmung verlangt, so ist seine vor der Abstimmung zum Gegenstand geäußerte abweichende Meinung in die Niederschrift aufzunehmen.

(2) Die Niederschrift ist allen Mitgliedern des Beirates, dem mit den Angelegenheiten der Raumordnung betrauten Mitglied der Landesregierung und den Vorständen der mit den rechtlichen und den fachlichen Angelegenheiten der Raumordnung betrauten Abteilungen des Amtes der Landesregierung zuzustellen.

(3) Jedes Mitglied des Beirates hat das Recht, spätestens in der der Übermittlung der Niederschrift folgenden Sitzung Richtigstellungen der Niederschrift zu verlangen. Der Vorsitzende ist berechtigt, die beantragte Änderung im Einvernehmen mit dem Schriftführer vorzunehmen. Wird die verlangte Änderung verweigert, hat der Beirat zu entscheiden.

### § 8 Kanzleigeschäfte des Beirates

Die Kanzleigeschäfte des Beirates sind von der nach der Geschäftseinteilung des Amtes der Landesregierung mit den rechtlichen Angelegenheiten der Raumordnung betrauten Abteilung des Amtes der Landesregierung zu führen.

### § 9 Ausschüsse des Beirates

(1) Der Beirat darf aus seiner Mitte zur Vorbereitung seiner Beschlüsse Ausschüsse bilden. Ein Ausschuss besteht aus mindestens drei und höchstens fünf Mitgliedern.

(2) Der Beschluss, mit dem ein Ausschuss eingerichtet wird, hat jedenfalls die Mitglieder zu benennen und daraus einen Vorsitzenden zu bestimmen. Er hat die Aufgabe des Ausschusses und den zeit-

lichen Rahmen zu ihrer Erfüllung festzulegen. Die Aufgabe hat in der Auf- und Vorbereitung eines konkreten Themas zur Beschlussfassung im Beirat zu bestehen. Die Einrichtung ständiger Ausschüsse ist unzulässig. Die Tätigkeit des Ausschusses ist beendet, sobald der Beirat einen Beschluss über das vorbereitete Thema gefasst hat.

(3) Der Ausschuss ist beschlussfähig, wenn der Vorsitzende und mindestens zwei Drittel der sonstigen Mitglieder anwesend sind. Für einen Beschluss des Ausschusses ist die einfache Mehrheit der abgegebenen Stimmen erforderlich. Der Vorsitzende stimmt mit und gibt bei Stimmengleichheit mit seiner Stimme den Ausschlag. Stimmenthaltungen und Erklärungen, weder zuzustimmen noch abzulehnen, gelten als Ablehnung.

### § 10 Beiziehung von Sachverständigen und Auskunftspersonen

Der Beirat darf für die Dauer seiner Funktionsperiode oder im Einzelfall beschließen, seinen Sitzungen Bedienstete des Amtes der Landesregierung und sonstige Sachverständige und Auskunftspersonen mit beratender Stimme beizuziehen. Den beigezogenen Sachverständigen (Auskunftspersonen) – ausgenommen Bediensteten des Amtes der Landesregierung – ist für ihre Mühewaltung der entsprechende Ersatz zu gewähren.

### § 11 Schlussbestimmungen

(1) Diese Verordnung tritt mit dem der Kundmachung folgenden Monatsersten in Kraft.

(2) Mit dem Inkrafttreten dieser Verordnung tritt die Geschäftsordnung des Raumordnungsbeirates vom 19. Oktober 1999 außer Kraft.

# 2. Kärntner Umweltplanungsgesetz – K-UPG

*LGBl 2004/52, LGBl 2005/89, LGBl 2007/24, LGBl 2016/24, LGBl 2021/59 und LGBl 2022/76*

## Inhaltsverzeichnis

1. Abschnitt – Allgemeine Bestimmungen
§ 1   Gegenstand
§ 2   Begriffsbestimmungen
§ 3   Pläne und Programme
§ 4   Örtliche Raumplanung
§ 5   Landwirtschaft, Jagd und Fischerei
§ 6   Wasserversorgung und -entsorgung
§ 6a  Umgebungslärm

2. Abschnitt – Bestimmungen über das Verfahren
§ 7   Umweltbericht
§ 8   Konsultationsverfahren
§ 9   Grenzüberschreitende Konsultationen
§ 10  Entscheidungsfindung
§ 11  Bekanntgabe der Entscheidung
§ 12  Überwachung

3. Abschnitt – Schlussbestimmungen
§ 13  Eigener Wirkungsbereich der Gemeinde
§ 14  Landesgesetze
§ 15  In-Kraft-Treten
§ 16  Umsetzungshinweis
Anlage

## Allgemeine Erläuterungen zum K-UPG:
## ErlRV 01-VD-LG-1729/8-2016, 1 und 5 (zu LGBl 2016/24):

„1. Änderungsbedarf

Das Kärntner Gemeindeplanungsgesetz 1995 – K-GplG 1995, LGBl. Nr. 23/1995 idF LGBl. Nr. 85/2013, das Kärntner Raumordnungsgesetz – K-ROG, LGBl. Nr. 76/1969 idF LGBl. Nr. 136/2001, und das Kärntner Umweltplanungsgesetz – K-UPG, LGBl. Nr. 52/2004 idF LGBl. Nr. 24/2007, bedürfen aufgrund der Richtlinie 2012/18/EU des Europäischen Parlaments und des Rates vom 4. Juli 2012 zur Beherrschung der Gefahren schwerer Unfälle mit gefährlichen Stoffen, zur Änderung und anschließenden Aufhebung der Richtlinie 96/82/EG des Rates, ABl. Nr. L 197 vom 24.7.2012, S 1 („Seveso-III Richtlinie"), einer Anpassung. Die aufgrund der Richtlinie 2012/18/EU erforderlichen Anpassungen werden wegen ihrer Dringlichkeit weiteren, in Aussicht genommenen umfangreichen Änderungen des Kärntner Gemeindeplanungsgesetzes 1995 und des Kärntner Raumordnungsgesetzes vorgezogen. Die Frist für die Umsetzung der Richtlinie 2012/18/EU endete nach ihrem Art. 31 mit 31. Mai 2015. Im gegenständlichen Zusammenhang ist allerdings darauf hinzuweisen, dass die durch den vorliegenden Gesetzesentwurf intendierten Anpassungen an die Richtlinie 2012/18/EU die Umsetzung in den bezughabenden Materiengesetzen, insbesondere dem Kärntner Seveso-Betriebegesetz 2015 und der Gewerbeordnung 1994, nur aus raumordnungsrechtlicher Sicht zu ergänzen bezwecken.

2. Kompetenzrechtliche Grundlagen

Der vorliegende Gesetzesentwurf stützt sich auf Art. 15 Abs. 1 B-VG.

3. Besondere Anhörungsrechte

Vor Beschlussfassung des Gesetzesentwurfs ist die Bestimmung des § 8 Abs. 2 K-ROG zu beachten. Hiernach *ist der Raumordnungsbeirat* von der Landesregierung *in Angelegenheiten der Raumordnung*, insbesondere vor der Aufstellung von überörtlichen Entwicklungsprogrammen, *zu hören*.

4. Besonderheiten des Gesetzgebungsverfahrens

Keine.

[...]

Unionsrecht

Der vorliegende Gesetzesentwurf dient der Umsetzung der Richtlinie 2012/18/EU des Europäischen Parlaments und des Rates vom 4. Juli 2012 zur Beherrschung der Gefahren schwerer Unfälle mit gefährlichen Stoffen, zur Änderung und anschließenden Aufhebung der Richtlinie 96/82/EG des Rates, ABl. Nr. L 197 vom 24.7.2012, S 1 („Seveso-III-Richtlinie")."

### ErlRV 01-VD-LG-1392/2020-27, 1 (zu LGBl 2022/76):

„Dieser Gesetzesentwurf ist zur Beseitigung eines Umsetzungsdefizits hinsichtlich der sog. Seveso-III-Richtlinie 2012/18/EU bestimmt, das auf Grund des Vertragsverletzungsverfahrens der Europäischen Kommission gegen Österreich Nr. 2020/2104 zu Tage getreten ist. Das Vertragsverletzungsverfahren ist teilweise durch redaktionelle Fehlleistungen, teils aber auch durch Auffassungsunterschiede, sowohl betreffend die Umsetzungszuständigkeit als auch die erforderliche Art der Umsetzung betreffend, begründet."

## 1. Abschnitt – Allgemeine Bestimmungen

### § 1 Gegenstand

(1) Dieses Gesetz regelt
a) die Umweltprüfung, um bei der Ausarbeitung bestimmter Pläne und Programme, die voraussichtlich erhebliche Umweltauswirkungen haben, ein hohes Umweltschutzniveau sicherzustellen und Umwelterwägungen in die Entscheidungsfindung einzubeziehen, und
b) die Öffentlichkeitsbeteiligung im Zusammenhang mit der Ausarbeitung bestimmter umweltbezogener Pläne und Programme.
(2) Die Bedingungen zur Erzeugung von Plänen und Programmen sowie zu deren Änderung, die in den einzelnen Verwaltungsvorschriften jeweils vorgesehen sind, bleiben durch die Bestimmungen dieses Gesetzes unberührt.

## § 2 Begriffsbestimmungen

In diesem Gesetz bedeuten die Ausdrücke:
a) „Planungsbehörde": das zur Erlassung des Plans oder Programms nach den Verwaltungsvorschriften jeweils zuständige Organ;
b) „öffentliche Umweltstellen": die für fachliche Angelegenheiten des Umweltschutzes und des Naturschutzes jeweils zuständige Abteilung des Amtes der Kärntner Landesregierung und, soweit der Plan oder das Programm inhaltlich ein Europaschutzgebiet betreffen kann, der Naturschutzbeirat (§ 24a und § 61 Abs. 1 des Kärntner Naturschutzgesetzes 2002 – K-NSG 2002);
c) „UVP-Vorhaben": Vorhaben gemäß § 2 Abs. 2 und § 3 Abs. 1 in Verbindung mit Anhang 1 des Umweltverträglichkeitsprüfungsgesetzes 2000 (UVP-G 2000), BGBl. Nr. 697/1993, zuletzt geändert durch BGBl. I Nr. 14/2005;
d) „Natura-2000-Gebiet": ein Gebiet im Sinn der Richtlinie 92/43/EWG des Rates vom 21. Mai 1992 zur Erhaltung der natürlichen Lebensräume sowie der wildlebenden Tiere und Pflanzen, ABl Nr L 206 vom 22. Juli 1992, S. 7, geändert durch ABl. Nr. L 305 vom 8. November 1997, S. 42;
e) „sonstige erhebliche Umweltauswirkungen": Auswirkungen bestimmter Maßnahmen der örtlichen Raumplanung (§ 4 Abs. 1 lit. c), die im Einzelfall gemäß den Kriterien der Anlage zu diesem Gesetz zu bestimmen sind;
f) „Seveso-Betrieb" ist der unter der Aufsicht eines Inhabers stehende Bereich, in dem gefährliche Stoffe im Sinne des § 2 Z 9 K-SBG in einer oder in mehreren technischen Anlagen im Sinne des § 2 Z 8 K-SBG vorhanden im Sinne des § 2 Z 11 K-SBG sind, einschließlich gemeinsamer oder verbundener Infrastrukturen und Tätigkeiten; Betriebe sind entweder Betriebe der unteren Klasse im Sinne des § 2 Z 2 K-SBG oder Betriebe der oberen Klasse im Sinne des § 2 Z 3 K-SBG;
g) „schwerer Unfall" ist ein Ereignis, das sich aus unkontrollierten Vorgängen in einem unter dieses Gesetz fallenden Betrieb ergibt (etwa eine Emission, ein Brand oder eine Explosion größeren Ausmaßes), das unmittelbar oder später innerhalb oder außerhalb des Betriebs zu einer ernsten Gefahr für die

menschliche Gesundheit oder die Umwelt führt und bei dem ein oder mehrere gefährliche Stoffe beteiligt sind;
h) „Risiko" ist die Wahrscheinlichkeit, dass innerhalb einer bestimmten Zeitspanne oder unter bestimmten Umständen eine bestimmte Wirkung eintritt.

### ErlRV -2V-LG-936/13-2005, 1 (zu LGBl 2005/89):

„Im Hinblick auf die letzte Novelle zum Umweltverträglichkeitsprüfungsgesetz 2000, BGBl. I Nr. 14/2005, wird in der Legaldefinition des § 2 lit. c des Kärntner Umweltplanungsgesetzes das Zitat der Fundstelle angepasst."

### ErlRV 01-VD-LG-1392/2020-27, 2 (zu LGBl 2022/76):

„Zu Z 1 und 2 (§ 2 lit. f bis h):
Durch diese Bestimmung wird Art. 3 Z 1, 13 und 15 der Richtlinie 2012/18/EU umgesetzt."

### § 3 Pläne und Programme

Dem 2. Abschnitt unterliegen Entwürfe, deren Inhalt auf die Erlassung oder Änderung eines der nachstehend bezeichneten Pläne und Programme gerichtet ist, soweit die §§ 4 bis 6a nichts anderes bestimmen:
a) überörtliches Entwicklungsprogramm nach § 7 des Kärntner Raumordnungsgesetzes 2021 (K-ROG 2021)
b) örtliches Entwicklungskonzept nach § 9 K-ROG 2021;
c) Flächenwidmungsplan nach § 13 K-ROG 2021, mit Ausnahme der Festlegung als Orts- oder Stadtkern (§ 31 K-ROG 2021);
d) Bebauungsplan nach § 47 K-ROG 2021, Teilbebauungsplan nach § 48 K-ROG 2021 und Gestaltungsplan nach § 49 K-ROG 2021;
e) integrierte Flächenwidmungs- und Bebauungsplanung nach § 52 K-ROG 2021;
f) Abfallwirtschaftskonzept des Landes nach § 4 der Kärntner Abfallwirtschaftsordnung 2004 (K-AWO);

g) überörtliche Planung betreffend öffentliche Abfallbehandlungsanlagen nach § 36 Abs. 1 K-AWO;
h) Agrarischer Leitplan nach § 7 des Kärntner Landwirtschaftsgesetzes (K-LWG);
i) Wildökologischer Raumplan nach § 55a des Kärntner Jagdgesetzes 2000 (K-JG);
j) Verordnung über Richtlinien für die Abschussplanung (Abschussrichtlinien) sowie über Grundsätze, die bei der Erfüllung des Abschussplanes einzuhalten sind, nach § 56 K-JG;
k) Verordnung über Schonzeiten und Mindestfangmaße (Brittelmaße) nach § 34 Abs. 1 des Kärntner Fischereigesetzes (K-FG);
l) Verordnung zum Schutz der Wassertiere vor freilebenden Tieren nach § 47 Abs. 2 K-FG;
m) Verordnung über den Kanalisationsbereich nach § 2 des Gemeindekanalisationsgesetzes 1999 (K-GKG);
n) Verordnung über den Versorgungsbereich nach § 2 des Gemeindewasserversorgungsgesetzes 1997 (K-GWVG);
o) Aktionsplan gegen Straßenlärm nach § 62e Abs. 1 oder 2 des Kärntner Straßengesetzes 1991 (K-StrG);
p) Aktionsplan für Ballungsräume nach § 9a des Kärntner IPPC-Anlagengesetzes (K-IPPC-AG).

Anm: Siehe auch die Erläuterungen zu § 6a.

### ErlRV -2V-LG-936/13-2005, 2 (zu LGBl 2005/89):

„Der Katalog der grundsätzlich dem Kärntner Umweltplanungsgesetz unterliegenden Pläne und Programme wird um zwei Literae erweitert. Damit werden die EU-rechtlich geforderten Aktionspläne im Zusammenhang mit der Bekämpfung von Umgebungslärm aufgenommen, deren Regelungen im Bereich der Landeszuständigkeiten im Kärntner Straßengesetz 1991 und im Kärntner IPPC-Anlagengesetz erfolgen soll. Überdies hat der Einleitungssatz des § 3 K-UPG die mit Z 3 des Entwurfes vorgesehenen Sonderregeln zum 2. Abschnitt des K-UPG zu berücksichtigen."

**ErlRV 01-VD-LG-1865/5-2021, 65 (zu LGBl 2005/89):**

„Es erfolgen redaktionelle Anpassungen an das K-ROG 2021."

## § 4 Örtliche Raumplanung

(1) Der 2. Abschnitt ist auf Entwürfe für Maßnahmen der örtlichen Raumplanung gemäß § 3 lit. c bis e nur soweit anzuwenden, als der Plan
  a) Grundlage für die künftige Genehmigung eines UVP-Vorhabens sein kann, sofern nicht der Gemeinderat einen Vorbehalt nach Abs. 3 erster Satz beschließt, oder
  b) voraussichtlich Auswirkungen auf ein Natura-2000-Gebiet hat, oder
  c) voraussichtlich sonstige erhebliche Umweltauswirkungen hat (Abs. 2), sofern er betrifft:
1. die Festlegung als Bauland, es sei denn, dass durch dessen zulässige Nutzungen eine örtlich unzumutbare Umweltbelastung nicht in Betracht, oder
2. die gesonderte Festlegung einer Fläche im Grünland, wie etwa Festlegungen gemäß § 27 Abs. 2 Z 2, 4, 5, 8, 10 und 11 K-ROG 2021 sowie gemäß § 27 Abs. 2 Z 12 K-ROG 2021, soweit sie angemessene Sicherheitsabstände zwischen Sondergebieten für Seveso-Betriebe im Sinne von § 2 Z 1 K-SBG und anderen Grundflächen und im Grünland gesondert festgelegten Gebieten im Sinne des § 16 Abs. 3 K-ROG 2021 zum Inhalt haben, oder
  d) die Festlegung von Sondergebieten für Seveso-Betriebe sowie die Festlegung von Flächen, die im Hinblick auf einen errichteten Seveso-Betrieb das Risiko eines schweren Unfalls vergrößert oder die Folgen eines solchen Unfalls verschlimmern kann, vorsieht.

(2) Die Planungsbehörde hat anlässlich der Erarbeitung eines Entwurfs gemäß Abs. 1 lit. c die öffentlichen Umweltstellen anzuhören, ob der Plan voraussichtlich erhebliche Umweltauswirkungen hat. Die öffentlichen Umweltstellen haben sich hiezu ohne unnötigen Aufschub, spätestens jedoch binnen vier Wochen, unter Berücksichtigung der Kriterien der Anlage zu diesem Gesetz zu äußern. Die Stellungnahmen, einschließlich der Gründe für die Annahme, dass die Umweltauswirkungen voraussichtlich unerheblich sind,

sind durch Veröffentlichung auf der Internetseite des Amtes der Kärntner Landesregierung bekanntzugeben.

(3) Der Gemeinderat darf in einem Plan gemäß Abs. 1 lit. a vorsehen, dass für die betreffende Grundfläche die spätere Durchführung eines Verfahrens nach dem 2. Abschnitt vorbehalten wird (Vorbehalt). Der Vorbehalt hat die Wirkung, dass eine ihm unterliegende Grundfläche nach landesgesetzlichen Vorschriften nicht für UVP-Vorhaben bestimmt ist. Der Beschluss eines Vorbehalts setzt voraus, dass

a) die spätere Durchführung eines Verfahrens nach dem 2. Abschnitt im Interesse der Raschheit, Einfachheit und Zweckmäßigkeit der Gemeindeplanung gelegen ist und

b) bei der Landesregierung ein die Grundfläche betreffender Antrag auf Genehmigung eines UVP-Vorhabens nicht eingebracht worden ist.

Eine Grundfläche, die einem Vorbehalt nach dem ersten Satz unterliegt, ist im Fall der zeichnerischen Darstellung der Pläne gemäß § 3 lit. c bis e unter Verwendung eines besonderen Planzeichens, wenn solche durch die Landesregierung nach den Bestimmungen des K-ROG 2021 verordnet worden sind, unter Beifügung des Vermerks „Nicht für UVP-Vorhaben gem. K-UPG" auszuweisen; im Fall der textlichen Darstellung ist der Vorbehalt ausdrücklich festzulegen. Der Gemeinderat darf einen Vorbehalt nach dem ersten Satz erst nach Durchführung des Verfahrens gemäß dem 2. Abschnitt und unter Bedachtnahme auf die Ergebnisse dieses Verfahrens aufheben; Planzeichen und Vermerke in der zeichnerischen Darstellung eines Plans gemäß § 3 lit. c bis e sind durch Änderung dieses Plans zu löschen.

### ErlRV 01-VD-LG-1729/8-2016, 4 (zu LGBl 2016/24):

„Zu Z 1 (§ 4 Abs. 1 lit. c Z 2)

Es erfolgt eine Erweiterung der demonstrativen Aufzählung des § 4 Abs. 1 lit. c Z 2 des Kärntner Umweltplanungsgesetzes. Nach dieser Bestimmung unterliegt die gesonderte Festlegung einer Fläche im Grünland dem 2. Abschnitt des K-UPG, wenn durch Planungsmaßnahmen mit sonstigen erheblichen Umweltauswirkungen iSd § 4 Abs. 2 K-UPG zu rechnen ist. Von der demonstrativen Aufzählung der *gesonderten Festlegung von Flächen im Grünland* sind derzeit die

Errichtung von Gebäuden samt dazugehörigen sonstigen baulichen Anlagen für landwirtschaftliche Betriebe mit Intensivtierhaltung oder sonstige landwirtschaftliche Produktionsstätten industrieller Prägung, Sportanlagen, Campingplätze, Materialgewinnungsstätten und Materiallagerstätten, Abfallbehandlungsanlagen und Abfalllagerstätten sowie Sprengstofflager und Schießstätten erfasst. Diese Aufzählung soll um *Festlegungen von angemessenen Sicherheitsabständen* zwischen Sondergebieten für *Betriebe*, die in den Anwendungsbereich der *Richtlinie 2012/18/EU* fallen (Art. I § 5 Abs. 2 lit. l des Gesetzesentwurfs), und anderen Grundflächen im Bauland mit Ausnahme von Sondergebieten für Betriebe, die in den Anwendungsbereich der Richtlinie 2012/18/EU fallen (Abs. 10), Gewerbe- und Industriegebieten sowie Verkehrsflächen und im Grünland gesondert festgelegten Gebieten, die jeweils erfahrungsgemäß häufig von Menschen frequentiert werden (insbesondere Hauptverkehrswege und Erholungsgebiete), und sonstigen im Grünland gesondert festgelegten Gebieten, für die aufgrund von Bundes- oder Landesgesetzen unter dem Gesichtspunkt des Umwelt- und Naturschutzes Nutzungsbeschränkungen bestehen (zB Nationalparkgebiete, Naturschutzgebiete, Landschaftsschutzgebiete, wasserrechtlich besonders geschützte Gebiete und sonstige wasserwirtschaftliche Planungsgebiete und dergleichen), erweitert werden. Eine derartige Erweiterung des § 4 Abs. 1 lit. c Z 2 K-UPG erscheint aufgrund des Art. 13 der Richtlinie 2012/18/EU erforderlich, da nach dieser Bestimmung (wie im Übrigen bereits bisher nach Art. 12 Abs. 2 der Richtlinie 96/82/EG) die Mitgliedstaaten auch dafür zu sorgen haben, dass alle zuständigen Behörden und alle für Entscheidungen in diesem Bereich zuständigen Dienststellen geeignete Konsultationsverfahren einrichten, um die Umsetzung dieser Politik zu erleichtern, wobei diese Verfahren zu gewährleisten haben, dass bei diesbezüglichen Entscheidungen unter Berücksichtigung des Einzelfalls oder nach allgemeinen Kriterien die Betreiber genügend Informationen zu den vom Betrieb ausgehenden Risiken liefern und auf fachliche Beratung über die von dem Betrieb ausgehenden Risiken zurückgegriffen werden kann.

Es wird jedoch ausdrücklich darauf hingewiesen, dass es sich bei den in § 4 Abs. 1 lit. c Z 2 des Kärntner Umweltplanungsgesetzes enthaltenen Nennungen bestimmter Planungsmaßnahmen um keine taxative Aufzählung handelt. Sofern die in § 4 Abs. 2 K-UPG iVm den in der Anlage zum K-UPG festgelegten Kriterien für die Bestimmung der sonstigen erheblichen Umweltauswirkungen erfüllt sind, unterfallen daher auch andere Maßnahmen der örtlichen Raumplanung, wie beispielsweise die ebenfalls neu in das K-GplG 1995 aufgenommenen Festlegungen nach Art. I § 5 Abs. 2 lit. m und n des Gesetzesentwurfs, dem 2. Abschnitt des K-UPG."

**ErlRV 01-VD-LG-1865/5-2021, 65 (zu LGBl 2005/89):**

„Es erfolgen redaktionelle Anpassungen an das K-ROG 2021."

**ErlRV 01-VD-LG-1392/2020-27, 2 (zu LGBl 2022/76):**

„Zu Z 3 und 4 (§ 4 Abs. 1 lit. c Z 2 und d):

Durch § 4 Abs. 1 lit. d wird Art. 15 Abs. 6 der Richtlinie 2012/18/EU umgesetzt."

### § 5 Landwirtschaft, Jagd und Fischerei

Dem 2. Abschnitt unterliegen Entwürfe gemäß § 3 lit. h bis l nur insoweit, als sich der Plan oder das Programm voraussichtlich auf ein Natura-2000-Gebiet auswirken kann. Ansonsten gelten § 8 (Konsultationsverfahren) und § 10 (Entscheidungsfindung) mit der Maßgabe, dass die Bestimmungen über den Umweltbericht und über grenzüberschreitende Konsultationen nicht anzuwenden sind.

### § 6 Wasserversorgung und -entsorgung

Dem 2. Abschnitt unterliegen Entwürfe gemäß § 3 lit. m und n nur insoweit, als sich der Plan voraussichtlich auf ein Natura-2000-Gebiet auswirken kann.

### § 6a Umgebungslärm

Für Entwürfe gemäß § 3 lit. o und p gelten § 8 (Konsultationsverfahren) und § 10 (Entscheidungsfindung) mit der Maßgabe, dass die Bestimmungen über den Umweltbericht und über grenzüberschreitende Konsultationen nicht anzuwenden sind; bei Aktionsplänen im Grenzgebiet gilt jedoch § 9 Abs. 3 für den Zweck der Zusammenarbeit mit benachbarten Mitgliedstaaten der Europäischen Union.

### ErlRV -2V-LG-936/13-2005, 1 f (zu LGBl 2005/89):

„Die Richtlinie 2002/49/EG über die Bewertung und Bekämpfung von Umgebungslärm, ABl. Nr. L 189 vom 18. Juli 2002, S. 12, soll im Land Kärnten durch Novellen zum Kärntner Straßengesetz 1991 (K-StrG), zum Kärntner IPPC-Anlagengesetz (K-IPPC-AG), zum Kärntner Gemeindeplanungsgesetz 1995 (K-GPlG 1995) und zum Kärntner Umweltplanungsgesetz (K-UPG) umgesetzt werden.

Der vorliegende Entwurf dient der Umsetzung des Art. 8 Abs. 6 und 7 der Richtlinie 2002/49/EG. Die genannten Richtlinienbestimmungen haben die Zusammenarbeit benachbarter EU-Mitgliedsstaaten in Bezug auf Aktionspläne für Grenzgebiete sowie das Verfahren der Mitwirkung der Öffentlichkeit zum Gegenstand. Aus systematischen Gründen und der Einheitlichkeit halber soll die Umsetzung der genannten Bestimmungen im Kärntner Umweltplanungsgesetz erfolgen (Vermeidung einer lex fugitiva); siehe hiezu den Hinweis in Art. I Z 4 (§ 62f Abs. 1) des Entwurfes eines Gesetzes, mit dem das Kärntner Straßengesetz 1991 geändert wird, und Art. I (§ 9a Abs. 3) des Kärntner IPPC-Anlagengesetzes.

[...]

Als Einschränkung des Anwendungsbereiches des Kärntner Umweltplanungsgesetzes wird in § 6a vorgesehen, dass grundsätzlich bloß die Bestimmungen über das Konsultationsverfahren und über die Entscheidungsfindung (§§ 8 und 10) anwendbar sind. Wegen der für Aktionspläne im Grenzbereich geforderten Zusammenarbeit mit benachbarten EU-Mitgliedsstaaten wird überdies § 9 Abs. 3 anwendbar gemacht, um das innerstaatliche Vorgehen im Verhältnis zum Ausland zu regeln.

Die materiellen Erfordernisse an Aktionspläne sowie die Information der Öffentlichkeit einschließlich einer Zusammenfassung über den Inhalt der Aktionspläne richten sich nach den Bestimmungen des Kärntner IPPC-Anlagengesetzes.

Der vorliegende Entwurf geht von der (vorläufigen) Annahme aus, dass die Bestimmungen über die Strategische Umweltprüfung (SUP), insbesondere über den Umweltbericht, auf die genannten Aktionspläne nicht anzuwenden sind. Dies deshalb, weil die – zeitlich erst nach der SUP-Richtlinie erlassene – Richtlinie 2002/49/EG eine (eingeschränkte) spezifische Zwecksetzung, nämlich die Bewertung und Bekämpfung von Umgebungslärm, verfolgt und hiezu eigene verfahrensrechtliche

Bestimmungen enthält (siehe näher in Art. 8 der Richtlinie). Darin dürfte wohl eine lex specialis zur SUP-Richtlinie zu erblicken sein. Daher wird die Frage, ob auf die Aktionspläne gemäß der Richtlinie 2002/49/EG zusätzlich die SUP-Regelungen anzuwenden wären, bis zu einer allfälligen Klärung durch den EuGH vorerst verneint. Im Übrigen sollen Aktionspläne auch im Rahmen der Erlassung von Flächenwidmungsplänen beachtet werden (vgl. Art. I Z 1 des Entwurfes eines Gesetzes, mit dem das Kärntner Gemeindeplanungsgesetz 1995 geändert wird); freilich können Flächenwidmungspläne ihrerseits unter den Voraussetzungen des Kärntner Umweltplanungsgesetzes einer Umweltprüfung unterliegen."

## 2. Abschnitt – Bestimmungen über das Verfahren

### § 7 Umweltbericht

(1) Vor der Beschlussfassung über einen Plan oder ein Programm hat die Planungsbehörde über jeden Entwurf gemäß § 3 – vorbehaltlich der Einschränkungen des Anwendungsbereichs nach den §§ 4 bis 6 – einen Umweltbericht zu erstellen. Darin sind die voraussichtlichen erheblichen Auswirkungen, die die Anwendung des Plans oder Programms auf die Umwelt hat, sowie vernünftige Alternativen, die die Zielsetzungen und den geographischen Anwendungsbereich des Plans oder Programms berücksichtigen, zu ermitteln, zu beschreiben und zu bewerten.

(2) Der Umweltbericht hat jedenfalls die folgenden Angaben zu enthalten:

a) eine Kurzdarstellung des Inhalts und der wichtigsten Ziele des Plans oder Programms sowie der Beziehung zu anderen relevanten Plänen und Programmen;

b) die maßgeblichen Gesichtspunkte des derzeitigen Umweltzustands und dessen voraussichtliche Entwicklung bei Nichtdurchführung des Plans oder Programms;

c) die Umweltmerkmale der Gebiete, die voraussichtlich erheblich beeinflusst werden;

d) sämtliche Umweltprobleme, die derzeit für den Plan oder das Programm relevant sind, unter besonderer Berücksichtigung der Probleme, die sich auf Gebiete mit einer spezi-

ellen Umweltrelevanz beziehen (einschließlich der Natura-2000-Gebiete);
e) die auf internationaler, gemeinschaftlicher oder nationaler Ebene festgelegten Ziele des Umweltschutzes, die für den Plan oder das Programm von Bedeutung sind, und die Art, wie diese Ziele und alle Umwelterwägungen bei der Ausarbeitung des Plans oder Programms berücksichtigt wurden;
f) die voraussichtlichen erheblichen Umweltauswirkungen, einschließlich sekundärer, kumulativer, synergetischer, kurz-, mittel- und langfristiger, ständiger und vorübergehender, positiver und negativer Auswirkungen, unter Berücksichtigung insbesondere der Gesichtspunkte biologische Vielfalt, Bevölkerung, menschliche Gesundheit, Fauna, Flora, Boden, Wasser, Luft, klimatische Faktoren, Sachwerte, kulturelles Erbe (einschließlich der architektonisch wertvollen Bauten und der archäologischen Schätze) und Landschaft sowie die Wechselbeziehung zwischen den genannten Faktoren;
g) die Maßnahmen, die geplant sind, um erhebliche negative Umweltauswirkungen auf Grund der Anwendung des Plans oder Programms zu verhindern, zu verringern und weitestmöglich auszugleichen;
h) eine Kurzdarstellung der Gründe für die Wahl der geprüften Alternativen und eine Beschreibung, wie die Umweltprüfung vorgenommen wurde, einschließlich etwaiger Schwierigkeiten bei der Zusammenstellung der erforderlichen Informationen (wie etwa technische Lücken oder fehlende Kenntnisse);
i) eine Beschreibung der geplanten Maßnahmen nach § 12;
j) eine allgemeinverständliche Zusammenfassung der Informationen gemäß lit. a bis i.

(3) In den Umweltbericht sind Informationen aufzunehmen, die zur Ermittlung, Beschreibung und Bewertung nach Abs. 1 vernünftigerweise verlangt werden können. Zur Erstellung der Angaben gemäß Abs. 2 dürfen alle verfügbaren relevanten Informationen über Umweltauswirkungen der Pläne und Programme herangezogen werden, die auf anderen Ebenen des Entscheidungsprozesses oder auf Grund anderer Rechtsvorschriften gesammelt wurden. Bei Erstellung des Umweltberichts sind der Stand der Wissenschaft, aktuelle Prüfmethoden, Inhalt und Detaillierungsgrad des Plans oder Programms sowie dessen Stellung im Entscheidungsprozess zu

berücksichtigen. Zur Vermeidung von Mehrfachprüfungen kann sich das Ausmaß der Angaben des Umweltberichts danach bestimmen, auf welcher der unterschiedlichen Ebenen einer Plan- oder Programmhierarchie bestimmte Aspekte besser geprüft werden können.

(4) Die Planungsbehörde hat die öffentlichen Umweltstellen zur Frage des Umfangs und Detaillierungsgrads der Angaben gemäß Abs. 1 und 2 zu konsultieren.

## § 8 Konsultationsverfahren

(1) Die Planungsbehörde hat in der Kärntner Landeszeitung oder auf ihrer Internetseite bekannt zu machen, dass ein bestimmt bezeichneter Entwurf gemäß § 3 und der hiezu erstellte Umweltbericht innerhalb einer mindestens vier Wochen betragenden Frist bei der Planungsbehörde während der Amtsstunden zur öffentlichen Einsichtnahme aufliegt und dass innerhalb der Frist jedermann zum Entwurf gemäß § 3 und zum Umweltbericht Stellung nehmen kann.

(2) Zugleich sind der Entwurf gemäß § 3 und der Umweltbericht den öffentlichen Umweltstellen mit der Aufforderung zu übermitteln oder zugänglich zu machen, dass hiezu innerhalb der Frist nach Abs. 1 Stellung genommen werden kann. Liegen triftige Gründe vor, hat die Planungsbehörde die Frist zur Stellungnahme zu verlängern.

### ErlRV 01-VD-LG-1392/2020-27, 2 (zu LGBl 2022/76):

„Zu Z 5 (§ 8 Abs. 1):

Das neue K-ROG 2021 sieht vor, dass jede Person – unabhängig vom Nachweis eines Interesses – zu Plänen im Rahmen eines Begutachtungsverfahrens eine Stellungnahme abgeben kann. Dies soll auch im Anwendungsbereich des K-UPG gelten. Gleichzeitig wird damit auch die Anforderung von Art. 15 Abs. 6 der Richtlinie 2012/18/EU iVm. Art. 2 Abs. 2 der Richtlinie 2003/35/EG umgesetzt."

## § 9 Grenzüberschreitende Konsultationen

(1) Rechtzeitig vor der Beschlussfassung durch die Planungsbehörde sind der Entwurf gemäß § 3 und der hiezu erstellte Umwelt-

bericht einem anderen Mitgliedstaat der Europäischen Union zu übermitteln, sofern die Anwendung eines dem Entwurf entsprechenden Plans oder Programms voraussichtlich erhebliche Auswirkungen auf die Umwelt des anderen Mitgliedstaates haben würde oder wenn ein Mitgliedstaat, der voraussichtlich erheblich betroffen sein wird, ein entsprechendes Verlangen stellt.

(2) Auf Verlangen eines gemäß Abs. 1 informierten Mitgliedstaates sind vor der Beschlussfassung über den Entwurf gemäß § 3 Konsultationen

a) über die voraussichtlichen grenzüberschreitenden Auswirkungen, die die Anwendung des Plans oder Programms auf die Umwelt hat, sowie

b) über die geplanten Maßnahmen zur Verminderung oder Vermeidung solcher Auswirkungen

binnen einer einvernehmlich bestimmten angemessenen Frist zu führen. In diesem Fall ist im Verhältnis zum anderen Mitgliedstaat sicherzustellen, dass dessen Behörden, die in ihrem umweltbezogenen Aufgabenbereich von den durch die Anwendung des Plans oder Programms verursachten Umweltauswirkungen betroffen sein könnten, sowie dessen betroffene oder interessierte Öffentlichkeit unterrichtet werden und Gelegenheit erhalten, binnen angemessener Frist Stellung zu nehmen.

(3) Bei ihrem Vorgehen gemäß Abs. 1 und 2 hat die Planungsbehörde an das Amt der Kärntner Landesregierung heranzutreten, um im Wege des für die Vertretung der Republik Österreich gegenüber ausländischen Staaten zuständigen Bundesministeriums tätig zu werden.

(4) Wenn im Rahmen eines Verfahrens gemäß der Richtlinie 2001/42/EG ein an das Land angrenzender Mitgliedstaat im Verhältnis zur Republik Österreich Unterlagen übermittelt und grenzüberschreitende Konsultationen durchführt, ist § 8 mit der Maßgabe anzuwenden, dass die Landesregierung zur Information der Öffentlichkeit und der öffentlichen Umweltstellen im Land verpflichtet ist. Besondere staatsvertragliche Regelungen bleiben unberührt.

(5) Die Abs. 1, 2 und 4 sind im Verhältnis zu den angrenzenden Ländern sinngemäß anzuwenden.

### § 10 Entscheidungsfindung

Vor der Beschlussfassung über den Plan oder das Programm hat die Planungsbehörde den Umweltbericht und die im Konsultationsverfahren abgegebenen Stellungnahmen einschließlich der Ergebnisse allfälliger grenzüberschreitender Konsultationen bei der weiteren Ausarbeitung des Entwurfs und vor Erlassung des Plans oder Programms in Erwägung zu ziehen.

### § 11 Bekanntgabe der Entscheidung

(1) Ehestmöglich nach Erlassung des Plans oder Programms, im Fall von Verordnungen der Gemeinde jedoch erst nach Erteilung einer allenfalls vorgesehenen aufsichtsbehördlichen Genehmigung, hat die Planungsbehörde

a) den Plan oder das Programm in geeigneter Form unter Anschluss der Erklärung gemäß Abs. 2 sowie unter Hinweis auf die Überwachung gemäß § 12 den öffentlichen Umweltstellen und jedem konsultierten Mitgliedstaat der Europäischen Union bekanntzugeben und

b) unbeschadet der sonst vorgesehenen Kundmachungsvorschriften durch Bekanntmachung in der Kärntner Landeszeitung oder auf ihrer Internetseite folgende Informationen zu verlautbaren:

1. den Titel und das Datum der Beschlussfassung durch die Planungsbehörde;
2. die Art der nach den maßgeblichen Rechtsvorschriften jeweils vorgesehenen Kundmachung des betreffenden Plans oder Programms;
3. einen Hinweis auf die Überwachung gemäß § 12 und
4. Angaben über Ort und Zeit der Auflage der Erklärung gemäß Abs. 2.

(2) Die Planungsbehörde hat eine zusammenfassende Erklärung zu erstellen, die Angaben darüber zu enthalten hat,

a) wie Umwelterwägungen in den Plan oder das Programm einbezogen wurden,

b) wie der Umweltbericht und die im Konsultationsverfahren abgegebenen Stellungnahmen einschließlich der Ergebnisse allfälliger grenzüberschreitender Konsultationen bei der Entscheidungsfindung (§ 10) berücksichtigt wurden und

c) aus welchen Gründen der erlassene Plan oder das erlassene Programm, nach Abwägung mit den geprüften vernünftigen Alternativvarianten, gewählt wurde.

Für die Dauer der Wirksamkeit des Plans oder Programms hat die Planungsbehörde jedermann, der ein Interesse glaubhaft macht, auf Verlangen Einsicht in die zusammenfassende Erklärung zu gewähren.

### § 12 Überwachung

Die Planungsbehörde ist in ihrem Zuständigkeitsbereich verpflichtet, die tatsächlichen Auswirkungen eines Plans oder Programms auf die Umwelt in regelmäßigen Zeitabständen darauf hin zu prüfen, ob negative erhebliche Umweltauswirkungen vorliegen oder zu erwarten sind. Um unvorhergesehene Auswirkungen hintanzuhalten, ist unter den gesetzlichen Voraussetzungen (§ 1 Abs. 2) erforderlichenfalls eine Änderung des Plans oder Programms durchzuführen oder sind sonstige geeignete Abhilfemaßnahmen, allenfalls durch Anzeige bei der zuständigen Behörde, zu veranlassen.

## 3. Abschnitt – Schlussbestimmungen

### § 13 Eigener Wirkungsbereich der Gemeinde

Die Gemeinden haben die in den §§ 4 und 6 und im 2. Abschnitt geregelten Angelegenheiten, soweit sie sich auf die Umweltprüfung der Pläne und Programme gemäß § 3 lit. b bis e, m und n beziehen, im eigenen Wirkungsbereich wahrzunehmen.

### § 14 Landesgesetze

Soweit in diesem Gesetz auf Landesgesetze verwiesen wird, ist ihre jeweils geltende Fassung heranzuziehen.

### § 15 In-Kraft-Treten

(1) Die Bestimmungen dieses Gesetzes, ausgenommen § 5 letzter Satz, gelten für Entwürfe gemäß § 3, die nach dem 20. Juli 2004 erstellt werden. Auf Entwürfe gemäß § 3, die vor dem 21. Juli 2004

erstellt wurden, sind die Bestimmungen dieses Gesetzes, ausgenommen § 5 letzter Satz, nur dann anzuwenden, wenn sie nicht bis zum 21. Juli 2006 beschlossen werden.

(2) § 5 letzter Satz tritt mit dem Zeitpunkt des innerstaatlichen In-Kraft-Tretens des Übereinkommens über den Zugang zu Informationen, die Öffentlichkeitsbeteiligung an Entscheidungsverfahren und den Zugang zu Gerichten in Umweltangelegenheiten in Kraft.

### § 16 Umsetzungshinweis

Mit diesem Gesetz werden umgesetzt:
a) die Richtlinie 2001/42/EG des Europäischen Parlaments und des Rates vom 27. Juni 2001 über die Prüfung der Umweltauswirkungen bestimmter Pläne und Programme, ABl. Nr. L 197 vom 21. Juli 2001, S 30;
b) Art. 1 und 2 der Richtlinie 2003/35/EG des Europäischen Parlaments und des Rates vom 26. Mai 2003 über die Beteiligung der Öffentlichkeit bei der Ausarbeitung bestimmter umweltbezogener Pläne und Programme und zur Änderung der Richtlinien 85/337/EWG und 96/61/EG des Rates in Bezug auf die Öffentlichkeitsbeteiligung und den Zugang zu Gerichten, ABl. Nr. L 156 vom 25. Juni 2003, S 17;
c) Art. 8 Abs. 6 und 7 der Richtlinie 2002/49/EG des Europäischen Parlaments und des Rates vom 25. Juni 2002 über die Bewertung und Bekämpfung von Umgebungslärm, ABl. Nr. L 189 vom 18. Juli 2002, S 12;
d) die Richtlinie 2012/18/EU des Europäischen Parlaments und des Rates vom 4. Juli 2012 zur Beherrschung der Gefahren schwerer Unfälle mit gefährlichen Stoffen, zur Änderung und anschließenden Aufhebung der Richtlinie 96/82/EG des Rates, ABl. Nr. L 197 vom 24.7.2012, S 1.

### ErlRV -2V-LG-936/13-2005, 1 (zu LGBl 2005/89):

„Der Umsetzungshinweis des § 16 wird im Hinblick auf die Richtlinie 2002/49/EG ergänzt."

## ErlRV 01-VD-LG-1729/8-2016, 5 (zu LGBl 2016/24):

„Zu Z 2 (§ 16)

Der Umsetzungshinweis wird aus redaktionellen Gründen aufgegliedert und das Zitat hinsichtlich der Richtlinie 96/82/EG wird aufgrund der Richtlinie 2012/18/EU neu gefasst."

## ErlRV 01-VD-LG-1392/2020-27, 2 (zu LGBl 2022/76):

„Zu Z 6 (§ 16 lit. d):

Das Gesetz setzt auch Art. 15 der Richtlinie 2012/18/EU um. Aus diesem Grund soll allgemein auf die Umsetzung der Richtlinie 2012/18/EU hingewiesen werden."

### Anlage

Kriterien für die Bestimmung der sonstigen erheblichen Umweltauswirkungen (§ 2 lit. e und § 4 Abs. 1 lit. c und Abs. 2)

1. Merkmale der Pläne und Programme, insbesondere in Bezug auf
   – das Ausmaß, in dem der Plan oder das Programm für Projekte und andere Tätigkeiten in Bezug auf Standort, Art, Größe und Betriebsbedingungen oder durch die Inanspruchnahme von Ressourcen einen Rahmen setzt;
   – das Ausmaß, in dem der Plan oder das Programm andere Pläne und Programme – einschließlich solcher in einer Planungs- oder Programmhierarchie – beeinflusst;
   – die Bedeutung des Plans oder des Programms für die Einbeziehung der Umwelterwägungen, insbesondere im Hinblick auf die Förderung der nachhaltigen Entwicklung;
   – die für den Plan oder das Programm relevanten Umweltprobleme;
   – die Bedeutung des Plans oder Programms für die Durchführung der Umweltvorschriften der Gemeinschaft (zB Pläne und Programme betreffend die Abfallwirtschaft oder den Gewässerschutz).

2. Merkmale der Auswirkungen und der voraussichtlich betroffenen Gebiete, insbesondere in Bezug auf

- die Wahrscheinlichkeit, Dauer, Häufigkeit und Umkehrbarkeit der Auswirkungen;
- den kumulativen Charakter der Auswirkungen;
- den grenzüberschreitenden Charakter der Auswirkungen;
- die Risiken für die menschliche Gesundheit oder die Umwelt (zB bei Unfällen);
- den Umfang und die räumliche Ausdehnung der Auswirkungen (geographisches Gebiet und Anzahl der voraussichtlich betroffenen Personen);
- die Bedeutung und die Sensibiltät des voraussichtlich betroffenen Gebiets aufgrund folgender Faktoren:
- besondere natürliche Merkmale oder kulturelles Erbe,
- Überschreitung der Umweltqualitätsnormen oder der Grenzwerte,
- intensive Bodennutzung;
- die Auswirkungen auf Gebiete oder Landschaften, deren Status als national, gemeinschaftlich oder international geschützt anerkannt ist.

### Artikel IV [Anm: zu LGBl 2016/24]

(1) Dieses Gesetz tritt an dem der Kundmachung folgenden Tag in Kraft.

(2) Die Festlegungen in rechtswirksam erlassenen Flächenwidmungsplänen und Bebauungsplänen, einschließlich integrierter Flächenwidmungs- und Bebauungspläne, die den Bestimmungen der Artikel I und III dieses Gesetzes nicht entsprechen, sind, soweit in den Abs. 3 bis 5 nicht anderes bestimmt wird, innerhalb von zwei Jahren nach dem Inkrafttreten dieses Gesetzes (Abs. 1) an die durch dieses Gesetz geänderte Rechtslage anzupassen.

(3) Im Zeitpunkt des Inkrafttretens dieses Gesetzes (Abs. 1) bereits eingeleitete Verfahren zur Erlassung oder Änderung von Entwicklungsprogrammen, von Flächenwidmungsplänen, von Bebauungsplänen oder von integrierten Flächenwidmungs- und Bebauungsplänen sind entsprechend der durch dieses Gesetz bewirkten geänderten Rechtslage weiterzuführen.

(4) Abweichend von Abs. 3 hat die Genehmigung von Flächenwidmungsplänen, Bebauungsplänen oder integrierten Flächenwidmungs- und Bebauungsplänen, die vom Gemeinderat bereits vor dem Inkrafttreten dieses Gesetzes beschlossen worden sind, nach der im Zeitpunkt dieser Beschlussfassung geltenden Rechtslage zu erfolgen.

(5) Art. I Z 1 (§ 3 Abs. 3) und Art. I Z 2 (§ 3 Abs. 10) gelten nur für Neufestlegungen von Bauland ab dem Zeitpunkt des Inkrafttretens dieses Gesetzes (Abs. 1); im Zeitpunkt des Inkrafttretens dieses Gesetzes (Abs. 1) bereits bestehende Baulandwidmungen in rechtswirksam erlassenen Flächenwidmungsplänen bleiben von der durch dieses Gesetz geänderten Rechtslage unberührt.

### Artikel III Inkrafttreten [Anm: zu LGBl 2022/76]

Dieses Gesetz tritt an dem der Kundmachung folgenden Tag in Kraft.

# 3. Muster Privatwirtschaftliche Vereinbarungen

Im Auftrag der Abteilung 3 – Gemeinden, Raumordnung und Katastrophenschutz – des Amtes der Kärntner Landesregierung wurden durch das Notariat Schöffmann Muster für privatwirtschaftliche Vereinbarungen ausgearbeitet. Der Abteilung 3 – Gemeinden, Raumordnung und Katastrophenschutz – des Amtes der Kärntner Landesregierung und dem Notariat Schöffmann danke ich für die Zurverfügungstellung für dieses Buch.

3. Muster Privatwirtschaftliche Vereinbarungen

Stand 01.03.2022

---

Vereinbarung über die Sicherstellung der Nutzung und des Betriebes
von Gebäuden samt dazugehörigen baulichen Anlagen,
die dem Tourismus (gewerbliche Beherbergung im Sinne der GewO 1994 oder
Privatzimmervermietung) dienen, über einen bestimmten Zeitraum

**gewerbliche Beherbergungsbetriebe Vereinbarung**

---

# VEREINBARUNG

abgeschlossen zwischen

1) ..................................................................................................
   als Grundeigentümer einerseits
   Der Begriff „Grundeigentümer" in dieser Vereinbarung umfasst auch dessen
   Rechtsnachfolger und von diesen beauftragte Dritte

2) der Gemeinde ..................................................................................................
   vertreten durch die Bürgermeisterin/den Bürgermeister

   ..................................................................................................

   Als **Gemeinde** andererseits
   wie folgt:

## 1.
## Vorbemerkung

**1.1.** Die Gemeinde ist gemäß § 53 Abs.1 K-ROG 2021 berechtigt, privatwirtschaftliche Maßnahmen zur Erreichung der im örtlichen Entwicklungskonzept festgelegten Ziele der örtlichen Raumplanung zu setzen.

**1.2.** Der gegenständliche Vertrag stellt eine privatwirtschaftliche Maßnahme über die Sicherstellung der Nutzung und des Betriebes von Gebäuden samt dazugehörigen baulichen Anlagen, die dem Tourismus (gewerbliche Beherbergung im Sinne der GewO 1994 oder Privatzimmervermietung) dienen, über einen bestimmten Zeitraum dar.

**1.3.** Nach den Bestimmungen des § 53 K-ROG 2021 ergeben sich für diese Vereinbarung insbesondere nachstehende gesetzliche Vorgaben:

**1.3.1** Die Gemeinde ist berechtigt und verpflichtet, Vereinbarungen mit Grundstückseigentümern (Widmungswerber) über die zeitgerechte und widmungsgemäße Nutzung von Grundstücken abzuschließen.

## 3. Muster Privatwirtschaftliche Vereinbarungen

**1.3.2** Die Vereinbarung ist schriftlich abzuschließen.

**1.3.3** Die Gemeinde hat ein elektronisches Verzeichnis über alle Vereinbarungen, die sich auf Grundflächen beziehen, hinsichtlich derer der Gemeinderat eine Änderung des Flächenwidmungs- oder Bebauungsplanes beschlossen hat, zu führen und auf aktuellem Stand zu halten. Das Verzeichnis hat auch die Erfüllung der vereinbarungsgemäßen Leistungspflichten des Vereinbarungspartners der Gemeinde zu dokumentieren.

**1.3.4** Im Rahmen des aufsichtsbehördlichen Genehmigungsverfahrens hat die Gemeinde diese Vereinbarung der Landesregierung zu übermitteln.

**1.3.5** Der Bürgermeister hat eine schriftliche Ausfertigung dieser Vereinbarung den Erläuterungen des Flächenwidmungsplans in einer gesonderten Anlage anzuschließen. In den schriftlichen Ausfertigungen sind personenbezogene Angaben zu anonymisieren, die Rückschlüsse auf die persönlichen Verhältnisse von Vereinbarungspartnern der Gemeinden ermöglichen. In die Ausfertigungen der Vereinbarungen darf jedermann, der ein berechtigtes Interesse glaubhaft macht, Einsicht nehmen.

**1.3.6** Die angestrebte Widmung ist nicht Gegenstand dieser Vereinbarung. Die Festlegung einer Widmung erfolgt nach Maßgabe öffentlich-rechtlicher Vorschriften und steht im gesetzmäßig auszuübenden Ermessen der Gemeinde.

**1.3.7** Sämtliche Rechte und Pflichten aus dieser Vereinbarung sind auf Rechtsnachfolger zu überbinden. Diese sind wiederum zur Weiterüberbindung der Pflichten auf ihre Rechtsnachfolger verhalten.

**1.4.** Der Abschluss dieser Vereinbarung begründet keinen Rechtsanspruch auf die Erlassung oder Änderung des Flächenwidmungs- oder Bebauungsplanes oder eine bestimmte Widmung.

**1.5.** Der Grundeigentümer beabsichtigt auf den zu Punkt 2.1. genannten Grundstücken einen gewerblichen Beherbergungsbetrieb iSd § 53 Abs. 2 Z. 7 K-ROG 2021, ausschließlich im Rahmen der gewerbsmäßigen Fremdenbeherbergung, zu errichten und zu betreiben.

**1.5.1** Die Vereinbarung dient zur Verwirklichung der in § 53 Abs. 2 Z. 8 K-ROG 2021 genannten Zwecke und Zielsetzungen, insbesondere der Sicherstellung der Nutzung und des Betriebes von Gebäuden samt dazugehörigen baulichen Anlagen, die dem Tourismus (gewerbliche Beherbergung im Sinne der GewO 1994 oder Privatzimmervermietung) dienen, über einen bestimmten Zeitraum.
Der Grundeigentümer strebt eine rasche und wirtschaftliche Verwendung der vertragsgegenständlichen Grundstücke an, wie in dieser Vereinbarung samt Beilagen beschrieben.

**1.5.2** Die Nutzung von Grundstücken als Freizeitwohnsitz/Zweitwohnung ist nicht Gegenstand dieser Vereinbarung. Der Grundeigentümer verpflichtet sich die gegenständlichen Grundstücke nicht als Freizeitwohnsitz/Zweitwohnung zu nutzen oder nutzen zu lassen.

# 3. Muster Privatwirtschaftliche Vereinbarungen

Eine Benützung als Freizeitwohnsitz/Zweitwohnung ist dann anzunehmen, wenn Wohnungen oder Wohnräume dem Aufenthalt während des Urlaubs oder des Wochenendes oder sie sonstigen Freizeitzwecken dienen und diese Nutzung nicht im Rahmen des Tourismus (gewerbliche Beherbergung im Sinne der GewO 1994 oder Privatzimmervermietung) erfolgt.

Verfügungsrechte über Wohnungen und Wohnräume, die über den typischen Beherbergungsvertrag hinausgehen, schließen die Annahme einer Nutzung im Zusammenhang mit dem Tourismus aus (§ 30 Abs. 2 K-ROG).

**1.5.3** Die Gemeinde hat durch diese privatwirtschaftliche Vereinbarung sicherzustellen, dass die Nutzung und der Betrieb ausschließlich im Rahmen der gewerbsmäßigen Fremdenbeherbergung erfolgt (§ 53 Abs. 6 K-ROG).

**1.6.** Die Vereinbarung wird – mit Ausnahme des Punktes „5. Sicherstellung", welcher mit Unterfertigung wirksam ist, sodass alle Sicherheitenleistungen mit Unterfertigung zu erfolgen haben - unter der aufschiebenden Bedingung errichtet, dass die Umwidmung der im Vereinbarungspunkt 2. angeführten Grundstücke rechtswirksam geworden ist.

## 2.
### Rechtsverhältnisse, Widmungs- und Verwendungsabsicht

**2.1.** Der Grundeigentümer ..... ist bücherlicher Eigentümer der Liegenschaft EZ ..... KG ....., zu deren Gutsbestande unter anderem die in dieser KG ..... gelegenen Grundstücke ..... im Katastralausmaß von ..... m² und ..... im Katastralausmaß von ..... m² gehören.

**2.2.** Die im Punkt 2.1. genannten Grundstücke sind derzeit als ..... gewidmet („bisherige Widmung").

**2.3.** Der Grundeigentümer regt die Umwidmung dieses Grundstückes in ..... **[mit einer Sonderwidmung als Hoteldorf]** an, um es einer widmungs- und bebauungsplankonformen Bebauung zuzuführen („angeregte Widmung").

**2.4.** Der Grundeigentümer ist in Kenntnis der nach der angeregten Umwidmung zulässigen Nutzung des Grundstückes.

**2.5.** Die von der angeregten Umwidmung betroffene Fläche beträgt circa ..... m². Die Fläche ist aus dem beiliegenden Lageplan [Beilage ./1 **Lageplan**], welcher einen integrierenden Vertragsbestandteil bildet, ersichtlich.

**2.6.** Die beabsichtigte widmungsgemäße Verwendung/Bebauung ist aus dem beiliegenden Bebauungskonzept ersichtlich [Beilage ./2 **Bebauungskonzept**]]

**2.7.** Die beabsichtigte künftige Verwendung ist aus dem beiliegenden Betriebskonzept ersichtlich [Beilage ./3 Betriebskonzept]

## 3.
### Raumordnungsrechtliche Beurteilung

## 3. Muster Privatwirtschaftliche Vereinbarungen

**3.1.** Die Gemeinde beabsichtigt, die vom Grundeigentümer angeregte Umwidmung des zu Punkt 2 dieses Vertrages dargestellten Grundstückes im Rahmen der Änderung des Flächenwidmungsplans Nr. ..... laut beiliegendem Plan Änderung Nr. ..... von derzeit bestehender Widmung als ..... in ..... umzuwidmen.

**3.2.** Da die Änderung des Flächenwidmungsplans in Form einer Verordnung durch den Gemeinderat einen hoheitsrechtlichen Verwaltungsakt darstellt und zudem die Gemeinde rechtlich nicht zu einer Umwidmung im Sinne der Anregung des Widmungswerbers verpflichtet ist, stellt die vom Widmungswerber angestrebte Umwidmung keinerlei Leistung der Gemeinde und keine zivilrechtliche Verpflichtung dar. Auch ist die angestrebte Änderung des Flächenwidmungsplanes eine Verordnung im Sinne § 13 Abs. 1 K-ROG 2021 und nach Beschlussfassung im Gemeinderat vom Bürgermeister unverzüglich der Ktn Landesregierung vorzulegen. Der Flächenwidmungsplan bedarf gemäß § 38 Abs. 6 K-ROG 2021 – ausgenommen in den Fällen des § 40 K-ROG 2021 – zu seiner Rechtswirksamkeit der Genehmigung der Landesregierung.

**3.3.** Die gegenständliche Vereinbarung ist sohin in Bezug auf die Gestaltung und Änderungen des Flächenwidmungsplans ohne jegliches Präjudiz für die Sach- und Rechtslage.

**3.4.** Für den Fall, dass das vertragsgegenständliche Grundstück oder Teile davon entsprechend der zuvor genannten Absichtserklärung von der Gemeinde im Rahmen der Änderung des Flächenwidmungsplans tatsächlich als ..... ausgewiesen wird, verpflichtet sich der Grundeigentümer (Widmungswerber) nunmehr zur den in Punkt 4 beschriebenen Leistungen.

### 4.
### Vertragsgegenstand

**4.1.** Gegenstand dieser Vereinbarung ist die Errichtung sowie die Sicherstellung der Nutzung und des Betriebes von Gebäuden samt dazugehörigen baulichen Anlagen, die dem Tourismus (gewerbliche Beherbergung im Sinne der GewO 1994 oder Privatzimmervermietung) dienen, über den in dieser Vereinbarung bestimmten Zeitraum.

**4.2. Projektbeschreibung**

**4.2.1** Der Grundeigentümer verpflichtet sich - auch mit Wirkung für seine Rechtsnachfolger und von diesen beauftragte Dritte - den vertragsgegenständlichen gewerblich-touristischen Betrieb zu errichten und ausschließlich widmungs- und bebauungsplankonform zu nutzen.

**4.2.2** Demzufolge scheidet jede Nutzung die nicht einer gewerblich-touristischen Nutzung entspricht, insbesondere Freizeit-, Zweitwohnsitznutzung o. ä., aus. Daraus resultiert, dass Miteigentümern des vertragsgegenständlichen gewerblich-touristischen Betriebes keine Nutzungsrechte zustehen oder eingeräumt werden können, die über jene Nutzungsrechte als Gast eines Gast- und Beherbergungsbetriebes hinausgehen, beispielsweise ausschließliches Nutzungsrecht an bestimmten Wohnungs-/Eigentumseinheiten, Verfügungsgewalt über bestimmte Wohnungs-/Eigentumseinheiten, Nutzung außerhalb der Betriebszeiten.

**4.2.3** Vereinbart wird, dass der Grundeigentümer bzw. Rechtsnachfolger oder von diesen beauftragte Dritte im Falle eines gänzlichen oder teilweisen Eigentumsüberganges, vertraglich sicherzustellen haben, dass ausschließlich eine gewerblich-touristische Nutzung Platz greift.

**4.2.4** Eine allfällige widerrechtliche Nutzung des vertragsgegenständlichen gewerblich-touristischen Betriebes kann neben vertraglichen insbesondere auch zu baurechtlichen Sanktionen führen.

**4.3. Zur Bebauungsverpflichtung:**
**4.3.1** Der Grundeigentümer bzw. Rechtsnachfolger oder von diesen beauftragte Dritte verpflichten sich, den Betrieb entsprechend der gegenständlichen Vereinbarung, Vertragspunkt 2.6. und 2.7., innerhalb von **fünf** Jahren ab Rechtswirksamkeit der Umwidmung zu errichten.

**4.3.2.** Die vereinbarungsgemäße widmungs- und bebauungsplangemäße Bebauung hat in Form eines gewerblichen ..... mit rund ..... Betten zum Zwecke einer ganzjährigen und dauerhaften gewerblich-touristischen Nutzung zu erfolgen, dies jedenfalls für einen Zeitraum von zumindest **15 [oder 20]** Jahren, gerechnet ab Inbetriebnahme des Hoteldorfes.

**4.3.3** Für die Besicherung der vereinbarten widmungs- und bebauungsplangemäßen Bebauung wird im Einvernehmen und auf Vorschlag des Grundeigentümers eine Sicherstellung in Höhe von 20% des Verkehrswertes der von der angeregten Umwidmung betroffenen Fläche (Punkt 2.5.) nach Umwidmung, sohin eine Sicherstellung in Höhe von € ....., vereinbart.

**4.4. Zur Betriebsverpflichtung:**
**4.4.1** Der Grundeigentümer und dessen Rechtsnachfolger und von diesen beauftragte Dritte verpflichten sich, zur widmungs- und bebauungsplangemäßen Nutzung des vertragsgegenständlichen Projektes, insofern, als jedenfalls ein gewerblich-touristischer Betrieb gemäß dem Betriebskonzept Beilage [3] errichtet, eingerichtet, betrieben und beibehalten wird.

**4.4.2** Vereinbart wird, dass die gegenständliche Verpflichtung zum gewerblich-touristischen Betrieb mit Ablauf von sechs Monaten nach der Bauvollendung entsteht. Für die Zwecke dieser Vereinbarung tritt die Bauvollendung ein, sobald der Betrieb entsprechend der erteilten Baubewilligung und allenfalls sonst bestehender öffentlich-rechtlichen Erfordernissen ausgeführt wurden.

**4.4.3** Ab dem Zeitpunkt des Betriebsbeginns besteht für den Grundeigentümer bzw. Rechtsnachfolger oder von diesen beauftragte Dritte die Verpflichtung, den vertragsgegenständlichen Beherbergungsbetrieb auf die Dauer von zumindest **15 [/20]** Jahren (gerechnet ab tatsächlichem Betriebsbeginn) gewerblich-touristisch zu betreiben (**Betriebsverpflichtung**).

**4.4.4** Für die Besicherung der gewerblich-touristischen Betriebsführung wird – lediglich aufgrund der vertragsgegenständlich vereinbarten Nutzungsdauer von zumindest **15 [/20]** Jahren, im Einvernehmen und auf Vorschlag des Grundeigentümers – eine **Betriebssicherungsgarantie** in Höhe von € ..... vereinbart, die sich wie folgt errechnet:

## 3. Muster Privatwirtschaftliche Vereinbarungen

**4.4.5** Formel zur Errechnung der Betriebssicherungsgarantie:

Anzahl der gewerblichen Betten x Ortstaxe der Gemeinde x Auslastungstage x Betriebsverpflichtungsdauer in Jahren, somit .....

**4.4.6** Diese **Betriebssicherungsgarantie** verringert sich jährlich um 1/..... (Jahre der Betriebsverpflichtung).

### 5.
### Sicherstellungen

Zum Zwecke der Sicherstellung der Leistungspflichten des Grundeigentümers gemäß Punkt 4 werden betragsmäßig folgende Sicherstellungen vereinbart:

Diese Sicherheiten
a) im Betrag von € ..... zur Absicherung der Bebauungsverpflichtung (4.3.) und
b) im Betrag von € ..... zur Absicherung der Betriebsverpflichtung (4.4.).
sind über den gesamten Zeitraum der jeweiligen Verpflichtung aufrecht zu erhalten.
Bei Verletzung einer Verpflichtung können alle Sicherheiten in Anspruch genommen werden.

### Variante Kaution

**5.1.** Der Grundeigentümer bestellt zur Absicherung seiner Leistungspflichten gemäß dieser Vereinbarung, aslo der Bebauungsverpflichtung (4.3.) und der Betriebsverpflichtung (4.4.), zugunsten der Gemeinde eine Kaution von € .....
Die Kaution ist anlässlich der Unterfertigung dieser Vereinbarung auf das Konto IBAN ... lautend auf die Gemeinde einzuzahlen.
Die Gemeinde ist berechtigt, die Kaution in voller Höhe in Anspruch zu nehmen, wenn der Grundeigentümer eine oder mehrere seiner Pflichten gemäß Vereinbarungspunkt 4. nicht in der vereinbarten Frist oder auf die vereinbarte Dauer erfüllt.
Die Inanspruchnahme der Kaution ist dem Grundeigentümer mittels Einschreibebrief an die letztbekannte Anschrift des Grundeigentümers bekannt zu geben.
Die Gemeinde nimmt die Kautionsbestellung an.
Die Kontoführungskosten trägt der Grundeigentümer, dem auch allfällige Erlagszinsen zustehen.

Der Anspruch auf die Kaution erlischt mit vollständiger Erfüllung der Leistungspflicht
In diesem Falle verpflichtet sich die Gemeinde, den gesamten Barerlag samt den angereiften Zinsen binnen 14 Tagen an den Grundeigentümer zurückzustellen.

### Variante Bankgarantie

**5.1.a** Der Grundeigentümer hat anlässlich der Unterfertigung dieser Vereinbarung der Gemeinde eine abstrakte Bankgarantie einer inländischen Bank über den

## 3. Muster Privatwirtschaftliche Vereinbarungen

Betrag von € ..... zu übergeben, mit welcher die Bank sich verpflichtet hat, über erstes schriftliches Verlangen der Gemeinde ...... ohne Prüfung des Rechtsgrundes dieser den Betrag von € ...... zu bezahlen.

Die Laufzeit der Bankgarantie endet .... [zB 3 Monate nach Ende der Leistungsfrist gemäß Punkt 4.] und ist bis dahin unwiderruflich.

Die Gemeinde darf die Bankgarantie nur im Sinne der Bestimmungen dieser Vereinbarung ausnützen, wenn also der Grundeigentümer gegen eine der Bestimmungen dieser Vereinbarung verstößt, insbesondere eine Leistungspflicht verletzt. Dieser Umstand ist der Bank nicht nachzuweisen.

Die Kosten der Bankgarantie hat der Grundeigentümer zu tragen.

Die Gemeinde bestätigt mit Unterfertigung dieser Vereinbarung den Erhalt der vorgenannten Bankgarantie.

**5.1.b** Der Grundeigentümer verpflichtet sich, bei jeder Veräußerung der betroffenen Grundstücke oder bei Einräumung von längerfristigen Nutzungsrechten, wie Bau- oder Bestandrechten, alle Pflichten gemäß dieser Vereinbarung auf **Rechtsnachfolger** (Grunderwerber oder Nutzungsberechtigte) zu überbinden mit der Verpflichtung diese zu verhalten, alle Verpflichtungen auch auf ihre Rechtsnachfolger weiter zu überbinden.

Als Rechtsnachfolger gelten dabei insbesondere auch Dritte, die an den vereinbarungsgegenständlichen Grundflächen längerfristige Nutzungsrechte wie Bau- oder Bestandrechte, erwerben.

Diese Rechtsnachfolger sind auch zu verpflichten, alle Sicherheiten, zu welchen sich der Grundeigentümer in dieser Vereinbarung verpflichtet hat, zu Gunsten der Gemeinde zu bestellen.

Die Bankgarantie kann von der Gemeinde in Anspruch genommen werden, wenn eine Leistungspflicht nicht ordnungsgemäß oder fristgerecht erfüllt wird.

**Variante Pfandrecht**

**5.1.a** Zum Zwecke der Sicherung der Leistungspflichten nach dieser Vereinbarung von insgesamt € .... samt 10 % Verzugszinsen und der hiemit vereinbarten Nebengebührensicherstellung von ......, bestellt der Grundeigentümer seine Liegenschaft EZ...., KG....., zum Pfand.

In dieser Nebengebührensicherstellung sollen ältere als dreijährige Zinsrückstände sowie alle mit einer gerichtlichen Einbringung dieser Forderung verbundenen Kosten ihre Deckung finden.

Die Parteien sind in Kenntnis, dass der Wertsicherung gemäß Vertragspunkt 4... lediglich obligatorische, nicht jedoch dingliche Wirkung zukommt.

Der Grundeigentümer bewilligt, dass bei seiner Liegenschaft EZ.... KG..... das Pfandrecht für die Forderung von € ..... samt 10 % Verzugszinsen und einer Nebengebührensicherstellung von € ..... zu Gunsten der Gemeinde ..... einverleibt werden kann.

Die Kosten und Gebühren der grundbücherlichen Eintragung dieses Pfandrechtes sowie der Löschung desselben im Grundbuch trägt der Grundeigentümer.

**5.1.b** Zur Sicherung der grundbücherlichen Durchführung dieses Rechtsgeschäftes hat der Grundeigentümer die Anmerkung der Rangordnung der beabsichtigten Verpfändung in Höhe des hier vereinbarten Pfandrechtes bei den vertragsgegenständlichen Grundstücken erwirkt und widmet den hierüber ergehenden einzigen Ranganmerkungsbeschluss der Gemeinde zur Einverleibung des vereinbarungsgemäßen Pfandrechtes im Rang der Verpfändungsanmerkung.

Der Grundeigentümer übergibt der Gemeinde anlässlich der Unterfertigung dieser Vereinbarung den Beschluss über die vorbehaltene Verpfändung.

## 3. Muster Privatwirtschaftliche Vereinbarungen

**5.2.** Mit vereinbarungsgemäßer fristgerechter Erfüllung der Leistungspflicht oder erfolgter Sicherheitenbestellung eines Rechtsnachfolgers hat die Gemeinde die Sicherheiten dem Grundeigentümer zurückzustellen.

### 6.
### Rechtsnachfolger

**6.1.** Sämtliche Rechte und Pflichten aus dieser Vereinbarung gehen auf Seiten des Grundeigentümers auf Rechtsnachfolger über.

**6.2.** Der Grundeigentümer verpflichtet sich, alle Verbindlichkeiten und Pflichten aus dieser Vereinbarung auf seine Rechtsnachfolger im Eigentum der vereinbarungsgegenständlichen Grundstücke zu überbinden mit der Verpflichtung diese zu verhalten, die Verbindlichkeiten und Pflichten auch auf alle ihre Rechtsnachfolger weiter zu überbinden.

**6.3.** Ausdrücklich vereinbart wird, dass ungeachtet einer Rechtsnachfolge die Haftung des Grundeigentümers für die mit der hier gegenständlichen Vereinbarung übernommenen vertraglichen Verpflichtungen ausdrücklich solange weiter bestehen bleibt, bis alle Sicherheiten vom Rechtsnachfolger wirksam bestellt sind.

**6.4.** Als Rechtsnachfolger gelten dabei insbesondere auch Dritte, die an den vereinbarungsgegenständlichen Grundflächen längerfristige Nutzungsrechte wie Bau- oder Bestandrechte, erwerben.

### 7.
### Zusatzerklärungen

**7.1.** Die Gemeinde ist verpflichtet, ihre aus dieser Vereinbarung erwachsenden Rechte nur insoweit auszuüben, als dies mit dem Zweck der Vereinbarung in Einklang gebracht werden kann. Die Vertragsparteien bestätigen, dass in dieser Vereinbarung auf die Verhältnismäßigkeit und wirtschaftliche Zumutbarkeit der auferlegten Vertragspflichten und Sicherstellungen betreffend den Grundeigentümer Bedacht genommen wurde.

**7.2.** Die etwaige Unwirksamkeit einzelner Bestimmungen dieser Vereinbarung soll nicht die Unwirksamkeit anderer Vertragsbestimmungen nach sich ziehen. Die unwirksame Vertragsbestimmung soll durch eine andere ersetzt werden, die der unwirksamen Vertragsbestimmung im Endergebnis nach dem zu erforschenden Willen der Vertragsparteien wirtschaftlich am nächsten kommt.

**7.3.** Einvernehmlich wird festgehalten, dass keine mündlichen Nebenabreden bestehen.

**7.5.** Zur Austragung allfälliger Streitigkeiten aus diesem Vertrage vereinbaren die Vertragsteile die ausschließliche sachliche und örtliche Zuständigkeit des Gerichtes am Ort des vereinbarungsgegenständlichen Grundstückes.

**7.6.** Aus Gründen leichterer Lesbarkeit wurde auf eine geschlechtsneutrale Schreibweise verzichtet. Bei Verwendung einer Form sind sinngemäß alle Geschlechter gemeint.

**8.**
**Kosten**

**8.1.** Die Kosten der Errichtung dieser Vereinbarung trägt [die Gemeinde].

**8.2.** Weitere Kosten und Gebühren im Zusammenhang mit dem Abschluss dieser Vereinbarung trägt [der Grundeigentümer], soweit in diesem Vertrag nichts anderes vereinbart ist.

**9.**
**Ausfertigung**

**9.1.** Dieser Vertrag wird in zwei Originalen errichtet. Jede Partei erhält ein Original.

**9.2.** Dieser Vereinbarung zugrunde liegt der Beschluss des Gemeinderates vom .....

Beilage(n):
./1 Plan
./2 Bebauungskonzept
./3 Betriebskonzept


Ort, Datum................................................Ort, Datum.............................................

Die Bürgermeisterin/der Bürgermeister:

................................................................ Herr/Frau/Firma..............................................

Ein Mitglied des Gemeindevorstandes:......................................................................

Ein Mitglied des Gemeinderates:................................................................................
Vermerk für die Beschlussfassung des Gemeinderates (§ 71 AGO)

Gemeindesiegel..................................................................................................

## 3. Muster Privatwirtschaftliche Vereinbarungen

Stand 01.03.2022

Vereinbarung über die Beteiligung der Grundeigentümer an den durch die Änderung des Flächenwidmungs- oder Bebauungsplanes zu erwartenden Planungs- Aufschließungskosten

**Planungs-/Aufschließungskosten Vereinbarung**

# VEREINBARUNG

abgeschlossen zwischen:

1) Herrn/Frau..................................................................................................
   als **Grundeigentümer** einerseits
   Der Begriff „Grundeigentümer" in dieser Vereinbarung umfasst auch dessen Rechtsnachfolger und von diesen beauftragte Dritte

2) der Gemeinde..........................................................................................
   vertreten durch die Bürgermeisterin/den Bürgermeister

   ..................................................................................................................
   als **Gemeinde** andererseits
   wie folgt:

### 1.

**Vorbemerkung**

**1.1.** Die Gemeinde ist gemäß § 53 Abs.1 K-ROG 2021 berechtigt, privatwirtschaftliche Maßnahmen zur Erreichung der im örtlichen Entwicklungskonzept festgelegten Ziele der örtlichen Raumplanung zu setzen.

**1.2.** Der gegenständliche Vertrag stellt eine privatwirtschaftliche Maßnahme zur Beteiligung der Grundeigentümer an den durch die Änderung des Flächenwidmungs- oder Bebauungsplanes zu erwartenden Planungs- bzw. Aufschliessungskosten dar.

**1.3.** Nach den Bestimmungen des § 53 K-ROG 2021 ergeben sich für diese Vereinbarung insbesondere nachstehende gesetzliche Vorgaben:

**1.3.1** Die Gemeinde ist berechtigt und verpflichtet, Vereinbarungen mit Grundstückseigentümern (Widmungswerbern) über die zeitgerechte und widmungsgemäße Nutzung von Grundstücken abzuschließen.

**1.3.2** Die Vereinbarung ist schriftlich abzuschließen.

## 3. Muster Privatwirtschaftliche Vereinbarungen

**1.3.3** Die Gemeinde hat ein elektronisches Verzeichnis über alle Vereinbarungen, die sich auf Grundflächen beziehen, hinsichtlich derer der Gemeinderat eine Änderung des Flächenwidmungs- oder Bebauungsplanes beschlossen hat, zu führen und auf aktuellem Stand zu halten. Das Verzeichnis hat auch die Erfüllung der vereinbarungsgemäßen Leistungspflichten des Vereinbarungspartners der Gemeinde zu dokumentieren.

**1.3.4** Im Rahmen des aufsichtsbehördlichen Genehmigungsverfahrens hat die Gemeinde diese Vereinbarung der Landesregierung zu übermitteln.

**1.3.5** Der Bürgermeister hat eine schriftliche Ausfertigung dieser Vereinbarung den Erläuterungen des Flächenwidmungsplans in einer gesonderten Anlage anzuschließen. In den schriftlichen Ausfertigungen sind personenbezogene Angaben zu anonymisieren, die Rückschlüsse auf die persönlichen Verhältnisse von Vereinbarungspartnern der Gemeinden ermöglichen. In die Ausfertigungen der Vereinbarungen darf jedermann, der ein berechtigtes Interesse glaubhaft macht, Einsicht nehmen.

**1.3.6** Die angestrebte Widmung ist nicht Gegenstand dieser Vereinbarung. Die Festlegung einer Widmung erfolgt nach Maßgabe öffentlich-rechtlicher Vorschriften und steht im gesetzmäßig auszuübenden Ermessen der Gemeinde.

**1.3.7** Sämtliche Rechte und Pflichten aus dieser Vereinbarung sind auf Rechtsnachfolger zu überbinden. Diese sind wiederum zur Weiterüberbindung der Pflichten auf ihre Rechtsnachfolger verhalten.

**1.4.** Der Abschluss dieser Vereinbarung begründet keinen Rechtsanspruch auf die Erlassung oder Änderung des Flächenwidmungs- oder Bebauungsplanes oder eine bestimmte Widmung.

**1.5.** Die Vereinbarung dient zur Verwirklichung der in § 53 Abs. 2 Z 4 (Aufschließungskosten) bzw Z 5 (Planungskosten) K-ROG 2021 genannten Zwecke und Zielsetzungen, der Beteiligung der Grundeigentümer an den durch die Änderung des Flächenwidmungs- oder Bebauungsplanes zu erwartenden Planungskosten/Aufschließungskosten.
Der Grundeigentümer strebt eine rasche und wirtschaftliche Verwendung der vertragsgegenständlichen Grundstücke an.

**1.6.** Die Vereinbarung wird – mit Ausnahme des Punktes „5. Sicherstellung", welcher mit Unterfertigung wirksam ist, sodass alle Sicherheitenleistungen mit Unterfertigung zu erfolgen haben - unter der aufschiebenden Bedingung errichtet, dass die Umwidmung der im Vereinbarungspunkt 2. angeführten Grundstücke rechtswirksam geworden ist.

## 3. Muster Privatwirtschaftliche Vereinbarungen

**2.**
**Rechtsverhältnisse, Widmungsabsicht**

**2.1.** Der Grundeigentümer ist bücherlicher Eigentümer der Liegenschaft EZ ..... GB ..... zu deren Gutsbestande unter anderem die in dieser KG gelegenen Grundstücke ..... im Katastralausmaß von ..... m² und ..... im Katastralausmaß von ..... m² gehören.

**2.2.** Die im Punkt 2.1. genannten Grundstücke sind derzeit als ..... gewidmet („bisherige Widmung").

**2.3.** Der Grundeigentümer regt die Umwidmung dieses Grundstückes in ..... an, um es einer widmungs- und bebauungsplankonformen Bebauung zuzuführen („angeregte Widmung").

**2.4.** Der Grundeigentümer ist in Kenntnis der nach der angeregten Umwidmung zulässigen Nutzung des Grundstückes.

**2.3.** Die von der angeregten Umwidmung betroffene Fläche beträgt circa ..... m².

**3.**
**Raumordnungsrechtliche Beurteilung**

**3.1.** Die Gemeinde beabsichtigt, die vom Widmungswerber angeregte Umwidmung des zu Punkt 2 dieses Vertrages dargestellten Grundstückes im Rahmen der Änderung des Flächenwidmungsplans Nr. ..... laut beiliegendem Plan Änderung Nr. ..... von derzeit bestehender Widmung als ..... in ..... zu beschließen.

**3.2.** Da die Änderung des Flächenwidmungsplans in Form einer Verordnung durch den Gemeinderat einen hoheitsrechtlichen Verwaltungsakt darstellt und zudem die Gemeinde rechtlich nicht zu einer Umwidmung im Sinne der Anregung des Widmungswerbers verpflichtet ist, stellt die vom Widmungswerber angestrebte Umwidmung keinerlei Leistung der Gemeinde und keine zivilrechtliche Verpflichtung dar. Auch ist die angestrebte Änderung des Flächenwidmungsplanes eine Verordnung im Sinne § 13 Abs. 1 K-ROG 2021 und nach Beschlussfassung im Gemeinderat vom Bürgermeister unverzüglich der Ktn Landesregierung vorzulegen. Der Flächenwidmungsplan bedarf gemäß § 38 Abs. 6 K-ROG 2021 – ausgenommen in den Fällen des § 40 K-ROG 2021 – zu seiner Rechtswirksamkeit der Genehmigung der Landesregierung.

**3.3.** Die gegenständliche Vereinbarung ist sohin in Bezug auf die Gestaltung und Änderungen des Flächenwidmungsplans ohne jegliches Präjudiz für die Sach- und Rechtslage.

**3.4.** Für den Fall, dass das vertragsgegenständliche Grundstück oder Teile davon entsprechend der zuvor genannten Absichtserklärung von der Gemeinde im Rahmen der Änderung des Flächenwidmungsplans tatsächlich als ..... ausgewiesen wird, verpflichtet sich der Grundeigentümer (Widmungswerber) nunmehr zur Beteiligung an den durch die Änderung des Flächenwidmungs-

oder Bebauungsplanes zu erwartenden Planungskosten gemäß Punkt 1.2. und 4. dieser Vereinbarung.

## 4.
## Vertragsgegenstand

**4.1.** Gegenstand dieser Vereinbarung ist die Regelung der Beteiligung des Grundeigentümers an den der Gemeinde durch die Festlegung der Grundstücke als Bauland erwachsenden Planungs- bzw Aufschließungskosten.

**4.2.** Sollten die im Vertragspunkt 2. angeführten Grundstücke als Bauland ..... gewidmet werden, hat der Grundeigentümer **(Beschreibung der Leistungsverpflichtung samt Frist)**

## 5.
## Sicherstellungen

Zum Zwecke der Sicherstellung der Leistungspflichten des Grundeigentümers gemäß Punkt 4 werden folgende Sicherstellungen vereinbart:

### Variante Kaution

**5.1.** Der Grundeigentümer bestellt zur Absicherung seiner Leistungspflichten gemäß dieser Vereinbarung zugunsten der Gemeinde eine Kaution von € .....
**[Anmerkung: im Einzelfalle zu bestimmen, § 53 Abs 4]**
Die Kaution ist anlässlich der Unterfertigung dieser Vereinbarung auf das Konto IBAN ... lautend auf die Gemeinde einzuzahlen.
Die Gemeinde ist berechtigt, die Kaution in voller Höhe in Anspruch zu nehmen, wenn der Grundeigentümer eine oder mehrere seiner Pflichten gemäß Vereinbarungspunkt 4. nicht in der vereinbarten Frist erfüllt.
Die Inanspruchnahme der Kaution ist dem Grundeigentümer mittels Einschreibebrief an die letztbekannte Anschrift des Grundeigentümers bekannt zu geben.
Die Gemeinde nimmt die Kautionsbestellung an.
Die Kontoführungskosten trägt der Grundeigentümer, dem auch allfällige Erlagszinsen zustehen.
Nach Erfüllung der Leistungspflicht verpflichtet sich die Gemeinde, den gesamten Barerlag samt den angereiften Zinsen binnen 14 Tagen an den Grundeigentümer zurückzustellen.

### Variante Bankgarantie

**5.1.a** Der Grundeigentümer hat anlässlich der Unterfertigung dieser Vereinbarung der Gemeinde eine abstrakte Bankgarantie einer inländischen Bank über den Betrag von € ..... zu übergeben, mit welcher die Bank sich verpflichtet hat, über erstes schriftliches Verlangen der Gemeinde ...... ohne Prüfung des Rechtsgrundes dieser den Betrag von € ...... zu bezahlen.
**[Anmerkung: Höhe im Einzelfalle zu bestimmen, § 53 Abs 4]**
Die Laufzeit der Bankgarantie endet .... [zB 3 Monate nach Ende der Leistungsfrist gemäß Punkt 4.] und ist bis dahin unwiderruflich.

## 3. Muster Privatwirtschaftliche Vereinbarungen

Die Gemeinde darf die Bankgarantie nur im Sinne der Bestimmungen dieser Vereinbarung ausnützen, wenn also der Grundeigentümer gegen eine der Bestimmungen dieser Vereinbarung verstößt, insbesondere eine Leistungspflicht verletzt. Dieser Umstand ist der Bank nicht nachzuweisen.

Die Kosten der Bankgarantie hat der Grundeigentümer zu tragen.

Die Gemeinde bestätigt mit Unterfertigung dieser Vereinbarung den Erhalt der vorgenannten Bankgarantie.

**5.1.b** Der Grundeigentümer verpflichtet sich, bei Veräußerungen der betroffenen Grundstücke jeder Art oder bei Einräumung von längerfristigen Nutzungsrechten, wie Bau- oder Bestandrechten, alle Leistungspflichten gemäß dieser Vereinbarung auf **Rechtsnachfolger** (Grunderwerber oder Nutzungsberechtigte) zu überbinden mit der Verpflichtung diese zu verhalten, alle Verpflichtungen auch auf ihre Rechtsnachfolger weiter zu überbinden.

Als Rechtsnachfolger gelten dabei insbesondere auch Dritte, die an den vereinbarungsgegenständlichen Grundflächen längerfristige Nutzungsrechte, wie Bau- oder Bestandrechte, erwerben.

Diese Rechtsnachfolger sind auch zu verpflichten, alle Sicherheiten, zu welchen sich der Grundeigentümer in dieser Vereinbarung verpflichtet hat, zu Gunsten der Gemeinde zu bestellen.

Die Bankgarantie kann von der Gemeinde in Anspruch genommen werden, wenn eine Leistungspflicht nicht ordnungsgemäß oder fristgerecht erfüllt wird.

**Variante Sparbuch**

**5.1.a** Der Grundeigentümer hat anlässlich der Unterfertigung dieser Vereinbarung ein jederzeit behebbares Sparbuch der ...... Bank über den Kautionsbetrag von € ...... der Gemeinde übergeben.

Behebungen aus diesem Sparbuch durch die Gemeinde dürfen nur im Sinne der Bestimmungen dieser Vereinbarung erfolgen, wenn der Grundeigentümer gegen Bestimmungen dieser Vereinbarung verstößt, insbesondere eine Leistungspflicht verletzt. Wird die Kaution gezogen, stehen die diesbezüglichen Zinsen der Gemeinde zu.

Wird die Kaution nicht (vollständig) gezogen, so stehen die Zinsen dem Grundeigentümer zu.

**(Anmerkung: Höhe im Einzelfalle zu bestimmen)**

Die Gemeinde bestätigt mit Unterfertigung dieser Vereinbarung die Übernahme des vorgenannten Sparbuches.

**5.2.** Mit vereinbarungsgemäßer fristgerechter Erfüllung der Leistungspflicht oder erfolgter Sicherheitenbestellung eines Rechtsnachfolgers hat die Gemeinde die Sicherheiten dem Grundeigentümer zurückzustellen.

**6.**
**Rechtsnachfolger**

**6.1.** Sämtliche Rechte und Pflichten aus dieser Vereinbarung gehen auf Seiten des Grundeigentümers auf Rechtsnachfolger über.

**6.2.** Der Grundeigentümer verpflichtet sich, alle Verbindlichkeiten und Pflichten aus dieser Vereinbarung auf seine Rechtsnachfolger im Eigentum der vereinbarungsgegenständlichen Grundstücke zu überbinden mit der

Verpflichtung diese zu verhalten, die Verbindlichkeiten und Pflichten auch auf alle ihre Rechtsnachfolger weiter zu überbinden.

**6.3.** Ausdrücklich vereinbart wird, dass ungeachtet einer Rechtsnachfolge die Haftung des Grundeigentümers für die mit der hier gegenständlichen Vereinbarung übernommenen vertraglichen Verpflichtungen ausdrücklich solange weiter bestehen bleibt, bis alle Sicherheiten vom Rechtsnachfolger wirksam bestellt sind.

**6.4.** Als Rechtsnachfolger gelten dabei insbesondere auch Dritte, die an den vereinbarungsgegenständlichen Grundflächen längerfristige Nutzungsrechte wie Bau- oder Bestandrechte, erwerben.

## 7.
## Zusatzerklärungen

**7.1.** Die Gemeinde ist verpflichtet, ihre aus dieser Vereinbarung erwachsenden Rechte nur insoweit auszuüben, als dies mit dem Zweck der Vereinbarung in Einklang gebracht werden kann. Die Vertragsparteien bestätigen, dass in dieser Vereinbarung auf die Verhältnismäßigkeit bzw. wirtschaftliche Zumutbarkeit der auferlegten Vertragspflichten und Sicherstellungen betreffend den Grundeigentümer Bedacht genommen wurde.

**7.2.** Die etwaige Unwirksamkeit einzelner Bestimmungen dieser Vereinbarung soll nicht die Unwirksamkeit anderer Vertragsbestimmungen nach sich ziehen. Die unwirksame Vertragsbestimmung soll durch eine andere ersetzt werden, die der unwirksamen Vertragsbestimmung im Endergebnis nach dem zu erforschenden Willen der Vertragsparteien wirtschaftlich am nächsten kommt.

**7.3.** Einvernehmlich wird festgehalten, dass keine mündlichen Nebenabreden bestehen.

**7.5.** Zur Austragung allfälliger Streitigkeiten aus diesem Vertrage vereinbaren die Vertragsteile die ausschließliche Zuständigkeit des Gerichtes am Ort des vereinbarungsgegegenständlichen Grundstückes.

**7.6.** Aus Gründen leichterer Lesbarkeit wurde auf eine geschlechtsneutrale Schreibweise verzichtet. Bei Verwendung einer Form sind sinngemäß alle Geschlechter gemeint.

## 8.
## Kosten

**8.1.** Die Kosten der Errichtung dieser Vereinbarung trägt [die Gemeinde].

**8.2.** Alle weitere Kosten und Gebühren im Zusammenhang mit dem Abschluss dieser Vereinbarung trägt [der Grundeigentümer], soweit in diesem Vertrag nichts anderes vereinbart ist.

# 3. Muster Privatwirtschaftliche Vereinbarungen

**9.**
**Ausfertigung**

**9.1.** Dieser Vertrag wird in zwei Originalen errichtet. Jede Partei erhält ein Original.

**9.2.** Dieser Vereinbarung zugrunde liegt der Beschluss des Gemeinderates vom


Ort, Datum................................................ Ort, Datum............................................

Die Bürgermeisterin/der Bürgermeister:

................................................................ Herr/Frau...............................................

Ein Mitglied des Gemeindevorstandes:......................................................................

Ein Mitglied des Gemeinderates:................................................................................
Vermerk für die Beschlussfassung des Gemeinderates (§ 71 AGO)


Gemeindesiegel...........................................................................................................

## 3. Muster Privatwirtschaftliche Vereinbarungen

Stand 01.03.2022

Vereinbarung zur Sicherstellung einer widmungs- oder bebauungsplangemäßen Verwendung von Baugrundstücken innerhalb angemessener Fristen

**Verwendungsvereinbarung**

# VEREINBARUNG

abgeschlossen zwischen

1) Herrn/Frau..................................................................................................
   als **Grundeigentümer** einerseits
   Der Begriff „Grundeigentümer" in dieser Vereinbarung umfasst auch dessen Rechtsnachfolger und von diesen beauftragte Dritte

2) der Gemeinde ...............................................................................................
   vertreten durch die Bürgermeisterin/den Bürgermeister

   ..................................................................................................................
   als **Gemeinde** andererseits
   wie folgt:

## 1.
### Vorbemerkung

**1.1.** Die Gemeinde ist gemäß § 53 Abs.1 K-ROG 2021 berechtigt, privatwirtschaftliche Maßnahmen zur Erreichung der im örtlichen Entwicklungskonzept festgelegten Ziele der örtlichen Raumplanung zu setzen.

**1.2.** Die gegenständliche Vereinbarung stellt eine privatwirtschaftliche Maßnahme zur Sicherstellung einer widmungs- und bebauungsplangemäßen Verwendung von Baugrundstücken innerhalb angemessener Frist dar.

**1.3.** Nach den Bestimmungen des § 53 K-ROG 2021 ergeben sich für diese Vereinbarung insbesondere nachstehende gesetzliche Vorgaben:

**1.3.1** Die Gemeinde ist berechtigt und verpflichtet, Vereinbarungen mit Grundstückseigentümern (Widmungswerber) über die zeitgerechte und widmungsgemäße Nutzung von Grundstücken abzuschließen.

**1.3.2** Die Vereinbarung ist schriftlich abzuschließen.

## 3. Muster Privatwirtschaftliche Vereinbarungen

**1.3.3** Die Gemeinde hat ein elektronisches Verzeichnis über alle Vereinbarungen, die sich auf Grundflächen beziehen, hinsichtlich derer der Gemeinderat eine Änderung des Flächenwidmungs- oder Bebauungsplanes beschlossen hat, zu führen und auf aktuellem Stand zu halten. Das Verzeichnis hat auch die Erfüllung der vereinbarungsgemäßen Leistungspflichten des Vereinbarungspartners der Gemeinde zu dokumentieren.

**1.3.4** Im Rahmen des aufsichtsbehördlichen Genehmigungsverfahrens hat die Gemeinde diese Vereinbarung der Landesregierung zu übermitteln.

**1.3.5** Der Bürgermeister hat eine schriftliche Ausfertigung dieser Vereinbarung den Erläuterungen des Flächenwidmungsplans in einer gesonderten Anlage anzuschließen. In den schriftlichen Ausfertigungen sind personenbezogene Angaben zu anonymisieren, die Rückschlüsse auf die persönlichen Verhältnisse von Vereinbarungspartnern der Gemeinden ermöglichen. In die Ausfertigungen der Vereinbarungen darf jedermann, der ein berechtigtes Interesse glaubhaft macht, Einsicht nehmen.

**1.3.6** Die angestrebte Widmung ist nicht Gegenstand dieser Vereinbarung. Die Festlegung einer Widmung erfolgt nach Maßgabe öffentlich-rechtlicher Vorschriften und steht im gesetzmäßig auszuübenden Ermessen der Gemeinde.

**1.3.7** Sämtliche Rechte und Pflichten aus dieser Vereinbarung sind auf Rechtsnachfolger zu überbinden. Diese sind wiederum zur Weiterüberbindung der Pflichten auf ihre Rechtsnachfolger verhalten.

**1.4.** Der Abschluss dieser Vereinbarung begründet keinen Rechtsanspruch auf die Erlassung oder Änderung des Flächenwidmungs- oder Bebauungsplanes oder eine bestimmte Widmung.

**1.5.** Gegenstand dieser Vereinbarung ist die Vereinbarung zu einer bebauungsplan- und widmungsgemäßen und zeitgerechten Verwendung der vereinbarungsgegenständlichen Grundstücke.

**1.6.** Die Vereinbarung wird – mit Ausnahme des Punktes „5. Sicherstellung", welcher mit Unterfertigung wirksam ist, sodass alle Sicherheitenleistungen mit Unterfertigung zu erfolgen haben - unter der aufschiebenden Bedingung errichtet, dass die Umwidmung der im Vereinbarungspunkt 2. angeführten Grundstücke rechtswirksam geworden ist.

### 2.
### Rechtsverhältnisse, Widmungsabsicht

**2.1.** Der Grundeigentümer ist bücherlicher Eigentümer der Liegenschaft EZ ..... GB ..... zu deren Gutsbestande unter anderem die in dieser KG gelegenen Grundstücke ..... im Katastralausmaß von ..... m² und ..... im Katastralausmaß von ..... m² gehören.

**2.2.** Die im Punkt 2.1. genannten Grundstücke sind derzeit als ..... gewidmet („bisherige Widmung").

**2.3.** Der Grundeigentümer regt die Umwidmung dieses Grundstückes in ... an, um es einer widmungs- und bebauungsplankonformen Bebauung zuzuführen („angeregte Widmung").

**2.4.** Der Grundeigentümer ist in Kenntnis der nach der angeregten Umwidmung zulässigen Nutzung des Grundstückes.

**2.5.** Die von der angeregten Umwidmung betroffene Fläche beträgt circa ..... m².

**2.5.** Die Fläche ist aus dem beiliegenden Lageplan [Beilage **Plan**], welcher einen integrierenden Vertragsbestandteil bildet, ersichtlich.
Die beabsichtigte widmungsgemäße Verwendung/Bebauung ist aus dem beiliegenden Bebauungskonzept ersichtlich [Beilage **Bebauungskonzept**]

### 3.
### Raumordnungsrechtliche Beurteilung

**3.1.** Die Gemeinde beabsichtigt, die vom Widmungswerber angeregte Umwidmung (2.3.) des zu Punkt 2.1. dieser Vereinbarung dargestellten Grundstückes im Rahmen der Änderung des Flächenwidmungsplans/des Bebauungsplans von der derzeit bestehenden Widmung („bisherige Widmung") in die angeregte Widmung zu beschließen.

**3.2.** **[Bei Änderung des Flächenwidmungsplans]** Da die Änderung des Flächenwidmungsplans in Form einer Verordnung durch den Gemeinderat einen hoheitsrechtlichen Verwaltungsakt darstellt und zudem die Gemeinde rechtlich nicht zu einer Umwidmung im Sinne der Anregung des Widmungswerbers verpflichtet ist, stellt die vom Widmungswerber angeregte Umwidmung keinerlei Leistung der Gemeinde und keine zivilrechtliche Verpflichtung dar. Auch ist die angeregte Änderung des Flächenwidmungsplanes eine Verordnung im Sinne § 13 Abs. 1 K-ROG 2021 und nach Beschlussfassung im Gemeinderat vom Bürgermeister unverzüglich der Ktn Landesregierung vorzulegen. Der Flächenwidmungsplan bedarf gemäß § 38 Abs. 6 K-ROG 2021 – ausgenommen in den Fällen des § 40 K-ROG 2021 – zu seiner Rechtswirksamkeit der Genehmigung der Landesregierung.

**3.3.** Die gegenständliche Vereinbarung ist in Bezug auf die Gestaltung und Änderungen des Flächenwidmungsplans/Bebauungsplans ohne jegliches Präjudiz für die Sach- und Rechtslage.

**3.4.** Für den Fall, dass das vertragsgegenständliche Grundstück oder Teile davon entsprechend der zuvor genannten Absichtserklärung von der Gemeinde im Rahmen der Änderung des Flächenwidmungsplans tatsächlich als ..... ausgewiesen wird, verpflichtet sich der Grundeigentümer (Widmungswerber) nunmehr zu den in Punkt 4 beschriebenen Leistungen.

## 4.
### Leistungspflichten des Grundeigentümers

**4.1.** Gegenstand dieser Vereinbarung ist die Sicherstellung der widmungs- und bebauungsplangemäßen Verwendung der vertragsgegenständlichen Grundstücke innerhalb der hier vereinbarten Frist für in der angestrebten Widmungskategorie zulässige Zwecke.

**4.2.** **[Bei Widmungskategorie Dorf-/Wohn-/Kurgebiet/Geschäftsgebiet]** Typische Nebeneinrichtungen allein sind nicht geeignet, den Vereinbarungszweck zu erfüllen. Solche Nebeneinrichtungen sind beispielsweise Garagen, Carports, Garten- und Gerätehäuschen. Nicht geeignet ist auch eine Nutzung als Freizeitwohnsitz.

**4.3.** Sollten die im Vereinbarungspunkt 2. angeführten Grundstücke im Sinne der „angeregten Widmung" gewidmet werden, verpflichtet sich der Grundeigentümer diese Grundstücke widmungs- und bebauungsplangemäß bis längstens ..... (maximal **5 Jahre**) ab Rechtswirksamkeit der Widmung konform der „angeregten Widmung" entweder selbst zu bebauen oder von Dritten bebauen zu lassen, beispielsweise auch durch Einräumung eines Baurechtes oder der Erteilung einer Zustimmung, auf dem Grund ein Bauwerk (§ 435 ABGB) zu errichten oder das Eigentum an diesem zu übertragen.

**4.4.** Als vereinbarungsgemäß bebaut ist die Grundfläche dann anzusehen, wenn die Ausführung des widmungs- und bebauungsplangemäßen Bauvorhabens innerhalb der obgenannten Frist gemäß Vereinbarungspunkt 4. im Sinne der Kärntner Bauordnung vollendet worden ist.

**4.5.** Bei Vorliegen berücksichtigungswürdiger Gründe kann auf Ersuchen des Grundeigentümers die Frist zur widmungsgemäßen Bebauung angemessen verlängert werden.

**4.6.** Dem Ansuchen auf Fristerstreckung ist ein Nachweis beizulegen, dass die Sicherheiten (Punkt 5. der Vereinbarung) auch für den Zeitraum der beantragten Fristerstreckung weiter wirksam bestellt sind.

## 5.
### Sicherstellungen

Zum Zwecke der Sicherstellung der Leistungspflichten des Grundeigentümers gemäß Punkt 4 (der widmungs- und bebauungsplangemäßen Verwendung der vereinbarungsgegenständlichen Grundstücke) werden folgende Sicherstellungen vereinbart:

#### Variante Kaution

**5.1.** Der Grundeigentümer bestellt zur Absicherung seiner Leistungspflichten gemäß dieser Vereinbarung zugunsten der Gemeinde eine Kaution von € .....
**[Anmerkung: im Einzelfalle zu bestimmen, § 53 Abs 4 z.B. als Richtwert 20 % des Verkehrswertes des Grundstückes]**

Die Kaution ist anlässlich der Unterfertigung dieser Vereinbarung auf das Konto IBAN ... lautend auf die Gemeinde einzuzahlen.

Die Gemeinde ist berechtigt, die Kaution in voller Höhe in Anspruch zu nehmen, wenn der Grundeigentümer eine oder mehrere seiner Pflichten gemäß Vereinbarungspunkt 4. nicht in der vereinbarten Frist erfüllt.

Die Inanspruchnahme der Kaution ist dem Grundeigentümer mittels Einschreibebrief an die letztbekannte Anschrift des Grundeigentümers bekannt zu geben.

Die Gemeinde nimmt die Kautionsbestellung an.

Die Kontoführungskosten trägt der Grundeigentümer, dem auch allfällige Erlagszinsen zustehen.

Der Anspruch auf die Kaution erlischt und ist gegenstandslos, sobald die vereinbarungsgegenständlichen Grundstücke innerhalb der vereinbarten Frist widmungs- und bebauungsplangemäß verwendet (bebaut) worden sind und die Leistungspflicht nach Vereinbarungspunkt 4. erfüllt ist.

Nach Erfüllung der Leistungspflicht verpflichtet sich die Gemeinde, den gesamten Barerlag samt den angereiften Zinsen binnen 14 Tagen an den Grundeigentümer zurückzustellen.

**Variante Bankgarantie**

**5.1.a** Der Grundeigentümer hat anlässlich der Unterfertigung dieser Vereinbarung der Gemeinde eine abstrakte Bankgarantie einer inländischen Bank über den Betrag von € ..... zu übergeben, mit welcher die Bank sich verpflichtet hat, über erstes schriftliches Verlangen der Gemeinde ...... ohne Prüfung des Rechtsgrundes dieser den Betrag von € ...... zu bezahlen.
**[Anmerkung: Höhe im Einzelfalle zu bestimmen, § 53 Abs 4]**
Die Laufzeit der Bankgarantie endet .... [zB 3 Monate nach Ende der Leistungsfrist gemäß Punkt 4.] und ist bis dahin unwiderruflich.

Die Gemeinde darf die Bankgarantie nur im Sinne der Bestimmungen dieser Vereinbarung ausnützen, wenn also der Grundeigentümer gegen eine der Bestimmungen dieser Vereinbarung verstößt, insbesondere eine Leistungspflicht verletzt. Dieser Umstand ist der Bank nicht nachzuweisen.

Die Kosten der Bankgarantie hat der Grundeigentümer zu tragen.

Die Gemeinde bestätigt mit Unterfertigung dieser Vereinbarung den Erhalt der vorgenannten Bankgarantie.

**5.1.b** Der Grundeigentümer verpflichtet sich, bei Veräußerungen der betroffenen Grundstücke jeder Art oder bei Einräumung von längerfristigen Nutzungsrechten, wie Bau- oder Bestandrechten, die Leistungspflichten gemäß dieser Vereinbarung auf **Rechtsnachfolger** (Grunderwerber oder Nutzungsberechtigte) zu überbinden mit der Verpflichtung diese zu verhalten, alle Verpflichtungen auch auf ihre Rechtsnachfolger weiter zu überbinden.

Als Rechtsnachfolger gelten dabei insbesondere auch Dritte, die an den vereinbarungsgegenständlichen Grundflächen längerfristige Nutzungsrechte wie Bau- oder Bestandrechte, erwerben.

Diese Rechtsnachfolger sind auch zu verpflichten, alle Sicherheiten, zu welchen sich der Grundeigentümer in dieser Vereinbarung verpflichtet hat, zu Gunsten der Gemeinde zu bestellen.

Die Bankgarantie kann von der Gemeinde in Anspruch genommen werden, wenn eine Leistungspflicht nicht ordnungsgemäß oder fristgerecht erfüllt wird.

# 3. Muster Privatwirtschaftliche Vereinbarungen

**Variante Sparbuch**

**5.1.a** Der Grundeigentümer hat anlässlich der Unterfertigung dieser Vereinbarung ein jederzeit behebbares Sparbuch der ...... Bank über den Kautionsbetrag von € ...... der Gemeinde übergeben. Dabei ist die Realisierungsmöglichkeit durch die Gemeinde sicherzustellen.

Behebungen aus diesem Sparbuch durch die Gemeinde dürfen nur im Sinne der Bestimmungen dieser Vereinbarung erfolgen, wenn der Grundeigentümer gegen Bestimmungen dieser Vereinbarung verstößt, insbesondere eine Leistungspflicht verletzt.

Wird die Kaution nicht (vollständig) gezogen, so stehen die Zinsen dem Grundeigentümer zu.

**[Anmerkung: Höhe im Einzelfall zu bestimmen]**
Die Gemeinde bestätigt mit Unterfertigung dieser Vereinbarung die Übernahme des vorgenannten Sparbuches.

**Variante Pfandrecht**

**5.1.a** Zum Zwecke der Sicherung der Planungskosten der Gemeinde von insgesamt € .... samt 10 % Verzugszinsen und der hiemit vereinbarten Nebengebührensicherstellung von ......, bestellt der Grundeigentümer seine Liegenschaft EZ....., KG....., zum Pfand.

In dieser Nebengebührensicherstellung sollen ältere als dreijährige Zinsenrückstände sowie alle mit einer gerichtlichen Einbringung dieser Forderung verbundenen Kosten ihre Deckung finden.

Die Parteien sind in Kenntnis, dass der Wertsicherung gemäß Vertragspunkt 4... lediglich obligatorische, nicht jedoch dingliche Wirkung zukommt.

Der Grundeigentümer bewilligt, dass bei seiner Liegenschaft EZ.... KG..... das Pfandrecht für die Forderung von € ..... samt 10 % Verzugszinsen und einer Nebengebührensicherstellung von € ..... zu Gunsten der Gemeinde ..... einverleibt werden kann.

Die Kosten und Gebühren der grundbücherlichen Eintragung dieses Pfandrechtes sowie der Löschung desselben im Grundbuch trägt der Grundeigentümer.

**5.1.b** Zur Sicherung der grundbücherlichen Durchführung dieses Rechtsgeschäftes hat der Grundeigentümer die Anmerkung der Rangordnung der beabsichtigten Verpfändung in Höhe des hier vereinbarten Pfandrechtes bei den vertragsgegenständlichen Grundstücken erwirkt und widmet den hierüber ergehenden einzigen Ranganmerkungsbeschluss der Gemeinde zur Einverleibung des vereinbarungsgemäßen Pfandrechtes im Rang der Verpfändungsanmerkung.

Der Grundeigentümer übergibt der Gemeinde anlässlich der Unterfertigung dieser Vereinbarung den Beschluss über die vorbehaltene Verpfändung.

**5.2.** Mit vereinbarungsgemäßer fristgerechter Erfüllung der Leistungspflicht oder erfolgter Sicherheitenbestellung eines Rechtsnachfolgers hat die Gemeinde die Sicherheiten dem Grundeigentümer zurückzustellen.

## 6.
### Rechtsnachfolger

**6.1.** Sämtliche Rechte und Pflichten aus dieser Vereinbarung gehen auf Seiten des Grundeigentümers auf Rechtsnachfolger über.

**6.2.** Der Grundeigentümer verpflichtet sich, alle Verbindlichkeiten und Pflichten aus dieser Vereinbarung auf seine Rechtsnachfolger im Eigentum der vereinbarungsgegenständlichen Grundstücke zu überbinden mit der Verpflichtung diese zu verhalten, die Verbindlichkeiten und Pflichten auch auf alle ihre Rechtsnachfolger weiter zu überbinden.

**6.3.** Ausdrücklich vereinbart wird, dass ungeachtet einer Rechtsnachfolge die Haftung des Grundeigentümers für die mit der hier gegenständlichen Vereinbarung übernommenen vertraglichen Verpflichtungen ausdrücklich solange weiter bestehen bleibt, bis alle Sicherheiten vom Rechtsnachfolger wirksam bestellt sind.

**6.4.** Als Rechtsnachfolger gelten dabei insbesondere auch Dritte, die an den vereinbarungsgegenständlichen Grundflächen längerfristige Nutzungsrechte wie Bau- oder Bestandrechte, erwerben.

**7.
Zusatzerklärungen**

**7.1.** Die Gemeinde ist verpflichtet, ihre aus dieser Vereinbarung erwachsenden Rechte nur insoweit auszuüben, als dies mit dem Zweck der Vereinbarung in Einklang gebracht werden kann. Die Vertragsparteien bestätigen, dass in dieser Vereinbarung auf die Verhältnismäßigkeit bzw. wirtschaftliche Zumutbarkeit der auferlegten Vertragspflichten und Sicherstellungen betreffend den Grundeigentümer Bedacht genommen wurde.

**7.2.** Die etwaige Unwirksamkeit einzelner Bestimmungen dieser Vereinbarung soll nicht die Unwirksamkeit anderer Vertragsbestimmungen nach sich ziehen. Die unwirksame Vertragsbestimmung soll durch eine andere ersetzt werden, die der unwirksamen Vertragsbestimmung im Endergebnis nach dem zu erforschenden Willen der Vertragsparteien wirtschaftlich am nächsten kommt.

**7.3.** Einvernehmlich wird festgehalten, dass keine mündlichen Nebenabreden bestehen.

**7.5.** Zur Austragung allfälliger Streitigkeiten aus diesem Vertrage vereinbaren die Vertragsteile die ausschließliche sachliche und örtliche Zuständigkeit des Gerichtes am Ort des vereinbarungsgegegenständlichen Grundstückes.

**7.6.** Aus Gründen leichterer Lesbarkeit wurde auf eine geschlechtsneutrale Schreibweise verzichtet. Bei Verwendung einer Form sind sinngemäß alle Geschlechter gemeint.

**8.
Kosten**

**8.1.** Die Kosten der Errichtung dieser Vereinbarung trägt [die Gemeinde].

## 3. Muster Privatwirtschaftliche Vereinbarungen

**8.2.** Weitere Kosten und Gebühren im Zusammenhang mit dem Abschluss dieser Vereinbarung trägt [der Grundeigentümer], soweit in diesem Vertrag nichts anderes vereinbart ist.

### 9.
### Ausfertigung

**9.1.** Dieser Vertrag wird in zwei Originalen errichtet. Jede Partei erhält ein Original.

**9.2.** Dieser Vereinbarung zugrunde liegt der Beschluss des Gemeinderates vom

Beilage(n):
./1 Plan
./2 Bebauungskonzept

Ort, Datum                                    Ort, Datum

Gemeinde ...                                  Grundeigentümer
Die Bürgermeisterin/der Bürgermeister

Mitglied des Gemeindevorstandes

Mitglied des Gemeinderates

# Stichwortverzeichnis

In Fettdruck gehaltene Markierungen beziehen sich auf den verwiesenen Paragrafen, in Normaldruck gehaltene Markierungen beziehen sich auf die jeweilige Anmerkung des verwiesenen Paragrafen.

## A
Abbruch **32** 6
Abfall **27** 17
Abrundung **9** 26; **15** 25
Abstimmung **57** 7
Abwägungsgebot **2** 27
Altlasten **14** 12
Amt der Landesregierung **55** 1
Amtshaftung **15** 2
Amtsverschwiegenheit **4** 5
Änderung
– bauliche Anlage **28** 6; **44** 2
– Flächenwidmungsplan **34** 1 ff; **39** 9
– Verwendung **28** 10; **44** 6
Angemessener Preis **54** 1
Anhörungsrecht **55** 6
Anrainer **27** 9; **45** 2
Anregung **37** 8
Apartmenthaus **17** 3; **18** 2; **19** 1; **30** 1 ff
Aufbewahrungspflicht **53** 23
Auflassung **32** 6
Aufschließung **43** 3
Aufschließungsgebiet **25** 1 ff; **36** 24 f; **41** 1 ff
Aufschließungskosten **53** 10
Aufschließungszonen **25** 13
Aufsicht **1** 2; **8** 4; **12** 8, 16; **38** 9; **43** 4; **45** 3; **51** 10; **59** 2
Ausschuss **57** 14
Authentizität **58** 4
Automationsunterstützte Vollziehung **58** 1 ff

## B
Bauausführung **15** 32; **25** 19
Baubeginn **15** 32
Baubewilligung **15** 31; **32** 6; **37** 4; **43** 1, 4; **44** 2; **46** 10
Bauflächenbilanz **15** 15
Baugebiet **15** 14; **16** 1 ff
Baugrundstück **32** 19; **44** 3; **47** 16; **48** 16
Bauhöhe **47** 18, 25
Bauland **10** 1; **15** 1 ff; **28** 5; **29** 1; **35** 6
– Eignung **15** 1 ff; **44** 3
– Bedarf **9** 14; **15** 15; **36** 1; **53** 9
– Befristung **14** 3; **15** 26
– Mobilisierung **9** 22; **15** 26; **35** 6
– Neufestlegung **15** 17 ff
– Reserven **15** 15; **25** 7; **36** 1, 19

- Überhang 15 15; 36 1; 53 9
- Widmung 25 10; 30 1; 44 2

Bauliche Anlage 17 1; 28 6
Baulinie 48 17, 33
Baumassenzahl 47 23
Baurecht 29 7
Baureifmachung 37 4
Bausperre 46 1 ff
Baustruktur 9 23
Bauvollendung 25 19
Bauvorhaben 24 3
Bauwille 30 1
Bebauungsbedingungen 47 13 f; 48 1 ff; 49 1 ff
Bebauungsfrist 14 3; 15 26; 35 1 ff
Bebauungsplanung
- Änderung 50 1 ff
- Genereller Bebauungsplan 47 1 ff
- Gestaltungsplan 49 1 ff
- Rechtsanspruch 51 7
- Teilbebauungsplan 48 1 ff
- Verfahren 51 1 ff

Bebauungsstruktur 24 4; 32 19; 48 25
Bebauungsweisen 48 14, 27 f
Bebauungszonen 47 26
Bedürfnisse 2 1; 17 5; 18 4; 19 5; 29 2; 31 4
Befangenheit 57 3
Begutachtungsverfahren 7 3; 9 9; 10 6; 12 1 ff; 13 14; 31 1; 38 1 f; 47 27; 48 36; 51 1, 7; 53 22; 55 6; 57 19; 58 6
Beherbergung 30 4
Beirat 55 3

Beratung 12 16; 38 18; 51 19
Berechtigtes Interesse 53 25
Bergwesen 1 11; 14 13; 27 15
Berücksichtigungsgebot 2 20 f
Bescheid 1 5; 8 2 ff; 12 14; 43 1, 4
Beschlussfassung 9 1; 13 1; 27 3; 31 7; 47 1; 51 3
Besondere Vertragsinhalte 54 1 ff
Bestandsaufnahme 3 1 ff; 7 10; 9 10
Bestandskraft 10 3; 34 2, 5
Bestattungsanlagen 27 16
Betriebsansiedelung 2 5, 8; 7 9
Betriebsgebäude 20 4
Betriebsgeheimnis 6 15
Betriebsinhaber 5 2
Betriebsstätte 27 22
Betreuungseinrichtung 44 8
Bevölkerung 1 1; 3 3; 4 2; 6 6; 16 3; 29 1; 32 7
Bevölkerungsentwicklung 9 13; 15 13
Bezirkshauptmannschaft 59 2
Bezirksverwaltungsbehörde 29 9; 37 20
Bienenhaus 27 14, 23
Bildung 2 1
Boden 2 1 f, 14, 25 f; 15 15; 32 2
Bundesstraßen 1 6
Bürgermeister 9 1, 4; 12 2; 13 1, 5; 25 2, 4; 33 4; 38 1 f; 46 1; 47 1, 7; 51 1 f
Büro 18 3; 21 1

C
Campingplatz 27 12

## D

Datenschutz **45** 6; **53** 25
Daseinsvorsorge **2** 4, 25; **32** 2
Denkmalschutz **14** 24
Dienstleistungen **2** 6
Dorfgebiet **17** 1 ff

## E

Einkaufszentrum **31** 3; **32** 1 ff
Einlösungsverfahren **29** 9
Einstellplätze **20** 5
Einzelbewilligungen **14** 15; **45** 1 ff
Einzelhandel **20** 7
Eisenbahnen **1** 7; **14** 20
Elektrizität **28** 20
Elementarereignis **44** 3
Energie **2** 18; **9** 16; **27** 20; **28** 20 f
Entschädigung **35** 6; **37** 1 ff
Entschädigungshöhe **37** 20
Entwicklungskonzept **9** 1 ff; **11** 1 ff; **12** 1 ff; **32** 2, 8
Entwicklungsprogramme **7** 1 ff; **8** 1 ff; **15** 8
Entsorgung **2** 12; **9** 16
Erdöl **28** 20
Erforderlich **28** 3 ff
Erfordernisse **13** 8, 13; **25** 11
Erholung **2** 16; **9** 17
Erholungsnutzung **27** 10; **37** 4
Erlassung **33** 1, 5; **46** 7
Erläuterungen **9** 8; **12** 1 f; **13** 12; **25** 17; **38** 1; **45** 6; **47** 10; **48** 11; **51** 2
Errichtung **28** 6; **32** 6; **44** 3; **46** 10
Ersichtlichmachung **14** 1 ff; **15** 31; **35** 6

Erwerbsvorgang **37** 5
Explosivstofflager **24** 7

## F

Fabrik- und Werkverkauf **20** 7
Fernkälte **28** 8
Fernwärme **28** 20
Finale Determinierung **2** 1; **7** 4
Flächenrecycling **2** 14
Flächenwidmungsplan **13** 1 ff; **14** 1 ff
– Änderung **34** 1 ff; **39** 9
– Ausnahmen **44** 1 ff; **45** 1 ff
– Bestandskraft **34** 2, 5
– Genehmigungsvorbehalt **38** 9
– Rechtsanspruch **33** 5; **34** 9; **38** 6
– Regelmäßige Überprüfung **33** 1 ff
– Rückwidmung **10** 1; **35** 6; **36** 1 ff
– Vereinfachtes Verfahren **40** 1 ff
– Verfahren **38** 1 ff; **39** 1 ff
– Vorprüfungsverfahren **39** 4 f
– Wirkung **43** 1 ff; **44** 1 ff; **45** 1 ff
Forstwesen **1** 13; **14** 17
Forstwirtschaft **2** 1, 9, 25; **27** 4; **28** 4, 8 f
Freiraumstruktur **2** 5, 15, 25; **36** 14
Freizeitwohnsitz **2** 23; **17** 3; **18** 2; **19** 1; **30** 1 ff; **44** 6
Fremdenbeherbergung **30** 2
Friedhof **27** 16
Frist **37** 19; **53** 19

Funktionale Gliederung 9 15
Funktionsdauer 56 6 f

## G

Gartenbau 27 13
Gas 28 20
Gastbetrieb 19 1
Gebäude 17 1
Gebäudeart 28 2
Gebietscharakter 28 12
Gebietskörperschaft 1 2
Gefahr 2 17; 5 5; 16 5
Gefährdungsbereich 5 6; 15 12; 16 5
Gefahrenabwehr 15 2; 36 14
Gefahrenzonen 14 8 f
Gegebenheiten 16 3; 47 14; 48 30; 49 9 f
Gemeinbedarf 29 3
Gemeinde 5 7; 7 4, 8; 9 4 f; 11 3; 12 2; 13 5 f; 25 4; 26 1; 27 3; 29 4; 33 4; 37 20; 38 2; 39 4; 46 1; 47 7; 48 1; 49 1; 51 2; 53 1; 59 1 f
Gemeinderat 9 1; 13 1; 25 2; 45 2; 47 1; 51 3
Gemeinschaftseinrichtungen 48 21
Gemeinwohl 2 25; 6 8
Gemischtes Baugebiet 23 1 ff
Genehmigungsfiktion 12 13; 38 9
Genehmigungsvorbehalt 12 6, 8; 38 9; 41 2; 45 3; 51 10
Generation 2 1, 22, 25
Genereller Bebauungsplan 32 19; 47 1 ff
Gentechnik 2 1

Gerichtszuständigkeit 29 9; 37 20, 23
Geschäftsgebäude 21 1
Geschäftsgebiet 21 1 ff
Geschoß 49 8
Geschoßflächenzahl 47 22
Gesetzgebungsperiode 56 2
Gestaltungsplan 49 1 ff
Gewässer 2 3
Gewerbe 32 10
Gewerbegebiet 20 1 ff
Gewerberechtlicher Betrieb 16 3; 17 4; 20 2
Gewerbliche Beherbergung 30 3
Gleichheitsgebot 13 5; 34 2; 36 1, 17; 37 1, 6; 47 7; 50 11
Grenzübergangstellen 44 7
Großbetrieb 22 3
Grund 2 14, 25 f; 15 15; 32 2
Grundeigentümer 37 4; 38 5; 45 1 f
Grundflächen 25 3; 28 13
Grundlagenforschung 2 27; 3 3; 6 5; 7 10; 9 10; 16 3; 29 1; 34 2; 35 6; 37 1; 50 2
Grundrechte 53 15 f
Grundstücksteilung 47 21; 48 31
Grundversorgung 32 2; 53 8
Grünanlagen 48 20
Grünland 16 5; 27 1 ff; 28 1 ff; 29 1
Gutachten 6 14; 15 19; 39 5
Güter 2 6

## H

Handelsbetrieb 20 7; 21 1
Heranrückende Wohnbebauung 16 3

Hilfsapparat **55** 1
Hochwasser **14** 7; **25** 9
Hohe Wahrscheinlichkeit **36** 26, 29; **37** 10
Hofstelle **27** 6
Hoteldorf **18** 2; **19** 1; **30** 1 ff
Hypothekargläubiger **37** 22

**I**
Identität **2** 3; **58** 3
Immissionsschutz **16** 6; **17** 6; **18** 5; **19** 6; **20** 6; **21** 5; **22** 6; **23** 6; **24** 1; **27** 3, 9; **36** 31
Indexanpassung **37** 18
Individualantrag **13** 7; **47** 8
Industriebetrieb **22** 3
Industriegebiet **22** 1 ff; **24** 5; **27** 8; **28** 17
Informationspflicht **5** 7
Infrastruktur **2** 8; **7** 9; **26** 4; **28** 20 ff; **37** 4
Innenentwicklung **2** 26
Integrierte Flächenwidmungs- und Bebauungsplanung **14** 16; **48** 5; **52** 1 ff
Interessenabwägung **2** 27; **34** 2; **37** 1; **47** 7; **50** 2; **53** 22; **57** 19; **58** 6
Interessenvertretung **55** 6

**J**
Jagdhütte **27** 14

**K**
KAGIS **4** 1
Kanzlei **18** 3
Kanzleigeschäfte **57** 16

Kinder **2** 1
Kleinbetrieb **17** 4; **20** 2
Klima **2** 1
Kollegialorgan **56** 1
Kommunikationsinfrastruktur **28** 23
Kompetenz **1** 1 ff; **27** 15, 20; **28** 21; **32** 10, 19; **53** 1
Konstituierende Sitzung **57** 1
Kultur **2** 1
Kulturlandschaft **2** 3
Kundmachung **7** 3; **9** 4, 9; **10** 6; **12** 2; **13** 5, 12, 14; **25** 4; **31** 7; **33** 1, 4; **37** 19; **38** 1 f; **45** 2; **46** 1; **47** 7, 27; **51** 1 f; **53** 22; **57** 19
Kurgebiet **19** 1 ff

**L**
Lagerplatz **20** 5
Lebensgrundlagen **2** 1 f
Leitungsanlagen **48** 18
Landesentwicklungsprogramm **7** 4 ff
Landesregierung **3** 1; **4** 3 f; **5** 7; **6** 1, 16; **7** 3 f, 7, 10 f; **8** 1, 4; **9** 4, 6, 9; **10** 3, 6; **12** 6, 8 ff; **13** 5, 14; **25** 4; **31** 7; **39** 6; **47** 7; **48** 36; **51** 10; **53** 22; **55** 6; **57** 19; **58** 6
Landschaft **2** 1 ff; **9** 18
Landschaftsbild **2** 1; **13** 9; **15** 7; **25** 11; **32** 19; **51** 15
Landschaftsschutz **2** 10, 25
Landschaftsschutzgebiet **14** 6; **16** 5
Landwirtschaft **2** 1, 9, 25; **9** 18; **27** 4; **28** 4, 8 f

Land- und fortwirtschaftlicher Betrieb **2** 9; **16** 3; **17** 2; **27** 6; **28** 4
Landwirtschaftliche Betriebsstätten mit Umweltverträglichkeitsprüfung **17** 8; **27** 7 ff, 22; **28** 17
Land- und fortwirtschaftliche Nutzung **28** 4
Landwirtschaftliche Produktionsstätten industrieller Prägung **17** 7; **22** 5; **27** 7 ff; **28** 17
Lärm **2** 1
Lebensmittelversorgung **2** 1
Luft **2** 1 f
Luftfahrt **1** 9; **14** 21

## M
Mängelbehebung **12** 9; **38** 10; **51** 11
Maßnahmen **2** 7, 20 f; **7** 4; **9** 10; **15** 4; **31** 3
Materialgewinnungsstätte **27** 15
Materiallagerstätte **27** 15
Mehrheit **57** 6
Militär **1** 14; **14** 14
Mittelbetriebe **20** 2

## N
Nachhaltigkeit **2** 1
Nahkälte **28** 20
Nahwärme **28** 20
Nationalpark **14** 5
Naturdenkmal **14** 23
Naturgefahren **9** 24
Naturgewalt **2** 5, 25; **15** 3 f; **36** 14
Naturhaushalt **2** 3; **9** 18
Naturlandschaft **2** 3, 10
Naturschönheiten **2** 3
Naturschutz **2** 1 f, 10, 15
Naturschutzgebiet **14** 6; **16** 5
Nebenerwerbstätigkeit **28** 9
Nebengewerbe **28** 8
Nichtigkeit **43** 1, 4; **59** 2
Niederschrift **57** 15
Nutzung **32** 19
Nutzungskonflikt **2** 7, 24 f; **16** 3

## O
Ödland **27** 4
Öffentliche Interessen **2** 25; **6** 8; **11** 2; **34** 5
Öffentliche Rücksichten **25** 9
Ökologie **2** 1 f, 22
Ökosystemdienstleistungen **2** 15
Ortsbild **2** 1; **13** 9; **25** 11; **32** 19
Orts- und Stadtkern **9** 21; **31** 1 ff; **32** 2; **42** 1 ff; **49** 1

## P
Parkplätze **26** 3
Parzellenscharfe Festlegung **10** 3; **12** 7; **14** 2
Pflanzen **2** 1 f
Planende Maßnahmen **1** 5 ff; **2** 21, 27
Planliche Darstellung **9** 7; **10** 5; **13** 11; **48** 10; **49** 2
Planpräzision **9** 7; **10** 5; **13** 11; **48** 10; **49** 2
Planungskosten **53** 11; **54** 3
Planungsraum **7** 4; **9** 5; **13** 7; **47** 8; **48** 2
Planungsträger **2** 21; **15** 4
Planzeichenverordnung **9** 9; **48** 36

Privatwirtschaftliche Vereinbarungen **25** 18, 20; **30** 9; **32** 5; **38** 9; **47** 10; **51** 10
Privatzimmervermietung **30** 4
Produktionsstätte **20** 7
Projektwerber **5** 3; **6** 1
Punktwidmung **44** 1

**R**
Raumbedeutsam **2** 21; **4** 2; **6** 6 f; **15** 4
Raumforschung **3** 1
Raumordnung
- Begriff **1** 3; **7** 8 f
- Grundsätze **2** 19 ff
- Kompetenz **1** 4 ff; **2** 1, 6, 20 f
- örtliche **1** 1; **3** 5; **14** 3
- Raumforschung **3** 1; **4** 1, 3
- überörtliche **1** 1; **3** 3; **6** 4; **7** 2, 8; **12** 8; **14** 3 f; **15** 8; **31** 7; **37** 1, 24
- Ziele **2** 1 ff
Raumordnungsbeirat **7** 3; **10** 6; **13** 14; **31** 7; **47** 27; **48** 36; **55** 1 ff; **56** 1 ff; **57** 1 ff; **58** 6
Raumordnungskataster **4** 1 ff
Raumplanung
- Begriff **1** 3
- Kompetenz **1** 4 ff; **2** 1, 6, 20 f
- Raumforschung **3** 1; **4** 1, 3
Raumstruktur **6** 3; **7** 8
Raumverträglichkeitsgutachten **6** 14
Raumverträglichkeitsprüfung **6** 1 ff
Rechtskraft **15** 30
Region **2** 3 f; **9** 12
Reines Kurgebiet **19** 7

Reines Wohngebiet **18** 6
Reisekosten **55** 7
Retentionsräume **7** 9; **9** 25; **15** 4; **27** 21; **36** 6
Risiko **2** 17
Rohstoffe **2** 13, 25; **9** 18; **27** 7
Rückwidmung **10** 1; **35** 6; **36** 1 ff

**S**
Sachgebietsprogramm **7** 4, 9
Sachverständiger **6** 18; **37** 21; **57** 12
Schadenersatz **37** 4
Schichtwidmung **13** 10
Schifffahrt **1** 10
Schriftform **53** 21
Schriftliche Anbringen **33** 6; **36** 28; **38** 6; **51** 7
Schutzbereiche **14** 18 ff
Schutzstreifen **16** 6; **36** 31
Schwerer Unfall **2** 17; **16** 5
Seen **2** 3
Seilbahnen **1** 8
Selbstverwaltung **1** 2; **35** 6
Seveso **2** 17; **5** 1 ff; **14** 3, 11; **16** 5; **24** 6; **27** 19; **36** 31
Sicherheitsabstand **5** 6; **16** 5
Sicherstellung **29** 8
Sicherungsmittel **53** 18; **54** 4
Siedlungsentwicklung **2** 16, 23; **6** 8; **25** 13, 16
Siedlungsgebiet **2** 17
Siedlungsgrenzen **2** 23; **15** 11, 24
Siedlungspolitisch günstigere Lage **25** 8
Siedlungsschwerpunkt **9** 20; **10** 1 ff

Siedlungsstruktur 2 5, 7, 23, 26; 9 17; 15 24; 36 14
Sitzungsgeld 55 7
Sondergebiet 16 5; 24 1 ff
Sonderopfer 37 1
Sonderwidmung 30 1 ff; 33 9
Sozialstruktur 2 4, 25; 32 2
Spezifisch 28 3 ff
Sporteinrichtungen 19 4
Sportanlagen 27 11
Sprengstofflager 27 18
Staatszielbestimmung 2 1
Städtebaulicher Wettbewerb 47 12
Standortplanung 2 5, 8; 7 9; 36 18
Starkstromleitung 14 22
Statutarstadt 32 3
Stellplätze 48 35
Stellungnahme 13 4; 38 3; 48 36; 51 3; 53 22; 55 6; 57 19; 58 6
Stimmenthaltung 57 9
Strategische Lärmkarte 16 4
Straße 14 18 f; 26 2
Straßenbild 48 32

### T

Tagesordnung 57 4
Teilbebauungsplan 32 19; 48 1 ff
Tierschutz 2 1 f
Tourismus 2 10, 25; 19 4; 27 12; 30 4
Tunlichkeit 39 2

### U

Überbindung 53 20; 54 3
Übermittlung 58 5
Umfassungslinie 31 6
Umgebungslärm 16 4
Unterbringung 44 8
Umweltbelastungen 2 5; 15 3 f; 16 3; 17 4, 6; 18 5; 19 6; 20 6; 21 5 f; 22 6; 23 6; 24 1; 27 9; 32 19; 36 14
Umweltprüfung 6 5
Umweltschutz 2 1 ff, 25; 6 8

### V

Veranstaltungsstätten 19 4; 21 1
Vereinfachtes Verfahren 40 1 ff
Verfahrensökonomie 51 1
Verfügungsrechte 30 5
Verhältnismäßigkeit 37 1
Verhinderung 56 5; 57 2, 8
Verkaufsfläche 32 4, 19
Verkehr 2 11, 16 f; 6 8; 7 9; 9 17, 19; 16 5; 32 2, 11
Verkehrsflächen 26 1 ff; 32 19; 47 19; 48 15, 19
Verkehrswert 29 6; 36 31; 37 5; 54 1
Verkehrswesen 1 6 ff
Verordnung 8 1, 3; 9 4; 10 6; 13 5, 7; 25 4; 27 3; 31 7; 33 1; 37 19; 38 2; 46 1, 6 f; 47 8, 27; 48 36; 53 22; 55 5; 57 17; 58 6
Versagungsgrund 12 13; 38 15; 51 10, 16 f
Verschwiegenheitspflicht 4 5; 57 3
Versorgung 2 12, 16, 25; 9 16
Verständigung 36 32; 38 5; 42 3; 51 4 ff
Vertragsraumordnung 53 1 ff; 54 1 ff
Vertragstypen 53 6

## Stichwortverzeichnis

Verwaltungsgebäude **21** 1; **22** 4
Verweisung **29** 10; **60** 1 f
Verwendungszweck **29** 1; **30** 1;
  **44** 6
Vorbehaltsflächen **29** 1 ff
Vorhaben **6** 2, 13; **24** 3; **44** 4 ff;
  **45** 2
Vorrangige Entwicklungsgebiete
  **10** 1, 3 f
Vorranggebiet **7** 1
Vorsitzender **57** 2, 8

## W

Wasser **2** 1 f, 13
Wasserrecht **1** 12; **14** 7; **27** 20;
  **28** 21
Wasserversorgung **2** 1, 12 f
Wasserversorgungsanlagen **28** 22
Widmungsarten **13** 6, 10
Willensbildung **53** 2; **56** 1
Wirkungsbereich **1** 2; **9** 4; **12** 8;
  **13** 5; **38** 9; **51** 10; **59** 1 f

Wirtschaft **2** 1, 8, 11, 16, 23, 25;
  **6** 8
Wirtschaftskörper **53** 1
Wirtschaftsstruktur **2** 4, 25
Wohnbauförderung **29** 4
Wohnbedarf **2** 25; **29** 4; **53** 7
Wohngebäude **17** 3; **30** 6
Wohngebiet **2** 17; **18** 1 ff
Wohnnebennutzung **18** 3
Wohnung **20** 8; **22** 9; **30** 6; **48** 23
Wohnzweck **28** 7

## Z

Zentrale Orte **2** 7; **7** 8 f; **9** 12
Zentrenhierarchie **2** 7; **32** 9 f
Zersiedelung **2** 7, 14, 25 f; **9** 20;
  **10** 1; **15** 11, 15; **16** 1; **25** 13,
  16; **32** 2; **36** 1; **53** 9